Cynnwys

D1323240

Grwpiau beirniadol o bobl yw athrawon a myfyrwyr economeg. Yn gyson yn anfodlon ar y deunyddiau a ddefnyddiant, maen nhw'n wynebu problemau adnoddau cyfyngedig, amrywiaeth eang o anghenion a byd sy'n newid drwy'r amser. Bwriedir i'r llyfr hwn fynd rhywfaint o'r ffordd i ddatrys yr enghraifft hon o'r broblem economaidd sylfaenol.

Mae nifer o noweddion arbennig i'r llyfr hwn.

Cynhwysfawr Mae'r llyfr yn cynnwys digon o ddeunydd i ddiwallu gofynion myfyrwyr sy'n sefyll amrywiaeth eang o arholiadau gan gynnwys economeg Safon Uwch.

Strwythur unedau hyblyg Yn hytrach na threfnu'r deunydd yn benodau, mae wedi'i drefnu'n unedau byrrach. Mae hyn yn adlewyrchu trefniant nifer o werslyfrau TGAU, ac felly dylai myfyrwyr fod yn gyfarwydd â'r arddull hwn o gyflwyno. Mae strwythur unedau hefyd yn rhoi mwy o ryddid i athrawon wrth lunio cwrs. Mae gan athrawon economeg draddodiad hir o ddefnyddio'u prif werslyfrau mewn trefn sy'n wahanol i drefn y llyfr. Felly, er bod trefn resymegol i'r llyfr hwn, tybir y bydd athrawon a myfyrwyr yn rhoi'r unedau at ei gilydd mewn modd sy'n addas ar gyfer eu hanghenion addysgu a dysgu nhw. Mae croesgyfeirio wedi'i ddefnyddio mewn mannau i gynorthwyo hyblygrwydd ymhellach.

Mae pob uned wedi'i rhannu'n adrannau byr sy'n hawdd eu trin. Mae diagramau'n cynnwys esboniadau cryno sy'n crynhoi neu'n ategu'r testun.

Llyfr gwaith Mae nifer mawr o gwestiynau wedi'u cynnwys yn y testun. Gan amlaf mae'r rhain yn gymharol fyr, ac er y gallai rhai gael eu defnyddio ar gyfer gwaith ysgrifennu estynedig, mae'r rhan fwyaf yn gofyn am atebion cymharol syml. Mae'r rhain wedi cael eu cynnwys er mwyn helpu athrawon a myfyrwyr i asesu a ydy dysgu a deall wedi digwydd drwy roi cyfle uniongyrchol i gymhwyso cynnwys a sgiliau at

sefyllfaoedd penodol. Y gobaith yw y bydd llawer yn cael eu defnyddio fel sail i drafodaeth yn y dosbarth yn ogystal â chael eu hateb yn ysgrifenedig.

Economeg gymhwysol yn ogystal â damcaniaethau economeg Yn y llyfr hwn mae dull systematig o ymdrin ag economeg gymhwysol wedi'i gynnwys ochr yn ochr â damcaniaethau economeg. Ym mhob uned mae adran economeg gymhwysol ac mae rhai unedau yn ymdrin ag economeg gymhwysol yn unig. Dylid nodi bod llawer o'r cwestiynau hefyd yn cynnwys deunydd economeg gymhwysol.

Sgiliau astudio ac asesu Mae dwy uned olaf y llyfr yn rhoi cyfarwyddyd ynghylch astudio effeithiol a'r dulliau asesu a ddefnyddir ym maes economeg.

Termau allweddol Mae llawer o'r unedau yn cynnwys adran termau allweddol. Mae pob adran yn diffinio cysyniadau newydd sy'n codi yn nhestun yr uned. O roi'r rhain at ei gilydd, maen nhw'n darparu geiriadur cynhwysfawr o economeg.

Cyflwyniad Cymerwyd llawer o ofal ynghylch y modd y cyflwynir y llyfr hwn. Y gobaith yw y bydd cynllun gosod y llyfr, y defnydd a wneir o liw a'r defnydd a wneir o ddiagramau yn gwneud dysgu economeg yn brofiad gwerthfawr.

BYRFODDAU YN Y GYMRAEG Yn y gyfrol hon defnyddir y byrfoddau Saesneg I, Y ayb. ar gyfer Investment, Income ayb. yn hytrach na defnyddio'r byrfoddau Cymraeg B, I ayb. Ystyriwyd y mater yn ofalus a phenderfynwyd mai dyma'r peth gorau i'w wneud er mwyn hwyluso'r gwaith i'r myfyrwyr pan fyddan nhw'n troi at lyfrau eraill – llyfrau Saesneg fel arfer – i'w helpu gyda thraethodau, gwaith ymchwil ayb. Bydd hefyd yn hwyluso pethau i'r myfyrwyr hynny a fydd yn symud ymlaen i astudio'r pwnc mewn prifysgolion, colegau addysg bellach ac ati.

Cydnabyddiaethau

Hoffai'r awdur a'r cyhoeddwr ddiolch i'r canlynol am eu caniatâd i atgynhyrchu'r lluniau a'r deunydd hawlfraint yn y gyfrol hon.

Corel: tud. 386, 408, 687; Digital Stock: tud. 339 (canol), 387, 427; Digital Vision: tud 311, 316, 335, 353, 405, 464, 465, 466, 477, 478, 480 (canol), 484, 552; Image 100: tud 467, 480 (gwaelod), 497; Photobiz: 404, 459; Photodisc: tud 315, 338 (gwaelod), 352 (gwaelod), 364, 382, 399, 401, 403, 480 (top), 487, 491 (gwaelod) 526, 540, 550 (top), 619, 620, 631; Rex Features: tud 347, 450, 453, 489, 638; Stockbyte: tud 449, 491 (top); Stockdisc: tud. 377, 415, 523, 554.

Mae deunydd Swyddfa Ystadegau Cenedlaethol yn Hawlfraint y Goron. Cyhoeddwyd trwy ganiatâd Rheolwr Llyfrfa Ei Mawrhydi.

Crynodeb

1. Mae ffwythiant cynhyrchu yn dangos y berthynas rhwng cynnyrch a lefelau a chyfuniadau gwahanol o ffactorau mewngyrch.
2. Diffinnir y tymor byr fel y cyfnod pan na ellir amrywio o leiaf un ffactor cynhyrchu. Yn y tymor hir gellir amrywio pob ffactor, ond mae cyflwr technoleg yn ddigyfnewid. Yn y tymor hir iawn gall cyflwr technoleg newid.
3. Os bydd cwmni'n cynyddu ei ffactorau newidiol yn y tymor byr, bydd adenillion ffiniol lleihaol ac adenillion cyfartalog lleihaol yn cychwyn yn y pen draw.
4. Gall adenillion maint digyfnewid, neu ddarbodion ac annarbodion maint ddigwydd yn y tymor hir pan newidir y ffactorau i gyd yn yr un gyfran.

Y ffwythiant cynhyrchu

Mae ffermwr yn penderfynu tyfu gwenith. Mewn termau economaidd, mae gwenith wedyn yn gynnyrch y broses gynhyrchu. I dyfu gwenith, rhaid i'r ffermwr ddefnyddio gwahanol ffactorau cynhyrchu (☞ uned 2).

- Bydd yn tyfu'r gwenith ar dir.
- Caiff ei blannu a'i gynaeafu gan ddefnyddio llafur.
- Bydd y ffermwr yn defnyddio cyfalaf hefyd. Os yw'n ffermwr Trydydd Byd, efallai mai rhawiau syml, hofiau, ffosydd dyfrhau a sachau fydd y cyfalaf. Os yw'n ffermwr Byd Cyntaf, efallai y bydd yn defnyddio tractorau, dyrnwyr medi, gwrteithiau a phlaleiddiaid.

Y tir, y llafur a'r cyfalaf a ddefnyddir i gynhyrchu gwenith yw ffactorau mewngyrch y broses gynhyrchu.

Mae FFWYTHIANT CYNHYRCHU yn dangos y berthynas rhwng cynnyrch a lefelau a chyfuniadau gwahanol o ffactorau mewngyrch. Er enghraifft, os oes angen 50 buwch ac 1 gweithiwr i gynhyrchu 50 peint o laeth y dydd, gallai'r ffwythiant cynhyrchu gael ei fynegi fel:

$$50M = L + 50 C$$

Yma M yw nifer y peintiau o laeth, L yw nifer y gweithwyr a C yw'r cyfalaf a fewngyrchir, sef nifer y buchod. Mae ffwythiant cynhyrchu

yn tybio bod cyflwr technoleg yn sefydlog neu'n benodedig. Bydd newid yng nghyflwr technoleg yn newid y ffwythiant cynhyrchu. Er enghraifft, mae chwyldro'r microsglodyn wedi galluogi cynhyrchu nwyddau (y cynnyrch) â llai o weithwyr a llai o gyfalaf (y mewngyrch).

Y tymor byr a'r tymor hir

Mae economegwyr yn gwahaniaethu rhwng y tymor byr a'r tymor hir. Yn y TYMOR BYR mae cynhyrchwyr yn wynebu'r broblem bod cyflenwad rhai o'u ffactorau mewngyrch yn sefydlog. Er enghraifft, efallai bod ffatri'n dymuno ehangu cynhyrchu. Gall gael ei gweithwyr i weithio mwy o oriau drwy waith goramser neu waith sifft, a gall brynu mwy o ddefnyddiau crai. Felly mae llafur a defnyddiau crai yn ffactorau newidiol. Ond maint sefydlog yn unig o le sydd ar lawr y ffatri a nifer sefydlog o beiriannau. Mae'r cyfalaf sefydlog yma yn cyfyngu ar faint mwy y gall y cwmni ei gynhyrchu.

Yn y TYMOR HIR mae pob ffactor mewngyrch yn newidiol. Gall cynhyrchydd amrywio maint y tir, y llafur a'r cyfalaf os yw'n dymuno gwneud hynny. Yn y tymor hir gallai'r cwmni yn yr enghraifft uchod symud i ffatri fwy ei maint a phrynu mwy o beiriannau, yn ogystal â chyflogi mwy o lafur a defnyddio mwy o ddefnyddiau crai.

Yn y tymor hir dydy technolegau cyfredol ddim yn newid. Yn y TYMOR HIR IAWN mae cyflwr technoleg yn gallu newid. Er enghraifft, byddai banc yn gallu symud o system sy'n seiliedig ar bapur gyda sieciau, cyfriflenni banc a memoranda papur i system gwbl electronig heb bapur gyda chardiau, cyfriflenni terfynellau cyfrifiadurol a memoranda cyfrifiadurol.

Mae'r modd y diffinnir y tymor byr a'r tymor hir yn namcaniaeth cynhyrchu yn golygu nad oes hyd safonol i'r tymor byr. Yn y diwydiant cemegion, gall ffatri bara 20 mlynedd cyn bod angen cael un yn ei lle ac felly gallai'r tymor byr bara 20 mlynedd. Mewn diwydiant sydd heb fawr ddim neu ddim cyfalaf ffisegol parhaol, gall y tymor byr gael ei fesur mewn misoedd neu hyd yn oed wythnosau. I stondinwr mewn marchnad, sy'n llogi popeth o'r stondin i fan ac nad yw'n cadw stoc, gall y tymor byr fod mor fyr ag un diwrnod, sef diwrnod y farchnad pan fydd yn ymrwymedig i logi cyfarpar a gwerthu stoc.

Cwestiwn 1

Mewn erthygl a gyhoeddwyd yn 1938, amcangyfrifodd C W Cobb a P H Douglas, dau economegydd Americanaidd, mai'r canlynol oedd y ffwythiant cynhyrchu ar gyfer diwydiant gweithgynhyrchu UDA rhwng 1900 ac 1922:

$$x = 1.10 \; L^{0.75} C^{0.25}$$

Yma indecs o gyfanswm y cynhyrchu y flwyddyn yw x, indecs o fewngyrch llafur yw L ac indecs o fewngyrch cyfalaf yw C.

Gan ddefnyddio cyfrifiannell sydd â swyddogaeth pŵer, cyfrifwch y cynnydd yn yr indecs cynhyrchu os bydd:
(a) maint y mewngyrch llafur yn cynyddu (i) 10% a (ii) 20%;
(b) maint y mewngyrch cyfalaf yn cynyddu (i) 20% a (ii) 30%;
(c) maint y mewngyrch llafur a'r mewngyrch cyfalaf yn cynyddu (i) 30% a (ii) 50%.

Cwestiwn 2

Mae *General Motors (GM)* yn dal i fod yn wneuthurwr mwyaf y byd o geir, ond mae mewn trafferthion mawr. Yn y naw mis cyntaf eleni gwnaeth ei weithrediadau yng Ngogledd America golled o $1.6 biliwn. Dyma'r rheswm pam y cyhoeddodd y cwmni heddiw y byddai'n torri 30 000 o swyddi cynhyrchu sy'n cael eu talu fesul awr, sef tua 22% o'i weithlu cynhyrchu. Byddai 2 500 o swyddi swyddfa yn mynd hefyd. Roedd y cwmni'n bwriadu cau neu ostwng gweithrediadau mewn tua dwsin o leoliadau yn UDA a Canada. Byddai cyfanswm y gallu cynhyrchu yng Ngogledd America yn gostwng 16% o tua 5 miliwn o geir y flwyddyn i 4.2 miliwn.

Mae'r cwmni'n mynd i barhau i ymchwilio i gynhyrchu dewisiadau eraill yn hytrach na'r car a yrrir gan betrol, gan edrych ar geir a yrrir gan fatris, ceir sy'n rhedeg ar betrol a batris, a cheir a yrrir gan danwyddau eraill fel hydrogen.

Ffynhonnell: addaswyd o money.cnn.com, 21.11.2005.

Eglurwch yn ofalus beth fyddai'r raddfa amser (tymor byr, tymor hir neu dymor hir iawn) i GM ar gyfer:
(a) prynu teiars gan gyflenwr;
(b) diswyddo mwy na 30 000 o weithwyr a chau ffatrïoedd yng Ngogledd America;
(c) newid o weithgynhyrchu ceir a yrrir gan betrol i geir a yrrir gan hydrogen.

Y tymor byr: adenillion lleihaol

Yn y tymor byr mae o leiaf un ffactor yn sefydlog. Tybiwch, er enghraifft, bod cwmni'n defnyddio dau ffactor cynhyrchu yn unig: cyfalaf, ar ffurf adeiladau a pheiriannau, sy'n sefydlog a llafur y gellir ei amrywio. Beth fydd yn digwydd i'r cynnyrch wrth i fwy a mwy o lafur gael ei ddefnyddio?

I ddechrau, bydd y cynnyrch am bob gweithiwr yn debygol o godi. Mae ffatri a gynlluniwyd ar gyfer 500 o weithwyr, er enghraifft, yn annhebygol o fod yn gynhyrchiol iawn os cyflogir un gweithiwr yn unig. Ond daw pwynt pan fydd y cynnyrch am bob gweithiwr yn dechrau gostwng. Mae yna lefel optimaidd o gynhyrchu sydd fwyaf cynhyrchiol effeithlon (☞ uned 16). Yn y pen draw, os cyflogir digon o weithwyr, bydd cyfanswm y cynnyrch yn gostwng. Dychmygwch 10 000 o weithwyr yn ceisio gweithio mewn ffatri a gynlluniwyd ar gyfer 500. Bydd y gweithwyr yn baglu ar draws ei gilydd a'r canlyniad fydd llai o gynnyrch nag a fyddai gyda llai o weithwyr. Y term am y patrwm cyffredinol hwn yw DEDDF ADENILLION LLEIHAOL neu DDEDDF CYFRANNAU NEWIDIOL.

Cyfanswm y cynnyrch, cynnyrch cyfartalog a ffiniol

Gellir egluro deddf adenillion lleihaol yn fwy ffurfiol gan ddefnyddio'r cysyniadau cyfanswm y cynnyrch, cynnyrch cyfartalog a chynnyrch ffiniol.

Cwestiwn 3

Rydych yn dymuno cyflogi rhywrai i lanhau eich tŷ. Byddan nhw'n defnyddio eich cyfarpar glanhau chi (ysgub, mop, clwtyn, cwyr ayb). Gan ddefnyddio deddf adenillion lleihaol, eglurwch beth fyddai'n digwydd pe byddech yn cyflogi 1 glanhäwr, 5 glanhäwr, 20 glanhäwr neu 1 000 o lanhawyr i lanhau ar un adeg.

- CYFANSWM Y CYNNYRCH – maint y cynnyrch a gynhyrchir gan nifer penodol o ffactorau mewngyrch dros gyfnod. Fe'i mynegir mewn termau ffisegol yn hytrach nag ariannol. (Yn wir, mae economegwyr yn aml yn sôn am gyfanswm y cynnyrch ffisegol, cynnyrch ffisegol cyfartalog a chynnyrch ffisegol ffiniol i bwysleisio'r pwynt hwn.) Efallai mai 30 000 o geir fyddai cyfanswm cynnyrch 1 000 o weithwyr yn y diwydiant ceir dros flwyddyn.
- CYNNYRCH CYFARTALOG – maint y cynnyrch am bob uned o fewngyrch. Yn yr enghraifft uchod, byddai'r cynnyrch am bob gweithiwr yn 30 o geir y flwyddyn (cyfanswm y cynnyrch wedi'i rannu â nifer yr unedau o fewngyrch).
- CYNNYRCH FFINIOL – yr ychwanegiad at y cynnyrch a gynhyrchir gan uned ychwanegol o fewngyrch. Yn yr enghraifft uchod, pe bai ychwanegu un gweithiwr arall yn codi'r cynnyrch i 30 004 o geir, y cynnyrch ffiniol fyddai 4 car.

Nawr ystyriwch Dabl 46.1. Yn yr enghraifft hon mae cyfalaf yn sefydlog yn 10 uned ac mae llafur yn ffactor newidiol.
- Os na chyflogir dim gweithwyr, bydd cyfanswm y cynnyrch yn sero.
- Mae'r gweithiwr cyntaf yn cynhyrchu 20 uned o gynnyrch. Felly cynnyrch ffiniol y gweithiwr cyntaf yw 20 uned.
- Mae'r ail weithiwr yn cynhyrchu 34 uned ychwanegol o gynnyrch. Felly cynnyrch ffiniol yr ail weithiwr yw 34 uned. Cyfanswm y cynnyrch gyda dau weithiwr yw 54 uned (20 uned plws 34 uned). Cynnyrch cyfartalog yw 54 ÷ 2 neu 27 uned y gweithiwr.
- Mae'r trydydd gweithiwr yn cynhyrchu 46 uned ychwanegol o gynnyrch. Felly, cyfanswm y cynnyrch gyda thri gweithiwr yw 100 o unedau (20 plws 34 plws 46). Cynnyrch cyfartalog yw 100 ÷ 3 neu tua 33 uned y gweithiwr.

Tabl 46.1 Cyfanswm y cynnyrch, cynnyrch cyfartalog, cynnyrch ffiniol
Unedau

Cyfalaf	Llafur	Cynnyrch ffisegol wrth amrywio llafur		
		Ffiniol	Cyfanswm	Cyfartalog[1]
10	0		0	0
		20		
10	1		20	20
		34		
10	2		54	27
		46		
10	3		100	33
		51		
10	4		151	38
		46		
10	5		197	39
		33		
10	6		230	38
		20		
10	7		251	36
		-17		
10	8		234	29

[1] Wedi'i dalgrynnu i'r rhif cyfan agosaf

I ddechrau, mae cynnyrch ffiniol yn cynyddu, ond mae'r pumed gweithiwr yn cynhyrchu llai na'r pedwerydd. Felly mae **adenillion ffiniol lleihaol** yn cychwyn rhwng y pedwerydd a'r pumed gweithiwr. Mae cynnyrch cyfartalog hefyd yn cynyddu i ddechrau ac wedyn yn gostwng, ond mae'r trobwynt yn ddiweddarach nag ar gyfer cynnyrch ffiniol. Mae **adenillion cyfartalog lleihaol** yn cychwyn rhwng 5 a 6 gweithiwr.

Yn ôl deddf adenillion lleihaol, os caiff meintiau cynyddol o

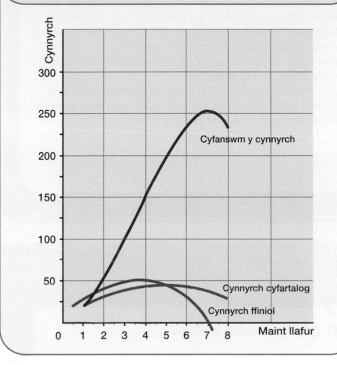

Ffigur 46.1 Cyfanswm y cynnyrch, cynnyrch cyfartalog, cynnyrch ffiniol
Mae'r cromliniau'n deillio o'r data yn Nhabl 46.1. Sylwch bod adenillion ffiniol lleihaol yn cychwyn cyn adenillion cyfartalog lleihaol. Sylwch hefyd bod cromlin y cynnyrch ffiniol yn croestorri cromlin y cynnyrch cyfartalog ar ei phwynt uchaf, a bod cromlin cyfanswm y cynnyrch yn gostwng pan fo cromlin y cynnyrch ffiniol yn croestorri'r echelin lorweddol.

ffactor newidiol eu cyfuno â ffactor sefydlog, yn y pen draw bydd cynnyrch ffiniol ac yna cynnyrch cyfartalog y ffactor newidiol yn gostwng.

Mae'n bosibl lluniadu cromliniau cyfanswm y cynnyrch, cynnyrch cyfartalog a chynnyrch ffiniol. Mae'r cromliniau yn Ffigur 46.1 yn deillio o'r data yn Nhabl 46.1. Mae'r tair cromlin yn codi i ddechrau ac yna'n gostwng. Cynnyrch ffiniol sy'n gostwng gyntaf, yna cynnyrch cyfartalog ac yn olaf cyfanswm y cynnyrch.

Y tymor hir: adenillion maint

Mae deddf adenillion lleihaol yn tybio bod cwmnïau'n gweithredu yn y tymor byr. Yn y tymor hir gall cwmnïau amrywio eu holl ffactorau. Beth fyddai'n digwydd i gynnyrch cwmni pe bai, er enghraifft, yn cynyddu eu holl ffactorau â'r un cynnydd cyfrannol? Mae tri phosibilrwydd.

- Mae ADENILLION MAINT CYNYDDOL yn digwydd os bydd cynnydd canrannol cyfartal yn y ffactorau mewngyrch yn arwain at gynnydd mwy na chyfrannol yn y cynnyrch. Os bydd cwmni'n dyblu ei fewngyrch o dir, llafur a chyfalaf, ond o ganlyniad yn treblu ei gynnyrch, mae adenillion maint cynyddol wedi digwydd. Er enghraifft, yn Nhabl 46.3 os defnyddir 1 uned o gyfalaf ac 1 uned o bob ffactor cynhyrchu arall, caiff 20 uned o gynnyrch eu cynhyrchu. Bydd dyblu'r mewngyrch i 2 uned o gyfalaf a 2 uned o bob ffactor arall yn fwy na dyblu'r cynnyrch i 50 uned. Bydd cynyddu'r mewngyrch 50% o 2 i 3 uned o bob ffactor yn cynyddu'r cynnyrch fwy na 50% o 50 uned i 80 uned. Felly mae'r cwmni'n gweithredu dan amodau o adenillion maint cynyddol.
- Mae ADENILLION MAINT DIGYFNEWID yn digwydd os bydd cynnydd canrannol cyfartal yn y ffactorau mewngyrch yn

Tabl 46.2

		Unedau
Cyfalaf	Llafur	Cyfanswm y cynnyrch
10	1	8
10	2	24
10	3	42
10	4	60
10	5	70
10	6	72

Mae Tabl 46.2 yn dangos y newid yng nghyfanswm y cynnyrch wrth i faint llafur gynyddu gyda phob ffactor mewngyrch arall yn ddigyfnewid.
(a) Cyfrifwch y cynnyrch cyfartalog a ffiniol ar bob lefel o fewngyrch llafur.
(b) Lluniadwch gromliniau cyfanswm y cynnyrch, cynnyrch cyfartalog a chynnyrch ffiniol ar graff.
(c) Ar ba lefel o gynnyrch y mae (i) adenillion ffiniol lleihaol a (ii) adenillion cyfartalog lleihaol yn cychwyn?

arwain at yr un cynnydd canrannol yn y cynnyrch. Er enghraifft, os bydd cwmni'n dyblu ei fewngyrch a bod hynny'n arwain at ddyblu'r cynnyrch, mae adenillion maint digyfnewid yn digwydd.
- Mae ADENILLION MAINT GOSTYNGOL yn digwydd os bydd cynnydd canrannol cyfartal yn y ffactorau mewngyrch yn arwain at gynnydd llai na chyfrannol yn y cynnyrch. Felly mae adenillion maint gostyngol yn digwydd os bydd cwmni'n treblu ei fewngyrch ond yn dyblu'r cynnyrch yn unig.

Tabl 46.3 Adenillion maint cynyddol

		Unedau o gyfalaf		
		1	2	3
Unedau o	1	**20**	35	45
bob ffactor	2	30	**50**	65
cynhyrchu arall	3	35	63	**80**

Tabl 46.4

		Unedau o lafur				
		1	2	3	4	5
Unedau o	1	1	2	4	5	6
bob ffactor	2	2	3	6	8	10
cynhyrchu arall	3	3	5	9	11	12
	4	5	7	10	12	13
	5	7	9	11	13	14

Mae'r tabl yn dangos cynnyrch cwmni ar gyfer lefelau gwahanol o ffactorau mewngyrch dros y tymor hir. Ym mha amrediad y mae'r cwmni'n cael:
(a) adenillion maint cynyddol;
(b) adenillion maint digyfnewid;
(c) adenillion maint gostyngol?

Termau allweddol

Adenillion maint – y newid canrannol yn y cynnyrch sy'n deillio o newid canrannol yn y ffactorau cynhyrchu i gyd. Mae yna adenillion maint cynyddol os ydy'r cynnydd canrannol yn y cynnyrch yn fwy na'r cynnydd canrannol yn y ffactorau a ddefnyddir, mae yna adenillion maint digyfnewid os yw yr un fath ac mae yna adenillion maint gostyngol os yw'n llai.

Cyfanswm y cynnyrch – maint y cynnyrch, wedi'i fesur mewn unedau ffisegol, a gynhyrchir gan nifer penodol o ffactorau mewngyrch dros gyfnod.

Cynnyrch cyfartalog – maint y cynnyrch am bob uned o ffactorau mewngyrch, sef cyfanswm y cynnyrch wedi'i rannu â lefel y cynnyrch.

Cynnyrch ffiniol – yr ychwanegiad at y cynnyrch a gynhyrchir gan uned ychwanegol o fewngyrch, sef y newid yng nghyfanswm y cynnyrch wedi'i rannu â'r newid yn lefel y ffactorau mewngyrch.

Deddf adenillion lleihaol neu ddedf cyfrannau newidiol – os caiff meintiau cynyddol o ffactor newidiol eu cyfuno â ffactor sefydlog, yn y pen draw bydd cynnyrch ffiniol ac yna cynnyrch cyfartalog y ffactor newidiol hwnnw yn gostwng. Dywedir bod yna adenillion lleihaol pan fydd y gostyngiad hwn yn digwydd.

Ffwythiant cynhyrchu – y berthynas rhwng cynnyrch a lefelau a chyfuniadau gwahanol o ffactorau mewngyrch.

Tymor byr – y cyfnod pan na ellir amrywio o leiaf un ffactor a fewngyrchir i'r broses gynhyrchu.

Tymor hir – y cyfnod pan fo'r ffactorau mewngyrch i gyd yn gallu cael eu hamrywio ond bod cyflwr technoleg yn ddigyfnewid.

Tymor hir iawn – y cyfnod pan fydd cyflwr technoleg yn gallu newid.

Economeg gymhwysol

Adenillion cynyddol mewn gorsafoedd petrol

Y ffwythiant cynhyrchu

Mae gorsafoedd petrol yn rhoi gwasanaeth i'w cwsmeriaid. Maen nhw'n prynu tanwydd a nwyddau eraill mewn meintiau mawr, yn eu storio ac yna'n eu gwerthu mewn meintiau llai i gwsmeriaid pan fyddan nhw eisiau eu prynu. Mae ffactorau mewngyrch eraill i'r broses gynhyrchu hon heblaw am stoc yn cynnwys y tir yr adeiladwyd yr orsaf betrol arno, cyfalaf ar ffurf adeiladau a chyfarpar, a llafur.

Newid y cymysgedd cynhyrchion

Yn wreiddiol, tueddai gorsafoedd petrol i fod ynghlwm wrth fodurdai a fyddai'n atgyweirio ceir, ac o bosibl yn gwerthu ceir hefyd. Roedd modurdai yn ceisio cynnig gwasanaeth cyflawn i'r gyrrwr. Ond yna adeiladwyd mwy a mwy o orsafoedd petrol heb ddarparu gwasanaethau eraill sy'n ymwneud â modurdai. Roedd hyn yn eu galluogi i fanteisio ar arbenigaeth.

Erbyn yr 1970au, dechreuodd gorsafoedd petrol weld newid arall. Dechreuodd cadwynau o uwchfarchnadoedd adeiladu gorsafoedd petrol newydd. Roeddent yn gallu codi prisiau is na gorsafoedd petrol sefydledig drwy werthu meintiau mawr o betrol a thrwy brynu am y prisiau isaf ym marchnadoedd olew y byd. Os nad oedd llawer o orsafoedd petrol uwchfarchnad mewn ardal, doedd hyn ddim yn bygwth cyflenwyr traddodiadol ryw lawer. Ond erbyn rhan olaf yr 1980au roedd gorsafoedd petrol uwchfarchnad i'w cael yn y rhan fwyaf o ardaloedd. Dechreuodd gorsafoedd petrol traddodiadol

gau yn sgil y gystadleuaeth ffyrnig o ran pris.

Yn 1990 roedd tua 20 000 o safleoedd adwerthu petrol yn y DU, ond roedd hyn bron wedi'i haneru erbyn 2004. Roedd nifer safleoedd yr uwchfarchnadoedd wedi cynyddu dros yr un cyfnod o 369 i 1 111. Ond roedd nifer y safleoedd adwerthu petrol dan berchenogaeth y cwmnïau olew mawr wedi gostwng o 6 500 i 2 831, tra bo nifer yr adwerthwyr annibynnol wedi gostwng o 13 000 i 6 182. Roedd disgowntwyr prisiau yr uwchfarchnadoedd wedi ennill buddugoliaeth amlwg dros safleoedd y cwmnïau olew a'r adwerthwyr annibynnol oedd yn ddrutach.

Adenillion cynyddol

Go brin y bydd gorsafoedd petrol yn gweithredu ar eu gallu mwyaf. Gallai'r rhan fwyaf gyflenwi petrol i fwy o gwsmeriaid heb orfod cynyddu maint eu safle neu osod pympiau newydd. Felly, byddai'n bosibl gwerthu mwy o betrol drwy gyfuno cyfalaf sy'n bodoli eisoes â mwy o betrol. Hefyd mae cwmnïau petrol wedi sylweddoli ers sawl blwyddyn y gallai nwyddau eraill gael eu gwerthu o orsafoedd petrol. Yn nodweddiadol, dechreuodd hyn gyda melysion ac ychydig o gynhyrchion moduro fel olew. Fodd bynnag, yn fwyfwy maen nhw wedi troi gorsafoedd petrol yn siopau cyfleus bach. Trwy gyfuno nwyddau groser, byrbrydau, cynhyrchion moduro a phapurau newydd, maen nhw wedi gallu sicrhau adenillion maint cynyddol, gan werthu mwy o gynhyrchion heb gynyddu eu stoc o gyfalaf sefydlog.

Cwestiwn Data

Gorbysgota

Yn rhan gyntaf yr 1950au daliwyd ychydig dros 20 miliwn o dunelli metrig o bysgod y flwyddyn yn fyd-eang. Erbyn 2004 roedd wedi codi i bron 100 miliwn o dunelli metrig. Ond mor gynnar â'r 1960au roedd rhybuddion yn dod o wahanol bysgodfeydd ledled y byd bod gorbysgota yn dinistrio'r diwydiant. O Newfoundland i'r Môr Canoldir i Fôr y Gogledd, roedd stociau pysgod yn cyrraedd lefelau argyfyngus. Dinistriodd y diwydiant pysgota y stoc pysgod ger Newfoundland yn yr 1980au. Yn Ewrop, gorfodwyd yr UE a llywodraethau ei aelodau i gyflwyno cynllun cwota i gyfyngu ar nifer y pysgod a ddaliwyd. Gwnaeth hynny ddigio'r diwydiant pysgota oedd wedi bod yn ehangu cryn dipyn. Y broblem yw nad ydy stociau pysgod yn ddiderfyn. Os na chedwir nifer y pysgod ar lefel allweddol, bydd stociau pysgod yn gostwng dros amser gan ddymchwel yn llwyr yn y pen draw. Amcangyfrifodd Cyfundrefn Bwyd ac Amaethyddiaeth y Cenhedloedd Unedig (*FAO*) yn 2005 bod 16% o bysgodfeydd y byd yn cael eu gorbysgota, bod 7% eisoes wedi'u disbyddu a bod 1% yn adfer ar ôl disbyddiad. Roedd 52% yn cael eu defnyddio'n llwyr, sef yn cael eu pysgota i'w cynhyrchedd biolegol mwyaf. Ni fyddai rhoi mwy o gychod yn yr ardaloedd hyn yn cynhyrchu fawr ddim mwy o gynnyrch. Dim ond 24% o bysgodfeydd y byd sy'n cael eu tanddefnyddio ac sy'n gallu cynnal cynnydd cymedrol mewn pysgota.

Ffynhonnell: addaswyd o Ddatganiad i'r Wasg, FAO, 7.3.2005.

1. Amlinellwch broblem gorbysgota.
2. Gan roi enghreifftiau o'r data, esboniwch pam y bu pysgota'n agored i adenillion lleihaol yn nyfroedd y DU a ledled y byd.
3. Pedwar datrysiad posibl i broblem gorbysgota yw tynhau cwotâu presennol ar ddal pysgod, gwahardd pysgota yn gyfan gwbl mewn pysgodfeydd penodol, gostwng nifer y cychod sy'n cael trwydded i bysgota, a chynyddu trethi ar werthiant pysgod. Trafodwch y datrysiadau hyn, gan werthuso a fyddent yn helpu i ddatrys y broblem, a phwy allai ennill a cholli o'u gweithredu.

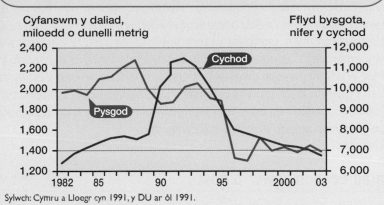

Ffigur 46.2 Daliadau pysgod a gymerwyd ac a laniwyd o ddyfroedd y DU gan gynnwys Môr y Gogledd gan gychod o bob gwlad: maint fflyd bysgota'r DU

Sylwch: Cymru a Lloegr cyn 1991, y DU ar ôl 1991.

Ffynhonnell: addaswyd o *Annual Abstract of Statistics*, Swyddfa Ystadegau Cenedlaethol; *e-Digest of Environmental Statistics*, Adran yr Amgylchedd, Pysgod a Materion Gwledig.

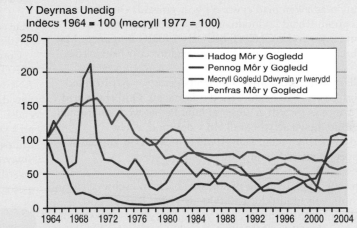

Ffigur 46.3 Stociau pysgod Môr y Gogledd a stociau mecryll Gogledd Ddwyrain yr Iwerydd; 1964=100 (mecryll 1977=100).

Ffynhonnell: addaswyd o *Environment in your pocket*, Swyddfa Ystadegau Cenedlaethol.

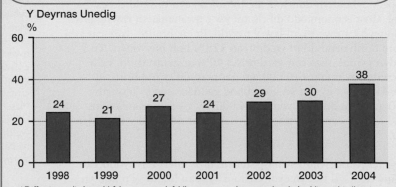

Ffigur 46.4 Y ganran o'r stociau pysgod o amgylch y DU a bysgotir ar lefel gynaliadwy[1]

[1] Diffinnir cynaliadwyedd fel pysgota ar lefel lle mae pysgod yn atgynhyrchu'n ddigonol i alluogi tebygolrwydd da o adnewyddu stoc.
Ffynhonnell: addaswyd o *Environment in your pocket*, Swyddfa Ystadegau Cenedlaethol.

Crynodeb

1. Mae economegwyr yn defnyddio'r gair 'cost' cynhyrchu mewn modd gwahanol i'r defnydd cyffredinol a wneir ohono. Cost ymwad cynhyrchu yw cost economaidd.
2. Mae llawer o gostau'n briodoledig – hynny yw maen nhw'n rhan o gost y cynhyrchu ond dydy'r cynhyrchydd ddim yn talu amdanynt yn uniongyrchol.
3. Costau cynhyrchu nad ydynt yn amrywio'n union â lefel y cynnyrch yw costau sefydlog (neu gostau anuniongyrchol neu orbenion). Costau sy'n cynyddu wrth i lefel y cynhyrchu gynyddu yw costau newidiol (neu gostau uniongyrchol).
4. Mae economegwyr yn gwahaniaethu rhwng cyfanswm cost y cynhyrchu, cost gyfartalog a chost ffiniol.
5. Gellir gwahaniaethu rhwng cyfanswm y derbyniadau, derbyniadau cyfartalog a derbyniadau ffiniol hefyd.
6. Elw economaidd neu annormal yw'r gwahaniaeth rhwng cyfanswm y derbyniadau a chyfanswm y gost. Mae elw normal yn gost economaidd (h.y. ymwad) cynhyrchu.

Diffiniad economegwyr o gost

Mae economegwyr yn defnyddio'r gair 'cost' mewn ystyr benodol iawn. Cost ymwad cynhyrchu yw COST ECONOMAIDD cynhyrchu i gwmni. Dyma'r gwerth y gellid bod wedi ei greu pe bai'r adnoddau wedi cael eu defnyddio yn y defnydd nesaf orau.

Er enghraifft, mae gan stondinwr rai costau amlwg iawn, fel cost prynu stoc i'w werthu, y rhent am ei stondin yn y farchnad a'r petrol i fynd i ac o'r farchnad. Bydd arian yn cael ei dalu am y rhain a bydd hynny'n adlewyrchiad cywir o'r gost ymwad. Ond mae nifer o gostau yn gudd. Rhaid i adnoddau sydd â chost ymwad ond na wneir tâl amdanynt fod â CHOST BRIODOLEDIG (*imputed*). Mae nifer o enghreifftiau y gellir eu defnyddio i egluro cost briodoledig.

Llafur Efallai y bydd stondinwr hunangyflogedig yn cyfrifo ei fod wedi gwneud 'elw' o £50 ar ddiwrnod o fasnachu. Ond efallai nad yw hyn yn cynnwys gwerth ei amser ei hun. Pe bai wedi gallu ennill £40 yn gweithio mewn swydd arall am y diwrnod, ei elw economaidd yw £10 yn unig. Felly, rhaid cynnwys cost ymwad ei lafur fel cost economaidd cynhyrchu.

Cyfalaf ariannol Efallai y bydd dyn busnes bach yn cychwyn cwmni â'i arian ei hun, gan fuddsoddi £50 000, dyweder. Rhaid i gost economaidd cynhyrchu gynnwys cost ymwad y cyfalaf cychwynnol hynny. Pe bai wedi gallu ennill 10% y flwyddyn mewn buddsoddiad arall, y gost economaidd (y gost ymwad) yw £5 000 y flwyddyn.

Dibrisiant Bydd **cyfalaf ffisegol** cwmni yn dirywio dros amser. Mae peiriannau'n treulio, mae angen atgyweirio adeiladau, ayb. Hefyd bydd peth cyfalaf yn ddarfodedig (*obsolete*) cyn diwedd ei oes ffisegol. Cost economaidd dibrisiant yw'r gwahaniaeth rhwng pris prynu nwydd a gwerth ail-law y nwydd. Er enghraifft, dydy car sy'n para am 8 mlynedd ddim yn dibrisio 12½% bob blwyddyn. Yn y flwyddyn gyntaf, mae ceir yn dibrisio 40% ar gyfartaledd. Felly bydd cwmni sy'n talu £10 000 am gar newydd sy'n dibrisio 40% dros ei flwyddyn gyntaf yn gweld bod ganddo ased sy'n werth £6 000 ar ddiwedd y flwyddyn. £6 000 yw gwerth ariannol cost ymwad cadw'r car yn hytrach na'i werthu ar ddiwedd y flwyddyn honno.

Ewyllys da Gall cwmni sy'n masnachu dros nifer o flynyddoedd gael enw da. Gall fod yn cynhyrchu nwyddau brand sy'n dod yn enwau cyfarwydd iawn. Mae gan ewyllys da y brandiau hyn gost ymwad. Gallen nhw gael eu gwerthu i gystadleuydd. Felly rhaid i'r llog na dderbynnir ar werth posibl y rhain o'u gwerthu gael ei gynnwys fel cost economaidd.

O ran defnyddio'r gair 'cost' mae economegwyr yn wahanol i gyfrifwyr, arolygwyr treth, busnesau ac eraill. Mae cyfrifwyr wedi datblygu confensiynau penodol ynghylch yr hyn sy'n gost a'r hyn nad yw'n gost a'r hyn y dylid ei gynnwys mewn mantolen a'r hyn na ddylid ei gynnwys. Gall mantolen cyfrifydd fod yn wahanol iawn i fantolen economegydd.

Costau sefydlog a newidiol

Mae economegwyr yn gwahaniaethu rhwng dau fath o gost: cost sefydlog a chost newidiol.

Cost nad yw'n amrywio'n union â'r cynnyrch yw COST SEFYDLOG. Termau eraill am gostau sefydlog yw COSTAU ANUNIONGYRCHOL a GORBENION. Wrth i lefelau cynhyrchu newid, bydd gwerth cost sefydlog yn ddigyfnewid. Er enghraifft, efallai bod cwmni'n rhentu adeilad. Bydd y rhent ar yr adeilad yn aros yr un fath p'un ai bod y cwmni heb gynhyrchu dim neu'n cynhyrchu ar ei allu cynhyrchu llawn. Os bydd cwmni'n talu am ymgyrch hysbysebu, bydd y gost yr un fath p'un ai y bydd gwerthiant yn ddigyfnewid neu'n cynyddu. Costau a nodir yn gyffredin fel enghreifftiau o gostau sefydlog yw nwyddau cyfalaf

Mae gwraig fusnes yn rhedeg ei busnes ei hun. Dros y deuddeg mis diwethaf, mae hi wedi talu £18 000 am ddefnyddiau a £9 000 mewn cyflogau i weithiwr y mae'n ei gyflogi. Mae hi'n rhedeg y busnes o adeilad sy'n eiddo i'w rhieni. Gallai'r adeilad hwn fod wedi cael ei osod ar rent am £10 000 y flwyddyn pe na bai hi'n gweithio yno. Mae £40 000 o'i chyfalaf ei hun ynghlwm wrth y busnes. Mae hi'n athrawes hyfforddedig ac ar hyn o bryd mae'n gweithio hanner yn union o'i hamser mewn ysgol yn ennill £15 000. Gallai weithio fel athrawes amser llawn (yn ennill £30 000 y flwyddyn) pe na bai'n rhedeg y busnes. Y gyfradd llog gyfredol yw 5%. Cyfanswm derbyniadau ei busnes dros y 12 mis diwethaf oedd £60 000.

(a) Ar sail y ffigurau hyn, beth oedd ei chostau cyfrifyddol a beth oedd ei chostau economaidd?
(b) A wnaeth hi elw y llynedd?

(e.e. ffatrïoedd, swyddfeydd, offer a pheiriannau) rhent ac ardrethi, staff swyddfa a hysbysebu a hyrwyddo.

Cost sy'n amrywio'n union â'r cynnyrch yw COST NEWIDIOL (neu UNIONGYRCHOL neu BRIMAIDD). Wrth i gynhyrchu gynyddu, bydd cost newidiol yn cynyddu hefyd. Er enghraifft, bydd gwneuthurwr dur yn defnyddio mwyn haearn. Po fwyaf o ddur a gynhyrchir, mwyaf o gyd o fwyn haearn y bydd ei angen, felly mae cost mwyn haearn yn gost newidiol. Defnyddiau crai ar gyfer cynhyrchu yw'r enghraifft amlycaf o gostau newidiol i'r rhan fwyaf o gwmnïau. Nid yw bob amser yn hawdd categoreiddio cost yn sefydlog neu'n newidiol. Mae llawer o gostau'n GOSTAU LLED NEWIDIOL. Mae llafur yn enghraifft dda. Mae rhai cwmnïau'n cyflogi staff parhaol, a allai gael eu dosbarthu'n gost sefydlog. Gallen nhw ofyn i'r staff parhaol wneud gwaith trosamser pan fyddai angen, neu gyflogi llafur dros dro. Byddai'r costau hyn yn cael eu dosbarthu'n newidiol. Ond gallai staff parhaol gael eu hystyried yn gost newidiol pe bai'r cwmni'n fodlon cyflogi a diswyddo staff wrth i'w gynnyrch newid. Yn ymarferol, mae cwmnïau'n addasu niferoedd y staff gyda'r cynnyrch, ond mae'r addasu'n araf ac felly dydy cost llafur ddim yn sefydlog nac yn newidiol – mae'n lled newidiol.

Yn y **tymor byr** (☞ uned 46), mae yna o leiaf un ffactor cynhyrchu na ellir ei newid. Felly, yn y tymor byr bydd rhai costau'n gostau sefydlog tra bydd eraill yn newidiol. Yn y tymor hir, gall yr holl ffactorau mewngyrch amrywio. Felly, yn y tymor hir bydd yr holl gostau'n gostau newidiol.

Cwestiwn 2

Mae Rachel Hughes yn berchen ar dŷ bwyta bwydydd cyflawn ar gyfer llysieuwyr. Eglurwch pa rai o'r costau canlynol fyddai fwyaf tebygol o fod yn gostau sefydlog, costau newidiol neu gostau lled newidiol ei busnes: reis; rhent; cyflogau staff ysbeidiol; taliadau llog ar fenthyciad; trydan; olew coginio; potiau a phedyll; ei chyflog hi ei hun; TAW.

Cyfanswm y gost, cost gyfartalog a chost ffiniol

Mae'n bwysig gwahaniaethu rhwng cyfanswm cost cynhyrchu, cost gyfartalog a chost ffiniol. CYFANSWM COST cynhyrchu (CCC) yw cost cynhyrchu lefel benodol o gynnyrch. Er enghraifft, os ydy gwneuthurwr yn cynhyrchu 100 o unedau yr wythnos a bod ei gostau wythnosol yn £1 filiwn, yna cyfanswm cost y cynhyrchu yw £1 filiwn. Bydd cynyddu cynhyrchu bron yn sicr yn arwain at gynnydd yng nghyfanswm y gost. Os bydd y gwneuthurwr yn cynyddu'r cynnyrch i 200 o unedau yr wythnos, byddai angen prynu mwy o ddefnyddiau crai, cynyddu nifer y gweithwyr, ac yn gyffredinol cynyddu'r ffactorau mewngyrch.

Tabl 47.1 Cyfanswm costau cynhyrchu

(1)	(2)	(3)	(4)
Cynnyrch (yr wythnos)	Cyfanswm y costau newidiol (£)	Cyfanswm y costau sefydlog (£)	Cyfanswm y gost (colofnau 2+3) (£)
0	0	200	200
1	200	200	400
2	300	200	500
3	600	200	800
4	1 200	200	1 400
5	2 000	200	2 200

Dangosir hyn yn Nhabl 47.1. Pan fo lefel y cynnyrch yn 1 uned yr wythnos, cyfanswm cost y cynhyrchu yw £400. Pe bai'r cynnyrch yn 2 uned yr wythnos, byddai cyfanswm y gost yn codi i £500.

Mae cyfanswm cost cynhyrchu yn cynnwys dwy gydran:
- CYFANSWM Y COSTAU NEWIDIOL (CCN) sy'n amrywio gyda'r cynnyrch.
- CYFANSWM Y COSTAU SEFYDLOG (CCS) sy'n ddigyfnewid beth bynnag yw lefel y cynnyrch.

Felly yn Nhabl 47.1, mae cyfanswm y costau newidiol yn cynyddu o sero i £2 000 wrth i'r cynnyrch gynyddu o sero i 5 uned yr wythnos, tra bo cyfanswm y costau sefydlog yn ddigyfnewid yn £200 beth bynnag yw lefel y cynnyrch. Mae adio cyfanswm y costau newidiol at gyfanswm y costau sefydlog yn rhoi cyfanswm y gost. Yn fathemategol:

$$CCN + CCS = CCC$$

Cyfanswm y gost wedi'i rannu â lefel y cynnyrch yw COST GYFARTALOG CYNHYRCHU. Er enghraifft, os ydy cwmni'n gwneud 100 o citemau a chyfanswm y gost yw £1 000, yna £10 yw'r gost gyfartalog am bob eitem. Pe bai cwmni'n gwneud 15 eitem am gost o £30, yna £2 fyddai cost gyfartalog cynhyrchu. Yn fathemategol:

$$CG = \frac{CCC}{M}$$

Yma CG yw cost gyfartalog, CCC yw cyfanswm cost y cynhyrchu, M yw maint neu lefel y cynnyrch.

Yn yr un modd â chyfanswm y gost, mae cost gyfartalog yn cynnwys dwy gydran:
- COST NEWIDIOL GYFARTALOG (CNG), sef cyfanswm y costau newidiol wedi'i rannu â lefel y cynnyrch
- COST SEFYDLOG GYFARTALOG (CSG), sef cyfanswm y costau sefydlog wedi'i rannu â lefel y cynnyrch.

Yn Nhabl 47.2 rhoddir costau cyfartalog cynhyrchu ar gyfer yr enghraifft yn Nhabl 47.1.

Cost cynhyrchu uned ychwanegol o gynnyrch yw COST FFINIOL. Er enghraifft, os yw'n costio £100 i gynhyrchu 10 eitem a £105 i gynhyrchu 11 eitem, cost ffiniol yr unfed eitem ar ddeg yw £5. Os yw'n costio £4 i gynhyrchu 2 eitem ond £10 i gynhyrchu 3 eitem, cost ffiniol y drydedd eitem yw £6.

Yn fathemategol, cyfrifir cost ffiniol (CFf) drwy rannu'r newid yng nghyfanswm y gost (ΔCCC) â'r newid yn nghyfanswm y cynnyrch (ΔM).

$$CFf = \frac{\Delta CCC}{\Delta M}$$

Yn Nhabl 47.3 rhoddir costau ffiniol cynhyrchu ar gyfer y ffigurau yn Nhablau 47.1 a 47.2.

Cyfanswm y derbyniadau, derbyniadau cyfartalog a ffiniol

Ystyr derbyniadau cwmni yw ei dderbyniadau o arian o werthu nwyddau a gwasanaethau dros gyfnod fel wythnos neu flwyddyn. Mae'r perthnasoedd rhwng cyfanswm y derbyniadau, derbyniadau cyfartalog a derbyniadau ffiniol yr un fath â'r perthnasoedd rhwng cyfanswm y gost, cost gyfartalog a chost ffiniol.
- CYFANSWM Y DERBYNIADAU (CD) – cyfanswm yr arian a dderbynnir o werthu lefel benodol o gynnyrch.

Tabl 47.2 Costau cyfartalog cynhyrchu¹

(1)	(2)	(3)	(4)
Cynnyrch (yr wythnos)	Cost newidiol gyfartalog (£)	Cost sefydlog gyfartalog (£)	Cost gyfartalog cynhyrchu (colofnau 2+3) (£)
1	200	200	400
2	150	100	250
3	200	67	267
4	300	50	350
5	400	40	440

¹ Wedi'u talgrynnu i'r bunt agosaf

Tabl 47.3 Costau ffiniol cynhyrchu

(1)	(2)	(3)
Cynnyrch (yr wythnos)	Cyfanswm y gost (£)	Cost ffiniol (£)
1	400	400
2	500	100
3	800	300
4	1400	600
5	2200	800

Cwestiwn 3

Tabl 47.4

£

Cynnyrch	Cyfanswm y costau sefydlog	Cyfanswm y costau newidiol	Cyfanswm y gost	Cost sefydlog gyfartalog	Cost newidiol gyfartalog	Cost gyfartalog	Cost ffiniol
0	40						
1		6					
2		11					
3		15					
4			60				
5			66				

Cwblhewch Dabl 47.4 gan gyfrifo'r ffigurau sydd ar goll.

Cwestiwn 4

Tabl 47.5

Gwerthiant (miliynau o unedau)	Derbyniadau cyfartalog (£)	Cyfanswm y derbyniadau (£)	Derbyniadau ffiniol (£)
1	20		
2	18		
3	16		
4	14		
5	12		
6	10		
7	8		
8	6		
9	4		
10	2		

Cyfrifwch (a) gyfanswm y derbyniadau a (b) derbyniadau ffiniol ar bob lefel gwerthiant o 1 filiwn i 10 miliwn.

Fe'i cyfrifir drwy luosi cyfanswm y maint a werthir â'r pris cyfartalog a dderbynnir.

- DERBYNIADAU CYFARTALOG (DC) – y derbyniadau cyfartalog am bob uned a werthir. Gellir ei gyfrifo drwy rannu cyfanswm y derbyniadau â'r maint a werthir. Os caiff y cynnyrch i gyd ei werthu am yr un pris, rhaid bod derbyniadau cyfartalog yn hafal i bris y cynnyrch a werthir.
- DERBYNIADAU FFINIOL (DFf) – y derbyniadau o werthu uned ychwanegol o gynnyrch. Dyma'r gwahaniaeth rhwng cyfanswm y derbyniadau ar lefelau gwahanol o gynnyrch. Yn fathemategol:

$$DFf = CD_n - CD_{n-1}$$

Yma n yw'r nwydd olaf a werthwyd, n-1 yw'r nwydd olaf ond un a werthwyd. Er enghraifft, pe bai cwmni'n gwerthu 9 uned am gyfanswm o £200 a 10 uned am £220, yna £20 fyddai derbyniadau ffiniol y ddegfed uned.

Elw

Cyfrifir **elw** cwmni drwy dynnu cyfanswm ei gost o gyfanswm ei dderbyniadau:

$$Elw = CD - CCC$$

Gellir ei gyfrifo hefyd drwy ddarganfod yr elw cyfartalog am bob uned, sef derbyniadau cyfartalog minws cost gyfartalog, a lluosi hynny â'r maint a werthwyd.

Dylid cofio bod cost i economegydd yn wahanol i gost i gyfrifydd neu berson busnes. Fel yr eglurwyd uchod, **cost ymwad** cynhyrchu yw ei gost economaidd. Fe'i mesurir gan y budd y gellid bod wedi ei ennill pe bai'r adnoddau a ddefnyddiwyd yn y broses gynhyrchu wedi cael eu defnyddio yn eu defnydd nesaf orau o ran proffidioldeb. Pe bai cwmni wedi gallu gwneud elw o £1 filiwn drwy ddefnyddio ei adnoddau yn y modd nesaf orau, byddai'r elw o £1 filiwn yn gost ymwad i'r cwmni. Mewn economeg, y term am yr elw hwn, sy'n cael ei ystyried yn gost economaidd, yw **elw normal** (☞ uned 17).

Pe na bai'r cwmni'n llwyddo i ennill elw normal, byddai'n peidio â chynhyrchu yn y tymor hir. Byddai adnoddau'r cwmni'n cael eu defnyddio'n well yn cynhyrchu nwyddau a gwasanaethau eraill lle gallai elw normal gael ei ennill. Felly, rhaid ennill elw normal os ydy ffactorau cynhyrchu i gael eu cadw yn eu defnydd presennol.

Ystyr **elw economaidd** (a elwir hefyd yn **elw pur** neu'n **elw annormal**) yw'r elw uwchlaw elw normal (h.y. yr elw uwchlaw cost ymwad yr adnoddau a ddefnyddir mewn cynhyrchu gan y cwmni). Mae'n bwysig cofio bod y cwmni'n ennill elw normal pan fo cyfanswm y derbyniadau yn hafal i gyfanswm y gost. Ond rhaid i gyfanswm y derbyniadau fod yn fwy na chyfanswm y gost os yw i ennill elw annormal.

Cwestiwn 5

Mae person busnes yn ymadael â'i swydd £70 000 y flwyddyn i gychwyn cwmni lle mae'n tynnu cyflog o £30 000 yn ei flwyddyn gyntaf, £50 000 yn ei ail flwyddyn a £70 000 yn ei drydedd flwyddyn. Mae'n rhoi £50 000 o'i gynilion ei hun i mewn i'r cwmni fel cyfalaf cychwynnol, arian a oedd wedi'i fuddsoddi cyn hynny ac a allai ennill cyfradd adennill o 10% y flwyddyn. Mae cyfrifwyr yn datgan mai £250 000 oedd costau'r cwmni dros y deuddeg mis cyntaf, £280 000 yn y deuddeg mis nesaf a £350 000 yn y drydedd flwyddyn. Roedd y derbyniadau'n £270 000 yn y flwyddyn gytnaf, £310 000 yn yr ail flwyddyn a £450 000 yn y drydedd flwyddyn.

Ar gyfer pob blwyddyn cyfrifwch y canlynol:
(a) elw cyfrifyddol y cwmni;
(b) elw economaidd y cwmni;
(c) elw normal y cwmni.

Termau allweddol

Cost briodoledig – cost economaidd nad yw cwmni'n talu amdani ag arian i gwmni arall ond yn hytrach mae'n gost ymwad ffactorau cynhyrchu y mae'r cwmni ei hun yn berchen arnynt.

Cost economaidd – cost ymwad mewngyrch i'r broses gynhyrchu.

Cost ffiniol – cost cynhyrchu uned ychwanegol o gynnyrch.

Cost gyfartalog – cost gyfartalog cynhyrchu am bob uned, fe'i cyfrifir drwy rannu cyfanswm y gost â'r maint a gynhyrchir. Mae'n hafal i gost newidiol gyfartalog + cost sefydlog gyfartalog.

Costau newidiol neu uniongyrchol neu brimaidd – costau sy'n amrywio'n union â lefel cynnyrch cwmni.

Costau sefydlog neu anuniongyrchol neu orbenion – costau nad ydynt yn amrywio wrth i lefel y cynhyrchu gynyddu neu ostwng.

Cyfanswm y derbyniadau – cyfanswm yr arian a dderbynnir o werthu lefel benodol o gynnyrch.

Cyfanswm y gost – cost cynhyrchu lefel benodol o gynnyrch. Mae'n hafal i gyfanswm y costau newidiol + cyfanswm y costau sefydlog.

Derbyniadau cyfartalog – y derbyniadau cyfartalog am bob uned a werthir. Mae'n hafal i gyfanswm y derbyniadau wedi'i rannu â'r maint a werthir.

Derbyniadau ffiniol – yr ychwanegiad at gyfanswm y derbyniadau o werthu uned ychwanegol.

Economeg gymhwysol

Eurotunnel

Eurotunnel yw'r cwmni sy'n rheoli isadeiledd Twnnel y Sianel. Mae'n cael derbyniadau, mae'n talu costau ac mae ganddo'r potensial i wneud elw, ond hyd yma mae wedi gwneud colledion.

Daeth ei dderbyniadau hyd at 2006 o ddwy brif ffynhonnell. Yn gyntaf, derbyniai'r arian a dalai defnyddwyr cerbydau modur am docynnau (modurwyr preifat, cwmnïau bysiau, cwmnïau teithio a chwmnïau cludo nwyddau) am ei wasanaeth ôl a blaen (*shuttle*). Yn ail, derbyniai dderbyniadau o'r cwmnïau rheilffyrdd sy'n mynd â'u trenau drwy'r Twnnel gan gynnwys *Eurostar* a chwmnïau cludo nwyddau ar drenau. Mae'r derbyniadau hyn (Lleiafswm Tâl Defnyddio) wedi'u gwarantu ar lefel isaf o £117 miliwn y flwyddyn gan lywodraethau Prydain a Ffrainc. Fel y gwelir yn Nhabl 47.6, cyfanswm y derbyniadau hyn oedd £263 miliwn yn y flwyddyn hyd at 30 Mehefin 2005.

Mae costau'r cwmni yn cynnwys cyflogau gweithwyr, trydan a chynnal a chadw, diogelwch, marchnata a hysbysebu, a phremiymau yswiriant. Mae'r rhan fwyaf o'r costau hyn yn gostau lled-newidiol. Yn y tymor byr iawn, maent yn sefydlog. Er enghraifft, mae *Eurotunnel* yn rhedeg trenau ôl a blaen yn rheolaidd drwy'r twnnel p'un ai eu bod yn llawn ai peidio. Cyflogau rheolaidd yw'r rhan fwyaf o'r costau staff. Nid yw gwariant ar farchnata a hysbysebu yn ddibynnol ar faint y gwerthiant. Ar y llaw arall, yn y tymor canolig, mae *Eurotunnel* yn gallu amrywio'r costau hyn heb amrywio'i holl ffactorau cynhyrchu ar yr un pryd ac mae yn gwneud hynny. Er enghraifft, ym mis Hydref 2005 cyhoeddodd ei fod wedi trafod pecyn o 900 o ddiswyddiadau gwirfoddol gyda'i staff. Mae gan y cwmni y gallu i redeg mwy o'i drenau ôl a blaen drwy'r twnnel yn ddyddiol, a fyddai'n creu costau uwch. Fel y gwelir yn Nhabl 47.6, roedd y costau hyn, a elwir yn gostau gweithredu mewn cyfrifon, yn £127 miliwn yn y flwyddyn hyd at 30 Mehefin 2005.

Mae Tabl 47.6 wedyn yn dangos bod y cwmni wedi cynnwys gwerth £56 miliwn o ddibrisiant a darpariaethau fel costau. Costau cyfrifyddol yn hytrach na chostau economaidd am y flwyddyn yw'r rhain. Ei elw masnachu am y flwyddyn hyd at fis Mehefin 2005 oedd £85 miliwn, sef y gwahaniaeth rhwng y derbyniadau y mae'n eu hennill o'i wasanaethau a chost gweithredu'r gwasanaethau hynny. Mae elw masnachu yn gysyniad cyfrifyddol arall yn hytrach nag economaidd.

Yn olaf, mae Tabl 47.6 yn dangos ei fod wedi talu £161 miliwn mewn llog ar fenthyciadau, sef cost sefydlog i'r cwmni. Mae hyn yn golygu bod y cwmni wedi gwneud colled gyfrifyddol o £87 miliwn yn y flwyddyn hyd at 30 Mehefin 2005.

O safbwynt cyfrifyddol, roedd *Eurotunnel* yn 2005 yn gwmni â dyfodol anodd. Roedd ganddo werth £6.1 biliwn o ddyled, sef yr arian a ddefnyddiwyd i ariannu adeiladu'r Twnnel, ac ar hynny nid oedd y cwmni'n talu fawr ddim neu ddim llog gyda chytundeb perchenogion y ddyled. Fodd bynnag, roedd y trefniant hwn i ddod i ben yn rhan gyntaf 2006, a'r gobaith oedd y byddai'r cwmni bryd hynny'n gallu dechrau talu cyfraddau llog masnachol ar y ddyled a gwneud rhywfaint o ad-daliadau cyfalaf. Ond ni allai *Eurotunnel* hyd yn oed dalu'r taliadau llog is allan o'i elw gweithredol yn 2005. Felly doedd dim gobaith o allu cynyddu hyn yn y dyfodol agos.

O safbwynt economaidd, mae'r Twnnel yn suddgost, sef cost a achoswyd yn y gorffennol ac sydd bellach yn anadferadwy. Cost ymwad neu gost briodoledig y cyfalaf a fuddsoddwyd yn y Twnnel yw'r hyn y byddai buddsoddwr yn fodlon ei dalu am ased sy'n cynhyrchu efallai £75-£100 miliwn o elw gweithredol y flwyddyn heb ddim benthyciadau. Byddai hyn efallai yn ddegfed

Tabl 47.6 Cyfrif elw a cholled Eurotunnel, y flwyddyn hyd at 30 Mehefin 2005

	£ miliwn
Derbyniadau	
Gwasanaethau ôl a blaen	146
Rheilffyrdd	117
Gweithgareddau cludiant	263
Gweithgareddau heb fod yn gludiant	5
Derbyniadau gweithredol	268
Costau	
Costau gweithredu	- 127
Dibrisiant a darpariaethau	- 56
Elw/colled	
Elw masnachu	85
Taliadau heb ymwneud â masnachu	- 11
Elw gweithredol	74
Taliadau llog net	- 161
Colled net	- 87

Ffynhonnell: addaswyd o *Eurotunnel plc, Interim Report and Accounts*, Mehefin 2005.

rhan o ddyled y cwmni o £6.1 biliwn.

Oherwydd hyn, mae costau economaidd a chostau cyfrifyddol *Eurotunnel* yn wahanol iawn, felly hefyd ei elw economaidd a'i elw cyfrifyddol.

Cwestiwn Data

Meithrinfa Ar-lein

Roedd Mark Whitaker wedi gweithio i fusnes meithrinfa blanhigion ei rieni mewn gwahanol rolau ers yn 12 oed. Pan ddychwelodd o'r brifysgol ar ôl astudio Economeg, roedd yn benderfynol o drawsnewid y busnes, a oedd yn ei farn ef braidd yn llesg ac yn tanberfformio'n sylweddol. I wneud hynny, roedd yn rhaid iddo gael syniad mawr oherwydd ar ei ffurf bresennol, doedd dim gobaith o'r feithrinfa'n tyfu'n gyflym iawn.

Roedd ei rieni'n amheus o hyn. Roedd y busnes yn gwneud yn ddigon da iddynt allu tynnu £70 000 y flwyddyn ohono, ond roeddent yn deall y byddai'n rhaid cynyddu gwerthiant yn sylweddol pe bai Mark eisiau cael cyflog mawr, a fyddai'n gost ychwanegol.

Graddiodd Mark ym mis Mehefin 2001 a threuliodd flwyddyn yn gweithio ei ffordd o gwmpas UDA, gan dreulio'r rhan fwyaf o'i amser mewn swyddi tymor byr mewn meithrinfeydd. Roedd un feithrinfa y bu'n gweithio ynddi wedi dechrau gwasanaeth gwerthu ar-lein. Roedd yn arbenigo mewn cynnig amrywiaeth eang iawn o blanhigion, ac er iddo dyfu rhai ohonynt ei hun, byddai'n prynu'r rhan fwyaf gan feithrinfeydd arbenigol pan fyddai cwsmer yn eu harchebu. Roedd hefyd yn cynnig amrywiaeth eang o ddodrefn a chyfarpar oedd ar gael mewn unrhyw ganolfan arddio gyffredin. Gwelodd Mark yn fuan mai dyma efallai oedd y fformiwla lwyddiannus y bu'n chwilio amdani.

Ddeuddeg mis yn ddiweddarach, ar ôl cael caniatâd ei rieni, gwariodd Mark £20 000 ar wefan a llwyddodd i sicrhau telerau credyd gyda nifer o feithrinfeydd arbenigol eraill i gyflenwi'r planhigion y byddai eu hangen arno ar fyr rybudd. Cyn pen dim, roedd gwerthiant yn cynyddu'n gyflym wrth i arddwyr pybyr ganfod y gallent gael planhigion prin yn gyflym ac yn rhwydd gan y wefan. Roedd cynnal y wefan yn costio £10 000 y flwyddyn. Ar gyfartaledd 50% oedd yr ychwanegiad at gost (*mark-up*) ar blanhigion gawsant gan feithrinfeydd eraill. Felly byddai planhigyn a werthwyd i gwsmer am £1.50 wedi costio £1.00 o'r cyflenwr. O'r elw hwnnw byddai'n rhaid i Mark dalu gorbenion fel gwres a golau, ychydig o hysbysebu a'i gyflog. Byddai'n rhaid iddo hefyd dalu cwmni cludo i gludo'r planhigion i'r cwsmer.

Erbyn diwedd 2005, roedd gwerthiant yn ddigon uchel i Mark allu talu cyflog o £40 000 i'w hun allan o elw o £50 000.

1. Gan roi enghreifftiau o'r data, eglurwch y gwahanol fathau o gostau a wynebir gan fusnes.
2. Os £30 yw gwerth yr archeb gyfartalog, eglurwch gan ddefnyddio diagram sut y newidiodd cyfanswm y derbyniadau os cynyddodd nifer yr archebion y flwyddyn o 10 000 yn 2003 i 50 000 yn 2005.
3. Trafodwch a wnaeth Mark elw economaidd yn 2005 yn ogystal ag elw cyfrifyddol.

Crynodeb

1. Mae cromlin y gost gyfartalog dymor byr â siâp U oherwydd deddf adenillion ffiniol lleihaol.
2. Mae adenillion cyfartalog lleihaol yn cychwyn pan fydd cost newidiol gyfartalog yn dechrau cynyddu.
3. Mae adenillion ffiniol lleihaol yn cychwyn pan fydd cost ffiniol yn dechrau cynyddu.
4. Os ydy prisiau'r ffactorau mewngyrch yn gyson, mae cromliniau'r cynnyrch cyfartalog a ffiniol yn ddrych-ddelwedd o gromliniau'r costau cyfartalog a ffiniol tymor byr.
5. Mae cromlin y gost ffiniol yn croestorri cromliniau'r gost newidiol gyfartalog a chyfangost gyfartalog ar eu hisafbwynt.

Adenillion lleihaol

Eglurwyd yn uned 46 bod cwmni yn y tymor byr yn wynebu defnyddio o leiaf un ffactor na allai gael ei amrywio. Er enghraifft, gallai fod â nifer penodol o beiriannau neu faint sefydlog o le swyddfa. Pe bai'n cynyddu'r cynnyrch drwy ddefnyddio mwy o'r ffactorau newidiol, byddai adenillion ffiniol lleihaol ac yna adenillion cyfartalog lleihaol yn cychwyn yn y pen draw.

Mae adenillion lleihaol yn gysyniad technegol. Felly, fe'u mynegir yn nhermau mewngyrch ffisegol a chynnyrch ffisegol. Ond mae'n bosibl mynegi mewngyrch ffisegol yn nhermau costau. Er enghraifft, pe bai cwmni'n cyflogi 5 gweithiwr ar gyflog o £200 yr wythnos, heb unrhyw gostau eraill, byddai cyfanswm ei gostau wythnosol yn £1 000. Pe bai pob gweithiwr yn cynhyrchu 200 o unedau o gynnyrch, y gost gyfartalog am bob uned o gynnyrch fyddai £1 [£1 000 ÷ (5 × 200)]. Cost ffiniol y 200 o unedau a gynhyrchir gan y pumed gweithiwr fyddai ei gyflog (£200), ac felly y gost ffiniol am bob uned o gynnyrch fyddai £1 (£200 ÷ 200).

Rhestri costau tymor byr

Ar ôl edrych ar ffactorau mewngyrch, mae'n bosibl gweld nawr sut mae deddf adenillion lleihaol yn effeithio ar gostau tymor byr. Mae Tabl 48.1 yn enghraifft o sut y gellir gwneud hyn. Tybir bod y cwmni'n gallu cyflogi hyd at 8 gweithiwr ar gyfraddau cyflog unfath (h.y. bod cyflenwad gweithwyr dros yr amrediad 1 i 8 yn **berffaith elastig**). Pris cyfalaf yw £100 yr uned a phris llafur yw £200 yr uned.

Cyfalaf yw'r ffactor cynhyrchu sefydlog. Felly beth bynnag fydd lefel y cynhyrchu, cyfanswm y costau sefydlog fydd £1 000 (10 uned × £100). Bydd cyfanswm y costau newidiol yn cynyddu wrth i fwy a mwy o lafur gael ei ychwanegu. Felly cyfanswm costau newidiol cynhyrchu 20 uned yw £200 (1 uned o lafur × £200), y ffigur ar gyfer 54 uned yw £400 (2 uned o lafur × £200) ac yn y blaen.

Cyfanswm y gost yw cyfanswm y costau sefydlog plws cyfanswm y costau newidiol. Ar ôl cyfrifo'r tri mesur o gyfanswm y gost, mae'n bosibl cyfrifo costau cyfartalog a ffiniol (☞ uned 47).

Fel dewis arall, mae'n bosibl cyfrifo'r gost ffiniol am bob uned

Tabl 48.1

| Unedau | | | | | | | | | £ |
| Cyfalaf | Llafur | Cyfanswm y cynnyrch ffisegol (cynnyrch) | Cyfanswm y gost[1] | | | Cost gyfartalog[2] | | | Cost ffiniol |
			CCN	CCS	CCC	CNG	CSG	CG	CFf
10	0	0	0	1000	1000	0	-	-	
									10.0
10	1	20	200	1000	1200	10.0	50.0	60.0	
									5.9
10	2	54	400	1000	1400	7.4	18.5	25.9	
									4.3
10	3	100	600	1000	1600	6.0	10.0	16.0	
									3.9
10	4	151	800	1000	1800	5.3	6.6	11.9	
									4.3
10	5	197	1000	1000	2000	5.1	5.1	10.2	
									6.1
10	6	230	1200	1000	2200	5.2	4.3	9.6	
									9.5
10	7	251	1400	1000	2400	5.6	4.0	9.6	
									22.2
10	8	260	1600	1000	2600	6.8	3.8	10.0	

[1] A thybio bod cyfalaf yn costio £100 yr uned a bod llafur yn costio £200 yr uned.
[2] Mae'r tri mesur o gost gyfartalog wedi'u cyfrifo i'r degolyn agosaf o ffigurau'r cyfanswm. Felly dydy CG ddim yn hafal i CNG+CSG bob tro oherwydd talgrynnu.

drwy ddarganfod cost y llafur ychwanegol a'i rhannu â'r cynnyrch ffisegol ffiniol. Yn ein henghraifft ni, cost cyflogi gweithiwr ychwanegol yw £200 yn ddigyfnewid. Felly cost ffiniol cynhyrchu 34 uned ychwanegol, dyweder, ar ôl i 20 gael eu gwneud yw £200 (cost yr ail weithiwr). Y gost ffiniol am bob uned yw £200 ÷ 34. Gellir cyfrifo'r gost newidiol gyfartalog mewn modd tebyg.

Cwestiwn 1

Tabl 48.2

	Unedau
Llafur	Cyfanswm y cynnyrch ffisegol
1	20
2	45
3	60
4	70

Mae Tabl 48.2 yn dangos sut mae cyfanswm y cynnyrch ffisegol yn newid wrth i nifer yr unedau o lafur newid gyda maint sefydlog o gyfalaf. Cost y cyfalaf a ddefnyddir yw £200. Gall y cwmni gyflogi unrhyw nifer o weithwyr ar gyfradd cyflog ddigyfnewid o £50 am bob uned o lafur. Beth yw gwerth:
(i) cyfanswm y costau sefydlog; (ii) cyfanswm y costau newidiol; (iii) cyfanswm y gost; (iv) cost sefydlog gyfartalog; (v) cost newidiol gyfartalog; (vi) cyfangost gyfartalog; (vii) cost ffiniol, os bydd y cwmni'n cyflogi
(a) 1 uned o lafur; (b) 2 uned o lafur; (c) 3 uned o lafur; (d) 4 uned o lafur?

Cromliniau costau tymor byr

Gall y rhestri costau yn Nhabl 48.1 gael eu plotio ar graff (Ffigur 48.1) i gael cromliniau costau.

Cromliniau cyfanswm y costau Mae cromlin cyfanswm y costau sefydlog (CCS) yn llinell syth lorweddol, yn dangos bod CCS yn ddigyfnewid beth bynnag yw lefel y cynnyrch. Mae cromliniau cyfanswm y gost (CCC) a chyfanswm y costau newidiol (CCN) yn baralel gan mai cyfanswm digyfnewid y costau sefydlog yw'r pellter fertigol rhwng y ddwy (y gwahaniaeth rhwng CCC a CCN). Achosir y ffurfdroeon yn y cromliniau CCC a CCN gan y newid o adenillion cynyddol i adenillion lleihaol.

Cromliniau costau cyfartalog Mae cromlin y gost sefydlog gyfartalog (CSG) yn gostwng wrth i'r cynnyrch gynyddu am fod costau sefydlog yn cynrychioli cyfran lai a llai o gyfanswm y gost wrth i'r cynnyrch gynyddu. Mae cromlin y gyfangost gyfartalog (CG) a chromlin y gost newidiol gyfartalog (CNG) yn gostwng i ddechrau ac yna'n codi. Maen nhw'n codi am fod adenillion cyfartalog lleihaol yn cychwyn. Gwerth cost sefydlog gyfartalog yw'r pellter fertigol rhwng y cromliniau CG a CNG. Rhaid bod hynny'n wir gan fod cyfangost gyfartalog minws cost newidiol gyfartalog yn hafal i gost sefydlog gyfartalog.

Cromlin y gost ffiniol Mae cromlin y gost ffiniol (CFf) yn gostwng i ddechrau ac yna'n codi wrth i adenillion ffiniol lleihaol gychwyn.

Pwyntiau i'w nodi

Cromliniau CG a CFf â siâp U Siâp U sydd i'r

cromliniau CFf a CG yn Ffigur 48.1. Mae hyn yn nodweddiadol nid yn unig o'r ffigurau sampl yn Nhabl 48.1 ond hefyd o bob cromlin CFf a CG dymor byr. Maen nhw â siâp U oherwydd deddf adenillion lleihaol. Mae isafbwynt y gromlin CFf yn dangos y pwynt lle mae adenillion ffiniol lleihaol yn cychwyn ac mae isafbwynt y gromlin CNG yn dangos y pwynt lle mae adenillion cyfartalog lleihaol yn cychwyn.

Cromliniau cost a chynnyrch Mae cromliniau'r costau ffiniol a chyfartalog a ddangosir yn Ffigur 48.1 yn ddrych-ddelweddau o gromliniau'r cynnyrch ffisegol a chyfartalog y gellid eu lluniadu ar sail yr un data yn Nhabl 48.1. Mae cynnyrch ffisegol ffiniol a chyfartalog yn cynyddu pan fydd cost ffiniol a chyfartalog yn gostwng, ac i'r gwrthwyneb. Dyna sydd i'w ddisgwyl. Os ydy cynnyrch ffisegol ffiniol yn cynyddu, rhaid bod cost ychwanegol cynhyrchu uned o gynnyrch yn gostwng, ac yn yr un modd gyda chynnyrch ffisegol cyfartalog a chost newidiol gyfartalog. Er enghraifft, pan fo'r ail weithiwr yn cynhyrchu 34 uned, y trydydd gweithiwr 46 uned a'r pedwerydd gweithiwr 51 uned, rhaid bod cost ffiniol cynhyrchu yn gostwng gan fod y cynnydd yn y cynnyrch yn cynyddu'n gyflymach na'r cynnydd yn y gost. Pan fo cynnyrch ffisegol ffiniol yn gostwng, rhaid bod cost ychwanegol cynhyrchu uned o gynnyrch yn codi am yr un rheswm. Fodd bynnag, dim ond os ydy ffactorau â chostau digyfnewid am bob uned y bydd y cromliniau cost a chynnyrch yn ddrych-ddelweddau o'i gilydd. Er enghraifft, os tybiwn bod cost uned llafur yn codi wrth i fwy o

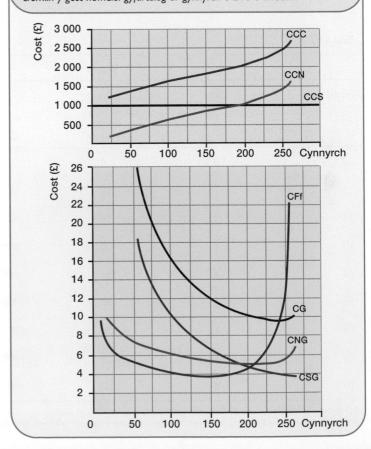

Ffigur 48.1 Siâp cromliniau costau tymor byr
Mae siâp cromliniau'r costau cyfartalog a ffiniol yn cael ei bennu gan ddeddf adenillion lleihaol. Mae'r cromliniau wedi'u lluniadu ar sail y data yn Nhabl 48.1. A thybio prisiau cyson am ffactorau, mae adenillion ffiniol lleihaol yn cychwyn ar lefel cynnyrch o 145 o unedau pan fo cromlin y gost ffiniol ar ei hisafbwynt. Mae adenillion cyfartalog lleihaol yn cychwyn ar isafbwynt cromlin y gost newidiol gyfartalog ar gynnyrch o 210 o unedau.

weithwyr gael eu cyflogi, fel bo cyflog cyfartalog tri gweithiwr yn uwch na chyflog cyfartalog dau weithiwr, ni fyddai'r cromliniau cynnyrch a chost yn ddrych-ddelweddau.

Cromlin CFf yn croestorri'r gromlin CG ar ei hisafbwynt Yn Ffigur 48.1 mae cromlin y gost ffiniol yn croestorri cromlin y cyfangost gyfartalog a chromlin y gost newidiol gyfartalog ar eu hisafbwyntiau. I ddeall pam, ystyriwch enghraifft o grŵp o fyfyrwyr sydd â'u taldra cyfartalog yn 6 throedfedd. Mae myfyriwr newydd (y myfyriwr ffiniol) yn ymuno â'r grŵp. Os ydy hwnnw'n fwy na 6 throedfedd, bydd taldra cyfartalog y grŵp yn codi. Os yw'n llai na 6 throedfedd, bydd taldra cyfartalog y grŵp yn gostwng. Os yw'n 6 throedfedd yn union, bydd taldra cyfartalog y grŵp yn ddigyfnewid. Nawr cymhwyswch hyn at gost gyfartalog a ffiniol. Os ydy cromlin y gost gyfartalog yn gostwng, rhaid bod cost uned ychwanegol o gynnyrch (y gost ffiniol) yn llai na'r gost gyfartalog. Os ydy'r gost gyfartalog yn codi, rhaid bod cost uned ychwanegol o gynnyrch yn uwch na'r gost gyfartalog. Pan nad yw'r gost gyfartalog yn codi nac yn gostwng, rhaid bod cost ffiniol yr un fath â'r gost gyfartalog. Felly rydym yn gwybod bod:

- cromlin y gost gyfartalog uwchlaw cromlin y gost ffiniol pan fo cost gyfartalog yn gostwng;
- cromlin y gost gyfartalog islaw cromlin y gost ffiniol pan fo cost gyfartalog yn codi;
- cost gyfartalog a chost ffiniol yn hafal ar bob lefel cynnyrch lle mae'r gost gyfartalog yn ddigyfnewid; os ydy cromlin y gost gyfartalog â siâp U, mae hynny'n golygu y bydd cost ffiniol yn hafal i gost gyfartalog ac yn croestorri cromlin y gost gyfartalog ar ei hisafbwynt.

Mae'r un gadwyn o resymu yn gymwys i'r berthynas rhwng cromlin y gost newidiol gyfartalog a chromlin y gost ffiniol.

Economeg gymhwysol

Adenillion lleihaol mewn amaethyddiaeth

Mewn amaethyddiaeth, mae ffermwyr yn cyfuno tir, llafur a chyfalaf i gynhyrchu eu cnydau. Gellir dweud bod tir yn ffactor cynhyrchu sefydlog. Fodd bynnag, mae llafur a chyfalaf yn newidiol. Felly, yn ddamcaniaethol, gallai ffermwyr wynebu adenillion lleihaol. Oes yna unrhyw dystiolaeth bod hyn yn digwydd?

Mae Tabl 48.4 yn dangos cyfraddau twf cyfanswm cynhyrchu bwyd ledled y byd fesul ardal yn ystod y cyfnod 1970 i 2002. Gostyngodd cyfradd flynyddol twf cynhyrchu amaethyddol o 2.4% yn 1970-1980 i 2.3% yn 1990-2002, sy'n newid dibwys. Byddai hyn yn awgrymu nad yw adenillion lleihaol mewn amaethyddiaeth yn bodoli.

Mae'n wir bod rhai ardaloedd wedi gweld gostyngiadau yng nghyfradd twf cynhyrchu amaethyddol. Mae hyn wedi digwydd yn bennaf yng ngwledydd datblygedig y byd, sy'n cynnwys yr Undeb Ewropeaidd, yr Unol Daleithiau a Canada. Fodd bynnag, mae'n debygol bod hyn yn ganlyniad i newidiadau ym mholisi'r llywodraeth tuag at amaethyddiaeth yn y gwledydd hynny. Arweiniodd cymorthdaliadau uchel yn yr 1970au a'r 1980au at orgynhyrchu. Trwy ostwng cymorthdaliadau, mae

llywodraethau wedi ceisio gostwng twf cynhyrchu er mwyn sicrhau bod cyflenwad yn cyfateb i'r galw.

Pam nad oes llawer o dystiolaeth glir o adenillion lleihaol mewn amaethyddiaeth? Mae'n rhaid mai rhan o'r rheswm yw nad yw tir ei hunan mewn un ystyr yn ffactor cynhyrchu sefydlog. Er bod cyflenwad y cyfanswm o dir yn sefydlog, mae ei botensial cynhyrchiol yn ddibynnol iawn ar ansawdd y tir. Er enghraifft, gellir gwella cynhyrchedd tir yn sylweddol drwy ddraeniad, dyfrhad a defnyddio gwrteithiau.

Esboniad arall posibl am y diffyg tystiolaeth o adenillion lleihaol ar raddfa fyd-eang yw bod amaethyddiaeth yn gweithredu yn bennaf lle nad yw adenillion lleihaol wedi cychwyn. Mae cynyddu mewngyrch rhai ffactorau yn fwy na chynyddu'r cynnyrch boed hynny'n ffiniol neu'n gyfartalog. Yn sicr yn ardaloedd tlotaf economïau sy'n datblygu, ni all llawer o ffermwyr fforddio prynu llawer o wrtaith neu blaleiddiad. Hefyd, efallai nad ydynt yn plannu amrywogaethau cynnyrch uchel o'u cnydau sylfaenol. Gall ychwanegu'r mewngyrch hyn at ffactorau sefydlog fel tir a llafur gynyddu cynnyrch yn ddramatig.

Tabl 48.4 *Cyfradd ganrannol gyfartalog flynyddol twf cyfanswm cynnyrch amaethydol*

	1970-1980	1980-1990	1990-2002
		%	
Byd	2.4	2.4	2.3
Gwledydd datblygedig	2.0	1.0	0.2
Gwledydd diwydiannol	2.2	7.0	1.1
Economïau sy'n trawsnewid	1.5	1.7	-2.6
Gwledydd sy'n datblygu	2.8	3.6	3.6
De America a'r Caribî	3.4	2.3	3.2
Dwyrain Agos a Gogledd Affrica	2.8	3.3	2.5
Affrica is Sahara	0.9	2.9	3.0
Dwyrain a De-ddwyrain Asia	3.3	4.3	4.6
De Asia	2.6	3.8	2.8
Ynysoedd y De sy'n datblygu	2.4	1.7	1.9
Gogledd America sy'n datblygu	-2.4	1.2	-0.6

Ffynhonnell: addaswyd o *Summary of Food and Agricultural Statistics*, Cyfundrefn Bwyd ac Amaethyddiaeth y Cenhedloedd Unedig (FAO).

Roedd nifer o economegwyr yn y gorffennol, gan gynnwys Malthus, economegydd Prydeinig yn rhan gyntaf y 19eg ganrif, wedi rhagfynegi na allai cynhyrchu amaethyddol gadw i fyny â'r twf mewn poblogaeth. Hyd yma, fe'u profwyd yn anghywir. Fel y gwelir yn Nhabl 48.5, roedd cynnydd byd-eang cyfartalog cynnyrch bwyd y pen rhwng 1970 a 2002 yn 0.6% neu fwy. Mae'r cynnyrch am bob gweithiwr amaethyddol a'r cynnyrch am bob hectar wedi cynyddu'n gyson hefyd. Ar hyn o bryd, mae'n ymddangos bod Malthus wedi'i brofi'n anghywir.

Tabl 48.5 *Cynhyrchu amaethyddol y byd: detholiad o ystadegau*

	1970-1980	1980-1990	1990-2002
Cyfradd gyfartalog flynyddol twf cynhyrchu bwyd am bob person yn y boblogaeth %	0.6	0.6	1.0

	1980	1990	2002
Cynnyrch cyfartalog am bob gweithiwr amaethyddol mewn termau real ($ 1999-2001)	788	883	1 033
Cynnyrch cnydau am bob hectar o dir a ddefnyddir mewn termau real ($ 1999-2001)	399	489	599

Ffynhonnell: addaswyd o *Summary of Food and Agricultural Statistics*, Cyfundrefn Bwyd ac Amaethyddiaeth y Cenhedloedd Unedig (FAO).

Cwestiwn Data

Bythynnod Gwyliau

Mae Jim a Mavis Edwards yn rhedeg busnes bythynnod gwyliau yn Ardal y Llynnoedd. Roedd Jim wedi ymddeol yn 1997, gan ennill pecyn ymddeol sylweddol. Defnyddiodd yr arian i brynu ei bedwar bwthyn cyntaf. Ar ôl gweld yn fuan eu bod yn broffidiol, prynodd chwech arall yn gyflym, gan ariannu'r fenter trwy forgeisiau.

Yn ystod y pedair blynedd gyntaf, ni thalodd Jim a Mavis ddim i'w hunain o'r busnes. Yn hytrach, roeddent yn defnyddio'r arian i dalu am y benthyciadau ac adnewyddu eu bythynnod. Erbyn hyn, mae £50 000 yn dal yn ddyledus ganddynt i'r banc. Gwnaethon nhw anelu at ben ucha'r farchnad, gan greu'r awyrgylch a'r ansawdd y bydden nhw eu hunain eisiau eu cael wrth aros mewn bwthyn gwyliau. Roedd y ffioedd ychydig yn uwch nag eraill mewn pentrefi lleol. Gweithiodd y polisi ac erbyn heddiw mae ganddynt gyfradd ail-logi o 65%.

Ar y dechrau roeddent yn hurio'r holl help roedd ei angen arnynt yn lleol, ond newidiwyd y polisi hwnnw yn 2000 am fod safon y gwaith yn rhy amrywiol. Erbyn hyn, maent yn isgontractio'r glanhau i gwmni yn Barrow-in-Furness. 'Mae hyn wedi gweithio'n dda iawn. Rydym nawr yn gwario £12 000 y flwyddyn ar lanhau.'

Mae'r holl lafur arall yn parhau i fod yn lleol. Mae'r teulu Edwards wedi adeiladu tîm dibynadwy o adeiladwyr a phlymwyr fydd yn dod allan ar fyr rybudd ar adegau anghyfleus. Mae'r ddibynadwyaeth yma o bwys mewn ardal wledig anghysbell. 'Os ydy'r plymwaith yn methu yn un o'r bythynnod, mae'n bwysig bod cleientiaid yn ein gweld ni'n delio â phroblem ar unwaith.'

Maent yn hysbysebu mewn nifer o gyhoeddiadau. Fodd bynnag, gwelsant nad oedd cynyddu eu cyllideb hysbysebu yn sylweddol yn denu fawr ddim o archebion ychwanegol. Ar y llaw arall, cafwyd cwymp difrifol o 25% mewn archebion wedi iddynt ostwng eu hysbysebu 25% un flwyddyn. Eu dull hysbysebu mwyaf effeithiol yw gosod stand y tu allan i'w cartref gyda thaflenni am ddim a gymerir gan dwristiaid sy'n mynd heibio. 'Y cyhoeddusrwydd rhataf sy'n creu'r nifer mwyaf o ymholiadau.'

1. Nodwch y costau sefydlog a newidiol sydd ynghlwm wrth redeg stad y teulu Edwards o 10 bwthyn gwyliau.
2. I ba raddau y byddai'r teulu Edwards yn cael adenillion cynyddol neu leihaol: (a) pe byddent yn cynyddu eu hysbysebu; (b) pe bai eu cyfraddau deiliadaeth yn codi o 65% i 75%?
3. (a) Beth allai ddigwydd i gostau pe bai'r teulu Edwards yn prynu 5 bwthyn arall heb gynyddu'r hysbysebu na'r amser y byddent yn ei dreulio yn gweithio i'r busnes, na'u tyniadau (incwm a gymerwyd) o'r busnes? (b) Awgrymwch y ffactorau y dylai'r teulu Edwards eu hystyried wrth benderfynu p'un ai i brynu 5 bwthyn ychwanegol ai peidio.

Crynodeb

1. Mae damcaniaeth economaidd yn awgrymu bod siâp U i gromlin cost gyfartalog y tymor hir.
2. Mae cynhyrchu ar lefel optimaidd yn digwydd pan fo'r gost gyfartalog ar ei hisaf.
3. Mae ffynonellau darbodion maint yn dechnegol, rheolaethol, prynu, marchnata ac ariannol.
4. Gall darbodion maint godi oherwydd anallu rheolwyr i reoli cyfundrefnau mawr.
5. Bydd darbodion allanol yn symud cromlin y gost gyfartalog i lawr.
6. Mae cromlin cost gyfartalog dymor hir cwmni yn amlen ar gyfer cromliniau cost gyfartalog y tymor byr.

Darbodion maint a chost gyfartalog

Yn y tymor hir, mae pob ffactor cynhyrchu yn newidiol. Mae hynny'n cael effaith ar gostau wrth i'r cynnyrch newid. I ddechrau, bydd costau tymor hir yn gostwng wrth i'r cynnyrch gynyddu. Dywedir bod yna ddarbodion maint. Er enghraifft, mae cwmni'n pedryblu ei gynnyrch o 10 miliwn i 40 miliwn o unedau. Ond dim ond o £10 miliwn i £20 miliwn y mae cyfanswm y costau cynhyrchu yn cynyddu. Felly mae cost gyfartalog cynhyrchu yn gostwng o £1 yr uned (£10 miliwn ÷ 10 miliwn) i 50c yr uned (£20 miliwn ÷ 40 miliwn).

Yn empirig (h.y. o astudio enghreifftiau go iawn o gostau cwmnïau), mae economegwyr wedi gweld bod cwmnïau yn cael darbodion maint. Wrth i gwmnïau ehangu o ran maint a chynnyrch, mae eu costau cyfartalog tymor hir yn tueddu i ostwng. Ar ryw bwynt, sy'n amrywio o ddiwydiant i ddiwydiant, daw costau cyfartalog tymor hir yn ddigyfnewid. Fodd bynnag, mae rhai cwmnïau'n mynd yn rhy fawr ac mae eu costau cyfartalog yn dechrau cynyddu. Dywedir eu bod nhw'n cael ANNARBODION MAINT. Er enghraifft, pe bai cwmni'n dyblu ei gynnyrch ond bod ei gostau o ganlyniad yn pedryblu, byddai cost gyfartalog cynhyrchu yn dyblu.

Dangosir y patrwm hwn o gostau cyfartalog tymor hir yn gostwng a chynyddu yn Ffigur 49.1. Ar lefelau cynnyrch hyd at OA, bydd y cwmni'n cael costau cyfartalog tymor hir gostyngol ac felly yn cael darbodion maint. Rhwng lefelau cynnyrch OA ac OB mae costau cyfartalog tymor hir yn ddigyfnewid. I'r dde o OB mae costau cyfartalog tymor hir yn cynyddu ac mae'r cwmni'n wynebu annarbodion maint.

Lluniadwyd CGTH yn Ffigur 49.1 a derbyn set o brisiau ffactorau ar gyfer costau. Pe bai cost yr holl ddefnyddiau crai yn yr economi yn codi 20%, byddai'r gromlin CGTH yn symud i fyny. Yn yr un modd, pe bai gostyngiad yng nghyfraddau cyflogau yn y diwydiant byddai'r gromlin CGTH yn symud i lawr.

Lefel otpimaidd cynhyrchu

Dywedir bod **effeithlonrwydd cynhyrchiol** pan fydd cynhyrchu'n digwydd am y gost isaf. Os ydy cromlin cost gyfartalog y tymor hir â siâp U, bydd hyn yn digwydd ar waelod y gromlin pan fydd yna adenillion maint digyfnewid. Dywedir mai'r amrediad cynnyrch lle mae costau cyfartalog ar eu hisaf yw LEFEL OPTIMAIDD CYNHYRCHU. Yn Ffigur 49.1 mae lefel optimaidd cynhyrchu yn digwydd dros yr amrediad AB.

Y term am lefel y cynnyrch lle mae'r costau cynhyrchu isaf yn dechrau yw GRADDFA EFFEITHLON LEIAF (GEL) cynhyrchu. Yn Ffigur 49.1 mae'r GEL ym mhwynt A. Os ydy cwmni'n cynhyrchu i'r chwith o'r GEL, bydd costau cyfartalog y tymor hir yn uwch. I'r dde, byddan nhw naill ai yr un fath (os oes adenillion digyfnewid) neu'n cynyddu (os oes annarbodion maint).

Ffynonellau darbodion maint

Mae darbodion maint yn digwydd am nifer o resymau.

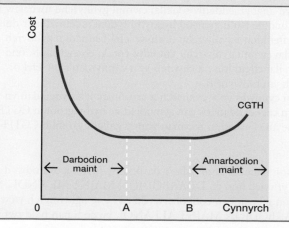

Ffigur 49.1 Darbodion maint

Mae cromlin cost gyfartalog y tymor hir â siâp U am fod costau cyfartalog tymor hir:
- i ddechrau yn gostwng dros yr amrediad cynnyrch OA yn dangos darbodion maint;
- yna yn ddigyfnewid dros yr amrediad cynnyrch AB;
- yna yn codi pan fydd cynnyrch yn fwy nag OB yn dangos annarbodion maint.

Dros yr amrediad cynnyrch AB, sef lefel cost isaf cynhyrchu, dywedir bod y cwmni ar ei lefel optimaidd o gynhyrchu.

Cwestiwn 1

Tabl 49.1

Cynnyrch (miliynau o unedau)	Cost gyfartalog y tymor hir (£)				
	Cwmni A	Cwmni B	Cwmni C	Cwmni D	Cwmni E
1	10	20	16	19	20
2	8	18	14	18	17
3	5	16	15	17	15
4	5	11	17	16	14
5	5	10	20	15	14
6	5	10	24	14	14
7	6	11	30	13	14

Ar gyfer pob cwmni, A i E, rhowch y canlynol:

(a) yr amrediad cynnyrch lle mae:
  (i) darbodion maint; (ii) annarbodion maint;
(b) lefel neu amrediad optimaidd y cynnyrch;
(c) graddfa effeithlon leiaf cynhyrchu.

Darbodion technegol Gellir cael darbodion ac annarbodion maint oherwydd adenillion maint **cynyddol** a **gostyngol** (☞ uned 46). Y term am y darbodion a'r annarbodion hyn yw **darbodion technegol**. Maen nhw'n deillio o'r hyn sy'n digwydd yn y broses gynhyrchu. Er enghraifft, mae llawer o gwmnïau'n gweld bod angen cyfarpar arnynt ond na allant wneud y defnydd mwyaf ohono. Efallai y bydd adeiladwr bach yn defnyddio peiriant cymysgu sment 3 diwrnod yn unig yr wythnos ar gyfartaledd. Pe bai'n cymryd rhagor o waith gallai ei ddefnyddio 5 diwrnod yr wythnos. Mae cyfanswm cost y peiriant yr un fath p'un ai y caiff ei ddefnyddio 3 diwrnod neu 5 diwrnod yr wythnos (ar wahân i ddibrisiant posibl) ond bydd y gost gyfartalog am bob gwaith a wneir yn is po fwyaf y caiff ei ddefnyddio. Dyma enghraifft o **anwahanadrwydd** (*inidivisibility*). Po fwyaf yw lefel y cynnyrch, lleiaf tebygol yw hi y bydd yna anwahanadrwydd.

Mae darbodion technegol i'w cael hefyd am fod ffatrïoedd mwy eu maint yn aml yn fwy cynhyrchiol effeithlon. Er enghraifft, mae tancer olew yn ei hanfod yn silindr, a bydd dyblu arwynebedd arwyneb y tancer (ac felly dyblu cost fras yr adeiladu) yn arwain yn fras at dreblu ei gynhwysedd. Yn gyffredinol mae'n rhatach cynhyrchu trydan mewn gorsafoedd trydan mawr nag yw mewn rhai bach. Bydd cost gyfartalog cynhyrchu mewn ffatri geir sy'n gwneud 50 000 o geir y flwyddyn yn llai nag yw mewn ffatri sy'n gwneud 5 000 o geir y flwyddyn.

Hyd yma, tybiwyd bod costau uned yn ddigyfnewid. Fodd bynnag, gall costau uned newid wrth i faint cwmni newid. Yna gall ffactorau eraill, ar wahân i ddarbodion technegol, arwain at ddarbodion ac annarbodion maint.

Darbodion rheolaethol Mae arbenigaeth (☞ uned 2) yn ffynhonnell bwysig o effeithlonrwydd mwy. Mewn cwmni bach, gallai'r perchennog fod yn werthwr rhan amser, yn gyfrifydd, yn groesawydd ac yn rheolwr. Mae cyflogi staff arbenigol yn debygol o arwain at effeithlonrwydd mwy ac felly costau llai. Y rheswm pam nad ydy cwmnïau bach yn cyflogi staff arbenigol yw bod staff yn aml yn cynrychioli anwahanadrwydd.

Darbodion prynu a marchnata Po fwyaf yw'r cwmni, mwyaf tebygol yw hi y bydd yn gallu swmp brynu defnyddiau crai. Mae swmp brynu yn aml yn galluogi'r cwmnïau hyn i sicrhau prisiau is am eu ffactorau mewngyrch. Hefyd mae cwmnïau mawr yn gallu cael costau cyfartalog is o'u gweithrediadau marchnata. Mae cost llu gwerthu sy'n gwerthu 40 o nwyddau gwahanol yn debyg iawn i gost llu gwerthu sy'n gwerthu 35 nwydd. Mae cost hysbyseb 30 eiliad ar y teledu am nwydd sydd â gwerthiant o £10 miliwn y flwyddyn yr un fath â hysbyseb 30 eiliad ar y teledu am nwydd sydd â gwerthiant o £5 miliwn yn unig y flwyddyn.

Darbodion ariannol Yn aml mae cwmnïau bach yn ei chael hi'n anodd a drud codi arian ar gyfer buddsoddiant newydd. Pan roddir benthyciadau, codir cyfraddau llog cymharol uchel ar gwmnïau bach am fod banciau'n gwybod bod cwmnïau bach â llawer mwy o risg o fethdalu na chwmnïau mawr. Mae gan gwmnïau mawr lawer mwy o ddewis o gyllid ac mae'r cyllid yn debygol o fod yn rhatach o lawer nag yw ar gyfer cwmnïau bach.

Annarbodion maint

Mae annarbodion maint yn codi yn bennaf oherwydd problemau rheoli. Wrth i faint cwmni gynyddu mae'n dod yn fwyfwy anodd i'r rheolwyr gadw rheolaeth ar weithgareddau'r gyfundrefn. Mae amrywiaeth o ffyrdd o ddelio â'r broblem hon. Mae rhai cwmnïau'n dewis canoli gweithrediadau gyda thîm bach clòs yn rheoli'r gweithgareddau i gyd. Weithiau bydd un ffigur carismatig, yn aml sefydlwr y cwmni, yn cadw rheolaeth dynn ar bob penderfyniad mawr. Mewn cwmnïau eraill mae rheolaeth wedi'i datganoli gyda llawer o is-gwmnïau bach yn gwneud penderfyniadau ynghylch eu rhan nhw o'r busnes a'r brif swyddfa yn gwneud y penderfyniadau hynny yn unig sy'n effeithio ar y grŵp cyfan. Fodd bynnag, dydy rheoli cyfundrefn a allai fod yn cyflogi cannoedd o filoedd o weithwyr ddim yn hawdd ac efallai y daw pwynt lle na allai unrhyw ddîm rheoli atal costau cyfartalog rhag codi.

Gall daearyddiaeth hefyd arwain at gostau cyfartalog uwch. Os ydy cwmni'n gorfod cludo nwyddau (boed yn nwyddau gorffenedig neu'n ddefnyddiau crai) dros bellterau maith am ei fod mor fawr, efallai y bydd costau cyfartalog yn codi. Efallai hefyd y caiff y brif swyddfa hi'n anoddach o lawer rheoli costau mewn cyfundrefn sydd 1 000 o filltiroedd i ffwrdd nag mewn un sydd gerllaw.

Symudiadau ar hyd cromlin cost gyfartalog y tymor hir a symudiadau'r gromlin

Mae cromlin cost gyfartalog y tymor hir yn ffin. Mae'n cynrychioli'r lefel isaf o gostau cyfartalog sy'n gyraeddadwy ar unrhyw lefel benodol o gynnyrch. Yn Ffigur 49.2 mae pwyntiau islaw'r gromlin CGTH yn anghyraeddadwy. Gallai cwmni gynhyrchu uwchlaw'r ffin CGTH, ond pe bai'n gwneud hynny ni fyddai'n defnyddio'r dull mwyaf effeithlon i gynhyrchu unrhyw lefel benodol o gynnyrch. Felly gallai cwmni gynhyrchu ym mhwynt A, er enghraifft, ond byddai'n llai effeithlon na chwmni sy'n cynhyrchu'r un lefel o gynnyrch ym mhwynt B.

Byddai cynnydd yn y cynnyrch a arweiniai at ostyngiadau yn y costau yn cael ei ddangos gan symudiad ar hyd y gromlin CGTH. Ond mae amrywiaeth o resymau pam y gallai'r gromlin CGTH symud.

Darbodion maint allanol Mae'r darbodion maint a drafodwyd hyd yma yn yr uned hon yn DDARBODION MAINT MEWNOL. Mae darbodion mewnol yn codi oherwydd twf yng nghynnyrch y cwmni. Mae DARBODION MAINT ALLANOL yn codi pan fydd twf ym

---

Cwestiwn 2

Mae *Boots* ac *Alliance UniChem*, sydd â gwerthiant cyfunol o £13.8 biliwn, i gydsoddi mewn dêl £7 biliwn. Mae gan *Boots* gadwyn adwerthu o 1 400 o siopau iechyd a harddwch yn y DU. Mae ganddo hefyd 13% o farchnad gyfanwerth cyffuriau yn y DU yn ogystal â rhwydwaith dosbarthu cyfanwerth yn Ewrop. Mae gan *UniChem* rwydwaith Ewropeaidd o tua 1 300 o fferyllfeydd, gyda 939 o'r rhain yn y DU yn masnachu dan yr enw *Alliance Pharmacy*. Mae ganddo hefyd weithrediad cyfanwerth mawr ar draws Ewrop, gan gynnwys 27% o farchnad y DU. Ar ôl y cydsoddiad, bydd gan y grŵp cyfunol allfeydd adwerthu mewn pum gwlad yn yr UE a dosbarthu cyfanwerth mewn un wlad ar ddeg yn yr UE. Mae'n gobeithio creu arbedion cost o £100 miliwn dros bedair blynedd. Er enghraifft, gyda mwy o rym prynu mae'n gobeithio y bydd yn gallu cael gwell prisiau gan wnuethurwyr cyffuriau. Hefyd mae'n gobeithio gwerthu cynhyrchion *Boots*, fel eli haul *Soltan* a cholur *No 7*, trwy allfeydd presennol *UniChem*, gan ddechrau gyda gwledydd de Ewrop.

Ffynhonnell: addaswyd o'r *Financial Times*, 1.10.2005, 4.10.2005.

Pa ddarbodion maint y gallai'r cwmni newydd eu cael o ganlyniad i'r cydsoddiad rhwng *Boots* ac *Alliance Unichem*?

maint y diwydiant y mae'r cwmni'n gweithredu ynddo. Er enghraifft, gallai twf diwydiant penodol mewn ardal arwain at adeiladu gwell rhwydwaith ffyrdd lleol, a fyddai wedyn yn gostwng costau cwmnïau unigol. Neu gallai cwmni gael costau is o ran hyfforddiant am fod cwmnïau eraill yn hyfforddi gweithwyr y gall y cwmni hwn wedyn eu dwyn. Gallai'r awdurdod lleol ddarparu am ddim gyfleusterau hyfforddi sy'n addas i anghenion diwydiant penodol. Gallai'r llywodraeth helpu gyda chontractau allforio ar gyfer diwydiant mawr ond nid diwydiant bach. Bydd darbodion maint allanol yn symud cromlin CGTH cwmni unigol i lawr. Ar unrhyw lefel benodol o gynnyrch, bydd ei gostau'n is am fod y diwydiant cyfan wedi tyfu.

Trethi Os bydd y llywodraeth yn gosod treth ar ddiwydiant bydd costau'n codi, gan symud cromlin CGTH pob cwmni i fyny. Er enghraifft, pe bai'r llywodraeth yn cynyddu cyfraniadau Yswiriant Gwladol cyflogwyr, sef treth ar fil cyflogau cwmni, byddai cyfanswm cost llafur yn codi, gan wthio costau cyfartalog i fyny.

Technoleg Caiff y gromlin CGTH ei lluniadu ar sail y dybiaeth bod cyflwr technoleg yn ddigyfnewid. Bydd cyflwyno technoleg newydd sy'n fwy effeithlon na'r hen dechnoleg yn gostwng costau cyfartalog ac yn gwthio'r gromlin CGTH i lawr.

Annarbodion maint allanol Bydd y rhain yn symud cromlin gost gyfartalog dymor hir cwmnïau unigol yn y diwydiant i fyny. Maen nhw'n digwydd pan fydd diwydiant yn ehangu'n gyflym. Yna gorfodir cwmnïau unigol i gystadlu â'i gilydd a gwthio prisiau ffactorau mewngyrch fel cyflogau a defnyddiau crai i fyny.

Cromlin cost gyfartalog y tymor byr a chromlin cost gyfartalog y tymor hir

Yn y tymor byr mae o leiaf un ffactor yn sefydlog. Mae costau cyfartalog tymor byr yn gostwng gyntaf ac yna'n dechrau cynyddu oherwydd adenillion lleihaol. Yn y tymor hir mae pob ffactor yn newidiol. Mae costau cyfartalog tymor hir yn newid oherwydd darbodion ac annarbodion maint. Yn y tymor hir mae cwmni'n

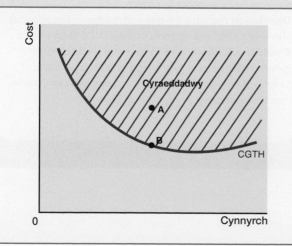

> **Ffigur 49.2 Y gromlin CGTH fel ffin**
> Mae'r gromlin CGTH yn ffin rhwng lefelau costau sy'n gyraeddadwy a rhai sy'n anghyraeddadwy. Os ydy cwmni'n cynhyrchu ar y gromlin CGTH, mae'n cynhyrchu ar gost isaf y tymor hir ar gyfer unrhyw lefel benodol o gynnyrch, fel pwynt B. Os ydy cynhyrchu tymor hir yn aneffeithlon, bydd cost o fewn y ffin CGTH fel ym mhwynt A.

Cwestiwn 3

Yn nhref Grimsby a'r ardal o'i hamgylch mae crynhoad o tua 500 o gwmnïau bwyd. Mae tua hanner y cwmnïau'n ymwneud â phrosesu bwyd môr. Mae'r rhan fwyaf yn gwmnïau bach a chanolig eu maint, ond mae cwmnïau mawr fel *Young's Bluecrest Seafood* a *Northern Foods* wedi'u cynrychioli yno hefyd. Ar hyn o bryd, mae tua 90% o'r buddsoddiant o'r tu allan i'r ardal yn dod o gwmnïau gweithgynhyrchu bwyd, ac o hynny mae 60% yn rhyngwladol.

Mae yna gysylltiadau cludiant rhagorol sy'n arbenigo mewn trafod bwyd. Mae maes awyr Glannau Humber, er enghraifft, yn trafod bwydydd darfodus *(perishable),* tra bo'r porthladdoedd lleol Immingham a Grimsby yn trafod mwy na 50 miliwn o dunelli metrig o nwyddau y flwyddyn. Mae yna faint cynyddol o fewnforion bwyd, yn arbennig pysgod o Wlad yr Iâ, Ynysodd y Faroes a Denmarc, ar gyfer prosesu lleol.

Mae Gogledd-ddwyrain Swydd Lincoln yn arbenigo mewn cynhyrchion bwyd darfodus oer ac mae tua 1.4 miliwn o fetrau ciwbig o storfeydd oer cyhoeddus a phreifat yno.

Mae Grimsby'n gobeithio cryfhau ei chlwstwr bwyd ymhellach drwy ddatblygu parc busnes 200 erw a fyddai'n cynnwys yr *Europarc* 6 erw presennol sydd eisoes yn cynnwys nifer o gwmnïau bwyd fel *Headland Foods, Baxters* a *Kwoks.* Os caiff hyn y golau gwyrdd, byddai'n golygu adeiladu rhwydwaith o gyfleusterau gwaredu gwastraff, adfer dŵr a chynhyrchu egni a fyddai'n cael eu rhannu gan wahanol ddefnyddwyr. Yn ôl Andrew Moore, swyddog datblygiad economaidd Cyngor Gogledd-ddwyrain Swydd Lincoln, 'byddai cyfleuster o'r fath yn helpu cwmnïau i ostwng cost cludo a gwaredu gwastraff. Byddai'n cynnwys cyfleusterau prosesu a phibellau ar gyfer cludo olew gwastraff i'w drawsnewid yn fio-diesel.'

Ffynhonnell: addaswyd o *Food Manufacture*, 1.8.2004.

Eglurwch y ffynonellau posibl o ddarbodion maint allanol i gwmnïau bwyd yng Ngogledd-ddwyrain Swydd Lincoln, gan gynnwys Grimsby.

gallu dewis graddfa gynhyrchu fydd yn uchafu ei elw. Tybiwch yn Ffigur 49.3 ei fod yn penderfynu cynhyrchu yn y tymor hir ym mhwynt A. Mae'n prynu ffactorau cynhyrchu fel offer a pheiriannau i weithredu ar y lefel hon. Yna mae'n dymuno ehangu cynhyrchu PQ ond yn y tymor byr mae ganddo ffactorau cynhyrchu sefydlog. Efallai y bydd ehangu cynhyrchu yn arwain at gostau cyfartalog is fel y gwelir yn Ffigur 49.3. Dydy adenillion cyfartalog lleihaol ddim wedi cychwyn ym mhwynt A. Ond rhaid bod cynhyrchu'n llai cost effeithlon yn B o'i gymharu â sefyllfa'r tymor hir lle gallai'r cwmni fod wedi amrywio ei ffactorau cynhyrchu i gyd a chynhyrchu yn C. Yn B mae'r cwmni'n gweithio gydag offer a pheiriannau a gynlluniwyd ar gyfer gweithio ar effeithlonrwydd optimaidd ar lefel is o gynnyrch sef OP. Yn C mae'r cwmni'n gweithio gydag offer a pheiriannau a gynlluniwyd ar gyfer cynhyrchu yn C.

Yn yr un modd, os ydy D a F yn safleoedd costau tymor hir, rhaid bod cwmni sy'n cynhyrchu yn E gydag offer a pheiriannau a gynlluniwyd ar gyfer cynhyrchu yn D fod yn llai cost effeithiol na chwmni sy'n gweithredu yn F gyda ffatri a gynlluniwyd i gynhyrchu OS o gynnyrch.

Mae A, C, D, F, G a J yn bwyntiau cost isaf yn y tymor hir. O gyfuno'r rhain, fel yn Ffigur 49.4, cawn gromlin cost gyfartalog y tymor hir. Ar gyfer pob pwynt ar y gromlin hon mae yna gromlin cost gyfartalog dymor byr gysylltiedig, fel AB. Os ydy'r cwmni'n gweithredu yn y tymor byr ar y pwynt lle mae cromlin costau'r tymor byr o'r braidd yn cyffwrdd â chromlin costau'r tymor hir (mae'n dangiad iddi), mae'n gweithredu lle roedd y cwmni'n tybio y byddai'n gweithredu pan fyddai'n gallu amrywio ei holl ffactorau mewngyrch.

Os ydy cynnyrch y tymor byr yn wahanol i'r safle hwn, bydd ei gostau tymor byr yn uwch na phe bai wedi gallu amrywio ei holl ffactorau cynhyrchu. Ond gallai fod yn uwch neu'n is na phwynt y tangiad, yn dibynnu ar p'un ai bod adenillion lleihaol wedi cychwyn ai peidio.

Dywedir bod cromlin cost gyfartalog y tymor hir yn amlen ar gyfer cromliniau cost gyfartalog y tymor byr am ei bod hi'n eu cynnwys nhw i gyd.

Ffigur 49.3 Cromlin cost gyfartalog y tymor hir

Yn y tymor hir mae pob ffactor yn newidiol. Mae'r pwyntiau A, D a G yn dangos cromliniau costau tymor hir ar lefelau gwahanol o gynhyrchu. Os ydy'r cwmni yn y tymor byr wedyn yn ehangu cynhyrchu, gall costau cyfartalog ostwng i B (o A), neu godi i E (o D) neu i H (o G). Ond byddan nhw'n uwch na'r costau tymor hir, C, F a J, ar gyfer y lefelau hynny o gynnyrch am fod cost cynhyrchu gydag o leiaf un ffactor sefydlog yn debygol o fod yn uwch na'r gost pe bai pob ffactor yn newidiol.

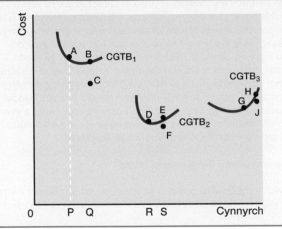

Ffigur 49.4 Amlen cromlin cost gyfartalog y tymor hir

Mae cromlin cost gyfartalog y tymor hir yn amlen ar gyfer holl gromliniau cost gyfartalog y tymor byr am fod cost gyfartalog y tymor hir naill ai'n hafal i gost gyfartalog berthnasol y tymor byr neu'n is na hi.

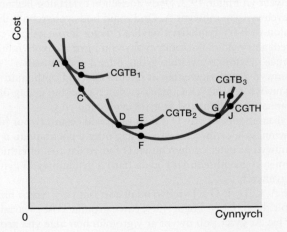

Cwestiwn 4

Prynodd *General Motors* 50% o gyfranddaliadau *Saab*, y gwneuthurwr ceir yn Sweden, yn 1989. Ond mae wedi bod yn fuddsoddiad gwael gan fod *Saab* wedi cael colledion yn y rhan fwyaf o flynyddoedd ers hynny. Mae gwerthiant wedi bod yn siomedig a dydy *Saab* ddim wedi llwyddo i gynhyrchu ceir sy'n ddeniadol ym marn cwsmeriaid. Un canlyniad yw bod ffatri *Saab* yn Trollhättan wedi gweithredu ar lai na'i gallu cynhyrchu llawn a bod costau cynhyrchu *Saab* yn uchel o'u cymharu â ffatrïoedd eraill. Yn 2002 collodd *GM* ei amynedd ac anfonodd ddau o'u swyddogion gweithredol i roi trefn ar y cwmni. Rhan o'u strategaeth oedd gostwng gorstaffio yn Trollhättan drwy ddiswyddo rhan o'r gweithlu. Mae gweithio mwy effeithlon wedi gostwng nifer yr oriau a gymerir i wneud car yn y ffatri o 50 awr yn 2002 i 30 awr heddiw.

Mae costau cyfartalog cynhyrchu wedi cael eu torri hefyd drwy gynyddu cynhyrchu, sy'n ganlyniad i lansio modelau newydd mwy deniadol ar y farchnad. Ond mae'r ffatri'n dal i weithredu islaw ei gallu cynhyrchu. Mae'r cwmni'n gobeithio cael cynnydd o 30 000 o geir y flwyddyn yn y cynhyrchu drwy adeiladu car stad newydd yn y ffatri, gan godi cynhyrchu i 160 000 - 170 000 y flwyddyn. Mae hefyd yn ymchwilio i adeiladu *Cadillac* bach yn y ffatri i'w chodi hi i'r gallu cynhyrchu llawn.

Ffynhonnell: addaswyd o'r *Financial Times*, 11.3.2004.

(a) 'Yn 2002 doedd y ffatri yn Trollhättan ddim yn gweithredu ar ffin cromlin ei chost gyfartalog dymor byr nac ar ffin cromlin ei chost gyfartalog dymor hir.' Gan ddefnyddio diagram, eglurwch y gosodiad hwn.

(b) Gan ddefnyddio diagram sy'n dangos amlen cromlin cost gyfartalog y tymor hir ac un o gromliniau cost gyfartalog y tymor byr, eglurwch pam y byddai cynyddu cynhyrchu yn Trollhättan yn gostwng costau cyfartalog tymor byr.

Termau allweddol

Annarbodion maint – cynnydd yn y costau cynhyrchu cyfartalog tymor hir wrth i'r cynnyrch gynyddu.

Darbodion maint allanol – costau cynhyrchu cyfartalog gostyngol, a ddangosir gan symudiad cromlin y gost gyfartalog i lawr, sy'n ganlyniad i dwf ym maint y diwydiant y mae'r cwmni'n gweithredu ynddo.

Darbodion maint mewnol – darbodion maint sy'n codi oherwydd y twf yng ngraddfa'r cynhyrchu o fewn cwmni.

Graddfa effeithlon leiaf cynhyrchu – y lefel isaf o gynnyrch lle caiff cost gyfartalog y tymor hir ei hisafu.

Lefel optimaidd cynhyrchu – yr amrediad cynnyrch lle mae cost gyfartalog y tymor hir ar ei hisaf.

Economeg gymhwysol

Darbodion maint

Mae damcaniaeth economaidd yn awgrymu y bydd cwmni yn y tymor hir yn cael darbodion maint yn gyntaf, ond yn y pen draw y bydd annarbodion maint yn cychwyn. Felly mae cromlin cost gyfartalog y tymor hir â siâp U. Fodd bynnag, mae ymchwil yn y maes hwn yn tueddu i gefnogi'r farn bod cromliniau cost gyfartalog y tymor hir â siâp L yn ymarferol yn hytrach na siâp U. Mae cwmnïau'n cael darbodion maint, ond pan fydd cynnyrch yn cyrraedd graddfa effeithlon leiaf cynhyrchu, bydd costau cyfartalog yn ddigyfnewid yn hytrach na dechrau codi. Er enghraifft, astudiodd CF Pratten (1971) 25 o ddiwydiannau, gan gynnwys papurau newydd, sebon, olew, bara a dur, a chanfod cromlinau cost gyfartalog y tymor hir â siâp L yn hytrach na siâp U.

Mae Ffigur 49.5 yn dangos amcangyfrif o ddarbodion maint mewn tri o feysydd cynhyrchu cerbydau: cynhyrchu motorau diesel, cerbydau masnachol a cheir. Er enghraifft, roedd gostyngiad o tua 34% mewn costau pe bai cynhyrchu ceir yn cynyddu o 100 000 i 2 filiwn. Nid oedd graddfa effeithlon leiaf cynhyrchu ceir wedi'i chyrraedd erbyn lefel y 2 filiwn er bod y gostyngiadau mwyaf mewn costau yn digwydd ar lefelau cynhyrchu rhwng 0 a 500 000. Roedd marchnad cerbydau masnachol a motorau diesel yn llai o lawer na marchnad ceir, ac nid oedd gwneuthurwyr wedi cyrraedd graddfa effeithlon leiaf cynhyrchu yn ôl yr astudiaeth. Byddai cynhyrchu mwy yn lleihau costau ymhellach i'r rhai a welir yn Ffigur 49.5.

Mae Tabl 49.2 yn dangos ffynonellau darbodion maint ym maes gweithgynhyrchu ceir. Er enghraifft, graddfa effeithlon leiaf cynhyrchu ar gyfer castio bloc motor oedd miliwn uned y flwyddyn ond 250 000 o unedau oedd y ffigur o ran cerbydau gorffenedig. Roedd y darbodion maint yn fwy ym maes ymchwil a datblygiad ar 5 miliwn o unedau y flwyddyn.

Mae'r diwydiant ceir wedi symud yn gyson i fanteisio ar ddarbodion maint yn y blynyddoedd diwethaf. Mae nifer o wneuthurwyr ceir wedi cydsoddi neu gael eu trosfeddiannu, gan gynnwys *General Motors* a *Daimler Benz*, *Renault* a *Nissan*, *Peugeot* a *Citroen*, *Volkswagen* a *Seat* a *Skoda*, a *Ford* a *Mazda*. Mae gwneuthurwyr ceir wedi torri costau cydrannau drwy leihau nifer eu cyflenwyr. Mae pob cyflenwr wedyn yn tueddu i gyflenwi meintiau mwy sy'n eu galluogi i fanteisio ar ddarbodion

Tabl 49.2 Darbodion maint wrth gynhyrchu ceir

	Graddfa effeithlon leiaf cynhyrchu cynnyrch y flwyddyn (miliynau)
Darbodion technegol	
Castio bloc motor	1
Castio gwahanol rannau eraill	0.1-0.75
Trên pŵer (motor, trawsyriant, ayb), peiriannau a chydosod	0.6
Gwasgu gwahanol baneli	1-2
Siop baent	0.25
Cydosod terfynol	0.25
Darbodion nad ydynt yn dechnegol	
Hysbysebu	1.0
Gwerthiant	2.0
Risgiau	1.8
Cyllid	2.5
Ymchwil a datblygu	5.0

Ffynhonnell: G. Rhys, 'The motor industry: an overview', *Developments in Economics*, golygydd G.B.J.Atkinson, *Causeway Press*.

Ffigur 49.5 Darbodion maint wrth weithgynhyrchu cerbydau

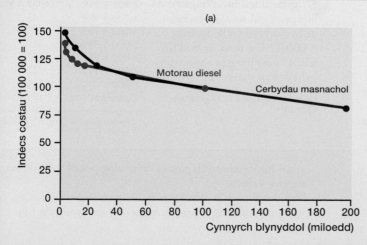
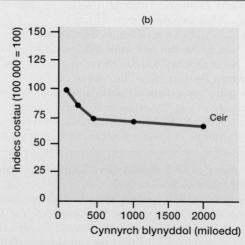

Ffynhonnell: G. Rhys, 'The motor industry: an overview', *Developments in Economics*, golygydd G.B.J.Atkinson, *Causeway Press*.

maint. Mae costau ymchwil a datblygu a chostau cynhyrchu wedi cael eu gostwng drwy leihau nifer y platfformau y caiff ceir eu hadeiladu arnynt. Y siasi yw'r platfform i bob pwrpas. Mae adeiladu, dyweder, pum model gwahanol ar un platfform sylfaenol yn golygu bod darbodion maint mewn cynhyrchu'r platfformau; dim ond un set o gostau datblygu sydd wrth ddylunio'r platfform, ac mae amser drud rhwng dylunio a chynhyrchu yn lleihau.

Hefyd, mae gwneuthurwyr ceir wedi cynyddu nifer y modelau a gynigir am resymau marchnata. Mae cwsmeriad eisiau mwy o ddewis. Yr her felly fu sut i leihau graddfa effeithlon leiaf y cynhyrchu ar gyfer unrhyw fodel penodol. Mae rhannu cydrannau rhwng cynifer o fodelau gwahanol o geir ag sy'n bosibl wedi bod yn un ffordd allweddol o gyflawni hyn. Ffordd arall fu cyflwyno mwy a mwy o awtomatiaeth i'r llinell gynhyrchu sy'n galluogi cynhyrchu modelau gwahanol ar yr un llinell.

Cwestiwn Data

Llongau amlwytho

Mae llongau amlwytho yn ffynnu gyda globaleiddio'n creu mwy a mwy o fasnach forol. Ond nid masnach yn unig sy'n tyfu. Mae maint y llongau amlwytho yn tyfu hefyd. Ar hyn o bryd, mae cenhedlaeth newydd o longau yn cael eu hadeiladu a fydd yn chwyldroi masnach rhwng Asia ac UDA ac Ewrop. Gall y llongau hyn gludo 8 000 o unedau cywerth ag ugain troedfedd (*TEU*), sef mesur cyfaint safonol yn y diwydiant llongau. Disgwylir y bydd llongau mwy fyth â lle i gludo hyd at 12 000 *TEU* yn dilyn ymhen ychydig flynyddoedd.

Torri costau sy'n hybu'r symudiad at longau mwy a mwy. Mae llongau mwy yn sicrhau mwy o ddarbodion maint na llongau bach. Maen nhw'n rhatach i'w hadeiladu am bob *TEU*, mae costau tanwydd am bob *TEU* yn is ac mae costau'r criw yn is. Ers i'r llong amlwytho gyntaf hwylio yn 1956, mae maint y llongau wedi cynyddu fwyfwy i fanteisio ar effeithlonrwydd mwy.

Er hynny, dydy pawb ddim yn ffyddiog y bydd y llongau newydd ag 8 000 *TEU* a mwy yn broffidiol. Un pryder yw cyfleusterau porthladdoedd. Dim ond ychydig iawn o borthladdoedd amlwytho all dderbyn y llongau newydd. Mae hynny'n cyfyngu ar y mannau lle gall y llongau lwytho a dadlwytho gan arwain at anhyblygrwydd os oes tagfa mewn porthladd arbennig. Hefyd mae'r llongau newydd yn rhy fawr i Gamlas Panama a Chamlas Suez, sy'n cyfyngu ar eu llwybrau teithio. Mewn gwirionedd, byddant yn gyfyngedig i'r daith o Asia i Arfordir Gorllewin Gogledd America a'r daith o Ewrop i'r Dwyrain Pell o gwmpas pegwn Affrica.

Pryder arall yw tagfeydd yn y trawsgludo dilynol. Mae pob diwrnod y bydd llong amlwytho yn y porthladd yn ddiwrnod o gost ychwanegol. Cymerir mwy o amser i lwytho a dadlwytho llongau mawr iawn na llongau llai, a dim ond os caiff y cynwysyddion eu symud yn gyflym o'r porthladd y gall dadlwytho ddigwydd. Yn Vancouver yng Nghanda, er enghraifft, mae pryderon na fydd y rheilffyrdd i ddwyrain Canada, sydd eisoes dan bwysau, yn gallu ymdopi â'r llwythi sengl mawr o gynwysyddion

o'r llongau newydd.

Bydd llwytho a dadlwytho'r llongau newydd yn effeithlon yn gofyn am gynllunio manwl. Mae rhai'n pryderu y bydd gormod o wallau yn y system rhwng gweithredwyr y llongau, y cleientiaid sy'n anfon cynwysyddion i'r porthladdoedd, awdurdodau'r porthladdoedd a halwyr ffyrdd a rheilffyrdd. Po fwyaf yw'r llong, mwyaf i gyd fydd cost ei chadw yn y porthladd yn hytrach na'i chael hi allan ar y môr.

Mae rhai dadansoddwyr yn rhagfynegi y bydd twf lle ar longau yn fwy na thwf llwythi o 2006 ymlaen. Os bydd gormod o longau yn cystadlu am rhy ychydig o draffig amlwytho, bydd cyfraddau llongau cludo nwyddau yn gostwng yn sylweddol. Hefyd bydd llongau'n gorfod hwylio â llai na llwyth llawn o gynwysyddion. Yna ni fyddant yn gweithredu ar yr effeithlonrwydd mwyaf, a bydd y costau am bob cynhwysydd a gludir yn codi.

Er gwaetha'r pryderon hyn, mae'r diwydiant ei hun, ar y cyfan, yn argyhoeddedig mai llongau mwy biau'r dyfodol. Dyna pam fod bron traean o'r llongau sydd wedi'u harchebu ar hyn o bryd yn llongau ag 8 000 *TEU* a mwy, er bod llai nag 1% o'r llongau amlwytho cyfredol yn rhai felly.

Ffynhonnell: addaswyd o'r *Financial Times*, 17.12.2004.

Tabl 49.6 Lle ar longau amlwytho

Lle i gynwysyddion (TEU*)	Wedi'u harchebu 2004-2008 (miloedd o TEU)	Fflyd gyfredol (miloedd o TEU)
<500	0	138
500-999	86	430
1 000-1 499	80	608
1 500-1 999	98	694
2 000-2 499	69	613
2 500-2 999	309	657
3 000-3 999	142	956
4 000-4 999	475	1 133
5 000-5 999	429	776
6 000-6 999	240	537
7 000-7 999	232	206
8 000+	954	48
Cyfanswm	3 175	6 796

*Unedau cywerth ag ugain troedfedd

1. Eglurwch pam y gallai llongau amlwytho mawr gael mwy o ddarbodion maint na llongau llai?
2. Mae llong ag 8 500 *TEU* yn hwylio gyda chynwysyddion sy'n cyfateb i 5,000 *TEU* yn unig. Mae llong arall â 5 000 *TEU* yn hwylio o'r un porthladd i'r un cyrchfan gyda llwyth llawn o 5,000 *TEU*. Gan ddefnyddio diagram amlen cost gyfartalog y

tymor hir, cymharwch gostau cyfartalog posibl y ddwy long ar gyfer y daith.
3. Trafodwch a yw'n debygol y bydd annarbodion maint yn deillio o weithredu'r llongau amlwytho newydd sy'n fwy eu maint?

50 Nodau cwmnïau

Crynodeb

1. Mae cyfranddalwyr, rheolwyr, gweithwyr, y llywodraeth, defnyddwyr ac eraill yn dylanwadu ar y penderfynu mewn cwmni.
2. Mae damcaniaeth neo-glasurol yn tybio bod cwmnïau'n uchafwyr elw tymor byr. Yn y tymor byr, bydd cwmnïau o'r fath yn gweithredu cyhyd ag y bydd eu derbyniadau'n fwy na'u cost newidiol.
3. Mae damcaniaeth y cwmni sydd gan neo-Keynesiaid yn tybio bod cwmnïau'n uchafwyr elw tymor hir.
4. Mae damcaniaethau rheolaethol yn tybio bod rheolwyr yn uchafu eu defnydd-deb nhw yn amodol ar gyfyngiad boddhau elw.
5. Mae damcaniaethau ymddygiadol yn tybio nad yw penderfynu mewn cwmni yn cael ei reoli gan unrhyw un grŵp, fel cyfranddalwyr, ond gan bawb sy'n ymwneud â'r cwmni.

Rheoli

Dim ond os oes dealltwriaeth glir o bwy sy'n rheoli'r broses benderfynu y gellir ateb y cwestiwn, 'Beth sy'n cymell cwmni yn ei weithrediadau?' Mae'r rheolaeth hon yn debygol o fod gydag un neu fwy o **randdeiliaid** (*stakeholders*) y cwmni (☞ uned 2). Yng nghyd-destun y DU mae'r rhain fel a ganlyn:

Y perchenogion neu'r cyfranddalwyr Gallai ymddangos yn amlwg i nodi mai perchenogion neu gyfranddalwyr cwmni sy'n ei reoli. Mae hyn efallai yn wir ar gyfer busnesau bach lle gellir gweld mai'r perchennog yw cyfarwyddwr neu reolwr y busnes hefyd. Er enghraifft, bydd perchennog siop gornel fach leol sydd hefyd yn rhedeg y siop yn gwneud y penderfyniadau ynghylch y busnes. Ond mae'n llai amlwg bod perchenogion yn rheoli'r busnes y maent yn berchen arno pan fo nifer mawr iawn o gyfranddalwyr.

Cyfarwyddwyr a rheolwyr Bydd y cyfranddalwyr mewn cwmni cyfyngedig cyhoeddus yn ethol cyfarwyddwyr i ofalu am eu buddiannau. Bydd y cyfarwyddwyr yn eu tro yn penodi rheolwyr sy'n gyfrifol am redeg y busnes o ddydd i ddydd. Felly gall fod gwahanu rhwng perchenogaeth a rheolaeth. Yr unig ffordd y gall perchenogion ddylanwadu ar benderfynu yn uniongyrchol yw trwy ddiswyddo cyfarwyddwyr yng Nghyfarfod Cyffredinol Blynyddol y cwmni. Yn ymarferol rhaid i'r cwmni fod mewn trafferthion difrifol i gythruddo digon o gyfranddalwyr i gael hyn yn digwydd. Hefyd gall cyfranddalwyr werthu eu cyfranddaliadau, gan wthio pris y cyfranddaliadau i lawr a gwneud y cwmni'n fwy agored i gael ei drosfeddiannu. Os bydd trosfeddiannu gall y rheolwyr a'r cyfarwyddwyr golli eu swyddi ac felly mae pwysau ar reolwyr i berfformio'n dda.

Y gweithwyr Efallai y bydd y gweithwyr, yn arbennig trwy eu hundebau llafur, yn gallu rhoi pwysau mawr ar gwmni. Does ganddyn nhw ddim y grym i redeg y cwmni yn y modd y gallai cyfranddalwyr neu reolwyr ei wneud. Ond maen nhw'n gallu cael dylanwad mawr ar faterion fel cyflogau (ac felly costau), iechyd a diogelwch yn y gwaith a lleoli neu adleoli adeilad.

Y wladwriaeth Mae'r wladwriaeth yn darparu fframwaith gwaelodol ar gyfer gweithredu'r cwmni. Mae deddfwriaeth ar drethi, yr amgylchedd, gwarchod defnyddwyr, iechyd a diogelwch yn y gwaith, arferion cyflogaeth, y gallu i dalu a llawer o faterion eraill yn gorfodi cwmnïau i ymddwyn mewn ffordd na fyddent efallai yn ymddwyn mewn amgylchedd anrheoledig.

Y defnyddiwr Mae'r defnyddiwr, trwy gyrff fel Cymdeithas y Defnyddwyr neu wahanol gyrff masnach, yn gallu rhoi pwysau ar

gwmnïau i geisio gwneud iddynt newid eu polisïau. Yn aml mae'r math yma o ddylanwad yn go wan; mae **sofraniaeth defnyddwyr** (☞ uned 66) yn bwysicach. Mewn marchnad rydd, bydd defnyddwyr yn bwrw eu pleidleisiau gwario ymhlith cwmnïau. Bydd cwmnïau nad ydynt yn darparu'r cynhyrchion y mae defnyddwyr yn dymuno eu prynu yn mynd allan o fusnes tra gall cwmnïau sy'n ymateb i anghenion defnyddwyr wneud elw mawr. Yn ôl y ddadl hon, y defnyddiwr sy'n rheoli'r cwmni yn y pen draw. Mae hyn yn tybio bod sofraniaeth defnyddwyr yn bodoli. Yn ymarferol, mae cwmnïau'n ceisio llywio dewisiadau defnyddwyr trwy ddyfeisiau marchnata fel hysbysebu. Felly dydy cwmnïau ddim yn wcision di-rym fel a awgrymir gan theori.

Uchafu elw tymor byr

Mewn economeg neo-glasurol tybir mai buddiannau'r perchenogion neu'r cyfranddalwyr sydd bwysicaf. Yn union fel y bydd defnyddwyr yn ceisio uchafu defnydd-deb ac y bydd gweithwyr yn ceisio uchafu eu henillion o weithio, caiff cyfranddalwyr eu cymell gan uchafu eu henillion nhw o'r cwmni. Felly dadleuir mai uchafu elw yw nod cwmnïau.

Dydy cwmnïau ddim yn gallu gweithredu ar elw bob amser. Efallai y byddant yn wynebu gweithredu ar golled. Mae economeg neo-glasurol yn rhagfynegi y bydd cwmnïau'n parhau i gynhyrchu yn y tymor byr cyhyd ag y byddant yn talu eu costau newidiol.

Ystyriwch Dabl 50.1. Byddai'r cwmni'n colli £20 miliwn mewn unrhyw gyfnod lle byddai'n cau ei ffatri a heb gynhyrchu dim. Y rheswm yw bod yn rhaid iddo dalu ei gostau sefydlog o £20 miliwn hyd yn oed os ydy'r cynnyrch yn sero. Cyfanswm y costau sefydlog yw'r golled fwyaf y mae angen i'r cwmni ei hwynebu am bob cyfnod.

Mae'r tabl yn dangos bod y cwmni'n wynebu sefyllfa fasnachu sy'n gwaethygu'n gyson. Mae ei gostau yr un fath drwy'r cyfan ond

Tabl 50.1

| | | | | | £ miliwn | |
| Cyfnod | Cyfanswm y costau newidiol | Cyfanswm y costau sefydlog | Cyfanswm y gost | Cyfanswm y derbyniadau | Elw neu golled | |
					Os oes cynhyrchu	Os ydy'r ffatri'n cau
1	30	20	50	60	+10	-20
2	30	20	50	50	0	-20
3	30	20	50	40	-10	-20
4	30	20	50	30	-20	-20
5	30	20	50	20	-30	-20

Cwestiwn 1

Yn 2005 enillodd Malcolm Glazer, y teicŵn chwaraeon o UDA, reolaeth ar *Manchester United* mewn cynnig trosfeddiannu oedd yn werth £790 miliwn. Nid oedd yn gefnogwr pêl-droed, ond mae Glazer yn berchen ar amrywiaeth o asedau ym myd chwaraeon yn UDA gan gynnwys y tîm Pêl-droed Americanaidd *Tampa Bay Buccaneers*. Credir ei fod eisiau ecsbleotio enw brand *Manchester United,* yn enwedig yn UDA, er mwyn chwyddo proffidioldeb. Mae'r rhan fwyaf o'r trosfeddiant yn cael ei ariannu trwy fenthyciadau ar gyfraddau llog uchel. Mae hyn wedi cynyddu ofnau ymhlith y cefnogwyr, sy'n gwrthwynebu'r trosfeddiant yn frwd, y bydd y clwb yn cael ei odro am arian i ad-dalu'r benthyciadau ac i roi elw i Glazer. Mae'r cefnogwyr yn ofni y bydd prisiau tocynnau yn codi, y bydd nwyddau'n cael eu hecsbloetio'n ddidrugaredd ac na fydd unrhyw fuddsoddi mewn chwaraewyr newydd. Mae cymariaethau wedi cael eu gwneud rhwng y miliwnydd o Rwsia, Roman Abramovich, a brynodd *Chelsea* ac yna a wariodd yn drwm i greu tîm llwyddiannus iawn, a Malcom Glazer, a fydd, yn ôl yr ofnau, yn gwerthu rhai o'r chwaraewyr gorau i godi arian.

Dywedodd Gweinidog Materion Cyfansoddiadol, Harriet Harman, bod y llywodraeth wedi annog Mr Glazer i gynnal trafodaethau gyda'r cefnogwyr, y Gymdeithas Bêl-droed a'r clwb er mwyn sicrhau bod yna 'gysylltiad adeiladol'. Meddai: 'Mae *Manchester United* yn bwysig iawn i bêl-droed Lloegr ac mae'r llywodraeth yn cadw golwg barcut ar y sefyllfa.'

Dywedodd Alex Ferguson y byddai'n parhau fel rheolwr *Manchester United*. Bydd ei rôl ef yn dal i fod yn allweddol yn y gwaith o redeg y clwb yn llwyddiannus. Dydy barn y chwaraewyr am y trosfeddiant ddim yn hysbys.

Ffynhonnell: addaswyd o news.bbc.co.uk 12.5.2005.

(a) Eglurwch pwy yw'r rhanddeliaid yn *Manchester United*.
(b) Awgrymwch beth o bosibl fydd amcanion y rhanddeiliaid gwahanol yn y clwb ar ôl y trosfeddiant.

mae ei dderbyniadau'n lleihau ym mhob cyfnod. Yng nghyfnod 1 mae cyfanswm y derbyniadau yn fwy na chyfanswm y costau. Bydd y cwmni'n gwneud elw os bydd cynhyrchu'n digwydd. Yng nghyfnod 2 nid yw'n gwneud dim elw drwy weithredu ei ffatri (ond dylid cofio bod cost yn cynnwys lwfans am elw normal ☞ uned 47).

Fodd bynnag, mae hynny'n well na'r dewis arall o gau'r ffatri a gwneud colled o £20 miliwn. Felly hefyd yn achos cynhyrchu yng nghyfnod 3. Er y bydd y cwmni'n gwneud colled o £10 miliwn, bydd yn parhau i gynhyrchu oherwydd y dewis arall yw gwneud colled o £20 miliwn. Yng nghyfnod 4 mae'r cwmni ar y llinell rannu rhwng dewis cynhyrchu neu beidio. Yng nghyfnod 5 yn amlwg ni fydd y cwmni'n cynhyrchu. Byddai ei golledion gweithredol yn fwy na phe bai'r ffatri'n cael ei chau.

Felly mae uchafu elw tymor byr yn awgrymu y bydd cwmni'n

Cwestiwn 2

Mae gan gwmni gostau sefydlog o £10 miliwn. Mae ei gostau newidiol yn cynyddu yn gyson gyda'r cynnyrch. Cost newidiol cynhyrchu pob uned yw £1 filiwn. Eglurwch a fydd yn cynhyrchu:
(a) 10 uned os ydy cyfanswm y derbyniadau'n £30 miliwn;
(b) 15 uned os ydy cyfanswm y derbyniadau'n £25 miliwn;
(c) 20 uned os ydy cyfanswm y derbyniadau'n £22 miliwn;
(d) 25 uned os ydy cyfanswm y derbyniadau'n £20 miliwn.

parhau i gynhyrchu hyd yn oed os nad yw'n talu cyfanswm ei gostau yn llawn. Dim ond pan na fydd cyfanswm ei dderbyniadau yn ddigon i dalu cyfanswm ei gostau newidiol y bydd yn peidio â chynhyrchu.

Uchafu elw tymor hir

Mae economegwyr neo-Keynesaidd yn credu y bydd cwmnïau'n uchafu eu helw tymor hir yn hytrach na'u helw tymor byr. Mae hyn yn seiliedig ar y gred bod cwmnïau'n defnyddio technegau PRISIO COST PLWS. Bydd pris cynnyrch yn cael ei bennu drwy gyfrifo cyfangost gyfartalog gweithredu ar y gallu cynhyrchu llawn ac adio ychwanegiad at gost ar gyfer elw. Mae'r pris a bennir ac felly yr elw yr anelir ato yn seiliedig ar gostau tymor hir y cwmni.

Mae uchafu elw tymor byr yn awgrymu y bydd cwmnïau'n addasu'r pris a'r cynnyrch mewn ymateb i newidiadau yn amodau'r farchnad. Yn ôl neo-Keynesiaid, fodd bynnag, gall addasiadau cyflym yn y pris niweidio safle'r cwmni yn y farchnad. Dydy defnyddwyr ddim yn hoffi newidiadau aml yn y pris. Gall gostyngiadau pris gael eu hystyried yn arwydd o werthu mewn cyfyngder ac efallai y bydd prynwyr mawr yn ymateb drwy geisio trafod gostyngiadau mwy byth yn y pris. Gall cynyddu'r pris gael ei ystyried yn arwydd o fudrelwa (*profiteering*), gyda defnyddwyr yn troi at frandiau neu wneuthuriadau eraill gan gredu y byddant yn cael gwell gwerth am arian. Mae newidiadau pris yn golygu costau i'r cwmni hefyd gan fod angen newid rhestri prisiau, hysbysu staff gwerthu, newid deunydd hysbysebu, ayb. Felly dadleuir bod cwmnïau'n ceisio cadw prisiau sefydlog tra'n addasu'r cynnyrch i newidiadau yn amodau'r farchnad.

Gall hyn olygu y bydd cwmni'n cynhyrchu yn y tymor byr hyd yn oed os na fydd yn cael digon i dalu ei gost newidiol. Os yw'n credu y gall wneud elw yn y tymor hir ar gynhyrchu nwydd penodol, efallai y bydd yn well ganddo gynhyrchu ar golled yn hytrach nag amharu ar gyflenwadau i'r farchnad. Yn yr un modd, gall beidio â chynhyrchu yn y tymor byr hyd yn oed os yw'n gallu talu ei gostau newidiol. Gall fod yn well ganddo gadw prisiau uwchlaw pris y farchnad yn y tymor byr a gwerthu dim os yw'n credu y byddai gostwng prisiau yn y tymor byr yn arwain at effaith barhaol ar brisiau ac felly ar elw yn y tymor hir.

Damcaniaethau rheolaethol

Mae damcaniaethau rheolaethol o'r cwmni yn cychwyn o'r dybiaeth

Cwestiwn 3

Mae gan gwmni gostau sefydlog o £900 a chostau newidiol o £1 yr uned.
(a) Beth fydd y pris yr uned os bydd yn mynd ati i gynhyrchu 300 o unedau yr wythnos a gwneud elw o 25% uwchlaw costau?
(b) Dydy'r galw ddim cystal ag roedd y cwmni'n ei obeithio. Os ydy'r cwmni i gadw ei bris, beth yw'r nifer lleiaf o unedau y mae'n rhaid eu gwerthu bob wythnos er mwyn i'r cwmni adennill costau?
(c) 150 o unedau yr wythnos yw'r galw. Cynigir archeb i'r cwmni am 350 o unedau ychwanegol yr wythnos os bydd yn gostwng ei bris am bob uned a werthir i £3 yr uned. Ond mae'n credu y bydd y galw'n cynyddu'n raddol yn y dyfodol i'r 300 yr wythnos a fwriadwyd yn wreiddiol os cedwir y pris gwreiddiol. A ddylai'r cwmni dderbyn yr archeb?

bod yna rywfaint o wahanu rhwng perchenogaeth cwmnïau a'r rheolaeth arnynt. Tybir bod y cyfranddalwyr yn grŵp gwahanol o bobl i reolwyr y cwmni. Bydd y cyfranddalwyr yn dymuno gweld elw'n cael ei uchafu.

Fodd bynnag, mae'n bell o fod yn amlwg y bydd rheolwyr yn rhannu'r nod hwn. Fel gweithwyr byddan nhw'n ceisio uchafu eu gwobrwyon nhw eu hunain. Gall y rhain gynnwys eu cyflog a'u cilfantcision, eu hamodau gwaith, eu grym o fewn y gyfundrefn, eu gallu i feddiannu adnoddau a faint o ymdrech y mae'n rhaid iddynt ei wneud. Er enghraifft, gall rheolwr fod â mwy o ddiddordeb mewn pa gar y bydd yn ei gael gan y cwmni, p'un ai y bydd amser i chwarae golff ar brynhawn dydd Mercher, neu p'un ai y bydd £1 filiwn yn ychwanegol ar gael ar gyfer y gyllideb, nag yn yr ateb i'r cwestiwn ydy'r cwmni wedi uchafu ei elw ar ddiwedd y flwyddyn ariannol.

Dydy hynny ddim yn golygu nad ydy gwneud elw yn bwysig. Rhaid i reolwyr gael eu hystyried yn ddigon effeithlon i gyfiawnhau eu cyflogau. Mae gwrthryfel cyfranddalwyr yn bosibilrwydd bob amser. Efallai y bydd rhai rheolwyr yn ymdrechu i hybu buddiannau perchenogion y cwmni. Mae bygythiad bob amser o drosfeddiannu neu fethdalu yn arwain at golli swyddi, felly rhaid i reolwyr wneud digon o elw i fodloni gofynion eu cyfranddalwyr. Y term am hyn yw BODDHAU ELW (*profit satisficing*). Ond ar ôl gwneud lefel foddhaol o elw, mae'r rheolwyr yn rhydd i uchafu eu gwobrwyon

Mae *Compass*, y grŵp gwasanaethau bwyd yn y DU, wedi talu mwy nag £1 filiwn yr un i mewn i gronfeydd pensiwn ei ddau gyfarwyddwr uchaf. Mae Syr Francis Mackay, y cadeirydd, a Mike Bailey, y prif weithredwr, yn ymadael â'r cwmni eleni. Mae hawliau pensiwn Syr Francis Mackay yn £16.1 miliwn erbyn hyn, ac mae hawliau pensiwn Mike Bailey ychydig yn fwy na £15 miliwn.

Gwnaeth y cwmni amddiffyn y taliadau, gan ddweud eu bod yn adlewyrchu eu hoedran a hyd eu gwasanaeth. Dywedir y talwyd £1.1 miliwn i Mike Bailey y llynedd a thalwyd bron £550 000 i Francis Mackay. Roedd Bailey, ynghyd â chyfarwyddwyr gweithredol eraill, wedi ildio bonws perfformiad a fyddai wedi cael ei dalu iddynt am gyflawni targedau trosiant, bonws a fyddai wedi bod yn werth £300 000 i Bailey.

Mae'r taliad pensiwn wedi cael ei feirniadu gan lawer. Mae *Compass* wedi perfformio'n wael yn y blynyddoedd diwethaf, gyda phris ei gyfranddaliadau'n gostwng o'i lefel uchaf o 500c i 229c heddiw. Roedd elw cyn trethi am y flwyddyn ariannol 2005 yn £171 miliwn, 54% yn llai na'r £370 miliwn a gyflawnwyd yn 2004. Cyhoeddodd ym mis Rhagfyr 2005 y byddai'n gostwng budd-daliadau ei gynlluniau pensiwn cyflog terfynol ar gyfer 30 000 o aelodau cyfredol fel un ffordd o ostwng diffyg o £532 miliwn yn y cynlluniau hynny, i fyny chwarter ers y llynedd. Mae'r cwmni'n cyflogi 85 000 o bobl yn y DU a 420 000 ledled y byd, yn bennaf ar gyflogau isel. Mae'r trosiant uchel o staff yn golygu nad oes llawer wedi ymuno â chynlluniau pensiwn y cwmni.

Meddai un uwch-reolwr cronfeydd yn un o'r cyfranddalwyr sefydliadol: 'Mae'r rhain yn gyfarwyddwyr gweithredol a dalwyd yn dda iawn ac sy'n dal i wneud yn dda allan o *Compass*, diolch i'w pensiynau. Rhaid gofyn ydy hyn yn briodol.'

Ffynhonnell: addaswyd o www.moneyweek.com, 29.11.2005, *Accountancy Age*, 22.12.2005, *The Sunday Times*, 8.1.2006.

(a) Eglurwch yn gryno ystyr 'damcaniaethau rheolaethol o'r cwmni'.
(b) Trafodwch a fyddai enghraifft *Compass* yn ategu damcaniaethau o'r fath ai peidio.

nhw eu hunain o'r cwmni.

Un ddamcaniaeth a gynigiwyd yn yr 1950au gan William Baumol oedd y byddai cwmnïau'n ceisio uchafu gwerthiant yn hytrach nag elw. Mae cynnydd mewn gwerthiant a chynnydd yng nghyflogau'r rheolwyr a'r cyfarwyddwyr uchaf yn tueddu i fynd law yn llaw. Yn ôl damcaniaeth fwy cymhleth a gynigiwyd gan O. Williamson, mae gan reolwyr ffwythiant defnydd-deb sy'n cynnwys ffactorau fel cyflog, maint y gweithlu a gyfarwyddir gan y rheolwr, faint o arian sydd dan ei reolaeth a nifer y cilfanteision, fel ceir cwmni, y mae'r rheolwr yn eu cael (☞ uned 59).

Damcaniaethau ymddygiadol

Mae damcaniaethau ymddygiadol o'r cwmni, a arloeswyd gan yr economegydd Americanaidd Herbert Simon, yn dadlau nad yw penderfynu o fewn cwmni yn cael ei wneud gan unrhyw un grŵp ond yn hytrach gan bob grŵp sydd â rhan yn y cwmni. Dim ond trwy astudio grym cymharol pob grŵp a'r strwythurau grym o fewn y gyfundrefn y gellir deall y ffordd y mae cwmni'n ymddwyn.

Er enghraifft, gellid dadlau y bu undebau llafur yn bwerus iawn mewn cwmnïau mawr yn yr 1960au a'r 1970au. Roedden nhw'n ddylanwadol yn cynyddu'r gyfran o'r derbyniadau a ddyrannwyd i gyflogau ac yn gostwng y gyfran a aeth i'r cyfranddalwyr. Yn ystod yr 1980au a'r 1990au bu i ddeddfwriaeth y llywodraeth a diweithdra torfol wanhau grym undebau yn ddirifol yn y DU. Ar yr un pryd, roedd cyfranddalwyr yn fwy ymwybodol o'u hawl i wneud elw. Y canlyniad oedd cynnydd mawr yn yr adenillion i gyfranddalwyr, y gellid ystyried eu bod yn cael eu hariannu gan ostyngiad yn yr adenillion i weithwyr y cwmni. Mae cyfranddalwyr yn bwysicach heddiw yn ystafelloedd bwrdd cwmnïau a gweithwyr yn llai pwysig nag y buon nhw 20 mlynedd yn ôl.

Mae damcaniaethau ymddygiadol yn tybio bod gan bob grŵp ryw lefel isaf o ofynion. Mae cyfranddalwyr yn mynnu bod y cwmni'n gwneud lefel foddhaol o elw. Mae'r llywodraeth yn mynnu bod deddfau'n cael eu hufuddhau a threthi'n cael eu talu. Bydd gweithwyr yn gofyn cael rhyw lefel isaf o gyflog a boddhad gwaith os ydynt i aros gyda'r cwmni. Bydd defnyddwyr yn mynnu rhyw lefel isaf o ansawdd am y pris y maent yn ei dalu am nwyddau a brynir. Efallai y bydd amgylcheddwyr lleol yn gallu rhoi digon o bwysau moesol ar y cwmni i atal gorlygru.

Nodau eraill

Mae gan rai cwmnïau nodau pendant ar wahân i'r rhai a nodwyd uchod. Mae cydweithfeydd defnyddwyr yn ceisio helpu defnyddwyr (ond mae cryn ddadlau yn y DU ynghylch a ydyn nhw yn ymarferol yn gwasanaethu buddiannau eu gweithwyr a'u rheolwyr fwy). Yn aml mae cydweithfeydd gweithwyr yn cael eu cymell gan awydd i gadw swyddi neu i gynhyrchu nwydd penodol, fel bwydydd iechyd. Cafwyd enghreifftiau yn y gorffennol o berchenogion dyngarol, fel Joseph Rowntree neu Edward Cadbury, a roddodd bwys mawr ar wella amodau byw eu gweithwyr. Roedd gan ddiwydiannau gwladoledig yn y DU cyn 1979 amrywiaeth o nodau o osgoi colled i gynnal swyddi i ddarparu gwasanaeth o safon.

Felly mae'n rhy syml dadlau bod pob cwmni'n amcanu at uchafu elw. Fodd bynnag, mae llawer o dystiolaeth i awgrymu bod cwmnïau mawr sydd â'u cyfranddaliadau'n cael eu masnachu'n rhydd mewn cyfnewidfeydd stoc ac sy'n agored i drosfeddiant, yn rhoi gwneud elw yn uchel iawn ar restr eu blaenoriaethau. Felly nid yw'n afresymol tybio bod cwmnïau, yn gyffredinol, yn uchafwyr elw.

Cwestiwn 5

Yn ystod yr 1960au a'r 1970au roedd hi'n anodd gweld pwy oedd yn rheoli diwydiant papurau newydd Fleet Street. Yn aml roedd perchenogion y papurau newydd yn ffigurau cyfoethog o fath mentrwyr oedd yn gadael i'w teitlau wneud ychydig o elw yn unig neu ddim elw a hynny yn gyfnewid am y bri a'r dylanwad ar y cyhoedd yn y DU a roddai'r berchenogaeth iddynt. Roedd gan undebau llafur bleidlais atal fwy neu lai ar newidiadau mewn arferion gwaith. Undebau llafur yn hytrach na rheolwyr fyddai'n rheoli penodiadau'r llawr gwaith. Roedd y gallu i alw streiciau gwyllt a fyddai'n colli i bapur ei rediad cynhyrchu cyfan am ddiwrnod yn sicrhau bod gweithwyr y llawr gwaith yn ennill cyflogau nad oeddent yn debyg o gwbl i gyflogau gweithwyr mewn galwedigaethau tebyg.

Roedd defnyddwyr yn gwobrwyo â mwy o werthiant y papurau newydd hynny a fyddai'n cynnwys mwy o luniau merched ar dudalen 3 a llai o newyddion gwleidyddol difrifol. Yn y cyfamser roedd llywodraethau'n cwyno'n gyhoeddus am y dirywiad yn safonau'r wasg tra byddent yn breifat yn ceisio cael y wasg i lynu wrth bolisi cyfredol y blaid. Roedd y rheolwyr yn y canol, yn ceisio cydbwyso'r holl ofynion arnynt oedd yn gwrthdaro.

O ganlyniad i dechnoleg newydd a phrisiau eiddo yn codi i'r entrychion, daeth hyn i gyd i ben. Yn yr 1980au daeth hi'n amlwg y gallai papurau newydd wneud elw mawr i'w perchenogion. Yr allwedd i lwyddiant oedd diswyddo cynifer o weithwyr llawr gwaith â phosibl a rhoi peiriannau yn eu lle.

Byddai cyfraddau is yn cael eu talu i'r rhai a fyddai'n cadw eu swyddi. Gallai'r swyddfeydd yn Fleet Street gael eu gwerthu am elw enfawr mewn marchnad eiddo oedd yn codi i'r entrychion, gyda'r arian hynny yn fwy na thalu am symudiad i adeiladau eraill gyda'r dechnoleg newydd. Gwrthwynebodd yr undebau ond ni allai picedu torfol parhaol na'r hyn a alwyd yn 'derfysgoedd Wapping' yn 1986 atal newid.

Heddiw, mae grym yr undebau yn llai o lawer ac mewn rhai swyddi papurau newydd dydy undebau ddim yn cael eu cydnabod gan reolwyr at ddibenion trafod. Mae papurau newydd yn fwy cyfeiriedig at elw er bod modd dadlau y gellir dibynnu o hyd ar y rhan fwyaf o'r wasg Brydeinig i gefnogi'r Blaid Geidwadol.

I ba raddau y gall damcaniaethau ymddygiadol o'r cwmni egluro hanes diwydiant papurau newydd Fleet Street?

Termau allweddol

Boddhau elw – gwneud digon o elw i fodloni gofynion y cyfranddalwyr.

Prisio cost plws – y dechneg y mae cwmnïau'n ei mabwysiadu o bennu pris am eu cynhyrchion drwy ychwanegu maint yr elw *(profit margin)* canrannol sefydlog at gyfangost gyfartalog dymor hir cynhyrchu.

Economeg gymhwysol

Rôl y cyfranddaliwr

Pŵer cyfranddalwyr

Yn y DU ac UDA, mae cwmnïau mawr yn tueddu i honni bod cyfranddalwyr yn bwerus. Mae cadeiryddion cwmnïau yn cyfeirio at 'wasanaethu buddiannau'r cyfranddalwyr' neu 'uchafu gwerth cyfranddalwyr'. Fodd bynnag, mae pŵer y cyfranddalwyr yn tueddu i fod yn bŵer anuniongyrchol. Ychydig iawn o gyfranddalwyr sy'n mynd i gyfarfodydd cyffredinol blynyddol cwmnïau rhestredig, ac nid yw llawer o gyfranddalwyr yn deall (hyd yn oed o'u darllen) adroddiadau blynyddol i gyfranddalwyr. Mae cyfarwyddwyr yn dibynnu ar gael blociau o bleidleisiau dirprwyol gan fuddsoddwyr allweddol cyn y cyfarfodydd cyffredinol blynyddol er mwyn gwthio trwodd unrhyw benderfyniadau y maent yn eu hargymell, gan gynnwys eu hetholiad nhw i'r bwrdd.

Ar y cyfan, nid yw pŵer cyfranddalwyr i'w gael mewn gallu i ddylanwadu ar benderfyniadau yn uniongyrchol, ond yn hytrach yn eu gallu i werthu eu cyfranddaliadau yn rhydd. Os ydy digon o gyfranddalwyr yn siomedig â pherfformiad cwmni ac yn gwerthu eu cyfranddaliadau, bydd pris y cyfranddaliadau yn gostwng gan wneud y cwmni yn darged addawol ar gyfer ei drosfeddiannu. Gallai cyfarwyddwyr a rheolwyr cwmni a gaiff ei drosfeddiannu hyd yn oed golli eu gwaith. Felly yn y DU ac UDA, mae pŵer cyfranddalwyr bron yn hanfodol ddibynnol ar farchnadoedd stoc rhydd ac agored.

Mae pŵer uniongyrchol cyfranddalwyr wedi adfywio rywfaint yn UDA. Mae hapfasnachwyr unigol sydd am wneud arian wedi prynu blociau o gyfranddaliadau mewn cwmnïau sydd yn eu barn nhw yn perfformio'n wael. Maen nhw wedyn wedi defnyddio'u hawliau pleidleisio i bwyso am newid. Weithiau, maen nhw wedi sicrhau sedd ar fwrdd y cyfarwyddwyr. Pan fydd newidiadau polisi wedi'u gweithredu gan arwain at fudd ariannol i gyfranddalwyr, efallai ar ffurf buddrannau uwch, pris llawer uwch am y cyfranddaliadau neu ddyroddiad cyfranddaliadau am ddim mewn cwmnïau sydd wedi'u gwahanu o'r prif gwmni, bydd yr hapfasnachwr yn gwerthu ei gyfranddaliadau ac yn troi ei sylw at gwmni arall. Er gwaethaf tueedd tuag at gyfranddalwyr unigol mwy ymosodol yn UDA, gall y rhan fwyaf o gwmnïau UDA a'r DU wrthsefyll anfodlonrwydd cyfranddalwyr heb weithredu newidiadau o reidrwydd.

Ar gyfandir Ewrop ac yn Japan, gweithredir pŵer cyfranddalwyr mewn modd gwahanol. Mae'n llawer anoddach trosfeddiannu cwmnïau am nifer o resymau. Mewn rhai gwledydd mae nifer sylweddol o gwmnïau cyhoeddus rhestredig â llawer o'u cyfranddaliadau yn nwylo teuluoedd penodol, ac mae teuluoedd yn dueddol o fod yn llai parod i werthu na buddsoddwyr sefydliadol. Mewn rhai gwledydd hefyd mae banciau yn gyfranddalwyr mawr, ac maen nhw'n amharod i werthu. Mewn gwledydd eraill mae yna rwydweithiau cymhleth o draws-ddaliadau corfforaethol lle mae cwmnïau yn berchen ar gyfranddaliadau mewn cwmnïau eraill.

Yn Sbaen, ni chaiff daliadau cyfranddaliadau eu datgelu ond mae cyfranddaliadau banc, teuluol a thraws-ddaliadau corfforaethol yn cadw rheolaeth ar y rhan fwyaf o gwmnïau. Yn Ffrainc, amcangyfrifir bod mwy na hanner y 200 o gwmnïau rhestredig ac anrhestredig mwyaf dan reolaeth deuluol, ac mae llawer o'r gweddill â blociau allweddol o gyfranddaliadau yn nwylo'r llywodraeth neu gyfranddalwyr preifat sengl. Yn yr Almaen, mae daliadau enfawr gan dri banc mawr, sydd wedi ariannu diwydiant yr Almaen ers dros ganrif. Yn Japan, mae cwmnïau'n atal cyfranddalwyr unigol rhag dod yn rhy bwerus drwy brynu eu cyfranddaliadau neu wanhau eu daliadau drwy ddyroddi mwy o gyfranddaliadau. Mae yna hefyd draddodiad cryf o draws-ddaliadau corfforaethol.

Byrwelediaeth

Ers sawl blwyddyn bellach, trafodwyd yn y DU ydy'r system gyfranddaliadau yn cael dylanwad mawr ar ymddygiad cwmnïau ai peidio. Mae rhai'n dadlau bod system y DU yn arwain at 'fyrwelediaeth' *(short-termism)*. Caiff cwmnïau eu gorfodi i ddilyn y nod o uchafu elw tymor byr rhag ofn cael eu trosfeddiannu. Mae hyn yn ei gwneud hi'n anodd iddynt ddilyn amcanion eraill, yn enwedig buddsoddi mewn cyfarpar cyfalaf ac yn eu gweithwyr, dau beth sydd â chyfnodau ad-dalu hir.

Mewn cyferbyniad â hynny, gall llawer o gwmnïau ar y Cyfandir ac yn Japan fforddio dilyn trywydd tymor hir. Yn y pen draw dim ond os bydd y cwmni'n gwneud elw y bydd yn goroesi. Ond dylai elw gynyddu os bydd y cwmni'n tyfu dros amser. Felly, buddiannau'r cwmni sy'n holl bwysig. Mae'r cwmni'n fwy na'r cyfranddalwyr yn unig; mae'n cynnwys hefyd y gweithwyr, y rheolwyr, y cwsmeriaid a'r dinasyddion lleol. Gan nad yw cyfranddalwyr yn disgwyl i'w cwmnïau uchafu elw tymor byr, mae'r rheolwyr yn rhydd i fuddsoddi mewn modd a fydd yn uchafu twf tymor hir y cwmni.

Yn yr 1970au a'r 1980au roedd yn ymddangos bod dilyn trywydd tymor hir yn cynhyrchu gwell canlyniadau dros gyfnod hirach. Roedd cwmnïau yn Ewrop a Japan yn ffynnu ac roedd cyfraddau twf eu heconomïau yn uwch na chyfraddau'r DU ac UDA. Fodd bynnag, yn yr 1990au a'r 2000au, roedd y model cyfranddalwyr tymor byr Eingl-Sacsonaidd fel petai'n ennill y dydd. Roedd llawer o gwmnïau Japan wedi gorfuddsoddi ar ddiwedd yr 1980au. Pan gafwyd enciliad yn economi Japan yn rhan gyntaf yr 1990au, roedd ganddynt lawer gormod o allu cynhyrchu a chafodd nifer ohonynt anhawster i wneud elw drwy gydol y ddegawd. Erbyn troad y mileniwm, roedd llawer o gwmnïau Japan yn diswyddo gweithwyr ac yn ailstrwythuro er mwyn goroesi. Roedd y model sy'n seiliedig ar gonsensws yn dymchwel. Yn Ne Korea, lle roedd byrwelediaeth Japaneaidd wedi gweld twf cwmnïau diwydiannol enfawr, datgelodd argyfwng Asia 1997-1998 fod y cwmnïau hyn â dyledion mawr ac wedi gorehangu. Fe'u gorfodwyd i ailstrwythuro, a gwerthwyd rhai is-gwmnïau i gwmnïau yn UDA. Yn Ewrop, yn rhannol am fod agweddau masnachol yn newid, ond hefyd oherwydd rheoliadau'r UE oedd yn gorfodi marchnadoedd cyfalaf Ewrop i fod yn agored, roedd cwmnïau o'r DU ac UDA yn trosfeddiannu cwmnïau allweddol oedd ar werth. Mewn rhai sectorau, gwelwyd bod cwmnïau cyfandirol yn aneffeithlon o'u cymharu â chwmnïau tebyg yn y DU ac UDA.

Mae'n amlwg felly bod gan fyrwelediaeth gryfderau yn ogystal â gwendidau. Mae'n rhwystro hunanfodlonrwydd a syrthni mewn cwmnïau, sef gwendidau y mae'n bosibl eu caffael gyda phersbectif tymor hir.

Nike

Yn ei Adroddiad a Chyfrifon Blynyddol 2005, cyhoeddodd *Nike* adran cwestiwn ac ateb gan Brif Swyddog Gweithredol a Llywydd newydd y cwmni, William Perez. Dyma ran o'r adran honno:

Sut y byddwch chi'n gwybod eich bod yn llwyddo yn y swydd hon? Os gallwn ni gynnal y twf, sydd wrth gwrs yn fwy heriol wrth i'r cwmni fynd yn fwy. Os gallwn gadw'r brand *Nike* yn iach, ac os gallwn sefydlu *Starter* a *Converse*[1] fel nwyddau o bwys yn y farchnad – bydd hynny'n llwyddiant i mi.

Pa gamgymeriad mawr y mae cwmnïau mawr yn ei wneud yn eich barn chi? Hunanfodlonrwydd. Os dechreuwn ni ddarllen yr hyn a ddywedir amdanom yn y wasg, bydd gennym broblemau mawr. Rhaid i ni fod mor eiddgar yfory ag y buom ddoe – mor eiddgar ag y bu Phil Knight[2] pan

fu'n gwerthu esgidiau allan o'i gar. Credaf bod y bobl sydd yma yn eiddgar iawn i gyflawni llwyddiant newydd. Yn sicr, rydw i'n eiddgar.

Sut ydych chi'n cyflawni hynny a chithau eisoes ar y brig? Rydych yn ailddiffinio'r farchnad mewn darnau mwy fel y gallwch anelu at ddyblu eich busnes. Mae llawer o gwmnïau yn gwneud y camgymeriad o ddiffinio'r segmentau busnes y maent yn gweithio ynddynt yn rhy gul fel y gallan nhw honni i'w hunain mai nhw yw arweinwyr y farchnad. Rwy'n poeni am hunanfodlonrwydd, ond eto i gyd mae'r cwmni hwn wedi profi dro ar ôl tro y gall barhau i dyfu.

[1] *Dau o frandiau diweddaraf Nike yw Starter a Converse.*
[2] *Phil Knight oedd sylfaenydd y cwmni.*

Ffynhonnell: addaswyd o *Nike, Annual Report and Accounts, 2005*

Yn Ionawr 2006 ymddiswyddodd Perez, y Prif Swyddog Gweithredol. Mewn datganiad i'r wasg, fe wnaeth ei olynydd, Mark Parker, a oedd eisoes yn gweithio i *Nike*, nodi'r canlynol:

'Rwyf wedi treulio fy mywyd yn adeiladu'r brand *Nike*, ac mae'n gyffrous i mi gael arwain un o gyrff mwyaf dynamig y byd,' meddai Parker. 'Rwyf wedi ymrwymo i barhau i sicrhau twf proffidiol i'n cyfranddalwyr, creu cynhyrchion arloesol a chysylltiadau cryf â brand i ddefnyddwyr, ac adeiladu perthynas gref â'n partneriaid adwerthu. Mae gennym dîm rheoli cryf y byddaf yn parhau i'w ddatblygu, ac mae gennyf hyder mawr yn ein gallu i barhau i gynyddu portffolio *Nike, Inc.* a sicrhau gwerth tymor hir i'r cyfranddalwyr.'

Ffynhonnell: addaswyd o www.nike.com.

'Os oes gennych gorff, rydych yn fabolgampwr.' Dywedodd Bill Bowerman hyn ychydig o ddegawdau yn ôl. Roedd e'n iawn. Mae'n diffinio sut roedd e'n edrych ar y byd, ac mae'n diffinio sut mae *Nike* yn dilyn ei dynged. Iaith chwaraeon yw ein hiaith ni, sef iaith brwdfrydedd a chystadlu gaiff ei deall ledled y byd. Mae llawer wedi digwydd yn *Nike* yn y 33 blynedd ers i ni ddod i mewn i'r diwydiant, y rhan fwyaf ohono'n dda, ac ychydig yn achos embaras. Ond drwy'r cyfan, rydym yn parhau i ganolbwyntio'n llwyr ar greu cyfleoedd perfformio i bawb a fyddai'n cael budd, a chynnig negeseuon rhoi grym i bawb a fyddai'n gwrando.

Teimlwn yn ffodus o gael rheswm dilys, anhunanol dros fodoli: sef gwasanaethu potensial dynol. Dyna fudd mawr

chwaraeon, ac rydym yn falch o fod yn ei ganol.

...Mae *Nike* yn cyflogi tua 24 300 o bobl, ac mae pob un ohonynt yn bwysig yn ein cenhadaeth o ddod ag ysbrydoliaeth ac arloesedd i bob mabolgampwr yn y byd. ... Rydym yn gweithredu ar chwe chyfandir. Mae ein cyflenwyr, cludwyr, adwerthwyr a darparwyr gwasanaeth yn cyflogi yn agos ar 1 filiwn o bobl. ...Rydym yn gweld darlun mwy heddiw na'r hyn a welsom wrth ddechrau, darlun sy'n cynnwys adeiladu busnes cynaliadwy gydag arferion llafur cadarn. Rydym yn cadw brwdfrydedd ieuenctid, eto yn gweithredu yn ôl ein cyfrifoldebau fel dinesydd corfforaethol byd-eang.

Ffynhonnell: addaswyd o www.nike.com, ffeiliwyd dan 'The company: the facts', 1.2.2006.

Nike yw prif frand esgidiau ymarfer y byd. Ond nid yw'n gweithgynhyrchu dim. Mae'n dylunio esgidiau ac yn eu marchnata. Caiff y cynhyrchu ei is-gontractio i gannoedd o ffatrïoedd ledled y byd.

Yn yr 1900au, tynnwyd sylw at *Nike* gan ymgyrchwyr yn UDA oedd am amlygu'r amodau gwael a wynebai gweithwyr yn y Trydydd Byd wrth wneud nwyddau ar gyfer y byd cyntaf cyfoethog. Dechreuodd yn 1992 pan wnaeth Jeff Ballinger, ymgyrchydd o UDA oedd yn gweithio yn Indonesia, gyhoeddi adroddiad am amodau yn ffatrïoedd y wlad, gan roi manylion am gamdrin gweithwyr, amodau afiach a gorfodi gwaith goramser. Lobïodd grwpiau o fyfyrwyr yn UDA am fonitro annibynnol o ffatrïoedd cwmnïau a werthai nwyddau ar safleoedd colegau UDA, gan fygwth cyfran *Nike* o fusnes gwerth $2.4 biliwn mewn dillad coleg. Bu grwpiau ymgyrchu fel *Global Exchange* yn darparu llif o storïau gwrth-*Nike* i'r cyfryngau.

Er gwaethaf ymgais difrifol gan *Nike* i fod yn fwy cyfrifol fel cwmni byd eang, roedd yn dal i gael ei feirniadu. Yn 2000, er enghraifft, fe wnaeth rhaglen ddogfen gan y BBC gyhuddo *Nike* o ddefnyddio llafur plant yn Cambodia. O ganlyniad, adolygodd y cwmni gofnodion pob un o'r 3 800 o weithiwr yno gan gyfweld â'r rhai yr amheuwyd eu bod yn rhy ifanc. Ond ni allai gadarnhau bod yr holl weithwyr yn oedolion. O ganlyniad, rhoddodd y gorau i gynhyrchu yn Cambodia. Mae *Oxfam Community Aid Abroad*, sef corff â'i wreiddiau yn Awstralia sy'n monitro *Nike* yn ofalus, yn honni bod y cwmni 'yn gyson wedi symud y gwaith o gynhyrchu ei esgidiau ymarfer i lle bynnag y mae'r cyflogau isaf a hawliau dynol gweithwyr yn cael eu gormesu yn y modd mwyaf atgas.' Mae'n nodi bod y rhan fwyaf o weithwyr *Nike* yn Indonesia sy'n rhieni yn cael eu gorfodi gan eu hamgylchiadau ariannol i fyw i ffwrdd o'u plant. Mae rhaglen monitro ffatrïoedd *Nike* yn 'edrych yn dda ar bapur ... ond yn ymarferol nid yw'n cyflanwi fawr ddim.'

Yn 2004 setlodd *Nike* achos cyfreithiol yn California am $1.5 miliwn a oedd wedi'i ddwyn yn ei erbyn gan Mark Kasky, ymgyrchydd hawliau gweithwyr. Cyhuddwyd y cwmni o ffug hysbysebu yn seiliedig ar ddatganiadau cyhoeddus a wnaed ganddo yn amddiffyn ei arferion llafur. Yn dilyn hynny, yn 2005 cyhoeddodd adroddiad cyfrifoldeb corfforaethol. Roedd hwn yn cynnwys rhestr o'i gyflenwyr, dyma'r tro cyntaf i unrhyw gwmni wneud hyn. Mae datganiadau agored o'r fath yn un arwydd bod *Nike* yn cymryd y mater hwn o ddifrif.

Ffynhonnell: addaswyd o'r *Financial Times*, 21.12.2000, 7.3.2002, 18.6.2002 a 13.4.2005.

Yn ôl *Nike*, dyma genhadaeth *Nike* fel cwmni.

Cenhadaeth *Nike*

I ddod ag ysbrydoliaeth ac arloesedd i bob mabolgampwr* yn y byd.

*Os oes gennych gorff, rydych yn fabolgampwr.

Mae'r seren yn ddyfyniad gan Bill Bowerman. Pwy yw ef? Hyfforddwr trac a maes chwedlonol ym Mhrifysgol Oregon. Athro a ddangosodd gyfrinachau cyflawni i fabolgampwyr. Cyd-sylfaenydd *Nike*. Gŵr, tad, mentor. Mae ein cenhadaeth yn deillio ohono ef. Trwy ei lygaid ef y gwelwn ein dyfodol.

Ffynhonnell: www.nike.com.

1. Gan ddefnyddio enghreifftiau o'r data, eglurwch pwy o bosibl yw rhanddeiliaid *Nike*.
2. Yn ôl Bill Perez, beth o bosibl yw nodau'r cwmni?

3. Trafodwch i ba raddau y mae buddiannau rhanddeiliaid *Nike* (a) yn gwrthdaro a (b) yn cyd-daro.

Crynodeb

1. Ystyr strwythur y farchnad yw nodweddion y farchnad sy'n pennu ymddygiad cwmnïau yn y farchnad.
2. Gall nifer y cwmnïau mewn marchnad amrywio o un cwmni (fel mewn monopoli), i sawl cwmni (fel mewn oligopoli), i nifer mawr (fel mewn cystadleuaeth fonopolaidd neu gystadleuaeth berffaith).
3. Mae rhwystrau i fynediad yn atal cystadleuwyr posibl rhag mynd i mewn i farchnad.
4. Gall diwydiannau gynhyrchu nwyddau cydryw neu nwyddau wedi'u gwahaniaethu (nwyddau brand).
5. Gall fod gwybodaeth berffaith neu wybodaeth amherffaith mewn diwydiant.
6. Gall cwmnïau fod yn annibynnol neu'n gyd-ddibynnol.

Strwythur y farchnad

Nodweddion y farchnad sy'n pennu ymddygiad cwmnïau yw **strwythur y farchnad**. Mae economegwyr yn nodi nifer bach o nodweddion allweddol.

- nifer y cwmnïau yn y farchnad a'u maint cymharol;
- nifer y cwmnïau a allai fynd i mewn i'r farchnad;
- pa mor hawdd neu anodd yw hi i'r cwmnïau newydd hyn ddod i mewn;
- i ba raddau y mae nwyddau yn y farchnad yn debyg;
- i ba raddau y mae'r holl gwmnïau yn y farchnad â'r un wybodaeth;
- i ba raddau y bydd gweithredoedd un cwmni yn effeithio ar gwmni arall.

Nifer y cwmnïau mewn diwydiant

Gall nifer y cwmnïau mewn diwydiant amrywio o un i lawer. Ym marchnad y DU am ddosbarthu llythyrau, Swyddfa'r Post yw'r unig gyflenwr fwy neu lai. Mewn amaethyddiaeth, ar y llaw arall, mae degau o filoedd o ffermydd yn cyflenwi tatws a moron i'r farchnad yn y DU.

- Dywedir bod yna **fonopoli** pan fydd un cyflenwr yn unig yn y farchnad.
- Mewn marchnad a ddominyddir gan ychydig o gynhyrchwyr mawr, mae strwythur y farchnad yn **oligopolaidd**. Mewn marchnad oligopolaidd gall fod nifer mawr o gwmnïau, ond y nodwedd allweddol yw bod y rhan fwyaf yn fach ac yn gymharol ddibwys, tra bo nifer bach o gwmnïau mawr yn cynhyrchu'r rhan fwyaf o gynnyrch y diwydiant.
- Mewn **cystadleuaeth berffaith** neu mewn cystadleuaeth fonopolaidd mae nifer mawr o gyflenwyr bach, ac nid yw un ohonynt yn ddigon mawr i ddominyddu'r farchnad.

Rhwystrau i fynediad

Effeithir ar strwythurau marchnadoedd nid yn unig gan nifer y cwmnïau mewn diwydiant a'u cynnyrch cymharol, ond hefyd gan y nifer posibl o newydd-ddyfodiaid i'r farchnad. Gall cwmnïau mewn diwydiant lle mae'n annhebygol y bydd unrhyw newydd-ddyfodiaid ymddwyn yn wahanol i gwmnïau mewn diwydiant lle mae llawer o gystadleuwyr posibl cryf.

Mae nifer o **rwystrau i fynediad** (☞ uned 17) sy'n atal cystadleuwyr posibl rhag mynd i mewn i ddiwydiant.

Costau cyfalaf Mae prynu siop gornel leol yn gymharol rad ac felly mae cost mynediad i'r rhan fwyaf o fathau o

(a) Faint o gwmnïau sydd ym mhob un o'r diwydiannau y mae'r cwmnïau uchod yn gweithredu ynddynt?

(b) Ym mha un/rai o'r diwydiannau hyn y mae ychydig o gwmnïau mawr yn dominyddu?

adwerthu yn isel. Mae prynu ffatri geir neu fwyndoddfa alwminiwm, ar y llaw arall, yn ddrud iawn. Mae costau mynediad i'r diwydiannau hyn yn uchel iawn ac ar y cyfan dim ond cwmnïau mawr sy'n gallu eu talu. Felly mae costau cyfalaf yn rhwystr pwysig iawn i fynediad ac yn amrywio o ddiwydiant i ddiwydiant.

Suddgostau Ystyr SUGDDGOSTAU (*sunk costs*) yw costau na ellir eu hadfer. Er enghraifft, efallai y bydd merch yn cychwyn busnes garddio, gan brynu peiriant torri gwair, fan ac offer garddio a thalu am hysbysebu. Os bydd y busnes yn mynd i'r wal, bydd hi'n gallu cael peth o'u harian yn ôl drwy werthu'r fan, yr offer a'r peiriant, ond ni chaiff hi ddim arian yn ôl o'r hysbysebu. Cost yr hysbysebu a'r gwahaniaeth rhwng pris prynu a phris gwerthu'r cyfarpar cyfalaf fyddai ei suddgostau. Mae suddgostau uchel yn rhwystr i fynediad am fod cost methiant i gwmnïau sy'n mynd i mewn i'r diwydiant yn uchel. Bydd suddgostau isel, ar y llaw arall, yn hybu cwmnïau i fynd i mewn i ddiwydiant am nad oes ganddynt lawer i'w golli o fethiant (☞ uned 58, damcaniaeth marchnadoedd cystadladwy).

Darbodion maint Mewn rhai diwydiannau mae darbodion maint yn fawr iawn. Mae ychydig o gwmnïau sy'n gweithredu ar y gost gyfartalog isaf (**lefel optimaidd cynhyrchu** ☞ uned 49) yn gallu diwallu'r cyfan o alw'r prynwyr. Bydd hyn yn rhwystr i fynediad gan fod unrhyw gwmni newydd a ddaw i mewn i'r farchnad yn debygol o gynhyrchu llai ac felly cael costau cyfartalog uwch o lawer na'r ychydig o gynhyrchwyr sefydledig. Mewn rhai diwydiannau gallai ychydig o gwmnïau fod yn cyflenwi'r diwydiant cyfan ac yn dal heb allu manteisio'n llawn ar y darbodion maint posibl. Y canlyniad tebygol wedyn fydd **monopoli naturiol**, gydag un cwmni yn unig yn goroesi yn y diwydiant ac yn gallu trechu unrhyw newydd-ddyfodiaid am ei fod yn gallu cynhyrchu am y gost isaf.

Manteision cost naturiol Mae rhai cynhyrchwyr â manteision am eu bod nhw'n berchen ar ffactorau cynhyrchu sy'n well nag eraill ac sy'n unigryw (h.y. sydd heb amnewidion agos). Er enghraifft, mae gorsaf betrol ar briffordd brysur yn debygol o fod yn fwy llwyddiannus nag un mewn pentref gwledig tawel. Gall darn o ddiffeithdir yn Saudi Arabia gydag olew oddi tano fod yn well ar gyfer cynhyrchu olew na'r tir prydferthaf yn Sir Benfro. Dylai'r Amgueddfa Genedlaethol yng Nghaerdydd allu denu mwy o ymwelwyr oherwydd ei gasgliad helaeth nag amgueddfa mewn tref fach. O ganlyniad bydd y rhain naill ai'n gallu cynhyrchu am gost is neu'n gallu cael derbyniadau uwch na'u cystadleuwyr posibl.

Rhwystrau cyfreithiol Efallai y bydd y gyfraith yn rhoi breintiau arbennig i gwmnïau. Gall deddfau patent atal cystadleuwyr rhag gwneud cynnyrch am nifer penodol o flynyddoedd ar ôl ei ddyfeisio. Efallai y bydd y llywodraeth yn rhoi i gwmni hawliau neilltuedig (*exclusive*) i gynhyrchu. Er enghraifft, gall roi trwyddedau darlledu i gwmnïau teledu masnachol neu gall wneud diwydiannau gwladoledig yn fonopolïau drwy ddefnyddio'r gyfraith i wahardd cwmnïau preifat rhag cychwyn yn y diwydiant. Felly y bu yn achos Swyddfa'r Post yn y DU.

Rhwystrau marchnata Efallai y bydd cwmnïau sydd eisoes mewn diwydiant yn gallu codi rhwystrau uchel iawn drwy wariant mawr ar hysbysebu a marchnata. Pwrpas hyn yw gwneud i ddefnyddwyr gysylltu math arbennig o nwydd â chynnyrch y cwmni, gan greu delwedd frand bwerus. Un enghraifft o hyn 50 mlynedd yn ôl oedd llwyddiant y cwmni *Hoover* â'i sugnwr llwch. Hyd yn oed heddiw mae llawer o bobl yn dal i alw sugnwr llwch yn *hoover*. Yn yr un modd, yn aml caiff stereo bersonol ei galw'n *Walkman*, sef enw brand *Sony* y cyntaf i roi'r nwydd hwn ar y farchnad. Yn niwydiant

glanedyddion y DU, bydd lansio brand newydd o sebon neu bowdr golchi yn genedlaethol yn costio mwy na £10 miliwn. Mae sebon a phowdr golchi yn gynhyrchion technoleg isel, sydd â'u costau cynhyrchu'n gymharol isel. Ond mae rhwystrau marchnata yn ei gwneud hi bron yn amhosibl mynd i mewn i'r diwydiant.

Arferion gwrthgystadleuol Efallai y bydd cwmnïau'n rhwystro cystadleuaeth yn fwriadol drwy arferion cyfyngol. Er enghraifft, gall gwneuthurwr wrthod gwerthu nwyddau i adwerthwr sy'n cadw cynhyrchion cystadleuydd yn ei stoc. Gall gwneuthurwr wrthod gwerthu nwydd, pan fydd ganddo fonopoli yn y cynhyrchu, oni fydd y prynwr yn prynu'r amrywiaeth gyfan o'i nwyddau. Efallai y bydd cwmnïau'n fodlon gostwng prisiau am gyfnod digon hir i yrru newydd-ddyfodiad allan o'r diwydiant.

Gellir rhannu'r rhwystrau hyn i fynediad yn ddau grŵp. Mae rhai'n digwydd yn anochel. Y term am y rheiny yw **rhwystrau diniwed i fynediad**. Mae'r rhan fwyaf o fanteision cost yn y categori hwn. Ond mae rhwystrau eraill yn cael eu creu gan gwmnïau yn y diwydiant yn **fwriadol** i gadw cystadleuwyr posibl allan. Mae rhwystrau marchnata ac arferion cyfyngol yn enghreifftiau o'r rhain.

Mae'r graddau y bydd yna ryddid i fynd i mewn i farchnad yn

Cwestiwn 2

Cymharwch a chyferbynnwch y rhwystrau i fynediad yn achos diwydiant adwerthu bwyd y DU, y diwydiant olew rhyngwladol a diwydiant bancio y DU.

amrywio'n fawr iawn. Mae diwydiannau gweithgynhyrchu, gyda chostau cyfalaf uchel a grym marchnata helaeth, yn tueddu i fod â rhwystrau uwch na diwydiannau gwasanaethu. Ond mae gan lawer o ddiwydiannau gwasanaethu rwystrau uchel hefyd. Mae gan fancio, er enghraifft, gost cyfalaf uchel o fynediad, mae angen caniatâd cyfreithiol, ac mae rhwystrau marchnata yn uchel. Yn y proffesiynau, fel y gyfraith, pensaernïaeth a chyfrifeg, caiff newydd-ddyfodiaid eu cadw allan drwy orfodi isafswm o ran lefel cymwysterau, ac nid yw'n bosibl cael y cymwysterau ond trwy weithio yn y proffesiwn ei hun.

Cydrywiaeth cynhyrchion a brandio

Mewn rhai diwydiannau mae cynhyrchion yn unfath yn y bôn pa gwmni bynnag sy'n eu cynhyrchu. Mae glo, tatws a dur yn enghreifftiau. Nid yw hynny'n golygu nad oes graddau gwahanol o lo na mathau gwahanol o ddur, ond nid oes gan unrhyw gynhyrchydd fonopoli ar gynhyrchu unrhyw radd neu fath. Gelwir nwyddau sy'n unfath yn **nwyddau cydryw**.

Mae'n haws i gwmnïau reoli eu marchnadoedd os gallan nhw gynhyrchu nwyddau sy'n anghydryw (*non-homogeneous*). Mae

Cwestiwn 3

Coca-Cola yw'r brand mwyaf gwerthfawr yn y byd. Yn ôl y cwmni ymgynghori *Interbrand,* mae'r brand yn werth $67.5 bn. Yn 2004 roedd gwerthiant y cwmni yn $21.9 bn a'i elw net yn $4.8 bn. Treuliodd y person cyfartalog ar y blaned hon 75 dogn o'i gynhyrchion y flwyddyn, i fyny o 49 yn 1994.

Ond yn ddiweddar bu'r cwmni mewn trafferthion. Yn yr 1980au a'r 1990au mentrodd y cwmni bopeth ar un cynnyrch, sef *Coca-Cola.* Mewn cyferbyniad â hynny fe wnaeth ei gystadleuwyr, fel *Pepsi,* arallgyfeirio i amrywiaeth eang o ddiodydd a bwyd. Pan na chynyddodd gwerthiant *Coca-Cola* ar ddiwedd yr 1990au, ni allai'r cwmni syrthio'n ôl ar dwf yng ngwerthiant cynhyrchion eraill. 'Mae'r hud wedi diferu o'r brand *Coca-Cola,*' yn ôl Tom Pirko, llywydd *BevMark,* cwmni ymgynghori. 'Sut y gwnewch chi ail-greu'r swyn i genhedlaeth newydd sydd â llawer llai o deyrngarwch i frandiau monolithig mawr fel *Coke*? Mae hynny'n dasg anodd a drud iawn.' Pan benododd *Coca-Cola* Neville Isdell yn gadeirydd a phrif weithredwr yn 2004 i droi'r cwmni, un o'r pethau cyntaf a wnaeth oedd rhoi $400 miliwn y flwyddyn yn ychwanegol i farchnata ac arloesi. Roedd hynny'n cydnabod mai diffyg buddsoddi mewn brandiau a datblygu cynhyrchion oedd un o brif achosion trafferthion *Coke.* 'Roedd y cwmni'n credu mai'r cyfan yr oedd angen iddo ei wneud oedd cynhyrchu'r cynnyrch a byddai pobl yn ei brynu,' yn ôl Tom Pirko.

Fodd bynnag, mae *Coca-Cola* y ddiod yn gaethiwus iawn i *Coca-Cola* y cwmni. Y broblem yw bod maint yr elw (*profit margins*) ar *Coca-Cola* yn uchel. Mae'n gwneud llai o elw am bob $1 o werthiant ar y rhan fwyaf o'i gynhyrchion eraill. Er enghraifft, mae dŵr potel yn farchnad â thwf mawr ar hyn o bryd, ond mae maint yr elw ar ddŵr potel yn is o lawer nag ar *Coca-Cola.* Mae hefyd yn ddrud datblygu a chynyddu brandiau eraill. Mae yna ddarbodion maint enfawr wrth farchnata un ddiod *Coca-Cola* o'i chymharu â phump neu ddeg o frandiau llai sydd â'r un derbyniadau cyfunol.

Ffynhonnell: addaswyd o'r *Financial Times*, 22.9.2005.

(a) Beth yw'r buddion a'r costau i *Coca-Cola*, y cwmni, o fod yn berchen ar y cynnyrch brand mwyaf gwerthfawr yn y byd?
(b) I ba raddau y mae defnyddwyr ar eu hennill o gael cynnig nwyddau brand, fel *Coca-Cola*, i'w prynu yn hytrach na nwyddau sydd heb eu brandio?

gwahaniaethu eu cynnyrch a chreu **brandiau** (☞ uned 17) yn caniatáu iddynt greu a chynyddu teyrngarwch i frand. Mae hynny yn ei dro yn arwain at ostwng elastigedd y galw am eu cynnyrch. Efallai na fydd nwydd sydd wedi'i frandio yn wahanol yn ffisegol i nwyddau'r cystadleuwyr, neu efallai y bydd ychydig yn wahanol. Ond mae brandio o werth i'r cwmni am fod defnyddwyr yn credu bod y nwydd yn wahanol iawn, mor wahanol fel bod nwyddau sy'n cystadlu ag ef yn amnewidion gwael iawn amdano. Caiff y canfyddiad hwn ei greu a'i gynyddu drwy hysbysebu a marchnata ac mae'n galluogi cwmnïau i godi prisiau uwch heb golli llawer iawn o gwsmeriaid (h.y. mae'r galw'n gymharol anelastig).

Gwybodaeth

Dywedir bod prynwyr a gwerthwyr â **gwybodaeth berffaith** os oes ganddynt wybodaeth lawn am brisiau a chynnyrch yn y diwydiant. Felly pe bai un cwmni'n codi ei brisiau, byddai'n colli ei gwsmeriaid i gyd oherwydd y byddent yn mynd i brynu gan rywun arall yn y diwydiant. Felly, dim ond un pris all fod yn y farchnad.

Hefyd mae gwybodaeth berffaith yn awgrymu bod gan gwmni fynediad at yr holl wybodaeth sydd ar gael i gwmnïau eraill yn y diwydiant. Mewn amaethyddiaeth yn y DU, er enghraifft, mae gwybodaeth ar gael yn helaeth. Gall ffermwyr gael gwybodaeth am wahanol rywogaethau o hadau, y cyfuniadau mwyaf effeithiol o wrteithiau a phlaleiddiaid a'r adeg orau i blannu a medi cnydau.

Dydy gwybodaeth berffaith ddim yn golygu y **bydd** gan bob cwmni mewn diwydiant yr holl wybodaeth. Efallai na fydd ffermwr aneffeithlon yn poeni casglu gwybodaeth berthnasol sydd ar gael yn hawdd. Yn y tymor byr gallai'r ffermwr oroesi, ond yn y tymor hirach caiff ei yrru allan o fusnes gan gystadleuwyr mwy effeithlon. Hefyd, dydy gwybodaeth berffaith ddim yn golygu bod pob cwmni'n gwybod popeth am eu diwydiant a'i ddyfodol. Dydy ffermwyr ddim yn gwybod a fydd sychder yn difrodi eu cnydau ymhen 6 mis. Rhaid iddynt weithio ar sail tebygolrwydd. Mae gwybodaeth berffaith yn golygu bod gan bob cwmni yr un mynediad at wybodaeth.

Mae gan gwmnïau wybodaeth amherffaith lle, er enghraifft, mae cyfrinachau diwydiannol. Efallai na fydd cwmnïau unigol yn gwybod y gyfran o'r farchnad sydd gan eu cystadleuwyr neu efallai na fyddant yn gwybod am dechnoleg newydd neu gynhyrchion newydd sydd i gael eu lansio gan gystadleuwyr. Gall gwybodaeth weithredu fel rhwystr i fynediad wedyn, gan atal cwmnïau newydd rhag mynd i mewn i'r diwydiant neu eu hybu i beidio â gwneud hynny.

Cydberthnasau o fewn marchnadoedd

Mae dwy berthynas bosibl rhwng cwmnïau mewn diwydiant. Gall cwmnïau fod yn **annibynnol** ar ei gilydd. Mae hynny'n golygu na fydd gweithredoedd un cwmni yn cael effaith sylweddol ar unrhyw gwmni unigol arall yn y diwydiant. Mewn amaethyddiaeth, er enghraifft, ni fydd penderfyniad un ffermwr i dyfu mwy o wenith y tymor hwn yn cael dim effaith uniongyrchol ar unrhyw ffermwr arall. Ni fydd yn effeithio ar ei gymydog. Mae'r annibyniaeth hon yn un rheswm pam fod yna wybodaeth berffaith i raddau mewn amaethyddiaeth. Ofer yw cadw cyfrinachau os na fydd yr hyn a wnewch o fudd i chi ar draul eich cystadleuwyr.

Os ydy cwmnïau'n **gyd-ddibynnol** bydd gweithredoedd un cwmni yn cael effaith ar gwmnïau eraill. Er enghraifft, prif fwriad ymgyrch hysbysebu ar gyfer un brand o sebon yw denu cwsmeriaid i ffwrdd o frandiau eraill. Mae cwmnïau'n fwy tebygol o fod yn gyd-ddibynnol os nad oes llawer o gwmnïau yn y diwydiant.

Cwestiwn 4

Mae'n ymddangos y bydd *Boeing*, y gwneuthurwr awyrennau o UDA, yn trechu *Airbus*, y consortiwm gweithgynhyrchu awyrennau Ewropeaidd, o ran nifer yr archebion a gafwyd yn 2005. Dywedodd *Boeing* ei fod wedi cael 1 002 o archebion newydd tra disgwylir i gyfanswm *Airbus* fod yn is nag 1 000. Bu 2005 yn flwyddyn o gystadlu brwd rhwng y ddau gwmni. Ym mis Rhagfyr, er enghraifft, collodd *Boeing* i *Airbus* o ran cael archeb am 150 o awyrennau gan *Chinese Airlines*. Ar y llaw arall, collodd *Airbus* i *Boeing* yn achos archeb gan *Qantas Airways* o Awstralia oedd yn werth $10 biliwn.

Ffynhonnell: addaswyd o uk.us.biz.yahoo.com, 6.1.2006.

Gan ddefnyddio enghraifft gweithgynhyrchu awyrennau, eglurwch ystyr 'cyd-ddibyniaeth' mewn marchnad.

Cystadleuaeth a strwythur y farchnad

Mae damcaniaeth neo-glasurol y cwmni yn cydnabod nifer o strwythurau marchnadoedd sy'n deillio o'r nodweddion uchod. Yn uncdau 53 i 59 caiff y strwythurau marchnadoedd hyn eu hystyried yn fwy manwl. Yma, fodd bynnag, mae'r nodweddion allweddol wedi'u crynhoi. Yn y ddamcaniaeth neo-glasurol mae tri phrif fath o strwythur marchnad.

- **Cystadleuaeth berffaith.** Mae nifer mawr o gwmnïau yn cystadlu yn y diwydiant, gyda phob un ohonynt yn cynhyrchu nwydd cydryw. Does dim un o'r cwmnïau'n ddigon mawr i gael effaith uniongyrchol ar unrhyw gwmni arall nac ar bris y farchnad am y nwydd. Mae rhyddid i fynd i mewn i'r diwydiant ac allan ohono.
- **Monopoli.** Dim ond un cwmni sydd yn y diwydiant. Mae rhwystrau i fynediad yn ei gwneud hi'n amhosibl i gwmnïau newydd fynd i mewn.
- **Cystadleuaeth amherffaith.** Mae hyn i'w chael lle mae o leiaf dau gwmni yn y diwydiant ac nad yw'r diwydiant yn berffaith gystadleuol. Er enghraifft, efallai y cynhyrchir nwyddau anghydryw, efallai bod gwybodaeth amherffaith neu efallai bod cwmnïau'n gyd-ddibynnol, neu ryw gyfuniad o'r rhain.

Termau allweddol

Cymhareb crynhoad – y gyfran o'r farchnad sydd gan y cwmnïau mwyaf mewn diwydiant. Er enghraifft, , mae cymhareb crynhoad pum cwmni o 60% yn dangos bod y pum cwmni mwyaf yn y diwydiant â chyfran gyfunol o 60% o'r farchnad.

Suddgostau – costau cynhyrchu na ellir eu hadfer os bydd cwmni'n ymadael â'r diwydiant.

Gall cwmnïau mewn diwydiannau amherffaith gystadleuol gystadlu mewn nifer o ffyrdd. Er enghraifft gallant gystadlu ar sail:
- **pris** – dylai cynnig pris is ddenu mwy o archebion;
- **ansawdd** – mae'n debygol y bydd yn well gan ddefnyddwyr nwydd o ansawdd gwell;
- **gwasanaeth ôl-werthu**;
- **dyddiad derbyn** – efallai y bydd prynwr yn prynu rywle arall os na all cwmni ddosbarthu'n gyflym ac yn brydlon;
- **delwedd** – mae creu delwedd frand gadarn drwy hysbysebu a mathau eraill o farchnata yn debygol o fod yn ffactor pwysig o ran pennu'r galw am y cynnyrch.

Mewn cystadleuaeth berffaith dydy cwmnïau ddim mewn cystadleuaeth uniongyrchol â'i gilydd. Gall un cwmni ehangu cynnyrch heb effeithio ar y pris a dderbynnir nac ar werthiant cwmni arall. Mae pob cwmni'n dderbynnydd pris, yn wynebu cromlin alw sy'n berffaith elastig. Fodd bynnag, mae cystadleuaeth yn 'berffaith' oherwydd os bydd unrhyw gwmni'n codi pris uwch na'i gystadleuwyr neu'n gwerthu cynnyrch israddol, bydd yn colli ei werthiant i gyd wrth i brynwyr sydd â gwybodaeth berffaith brynu rywle arall yn y farchnad. Mae disgyblaeth y farchnad mor gryf mewn diwydiant perffaith gystadleuol fel na all aneffeithlonrwydd cynhyrchiol (cynhyrchu uwchlaw'r gost isaf) fodoli yn y tymor hir.

Economeg gymhwysol

Diwydiant a chymarebau crynhoad

Beth yw diwydiant neu farchnad?

Sawl cwmni sydd mewn diwydiant neu farchnad (yma tybiwn y gellir defnyddio'r ddau derm yn gydgyfnewidiol)? Bydd yr ateb i'r cwestiwn hwn yn dibynnu ar sut y byddwn yn diffinio'r farchnad neu'r diwydiant. Er enghraifft, gallai'r economi gael ei rannu'n dri dosbarthiad marchnad eang iawn – y farchnad am nwyddau cynradd, y farchnad am nwyddau eilaidd a'r farchnad am nwyddau trydyddol. Mae nifer mawr o gwmnïau yn gweithredu ym mhob un o'r marchnadoedd hyn. Ar y pegwn arall, gellid gofyn sawl cwmni yn y DU sy'n cynhyrchu peli i'w defnyddio mewn criced proffesiynol. Marchnad gul iawn yw hon, gyda dau gynhyrchydd yn unig ynddi.

Dylai'r canlynol fod yn amlwg: po gulaf y diffinnir

marchnad, mwyaf tebygol yw hi y bydd cymharol ychydig o gynhyrchwyr. Yn y farchnad gludiant mae cwmnïau bysiau, cwmnïau trên, cwmnïau hedfan, ayb. Ym marchnad cludiant awyr bydd llai o gwmnïau. Yn y farchnad am deithio mewn awyren i Ynys Skye, dim ond un cwmni sydd.

Y Dosbarthiad Diwydiannol Safonol

Mae Swyddfa Ystadegau Cenedlaethol yn cynnal cyfrifiadau rheolaidd o gynhyrchu yn y DU. Mae'r ystadegau'n cofnodi lefelau cynhyrchu mewn gwahanol ddiwydiannau gan ddefnyddio Dosbarthiad Diwydiannol Safonol 1992, sef system ddosbarthu sy'n isrannu diwydiant yn adrannau bras. Er enghraifft, mae Adran C yn cynnwys mwyngloddio a chwarela. Adran D yw gweithgynhyrchu, ac Adran E yw trydan, nwy a dŵr. Yna caiff pob adran ei rhannu'n isadrannau. Er enghraifft, Isadran DA yw bwyd, diod a thybaco, ac Isadran DB yw tecstilau a chynhyrchion tecstil. Mae'r Dosbarthiad Diwydiannol Safonol yn un ffordd o grwpio cwmnïau yn ddiwydiannau unigol, gyda phob isadran yn cynrychioli diwydiant neu grŵp o ddiwydiannau.

Cymarebau crynhoad

Ar ôl dosbarthu cwmnïau yn ddiwydiannau, mae'n bosibl gweld sawl cynhyrchydd sydd yn y diwydiant. Mae nifer y cynhyrchwyr yn debygol o fod yn llai pwysig wrth astudio ymddygiad y diwydiant na phŵer economaidd cynhyrchwyr unigol o fewn y diwydiant. Un ffordd o fesur y pŵer posibl hwn yw cyfrifo pa mor bwysig yw'r prif gwmnïau yn y farchnad. Gellir gwneud hyn drwy edrych ar eu pwysigrwydd yn nhermau eu cyfran o'r farchnad yn y diwydiant, faint o weithwyr a gyflogir ganddynt neu ryw fesur arall. Y term a ddefnyddir am y mesur hwn yw CYMHAREB CRYNHOAD.

Byddai cymhareb crynhoad tri chwmni yn dangos y gyfran o'r farchnad (yn ôl cynnyrch, cyflogaeth neu ryw fesur arall) sydd gan y tri chynhyrchydd mwyaf yn y diwydiant; byddai cymhareb crynhoad pedwar cwmni yn dangos y gyfran o'r farchnad sydd gan y pedwar cynhyrchydd mwyaf.

Crynhoad ym maes adwerthu bwyd Ewropeaidd

Mae Tabl 51.1 yn dangos cymarebau crynhoad adwerthwyr bwyd yn rhai o wledydd yr Undeb Ewropeaidd yn 2001-2002. Yn y DU roedd gan un cwmni, *Tesco*, 23.8% o'r farchnad adwerthu bwyd yn ôl gwerthiant. Roedd gan y tri chwmni mwyaf (*Tesco, Asda* a *Sainsbury*) 53.0%. Roedd gan y pum prif gwmni (*Tesco, Asda, Sainsbury, Morrison* a *Safeway* – yn 2004 gwnaeth *Morrison* brynu *Safeway*) 68.4% o'r farchnad. Felly, yn 2001-2002 dim ond 31.6% o'r farchnad oedd yn nwylo'r adwerthwyr bwyd eraill i gyd, gan gynnwys cadwynau uwchfarchnadoedd *Waitrose* a *Somerfield*.

Mae crynhoad ym maes adwerthu bwyd wedi bod yn tyfu dros amser. Mae darbodion maint sylweddol i'w cael ym maes adwerthu bwyd, gyda'r uwchfarchnadoedd mawr yn eu

Tabl 51.1 *Cymarebau crynhoad adwerthwyr bwyd*

	Cymhareb crynhoad un cwmni	Cymhareb crynhoad tri cwmni	Cymhareb crynhoad pedwar cwmni	Cymhareb crynhoad pum cwmni
Awstria	31.0%	73.6%	82.9%	87.4%
Gwlad Belg	25.3%	63.2%	72.3%	80.7%
Ffrainc	21.6%	47.6%	57.2%	66.2%
Yr Almaen	26.3%	58.0%	69.1%	77.7%
Iwerddon	31.6%	67.5%	80.5%	90.0%
Yr Eidal	19.4%	52.9%	64.9%	72.7%
Yr Iseldiroedd	40.8%	70.7%	76.1%	80.1%
Portiwgal	26.0%	56.4%	67.1%	76.7%
Sbaen	30.9%	56.3%	65.9%	74.0%
Y Deyrnas Unedig	23.8%	53.0%	63.0%	68.4%
Cyfartaledd	27.7%	59.9%	69.9%	77.4%

Ffynhonnell: addaswyd o *London Economics, Investigation of the determinants of firm-retail price spreads*, 2003.

trosglwyddo i'w cwsmeriaid ar ffurf prisiau is. Mae uwchfarchnadoedd mawr hefyd yn gallu cynnig siopa dan un to i'w cwsmeriaid, sy'n bwysig iawn pan fo cymaint o gwsmeriaid yn gweithio gydag ychydig yn unig o amser i'w dreulio ar weithgareddau fel siopa. Yn olaf, maen nhw'n cynnig dewis ehangach o lawer na siopau bach. Ar hyn o bryd, mae'r cadwynau mawr o uwchfarchnadoedd yn dal i ennill cyfran o'r farchnad ar draul busnesau bach.

Yn Ewrop, mae gwledydd isel eu poblogaeth fel Awstria a Gwlad Belg yn tueddu i fod â chymarebau crynhoad uwch na'r cyfartaledd. Mae hyn yn adlewyrchu'r ffaith bod rhai cadwynau o uwchfarchnadoedd yn amlwg mewn un rhanbarth, tra bo rhanbarthau eraill heb fawr ddim siopau os o gwbl. Er enghraifft, mae cymhareb crynhoad adwerthu bwyd tri chwmni neu bum cwmni yn uwch yng Ngogledd Lloegr nag yw drwy'r DU gyfan. Mae'r gwledydd uchel eu poblogaeth yn Nhabl 51.1, sef Ffrainc,

yr Almaen, yr Eidal a'r DU, felly yn dueddol o fod â chymarebau crynhoad is na'r gwledydd isel eu poblogaeth. Ymhlith y pedair gwlad uchel eu poblogaeth, nid yw'r DU yn eithriadol.

Byddai'r cadwynau mawr o uwchfarchnadoedd yn y DU yn honni nad yw'r cymarebau crynhoad uchel a geir yn y diwydiant yn rhwystro'r diwydiant rhag bod yn gystadleuol iawn. Byddai beirniaid yn dadlau bod cystadleuaeth yn gyfyngedig yn ymarferol. Mac gan y 4-6 mwyaf o uwchfarchnadoedd ddarbodion maint mor sylweddol fel y gallan nhw yn hawdd fod yn gystadleuol o ran pris yn erbyn cystadleuwyr llai. Fodd bynnag, mae prisiau llawer o eitemau bwyd yn union yr un fath mewn ardaloedd lleol rhwng y prif uwchfarchnadoedd mawr. Mae cystadleuaeth ar y lefel hon yn amherffaith ac yn galluogi rhai o'r prif gadwynau o uwchfarchnadoedd i ennill elw annormal.

Cwestiwn Data

Gofal anifeiliaid anwes

Mae tua 40% o boblogaeth y DU yn berchen ar anifail anwes ac mae'r farchnad am gynhyrchion gofal anifeiliaid anwes yn werth tua £4 biliwn. Mae siopau annibynnol yn y diwydiant, sy'n gwerthu bwyd ac ategolion ar gyfer anifeiliaid anwes, yn dal i ffynnu. Mae tua 4 500 o siopau anifeiliaid anwes annibynnol yn y DU heddiw. Fodd bynnag, mae eu cyfran o'r farchnad yn gostwng.

O un cyfeiriad, maent yn cael eu gwasgu gan y cadwynau mawr o uwchfarchnadoedd sy'n dominyddu'r marchnadoedd am fwyd cŵn a chathod. O'r cyfeiriad arall, maent yn wynebu cystadleuaeth gynyddol gan uwchfarchnadoedd anifeiliaid anwes. *Pets at Home* yw'r fwyaf ohonynt, cwmni a welodd werthiant yn cynyddu 10% i £260 miliwn y llynedd. Mae ganddo 163 o siopau o Aberdeen i Plymouth, a'u maint cyfartalog yw 10 000 o droedfeddi sgwâr. Cadwyn *Jollye's* yw'r ail fwyaf, sef cadwyn ranbarthol yn Lloegr a Gogledd Iwerddon. Yn ôl Matt Davies, prif weithredwr *Pets at Home,* nod y cwmni yw darparu dan un to popeth y gallai fod ei angen ar berchennog anifail anwes. Mae hyn yn cynnwys meddygfeydd anifeiliaid ar 34 safle, sy'n cael eu rhedeg ar y cyd â milfeddygon cymwys.

Yn ôl arolwg gan *Mintel* yn 2005, roedd perchenogion anifeiliaid anwes yn arbennig o deyrngar i'w hadwerthwr. Roedd 53% bob amser yn prynu cynhyrchion eu hanifeiliaid anwes gan yr un siop. Hefyd, nododd 39% o ddefnyddwyr eu bod yn dewis lle i brynu cynhyrchion gofal a bwyd anifeiliaid anwes ar sail hwylustod parcio ar safle'r adwerthwr.

Er bod nifer perchenogion anifeiliaid anwes wedi gostwng ychydig dros y pum mlynedd diwethaf, mae maint y farchnad yn tyfu. Rhwng 1998 a 2004 cynyddodd gwariant 30%. Nid bwyd anifeiliaid anwes fu'r maes twf. Yn hytrach, gwariant ar ategolion anifeiliaid anwes ac yswiriant anifeiliaid anwes sydd wedi bod yn tyfu'n gyflym.

Ffynhonnell: addaswyd o'r *Financial Times* 7.6.2005; www.pet care.org.uk.

1. Amlinellwch yn gryno ystyr 'strwythur y farchnad'.
2. Dadansoddwch strwythur marchnad bwyd a gofal anifeiliaid anwes.
3. Mae cadwynau o uwchfarchnadoedd nwyddau groser fel *Tesco, Asda* a *Sainsbury* wedi dod i ddominyddu llawer o sectorau adwerthu. Trafodwch ydy'r adwerthwyr hyn yn debygol o fod yn gyflenwr monopoli ym marchnad bwyd a gofal anifeiliaid anwes.

Crynodeb

1. Caiff elw ei uchafu ar lefel cynnyrch lle mae'r gwahaniaeth mwyaf rhwng cyfanswm y derbyniadau a chyfanswm y gost.
2. Ar lefel cynnyrch uchafu elw, mae cost ffiniol = derbyniadau ffiniol.
3. Bydd cynnydd mewn costau yn gostwng lefel cynnyrch uchafu elw.
4. Bydd cynnydd mewn derbyniadau yn cynyddu lefel cynnyrch uchafu elw.

Cyfanswm y gost a chyfanswm y derbyniadau

Elw yw'r gwahaniaeth rhwng **derbyniadau** (yr arian a dderbynnir gan y cwmni) a **chostau** (yr arian y mae cwmni'n ei dalu). Bydd cwmni'n gwneud yr elw mwyaf (neu'n **uchafu** elw) pan fo'r gwahaniaeth mwyaf rhwng cyfanswm y derbyniadau a chyfanswm y gost.

Dangosir hyn yn Nhabl 52.1. Dangosir cyfanswm y derbyniadau yn yr ail golofn ac mae cyfanswm y gost yn y drydedd golofn. Elw yw'r gwahaniaeth rhwng y ddau. Ar lefelau isel o gynhyrchu, bydd y cwmni'n gwneud colled. Cyrhaeddir y TROTHWY ELW (break-even point), lle mae cyfanswm y derbyniadau yn hafal i gyfanswm y gost, ar lefel cynhyrchu 3 uned. Ar ôl hynny mae elw'n cynyddu wrth i gynhyrch gynyddu.

Mae dwy lefel cynhyrchu lle mae elw ar ei lefel uchaf o £27. Ond dylid cofio mai'r gwahaniaeth rhwng derbyniadau a chost yma yw **elw annormal** neu economaidd. Mae elw normal wedi'i gynnwys fel cost cynhyrchu (☞ uned 47). Felly mae elw, normal ac annormal, ar ei uchaf ar lefel cynhyrchu 7 uned yn hytrach na 6 uned gan fod cost y seithfed uned yn cynnwys lwfans ar gyfer elw normal.

Tabl 52.1

Cynnyrch	Cyfanswm y derbyniadau (£)	Cyfanswm y gost (£)	Elw (£)
1	25	35	-10
2	50	61	-11
3	75	75	0
4	100	90	10
5	125	106	19
6	150	123	27
7	175	148	27
8	200	182	18
9	225	229	-4

Cost ffiniol a derbyniadau ffiniol

Gellir defnyddio cost ffiniol a derbyniadau ffiniol i ddarganfod lefel cynnyrch uchafu elw. Yr ychwanegiad at gyfanswm y gost a achosir gan un uned ychwanegol o gynnyrch yw cost ffiniol. Y cynnydd yng nghyfanswm y derbyniadau sy'n deillio o uned ychwanegol o werthiant yw derbyniadau ffiniol.

Mae Tabl 52.2 yn dangos ffigurau'r gost ffiniol a'r derbyniadau ffiniol sy'n deillio o Dabl 52.1. Mae derbyniadau ffiniol minws cost ffiniol yn rhoi'r elw ychwanegol sydd i'w wneud o gynhyrchu un uned arall o gynnyrch. Mae'r cwmni'n gwneud colled o £10 ar yr uned gyntaf, a £1 yr yr ail. Ond mae'r drydedd uned o gynnyrch yn rhoi elw o £11, y bedwaredd £10 ac yn y blaen. Cyhyd ag y gall y cwmni wneud elw

Tabl 52.2

Cynnyrch	Derbyniadau ffiniol (£)	Cost ffiniol (£)	Ychwanegiad at gyfanswm yr elw (£)
1	25	35	-10
2	25	26	-1
3	25	14	11
4	25	15	10
5	25	16	9
6	25	18	8
7	25	25	0
8	25	34	-9
9	25	47	-22

ychwanegol drwy gynhyrchu uned ychwanegol o gynnyrch, bydd yn parhau i ehangu cynhyrchu. Ond ni fydd yn ymgymryd â chynhyrchu ychwanegol pan fydd yr uned ychwanegol yn rhoi colled (h.y. lle mae elw ffiniol yn symud o'r positif i'r negatif). Yn Nhabl 52.2 mae hynny'n digwydd ar lefel cynhyrchu 7 uned. Nid yw'r seithfed uned yn cyfrannu dim at elw annormal.

Fodd bynnag, fel yr eglurwyd uchod, mae cost yn cynnwys lwfans ar gyfer elw normal ac felly bydd y cwmni'n cynhyrchu'r seithfed uned. Mae'r wythfed uned yn rhoi colled elw o £9. Ni fydd y cwmni'n cynhyrchu'r wythfed uned os yw'n dymuno uchafu ei elw.

Felly mae damcaniaeth economaidd yn rhagfynegi y caiff elw ei uchafu ar lefel y cynnyrch lle mae'r gost ffiniol yn hafal i'r derbyniadau ffiniol.

Cwestiwn I

Tabl 52.3

Cynnyrch (miliynau o unedau)	Cyfanswm y derbyniadau (£ miliwn)	Cyfanswm y gost (£ miliwn)
1	10	8
2	20	14
3	30	20
4	40	30
5	50	50
6	60	80

(a) Cyfrifwch gyfanswm yr elw ar bob lefel cynnyrch.
(b) Pa lefel cynnyrch sy'n uchafu elw?
(c) Cyfrifwch dderbyniadau ffiniol a chost ffiniol cynhyrchu ar bob lefel cynnyrch.
(d) Gan ddefnyddio'r data, eglurwch pam mae CFf = DFf ar lefel y cynnyrch sy'n uchafu elw.

Cromliniau cost a derbyniadau

Gellir gwneud yr un pwyntiau gan ddefnyddio cromliniau cost a derbyniadau. Lluniadwyd cromliniau'r derbyniadau yn Ffigur 52.1 ar sail y dybiaeth bod y cwmni'n derbyn yr un pris am ei gynnyrch faint bynnag y bydd yn ei werthu (h.y. mae'r galw'n berffaith bris elastig). Felly mae cromlin cyfanswm y derbyniadau'n cynyddu'n gyson. Mae cromlin y derbyniadau ffiniol yn llorweddol, yn dangos bod y pris a dderbyniwyd am yr uned olaf yn union yr un fath â'r pris a dderbyniwyd am bob un o'r unedau eraill a werthwyd cyn hynny (☞ uned 54 lle trafodir y dybiaeth amgen bod cwmni'n gorfod gostwng ei bris os yw'n dymuno cynyddu gwerthiant). Mae siapiau'r cromliniau cost yn unol â'r hyn a ddisgrifiwyd yn unedau 48 a 49.

Mae cromliniau cyfanswm y derbyniadau a chyfanswm y gost yn dangos y bydd y cwmni'n gwneud colled os bydd yn cynhyrchu rhwng O a B. Mae cyfanswm y gost yn uwch na chyfanswm y derbyniadau. B yw'r trothwy elw. Rhwng B a D mae'r cwmni ag elw gan fod cyfanswm y derbyniadau'n fwy na chyfanswm y gost. Fodd bynnag, caiff elw ei uchafu ar lefel cynnyrch C, lle mae'r gwahaniaeth rhwng cyfanswm y derbyniadau a chyfanswm y gost ar ei uchaf. Os bydd y cwmni'n cynhyrchu mwy na D, bydd yn dechrau gwneud colled eto. D, yr ail drothwy elw yn y diagram, yw'r lefel uchaf o gynnyrch y gall cwmni ei chynhyrchu heb wneud colled. Felly D yw'r pwynt uchafu gwerthiant yn amodol ar y cyfyngiad na ddylai'r cwmni wneud colled.

Nawr ystyriwch gromliniau'r gost ffiniol a'r derbyniadau ffiniol. Gellir gweld mai lefel cynnyrch uchafu elw, sef OC, yw'r pwynt lle mae'r gost ffiniol yn hafal i'r derbyniadau ffiniol. Os bydd y cwmni'n cynhyrchu uned ychwanegol o gynnyrch uwchlaw OC, bydd cost ffiniol cynhyrchu yn uwch na'r derbyniadau ffiniol a dderbynnir o werthu'r uned ychwanegol. Bydd y cwmni'n gwneud colled ar yr uned ychwanegol honno a bydd cyfanswm yr elw yn gostwng. Ar y llaw arall, os ydy'r cwmni'n cynhyrchu i'r chwith o OC mae cost uned ychwanegol o gynnyrch yn llai na'i derbyniadau ffiniol. Felly bydd y cwmni'n gwneud elw ar yr uned ychwanegol os bydd yn ci chynhyrchu. O gyffredinoli hyn, gallwn ddweud y bydd y cwmni'n ehangu cynhyrchu os ydy'r derbyniadau ffiniol yn uwch na'r gost ffiniol. Bydd y cwmni'n gostwng cynhyrchu os ydy'r derbyniadau ffiniol yn is na'r gost ffiniol.

Dylid nodi bod yna bwynt arall yn Ffigur 52.1 lle mae CFf = DFf, sef y pwynt A. Nid yw'n wir bob amser y bydd cromlin y gost ffiniol yn dechrau uwchlaw cromlin y derbyniadau ffiniol ar lefel isaf cynhyrchu. Ond os bydd yn gwneud hynny, nid pwynt croestoriad cyntaf y ddwy gromlin, pan fo'r gost ffiniol yn gostwng, yw'r pwynt uchafu elw. Felly mae'r rheol CFf = DFf yn amod **angenrheidiol** ar gyfer uchafu elw ond nid yn amod **digonol**. Rhaid ychwanegu ail amod, sef bod cost ffiniol yn codi hefyd.

Symudiadau cromliniau cost a derbyniadau

Nawr mae'n bosibl dadansoddi'n fwy manwl effeithiau newidiadau mewn costau neu dderbyniadau ar gynnyrch. Tybiwch fod costau, fel pris defnyddiau crai, yn cynyddu. Bydd hynny'n golygu y bydd cost ffiniol cynhyrchu ar bob lefel cynnyrch yn uwch. Bydd cromlin y gost ffiniol yn symud i fyny fel y dangosir yn Ffigur 52.2. Bydd lefel cynnyrch uchafu elw yn gostwng o OM_1 i OM_2. Felly bydd cynnydd mewn costau yn arwain at ostyngiad yn y cynnyrch.

Ar y llaw arall bydd cynnydd yn y derbyniadau yn arwain at gynnydd yn y cynnyrch. Tybiwch fod derbyniadau'n cynyddu ar bob lefel cynnyrch. Efallai bod defnyddwyr yn fodlon talu prisiau uwch am fod eu hincwm wedi cynyddu, neu am fod y nwydd wedi dod yn fwy ffasiynol i'w brynu. Bydd hyn yn gwthio cromlin y derbyniadau ffiniol i fyny fel y dangosir yn Ffigur 52.3. Yna bydd lefel cynnyrch uchafu elw yn codi o OM_1 i OM_2.

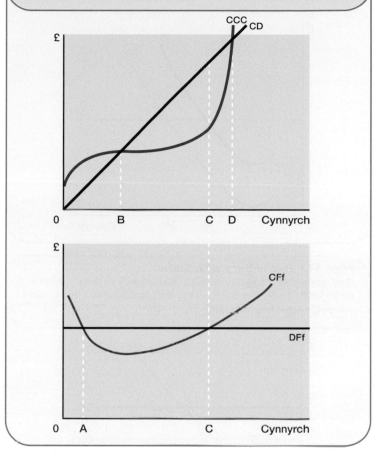

Ffigur 52.1 Lefel cynnyrch uchafu elw
Caiff elw ei uchafu ar lefel y cynnyrch lle mae'r gwahaniaeth mwyaf rhwng cyfanswm y derbyniadau a chyfanswm y gost, sef OC. Dyma'r pwynt lle mae'r gost ffiniol yn hafal i'r derbyniadau ffiniol. Mae OB ac OD yn drothwyau elw.

Modelau da

Mae'r amod CFf = DFf yn amod pwysig iawn yn namcaniaeth neo-glasurol y cwmni. Fodd bynnag, mae economegwyr yn gwybod o astudiaethau a wnaed nad ydy'r rhan fwyaf o bobl busnes yn gyfarwydd â'r cysyniadau economaidd cost ffiniol a derbyniadau ffiniol, a llai fyth ohonynt allai nodi cost ffiniol gyfredol cynhyrchu yn eu busnes nhw.

Mewn un ystyr mae hyn yn ddamniol iawn i ddamcaniaeth neo-glasurol y cwmni. Eglurwyd yn uned 45 mai un maen prawf ar gyfer asesu model neu ddamcaniaeth dda yw ydy'r model yn realistig.

Fodd bynnag, ni fyddai economegwyr neo-glasurol yn honni bod pobl busnes yn penderfynu ar eu lefelau cynnyrch drwy hafalu cost ffiniol a derbyniadau ffiniol. Bydden nhw'n dechrau o'r rhagosodiad bod cwmnïau'n ceisio uchafu elw. Os nad ydynt, yna yn y byd go

Cwestiwn 2

(a) Ar sail y data yn Nhabl 52.3, lluniadwch ddau graff yn dangos
    (i) cromliniau cyfanswm y derbyniadau a chyfanswm y gost a
    (ii) cromliniau'r derbyniadau ffiniol a'r gost ffiniol. Lluniadwch y graffiau y naill o dan y llall gan ddefnyddio'r un raddfa ar echelin y cynnyrch.

(b) Ar bob un o'r graffiau marciwch (i) lefelau cynnyrch sy'n drothwyau elw a (ii) lefel cynnyrch uchafu elw.

Ffigur 52.2 Cynnydd yn y costau

Bydd cynnydd yn y costau cynhyrchu sy'n gwthio cromlin y gost ffiniol i fyny o CFf_1 i CFf_2 yn achosi i lefel cynnyrch uchafu elw ostwng o OM_1 i OM_2.

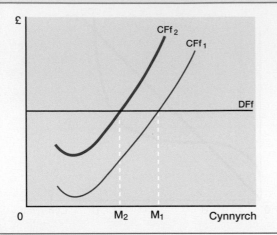

Ffigur 52.3 Cynnydd yn y derbyniadau

Bydd cynnydd yn y derbyniadau ar bob lefel cynnyrch yn gwthio cromlin y derbyniadau ffiniol i fyny o DFf_1 i DFf_2. Bydd hyn yn achosi i lefel cynnyrch uchafu elw gynyddu o OM_1 i OM_2.

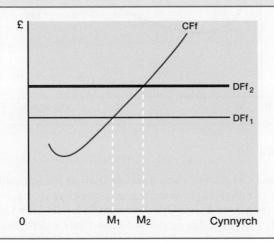

iawn maen nhw'n tueddu naill ai i gael eu gorfodi allan o fusnes gan gwmnïau mwy effeithlon sy'n uchafu elw neu i gael eu trosfeddiannu a'u gwneud yn fwy effeithlon. Felly mae yna bwysau cryf sy'n gorfodi busnesau tuag at eu lefelau cynnyrch uchafu elw. Mae economegwyr wedyn yn ei chael hi'n ddefnyddiol dadansoddi lefel cynnyrch uchafu elw yn nhermau cost ffiniol a derbyniadau ffiniol.

Felly dydy'r rheol CFf = DFf ddim yn gynnig gan economegwyr i egluro sut mae busnesau'n cyrraedd eu lefel cynhyrchu. Yn hytrach, mae'n rheol sy'n dweud os ydy busnesau wedi uchafu elw, yna yn rhesymegol rhaid bod y gost ffiniol yn hafal i'r derbyniadau ffiniol. Gellir gweld pethau tebyg yn y gwyddorau ffisegol. Ni fydd cricedwr sy'n taflu pêl at chwaraewr arall yn dadansoddi'r tafliad yn nhermau cyflymder, ffrithiant, buanedd y gwynt ayb. Ond gallai ffisegydd ddefnyddio'r cysyniadau hyn i gyfrifo'r taflwybr optimaidd ar gyfer y bêl. Dydy'r ddamcaniaeth ddim yn ddiwerth am nad yw'n disgrifio'n gywir sut mae'r chwaraewr yn meddwl ac yn gweithredu ynghylch y tafliad. Yn hytrach mae'r ddamcaniaeth yn ein helpu i ddeall y wyddor y tu ôl i realiti pob dydd.

Termau allweddol

Trothwy elw – y lefelau cynnyrch lle mae cyfanswm y derbyniadau yn hafal i gyfanswm y gost.

Cwestiwn 3

Ystyriwch y data yn Nhabl 52.3. Beth fydd lefel newydd y cynnyrch sy'n uchafu elw os bydd:
(a) derbyniadau ffiniol yn gostwng i £6 miliwn ar bob lefel cynnyrch;
(b) derbyniadau ffiniol yn cynyddu i £20 miliwn ar bob lefel cynnyrch;
(c) cost ffiniol yn cynyddu £4 miliwn ar bob lefel cynnyrch;
(d) cyfanswm y gost yn cynyddu £5 miliwn ar bob lefel cynnyrch;
(e) cyfanswm y derbyniadau'n dyblu ar bob lefel cynnyrch?

Economeg gymhwysol

Gwerthiant llyfrau

Y dyddiad yw Gorffennaf 16. Mae siopau ledled y wlad yn y broses o werthu 2 filiwn o gopïau o *Harry Potter and the Half-Blood Prince*. Agorodd rhai siopau ganol nos er mwyn bod y cyntaf i werthu copïau. Yn yr Unol Daleithiau, amcangyfrifir bod 5 miliwn o gopïau yn cael eu gwerthu yr un diwrnod.

Roedd y pris a dalwyd gan gwsmeriaid i gael copi o *Harry Potter* yn amrywio'n fawr iawn. Y pris argymelledig oedd £16.99. Roedd *Waterstones*, y siop lyfrau, yn ei werthu am £11.99. Yn *WH Smith* y pris

oedd £9.99 ac yn *Tesco* £7.97. I'r bobl sy'n ofalus iawn â'u ceiniogau, roedd yn gwerthu am £4.99 yn unig yn *KwikSave*.

Oedd y gwahanol siopau hyn yn uchafu elw? Er mwyn uchafu elw, rhaid i'r gost ffiniol fod yn hafal i'r derbyniadau ffiniol. Gallai'r gost ffiniol fod wedi amrywio rhwng siopau oherwydd y gallai'r cyhoeddwr, *Bloomsbury*, fod wedi cynnig prisiau gwahanol i adwerthwyr gwahanol yn ôl nifer y llyfrau a archebwyd ganddynt. Roedd *WH Smith* wedi blaenwerthu hanner

Efallai bod gwerthiant *Waterstones* yn llai o lawer ac efallai felly na chafodd y darbodion maint o ran prynu a gafodd *Tesco*. Efallai bod ei gost ffiniol yn uwch na chost ffiniol *Tesco* ac felly roedd yn rhaid ennill lefel uwch o dderbyniadau ffiniol i uchafu elw.

Gellid dweud bod strategaeth brisio *KwikSave* wedi rhoi colled ar bryniant y llyfr, gan ei fod yn ei werthu ar ddisgownt o 70% yn is na'r pris adwerthu argymelledig. Efallai bod ei gost ffiniol yn uwch na'r derbyniadau ffiniol o £4.99. Fodd bynnag, gall cost ffiniol a derbyniadau ffiniol gael eu dehongli'n ehangach o lawer. Ni fyddai'r mwyafrif o gwsmeriaid *KwikSave* wedi prynu *Harry Potter* yn unig. Byddent wedi llenwi basged â nwyddau eraill hefyd. I uchafu elw, efallai mai cymhariaeth decach fyddai cymharu cost ffiniol y fasged gyfan o nwyddau i *KwikSave* â'r derbyniadau ffiniol a dalwyd gan y cwsmer. Gellid ystyried llyfr *Harry Potter* yn 'nwydd ar golled', sef eitem a werthir am lai na'r gost er mwyn denu cwsmeriaid i mewn i'r siop i brynu amrywiaeth o nwyddau y byddai'r cwmni'n gwneud elw arnynt. Yn yr un modd, gallai'r cadwyni mawr o uwchfarchnadoedd fel *Tesco* fod wedi ystyried cost ffiniol a derbyniadau ffiniol yr holl fasged o nwyddau y gallai cwsmer eu prynu wrth brisio eu llyfrau *Harry Potter*. Yn achos *Waterstones*, neu *WH Smith*, mae'n debygol na fyddai'r mwyafrif o'r cwsmeriaid wedi prynu dim arall wrth brynu eu llyfr *Harry Potter*. Er mwyn uchafu elw, efallai y bu'n rhaid iddynt werthu'r nifer lle mae CFf = DFf y llyfr yn unig.

miliwn o gopïau, felly gallai eu harcheb nhw fod yn fwy na 500 000 o gopïau. Efallai bod adwerthwyr a archebodd fwy o gopïau, fel *Tesco* a archebodd filiwn o gopïau, wedi sicrhau bargen well gyda *Bloomsbury*. Yn nodweddiadol, bydd cyhoeddwyr yn cynnig disgownt o rhwng 40% a 60% o'r pris gwerthu argymelledig i adwerthwyr, er mwyn caniatáu iddynt dalu eu costau a gwneud elw. Byddai adwerthwr sy'n cael disgownt o 60% yn talu £6.79 i *Bloomsbury*. Pe bai *Tesco*, er enghraifft, wedi sicrhau bargen o'r fath, byddai £1.18 y llyfr yn weddill ganddo i dalu costau dosbarthu a gwneud yr elw normal sydd yn rhan o ddiffiniad yr economegydd o gost.

Cwmni brics yn diswyddo gweithwyr

Bydd rhai o weithwyr *Baggeridge*, cwmni gwneud brics yn Yr Ardal Ddu, yn colli eu swyddi ar ôl y Nadolig am fod prisiau nwy cynyddol wedi effeithio'n arw ar elw'r cwmni. Bydd cau ffatrïoedd Sedgley a Kingsbury, ger Tamworth, yn effeithio ar tua 40 o weithiwyr, ac mae'n debygol y bydd y ffatrïoedd yn dal i fod ar gau tan ddiwedd mis Ionawr. Dewiswyd y ddwy ffatri gan eu bod yn gwneud brics solet, sy'n defnyddio mwy o egni. Meddai Alan Baxter, y Prif Weithredwr: 'O safbwynt egni, allwn ni ddim fforddio rhedeg y ddwy ffatri yma. Rydym yn talu tua £1 y therm am nwy, ond yn Ffrainc a'r Almaen maen nhw'n talu rhwng 35c a 40c. Nid yw'n farchnad rydd a theg.'

Mae gan *Baggeridge* bedair ffatri yng Ngorllewin Canolbarth Lloegr. Meddai'r Cadeirydd, Alexander Ward: 'Roed yr amodau masnachu yn anodd gyda chost ein prif danwydd, sef nwy naturiol, yn cynyddu a'r galw am frics yn gostwng.'

Ffynhonnell: addaswyd o *Express & Star*, 14.12.2005.

1. Gan ddefnyddio diagram, eglurwch beth sydd wedi digwydd i gost ffiniol cynhyrchu yn *Baggeridge*.
2. Gan ddefnyddio diagram arall, eglurwch beth ddigwyddodd, yn ôl pob tebyg, i dderbyniadau ffiniol yn *Baggeridge*, o wybod bod y galw am frics yn 'gostwng'.
3. Gan gyfuno'r ddau ddiagram, esboniwch pam y penderfynodd *Baggeridge* gau dwy o'i ffatrïoedd dros dro.

Crynodeb

1. Mewn marchnad berffaith gystadleuol tybir bod nifer mawr o gwmnïau bach sy'n cynhyrchu cynnyrch cydryw. Mae cwmnïau'n dderbynwyr pris. Does dim rhwystrau i fynediad nac ymadael ac mae yna wybodaeth berffaith.
2. Mae'r gromlin alw sy'n wynebu cwmni unigol yn berffaith elastig am fod y cwmni'n dderbynnydd pris. Felly mae pris = DC = DFf.
3. Cromlin cyflenwad tymor byr y cwmni fydd cromlin ei gost ffiniol uwchlaw cromlin ei gost newidiol gyfartalog.
4. Os bydd cwmnïau yn y tymor byr yn gwneud elw annormal, daw cwmnïau newydd i mewn i'r diwydiant, gan gynyddu cyflenwad y farchnad a thrwy hynny ostwng y pris. Bydd hyn yn parhau nes y gwneir elw normal yn unig.
5. Os ydy cynhyrchu'n amhroffidiol, bydd cwmnïau'n ymadael â'r diwydiant, gan ostwng cyflenwad y farchnad a chodi'r pris. Bydd hyn yn parhau nes y gwneir elw normal yn unig.
6. Mewn cydbwysedd tymor hir mae DC = CG oherwydd na wneir dim elw annormal.

Tybiaethau

Mae model cystadleuaeth berffaith (☞ uned 17) yn disgrifio marchnad lle mae graddau uchel o gystadleuaeth. Dydy'r gair 'perffaith' ddim yn golygu bod y math hwn o gystadleuaeth yn cynhyrchu canlyniadau delfrydol nac yn uchafu lles economaidd; hynny yw, ni ddylai'r gair 'perffaith' fod ag unrhyw naws **normadol** (☞ uned 45).

Rhaid i farchnad berffaith gystadleuol fod â phedair nodwedd:

- Rhaid bod llawer o **brynwyr a gwerthwyr** yn y farchnad, a does dim un ohonynt yn ddigon mawr i ddylanwadu ar y pris. Dywedir bod y prynwyr a'r gwerthwyr yn **dderbynwyr pris**. Yn y math hwn o farchnad mae llawer o gwmnïau cymharol fach sy'n cyflenwi nwyddau i nifer mawr o brynwyr bach.
- Mae **rhyddid i fynd i mewn i'r** diwydiant ac i **ymadael â'r** diwydiant. Rhaid i gwmnïau allu eu sefydlu eu hunain yn y diwydiant yn hawdd ac yn gyflym. Felly rhaid i rwystrau i fynediad fod yn isel. Os ydy cwmni'n dymuno rhoi'r gorau i gynhyrchu ac ymadael â'r farchnad, rhaid iddo fod yn rhydd i wneud hynny.
- Mae gan y prynwyr a'r gwerthwyr **wybodaeth berffaith** o brisiau. Os bydd un cwmni'n codi pris uwch na phris y farchnad, bydd y galw am ei gynnyrch yn sero gan y bydd prynwyr yn prynu rywle arall yn y farchnad. Felly rhaid i'r cwmni dderbyn pris y farchnad os yw'n dymuno gwerthu yn y farchnad (h.y. mae'n dderbynnydd pris).
- Mae pob cwmni'n cynhyrchu cynnyrch **cydryw**. Does dim brandio cynhyrchion ac mae'r cynhyrchion yn unfath.

Cymharol ychydig o ddiwydiannau yn y byd sy'n dod yn agos at y math hwn o strwythur marchnad. Un posibl yw amaethyddiaeth. Mewn amaethyddiaeth mae nifer mawr o ffermwyr yn cyflenwi'r farchnad, a does dim un ohonynt yn ddigon mawr i ddylanwadu ar y pris. Mae'n hawdd prynu fferm a chychwyn busnes. Hefyd mae'n hawdd gwerthu fferm ac ymadael â'r diwydiant. Ar y cyfan mae ffermwyr â gwybodaeth berffaith. Maen nhw'n gwybod pa brisiau sydd yn y farchnad, er enghraifft o'r wasg ffermio. Yn olaf, mae ffermwyr yn cynhyrchu amrywiaeth o gynhyrchion cydryw. Ni ellir gwahaniaethu rhwng tatws *Maris Piper* o un fferm a thatws *Maris Piper* o fferm arall. Yn Ewrop ac mewn llawer o wledydd ledled y byd, dydy ffermio ddim yn farchnad berffaith gystadleuol bob amser. Y rheswm yw y gall llywodraethau ymyrryd yn y farchnad, gan brynu a gwerthu er mwyn gosod pris (☞ uned 21).

Galw a derbyniadau

Un o dybiaethau model cystadleuaeth berffaith yw

bod nifer mawr o werthwyr yn y farchnad. Tyibwch fod un o'r cwmnïau hyn yn penderfynu dyblu ei gynnyrch. Bydd cyflenwad y diwydiant yn cynyddu, gan wthio cromlin y cyflenwad i'r dde. Fodd

Cwestiwn I

Mae cynhyrchwyr menyn UDA yn dal i fwynhau cyfnod da. Arweiniodd sychder yn Awstralia yn 2002 at ostyngiadau sylweddol yn lefelau cynhyrchu llaeth yn Awstralia ac mae'n dal heb gyrraedd y lefelau uchaf a gafodd yn 2001. Mae Awstralia'n allforiwr mawr o gynnyrch llaeth. Mae twf economaidd cadarn yn UDA a'r Dwyrain Pell wedi arwain at dwf cadarn yn y galw am gynnyrch llaeth yn y gwledydd hynny. Yn olaf, mae'r gostyngiad mawr yng nghyfradd cyfnewid y ddoler yn enwedig mewn perthynas â'r ewro wedi rhoi mantais gystadleuol gref newydd i gynhyrchwyr UDA yn erbyn mewnforion o wledydd tramor. Yn 2005 ymateb ffermwyr llaeth UDA oedd cynyddu maint eu buchesau a chynyddu eu cynnyrch o laeth. Arweiniodd hyn at brisiau is am laeth a menyn o'u cymharu â'u lefelau uchaf yn 2004.

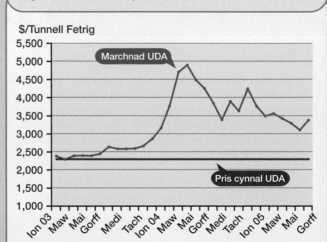

Ffigur 53.1 Prisiau menyn UDA[1]

$/Tunnell Fetrig

Marchnad UDA

Pris cynnal UDA

[1] Pris cynnal UDA yw'r isafbris sy'n cael ei warantu i gynhyrchwyr menyn UDA gan lywodraeth UDA.
Ffynhonnell: addaswyd o Adran Amaethyddiaeth yr Unol Daleithiau, Gwasanaeth Amaethyddiaeth Dramor, *Dairy World Markets and Trade*, Rhagfyr 2005.

Trafodwch pam y gellid dweud bod cynhyrchwyr yn y farchnad fydeang am fenyn yn gweithredu mewn marchnad berffaith gystadleuol.

bynnag, mae'r cynnydd yn y cyflenwad yn fach iawn o reidrwydd am fod y cwmni'n fach. Mewn gwirionedd bydd mor fach fel y bydd hi'n amhosibl gweld y symudiad ar hyd cromlin y galw sy'n deillio o hyn ac ni fydd y pris yn newid.

Gellir gweld hyn yn Ffigur 53.2. Mae'r rhan o amgylch pwynt y cydbwysedd presennol wedi cael ei helaethu. Mae cynnydd yn y cyflenwad gan un cwmni wedi symud cromlin y cyflenwad o C_1 i C_2, gan achosi gostyngiad o AD yn y pris cytbwys a chynnydd o DB ym maint cytbwys y galw a'r cyflenwad. Ond mae AD mor fach fel nad yw'n cael dim effaith ar y pris cytbwys cyffredinol OE ac mae'n amhosibl lluniadu dwy gromlin gyflenwad yn ddigon tenau i ddangos y symudiad yn y cyflenwad.

Mewn amaethyddiaeth, er enghraifft, byddai'n syndod pe bai penderfyniad un ffermwr i ddyblu ei gynnyrch o wenith yn cael unrhyw ddylanwad gweladwy ar y pris cytbwys. Mae ei gynnyrch ychwanegol mor bitw fel na all effeithio ar bris y farchnad am wenith. Wrth gwrs, pe bai'r holl ffermwyr yn dyblu eu cynnyrch o wenith, byddai pris gwenith yn gostwng yn ddirfawr. Ond yma dim ond effaith penderfyniadau cynhyrchu un fferm ar y pris sydd o ddiddordeb i ni.

Felly gall cwmni mewn cystadleuaeth berffaith ehangu neu ostwng ei gynnyrch heb ddylanwadu ar y pris. Hynny yw, ni all y cwmni ddewis codi ei bris a disgwyl gwerthu mwy o'i nwydd. Gall ostwng ei bris ond does dim mantais i hynny gan ei fod yn gallu gwerthu ei gynnyrch cyfan am bris y farchnad sy'n bris uwch. Felly mae cromlin y galw ar gyfer cwmni unigol yn llorweddol (h.y. yn **berffaith elastig** ☞ uned 8) fel yn Ffigur 53.3. (Sylwch: pe bai cwmni'n ehangu cynnyrch ddigon byddai ei gromlin alw yn goleddu i lawr. Ond wedyn byddai'r diwydiant yn cynnwys un cwmni mawr a llawer o gwmnïau bach ac ni fyddai bellach yn berffaith gystadleuol.)

Y gromlin alw hon yw cromlin derbyniadau cyfartalog a ffiniol y cwmni hefyd. Os ydy cwmni'n gwerthu ei gynnyrch i gyd am un pris, rhaid mai'r pris hwn yw'r pris cyfartalog neu'r derbyniadau cyfartalog a dderbynnir. Os bydd cwmni'n gwerthu uned ychwanegol neu ffiniol, bydd yn derbyn yr un pris ag ar gyfer unedau blaenorol ac felly bydd y pris neu'r derbyniadau ffiniol yr un fath â'r pris neu'r derbyniadau cyfartalog.

Cwestiwn 2

Tabl 53.1 Galw a chyflenwad y farchnad

Maint y galw (miliynau o unedau)	Maint y cyflenwad (miliynau o unedau)	Pris (£)
1 000	6 000	10
3 000	4 000	8
5 000	2 000	6

(a) Lluniadwch gromliniau galw a chyflenwad y farchnad ar bapur graff.

(b) Mae 1000 o gwmnïau yn y diwydiant gyda phob un yn cynhyrchu'r un maint. Nawr mae un cwmni'n dyblu ei gynnyrch.
   (i) Dangoswch effaith hyn ar alw a chyflenwad y farchnad.
   (ii) Ar graff gwahanol lluniadwch y gromlin alw sy'n wynebu'r cwmni.

(c) Nawr mae'r holl gwmnïau yn y diwydiant yn dyblu eu cynnyrch.
   (i) Dangoswch effaith hyn ar alw a chyflenwad y farchnad.
   (ii) Beth fydd yr effaith ar gromlin alw y cwmni unigol?

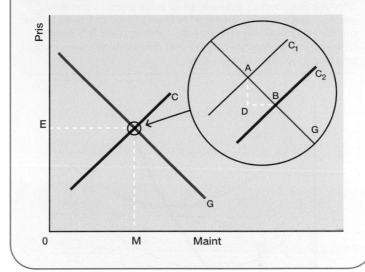

Ffigur 53.2 Effaith cynnydd yn y cyflenwad gan un cwmni mewn diwydiant perffaith gystadleuol
Bydd cynnydd yn y cyflenwad gan un cwmni o C_1 i C_2 yn cael effaith mor fach ar gyfanswm y cyflenwad fel y bydd y pris cytbwys yn aros yn OE.

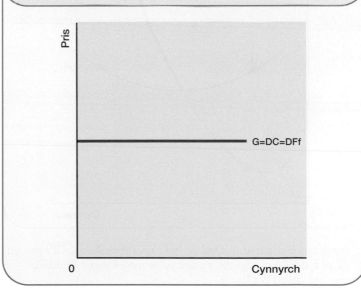

Ffigur 53.3 Y gromlin alw sy'n wynebu cwmni mewn cystadleuaeth berffaith
Ni fydd newid yn y cynnyrch gan y cwmni yn cael dim effaith ar bris y farchnad am y nwydd. Felly mae'r cwmni'n wynebu cromlin alw berffaith elastig. Hon hefyd yw cromlin derbyniadau cyfartalog a ffiniol y cwmni.

Cromliniau cost a chyflenwad

Mewn marchnad berffaith gystadleuol cromlin cyflenwad y cwmni fydd cromlin ei gost ffiniol.

● Cost ffiniol cynhyrchu yw'r pris isaf y byddai cwmni'n fodlon cyflenwi uned ychwanegol o gynnyrch amdano. Er enghraifft, pe bai'r gost ffiniol yn £3 a'r pris a dderbynnir yn £5, byddai'r cwmni'n gallu gwneud £2 o **elw annormal** (elw uwchlaw'r **elw normal** sydd wedi'i gynnwys yng nghost yr uned honno). Byddai'r cwmni yn bendant yn cynhyrchu'r uned ffiniol hon. Pe bai'r gost ffiniol yn £3 a'r pris yn £3 byddai'n dal i gynhyrchu'r uned ffiniol hon gan y byddai'n

Ffigur 53.4 Cromlin cyflenwad y cwmni

Cost ffiniol cynhyrchu yw'r pris isaf y bydd cwmni sy'n uchafu elw yn gwerthu uned ffiniol o gynhyrchu amdano. Felly cromlin y gost ffiniol yw cromlin y cyflenwad ar gyfer y cwmni. Ond yn y tymor byr gall y cwmni barhau i gynhyrchu cyhyd ag y bydd yn gallu talu ei gostau newidiol cyfartalog. Felly cromlin y cyflenwad tymor byr yw cromlin y gost ffiniol uwchlaw'r gost newidiol gyfartalog fel yn Ffigur 53.4(a). Yn y tymor hir bydd cwmni'n ymadael â'r diwydiant os bydd yn gwneud colled. Felly cromlin y cyflenwad yn y tymor hir yw cromlin y gost ffiniol uwchlaw cromlin y gost gyfartalog fel yn Ffigur 53.4(b).

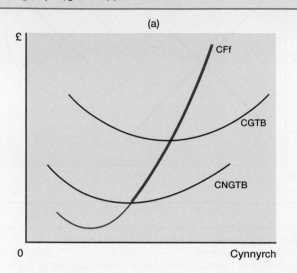

(a)

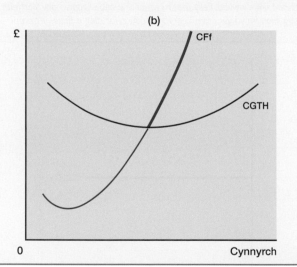

(b)

Ffigur 53.5 Uchafu elw tymor byr

Mae'r cwmni'n cynhyrchu lefel gytbwys y cynnyrch sy'n uchafu elw sef OM lle mae CFf = DFf. Gan fod DC yn fwy na CG, mae'n gwneud elw annormal o EFJH.

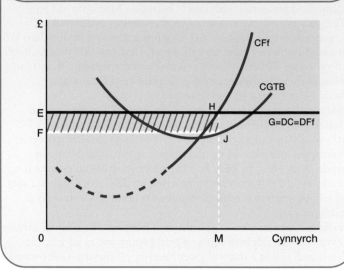

Yn y tymor hir does dim costau sefydlog ac felly yr un peth yw cromliniau'r gyfangost gyfartalog a'r gost newidiol gyfartalog. Ni fydd y cwmni'n cynhyrchu oni fydd yn gallu talu ei gostau i gyd. Felly, yn y tymor hir cromlin cyflenwad y cwmni yw cromlin y gost ffiniol uwchlaw cromlin ei gost gyfartalog fel y dangosir yn Ffigur 53.4(b).

Gall cromlin y cyflenwad ar gyfer y diwydiant gael ei lluniadu drwy adio'n llorweddol cromliniau cyflenwad unigol pob cwmni.

Cydbwysedd tymor byr

Mewn cystadleuaeth berffaith tybir bod cwmnïau'n uchafwyr elw tymor byr. Felly bydd y cwmni'n cynhyrchu lefel y cynnyrch lle mae'r gost ffiniol yn hafal i'r derbyniadau ffiniol (y rheol CFf = DFf, ☞ uned 50). Mae'r pris yn cael ei osod gan y farchnad gan fod y cwmni unigol yn dderbynnydd pris.

Mae Ffigur 53.5 yn dangos un sefyllfa bosibl ar gyfer cydbwysedd tymor byr. Mae cromlin y galw yn berffaith elastig am y pris OE. Mae cromlin y gost ffiniol yn croestorri cromlin y derbyniadau ffiniol yn H ac felly lefel gytbwys y cynnyrch sy'n uchafu elw ar gyfer y cwmni yw OM. Ar y lefel hon o gynnyrch mae'r derbyniadau cyfartalog (MH) yn uwch na'r gost gyfartalog (MJ) ac felly bydd y cwmni'n gwneud elw annormal. Dangosir hyn gan y rhanbarth sydd wedi'i dywyllu, EFJH, sef elw cyfartalog (EF) wedi'i luosi â'r maint a gynhyrchir (FJ).

Mae Ffigur 53.6 yn rhoi sefyllfa bosibl arall. Yma mae'r cwmni'n gwneud colled ar lefel gytbwys y cynnyrch sy'n uchafu elw (neu yn yr achos hwn sy'n isafu colled) sef OM lle mae CFf = DFf. Mae'r pris OF yn is na'r gost gyfartalog ac felly mae'r cwmni'n gwneud colled gyfan o EFJH. Bydd y cwmni'n parhau i gynhyrchu os bydd y golled hon yn llai na'r golled y byddai'n ei gwneud pe bai'n cau (h.y. cyhyd ag y bydd y derbyniadau cyfartalog yn uwch na'r gost newidiol gyfartalog).

Cydbwysedd tymor hir

Yn y tymor hir ni fydd cwmni perffaith gystadleuol yn gwneud colled nac elw annormal.

ennill elw normal arni. Ond pe bai'r gost ffiniol yn £3 a'r pris yn £2 ni fyddai'n cynhyrchu'r uned ychwanegol gan y byddai'n gwneud colled o £1 arni.

- Yn y tymor byr ni fydd cwmni o reidrwydd yn peidio â chynhyrchu os bydd yn gwneud colled (☞ uned 50). Mae gan gwmni gostau sefydlog y mae'n rhaid iddo eu talu p'un ai ei fod yn cau ac yn cynhyrchu dim, neu'n parhau i weithredu. Bydd unrhyw dderbyniadau uwchlaw'r gost newidiol yn gwneud rhywfaint o gyfraniad tuag at dalu ei gostau sefydlog. Felly, dim ond os bydd derbyniadau cyfartalog neu bris yn is na'r gost newidiol gyfartalog y bydd y cwmni'n cau (h.y. yn peidio â chyflenwi).

Felly cromlin cyflenwad tymor byr y cwmni fydd y rhan honno o gromlin y gost ffiniol sydd uwchlaw cromlin ei gost newidiol gyfartalog – rhan drwchus cromlin y gost ffiniol yn Ffigur 53.4(a).

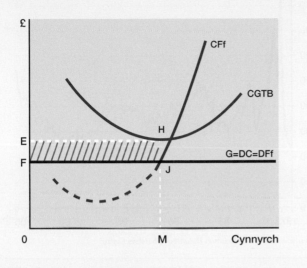

Ffigur 53.6 Gweithredu ar golled yn y tymor byr
Mae'r cwmni'n cynhyrchu lefel gytbwys y cynnyrch sy'n uchafu elw sef OM lle mae CFf = DFf. Yn yr achos hwn, gan fod DC yn llai na CG, bydd yn gwneud colled sef y rhanbarth wedi'i dywyllu EFJH. Dyma'r golled isaf y bydd yn ei gwneud os ydy DC yn fwy na CNG.

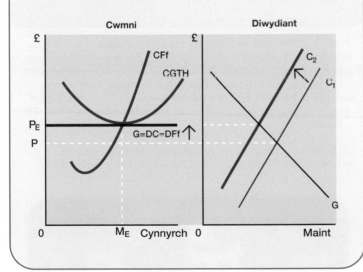

Ffigur 53.7 Cydbwysedd tymor hir yn dilyn colledion tymor byr
Os ydy colledion yn cael eu gwneud yn y tymor byr bydd cwmnïau'n ymadael â'r diwydiant, gan wthio cromlin y cyflenwad o C₁ i C₂. Yn C₂ ni fydd pwysau bellach ar gwmnïau i adael am eu bod yn gallu gwneud elw normal ar eu gweithrediadau.

Ysytriwch sefyllfa lle roedd cwmnïau'n gwneud colledion. Yn y tymor hir byddai rhai cwmnïau'n ymadael â'r diwydiant. Ofer ydy parhau i gynhyrchu ar golled yn y tymor hir. Os bydd cwmnïau'n ymadael â'r diwydiant, bydd cyfanswm y cyflenwad yn gostwng. Po fwyaf o gwmnïau fydd yn ymadael â'r diwydiant, mwyaf i gyd fydd y gostyngiad yn y cyflenwad a mwyaf i gyd fydd y codiad ym mhris y cynnyrch. Bydd cwmnïau'n parhau i ymadael â'r diwydiant nes y bydd y diwydiant cyfan yn dychwelyd i broffidioldeb. Dangosir hyn yn Ffigur 53.7. Pan fo cromlin y cyflenwad yn C₁ mae'r cwmni'n gwneud colled. Mae cwmnïau'n ymadael â'r diwydiant, gan wthio cromlin y cyflenwad i'r chwith. Gyda C₂, mae'r pris yn ddigon uchel

o'r braidd i wneud **elw normal**. Ar y llaw arall pe bai cwmni'n gwneud elw annormal yn y tymor byr, byddai cwmnïau eraill yn mynd i mewn i'r diwydiant yn awyddus i ennill elw uchel. Dangosir hyn yn Ffigur 53.9. Am y pris P, mae cwmnïau'n gwneud elw annormal. Mae hyn yn hybu cwmnïau newydd i fynd i mewn i'r diwydiant, gan gynyddu'r cyflenwad o C₁ hyd nes, gyda C₂, mae'r pris yn ddigon isel o'r braidd i gwmnïau wneud elw normal.

Felly, yn y tymor hir mae pwysau cystadleuol yn sicrhau bod cydbwysedd yn cael ei sefydlu lle nad yw'r cwmni'n gwneud elw annormal na cholled. Mae hynny'n golygu y bydd y derbyniadau cyfartalog yn hafal i'r gost gyfartalog (DC = CG) mewn cydbwysedd. Dylid cofio hefyd bod CFf = DFf gan fod y cwmni'n uchafu elw a bod DC = DFf gan fod cromlin y galw yn llorweddol. O roi'r tri amod yma at ei gilydd, ar gyfer cwmni mewn cydbwysedd tymor hir mewn marchnad berffaith gystadleuol mae'n rhaid bod:

$$CG = DC = DFf = CFf$$

Cromliniau cost y tymor hir

Un pwynt diddorol i'w nodi yw bod model cystadleuaeth berffaith yn rhagfynegi y bydd pob cwmni perffaith gystadleuol â chostau unfath yn y tymor hir. Tybiwch fod cwmni'n darganfod rhyw dechneg newydd o gynhyrchu sy'n ei alluogi i ostwng costau a chynyddu elw yn y tymor byr. Bydd cwmnïau eraill yn ymateb drwy gopïo'r dechneg hon. Gallan nhw wneud hyn am fod gwybodaeth berffaith yn y diwydiant ac felly ni ellir cael cyfrinachau diwydiannol. Yna bydd cwmnïau'n dechrau gostwng prisiau, gan obeithio gallu ehangu eu gwerthiant. Os na fydd cwmni'n

Cwestiwn 3

Tabl 53.2

						£
Cynnyrch	Cost ffiniol (£)	Cyfanswm y costau sefydlog	Cyfanswm y costau newidiol	Cyfanswm y gost	Cost newidiol gyfartalog	Cyfangost gyfartalog
2		100	100			
	40					
3						
	30					
4						
	40					
5						
	60					
6						
	100					
7						

Mae Tabl 53.2 yn dangos y costau cynhyrchu sydd gan gwmni.

(a) Cyfrifwch y canlynol ar gyfer lefelau cynnyrch o 2 i 7 uned:
   (i) cyfanswm y costau sefydlog; (ii) cyfanswm y costau newidiol;
   (iii) cyfanswm y gost; (iv) cost newidiol gyfartalog;
   (v) cyfangost gyfartalog.
(b) Plotiwch gromlin cyflenwad tymor byr y cwmni ar graff.
(c) A fyddai'r cwmni'n peidio â chynhyrchu (1) yn y tymor byr a
   (2) yn y tymor hir pe bai'r pris gwerthu am bob uned yn:
   (i) £80; (ii) £70; (iii) £60; (iv) £50; (v) £40; (vi) £30?

Cwestiwn 4

Mae pris aur wedi bod yn codi dros y pum mlynedd diwethaf ar ôl degawdau o fod yn farwaidd. Mae'r rheswm yn ddirgelwch. Mae rhai'n dadlau bod ansefydlogrwydd ariannau cyfred wedi gyrru rhai buddsoddwyr i geisio hafan ddiogel mewn aur. Mae eraill yn gweld economi ffyniannus India, â'i archwaeth am emau aur, yn ffactor allweddol. Mae eraill yn dadlau bod pris aur wedi cael ei wthio i fyny gan hapfasnachu sy'n mentro ar brisiau uwch am aur yn y dyfodol. Ar y llaw arall, mae cynhyrchu aur newydd o fwyngloddiau'r byd wedi bod yn lleihau'n raddol yn y blynyddoedd diwethaf. Mae mwyngloddiau De Affrica yn arbennig yn aeddfed erbyn hyn ac mae'n anoddach echdynnu mwyn. Mae chwylwyr am aur wedi gorfod symud i ranbarthau o'r byd sy'n fwy anghysbell, yn fwy o risg ac â chostau uwch i ddod o hyd i ffynonellau newydd. Mae cost gyfartalog cynhyrchu aur a fwyngloddiwyd wedi codi i $362 yr owns. Ond gydag aur yn fwy na $500 yr owns ar hyn o bryd, mae elw sylweddol i'w gael o hyd o fwyngloddio aur.

Ffynhonnell: addaswyd o'r *Financial Times.* 21.12.2005.

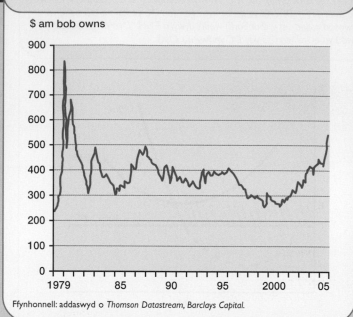

Ffigur 53.8 Pris aur

Ffynhonnell: addaswyd o *Thomson Datastream, Barclays Capital.*

(a) Gan ddefnyddio diagram cystadleuaeth berffaith ochr yn ochr â diagram galw a chyflenwad, eglurwch sut mae galw cynyddol a chostau cynyddol wedi arwain at gynnydd ym mhris aur.

(b) Gan ddefnyddio diagram cystadleuaeth berffaith, eglurwch pam mae cwmnïau mwyngloddio yn chwilio am fwyngloddiau newydd ac yn eu datblygu.

---

mabwysiadu'r technegau newydd, bydd yn dechrau gwneud colled pan fydd cwmnïau eraill yn ehangu cyflenwad a chodi pris is na'r cwmni hwnnw. Yn y pen draw caiff ei orfodi naill ai i ymadael â'r diwydiant am ei fod yn anghystadleuol neu i fabwysiadu'r technegau cynhyrchu diweddaraf.

Ffigur 53.9 Cydbwysedd tymor hir yn dilyn elw annormal tymor byr

Os gwneir elw annormal yn y tymor byr, daw cwmnïau i mewn i'r diwydiant, gan wthio cromlin y cyflenwad o C_1 i C_2. Yn C_2 ni fydd cwmnïau'n cael eu denu i mewn i'r diwydiant bellach gan mai dim ond elw normal y gallant ei wneud ar eu gweithrediadau.

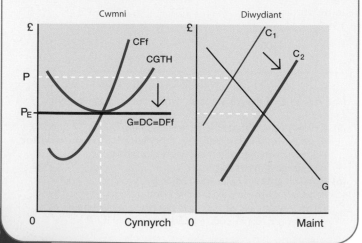

Cwestiwn 5

Mae Clair Hampton wedi bod yn chwilio am adeilad er mwyn agor siop flodau. Yn ei thref farchnad leol Styd y Borth yw'r brif stryd ac yno mae siopau cadwyn fel *Boots, TopShop* a *Next.* Mae adeilad gwag yn Stryd y Borth, sy'n siop elusen ar hyn o bryd ac â phrydles o £50 000 y flwyddyn. Rownd y gornel mewn stryd gefn mae adeilad gwag arall sydd bron yn unfath o ran maint ac â phrydles o £20 000 y flwyddyn.

Defnyddiwch ddamcaniaeth cystadleuaeth berffaith i egluro'r gwahaniaeth yn y taliadau prydles blynyddol rhwng y ddau eiddo.

Posibilrwydd arall yw y gall cwmni fod â rhyw ffactor cynhyrchu unigryw. Efallai bod ganddo reolwr eithriadol neu efallai bod ei leoliad yn well o lawer na safleoedd cwmnïau eraill. Mewn byd perffaith gystadleuol bydd y rheolwr yn gallu mynnu cynnydd yn ei gyflog sy'n cyd-fynd â'r elw ychwanegol y mae'n ei gynhyrchu i'r cwmni. Os na fydd y cwmni'n talu hyn, bydd cwmni arall yn ei gyflogi gan sylweddoli potensial y rheolwr i greu elw. O ran y gwell safle, gallai'r cwmni ei werthu i gwmni arall yn y diwydiant am bris uwch o lawer na'r safleoedd sydd gan ei gystadleuwyr. Felly mae cost ymwad y safle yn uwch o lawer na safleoedd eraill a'r gost ymwad, yn hytrach na'r gost gyfrifyddol, a ddangosir yn nghromliniau cost economegwyr.

Economeg gymhwysol

Diwydiant glo y DU

Heddiw, dim ond dyrnaid o gwmnïau mwyngloddio mawr sydd yn y diwydiant glo ym Mhrydain. Dros y deng mlynedd ar hugain diwethaf, mae mwyngloddio glo yn y DU wedi wynebu cyfnod caled. Yn yr 1980au, pan oedd y diwydiant yn dal yn wladoledig, parhaodd y llywodraeth â'i pholisi o gau pyllau glo amhroffidiol. Yn dilyn methiant streic y glowyr yn 1984-85 cyflymodd cyfradd cau pyllau. Yna, yn 1994 preifateiddiwyd y diwydiant. Roedd preifateiddio'r diwydiannau trydan a nwy yn rhan olaf yr 1980au a rhan gyntaf yr 1990au wedi cyflwyno cystadleuaeth frwd i'r farchnad egni. Am y tro cyntaf, roedd diwydiant trydan y DU, sef prif gwsmer diwydiant glo Prydain, yn gallu dewis p'un ai i brynu glo Prydeinig neu lo o wlad dramor, neu p'un ai i ddefnyddio glo neu danwydd arall, yn arbennig nwy, i gynhyrchu trydan. Roedd pyllau glo Prydain yn wynebu gwirioneddau llym marchnad berffaith gystadleuol.

Mae'r farchnad am lo yn farchnad fyd-eang. Yn 2004, 4.5 biliwn o dunelli metrig oedd cyfanswm cynnyrch glo y byd, gyda'r DU yn cyfrannu 0.5% o hyn. Mae cludiant yn gost sylweddol, ac felly gall pyllau glo llai effeithlon oroesi os ydynt yn agos at eu cwsmeriaid. Mae glo yn gynnyrch cydryw, er bod sawl math gwahanol o ran gradd ac ansawdd. Mae gwybodaeth berffaith yn y diwydiant mwyngloddio glo, ac mae gan gwmnïau fynediad hawdd at dechnoleg mwyngloddio glo a gwybodaeth am brisiau. Nid oes un prynwr na gwerthwr yn y farchnad sy'n ddigon mawr i allu dylanwadu ar y pris. Ym marchnad y DU, er mai ychydig o gwmnïau cynhyrchu trydan yw prif brynwyr glo, gall cwmnïau mwyngloddio'r DU werthu i gwsmeriaid tramor. Felly mae nifer mawr o brynwyr posibl yn y farchnad fyd-eang am lo'r DU.

Yn y DU, roedd y cynhyrchwyr glo wedi llofnodi contract pum mlynedd cymharol hael gyda chynhyrchwyr trydan yn 1993. Ni allai hyn atal y dirywiad yng ngwerthiant glo a ddangosir yn Ffigur 53.10, ond sicrhaodd oroesiad peth o'r diwydiant. Ym mis Rhagfyr 1998 aildrafodwyd y contractau, a'r tro hwn llwyddodd y cwmnïau cynhyrchu trydan i yrru'r pris i lawr i lefelau'r prisiau byd-eang. Cyn hyn roedd cynhyrchwyr glo yn cael tua 140c am bob gigajoule; ar ôl hyn roeddent yn cael 120c, bron yr un fath â'r gost gynhyrchu ar y pryd, sef 119c.

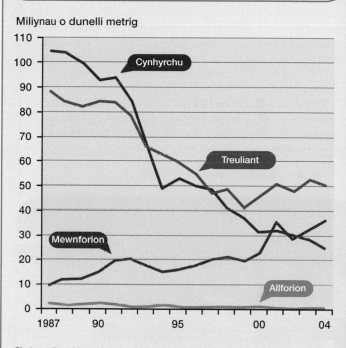

Ffigur 53.10 Cynhyrchu glo yn y DU, mewnforion ac allforion; treuliant gan gynhyrchwyr trydan, miliynau o dunelli metrig.

Miliynau o dunelli metrig

Cynhyrchu

Treuliant

Mewnforion

Allforion

Ffynhonnell – addaswyd o *Monthly Digest of Statistics*, Swyddfa Ystadegau Cenedlaethol.

Ymateb cwmnïau mwyngloddio glo y DU i'r pwysau tuag i lawr ar werthiant a phrisiau oedd cau pyllau a chynyddu cynhyrchedd yn y pyllau oedd yn weddill. Fel y gwelir yn Ffigur 53.10, parhaodd cynhyrchu yn y DU i ostwng a pharhaodd mewnforion glo i godi. Yn 1987 roedd mewnforion glo yn llai na 10% o gynnyrch y DU. Yn 1997 roedd mewnforion yn 40% o'r cynhyrchu mewnol. Erbyn 2004 roedd mewnforion bron 50% yn fwy. Gwnaeth y galw am lo gan y diwydiant trydan, sy'n cyfrif am y rhan fwyaf o'r glo a dreulir yn y DU, sefydlogi ar tua 50 miliwn o dunelli metrig y flwyddyn yn 1997. Ers hynny, mae'r cynhyrchwyr trydan wedi prynu swm cynyddol o lo gan wledydd dramor i fanteisio ar brisiau rhatach. Mewn marchnad berffaith gystadleuol, mae cwmnïau mwyngloddio glo yn y DU yn ei chael hi'n fwyfwy anodd goroesi.

Cwestiwn Data

Dur

Mae'r diwydiant dur byd-eang yn dameidiog. Er bod nifer o gwmnïau mawr iawn yn y farchnad, mae miloedd o gwmnïau bach hefyd. Heddiw, mae'n gymharol hawdd i gwmni gychwyn gwaith dur bach a chystadlu â chwmnïau mawr y farchnad. Caiff dur ei fasnachu yn rhyngwladol. Gallai prynwyr yn y DU, er enghraifft, brynu eu dur gan Rwsia neu'r Dwyrain Pell.

Mae prisiau dur wedi codi'n gyson oddi ar 2002 ar gefn galw cynyddol o China. Ond mae cynhyrchwyr dur China wedi bod yn ehangu eu cyfleusterau cynhyrchu. Mae mewnforion China wedi gostwng yn sylweddol a disgwylir iddynt barhau i ostwng dros y ddwy flynedd nesaf. O ganlyniad i hyn mae cynhyrchwyr nad ydynt o China yn wynebu llai o alw am eu cynhyrchion, er gwaethaf gwerthiant cynyddol mewn marchnadoedd ar wahân i China.

Mae cynhyrchwyr nad ydynt o China yn debygol o ostwng eu cynhyrchu yn hytrach na gwneud colledion ar eu cynnyrch ffiniol. Dylai hyn gyfyngu ar y gostyngiadau pris a welant.

Ffynhonnell – addaswyd o'r *Financial Times*, 7.11.2005.

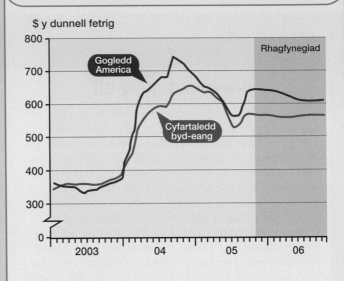

Ffigur 53.11 Pris dur carbon

$ y dunnell fetrig

Rhagfynegiad

Gogledd America

Cyfartaledd byd-eang

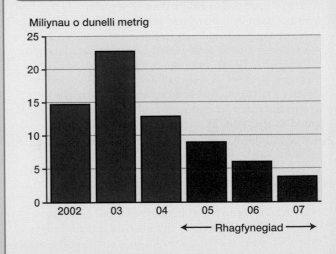

Ffigur 53.12 Mewnforion net China o lenni dur

Miliynau o dunelli metrig

◄――― Rhagfynegiad ―――►

Ffynhonnell: addaswyd o *Thomson Datastream, MEPS*.

1. Pam y gallai'r farchnad ddur fyd-eang fod yn berffaith gystadleuol?
2. Gan ddefnyddio diagram cystadleuaeth berffaith, eglurwch (a) effaith debygol y cynnydd ym mhris byd-eang dur a ddangosir yn Ffigur 53.11 ar elw cynhyrchwyr dur a (b) pam y gwnaeth cynhyrchwyr dur China ehangu eu gallu cynhyrchu yn 2004 a 2005.
3. Gan ddefnyddio diagram cystadleuaeth berffaith, eglurwch pam y byddai cynhyrchwyr nad oeddent o China yn debygol o ostwng eu cynhyrchu pan ostyngodd prisiau dur yn 2005 a 2006.
4. Gwelodd cwmnïau yn y DU a ddefnyddiai ddur fel mewngyrch sylweddol i'w prosesau cynhyrchu fod eu helw yn gostwng yn 2003 a 2004 am eu bod yn ei chael hi'n anodd trosglwyddo'r cynnydd mewn costau i'w cwsmeriaid. Trafodwch a ddylai llywodraeth y DU fod wedi cyflwyno uchafbris ar gyfer dur a werthwyd yn y DU.

Crynodeb

1. Monopolydd yw'r unig gynhyrchydd mewn diwydiant.
2. Cromlin y galw a wynebir gan y monopolydd yw cromlin galw'r farchnad.
3. Cromlin alw'r monopolydd yw cromlin ei dderbyniadau cyfartalog hefyd.
4. Mae cromlin y derbyniadau ffiniol yn gostwng ddwywaith mor serth â chromlin y derbyniadau cyfartalog.
5. Bydd y monopolydd sy'n uchafu elw yn cynhyrchu lle mae CFf = DFf a dangosir y pris gan ei gromlin alw.
6. Mae'r monopolydd yn debygol o allu ennill elw annormal gan y bydd derbyniadau cyfartalog yn uwch na chost gyfartalog ar lefel gytbwys y cynnyrch.
7. Efallai y bydd monopolydd yn gallu priswahaniaethu a chynyddu elw annormal ymhellach.

Tybiaethau

Mae damcaniaeth neo-glasurol monopoli yn tybio bod gan strwythur marchnad **monopoli** (☞ uned 18) y nodweddion hyn:
- dim ond un cwmni sydd yn y diwydiant – y monopolydd;
- mae rhwystrau i fynediad yn atal cwmnïau newydd rhag mynd i mewn i'r farchnad;
- mae'r monopolydd yn uchafwr elw tymor byr.

Mae llawer o ddiwydiannau yn yr economi byd-eang â'r rhan fwyaf neu bob un o'r nodweddion hyn. Yn y DU mae enghreifftiau o fonopolïau yn y diwydiannau nwy, trydan, telathrebu, rheilffyrdd a chyflenwi dŵr. Bu'r monopolïau hyn i gyd dan berchenogaeth y wladwriaeth ar un adeg, ond fe'u preifateiddiwyd yn yr 1980au a'r 1990au heb greu cystadleuaeth ddilys (☞ uned 18).

Mae rhai monopolïau, fel cwmnïau dŵr y DU, â chryn dipyn o rym yn y farchnad am nad oes amnewidion da am eu cynhyrchion. Mae rhai'n fonopolïau naturiol, mae eraill yn fonopolïau rhanbarthol ac mae eraill yn fonopolïau lleol. Er enghraifft, nid oes gan *Tesco* fonopoli ar gyflenwad nwyddau groser yn genedlaethol, ond mewn rhai cymunedau gwledig gall fod ganddo fonopoli effeithiol ar adwerthu nwyddau groser am mai yntau yw'r unig uwchfarchnad o fewn pellter teithio hwylus i ddefnyddwyr.

Gall monopolïau barhau yn fonopolïau os oes rhwystrau uchel i fynediad i'r diwydiant (☞ uned 51). Yn achos monopoli naturiol (☞ uned 18), mae darbodion maint mor fawr fel y byddai unrhyw newydd-ddyfodiad yn ei chael hi'n amhosibl cystadlu â chostau a phrisiau'r cwmni sefydledig. Mae rhwystrau eraill i fynediad yn cynnwys rhwystrau cyfreithiol fel patentau, manteision cost naturiol fel perchenogaeth yr holl safleoedd allweddol mewn diwydiant, rhwystrau marchnata fel hysbysebu, ac arferion cyfyngol sydd â'r bwriad o orfodi unrhyw gystadleuydd i ymadael â'r farchnad.

Cromliniau derbyniadau

Mewn monopoli y cwmni yw'r diwydiant. Gan fod y diwydiant yn wynebu cromlin alw sy'n goleddu i lawr, rhaid bod y monopolydd yn wynebu hynny hefyd. Felly dim ond trwy ostwng y pris y gall gynyddu'r gwerthiant, a thrwy ostwng y gwerthiant gall godi'r pris. Gall osod naill ai'r pris neu'r cynnyrch, ond nid y ddau.

Mae cromlin y galw yn dangos y maint a brynir am unrhyw bris penodol. Er enghraifft, gallai cwmni dŵr werthu 2 biliwn o alwyni o ddŵr am 1c y galwyn. Mae'r pris yr un fath â'i dderbyniadau cyfartalog; ar gyfartaledd bydd yn derbyn 1c am bob galwyn. Felly mae'r cwmni'n wynebu cromlin alw sy'n goleddu i lawr a dyma hefyd yw cromlin derbyniadau cyfartalog y cwmni.

Os ydy derbyniadau cyfartalog yn gostwng, rhaid bod derbyniadau ffiniol yn gostwng hefyd ac yn gyflymach. Er enghraifft, tybiwch fod cwmni'n gwerthu 10 uned am £20 yr un. I werthu uned 11, mae angen iddo ostwng y pris i £19, dyweder. Nid yn unig y bydd yn rhaid iddo ostwng ei bris am uned 11, ond hefyd bydd yn rhaid iddo ostwng ei bris am y 10 uned arall. Y rheswm yw na all godi pris uwch ar rai cwsmeriaid na'i gilydd (er y gwelwn yn ddiweddarach yn yr uned hon bod hynny'n bosibl mewn achosion cyfyngedig). Mae yna golled o dderbyniadau nid yn unig o £1 ar werthiant uned 11 ond hefyd o £10 arall ar y 10 uned gyntaf. Mae cyfanswm y derbyniadau'n cynyddu o £200 (£20 × 10 uned) i £209 (£19 × 11 uned). Felly y derbyniadau ffiniol ar uned 11 yw £9 (£209 – £200) a'r derbyniadau cyfartalog ar werthu 11 uned yw £19 (£209 ÷ 11) sef, wrth gwrs, y pris.

Mae Tabl 54.1 yn rhoi enghraifft arall o dderbyniadau ffiniol a chyfartalog yn gostwng. Sylwch fod y gostyngiad yn y derbyniadau ffiniol ddwywaith cymaint â'r gostyngiad yn y derbyniadau cyfartalog dros unrhyw newid penodol yn y maint. Mae hyn yn wir am bob cromlin derbyniadau cyfartalog sy'n llinell syth. O blotio'r ffigurau hyn mewn diagram, cawn Ffigur 54.1.

Cwestiwn 1

Crewyd Nwy Prydain gan Lywodraeth Lafur 1945-1951 o rwydwaith o gwmnïau nwy lleol, gyda rhai ohonynt dan berchenogaeth awdurdodau lleol. Fel diwydiant gwladoledig, hwn oedd unig gyflenwr nwy trwy bibell yn y DU. Yn 1986 preifateiddiwyd y diwydiant fel un cwmni oedd yn cadw'r pŵer cyfreithiol i fod yn unig gyflenwr nwy. Yna penderfynodd y llywodraeth y byddai enillion sylweddol o ran effeithlonrwydd pe bai'r farchnad nwy yn gystadleuol. Yn 1988 gorfodwyd y cwmni i adael i gwmnïau nwy eraill gyflenwi nwy i gwsmeriaid diwydiannol gan ddefnyddio piblinellau Nwy Prydain. Yn 1996 holltwyd Nwy Prydain yn ddwy ran. *Transco* oedd yn berchen ar rwydwaith y piblinellau nwy a byddai'n ennill derbyniadau o godi tâl ar gwmnïau nwy eraill am gludo nwy i gartrefi ac adeiladau busnes. Roedd Nwy Prydain, a ailenwyd yn *Centrica*, i gadw'r busnes cyflenwi nwy. Fodd bynnag, yn 1997-98 cafodd y farchnad nwy i ddefnyddwyr domestig ei hagor i gwmnïau eraill. Nawr gallai cartrefi a busnesau ddewis pa gyflenwr i'w ddefnyddio, er bod yr holl nwy yn cael ei gludo trwy biblinellau *Transco*. Ar ôl dyfodiad nifer o gwmnïau i'r farchnad am gyflenwi nwy i gartrefi, roedd cyfran Nwy Prydain o'r farchnad wedi gostwng i 57% erbyn 2004 a rhagfynegwyd yn gyffredinol y byddai Nwy Prydain yn parhau i golli cyfran o'r farchnad yn y dyfodol agos.

(a) I ba raddau roedd Nwy Prydain yn fonopoli fel cyflenwr nwy yn y DU yn (i) 1986; (ii) 1990; (iii) 2004?
(b) I ba raddau roedd y diwydiant nwy yn fonopoli yn 2004?

Tabl 54.1

Maint	Derbyniadau cyfartalog neu bris £	Cyfanswm y derbyniadau £	Derbyniadau ffiniol £
0			
			8
1	8	8	
			4
2	6	12	
			0
3	4	12	
			-4
4	2	8	
			-8
5	0	0	

Mae ffigurau'r derbyniadau ffiniol yn cael eu plotio hanner ffordd rhwng ffigurau cynnyrch 'cyfan', fel y gwneir gyda phob ffigur ffiniol. Felly caiff derbyniadau ffiniol yr ail uned eu plotio hanner ffordd rhwng 1 a 2 uned. Gellir gweld bod y derbyniadau cyfartalog ddwywaith cymaint â'r derbyniadau ffiniol ar unrhyw lefel benodol o gynnyrch. Caiff cyfanswm y derbyniadau ei uchafu pan fo'r derbyniadau ffiniol yn sero. Os bydd derbyniadau ffiniol (yr ychwanegiad at gyfanswm y derbyniadau) yn negyddol, bydd cyfanswm y derbyniadau yn gostwng. Bydd cyfanswm y derbyniadau yn sero os bydd y derbyniadau cyfartalog, sef y pris a dderbynnir am bob uned o gynnyrch, yn sero hefyd.

Cynnyrch cytbwys

Mae damcaniaeth neo-glasurol y cwmni yn tybio y bydd

Cwestiwn 2

Tabl 54.2

Cynnyrch (unedau yr wythnos)	Derbyniadau ffiniol £
0	
	10
1	
	7
2	
	4
3	
	1
4	
	-2
5	

(a) Cyfrifwch (i) cyfanswm y derbyniadau a (ii) derbyniadau cyfartalog ar lefelau cynnyrch 0 i 5 uned.

(b) (i) Lluniadwch echelinau graff gyda derbyniadau o £0 i £10 a chynnyrch o 0 i 10. (ii) Plotiwch gromliniau'r derbyniadau ffiniol a chyfartalog. (iii) Estynnwch gromlin y derbyniadau cyfartalog i echelin y cynnyrch a thybio bod derbyniadau cyfartalog yn parhau i ostwng ar yr un gyfradd ag sydd yn y tabl.

(c) Beth yw gwerth y derbyniadau ffiniol pan fo cyfanswm y derbyniadau ar ei uchaf?

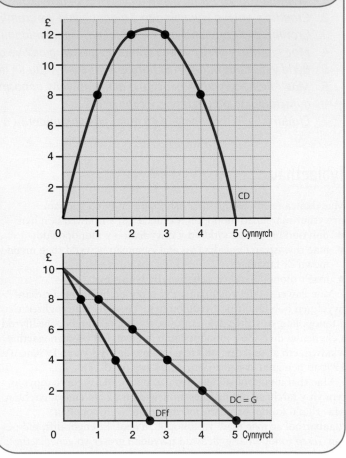

Ffigur 54.1 *Cromliniau derbyniadau monopolydd*
Gan mai monopolydd yw'r unig gyflenwr yn y diwydiant, mae'n wynebu cromlin alw neu dderbyniadau cyfartalog sy'n goleddu i lawr. Mae'r derbyniadau ffiniol yn gostwng ddwywaith mor gyflym â'r derbyniadau cyfartalog a byddant yn sero pan gaiff cyfanswm y derbyniadau ei uchafu.

monopolydd yn uchafwr elw tymor byr. Mae hynny'n golygu y bydd yn cynhyrchu lle mae CFf = DFf.

Mae Ffigur 54.2 yn ychwanegu cromliniau traddodiadol y costau cyfartalog a ffiniol â siâp U (☞ unedau 48 a 49) at gromliniau'r derbyniadau cyfartalog a ffiniol a amlinellwyd uchod.

- **Lefel gytbwys y cynnyrch sy'n uchafu elw** yw OA (CFf = DFf).
- **Y pris** fydd OE. Mae prynwyr yn fodlon talu OE am y cynnyrch hwn. Rydym yn gwybod hyn gan mai cromlin y derbyniadau cyfartalog yw cromlin y galw hefyd ac mae cromlin y galw yn dangos y pris uchaf y bydd prynwyr yn ei dalu am unrhyw lefel benodol o gynnyrch.
- Bydd **elw annormal** o EFJD yn cael ei wneud. Yr elw annormal am bob uned (JF) yw'r gwahaniaeth rhwng y derbyniadau cyfartalog (AF) a'r gost gyfartalog (AJ). Gwerthir OA o unedau. Felly cyfanswm yr elw annormal yw OA × JF, neu'r arwynebedd EFJD. Sylwch mai elw annormal yw hwn gan fod cost economaidd yn cynnwys lwfans ar gyfer elw normal.

Sylwch hefyd nad ydy pris yn hafal i groestoriad y cromliniau CFf a DFf (h.y. nid yw'r pris yn AB). Y rheswm yw bod y cwmni'n penderfynu ar lefel y cynnyrch yn ôl yr amod CFf = DFf, ond ei fod yn pennu ei bris yn ôl cromlin y galw neu'r derbyniadau ffiniol. Hefyd ni roddir yr elw annormal gan yr arwynebedd EF × FB (h.y. yr arwynebedd rhwng cromlin y derbyniadau cyfartalog a chromliniau'r derbyniadau ffiniol a'r gost ffiniol). Yr elw am bob uned yw'r gwahaniaeth rhwng y derbyniadau cyfartalog a'r gost gyfartalog.

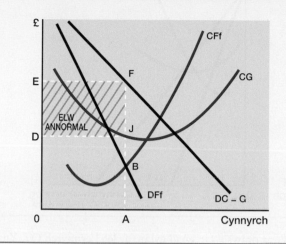

Ffigur 54.2 Cynnyrch uchafu elw
Byd y monopolydd yn uchafu elw drwy gynhyrchu lle mae CFf = DFf, sef OA. Bydd yn seilio'i brisiau ar gromlin ei dderbyniadau cyfartalog, gan godi'r pris OE. Bydd yn gallu ennill elw annormal o EFJD am fod y derbyniadau cyfartalog yn fwy na'r gost gyfartalog ar y lefel hon o gynnyrch.

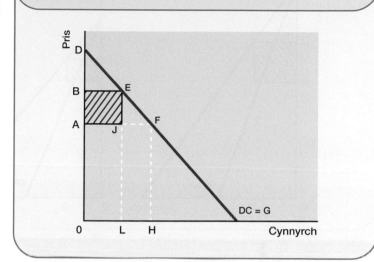

Ffigur 54.3 Meddiannu gwarged defnyddwyr
Gall monopolydd feddiannu ABEJ o warged defnyddwyr drwy briswahaniaethu: gwerthu OL o gynnyrch i'r defnyddwyr hynny sy'n fodlon talu o leiaf OB, a gwerthu LH i ddefnyddwyr eraill sy'n fodlon talu isafswm o OA yn unig.

Monopoli sy'n gwahaniaethu

Mae bron yn sicr y bydd rhai prynwyr yn y farchnad yn fodlon talu pris uwch am gynnyrch na phrynwyr eraill. Er enghraifft, mae cymudwr ar y rheilffyrdd yn debygol o fod yn fodlon talu mwy am daith am 8 o'r gloch y bore i fynd ag ef i'r gwaith na siopwr. Mae miliwnydd sy'n wynebu'r angen am lawdriniaeth ar y galon yn debygol o dalu mwy na pherson ag incwm isel sydd â'r un clefyd. Gellir dangos hyn ar ddiagram monopoli. Yn Ffigur 54.3 tybir mai OH yw cynnyrch uchafu elw y monopolydd ac felly OA yw'r pris uchafu elw. Mae OA yn cynrychioli'r pris uchaf y bydd y defnyddiwr ffiniol yn fodlon ei dalu. Mae defnyddwyr eraill yn fodlon talu pris uwch. Pe bai'r cynnyrch yn OL yn unig, byddai'r defnyddiwr ffiniol yn fodlon talu OB. Mae'r arwynebedd ADF yn cynrychioli arwynebedd gwarged defnyddwyr (☞ uned 4), sef y gwahaniaeth rhwng y cyfanswm y mae defnyddwyr yn fodlon ei dalu am nwydd a'r hyn maen nhw yn ei dalu.

Efallai y bydd monopolydd yn gallu rhannu'r farchnad a PHRISWAHANIAETHU (*price discriminate*) rhwng prynwyr gwahanol. Yn Ffigur 54.3 efallai y bydd y monopolydd yn gallu codi OB am OL o gynnyrch ac yna codi pris is o OA am LH o gynnyrch. Yn y modd hwn, mae'r monopolydd yn meddiannu ABEJ o warged defnyddwyr ar ffurf elw uwch (h.y. gwarged cynhyrchwyr uwch).

Mae nifer o ffyrdd gwahanol y gall monopolydd ddewis gwahaniaethu.

● Amser. Gall godi pris gwahanol ar adegau gwahanol o'r dydd neu'r wythnos, fel y gwna cwmnïau dosbarthu trydan neu gwmnïau rheilffyrdd.
● Lle. Gall amrywio'r pris yn ôl lleoliad y prynwr. Er enghraifft, gellir prynu'r un car am brisiau gwahanol mewn gwledydd gwahanol yn yr UE.
● Incwm. Efallai y bydd yn gallu rhannu defnyddwyr yn grwpiau incwm, gan godi pris uchel ar y rhai sydd ag incwm uchel, a phris isel ar y rhai sydd ag incwm is. Gellir gweld enghreifftiau o hyn mewn gofal iechyd ac ymhlith cyfreithwyr. Mae pobl trin gwallt (a all fod yn fonopolyddion lleol) sy'n cynnig prisiau is i bensiynwyr yn debygol o fod yn priswahaniaethu yn ôl incwm hefyd.

Rhaid i dri amod gael eu bodloni os ydy monopolydd i allu priswahaniaethu'n effeithiol.

● Rhaid i'r monopolydd wynebu cromliniau galw gwahanol gan grwpiau gwahanol o brynwyr (h.y. rhaid i elastigedd galw prynwyr fod yn wahanol). Pe bai'r holl brynwyr â'r un cromlin alw, ni allai'r monopolydd godi prisiau gwahanol ar brynwyr.
● Rhaid i'r monopolydd allu rhannu'r farchnad yn grwpiau gwahanol o brynwyr, neu fel arall ni fyddai'n gallu gwahaniaethu rhwng y defnyddwyr sy'n fodlon talu pris uwch a'r rhai sy'n fodlon talu pris is.
● Rhaid i'r monopolydd allu cadw'r marchnadoedd ar wahân am gost gymharol isel. Er enghraifft, rhaid iddo allu atal prynwyr ym marchnad y pris uchel rhag prynu ym marchnad y pris isel. Os ydy cwmni ceir yn yr Almaen yn gwerthu ei geir am bris 25% yn is yng Ngwlad Belg nag yn y DU, rhaid iddo allu atal modurwyr ac adwerthwyr y DU rhag mynd am ddiwrnod i Wlad Belg i brynu'r ceir hynny. Hefyd, rhaid iddo allu atal masnachwyr rhag prynu ym marchnad y pris isel a gwerthu ym marchnad y pris uchel am bris is na phris y monopolydd.

Gellir dadansoddi priswahaniaethu gan ddefnyddio'r cysyniadau cost ffiniol a derbyniadau ffiniol. Tybiwch fod y monopolydd yn gallu rhannu ei farchnad yn ddwy a bod y costau cynhyrchu yn unfath ar gyfer y ddwy farchnad.

Os ydy'r cwmni i uchafu elw, mae angen iddo ddyrannu cynhyrchu rhwng y ddwy farchnad fel bo'r derbyniadau ffiniol yn unfath ar gyfer y naill farchnad a'r llall. Er mwyn deall pam, ystyriwch sefyllfa lle mae'r derbyniadau ffiniol ym marchnad A yn uwch nag ym marchnad B. Gallai'r cwmni gynyddu cyfanswm ei dderbyniadau o gynnyrch penodol drwy symud nwyddau o B i A. Nawr bydd y derbyniadau ffiniol ym marchnad B yn codi am ei fod yn gallu codi pris uwch os yw'n gwerthu llai. Bydd y derbyniadau ffiniol ym Marchnad A yn gostwng am fod yn rhaid iddo ostwng y pris i werthu mwy. Er enghraifft, pe bai'r derbyniadau ffiniol ym marchnad A yn £10 pan oedden nhw'n £6 ym marchnad B, gallai'r cwmni ennill £4 yn ychwanegol o dderbyniadau drwy symud yr uned ffiniol o gynhyrchu o farchnad B i farchnad A. Bydd yn parhau i symud o farchnad B i A hyd nes na fydd rhagor o fantais i wneud hynny, sy'n digwydd pan fydd y derbyniadau ffiniol yr un fath.

Yn Ffigur 54.4 caiff cromliniau'r galw ym marchnadoedd A a B eu lluniadu gyntaf. Ar sail y cromliniau galw

Ffigur 54.4 Priswahaniaethu
Trwy godi pris gwahanol mewn dwy farchnad, mae monopolydd yn gallu ennill elw uwch nag y byddai'n ei wneud pe bai'n codi'r un pris.

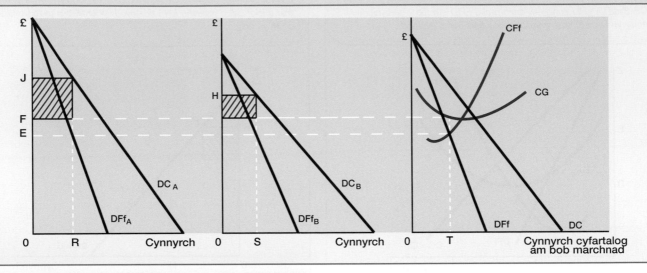

Cwestiwn 3

Tabl 54.3 Prisiau galwadau o linellau sefydlog BT i ffonau symudol y DU, 2006

Galwadau o linellau sefydlog i fandiau prisiau*	Pris (ceiniogau y munud heb gynnwys TAW, wedi'i dalgrynnu i 2 le degol)		
	Yn y dydd Llun - Gwener 8am - 6 pm	Noswaith a Nos Llun-Gwener cyn 8am ac ar ôl 6pm	Penwythnos Trwy'r dydd Sadwrn a Sul
fm1	11.00	10.40	3.20
fm2	22.17	15.94	7.49
fm3	13.20	7.20	6.40
fm4	11.76	9.60	5.29
fm5	13.54	6.97	4.35
fm6	19.29	14.43	3.51

* Mae bandiau'n dibynnu ar leoliad y ddau ffôn. Felly bydd galwad i ffôn symudol sy'n talu prisiau fm1 mewn ardal wahanol i fm4, er enghraifft.

Gan ddefnyddio diagramau, eglurwch pam fod gan BT strwythur prisiau mor gymhleth ar gyfer defnyddwyr.

CFf = DFf ar draws y farchnad gyfan, ar lefel cynnyrch OT. Yna caiff y cynnyrch hwn (OT) ei rannu rhwng y ddwy farchnad (OR ac OS) fel bo'r derbyniadau ffiniol yn hafal yn y ddwy farchnad unigol (OE). Ym mhob marchnad bydd pris y cwmni'n seiliedig ar gromlin y derbyniadau cyfartalog. Gellir codi'r pris OJ ym marchnad A a'r pris OH ym marchnad B. Cost gyfartalog cynhyrchu yw OF a dangosir yr elw annormal a enillir yn y naill farchnad a'r llall gan yr arwynebeddau sydd wedi'u tywyllu yn y diagram. Bydd hyn yn uwch na'r elw annormal y byddai'r cwmni wedi'i wneud pe na bai wedi gwahaniaethu.

Pedwar pwynt technegol

Absenoldeb cromlin gyflenwad mewn monopoli Mewn cystadleuaeth berffaith, cromlin gyflenwad y cwmni yw cromlin ei gost ffiniol uwchlaw cost gyfartalog yn y tymor hir (☞ uned 53). Mewn monopli does dim cromlin gyflenwad sy'n cael ei phennu'n annibynnol ar alw. Edrychwch eto ar Ffigur 54.2. Bydd y cwmni'n cynhyrchu'r cynnyrch OA sef y cynnyrch lle mae CFf = DFf. Nawr tybiwch fod y galw'n newid yn y fath fodd fel bo cromlin y derbyniadau ffiniol yn llawer mwy serth ond yn dal i fynd trwy'r pwynt B. Os ydy'r gromlin DFf yn fwy serth bydd y gromlin DC yn fwy serth hefyd. Nawr bydd y cwmni'n gallu codi pris uwch o lawer nag OE am ei nwydd. Ar gyfer pob cromlin DFf sydd â goledd gwahanol ac sy'n mynd trwy'r pwynt B, bydd y cwmni'n codi pris gwahanol ar y defnyddiwr. Mae'r cwmni'n fodlon cyflenwi OA o gynnyrch am amrywiaeth o brisiau gwahanol, yn dibynnu ar amodau galw. Felly ni ellir lluniadu cromlin gyflenwad ar gyfer y monopolydd. (Cyferbynnwch hyn â'r cwmni mewn cystadleuaeth berffaith. Bydd gostyngiadau yn y galw sy'n gostwng y prisiau a dderbynnir gan y cwmni yn achosi gostyngiad ym maint y cyflenwad wrth i'r cwmni symud i lawr ei gromlin gyflenwad.)

Dim ond lle mae galw'n elastig y bydd monopolydd yn cynhyrchu Edrychwch eto ar Ffigur 54.1. Dylai fod yn amlwg na fydd y cwmni'n cynhyrchu mwy na 2½ uned o gynnyrch. Os bydd yn cynhyrchu 3 uned, mae bron yn sicr y bydd ganddo gostau uwch na pe bai'n cynhyrchu 2½ uned ond bydd cyfanswm y derbyniadau yn gostwng. Felly bydd elw'n gostwng. 2½ uned yw'r cynnyrch lle mae derbyniadau ffiniol yn sero. Dyma hefyd y pwynt lle mae elastigedd pris galw yn unedol gan ein bod hanner ffordd ar hyd cromlin y

neu dderbyniadau cyfartalog hyn, gellir cyfrifo cromliniau'r derbyniadau ffiniol yn y naill farchnad a'r llall. Gall cromliniau'r derbyniadau cyfartalog a ffiniol ar gyfer y farchnad gyfan gael eu cyfrifo drwy adio'n llorweddol cromliniau'r derbyniadau cyfartalog a ffiniol yn y ddwy farchnad. Bydd y monopolydd sy'n uchafu elw yn cynhyrchu lle mae

galw neu'r derbyniadau cyfartalog (☞ uned 8). I'r chwith mae elastigedd yn fwy nag 1, i'r dde mae'n llai nag 1. Gan mai dim ond i'r chwith o 2½ uned y bydd y cwmni'n cynhyrchu, rhaid iddo gynhyrchu lle mae galw'n elastig. Esboniad arall yw cofio mai dim ond os ydy galw'n elastig y bydd gostyngiad yn y pris (sydd ei angen i gynyddu gwerthiant) yn cynyddu'r derbyniadau. Felly ni fyddai monopolydd yn cynyddu gwerthiant i'r pwynt lle mae galw'n anelastig.

Gweithrediad tymor byr a thymor hir Hyd yma ni wahaniaethwyd rhwng y tymor byr a'r tymor hir. Bydd cwmni'n cynhyrchu yn y tymor byr os bydd cyfanswm y derbyniadau yn fwy na chyfanswm y costau newidiol (☞ uned 50). Felly, yn y tymor byr efallai y bydd monopolydd yn gweithredu ar golled ond bydd yn cau os na all dalu ei gostau newidiol. Yn y tymor hir ni fydd monopolydd yn gweithredu os na all dalu ei holl gostau cynhyrchu. Dangosir sefyllfa o'r fath yn Ffigur 54.5. I uchafu elw neu isafu colledion, bydd yn cynhyrchu lle mae CFf = DFf, ond ar y lefel hon o gynnyrch mae'r gost gyfartalog yn fwy na'r derbyniadau cyfartalog. Gan mai'r monopolydd yw'r unig gyflenwr yn y diwydiant, bydd colledion tymor hir yn golygu na fydd dim cwmni'n cyflenwi ac felly daw'r diwydiant i ben.

Graddau o briswahaniaethu Weithiau caiff priswahaniaethu ei ddisgrifio yn nhermau tair gradd o briswahaniaethu.

● Mae gwahaniaethu o'r radd gyntaf neu briswahaniaethu perffaith yn digwydd pan fydd busnes yn codi pris gwahanol ar bob cwsmer, a'r pris hwnnw yw'r pris uchafu elw i'r monopolydd. Dyma'r datrysiad mwyaf proffidiol i fonopolydd am ei fod yn gallu trawsnewid y cyfan o'r gwarged defnyddwyr ADEJ yn Ffigur 54.3 yn warged cynhyrchwyr. Os mai OH yw lefel cynhyrchu uchafu elw, mae'n gallu codi pris o OD bron ar y cwsmer cyntaf, OE ar yr *n*fed cwmser ac OF ar y cwsmer olaf. Wrth wneud hyn mae'n meddiannu'r cyfan o'r gwarged defnyddwyr ADF a fyddai i'w gael pe bai'r monopolydd wedi codi'r un pris sef OA ar bob cwsmer. Daw ADF yn warged cynhyrchwyr. Yn ymarferol go brin yw'r sefyllfaoedd lle mae monopolydd yn gallu gwahaniaethu i'r graddau hyn.

● Mae gwahaniaethu o'r ail radd yn digwydd pan fydd y monopolydd yn priswahaniaethu yn ôl maint pryniant cwsmer penodol. Er enghraifft, gall cwmni nwy godi pris uwch am y 100 therm cyntaf a ddefnyddir bob mis a phris is am yr holl nwy arall a dreulir uwchlaw 100 therm. Gall cwmni tacsis fod â thâl sefydlog o £3.50 am unrhyw daith hyd at 2 filltir ac yna £1 y filltir ar ôl hynny.

● Mae gwahaniaethu o'r drydedd radd yn digwydd pan fydd monopolydd yn rhannu cwsmeriaid yn ddau grŵp neu fwy. Dyma'r math mwyaf cyffredin o wahaniaethu ac fe'i disgrifir ar ffurf diagramau yn Ffigur 54.4.

Ffigur 54.5 Diwydiant lle na fydd dim cwmni'n cynhyrchu
Mae'r ffigur yn dangos diwydiant yn y tymor hir. Gan fod CG yn fwy na DC, ni fydd dim cwmni'n fodlon gweithredu ac felly ni chynhyrchir dim nwyddau.

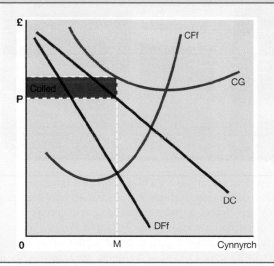

Cwestiwn 4

Lluniadwch ddau ddiagram yn dangos y newid yng nghynnyrch cytbwys monopolydd sy'n uchafu elw (a) os bydd ei dderbyniadau ffiniol yn cynyddu; (ii) os bydd ei gost ffiniol yn cynyddu.

Termau allweddol

Priswahaniaethu – codi pris gwahanol am yr un nwydd neu wasanaeth mewn marchnadoedd gwahanol.

Economeg gymhwysol

Virgin Wolverhampton i Lundain

Pan chwalwyd *British Rail* yn 1996, enillodd *Virgin* y drwydded/fasnachfraint i redeg trenau ar linell Arfordir y Gorllewin. Roedd hyn yn cynnwys y llinell o Wolverhampton i Lundain. Mewn un ffordd, mae hwn yn wasanaeth monopoli. Nid oes gan weithredwr trenau arall hawl gyfreithiol i redeg gwasanaethau cyflym o Wolverhampton drwy Orsaf Birmingham New Street a Milton Keynes i lawr i Euston yn Llundain. Felly mae amodau'r drwydded a roddwyd gan y llywodraeth yn rhwystr cyfreithiol i fynediad i'r farchnad hon.

Fodd bynnag, mae gan deithwyr ddewisiadau eraill. Mae tri gweithredwr trenau yn rhedeg o Birmingham i Lundain: *Virgin*, *Silverlink* a *Chiltern Railways*. Felly gall teithwyr o Wolverhampton deithio i Birmingham a newid i *Silverlink* neu *Chiltern*. Dim ond trenau sy'n aros mewn mannau ar y ffordd i Euston yn Llundain y mae *Silverlink* yn eu rhedeg gyda'r daith gan amlaf yn cymryd awr yn hirach na *Virgin*. Cerbydau maestrefol wedi'u dylunio ar gyfer teithiau byr yw'r rholstoc yn hytrach na'r rholstoc *InterCity* sydd gan *Virgin*. Mae'r daith felly yn llai cysurus. Mae *Chiltern* yn rhedeg trenau o orsafoedd gwahanol i *Virgin*. Yn Birmingham mae'n rhedeg allan o Orsaf Snow Hill. Mae'r rhan fwyaf o drenau i mewn i Birmingham, gan gynnwys trenau *Virgin*, yn mynd i Birmingham New Street. Rhaid cerdded am 5 munud neu deithio ar gludiant cyhoeddus os am wneud cysylltiad rhwng New Street a Snow Hill. Yn Llundain, mae *Chiltern Railways* yn mynd i Orsaf Marylebone, nid Gorsaf Euston. Mae *Silverlink* a *Chiltern Railways* yn cynnig tocynnau rhatach na *Virgin* o Birmingham i Llundain, yn enwedig ar adegau brig. Fodd bynnag, mae eu gwasanaethau wedi bod yn amnewidion gwael ar gyfer pobl sy'n teithio o Wolverhampton i Lundain. Mae gan *Virgin*, felly, fonopoli cryf ar deithiau trên o Wolverhampton i Lundain.

Priswahaniaethu

Fel monopolydd, mae *Virgin* yn gallu priswahaniaethu. Mae Tabl 54.4 yn dangos ystod prisiau y daith o Wolverhampton i Lundain. Mae'n rhannu'r farchnad mewn sawl ffordd. Yn gyntaf, mae'n priswahaniaethu yn ôl yr adeg o'r dydd y bydd y daith yn digwydd, ac yn ôl penwythnos/yn ystod yr wythnos. Mae gan deithwyr sy'n gorfod cyrraedd Llundain o Wolverhampton erbyn 9 y bore yn ystod yr wythnos elastigedd pris galw isel. Maent yn dueddul o fod yn deithwyr busnes, gyda'u cyflogwyr yn aml iawn yn talu am eu taith. Gall *Virgin* godi prisiau uchel heb golli gormod o deithwyr ymhlith y grŵp hwn.

Yn ail, mae'n priswahaniaethu ar ragarchebu. Mae *Virgin* a nifer o gwmnïau rheilffyrdd eraill wedi penderfynu ei bod hi'n fuddiol iddynt hybu cymaint o ragarchebu ag sy'n bosibl. Mae hyn yn gwella'r llif arian gan fod teithwyr yn talu am y tocynnau o flaen llaw. Mae'n golygu bod teithwyr yn ymrwymedig i deithio, fel arall gallen nhw benderfynu ar y diwrnod beidio â theithio gyda *Virgin* neu beidio â theithio o gwbl. Mae hefyd yn lledu llwythi o ran teithwyr. Efallai y bydd teithwyr sy'n methu rhagarchebu tocyn i deithio ar yr adegau mwyaf poblogaidd yn dewis adeg sy'n llai poblogaidd. Mae rhagarchebu yn caniatáu i deithwyr archebu sedd, sy'n bwysig os ydy'r trên yn debygol o fod yn orlawn. Ond hefyd dim ond trwy ragarchebu ar gyfer taith ar adeg benodol y mae'r tocynnau rhataf o Wolverhampton i Lundain ar gael. Teithwyr sydd â'r elastigedd pris galw uchaf sy'n debygol o'u prynu, sef y

Tabl 54.4 Cost tocynnau Virgin Wolverhampton-Llundain, Ionawr 2006

	£
	Wolverhampton-Llundain dwyffordd
Cyntaf agored[1]	188.00
Safonol agored[1]	114.00
Tocyn arbed[1]	37.50
Tocyn rhagarchebu undydd[2]	20.00 - 30.00

[1] Gellir prynu tocyn ar ddiwrnod y daith.
[2] Rhaid prynu tocynnau drwy archebu o leiaf un diwrnod o flaen llaw.

Tabl 54.5 Trenau Virgin Wolverhampton-Llundain: tocynnau dwyffordd[1]

	1995 £	2006 £	Cynnydd canrannol 1995-2006
Dosbarth cyntaf agored	82.00	188.00	129
Dosbarth safonol agored	57.00	114.00	100
Tocyn dwyffordd undydd rhad (1995)/ Tocyn arbed (2006)	19.50	37.50	92
Tocyn rhataf a ragarchebir	15.00	20.00	33

[1] Mae prisiau 1995 yn brisiau *British Rail* cyn i *Virgin* weithredu'r llwybr hwn.

rhai na fyddent yn teithio o gwbl pe bai'r pris lawer yn uwch. Dim ond cyfran fach iawn o seddau ar drên sydd ar gael am y pris rhrataf, ac nid yw rhai trenau yn cynnig unrhyw docynnau gwerth o gwbl. Felly gall *Virgin* hysbysebu prisiau isel heb golli gormod o dderbyniadau. Gall hefyd roi'r cyfle i'r sawl sy'n chwilio am fargen deithio ar adeg lai prysur a phoblogaidd, gan alluogi *Virgin* i ledu nifer y teithwyr drwy'r dydd.

Mae *Virgin* yn priswahaniaethu mewn nifer o ffyrdd eraill. Mae'n annog plant a theuluoedd i deithio drwy gynnig gostyngiadau i blant a Chardiau Rheilffordd Teulu. Gall myfyrwyr gael gostyngiadau drwy brynu Cerdyn Rheilffordd Myfyriwr. Mae pensiynwyr yn gallu prynu cerdyn tebyg.

Byddai polisi prisio *Virgin* dros amser yn awgrymu bod gan y cwmni ddealltwriaeth dda o elastigedd pris galw. Fel y gwelir yn Nhabl 54.5, mae prisiau tocynnau rhataf y cwmni wedi newid 33% yn unig rhwng 1995 a 2006. Ond mae *Virgin* wedi codi'n sylweddol prisiau tocynnau safonol sydd heb unrhyw gyfyngiadau. Mae cost taith ddosbarth cyntaf i Lundain i deithiwr busnes wedi codi 129%. Wrth godi prisiau uwch, mae *Virgin* wedi gallu meddiannu gwarged defnyddwyr y cwsmeriaid busnes a throi hyn yn elw neu'n warged cynhyrchwyr i'r cwmni. Ar ben isaf y farchnad, mae *Virgin* wedi annog mwy o gwsmeriaid preifat i deithio ar adegau llai poblogaidd o'r dydd. Mae pob teithiwr ychwanegol na fyddai wedi teithio ar y gwasanaethau hynny fel arall, yn golygu elw o bron 100% i *Virgin* gan fod cost ffiniol eu cludo bron yn sero.

Cwestiwn Data

Yr Apple *iPod* ac *iTunes*

Blwyddyn yr *Apple iPod* oedd 2005. Gwerthwyd 20 miliwn o'r chwaraewyr cerddoriaeth digidol hyn, gan fachu tua 63% o farchnad UDA er gwaetha'r ffaith bod *iPods* yn ddrud o'u cymharu â llawer o'u cystadleuwyr. Llwyddodd *Apple* hefyd i hawlio 83% o'r farchnad fyd-eang am lawrlwythiadau digidol cyfreithlon o'i safle *iTunes*.

Mae'r *iPod* wedi dod yn declyn eiconig 'rhaid ei gael' ymhlith yr ifanc. Ond mae rhesymau da pam ei fod â safle sydd bron yn fonopoli. Llwyddodd *Apple* i gynhyrchu darn o galedwedd ffasiynol, hawdd ei defnyddio ar yr adeg gywir gyda thechnolegau'n newid. Cyfunodd hynny â meddalwedd hawdd ei defnyddio ar gyfer lawrlwytho cerddoriaeth. Eto roedd *Apple* yn y man iawn ar yr adeg iawn. Mae'r arfer o lawrlwytho cerddoriaeth yn anghyfreithlon i gyfrifiaduron ac yna ei rhoi ar gryno ddisgiau wedi bod yn digwydd ar raddfa eang am o leiaf pum mlynedd. Perswadiodd *Apple* y darparwyr, sef y cwmnïau recordiau, i roi caniatâd iddo fod yn gyfrwng ar gyfer lawrlwytho cyfreithlon. Mae'r cwmnïau recordiau ac *Apple* yn rhannu'r derbyniadau.

I *Apple*, mae'r *iPod* wedi achub buddiannau masnachol cwmni sydd wedi bod yn enwog ers 30 mlynedd am gynhyrchion celfydd ac arloesol oedd â gwerthiant digon cyffredin. Yn 2005 roedd gwerthiant *Apple* fwy na dwbl gwerthiant 2003. Gwnaed elw o \$1.3 biliwn, sef dengwaith cymaint â'r elw o \$137 miliwn yn 2003.

Er cystal y gwerthiant a'r elw uwch yn 2005, gallai fod yn llwyddiant byrhoedlog. Gallai cwmni arall fel *Sony* neu *Samsung* lansio gwell cynnyrch yn 2006. Er hynny, mae *Apple* yn gobeithio y bydd yr *iPod* ac *iTunes* yn agor y ffordd iddo ddominyddu'r farchnad adloniant a chyfathrebu. I ddechrau, mae'n gobeithio y bydd mwy o gwsmeriaid yn prynu ei amrywiaeth ddiweddaraf o gyfrifiaduron, gyda system weithredu *Apple*, i weld pa mor hawdd yw hi i lawrlwytho cerddoriaeth arnynt a chael amrywiaeth eang o fathau eraill o adloniant. Mae'r *iPod* ei hun eisoes wedi'i lansio gyda sgrin lle gellir ailchwarae fideos a lawrlwythwyd. Gallai ffôn symudol

iPod fod ar y gorwel. Os bydd meddalwedd *iTunes* yn llwyddo i ddominyddu ym maes lawrlwytho popeth o ganeuon i ffilmiau i raglenni teledu, gallai roi safle monopoli i *Apple* yn y farchnad adloniant cartref. Ar hyn o bryd, mae *Microsoft* yn ceisio cael yr holl ddyfeisiau adloniant yn y cartref, o'r teledu i'r recordydd i'r consol gemau a'r cyfrifiadur i ryngweithio drwy un o'i ddarnau o feddalwedd sef *Media Centre*. Ond nid yw cwsmeriaid yn ei chael hi'n hawdd defnyddio *Media Centre*. Pe bai *Apple* yn gallu dyfeisio rhywbeth fel *iTunes* sydd mor hawdd i bobl ei ddefnyddio, gallai gipio'r farchnad hon ac, mae'n siwr, codi prisiau uchel a gwneud elw monopoli.

Mae *Apple* wedi bod mewn sefyllfa debyg o'r blaen. Yn yr 1980au roedd ei system weithredu *Mac* yn cystadlu yn erbyn *MS Dos*, sef rhagflaenydd system weithredu *Microsoft Windows*. Roedd hi'n amlwg bod y system *Mac* yn well na *MS Dos*. Ond gwrthododd *Apple* drwyddedu ei system weithredu i wneuthurwyr cyfrifiaduron eraill gan ei fod yn ennill cymaint o elw wrth werthu ei galedwedd gyfrifiadurol ei hun. Mewn cyferbyniad â hynny, trwyddedodd *Microsoft* ei system weithredu i unrhyw wneuthurwr cyfrifiaduron oedd yn fodlon talu'r pris. Doedd dim gwrthdaro buddiannau gan nad oedd *Microsoft* yn cynhyrchu cyfrifiaduron. O ganlyniad, roedd y rhan fwyaf o gyfrifiaduron yn cynnwys system weithredu *Microsoft*, a oedd yn galluogi cyfrifiaduron i gyfnewid ffeiliau a rhannu meddalwedd, sef mantais gystadleuol enfawr. Erbyn 1990 roedd *Apple* ymhell ar ei hôl hi yn y farchnad gyfrifiaduron, tra bo *Microsoft* wedi ennill safle monopoli.

Rhaid i *Apple* sicrhau nad yw'n gwneud yr un camgymeriad eto. Ar hyn o bryd, mae'n mwynhau elw sydd bron yn elw monopoli gyda'i *iPod*. Ond, ymhen pum mlynedd, gallai'r *iPod* fod yn hynodbeth technolegol diddorol nad yw'n ffasiynol bellach, gan fod llu o gynhyrchion newydd ar y farchnad sy'n llawer rhatach a bron yr un mor amlbwrpas.

Ffynhonnell: addaswyd o'r *Financial Times* 9.1.2006, 11.1.2006; www.bloomberg.com 18.1.2006.

1. Eglurwch pam y gallai *Apple* yn 2005 fod wedi cael ei ystyried yn fonopoli ym maes chwaraewyr cerddoriaeth digidol a lawrlwytho digidol.
2. Gan ddefnyddio diagram monopoli, eglurwch sut y llwyddodd *Apple* i gynyddu ei elw ddengwaith, yn bennaf drwy werthu *iPods*, rhwng 2003 a 2005.
3. Yn 2005 roedd prisiau *iPods* i ddefnyddwyr yn is cyn treth yn UDA nag yn y DU. (a) Gan ddefnyddio diagram, eglurwch pam y gwnaeth *Apple* osod prisiau gwahanol mewn marchnadoedd daearyddol gwahanol. (b) Pa amodau y byddai'n rhaid eu cael yn 2005 er mwyn i *Apple* fod yn llwyddiannus wrth briswahaniaethu rhwng marchnadoedd?
4. Trafodwch a oedd strategaeth *Apple* o godi prisiau uchel am ei *iPod* yn fuddiol i'r cwmni yn y tymor hir.

Crynodeb

1. Mae'r rhan fwyaf o ddiwydiannau'n gweithredu mewn marchnadoedd amherffaith gystadleuol.
2. Mae model cystadleuaeth fonopolaidd yn gwneud yr un tybiaethau â model cystadleuaeth berffaith ond tybir bod pob cwmni'n cynhyrchu cynnyrch gwahaniaethol ac felly ei fod yn wneuthurwr pris.
3. Mewn cydbwysedd tymor hir bydd pob cwmni'n ennill elw normal yn unig ac felly bydd CG = DC. Bydd pob cwmni'n cynhyrchu ei gynnyrch uchafu elw lle mae CFf = DFf.

Cystadleuaeth amherffaith

Mae cystadleuaeth berffaith a monopoli ar y naill ben a'r llall i sbectrwm o strwythurau marchnad. Cymharol ychydig o ddiwydiannau sy'n cydymffurfio â nodweddion caeth y ddau fodel hyn. Mae'r rhan fwyaf o ddiwydiannau i'w cael rhwng y ddau. Yn y rhan fwyaf o ddiwydiannau:

- mae cystadleuaeth i'w chael am fod dau gwmni o leiaf yn y diwydiant;
- mae cystadleuaeth yn amherffaith am fod cwmnïau'n gwerthu cynhyrchion nad ydynt yn unfath â chynhyrchion eu cystadleuwyr.

Cafodd damcaniaethau neo-glasurol cystadleuaeth berffaith a monopoli eu datblygu gyntaf yn ail hanner y 19eg ganrif. Ar y pryd doedd hi ddim yn afresymol awgrymu bod llawer o ddiwydiannau yn cynnwys nifer mawr o gwmnïau bach yn cynhyrchu cynhyrchion unfath neu gydryw. Yn yr 20fed ganrif roedd llai a llai o ddiwydiannau y gellid dweud eu bod yn berffaith gystadleuol. Felly cafodd nifer o ddamcaniaethau o **gystadleuaeth amherffaith** eu cynnig i egluro ymddygiad cwmnïau. Datblygwyd un model pwysig, sef model CYSTADLEUAETH FONOPOLAIDD, gan Edward Chamberlain, economegydd o America, yn yr 1930au, a chafodd ei waith ef ei adlewyrchu gan economegydd o Loegr, Joan Robinson, yr un pryd.

Tybiaethau

Mae damcaniaeth cystadleuaeth fonopolaidd yn gwneud bron yr un tybiaethau â damcaniaeth cystadleuaeth berffaith, sef:

- mae nifer mawr o brynwyr a gwerthwyr yn y farchnad, gyda phob un yn gymharol fach ac yn gweithredu'n annibynnol;
- does dim rhwystrau i fynediad na gadael;
- mae cwmnïau'n uchafwyr elw tymor byr.

Fodd bynnag, mae un dybiaeth yn wahanol:

- mae cwmnïau'n cynhyrchu nwyddau gwahaniaethol neu anghydryw.

Gellir dadlau nad oes fawr ddim diwydiannau â'r nodweddion hyn. Un enghraifft bosibl fyddai adwerthu yn y DU. Yn draddodiadol mae wedi bod yn rhanedig. Hyd yn oed mewn meysydd lle mae cadwynau cenedlaethol mawr fel nwyddau groser (*Sainsbury's*, *Tesco*, *Co-op*) neu grefftau'r cartref (*B&Q*, *Homebase*, *Focus*), mae **cymarebau crynhoad** (☞uned 51) yn gymharol isel. Mae gan gwmnïau rywfaint o rym yn y farchnad oherwydd lleoliad siopau neu ddelweddau brand, ond mae'r grym hwn yn gymharol wan yn y rhan fwyaf o achosion.

Cromlin y galw yn goleddu i lawr

Os ydy cwmni'n cynhyrchu nwydd sydd ychydig yn

Cwestiwn 1

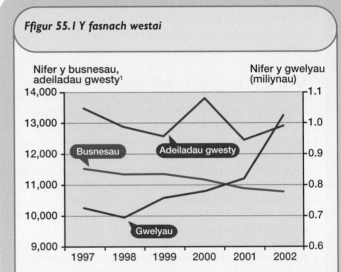

Ffigur 55.1 Y fasnach westai

Nifer y busnesau, adeiladau gwesty[1]

Nifer y gwelyau (miliynau)

Busnesau

Adeiladau gwesty

Gwelyau

[1] Mae'r rhan fwyaf o fusnesau gwesty yn fusnesau annibynnol gydag un gwesty yn unig. Ond mae rhai yn gadwynau o westai sy'n berchen ar nifer o adeiladau gwesty.

Ffynhonnell: addaswyd o'r *Annual Abstract of Statistics*, Swyddfa Ystadegau Cenedlaethol.

Mae nifer y cwmnïau gwesty (h.y. busnesau gwesty) yn gostwng ond mae masnach yn ffynnu. Rhwng 1997 a 2002 cynyddodd nifer y gwelyau a gynigiwyd i westeion 41%. Mae tueddd wedi bod i gael llai o westai annibynnol yn y fasnach ond cynnydd yn nifer y gwestai sydd dan berchenogaeth cadwynau fel *Premier Inn* a *Travel Lodge*. Mae maint cyfartalog gwesty unigol (neu adeilad gwesty) yn cynyddu, o 54 gwely yn 1997 i 79 gwely yn 2002. Mae'r gostyngiad yn nifer y gwestai annibynnol yn dangos pa mor anodd ydy'r busnes o ran cystadlu. Mae teyrngarwch i frand yn wan ac mae cystadlu brwd ynghylch prisiau. Gostyngodd y derbyniadau cyfartalog am bob gwely rhwng 1997 a 2002, o £13.19 i £11.54. Mae'r Rhyngrwyd yn chwyldroi archebu hefyd. Mae defnyddwyr yn ei chael hi'n haws o lawer erbyn hyn i gymharu prisiau ac asesu ansawdd a lleoliad gwesty.

I ba raddau y mae'r farchnad westai yn fonopolaidd gystadleuol?

wahanol i nwyddau ei gystadleuwyr, mae ganddo rywfaint o rym yn y farchnad. Bydd yn gallu codi'r pris, er enghraifft, heb golli ei gwsmeriaid i gyd i gwmnïau sydd wedi cadw eu prisiau'n sefydlog. Felly nid yw'n **dderbynnydd pris** fel cwmni perffaith gystadleuol. Fodd bynnag, gan fod nifer mawr o gwmnïau yn y diwydiant yn cynhyrchu amnewidion cymharol agos, mae ei rym yn y farchnad yn debygol o fod yn gymharol wan. Mae newidiadau bach yn y pris yn debygol o achosi newidiadau cymharol fawr ym maint y galw wrth i ddefnyddwyr droi at amnewidion agos (h.y. mae'r galw'n debygol o

Ffigur 55.2 Cydbwysedd tymor hir i gwmni monopolaidd gystadleuol

Bydd cwmni'n cynhyrchu lle mae CFf = DFf. Gan nad oes rhwystrau i fynediad, ni all y cwmni ennill elw annormal yn y tymor hir. Felly mae'n rhaid bod CG = DC ar lefel gytbwys cynnyrch. Mae hynny'n digwydd lle mae'r gromlin DC yn dangiadol i'r gromlin CG.

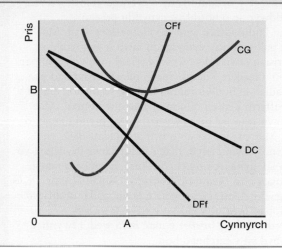

Ffigur 55.3

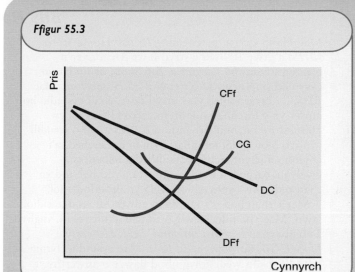

fod yn gymharol elastig).

Felly mae'r gromlin alw sy'n wynebu'r cwmni yn goleddu i lawr ond yn elastig (h.y. bydd yn gweithredu ar ran uchaf ei gromlin alw). Bydd cromlin derbyniadau ffiniol y cwmni yn gostwng ddwywaith mor serth â chromlin y derbyniadau cyfartalog (neu gromlin y galw), fel y dangosir yn Ffigur 55.2.

Cydbwysedd tymor hir

Bydd y cwmni'n cynhyrchu lle mae CFf = DFf, gan ei fod yn uchafwr elw. Yn Ffigur 55.2 mae hynny'n golygu y bydd yn cynhyrchu'r lefel OA o gynnyrch. Bydd yn codi pris sy'n seiliedig ar gromlin y galw neu'r derbyniadau cyfartalog, sef OB yn yr achos hwn.

Yn y tymor hir ni fydd y cwmni'n gallu ennill elw annormal. Y rheswm yw bod rhyddid i fynd i mewn i'r farchnad. Os ydy'r cwmni'n gwneud elw annormal yn y tymor byr (a fyddai'n cael ei ddangos yn y diagram gan gost gyfartalog yn gostwng islaw derbyniadau cyfartalog ar gynnyrch OA), daw cwmnïau i mewn i'r diwydiant, yn cael eu denu gan y lefel uchel o elw. Bydd hyn yn cynyddu'r cyflenwad, gan symud cromlin y derbyniadau cyfartalog i lawr i'r pwynt lle mae'r derbyniadau cyfartalog o'r braidd yn hafal i'r gost gyfartalog. Os ydy cwmnïau yn y diwydiant yn gwneud colledion yn y tymor byr, bydd cwmnïau'n ymadael â'r diwydiant, gan ostwng y cyflenwad a symud cromlin y derbyniadau cyfartalog i fyny i'r pwynt lle mae'r derbyniadau cyfartalog o'r braidd yn hafal i'r gost gyfartalog.

Felly mewn cystadleuaeth fonopolaidd rhaid i ddau amod gael eu bodloni mewn cydbwysedd tymor hir.
- CFf = DFf am fod y cwmni'n uchafwr elw;
- CG = DC am fod pwysau cystadleuol yn golygu na all cwmni wneud colled nac ennill elw annormal.

Felly ar gynnyrch uchafu elw mae cromlin y derbyniadau cyfartalog yn dangiadol i gromlin y gost gyfartalog.

Agorodd Lucy Reynolds ei chlwb nos bedair blynedd yn ôl. Er bod digonedd o dafarnau yn ei thref leol, doedd dim unman i fynd os oeddech chi eisiau cerddoriaeth dda, dawns a diod. Bu'n llwyddiant ysgubol. Adenillodd hi ei buddsoddiad o fewn chwe mis ac ar ôl hynny roedd yr elw'n llifo i mewn. Ond daeth hyn i ben 18 mis yn ôl pan agorwyd clwb nos arall ychydig o ddrysau i ffwrdd. Mae ei chlwb yn dal o'r braidd yn ddigon proffidiol iddi barhau i fasnachu, ond pe bai clwb nos arall yn agor yn y dref mae'n debygol y byddai hi'n gwerthu ac yn symud ymlaen.

(a) Dwy flynedd ar ôl agor, roedd cromliniau'r costau a'r derbyniadau ar gyfer clwb nos Lucy fel y dangosir yn Ffigur 55.3. Copïwch Ffigur 55.3 a dangoswch ei helw annormal yn y diagram.
(b) (i) Yn yr un diagram, lluniadwch gromliniau newydd ar gyfer costau a derbyniadau yn dangos ei sefyllfa ar ôl i'r clwb newydd agor. Labelwch lefel y cynnyrch sy'n uchafu elw.
(ii) Eglurwch pam mae cromliniau'r derbyniadau a'r costau wedi symud a pham nad yw hi bellach yn ennill elw annormal.

Termau allweddol

Cystadleuaeth fonopolaidd – strwythur marchnad lle mae nifer mawr o gwmnïau bach yn cynhyrchu nwyddau anghydryw a lle nad oes rhwystrau i fynediad na gadael.

Economeg gymhwysol

BHS Homestore

Mae Philip Green, perchennog *British Home Stores (BHS)* a grŵp ffasiwn y stryd fawr *Arcadia* sy'n cynnwys *Dorothy Perkins* a *Top Shop*, ar fin lansio cysyniad siop newydd o'r enw *BHS Homestore*. Mae *BHS*, â'i bresenoldeb yn y stryd fawr, wedi cystadlu bob amser yn y farchnad ddodrefn cartref. Ymgais yw *Homestore* i dynnu'r rhan hon o *BHS* allan o weddill cynhyrchion *BHS*, fel dillad dynion a merched, a'i chyfuno â chynhyrchion cysylltiedig fel soffas a gwelyau, carpedi a byrddau bwyta, sydd heb fod yn rhan o ddewis cynhyrchion *BHS* yn draddodiadol.

Mae'r rhan hon o'r farchnad adwerthu yn dameidiog iawn. Mae yna nifer mawr o siopau annibynnol, ynghyd â chadwynau fel *Furnitureland*, *MFI*, *Homestyle*, *Floors2Go*, *Carpetright* ac *Ikea*. Mae cystadlu ffyrnig a brandio gwan wedi golygu bod llawer o adwerthwyr wedi ei chael hi'n anodd gwneud elw. Bu i *Courts*, cadwyn ddodrefn a charpedi, fethdalu yn 2004, gan ddangos yr hyn a all ddigwydd i gwmni os yw'n cynnig y cynhyrchion anghywir. Wrth gwrs, mae llwyddiannau hefyd. Mae *Ikea* wedi mwynhau gwerthiant ac elw cynyddol ym marchnad y DU, ond mae wedi ei chael hi'n anodd agor siopau newydd oherwydd deddfau caniatâd cynllunio llym iawn. Cyhoeddodd yn 2005 y byddai'n newid strategaeth ac yn agor siopau bach yn y stryd fawr, er y byddai hynny'n cyfyngu ar y dewis i ddefnyddwyr ac o bosibl yn cynyddu prisiau.

Hoffai Philip Green agor 20 *Homestore* arall. Mae'n credu y gall gyfuno'r cymysgedd iawn o gynhyrchion am y prisiau iawn i ddenu cwsmeriaid i mewn i'r siopau a gwario'u harian. Fodd bynnag, mewn marchnad y gellir dadlau ei bod yn fonopolaidd gystadleuol, efallai y caiff drafferth i ennill dim mwy nag elw normal. Mae brandio yn wan, ac mae cwsmeriaid yn mynd i lawer o siopau. Mae prisio, sef un o brif atyniadau *Ikea*, yn gystadleuol iawn. Hefyd, mae'r defnyddiwr Prydeinig yn chwilio am gynhyrchion chwaethus, ac yma eto mae'n ymddangos bod *Ikea* wedi llwyddo. Os gall Philip Green gael y ddau ffactor yma'n iawn, gallai orchfygu her y siopau *Ikea* newydd yn y stryd fawr, ac atgyfnerthu'r cloer (*niche*) y mae *BHS* wedi'i fwynhau ers tro byd yn y farchnad hon.

Ffynhonnell: addaswyd o'r *Financial Times*, 28.11.2005.

Cwestiwn Data

Y diwydiant esgidiau

Mae diwydiant esgidiau Prydain wedi'i andwyo gan gystadleuaeth ryngwladol. Mae'n broses sydd wedi bod yn digwydd ers deng mlynedd ar hugain, ond yn y blynyddoedd diwethaf gwelwyd gostyngiad cyson mewn cynhyrchu, o 63 miliwn o barau yn 1999 i 14 miliwn yn unig o barau y llynedd. Swydd Northampton fu canolbwynt traddodiadol y diwydiant gweithgynhyrchu esgidiau. Dyma leoliad *Grenson*, un o'r ychydig gwmnïau sy'n dal i weithredu.

Mae *Grenson* heddiw yn wneuthurwr esgidiau dynion traddodiadol o ansawdd uchel. Er bod y cwmni o hyd wedi gwneud elw, mae gwerthiant wedi sefydlogi o gwmpas £6 miliwn dros y blynyddoedd diwethaf. Dyma un o 15 yn unig o gwmnïau gweithgynhyrchu esgidiau dynion sydd ar ôl yn yr ardal. Sylweddolodd beth amser yn ôl fod yn rhaid dangos ei fod yn wahanol i'r cystadleuwyr cost isel, yn enwedig cwmnïau tramor, o ran ansawdd a buddsoddi mewn marchnata, os oedd i oroesi a symud ymlaen. Fel rhan o'r strategaeth hon, cyflogodd ymgynghorydd marchnata yn 2004 i farchnata'r brand. Erbyn hyn, mae wedi'i sefydlu yn y farchnad gloer o wneud sypiau bach o esgidiau moeth i gleientiaid ym mhen ucha'r farchnad.

Mae gan ddiwydiant esgidiau dynion presennol Swydd Northampton ddwy brif fantais. Un yw ansawdd rhagorol yr hyfforddiant dylunio sydd ar gael yn y DU, yn enwedig o *Cordwainers*, y coleg esgidiau sydd bellach yn rhan o Goleg Ffasiwn Llundain. Y fantais arall yw system weltio *Goodyear*, sy'n ddelfrydol ar gyfer gwneud sypiau bach o esgidiau. Mae'n golygu y gellir gwneud ychydig o ddwsinau yn unig o barau o esgidiau ar gyfer label preifat am gost y gall y farchnad ei chynnal.

Ffynhonnell: addaswyd o'r *Financial Times*, 26.2.2005.

1. Trafodwch nodweddion y farchnad ar gyfer y diwydiant esgidiau moeth i ddynion.
2. Gan ddefnyddio diagram cystadleuaeth fonopolaidd, trafodwch ydy *Grenson* yn debygol o wneud elw annormal yn y tymor hir.

Crynodeb

1. Mae'r rhan fwyaf o farchnadoedd yn oligopolaidd.
2. Marchnad lle mae nifer bach o gwmnïau cyd-ddibynnol yn cystadlu â'i gilydd yw marchnad oligopolaidd.
3. Mae cystadleuaeth nad yw ar sail prisiau yn nodwedd bwysig o farchnadoedd oligopolaidd.
4. Mae model neo-glasurol y gromlin alw ginciedig yn tybio y bydd cwmni'n gostwng ei bris os bydd cystadleuydd yn dechrau rhyfel prisiau, ond y bydd yn gadael y pris yn ddigyfnewid os bydd cystadleuydd yn codi ei bris.

Pwysigrwydd oligopoli

Gellid dweud bod y rhan fwyaf o ddiwydiannau'n amherffaith gystadleuol. Mae ychydig yn fonopolaidd gystadleuol ond mae'r mwyafrif yn **oligopolaidd**. Mae'r rhan fwyaf o'r diwydiannau yn y DU, yr UE ac UDA wedi'u dominyddu gan ychydig o gyflenwyr. Felly gellir dadlau mai damcaniaeth OLIGOPOLI yw'r bwysicaf o ddamcaniaethau'r cwmni. Eto i gyd does dim un model dominyddol o oligopoli o fewn economeg. Yn hytrach mae nifer o fodelau gwahanol sy'n gwneud tybiaethau gwahanol ac yn llunio casgliadau

Cwestiwn 1

Tabl 56.1

	UDA	Gorllewin Ewrop	Y DU	Ffrainc	De America	China
						% o'r farchnad
Wrigley	54	43.2	89.4	37.9	5.7	54.9
Cadbury Schweppes	25.4	21.4	2.0	49.5	69.7	3.1
Eraill	20.6	35.4	8.6	12.6	24.6	42

Yn y DU, *Wrigley* yw'r gwerthwr dominyddol o gwm cnoi. Hefyd *Wrigley* yw'r prif wneuthurwr gwm yn y byd. Ond nid yw'n ddominyddol ym mhob marchnad. Yn Ffrainc neu Dde America, er enghraifft, *Cadbury Schweppes* yw arweinydd y farchnad.

Cynyddodd *Cadbury Schweppes* ei her gystadleuol i *Wrigley* ddwy flynedd yn ôl pan brynodd yr ail fwyaf o wneuthurwyr gwm UDA, sef *Adams*. Mae *Cadbury Schweppes* yn ddwywaith maint *Wrigley* ac mae ganddo system ddosbarthu enfawr ledled y byd. Gall wthio gwm trwy'r un sianelau gwerthu â'i gynhyrchion melysion eraill. Mae *Wrigley* hefyd, sy'n dibynnu ar gwm am 90% o'i werthiant, yn enwog am ei allu i fynd â'r cynnyrch i'r defnyddwyr. Ym marchnad China, er enghraifft, sy'n tyfu'n gyflym ond sydd heb ei datblygu, mae *Wrigley Doublemint* yn cael ei werthu mewn ciosgau bach mewn ardaloedd gwledig.

Ffordd arall y mae *Cadbury Schweppes* yn gobeithio cystadlu â *Wrigley* yw o ran datblygu cynhyrchion. Mae gwm yn gynnyrch y gellir ei amrywio lawer gydag amrywiaeth eang o flasau ac ansawdd. Hefyd gall pecynnu gwahanol ychwanegu gwerth at y cynnyrch i'r defnyddiwr a chaniatáu i'r gwneuthurwr godi prisiau uwch.

Ffynhonnell: addaswyd o'r *Financial Times*, 19.10.2005.

Pam y gellid dweud bod y farchnad am gwm cnoi yn oligopolaidd?

gwahanol. Amlinellir rhai o'r modelau hyn yn yr uned hon a'r tair uned nesaf, ond yn gyntaf disgrifir nodweddion marchnad oligopolaidd.

Nodweddion oligopoli

Er mwyn i farchnad allu cael ei galw'n 'oligopolaidd', rhaid iddi fod â dwy nodwedd.

- Rhaid bod y cyflenwad yn y diwydiant wedi'i grynhoi yn nwylo nifer cymharol fach o gwmnïau. Er enghraifft, byddai diwydiant lle mae'r tri chwmni mwyaf yn cynhyrchu 80% o'r cynnyrch yn oligopolaidd. Sylwch: ochr yn ochr ag ychydig o gynhyrchwyr mawr iawn, gellir cael llawer mwy o gwmnïau bach iawn. Felly byddai diwydiant sydd â 100 o gwmnïau a lle mae'r tri chwmni mwyaf yn cynhyrchu 80% o'r cynnyrch, yn dal i gael ei ddosbarthu'n oligopolaidd.
- Rhaid bod cwmnïau'n gyd-ddibynnol. Bydd gweithredoedd un cwmni mawr yn effeithio'n uniongyrchol ar gwmni mawr arall. Mewn cystadleuaeth berffaith mae cwmnïau'n annibynnol. Er enghraifft, os bydd un ffermwr yn penderfynu tyfu mwy o wenith, ni fydd hynny'n cael dim effaith ar bris na gwerthiant ffermwyr eraill yn y diwydiant. Mewn oligopoli, os ydy un cwmni mawr yn penderfynu dilyn polisïau i gynyddu gwerthiant, mae hynny'n debygol o fod ar draul cwmnïau eraill yn y diwydiant. Mae un cwmni'n debygol o werthu mwy drwy gymryd gwerthiant i ffwrdd o gwmnïau eraill.

Yn ogystal, mae damcaniaeth neo-glasurol oligopoli yn tybio bod:

- rhwystrau i fynediad i'r diwydiant. Pe nai bai rhwystrau, byddai cwmnïau'n mynd i mewn i'r diwydiant i fanteisio ar yr elw annormal sy'n nodweddiadol o oligopolïau a bydden nhw'n gostwng y gyfran o'r farchnad sydd gan yr ychydig o gynhyrchwyr mawr yn y diwydiant.

Yn unedau 57, 59 a 65 eglurir mai un strategaeth i oligopolyddion yw cydgynllwynio (*collusion*). Yn uned 58 dadleuir bod gan rai marchnadoedd oligopolaidd rwystrau isel i fynediad. Yna gellir defnyddio damcaniaeth wahanol, sef damcaniaeth **marchnadoedd cystadladwy** (*contestable*), i egluro ymddygiad cwmnïau yn y math hwn o farchnad.

Nodweddion marchnadoedd oligopolaidd

Mae astudiaethau o farchnadoedd oligopolaidd wedi dangos y gall cwmnïau unigol fod ag amrywiaeth eang o batrymau ymddwyn. Fodd bynnag, mae rhai nodweddion yn gyffredin i'r rhan fwyaf o farchnadoedd oligopolaidd. Dyma'r nodweddion y mae'n rhaid i fodel economaidd o oligopoli allu eu cynnwys neu eu hegluro.

Cystadleuaeth nad yw ar sail pris Mewn marchnad berffaith gystadleuol, mae cwmnïau sy'n cynhyrchu nwyddau cydryw yn cystadlu ar sail pris yn unig. Yn y tymor byr gallai ffactorau fel dyddiadau derbyn fod o ryw bwys, ond yn y tymor hir dim ond pris sy'n bwysig. Mewn marchnad amherffaith gystadleuol, yn aml nid pris yw'r ffactor pwysicaf yn y broses gystadlu. Mae cwmnïau'n penderfynu ar GYMYSGEDD MARCHNATA – cymysgedd o elfennau sy'n ffurfio strategaeth gydlynol â'r bwriad o werthu eu cynhyrchion i'w marchnad. Yn aml caiff y cymysgedd marchnata ei grynhoi yn bedair elfen (y pedwar 'P' yn y Saesneg). Mae cwmnïau'n cynhyrchu **cynnyrch** sy'n apelio at eu cwsmeriaid. Efallai y bydd y cynnyrch wedi'i wahaniaethu o gynhyrchion y cystadleuwyr neu efallai na fydd. Mae angen gosod **pris** ond gallai hwn fod yn uwch neu'n is na phris cynhyrchion sy'n cystadlu ag ef, yn dibynnu ar y strategaeth brisio sydd i'w defnyddio. Er enghraifft, gosodir pris uchel os ydy'r cynnyrch i gael ei werthu fel cynnyrch o ansawdd uchel. Gosodir pris isel os ydy'r cwmni eisiau gwerthu meintiau mawr o gynnyrch safonol. Mae **hyrwyddo/hybu** (hysbysebu a hyrwyddo gwerthiant) yn hanfodol i hysbysu prynwyr yn y farchnad bod y nwydd ar werth ac i newid eu canfyddiad o'r nwydd mewn modd ffafriol. Mae system dda o ddosbarthu yn hanfodol i gael y cynnyrch i'r **lleoliad** iawn ar yr adeg sy'n iawn i'r cwsmer.

Mae **brandiau** yn dominyddu llawer o farchnadoedd. Ystyr nwydd brand yw nwydd a gynhyrchir gan gwmni penodol ac sydd fel petai â nodweddion unigryw. Gall y rhain fod yn nodweddion go iawn, fel fformiwleiddiad unigryw neu ddyluniad unigryw. Mae bar siocled *Mars* neu gar *Rolls Royce*, er enghraifft, yn gynhyrchion unigryw. Ond yn aml yn bwysicach na nodweddion go iawn y cynnyrch yw nodweddion sydd wedi'u dychmygu ym meddwl y prynwr. Mae'r ddelwedd hon yn debygol o fod wedi'i chreu gan hysbysebu a hyrwyddo. Felly mae'n bosibl i'r un ffa pob a'r un grawnfwyd brecwast gael eu pecynnu'n wahanol a'u gwerthu ar silffoedd yr un uwchfarchnad am brisiau gwahanol. Yn aml bydd y cynnyrch brand â phris uwch yn gwerthu'n well o lawer na'r cynnyrch sydd heb ei frandio ac sydd â phris is, er bod y cynnyrch ei hun yr un fath.

Anhyblygrwydd prisiau Mae'n ymddangos bod prisiau mewn marchnadoedd oligopolaidd yn newid lawer llai nag mewn marchnadoedd perffaith gystadleuol. Er gwaethaf newidiadau yng nghostau sylfaenol cynhyrchu, gwelir cwmnïau yn aml yn cadw prisiau'n ddigyfnewid.

Cromliniau cost gyfartalog â siâp U Mae astudiaethau economaidd (☞ uned 49) wedi dangos bod cromliniau cost newidiol gyfartalog yn y byd go iawn yn aml â mwy o siâp L na siâp U. Dros amrywiaeth eang o gynnyrch, mae cwmnïau mawr yn wynebu'r un costau newidiol cyfartalog p'un ai y byddan nhw'n cynyddu neu'n gostwng y cynhyrchu, fel y dangosir yn Ffigur 56.1.

Cydgynllwynio Yn aml bydd cwmnïau oligopolaidd ar eu hennill os byddan nhw'n cydgynllwynio, h.y. yn gwneud cytundebau ymhlith ei gilydd er mwyn cyfyngu ar gystadleuaeth ac uchafu eu buddion nhw eu hunain. Cyn i arferion gwrthgystadleuol o'r fath (☞ uned 65) gael eu gwneud yn anghyfreithlon yn y DU gan Ddeddf Arferion Masnach Cyfyngol 1956, roedd y rhan fwyaf o gwmnïau gweithgynhyrchu mawr y DU wedi llunio cytundebau gyda chwmnïau eraill.

Model neo-glasurol y gromlin alw ginciedig

Datblygwyd un model o oligopoli yn rhan olaf yr 1930au gan Paul Sweezy yn UDA a R Hall a C Hitch yn y

DU. Rhaid i unrhyw ddamcaniaeth o oligopoli wneud tybiaeth ynghylch sut y bydd un cwmni'n ymateb i weithredoedd cwmni arall. Mae model y gromlin alw ginciedig (*kinked*) yn tybio y bydd ymateb anghymesurol i newid mewn pris gan un cwmni. Os bydd y cwmni'n codi ei bris, ni fydd cwmnïau eraill yn ymateb. Yna bydd y cwmni a gododd ei bris yn colli cyfran o'r farchnad. Ar y llaw arall, os bydd yn gostwng ei bris bydd ei gystadleuwyr yn gostwng pris hefyd er mwyn atal erydiad o'u cyfran nhw o'r farchnad. O ganlyniad ni fydd y cwmni'n ennill fawr ddim galw ychwanegol.

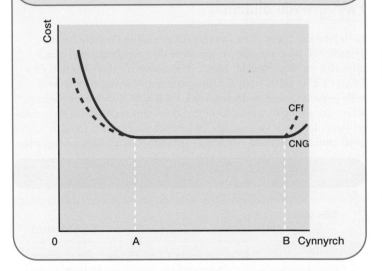

Ffigur 56.1 Cromlin cost gyfartalog â siâp L
Yn ymarferol mae'n ymddangos bod llawer o gwmnïau'n wynebu cromlin cost gyfartalog â siâp L. Mae graddfa effeithlon leiaf cynhyrchu yn ymestyn dros amrediad eang o gynnyrch, o OA i OB yn y diagram hwn.

Cwestiwn 2

Dydy marchnad llysiau tun y DU ddim yn un atyniadol i newydd-ddyfodiaid. Mae'r farchnad wedi bod yn dirywio'n gyson yn y blynyddoedd diwethaf, gyda gwerthiant yn gostwng o £209 miliwn yn 1998 i £188 miliwn yn 2004. Mae cynhyrchion eu label eu hunain gan y prif gadwynau o uwchfarchnadoedd yn cyfrif am 70% o'r farchnad.

Erbyn hyn mae *Bonduelle,* y gwneuthurwr o Ffrainc, wedi derbyn her y farchnad anodd hon. Mae'n credu y gall lwyddo drwy ei wahaniaethu ei hun mewn dwy ffordd. Yn gyntaf, mae'n gwerthu ei lysiau mewn blychau papur laminiedig sgwâr a elwir yn *Tetra Recarts.* Er mai oes silff o ddwy flynedd sydd iddynt o'i gymharu â thair neu bedair blynedd yn achos tuniau, maen nhw'n syml i'w hagor ac yn ysgafnach na thuniau i'w cario. Gan eu bod yn sgwâr, gellir eu rhoi nhw'n agosach at ei gilydd ar silffoedd uwchfarchnadoedd. Y ddamcaniaeth yw: po fwyaf o gartonau y gall y cwmni eu cael ar silff, mwyaf i gyd y gall adwerthwyr eu gwerthu. Yn ail, bydd y blychau'n cynnwys cyfuniadau o lysiau yn hytrach nag un llysieuyn fel a geir mewn tuniau.

Mewn rhannau helaeth o weddill Ewrop mae marchnad llysiau tun yn tyfu. Er enghraifft, yn Ffrainc cynyddodd 20% rhwng 1998 a 2004, ac yn Sbaen dros yr un cyfnod cynyddodd 62%. Mae *Bonduelle* yn gobeithio y bydd ei gynigion newydd yn y DU yn cyffroi defnyddwyr Prydain i brynu mwy yn y categori hwn o gynnyrch.

Ffynhonnell: addaswyd o'r *Financial Times*, 15.7.2005.

Gan ddefnyddio enghraifft marchnad llysiau tun, eglurwch sut mae cwmnïau mewn marchnad oligopolaidd yn cystadlu.

Felly mae'r gromlin alw sy'n wynebu cwmni yn fwy elastig ar gyfer codiad pris nag ar gyfer gostyngiad yn y pris.

Dangosir hyn yn Ffigur 56.2. I ddechrau, OP yw'r pris. Os bydd y cwmni'n codi'r pris i OR bydd yn colli llawer mwy o werthiant nag y byddai'n ei ennill pe bai'n gostwng y pris i'r un graddau. Mae hyn yn digwydd oherwydd ymateb gwahanol y cystadleuwyr i godiadau a gostyngiadau yn y pris. Felly mae cromlin y galw yn ginciedig o amgylch y pris gwreiddiol. Os ydy cromlin y galw (h.y. cromlin y derbyniadau cyfartalog) yn ginciedig, mae cromlin y derbyniadau ffiniol yn doredig. Ar lefel cynnyrch OM, bydd naid yn y derbyniadau ffiniol rhwng codiad bach yn y pris a gostyngiad bach yn y pris (rhoddir enghraifft o hyn yng Nghwestiwn 3).

Tybir bod y cwmni'n uchafwr elw tymor byr. Felly os ydy'r pris yn OP a bod y cwmni'n cynhyrchu OM, rhaid bod cromlin y gost ffiniol yn croestorri'r derbyniadau ffiniol ar gynnyrch OM, rywle rhwng pris OT ac OW. Mae hyn yn golygu bod nifer o gromliniau cost ffiniol posibl a fyddai'n cynhyrchu'r pris OP. Gallai, er enghraifft, fod yn CFf_1 neu'n CFf_2. Tybiwch mai CFf_1 yw hi, yna pe bai cynydd yn y costau i CFf_2 ni fyddai newid yn y pris. Byddai'r oligopolydd yn amsugno'r cyfan o'r cynnydd yn y costau drwy leihau ei elw.

Mae'r ddamcaniaeth yn rhoi un esboniad o pam mae prisiau mewn oligopoli yn gymharol sefydlog. Ni fydd newidiadau yn y costau sy'n symud cromlin y gost ffiniol yn newid lefel y cynnyrch sy'n uchafu elw na'r pris uchafu elw.

Fodd bynnag, mae nifer o wendidau yn y ddamcaniaeth. Yn gyntaf, does dim esboniad o sut y cyrhaeddwyd y pris gwreiddiol, OP. Yn ail, mae'r ddamcaniaeth yn delio â chystadleuaeth ar sail pris yn unig ac mae'n anwybyddu effeithiau cystadleuaeth nad yw ar sail pris. Yn drydydd, mae'r model yn tybio ymateb penodol gan gwmnïau eraill i newid ym mhris cynnyrch cwmni. Mae'n annhebygol y bydd cwmnïau'n ymateb yn yr union un ffordd bob tro. Mae angen archwilio ystod lawer ehangach o ymatebion posibl.

Fflgur 56.2 Model y gromlin alw ginciedig

Â chromlin alw sy'n ginciedig o amgylch y pris cyfredol OP, ni fydd cynnydd na gostyngiad yn y gost ffiniol yn effeithio ar lefel y cynnyrch sy'n uchafu elw na'r pris. Felly gellir defnyddio'r model hwn i egluro sefydlogrwydd cymharol prisiau mewn marchnadoedd oligopolaidd.

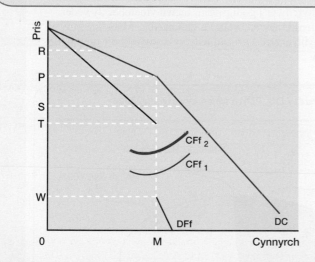

Termau allweddol

Cymysgedd marchnata – elfennau gwahanol o fewn strategaeth sydd â'r bwriad o greu galw am gynnyrch.
Oligopoli – strwythur marchnad lle mae nifer bach o gwmnïau yn y diwydiant a lle mae'r holl gwmnïau'n gyd-ddibynnol. Mae'n debygol y bydd yna rwystrau i fynediad.

Cwestiwn 3

Tabl 56.2

| | | | £ |
Cynnyrch	Derbyniadau cyfartalog	Cyfanswm y derbyniadau	Derbyniadau ffiniol
1	49	49	
			45
2	47		
3	45		
3	45		
			25
4	40		
5	35		
6	30		

(a) Cwblhewch Dabl 56.2 gan lenwi'r ffigurau coll.
(b) Plotiwch gromliniau'r derbyniadau cyfartalog a ffiniol ar graff. Cofiwch y dylai derbyniadau ffiniol yr ail uned o gynnyrch gael eu plotio ar lefel cynnyrch 1½, y drydedd uned ar 2½, ayb. Hefyd marciwch ar y graff linell fertigol ar lefel cynnyrch 3 a lluniadwch gromliniau'r derbyniadau ffiniol hyd at y llinell y naill ochr a'r llall iddi fel yn Ffigur 56.2.
(c) Pam mae cromlin y derbyniadau ffiniol yn doredig?
(d)

Tabl 56.3

Cynnyrch	Cost ffiniol (£)
	40
2	
	32
3	
	36
4	

Lluniadwch gromlin y gost ffiniol yn Nhabl 3 ar eich graff.

(e) Pam mae'r cwmni mewn cydbwysedd ar y cynnyrch 3 uned?
(f) Eglurwch beth fyddai'n digwydd i'r cynnyrch cytbwys a'r pris cytbwys pe bai'r gost ffiniol (i) yn cynyddu £4 a (ii) yn gostwng £2 ar bob lefel cynnyrch.

Economeg gymhwysol

Y farchnad halen

Mae marchnad cynhyrchu halen y DU wedi'i chrynhoi'n fawr iawn. Fel y gwelir yn Ffigur 56.4, 94% oedd y gymhareb crynhoad dau gwmni ar gyfer gwerthu halen PDV (*Pure Dried Vacuum*) a halen cywasgedig yn 2005. Yn 2004 roedd y gymhareb yn 85%. Digwyddodd y cynnydd hwn yn y crynhoi am fod cynhyrchydd mwyaf halen y DU, *British Salt*, wedi caffael y trydydd cynhyrchydd, NCSW (*New Cheshire Salt Works Limited*) yn 2004.

Mae yna rwystrau sylweddol i fynediad i'r diwydiant. Rhwystr ariannol yw un o'r rhain. Mae'r galw am halen yn gostwng ac mae gan wneuthurwyr halen presennol allu cynhyrchu gormodol yn eu ffatrïoedd presennol. Nid yw'r cwmnïau sydd eisoes yn y farchnad yn gwneud buddsoddiadau newydd sylweddol, sy'n awgrymu nad yw'r gyfradd adennill bosibl ar unrhyw fuddsoddiad yn ddigon uchel i gyfiawnhau adeiladu ffatri newydd. Mae marchnata yn rhwystr arall i fynediad. Mae cwsmeriaid presennol, fel awdurdodau lleol sy'n prynu halen i raeanu ffyrdd, cwmnïau bwyd neu ddosbarthwyr sy'n swmpbrynu ac yna'n gwerthu mewn meintiau llai, yn dueddol o fod â pherthynas hir sefydledig gyda chynhyrchydd halen unigol. Mae cwsmeriaid yn rhoi pwyslais ar ansawdd, dibynadwyedd a sicrwydd cyflenwad. Er bod pris yn ffactor wrth brynu, nid yw halen yn gost sylweddol i unrhyw ddefnyddiwr terfynol.

Nid yw mewnforion yn bwysig am ddau reswm. Yn gyntaf, mae halen yn gynnyrch gwerth isel a swmp uchel lle gall costau cludo fod yn rhan sylweddol o gyfanswm y gost. Yn ail, ni chaiff mewnforion o'r tu allan i'r Undeb Ewropeaidd eu hannog am fod toll (treth) o hyd at €2.60 ar bob tunnell fetrig o halen a fewnforir o'r tu allan i'r UE.

Er hynny, mae mewnforion yn cael effaith sylweddol ar farchnad y DU. Mae cynhyrchwyr yn y farchnad halen yn gyd-ddibynnol. Mae gweithredoedd y prif gynhyrchydd yn y farchnad, *British Salt*, yn effeithio ar werthiant yr ail gynhyrchydd, *Salt Union*. Byddai damcaniaeth economaidd yn awgrymu y bydd oligopolyddion yn gallu ennill elw annormal gan y byddai cystadlu ar sail pris yn gyfyngedig. Ym marchnad halen y DU, cyfyngir ar allu'r ddau brif gynhyrchydd halen i wthio prisiau i fyny gan brisiau mewnforion. Byddai codiadau sylweddol ym mhris halen gan y ddau brif gynhyrchydd yn arwain at golli cyfran o'r farchnad ac at gynnydd sylweddol mewn mewnforion. Mae'r prisiau cyfredol a godir yn ddigon isel i gadw mewnforion draw bron i gyd a galluogi *British Salt* a *Salt Union* i ennill o leiaf elw normal.

Mae trosfeddiannu NCSW gan *British Salt* yn dangos y problemau y mae cynhyrchwyr halen y DU yn eu hwynebu ar hyn o bryd. Roedd perchenogion NCSW wedi penderfynu cau'r cwmni erbyn 2006 oherwydd y byddai'r cynnydd yng nghostau egni a chostau eraill wedi gwneud eu ffatri sengl yn Swydd Gaer yn amhroffidiol o wybod na allent drosglwyddo'r costau uwch hyn i gwsmeriaid ar ffurf prisiau uwch. Gwnaeth *British Salt* brynu NCSW am ei fod eisiau cipio cwsmeriaid NCSW. Ar ôl prynu'r cwmni, caewyd ffatri NCSW yn Swydd Gaer a throsglwyddwyd cynhyrchu i ffatri *British Salt* yn Middlewich, lle roedd digon o allu cynhyrchu sbâr. Trwy symud cynhyrchu i Middlewich, gallai *British Salt* symud i lawr cromlin ei gost gyfartalog dymor byr, gan ostwng costau cyfartalog tymor byr. Dylai hynny fod wedi cynyddu ei broffidioldeb.

Felly gall diwydiant cynhyrchu halen y DU gael ei ystyried yn oligopolaidd. Mae'r rhwystrau i fynediad yn uchel, ond nid yn ddigon uchel i alluogi cynhyrchwyr presennol i ennill elw annormal sylweddol. Mae gallu cynhyrchwyr i godi prisiau mewn ymateb i, dyweder, gynnydd mewn costau yn gyfyngedig. Mae anhyblygrwydd prisiau felly yn nodwedd o'r farchnad hon.

Ffigur 56.3 Cyfran o'r farchnad, y DU, PDV a halen cywasgedig, 2004

AKZO (2%)
Salins du Midi (1%)
ESCO (4%)
British Salt (59%)
Salt Union (35%)
o hynny NCSW (9%)

¹ Cyfanswm y ffigurau yw 101% oherwydd talgrynnu.

Ffynhonnell: addaswyd o'r Comisiwn Cystadleuaeth, *British Salt Ltd/New Cheshire Salt Works Ltd: A report on the acquisition by British Salt Ltd of New Cheshire Salt Works Ltd*, 2005.

Cwestiwn Data — Marchnad y papurau newydd cenedlaethol

Ffigur 56.4 Cylchrediad cyfartalog papurau newydd cenedlaethol, Rhagfyr 2005

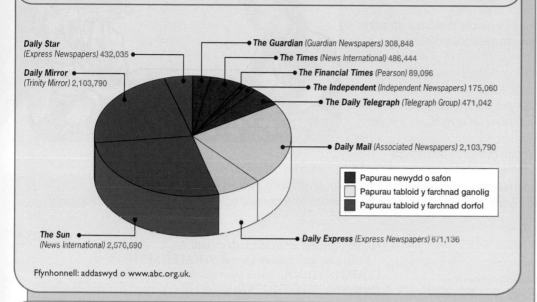

Daily Star (Express Newspapers) 432,035

Daily Mirror (Trinity Mirror) 2,103,790

The Sun (News International) 2,576,690

The Guardian (Guardian Newspapers) 308,848

The Times (News International) 486,444

The Financial Times (Pearson) 89,096

The Independent (Independent Newspapers) 175,060

The Daily Telegraph (Telegraph Group) 471,042

Daily Mail (Associated Newspapers) 2,103,790

Daily Express (Express Newspapers) 671,136

Papurau newydd o safon
Papurau tabloid y farchnad ganolig
Papurau tabloid y farchnad dorfol

Ffynhonnell: addaswyd o www.abc.org.uk.

Mae'r papurau newydd cenedlaethol yn cystadlu'n frwd â'i gilydd am werthiant. Mae pob papur newydd yn ceisio apelio at set graidd o ddarllenwyr drwy'r storïau sydd ynddynt, y duedd olygyddol a sut y cyflwynir y papur newydd. Er enghraifft, mae *The Guardian* a'r *Independent* yn apelio at ddarllenwyr addysgedig y canol a'r chwith. Mae *The Times* a *The Daily Telegraph* yn apelio at ddarllenwyr addysgedig yr asgell dde. Mae *The Sun* yn bapur newydd Torïaidd dosbarth gweithiol a'r *Daily Mirror* yn bapur newydd Llafur dosbarth gweithiol. Mae'r *Daily Mail* yn bapur newydd asgell dde sy'n ceisio ennill darllenwyr benywaidd. Mae'r rhan fwyaf o bapurau newydd yn ceisio sicrhau cael tudalennau chwaraeon o ansawdd uchel gan mai dyma'r tudalennau y bydd cwsmeriaid gwrywaidd yn aml yn troi atynt gyntaf.

Mae papurau newydd yn cystadlu mewn llawer o ffyrdd eraill hefyd. Un ffordd yw cynnig rhoddion am ddim, fel *DVDs* neu docynnau i ddigwyddiadau. Mae llawer o bapurau newydd yn cynnal cystadlaethau neu gynigion am ddisgowntiau ar nwyddau a gwasanaethau. Mae rhai papurau newydd wedi bod yn fwy llwyddiannus na'i gilydd o ran ehangu i'r Rhyngrwyd.

Mae mynediad i'r farchnad genedlaethol yn anodd. Does dim un newydd-ddyfodiad wedi goroesi ers lansiad *The Independent* yn 1986. Mae'r cyfuniad o gostau ariannol uchel ac anhawster denu darllenwyr i ffwrdd o bapurau newydd eraill yn golygu bod y rhan fwyaf o lansiadau newydd yn methu am nad ydynt yn llwyddo i fod yn broffidiol.

Ffynhonnell: addaswyd o'r *Financial Times*, 13.9.2005; *The Sunday Times*, 11.9.2005.

Yn yr 1990au cafwyd rhyfel prisiau ffyrnig rhwng papurau newydd. Gostyngodd *News International*, perchenogion *The Sun* a *The Times*, bris ei bapurau newydd er mwyn ennill cyfran o'r farchnad. Yn achos *The Times*, bu'n llwyddiannus yn cynyddu'r cylchrediad, yn rhannol ar draul *The Independent* nad oedd â'r adnoddau ariannol i ostwng ei bris a *The Daily Telegraph*. Mae cylchrediad yn bwysig am fod y rhan fwyaf o dderbyniadau papur newydd yn dod o hysbysebu yn hytrach na'r pris clawr. Po uchaf yw'r cylchrediad, uchaf i gyd yw'r prisiau hysbysebu y gellir eu codi a mwyaf i gyd o hysbysebu a ddenir at y papur. Ond mae terfyn ar faint o gylchrediad ychwanegol y gellir ei ennill o ostwng prisiau clawr. Ni fyddai darllenwyr craidd *The Guardian* yn trosglwyddo i *The Times* hyd yn oed pe bai'n chwarter y pris.

Yn 2005, wrth i *The Guardian* lansio ei fformat *Berliner* newydd, cododd *The Times* ei bris clawr o 55c i 60c, gan ennill £8 miliwn o dderbyniadau ychwanegol. Dyma gydnabyddiaeth mai un ffactor yn unig yw pris ymhlith nifer o ffactorau sy'n denu darllenwyr at bapur newydd.

Ffynhonnell: addaswyd o'r *Financial Times*, 13.9.2005; *The Sunday Times*, 11.9.2005.

Mae *The Guardian* yn mentro. Mae wedi buddsoddi £80 miliwn mewn tair gwasg argraffu newydd mewn dau safle yn nwyrain Llundain a Manceinion. Mae angen y gweisg i gynhyrchu'r papur newydd ar ei newydd wedd. Am 184 o flynyddoedd cafodd y papur ei argraffu ar fformat dalen lydan, sef yr un maint â'r *Financial Times*. O heddiw ymlaen, caiff ei argraffu ar fformat *Berliner*, sef maint llai a ddefnyddir gan y papur newydd Almaenig â'r enw hwnnw.

Nid *The Guardian* yw'r papur newydd cyntaf i newid ei faint yn ddiweddar. Newidiodd *The Independent* ac yna *The Times* i faint tabloid yn 2003 a 2004. Roedd penderfyniad *The Independent* i newid i faint tabloid (cryno) yn dacteg i wneud y papur yn fwy poblogaidd gyda darllenwyr. Mentrodd gyda'r syniad bod rhai cwsmeriaid posibl yn cael fformat dalen lydan y papurau newydd o safon yn rhy drwsgwl i'w ddarllen. Gellir dadlau ei fod yn iawn: mae gwerthiant wedi cynyddu 40,000 o'i gymharu â'i ddiwrnod olaf ar fformat dalen lydan. Mae gwerthiant *The Times* wedi cynyddu 60,000 ers iddo newid i fformat cryno.

Mae *The Guardian* yn gobeithio cynyddu ei werthiant. Mae angen hynny gan fod ci werthiant wedi gostwng 6.3% dros y flwyddyn ddiwethaf i lefel na chafwyd ers 1978.

Ffynhonnell: addaswyd o'r *Financial Times*, 13.9.2005; *The Sunday Times*, 11.9.2005.

1. Eglurwch nodweddion marchnad y papurau newydd dyddiol cenedlaethol yn y DU.
2. Gan ddefnyddio damcaniaeth oligopoli, trafodwch pam y dewisodd *The Guardian* lansio ei newydd wedd yn 2005.

Crynodeb

1. Mae damcaniaeth gemau yn archwilio ymateb un chwaraewr i newidiadau mewn strategaeth gan chwaraewr arall.
2. Mae stategaethau dominyddol yn bodoli lle gwelir mai un strategaeth sydd orau i chwaraewr beth bynnag yw strategaeth y chwaraewr arall.
3. Yn achos cydbwysedd Nash, ni all y naill chwaraewr na'r llall wella ei sefyllfa o wybod dewis y chwaraewr arall.
4. Nodweddir oligopoli gan sefydlogrwydd prisiau. Un esboniad o hyn yw bod newid pris yn strategaeth beryglus iawn i un cwmni gan y bydd yn achosi ymateb gan gwmnïau eraill.
5. Mae cystadleuaeth nad yw ar sail pris, gan gynnwys brandio, yn gyffredin mewn marchnadoedd oligopolaidd. Mae'n strategaeth sydd â llai o risg na chystadlu ar sail pris.
6. Mae cydgynllwynio'n galluogi cwmnïau oligopolaidd i symud i'w lefel fwyaf proffidiol o gynnyrch.
7. Gall y nifer mawr o strategaethau marchnad gwahanol sydd ar gael i gwmnïau oligopolaidd achosi anghydbwysedd parhaol yn y farchnad.

Speech bubble: NAWR... GOSTWNG DY BRIS DI, OS BEIDDI DI!!

Damcaniaeth gemau

Mae cyd-ddibyniaeth yn ganolog i unrhyw ddealltwriaeth o oligopoli. Bydd gweithredoedd un cwmni mawr yn y diwydiant yn effeithio'n uniongyrchol ar bob cwmni arall yn y diwydiant. Felly mae'n hanfodol mewn unrhyw ddamcaniaeth o oligopoli i ddeall natur a chanlyniadau'r ymatebion hynny.

Un arf pwerus iawn ar gyfer dadansoddi ymddygiad oligopolaidd yw DAMCANIAETH GEMAU. Mae ganddi amrywiaeth eang o gymwysiadau, o chwarae cardiau i ataliaeth niwclear. Mewn gêm mae'r chwaraewyr yn gyd-ddibynnol. Mae'r symudiad gorau i chwaraewr yn dibynnu ar sut y bydd y chwaraewyr eraill yn ymateb.

Strategaethau dominyddol

Ystyriwch Dabl 57.1 sy'n dangos MATRICS CANLYNIADAU (*payoff matrix*). Dim ond dau gwmni sydd yn y diwydiant (mae'n DDEUOPOLI). Mae gan bob cwmni ddwy strategaeth. Gall naill ai godi pris ei gynnyrch neu ei adael yn ddigyfnewid. Mae'r ffigurau yn y blychau yn cynrychioli canlyniadau rhyngweithiad strategaethau gan y ddau gwmni. Yn yr achos hwn y canlyniadau yw'r newid mewn elw i gwmni A (mewn glas) a chwmni B (mewn coch) a fyddai'n deillio o bob strategaeth.

Pa strategaeth y dylai cwmni A ei defnyddio? Mae cwmni A yn well ei fyd yn codi ei bris pa strategaeth bynnag y bydd cwmni B yn dewis ei defnyddio.

- Os ydy cwmni B yn dewis codi ei bris, bydd cwmni A yn gwneud £5 miliwn yn ychwanegol os bydd yn codi ei bris ef hefyd, o'i gymharu â £2 filiwn yn unig o elw ychwanegol os bydd yn gadael ei bris yn ddigyfnewid.
- Os ydy cwmni B yn dewis gadael ei bris yn ddigyfnewid, gallai cwmni A wneud £3 miliwn yn ychwanegol o elw drwy godi ei bris. Os bydd yn gadael ei bris yn ddigyfnewid a bod cwmni B yn gwneud yr un fath, ni fydd yn gwneud dim elw ychwanegol o gwbl.

Pa strategaeth y dylai cwmni B ei defnyddio? Byddai cwmni B yn dewis codi ei bris pa strategaeth bynnag y bydd cwmni A yn ei defnyddio. Gallai naill ai ennill £5 miliwn neu £1 filiwn o elw ychwanegol pe bai'n codi ei bris. Pe bai'n gadael pris yn ddigyfnewid, y symiau cyfatebol fyddai £3 miliwn a

£0, yn dibynnu ar strategaeth cwmni A.

Felly mae gan y ddau gwmni STRATEGAETH DDOMINYDDOL. Ystyr strategaeth ddominyddol yw un strategaeth sydd orau i chwaraewr beth bynnag fydd strategaeth y chwaraewr arall. Mae rhyngweithiad y strategaethau dominyddol hyn yn Ffigur 57.1 yn arwain at gydbwysedd. Mae er lles mwyaf y ddau gwmni i godi pris, gyda chanlyniad a ddangosir yn y blwch chwith uchaf yn Nhabl 57.1. Mae'n gydbwysedd am nad oes cymhelliad i'r naill gwmni na'r llall ailystyried ei benderfyniad. Mae'r ddau'n well eu byd nag o'r blaen ac ni allai'r naill na'r llall symud i flwch arall lle byddai'n well byth.

Tabl 57.1 Strategaethau dominyddol

		Cwmni B	
		Codi pris	Pris yn ddigyfnewid
Cwmni A	Codi pris	+£5m/+£5m	+£3m/+£3m
	Pris yn ddigyfnewid	+£2m/+£1m	£0/£0

Cydbwysedd Nash

Dydy cydbwysedd strategaethau dominyddol ddim yn digwydd yn aml. Yn y rhan fwyaf o gemau, bydd y strategaeth orau i un cwmni yn dibynnu ar ba strategaeth y bydd y cwmni arall yn ei defnyddio. Ystyriwch Dabl 57.2. Mae hwn yn dangos dau gwmni sydd â dwy strategaeth: gostwng pris neu adael pris yn ddigyfnewid.

Tybiwch fod cwmni B yn dewis gostwng ei bris. Beth fyddai'r strategaeth orau i gwmni A? Os bydd yn gostwng ei bris hefyd, bydd yn cynyddu ei elw £5 miliwn. Ond os bydd ei bris yn ddigyfnewid, bydd elw'n gostwng £2 filiwn. Felly y strategaeth orau i gwmni A os ydy cwmni B yn dewis gostwng ei bris yw gostwng ei bris ef hefyd.

Beth yw'r strategaeth orau i gwmni B os ydy cwmni A yn dewis gostwng ei bris? Byddai gostwng ei bris ef hefyd yn cynyddu ei elw £2 filiwn, tra byddai cadw ei bris yn ddigyfnewid yn achosi i'w elw ostwng £1 filiwn. Felly strategaeth optimaidd cwmni B yw gostwng ei bris.

Yn Nhabl 57.2 mae sefyllfa lle mae'r ddau gwmni yn gostwng eu prisiau yn GYDBWYSEDD NASH, a enwyd ar ôl John Nash, mathemategydd o UDA a luniodd y gosodiad hwn yn 1951. Mewn cydbwysedd Nash, ni all y naill chwaraewr na'r llall wella ei sefyllfa o wybod dewis y chwaraewr arall. Mae'n gydbwysedd am nad oes gan y naill chwaraewr na'r llall gymhelliad i newid ei ddewis o strategaeth o wybod y strategaeth a ddewiswyd gan y chwaraewr arall.

Fodd bynnag, mewn matrics canlyniadau gall fod mwy nag un cydbwysedd Nash. Yn Nhabl 57.2, mae sefyllfa lle mae'r ddau gwmni'n gadael eu prisiau'n ddigyfnewid yn gydbwysedd Nash. Pe bai cwmni A yn gadael ei bris yn ddigyfnewid, byddai cwmni B yn waeth ei fyd pe bai'n gostwng ei bris. Yn yr un modd, byddai cwmni A yn waeth ei fyd drwy ostwng ei bris pe bai cwmni B yn dewis y strategaeth o adael pris yn ddigyfnewid. Hefyd, mewn matrics canlyniadau efallai na fydd dim cydbwysedd Nash os bydd cwmnïau'n cadw at un dewis (a elwir yn **strategaeth bur**). Fodd bynnag, dangosodd John Nash fod gan bob gêm gydbwysedd Nash os nad ydy chwaraewyr yn defnyddio'r un strategaeth bob amser (maen nhw'n defnyddio **strategaeth gymysg**). Felly gallai cwmni weithiau ostwng ei bris ac weithiau cadw ei bris yn ddigyfnewid.

Tabl 57.2 Cydbwysedd Nash

		Cwmni B	
		Gostwng pris	Pris yn ddigyfnewid
Cwmni A	Gostwng pris	+£5m/+£2m	-£1m/-£1m
	Pris yn ddigyfnewid	-£2m/-£1m	£0/£0

Sefydlogrwydd prisiau

Un nodwedd a welir yn aml mewn oligopoli yw sefydlogrwydd prisiau. Mae cwmnïau'n cadw prisiau sefydlog dros dymor prisio a all amrywio o 6 mis i sawl blwyddyn. Gall sefydlogrwydd prisiau fod yn strategaeth resymol i oligopolyddion.

Os ydy cwmni oligopolaidd yn codi ei bris, mae yna risg o golli cyfran o'r farchnad os na fydd ei gystadleuwyr yn gwneud yr un fath. Gallai cyfran is o'r farchnad arwain at elw is ac, os gostyngir cyllidebau buddsoddiant ac ymchwil a datblygu, at lai o allu i gystadlu yn y tymor hir.

Os yw'n gostwng ei bris, mae yna risg o ddechrau rhyfel prisiau. Gallai maint y farchnad ehangu wrth i ddefnyddwyr brynu mwy o gynhyrchion y diwydiant. Ond efallai y bydd y buddion ar ffurf mwy o werthiant yn cael eu gorbwyso gan golledion yn y derbyniadau o ganlyniad i brisiau is. Gallai'r holl gwmnïau yn y diwydiant weld gostyngiadau sydyn yn eu helw wrth iddynt frwydro â'i gilydd. Yn y pen draw bydd yn rhaid i brisiau godi eto i adfer proffidioldeb a gallai'r cwmni a ddechreuodd y rhyfel prisiau fod wedi colli cyfran o'r farchnad.

Felly mae newid prisiau yn strategaeth sydd â risg. Pan fydd prisiau'n newid, bydd yr holl gwmnïau yn tueddu i newid eu prisiau yn ôl yr un ganran. Er enghraifft, mae cynnydd yng nghyfradd llog un gymdeithas adeiladu fawr yn tueddu i arwain at gynnydd yng nghyfraddau llog yr holl gymdeithasau adeiladu. Fel arfer caiff codiad ym mhrisiau petrol gan un cwmni ei ddilyn gan y cyflenwyr petrol eraill.

Gellir defnyddio damcaniaeth gemau i egluro hyn. Ystyriwch Dabl 57.3. Dim ond dau gwmni sydd yn y diwydiant ac mae gan bob

cwmni ddwy strategaeth. Gall naill ai godi pris ei gynnyrch neu ei adael yn ddigyfnewid. Mae'r rhifau yn y matrics canlyniadau yn dangos sut y bydd elw'n newid os bydd y ddau gwmni'n defnyddio strategaethau penodol. Mae Ffigur 57.3 yn dangos math arbennig o gêm, sef GÊM SWM SERO. Mewn gêm swm sero, mae enillion un chwaraewr yn hafal i golledion y chwaraewr arall. Pan fydd yr enillion a'r colledion yn cael eu hadio, y cyfanswm yw sero bob tro.

Nid oes gan gwmni A strategaeth ddominyddol. Pe bai cwmni B yn codi ei bris, byddai'n well gan gwmni A godi ei bris hefyd gan y bydd yn gallu cynyddu elw £10 miliwn. Ond pe bai cwmni B yn gadael ei bris yn ddigyfnewid, byddai'n well gan gwmni A adael ei bris yn ddigyfnewid hefyd.

Felly, pa strategaeth y dylai cwmni A ei dilyn? Un strategaeth resymegol fyddai isafu risg. Gelwir hyn yn strategaeth **uchisafrif** (*maximin*). Yn y strategaeth hon mae'r cwmni'n ceisio uchafu lleiafswm yr enillion y gall eu cael. Os ydy cwmni A yn codi ei bris,

Tabl 57.3 Gêm swm sero sy'n arwain at sefydlogrwydd prisiau

		Cwmni B	
		Codi pris	Pris yn ddigyfnewid
Cwmni A	Codi pris	+£10m/-£10m	-£2m/+£2m
	Pris yn ddigyfnewid	+£1m/-£1m	£0/£0

Tabl 57.4

		Cwmni B	
		Gostwng pris	Pris yn ddigyfnewid
Cwmni A	Gostwng pris	-£10m/-£20m	+£5m/-£27m
	Pris yn ddigyfnewid	-£13m/+£5m	0

Cwestiwn 1

Mae'r prif gymdeithasau adeiladu yn tueddu i symud eu cyfraddau llog ar gynilion a morgeisiau yr un pryd, fel arfer ar ôl newid yng nghyfraddau sylfaenol y banciau, sef y gyfradd llog y mae banciau'n strwythuro eu cyfraddau ar gyfer cynilion a benthyciadau o'i hamgylch. O bryd i'w gilydd, mae'r cymdeithasau adeiladu wedi ymateb i bryderon y llywodraeth gan gadw rhag codi cyfraddau llog i fenthycwyr morgeisiau pan fo banciau wedi cynyddu eu cyfraddau nhw. Y canlyniad fu llif o arian o'r cymdeithasau adeiladu i'r banciau wrth i gynilwyr symud eu harian i fanteisio ar gyfraddau llog uwch. Hefyd, ar adegau fel hyn, mae cymdeithasau adeiladu wedi tueddu i gynyddu eu cyfran nhw o'r farchnad forgeisiau ar draul y banciau. Cyn rhy hir mae'r cymdeithasau adeiladu wedi cael eu gorfodi i godi eu cyfraddau llog er mwyn denu'r cynilion yn ôl i gwrdd â'r galw am fenthyciadau morgais.

Defnyddiwch ddamcaniaeth gemau i egluro pam mae cymdeithasau adeiladu yn tueddu i symud eu cyfraddau llog yn unol â'i gilydd ac yn unol â chyfraddau llog y banciau.

y senario gwaethaf yw y bydd cwmni B yn gadael ei bris yn ddigyfnewid. Bydd hynny'n arwain at golled o £2 filiwn i gwmni A. Pe bai cwmni A yn hytrach yn dewis gadael ei bris yn ddigyfnewid, y gwaethaf a all ddigwydd yw na fydd dim newid yn ei elw. Felly i isafu ei risg bydd yn dewis gadael ei bris yn ddigyfnewid.

Bydd cwmni B yn dewis gadael ei bris yn ddigyfnewid hefyd os yw'n dilyn strategaeth uchisafrif. Os bydd yn codi ei bris, ei senario gwaethaf yw y bydd cwmni A yn codi ei bris ef hefyd a bydd yn colli £10 miliwn o elw. Os bydd yn cadw ei bris yn ddigyfnewid, ar y gwaethaf ni fydd dim newid yn ei elw.

Felly bydd y ddau gwmni, wrth ddilyn strategaeth uchisafrif, yn gadael eu pris yn ddigyfnewid. Mae hwn yn ddatrysiad cytbwys am nad oes dim cymhelliad i'r naill gwmni na'r llall newid ei strategaeth. Mae'n sefyllfa o gydbwysedd Nash am na all y naill gwmni na'r llall wella ei sefyllfa o wybod dewis y chwaraewr arall.

Nawr ystyriwch Dabl 57.4 sy'n dangos gêm lle mae gan ddau gwmni sy'n cystadlu â'i gilydd ddewis rhwng gostwng eu prisiau a'u gadael nhw'n ddigyfnewid.

Mae'n amlwg o'r tabl ei bod hi er lles y ddau i adael prisiau'n ddigyfnewid. Pe bai un cwmni'n penderfynu gostwng ei bris er mwyn ennill cyfran o'r farchnad, byddai'r cwmni arall yn cael gostyngiad mawr yn ei elw. Er enghraifft, byddai cwmni A yn colli £13 miliwn o elw pe bai'n gadael ei bris yn ddigyfnewid pan fyddai cwmni B yn gostwng ei bris. Byddai'n well ganddo ostwng ei bris ef hefyd a chyfyngu'r gostyngiad mewn elw i £10 miliwn. Mae'r un fath yn wir am gwmni B. Pe bai'n gostwng ei bris ac na fyddai cwmni A yn ymateb, byddai'n cynyddu ei elw. Ond pe bai cwmni A yn ymateb drwy ostwng ei bris ef hefyd, byddai rhyfel prisiau yn digwydd gyda chanlyniadau trychinebus i'r ddau gwmni.

Mae llawer o economegwyr wedi dadlau bod cwmnïau'n osgoi risg (maen nhw'n 'casáu risg'). Mae cystadleuaeth yn cynnwys risg bob amser, ac mae hynny'n arbennig o wir am strategaethau sy'n ceisio gostwng cyfran cystadleuwyr o'r farchnad a'u helw. 'Yr elw monopoli gorau yw bywyd tawel,' dadleuodd J R Hicks (1935).

Cystadleuaeth nad yw ar sail pris

Un o nodweddion oligopoli yw diffyg cystadleuaeth ar sail pris. Gall rhyfeloedd prisiau fod yn niweidiol iawn i gwmnïau mewn diwydiant oligopolaidd. Felly mae cwmnïau'n dewis cystadlu mewn

ffyrdd eraill ar wahân i bris. Er enghraifft, mae ymgyrch hysbysebu gan gwmni A yn debygol o fod yn gyfyngedig o ran cost a gall gynyddu ei gyfran o'r farchnad. Efallai y bydd cwmnïau eraill yn y diwydiant yn ymateb drwy lansio'u hymgyrchoedd hysbysebu eu hunain, ond mae gobaith rhesymol na fydd ymgyrchoedd hysbysebu'r cystadleuwyr cystal efallai, a hefyd gallai hysbysebu ehangu'r farchnad gyfan. Y wobr i gwmni A fydd cynnydd bach yn ei gyfran o'r farchnad ac, yn ôl pob tebyg, yn ei elw. Ni fydd cwmnïau eraill, fodd bynnag, yn cael ergyd rhy wael ac felly ni fyddant yn gwneud dim byd drastig a allai effeithio ar broffidioldeb pob cwmni yn y diwydiant. Ar y llaw arall, gall ymgyrch cwmni A ôl-danio os bydd yn cwmni arall yn lansio ymgyrch hysbysebu sy'n fwy llwyddiannus. Ond mae'r golled bosibl yn annhebygol o fod yn fawr iawn.

Mae hyn yn awgrymu y gallai cwmnïau mewn oligopoli gadw rhag ceisio gyrru eu prif gystadleuwyr allan o'r farchnad. Byddai hynny'n strategaeth beryglus iawn a allai achosi mai nhw eu hunain fyddai'n dioddef. Yn hytrach mae oligopolyddion yn cyfyngu ar gystadleuaeth er mwyn cyfyngu ar y risgiau i'w cyfrannau nhw o'r farchnad a'u helw nhw.

Hefyd mae cystadleuaeth nad yw ar sail pris yn fodd grymus iawn o rwystro cystadleuwyr posibl – cwmnïau a allai fynd i mewn i'r diwydiant. Trafodir hyn ymhellach isod.

Brandio

Mae cyd-ddibyniaeth yn cyfyngu ar allu cwmnïau oligopolaidd i ecsbloetio marchnadoedd er eu lles nhw eu hunain. Yn ddelfrydol,

Tabl 57.5

		Cwmni B	
		Pris isel	Pris uchel
Cwmni A	Pris isel	£15m/£10m	£25m/£5m
	Pris uchel	£10m/£20m	£20m/£25m

Mae llyfrau comics Americanaidd yn farchnad gloer *(niche)* fach yn y farchnad gylchgronau yn y DU sy'n llawer mwy ei maint. Yn 1994 roedd tri chwmni'n dominyddu'r farchnad gloer. Roedd *Marvel Comics,* sy'n cyhoeddi *Spider-man, The Fantastic Four* a *The X-Men,* yn dal 40% o'r farchnad. Roedd *DC Comics,* cyhoeddwyr llyfrau comics sy'n cynnwys *Superman* a *Batman,* yn dal 30% o'r farchnad, Yn olaf, roedd *Image Comics,* cyhoeddwyr *Spawn* a *Youngblood,* yn dal 24% o'r farchnad.

Does dim cystadleuaeth go iawn ar sail pris. Mae prisiau llyfrau comics wedi'u gosod mewn cymhariaeth â phrisiau llyfrau comics sy'n cystadlu â nhw. Yn hytrach mae llyfrau comics yn cystadlu ar sail cryfder eu storïau a'u cymeriadau. Mae rhoddion am ddim, argraffiadau arbennig a nofelau graffig yn helpu i gadw cwsmeriaid presennol yn deyrngar neu i ddenu cwsmeriaid newydd.

Hyd at 1992 bu'r farchnad yn ddeuopoli fwy neu lai, gyda *DC Comics* a *Marvel Comics* yn rhannu'r gwerthiant rhyngddynt. Roedd llawer o rai eraill wedi ceisio eu sefydlu eu hunain, ond nid oedd ganddynt y wybodaeth na'r arian i greu amrywiaeth o lyfrau comics a allai gystadlu â'r ddau gwmni mawr. Fodd bynnag, yn 1992 fe wnaeth grŵp o arlunwyr ymadael â *Marvel Comics* i gychwyn yr *Image Comics* llwyddiannus. Llwyddon nhw i'w sefydlu eu hunain am ddau reswm.

Roedd arlunwyr *Image* wedi ennill enw da iawn trwy eu gwaith yn *Marvel.* Denodd y 'grŵp craidd' hwn o arlunwyr nifer mawr o ddefnyddwyr i brynu llyfrau comics newydd *Image* ac roedden nhw'n gallu creu cymeriadau newydd oedd yn apelio at ddefnyddwyr ar unwaith. Hefyd roedd hyrwyddo dwys o'r cynhyrchion gan y cwmni yn ffactor pwysig o ran creu gwerthiant.

Ar droad yr unfed ganrif ar hugain roedd y sefyllfa fwy neu lai yr un fath ag yn 1994. Roedd *Marvel Comics* a *DC Comics* rhyngddynt yn dal 77% o'r farchnad. Cyfran *Image Comics* o'r farchnad oedd 13%. Fodd bynnag, erbyn 2005 roedd y farchnad wedi'i dominyddu bron yn llwyr gan *Marvel* a *DC Comics.*

(a) Sut mae cyhoeddwyr llyfrau comics Americanaidd yn sefydlu delwedd frand?

(b) Defnyddiwch ddamcaniaeth gemau i awgrymu pam na gynhaliodd *Marvel Comics* a *DC Comics* ryfel prisiau i yrru *Image Comics* allan o'r farchnad yn 1992 ac 1993.

(c) Pam y gallai damcaniaeth gemau awgrymu ei bod hi'n werth chweil i gwmni dalu mwy i weithwyr allweddol na'r gyfradd gyfredol am y swydd?

hoffai cwmnïau oligopolaidd eu troi eu hunain yn fonopolyddion â rheolaeth lwyr ar eu marchnadoedd. Un ffordd o wneud hyn yw trwy greu brandiau cryf. Mae brand cryf â dwy fantais i gynnyrch.

- Does fawr ddim amnewidion da am frand cryf ym marn y prynwr. Felly mae'r cwmni'n gallu codi pris premiwm (pris cymharol uchel am y nwydd) ac ennill elw monopoli ar y nwydd heb weld gostyngiad rhy fawr yn y galw amdano.
- Mae'n anodd iawn i gystadleuwyr herio rhagoriaeth y brand. Er enghraifft, mae *Kellogg's Corn Flakes*, barrau siocled *Mars*, a cheir *Jaguar* i gyd â galw sefydlog ar brisiau premiwm yn y tymor byr. Yn y tymor hir gall chwaeth newid neu gall brandiau cryf newydd ymddangos. Ond hyd yn oed wedyn gall hen frandiau, fel *Ovaltine*, *Horlicks* neu bwdin reis *Ambrosia*, barhau i fod yn broffidiol i'w perchenogion, gyda phrisiau premiwm o hyd ar werthiant is ond heb fawr ddim neu ddim costau datblygu.

Mae brandiau cryf yn anodd eu creu. Dyna pam mae'n well gan lawer o gwmnïau drosfeddiannu cwmnïau eraill a'u brandiau am brisiau uchel iawn na cheisio sefydlu brandiau newydd. I sefydlu brand newydd, rhaid i gwmni fel arfer gynhyrchu cynnyrch arloesol (gallai arloesol olygu unrhyw beth o newid lliw neu arogl cynnyrch i ddyfais dechnolegol chwyldroadol) ac yna ei farchnata'n effeithiol. Mae cyfradd methiant brandiau newydd mewn rhai marchnadoedd fel bwyd a melysion yn gallu bod mor uchel â bron 100%. O gofio hynny, nid yw'n syndod y byddai cwmni'n fodlon talu miliynau o bunnoedd am frand sefydledig yn hytrach na chyflogi gweithwyr ymchwil i ddyfeisio cynhyrchion newydd.

Cydgynllwynio

Ffordd arall y gall oligopolydd ei droi ei hun yn fonopolydd yw trwy gydgynllwynio â chwmnïau eraill. Mewn marchnadoedd sydd heb eu rheoleiddio gan y llywodraeth, mae tuedd gref i gwmnïau gydgynllwynio (h.y. ymuno â'i gilydd a gweithredu fel petaent yn gwmni sengl). Roedd cartelau ac arferion gwrthgystadleuol (☞ uned 65) yn arferol yn niwydiant gweithgynhyrchu Prydain cyn i arferion o'r fath gael eu gwneud yn anghyfreithlon yn yr 1950au.

Gall damcaniaeth gemau ein helpu i ddeall pam fod hyn yn wir. Ystyriwch Dabl 57.5. Mae'r ffigurau'n dangos yr elw sydd i'w ennill gan ddau gwmni, A a B, yn dibynnu ar p'un ai eu bod yn defnyddio strategaeth pris uchel neu bris isel. Hoffai cwmni A, sydd â'i ffigurau elw yn las, ddefnyddio strategaeth pris isel yn gwrthwynebu strategaeth pris uchel ei gystadleuydd. Byddai hynny'n arwain at elw o £25 miliwn. Ond gall weld na fyddai cwmni B yn caniatáu sefyllfa o'r fath gan mai dim ond £5 miliwn fyddai ei elw ef. Fodd bynnag, byddai strategaeth pris uchel i gwmni A yn waeth gan y byddai'n wynebu gwneud yr elw isaf posibl, sef £10 miliwn, pe bai cwmni B yn dewis defnyddio strategaeth pris isel. Felly bydd cwmni A yn dewis strategaeth pris isel, gan obeithio y bydd cwmni B yn defnyddio strategaeth pris uchel, ond yn fwy realistig gan wybod y bydd hwnnw'n defnyddio strategaeth pris isel hefyd. Yna bydd cwmni A yn gwneud elw o £15 miliwn – y lleiafswm elw uchaf y gall ei wneud.

Bydd cwmni B yn defnyddio strategaeth pris isel hefyd. Er ei fod yn gallu ennill £25 miliwn o elw o strategaeth pris uchel os bydd cwmni A hefyd yn mynd am strategaeth pris uchel, mae'n cymryd y risg o wneud £5 miliwn yn unig os bydd cwmni A yn mynd am bris isel. Felly bydd yn uchafu lleiafswm ei elw o £10 miliwn ac yn mynd am strategaeth pris isel. Y canlyniad yw bod y ddau gwmni'n defnyddio strategaethau pris isel am eu bod yn ofni ymateb eu cystadleuwyr. Bydden nhw wedi bod lawer yn well eu byd pe bydden nhw ill dau wedi defnyddio strategaethau pris uchel. Yr unig

ffordd i fynd i mewn i 'flwch' y prisiau uchel yw i'r ddau gwmni ddod i ryw fath o ddealltwriaeth na fyddan nhw'n defnyddio strategaethau pris isel (h.y. rhaid iddyn nhw gydgynllwynio).

Mae'r ffigurau yn Nhabl 57.5 yn enghraifft o'r hyn a elwir yn BENBLETH Y CARCHARORION. Yn lle elw defnyddir dedfrydau carchar ac yn lle prisiau defnyddir pledio'n euog neu'n ddi-euog. Os bydd y ddau garcharor, a gedwir ar wahân mewn celloedd gwahanol, yn pledio'n ddi-euog, cân nhw eu rhyddhau oherwydd diffyg tystiolaeth. Ond os bydd un carcharor yn pledio'n euog, bydd yn cael dedfryd llai a bydd y llall yn cael dedfryd trymach. Os bydd y ddau'n pledio'n euog byddan nhw'n cael dedfrydau trwm. Pe bydden nhw'n gallu dod at ei gilydd (h.y. cydgynllwynio), bydden nhw'n dewis pledio'n ddi-euog. Ond ar wahân ni all y naill garcharor ymddiried yn y llall. Felly mae'r ddau'n dewis pledio'n euog ac mae'r ddau'n dioddef.

Fel arfer mae cartelau'n ansefydlog oherwydd y byddai fel rheol yn llesol i un o'r chwaraewyr pe bai'n ceisio twyllo'r llall ynghylch y cytundeb. Yn Nhabl 57.5 tybiwch fod y ddau gwmni'n cydgynllwynio ac yn cytuno i godi pris uchel. I gwmni B, y ddau gwmni'n codi prisiau uchel yw'r canlyniad gorau y gallai ei gael, sef elw o £25 miliwn. Ond i gwmni A byddai'n well pe bai'n gallu gostwng ei brisiau cyhyd ag y byddai cwmni B yn cadw ei brisiau'n uchel. Byddai gostwng prisiau yn cynyddu ei werthiant a'i gyfran o'r farchnad. Mae Tabl 57.5 yn awgrymu y gallai cwmni A gynyddu ei elw o £20 miliwn i £25 miliwn drwy werthu mwy am bris is. Mae gwahanol ffyrdd y gallai 'dwyllo'. Gallai gynnig disgowntiau cudd i gwsmeriaid. Gallai ostwng prisiau yn agored ond honni mai'r eithriad oedd y disgowntiau hyn yn hytrach na'r arfer.

Mae'r posibilrwydd o dwyllo yn golygu bod yn rhaid i'r chwaraewyr hynny sydd â'r mwyaf i'w golli o dwyllo allu gorfodi'r rheolau a gytunwyd gan y cartel. Er enghraifft, roedd *OPEC* yn yr 1980au a'r 1990au yn cael trafferth gyda rhai gwledydd oedd yn twyllo ynghylch eu cytundebau. Gorfodwyd prisiau uchel drwy gwotâu cynhyrchu cytunedig. Yn y trafodaethau roedd gwledydd yn sicrhau uchafswm ar gyfer lefel cynhyrchu eu diwydiant olew nhw. Ond roedd rhai gwledydd yn gyson yn cynhyrchu mwy na'u huchafswm. Byddai hynny'n gostwng pris byd-eang olew. Ond roedd y wlad oedd yn twyllo yn dal yn well ei byd am fod elw'n uwch o werthu mwy am bris ychydig yn is nag o werthu llai am bris uwch. Yn 1986 roedd Saudi Arabia, a dueddai i gytuno i ostyngiadau mewn cynhyrchu yng nghyfarfodydd *OPEC* i gynnal pris olew, wedi cynyddu ei chynhyrchu yn sydyn. Gostyngodd prisiau yn ddirfawr ac roedd holl aelodau *OPEC* yn waeth eu byd. Strategaeth Saudi Arabia oedd cosbi gwledydd *OPEC* oedd yn twyllo. Wedyn gostyngodd ei chynhyrchu er mwyn codi prisiau olew. Ond roedd wedi dangos beth allai ddigwydd i rai oedd yn twyllo pe bydden nhw'n gwrthod ufuddhau i reolau'r cartel. O 1986 gwelodd aelodau eraill *OPEC* bod gweithredoedd Saudi Arabia yn FYGYTHIAD CREDADWY. Ystyr bygythiad credadwy yw ffordd o weithredu y bydd chwaraewyr eraill mewn gêm yn credu y bydd chwaraewr arall yn ei chyflawni os byddan nhw'n parhau i ddilyn strategaethau sy'n groes i les y chwaraewr hwnnw.

Opsiynau amlgwmni, amlstrategaeth

Hyd yma dim ond sefyllfaoedd â dau gwmni a dwy strategaeth a drafodwyd. Cyrhaeddwyd set gytbwys o strategaethau sy'n arwain at sefydlogrwydd yn y farchnad. Fodd bynnag, mae yna lawer o gemau sy'n arwain at anghydbwysedd, lle na all y chwaraewyr ddilyn strategaethau sefydlog. Bydd symudiad gan un cwmni yn arwain at newid strategaeth y cwmni arall ac yn y blaen.

Hefyd dim ond sefyllfaoedd â dau gwmni a dwy strategaeth a drafodwyd. Yn y byd go iawn mae'n

Cwestiwn 3

Yn 2005 synnwyd 50 o'r prif ysgolion bonedd ym Mhrydain pan gawson nhw eu hysbysu gan Swyddfa Masnachu Teg eu bod yn torri deddf cystadleuaeth ac yn wynebu dirwyon â chyfanswm posibl o filiynau o bunnoedd. Oddi ar 1997 roedd ysgolion o Goleg Ampleforth, Coleg Eton, Ysgol Millfield a Choleg Westminster i Ysgol Worth wedi cymryd rhan mewn arolwg a alwyd yn 'Arolwg Sevenoaks'. Rhwng Chwefror a Mehefin bob blwyddyn, rhoddodd yr ysgolion dan sylw fanylion am y cynnydd arfaethedig yn eu ffioedd a lefelau arfaethedig eu ffioedd am y flwyddyn academaidd a ddechreuai ym mis Medi. Yna byddai Ysgol Sevenoaks yn coladu'r wybodaeth honno ac yn ei chylchredeg, ar ffurf tablau, i'r ysgolion perthnasol. Byddai'r wybodaeth yn y tablau yn cael ei diweddaru a'i chylchredeg rhwng pedair a chwe gwaith bob blwyddyn wrth i ysgolion ddatblygu eu cynigion ynghylch cynyddu ffioedd yn ystod eu prosesau cyllidebol blynyddol. Roedd Swyddfa Masnachu Teg yn ystyried bod 'y cyfnewid rheolaidd a systematig hwn o wybodaeth gyfrinachol ynghylch cynnydd arfaethedig mewn ffioedd yn wrthgystadleuol ac yn peri bod ffioedd uwch yn cael eu codi ar rieni nag a fyddai'n wir fel arall.'

Mae rhieni sy'n anfon eu plant i'r ysgolion bonedd hyn yn annhebygol o wneud dewisiadau ar sail gwahaniaeth o ychydig o gannoedd o bunnoedd mewn ffioedd ysgol pan fo'r ffioedd blynyddol ar gyfer disgyblion preswyl erbyn hyn yn fwy na £20 000 yn nodweddiadol. Ond yn aml bydd ysgolion yn cyfiawnhau cynnydd mewn ffioedd drwy nodi bod ysgolion tebyg yn codi £X yn fwy eleni. Gyda'r galw'n bris anelastig iawn, byddai peidio â chynyddu ffioedd o leiaf i'r un graddau â chynnydd cyfartalog ffioedd mewn ysgolion tebyg yn golygu colli derbyniadau yn ddiangen.

Ffynhonnell: addaswyd o www.oft.gov.uk

Defnyddiwch ddamcaniaeth gemau i awgrymu pam fod y 50 ysgol yn ei chael hi'n llesol i gyfnewid gwybodaeth am lefel arfaethedig eu ffioedd am y flwyddyn academaidd nesaf. Yn eich ateb, cymharwch sefyllfa lle byddai ysgol yn cynyddu ei ffioedd yn ôl y cyfartaledd ar gyfer yr ysgolion eraill a sefyllfa lle byddai'n cynyddu ei ffioedd lai na'r cyfartaledd.

---

debygol y bydd mwy na dau gwmni yn y diwydiant ac y bydd gan bob un ohonynt fwy na dau opsiwn o ran polisi. Yn Nhabl 57.6 dangosir gêm swm sero â chwe pholisi ar gyfer dau gwmni. Mae 36 (6 × 6) o ddatrysiadau posibl gwahanol i'r gêm hon. Pe bai 3 chwmni yn y diwydiant byddai nifer y datrysiadau posibl yn codi i 216 (6 × 6 × 6).

Felly, mae damcaniaeth gêmau yn rhagfynegi bod nifer mawr o ganlyniadau posibl gwahanol mewn sefyllfa oligopolaidd. A derbyn y nifer mawr iawn hwn, efallai nad yw'n syndod bod theori economaidd wedi'i chael hi'n anodd darparu un model unedig a fyddai'n egluro penderfyniadau pris a chynnyrch yn y diwydiant.

Tabl 57.6 Gêm swm sero â chwe strategaeth wahanol

			Cwmni B					
			Pris			Gwariant hysbysebu		
			Codi	Gostwng	Digyfnewid	Codi	Gostwng	Digyfnewid
Cwmni A	Pris	Codi	£10m	-£5m	-£10m	£2m	-£1m	-£2m
		Gostwng	£2m	-£1m	-£4m	-£1m	£2m	£1m
		Digyfnewid	£3m	-£5m	0	£2m	-£4m	0
	Gw. hys.	Codi	-£1m	£7m	£5m	£3m	-£5m	-£1m
		Gostwng	£2m	-£3m	-£5m	£4m	-£2m	-£1m
		Digyfnewid	£2m	-£2m	0	£3m	-£1m	0

Termau allweddol

Bygythiad credadwy – gweithredu y mae chwaraewyr mewn gêm yn credu y bydd chwaraewr arall yn ei gyflawni os byddan nhw'n dal i ddilyn strategaethau sy'n groes i les y chwaraewr hwnnw.

Cydbwysedd Nash – mewn damcaniaeth gemau, lle na all y naill chwaraewr na'r llall wella ei sefyllfa o wybod dewis y chwaraewr arall; mae'n gydbwysedd am nad oes gan y naill chwaraewr na'r llall gymhelliad i newid ei ddewis o strategaeth o wybod y strategaeth a ddewiswyd gan y chwaraewr arall.

Damcaniaeth gemau – dadansoddiad sefyllfaoedd lle mae chwaraewyr yn gyd-ddibynnol.

Deuopoli – diwydiant lle mae dau gwmni yn unig.

Gêm swm sero – gêm lle mae enillion un chwaraewr yn cael eu gwrthbwyso'n union gan golled chwaraewyr eraill.

Matrics canlyniadau – mewn damcaniaeth gemau, mae'n dangos canlyniadau gêm i'r chwaraewyr a derbyn gwahanol strategaethau posibl.

Oligopoli anghydgynllwynol neu gystadleuol – lle mae cwmnïau oligopolaidd yn cystadlu â'i gilydd a does dim cydgynllwynio.

Oligopoli cydgynllwynol – lle mae sawl cwmni oligopolaidd yn cytuno ymhlith ei gilydd i ymgymryd ag arferion gwrthgystadleuol fel gosod prisiau neu gynnyrch gyda'r bwriad o gynyddu eu proffidioldeb.

Penbleth y carcharorion – gêm lle nad yw'r naill chwaraewr na'r llall yn gwybod strategaeth y chwaraewr arall ac mae'r strategaeth optimaidd ar gyfer pob chwaraewr yn arwain at sefyllfa sy'n waeth na pe bydden nhw wedi gwybod strategaeth y chwaraewr arall ac wedi gallu cydweithredu a chyd-drefnu eu strategaethau.

Strategaeth ddominyddol – sefyllfa lle gwelir mai un strategaeth sydd orau i chwaraewr beth bynnag fydd strategaeth y chwaraewr arall.

Economeg gymhwysol

Systemau gweithredu cyfrifiaduron personol

Mae 90% o gyfrifiaduron personol yn defnyddio system weithredu a gynhyrchir gan *Microsoft*. Mae'r cwmni yn agos at fod â monopoli ar systemau gweithredu o ganlyniad i sawl gêm a chwaraewyd yn yr 1970au a'r 1980au.

Yn yr 1970au dechreuodd prif gwmni gweithgynhyrchu cyfrifiaduron y byd, *IBM*, bryderu bod ei farchnad draddodiadol mewn cyfrifiaduron prif ffrâm mawr dan fygythiad gan beiriannau bach chwyldroadol o'r enw cyfrifiaduron personol. Penderfynodd y cwmni gynhyrchu ei gyfrifiadur personol ei hun ond roedd angen meddalwedd i'w gael i weithio. Y feddalwedd sylfaenol fyddai system weithredu'r cyfrifiadur a fyddai wedyn yn galluogi ychwanegu meddalwedd arall i gyflawni amrywiaeth o dasgau fel prosesu geiriau a thasgau rhifiadol. Yn hytrach na chynhyrchu'r system weithredu ei hun, penderfynodd *IBM* brynu system weithredu oedd yn bodoli eisoes. Y system weithredu honno oedd *MSDos*, ac fe'i gwerthwyd i *IBM* gan Bill Gates, sylfaenydd *Microsoft*.

Wrth edrych yn ôl, mae'n debyg y dylai *IBM* fod wedi bod yn fwy llym yn ei gontract gyda Bill Gates. Roedd y contract yn caniatáu i *Microsoft* drwyddedu *MSDos* i unrhyw wneuthurwr cyfrifiaduron oedd yn fodlon talu pris *Microsoft*. Dros y deng mlynedd nesaf, lansiodd nifer o wneuthurwyr cyfrifiaduron eu cyfrifiaduron personol eu hunain gyda *MSDos*. Yr atyniad iddynt oedd y ffaith bod arweinydd y farchnad, *IBM*, yn defnyddio *MSDos*. Gallent honni bod eu peiriannau'n gweithio fel peiriannau *IBM* ond eu bod yn rhatach. Dros amser, gwelwyd mantais arall. Gallai'r gwahanol gyfrifiaduron hyn siarad â'i gilydd. Roedd meddalwedd a weithiai ar un peiriant *MSDos* yn gweithio ar beiriannau *MSDos* eraill, hyd yn oed os oeddent wedi'u cynhyrchu gan wneuthurwyr gwahanol. Wrth edrych yn ôl, mae'n debyg y dylai *IBM* fod wedi mynnu cadw rheolaeth ar *MSDos*. Mewn gwirionedd, daeth *MSDos* yn broffidiol iawn, a chafodd *IBM* drafferth i wneud elw o werthu ei gyfrifiaduron personol.

Sefydlwyd cwmni *Apple* gan ddau fyfyriwr a greodd gyfrifiadur personol cyntaf y byd yn 1976. Yn 1984 lansiodd *Apple* system weithredu chwyldroadol newydd o'r enw *Macintosh*. Roedd hon yn edrych ac yn gweithio'n debyg i'r systemau gweithredu sydd ar gael heddiw, gyda dangosydd bwrdd gwaith a llywio â llygoden yn hytrach na bysellfwrdd yn unig. Roedd *Apple* a *Microsoft* yn cystadlu mewn gêm a fyddai yn y pen draw yn rheoli biliynau o bunnoedd o dderbyniadau y flwyddyn. Gellid dadlau bod *Apple*, fel *IBM*, wedi chwarae'r gêm yn wael. Credai y gallai berswadio defnyddwyr cyfrifiaduron personol i gefnu ar gwmnïau eraill a phrynu eu caledwedd nhw – y cyfrifiadur – a'u meddalwedd nhw – system weithredu *Macintosh*. Codwyd pris premiwm am y pecyn, ac i ddechrau gwnaeth *Apple* elw mawr drwy ennill cyfran fach o'r farchnad. Ond roedd prisiau *Apple* yn rhy uchel, ac roedd cwsmeriaid yn gwerthfawrogi'r gallu i rannu meddalwedd rhwng peiriannau gwahanol a ddefnyddiai *MSDos*. Roedd penderfyniad *Apple* i wrthod trwyddedu ei system weithredu i wneuthurwyr cyfrifiaduron eraill yn dyngedfennol. Yn y cyfamser, roedd *Microsoft* yn gweithio'n galed ar gynhyrchu rhywbeth allai weithio mor rhwydd â system *Macintosh*. Yn 1985 lansiodd *Windows* fersiwn 1.0 sef datblygiad amrwd o *MSDos*. Nid

tan 1990 pan lansiodd *Windows* 3.0 y llwyddodd *Microsoft* i greu system boblogaidd oedd yn gystadleuydd difrifol i system *Macintosh*. Ni chyrhaeddodd gwerthiant *Apple* yn yr 1980au y niferoedd angenrheidiol i sicrhau mai *Macintosh* fyddai'r system weithredu safonol yn fyd-eang. Camgymeriad *Apple* oedd peidio â sylweddoli y byddai'r elw mwyaf yn dod o drwyddedu system weithredu a fyddai'n system safonol yn fyd-eang, yn hytrach nag o weithgynhyrchu cyfrifiaduron.

Heddiw, nid oes raid i *Microsoft* boeni am *Apple* ym maes systemau gweithredu cyfrifiaduron. Ond mae gêm newydd rhwng *Microsoft* a *Linux*. Mae system weithredu *Linux* yn feddalwedd ffynhonnell agored, sy'n golygu ei bod ar gael am ddim i'r defnyddiwr. Mae *Windows* yn ddrud, gan gostio tua £100 i ddefnyddiwr personol. Datblygwyd *Linux* gyntaf yn yr 1990au gan Linus Torvalds, myfyriwr prifysgol o'r Ffindir. Ers hynny, mae amrywiaeth eang o feddalwedd am ddim wedi datblygu o gwmpas system *Linux* gan gynnwys pecynnau prosesu geiriau. Er bod meddalwedd *Linux* ar gael am ddim, mae costau sylweddol ynghlwm wrth ei defnyddio. I'r unigolyn yn y cartref, gallai gymryd cannoedd os nad miloedd o oriau i osod *Linux* a meddalwedd gysylltiedig ar ei gyfrifiadur personol a dod yn gyfarwydd â'u defnyddio. I fusnesau, awdurdodau lleol neu ddefnyddwyr llywodraethol, bydd yn golygu defnyddio arbenigwyr cyfrifiadurol i osod y systemau a hyfforddi staff. Mae rhai, gan gynnwys *Microsoft*, yn dadlau bod cyfanswm cost perchenogaeth *Linux* yn uwch na *Microsoft* am fod costau gosod, cynnal a chadw a hyfforddiant yn uwch.

Gallai *Microsoft* ymateb i fygythiad *Linux* drwy ostwng ei brisiau. Ond mae'n debygol y byddai angen gostwng prisiau'n sylweddol i gael llawer o effaith ar y gyfran o'r farchnad. Dyweder bod *Microsoft* yn gallu cynnal ei brisiau cyfredol a chadw 80% o'r farchnad yn hytrach na'r 90% sydd ganddo ar hyn o bryd. Y dewis arall yw haneru prisiau a chadw 89%. I *Microsoft*, mae'r strategaeth yn glir: mae'n llawer mwy proffidiol cynnal prisiau a cholli cyfran fach o'r farchnad, gan fod cost ffiniol cynhyrchu bron yn sero. Ni all *Linux* newid ei strategaeth gan nad yw dan berchenogaeth unrhyw gorff sy'n amcanu at wneud elw, a dim ond os cytunant iddo fod am ddim y gall defnyddwyr ei ddefnyddio. Ym marchnad cyfrifiaduron personol, mae'n debygol bod *Microsoft* yn eithaf diogel. Ond gallai *Linux* ei rwystro rhag monopoleiddio marchnadoedd cysylltiedig. Er enghraifft, mae *Sony* yn defnyddio *Linux* yn hytrach na *Microsoft* yn ei gonsol gemau fideo *PlayStation 3*. Ym maes ffonau symudol, *Linux* yw asgwrn cefn meddalwedd *Symbion OS*. Ar y rhyngrwyd, mae *Wikipedia*, y gwyddoniadur ar-lein am ddim, yn defnyddio *Linux* yn hytrach na *Microsoft*. Y tu allan i farchnad cyfrifiaduron personol, mae unrhyw gwmni sy'n datblygu cynnyrch newydd sydd angen system weithredu yn amheus o ddefnyddio *Microsoft* oherwydd iddynt weld sut mae *Microsoft* wedi manteisio ar ei fonopoli ym marchnad cyfrifiaduron personol. Efallai pe bai *Microsoft* heb fod mor ymosodol ym marchnad systemau gweithredu cyfrifiaduron, gallai fod wedi bod yn fwy llwyddiannus o lawer o ran mynd i mewn i farchnadoedd eraill. Efallai bod elw monopoli a wnaed ym maes cyfrifiaduron wedi achosi i *Microsoft* golli elw mewn meysydd perthynol a fydd yn feysydd twf yn y dyfodol.

Papurau newydd Llundain

Ydych chi'n eich poenydio eich hun nawr er mwyn cynnal eich nerth yn y tymor hir? Neu ydych chi'n parhau i fwynhau bywyd esmwyth cyhyd ag y gallwch, gan dderbyn y bydd rhywun arall yn eich poenydio'n waeth o lawer rywbryd yn y dyfodol? Dyna'r cwestiwn y mae'r *Evening Standard*, a'i berchennog *Associated Newspapers*, wedi bod yn ei wynebu wrth benderfynu sut orau i ymdrin â bygythiad cystadleuaeth i'w safle, sydd bron yn fonopolaidd, ymhlith papurau newydd Llundain.

Ar yr wyneb, mae'r *Evening Standard* wedi bod yn gwneud yn wael iawn ers tro byd. Fel bron pob papur newydd hwyrol lleol yn y DU, mae ei gylchrediad wedi bod yn gostwng. Yn 1960 roedd 2.2 filiwn o gopïau o dri phapur newydd oedd yn cystadlu â'i gilydd, gan gynnwys yr *Evening Standard*, yn cael eu gwerthu'n ddyddiol. Yn 1980, pan enillodd yr *Evening Standard* ei fonopoli, roedd gwerthiant wedi gostwng i 600,000. Erbyn 2004, roedd y ffigur wedi gostwng i 340,000.

Ond nid cylchrediad yw popeth. Er bod nifer y copïau a werthir wedi parhau i ostwng, mae derbyniadau o hysbysebu wedi cynyddu. Mae derbyniadau papurau hwyrol ledled y wlad wedi gostwng 19% dros y deng mlynedd diwethaf er bod prisiau'r papurau newydd wedi codi. Ar y llaw arall, mae derbyniadau o hysbysebu wedi cynyddu 34% mewn termau real dros yr un cyfnod. Er bod gwerthiant yn gostwng, mae papurau newydd yn fwy proffidiol nag erioed gyda thri chwarter o'u derbyniadau ar gyfartaledd yn dod o hysbysebu, a chwarter yn unig o'r pris clawr.

Yn Llundain mae'r *Evening Standard* yn weddol ddiogel rhag cystadleuaeth gan newydd-ddyfodiad sydd am godi pris ar

ddarllenwyr am eu cynnyrch. Byddai'r cylchdrediad a'r derbyniadau o hysbysebu yn debygol o fod yn rhy fach i dalu costau. Ond byddai papur newydd am ddim yn fygythiad. Yn 2000 fe wnaeth *Associated Newspapers* lansio *Metro*, papur newydd am ddim a ddosbarthwyd drwy rwydwaith Rheilffyrdd Tanddaearol Llundain. Gwnaeth hyn fel rhagymosodiad yn erbyn unrhyw gwmni arall a ddymunai lansio papur newydd am ddim yn Llundain, ac yn benodol yn erbyn cwmni o Sweden sydd wedi lansio papurau newydd am ddim yn llwyddiannus yn nifer o brifddinasoedd y byd. Mae *Metro* yn costio arian i'w gynhyrchu a'i ddosbarthu. Ni ddaw derbyniadau o'r pris clawr. Ond, yn holl bwysig, mae'n cynhyrchu derbyniadau o hysbysebu. Yn fwy na hynny, ni fyddai rhai o ddarllenwyr *Metro*, yn enwedig darllenwyr iau yn eu 20au, wedi prynu'r *Evening Standard* beth bynnag. Felly, gall hysbysebwyr gyrraedd cynulleidfaoedd na all yr *Evening Standard* eu cyrraedd, ac maent yn barod i dalu am hynny.

Yn 2005 lansiodd *Associated Newspapers* bapur newydd arall am ddim sef *Standard Lite*. Caiff hwn ei ddosbarthu amser cinio o'r un stondinau yng nghanol Llundain sy'n gwerthu argraffiadau cynharaf yr *Evening Standard*. Staff yr *Evening Standard* sy'n cynhyrchu'r papur, gan ostwng costau cynhyrchu. Nifer cyfyngedig o gopïau sy'n cael eu hargraffu, er mwyn sicrhau nad yw gwerthiant yr *Evening Standard* yn gostwng ymhlith cymudwyr ar eu ffordd adref. Ond mae'n creu rhwystr arall i fynediad i unrhyw grŵp papur newydd arall sy'n ystyried lansio papur am ddim yn y farchnad hon.

Ffynhonnell: addaswyd o'r *Financial Times*, 21.12.2004; 'End of the Standard?', *Prospect Magazine*, Issue 108 March 2005.

1. Defnyddiwch ddamcaniaeth gemau i awgrymu pam mae *Associated Newspapers* yn cyhoeddi *Metro* a *Standard Lite* ac yntau eisoes yn cyhoeddi'r *Evening Standard* sefydledig.

2. Defnyddiwch ddamcaniaeth gemau i awgrymu pam y gallai *Associated Newspapers* ystyried gostwng pris yr *Evening Standard* dros dro pe bai cystadleuydd newydd yn dod i mewn i'r farchnad â phapur newydd y byddai'n rhaid i gwsmeriaid dalu amdano.

Crynodeb

1. Mewn marchnad gystadladwy mae un cwmni neu nifer o gwmnïau sy'n uchafu elw. Y dybiaeth allweddol yw bod rhwystrau i fynediad i'r diwydiant yn gymharol isel, felly hefyd cost ymadael â'r diwydiant.

2. Bydd cwmnïau mewn marchnad gystadladwy yn ennill elw normal yn unig yn y tymor hir. Os byddan nhw'n ennill elw annormal yn y tymor byr, daw cwmnïau newydd i mewn i'r diwydiant a gyrru prisiau ac elw i lawr.

3. Bydd bodolaeth newydd-ddyfodiaid posibl i'r diwydiant yn tueddu i gadw elw ar ei lefel normal hyd yn oed yn y tymor byr gan y bydd cwmnïau sefydledig yn dymuno rhwystro cwmnïau newydd rhag dod i mewn i'r farchnad.

4. Mae marchnadoedd cystadladwy yn gynhyrchiol effeithlon ac yn ddyrannol effeithlon yn y tymor hir ac maen nhw'n debygol o fod yn effeithlon yn y tymor byr hefyd.

5. Nid yw o reidrwydd yn bosibl rhagfynegi union gynnyrch cwmni unigol mewn marchnad gystadladwy os ydy cromliniau cost gyfartalog â siâp L.

Damcaniaeth marchnadoedd cystadladwy yn erbyn damcaniaeth neo-glasurol

Mae llawer, os nad y rhan fwyaf, o farchnadoedd yn y DU ac mewn economïau diwydiannol eraill wedi'u dominyddu gan ychydig o gynhyrchwyr. Mae **damcaniaeth neo-glasurol oligopoli** (☞ uned 56) yn tybio bod gan farchnadoedd oligopolaidd **rwystrau uchel i fynediad** (☞ uned 51). Fodd bynnag, mae yna dystiolaeth hefyd i awgrymu bod gan lawer o farchnadoedd oligopolaidd rwystrau isel i fynediad. Felly, mae cwmnïau yn y diwydiant yn debygol o ymddwyn mewn ffordd wahanol i'r hyn a ragfynegir gan y ddamcaniaeth neo-glasurol. Mae damcaniaeth marchnadoedd cystadladwy *(contestable)* yn archwilio goblygiadau marchnadoedd sydd â rhwsytrau isel i fynediad.

Tybiaethau

Mae damcaniaeth marchnadoedd cystadladwy yn gwneud nifer o dybiaethau.

- Gall nifer y cwmnïau yn y diwydiant amrywio o un (monopolydd) sydd â rheolaeth lwyr ar y farchnad, i lawer, heb fod un cwmni unigol â chyfran sylweddol o'r farchnad.
- Mewn MARCHNAD GYSTADLADWY mae rhyddid i fynd i mewn i'r diwydiant ac allan ohono. Dyma un o dybiaethau allweddol y model. Trafodir ei goblygiadau isod.
- Mae cwmnïau'n cystadlu â'i gilydd ac nid ydynt yn cydgynllwynio i osod prisiau.
- Mae cwmnïau'n uchafwyr elw tymor byr, yn cynhyrchu lle mae CFf = DFf.
- Gall cwmnïau gynhyrchu nwyddau cydryw neu gallant gynhyrchu nwyddau brand.
- Mae gwybodaeth berffaith yn y diwydiant.

Elw normal ac annormal

Mae damcaniaeth marchnadoedd cystadladwy yn dangos y gellir ennill mewn marchnad gystadladwy:
- elw annormal yn y tymor byr;
- elw normal yn unig yn y tymor hir.

Tybiwch fod cwmnïau mewn marchnad gystadladwy yn gwneud elw annormal yn y tymor byr. Yna byddai cwmnïau newydd yn cael eu denu i mewn i'r diwydiant gan yr elw annormal. Byddai'r cyflenwad yn cynyddu a byddai prisiau'n cael eu gyrru i lawr i'r

I ba raddau y mae (a) gwneuthurwyr dillad a (b) adwerthwyr dillad yn gweithredu mewn marchnadoedd cystadladwy?

pwynt lle byddai elw normal yn unig yn cael ei wneud. Dyma'r un ddadl ag a ddefnyddir yn namcaniaeth cystadleuaeth berffaith (☞ uned 53). Yn yr un modd, os ydy cwmni'n gwneud colledion, bydd yn ymadael â'r diwydiant yn y pen draw gan na all weithredu yn y tymor hir fel busnes sy'n gwneud colledion.

Mynediad i'r diwydiant ac ymadael ag ef

Mae gallu cwmnïau i fynd i mewn i'r diwydiant ac i ymadael ag ef yn hanfodol mewn marchnad gystadladwy ac nid yw o reidrwydd yn gysylltiedig â nifer y cwmnïau yn y diwydiant fel a geir mewn damcaniaethau neo-glasurol o'r cwmni. Mewn damcaniaeth neo-glasurol, mae rhwystrau isel i fynediad yn gysylltiedig â nifer mawr o gwmnïau mewn diwydiant (cystadleuaeth berffaith a chystadleuaeth fonopolaidd ☞ unedau 53 a 55), tra bo rhwystrau uchel i fynediad yn gysylltiedig ag ychydig o gwmnïau yn y diwydiant (oligopoli neu fonopoli ☞ unedau 54 a 56). Mae diwydiannau perffaith gystadleuol a monopolaidd gystadleuol yn gystadladwy oherwydd tybiaeth yn y ddau fodel bod rhwystrau isel i fynediad i'r diwydiant. Ond beth am oligopolïau a monopolïau?

Mae rhai rhwystrau i fynediad yn naturiol (fe'u gelwir weithiau yn **rhwystrau diniwed i fynediad**). Er enghraifft, gall y diwydiant fod yn fonopoli naturiol (☞ uned 18) fel yn achos *Network Rail*. Posibilrwydd arall yw bod costau cyfalaf uchel iawn i fynediad i'r diwydiant, fel yn achos cynhyrchu ceir. Byddai damcaniaeth neo-glasurol yn rhagfynegi y byddai cwmnïau yn y diwydiannau hyn yn ennill elw annormal. Mae damcaniaeth marchnadoedd cystadladwy yn awgrymu bod hyn yn dibynnu i raddau helaeth ar gostau **ymadael** â'r diwydiant.

Er enghraifft, tybiwch fod y monopolydd naturiol yn codi prisiau uchel ac yn ennill elw annormal. Yna daw cystadleuydd i mewn i'r diwydiant a chymryd cyfran o'r farchnad drwy godi prisiau is. Mae'r monopolydd naturiol yn ymateb drwy ostwng prisiau ac mae'r cystadleuydd yn ymadael â'r diwydiant, gan na all gystadlu ar sail y prisiau is hyn am fod ei gostau'n rhy uchel. Cyhyd ag y bydd cost ymadael â'r diwydiant yn fach, mae'n dal yn gwneud synnwyr i'r cystadleuydd fod wedi ennill elw yn y tymor byr drwy fynd i mewn i'r diwydiant. Costau'r ymadael yw suddgostau gweithredu yn y diwydiant (h.y. costau sefydlog cynhyrchu na ellir eu hadfer os bydd y cwmni'n ymadael â'r diwydiant). Bydd arian a wariwyd ar hysbysebu yn enghraifft o suddgost. Felly hefyd cyfarpar cyfalaf nad oes defnydd arall iddo. Os ydy'r suddgostau'n isel – er enghraifft, dydy'r cwmni ddim wedi gwneud llawer o hysbysebu ac mae cyfarpar cyfalaf wedi'i brydlesu ar gytundeb tymor byr – dydy'r cwmni ddim wedi colli llawer drwy fynd i mewn i'r diwydiant ac yna ymadael ag ef. Ond yn y cyfamser mae wedi ennill elw ar draul y cwmni oedd eisoes yn y diwydiant.

Mae rhai rhwystrau i fynediad, fodd bynnag, wedi'u gosod gan gwmnïau sydd eisoes yn y diwydiant. Ym marchnad powdrau golchi, mae cynhyrchwyr powdrau golchi yn gwario symiau mawr o arian yn hysbysebu a brandio eu cynhyrchion. Efallai y bydd hi'n dal o werth i gwmni fynd i mewn i'r diwydiant os gall y newydd-ddyfodiad godi pris digon uchel i dalu cost mynd i mewn ac yna o bosibl gorfod ymadael â'r diwydiant. Er enghraifft, gallai cwmni geisio ennill £10 miliwn o elw dros 12 mis. Yna caiff ei orfodi i ymadael â'r diwydiant am fod y cwmnïau sefydledig yn gyrru prisiau i lawr neu'n cynyddu eu cyllidebau hysbysebu. Pe bai'n ennill £15 miliwn o elw gweithredol ond yn colli £5 miliwn wrth ymadael â'r diwydiant, byddai'n dal yn werth iddo fod wedi mynd i mewn a gweithredu am flwyddyn.

Cystadleuaeth bosibl

Mewn marchnad gystadladwy, mae cwmnïau'n gallu mynd i mewn i'r diwydiant ac ymadael ag ef am gost gymharol isel. Hyd yma, rydym wedi awgrymu ei bod hi'n dra phosibl y bydd cwmnïau sydd eisoes mewn marchnad gystadladwy yn ennill elw annormal yn y tymor byr. Fodd bynnag, mae damcaniaeth marchnadoedd

cystadladwy yn awgrymu bod cwmnïau sefydledig mewn marchnad gystadladwy yn ymarferol yn ennill elw normal yn unig hyd yn oed yn y tymor byr (h.y. maen nhw'n ymddwyn fel petaent yn gweithredu mewn marchnad berffaith gystadleuol).

Tybiwch mai monopolydd yw'r cwmni sefydledig mewn diwydiant. Os yw'n codi prisiau a fyddai'n achosi iddo ennill elw annormal, efallai y daw cwmni arall i mewn i'r diwydiant gan godi prisiau is. Bydd y newydd-ddyfodiad yn aros cyhyd ag y bydd y cwmni sefydledig yn ennill elw annormal, gan gymryd cyfran o'r farchnad i ffwrdd o hwnnw a gostwng ei elw cyffredinol. I yrru'r newydd-ddyfodiad allan, byddai'n rhaid i'r monopolydd ostwng ei brisiau. Os yw'n gwneud hyn, a bod y newydd-ddyfodiad yn gadael, a bod y monopolydd wedyn yn codi ei brisiau eto, daw cwmni arall i mewn i'r diwydiant. Yr unig ffordd o atal cystadleuwyr posibl rhag defnyddio tactegau 'taro a ffoi' yw i'r cwmni sefydledig brisio ar lefel lle bydd yn ennill elw normal yn unig.

Felly, mae gallu cwmnïau i ennill elw annormal yn dibynnu ar y rhwystrau i fynediad i'r diwydiant ac i ymadael ag ef, yn hytrach nag ar nifer y cwmnïau yn y diwydiant fel y byddai damcaniaeth neo-glasurol yn ei awgrymu. Â rhwystrau isel, bydd cwmnïau sefydledig yn prisio yn y fath fodd fel bo DC = CG (h.y. ni enillir dim elw annormal) am eu bod yn ofni y bydd cwmnïau taro a ffoi fel arall yn dod i mewn i'r diwydiant ac yn niweidio'r farchnad iddynt. Maen nhw hefyd yn ofni y gall newydd-ddyfodiaid aros yn barhaol, gan ostwng y gyfran o'r farchnad sydd gan gwmnïau sefydledig yn y diwydiant.

Effeithlonrwydd

Yn y tymor hir bydd cwmnïau mewn marchnad gystadladwy (heblaw am y rhai sy'n fonopolïau naturiol) yn gweithredu ar waelod cromlin eu cost gyfartalog (h.y. ar **lefel optimaidd cynhyrchu** lle mae CFf = CG ☞ uned 49). I ddeall pam, tybiwch nad ydynt yn gweithredu ar y lefel honno. Yna byddai newydd-ddyfodiad yn gallu ei sefydlu ei hun, gan gynhyrchu ar waelod cromlin ei gost gyfartalog a chodi pris yn ôl y lefel honno hefyd, sef pris is na phrisiau cwmnïau eraill. Wedyn byddai cwmnïau sefydledig yn gorfod torri costau os oedden nhw eisiau aros yn y diwydiant. Felly, yn y tymor hir rhaid bod cwmnïau mewn marchnad gystadladwy yn **gynhyrchiol effeithlon** (☞ uned 16).

Rhaid hefyd eu bod yn **ddyrannol effeithlon** (☞ unedau 16 a 61). Dadleuwyd eisoes y gall cwmnïau mewn marchnad gystadladwy ennill elw normal yn unig yn y tymor hir (h.y. DC = CG). Mae newydd gael ei ddadlau y bydd cwmnïau'n gynhyrchiol effeithlon, gan gynhyrchu lle mae CFf = CG. Felly, gan fod DC = CG a bod CFf = CG, rhaid bod cwmnïau'n cynhyrchu lle mae DC = CFf. Dyma'r amod ar gyfer effeithlonrwydd dyrannol.

Sefydlogrwydd marchnadoedd cystadladwy

Nid yw bob amser yn bosibl rhagfynegi lefel cynnyrch cwmni mewn marchnad gystadladwy. I ddeall pam, tybiwch mai 300 o unedau yw cyfanswm galw'r farchnad am y pris £10 a'r gost gyfartalog isaf ar gyfer un cynhyrchydd yw £10 ar gynnyrch o 100 o unedau. Felly bydd tri chwmni'n ei chael hi'n broffidiol i gynhyrchu yn y diwydiant, ond bydd pob cwmni'n ennill elw normal yn unig am fod CG = DC. Gydag elw normal yn unig yn cael ei ennill, mae'r diwydiant mewn cydbwysedd tymor hir gan nad oes cymhelliad i gwmnïau eraill fynd i mewn.

Fodd bynnag, mae problem yn codi os ydy galw'r farchnad yn 300 o unedau, er enghraifft, ond bod lefel optimaidd cynhyrchu ar gyfer pob cwmni yn 120 o unedau. Pe bai dim ond dau gwmni yn y diwydiant, byddai pob cwmni'n cynhyrchu dan amodau o annarbodion maint pe bai pob un yn cynhyrchu 150 o unedau. Byddai cymhelliad i gwmni newydd fynd i mewn i'r diwydiant a chynhyrchu lefel optimaidd gost isaf cynhyrchu sef 120 o unedau. Byddai'n anodd credu na fyddai'r ddau gwmni sefydledig yn ymateb drwy ostwng cynnyrch, gan symud tuag at y lefel optimaidd. Ond pe bai tri chwmni gyda phob un yn cynhyrchu'r un cynnyrch o 100 o unedau, gallai un cwmni ehangu ei gynnyrch a chael mwy o ddarbodion maint. Yna byddai'r cwmnïau eraill yn y diwydiant yn debygol o ymateb drwy ehangu eu cynnyrch nhw. Byddai pris y farchnad yn gostwng islaw cost gyfartalog isaf cynhyrchu a byddai'r cwmnïau'n gwneud colledion, gan anfon arwyddion y dylai cwmnïau ostwng eu cynhyrchu. Mewn gwirionedd does dim lefel cynnyrch fyddai'n cynhyrchu sefyllfa gytbwys.

Mae hyn yn debygol o fod yn llai o broblem os ydy cromliniau cost gyfartalog â siâp L yn hytrach na siâp U. Pe bai'r galw'n 300 o unedau a graddfa effeithlon leiaf cynhyrchu yn 120 o unedau, gallai dau gwmni gynhyrchu 150 o unedau yr un am y gost isaf. Dydy'r ddamcaniaeth ddim, fodd bynnag, yn rhagfynegi a fydd un cwmni'n cynhyrchu 120 o unedau a'r llall 180, neu'r ddau'n cynhyrchu 150 o unedau, neu ryw gyfuniad arall, yn amodol ar isafswm o 120 o unedau.

Termau allweddol

Marchnad gystadladwy – marchnad lle mae rhyddid i fynd i mewn i'r diwydiant a lle mae costau ymadael yn isel.

Economeg gymhwysol

Gwyddoniaduron

Yn yr 1980au roedd gan bob llyfrgell o werth yn y gwledydd Saesneg eu hiaith gopi o'r *Encyclopaedia Britannica* ar ei silffoedd. Roedd nifer o deuluoedd Prydain hefyd wedi talu bron £1 000 i gael copi o'r llyfr 32 cyfrol yn eu cartrefi. Fe'i cyhoeddwyd gyntaf yn 1768-1771, a'r gred oedd ei fod yn cynnwys y set orau o erthyglau ym maes gwybodaeth ddynol mewn unrhyw gyhoeddiad sengl. Mewn termau economaidd, hwn oedd arweinydd y farchnad yn y DU ac UDA.

Dros y blynyddoedd, gwelwyd nifer o wyddoniaduron

eraill yn cael eu cyhoeddi ac yna'n diflannu o'r byd cyhoeddi. Ar yr wyneb, roedd rhyddid i fynd i mewn i'r farchnad ac i ymadael â hi. Gellid dadlau bod y farchnad am wyddoniaduron yn gystadladwy. Ond roedd y rhan fwyaf o wyddoniaduron yn fyrrach o lawer na'r *Encyclopaedia Britannica* ac yn rhatach o lawer. Roeddent yn anelu at segment gwahanol o'r farchnad. Roedd maint, yr enw brand ac ansawdd y farchnad i gyd yn rhwystrau sylweddol i fynediad i sector premiwm y farchnad lle roedd *Encyclopaedia Britannica* yn llywodraethu.

Yn 1990 cyrhaeddodd gwerthiant yr *Encyclopaedia Britannica* ei anterth gyda ffigur o $650 miliwn. Ond roedd technoleg newydd ar fin newid natur gystadleuol y farchnad yn sylweddol. Yn yr 1980au fe wnaeth *Microsoft*, cynhyrchydd system weithredu *Windows* ar gyfer cyfrifiaduron, gysylltu ag *Encyclopaedia Britannica* gyda golwg ar gydweithio ar wyddoniadur a fyddai'n cael ei gyhoeddi ar fformat CD-ROM. Gwrthododd rheolwyr *Encyclopaedia Britannica* y syniad. Nid oeddent wedi rhagweld y byddai cyfrifiaduron yn troi'r farchnad wyneb i waered. Sut y gallai disg bach crwn o'r enw CD-ROM gystadlu gydag argraffiad papur 32 cyfrol gwych eu cynnyrch nhw? Sut y gallai *Microsoft*, cwmni a oedd prin yn ddeng mlwydd oed, gydweithio'n gyfartal â chwmni oedd â dau gan mlynedd o hanes?

Ar ôl i'r *Encyclopaedia Britannica* ei wrthod, aeth *Microsoft* ati i brynu'r hawliau i ddefnyddio cynnwys o wyddoniadur arall, sef *Standard Encyclopaedia Funk & Wagnalls*. Dyma fu sylfaen *Encarta*, a gyhoeddwyd yn 1993. Roedd *Encarta* yn llwyddiant dros nos. Un o'r rhesymau dros hynny oedd y ffaith ei fod yn dueddol o gael ei gynnwys mewn pecyn o feddalwedd a roddwyd 'am ddim' gyda phob cyfrifiadur personol a brynwyd. Plymiodd cyfran *Encyclopaedia Britannica* o'r farchnad. Yn 1990 gwerthodd 117 000 o gopïau o fersiwn argraffedig ei lyfr. Erbyn rhan olaf yr 1990au roedd y ffigur wedi gostwng i 20 000 y flwyddyn. Roedd yr

Encyclopaedia Britannica wedi troi o fod yn gynnyrch proffidiol iawn i un a wnai golled. Mewn cyferbyniad â hynny, nid oedd *Microsoft* yn poeni a oedd *Encarta* yn broffidiol. Pwrpas *Encarta* oedd annog pobl i brynu cyfrifiaduron, ac yn arbennig system weithredu *Microsoft*. Roedd *Encarta* yn nwydd ar golled.

Rhoddodd *Encyclopaedia Britannica* gynnig ar nifer o strategaethau gwahanol i sefydlogi'r farchnad. Yn 1994 cyhoeddodd ei fersiwn CD-ROM ei hun. Rhwng 1999 a 2001 roedd ar gael am ddim dros y Rhyngrwyd, gyda'r gobaith y byddai'n cynhyrchu derbyniadau o hysbysebu. Heddiw mae ar gael ar ffurf llyfr, ar *DVD* a thrwy danysgrifiad dros y Rhyngrwyd.

Er i *Encarta* fod yn llwyddiannus iawn, ni lwyddodd i ennill yr enw da am ansawdd oedd gan yr *Encyclopaedia Britannica*. Ond wynebodd y ddau ymosodiad gan newydd-ddyfodiad arall, sef *Wikipedia*. Mae *Encarta* ac *Encyclopaedia Britannica* yn gyhoeddiadau masnachol. Yn y pen draw mae eu perchenogion am iddynt gyfrannu at elw. Ond mae *Wikipedia* yn wyddoniadur a gyflenwir heb fwriad o wneud elw. Lansiwyd *Wikipedia* yn Ionawr 2001, ac mae ar gael am ddim dros y Rhyngrwyd. Caiff erthyglau eu hysgrifennu gan unrhyw un sy'n dymuno cyfrannu. O un erthygl yn Ionawr 2001, tyfodd i 900 000 o erthyglau erbyn dechrau 2006.

Gellid dadlau bod llwyddiant *Wikipedia* wedi troi marchnad a fu'n gystadladwy yn yr 1990au yn farchnad sydd heb gystadladwyedd heddiw. Mae ganddo'r fantais gystadleuol sylweddol o sail costau is o lawer nag *Encarta* na'r *Encyclopaedia Britannica*. Mae ganddo ystod o erthyglau sy'n cymharu'n ffafriol ag *Encarta* a'r *Encyclopaedia Britannica*, ac mae'r ystod hon yn tyfu'n gyflym iawn dros amser. Mae hefyd wedi ennill enw da am ansawdd ei erthyglau. Ac mae'n rhoi'r cynnyrch am ddim. O ran cystadleuadwyedd, pa fantais gystadleuol allai fod gan unrhyw newydd-ddyfodiad a fyddai'n herio *Wikipedia*?

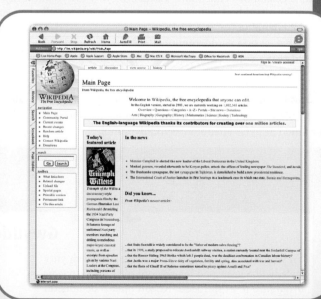

Cwestiwn Data

Tesco i ehangu yn UDA

Mae *Tesco* wedi cyhoeddi cynlluniau i ehangu i farchnad nwyddau groser UDA sy'n werth £600 biliwn y flwyddyn. Mae'n bwriadu gwario hyd at £250 miliwn y flwyddyn yn adeiladu cadwyn o siopau. Cyfran *Tesco* o'r farchnad yn y DU yw 30%, ac mae ganddo brofiad o weithredu mewn marchnadoedd tramor. Oddi ar 1993 mae wedi ehangu i nifer o wledydd yn Nwyrain Ewrop ac Asia. Mae *Tesco* wedi ei chael hi lawer yn anoddach gwneud elw ar ei fuddsoddiant y tu allan i'r DU er gwaetha'r ffaith mai *Tesco* yw'r prif gwmni ym marchnad y DU. Fodd bynnag, mae *Tesco* yn cynllunio ar gyfer y tymor hir ac UDA fydd ei brawf mwyaf hyd yma.

Mae marchnad nwyddau groser UDA wedi profi'n anodd i adwerthwyr y DU. Mae *Marks and Spencer* a *J Sainsbury* wedi gwerthu eu gweithrediadau yn UDA ar ôl iddynt fethu â pherfformio yn ôl y disgwyl. Mae *Tesco* ei hun wedi rhedeg menter nwyddau groser ar y Rhyngrwyd ar y cyd â *Safeway* yn California, sydd wedi aros yn fach.

Yn ôl Richard Hayman, cadeirydd *Verdict Research*, mae adeiladu brand newydd sbon yn anodd ond mae manteision iddo. 'Dydych chi ddim yn prynu perthnasoedd rhywun arall', meddai. 'Wrth gwrs, os ydych yn prynu, rydych yn cael rhwydwaith o siopau a staff ond maen nhw wedi arfer gweithio mewn ffordd arbennig. Wrth ddechrau o'r newydd mae gennych ddalen lân.'

Tabl 58.1 Presenoldeb byd-eang Tesco 2005

	Nifer y siopau	Siopau sydd i agor 2005-06
Y DU	1 780	111
Gwlad Thai	107	83
Japan	104	3
Gweriniaeth Iwerddon	87	6
Gwlad Pwyl	78	20
Hwngari	69	14
De Korea	38	31
China	31	15
Slofacia	30	6
Gweriniaeth Tsiec	25	8
Malaysia	6	5
Twrci	5	3
Taiwan	5	1

Ffynhonnell: addaswyd o'r *Financial Times*, 10.2.2006

Mae marchnad nwyddau groser UDA yn un anodd. Adwerthwr mwyaf y byd o ran maint ac effeithlonrwydd sy'n ei dominyddu, sef *Wal-Mart*, gydag 20% o'r farchnad a'r gyfran honno yn dal i dyfu. Prif gryfder *Wal-Mart* yw gweithredu uwchfarchnadoedd mawr sy'n cynnig prisiau isel iawn. Mae ei 2 000 o *Supercenters* wedi gyrru llawer o siopau bach annibynnol allan o fusnes ac wedi sugno gwerthiant i ffwrdd o gadwynau llai effeithlon fel *Safeway*. Fodd bynnag, mae *Wal-Mart* yn cydnabod bod yna gyfyngiadau i'w siopau *Supercenter* mawr. Dros y deng mlynedd diwethaf mae wedi lansio cadwyn lai o siopau '*Neighbourhood Market*'. Mae'r rhain tua phum gwaith yn llai na'r *Supercenters*, ond mae eu lleoliad yn fwy cyfleus i'r siopwr sydd am brynu llai o nwyddau ar y tro. Hyd yma, dim ond 100 o'r siopau hyn a lansiwyd gan *Wal-Mart*, sy'n canolbwyntio ei ymdrechion ar fformat llawer mwy proffidiol y *Supercenters*.

Mae *Tesco* wedi penderfynu y byddai herio *Wal-Mart* yn uniongyrchol yn ei farchnad gartref yn debygol o fod yn fethiant costus. Yn hytrach, mae'r cynlluniau a gyhoeddwyd gan *Tesco* ddoe yn sôn am sefydlu cadwyn o siopau cyfleus sy'n gwerthu amrywiaeth o nwyddau wedi'u pecynnu a nwyddau darfodus. Trwy dargedu California, mae'n symud i mewn i ardal lle mae *Wal-Mart* wedi cael trafferth i ehangu yn wyneb gwrthwynebiad gwleidyddol a gefnogir gan fudiad yr undebau llafur. Mae *Wal-Mart* yn gadarn yn erbyn undebau ac mae'n talu cyflogau cymharol isel i'w staff.

Ond rhaid i *Tesco* gael y cymysgedd cynhyrchion yn iawn. Mae yna eisoes gadwynau llwyddiannus o siopau ethnig sy'n darparu ar gyfer y clystyrau mawr o ddefnyddwyr amlddiwylliannol yn y dalaith, fel y bobl o Viet Nam yn Orange County a nifer o gymunedau Mecsicanaidd. Hefyd mae strategaeth *Tesco* o ran fformat yn dilyn llwyddiant enfawr *Aldi*, yr adwerthwr Almaenaidd, a brynodd *Trader Joe's* ar Arfodir y Gorllewin yn 1979. Mae gwerthiant y gadwyn honno, fesul troedfedd sgwâr, ddwywaith cymaint â gwerthiant model yr uwchfarchnad draddodiadol.

1. Beth yw ystyr 'marchnad gystadladwy'?

2. I ba raddau y mae marchnad nwyddau groser UDA yn gystadladwy?

Crynodeb

1. Mae damcaniaeth neo-Keynesaidd y cwmni yn tybio bod cwmnïau'n uchafwyr elw tymor hir sy'n pennu prisiau yn ôl egwyddorion prisio cost plws. Mae sefydlogrwydd prisiau yn nodwedd o'r model hwn.
2. Mae model uchafu gwerthiant Baumol yn tybio bod cwmnïau'n ceisio uchafu gwerthiant yn amodol ar gyfyngiad boddhau elw.
3. Mae damcaniaethau rheolaethol yn rhagfynegi bod costau a chynnyrch yn debygol o fod yn uwch nag y byddai damcaniaeth neo-glasurol yn ei awgrymu.
4. Mae damcaniaethau rheolaethol ac ymddygiadol yn rhagfynegi bod slac trefniadaethol yn debygol o fod yn bresennol.
5. Mae prisio i rwystro mynediad i'w gael pan na fydd cwmnïau'n ceisio uchafu elw tymor byr rhag ofn y bydd yn denu cystadleuwyr i mewn i'r farchnad, gan arwain at elw cyffredinol llai yn y tymor hir. Yn hytrach maen nhw'n gosod prisiau sy'n ddigon isel i rwystro cwmnïau newydd rhag mynd i mewn i'r farchnad, ac sy'n arwain at yr elw mwyaf yn y tymor hir a derbyn y gystadleuaeth bosibl yn y farchnad.

Y model neo-Keynesaidd

Yn yr 1930au amlinellodd R Hall a C Hitch fodel o'r cwmni oedd yn wahanol iawn i'r modelau neo-glasurol. Dangosodd eu hymchwil nad oedd cwmnïau'n hafalu cost ffiniol a derbyniadau ffiniol i geisio uchafu elw tymor byr. Yn hytrach, roedd cwmnïau'n uchafu elw yn y tymor hir (☞ uned 50). Roedden nhw'n pennu prisiau drwy gyfrifo'r costau ac yna adio ychwanegiad at gost ar gyfer elw (o hynny y daw'r term **prisio cost plws**). Mae prisiau'n sefydlog am fod cwmnïau â golwg tymor hir ar y farchnad.

Yn y model hwn, dadleuir bod cwmnïau'n ymateb i newidiadau mewn galw a chost drwy newid cynnyrch yn hytrach na newid pris. Bydd mewnlif mawr o archebion yn arwain at gynnydd mewn cynhyrchu yn hytrach na chodiad yn y pris. Os ydy gwneuthurwr eisoes yn cynhyrchu ar y gallu cynhyrchu llawn arferol, efallai y bydd yn ceisio cynhyrchu ar allu cynhyrchu gormodol drwy annog ei weithwyr i weithio goramser neu sifftiau ychwanegol. Yn y sector gwasanaethau, ni fydd uwchfarchnad ffyniannus yn codi ei brisiau os yw'n fwy poblogaidd na'r disgwyl. Yn hytrach bydd yn caniatáu gorlenwi yn y tymor byr ac yn y tymor hirach efallai y bydd yn agor am fwy o oriau, yn agor estyniad neu'n adeiladu uwchfarchnad newydd gerllaw. Dewis arall yw i gwmni adael i restri aros ddatblygu. (Mewn rhai achosion gall rhestr aros fod yn ddefnyddiol i ddelwedd cynnyrch am ei fod yn arwydd bod yna ddefnyddwyr sy'n credu bod y cynnyrch mor dda fel eu bod yn fodlon aros amdano.)

Os ydy galw'n gostwng neu gostau'n codi, ni fydd cwmni o reidrwydd yn ymateb drwy ostwng y pris. Yn hytrach bydd yn gostwng cynnyrch. Os oes perygl y bydd colledion yn rhy uchel, bydd yn peidio â chynhyrchu yn hytrach na gostwng pris a all gael ei ystyried yn niweidiol i ragolygon tymor hirach y nwydd.

Efallai na fydd prisiau'n newid yn ddyddiol (fel yn achos moron neu domatos, er enghraifft, yn y farchnad amaethyddol) ond hefyd dydy prisiau cwmnïau ddim yn sefydlog yn barhaol. Bydd amlder newidiadau prisiau yn amrywio o ddiwydiant i ddiwydiant, ond dydy adolygiad blynyddol o brisiau ddim yn anghyffredin yn niwydiant gweithgynhyrchu Prydain.

Bydd maint yr ychwanegiad at gost ar gyfer elw yn amrywio hefyd. Ond bydd yr ychwanegiad yn tueddu i fod yn uwch lle mae'r canlynol yn wir:
- mae cwmnïau yn y diwydiant yn gallu cydgynllwynio, gan weithredu fe petaent yn fonopolydd;
- dim ond ychydig o gwmnïau mawr sydd yn y diwydiant, sy'n arwain at lai o gystadlu ar sail pris;
- mae rhwystrau i fynediad yn uchel, gan gyfyngu ar y posibilrwydd o gwmnïau newydd yn mynd i mewn i'r diwydiant;
- mae nifer mawr o brynwyr bach yn y farchnad, yn hytrach nag ychydig o brynwyr sylweddol sy'n gallu defnyddio'u grym prynu i roi pwysau tuag i lawr ar brisiau.

Cwestiwn 1

Mae Lee Kent yn beintiwr ac addurnwr. Mae ganddo un gweithiwr a nhw'n dau sy'n gwneud y gwaith i gyd rhyngddynt. Daw contractau yn bennaf oddi wrth gwsmeriaid preswyl. Efallai eu bod nhw eisiau gwneud i ystafell fyw neu ystafell ymolchi neu ystafell wely edrych yn wahanol. Neu gallai rhywun fod wedi prynu tŷ ac mae eisiau ei ailaddurno.

Lee sy'n gwneud y prisio i gyd. Mae'n cyfrifo costau'r defnyddiau ar gyfer y gwaith. Yna mae'n ychwanegu cyflog ar ei gyfer ef a'i weithiwr. Hefyd mae costau fel ei fan, y ffôn a thalu i gael ei gyfrifon wedi'u gwneud. Ar gyfer y rhain, mae'n eu cyfartalu ac yn codi tâl am bob dydd y mae'n gweithio. Yn olaf, mae'n ychwanegu 20% fel maint yr elw.

Fel arfer mae gwaith yn hawdd ei gael rhwng y Pasg a diwedd Tachwedd. Ond gall y gaeaf fod yn anodd. Gall fod wythnosau heb ddim gwaith o gwbl, ond mae'n dal i fod â chostau fel cyflog ei weithiwr neu'r ad-daliadau ar ei fan.

Yr hyn sydd fwyaf anodd iddo yw pan fydd cwmser posibl wedi cael sawl dyfynbris (quote) am waith penodol a'i fod wedyn yn ffonio'r contractwyr i geisio eu cael nhw i ostwng y pris. Yr wythnos diwethaf, er enghraifft, roedd wedi rhoi dyfynbris o £2 000 i gwmser am waith. Yr wythnos hon roedd y cwsmer wedi ei ffonio'n ôl i ddweud ei bod hi wedi cael dyfynbris o £1 500 gan beintiwr arall a gofyn a oedd Lee eisiau newid ei bris? Roedd Lee'n gwybod nad oedd ganddo ddim gwaith yn ystod y pythefnos nesaf ym mis Ionawr. A ddylai ostwng ei ddyfynbris i £1 450?

(a) Gofynnir i Lee am ddyfynbris am waith penodol. Mae'n cyfrifo mai cyfanswm ei gostau fydd (i) £2 000; (ii) £5 000; (iii) £8 000. Ym mhob achos, cyfrifwch y pris y byddai'n ei godi am y gwaith.

(b) Gan ddefnyddio'r cysyniad uchafu elw, trafodwch a ddylai Lee ostwng ei ddyfynbris i £1 450.

Mae damcaniaeth neo-Keynesaidd y cwmni yn gallu egluro sefydlogrwydd prisiau cymharol yn y farchnad. Fodd bynnag, nodir gan economegwyr neo-glasurol y dylai cromliniau cost traddodiadol gynnwys lwfans ar gyfer cost newid pris – hynny yw, mae'r mewnwelediad y gall newidiadau pris fod yn gostus yn gallu cael ei gynnwys o fewn model neo-glasurol.

Model uchafu derbyniadau

Mae damcaniaeth neo-glasurol yn tybio bod cwmnïau'n uchafwyr elw tymor byr. Yn rhan gyntaf yr 1950au cynigiodd economegydd Americanaidd, W Baumol, fodel gwahanol yn awgrymu y gallai cwmnïau uchafu derbyniadau gwerthiant yn hytrach nag elw. Roedd yn cydnabod na all cwmnïau wneud colled os ydynt i oroesi yn y tymor hir, felly rhaid gwneud rhywfaint o elw o leiaf. Hefyd mae angen i reolwyr wneud digon o elw i fodloni eu cyfranddalwyr (☞ uned 50). Yn Ffigur 59.1 mae cromliniau cyfanswm y gost a chyfanswm y derbyniadau wedi'u lluniadu. Y gwahaniaeth rhwng y ddau yw elw, a ddangosir gan y gromlin ar waelod y graff. Gall y cwmni weithredu unrhyw le rhwng lefelau cynnyrch OA ac OD heb wneud colled. Bydd yn uchafu elw yn OB. Os ydy'r cyfranddalwyr yn fodlon ennill elw normal yn unig a bod y rheolwyr yn dymuno uchafu gwerthiant, bydd y cwmni'n gweithredu yn OD. Ar y llaw arall, os OE yw'r lefel elw isaf sy'n dderbyniol i'r cyfranddalwyr, bydd y cynnyrch yn OC. Fel y gwelir yn y diagram, po uchaf yw lefel y cynnyrch sy'n boddhau elw, isaf i gyd fydd lefel y cynnyrch ac agosaf i gyd y bydd at lefel y cynnyrch sy'n uchafu elw.

Damcaniaethau rheolaethol ac ymddygiadol o'r cwmni

Mewn damcaniaethau rheolaethol ac ymddygiadol o'r cwmni (☞ uned 50), dadleuir bod gwahanu rhwng perchenogaeth a rheolaeth. Mewn damcaniaethau rheolaethol, tybir bod rheolwyr yn rheoli'r cwmni yn amodol ar gyfyngiad boddhau elw.

Mae modelau rheolaethol yn tueddu i wneud tri rhagfynegiad clir.
- Bydd costau'n uwch nag y byddai damcaniaeth neo-glasurol yn ei ragfynegi. Rhaid talu am gyflogau uwch, ceir cwmni drud a lefelau diangen o staffio.
- Bydd cwmnïau'n cynhyrchu ar lefelau uwch o gynnyrch nag y byddai damcaniaeth neo-glasurol yn ei rhagfynegi. Y rheswm yw y bydd cynnyrch uwch a gwerthiant uwch yn arwain at gyflogi mwy o staff, sy'n fuddiol i ddefnyddioldeb rheolwyr. Hefyd, gall lefelau uwch o gynnyrch fod yn bwysicach na phroffidioldeb uwch wrth bennu lefelau cyflogau.
- Mewn enciliad, gall rheolwyr ddioddef yn anghyfartal. Yn yr ymdrech i atal y cwmni rhag llithro i mewn i golled ac o bosibl gael ei drosfeddiannu neu fod yn fethdal, efallai y caiff rheolwyr eu diswyddo wrth i'r gweinyddu gael ei symleiddio ac y caiff eu cyflogau a'u cilfanteision eu gostwng. Mewn ffyniant economaidd, efallai y bydd rheolwyr yn cael mwy o fudd na'r mwyafrif gan eu bod yn gallu cynyddu eu cyflogau a'u cilfanteision eu hunain tra'n cynyddu elw hefyd. Mae cyfranddalwyr yn ei chael hi'n anodd atal hyn gan na allant fwrw amcan o faint o elw y gallai'r cwmni fod wedi'i wneud pe na bai'r rheolwyr wedi cynyddu costau'n ddiangen.

Mewn damcaniaethau ymddygiadol, dadleuir nad cyfranddalwyr a rheolwyr yn unig sy'n pennu ymddygiad cwmnïau. Gall eraill sydd â diddordeb yn y cwmnïau, fel y llywodraeth, undebau llafur a charfanau pwyso eraill fel amgylcheddwyr, fod â llais pwysig hefyd. Bydd y canlyniad terfynol yn dibynnu ar gryfder cymharol y gwahanol grwpiau sy'n cystadlu â'i gilydd.

Mae damcaniaethau rheolaethol ac ymddygiadol yn rhagfynegi bod rhywfaint o SLAC TREFNIADAETHOL yn debygol o fod yn bresennol. Defnyddiwyd y termau slac trefniadaethol neu ANEFFEITHLONRWYDD X gan yr Athro Harvey Leibenstein i ddisgrifio tueddiad cwmnïau mewn marchnadoedd anghystadleuol i gynhyrchu ar lefel uwch na'r gost isaf. Felly pan fydd rheolwr yn derbyn *Jaguar* pan fyddai wedi bodloni ar *Focus*, neu pan fydd aelod o undeb llafur yn derbyn £500 yr wythnos pan fyddai wedi gweithio am £300, neu pan fydd fforman yn dewis trefnu cynhyrchu mewn ffordd draddodiadol er bod dull modern llawer mwy effeithlon ar gael, mae slac trefniadaethol yn bresennol.

Mae slac trefniadaethol i'w gael yn rhannol oherwydd diffyg gwybodaeth. Dydy penderfynwyr ddim yn gwybod yr union isafswm y gallai gweithiwr fod yn fodlon gweithio amdano, er enghraifft. Efallai yn bwysicach, mae cyfundrefnau yn aml yn draddodiadol iawn. Gallent fod yn archebu cydrannau gan gwmni y maent wedi delio ag ef ar hyd yr amser er iddynt wybod y gallai'r cydrannau gael eu prynu'n rhatach rywle arall. Neu gallent fod yn amharod i fuddsoddi mewn peiriannau newydd am fod pob buddsoddiad yn risg, er gwaetha'r ffaith bod posibilrwydd gwneud arbedion cost sylweddol.

Efallai y bydd grwpiau gwahanol o randdeiliaid y cwmni yn gallu defnyddio'u grym posibl er eu lles nhw eu hunain, gan gynyddu slac trefniadaethol drwy hynny. Gallai grwpiau amgylcheddol, er enghraifft, orfodi cwmni i fabwysiadu safonau amgylcheddol llymach nag y byddai isafu cost yn ei achosi, drwy fygwth ymgyrch yn y cyfryngau yn erbyn y cwmni. Gallai

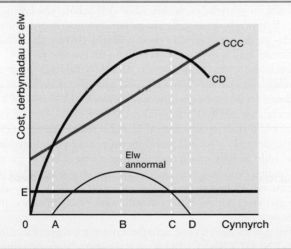

Ffigur 59.1 Uchafu gwerthiant

Bydd cwmni sy'n uchafu gwerthiant yn ennill elw normal ar lefel cynnyrch OD. Os ydy'r cyfranddalwyr yn mynnu isafswm o OE ar gyfer lefel elw, bydd yn uchafu gwerthiant drwy gynhyrchu ar lefel OC. Bydd y ddwy lefel cynnyrch yn uwch na lefel y cynnyrch sy'n uchafu elw, sef OB.

Cwestiwn 2

(a) Mae monopolydd yn uchafwr gwerthiant yn amodol ar y cyfyngiad bod angen iddo wneud elw normal i fodloni ei gyfranddalwyr. Lluniadwch ddiagram monopoli neo-glasurol safonol (☞ uned 54). Marciwch arno:
  (i) lefel y cynnyrch sy'n uchafu elw;
  (ii) lefel y cynnyrch sy'n uchafu derbyniadau'r cwmni yn amodol ar ei gyfyngiad elw.
(b) Cymharwch yr effaith ar gynnyrch a phris pe bai monopolydd yn symud o fod yn uchafwr elw i fod yn uchafwr gwerthiant.

undebau llafur fygwth streicio, gan achosi anhrefn tymor byr, oni fydd y cwmni'n cwrdd â'u gofynion.

Mewn enciliad mae slac trefniadaethol yn tueddu i leihau. Gorfodir cwmnïau i ganolbwyntio ar ddiogelu elw ac, o ganlyniad, caiff costau diangen eu tocio gyntaf. Mae'n debygol yr effeithir ar bopeth, o faint car cyfarwyddwr y cwmni i arferion gwaith ar lawr y ffatri i ddarparu bwyd yn ffreutur y cwmni.

Cwestiwn 3

Yn 2006 gwnaeth *Mittal Steel*, gwneuthurwr dur mwyaf y byd, gynnig i drosfeddiannu *Arcelor* am £12.7 biliwn. Lakshmi Mittal a sefydlodd ac sy'n rhedeg *Mittal Steel*. Ar hyn o bryd mae ei bencadlys yn Llundain a Rotterdam ac mae ganddo felinau dur mewn 14 gwlad ledled y byd. Crewyd *Arcelor* yn 2002 drwy gydsoddi tri chwmni dur yn Ffrainc, Luxembourg a Sbaen ac mae ei bencadlys yn Luxembourg.

Cafodd y cynnig trosfeddiannu ei gondemnio gan *Arcelor* a chan lawer yn Ffrainc a'r Almaen. Meddai Wolfgang Munchau yn ysgrifennu yn y *Financial Times*: 'Os edrychwch ar y ffordd y mae *Arcelor* yn ei ddisgrifio ei hun, mae'n ... ymffrostio am ei faint, wedi'i fesur mewn trosiant blynyddol, yn hytrach na phroffidioldeb. Mae'n diffinio ei nod fel bod yn "feincnod *(benchmark)*" ar gyfer perfformiad economaidd, cysylltiadau llafur a chyfrifoldeb cymdeithasol". Meddai Thierry Breton, gweinidog Ffrainc dros yr economi, cyllid a diwydiant: '*Arcelor* ... yw arweinydd y byd yn ei sector. Mae dyfodol busnes o'r maint yma yn hanfodol bwysig yn economaidd, yn ddiwydiannol ac yn gymdeithasol a rhaid ei ystyried gan unrhyw lywodraeth sydd â dyletswydd i hybu twf gwladol. ... Mae gan randdeiliaid eraill, fel gweithwyr, rheolwyr, cwsmeriaid, cyflenwyr ac awdurdodau lleol, yr hawl i roi eu barn hefyd. Mae er lles i gyfranddalwyr *Mittal Steel* ac *Arcelor* i wrando am fod llwyddiant y cwmni newydd a'i gyfranddalwyr yn ffwythiant hefyd o gonsensws rhanddeiliaid.'

Ffynhonnell: addaswyd o'r *Financial Times*, 30.1.2006.

Pam y gallai model ymddygiadol o'r cwmni ddisgrifio ymddygiad *Arcelor* yn fwy cywir na model uchafu elw tymor byr?

Prisio i rwystro mynediad

Ystyr PRISIO I RWYSTRO MYNEDIAD *(limit pricing)* yw pan fydd cwmnïau mewn diwydiant oligopolaidd yn gosod pris digon isel ('uchafbris rhwystro mynediad' – *limit price*) i rwystro cwmnïau newydd rhag dod i mewn i'r farchnad. Mae damcaniaethau prisio i rwystro mynediad yn tybio bod cwmnïau'n edrych y tu hwnt i uchafu elw tymor byr. Er enghraifft, tybiwch fod cwmnïau yn y diwydiant yn gallu ennill £50 miliwn o elw annormal eleni drwy godi pris cyfartalog o £10 am bob cynnyrch a werthir. Fodd bynnag, ar £10 byddai cwmnïau newydd yn fodlon mynd i mewn i'r farchnad, gan yrru elw cwmnïau sefydledig a'u cyfran o'r farchnad i lawr yn y dyfodol. Gallai dalu ffordd i gwmnïau sefydledig godi pris is na £10 nawr a lleihau'r risg o gael cwmnïau newydd yn dod i mewn i'r farchnad.

Ystyriwch Ffigur 59.2. Tybiwch fod y cwmnïau sydd eisoes yn y diwydiant i gyd â chromliniau unfath ar gyfer costau a derbyniadau. Mae Cwmni X, a ddangosir yn y ffigur, yn cynhyrchu ar lefel y cynnyrch sy'n uchafu elw tymor byr, sef OE, lle mae CFf = DFf. Mae cwmni newydd yn ystyried mynd i mewn i'r farchnad. I ddechrau mae'n bwriadu cynhyrchu OF. Gan ei fod yn newydd-ddyfodiad ni fydd yn gallu prisio ar yr un gromlin alw â

Chwmni X. Bydd yn rhaid iddo werthu ar ddisgownt. Fodd bynnag, cyhyd ag y bydd yn derbyn pris sy'n

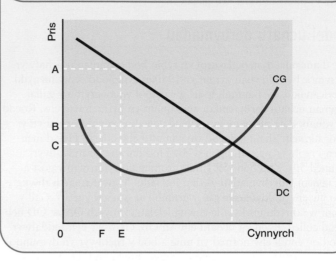

Ffigur 59.2 Prisio i rwystro mynediad
Os ydy cwmni newydd yn bwriadu dod i mewn i'r farchnad a chodi'r pris OB, gallai gael ei rwystro rhag gwneud hynny pe bai cwmnïau sydd eisoes yn y diwydiant yn codi llai na'r pris hwnnw.

hafal i OB, bydd o leiaf yn gwneud elw normal. Sut y gallai Cwmni X a chwmnïau eraill yn y diwydiant ymateb i'r newydd-ddyfodiad? A thybio y gallai'r newydd-ddyfodiad o bosibl gymryd rhannau mawr o'r farchnad, dylen nhw ostwng eu pris i lai nag OB. Os gwnân nhw hynny, byddan nhw'n gorfodi'r newydd-ddyfodiad i wneud colled. Cyhyd ag y bydd eu pris yn uwch nag OC, bydd derbyniadau'n fwy na chostau a byddan nhw'n parhau i ennill rhywfaint o elw annormal.

Mae hyn yn tybio y bydd yr holl gwmnïau sydd eisoes yn y diwydiant yn gostwng eu prisiau islaw pris uchafu elw tymor byr. Byddai hynny'n haws ei gyflawni pe bai cwmnïau'n cydgynllwynio'n agored – yn dod at ei gilydd i osod prisiau a chynnyrch i uchafu elw. Ond ffordd arall o gyflawni hyn fyddai i un cwmni, yn nodweddiadol y mwyaf, weithredu ARWAIN-BRISIO *(price leadership)*, lle mae un cwmni'n gosod pris ac mae cwmnïau eraill yn y farchnad yn dilyn. Maen nhw wedyn yn DDILYN-BRISWYR. Dewis arall yw ARWAIN-BRISIO BAROMETRIG, lle mae un cwmni, nid o reidrwydd y mwyaf ac nid o reidrwydd yr un cwmni bob tro, yn credu y byddai newid mewn prisiau yn y diwydiant yn fuddiol iddo ac felly mae'n codi neu'n gostwng ei bris ac yn aros i weld ymateb cwmnïau eraill. Os na fyddan nhw'n newid eu prisiau, daw'r cwmni â'i brisiau yn ôl i gydymffurfio â'r lleill. Os byddan nhw i gyd yn ei ddilyn, bydd y cwmni wedi cyflawni ei nod o godi neu ostwng pris.

Hefyd gall cwmnïau osod uchafbris rhwystro mynediad drwy GYDGYNLLWYNIO CUDD *(tacit collusion)*, lle mae cwmnïau'n monitro ymddygiad ei gilydd yn agos. Datblygir rheolau anysgrifenedig sy'n dod yn arfer sy'n diffinio ffyrdd y gall cwmnïau gystadlu. Trwy gydgynllwynio cudd, gellir cyrraedd uchafbris rhwystro mynediad dros amser.

Po uchaf yw'r rhwystrau i fynediad i'r diwydiant, uchaf i gyd fydd uchafbris rhwystro mynediad, a hynny oherwydd po uchaf yw'r rhwystrau i fynediad, lleiaf tebygol yw hi y daw cwmni newydd i mewn i'r diwydiant. Er enghraifft, pe bai rhwystrau ariannol mawr i fynediad oherwydd cost uchel cychwyn cwmni yn y diwydiant, byddai newydd-ddyfodiaid posibl yn gofidio y bydden nhw'n colli symiau mawr o arian pe bai'r fenter yn amhroffidiol a nhw'n gorfod gadael. Felly gallai gostyngiad cymharol fach o'r pris sy'n uchafu elw tymor byr fod yn ddigon i atal newydd-ddyfodiad posibl yn llwyr.

Termau allweddol

Arwain-brisio – pan fydd un cwmni, yr arwain-brisiwr, yn gosod ei brisiau ei hun a bydd cwmnïau eraill yn y farchnad yn gosod eu prisiau nhw mewn perthynas â'r arwain-brisiwr.

Arwain-brisio barometrig – pan fydd cwmni'n mabwysiadu rôl arwain-brisiwr mewn marchnad ac yn newid ei bris, ond dim ond os bydd cwmnïau eraill yn newid eu pris nhw i'r un graddau y bydd yn cadw'r pris newydd.

Cydgynllwynio cudd – pan fydd cwmnïau'n cydgynllwynio heb fod dim cytundeb ffurfiol wedi'i gyrraedd a heb fod dim cyfathrebu penodol rhwng y cwmnïau wedi digwydd.

Dilyn-brisiwr – cwmni sy'n gosod ei bris drwy edrych ar y prisiau a osodir gan yr arwain-brisiwr yn y farchnad.

Prisio i rwystro mynediad – pan fydd cwmni, yn hytrach nag uchafu elw tymor byr, yn gosod pris digon isel i rwystro cwmnïau newydd rhag dod i mewn i'w farchnad.

Slac trefniadaethol neu aneffeithlonrwydd X – aneffeithlonrwydd sy'n codi am nad yw cwmni neu gorff cynhyrchiol arall yn llwyddo i isafu ei gostau cynhyrchu.

Economeg gymhwysol

Cwmnïau Japaneaidd

Gellid dadlau bod ymddygiad cwmnïau mawr Japan yn wahanol i ymddygiad cwmnïau mawr y DU ac UDA. Yn y byd Eingl-Sacsonaidd, yr asiantiaid economaidd pwysicaf mewn cwmni yw'r cyfranddalwyr. Nhw yw'r perchenogion a dylid rhedeg y cwmni er eu budd nhw. Mae hynny'n golygu uchafu gwerth y cyfranddalwyr. Mae dau brif ffurf ar hyn. Yn gyntaf, dylai cwmnïau anelu at uchafu taliadau buddrannau, sy'n golygu uchafu elw tymor byr. Yn ail, dylai cwmnïau anelu at uchafu pris eu cyfranddaliadau a'r twf ym mhris eu cyfranddaliadau fel y gall cyfranddalwyr gael enillion cyfalaf. Mae llawer o gwmnïau yn pwysleisio pwysigrwydd cwsmeriaid neu'r amgylchedd. Mae mentrau llywodraethol, fel Buddsoddwyr Mewn Pobl, yn pwysleisio pwysigrwydd hyfforddi'r gweithlu. Fodd bynnag, nid yw meithrin gweithlu hapus, teyrngar a chynhyrchiol a sicrhau bod cwsmeriaid yn fodlon ar yr hyn y maent yn ei brynu, yn ddibenion ynddynt eu hunain. Mae staff gweithgar yn bwysig yn y pen draw dim ond am fod y staff hynny yn debygol o wneud elw uwch i'r cwmni na staff isel eu hysbryd ac anhapus. Mae cwsmeriaid hapus yn bwysig dim ond oherwydd y gallent wario'u harian gyda chwmni arall pe byddent yn anhapus.

Ar gyfandir Ewrop ac yn Japan, mae agweddau'n wahanol. Mae cyfranddalwyr yn bwysig, ond un grŵp yn unig ydynt ymhlith nifer sy'n dylanwadu ar wneud penderfyniadau yn y cwmni. Y rheswm yn rhannol yw na all cyfranddalwyr weithredu cymaint o bŵer. Mewn gwledydd Eingl-Sacsonaidd, go brin y bydd cyfranddalwyr â rhan uniongyrchol yn y gwaith o redeg cwmnïau mawr. Mae cyfranddalwyr yn gweithredu pŵer drwy brynu a gwerthu cyfranddaliadau mewn cyfnewidfeydd stoc. Mae cwmni sy'n perfformio'n wael yn debygol o weld pris ei gyfranddaliadau yn gostwng wrth i gyfranddalwyr werthu eu stoc yn wyneb twf gwael buddrannau a phrisiau'r cyfranddaliadau. Mae'r cwmni wedyn yn agored i gynnig trosfeddiannu gan gwmni arall. Ar gyfandir Ewrop ac yn Japan, prin yw'r cwmnïau sy'n agored i drosfeddiannu fel hyn gan nad yw'r mwyafrif o'u cyfranddaliadau pleidleisio yn gallu cael eu masnachu yn y gyfnewidfa stoc – aelodau teuluol neu gwmnïau mawr eraill sy'n berchen arnynt.

Mae cyfranddalwyr ar gyfandir Ewrop ac yn Japan hefyd yn llawer llai tebygol o fod yn uchafwyr tymor byr na chyfranddalwyr mewn gwledydd Eingl-Sacsonaidd, oherwydd pwy sy'n berchen ar y cyfranddaliadau. Yn y DU ac UDA, ni chaniateir i fanciau ddal cyfranddaliadau cwmnïau fel rhan o'u cronfeydd wrth gefn. Yn yr Almaen a Japan, fodd bynnag, mae banciau yn wastad wedi cael eu hannog i fuddsoddi cyfalaf yng nghyfranddaliadau cwmnïau. O ganlyniad, mae bancwyr yn eistedd ar fyrddau cwmnïau yn y gwledydd hyn. Nid oes gan fanciau lawer o ddiddordeb mewn elw tymor byr. Maen nhw eisiau gweld y cwmnïau y maent yn berchen ar gyfranddaliadau ynddynt yn ffynnu dros gyfnod hir. Gallai cwmni sy'n cynhyrchu nwyddau gwael wneud elw cyflym ar y cychwyn, ond mae'n annhebygol o dyfu a ffynnu yn y tymor hir. Yn yr un modd, mae cyfranddalwyr mewn busnesau a reolir gan deuluoedd yn debygol o fod mewn busnes i sicrhau twf a ffyniant tymor hir y cwmni yn hytrach na dilyn yr elw uchaf yn y mis nesaf.

Caiff pwysigrwydd gweithwyr mewn cwmni ei bwysleisio yn yr Undeb Ewropeaidd drwy Siarter Gymdeithasol Cytundeb Maastricht, 1991. Yn ôl y Siarter, rhaid i bob cwmni mawr fod â chyngorau gwaith, sy'n cynnwys cynrychiolwyr y gweithwyr a'r rheolwyr, ac sydd â rhywfaint o bŵer i ddylanwadu ar wneud penderfyniadau tymor hir y cwmni.

Yn Japan caiff gweithwyr eu hystyried yn un o'r rhanddeiliaid allweddol mewn cwmni. Yn draddodiadol mae cwmnïau mawr wedi cael polisi o ddarparu swyddi am oes tra bod undebau llafur yn ystyried mai eu rôl nhw yw diogelu ffyniant y cwmni er mwyn sicrhau y gall swyddi fod am oes.

Mae gan lywodraethau Ewrop a Japan hanes o fod yn

llawer mwy ymyraethol na llywodraethau'r DU ac UDA. Yn Japan, er enghraifft, dylanwadodd y llywodraeth yn gryf ar ddatblygiad diwydiannau unigol yn y cyfnod ar ôl y rhyfel. Yn Ffrainc roedd cynlluniau gwladol yn yr 1950au, yr 1960au a'r 1970au yn cyfarwyddo twf gwahanol sectorau yn yr economi. Er bod ymyriad llywodraethol uniongyrchol mewn diwydiant wedi lleihau ers yr 1980au, does dim un llywodraeth yn Japan na Gorllewin Ewrop wedi dilyn model Eingl-Sacsonaidd y farchnad rydd.

Felly, gellir ystyried cwmnïau Eingl-Sacsonaidd yn fras fel uchafwyr elw tymor byr. Mae cwmnïau cyfandir Ewrop a Japan, ar y llaw arall, yn tueddu i ddilyn amcanion elw tymor hir. Efallai mai damcaniaethau ymddygiadol o'r cwmni sy'n disgrifio orau y modd maen nhw'n gweithio, lle mae nifer o grwpiau diddordeb cystadleuol mewn busnes yn dod i gonsensws ynglŷn â'r cyfeiriad y dylai'r cwmni ei ddilyn. Fodd bynnag, gellid dadlau bod busnesau mwyaf y byd yn symud fwy at y model Eingl-Sacsonaidd. Ar gyfandir Ewrop, yn fwyfwy mae cwmnïau wedi cael eu prynu a dod yn is-gwmnïau i gwmnïau Eingl-Sacsonaidd. Mae hynny'n newid eu hymddygiad corfforaethol. Yn Japan, roedd amodau economaidd anodd iawn yr 1990au, pryd y cafwyd enciliad estynedig, wedi gadael llawer o gwmnïau mawr mewn cyflwr ariannol truenus. Bu'n rhaid iddynt ailstrwythuro er mwyn dychwelyd i broffidioldeb ac ad-dalu peth o'u dyledion mawr. I rai cwmnïau, roedd hynny'n golygu rhoi'r gorau i bolisïau swyddi am oes, cwtogi ar staff a chau ffatrïoedd. Mae elw tymor byr wedi dod yn bwysicach fel nod cwmni nag y bu yn y gorffennol.

Cwestiwn Data

Tafarn draddodiadol

Mae Phil Sawyer yn berchen ar dafarn draddodiadol ac yn rhedeg y busnes. Dros y 15 mlynedd diwethaf mae wedi newid y cymysgedd cynhyrchion yn fwriadol. Yn wreiddiol, daeth bron y cyfan o'r derbyniadau gwerthiant o ddiodydd. Heddiw daw hanner o werthu bwyd. Mae'r fwydlen yn cynnig seigiau Seisnig traddodiadol ynghyd â seigiau mwy anturus, Ffrengig eu naws.

Mae Phil yn gweithredu rheol syml wrth brisio bwyd. Dylai cost y bwyd fod oddeutu traean o'r pris a godir ar gwsmeriaid. Mae'r gweddill, sef maint yr elw crynswth, yn talu am orbenion sefydlog a'r elw net a enillir. Er enghraifft, cost saig bysgod gyda llysiau yw tua £2.50. Felly mae'n codi £7.49 ar y fwydlen. Rhan o lwyddiant y dafarn yw bod llawer o'r fwydlen yn newid yn rheolaidd. Mae hyn yn apelio at ei gwsmeriaid rheolaidd sy'n mwynhau bwyta allan. Mae unrhyw saig newydd nad yw'n gwerthu'n dda o fewn pythefnos yn diflannu o'r fwydlen.

Bydd y cogydd weithiau yn gwrthwynebu, ac yn erfyn ar Phil i 'roi cyfle iddi'. Mae'r cogydd wedi awgrymu bod cwsmeriaid efallai yn ystyried y saig yn rhy ddrud, ac y byddai gostwng ei phris yn cynyddu gwerthiant. Ond mae Phil yn benderfynol. 'Os na allaf werthu'r saig am elw, does dim lle iddi ar y fwydlen'.

Y llynedd, prynwyd y dafarn yn y pentref nesaf a'i throi'n dafarn â thema Fecsicanaidd. Roedd yn boblogaidd iawn, yn enwedig gyda chwsmeriaid iau yn eu hugeiniau. Roedd Phil ychydig yn nerfus pan welodd y busnes hwnnw yn ffynnu a sylwodd bod llai o gwsmeriaid ifanc bellach yn ymweld â'i dafarn ef i fwyta. Trafododd yn fras gyda'i gogydd a fyddai newid y pris yn cael unrhyw effaith ar fusnes, ond penderfynodd nad oedd y pris yn ffactor yn y sefyllfa hon. Yr allwedd oedd darparu gwerth am arian i'w gwsmeriaid. Tyfodd gwerthiant 6% dros y flwyddyn nesaf, ychydig yn is nag yn y blynyddoedd cynt ond eto i gyd canlyniad boddhaol iawn.

1. Eglurwch pa fath o dechneg brisio y mae Phil Sawyer yn ei defnyddio. Cyfeiriwch at y darn i egluro eich ateb.
2. Trafodwch sut y byddai Phil Sawyer yn debygol o ymateb: (a) pe bai stormydd garw ym Môr y Gogledd yn arwain at ddyblu pris cyfanwerthu y pysgod a ddefnyddir yn ei dafarn yr wythnos honno; (b) pe bai dirywiad yn yr economi lleol a diweithdra'n codi; (c) pe bai'n rhaid iddo droi rhai cwsmeriaid i ffwrdd ambell nos Sadwrn am fod y man bwyta yn llawn; (d) pe bai gorlenwi yn y bwyty yn digwydd yn rheolaidd.
3. Trafodwch a yw'n debygol bod yna slac trefniadaethol wrth redeg y dafarn.

Economeg gymhwysol

Cludiant

Mae cludiant yn wasanaeth. Mae'r diwydiant cludiant yn gyfrifol am symud teithwyr a nwyddau o un safle daearyddol i safle daearyddol arall. Enghreifftiau yw unigolyn yn hedfan ar wyliau o Gaerdydd i Paris, anfon setiau teledu ar lori o'r DU i Sbaen a chyfarwyddwr busnes yn teithio ar drên o Abertawe i Lundain ar gyfer cyfarfod.

Mae cludiant bron bob amser yn **alw deilliedig** (☞ uned 7). Mae angen cludiant ar gwmni am ei fod yn dymuno cyflenwi nwyddau i gwsmer. Rhaid i unigolyn ddefnyddio cludiant i deithio i gyrchfan gwyliau. Mae cyfarwyddwr busnes yn teithio mewn awyren i gyfarfod fel rhan o'r gweithgaredd o gynhyrchu nwyddau ar gyfer cwsmeriaid. Yn achlysurol iawn, gydag unigolion y daith ei hun fydd unig nod eu galw. Enghreifftiau yw dyn yn mynd 'am dro' yn ei sbortscar neu berson sy'n frwd dros reilffyrdd yn treulio prynhawn Sadwrn yn teithio ar lein anghyfarwydd.

Fel unrhyw wasanaeth, fe'i cynhyrchir gan ddefnyddio ffactorau cynhyrchu.

Tir Mae'r tir y caiff ffyrdd a rheilffyrdd eu hadeiladu arno yn cael ei gynnwys yma. Felly hefyd yr holl gyfleusterau sy'n gysylltiedig â chludiant, fel y tir lle gall lorïau barcio neu lle caiff warysau a phorthladdoedd eu hadeiladu. Hefyd mae'r môr y mae llongau'n teithio arno a'r awyr y mae awyrennau'n hedfan trwyddo yn enghreifftiau o dir fel ffactor cynhyrchu.

Llafur Roedd 1.5 miliwn o weithwyr yn y diwydiant cludiant a storio yn y DU yn 2005. Yn Nhabl 60.1 dangosir rhaniad y math hwn o gyflogaeth yn ôl y Dosbarthiad Diwydiannol Safonol. Mae amrywiaeth eang o sgiliau yn ofynnol ar weithwyr yn y diwydiant cludiant. Mae swyddi'n amrywio o reolwyr i staff swyddfa i yrwyr i lafurwyr di-grefft. Yn gyffredin â phob diwydiant arall, mae lefel y cyfalaf dynol sy'n angenrheidiol yn cynyddu dros amser. 50 mlynedd yn ôl cyflogwyd nifer mawr o weithwyr di-grefft ym mhorthladdoedd Prydain i lwytho a dadlwytho llongau. Heddiw dim ond ffracsiwn o'r nifer hwn sydd ei angen gan fod y broses o lwytho a dadlwytho yn fecanyddol iawn erbyn hyn. Ond mae galw cynyddol am weithwyr â sgiliau TGCh neu â phrofiad marchnata.

Cyfalaf Defnyddir amrywiaeth eang o gyfalaf yn y diwydiant cludiant. Yn rhannol mae'n cynrychioli **isadeiledd** – ffyrdd, rheilffyrdd, porthladdoedd, piblinellau a meysydd awyr. Hefyd ar gyfer cludiant mae angen cyfalaf fel ceir, lorïau, trenau, llongau ac awyrennau.

Menter Y sawl sy'n dwyn ynghyd y ffactorau cynhyrchu i drefnu cynnyrch yw mentrwyr. Maen nhw felly yn cynnwys rheolwyr. Ond, yn ôl diffiniad traddodiadol y

term, rhaid iddynt hefyd fod yn gymerwyr risg. Mae mentrwyr clasurol yn bobl fel Brian Souter a sefydlodd *Stagecoach*, y grŵp bysiau a rheilffyrdd, a Richard Branson a sefydlodd *Virgin Atlantic*, y cwmni hedfan.

Tabl 60.1 Swyddi gweithwyr (amser llawn a rhan amser) ym maes cludiant, Medi 2005

Cludiant rheilffyrdd	519 800
Mathau eraill o gludiant tir a thrwy biblinellau	465 600
Cludiant dŵr	19 000
Cludiant mewn awyren	89 400
Trefnwyr gwyliau a threfnwyr teithiau	126 700
Gweithgareddau ategol ym maes cludiant	322 900
Cyfanswm	1 543 400

Ffynhonnell: addaswyd o *Labour Market Trends*, Swyddfa Ystadegau Cenedlaethol.

Dulliau cludiant

Y prif ddulliau cludiant heddiw yw ffyrdd, rheilffyrdd, piblinellau, awyrennau a llongau. Yn y 18fed ganrif a'r 19eg ganrif roedd cludiant ysgraffau *(barges)* mewndirol yn bwysig iawn ond erbyn hyn mae wedi cael ei ddisodli i raddau helaeth gan gludiant ffyrdd. Wrth benderfynu pa ddull cludiant i'w ddefnyddio, bydd prynwyr yn defnyddio nifer o feini prawf gwahanol.

Argaeledd Ar gyfer llawer o deithiau, does fawr ddim neu ddim dewis yn y farchnad. Er enghraifft, os ydy cymudwr eisiau teithio o ddrws i ddrws drwy un dull cludiant, mae bron yn sicr mai'r car yw'r unig ddewis. Yn yr un modd does fawr ddim busnesau sydd wedi'u cysylltu'n uniongyrchol â'u cyflenwyr neu â'u cwsmeriaid drwy reilffyrdd, gan adael cludiant lori fel yr unig ddewis. Os ydy cwmni yn y DU yn dymuno anfon nwyddau dramor, rhaid defnyddio cludiant môr neu awyren, oni fydd yn anfon y nwyddau drwy Dwnnel y Sianel.

Cost Bydd defnyddwyr cludiant yn ceisio isafu cost, â phopeth arall yn ddigyfnewid. Y gost berthnasol yw'r gost ffiniol. Yn y tymor byr, pan fydd costau cyfalaf yn sefydlog, mae hon yn gost newidiol (☞ uned 47), e.e. wrth benderfynu ar sail cost p'un ai i deithio i'r gwaith ar y trên neu mewn car, bydd cymudwr sy'n berchen ar gar yn cymharu pris tocyn trên â chost betrol y daith (☞ uned 61). Bydd cwmni sy'n berchen ar lori yn cymharu cost newidiol defnyddio'r lori i gludo nwyddau â chyfanswm cost dulliau eraill o gludiant. Yn y tymor hir mae pob ffactor yn newidiol a bydd defnyddwyr cludiant yn ystyried yr holl gostau wrth wneud penderfyniadau ar y ffin.

Yn achos cludiant nwyddau, mae yna gost sylweddol os ydy nwyddau'n gorfod cael eu newid o un dull cludiant i ddull arall yn ystod taith. Mae cost y llwytho a'r dadlwytho, yn ogystal â'r oedi tebygol sydd yn gost ynddo'i hun. Mae hyn wedi gwneud cludiant rheilffyrdd yn fwyfwy aneconomaidd o'i gymharu â chludiant ffyrdd dros y 50 mlynedd diwethaf (adran Economeg Gymhwysol, uned 7). Mae cludiant rheilffyrdd yn arbennig o gost effeithiol pan fydd cyswllt rheilffordd arbennig â safle cynhyrchu a lle gall meintiau mawr o gynnyrch gael eu llwytho'n uniongyrchol ar drên, e.e. gall cyswllt rheilffordd rhwng pwll glo a gorsaf drydan ddarparu dull mwy cost effeithiol o gludiant na lorïau.

Daw cludiant rheilffyrdd yn fwy economaidd o'i gymharu â chludiant ffyrdd po fwyaf yw pellter y daith. Dadleuir yn aml bod cludiant rheilffyrdd yn dechrau dod yn arbennig o gystadleuol ar gyfer teithiau o fwy na 400 milltir. O fewn y DU, does fawr ddim nwyddau'n cael eu cludo y math yma o bellter, ac felly mae cwmnïau cludo nwyddau ar y rheilffyrdd yn ei chael hi'n anodd gostwng prisiau i lefel fyddai'n gwneud i gwsmeriaid symud o'r ffyrdd i'r rheilffyrdd. Ond dylid nodi bod y gweithredwyr preifateiddiedig sy'n cludo nwyddau ar y rheilffyrdd wedi cael rhywfaint o lwyddiant o ran cynyddu llwythi ers canol yr 1990au (adran Economeg Gymhwysol uned 7).

Mae cludiant môr am bob tunnell fetrig yn gymharol rad oherwydd darbodion maint technegol. Gall llongau gludo meintiau mawr o nwyddau o'u cymharu â lori neu awyren, dyweder, ac mae hynny'n gostwng y gost am bob tunnell fetrig a gludir. I'r eithaf arall, mae cludo nwyddau mewn awyren yn arbennig o ddrud am fod y costau gweithredu am bob milltir yn uchel iawn a lle cyfyngedig iawn sydd mewn awyren ar gyfer cargo.

Mae piblinellau yn ffordd gost effeithiol iawn o gludo hylifau a nwyon rhwng dau safle. Mae'r gost weithredu ffiniol bron yn sero. Bron y cyfan o gost piblinell yw cost sefydlog ei gosod.

Cyflymder Mae cyflymder yn ffactor allweddol mewn llawer o benderfyniadau ynghylch cludiant. Yn achos teithwyr, mae cost ymwad i'r amser a gymerir i deithio. Os yw'n cymryd dwy awr i gwblhau taith ar drên ond tair awr mewn car, mae teithio mewn car â chost ymwad o un awr. Rhaid cynnwys hyn yng nghost ariannol y daith i gyfrifo cyfanswm y gost. I gwmnïau hefyd mae cyflymder yn debygol o gynrychioli cost ymwad. Er enghraifft, gallai parsel â darnau amnewid ar gyfer peiriant sydd wedi'i ddifrodi gael ei anfon mewn awyren yn hytrach na thros y tir. Os £500 yw'r gost ychwanegol ond bod y darnau'n cyrraedd ddeuddydd yn gynharach, rhaid cymharu'r £500

â'r colledion a achosir yn ystod y deuddydd pan na ellir defnyddio'r peiriant. Yn gyffredinol, mae cludiant mewn awyren yn gyflymach na chludiant môr ac mae cludiant ffyrdd yn gyflymach na chludiant rheilffyrdd. Mae perfformiad gwael presennol y rheilffyrdd o ran cyflymder yn achos mawr o bryder i'r sawl sy'n dymuno symud mwy o nwyddau i'r rheilffyrdd o'r ffyrdd.

Dibynadwyedd Mae dibynadwyedd yn ffactor allweddol arall wrth bennu dulliau cludiant. Efallai, er enghraifft, y bydd cymudwyr yn dewis y car yn hytrach na chludiant cyhoeddus am fod amserau teithio car yn fwy dibynadwy na'r bws neu'r trên. Erbyn hyn mae llawer o gwmnïau'n dibynnu ar gludiant dibynadwy ar gyfer eu busnes. Rhaid i uwchfarchnadoedd gael nwyddau ffres yn cyrraedd bob dydd. Mae gwneuthurwyr ceir yn cadw lefelau isel iawn o stoc ac yn disgwyl i gyflenwyr anfon nwyddau mewn union bryd. Gall cludiant dibynadwy isafu lefelau stoc ac felly cadw costau cynhyrchu i'r isaf posibl. Mae hefyd yn hollbwysig wrth farchnata cynhyrchion i ddefnyddwyr.

Diogelwch Dewisir rhai dulliau cludiant yn hytrach nag eraill am resymau diogelwch, e.e. mae'n annhebygol y caiff gwastraff niwclear ei gludo mewn awyren. Mae piblinellau yn ffordd arbennig o ddiogel o gludo nwy ac olew. Mewn un ystyr mae diogelwch yn ymwneud â chost. Mae damwain yn debygol o achosi costau trwm, yn enwedig os yw'n cynnwys sylweddau sy'n beryglus neu sy'n llygru. Efallai y bydd cwmni'n dewis dull mwy costus o gludiant i osgoi risg damwain gyda dull rhatach.

Darpariaeth sector cyhoeddus yn erbyn sector preifat
Deng mlynedd ar hugain yn ôl roedd llawer o'r diwydiant cludiant dan berchenogaeth gyhoeddus. Heddiw mae'r rhan fwyaf wedi cael ei phreifateiddio.

Cludiant ffyrdd Mae ffyrdd yn y DU bron bob amser yn cael eu darparu gan y wladwriaeth a'u hariannu trwy drethi. Yn 2003 agorwyd y draffordd dollau gyntaf a weithredir gan gwmni preifat, sef Tollffordd yr M6 o amgylch Birmingham. Fodd bynnag, mae'r llywodraeth yn dal yn ymrwymedig i ddarpariaeth wladwriaethol o'r rhwydwaith ffyrdd. Mewn rhai gwledydd eraill mae cysylltiadau ffyrdd allweddol, traffyrdd yn bennaf, yn cael eu rhedeg gan gwmnïau preifat, ond yn aml maen nhw'n cael cymorthdaliadau sylweddol gan y llywodraeth. Y sector preifat sy'n berchen ar y cerbydau sy'n defnyddio'r system ffyrdd. Cartrefi sector preifat sy'n berchen ar geir teithwyr. Cwmnïau sector preifat yw'r holl gwmnïau sy'n cludo nwyddau ar lorïau. Cafodd bysiau pellter hir eu preifateiddio a'u dadreoli yn yr 1980au, ac yn fuan wedyn fe'u dilynwyd gan wasanaethau bysiau lleol.

Cludiant rheilffyrdd Preifateiddiwyd Rheilffyrdd Prydain yn 1995 a'i hollti'n nifer mawr o gwmnïau gwahanol. Nawr mae'r diwydiant yn cynnwys pum rhan wahanol.
- Cafodd *Railtrack* ei breifateiddio fel perchennog monopoli isadeiledd cyfredol y rheilffyrdd. Ar ôl beirniadaeth helaeth o'i berfformiad, nifer o ddamweiniau ar y rheilffyrdd a chynnydd sylweddol yng

nghymhorthdal y llywodraeth y byddai ei angen i'w gadw'n broffidiol, cafodd ei ailwladoli i bob pwrpas yn 2002. Ei enw presennol yw *Network Rail*, mae'n gwmni nad yw'n amcanu at wneud elw ac sy'n cael ei redeg er lles 'aelodau' sy'n amrywio o gwmnïau rheilffyrdd i deithwyr i'r llywodraeth. Mae'n gyfrifol am gynnal a chadw ac uwchraddio popeth o draciau rheilffyrdd i'r gorsafoedd a'r pontydd. Daw derbyniadau o'r cwmnïau rheilffyrdd sy'n rhedeg trenau ar hyd ei draciau.

- Mae nifer o gwmnïau gweithredu trenau yn rhedeg gwasanaethau ar hyd y rhwydwaith rheilffyrdd, e.e. *GNER* sy'n gweithredu prif lein arfordir y dwyrain, *Virgin Trains* sy'n rhedeg prif lein arfordir y gorllewin, a *GoVia* sy'n gweithredu gwasanaethau lleol yn swydd Caint. Maen nhw wedi ennill trwydded/masnachfraint gan y llywodraeth i redeg lefel benodol o wasanaeth am nifer penodol o flynyddoedd. Cânt dderbyniadau drwy godi tâl ar deithwyr ac yn aml cânt gymorthdaliadau gan y llywodraeth. Mae'r rhan fwyaf o gwmnïau gweithredu trenau yn fonopolïau ar hyd eu llwybrau. Lle mae cystadleuaeth, mae hynny'n aml yn gyfyngedig am fod un cwmni'n darparu gwell gwasanaeth nag un arall.
- Yn 2006 roedd pedwar cwmni cludo nwyddau ar y rheilffyrdd: *Direct Rail Services*, *EWS*, *Freightliner* a *GB Railfreight*. Mae'r rhain yn cystadlu am fusnes ym marchnad cludo nwyddau.
- Mae setiau trenau (locomotifau a cherbydau) yn cael eu prydlesu o gwmnïau sy'n gosod trenau ar brydles (a elwir yn *roscos*). Yn 2006 roedd tri *rosco* yn y DU, sef *HSBC Rail* (dan berchenogaeth *HSBC*), *Porterbrook* (dan berchenogaeth *Abbey National*) ac *Angel Trains* (dan berchenogaeth y *Royal Bank of Scotland*). Mae'r rhain yn gyfrifol am gynnal a chadw'r stoc cyfredol a phrynu stoc newydd. Maen nhw'n cael eu derbyniadau gan y cwmnïau gweithredu trenau.
- Mae nifer o gwmnïau yn cystadlu am waith atgyweirio a chynnal a chadw isadeiledd y rheilffyrdd, yn ogystal ag uwchraddio'r system. Daw eu derbyniadau o *Network Rail*, sy'n gosod gwaith o'r fath ar dendr. Ers i rwydwaith y traciau gael ei ailwladoli, mae *Network Rail* wedi gwneud llawer o'r gwaith atgyweirio yn fewnol. Credwyd y bu contractwyr preifat yn rhy ddrud ac nad oedd eu gwaith o safon ddigon uchel.

Cludiant môr Mae cwmnïau llongau gan amlaf yn gwmnïau sector preifat ledled y byd. Maen nhw'n cystadlu â'i gilydd am drafnidiaeth.

Cludiant mewn awyren Cafwyd hanes hir o gwmnïau hedfan dan berchenogaeth y wladwriaeth. Er enghraifft, hyd at yr 1980au roedd *British Airways* dan berchenogaeth llywodraeth y DU. Roedd *KLM*, *Air France* ac *Al Italia* hefyd yn gludyddion dan berchenogaeth y wladwriaeth. Erbyn hyn mae'r rhan fwyaf o gwmnïau hedfan wedi cael eu preifateiddio neu byddan nhw'n cael eu preifateiddio yn fuan. Maen nhw'n hedfan i mewn i feysydd awyr ac allan ohonynt. Gall y rhain fod dan berchenogaeth y sector preifat neu'r wladwriaeth. Mae rhai meysydd awyr, fel maes awyr Birmingham, dan berchenogaeth awdurdodau lleol.

Y galw am gludiant a chyflenwad cludiant

Trafodir hyn yn adrannau Economeg Gymhwysol uned 6 (cludiant teithwyr) ac uned 7 (cludiant masnachol).

Rhagolygon cludiant

Rhagfynegiadau o feintiau cludiant yw **rhagolygon cludiant**. Defnyddir amrywiaeth o ddata i'w paratoi. Ar eu symlaf, maen nhw'n allosodiadau (*extrapolations*) o dueddiadau blaenorol. Er enghraifft, os ydy maint cludiant ffyrdd yn y DU wedi tyfu 2% y flwyddyn ar gyfartaledd am yr 20 mlynedd diwethaf, rhagolwg syml fyddai i hynnu barhau am yr 20 mlynedd nesaf.

Gellir ystyried amrywiaeth o ffactorau i wneud y rhagfynegiad hwn yn fwy soffistigedig. Er enghraifft, mae twf cludiant yn gysylltiedig â thwf CMC. Os disgwylir i dwf CMC gynyddu yn y dyfodol, mae twf cludiant yn debygol o gynyddu hefyd, ac i'r gwrthwyneb. Hefyd mae nifer ceir teithwyr yn gysylltiedig â thwf poblogaeth, dosraniad oed y boblogaeth (gan nad yw pobl dan 17 oed a mwy na 75 ocd yn ducddol o fod yn berchen ar geir), nifer y bobl sydd mewn gwaith a nifer y cartrefi. Mae polisi'r llywodraeth yn effeithio ar dwf cludiant, e.e. bydd cynyddu uchafswm y tunelledd y gellir ei gludo gan un cerbyd yn gostwng nifer y lorïau ar y ffyrdd. Gallai prisio ffyrdd ostwng meintiau cludiant. Gallai buddsoddiant yn isadeiledd y rheilffyrdd, a hybir gan y llywodraeth, symud teithwyr a nwyddau o'r ffyrdd i'r rheilffyrdd.

Weithiau mae angen llunio rhagolygon ar gyfer isadeiledd newydd lle nad oes tueddiadau blaenorol i fod yn sail i'r rhagfynegiad. Enghraifft fyddai y defnydd a wneir gan gerbydau o ffordd osgoi newydd. Byddai economegwyr cludiant yn amcangyfrif y traffig presennol sy'n mynd trwy'r dref neu'r pentref dan sylw ac yn allosod faint o'r traffig hwnnw fyddai'n defnyddio'r ffordd osgoi. Byddent wedyn yn amcangyfrif faint o draffig ychwanegol fyddai'n cael ei gynhyrchu (sef **traffig cymelledig**), e.e. rhai modurwyr nawr yn gwneud teithiau na fyddent wedi'u gwneud cyn hyn, eraill yn newid llwybrau er mwyn defnyddio'r ffordd osgoi. Dylai fod data ar gael o gynlluniau ffyrdd osgoi blaenorol i'w helpu i ragfynegi beth fydd yn digwydd yn yr achos penodol hwn. Fodd bynnag, mae pob cynllun ffordd osgoi yn wahanol. Er enghraifft, roedd economegwyr cludiant wedi rhoi amcangyfrif llawer rhy isel o faint o draffig fyddai'n defnyddio trafordd osgoi Llundain, yr M25.

Defnyddir rhagolygon cludiant mewn amrywiaeth o ffyrdd. Gellir eu defnyddio i gynllunio ar gyfer twf isadeiledd cludiant. Hyd at ran olaf yr 1980au roedd gan lywodraeth y DU bolisi '**rhagfynegi ac adeiladu**' ar gyfer ffyrdd. Byddai rhagfynegiadau'n cael eu paratoi ynghylch meintiau cludiant ffyrdd a byddai ffyrdd yn cael eu hadeiladu i ddarparu ar gyfer hynny. Mae unrhyw gwmni sector preifat sy'n ymwneud â'r diwydiant cludiant â diddordeb mawr mewn rhagolygon cludiant, e.e. gwneuthurwr ceir sy'n penderfynu p'un ai i fuddsoddi mewn ffatri gynhyrchu newydd ai peidio.

Defnyddir rhagolygon cludiant i wneud penderfyniadau ariannol. Dim ond trwy ragfynegi faint y bydd y farchnad yn tyfu (neu'n crebachu) yn ystod oes y drwydded y gall cwmnïau gweithredu rheilffyrdd benderfynu faint i'w gynnig am drwydded. Rhaid i gwmni llongau wneud rhagfynegiad o fasnach yn y dyfodol cyn archebu llong newydd. Bydd cwmni hedfan yn paratoi rhagolygon o niferoedd teithwyr cyn agor llwybr newydd.

Mae'r llywodraeth yn defnyddio rhagolygon cludiant wrth benderfynu ar bolisi. Er enghraifft, mae'r llywodraeth heddiw yn dymuno cwtogi ar dwf cludiant ffyrdd o'r hyn a ragfynegir oherwydd yr amgylchedd a thagfeydd. Mae'n dymuno cynyddu cludiant rheilffyrdd o'r rhagolygon presennol er mwyn lleihau'r pwysau ar y ffyrdd. Ar ôl penderfynu ar bolisïau, gall y llywodraeth wedyn gynhyrchu rhagolygon newydd yn dangos yr hyn y mae'n rhagfynegi fydd yn digwydd ar ôl ymyriad y llywodraeth o'i gymharu â chyn hynny.

Marchnadoedd cludiant cyhoeddus

Mae marchnad cludiant cyhoeddus yn gymysgedd cymhleth o farchnadoedd gwahanol, gyda rhai yn amnewidion agos ond eraill heb fawr ddim yn gyffredin â'i gilydd. Yn nhermau damcaniaethau traddodiadol o'r cwmni, gellir eu dosbarthu'n gymharol hawdd.

Teithio ar drên Mae rhwydwaith y rheilffyrdd yn y DU yn cynnwys monopolïau yn bennaf. Mae *Network Rail*, sy'n berchen ar yr isadeiledd, yn fonopoli naturiol. Mae'r cwmnïau gweithredu trenau gan amlaf wedi cael hawliau monopoli gan y llywodraeth a roddodd eu trwyddedau iddynt. Fodd bynnag, mae eu gallu i ecsbloetio'r monopoli hwnnw yn gyfyngedig am eu bod yn cael eu rheoleiddio ac am fod eu trwyddedau'n gyfyngedig o ran amser. Wrth gwrs, hoffai'r cwmnïau sy'n gweithredu trenau weld cyfundrefn y rheoleiddio prisiau yn cael ei llacio a hyd y trwyddedau'n cael ei ymestyn.

Teithio ar fws Mae'r diwydiant bysiau yn fwy cymhleth. Yn genedlaethol, mae pedwar prif grŵp o gwmnïau bysiau sy'n dominyddu gwasanaethau bysiau lleol: *Stagecoach*, *Arriva*, *Go-Ahead* a *First*. Felly gallai hwn gael ei ystyried yn ddiwydiant oligopolaidd. Fodd bynnag, mewn llawer o ardaloedd dim ond un o'r cwmnïau bysiau hyn sy'n cynnig gwasanaethau. Efallai y bydd mewn cystadleuaeth â chwmnïau bysiau llai neu efallai na fydd. Ar lawer o lwybrau, dim ond un gwasanaeth bws sydd ac felly mae monopoli gan y cwmni bysiau sy'n ei gynnig. Mae gallu cwmnïau bysiau i ecsbloetio'r monopoli hwn yn dibynnu i raddau ar gytundebau a wnaed gydag awdurdodau lleol, sydd yn aml yn cymorthdalu llwybrau a fyddai fel arall yn gwneud colled. Lle rhoddir cymhorthdal, mae'r awdurdod lleol yn debygol o osod pris ar gyfer tocynnau teithio yn y contract gweithredu.

Teithio mewn awyren Mae nifer mawr o gwmnïau hedfan sy'n gweithredu ar lwybrau o fewn y DU ac allan ohoni. Fodd bynnag, dydy'r farchnad ddim yn berffaith gystadleuol am nifer o resymau. Yn gyntaf, mae cwmnïau hedfan yn cynnig gwasanaeth brand ac mae gan deithwyr busnes yn nodweddiadol ffafriaeth o ran pa gwmni hedfan a ddefnyddiant. Yn ail, mae dewis cyfyngedig ar unrhyw lwybr penodol. Mae Llundain i Efrog Newydd yn eithaf cystadleuol. Ond ar lawer o lwybrau, dim ond un

gweithredwr sydd. Gall fod yn bosibl goresgyn hyn drwy newid mewn maes awyr arall ar y ffordd, ond mae hynny'n rhwystr mawr i deithwyr sydd eisiau cael yr amser teithio byrraf. Yn drydydd, mae meysydd awyr poblogaidd fel Heathrow yn tueddu i fod yn llawn yn ystod y dydd. Yn y DU does dim marchnad lle gellir masnachu slotiau glanio'r meysydd awyr. Felly os ydy cwmni hedfan yn cychwyn gwasanaeth newydd yn Heathrow, rhaid rhoi'r gorau i un o'i wasanaethau eraill neu ddefnyddio maes awyr llai poblogaidd.

Yn olaf, yn draddodiadol mae llwybrau awyr wedi cael eu rheoleiddio'n helaeth gan lywodraethau i fod o fudd i'w cludyddion cenedlaethol. Er enghraifft, mae cwmnïau hedfan sy'n dymuno hedfan o'r DU i UDA yn gorfod cael caniatâd gan awdurdodau'r DU ac UDA. Mae caniatâd o'r fath yn dueddol o fod yn destun cyfnewid – bydd awdurdodau UDA yn rhoi caniatâd i un o gwmnïau hedfan y DU hedfan i UDA os caiff un o gwmnïau hedfan UDA hawliau newydd i weithredu llwybr i'r DU. Hoffai llawer weld pob llywodraeth yn mabwysiadu polisïau 'awyr agored' lle gallai unrhyw gludydd hedfan i unrhyw gyrchfan yn y byd. Erbyn hyn mae polisi awyr agored o fewn yr UE ar gyfer cwmnïau hedfan yr UE, ac mae gan gludyddion UDA y rhyddid i hedfan i unrhyw le yn fewnol yn UDA. Ond dydy polisïau awyr agored ddim o reidrwydd yn gwneud marchnadoedd yn gystadleuol. Mae rhai meysydd awyr, fel Heathrow, eisoes yn gweithredu ar allu cynhyrchu 100% yn ystod y dydd ac mae hynny'n cyfyngu ar gystadleuaeth newydd yn y farchnad.

Llongau Mae cludo nwyddau ar longau yn tueddu i fod yn farchnad berffaith gystadleuol. Mae nifer mawr o gwmnïau llongau sy'n cynnig gwasanaethau rhwng cyrchfannau gwahanol. Mae cludo teithwyr ar longau yn tueddu i fod naill ai'n oligopolaidd neu'n fonopoli. Er enghraifft, dim ond ychydig o gwmnïau sy'n cynnig gwasanaethau croesi'r Sianel, a dim ond un cwmni sy'n cynnig gwasanaeth rhwng y tir mawr ac Ynys Wyth.

Cystadladwyaeth a marchnadoedd cludiant cyhoeddus

Gall damcaniaethau neo-glasurol cystadleuaeth berffaith a monopolaidd, oligopoli a monopoli (☞ unedau 52-55) roi eglurhad gwael o ymddygiad diwydiannau cludiant os gwneir tybiaethau gwahanol ynghylch cystadladwyaeth (*contestability*) marchnad (☞ uned 58).

Diwydiant y rheilffyrdd Mae *Network Rail* yn enghraifft o fonopoli naturiol. Ar hyd y llwybrau y mae *Network Rail* yn berchen arnynt, ni fyddai cystadleuydd arall yn dymuno mynd i mewn i'r farchnad nac yn gyfreithiol yn cael caniatâd i wneud hynny.

Mae marchnad cludiant teithwyr ar y rheilffyrdd yr un mor anghystadladwy yn y tymor byr. Mae gweithredwyr trenau wedi prynu trwyddedau monopoli gan y llywodraeth. Ond daw'r farchnad yn gystadladwy adeg adnewyddu'r trwyddedau. Mae'r gweithredwyr presennol wedi ceisio gwneud y farchnad yn llai cystadladwy drwy roi pwysau ar y llywodraeth i estyn y trwyddedau presennol yn gyfnewid am welliannau yn y gwasanaeth a gynigir. Yn nodweddiadol, maen nhw'n ceisio cysylltu buddsoddiant mewn rholstoc newydd ag estyn trwyddedau. Hyd yma mae'r llywodraeth wedi gwrthsefyll y pwysau. Ond wrth i drwyddedau ddod i derfyn eu cyfnod, mae'n fwyfwy anodd i weithredwr trenau gyfiawnhau unrhyw fuddsoddiant tymor hir. Gallai hyn achosi tanfuddsoddi yn y rheilffyrdd, gan arwain at aneffeithlonrwydd dynamig. Pan ddaw adeg adnewyddu trwyddedau, mae'n debygol mai dim ond ychydig o gwmnïau fydd â diddordeb mewn cynnig am yr adnewyddu. Mae'r rhain yn debygol o fod y mwyaf o'r gweithredwyr trenau presennol. I ennill y drwydded, rhaid iddynt gynnig buddsoddi yn y gwasanaeth tra'n derbyn y cymhorthdal isaf neu'n talu'r pris uchaf i'r llywodraeth am y drwydded. Hefyd rhaid ystyried sut y gallan nhw ymadael os na lwyddant i ennill y cynnig adnewyddu y tro nesaf.

Cludiant bysiau a bysiau moethus Mae diwydiannau bysiau a bysiau moethus y DU wedi'u dadreoli (☞ uned 67). Mae hynny'n golygu y gall unrhyw gwmni fynd i mewn i'r diwydiant a chystadlu â'r cwmnïau sydd yno eisoes. Mae costau mynediad yn gymharol isel. Mae prynu ychydig o hen fysiau neu fysiau moethus yn gymharol rad. Am y rheswm hwn, mae gan y rhan fwyaf o ddinasoedd o leiaf un gweithredwr bach ar rai llwybrau yn cystadlu yn erbyn gweithredwr llawer mwy ei faint a mwy sefydledig. Hefyd, mae'r rhan fwyaf o ardaloedd y wlad â chwmni dominyddol sy'n darparu'r rhan fwyaf o'r gwasanaethau. Un rheswm dros hyn yw bod awdurdodau cludiant, rhan o'r llywodraeth, yn tueddu i gymorthdalu llawer o lwybrau oherwydd fel arall ni fyddai cwmnïau bysiau yn eu gweithredu. Y cwmni sy'n derbyn y cymhorthdal sy'n tueddu i fod y gweithredwr dominyddol. Ym marchnad teithio pellter hir ar fws moethus, mae pob ardal â nifer o gwmnïau sy'n cynnig bysiau moethus i'w llogi. Ond mae'r farchnad am wasanaethau pellter hir trefnedig eto wedi'i dominyddu gan ychydig o gwmnïau sy'n gallu marchnata eu gwasanaethau'n effeithiol a buddsoddi digon i ddarparu bysiau moethus cysurus i deithio arnynt. Yn gyffredinol, mae marchnad cludiant bysiau a bysiau moethus yn gystadladwy, sy'n tueddu i atal cwmnïau sefydledig yn y farchnad rhag gwneud elw annormal.

Cludiant mewn awyren Dros yr ugain mlynedd diwethaf mae marchnad cludiant mewn awyren yn Ewrop wedi dod yn llawer mwy cystadladwy. Y rheswm yw bod llywodraethau unigol wedi rhoi'r gorau i reoliadau a dueddai i ffafrio eu cwmnïau hedfan cenedlaethol nhw ar draul cwmnïau hedfan gwledydd eraill. O ganlyniad cafwyd twf enfawr yn nifer y cwmnïau hedfan cost isel heb ffrils. Mewn cyferbyniad â hyn, yn achos teithiau hedfan rhyngwladol y tu allan i Ewrop cafwyd llai o dwf am fod llywodraethau y tu allan i Ewrop yn tueddu i gyfyngu ar deithiau hedfan gan gwmnïau hedfan gwledydd eraill. Mae cost cyfalaf mynd i mewn i'r farchnad yn sylweddol, ond nid yn ddigon sylweddol i rwystro'r newydd-ddyfodiaid sydd wedi sefydlu presenoldeb yn y farchnad yn y blynyddoedd diwethaf. Hefyd mae cost ymadael yn gymharol isel. Mae newydd-ddyfodiad, er enghraifft, yn debygol o brydlesu awyrennau yn hytrach na'u prynu. Felly mae costau yn bennaf yn gostau newidiol yn hytrach

na sefydlog ac felly mae suddgostau yn isel.

Llongau Mae cludiant ar long yn tueddu i fod yn farchnad gystadladwy oherwydd y gall perchenogion llongau symud eu llongau o lwybr i lwybr yn dibynnu ar y galw. Ym marchnad cludiant teithwyr, er enghraifft, mae agor Twnnel y Sianel wedi arwain at ostyngiad yn nifer y llongau ar lwybrau croesi'r Sianel. Rhoddwyd y llongau hyn i weithio ar lwybrau eraill yng Ngogledd Ewrop.

Pris, cynnyrch ac elw

Mae strwythurau marchnad gwahanol yn arwain at ddyraniadau gwahanol o adnoddau, e.e. bydd monopolyddion aml-ffatri yn tueddu i ostwng cynnyrch er mwyn cynyddu prisiau ac elw o'u cymharu â strwythur perffaith gystadleuol (☞ uned 54). Mae marchnadoedd cludiant yn darparu amrywiaeth eang o enghreifftiau o arferion gwahanol ynghylch pris a chynnyrch.

Gan fod cynifer o farchnadoedd cludiant yn fonopolyddion, mae **priswahaniaethu** (☞ uned 54) yn gyffredin, e.e. cwmnïau hedfan yn codi prisiau gwahanol am yr un daith fwy neu lai. Gallant wneud hyn am fod teithwyr gwahanol ag **elastigeddau pris galw** gwahanol. Pwrpas priswahaniaethu yw uchafu derbyniadau i'r cwmnïau hedfan a chynyddu **gwarged cynhyrchwyr** (☞ uned 5). Mae'r rheilffyrdd yn priswahaniaethu hefyd (☞ uned 54 am enghraifft *Virgin* ac Arfordir y Gorllewin).

Lle caiff cwmnïau yn y farchnad gludiant eu gorfodi i gystadlu, gallan nhw geisio cyfyngu ar y gystadleuaeth honno. Er enghraifft, mae cwmnïau cludiant yn aml yn pwyso ar y llywodraeth i **reoleiddio** marchnadoedd er lles y cwmnïau sydd eisoes yn y diwydiant. Yn nodweddiadol mae hynny'n golygu rhoi i gwmnïau hawliau neilltuedig i weithredu ar lwybr, gan atal cwmnïau newydd rhag ennill cyfran o'r farchnad. Hefyd, efallai y cânt eu temtio i **gydgynllwynio**, gan uno â'i gilydd i greu monopoli.

Lle mae cystadleuaeth frwd, gall prisiau tymor byr gael eu gyrru islaw'r **gyfangost gyfartalog**. Yn aml bydd newydd-ddyfodiaid i lwybr bysiau lleol neu lwybr cwmni hedfan yn defnyddio cerbydau neu awyrennau hen a rhad. Yn rhannol mae hyn am fod hynny'n gostwng cost eu mynediad ac yn gostwng colledion posibl i'r lleiafswm os bydd yn rhaid iddynt ymadael â'r farchnad. Yn rhannol mae oherwydd bod hyn yn eu galluogi i godi prisiau is na chwmnïau sydd eisoes ar y llwybrau ac sy'n debygol o fod yn defnyddio cyfarpar drutach a mwy newydd. Gall cwmnïau sefydledig ymateb mewn nifer o ffyrdd gwahanol. Gallent geisio gorfodi'r newydd-ddyfodiad allan o'r farchnad drwy ddefnyddio **prisio rheibus** (*predatory*) – gostwng eu prisiau islaw pris y newydd-ddyfodiad a gobeithio y bydd wedyn yn gwneud cymaint o golled fel y bydd yn ymadael â'r farchnad (☞ uned 65). Gallent adael i'r newydd-ddyfodiad ennill cyfran o'r farchnad a derbyn derbyniadau ac elw is. Gallent geisio symud i ben ucha'r farchnad drwy ddarparu gwell gwasanaeth ar gyfer llai o gwsmeriaid am bris uwch. Mae *British Airways* wedi defnyddio'r strategaeth hon ar ei lwybrau trawsiwerydd oddi ar 1999, gan gynyddu'r gyfran o deithwyr dosbarth busnes a gostwng y gyfran o deithwyr dosbarth darbodus (*economy class*).

Marchnad fusnes drawsiwerydd

Mae dau wasanaeth newydd ar fin cael eu lansio ar y llwybr trawsiwerydd. Mae'r ddau gan gwmnïau newydd yn y diwydiant cwmnïau hedfan yn UDA a bydd y ddau'n hedfan i ac o Stansted ger Llundain yn y DU. Bydd *Eos* yn hedfan ddwywaith y dydd a *Maxjet* unwaith y dydd o Stansted i faes awyr JFK yn Efrog Newydd. Yr hyn sy'n arbennig am y lansiadau hyn yw y bydd y gwasanaethau'n darparu ar gyfer teithwyr dosbarth busnes yn unig.

Mae marchnad teithwyr dosbarth busnes ar lwybrau trawsiwerydd yn broffidiol iawn. Y llynedd daeth y cyfan o'r elw a wnaed gan *British Airways* o wasanaethau trawsiwerydd.

Mae *Eos* yn ceisio darparu cynnyrch sy'n rhagori ar *Club World* gan *BA* a'r *Upper Class Business Suite* gan *Virgin Atlantic*. Dim ond 48 o seddau fydd yn yr awyrennau *Boeing 757* y mae wedi'u prydlesu, o'u cymharu â'r 228 o seddau a fyddai yn yr awyren pe bai'n cael ei baratoi ar gyfer teithwyr dosbarth darbodus. Bydd pob teithiwr yn cael 'sedd swît unigryw' yn cynnwys gwelyau gwastad 78 modfedd, blancedi cashmir, llestri tsieni a chwaraewr *DVD* personol. Peth cymharol newydd yw seddau gwely gwastad, gall teithwyr drawsnewid eu seddau'n wely gwastad er mwyn cysgu. Pris rhestredig taith hedfan ddwyffordd fydd $8 400 neu £3 900.

Mewn cyferbyniad â hyn, mae *Maxjet* yn cynnig 'cynnyrch dosbarth busnes pris isel'. Bydd yna seddau mwy traddodiadol â digon o le i'r coesau ond heb welyau gwastad. Bydd yn defnyddio awyrennau *Boeing 767* â 102 o seddau yn hytrach na chynllun gosod traddodiadol dosbarth darbodus/dosbarth busnes yr awyrennau hyn â mwy na 200 o seddau. Bydd prisiau 50% i 70% yn llai na'r prisiau sydd yn y farchnad ar hyn o bryd, gyda'r pris isaf am docyn dwyffordd tua $1 700 neu £800.

Ffurfiwyd *Eos* gan dîm o fentrwyr yn UDA sydd wedi denu £87 miliwn o gyllid ecwiti (cyfranddaliadau), yn bennaf oddi wrth dri grŵp ecwiti preifat yn UDA.

A fydd y naill neu'r llall o'r newydd-ddyfodiaid yn goroesi? Bydd hynny'n dibynnu ar nifer o ffactorau. Un broblem yw bod y ddau wedi gorfod defnyddio Maes Awyr Stansted yn hytrach na Heathrow neu Gatwick. Y rheswm yw bod nifer y slotiau glanio ac esgyn yn y ddau faes awyr i UDA wedi'i osod gan gytundeb rhyngwladol ac felly mae cwmnïau newydd fwy neu lai yn cael eu gwahardd rhag defnyddio'r ddau faes awyr. Gallai Stansted fod yn atyniadol i deithwyr busnes y DU sy'n byw i'r gogledd neu i'r dwyrain o Lundain gan fod Stansted ei hun i'r gogledd o Lundain tra bo Heathrow i'r gorllewin o Lundain a Gatwick i'r de o Lundain. Fodd bynnag, mae'n annhebygol y bydd teithwyr busnes UDA wedi clywed am y maes awyr bach rhanbarthol hwn ac efallai y byddan nhw'n cadw draw oherwydd hynny ac oherwydd ei gysylltiadau cludiant cymharol wael. Problem arall yw diffyg teithiau hedfan. Mae *British Airways* yn cynnig deg taith hedfan y dydd i Efrog Newydd. Efallai na fydd cynnig un neu ddwy daith hedfan y dydd yn bodloni'r angen am hwylustod gan lawer o gwsmeriaid busnes. Mae milltiroedd hedfan (*air miles*) yn bwysig hefyd. Yn nodweddiadol cwmnïau sy'n talu am deithio dosbarth busnes, ond mae'r teithwyr unigol yn cael milltiroedd hedfan am ddim sy'n gallu cael eu cyfnewid am nwyddau am ddim, ac yn arbennig teithiau hedfan am ddim neu uwchraddiadau am ddim. Mae mynd â'r teulu ar daith hedfan am ddim i Hawaii yn gymhelliad cryf i unigolion fynnu bod eu cyflogwyr yn trefnu iddynt hedfan gyda *BA* neu *Virgin Atlantic*. Mewn arolwg diweddar, milltiroedd hedfan oedd y ffactor ail bwysicaf wrth ddewis cwmni hedfan, amserlenni teithiau hedfan hwylus oedd gyntaf. Bydd yn rhaid i *Eos* a *Maxjet* berswadio adrannau teithio cwmnïau mawr i ddefnyddio'u gwasanaethau. Fel arfer mae cwmnïau mawr sy'n rhoi archebion mynych yn gallu sicrhau disgownt. Ond efallai y bydd *Eos* a *Maxjet* yn cael y rhan fwyaf o'u harchebion gan gwmnïau bach a chanolig eu maint sydd heb sefydlu perthynas â chwmnïau hedfan sefydledig.

Ffynhonnell: addaswyd o'r *Financial Times*, 14.10.2005.

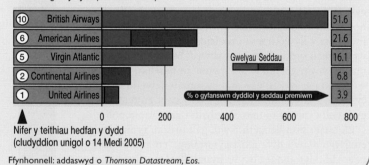

Ffigur 60.1 Seddau dosbarth premiwm Llundain i Efrog Newydd (ar gyfer 14.9.2005)

Y nifer ar gael y dydd (o 14 Medi 1005)

	% o gyfanswm dyddiol y seddau premiwm
⑩ British Airways	51.6
⑥ American Airlines	21.6
⑤ Virgin Atlantic	16.1
② Continental Airlines	6.8
① United Airlines	3.9

Gwelyau Seddau

Nifer y teithiau hedfan y dydd (cludyddion unigol o 14 Medi 2005)

Ffynhonnell: addaswyd o *Thomson Datastream, Eos*.

Tabl 60.2 Cymhariaeth o wasanaethau rhwng cludyddion trawsiwerydd

	Awyren un dosbarth	Troedfeddi sgwâr am bob sedd	% o seddau â mynediad uniongyrchol at eil	Gwely gwastad
Eos	Ie	21	100	Oes
Virgin Atlantic (upper)	Na	16	100	Oes
British Airways (busnes)	Na	15	50	Oes
United Airlines/American Airlines	Na	14	60	Na

Ffynhonnell: addaswyd o *Eos*.

1. Gan ddefnyddio enghreifftiau o'r data, eglurwch pa ffactorau cynhyrchu a ddefnyddir wrth ddarparu gwasanaethau cwmni hedfan.
2. (a) I ba raddau y mae teithio trawsiwerydd dosbarth busnes yn bris anelastig? (b) Pa effaith y gallai elastigedd pris ei chael ar lwyddiant *Eos a Maxjet*?
3. Trafodwch ydy marchnad teithiau hedfan trawsiwerydd yn gystadladwy ai peidio.

Crynodeb

1. Gall effeithlonrwydd fod yn statig ac yn ddynamig. Mae effeithlonrwydd cynhyrchiol ac effeithlonrwydd dyrannol yn fesurau statig o effeithlonrwydd.
2. Mae effeithlonrwydd dyrannol yn bresennol os ydy cost ffiniol cynhyrchu yn hafal i'r pris ym mhob marchnad mewn economi.
3. I asesu a oes dyraniad optimaidd o adnoddau mewn economi, mae angen gwneud barnau ar werth ynghylch dyraniad adnoddau.
4. Yn absenoldeb methiant y farchnad, bydd marchnad rydd yn cyflawni dyraniad optimaidd o adnoddau.
5. Mae llawer o enghreifftiau o fethiant y farchnad, gan gynnwys cystadleuaeth amherffaith a monopoli, allanolderau a marchnadoedd coll.
6. Yn ôl Damcaniaeth Gyffredinol yr Ail Orau, mewn economi marchnad amherffaith efallai na fydd symudiad tuag at brisio cost ffiniol mewn un diwydiant yn arwain at welliant Pareto.

Effeithlonrwydd

Mae effeithlonrwydd yn ymwneud â pha mor dda y caiff adnoddau eu defnyddio i ddatrys y tri chwestiwn sylfaenol mewn economeg, sef sut, beth ac ar gyfer pwy y dylai cynhyrchu ddigwydd. Mae dau fath o **effeithlonrwydd statig**:

- **Effeithlonrwydd cynhyrchiol** sydd i'w gael pan fydd cynhyrchu'n digwydd am y gost leiaf;
- **Effeithlonrwydd dyrannol** sy'n ymwneud â'r cwestiwn, ydy adnoddau'n cael eu defnyddio i gynhyrchu'r nwyddau a'r gwasanaethau y mae defnyddwyr eisiau eu prynu.

Mae effeithlonrwydd statig yn ymwneud ag effeithlonrwydd ar adeg benodol. Mewn cyferbyniad, mae **effeithlonrwydd dynamig** yn ymwneud ag ydy adnoddau'n cael eu defnyddio'n effeithlon dros gyfnod.

Effeithlonrwydd dyrannol

Mae effeithlonrwydd **dyrannol** neu **economaidd** yn mesur ydy adnoddau'n cael eu dyrannu i'r nwyddau a'r gwasanaethau hynny y mae defnyddwyr yn galw amdanynt. Er enghraifft, tybiwch fod defnyddwyr yn rhoi gwerth cyfartal ar dreuliant ffiniol esgidiau a siwmperi. Ond mae'r 1 filiwn olaf o barau o esgidiau a gynhyrchir yn yr economi yn costio 10 gwaith cymaint i'w cynhyrchu ag y byddai 1 filiwn yn ychwanegol o siwmperi wedi'u costio (h.y. gallai'r economi fod wedi cynhyrchu naill ai 1 filiwn o barau o esgidiau neu 10 miliwn o siwmperi). Byddai wedi bod yn fwy dyrannol effeithlon pe bai 1 filiwn o siwmperi wedi cael eu cynhyrchu yn hytrach na'r 1 filiwn o barau o esgidiau oherwydd y canlynol:

- mae defnyddwyr yn rhoi gwerth cyfartal ar y siwmperi a'r esgidiau;
- gallai naill ai 9 miliwn yn ychwanegol o siwmperi neu 900 000 o barau o esgidiau neu ryw gyfuniad o'r ddau fod wedi cael eu cynhyrchu **yn ogystal â'r** 1 filiwn o siwmperi (a thybio costau cynhyrchu digyfnewid).

Gall y ddadl hon gael ei datblygu gan ddefnyddio cromliniau galw a chost. Mae galw a chost ffiniol yn arbennig o bwysig mewn ECONOMEG LLES, sef astudio sut y gall economi ddyrannu adnoddau orau i uchafu defnydd-deb neu les economaidd ei ddinasyddion.

- Mae cromlin y galw yn dangos y gwerth y mae defnyddwyr yn ei roi ar yr uned olaf a brynir o gynnyrch. Er enghraifft, os ydy defnyddiwr sy'n uchafu defnydd-deb yn prynu pâr o deits am £2, rhaid bod y pâr o deits yn rhoi o leiaf gwerth £2 o werth

(neu **foddhad** neu **ddefnydd-deb**). Os ydy cyfanswm y galw am gynnyrch yn 100 o unedau am bris o £10, rhaid mai £10 yw'r gwerth a roddir gan ddefnyddwyr ar y ganfed uned. Mae'r gwerth a roddir ar bob un o'r 99 uned arall a brynwyd yn debygol o fod yn uwch na £10 am fod cromlin y galw yn goleddu yn ôl i fyny o'r pwynt hwnnw. Mae gwerth ffiniol (neu ychwanegol) nwydd i'r defnyddiwr (h.y. y defnydd-deb ffiniol) yn cael ei roi gan y pris a ddangosir ar gromlin y galw ar y lefel honno o gynnyrch.

- Mae cromlin y gost ffiniol yn dangos y gost i gwmnïau o gynhyrchu uned ychwanegol o'r nwydd. Tybiwn yma mai 'cost' yw cost cynhyrchu i'r gymdeithas yn ogystal ag i gwmnïau. Yn ymarferol, gall **cost breifat** y cynhyrchu i'r cwmni fod yn wahanol i'r **gost gymdeithasol** oherwydd **allanolderau**, ac mae gan hyn oblygiadau pwysig ar gyfer effeithlonrwydd dyrannol (☞ uned 19).

Yn Ffigur 61.1 dangosir dwy farchnad. Yn y farchnad wenith OB yw'r cynnyrch cyfredol. Pris y farchnad yw £1 yr uned, ond mae ffermwyr yn derbyn £3 yr uned, er enghraifft am fod y llywodraeth yn cymorthdalu cynhyrchu. Yn y farchnad nwy OE yw'r cynnyrch. Y pris yw £6 ond mae cyflenwyr nwy yn derbyn £4 yn unig, er enghraifft am fod y llywodraeth yn gosod treth o £2 yr uned.

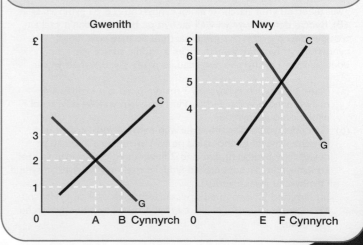

Ffigur 61.1 Effeithlonrwydd dyrannol
Bydd trosglwyddo adnoddau o'r farchnad wenith lle mae pris yn is na chost ffiniol i'r farchnad nwy lle mae pris yn uwch na chost ffiniol yn arwain at effeithlonrwydd dyrannol.

Yn y diwydiant gwenith, mae pris yn is na chost ffiniol (P < CFf). Mae hyn yn golygu bod y gwerth a roddir ar y cynnyrch gan y defnyddwyr yn llai na'r gost i'r gymdeithas o gynhyrchu'r cynnyrch. I'r defnyddwyr gwerth yr uned olaf a gynhyrchir yn OB yw £1 (a ddangosir ar gromlin y galw). Y gost i'r gymdeithas o gynhyrchu'r uned olaf yw £3 (a ddangosir ar gromlin y gost ffiniol). Felly, mae gwerth yr uned olaf o wenith a brynir i ddefnyddwyr £2 yn llai na chost ei chynhyrchu.

Yn y farchnad nwy mae pris yn uwch na chost ffiniol (P > CFf). Mae hyn yn golygu bod y gwerth a roddir ar yr uned olaf a gynhyrchir gan y defnyddwyr yn fwy na'r gost i'r gymdeithas o'i chynhyrchu. I'r defnyddwyr gwerth yr uned olaf a gynhyrchir yn OE yw £6, ond ei chost i'r gymdeithas yw £4 yn unig. Felly mae gwerth yr uned olaf o nwy a brynir i ddefnyddwyr £2 yn fwy na chost ei chynhyrchu.

Mae hyn yn awgrymu y byddai adnoddau prin yn cael eu dyrannu'n fwy effeithlon pe bai llai o wenith a mwy o nwy yn cael ei gynhyrchu yn yr economi, ond faint o wenith a nwy ddylai gael ei gynhyrchu? Pe bai pris yn hafal i gost ffiniol yn y ddwy farchnad (P = CFf), byddai'r gwerth a roddir gan ddefnyddwyr ar yr uned olaf a dreulir o wenith a nwy yn hafal i gost cynhyrchu'r nwyddau hynny. Pe bai pris gwenith yn Ffigur 61.1 yn £2 a phris nwy yn £5, byddai'n amhosibl ailddyrannu adnoddau rhwng y ddau ddiwydiant

er lles defnyddwyr.

Felly bydd yna effeithlonrwydd dyrannol os ydy pris yn hafal i gost ffiniol ym mhob diwydiant yn yr economi. Mae hwn yn gasgliad pwysig iawn ond gwelwn isod fod angen amodi'r casgliad hwn gryn dipyn.

Os ydy P = CFf ym mhob diwydiant (fel gwenith a nwy yn yr enghraifft uchod), mae'n amhosibl gwneud unrhyw un yn well ei fyd heb wneud rhywun arall yn waeth ei fyd. Yna dywedir bod y dyraniad adnoddau yn PARETO EFFEITHLON (ar ôl Vilfredo Pareto, economegydd o'r Eidal, a gynigiodd yr amod hwn gyntaf yn 1909 mewn llyfr o'r enw *Manuel D'Economie Politique*). Os dywedir bod dyraniad adnoddau yn Pareto aneffeithlon, mae'n rhaid ei bod hi'n bosibl gwneud rhai pobl neu'r holl bobl yn well eu byd heb wneud neb yn waeth ei fyd.

Effeithlonrwydd a'r ffin posibilrwydd cynhyrchu

Gall gwahanol gysyniadau effeithlonrwydd gael eu dangos gan ddefnyddio **ffin posibilrwydd cynhyrchu – FfPC** (☞ uned 1). Mae ffin posibilrwydd cynhyrchu yn dangos cyfuniadau o nwyddau a allai gael eu cynhyrchu pe bai'r holl adnoddau yn cael eu defnyddio'n llawn (h.y. pe bai'r economi ar gyflogaeth lawn). Pe bai aneffeithlonrwydd cynhyrchiol yn yr economi, byddai cynhyrchu'n digwydd o fewn y ffin, er enghraifft ym mhwyntiau A, B neu C yn Ffigur 61.2. Gyda'r holl adnoddau'n cael eu defnyddio'n llawn, byddai'n bosibl symud, er enghraifft, o A i D pe bai costau'n cael eu hisafu.

Mae A, B a C yn Pareto aneffeithlon hefyd. Y rheswm yw ei bod hi'n bosibl cynyddu cynnyrch ar gyfer Iwan a phobl eraill heb wneud neb yn waeth ei fyd drwy symud i bwynt i'r gogledd-ddwyrain o'r cyfuniadau hyn. Felly mae cynhyrchu yn D yn fwy effeithlon na chynhyrchu yn A, mae cynhyrchu yn E yn fwy effeithlon na chynhyrchu yn B ayb.

Ar y llaw arall, mae D, E a F yn Pareto effeithlon. Yn unrhyw un o'r rhain nid yw'n bosibl cynhyrchu mwy ar gyfer Iwan heb ostwng cynhyrchu ar gyfer pobl eraill. Mae hyn yn wir am bob pwynt ar y ffin posibilrwydd cynhyrchu. Felly mae pob pwynt ar y FfPC yn Pareto effeithlon.

Mae pob pwynt ar y FfPC yn bodloni'r amod P = CFf hefyd. Felly

Cwestiwn 1

Tabl 61.1

Miliynau	£ yr uned			
	Nwyddau		Gwasanaethau	
Maint	Pris	Cost ffiniol	Pris	Cost ffiniol
1	10	2	10	4
2	8	4	9	5
3	6	6	8	6
4	4	8	7	7
5	2	10	6	8

Mae'r tabl yn dangos y berthynas rhwng maint y galw a phris a rhwng cynnyrch a chost ffiniol ar gyfer yr unig ddau beth sy'n cael eu cynhyrchu mewn economi. Ni fyddai cynhyrchu 1 filiwn uned o nwyddau a 5 miliwn uned o wasanaethau yn ddyrannol effeithlon. Dyma'r rheswm: ar y lefel hon o gynnyrch, mae pris nwyddau (£10 yr uned) yn uwch na'r gost ffiniol (£2 yr uned), tra bo pris gwasanaethau yn is na chost ffiniol cynhyrchu (£6 o'i gymharu ag £8). Byddai defnyddwyr yn well eu byd pe bai adnoddau'n cael eu trosglwyddo o gynhyrchu gwasanaethau, lle mae cost ffiniol cynhyrchu yn fwy na'r gwerth ffiniol a roddir arnynt gan ddefnyddwyr, i gynhyrchu nwyddau lle mae'r gwrthwyneb yn wir.

(a) Mae'r economi'n cynhyrchu 3 miliwn uned o nwyddau a 4 miliwn uned o wasanaethau. Pam mae hyn yn lefel ddyrannol effeithlon o gynhyrchu?

(b) Gan ddefnyddio diagram, eglurwch pam y byddai colled o effeithlonrwydd economaidd pe bai'r dyraniad adnoddau yn newid fel y byddai: (i) dim ond 2 filiwn uned o nwyddau yn cael eu cynhyrchu a'r adnoddau a fyddai'n cael eu rhyddhau yn symud i gynhyrchu gwasanaethau.
(ii) dim ond 2 filiwn uned o wasanaethau yn cael eu cynhyrchu a'r adnoddau a fyddai'n cael eu rhyddhau yn symud i gynhyrchu nwyddau.

Ffigur 61.2 Pwyntiau Pareto effeithlon o gynhyrchu
Mae pwyntiau ar y ffin posibilrwydd cynhyrchu, fel D, E a F, yn Pareto effeithlon gan nad yw'n bosibl cynhyrchu mwy o nwyddau ar gyfer Iwan heb ostwng cynhyrchu nwyddau ar gyfer pobl eraill. Mae pwyntiau G, H ac I yn anghyraeddadwy tra bo'r pwyntiau A, B a C yn Pareto aneffeithlon am ei bod hi'n bosibl cynyddu cynhyrchu a chynhyrchu mwy o nwyddau ar gyfer Iwan a phobl eraill.

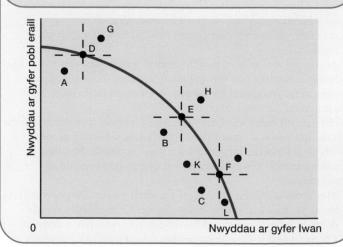

Nwyddau ar gyfer pobl eraill

Nwyddau ar gyfer Iwan

mae pwyntiau ar y ffin yn gynhyrchiol effeithlon ac yn ddyrannol effeithlon.

Sylwch mai dim ond am bwyntiau sydd i'r gogledd-ddwyrain a de-orllewin o'i gilydd y mae'n bosibl llunio gosodiadau ynghylch effeithlonrwydd Pareto. Er enghraifft, mae F yn Parteto effeithlon ond nid yw C. Ond ni all K gael ei gymharu â F oherwydd yn K mae pobl eraill yn well eu byd nag yn F ond mae Iwan yn waeth ei fyd.

Cwestiwn 2

Mae llawer o wyddonwyr wedi rhagfynegi y bydd dinistrio coedwigoedd glaw Brasil yn ychwanegu at yr 'effaith tŷ gwydr' gan arwain at gynnydd yn nhymereddau'r byd a chynnydd yn lefelau'r môr. Mae llawer o'r dinistrio yn cael ei wneud gan ffermwyr sydd eisiau clirio tir ar gyfer magu gwartheg. Yna gallan nhw ennill elw drwy werthu'r cig eidion i wledydd y Byd Cyntaf fel UDA a'r DU.

Gan ddefnyddio ffin posibilrwydd cynhyrchu (a rhoi 'cig eidion' ar un echelin a 'coedwig law' ar y llall), trafodwch a fyddai gwahardd torri coed yng nghoedwigoedd glaw Brasil yn arwain at effeithlonrwydd Pareto.

Y dyraniad adnoddau optimaidd

Mae pob pwynt ar y ffin posibilrwydd cynhyrchu yn gynhyrchiol a dyrannol (h.y. Pareto) effeithlon. Felly mewn un ystyr mae pob pwynt ar y ffin yn cynrychioli DYRANIAD OPTIMAIDD O ADNODDAU. Nid yw'n bosibl gwneud un person yn well ei fyd heb wneud person arall yn waeth ei fyd. Wrth wneud yr asesiad hwn, rydym yn tybio nad yw'n bosibl dweud bod un dyraniad adnoddau yn well na'i gilydd.

Dydy hyn ddim yn rhoi fawr o gymorth i wneuthurwyr polisi sy'n credu bod un dyraniad adnoddau yn well na'i gilydd. Er enghraifft, yn Ffigur 61.2 mae'r pwyntiau E ac F yn Pareto effeithlon ac felly mewn un ystyr yn cynrychioli dyraniad optimaidd o adnoddau. Fodd bynnag, efallai bod y llywodraeth yn credu y byddai'r gymdeithas yn well ei byd pe bai llai o nwyddau ar gyfer Iwan a mwy ar gyfer pobl eraill. Mae'n gwneud barn ar werth ynglŷn â'r hyn y mae lles economaidd yn ei olygu. Felly byddai'r economi yn well ei fyd yn E nag yn F.

Y farchnad ac effeithlonrwydd economaidd

Mae'n bosibl dangos y bydd adnoddau yn yr economi wedi'u dyrannu'n effeithlon os bydd pob marchnad yn berffaith gystadleuol (☞ uned 53).
● Mewn cydbwysedd tymor hir mewn marchnad berffaith gystadleuol bydd cwmnïau'n cynhyrchu ar waelod eu cromliniau cost cyfartalog. Felly bydd effeithlonrwydd cynhyrchiol.
● Er mwyn cael effeithlonrwydd dyrannol, rhaid i'r gost i'r gymdeithas o gynhyrchu uned ychwanegol o gynnyrch fod yn hafal i'r gwerth y mae'r unigolyn yn ei roi ar dreuliant y nwydd hwnnw (y pris = cost ffiniol a amlinellwyd yn uned 53). Mewn marchnad berffaith gystadleuol mae cwmnïau'n uchafu elw drwy gynhyrchu lle mae cost ffiniol = derbyniadau ffiniol. Mae derbyniadau ffiniol yn hafal i bris gan fod y cwmni perffaith gystadleuol yn dderbynnydd pris. Felly mae cost ffiniol = pris. Ar y llaw arall mae defnyddwyr yn uchafu eu defnydd-deb drwy hafalu defnydd-deb ffiniol pob nwydd a dreulir am bob £1 sy'n cael ei gwario. Felly mae pris yn adlewyrchiad cywir o werth y nwydd (y defnydd-deb ffiniol) i'r unigolyn.

Mae'n wir hefyd bod effeithlonrwydd dyrannol yn yr ystyr

effeithlonrwydd Pareto i'w gael mewn economi lle mae'r holl farchnadoedd yn berffaith gystadleuol. Gan fod cwmnïau'n cynhyrchu am y gost isaf, rhaid bod yr economi ar ei ffin posibilrwydd cynhyrchu ac fell rhaid bod y dyraniad adnoddau yn Pareto effeithlon.

Methiant y farchnad

Pe bai'r holl farchnadoedd mewn economi yn berffaith gystadleuol, rhaid bod dau amod yn cael eu cyflawni.
● Rhaid bod cystadleuaeth berffaith ym mhob marchnad nwyddau. Rhaid i ddefnyddwyr allu dyrannu eu hadnoddau mewn ffordd fydd yn uchafu eu defnydd-deb. Rhaid iddynt fod â gwybodaeth berffaith, er enghraifft. Rhaid bod digon o ddefnyddwyr mewn unrhyw farchnad i atal rhoi pwysau gormodol ar gynhyrchwyr er mantais i'r defnyddwyr. Rhaid i gynhyrchu hefyd fod wedi'i drefnu dan amodau cystadleuaeth berffaith. Rhaid i bob diwydiant gynnwys nifer mawr o gynhyrchwyr bach, gyda phob un ohonynt yn dderbynnydd pris. Rhaid bod rhyddid i fynd i mewn ac allan o bob diwydiant a rhaid i bob cwmni fod â gwybodaeth berffaith.
● Rhaid i bob marchnad ffactorau fod yn berffaith gystadleuol. Er enghraifft, rhaid bod symudedd perffaith o lafur. Does dim undebau llafur sy'n gweithredu fel cyflenwyr monopoli o lafur. Hefyd does dim cyflogwyr monopoli, fel llywodraeth y DU gydag athrawon a nyrsys. Rhaid i gyfalaf lifo'n rhydd rhwng diwydiannau a rhanbarthau yn ôl lefelau'r elw sy'n cael ei wneud.

Does dim economi go iawn fel hyn. Mae amherffeithrwydd i'w gael ym mhob sector o'r economïau diwydiannol modern, fel yn yr economïau sy'n datblygu, sy'n **atal** y dyrannu effeithlon o adnoddau drwy fecanwaith y farchnad. **Methiant y farchnad** yw hyn. Mae'r tri phrif fath o fethiant y farchnad yn digwydd oherwydd cystadleuaeth amherffaith neu fonopoli (☞ uned 63), allanolderau (☞ unedau 19 a 62) a marchnadoedd coll (☞ uned 20).

Cwestiwn 3

Mae'r Comisiwn Ewropeaidd wedi dirwyo cynhyrchwyr edau o'r Almaen, Gwlad Belg, yr Iseldiroedd, Ffrainc y Swistir a'r DU gyfanswm o €43 miliwn (£30 miliwn) am weithredu nifer o gartelau. Defnyddir edau diwydiannol mewn amrywiaeth o ddiwydiannau i wnïo neu frodio gwahanol gynhyrchion fel dillad, dodrefn cartref, seddau ceir a gwregysau diogelwch, nwyddau lledr, matresi, esgidiau a rhaffau. Mae'r dirwyon yn ymwneud â thri chytundeb cartel dros y cyfnod 1990-2001.

Aeth y Comisiwn i swyddfeydd y cwmnïau perthnasol ym mis Tachwedd 2001 a darganfod tystiolaeth bod y cynhyrchwyr edau wedi cymryd rhan mewn cyfarfodydd rheolaidd i gytuno ar gynyddu prisiau neu dargedau, i gyfnewid gwybodaeth sensitif am restri prisiau neu brisiau a godir ar gwsmeriaid unigol, ac i osgoi codi prisiau llai na chyflenwyr eraill gyda'r bwriad o ddyrannu cwsmeriaid rhwng y cynhyrchwyr edau. Barn y Comisiwn oedd bod y cytundebau cartel wedi arwain at ystumiad sylweddol o gystadleuaeth er budd i'r cynhyrchwyr ac ar draul cwsmeriaid ac, yn y pen draw, defnyddwyr.

Ffynhonnell: addaswyd o wefan y Comisiwn Ewropeaidd, europa.eu.int, 14.9.2005.

(a) Pam y gwnaeth y cartel edau arwain at aneffeithlonrwydd yn y farchnad?
(b) Pam mae hyn yn enghraifft o fethiant y marchnad?

Effeithlonrwydd yn erbyn tegwch

Hyd yn oed pe bai marchnad yn effeithlon, ni fyddai o reidrwydd yn arwain at ddosraniad cymdeithasol ddymunol o adnoddau rhwng unigolion. Mae effeithlonrwydd a **thegwch** (☞ uned 68) yn cyfrannu at lefel lles economaidd. Er enghraifft, mae effeithlonrwydd Pareto i'w gael pan fydd economi'n gweithredu ar ei ffin posibilrwydd cynhyrchu. Ond mae nifer anfeidraidd o bwyntiau ar y ffin. Pa un sydd fwyaf dymunol? Ni ellir ateb y cwestiwn hwn heb ryw farn am y dosraniad adnoddau o fewn economi. Byddai'r mwyafrif yn cytuno y byddai economi lle mae gan un person 99% o'r adnoddau a'r 100 miliwn arall o bobl ag 1% yn annhebygol o ddarparu lefel uwch o les nag economi lle mae'r dosraniad adnoddau yn fwy cyfartal. Byddai'r mwyafrif (ond nid pawb) yn cytuno ei bod hi'n annerbyniol ym Mhrydain heddiw i adael i bobl farw o newyn ar ein strydoedd. Mae'r cwestiwn pa ddosraniad sy'n ddymunol neu sy'n uchafu cyfanswm y lles yn werth ar farn.

Damcaniaeth yr ail orau

Bydd economi'n economaidd effeithlon os bydd pob marchnad yn berffaith gystadleuol. Felly gallai ymddangos yn synnwyr cyffredin i ddadlau y bydd effeithlonrwydd economaidd yn cynyddu mewn economi lle mae sawl enghraifft o fethiant y farchnad os gellir gwneud o leiaf rhai marchnadoedd yn berffaith gystadleuol a chael gwared ag ystumiadau marchnad.

Yn rhan olaf yr 1950au cyhoeddodd Richard Lipsey a Kelvin Lancaster (1956-7) erthygl dan y teitl 'Ar Ddamcaniaeth Gyffredinol yr Ail Orau'. Tybion nhw economi lle nad oedd rhai cwmnïau yn prisio ar gost ffiniol. Yna dangoson nhw y gallai symudiad tuag at brisio cost ffiniol gan un cwmni arwain at gynnydd mewn effeithlonrwydd, ond y gallai arwain at ostyngiad mewn effeithlonrwydd. Y casgliad radicalaidd oedd y gallai cyflwyno prisio

cost ffiniol arwain at golledion effeithlonrwydd yn hytrach nag enillion effeithlonrwydd.

Er enghraifft, ystyriwch Ffigur 61.3. Mae'n dangos dau ddiwydiant. Tybir bod y diwydiant bwyd yn fonopolistaidd. Mae cynnyrch yn OA lle mae CFf = DFf (amod uchafu elw) ac yna gosodir y pris yn OP ar gromlin y derbyniadau cyfartalog (cromlin y galw). Mae'r diwydiant adloniant yn berffaith gystadleuol. Mae cynnyrch yn OF lle mae pris yn hafal i gost ffiniol. Tybiwch fod adnoddau'n cael eu trosglwyddo o'r diwydiant adloniant i'r diwydiant bwyd fel bo cynnyrch yn y diwydiant bwyd yn cynyddu i OB tra bo cynnyrch yn y diwydiant adloniant yn gostwng i OE. Yr ardal sydd wedi'i thywyllu ar y graff yw'r ennill lles yn y diwydiant bwyd, sef y gwahaniaeth rhwng galw a chost ffiniol. Mae hwn yn fwy na'r golled lles yn y diwydiant adloniant, a ddangosir gan y triongl sydd wedi'i dywyllu. Felly yn yr achos hwn mae ennill net o les os oes symudiad i ffwrdd o gystadleuaeth berffaith yn y diwydiant adloniant.

Gellir dangos, yn gyffredinol, bod effeithlonrwydd yn gallu cael ei gynyddu drwy drosglwyddo adnoddau i ddiwydiannau lle mae pris ymhell uwchlaw cost ffiniol o ddiwydiannau lle mae'r gwahaniaeth yn llai neu lle mae'r galw yn llai na'r gost ffiniol. Mae effeithlonrwydd yn debygol o gael ei gyflawni lle mae'r gwahaniaeth rhwng pris a chost ffiniol yr un fath ledled yr economi.

Mae hwn yn gasgliad pwysig iawn. Mae pob economi yn dioddef o fethiant y farchnad. Ni fydd byth yn wir bod cost ffiniol yn gallu bod yn hafal i bris ar draws pob sector o'r economi. Felly mae rheolau neu sloganau syml fel 'cystadleuaeth yn dda, monopoli yn wael' yn annhebygol o arwain at lunio polisi economaidd da. Yr hyn mae damcaniaeth yr ail orau yn ei awgrymu yw bod angen i ystumiadau o fewn economi gael eu cyfartalu gymaint ag sy'n bosibl. Gallai eu dileu mewn rhai marchnadoedd ond gadael iddynt aros yn uchel mewn marchnadoedd eraill arwain at lai o effeithlonrwydd yn gyffredinol na'u lleihau nhw mewn marchnadoedd lle maen nhw'n uchel ond eu cynyddu nhw mewn marchnadoedd lle mae ystumiadau'n isel.

Cwestiwn 4

Mae'n anodd dychmygu bod llawer o bobl Dwyrain yr Almaen yn dyheu am ddychwelyd i hen ddyddiau'r gyfundrefn Gomiwnyddol cyn 1990. Buon nhw'n byw mewn gwladwriaeth heddlu lle roedd yr economi mewn cyflwr ofnadwy. Roedd prinderau'n ddi-baid ac roedd nwyddau a werthwyd yn wael. Roedd y car Trabant swnllyd ac anghysurus yn symbol addas o'r system. Hyd yn oed heddiw, mae nifer cynyddol o bobl Dwyrain yr Almaen yn pleidleisio dros y PDS, y blaid Gomiwnyddol ddiwygiedig. Yn ôl arolygon barn, mae'r pleidleiswyr hyn yn credu y bu'r gyfundrefn Gomiwnyddol yn well yn darparu gofal iechyd, addysg, hyfforddiant diwydiannol, cyfraith a threfn, cydraddoldeb y rhywiau, nawdd cymdeithasol a thai. Dyma'r union nwyddau y tueddir i beidio â'u darparu gan fecanwaith y farchnad yn economïau'r Gorllewin. O ran y nwyddau hynny sy'n cael eu darparu gan farchnadoedd, fel ceir neu wyliau tramor, dim ond i'r sawl sydd ag incwm digon uchel y mae'r rhain ar gael. Mae Dwyrain yr Almaen wedi mynd o gael dim diweithdra dan y gyfundrefn Gomiwnyddol i ddiweithdra swyddogol o 20% heddiw. Felly ni all rhannau mawr o boblogaeth Dwyrain yr Almaen fforddio'r nwyddau y mae marchnadoedd mwy effeithlon yn eu darparu.

Ffynhonnell: addaswyd o'r *Financial Times*, 4.11.1999.

Eglurwch pam y gallai system farchnad effeithlon sy'n darparu incwm cyfartalog uchel achosi i rai defnyddwyr fod yn waeth eu byd na pe byddent yn byw mewn economi cynlluniedig aneffeithlon gydag incwm cyfartalog yn is o lawer. Ategwch eich ateb ag enghreifftiau o'r data.

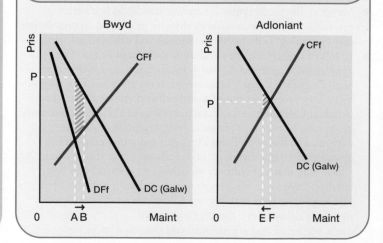

Ffigur 61.3 Dyraniad adnoddau mewn marchnad amherffaith
Os ydy rhai marchnad oedd yn amherffaith gystadleuol neu'n fonopoli, gallai fod enillion effeithlonrwydd pe bai adnoddau'n cael eu trosglwyddo o farchnad berffaith gystadleuol i'r farchnad amherffaith gystadleuol neu'r monopoli. Mae'r golled effeithlonrwydd yn y farchnad adloniant, a ddangosir gan yr ardal sydd wedi'i thywyllu, yn llai na'r ennill mewn lles yn y farchnad fwyd yn yr enghraifft hon.

Termau allweddol

Dyraniad optimaidd o adnoddau – mae i'w gael pan fydd adnoddau'n cael eu defnyddio'n effeithlon yn y fath fodd fel bo lles neu ddefnydd-deb defnyddwyr yn cael ei uchafu.

Economeg lles – astudio sut y gall economi ddyrannu adnoddau orau i uchafu defnydd-deb neu les economaidd ei ddinasyddion.

Effeithlonrwydd Pareto – mae i'w gael pan na ellir gwneud neb yn well ei fyd drwy drosglwyddo adnoddau o un diwydiant i ddiwydiant arall heb wneud rhywun arall yn waeth ei fyd. Term arall am effeithlonrwydd Pareto yw effeithlonrwydd dyrannol. Mae i'w gael mewn economi os ydy pris = cost ffiniol ym mhob diwydiant.

Economeg gymhwysol

Camddyrannu adnoddau mewn cludiant

Clywir yn gyson y ddadl bod cludiant cyhoeddus yn cael ei danddefnyddio, tra bo dulliau cludiant preifat, ceir yn bennaf, yn cael eu gorddefnyddio. Gwraidd y safbwynt hwn, yn rhannol, yw bod ceir yn creu allanolderau (☞ uned 62). Fodd bynnag, mae hefyd yn wir bod strwythur prisio cludiant preifat a chyhoeddus yn arwain yn uniongyrchol at gamddyrannu adnoddau. Pan fydd teithwyr yn ystyried pa ddull cludiant i'w ddefnyddio, byddant yn edrych ar nifer o ffactorau.

- Dichonoldeb. Mae llawer o deithiau sy'n amhosibl eu gwneud gan ddefnyddio rhai dulliau cludiant. Er enghraifft, i'r rhan fwyaf o bobl mae'n amhosibl defnyddio'r trên i fynd o ddrws i ddrws ar daith. Os byddant yn defnyddio'r trên, rhaid iddynt yn aml ddefnyddio math arall o gludiant ar bob pen i'r daith. Yn aml nid yw cludiant cyhoeddus ar gael gyda'r nos.
- Amser. Mae hyd y daith yn bwysig. Heddiw mae teithwyr o Lundain i Efrog Newydd bron yn ddieithriad yn dewis hedfan yn hytrach na mynd ar long oherwydd y ffactor hwn. Mae *Eurostar* wedi cystadlu'n llwyddiannus â chwmnïau hedfan ar y daith o Lundain i Baris am fod amserau teithio o ddrws i ddrws yn aml yn debyg iawn.
- Cysur. Yn aml mae'n well gan deithwyr geir am ei fod yn ddull cludiant cysurus iawn. Gall gyrwyr ceir greu eu hamgylchedd eu hunain o fewn y car. Mae cymudwyr ar drên a bws, ar y llaw arall, yn aml yn casáu eu teithiau oherwydd gorlenwi a chyfleusterau gwael.

Mae cost yn ffactor pwysig arall. Gwneir penderfyniadau ar y ffin. Beth fydd cost y daith ychwanegol hon? I'r modurwr, y gost

ffiniol yw cost newidiol moduro, sef petrol ynghyd ag unrhyw daliadau parcio car. Nid yw costau sefydlog moduro, sy'n cynnwys prynu'r car, yswiriant a threth cerbyd, yn rhan o'r broses benderfynu ar gyfer taith sengl. Mae'r costau hyn eisoes wedi'u talu ac nid ydynt yn newid os gwneir taith ychwanegol.

Mewn cyferbyniad â hynny, mae pris cludiant cyhoeddus yn cynnwys costau sefydlog a newidiol. Er enghraifft, pan fo'r teithiwr trên yn prynu tocyn, mae'n cynnwys cost sefydlog y taliad i *Network Rail* am ddefnyddio'r isadeiledd a chost y trên. Ar ben hynny mae cost newidiol y gyrrwr trên a'r tanwydd. Mae'r gyfran o'r gost sefydlog sy'n cael ei thalu gan y teithiwr yn dibynnu ar bolisi prisio'r cwmni trenau. Tueddiad y cwmnïau trenau yw llwytho'r rhan fwyaf o'r gost sefydlog ar deithwyr sy'n teithio ar adegau brig.

Felly mae'r pris y mae teithwyr ar gludiant cyhoeddus yn ei dalu yn cynnwys costau sefydlog, yn enwedig i

deithwyr adegau brig, ond nid yw pris moduro preifat yn cynnwys costau sefydlog. Nid oes syndod felly bod hyn yn tueddu i wneud i foduro preifat ymddangos yn rhad yn achos unrhyw daith sengl o'i gymharu â chludiant cyhoeddus. Mae hyn yn arbennig o wir os oes mwy nag un teithiwr yn teithio yn y car gan mai cost ffiniol cludo teithiwr ychwanegol yw sero.

Y canlyniad yw bod yna gamddyrannu adnoddau. Yn achos cludiant cyhoeddus, mae'r pris yn dueddol o gael ei osod uwchlaw cost ffiniol taith sengl, ond yn achos moduro preifat, mae'n hafal i'r gost ffiniol. O ganlyniad, gwneir gormod o deithiau ceir ac ni wneir digon o ddefnydd o gludiant cyhoeddus.

Gellid dadlau bod trethi a chymorthdaliadau yn lleihau'r camddyrannu hwn rywfaint. Mae bron y cyfan o

gost petrol heddiw yn dreth, tra bo cludiant cyhoeddus yn rhydd o TAW. Hefyd, mae llawer o wasanaethau cludiant cyhoeddus yn derbyn cymorthdaliadau. Er hynny, mae'n annhebygol bod trethi ar betrol a chymorthdaliadau i gludiant cyhoeddus yn ddigon uchel i ddileu'r camddyrannu hwn. Y datrysiad mae economegwyr yn ei ffafrio yw codi taliadau tagfeydd, rhywbeth sydd eisoes ar waith yng Nghanol Llundain. Mae'r llywodraeth yn bwriadu cyflwyno taliadau tagfeydd ar yr holl ffyrdd yn y DU dros y 10 mlynedd nesaf. Ond mae hynny'n debygol o fod yn amhoblogaidd iawn, ac nid yw'r dechnoleg yn gyfangwbl sicr hyd yma. Am y rhesymau hyn, efallai y bydd y llywodraeth yn gohirio cyflwyno'r cynllun, ac felly bydd camddyrannu adnoddau yng nghludiant y DU yn parhau.

Cwestiwn Data — Nwyddau llwyd

Ehangodd y farchnad am nwyddau llwyd yn gyflym iawn yn y DU yn yr 1990au. Cynhyrchion brand a brynir y tu allan i'r sianelau dosbarthu arferol yw nwyddau llwyd, neu nwyddau mewnforio paralel. Fodd bynnag, ataliwyd y farchnad yn 1998 yn dilyn dyfarniad gan y Llys Ewropeaidd. Roedd *Silhouette*, gwneuthurwr sbectol haul moethus o Awstria, wedi gwerthu 21 000 o barau o stoc oedd wedi dyddio i gwmni ym Mwlgaria am bris gostyngol yn 1995. Roedd y cytundeb yn nodi y byddent yn cael eu gwerthu naill ai ym Mwlgaria neu yn yr Undeb Sofietaidd. O fewn misoedd, fodd bynnag, roeddent yn ôl yn Awstria, yn cael eu gwerthu gan gadwyn siopau disgownt *Hartlauer* am brisiau gostyngol. Daeth *Silhouette* ag achos yn erbyn *Hartlauer* a dyfarnodd y Llys Cyfiawnder Ewropeaidd o blaid *Silhouette* yn y pen draw.

Roedd canlyniadau pellgyrhaeddol i'r dyfarniad. Roedd yn arfer cyffredin i lawer o wneuthurwyr nwyddau brand godi prisiau gwahanol mewn marchnadoedd gwahanol. Er enghraifft, roedd prisiau gwneuthurwyr i gwsmeriaid yn UDA ar gyfartaledd 12% yn is nag i gwsmeriaid yn y DU. Roedd prisiau i gwsmeriaid yn y Dwyrain Canol, neu yn Nwyrain Ewrop, yn aml yn is o lawer na phrisiau Ewropeaidd.

Mewn termau economaidd, roedd gwneuthurwyr yn segmentu eu marchnad ac yn gwerthu am y prisiau uchaf posibl i bob marchnad. Roedd twf mewnforion llwyd yn bygwth amharu ar y patrwn masnachu hwn yn llwyr. Roedd adwerthwyr fel *Asda* a *Tesco* yn fwyfwy yn gallu osgoi sianelau dosbarthu swyddogol y gwneuthurwyr a phrynu gan fasnachwyr tramor am brisiau gostyngol. Lladdodd y dyfarniad y fasnach hon yn syth.

Mae perchenogion brand yn dadlau bod ganddynt hawl i ddewis eu dosbarthwyr. Dywedodd *Adidas*, er enghraifft, fod cyfyngu ar y rhwydwaith dosbarthu o fantais i gwsmeriaid. 'Rydym yn gwneud ymrwymiad pwysig i'n cwsmeriaid y bydd ansawdd ein cynhyrchion bob amser yn uchel', meddai. Mae llawer o berchenogion brand wedi'u siomi o weld eu cynhyrchion yn cael eu gwerthu'n rhad mewn uwchfarchnadoedd. Mae'n dibrisio natur ddethol y brand ac yn gweithio'n erbyn y ddelwedd y maent wedi ceisio ei meithrin drwy hysbysebu a ffyrdd eraill o hyrwyddo cynnyrch o'r dosbarth uchaf.

Ffynhonnell: addaswyd o'r *Financial Times*.

Mae *Sony* ar fin lansio cais Uchel Lys i rwystro mewnforion answyddogol o'i gonsol gemau *PlayStation Portable* newydd. Bydd y consol yn cael ei lansio'n swyddogol yn Ewrop ar 1 Medi, ond mae'r peiriannau wedi bod ar werth ers misoedd yn Japan ac UDA.

Mae'r 'mewnforion llwyd' yn broffidiol iawn i'r siopau sy'n eu gwerthu. Mae'r prisiau, sef £220-£249, yn uwch o lawer na'r pris swyddogol tebygol o £180 a osodwyd gan *Sony* ar gyfer 1 Medi a gall maint yr elw fod cymaint â 70%. Nid oherwydd na allant aros tan y lansiad swyddogol y mae'r chwaraewyr brwd yn prynu'r consolau. Ond yn hytrach dywedant fod y mewnforion o Japan wedi'u gwneud yn well na'r fersiwn Ewropeaidd. Nid yn unig mae ei sgrin, a wnaed gan *Sharp* yn hytrach na *Samsung*, yn gliriach, ond hefyd mae'r consol Japaneaidd 'wedi'i ddatgloi', sy'n golygu y gall chwarae gemau o bob rhan o'r byd.

Meddai un siop sy'n gwerthu'r consolau ar Tottenham Court Road: 'Mae *Sony* wedi torri ei fedd ei hun. Yn realistig, all y cwmni ddim gadael bwlch o 11 mis rhwng y dyddiadau lansio yn Japan ac Ewrop a pheidio â disgwyl i farchnad lwyd ddatblygu. Mae'n farchnad fyd-eang. Mae chwaraewyr brwd y dyddiau hyn yn gyfarwydd iawn â'r datblygiadau diweddaraf.'

Ffynhonnell: addaswyd o'r *Financial Times*, 26.6.2005.

1. Eglurwch pam y gallai adwerthwyr fel Tesco neu siopau electroneg ar Tottenham Court Road, ddymuno gwerthu mewnforion llwyd.
2. Dadansoddwch a allai gwahardd mewnforion llwyd yn gyfreithiol arwain at aneffeithlonrwydd dyrannol mewn marchnadoedd.
3. Byddai perchenogion brand fel Sony, Adidas, Honda neu Givenchy yn dadlau bod mewnforion llwyd yn bygwth effeithlonrwydd dynamig yn yr UE. I ba raddau mae hynny'n wir yn eich barn chi?

Crynodeb

1. Gall allanolderau arwain at aneffeithlonrwydd economaidd os nad ydy cost gymdeithasol ffiniol cynhyrchu yn hafal i'r pris.
2. Gall allanolderau ailddosrannu incwm real o fewn yr economi hefyd.
3. Un dull i'r llywodraeth reoli allanolderau yw gosod rheoliadau.
4. Dull arall yw mewnoli'r allanolder drwy estyn hawliau eiddo.
5. Trydydd dull yw gosod trethi ar allanolderau.
6. Mae trwyddedau masnachadwy yn ddatrysiad arall i gyfyngu ar effaith allanolderau.

Allanolderau

Mae allanolderau (☞ uned 19) yn bodoli pan fydd gwahaniaeth rhwng costau a buddion preifat a chostau a buddion cymdeithasol. Er enghraifft, efallai y bydd ffatri'n gwneud elw preifat am fod ei derbyniadau'n fwy na'i chostau preifat. Ond gall fod yn llygru'r atmosffer o ganlyniad i'w chynhyrchu heb ddim cost breifat iddi hi. Os felly, mae'n creu allanolder. Pe bai hwn yn ddigon o faint, byddai'r elw cymdeithasol yn negyddol am fod y costau cymdeithasol (costau preifat plws yr allanolder) yn fwy na'r buddion cymdeithasol (yn yr achos hwn dim ond y buddion neu'r derbyniadau preifat).

Y dyraniad adnoddau effeithlon

Mae allanolderau yn awgrymu bod yna ddyraniad aneffeithlon neu is-optimaidd o adnoddau. Ystyriwch Ffigur 62.1. Tybiwch fod pob marchnad arall yn yr economi yn cynhyrchu ar bwynt lle mae'r gost gymdeithasol ffiniol yn hafal i'r budd cymdeithasol ffiniol. Mae cromliniau cost a budd ffiniol wedi'u lluniadu yn y diagram.

- Mae cromliniau cost ffiniol â siap U (☞ unedau 48 a 49). Tybir bod cost cynhyrchu uned ychwanegol o gynnyrch yn gostwng i ddechrau ac yna'n codi. Mae hyn oherwydd adenillion ffiniol lleihaol yn y tymor byr neu ddarbodion ac annarbodion maint yn y tymor hir.
- Mae cromliniau budd ffiniol yn goleddu i lawr. Y rheswm yw y tybir bod y budd o dreulio uned ychwanegol o gynnyrch yn gostwng wrth i fwy gael ei dreulio. Cromlin y budd ffiniol yw cromlin y galw am y cynnyrch hefyd gan fod cromlin y galw yn dangos y gwerth a roddir gan ddefnyddwyr ar dreulio uned ychwanegol o'r nwydd.

Mae Ffigur 62.1 yn dangos bod cost gymdeithasol ffiniol cynhyrchu yn uwch na'r gost breifat ffiniol. Felly, mae yna gostau allanol i gynhyrchu yn y farchnad hon. Mae'r pellter fertigol rhwng y ddwy linell yn dangos y gost allanol ar unrhyw lefel benodol o gynnyrch. Byddai maint cytbwys y galw a'r cyflenwad mewn marchnad rydd i'w gael lle byddai'r gost breifat ffiniol yn hafal i'r budd ffiniol. Mae arwyddion y farchnad yn peri bod OR yn cael ei gynhyrchu a'i werthu am y pris OT. Fodd bynnag, gallai adnoddau gael eu dyrannu'n fwy effeithlon pe bai'r budd ffiniol yn cael ei hafalu â chost lawn cynhyrchu a ddangosir gan linell y gost gymdeithasol ffiniol. Pe bai'r holl gostau'n cael eu hystyried, byddai maint cytbwys y cynhyrchu a'r treulio yn gostwng i OS a byddai'n rhaid i'r pris godi i OV. Dyma y byddech yn ei ddisgwyl. Mae angen

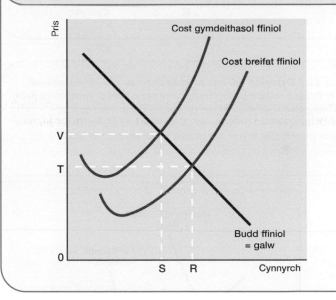

Ffigur 62.1 Dyraniad adnoddau gyda chostau allanol
Os ydy cost breifat ffiniol islaw cost gymdeithasol ffiniol, bydd lefel gytbwys cynhyrchu y farchnad rydd sef OR yn uwch na lefel gymdeithasol optimaidd cynhyrchu sef OS, a thybio bod pob marchnad arall yn yr economi yn cynhyrchu lle mae pris yn hafal i gost gymdeithasol ffiniol.

i'r gymdeithas, er enghraifft, dreulio llai o gemegau a thalu pris uwch amdanynt os ydy eu cynhyrchu yn arwain at lygru'r amgylchedd.

Gellir cymhwyso'r un dadansoddiad at fuddion allanol. Mae Ffigur 62.2 yn dangos sefyllfa lle mae'r buddion preifat ffiniol yn is na'r buddion cymdeithasol ffiniol. Byddai'r farchnad rydd yn arwain at dandreulio'r cynnyrch. Dylai cynhyrchu a threulio OS arwain at ddyraniad mwy effeithlon o adnoddau na phwynt cytbwys y farchnad rydd OR.

Gan gyfuno'r ddau yma, mae Ffigur 62.3 yn dangos marchnad lle mae costau allanol a buddion allanol. Cynnyrch cytbwys y farchnad rydd yw OR. Y pwynt cymdeithasol optimaidd yw OS.

Colledion lles

Os tybir bod pob marchnad arall yn cynhyrchu lle mae pris = cost ffiniol (yr amod sydd newydd gael ei drafod

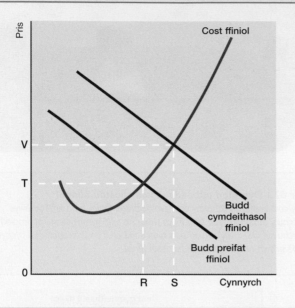

Ffigur 62.2 Dyraniad adnoddau gyda buddion allanol
Os ydy budd preifat ffiniol islaw budd cymdeithasol ffiniol, bydd lefel gytbwys cynhyrchu y farchnad rydd sef OR yn is na lefel gymdeithasol optimaidd cynhyrchu sef OS, a thybio bod pob marchnad arall yn yr economi yn cynhyrchu lle mae pris yn hafal i gost gymdeithasol ffiniol.

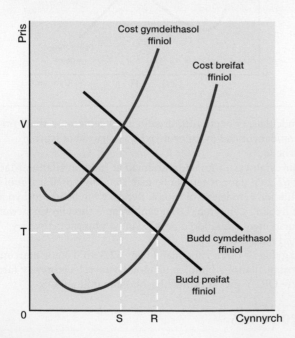

Ffigur 62.3 Dyraniad adnoddau gyda chostau a buddion allanol
Os ydy costau a buddion preifat ffiniol islaw costau a buddion cymdeithasol ffiniol, bydd lefel gytbwys cynhyrchu y farchnad rydd sef OR yn uwch na lefel gymdeithasol optimaidd cynhyrchu sef OS, a thybio bod pob marchnad arall yn yr economi yn cynhyrchu lle mae pris yn hafal i gost gymdeithasol ffiniol.

bod y galw neu'r budd ffiniol yn hafal i'r gost ffiniol), bydd **effeithlonrwydd dyrannol** (☞ uned 61) yn bodoli mewn marchnad os bydd honno hefyd yn cynhyrchu lle mae pris = cost ffiniol. Ar y llaw arall, bydd aneffeithlonrwydd dyrannol os bydd y gost neu'r budd ffiniol yn wahanol i'r gost neu'r budd cymdeithasol a bod marchnadoedd yn rhydd. Gellir gweld maint yr aneffeithlonrwydd dyrannol hyn yn Ffigur 62.4. Dylai cynhyrchu fod yn OA os gosodir pris yn hafal i gostau cymdeithasol ffiniol. Mae gorgynhyrchu o AB yn arwain at aneffeithlonrwydd dyrannol. Rhoddir y golled effeithlonrwydd i'r gymdeithas gan y gwahaniaeth rhwng y gost i'r gymdeithas o gynhyrchu AB (a ddangosir gan gromlin y gost gymdeithasol ffiniol) a'r gwerth a roddir gan y gymdeithas ar dreulio AB (a ddangosir gan gromlin y galw). Y gwahaniaeth yw'r triongl wedi'i dywyllu HJK. Po fwyaf yw'r gwahaniaeth rhwng cost gymdeithasol ffiniol a chost breifat ffiniol, mwyaf i gyd fydd y gost gymdeithasol net a ddangosir gan arwynebedd y triongl.

Mae'n ddiddorol nodi bod y golled lles sy'n deillio o gost allanol yn debygol o fod yn llai dan amodau cystadleuaeth amherffaith na dan gystadleuaeth berffaith. Pe bai'r farchnad a ddangosir yn Ffigur 62.4 yn berffaith gystadleuol, cromlin y gost breifat ffiniol fyddai cromlin gyflenwad y diwydiant a byddai cynhyrchu'n digwydd lle mae'r galw yn hafal i'r cyflenwad, sef y pwynt K fel y dadleuwyd eisoes uchod. Byddai colled lles net o HJK.

Ar y llaw arall, pe bai'r farchnad yn cael ei chyflenwi gan fonopolydd, byddai cynhyrchu yn is na dan gystadleuaeth berffaith (☞ uned 63). Mae monopolyddion yn codi pris uwch na diwydiant sydd â chystadleuaeth. Felly, yn Ffigur 62.4 byddai pris y farchnad rydd dan fonopolydd yn uwch nag OE a byddai'n rhaid i gynhyrchu fod yn is nag OB. Felly, bydd y golled lles yn llai na HJK. Gallai fod yn wir y bydd y monopolydd yn gostwng cynnyrch gymaint fel bo cynhyrchu i'r chwith o OA. Yna bydd colled lles nid oherwydd gorgynhyrchu ond oherwydd tangynhyrchu gan y monopolydd. O wybod nad oes cromlin gyflenwad dan fonopoli (☞ uned 54), mae'n amhosibl dweud a fydd pwynt cytbwys y farchnad rydd yn arwain at orgynhyrchu neu dangynhyrchu.

Ffigur 62.4 Cost gymdeithasol yn deillio o allanolder
Os ydy diwydiant yn beffatih gystadleuol, bydd cynhyrchu tymor hir yn digwydd lle mae pris = cost breifat ffiniol (CBFf) sef cynnyrch OB. A thybio bod pob marchnad arall yn cynhyrchu lle mae P = CFf a bod costau a buddion preifat a chymdeithasol yr un fath, dyma hefyd lefel ddyrannol effeithlon cynhyrchu. Ond os oes allanolder negyddol sy'n achosi i gost gymdeithasol ffiniol fod yn uwch na CBFf yn y farchnad sengl hon, dylai cynnyrch fod yn is i uchafu effeithlonrwydd. Mae'r allanolder yn achosi gorgynhyrchu o AB.

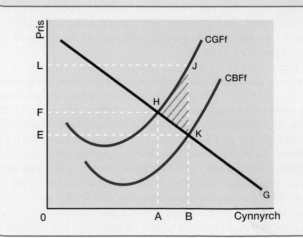

Cwestiwn 1

Mae asbestos yn ddefnydd peryglus a ddefnyddir mewn amrywiaeth eang o ddiwydiannau gan gynnwys y diwydiant adeiladu. Mae sylweddoli ei risgiau wedi cynyddu dros y deugain mlynedd diwethaf. Os caiff ei anadlu i mewn, gall achosi mesothelioma, math o ganser, sy'n niweidio'r ysgyfaint a'r abdomen ac yn gallu achosi marwolaeth. Mae'n cymryd 15-40 mlynedd i fesothelioma ddatblygu. Felly, mae gweithiwr sydd â mesothelioma heddiw yn debygol o fod wedi bod yn agored i asbestos rywbryd rhwng yr 1960au a'r 1990au. Mae asbestos hefyd yn achosi clefydau eraill fel asbestosis, sef creithio meinweoedd yr ysgyfaint. Yn y DU mae tua 1 600 o bobl y flwyddyn yn marw o fesothelioma, ffigur fydd yn cyrraedd uchafbwynt o tua 2000 yn 2010-2015. Mae defnyddio asbestos wedi'i wahardd yn gyfan gwbl yn y DU oddi ar 1999.

Mae gweithwyr yn y DU sydd â chlefydau sy'n gysylltiedig ag asbestos yn gallu erlyn y cwmni lle rhoddwyd nhw'n agored i asbestos. Mae'r cwmnïau hyn yn nodweddiadol wedi trefnu yswiriant ar gyfer cost hawliadau. Mae Cyfadran a Sefydliad Actiwariaid wedi amcangyfrif y bydd cost hawliadau yn y dyfodol ar gyfer clefydau sy'n gysylltiedig ag asbestos i fyny at £20 biliwn. Ar hyn o bryd mae pob hawliad am fesothelioma yn costio yswirwyr tua £100 000 tra bod asbestosis yn costio £50 000. Ond mae llawer o'r dioddefwyr yn cwyno bod y broses iawndal yn araf ac yn anrhagweladwy. Mae rhai yn marw cyn i'w hachosion gael ei setlo ac maen nhw'n colli'r iawndal i gyd.

Yn peri mwy o ofid yw'r amcangyfrif bod mwy o asbestos yn cael ei ddefnyddio yn Asia nawr nag a dreuliwyd yn UDA ar ei uchafbwynt 30-40 mlynedd yn ôl. Mae China yn ddefnyddiwr mawr. Mae llawer o weithwyr yn Asia sy'n agored i asbestos heddiw yn annhebygol o gael iawndal yn y dyfodol os byddan nhw'n cael clefyd sy'n gysylltiedig ag asbestos.

Ffynhonnell: addaswyd o'r *Financial Times*, 2.11.2004.

(a) Eglurwch yn gryno y problemau a achosir gan ddefnyddio asbestos.
(b) Gan ddefnyddio diagram, eglurwch pam, er gwaethaf iawndal posibl, y gallai cost breifat ffiniol defnyddio asbestos i gwmni fod yn llai na'i gost gymdeithasol ffiniol.
(c) Gan ddefnyddio diagram, eglurwch pam ym Mhrydain yn yr 1960au neu yn China heddiw y cafwyd (i) aneffeithlonrwydd dyrannol a (ii) colled lles yn y farchnad am asbestos.

Cwestiwn 2

Mae consensws cynyddol bod cynhesu byd-eang yn achosi cynnydd mewn trychinebau naturiol. O stormydd difrifol i lifogydd i sychder, mae'r hinsawdd yn Ewrop yn dod yn fwy eithafol. Achosir cynhesu byd-eang gan bawb sy'n treulio nwyddau a gwasanaethau, o nwy a thrydan i geir i gig eidion. Mae'r cyfoethog yn tueddu i gyfrannu mwy na'r tlodion am eu bod yn treulio mwy o gynhyrchion.

Ond mae effaith cynhesu byd-eang yn anghyfartal. Dim ond nifer cymharol fach o bobl fydd yn dioddef colled economaidd ddifrifol oherwydd llifogydd lleol neu sychder mewn ardal leol. Hefyd mae'n debygol yr effeithir yn anghyfartal ar y tlodion. Nhw sydd leiaf abl i ymdopi â thrychinebau naturiol, yn aml maen nhw heb yswiriant ar gyfer colledion. Mae newid hinsawdd yn effeithio hefyd ar y tlodion yng ngwledydd y Trydydd Byd lle yn aml caiff trefi a phentrefi eu hadeiladu heb fawr ddim ystyriaeth o bosibilrwydd trychinebau naturiol a lle mae prosesau fel sychder a diffeithdiro yn dinistrio bywoliaeth pobl ardaloedd gwledig.

Ffynhonnell: addaswyd o'r *Financial Times*, 29.11.2005.

(a) Defnyddiwch y darn i egluro pam y gallai defnyddio petrol i yrru car neu losgi nwy i gynhesu tŷ achosi allanolder negyddol.
(b) Pa effaith ddosrannol y gallai'r gweithgareddau hyn ei chael?
(c) Trafodwch a ddylai'r bobl sy'n dioddef colledion oherwydd trychinebau naturiol gael iawndal gan lywodraethau a fyddai'n codi'r arian i dalu iawndal drwy drethi newydd.

Effeithiau dosrannol

Nid yn unig creu aneffeithlonrwydd posibl y mae allanolderau'n ei wneud. Mae goblygiadau dosrannol hefyd. Ystyriwch achos lle mae cwmni cemegau yn rhoi gwastraff heb ei drin i mewn i afon ac mae cwmni cyflenwi dŵr i lawr yr afon yn gorfod trin y dŵr i gael gwared â'r cemegau. Bydd yna ailddosrannu incwm o ddefnyddwyr dŵr, sef cwsmeriaid y cwmni cyflenwi dŵr sydd nawr yn gorfod talu pris uwch am eu dŵr, i ddefnyddwyr cemegau sy'n talu llai na chost gymdeithasol cynhyrchu.

Tybiwch fod pris cemegau yn cael ei gynyddu gan dreth ar gynnyrch i adlewyrchu cost gymdeithasol ffiniol cynhyrchu. Dylai hynny unioni methiant y farchnad yn y farchnad am gemegau. Fodd bynnag, mae'r cwmni dŵr i lawr yr afon yn dal i orfod talu i glirio'r llygredd a achosir gan y cwmni cemegau. Dim ond os bydd y cwmni cemegau yn talu'r cwmni dŵr y bydd effeithlonrwydd yn y farchnad am ddŵr hefyd. Yn yr achos hwn mae'n ymddangos y byddai'n gymharol syml i drefniant gael ei wneud i'r cwmni dŵr godi tâl ar y cwmni cemegau am y dympio o wastraff cemegol yn yr afon.

Ond mae'n debygol na fydd ateb syml o'r fath i drigolion lleol a physgotwyr lleol. Gall eu lles nhw gael ei leihau gan yr afon

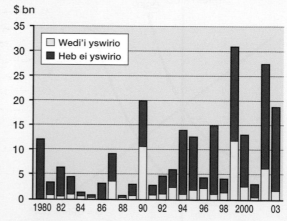

Ffigur 62.5 Colledion economaidd a achosir gan drychinebau sy'n gysylltiedig â'r tywydd a'r hinsawdd yn Ewrop ($bn)

$ bn

Legend: □ Wedi'i yswirio ■ Heb ei yswirio

Ffynhonnell: addaswyd o EEA.

lygredig. Sut mae penderfynu pwy sydd i gael iawndal yn y gymuned leol a faint o iawndal y dylid ei roi? Mae un ateb a awgrymwyd gan economegwyr yn cynnwys trigolion lleol a physgotwyr lleol a'r cwmni cemegau yn talu'r parti arall swm sy'n hafal i'r golled lles. Os ydy dinesydd A yn fodlon talu £5 y flwyddyn a dinesydd B £10 y flwyddyn a'r holl ddinasyddion eraill £9 985, gwerth afon lân i'r gymuned leol yw £10 000. Dyna'r swm:

- naill ai y dylai'r cwmni cemegau ei roi mewn iawndal i'r gymuned leol;
- neu y dylai'r gymuned leol ei dalu i'r cwmni cemegau i'w atal rhag llygru'r afon.

Yn yr enghraifft hon, gall **ymddangos** yn glir y dylai'r cwmni cemegau dalu'r gymuned leol. Ond i ddangos nad yw mor amlwg ag y mae'n ymddangos, ystyriwn enghraifft arall. Tybiwch fod y cwmni cemegau yn gwneud cyffur gwrth-falaria i'w ddefnyddio yng ngwledydd y Trydydd Byd. Mae'r cyffuriau hyn yn rhad i'w cynhyrchu ac yn cael eu defnyddio'n helaeth. Os bydd y cwmni cemegau yn talu iawndal i drigolion lleol am lygru'r afon, bydd ei gostau'n dyblu a bydd pris y cyffur yn dyblu hefyd. Bydd hyn yn gwneud y cyffur yn rhy ddrud i lawer yn y Trydydd Byd a bydd 50 000 yn fwy o bobl y flwyddyn yn marw. Yn yr achos hwn, gallai ymddangos yn glir y dylai'r trigolion lleol dalu'r cwmni cemegau i leihau ei lygru.

Mae hyn yn dangos nad oes ateb syml i'r cwestiwn 'pwy ddylai dalu pwy'. Ai cwsmer y cwmni sy'n llygru drwy dalu prisiau uwch am ei gynnyrch? Ai'r unigolyn, y grŵp neu'r cwmni sy'n llwgrwobrwyo'r cwmni i atal y llygru? Hefyd, mae'n aml yn amhosibl darganfod pwy yn union sy'n colli faint o ganlyniad i allanolder. Felly, gall trethi neu ddulliau eraill o leihau allanolderau arwain at dalu gormod neu rhy ychydig o iawndal. Mae'r materion hyn yn ymwneud fwy â dosraniad incwm ac adnoddau na dyraniad adnoddau effeithlon.

Rheoleiddio

Mae rheoleiddio yn ddull a ddefnyddir yn helaeth yn y DU a ledled y byd i reoli allanolderau. Gallai'r llywodraeth osod uchafswm ar gyfer lefelau llygredd neu gallai hyd yn oed wahardd yn gyfan gwbl y gweithgareddau sy'n creu'r llygredd. Er enghraifft, yn y DU gosododd Deddf Gwarchod yr Amgylchedd 1989 safonau amgylcheddol isaf ar gyfer allyriant o fwy na 3 500 o ffatrïoedd sy'n ymwneud â phrosesau cemegol, llosgi gwastraff a phuro olew. Arolygiaeth Llygredd Ei Mawrhydi sy'n cadw trefn ar y system. Mae yna gyfyngiadau ar allyriant niweidiol o systemau gwacáu ceir. Gall ceir fethu eu prawf *MOT* os nad ydy'r system wacáu yn bodloni'r safon. 40 mlynedd cyn i'r rheoliadau *MOT* ddod i rym, gwaharddodd y llywodraeth losgi glo cyffredin mewn ardaloedd trefol.

Dim ond os bydd y llywodraeth yn hafalu cost gymdeithasol ffiniol gweithgaredd â'r budd cymdeithasol ffiniol y bydd rheoleiddio yn arwain at ddyraniad effeithlon o adnoddau yn yr economi. Ystyriwch Ffigur 62.6. Y broblem a ddangosir yn y diagram yw bod cost gymdeithasol ffiniol yn uwch na chost breifat ffiniol, gan greu allanolderau. Lefel gytbwys cynhyrchu y farchnad yw OA am y pris OE. Ond lefel optimaidd cynhyrchu yw OD lle mae'r pris yn cynnwys y gost breifat OE a'r allanolder EF. Yn ddelfrydol, byddai rheoleiddio yn caniatáu cynhyrchu OD ond dim mwy na hynny. Felly byddai cromlin y cyflenwad yn fertigol yn OD.

Mae Ffigur 62.7 yn dangos sefyllfa a fyddai'n cyfiawnhau gwaharddiad ar gynhyrchu a threulio. Byddai grymoedd marchnad rydd yn achosi i OA gael ei dreulio lle mae'r gost breifat ffiniol yn hafal i'r budd preifat ffiniol. Ond mae'r gost gymdeithasol ffiniol mor uchel fel nad yw'r gromlin CGFf yn croesi'r llinell BPFf. Ar bob lefel cynhyrchu mae yna allanolder negyddol. Enghraifft gyfredol yn y DU fyddai asbestos. Mae defnyddio asbestos wedi'i wahardd ym mhob cynnyrch newydd oddi ar 1999 oherwydd ei berygl i iechyd.

Os ydy rheoliadau ffisegol i gael eu defnyddio i gyflawni dyraniad optimaidd o adnoddau, rhaid i'r llywodraeth allu asesu'r costau a'r

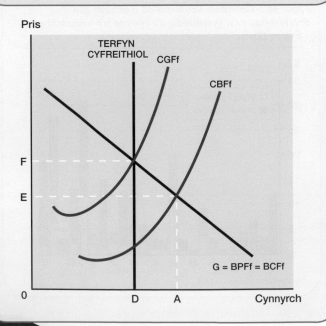

Ffigur 62.6 Rheoleiddio
Dylai llywodraethau osod rheoliadau i ostwng llygredd i OD gan mai dyma lle mae'r gost gymdeithasol ffiniol yn hafal i'r budd cymdeithasol ffiniol.

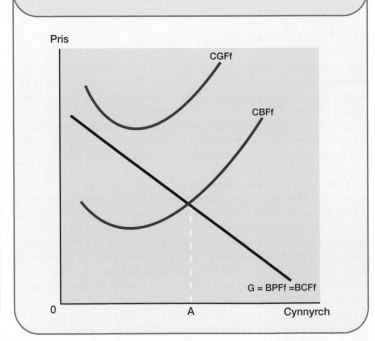

Ffigur 62.7 Gwahardd cynhyrchu
Os ydy'r gost gymdeithasol ffiniol yn uwch ar bob lefel cynhyrchu nag unrhyw fudd sydd i'w ennill, dylai'r llywodraeth wahardd y cynnyrch neu'r gweithgaredd.

Cwestiwn 3

Dylai rheolau mwy llym gael eu gosod ar chwistrellu plaleiddiad ar gnydau, gan y gall y cemegau a ddefnyddir fod yn achosi afiechyd, yn ôl y Comisiwn Brenhinol ar Lygredd Amgylcheddol. Mewn adroddiad a gyhoeddwyd ddoe, dywedodd fod y polisi cyfredol yn 'annigonol' ar gyfer gwarchod iechyd pobl sydd o gwmpas a phobl sy'n byw yn agos at y caeau a chwistrellir. Argymhellodd 'ardal heb chwistrellu' o 5 metr o amgylch caeau.

Mae rhai cnydau, fel tatws, yn derbyn cyfartaledd o 5 chwistrelliad o blaleiddiad y flwyddyn, ond mae eraill sy'n fwy agored i bryfed, fel ffrwythau perllan, yn cael i fyny at 13 chwistrelliad y flwyddyn ar gyfartaledd. Nododd yr adroddiad dystiolaeth o afiechydon, yn amrywio o frechau'r croen a llid resbiradol i anhwylderau imiwn, a allai gael eu cysylltu â defnyddio plaleiddiaid.

Dywedodd Peter Kendall, o Undeb Cenedlaethol y Ffermwyr, y dylai ffermwyr gael eu harbed rhag mwy o reoleiddio o'u harferion chwistrellu hyd nes y cyflawnir mwy o ymchwil. 'Rwy'n credu ei bod hi'n gwbl anghywir i gael mwy byth o reoleiddio cyn y wyddonaieth – mae hynny yn wir yn rhoi'r cart cyn y ceffyl.'

Ffynhonnell: addaswyd o'r *Financial Times*, 23.9.2005.

(a) Sut y gallai'r polisi presennol o chwistrellu plaleiddiaid gael ei dynhau?

(b) Gyda chymorth diagram, trafodwch a fyddai'r mesurau newydd arfaethedig yn rhy llym.

Ffigur 62.8 Estyn hawliau eiddo

Pe bai hawliau eiddo yn cael eu hestyn yn llawn, byddai'n rhaid i'r llygrwr dalu cost gymdeithasol lawn ei weithgareddau drwy dalu EF ar y ffin mewn iawndal i'r rhai sy'n dioddef oherwydd ei weithgareddau. Hefyd, pe bai'r rhai sy'n dioddef yn talu EF ar y ffin i'r llygrwr, byddai lefel gymdeithasol optimaidd cynhyrchu yr un fath sef OD.

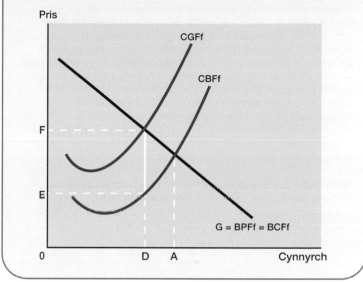

buddion yn gywir a gweithredu yn unol â hynny. Os bydd rheolaethau ar lygredd yn rhy llac, gan ganiatáu cynhyrchu uwchlaw OB yn Ffigur 62.6, bydd yna gamddyrannu adnoddau. Bydd cwmnïau'n cynhyrchu uwchlaw OB ac ni fydd cymhelliad iddynt ostwng lefelau llygredd islaw'r gofyniad cyfreithiol isaf. Ar y llaw arall, gallai rheolaethau ar lygredd fod yn rhy llym. Pe bai lefelau llygredd yn cael eu gosod islaw OB yn Ffigur 62.6, byddai'r gymdeithas yn gwneud ennill net drwy gynyddu cynhyrchu a thrwy hynny gynyddu llygredd.

Estyn hawliau eiddo

Pe bai lori cwmni cemegau yn dinistrio eich cartref, byddech yn disgwyl i'r cwmni cemegau dalu iawndal. Pe bai'r cwmni cemegau yn llygru'r atmosffer fel bod y coed yn eich gardd yn marw byddech yn annhebygol o gael iawndal, yn enwedig pe bai'r cwmni cemegau yn y DU a'r coed meirw yn yr Almaen.

Yn aml mae allanolderau'n codi am nad yw hawliau eiddo wedi'u dyrannu'n llawn. Does neb yn berchen ar yr atmosffer na'r moroedd, er enghraifft. Dewis arall i'r llywodraeth yn hytrach na rheoleiddio yw estyn hawliau eiddo. Gallan nhw roi i gwmnïau dŵr yr hawl i godi tâl ar gwmnïau sy'n dympio gwastraff i mewn i afonydd neu'r môr. Gallan nhw roi i weithwyr yr hawl i erlyn am iawndal os byddan nhw'n dioddef anaf neu farwolaeth o ganlyniad i weithio i gwmni. Gallan nhw roi i drigolion lleol yr hawl i fynnu iawndal os bydd lefelau llygredd yn fwy na lefel benodol.

Mae estyn hawliau eiddo yn ffordd o **fewnoli'r allanolder** – dileu'r allanolder drwy ddod ag ef yn ôl i mewn i fframwaith mecanwaith y farchnad. Gellir dangos hyn yn Ffigur 62.8 lle mae problem yn codi am fod cost gymdeithasol ffiniol cynhyrchu cemegyn yn uwch na'r gost breifat ffiniol. Cynnyrch cytbwys y farchnad rydd yw OA ond lefel gymdeithasol optimaidd cynhyrchu yw OD. Os ydy cynhyrchwyr y cemegyn yn gorfod talu EF i'r rhai sy'n dioddef o ganlyniad i'r allanolder, byddant yn cynhyrch OB yn unig. Y rheswm yw bod costau ffiniol cynhyrchu nawr yn OE, sef costau preifat cynhyrchu, plws EF sy'n hafal i'r galw am y cynnyrch.

Fodd bynnag, byddai'r un canlyniad yn cael ei gyflawni pe bai'r rhai sy'n dioddef oherwydd yr allanolder yn talu'r cwmnïau cemegau i gyfyngu ar y cynhyrchu. Fel yr eglurwyd yn uned 19, byddai'n rhesymegol i berchenogion eiddo mewn cymuned leol gynnig talu cwmni cemegau i beidio â llygru'r amgylchedd lleol pe na bai'r llywodraeth yn gwneud dim ynglŷn â'r peth. Cafwyd awgrymiadau, er enghraifft, y dylai gwledydd y Byd Cyntaf dalu gwledydd y Trydydd Byd i beidio â thorri coedwigoedd glaw trofannol i lawr neu i ostwng allyriant nwyon tŷ gwydr.

Mae 'pwy ddylai dalu pwy' yn ymwneud â phwy sy'n berchen ar yr hawliau eiddo. Ydy cwmni cemegau yn berchen ar yr hawl i lygru? Os ydy, bydd yn rhaid i'r rhai sy'n dioddef dalu'r cwmni os ydynt eisiau atal y llygru. Os ydy'r hawliau eiddo dan berchenogaeth y rhai sy'n dioddef y llygredd, bydd yn rhaid i'r cwmni cemegau brynu'r hawl i lygru a thalu iawndal i'r rhai sy'n dioddef. Dangosodd economegydd

Cwestiwn 4

Mae cwmni cemegau a lygrodd un o gamlesi'r Ardal Ddu a lladd miloedd o bysgod wedi cael bil enfawr. Gorchmynnwyd Robinson Brothers i dalu £183 455 (yn cynnwys costau llys o £62 000, iawndal o £58 000 i Asiantaeth yr Amgylchedd a dirwy o £60 000) am adael i hydrogen sylffid wenwyno 10 cilometr o'r Camlesi Walsall a Ridgeacre. Clywodd Llys y Goron Wolverhampton fod y cemegyn wedi tryddiferu allan o wal gefn y ffatri i mewn i'r gamlas dros gyfnod o dri mis. Roedd problemau gyda'r system garthffosiaeth. Dywedwyd bod y ffatri rhwygo drymiau, oedd yn cael gwared â chasgenni o gemegau, wedi dioddef oherwydd 'gofal gwael am arian'. Cafodd y dŵr ei droi'n lliw 'du fel inc' ac roedd pobl ar y cychod camlas yn angorfa Ocker Hill, bron tri chilometr i ffwrdd, wedi cwyno eu bod yn teimlo'n sâl. Bu'n rhaid i Asianataeth yr Amgylchedd ddraenio'r afon a dywedodd swyddogion fod y llygredd yn y categori mwyaf difrifol. Costiodd £83 000 i lanhau'r llygredd.

Ffynhonnell: addaswyd o'r *Financial Times*, 10.12.2005.

Gyda chymorth diagram, eglurwch sut mae'r system gyfreithiol yn cael ei defnyddio yn y stori hon i fewnoli allanolder.

Americanaidd, Ronald Coase, yn 1960 y byddai lefel optimaidd cynhyrchu y cwmni cemegau, OD yn Ffigur 62.8, yn digwydd pwy bynnag sy'n berchen ar yr hawliau eiddo. Ond dim ond pe bai costau trafod yn isel iawn y byddai hynny'n wir.

Yn ymarferol, mae costau trafod yn aml yn uchel. Un rheswm yw bod llawer yn dioddef oherwydd yr allanolder. Os ydy cwmni cemegau yn achosi £20 miliwn o ddifrod bob blwyddyn i gartrefi lleol, ond mae 200 000 o gartrefi yn yr ardal leol, mae'n anodd iawn i'r 200 000 o gartrefi gyd-drefnu eu hymdrechion i hawlio iawndal gan y cwmni cemegau. Yn yr un modd, os ydy 100 000 o gynhyrchwyr yn y Byd Cyntaf yn allyrru digon o garbon i godi tymereddau yn Affrica 1°C, sut y gall 100 miliwn o ffermwyr Affrica hawlio iawndal ganddynt os bydd y cynnyrch o'u cynaeafau yn gostwng?

Ail broblem yw y gall union gost yr allanolder fod yn anodd ei hasesu. Mewn gwerslyfrau, pan fydd cwmni cemegau yn gosod costau ar 20 cartref, mae pob cartref yn gallu asesu'r gost iddo ef ei hun ac felly codi tâl ar y cwmni cemegau. Yn ymarferol, mae asiantau economaidd yn aml yn ei chael hi'n anodd rhoi prisiau ar gostau neu fuddion. Mae'r cwmni cemegau yn fwyaf tebygol o dalu'r un swm yn iawndal i bob cartref, sy'n debygol o fod yn fwy na'r gost i rai cartrefi ac yn rhy ychydig i ddigolledu cartrefi eraill. Ond byddai cael y swm yn gywir yn rhy anodd a chostus ynddo'i hun.

Pan fydd costau trafod uchel, dangosodd Coase y byddai aneffeithlonrwydd yn cael ei isafu pe bai hawliau eiddo yn cael eu dyrannu i'r parti sy'n rhoi'r gwerth mwyaf ar yr hawliau eiddo hynny. Fodd bynnag, gall llywodraethau ddefnyddio amrywiaeth o ddulliau eraill, fel trethi, i optimeiddio effeithlonrwydd heb orfod dyrannu hawliau eiddo.

Trethi amgylcheddol

Datrysiad arall, y mae llawer o economegwyr yn ei ffafrio, yw defnyddio trethi amgylcheddol. Mae angen i'r llywodraeth asesu cost llygredd i'r gymdeithas. Yna mae'n gosod cyfraddau treth ar lygrwyr fel bo'r dreth yn hafal i werth yr allanolder. Gan fod costau cynhyrchu yn cynyddu wedyn, bydd cwmnïau'n gostwng eu cynnyrch ac felly yn gostwng eu hallyriant llygru.

Mae enghreifftiau o drethi amgylcheddol yn cynnwys trethi prisio ffyrdd, fel Tâl Tagfa Llundain. Yn Ffigur 62.8, cyfradd ffiniol y dreth fyddai EF, wedi'i gosod yn hafal i werth yr allanolder. Yna lefel optimaidd cynhyrchu fyddai OD.

Yn debyg i estyn hawliau eiddo, mae gan drethi amgylcheddol y fantais eu bod yn gadael i fecanwaith y farchnad benderfynu sut

Cwestiwn 5

Efallai y bydd cerbydau trwm â motorau brwnt yn gorfod talu ffi i yrru yn yr ardal sydd â'r M25 yn ffin iddi erbyn 2008 dan gynlluniau sydd i gael eu cynnig ar gyfer ymgynghori gan *Transport for London*. Bwriad y cynllun – sydd i gael ei alw'n ardal allyriant isel – fyddai gostwng lefelau llygryddion niweidiol allweddol yn atmosffer Llundain. Ar y cychwyn byddai'n cynnwys lorïau trwm, bysiau a bysiau moethus sy'n allyrru mwy o lygryddion nag a ganiateir dan ddeddfwriaeth yr Undeb Ewropeaidd. Mae'r rhan fwyaf o gerbydau a werthwyd ar ôl 1 Ionawr 2002 yn bodloni safonau'r UE. Gweithredwyr bysiau moethus sy'n debygol o fod ymhlith y rhai yr effeithir arnynt fwyaf am eu bod yn tueddu i weithredu cerbydau hŷn na gweithredwyr lorïau neu fysiau. Mae Cydffederasiwn Cludiant Teithwyr, sy'n cynrychioli gweithredwyr bysiau a bysiau moethus, wedi gwrthwynebu'r cynlluniau yn gryf, gan ddweud y byddent yn dreth ar dwristiaeth. Dywedodd llefarydd y byddai'r ffi ychwanegol yn cadw twristiaid o rannau eraill o'r DU rhag dod ar dripiau bws moethus i sioeau theatraidd neu ddigwyddiadau eraill a gallai berswadio rhai i ddod mewn car yn lle.

Ffynhonnell: addaswyd o'r *Financial Times*, 15.9.2005.

(a) Gan ddefnyddio diagram, eglurwch pam y gallai'r ffi a awgrymir gan Transport for London arwain at fwy o effeithlonrwydd economaidd.

(b) Trafodwch a ddylai dadleuon Cydffederasiwn Cludiant Teithwyr gael eu hystyried wrth osod lefel y ffi.

orau i ddyrannu adnoddau a derbyn bod llygredd wedi'i gynnwys fel cost cynhyrchu. Mae gan lygrwyr trwm gymhelliad i ostwng allyriant llygru, tra bo llygrwyr ysgafn, a allai fod wedi gorfod gostwng cynhyrchu dan system o reoliadau llygredd gan y llywodraeth, nawr yn gallu ehangu cynhyrchu a llygredd ond er budd y gymdeithas gyfan.

Fodd bynnag, mae'n anodd i lywodraeth osod gwerth ariannol ar lygredd ac felly penderfynu beth ddylai cyfradd optimaidd y dreth fod. Efallai y bydd cynhyrchu rhai nwyddau yn dal i orfod cael ei wahardd am fod eu costau amgylcheddol mor uchel fel na allai dim lefel o drethi ddigolledu'r gymdeithas yn ddigonol am eu cynhyrchu.

Trwyddedau llygredd

Amrywiad ar reoleiddio allanolderau negyddol trwy reolaethau uniongyrchol yw'r syniad o ddyroddi trwyddedau Yma mae'r llywodraeth yn gosod terfyn ar swm y llygredd sy'n cael ei ganiatáu. Yn Ffigur 62.8 OD fyddai'r terfyn hwn. Yna mae'r llywodraeth yn rhoi trwyddedau i gwmnïau unigol neu lygrwyr eraill. Gall y trwyddedau gael eu masnachu am arian rhwng llygrwyr. Er enghraifft, gallai fod gan un cwmni cynhyrchu trydan orsafoedd trydan cymharol fodern sydd gyda'i gilydd yn allyrru llai nag y mae ei drwyddedau'n ei ganiatáu. Yna gallai werthu'r trwyddedau dros ben i gwmni trydan arall sydd â gorsafoedd hŷn, a fyddai, o gael eu caniatáu i weithredu, yn mynd y tu hwnt i'r trwyddedau a roddwyd

gan y llywodraeth.

Prif fantais trwyddedau o'u cymharu â rheoleiddio yw y dylai costau yn y diwydiant ac felly i'r gymdeithas fod yn is nag yn achos rheoleiddio. Bydd pob cwmni yn y diwydiant yn ystyried a oes modd gostwng allyriant ac am ba gost. Tybiwch fod Cwmni A, sydd â digon yn unig o drwyddedau i gwrdd â'i allyriant, yn gallu gostwng ei allyriant 500 o dunelli metrig am gost o £10 miliwn. Mae Cwmni B yn llygrwr mawr ac mae arno angen gwerth 500 o dunelli metrig o drwyddedau i fodloni'r rheoliadau. Mae'n cyfrifo y byddai angen iddo wario £25 miliwn i ostwng ei allyriant gymaint â hynny.

- Pe bai rheoleiddio syml, y costau gwrthlygredd i'r diwydiant, ac felly i'r gymdeithas, fyddai £25 miliwn. Byddai'n rhaid i Gwmni B gydymffurfio â'i derfyn llygredd ac ni fyddai unrhyw gymhelliad i Gwmni A ostwng llygredd.
- Gyda thrwyddedau, gallai Cwmni A werthu 500 o dunelli metrig o drwyddedau i Gwmni B. Yna cost gostwng llygredd i'r gymdeithas fyddai £10 miliwn yn unig, sef y gost y byddai Cwmni A yn ei chael. Gallai gostio Cwmni B mwy na £10 miliwn i brynu'r trwyddedau. Byddai'n barod i wario hyd at £25 miliwn i'w cael. Tybiwch fod Cwmni A yn taro bargen galed ac yn gwerthu'r trwyddedau i Gwmni B am £22 miliwn. Byddai'r gymdeithas yn arbed £15 miliwn, wedi'u rhannu rhwng elw papur o £12 miliwn i Gwmni A a gostyngiad o £3 miliwn mewn costau i Gwmni B o'r hyn a fyddai'n wir fel arall.

Cwestiwn 6

Cododd prisiau carbon i'r entrychion ddoe, wedi'u hysgogi gan bwl o dywydd oer ledled Ewrop, ar un o'r diwrnodau prysuraf o fasnachu ers i'r farchnad gael ei lansio dan gynllun allyriant nwyon tŷ gwydr yr Undeb Ewropeaidd. Cychwynnodd y cynllun farchnad newydd am garbon drwy osod lwfansau allyriant ar gyfer diwydiannau egni-ddwys. Gall y lwfansau, neu drwyddedau llygredd, gael eu prynu a'u gwerthu, gan roi pris ar garbon deuocsid am y tro cyntaf.

Mae cwmnïau wedi derbyn tua 2.2 biliwn o lwfansau – mae pob lwfans yn hafal i dunnell fetrig o garbon deuocsid. Mae cwmnïau sy'n cynhyrchu llai na'u terfyn, fel arfer am eu bod yn fwy egni effeithlon, yn gallu gwerthu lwfansau nad ydynt yn eu defnyddio ar y farchnad agored i gwmnïau sy'n allyrru mwy na'u lwfansau. Mae cwmnïau nad oes ganddynt ddigon o lwfansau ar gyfer eu hallyriant am nad ydynt wedi llwyddo i brynu digon ar y farchnad agored yn wynebu dirwyon o €40 y dunnell fetrig.

Ffigur 62.9 Pris masnachu carbon

Lwfans yr UE (€/tunelli o CO_2)

[graff: echel fertigol o 0, 6.5, 7.0, 7.5, 8.0, 8.5, 9.0, 9.5; echel lorweddol Ion – 2005 – Chwe]

Ffynhonnell: addaswyd o *PointCarbon*.

Ffynhonnell: addaswyd o'r *Financial Times*, 25.2.2005.

(a) Gan ddefnyddio enghreifftiau o'r data, eglurwch ystyr 'trwydded lygredd'.
(b) Gan ddefnyddio diagram, eglurwch pam y gallai trwyddedau llygredd fod yn ffordd fwy effeithlon o gyfyngu ar allyriant carbon na gosod terfynau uchafswm allyriant ar gyfer pob cwmni a gosod dirwyon os byddant yn mynd y tu hwnt i'r terfynau hynny.

Economeg gymhwysol
Cludiant ffyrdd

Mae ffyrdd Prydain yn gorlenwi fwyfwy. Mae Ffigur 62.10 yn dangos y cynnydd syfrdanol ym mherchenogaeth ceir yn y DU ers 1951. Mae'r car modur wedi chwyldroi ein ffordd o fyw. Mae wedi dod â buddion sylweddol. Ar yr un pryd, cafwyd costau sylweddol.

Mae'r buddion preifat wedi bod mor sylweddol fel bod cartrefi wedi bod yn barod i wario cyfran gynyddol o incwm y cartref ar foduro (☞ uned 6). Defnyddir ceir ar gyfer gwaith. Mae rhai pobl hefyd yn defnyddio'r car fel cyfarpar gweithio, fel trydanwyr neu werthwyr.

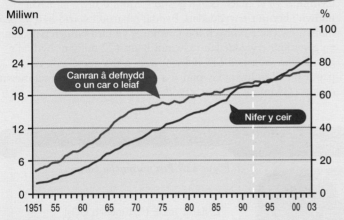

Ffigur 62.10 *Nifer y ceir preifat trwyddedig, canran o gartrefi sydd â defnydd o un car o leiaf*

Miliwn

Canran â defnydd o un car o leiaf

Nifer y ceir

* Diffyg parhad yn 1992 oherwydd y modd y cyfrifwyd yr ystadegau.

Ffynhonnell: addaswyd o *Transport Statistics*, Swyddfa Ystadegau Cenedlaethol.

Mae eraill yn ei ddefnyddio fel modd cyflym, cyfleus a chymharol gysurus i deithio i ac o'r gwaith. I'r rhan fwyaf o bobl, ateb ail orau yw cludiant cyhoeddus, gyda theithiau hirach, gorfod cerdded i arosfannau bws neu orsafoedd trên ac aros yno yn anghysurus cyn teithio ar fws neu drên gorlawn. Hefyd mae galw deilliedig am geir o eitemau eraill o wariant y cartref. Defnyddir y car i wneud y siopa wythnosol, cludo'r teulu i ganolfan hamdden neu fynd â pherthynas i ddal y trên. Mae manteision y car ar gludiant cyhoeddus yn cynnwys teithio o ddrws i ddrws, preifatrwydd yn ystod taith ac, ar y rhan fwyaf o'r teithiau a wneir, amserau teithio cyflymach.

Mae costau preifat car modur yn wahanol iawn i gostau cludiant cyhoeddus i'r defnyddiwr. Fel y gwelir yn Nhabl 62.1, prynu'r car yw'r gost sengl fwyaf i'r rhan fwyaf o fodurwyr, sef cost sefydlog. Mae treth cerbyd, yswiriant a chynnal a chadw, sef costau sefydlog neu led-newidiol, yn fawr hefyd. Cost newidiol yw petrol, sy'n cyfrif am tua chwarter yn unig o gyfanswm cost rhedeg car. Wrth ystyried a yw am wneud taith unigol, bydd modurwr yn ystyried ei gost ffiniol yn unig, sef cost y petrol. Mae bron yn sicr, fodd bynnag, y bydd defnyddiwr cludiant

cyhoeddus yn gorfod talu rhan neu'r cyfan o gost sefydlog gyfartalog y daith. Felly, bydd taith sengl ar gludiant cyhoeddus fel arfer yn ddrutach na thaith sengl mewn car.

Mae ceir yn achosi allanolderau sylweddol. Yn gyntaf, maent yn achosi llygredd sŵn. Pan gaiff ffyrdd newydd, fel traffyrdd, eu hadeiladu, cynigir gwydr dwbl weithiau i dai ger y ffordd newydd i leihau'r llygredd sŵn y mae'n rhaid iddynt ei ddioddef. Yn ail, mae ceir yn allyrru nwyon a gronynnau niweidiol. Mae carbon monocsid, er enghraifft, yn nwy tŷ gwydr. Gall plwm mewn petrol plwm niweidio'r ymennydd, yn enwedig mewn plant. Mae llawer o feddygon yn beio mygdarthau petrol am y cynnydd sylweddol mewn asthma yn y DU yn y blynyddoedd diwethaf. Yn drydydd, mae ceir yn lladd ac yn anafu pobl. Gellid dadlau bod y gost hon wedi'i chyfrif yng nghost yswiriant gorfodol. Fodd bynnag, mae cwmnïau yswiriant â chymhelliad i danddigolledu'r bobl sy'n dioddef oherwydd damweiniau ffyrdd. Yn olaf, gall un car arwain at amserau teithio hirach i geir eraill. Ar ffyrdd gorlawn, mae'r car ffiniol yn arafu cyflymder ceir eraill. Ar ei waethaf, gellir cael 'clo grid' – sefyllfa lle nad yw'r un cerbyd yn symud gan fod cymaint o geir ar y ffordd. Ar ffordd gymharol wag, ni fydd un car ychwanegol yn achosi cyflymderau is i geir eraill, ac nid oes allanolder.

Gellid dadlau bod modurwyr eisoes yn talu eraill am yr allanolderau maent yn eu creu. Felly mae cromlin y gost breifat ffiniol yr un yn fras â chromlin y gost gymdeithasol ffiniol. Mae moduro'n cael ei drethu'n drwm. Treth, gan gynnwys y dreth ar betrol, sy'n cyfrif am bron traean o gost flynyddol rhedeg car i'r modurwr. Fodd bynnag, ni ddefnyddir y derbyniadau treth hyn i ddigolledu'n systematig y sawl sy'n dioddef oherwydd yr allanolderau negyddol a achosir gan geir modur. Er enghraifft, nid yw'r sawl sy'n dioddef oherwydd llygredd sŵn yn cael eu digolledu gan daliadau rheolaidd. Ni roddir dim iawndal i'r sawl sy'n dioddef o asthma a allai fod yn dioddef o ganlyniad i fygdarthau car. Mae rhai unigolion felly yn gollwyr sylweddol.

Ar y llaw arall, mae rhai'n dadlau bod modurwyr yn talu cyfran fach yn unig o'r costau cymdeithasol sy'n deillio o ddefnyddio ceir. Mae cromlin y gost breifat ffiniol ymhell i'r dde o gromlin y gost gymdeithasol ffiniol. Nid yw trethi ac yswiriant yn ddigon trwm i dalu am yr allanolderau a achosir gan fodurwyr, fel eu cyfraniad at gynhesu byd-eang.

Byddai cyrff fel Cyfeillion y Ddaear yn dweud bod y car modur preifat yn foeth na all y gymdeithas ei fforddio. Dim ond cludiant cyhoeddus all ganiatáu i deithwyr deithio am gost sy'n cynnwys costau preifat a chostau allanol.

Tabl 62.1 *Gwariant cyfartalog ar foduro (£ yr wythnos), 2003/4*

Cost prynu	28.30
Cynnal a chadw a darnau sbâr	6.90
Yswiriant a threth cerbyd	10.40
Petrol, diesel ac olewau eraill	15.00
Costau eraill moduro	1.90
Cyfanswm	**62.50**

Cwestiwn Data — Nid yn fy iard gefn i (Nimbyism)

Mae 80% o boblogaeth y DU yn byw mewn trefi a dinasoedd sydd â mwy na 10 000 o bobl. Mae'r ardaloedd trefol hyn yn cyfrif am 7% yn unig o ehangdir y DU.

Mae 11% o arwyneb tir y DU wedi'i 'goncritio drosodd' â thai, ffyrdd a mathau eraill o isadeiledd.

Mae canllawiau'r Llywodraeth yn awgrymu adeiladu ar gyfartaledd 30 i 50 o gartrefi newydd yr hectar. Yn nodweddiadol mae ystadau tai newydd â thua 20-25 o gartrefi yr hectar. Dwysedd cyfartalog tai newydd, gan gynnwys fflatiau, yw 40 o gartrefi yr hectar.

Mae canllawiau'r Llywodraeth yn nodi y dylid adeiladu 60% o gartrefi newydd ar safleoedd maes llwyd (safleoedd yr adeiladwyd arnynt eisoes, fel tir diwydiannol wedi'i adfer) a 40% ar safleoedd tir glas.

Ffynhonnell: addaswyd o'r *Financial Times*, 20.5.2004, 16.3.2005.

Mae Prydain yn wlad gyfoethog, fodern a dynamig, ond mae ei thai ymhlith yr hynaf, y lleiaf a'r drutaf yn y byd datblygedig. Mae tai'r cyfandir yn well o lawer na thai'r DU. Maen nhw'n fwy (yn yr Almaen a'r Swistir, er enghraifft, mae tai newydd ar gyfartaledd 40% yn fwy na thai newydd yn y DU), yn cael eu hadeiladu'n gyflymach, yn cael eu dylunio'n well ac yn costio llai.

System gynllunio'r DU sydd ar fai am hyn, sef system sy'n gweithredu o'r pen i lawr a lle nad oes gan gynllunwyr lleol fawr ddim cymhelliad i gefnogi datblygiad. Yn Awstralia, lle mae'r un system ar waith, mae ffigurau'n dangos gwiriondeb y sefyllfa. Er bod y wlad yn enfawr, â phoblogaeth sy'n 40% yn unig o faint poblogaeth y DU, mae prisiau tir yn cyfrif am rhwng 50 ac 80% o bris cartref teuluol bach ym mhrifddinasoedd y taleithiau. Dyma ganlyniad polisïau llywodraethau'r taleithiau o gyfyngu ar gyflenwad tir ar gyfer tai, dwysáu a gosod costau isadeiledd trwm ar ddatblygwyr.

Yn y Swistir, mae cynllunio yn digwydd o'r gwaelod i fyny, gan ddechrau o'r canton lleol. Yn y Swistir, mae adeiladu tai newydd yn golygu denu trethdalwyr newydd i ardal sy'n gallu helpu i ledu cost gwasanaethau llywodraeth leol. Gall pobl lleol wedyn gynnal dadansoddiad cost a budd syml a rhesymol. Beth fyddai cost adeiladu mwy o gartrefi? Faint o isadeiledd newydd y byddai'n rhaid ei ddarparu? Faint o niwed fyddai i'r amgylchedd lleol? I ba raddau y byddai anfanteision y datblygiad hwnnw yn effeithio ar drigolion lleol? Faint o dderbyniadau treth ychwanegol fyddai'n llifo i'r economi lleol er budd pawb? Fyddai'r tai newydd yn gwneud yr ardal yn lle mwy deniadol i fyw? Fydden nhw'n helpu i ddarparu'r math o dai mae pobl eisiau byw ynddynt?

Ffynhonnell: addaswyd o'r *Financial Times*, 12.9.2005.

Mae cred gweinidogion bod angen mwy o fflatiau dwysedd uchel i ddatrys y broblem dai yn anghywir, yn ôl Ffederasiwn yr Adeiladwyr Tai. Dywedodd y corff hwn y dylai'r wlad gynllunio ar gyfer cynnydd yn y galw am dai mwy a gostyngiad yn y galw am dai llai. Nododd mai camsyniad sylfaenol yw credu bod cynnydd mawr mewn cartrefi un-person yn golygu bod angen mwy o gartrefi llai. Mae'n dadlau bod pobl eisiau tai mwy wrth iddynt ddod yn fwy cyfoethog. Nid yw hynny'n newid ryw lawer wrth i bobl nesáu at oedran ymddeol. Cymharol ychydig o bobl yn eu deugeiniau sy'n symud i gartrefi llai pan fydd eu plant yn ymadael â'r cartref.

Ffynhonnell: addaswyd o'r *Financial Times*, 16.3.2005.

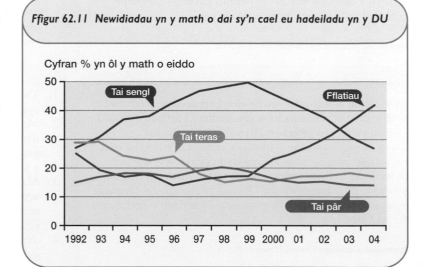

Ffigur 62.11 *Newidiadau yn y math o dai sy'n cael eu hadeiladu yn y DU*

Cyfran % yn ôl y math o eiddo

Tai sengl

Fflatiau

Tai teras

Tai pâr

Yn 2004, cyhoeddodd y llywodraeth Adroddiad Barker am gyflenwad tai yn y DU. Rhoddodd yr Adroddiad amcangyfrif o'r gwerth mae pobl yn ei roi ar dir. Roedd gwerth presennol uchel iawn ar fannau cyhoeddus agored mewn ardaloedd trefol, a osodwyd ar £10.8 miliwn yr hectar gan y cyhoedd. Prisiwyd coedwigoedd heb eu difetha a gwlypdiroedd naturiol a lled-naturiol yn £1.3 miliwn yr hectar. Ond prisiwyd tir llain las yn £178 000 yr hectar yn unig, a phrisiwyd tir ffermio dwys yn £20 600 yr hectar yn unig. Mae'r farchnad hefyd yn credu bod gwerth tir ffermio dwys yn gymharol isel. Yn Ne Ddwyrain Lloegr, cymhareb pris tir preswyl i dir amaethyddol yw 300:1.

Mae'r system gynllunio yn creu'r ystumiadau enfawr hyn. Trwy orfodi pobl i fyw mewn ardaloedd trefol gorlawn, mae'n codi pris tir adeiladu a thai yn ein trefi a'n dinasoedd ac yn gwneud cartrefi'n llai ac yn fwy cyfyng. Mae costau cymdeithasol y 'carcharu' hwn eisoes yn fawr, a bydd yn fwy byth yn y dyfodol. Rhaid i gynllunio ymateb i bwysau'r farchnad, a chaniatáu mwy o ddatblygu.

Ffynhonnell: addaswyd o'r *Financial Times*, 7.10.2005.

Mae David Miliband, y gweinidog cymunedau, wedi dweud wrth y sawl sy'n feirniadol o gynlluniau i adeiladu 500 000 o gartrefi yn ne Lloegr erbyn 2016 i 'agor eu llygaid'. Gwrthododd honiadau y byddai'r anheddau'n difetha cefn gwlad gan greu cymunedau noswylio cymudwyr dienaid. Dywedodd fod ymgyrchwyr wedi taenu 'myth ein bod am goncritio dros Loegr wledig'. Roedd yr ehangiad arfaethedig o dai yn cynrychioli 0.3% yn unig o 13 miliwn o hectarau o dir yn Lloegr.

Ffynhonnell: addaswyd o'r *Financial Times*, 17.9.2005.

Mae Margaret Ford, pennaeth asiantaeth adfywio'r llywodraeth, wedi rhybuddio bod *Nimbyism* dosbarth-canol yn bygwth tanseilio twf tai a'r gobaith o gael mwy o ffyniant economaidd. Dywedodd fod *Nimbyism* wedi cael ei 'ddyrchafu i fod … yn ffurf ar gelfyddyd' yn y 30 mlynedd diwethaf, a'i fod yn derm cwrtais, diniwed am hunanoldeb. 'Does dim byd urddasol nag allgarol amdano (*Nimbyism*) er ei fwyn ei hun. Agwedd lawer mwy aeddfed fyddai dweud ein bod yn wlad fach ddeniadol a'n bod yn ceisio hybu'r economi, ac felly bod yn rhaid i ni ddarparu cartrefi a mwynderau da i bobl sydd am fyw a gweithio yma. Mae gwrthod unrhyw ddatblygiad heb ystyriaeth yn wirion', meddai. Tra bo rhai ardaloedd yn galw allan am ddatblygiad, roedd eraill yn dioddef o 'ffenomen ddosbarth-canol yn bennaf, lle mae pobl eisiau manteisio ar fyw mewn cartref hyfryd ac amgylchedd dymunol ond heb adael i neb arall fanteisio ar amgylchedd yr un mor ddymunol i lawr y ffordd.'

Ffynhonnell: addaswyd o'r *Financial Times*, 20.5.2004.

Ar ei wefan, mae Ymgyrch Gwarchod Lloegr Wledig (*CPRE*) yn disgrifio ei bwrpas fel hybu 'harddwch, heddwch ac amrywiaeth Lloegr wledig drwy annog gwneud defnydd cynaliadwy o dir ac adnoddau naturiol eraill yn y wlad a'r dref.'

Nododd: 'Mae arnom angen polisïau cryf ar gyfer adfywiad trefol fel y bydd mwy o bobl eisiau byw yn ein dinasoedd (yn hytrach na'u gadael a symud i'r trefi llai a'r pentrefi), a pholisïau cryf i rwystro De Ddwyrain Lloegr rhag gorgynhesu.

'Mae angen i ni ddefnyddio tir yn effeithlon drwy sicrhau bod y dyluniad a'r dwysedd yn iawn. Mae angen cartrefi newydd o ansawdd da ac sydd wedi'u dylunio'n dda – gan gynnwys digon o gartrefi teuluol â gerddi. Gallwn wneud hyn ar ddwyseddau o tua 50 cartref yr hectar.

'Mae'r rhan fwyaf o bobl yn byw mewn gwell cartrefi, ac yn berchen ar fwy o gyfoeth o ran tai, nag erioed o'r blaen. Mae perchenogaeth tai wedi bod yn cynyddu ers degawdau, a hefyd faint o le sydd gennym fesul person yn y cartref. Yn y cyfamser, mae maint teuluoedd wedi bod yn gostwng, a hefyd lefelau gorlenwi.'

Ffynhonnell: addaswyd o www.cpre.org.uk.

1. Yn y DU, beth allai fod yn gostau cymdeithasol a buddion cymdeithasol adeiladu (a) mwy o dai a (b) tai mwy?
2. Mae ymgyrchwyr, fel *CPRE*, yn dadlau bod adeiladu datblygiadau tai mawr ar dir llain las yn creu allanolderau negyddol a cholledion lles. Gan ddefnyddio diagram, eglurwch y safbwynt hwn.
3. Mae eraill yn dadlau fod cyfyngiadau ar gynllunio wedi arwain at gamddyrannu adnoddau, gyda rhy ychydig o dai yn cael eu hadeiladu a cholli lles. Gan ddefnyddio diagram, eglurwch y safbwynt hwn.
4. Trafodwch a ddylid dileu rheoliadau cynllunio ar ardaloedd lle gall tai newydd gael eu hadeiladu.

Crynodeb

1. Mae damcaniaeth neo-glasurol yn awgrymu bod monopoli â phrisiau uwch a chynnyrch is na chystadleuaeth berffaith.
2. Dim ond yn achos monopolydd amlffatri y mae hynny'n debygol o fod yn wir. Efallai y bydd monopolydd naturiol â chostau is o lawer na phe bai'r diwydiant yn cael ei hollti'n unedau sy'n cystadlu.
3. Gallai monopolydd fod â chostau uwch am fod angen iddo gynnal rhwystrau i fynediad. Gallai hefyd ddioddef o aneffeithlonrwydd X.
4. Ar y llaw arall, gall monopolïau fod yn llawer mwy arloesol na chwmnïau perffaith gystadleuol.
5. Efallai y bydd y llywodraeth yn ceisio unioni methiant y farchnad a achosir gan fonopoli. Gallai drethu ymaith elw annormal, cymorthdalu cynhyrchu, gosod uchafbrisiau, gwladoli'r diwydiant, hollti'r diwydiant neu leihau rhwystrau i fynediad.

Cystadleuaeth berffaith yn erbyn monopoli

Mae dadansoddiad economaidd neo-glasurol traddodiadol wedi tueddu i gefnogi'r farn bod cystadleuaeth yn cynyddu effeithlonrwydd. Un ddadl a ddefnyddir yw y gostyngir effeithlonrwydd dyrannol os daw diwydiant perffaith gystadleuol yn fonopoli.

Monopolyddion amlffatri Mewn diwydiant perffaith gystadleuol mae nifer mawr o gynhyrchwyr bach, gyda phob un yn gweithredu ar waelod cromlin y gost gyfartalog. Felly mae pob cwmni wedi manteisio ar yr holl ddarbodion maint posibl. Os daw cwmnïau newydd i mewn i'r diwydiant oherwydd cynnydd mewn prisiau, bydd eu cromliniau cost nhw yn unfath â chromliniau cost y cwmnïau sydd yno eisoes. Yn yr un modd, bydd gan gwmnïau sy'n ymadael â'r diwydiant yr un cromliniau cost â'r cwmnïau sy'n aros.

Pe bai'r diwydiant yn dod yn fonopoli, byddai'r cwmni newydd yn cynnwys nifer mawr o ffatrïoedd bach. Ni fyddai'r monopolydd yn ceisio uno'r ffatrïoedd hyn gan eu bod eisoes ar eu maint mwyaf effeithlon dan gystadleuaeth berffaith. Felly bydd y monopolydd yn FONOPOLYDD AMLFFATRI.

Pe bai'r monopolydd amlffatri, yn y tymor hir, yn dymuno ehangu cynnyrch, byddai'n gwneud hynny drwy adeiladu ffatri newydd yn hytrach nag ehangu ffatri sydd ganddo eisoes. Byddai'n gweithredu'r ffatri ar ei graddfa fwyaf effeithlon, ar waelod cromlin cost gyfartalog y ffatri. Pe bai'n dymuno gostwng cynnyrch yn y tymor hir byddai'n cau ffatri yn hytrach na chadw'r un nifer o ffatrïoedd gyda phob un yn cynhyrchu islaw'r raddfa fwyaf effeithlon o gynhyrchu. Felly i fonopolydd amlffatri mae cromlin cost gyfartalog y tymor hir yn llorweddol. Gall gynyddu neu ostwng cynnyrch yn y tymor hir ar yr un gost gyfartalog isaf.

Effeithlonrwydd dyrannol Mae cromlin y galw i'r monopolydd yn goleddu i lawr (☞ uned 54). Bydd cromlin y gost ffiniol yr un fath â chromlin y gost gyfartalog os ydy'r gromlin CG yn llorweddol (am yr un rhesymau ag y mae DC = DFf os ydy derbyniadau cyfartalog yn gyson ☞ uned 53). Felly, mae cromliniau cost a derbyniadau y monopolydd amlffatri fel a ddangosir yn Ffigur 63.1.

Pe bai'r diwydiant yn berffaith gystadleuol, byddai'n cynhyrchu lle mae'r galw yn hafal i'r cyflenwad (h.y. lle mae pris yn hafal i gost ffiniol). Os yw'n fonopoli, bydd y cwmni'n cynhyrchu ar ei safle

uchafu elw lle mae CFf = DFf ac mae'r pris ar gromlin y galw ncu'r derbyniadau cyfartalog. Felly, dan gystadleuaeth berffaith bydd cynnyrch yn OB a phris yn OE. Pe bai'r diwydiant yn fonopoli, byddai cynnyrch y tymor hir yn gostwng i OA a byddai pris yn codi i OF. Mae hyn yn arwain at y casgliad y bydd cynnyrch yn is a phris yn uwch dan fonopoli nag y maent dan gystadleuaeth berffaith. Mae'r monopolydd amlffatri yn **ddyrannol aneffeithlon**.

Gellir dangos y gost gymdeithasol net (neu'r golled lles) yn y diagram. Tybir nad oes allanolderau. Mae cromlin y galw yn dangos y budd cymdeithasol ffiniol a dderbynnir gan ddefnyddwyr y cynnyrch (☞ uned 61). Cromlin y gost ffiniol yw cromlin y gost gymdeithasol ffiniol, sef y gost i'r gymdeithas o gynhyrchu uned ychwanegol o gynnyrch. Roedd defnyddwyr yn fodlon talu OF am

Ffigur 63.1 Cost gymdeithasol net os daw diwydiant perffaith gystadleuol yn fonopoli

Pe bai'r diwydiant yn cynhyrchu dan amodau cystadleuaeth berffaith byddai'r pris a'r cynnyrch lle mae pris = CFf, sef y cynnyrch OB a'r pris OE. Pe bai'r diwydiant yn fonopoli, byddai'r cynnyrch lle mae CFf = DFf, sef OA, a byddai'r pris ar gromlin y galw yn OF. Mae'r pris yn uwch a'r cynnyrch yn is yn y diwydiant monopoli. Y triongl wedi'i dywyllu yw'r golled lles.

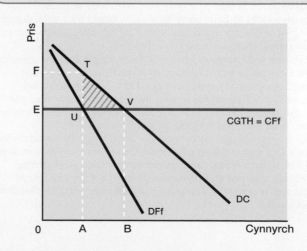

yr uned ychwanegol yn OA, ond byddai wedi costio OE yn unig i'w chynhyrchu. Felly y gost gymdeithasol net (y gwahaniaeth rhwng y budd cymdeithasol a'r gost gymdeithasol) ar yr uned olaf o gynnyrch yw EF. Yn yr un modd mae'r pellter fertigol rhwng cromlin y galw a chromlin y gost gyfartalog yn dangos cost gymdeithasol net pob uned na chaiff ei chynhyrchu rhwng OA, cynnyrch monopoli, ac OB, cynnyrch cystadleuaeth berffaith. Felly y gost gymdeithasol net i'r gymdeithas o gynhyrchu dan fonopoli amlffatri o'i gymharu â chynhyrchu dan amodau cystadleuaeth berffaith yw'r triongl wedi'i dywyllu TUV.

Cwestiwn I

Yn 1991 preifateiddiodd y llywodraeth y diwydiant cynhyrchu trydan. Pan fu'r diwydiant dan berchenogaeth y llywodraeth bu'n gweithredu fel corfforaeth sengl. Pan werthodd y llywodraeth y diwydiant, fe'i holltwyd yn nifer sylweddol o gwmnïau gwahanol gan gynnwys cwmnïau rhanbarthol yn gwerthu trydan i ddefnyddwyr lleol ac un cwmni oedd yn berchen ar y grid cenedlaethol. Roedd cynhyrchu trydan – gwneud trydan o danwyddau fel glo neu egni niwclear – yn fonopoli amlffatri pan oedd yn fusnes dan berchenogaeth y wladwriaeth. Fe'i holltwyd adeg y preifateiddio. Arhosodd pŵer niwclear dan reolaeth y llywodraeth, felly hefyd cwmni cynhyrchu trydan yr Alban. Ond cafodd y gorsafoedd trydan yng Nghymru a Lloegr a daniwyd gan lo yn bennaf eu rhannu rhwng dau gwmni newydd, sef *PowerGen* a *National Power*.

Ar ôl preifateiddio cododd elw'r ddau gwmni cynhyrchu i'r entrychion fel y gwelir yn Nhabl 63.1.

Tabl 63.1 Elw PowerGen a National Power

		£miliwn
	PowerGen	National Power
1991	267	427
1992	326	525
1993	449	599
1994	477	734

(a) Tybiwch fod y diwydiant trydan cyn preifateiddio yn prisio ei gynnyrch fel pe bai'n ddiwydiant perffaith gystadleuol, yn ennill elw normal yn unig. Tybiwch hefyd ei fod yn X-effeithlon (yn cynhyrchu am y gost isaf bosibl). Gan ddefnyddio diagram, eglurwch (i) ble fyddai'r diwydiant wedi cynhyrchu a (ii) a fyddai hyn wedi achosi dyraniad effeithlon o adnoddau.

(b) Tybiwch fod costau yn y diwydiant wedi aros yr un fath ar ôl preifateiddio. (i) Beth mae'r ffigurau yn Nhabl 63.1 yn ei ddangos ynglŷn ag elw normal ac annormal? (ii) Ydy adnoddau'n cael eu dyrannu'n effeithlon nawr?

(c) Tybiwch fod *PowerGen* a *National Power* yn gwneud elw annormal yn 1994 ond y bu'r diwydiant yn X-aneffeithlon tra bu dan berchenogaeth y llywodraeth cyn 1991. Tybiwch hefyd fod *PowerGen* a *National Power* wedi llwyddo i ostwng costau gryn dipyn rhwng 1991 ac 1994. Fyddai'r diwydiant yn fwy effeithlon neu'n llai effeithlon yn 1991 o'i gymharu ag 1994?

(d) Yn y tymor hir, gall unrhyw ddod i'r gynhyrchydd trydan yn y DU a gwerthu am y farchnad. Os enillwyd elw annormal yn 1994, (i) beth fyddai damcaniaeth economaidd yn rhagfynegi fyddai'n digwydd yn y blynyddoedd nesaf a (ii) fyddai hyn yn debygol o arwain at ddyraniad mwy effeithlon neu lai effeithlon o adnoddau?

Gallai'r gost gymdeithasol net fod hyd yn oed yn fwy na'r triongl hwn am ddau reswm.

- Gallai'r monopolydd orfod creu a chynnal rhwystrau i fynediad i gadw cystadleuwyr posibl allan o'r diwydiant. Er enghraifft, gallai orfod gwario symiau mawr o arian ar hysbysebu neu hyrwyddiadau eraill. Bydd hynny'n cynyddu ei gost gyfartalog a'i gost ffiniol yn y tymor hir. Yna bydd cynnyrch hyd yn oed yn is a phris hyd yn oed yn uwch na phe bai'n gweithredu dan yr un amodau cost â chystadleuaeth berffaith.

- Efallai y bydd y cwmni'n gallu cysgodi y tu ôl i rwystrau i fynediad ac o ganlyniad efallai y bydd aneffeithlonrwydd. Y term a ddefnyddir i ddisgrifio aneffeithlonrwydd sy'n digwydd mewn cyfundrefnau mawr nad ydynt dan bwysau i isafu cost yw **aneffeithlonrwydd X**. Felly bydd costau cyfartalog yn uwch nag o dan gystadleuaeth berffaith, gan arwain at gynnyrch is byth a phris uwch byth.

Monopoli naturiol

Hyd yma tybiwyd bod y monopolydd yn fonopolydd amlffatri. Ond mae llawer o fonopolïau yn **fonopolïau naturiol** (☞ uned 18). Mae monopolïau naturiol yn digwydd mewn diwydiannau lle na all hyd yn oed cynhyrchydd sengl fanteisio'n llawn ar y darbodion maint posibl. Felly, mae'r cwmni dominyddol yn y diwydiant, sef y cwmni â'r cynnyrch mwyaf a'r gost isaf, bob amser yn gallu codi prisiau is na chystadleuwyr a'u gyrru nhw allan o'r diwydiant os yw'n dewis gwneud hynny.

Dangosir hyn yn Ffigur 63.2. Bydd y monopolydd yn cynhyrchu lle mae CFf = DFf sef cynnyrch OB ac yn ennill elw annormal drwy brisio yn OF. Fodd bynnag, byddai'n ddisynnwyr sôn am wneud y diwydiant yn fwy cystadleuol. Byddai hollti'r diwydiant yn ddau, er enghraifft, gyda phob cwmni'n cynhyrchu OA (hanner OB), yn cynyddu cost gyfartalog cynhyrchu o OE i OH. Byddai mwy o gystadleuaeth yn y diwydiant yn arwain at golli lles, nid ennill lles. Dylid nodi hefyd y byddai cynhyrchu ar lefel Pareto-effeithlon cynhyrchu lle mae pris = CFf yn achosi colled i'r cwmni. Ar lefel

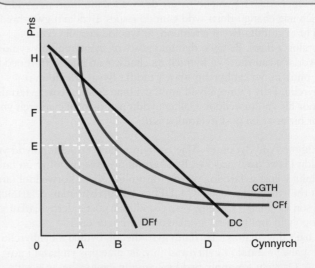

Ffigur 63.2 Monopoli naturiol
Mewn monopoli naturiol, mae darbodion maint mor fawr fel na allai hyd yn oed cynhyrchydd sengl fanteisio arnynt yn llawn. Byddai cystadleuaeth yn aneffeithlon iawn, yn cynyddu cost gyfartalog cynhyrchu. Lefel cynnyrch uchafu elw y monopolydd yw OB, ond byddai cynnyrch yn uwch yn OD lle mae pris = CFf.

Cwestiwn 2

Mae Telecom Prydain *(BT)* yn berchen ar lawer o'r rhwydwaith llinellau sefydlog yn y DU. Yn hollbwysig, mae'n berchen ar bron pob 'milltir olaf' o'r gyfnewidfa ffôn leol i'r pwynt ffôn mewn cartrefi a busnesau. Ers yr 1980au mae *BT* yn raddol wedi bod yn agor gwasanaethau ffôn i gystadleuaeth. Yn debyg i *Transco*, sy'n berchen ar rwydwaith piblinellau nwy y DU, neu *Network Rail,* sy'n berchen ar isadeiledd rheilffyrdd y DU, mae cwmnïau eraill yn gallu llogi defnyddio'r isadeiledd sefydlog i gyflwyno gwasanaethau. Yr hyn sy'n wahanol rhwng *BT* a *Transco* a *Network Rail* yw bod *BT* yn cynnig gwasanaethau yn uniongyrchol i'r cwsmer. Dydy *Network Rail* ddim yn cynnig gwasanaethau trên a dydy *Transco* ddim yn berchen ar y nwy sy'n cael ei bwmpio trwy ei biblinellau.

Yn 2005 cwynodd *Cable & Wireless* (C&W) i'r dyfarnwr telathrebu annibynnol ynglŷn â gwasanaethau teleffoni llawn. Oddi ar fis Mai 2002 bu'n cynnig gwasanaeth ffôn cystadleuol i gwsmeriaid cartref. Byddai cwsmeriaid cartref sy'n dewis y gwasanaeth yn talu eu biliau ffôn i gyd i *C&W.* Yn y cyfamser byddai *C&W* yn llogi'r llinell ffôn i'r cartref gan *BT* er mwyn darparu'r gwasanaeth. Ond honnodd *C&W* fod 40% o gwsmeriaid *BT* oedd yn ceisio trosglwyddo i *C&W* yn cael eu gwrthod. Y rheswm oedd bod *BT* yn mynnu bod unrhyw gwsmer oedd yn trosglwyddo yn gorfod rhoi manylion llawn eu cyfeiriad i *BT*. Os nad oedd y manylion yn cyfateb i'r manylion ar gronfa ddata *BT,* roedd y cais yn cael ei wrthod. Meddai llefarydd ar ran *C&W*: 'Mae fel ceisio torri cod cyfrinachol ac yn ddealladwy mae cwsmeriaid yn credu ein bod ni a *BT* yn wallgof pan fyddwn ni'n egluro pam na allwn drosglwyddo eu cyfrif. Mae hyn i bob bwrpas yn rhwystr i gystadleuaeth.'

Ffynhonnell: addaswyd o'r *Financial Times*, 3.3.2005.

(a) Eglurwch pam mae *Transco, Network Rail* a rhan o *BT* yn fonopoïau naturiol.
(b) Pa ran o *BT* nad yw'n fonopoli naturiol?
(c) Pam, yn ôl *C&W*, y gallai *BT* fod yn gweithredu arferion gwrthgystadleuol?
(d) Awgrymwch pam y gallai fod o fudd i *BT* i fynnu cael cyfeiriadau'n cyfateb yn union.

cynhyrchu OC, mae'r derbyniadau cyfartalog yn llai na'r gost gyfartalog.

Mae monopolïau naturiol yn tueddu i ddigwydd mewn diwydiannau lle mae costau sefydlog yn fawr iawn. Er enghraifft, byddai'n aneffeithlon cael dau gwmni rheilfford â dwy set o draciau yn yr un ardal yn rhedeg rhwng dwy dref. Yn y diwydiannau nwy, trydan, dŵr a ffonau, byddai'n aneffeithlon cael dwy set neu fwy o linellau neu beipiau i bob cartref fel y gallant ddewis o ba gwmni i brynu. Mae Twnnel y Sianel yn fonopoli naturiol hefyd. Ni fyddai'n gwneud synnwyr economaidd adeiladu ail dwnnel nes bod y cyntaf yn cael ei ddefnyddio i'w allu llawn.

Arloesi

Hyd yma mae'r dadansoddiad wedi bod yn **statig**. Mae cystadleuaeth berffaith a monopoli wedi cael eu cymharu ar adeg benodol. Fodd bynnag, mae yna hefyd ystyriaethau **dynamig** pwysig. Dadleuodd yr economegydd o Awstria, Joseph Schumpeter (1883-1950) y gallai monopoli fod yn llawer mwy effeithlon dros amser na chystadleuaeth berffaith.

Mewn cystadleuaeth berffaith mae nifer mawr o gwmnïau bach yn gweithredu yn y farchnad. Ni fydd gan unrhyw un cwmni ddigon o arian ar gael ar gyfer ymchwil a datblygu. Yn gyffredinol mae cwmnïau bach yn ei chael hi'n anoddach codi arian ar gyfer twf ac

ehangu na chwmnïau mawr, ac mae banciau'n debygol o fod yn ddigydymdeimlad os ydy arian a fenthycir i gael ei ddefnyddio ar brojectau ymchwil â llawer o risg. Hefyd tybir bod gwybodaeth berffaith yn y farchnad. Bydd dyfais un cwmni yn cael ei defnyddio'n fuan gan gwmnïau eraill, felly does fawr ddim neu ddim cymhelliad i ymgymryd ag ymchwil a datblygu.

Gall deddfau patent a deddfau hawlfraint amddiffyn dyfeisiau cwmnïau bach, gan roi rhywfaint o hwb i arloesi. Fodd bynnag, yn yr ychydig o ddiwydiannau perffaith gystadleuol y gellid dadlau eu bod yn bodoli, gwelir bod arloesi yn aml yn cael ei ddarparu nid gan gwmnïau unigol ond gan sefydliadau ymchwil sy'n cael eu hariannu neu eu trefnu gan y llywodraeth. Mewn amaethyddiaeth, er enghraifft, mae datblygiadau allweddol mewn rhywogaethau o gnydau yn y Trydydd Byd wedi cael eu gwneud gan brifysgolion a sefydliadau ymchwil sy'n cael eu hariannu gan y wladwriaeth. Dyma enghraifft o lywodraeth yn unioni **methiant y farchnad**.

Mae monopolydd, yn ddiogel y tu ôl i rwystrau uchel i fynediad, yn gallu ymateb mewn dwy ffordd. Gall ddewis y ffordd hawdd. Yn gysglyd ac yn aneffeithlon, mae'n ecsbloetio'r farchnad ac yn ennill digon o elw i fodloni cyfranddalwyr. Mae ymchwil a datblygu, sy'n awgrymu newid posibl, yn annhebygol o fod yn flaenoriaeth uchel i'r math hwn o gwmni.

Dadleuodd Schumpeter, fodd bynnag, fod y gwrthwyneb yn debygol. Byddai gan y monopolydd yr adnoddau o'i elw annormal i'w gwario ar ymchwil a datblygu. Yn y DU, er enghraifft, caiff tua 70% o'r holl fuddsoddiant ei ariannu o elw cadw. Hefyd byddai gan y monopolydd y cymhelliad i wario fel hyn. Byddai'n gallu manteisio ar unrhyw gynhyrchion newydd neu dechnegau newydd o gynhyrchu er ei les ei hun, yn ddiogel rhag cystadleuwyr y tu ôl i'w rwystrau uchel i fynediad. Byddai effeithlonrwydd cynhyrchiol yn cynyddu gan y byddai costau'n gostwng. Byddai effeithlonrwydd dyrannol yn cynyddu gan y byddai'r monopolydd yn dod â chynhyrchion newydd i'r farchnad.

Hefyd, dydy monopolydd byth yn ddiogel rhag cystadleuaeth. Yn yr 18fed ganrif, roedd y gamlas yn ymddangos yn anorchfygol fel math o gludiant diwydiannol. Ond yn ystod yr 19eg ganrif, dinistriwyd monopoli camlesi ac elw monopoli perchenogion camlesi gan ddyfodiad y rheilffyrdd. Yn yr 20fed ganrif, roedd yr un broses wedi troi rheilffyrdd yn fonopolyddion ocdd yn gwneud colledion wrth i'w marchnadoedd gael eu cymryd gan y car a'r lori. Galwodd Schumpeter hyn yn 'broses dinistrio creadigol'. Mae rhwystrau uchel yn golygu bod yn rhaid i gystadleuwyr posibl gynhyrchu amnewidyn sy'n well o lawer na'r hen gynnyrch. Nid yw'n ddigon da ychwanegu pecynnu ffansi neu newid lliw'r cynnyrch neu ychwanegu ychydig o ddyfeisiau. Felly mae monopoli yn hybu cynnydd sylfaenol yn hytrach na chynnydd arwynebol. Dadleuodd Schumpeter fod system o farchnadoedd monopoli yn llawer mwy tebygol o gynhyrchu effeithlonrwydd dros gyfnod na chystadleuaeth berffaith.

Cystadleuaeth amherffaith

Hyd yma, mae monopoli wedi cael ei gyferbynnu â chystadleuaeth berffaith. Gellir defnyddio'r un dadleuon i ystyried costau neu fuddion cymdeithasol cystadleuaeth amherffaith. Mewn cystadleuaeth amherffaith mae cynnyrch yn debygol o fod yn is a phris yn uwch nag mewn cystadleuaeth berffaith ac felly mae yna gost gymdeithasol net. Mae'n debygol y gweir elw annormal, sydd eto yn gosod costau cymdeithasol net.

Mewn cystadleuaeth berffaith, ac mewn llawer o achosion o fonopoli, dim ond cynnyrch cydryw sy'n cael ei gynnig i'r defnyddiwr. Ar y llaw arall, un o nodweddion cystadleuaeth amherffaith yw gwerthu nifer mawr

Cwestiwn 3

Gall diwydiant fferyllol y byd gael ei rannu'n ddwy ran. Mae yna gwmnïau mewn amgylchedd anodd â chystadleuaeth ar sail pris yn gweithgynhyrchu cyffuriau generig sydd allan o batent. Yna mae'r cwmnïau sy'n gwario symiau sylweddol o'u trosiant ar ymchwilio a datblygu cyffuriau newydd. Gellir gwerthu'r rhain am brisiau uchel, yn ddiogel rhag cystadleuaeth drwy batentau. Gall un cyffur sy'n llwyddiant ysgubol ddarparu cyfran sylweddol o'r elw i un o'r cwmnïau cyffuriau mawr fel *GlaxoSmithKline* neu *AstraZeneca* am fwy na degawd tra'i fod yn parhau â phatent.

Efallai, fodd bynnag, bod y farchnad yn newid. Mae dulliau cyfrifiadurol newydd o ymchwilio i gyfansoddion yn debygol o arwain at ffrwydriad o gyffuriau newydd ar y farchnad. Bydd y cwmnïau fferyllol yn dymuno gwerthu'r rhain am brisiau premiwm. Y cwestiwn yw: fydd y Gwasanaeth Iechyd Gwladol, neu systemau iechyd eraill ledled y byd, yn gallu fforddio prynu amrywiaeth eang o gyffuriau newydd ar gyfer anhwylderau a fu gynt yn rhai na ellid eu trin neu lle cafodd cyffuriau rhatach gyfraddau gwael o lwyddiant.

Ffynhonnell: addaswyd o'r *Financial Times*, 4.10.2005.

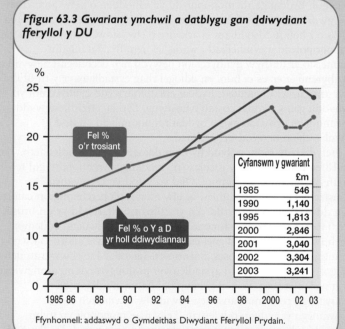

Ffigur 63.3 Gwariant ymchwil a datblygu gan ddiwydiant fferyllol y DU

Cyfanswm y gwariant £m	
1985	546
1990	1,140
1995	1,813
2000	2,846
2001	3,040
2002	3,304
2003	3,241

Ffynhonnell: addaswyd o Gymdeithas Diwydiant Fferyllol Prydain.

(a) Beth yw'r cyswllt rhwng patentau a monopoli yn y diwydiant fferyllol?
(b) Pam y gellid dweud bod rhan o'r diwydiant fferyllol yn ymwneud â 'phroses dinistrio creadigol'?
(c) Trafodwch a fyddai cleifion yn well eu byd pe na bai cyffuriau newydd yn cael eu hamddiffyn gan batentau?

o nwyddau brand gwahanol. Mae lles yn debygol o gael ei gynyddu os gall defnyddwyr ddewis rhwng llawer o gynhyrchion, er yn weddol debyg, yn hytrach na bod heb ddim dewis o gwbl.

Mae dadleuon Schumpeter ynglŷn ag arloesi yn berthnasol i gystadleuaeth amherffaith hefyd. Mae oligopolyddion, er enghraifft, yn fwy tebygol o arloesi na chwmnïau perffaith gystadleuol.

Y dyfarniad?

Gellir gweld nawr nad yw'n bosibl llunio casgliadau syml ynghylch pa mor ddymunol yw cystadleuaeth yn y farchnad. Yn sicr nid cystadleuaeth sydd 'orau' bob amser. Ar y naill law, gall monopolïau amlffatri a llawer o gwmnïau amherffaith gystadleuol ecsbloetio'r farchnad, yn ennill elw annormal ar draul defnyddwyr, yn gostwng cynnyrch ac yn cynyddu pris. Mae hyn yn arwain at golled lles. Ar y llaw arall, mae monopolïau naturiol yn llawer mwy effeithlon nag unrhyw strwythurau marchnad cystadleuol eraill. Efallai y bydd cyswllt rhwng monopoli ac arloesi neu efallai na fydd.

Polisi'r llywodraeth

Mae gan lywodraethau amrywiaeth o BOLISÏAU CYSTADLEUAETH posibl y gellir eu defnyddio i wella effeithlonrwydd economaidd.

Trethi a chymorthdaliadau Gall elw annormal gael ei drethu ymaith. Gall hyn wella tegwch o fewn y system economaidd, gan drosglwyddo adnoddau y mae'r monopolydd wedi difeddiannu defnyddwyr ohonynt yn ôl i'r trethdalwyr. Yn anffodus, ni fydd hyn yn gwella effeithlonrwydd dyrannol. Ni fydd treth ar elw yn effeithio ar gost ffiniol na derbyniadau ffiniol. Felly bydd y monopolydd yn parhau i gynhyrchu islaw lefel effeithlon cynhyrchu.

Fodd bynnag, mae'n bosibl symud cromlin y gost ffiniol i lawr drwy roi **cymhorthdal**. Ar unrhyw lefel benodol o gynnyrch gallai'r llywodraeth gymorthdalu cynhyrchu, gan ostwng cost ffiniol. Os ydy'r llywodraeth eisiau i'r monopolydd gynhyrchu lle mae CFf = pris, bydd angen iddi ddarganfod lefel y cynnyrch lle mae cromlin y gost ffiniol yn croestorri cromlin y derbyniadau cyfartalog cyn rhoi cymhorthdal. Yn Ffigur 63.4 mae hynny'n digwydd ar lefel cynnyrch OB lle mae CFf_1 = DC. Maint y cymhorthdal sydd ei angen ar uned olaf y cynnyrch yw EF. Mae hyn yn symud cromlin y gost ffiniol i

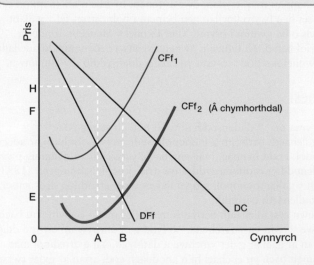

Ffigur 63.4 Cymorthdalu monopolydd i wella effeithlonrwydd
Bydd monopolydd sy'n uchafu elw yn cynhyrchu yn OA lle mae CFf = DFf ac OH yw'r pris. Byddai cynnyrch dan gystadleuaeth berffaith yn OB lle mae pris = CFf. Byddai cymhorthdal o EF ar uned olaf y cynnyrch yn symud cromlin y gost ffiniol i lawr o CFf_1 i CFf_2. Byddai'r monopolydd nawr yn cynhyrchu ar lefel cynnyrch cystadleuaeth berffaith. Gallai'r llywodraeth adennill y cymhorthdal drwy dreth ar elw.

CFf_2. Mae'r monopolydd yn cynhyrchu OB oherwydd nawr dyma'r lefel cynhyrchu lle mae CFf = DFf, ac mae'r gymdeithas yn elwa am fod cynhyrchu ar lefel lle mae'r gwir gost i'r gymdeithas, CFf_1, yn hafal i'r pris. Gall y llywodraeth adennill y cymhorthdal hwnnw drwy drethu ymaith yr elw y mae'r monopolydd yn ei wneud.

Mae'n ymddangos mai dyma'r datrysiad delfrydol. Yn anffodus mae nifer o broblemau ymarferol. Yn gyntaf, mae rhoi cymorthdaliadau i fonopolyddion y sector preifat yn debygol o fod yn wleidyddol amhosibl i unrhyw lywodraeth. Mae'n ddigon anodd i lywodraethau gymorthdalu diwydiannau gwladoledig. Yn ail, mae'r polisi'n gofyn am wybodaeth fanwl gywir o gromliniau cost a derbyniadau. Pan gaiff y polisi ei weithredu gyntaf mae rhywfaint o obaith y gall amcangyfrif rhesymol gael ei wneud. Fodd bynnag, mae trethi a chymorthdaliadau yn ystumio'r farchnad fel y bydd yn y tymor hir yn anodd iawn dyfalu lle gallai pwyntiau rhagdybiaethol ar y cromliniau fod. Yn drydydd, trafodwyd yn fanwl gennym eisoes a fyddai effeithlonrwydd dyrannol yn cynyddu drwy symud i lefel cynnyrch lle mae pris = CFf mewn un diwydiant (☞ uned 61). Mae gosod trethi a chymorthdaliadau yn tybio bod dealltwriaeth glir o lefel y cynnyrch a'r pris sy'n uchafu effeithlonrwydd.

Rheoli prisiau Dull amlwg o reoli monopolyddion fyddai gosod rheolaethau ar brisiau eu nwyddau. Byddai'r uchafbris y gallai monopolydd ei godi yn cael ei osod yn hafal i'r gost gymdeithasol ffiniol; yn Ffigur 63.5 lle mae CFf = pris. I'r chwith o'r cynnyrch OA, mae cromlin y derbyniadau cyfartalog yn llorweddol am fod y llywodraeth wedi gosod uchafbris o OB. I'r dde, mae cromlin derbyniadau cyfartalog y farchnad rydd yn ailymddangos. Os ydy'r monopolydd yn dymuno gwerthu mwy nag OA, rhaid iddo ostwng ei bris. Mae'r derbyniadau ffiniol yn hafal i'r derbyniadau cyfartalog os ydy'r derbyniadau cyfartalog yn ddigyfnewid (☞ uned 53). Felly mae diffyg parhad i gromlin y derbyniadau ffiniol yn OA. Bydd y monopolydd yn cynhyrchu yn OA gan mai dyma'r lefel nawr lle mae CFf = DFf. Mae'r polisi'n gweithio am fod y llywodraeth i bob

pwrpas wedi troi cromlin y derbyniadau ffiniol o fod yn goleddu i lawr i fod yn llorweddol hyd at lefel y cynnyrch sy'n uchafu effeithlonrwydd.

Mae'r math hwn o bolisi yn cael ei ddefnyddio i reoli diwydiannau wedi eu preifateiddio yn y DU (☞ uned 67). Fodd bynnag, mae'n dioddef o'r un diffygion â chymorthdaliadau. Mae'n anodd gwybod lle mae'r cromliniau cost a derbyniadau a pha lefel cynnyrch yw'r lefel ddyrannol effeithlon.

Gwladoli Tybir bod y monopolydd preifat yn uchafu elw. Mae hynny'n arwain at lefel cynnyrch sy'n aneffeithlon. Ffordd arall o reoli monopoli yw newid nodau'r cwmni. Gallai hyn gael ei gyflawni drwy wladoli'r diwydiant. Yna rhoddir i'r diwydiant y nod o uchafu lles cymdeithasol yn hytrach nag elw preifat.

Preifateiddio a dadreoli Mae llawer o fonopolyddion yn y gorffennol wedi bod yn fonopolïau dan berchenogaeth y llywodraeth fel nwy neu ffonau. Mae eu monopolïau wedi cael eu hamddiffyn gan ddeddfau yn atal cwmnïau preifat rhag cychwyn yn y diwydiant. Mae'n anodd i gwmnïau dan berchenogaeth y wladwriaeth gystadlu ar yr un telerau â chwmnïau'r sector preifat. Mae llywodraethau yn asesu buddsoddiant mewn modd gwahanol i gwmni preifat. Hefyd gallant dalu unrhyw ddyledion os bydd y cwmni'n gwneud colledion mawr. Felly er mwyn creu 'cae chwarae gwastad' lle mae'r cwmnïau i gyd yn cystadlu ar yr un telerau, dadleuir y dylai monopolïau'r wladwriaeth gael eu preifateiddio. Adeg y preifateiddio naill ai gallan nhw gael eu hollti'n gwmnïau sy'n cystadlu neu gall rhwystrau i fynediad gael eu lleihau fel y gall cystadleuwyr ddod i mewn i'r farchnad (enghraifft o **ddadreoli** ☞ uned 67), trafodir y ddau isod.

Hollti'r monopolydd Gall y monopolydd gael ei hollti'n unedau sy'n cystadlu gan y llywodraeth. Gallai hyn fod yn ddatrysiad effeithiol i fonopolydd amlffatri â nifer mawr o ffatrïoedd lle mae **graddfa effeithlon leiaf cynhyrchu** (☞ uned 49) yn isel iawn. Ond mae graddfeydd effeithlon leiaf y rhan fwyaf o fonopolyddion neu oligopolyddion yn gymharol uchel. Gallai'r ennill lles o hollti monopolydd yn ddeuopoli, er enghraifft, fod yn ddibwys. Yn achos monopolïau naturiol, byddai hollti monopolydd bron yn sicr yn arwain at golledion lles. Mae hollti cartelau yn fwy tebygol o gynyddu lles.

Lleihau rhwystrau i fynediad Mae'n amhosibl i lywodraethau leihau rhwystrau i fynediad i ddiwydiannau sy'n fonopolïau naturiol. Fodd bynnag, mae llawer o fonopolyddion amlffatri ac oligopolyddion yn ennill elw annormal am eu bod yn cynnal yn artiffisial rhwystrau uchel i fynediad ac yn cadw cystadleuwyr posibl allan. Gall llywodraethau leihau rhwystrau i fynediad drwy amrywiaeth o ddulliau (☞ uned 65).

Ffigur 63.5 Rheoli prisiau mewn diwydiant monopoli

Mae rheolaethau ar brisiau yn newid siâp cromliniau'r derbyniadau cyfartalog a ffiniol. Bydd uchafbris o OB yn creu cromlin derbyniadau cyfartalog neu alw sy'n wyrdro. I'r chwith o OA, mae cromlin y derbyniadau cyfartalog yn llorweddol, yn dangos yr uchafbris o OB y caniateir i'r cwmni ei godi. I'r dde mae cromlin y derbyniadau cyfartalog yn disgyn am fod pris y farchnad rydd yn is na'r uchafbris. Bydd y monopolydd nawr yn cynhyrchu yn OA, lefel cynnyrch diwydiant perffaith gystadleuol lle mae CFf = pris. Y rheswm yw mai OA nawr yw lefel cynnyrch uchafu elw (h.y. lle mae CFf = DFf i'r monopolydd).

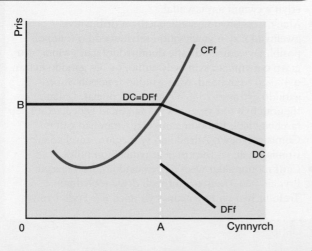

413

Cwestiwn 4

Ym mis Mawrth 2004 cafodd *Microsoft* y ddirwy uchaf erioed o €497 miliwn ar ôl cael ei farnu'n euog o ymddygiad gwrthgystadleuol gan y Comisiwn Ewropeaidd. Meddai comisiynydd cystadleuaeth y CE, Mario Monti: 'Mae'r Comisiwn wedi cymryd y penderfyniad bod *Microsoft* wedi camddefnyddio'r monopoli sydd ganddo i bob pwrpas ar fwrdd gwaith cyfrifiaduron personol yn Ewrop'. Mae gan *Microsoft* 90% o'r farchnad am systemau gweithredu ar gyfrifiaduron personol.

Rhan o'r gŵyn wreiddiol oedd bod *Microsoft* wedi 'gwthio' ei feddalwedd *Media Player* i mewn gyda'i system weithredu *Windows*. Roedd unrhyw gyfrifiadur newydd oedd â *Windows* yn cael *Media Player* wedi'i gynnwys yn awtomatig. Golygai hynny fod gwneuthurwyr eraill o feddalwedd oedd yn cynhyrchu cynhyrchion i gystadlu â *Media Player* fwy neu lai yn cael eu cau allan o'r farchnad. Roedd *Microsoft* mewn gwirionedd yn creu monopoli newydd yn y farchnad am feddalwedd gyfryngol, fel lawrlwytho ffilmiau neu raglenni teledu. Golygai dyfarniad y Comisiwn Ewropeaidd fod yn rhaid i *Microsoft* gynnig fersiwn o'i system weithredu *Windows* heb *Windows Media Player* o fewn 90 diwrnod i wneuthurwyr cyfrifiaduron personol.

Rhan arall o'r gŵyn oedd nad oedd *Microsoft* yn rhyddhau digon o'i godio cyfrifiadurol ar gyfer *Windows* i wneuthurwyr meddalwedd oedd yn dymuno datblygu meddalwedd i redeg ar weinyddion (*servers*) a ddefnyddiai fersiwn o *Windows*. Gweinyddion grwpiau gwaith yw'r cyfrifiaduron yn rhwydwaith busnes neu gyfundrefn arall sy'n gwneud tasgau fel caniatáu i weithwyr fewngofnodi (*log on*), rhannu ffeiliau neu lwybro tasgau i argraffyddion. Roedd *Microsoft* i bob pwrpas yn ceisio ennill monopoli ar bob meddalwedd sy'n gysylltiedig â gweinyddion.

Fodd bynnag, ym mis Rhagfyr 2005 cyhuddodd y Comisiwn Ewropeaidd *Microsoft* o beidio â rhyddhau digon o wybodaeth am ei god ffynhonnell er mwyn i gystadleuwyr ddatblygu meddalwedd newydd. Roedd *Microsoft* yn wynebu cael cosbau ariannol newydd. Roedd *Microsoft* yn gwrthwynebu honiadau'r Comisiwn Ewropeaidd yn gryf.

Ffynhonnell: addaswyd o'r *Financial Times*, 29.3.2004, 20.1.2006.

(a) Cyhuddwyd *Microsoft* gan y Comisiwn Ewropeaidd o naill ai fod â monopolïau neu geisio datblygu monopolïau mewn tair marchnad. Beth oedd y tair marchnad a pham roedden nhw'n gysylltiedig â'i gilydd?

(b) Pam o bosibl y dymunai *Microsoft* ddatblygu monopolïau yn y marchnadoedd hyn?

(c) Sut y ceisiodd y Comisiwn Ewropeaidd reoli *Microsoft*?

(d) Trafodwch a allai'r mesurau eraill i reoli *Microsoft* fod wedi bod yn fwy effeithiol o ran hybu cystadleuaeth.

Economeg gymhwysol
Polisi cystadleuaeth

Y fframwaith deddfwriaethol

Yn ystod y blynyddoedd rhwng y rhyfeloedd, roedd llawer yn cydnabod bod diffyg cystadleuaeth yn niwydiant Prydain a allai fod wedi gweithio yn erbyn buddiannau'r defnyddiwr. Yn 1948 pasiodd y llywodraeth Ddeddf Monopolïau ac Arferion Cyfyngol (Ymholiad a Rheolaeth), gyda'r bwriad o ffrwyno arferion gwrthgystadleuol. Sefydlodd y ddeddf hon y Comisiwn Monopolïau a Chydsoddiadau, sef y Comisiwn Cystadleuaeth erbyn heddiw. Deddf Cystadleuaeth 1998 a Deddf Menter 2002 sy'n nodi'r polisi cystadleuaeth cyfredol.

- Mae'r Swyddfa Masnachu Teg dan arweiniad Cyfarwyddwr Cyffredinol Masnachu Teg yn gorff annibynnol, sy'n cael ei ariannu gan y llywodraeth, ac sy'n gyfrifol am sicrhau bod marchnadoedd yn gweithio'n dda i gwsmeriaid. Mae'n gyfrifol am orfodi cystadleuaeth, sy'n cynnwys atal a rhwystro cwmnïau rhag camddefnyddio safle dominyddol yn y farchnad. Gall ymchwilio i achosion lle mae o'r farn bod monopolydd yn camddefnyddio ei safle dominyddol yn y farchnad. Gall camddefnyddio gynnwys, er enghraifft, cyfyngu ar gynhyrchu i godi prisiau i gwsmeriaid, neu gyfyngu ar ddatblygiad technegol, gan arbed gwariant ar Ymchwil a Datblygu ond ar draul cyflenwi nwyddau o well ansawdd i'r cwsmer. Os yw'n canfod tystiolaeth o gamddefnyddio, gall naill ai osod sancsiynau yn uniongyrchol, neu gyfeirio'r mater at y Comisiwn Cystadleuaeth am ymchwiliad mwy trylwyr. Mae gan y Swyddfa Masnachu Teg y pŵer i ddirwyo cwmnïau hyd at 10% o'u trosiant, os ceir nhw'n euog o gamddefnyddio'u grym yn y farchnad. Hefyd, mae gan gystadleuwyr a chwsmeriaid sydd wedi colli, yr hawl i erlyn y cwmni am iawndal.

- Mae'r Comisiwn Cystadleuaeth yn dribiwnlys gweinyddol sy'n ymchwilio i sefyllfaoedd o fonopoli posibl. Dywedir bod **safle dominyddol** gan gwmni, neu grŵp o gwmnïau sy'n cydweithio, os oes ganddo gyfran o 40% o'r farchnad. Mae ganddo fonopoli os oes ganddo gyfran o 25% o'r farchnad o leiaf. Gallai'r ffigurau hyn fod yn gymwys i farchnad genedlaethol neu farchnad leol. Rhoddir canlyniad ymholiad gan y Comisiwn mewn Adroddiad sy'n egluro casgliadau'r Comisiwn ac yn rhestru ei argymhellion polisi.

- Caiff monopolïau wedi'u preifateiddio, fel Telecom Prydain neu *Transco*, eu rheoli drwy reolyddion. Trafodir hyn yn fwy manwl yn uned 67. Fodd bynnag, os bydd cwmnïau rheoleiddiedig yn gwrthod argymhellion eu rheolydd, mae ganddynt yr hawl i gyfeirio'r mater at y Comisiwn Cystadleuaeth am ddyfarniad terfynol.

Bwriadwyd i'r Ddeddf Cystadleuaeth sicrhau bod arfer y DU yn cydymffurfio â chyfraith yr UE. Dan erthyglau 81, 82 ac 86 yng Nghytundeb Rhufain, mae gan y Comisiwn Ewropeaidd yr hawl i ymchwilio i achosion o gamddefnyddio monopoli. Mae llawer o waith y Comisiwn yn ymwneud â chydsoddiadau a chartelau, ond mae wedi ymchwilio i fonopolïau fel monopoli *Microsoft* ym marchnad systemau gweithredu cyfrifiaduron.

Effeithiolrwydd polisi

Yn UDA mae monopolïau'n anghyfreithlon gan y tybir y bydd monopoli bob amser yn gweithredu'n groes i les y cyhoedd. Mae sail cyfraith y DU a'r UE yn wahanol. Caniateir monopoli os nad yw'r cwmni neu'r grŵp o gwmnïau yn gweithredu arferion gwrthgystadleuol, sydd, er enghraifft, yn codi prisiau i gwsmeriaid, yn cyfyngu ar gyflenwad, yn llesteirio arloesi neu'n niweidio cystadleuwyr. Trafodir arferion gwrthgystadleuol o'r fath yn uned 65.

Mae Deddf Cystadleuaeth 1998 yn rhoi mwy o bwerau i'r awdurdodau cystadleuaeth i ffrwyno monopolïau. Yn y gorffennol mae polisi cystadleuaeth yn aml wedi'i gyhuddo o fod yn rhy wan, ac o gael ei weithredu'n anghyson. Cyn 1998 teimlwyd yn aml bod llywodraethau'n ymyrryd o blaid y cwmnïau monopoli ar draul cwsmeriaid. Fodd bynnag, mae Deddf Cystadleuaeth 1998 a Deddf Menter 2002 wedi gwneud ymyriad o'r fath yn llawer mwy anodd. Mae'n anodd iawn mesur faint yn union o gamddefnyddio monopoli sydd ar hyn o bryd. Pe bai modd mesur hyn, byddai'r Swyddfa Masnachu Teg a'r Comisiwn Cystadleuaeth yn ymchwilio i'r amgylchiadau unigol hynny. Fodd bynnag, mae'n rhaid bod bygythiad ymchwiliad a lefel y dirwyon posibl yn ataliad i gwmnïau sy'n ystyried camddefnyddio'u safle yn y farchnad.

Cwestiwn Data

MasterCard

Mastercard, â 37% o'r cardiau a ddyroddwyd yn 2004, a *Visa*, â 60%, sy'n dominyddu marchnad prosesu cardiau credyd y DU. Mae cwmnïau unigol, fel banciau, yn dyroddi'r cardiau dan enw brand *MasterCard*. Pan fydd cwsmer yn talu am rywbeth gyda cherdyn, bydd yr adwerthwr yn anfon y manylion i'w fanc (y caffaelwr masnachol). Bydd y banc wedyn yn anfon y manylion i'r banc a ddyroddodd y cerdyn credyd i ddebydu cyfrif cerdyn credyd y cwsmer. Yn y broses hon, caiff dwy ffi eu talu. Mae'r banc a ddyroddodd y cerdyn yn codi ffi ar y caffaelwr masnachol, sef ffi ymgyfnewid (*interchange*). Yna mae'r caffaelwr masnachol yn codi ffi ar yr adwerthwr, sef tâl gwasanaeth masnachol. Yn 2005 dyfarnodd y Swyddfa Masnachu Teg fod y ffioedd hyn yn 'afresymol o uchel' a'u bod yn cynrychioli 'treth ar ddefnyddwyr'.

Dywedodd y Swyddfa Masnachu Teg mai ei phryder mwyaf oedd bod y ffioedd ymgyfnewid a dalwyd ar bob trafod cerdyn nid yn unig yn cynnwys costau prosesu taliadau, ond hefyd yn cynnwys 'costau allanol' am wasanaethau nad oeddent yn angenrheidiol ar gyfer y cynllun. Mae ffioedd ymgyfnewid tua 1% o werth pob trafod cerdyn. Felly, yn achos defnyddiwr sy'n gwario £100 â'i gerdyn credyd, codir tâl o £1 gan y banciau a didynnir hynny o'r swm sy'n cael ei dalu i'r adwerthwr.

Ffynhonnell: addaswyd o'r *Financial Times*, 7.9.2005.

Yn 2004 prosesodd *MasterCard* werth £42.7 biliwn o drafodion yn ôl y Swyddfa Masnachu Teg, gan roi ffioedd ymgyfnewid o tua £430 miliwn. Amcangyfrifir bod hyn yn cyfrif am tua 30% o'r derbyniadau a gynhyrchwyd gan y banciau oedd yn dyroddi a phrosesu trafodion cardiau credyd.

Dywedodd John Bushby, rheolwr cyffredinol *MasterCard* ar gyfer gogledd Ewrop, fod y mecanwaith ymgyfnewid yn cynnwys tair prif gost: cost y prosesu, gwarant taliad i amddiffyn rhag twyll, a chost rhoi cyfnod di-log i gwsmeriaid ar eu gwariant. Yr elfen olaf hon yw'r un y mae'r Swyddfa Masnachu Teg yn ei gwrthwynebu fwyaf.

Rhoddodd Consortiwm Adwerthu Prydain groeso i benderfyniad y Swyddfa Masnachu Teg, ond dywedodd ei fod yn siomedig nad oedd *MasterCard* wedi cael ei orfodi i dalu iawndal i adwerthwyr. 'Amcangyfrifir yn geidwadol mai cost yr arferion hyn i'r defnyddiwr ar ffurf prisiau uwch yw tua £500 miliwn', meddai.

Tynnodd Mr Bushby sylw at yr hyn ddigwyddodd yn Awstralia, lle roedd y banc canolog wedi gorfodi *MasterCard* a chardiau tebyg i ostwng ffioedd ymgyfnewid bron 50%. 'Cynyddodd ffioedd i ddeiliaid cardiau, gostyngwyd buddion cardiau, fel rhaglenni teyrngarwch, a chyn belled ag yr oedd modd dweud, roedd adwerthwyr wedi pocedu'r arbedion yn hytrach na'u trosglwyddo i gwsmeriaid ar ffurf prisiau is', meddai.

Er bod *MasterCard* wedi newid trefniadau penodol y ffi ymgyfnewid y seiliwyd yr adroddiad arni, dywedodd y Swyddfa Masnachu Teg ei bod hi'n disgwyl dechrau ymchwiliad i'r trefniadau newydd. Byddai hyn yn arwain at ddirwyon i *MasterCard* pe bai'n gweld bod y cwmni'n gweithredu'n wrthgystadleuol.

Ffynhonnell: addaswyd o'r *Financial Times*, 7.9.2005.

Mae'r Swyddfa Masnachu Teg wedi canfod bod y cytundeb troseddu (gosod lefel y ffi ymgyfnewid amlochrog wrth gefn) wedi cyfyngu ar gystadleuaeth mewn dwy ffordd. Yn gyntaf, arweiniodd at gydgytundeb ar lefel y ffi ymgyfnewid amlochrog (i bob pwrpas cydgytundeb ar bris). Yn ail, arweiniodd at adferiad digyfiawnhad o gostau penodol (costau allanol) a dalodd aelodau o Fforwm Aelodau *MasterCard UK* a thrwyddedeion *MasterCard* eraill drwy'r ffi ymgyfnewid amlochrog.

Ffynhonnell: *Investigation of the multilateral interchange fees provided for in the UK domestic rules of MasterCard UK Members Forum Limited*, Swyddfa Masnachu Teg, 6.9.2004.

Tabl 63.2 Nifer y cardiau credyd a chardiau tâl dyroddedig yn y DU, 2004

	Nifer	Canran
MasterCard	27.7 miliwn	37%
Visa	44.5 miliwn	60%
Eraill	2.1 miliwn	3%
Cyfanswm	74.3 miliwn	100%

Ffynhonnell: *Investigation of the multilateral interchange fees provided for in the UK domestic rules of MasterCard UK Members Forum Limited*, Swyddfa Masnachu Teg, 6.9.2004.

Figur 63.6 Cardiau credyd/cardiau tâl defnyddwyr brand *MasterCard*

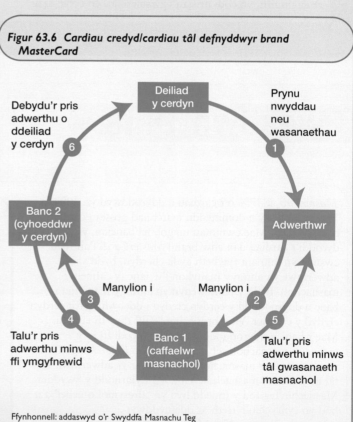

Ffynhonnell: addaswyd o'r Swyddfa Masnachu Teg

1. Sut y gellid ystyried *MasterCard* yn fonopolydd?
2. Eglurwch yn gryno pam fod y Swyddfa Masnachu Teg yn ystyried bod *MasterCard* wedi bod yn gweithredu arferion gwrthgystadleuol.
3. Pam y gallai defnyddwyr ddioddef oherwydd yr arferion gwrthgystadleuol hyn?
4. Os bydd y Swyddfa Masnachu Teg yn canfod bod trefniadau newydd *MasterCard* yn wrthgystadleuol, mae'n debygol o ddirwyo *MasterCard* a chyhoeddi gorchmynion yn atal *MasterCard* rhag parhau â'r arferion hyn. Trafodwch ai dyma'r ffordd orau o atal *MasterCard* rhag manteisio ar ei safle monopoli.

64 Cydsoddiadau a thwf cwmnïau

Crynodeb

1. Mae cwmnïau bach mewn diwydiant yn bodoli oherwydd efallai bod darbodion maint yn gyfyngedig, rhwystrau i fynediad yn isel a maint y farchnad yn fach iawn.
2. Gall sector busnesau bach iach mewn economi arwain at gynnydd mewn effeithlonrwydd economaidd os yw'n cynyddu cystadleuaeth, yn gostwng prisiau ac yn cynyddu effeithlonrwydd yn y dyfodol.
3. Gall cwmnïau dyfu'n fewnol neu drwy gydsoddiad, cyfuniad neu drosfeddiant.
4. Gall cydsoddiadau fod yn llorweddol, yn fertigol neu'n gyd-dyriad.
5. Mae cwmnïau'n tyfu er mwyn manteisio ar ddarbodion maint posibl, rheoli eu marchnadoedd neu leihau risg drwy amrywiaethu.
6. Gall cwmnïau ddewis tyfu drwy gyfuno, er enghraifft, am ei fod yn rhatach prynu cwmni na thyfu'n fewnol.
7. Mae tystiolaeth yn awgrymu nad yw llawer o gydsoddiadau yn cynyddu effeithlonrwydd economaidd.

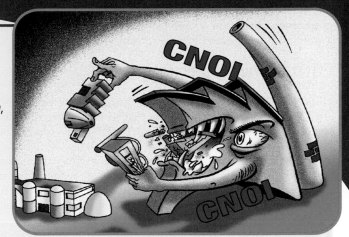

Maint cwmnïau

Er bod cynhyrchu yn y DU yn cael ei ddominyddu gan gwmnïau mawr, mae llawer o ddiwydiannau lle mae mentrau bach a chanolig eu maint yn chwarae rhan bwysig.

Mae cwmnïau mawr yn bodoli am ddau brif reswm. Yn gyntaf, gall darbodion maint yn y diwydiant fod yn sylweddol. Efallai mai dim ond nifer bach o gwmnïau, yn cynhyrchu ar raddfa effeithlon leiaf cynhyrchu, sydd eu hangen i ddiwallu cyfanswm y galw. Efallai bod y diwydiant yn fonopoli naturiol lle na all hyd yn oed un cwmni fanteisio'n llawn ar y darbodion maint posibl. Yn ail, efallai bod yna rwystrau i fynediad sy'n amddiffyn cwmnïau mawr rhag cystadleuwyr posibl. I'r gwrthwyneb, mae busnesau bach yn goroesi am y rhesymau gwrthgyferbyniol.

Gall darbodion maint fod yn fach iawn mewn perthynas â maint y farchnad Efallai bod nifer mawr o gwmnïau mewn diwydiant yn gallu gweithredu ar raddfa effeithlon leiaf cynhyrchu. Efallai hefyd bod cwmnïau bach yn gallu manteisio ar y costau uwch a achosir i gwmnïau mawr yn y diwydiant gan annarbodion maint.

Gall y costau cynhyrchu fod yn uwch i gynhyrchydd graddfa fawr nag i gwmni bach Yn rhannol, gall hyn fod yn ganlyniad i aneffeithlonrwydd cynhyrchiol – cwmni mawr yn gweithredu o fewn ffin cromlin ei gost gyfartalog. Er enghraifft, gall cwmnïau mawr fod wedi'u trefnu'n wael mewn segmentau bach o'r farchnad sy'n ddibwys yn eu barn nhw (**cloerau'r farchnad**). Neu gall aneffeithlonrwydd X fod yn bresennol (☞ uned 61). Hefyd, gall cromlin cost gyfartalog cynhyrchydd mawr fod yn uwch mewn rhai marchnadoedd na chromlin cynhyrchydd bach. Er enghraifft, efallai bod cwmni mawr yn gorfod talu cyflogau uwch i'w weithwyr am ei fod yn gweithredu mewn marchnadoedd llafur ffurfiol (☞ uned 75). Efallai bod cwmni bach yn gallu talu cyflogau cymharol isel mewn marchnadoedd llafur anffurfiol. Yn wir, gall perchenogion cwmnïau bach weithio oriau hir iawn am gyfraddau cyflog effeithiol a fyddai'n gwbl annerbyniol iddynt mewn swydd arferol. Neu efallai y bydd cynhyrchydd bach, fel unig fasnachwr â siop gornel, yn fodlon derbyn cyfradd lawer is o adenillion ar ei gyfalaf a ddefnyddiwyd na chwmni mawr.

Gall rhwystrau i fynediad fod yn isel Gall cost cychwyn mewn

diwydiant, fel y diwydiant nwyddau groser neu farchnad papurau newydd, fod yn fach. Efallai bod cynhyrchion yn syml i'w cynhyrchu neu i'w gwerthu. Gall cyllid i gychwyn yn y diwydiant fod ar gael yn hawdd. Efallai bod y cynnyrch a werthir yn gymharol gydryw. Gall fod yn hawdd i gwmni bach gynhyrchu cynnyrch newydd a'i sefydlu ei hun yn y farchnad.

Gall cwmnïau bach fod yn fonopolyddion Mae monopolydd yn cynnig cynnyrch ar werth nad yw ar gael gan unrhyw gwmni arall. Mae llawer o fusnesau bach yn goroesi am eu bod yn cynnig gwasanaeth lleol, hyblyg a phersonol. Er enghraifft, gall siop bapurau newydd fod â monopoli ar werthiant papurau newydd, cylchgronau, cardiau cyfarch, teganau a deunydd ysgrifennu mewn ardal leol. Efallai nad yw defnyddwyr yn fodlon cerdded hanner milltir ychwanegol i brynu cardiau cyfarch am ddisgownt o 10% neu deithio 10 milltir mewn car i uwchfarchnad leol i brynu tegan £2 am ostyngiad o 25%. Neu efallai bod y siop bapurau newydd yn gweithredu hefyd fel siop nwyddau groser a siop ddiodydd, sydd ar agor tan 10 o'r gloch y nos a thrwy'r dydd ar y Sul, eto yn cynnig gwasanaeth na chaiff ei gynnig yn unman arall yn yr ardal. Gallai

Cwestiwn 1

(a) Pam y gall cwmnïau bach oroesi'n llwyddiannus yn y diwydiant gwestai?

(b) Pa rymoedd economaidd allai ffafrio cadwyn o westai yn y dyfodol?

siop fach fod yr unig le yn lleol lle cynigir credyd anffurfiol, neu lle mae'n bosibl prynu eitem sengl yn hytrach na phecyn o chwech. Hefyd yn achos rhai cynhyrchion, fel peli criced neu ordd bren ar gyfer croce, mae maint y farchnad mor fach fel y gall un neu ddau gwmni bach iawn ddiwallu'r galw cyfan.

Effeithlonrwydd a maint

Nid oes cydberthyniad uniongyrchol rhwng maint cwmni ac effeithlonrwydd economaidd. Mae rhai economegwyr yn dadlau bod cwmnïau bach yn ffynhonnell bwysig o effeithlonrwydd economaidd yn yr economi.

- Cwmnïau bach heddiw yw cwmnïau mawr yfory. Yn hanesyddol dydy'r 100 cwmni mwyaf yn y DU ac UDA heddiw ddim yn debyg i restr y 100 cwmni mwyaf 50 mlynedd yn ôl. Mae'n bwysig cael cynifer o gwmnïau bach ag sy'n bosibl fel y gall rhai ddod yn gwmnïau mawr yn y dyfodol.
- Mae cwmnïau bach yn darparu'r gystadleuaeth angenrheidiol i atal cwmnïau mawr rhag ecsbloetio'u marchnadoedd. Byddai cwmnïau mawr yn llai effeithlon a'u prisiau yn uwch oni fyddent yn gwybod y gallai cwmnïau bach ddod i mewn i'r farchnad a dwyn rhannau o'u marchnad. Mewn rhai marchnadoedd, mae darbodion maint yn fach mewn perthynas â maint y farchnad. Y dewis arall i nifer mawr o gwmnïau bach fyddai oligopolyddion neu fonopolyddion amlffatri a fyddai'n codi rhwystrau i fynediad i'r diwydiant ac yna'n gwneud elw annormal. Yna byddai prisiau'n uwch a chynnyrch yn is, gan arwain at golled effeithlonrwydd.

Fodd bynnag, mae nifer o ddadleuon sy'n awgrymu y gall cwmnïau mawr fod yn fwy effeithlon. Efallai bod angen cwmnïau mawr i fanteisio ar ddarbodion maint. Maen nhw'n fwy tebygol o allu ymgymryd ag ymchwil a datblygu. Hefyd, dydy maint cwmnïau a nifer y cwmnïau mewn diwydiant ddim o reidrwydd yn arwydd o gystadleuaeth neu ddiffyg cystadleuaeth. Fel y dangosir gan **ddamcaniaeth marchnadoedd cystadladwy** (☞ uned 58), yr hyn sy'n bwysig yw'r graddau o gystadleuaeth bosibl yn hytrach na maint neu nifer y cwmnïau sy'n gweithredu yn y diwydiant. Rhwystrau i fynediad yw'r arwydd allweddol o aneffeithlonrwydd tebygol, nid maint y cwmni.

Twf cwmnïau

Gall cwmnïau dyfu o ran maint mewn dwy ffordd:
- **twf mewnol**
- twf allanol drwy GYDSODDI, CYFUNO neu DROSFEDDIANNU.

Mae twf mewnol yn cyfeirio at gwmnïau'n cynyddu eu cynnyrch, er enghraifft drwy gynyddu buddsoddiant neu gynyddu'r llafurlu. Dau gwmni neu fwy yn uno dan berchenogaeth gyffredin yw

Cwestiwn 2

Sefydlwyd *EasyJet* ym mis Mawrth 1995 i gynnig gwasanaethau hedfan trefnedig cost-isel yn Ewrop. Ym mis Tachwedd 1995 gwnaeth y cwmni ei daith hedfan gyntaf o Luton i Gaeredin a Glasgow gan ddefnyddio dwy awyren *Boeing 737-200* ar brydles. Yn 1996 prynodd y cwmni ei awyren gyntaf a dechreuodd ei wasanaethau rhyngwladol gyntaf o Amsterdam i Luton. Erbyn 2005 roedd ganddo dderbyniadau blynyddol o £1 394 miliwn ac roedd yn cludo mwy na 30 miliwn o deithwyr y flwyddyn.

Ffynhonnell: addaswyd o www.easyjet.com

Sut y gellid dweud bod *EasyJet* wedi cyfrannu at fwy o effeithlonrwydd economaidd yn economi'r DU yn y blynyddoedd diwethaf?

cydsoddiad (*merger*) neu gyfuniad (*amalgamation*). Mae byrddau cyfarwyddwyr y ddau gwmni, gyda chytundeb y cyfranddalwyr, yn cytuno i gydsoddi eu dau gwmni. Mae trosfeddiant (*take-over*) yn awgrymu bod un cwmni'n dymuno prynu cwmni arall. Gall y trosfeddiant fod yn gyfeillgar. Mae cwmni X yn gwneud cynnig am gwmni Y. Mae'r bwrdd cyfarwyddwyr yn ystyried y cynnig ac yn gweld bod y pris a gynigir yn bris da i gyfranddalwyr y cwmni. Yna mae'n argymell bod y cyfranddalwyr yn derbyn telerau'r cynnig. Fodd bynnag, gall y trosfeddiant gael ei herio. Yn achos trosfeddiant anghyfeillgar mae bwrdd cyfarwyddwyr cwmni Y yn argymell bod ei gyfranddalwyr yn gwrthod telerau'r cynnig. Yna mae brwydr trosfeddiant yn debygol. Mae angen i Gwmni X gael addewidion i werthu am bris y cynnig ychydig dros 50% o'r cyfranddaliadau er mwyn ennill a chymryd rheolaeth.

Mathau o gydsoddiad

Mae economegwyr yn gwahaniaethu rhwng tri math o gydsoddiad.
- CYDSODDIAD LLORWEDDOL – cydsoddiad rhwng dau gwmni yn yr un diwydiant yn yr un cam cynhyrchu, e.e. cydsoddiad dwy gymdeithas adeiladu neu dau wneuthuwr ceir neu ddau bopty.
- CYDSODDIAD FERTIGOL – cydsoddiad rhwng dau gwmni mewn camau cynhyrchu gwahanol yn yr un diwydiant. Mae **integru ymlaen** yn cynnwys cyflenwr yn cydsoddi ag un o'i brynwyr, e.e. gwneuthurwr ceir yn prynu cwmni sy'n gwerthu ceir, papur newydd yn prynu siopau papurau newydd. Mae **integru yn ôl** yn cynnwys prynwr yn prynu un o'i gyflenwyr, e.e. gwneuthurwr diodydd yn prynu gwneuthurwr poteli neu wneuthurwr ceir yn prynu cwmni teiars.
- CYDSODDIAD CYD-DYRIAD (*conglomerate*) – cydsoddiad rhwng dau gwmni sydd heb ddim buddiannau cyffredin. Enghreifftiau o gydsoddiad cyd-dyriad fyddai cwmni tybaco yn prynu cwmni yswiriant, neu gwmni bwyd yn prynu cadwyn ddillad.

Y rhesymau dros dwf

Awgrymir bod cwmnïau sy'n uchafu elw yn cael eu cymell i dyfu o ran maint am dri phrif reswm.
- Efallai y bydd cwmni mwy ei faint yn gallu manteisio ar ddarbodion maint yn fwy llawn. Mae cydsoddiad dau wneuthurwr ceir canolig eu maint, er enghraifft, yn debygol o arwain at ddarbodion posibl ym mhob maes, o gynhyrchu i farchnata i gyllid. Mae cydsoddiadau fertigol a chyd-dyriad yn llai tebygol o achosi darbodion maint gan ei bod hi'n annhebygol y bydd unrhyw ddarbodion technegol. Efallai y bydd rhai darbodion marchnata ac yn fwy tebygol efallai y bydd darbodion ariannol.
- Efallai y bydd cwmni mwy ei faint â mwy o reolaeth ar ei farchnadoedd. Felly gall ostwng cystadleuaeth yn y farchnad er mwyn cynyddu ei allu i ecsbloetio'r farchnad.
- Efallai y bydd cwmni mwy ei faint yn gallu lleihau risg. Mae llawer o gwmnïau cyd-dyriad wedi tyfu am y rheswm hwn. Mae llawer o farchnadoedd yn fregus. Maen nhw'n agored i newidiadau mawr yn y galw pan fydd economïau'n mynd i mewn i ffyniant neu enciliad. Bydd gwneuthurwr dur, er enghraifft, yn gwneud yn eithriadol o dda yn ystod ffyniant, ond caiff ei ergydio'n wael yn ystod enciliad. Felly gallai benderfynu amrywiaethu drwy brynu cwmni sydd heb batrwm cylchol i'r galw am y cynnyrch, fel cadwyn o uwchfarchnadoedd. Mae diwydiannau eraill yn wynebu dyfodol ansicr iawn. Daeth yn

Cwestiwn 3

Eglurwch ai cydsoddiad llorweddol, fertigol neu gyd-dyriad yw pob un o'r canlynol.
(a) *Wm Morrison* (cadwyn uwchfarchnadoedd) â *Safeway* (cadwyn uwchfarchnadoedd) (2004).
(b) *Greene King* (bragdy a gweithredwr tafarnau) â *Laurel* (gweithredwr tafarnau) (2004).
(c) *Kwik-Fit* â *Ford* (1999).
(d) *British American Tobacco* (cwmni tybaco) â *Farmers Group* (cwmni yswiriant yn UDA) (1988).
(e) *Pete & Johnny* (gwneuthurwr *smoothies*, diod ffrwythau mathredig) â *Pepsi* (y grŵp diodydd a byrbrydau) (2005).

ffasiynol yn yr 1970au a rhan gyntaf yr 1980au i gwmnïau tybaco brynu unrhyw beth oedd yn ôl pob golwg â dyfodol sicr, o siopau nwyddau groser i gwmnïau yswiriant.

Rhesymau dros gyfuno

Pam mae cwmnïau sy'n uchafu elw yn dewis tyfu drwy gyfuno yn hytrach na thrwy dwf mewnol?

Cost Un ateb yw ei bod hi'n aml yn rhatach cydsoddi na thyfu'n fewnol. Er enghraifft, efallai y bydd cwmni'n dymuno ehangu ac yn cyfrifo y bydd yn costio £50 miliwn i wneud hynny'n fewnol. Yna mae'n edrych ar y marchnadoedd stoc ac yn gweld bod cwmni sydd â'r gallu cynhyrchu gofynnol wedi'i brisio yn £25 miliwn. Hyd yn oed ar ôl talu'r premiwm tebygol ar bris y cyfranddaliadau sydd ynghlwm wrth gynigion trosfeddiannu, byddai'n rhatach prynu'r cwmni arall nag ymgymryd â buddsoddiant newydd. Y term am y gymhareb rhwng gwerth asedau cwmni a'i bris yn y farchnad stoc yw'r **gymhareb brisiant**. Yn ddamcaniaethol, po fwyaf yw'r gwahaniaeth rhwng gwerthoedd asedau a phrisiau yn y farchnad stoc, mwyaf i gyd yw'r cymhelliad i gwmnïau dyfu drwy drosfeddiannau yn hytrach na thyfu'n fewnol.

Yn aml mae'r sefyllfa'n gymhleth am ei bod hi'n anodd iawn rhoi gwerth ar asedau cwmni. Yn arbennig, mae wedi dod yn amlwg yn y blynyddoedd diwethaf y gall asedau annirweddol, yn enwedig brandiau, fod yn fwy gwerthfawr na'r holl ffatrïoedd, swyddfeydd, stoc ac asedau ffisegol eraill gyda'i gilydd. Mae brand cryf yn cynrychioli incwm gwarantiedig hyd y gellir rhagweld. Mae hefyd yn sylfaen i adeiladu arni. Pa mor fawr bynnag yw'r cwmni, ni all warantu sefydlu brand newydd yn y farchnad. Gall cwmnïau fuddsoddi arian am flynyddoedd yn ceisio adeiladu brand a methu.

Stripio asedau Nid yw pob cwmni yn y farchnad gydsoddiadau o reidrwydd â diddordeb mewn tyfu o ran maint. Mae rhai cwmnïau'n arbenigo mewn stripio asedau. Bydd y cwmni ysglyfaethus yn chwilio am gwmnïau sydd â gwerthoedd uchel i'w hasedau ond â phrisiau isel yn y farchnad stoc. Efallai y bydd gan gwmnïau sy'n cael eu hystyried ar gyfer eu trosfeddiannu reolwyr aneffeithlon na allant reoli'r cwmni i ennill yr elw a ddisgwylir gan y cyfranddalwyr a'r farchnad stoc yn gyffredinol. Ar ôl i gwmni gael ei drosfeddiannu, caiff ei chwalu yn y modd sydd fwyaf proffidiol i'r stripiwr asedau. Er enghraifft, efallai y caiff rhannau o'r cwmni eu gwerthu fel busnesau gweithredol i gwmnïau eraill. Efallai y caiff rhannau eu cau. Efallai bod safle ffatri yn llawer mwy proffidiol o'i werthu fel tir adeiladu nag fel ffatri weithredol. Yna bydd y cwmni ysglyfaethus yn cadw'r gweddill i'w ychwanegu at ei bortffolio o gwmnïau. Yn aml bydd stripiwr asedau llwyddiannus yn ceisio gwerthu rhai rhannau o'r cwmni am fwy nag y talodd am y cyfan.

Yna mae'r rhan o'r cwmni y mae'r ysglyfaethwr yn ei chadw yn ychwanegiad defnyddiol at yr elw a wnaed ar y ddêl gyfan.

Gwobrau i reolwyr Hyd yma, tybiwyd bod cwmnïau'n cael eu cymell i dyfu oherwydd elw. Ond mae llawer o dystiolaeth i awgrymu nad yw elw cwmnïau cydsoddedig yn aml yn fwy nag y byddai elw cyfunol y ddau gwmni unigol wedi bod ac weithiau bydd yn llai na hynny. Gall **damcaniaethau rheolaethol ac ymddygiadol** o'r cwmni (☞ unedau 50 a 59) egluro hyn drwy nodi nad uchafu elw yw nod cwmni o reidrwydd. Byddai o fudd i reolwyr y cwmni pe bai'r cwmni'n tyfu gan fod eu gwobrau (eu cyflog, bonws, ceir cwmni, bri a dylanwad) yn tueddu i gynyddu gyda maint y cwmni. Bydd rheolwr-gyfarwyddwr cwmni sy'n dyblu ei faint dros nos yn debygol o dderbyn codiad cyflog sylweddol yn y dyfodol agos.

Hefyd, mae gan y marchnadoedd ariannol gymhelliad cryf i hybu trosfeddiannau a chydsoddiadau. Gall banciau, banciau masnachol a sefydliadau ariannol eraill wneud elw mawr iawn o drefnu trosfeddiannau.

Cydsoddiadau ac effeithlonrwydd

Mae llawer o ddadlau ynghylch ydy cydsoddiadau'n cynyddu effeithlonrwydd economaidd. Bydd effeithlonrwydd cynhyrchiol yn cynyddu os bydd costau cyfartalog cynhyrchu ar ôl y cydsoddiad yn gostwng oherwydd darbodion maint. Bydd effeithlonrwydd dyrannol yn cynyddu os bydd y cwmni cydsoddedig yn darparu amrywiaeth ehangach o nwyddau, cynhyrchion o well ansawdd, ayb.

Ar y llaw arall, mae cydsoddiadau'n tueddu i ostwng cystadleuaeth yn y farchnad. Trafodwyd yn fanwl yn uned 63 y colli effeithlonrwydd a allai ddigwydd.

Hefyd mae stripio ascedau yn ddadleuol iawn. Mae ei gefnogwyr yn dadlau bod y stripiwr asedau yn cyflawni swyddogaeth economaidd ddefnyddiol. Gall gwerth cwmni i'r gymdeithas gael ei gyfrifo yn ôl swm ei rannau. Os gellir gwneud mwy o elw drwy ddymchwel ffatri, diswyddo'r gweithlu a gwerthu'r tir ar gyfer siopau, tai neu swyddfeydd na thrwy gadw'r ffatri'n weithredol, mae stripiwr asedau yn cyflawni swyddogaeth gymdeithasol ddefnyddiol drwy wneud hynny. Mae'r stripiwr asedau yn ailddyrannu adnoddau yn ôl arwyddion y farchnad. Y broblem yw efallai nad yw prisiau'r farchnad yn adlewyrchiad cywir o'r gwir werth cymdeithasol. Efallai na fydd uchafu elw tymor byr gan un cwmni yn arwain at ganlyniad economaidd effeithlon i'r gymdeithas.

Termau allweddol

Cydsoddi, cyfuno, integru neu drosfeddiannu – uno dau gwmni neu fwy dan berchenogaeth gyffredin.
Cydsoddiad cyd-dyriad – cydsoddiad rhwng dau gwmni sy'n cynhyrchu cynhyrchion nad oes cysylltiad rhyngddynt.
Cydsoddiad neu integru fertigol – cydsoddiad rhwng dau gwmni mewn camau cynhyrchu gwahanol yn yr un diwydiant.
Cydsoddiad neu integru llorweddol – cydsoddiad rhwng dau gwmni yn yr un diwydiant yn yr un cam cynhyrchu.

Cwestiwn 4

Heddiw cyhoeddodd dau o grwpiau cynhyrchion traul mwyaf y byd gydsoddiad â'i gilydd. Mae *Procter & Gamble* i gydsoddi â *Gillette* mewn dêl sy'n werth $57 biliwn. Bydd gan y cwmni cyfunol werthiant blynyddol o $60 biliwn. Er bod y ddau gwmni'n gwerthu i'r un segment eang o'r farchnad, does fawr ddim gorgyffwrdd rhwng brandiau'r ddau gwmni. Bydd tua 4% o'r gweithlu cyfunol yn colli eu swyddi – 6 000 o swyddi – drwy resymoli.

Mae dadansoddwyr yn dadlau mai un rheswm dros y cydsoddiad yw gwell gallu i ddelio â chadwynau mawr o uwchfarchnadoedd fel *Wal-Mart*. Mae uwchfarchnadoedd wedi bod yn gyrru i lawr y prisiau mae hyd yn oed gwneuthurwyr enfawr fel *Procter & Gamble* yn gallu eu codi. Gyda mwy o werthiant, byddai'r cwmni cydsoddedig mewn gwell sefyllfa i drafod prisiau uwch. Byddai hefyd yn gallu trafod gwell cytundebau marchnata a sicrhau'r mannau gorau ar gyfer eu harddangosfeydd yn y siopau. Dadl arall o blaid y cydsoddiad yw y bydd yn rhoi mwy o ddarbodion maint i'r cwmni cydsoddedig yn ei gadwyn gyflenwi. Byddant yn gallu gwthio cynhyrchion y ddau gwmni i lawr un gadwyn gyflenwi yn hytrach na dwy. Bydd hyn yn cael ei helpu gan y cyflwyno diweddar o sglodion adnabod amledd radio *(radio-frequency identification - RFID)*, yr olynydd i godau bar. Mae'r sglodion newydd yn galluogi adnabod nwyddau o bell, a bydd hynny'n ei gwneud hi'n haws dilyn hynt cynhyrchion wrth iddynt fynd trwy'r gadwyn gyflenwi, gan ei gwneud hi'n haws nodi pryd y bydd angen dosbarthu stoc newydd.

Bydd y tri banc buddsoddi a weithiodd ar y cydsoddiad yn rhannu rhwng $50 miliwn a $95 miliwn mewn ffioedd.

Ffynhonnell: addaswyd o'r *Financial Times*, 31.1.2005.

(a) Awgrymwch pam y dewisodd *Procter & Gamble* gydsoddi â *Gillette* yn hytrach na datblygu ei frandiau ei hun a fyddai wedi cystadlu â brandiau *Gillette*.

(b) Pa fanteision y gallai'r cwmni cyfunol eu cael oherwydd ei faint mwy?

Economeg gymhwysol
Cydsoddiadau ac effeithlonrwydd

Gweithgaredd cydsoddi

Yn ystod y ganrif ddiwethaf, cynyddodd pwysigrwydd cwmnïau mawr yn economi'r DU yn sylweddol. Er enghraifft, yn 1949, 22% oedd cyfran y 100 mwyaf o fentrau preifat o gynnyrch net gweithgynhyrchu. Erbyn 1975 roedd hyn wedi codi i 42%. Ers hynny, mae wedi gostwng wrth i'r diwydiant gweithgynhyrchu grebachu dan bwysau cystadleuol. Mae'r rhan fwyaf o'r cynnydd hwn mewn crynodiad (☞ uned 51) wedi digwydd drwy gydsoddiadau, yn enwedig cydsoddiadau llorweddol. Cafwyd tuedd debyg yn y diwydiannau cynradd a thrydyddol.

Mae gweithgaredd cydsoddi wedi tueddu i fod yn gymharol anwastad dros amser, ac mae'n dueddol o ddigwydd mewn tonnau. Roedd y cydsoddiadau yn yr 1960au yn aml yn cael eu cymell gan awydd i gynyddu o ran maint er mwyn ennill grym yn y farchnad neu dorri costau. Roedd diddymu arferion masnach cyfyngol gan Ddeddf 1956 (☞ uned 74) yn arbennig wedi cynyddu cydsoddiadau. Gan na allent gydgynllwynio i ystumio'r farchnad er eu lles nhw, roedd cwmnïau wedi troi at drosfeddiannu cwmnïau eraill er mwyn ennill digon o reolaeth ar y farchnad i ennill elw monopoli. Roedd cydsoddiadau'r 1980au yn aml yn ymwneud fwy â phrynu cyfran o'r farchnad mewn marchnadoedd oligopolaidd oedd yn anodd mynd i mewn iddynt. Erbyn diwedd yr 1980au sylweddolwyd fwyfwy mai cwmnïau mawr yn unig fyddai'n goroesi mewn sawl marchnad pan fyddai'r Undeb Ewropeaidd yn creu Marchnad Sengl yn 1993 (☞ uned 98).

Ni welwyd cymaint o gydsoddiadau yn ystod yr enciliad yn rhan gyntaf yr 1990au. Yn wir, gwelwyd ambell anghydsoddiad, fel rhannu *ICI* yn ddau gwmni, *ICI* a *Zeneca*. Roedd hyn yn adlewyrchu ymwybyddiaeth fusnes newydd o'r ffaith y gallai dau gwmni llai fod yn fwy effeithlon nag un cwmni mawr.

Cafwyd gwell amodau economaidd erbyn ail hanner yr 1990au, a arweiniodd at fwy o gydsoddiadau. Mae'r duedd wedi parhau hyd heddiw, ac eithrio cyfnod tawel yn ystod enciliad byd-eang rhan gyntaf yr 2000au. Mae'r cydsoddiadau mwyaf dros y deng mlynedd diwethaf wedi tueddu i fod yn rhai rhyngwladol, gan adlewyrchu globaleiddio cynyddol. Mae cwmnïau cyd-dyriad wedi mynd allan o ffasiwn ac mae nifer wedi'u torri fyny. Hefyd, ychydig iawn o gydsoddiadau fertigol sy'n digwydd. Heddiw, mae cwmnïau'n tueddu i ganolbwyntio ar 'weithgareddau craidd', gan wneud cynhyrchion ar un cam eang o'r broses gynhyrchu. Mae cwmnïau eraill wedi manteisio ar y cyfle i brynu rhannau o gwmnïau mawr nad ydynt bellach yn rhannau 'craidd'. Tueddir i gyfiawnhau cydsoddiadau a throsfeddiannau naill ai ar sail sicrhau darbodion maint neu gynyddu'r gyfran o'r farchnad. Neu defnyddir y ddadl o brynu asedau sy'n tanberfformio gyda'r bwriad o'u trawsnewid dan reolwyr newydd.

Y cefndir deddfwriaethol

Deddf Gystadleuaeth 1998 a Deddf Menter 2002 sy'n rheoli polisi cydsoddi. Mae'r ddwy ddeddf yma yn nodi mai'r Swyddfa Masnachu Teg sy'n ystyried cydsoddiadau yn y lle cyntaf. Mae'r mwyafrif helaeth o gydsoddiadau yn rhy fach i fod o bwys i'r awdurdodau rheoleiddio. Efallai y bydd cydsoddiadau mawr iawn rhwng cwmnïau Ewropeaidd neu gwmnïau tramor eraill a chwmni o'r DU yn cael eu hystyried gan awdurdodau cystadleuaeth yr UE yn hytrach nag awdurdodau'r DU. Fodd bynnag, bydd y Cyfarwyddwr Cyffredinol yn ymdrin â'r achos:

- os yw'r cydsoddiad yn golygu trosfeddiannu cwmni sydd â mwy na £70 miliwn o asedau ledled y byd;
- neu os bydd y cydsoddiad yn creu cwmni sydd â 25% neu fwy o'r farchnad;
- neu os yw'n cynnwys cwmni sydd eisoes â 25% neu fwy o'r farchnad;
- neu os yw'r cwmnïau yn y diwydiannau papurau newydd neu ddŵr.

Bydd y Swyddfa Masnachu Teg wedyn yn penderfynu a yw cydsoddiad yn perthyn i un o'r categorïau hyn ac a ddylid gweithredu o gwbl.

- Efallai y penderfynir na fydd y cydsoddiad yn cael effaith andwyol ar gystadleuaeth, ac fe'i caniateir.
- Efallai y penderfynir bod y cydsoddiad yn groes i les y cyhoedd, ond ar ôl trafodaethau gyda'r cwmnïau, trefnir cyfaddawd, e.e. gall y cwmnïau gytuno i werthu rhan o'r cwmni newydd i leihau dominyddiaeth o'r farchnad.
- Efallai y penderfynir bod y cydsoddiad yn groes i les y cyhoedd, yna fe'i cyfeirir at y Comisiwn Cystadleuaeth.

Os cyfeirir cydsoddiad at y Comisiwn Cystadleuaeth, bydd hwnnw'n ymchwilio iddo ac yn cynhyrchu adroddiad. Bydd y Comisiwn Cystadleuaeth wedyn yn penderfynu, ar sail casgliadau'r adroddiad, a all y cydsoddiad fynd yn ei flaen ai peidio, ac os felly, dan ba amodau. Gall y cwmnïau apelio at y Tribiwnlys Apêl Cystadleuaeth yn erbyn penderfyniad y Comisiwn Cystadleuaeth, a bydd penderfyniad y Tribiwnlys yn derfynol. Gydag achosion o 'les y cyhoedd', sy'n cynnwys cydsoddiadau papurau newydd, yr Ysgrifennydd Gwladol dros Fasnach a Diwydiant sy'n gwneud y penderfyniad terfynol yn hytrach na'r Comisiwn Cystadleuaeth.

Cydsoddiadau ac effeithlonrwydd economaidd

Mae tystiolaeth yn awgrymu nad yw'r rhan fwyaf o gydsoddiadau yn arwain at unrhyw enillion effeithlonrwydd. Yn wir, mae llawer yn arwain at golledion effeithlonrwydd economaidd. Mae sawl ffordd y gallai hyn gael ei fesur:

- Mae elw'r cwmni cyfunol yn is na'r hyn y gallai fod wedi bod fel arall. Mae'r farchnad stoc yn aml yn rhagweld hyn wrth i bris cyfranddaliadau cwmni sy'n trosfeddiannu cwmni arall ostwng pan gaiff y trosfeddiannu ei gyhoeddi.
- Mae trosiant yn gostwng. Mae cydsoddiadau yn aml yn arwain at 'resymoli' ffatrïoedd a chyfleusterau eraill. Bydd gallu cynhyrchu'r cwmni yn gostwng yn y broses hon, gan arwain at drosiant is. Efallai na fydd cynnydd mewn gallu cynhyrchu mewn mannau eraill yn yr economi yn gwneud iawn am y gostyngiad hwn mewn gallu cynhyrchu, gan wthio'r ffin posibilrwydd cynhyrchu yn ôl tuag at y tarddbwynt.
- Mae cyflogaeth yn gostwng. Mae rhesymoli yn aml yn golygu lleihau'r gweithlu. Efallai wedyn y bydd y gweithwyr hynny'n cael eu hychwanegu at gronfa o bobl sydd wedi bod yn ddi-waith am gyfnod hir.

Os nad ydy cydsoddiadau'n gwella effeithlonrwydd, pam maen nhw'n digwydd? Un ffactor yw bod cyllid ar gael. Yn ystod ffyniant, mae cyllid yn haws ei gael. Mae prisiau'r farchnad stoc yn dueddol o fod yn cynyddu, felly gall cwmnïau mawr gyllido caffaeliadau naill ai drwy ddyroddi cyfranddaliadau newydd neu, yn fwy tebygol, drwy gynnig cyfranddaliadau newydd yn eu cwmni i gyfranddalwyr y cwmni maent am ei drosfeddiannu. Mae cyfraddau llog hefyd yn dueddol o fod yn is, gan ei gwneud hi'n haws benthyca arian i gyllido caffaeliadau.

Ffactor arall sy'n hybu gweithgaredd cydsoddi yw'r enillion y gall y rhanddeiliaid economaidd yn y gymuned fusnes eu gwneud. Mae hunan-fudd yn achosi i sefydliadau ariannol y ddinas sy'n helpu cwmnïau gyda throsfeddiannau a chydsoddiadau, hybu'r rhain. Po uchaf yw lefel y gweithgaredd cydsoddi, uchaf i gyd yw'r ffioedd y gallant eu casglu. Gall uwch reolwyr a chyfarwyddwyr elwa hefyd. Po fwyaf yw'r cwmni, mwyaf i gyd yw'r pecyn taliadau sy'n debygol o gael ei gynnig i uwch reolwr neu gyfarwyddwr. Weithiau ni fydd cydsoddiadau arfaethedig yn mynd yn eu blaenau am fod uwch weithredwyr y ddau gwmni yn methu cytuno ar bwy sydd i gael pa swydd yn y cwmni newydd. Byddai hyn yn tueddu i gefnogi damcaniaethau rheolaethol o'r cwmni.

Mewn enciliad, mae rheolwyr a chyfarwyddwyr yn aml yn rhy brysur yn ceisio cadw'u pennau uwchben y dŵr i wneud penderfyniadau strategol tymor hir fel a ddylid trosfeddiannu neu gydsoddi â chwmni arall. Gyda gwerthiant ac elw yn gostwng, maen nhw'n rhy brysur yn ceisio sefydlogi ac adfywio gweithgareddau busnes sydd eisoes ar droed.

Effeithiolrwydd rheoli cydsoddiadau

Nid yw polisi cydsoddiadau wedi gwneud fawr ddim i atal y cynnydd yng nghrynhoad diwydiant y DU. Mae rhai wedi dadlau:

- nad oes digon o achosion wedi'u cyfeirio at y Comisiwn Cystadleuaeth;
- nad oes llawer o sail resymegol i'r broses o ddewis pa gydsoddiadau i'w cyfeirio;
- bod y lotri hon yn cael ei gwaethygu gan anghysondeb ymateb y Comisiwn Cystadleuaeth sy'n cael ei staffio gan bobl gwahanol ar adegau gwahanol.

Gellir dadlau felly bod angen gweithredu rheolau tynnach. Yn benodol, dylai cwmnïau orfod profi mwy na'r ffaith na fyddai cydsoddiad yn groes i les y cyhoedd. Dylid gorfodi cwmnïau sy'n cydsoddi i brofi bod y cydsoddiad yn debygol o fod yn llesol i'r cyhoedd.

Mae cefnogwyr marchnad rydd yn dadlau i'r gwrthwyneb, gan ddweud nad yw llywodraethau mewn sefyllfa dda i benderfynu beth fyddai a beth na fyddai'n llesol i'r cyhoedd. Mae hynny'n wir am na all llywodraethau ragfynegi'n sicr beth fydd yn digwydd ar ôl cydsoddiad. Byddai mwy o ymyriad gan y llywodraeth yn debygol o arwain at gyfres o gamgymeriadau, gyda chydsoddiadau llesol yn cael eu hatal oherwydd ymyrraeth lywodraethol. Hyd yn oed pe bai'n wir nad yw'r rhan fwyaf o gydsoddiadau yn arwain at gynnydd mewn effeithlonrwydd economaidd, mae gadael i'r farchnad benderfynu yn annhebygol o arwain at benderfyniadau anghywir. Beth bynnag sy'n digwydd, mae grymoedd marchnad rydd yn arwain at benderfynu gwell nag y gallai llywodraeth ei gyflawni.

Cwestiwn Data

Kwik-fit

Cwmni trwsio ceir yw *Kwik-Fit*. Fe'i sefydlwyd yn 1971, ac erbyn 1999, roedd ganddo bron 2 000 o ganghennau yn y DU a chyfandir Ewrop. Gydag elw o fwy na £60 miliwn, roedd yn fusnes llwyddiannus.

Yn 1999 fe wnaeth *Ford* brynu *Kwik-Fit* am £1 biliwn ($1.6 biliwn). Roedd *Kwik-Fit* yn dymuno ehangu'n gyflymach nag y byddai ei arian yn caniatáu. Fel rhan o *Ford*, roedd yn gobeithio cael modd i sicrhau arian i weithredu ei fformiwla ar draws Ewrop yn gyflymach.

Roedd *Ford* yn ehangu y tu hwnt i'w fusnes craidd o weithgynhyrchu ceir. Roedd yn dymuno bod yn fusnes blaenllaw ym maes gwasanaethau i ddefnyddwyr, yn rheoli mwy o'r farchnad ôl-werthu ar gyfer ei gerbydau. Roedd *Kwit-Fit*, gyda'i fusnes trwsio ceir llwyddiannus a'i gangen yswiriant ceir, yn ymddangos yn gymar perffaith. Roedd hyn yn arbennig o wir am fod *Ford* ers tipyn wedi bod yn ceisio mynd i mewn i farchnad y DU drwy ei gadwyn ei hun, o'r enw *Rapid-Fit*. Fodd bynnag, roedd twf gwerthiant ac elw yn siomedig.

Hyd yn oed bryd hynny, roedd symudiad *Ford* yn groes i dueddiadau'r diwydiant. Roedd gwneuthurwyr eraill yn UDA yn derbyn cyflenwad cydrannau o ffynonellau eraill ac yn gwerthu rhannau a busnesau perthynol eraill er mwyn canolbwyntio ar eu busnes craidd o ddatblygu a chynhyrchu cerbydau.

Dair blynedd yn ddiweddarach, yn 2002, gwerthodd *Ford Kwit-Fit* am £330 miliwn ($500 miliwn), i gwmni ecwiti preifat, sef *CVC Partners*. Roedd buddsoddiant *Ford* wedi mynd o'i le. Erbyn hyn roedd *Kwik-Fit* yn gwneud colled, yn rhannol oherwydd dirywiad economaidd a wnaeth modurwyr yn llai parod i wario arian ar eu ceir. Roedd y pris isel hefyd yn adlewyrchu problemau cyfrifydda yn *Kwik-Fit*; wrth archwilio sefyllfa ariannol y cwmni, gwelodd *PwC* nad oedd nwyddau o gyflenwyr yn cael eu cyfrif yn erbyn elw oherwydd nad oedd anfonebau wedi'u hanfon. Canlyniad hyn oedd ffigurau elw oedd tua £3.4 miliwn y flwyddyn yn rhy uchel. Fodd bynnag, newid strategaeth oedd y prif ddylanwad ar benderfyniad *Ford*. Erbyn 2002 roedd wedi penderfynu y byddai athroniaeth 'dychwelyd i'r pethau sylfaenol' yn fwy buddiol i'r cwmni yn y tymor hir. Roedd *Kwik-Fit* yn un o nifer o gwmnïau a werthodd *Ford* yr adeg hon. Meddai Martin Inglis, is-lywydd grŵp *Ford* ar y pryd a phennaeth strategaeth fusnes: 'Er bod y rhain yn fusnesau da, nid ydynt yn cydweddu â'n strategaeth o ddychwelyd i'r pethau sylfaenol. Mae gwerthu'r rhain yn amlygu'r cynnydd mae *Ford* yn ei wneud ar rannau allweddol o'n Cynllun Adfywio.'

Cwmni ecwiti preifat yw *CVC Partners*. Ei nod yw prynu busnesau'n rhad, eu gwella ac yna eu gwerthu am bris uwch ychydig flynyddoedd yn ddiweddarach. Gyda'r economi'n adfer a'r rheolwyr yn fwy parod ar gyfer ehangu, trôdd *Kwik-Fit* yn ôl yn gyflym i fod yn gwmni oedd yn gwneud elw. Caewyd nifer o safleoedd oedd yn gwneud colled, a lansiwyd ymgyrch hysbysebu ar y teledu, y gyntaf ers pum mlynedd. Yn y flwyddyn ariannol 2004 roedd ei drosiant yn £854 miliwn a'i elw gweithredol yn £38.5 miliwn.

Erbyn canol 2005 roedd *CVC Partners* mewn sefyllfa i werthu *Kwik-Fit* i *PAI*, cwmni ecwiti preifat arall, am £800 miliwn ($1.5 biliwn), sef mwy na dwbl y pris a dalodd i *Ford*. Meddai Rob Lucus, partner yn *CVC*: "Ers i ni brynu'r cwmni yn 2002, mae wedi'i drawsnewid ac mae bellach yn cyflawni perfformiad ariannol llawer gwell. Mae *Kwik-Fit* mewn sefyllfa dda ar gyfer ei gyfnod nesaf o dwf.' Meddai Hamish McKenzie, partner yn *PAI*: 'Mae gan *Kwik-Fit* adnabyddiaeth brand eithriadol yn ei farchnadoedd allweddol, ac mae'n cael budd o ragolygon twf sylweddol fel arweinydd yn y farchnad.' Ychwanegodd y byddai *PAI* yn cefnogi rheolwyr *Kwik-Fit* er mwyn cryfhau ymhellach safle blaenllaw *Kwik-Fit* yn y farchnad ffitio-cyflym Ewropeaidd.

Ffynhonnell: addaswyd o'r *Financial Times*, 18.9.1999, a 13.4.1999; www.kwikfitinssurance.com; http//news.bbc.co.uk 28.6.2002.

---

1. (a) Trafodwch a oedd *Ford* yn prynu *Kwik-Fit* yn enghraifft o gydsoddiad llorweddol neu fertigol.
   (b) Eglurwch pa fath o gydsoddiad ddigwyddodd pan brynodd *CVC* neu *PAI Kwik-Fit*.

2. Dadansoddwch pam y penderfynodd (a) *Ford* a b) *CVC* a *PAI* brynu *Kwik-Fit*.

3. Trafodwch a gafwyd mwy o effeithlonrwydd economaidd wedi i (a) *Ford* a (b) *CVC* brynu *Kwik-Fit*.

Crynodeb

1. Mae cydgynllwynio yn galluogi cynhyrchwyr unigol i rannu elw monopoli â chynhyrchwyr eraill.
2. Gall cartelau chwalu. Mae gan aelodau unigol gymhelliad i dwyllo ynghylch y cytundeb. Gall cwmnïau nad ydynt yn aelodau o'r cartel gynyddu eu cyfran o'r farchnad ar draul aelodau'r cartel.
3. Mae arferion masnach cyfyngol yn debygol o arwain at golli effeithlonrwydd economaidd.

Cydgynllwynio

Yn ystod yr 19eg ganrif ac am y rhan fwyaf o'r 20fed ganrif, dominyddwyd diwydiant Prydain gan gydgytundebau (*collective agreements*). Roedd cwmnïau'n CYDGYNLLWYNIO i gyfyngu ar gystadleuaeth. Trwy gydgynllwynio, gallai cwmnïau gael rhywfaint o rym monopoli ar eu marchnadoedd. O ganlyniad byddent yn wneuthurwyr prisiau yn hytrach nag yn dderbynwyr prisiau.

Ystyriwch Dabl 65.1. Mae'n dangos costau a derbyniadau un diwydiant. Pe bai'r farchnad yn berffaith gystadleuol, 6 miliwn o unedau fyddai cynnyrch y tymor hir, gan na allai unrhyw gwmni yn y diwydiant ennill elw annormal. Pe bai cwmni yn gwneud hynny, byddai cwmnïau eraill yn cael eu denu i mewn i'r diwydiant, gan gynyddu'r cyflenwad a gyrru prisiau ac elw i lawr nes y byddai elw annormal wedi'i ddileu.

Fodd bynnag, gallai cwmnïau unigol ennill elw annormal pe byddent yn cyfuno i wthio pris i fyny, cyfyngu ar gynnyrch a chadw cystadleuwyr posibl allan o'r diwydiant. Lefel y cynnyrch sy'n uchafu elw ar gyfer y diwydiant cyfan yw 3 miliwn o unedau. Pe bai pob cwmni yn y diwydiant yn cytuno i haneru ei gynnyrch

Tab 65.1

Miliynau o unedau			£ miliynau
Cynnyrch	Derbyniadau cyfartalog	Cost gyfartalog (yn cynnwys elw normal)	Cyfanswm yr elw annormal
(a)	(b)	(c)	(b - c) x a
1	10	5	5
2	9	5	8
3	8	5	9
4	7	5	8
5	6	5	5
6	5	5	0

Cwestiwn 1

Mae cwmni'n gweithredu mewn marchnad berffaith gystadleuol gyda 9999 o gwmnïau eraill yn y farchnad. Nawr mae cartel yn cael ei ffurfio yn y diwydiant, gyda phob cwmni'n cytuno i ymuno â'r cartel. Mae'r cartel yn llwyddo i godi rhwystrau i fynediad i'r diwydiant. Mae pris newydd y cartel ddwywaith cymaint â hen bris y farchnad rydd ond mae pob aelod o'r cartel wedi gorfod gostwng eu cynnyrch 20%.

(a) Lluniadwch ddiagram ar gyfer cwmni unigol mewn cystadleuaeth berffaith gan nodi arno cynnyrch cytbwys tymor hir y cwmni.
(b) Dangoswch yr hyn sy'n digwydd i gynnyrch a phris cytbwys y cwmni ar ôl iddo ymuno â'r cartel.
(c) Eglurwch pam mae'r cwmni'n cael budd o'r cartel.

presennol, gallai £9 miliwn o elw annormal gael ei rannu rhwng y cwmnïau sy'n cydgynllwynio.

Y problemau sy'n wynebu cartelau

Grŵp o gynhyrchwyr sydd wedi cytuno i gyfyngu ar gystadleuaeth yn y farchnad yw CARTEL. O bosibl y cartel enwocaf heddiw yw OPEC, sef Cyfundrefn Gwledydd sy'n Allforio Petroliwm. Dydy cyfyngu ar gystadleuaeth ddim o reidrwydd yn hawdd.

- Rhaid cyrraedd cytundeb. Mae hyn yn debygol o fod hawsaf mewn diwydiannau oligopolaidd lle mae ychydig yn unig o gwmnïau yn dominyddu'r farchnad; po fwyaf yw nifer y cwmnïau, mwyaf i gyd yw'r posibilrwydd y bydd o leiaf un cyfranogwr allweddol yn gwrthod cydgynllwynio. Mae hefyd yn debygol o fod hawsaf mewn diwydiannau aeddfed a sefydlog lle nad yw un cwmni yn ddiweddar wedi gallu ennill mantais drwy ddilyn strategaethau cystadleuol ymosodol. Er enghraifft, mae cydgynllwynio'n llawer mwy tebygol mewn diwydiant aeddfed fel gweithgynhyrchu dur neu wneud sment nag yw mewn diwydiant sy'n newid yn gyflym fel y diwydiant cyfrifiaduron.
- Rhaid i dwyllo gael ei atal. Ar ôl i gytundeb gael ei wneud a bod proffidioldeb y diwydiant wedi codi, byddai'n talu i gwmni unigol dwyllo ar yr amod na fydd cwmnïau eraill yn gwneud yr un fath. Er enghraifft, byddai'n talu i gynhyrchydd bach mewn cartel â 10% o'r farchnad ehangu cynhyrchu i 12% drwy gael pris ychydig yn is na phris y cartel. Mae'r cynnydd mewn elw o werthu'r 2% ychwanegol yn fwy na gwrthbwyso'r elw a gollir drwy ostwng y pris ychydig ar y 10%. Fodd bynnag, os bydd pob cynhyrchydd yn gwneud hyn, bydd pris y farchnad yn gostwng yn gyflym i lefel y farchnad rydd a bydd pob cwmni'n colli'r fraint o ennill elw annormal.
- Rhaid cyfyngu ar gystadleuaeth bosibl. Bydd elw annormal nid yn unig yn hybu cwmnïau sydd eisoes yn y diwydiant i ehangu cynnyrch ond hefyd bydd yn hybu cwmnïau newydd i fynd i mewn i'r diwydiant. Efallai y bydd cwmnïau sydd eisoes yn y diwydiant nad ydynt yn ymuno â'r cartel yn hapus i ddilyn polisïau'r cartel er mwyn ennill elw annormal eu hunain. I atal hyn, gallai cwmnïau'r cartel gytuno i yrru cwmnïau eraill sy'n cystadlu'n rhy ymosodol allan o'r farchnad. Hefyd gallai cwmnïau'r cartel gytuno i gynyddu rhwystrau i fynediad i'r diwydiant.

Arferion gwrthgystadleuol ac effeithlonrwydd

Strategaethau a ddefnyddir gan gynhyrchwyr i gyfyngu ar gystadleuaeth yn y farchnad yw ARFERION GWRTHGYSTADLEUOL neu ARFERION MASNACH CYFYNGOL. Mae cartelau'n eu defnyddio i orfodi eu cytgytundebau ac i rwystro cystadleuwyr. Mae cwmnïau unigol yn eu defnyddio i sefydlu neu atgynerthu

Cwestiwn 2

Cartel diemyntau De Beers oedd un o'r cartelau gweithredol hynaf yn y byd. *De Beers* yw cynhyrchydd diemyntau mwyaf y byd, yn mwyngloddio tua 40% o gynhyrchu'r byd yn bennaf o'i fwyngloddiau yn Affrica. Hyd at 2000, trwy ei Gyfundrefn Gwerthu Canolog, ceisiodd brynu holl gynnyrch y byd o ddiemyntau. Yna byddai'n gwerthu'r diemyntau hyn heb eu torri i gwsmeriaid mewn gwerthiannau rheolaidd. Ceisiodd reoli'r pris drwy werthu llai o ddiemyntau pan oedd prisiau'n gostwng a gwerthu mwy pan oedd prisiau'n codi. Yn 1999 roedd ganddo $5.2 biliwn o stoc o ddiemyntau heb eu gwerthu.

Fodd bynnag, yn 2000 cyhoeddodd y byddai'n rhoi'r gorau i weithredu fel cartel. Roedd nifer o resymau dros hyn. Un oedd bod cyfran gynyddol o gynnyrch y byd o ddiemyntau yn cael ei gwerthu y tu allan i'r Gyfundrefn Gwerthu Canolog. Roedd cynhyrchwyr mewn gwledydd fel Rwsia yn ei chael hi'n fwy proffidiol gwerthu'n uniongyrchol i'r farchnad yn hytrach na gwerthu i'r Gyfundrefn Gwerthu Canolog gan y gallent gael gwell prisiau. Problem arall oedd y gost gynyddol i *De Beers* o brynu diemyntau gan gynhyrchwyr eraill. Roedd hefyd yn ceisio cael gafael ar ddiemyntau oedd yn cael eu mwyngloddio'n anghyfreithlon mewn gwledydd fel Angola a Gweriniaeth Ddemocrataidd Congo lle roedd rhyfela. Defnyddiwyd y term 'diemyntau gwaed' am y rhain am fod eu gwerthiant yn aml yn mynd trwy grwpiau milwyr gerila a grwpiau terfysgwyr a ddefnyddiai'r arian i brynu arfau. Roedd *De Beers* yn ofni y byddai delwedd diemyntau yn gyffredinol yn cael ei llygru yn yr un ffordd ag y cafodd y fasnach ffwr enw drwg. Rheswm arall oedd galw byd-eang cynyddol am ddiemyntau yn enwedig o India a China. Yn UDA roedd gwerthu diemyntau *De Beers* yn anghyfreithlon dan ddeddfau gwrthglymbleidiol *(anti-trust)*. Byddai rhoi'r gorau i'r cartel yn galluogi De Beers i werthu i farchnad UDA yn uniongyrchol.

Ffynhonnell: addaswyd o'r *Financial Times*, 15.12.1998, 28.6.2005; *The New York Times*, 13.7.2000; *The Wall Street Journal*, 13.7.2000.

(a) Eglurwch sut y gallai Cyfundrefn Gwerthu Canolog *De Beers* fod wedi cynyddu prisiau ac elw i gynhyrchwyr diemyntau yn y cartel cyn 2000.

(b) Pam oedd yna gymhelliad i gynhyrchwyr y tu allan i'r cartel dwyllo?

(c) Pam y gallai *De Beers* fod wedi ystyried ei bod hi'n fuddiol iddo chwalu ei gartel oherwydd (i) galw cynyddol am ddiemyntau a (ii) mwyngloddio diemyntau mewn ardaloedd o'r bydd lle roedd rhyfela?

---

dominyddiaeth mewn marchnad. Mae amrywiaeth eang o arferion wedi cael eu defnyddio ac yn dal i gael eu defnyddio, gan gynnwys y canlynol.

Cynnal pris adwerthu Efallai y bydd cwmni'n dymuno gosod pris y bydd prynwr yn adwerthu ei nwyddau amdano. Y term am hyn yw CYNNAL PRIS ADWERTHU *(Resale Price Maintenance – RPM)*. Mae hyn yn digwydd yn bennaf gyda gwneuthurwyr ac adwerthwyr. Mae gwneuthurwr yn dymuno atal cystadleuaeth yn y farchnad ac felly dim ond os bydd adwerthwr yn codi isafbris penodol ar ddefnyddwyr y bydd y gwneuthurwr yn gwerthu iddo. Mae'r pris *RPM* hwn yn uwch na phris y farchnad am y cynnyrch pe bai cystadleuaeth ar sail pris rhwng adwerthwyr. Er bod y gwneuthurwr yn debygol o werthu llai, bydd am bris uwch. Dylai'r gwneuthurwr osod y pris fel bod ei elw'n cael ei uchafu.

Gwrthod cyflenwi cystadleuydd neu gwsmer Gall cwmni fod ag amrywiaeth o resymau dros wrthod cyflenwi cystadleuydd neu gwsmer. Er enghraifft, efallai y bydd gwneuthurwr yn gorfodi polisi cynnal pris adwerthu drwy wrthod cyflenwi adwerthwr nad yw'n gwerthu am y pris *RPM*. Efallai y bydd gwneuthurwr yn dymuno gorfodi adwerthwr disgownt allan o'r farchnad rhag ofn mai hwnnw fydd ei gwsmer mwyaf yn y dyfodol ac yn gallu erydu maint ei elw oherwydd ei rym prynu.

Prisio rheibus Mae PRISIO RHEIBUS *(predatory pricing)* yn digwydd pan fydd cwmni dominyddol mewn marchnad dan fygythiad gan newydd-ddyfodiad. Mae'r cwmni dominyddol yn gostwng ei bris i lefel mor isel fel na all y newydd-ddyfodiad wneud elw, gan ei orfodi allan o'r farchnad. Ar ôl i hwnnw adael, bydd y cwmni dominyddol yn codi ei bris eto. Hefyd gall prisio rheibus gael ei ddefnyddio gan gwmni dominyddol yn erbyn cwmni sefydledig yn y farchnad. Os ydy'r cwmni dominyddol yn credu, er enghraifft, bod cwmni llai yn ennill cyfran rhy fawr o'r farchnad, neu ei fod yn debygol o fygwth ei safle dominyddol, efallai y bydd yn dymuno cymryd camau amddiffynnol drwy ei orfodi allan o'r farchnad.

Polisïau priswahaniaethu Gall gwmni briswahaniaethu (☞ uned 54). Er enghraifft, gall gynnig disgowntiau i brynwr os bydd hefyd yn prynu cynhyrchion eraill gan y cwmni. Gall godi prisiau is am archebion swmp. Mae llawer o fathau o briswahaniaethu yn wrthgystadleuol, felly rhaid i gwmnïau ofalu wrth ddefnyddio priswahaniaethu eu bod yn cael gwybod gan yr awdurdodau cystadleuaeth ydy eu polisïau prisio yn gyfreithlon.

Cysylltu nwyddau a gwasanaethau nad ydynt yn gysylltiedig Gall cwmni wrthod gwerthu nwydd oni fydd y prynwr yn prynu nwyddau eraill gan y cwmni hefyd. Er enghraifft, efallai bod gan gwmni safle dominyddol yng ngwerthiant un nwydd oherwydd gwir ragoriaeth y cynnyrch. Yna gall chwyddo gwerthiant un o'i gynhyrchion eraill sydd â llawer mwy o gystadleuaeth yn y farchnad drwy wrthod cyflenwi'r nwydd cyntaf oni fydd yr ail nwydd yn cael ei brynu. Mae hynny'n cynyddu'r gwerthiant cyffredinol ac mae hefyd yn debygol o gynyddu pris gwerthu nwyddau sy'n wynebu cystadleuaeth.

Gwrthod caniatáu i gystadleuydd ddefnyddio cyfleusterau hanfodol I egluro hyn, ystyriwch faes awyr sy'n berchen ar ei orsaf reilffordd ei hun. Gall wrthod yr hawl i gwmni trenau ddefnyddio'r orsaf reilffordd os yw'n bygwth cystadlu â gwasanaethau bws neu wasnaethau hedfan sy'n broffidiol iawn. Enghraifft arall yw gwneuthruwr hufen iâ yn dweud wrth ei ddosbarthwyr annibynnol y bydd yn gwrthod eu cyflenwi os byddan nhw hefyd yn gweithredu fel asiantau dosbarthu brand hufen iâ un o'i gystadleuwyr.

Gwrthod trwyddedu hawliau eiddo deallusol Gall cwmni wahaniaethu rhwng cwmnïau eraill sy'n cyflenwi cynhyrchion cysylltiedig. Er enghraifft, gall cwmni sy'n cynhyrchu system weithredu ar gyfer cyfrifiadur drwyddedu'r defnydd o'r system weithredu i wneuthurwyr cyfrifiaduron sydd hefyd yn gosod meddalwedd arall a gynhyrchir gan y cwmni. Ond gall wrthod trwyddedu'r system weithredu i wneuthurwyr eraill sydd eisiau gosod cynhyrchion meddalwedd gan gwmnïau eraill.

Bwriedir i arferion gwrthgystadleuol fod o fudd i'r cwmni neu'r grŵp o gwmnïau sy'n eu gweithredu. Yn arbennig maen nhw:
- yn codi prisiau o'r hyn y byddent fel arall mewn marchnad gystadleuol;
- yn cyfyngu ar gynnyrch;
- yn cyfyngu ar y dewis o gynhyrchion i'r cwsmer;
- yn cynyddu rhwystrau i fynediad, a thrwy hynny yn lleihau cystadleuaeth bosibl a'r cymhelliad i gynhyrchu am y gost isaf;
- yn amddiffyn technolegau cyfredol neu'n caniatáu i gwmnïau ennill lefelau uchel o elw annormal ar dechnolegau newydd.

Felly, bwriedir iddynt leihau lefelau gwarged defnyddwyr a chynyddu lefelau gwarged cynhyrchwyr. Maen nhw'n arwain at aneffeithlonrwydd cynhyrchiol a dyrannol (☞ uned 16) ac maen nhw'n debygol o arwain at aneffeithlonrwydd dynamig. Ni fyddai'r olaf yn wir pe bai cwmnïau dominyddol yn defnyddio'u helw annormal i fuddsoddi mewn cynhyrchion a thechnolegau newydd.

Termau allweddol

Arferion gwrthgystadleuol neu arferion masnach cyfyngol – tactegau a ddefnyddir gan gynhyrchwyr i gyfyngu ar gystadleuaeth yn y farchnad.

Cartel – cyfundrefn o gynhyrchwyr sy'n bodoli i hybu buddiannau ei aelodau, yn aml drwy gyfyngu ar gynnyrch drwy osod cwotâu sy'n arwain at gynnydd mewn prisiau.

Cydgynllwynio – cydgytundebau rhwng cynhyrchwyr sy'n

cyfyngu ar gystadleuaeth.

Cynnal pris adwerthu – gosod pris y gall cwsmer adwerthu nwydd neu wasanaeth amdano.

Prisio rheibus – cwmni yn gyrru ei brisiau i lawr i orfodi cystadleuydd allan o farchnad ac yna'n eu rhoi nhw i fyny eto ar ôl i'r amcan hwn gael ei gyflawni.

Cwestiwn 3

Mae'r Comisiwn Cystadleuaeth wedi dyfarnu dros dro bod yna nodweddion o'r marchnadoedd ar gyfer cyflenwi nwy hylifedig swmp domestig sy'n atal cystadleuaeth, yn cyfyngu arni neu'n ei hystumio. Gellir defnyddio'r nwy hylifedig yma mewn cartefi nad ydynt wedi'u cysylltu â systemau'r prif gyflenwad nwy. Caiff y nwy ei gludo mewn tancer a'i storio mewn tanc sydd dan berchenogaeth y cwmnl cyflenwi nwy ar dir y cwsmer.

Gwelodd y Comisiwn Cystadleuaeth ei bod hi'n anodd i gwsmeriaid gael dyfynbrisiau *(price quotes)* syml gan gwmnïau pe bydden nhw'n ymchwilio i'r farchnad gyda'r bwriad o newid cyflenwr. Roedd telerau ac amodau cyflenwi yn aml yn aneglur. Pe bai cwsmer yn newid cyflenwr, yn aml byddai'n rhaid rhoi rhybudd hir o derfynu i'w gyflenwr presennol. Yna byddai'r cyflenwr presennol yn mynd â'r

tanc a byddai'r cyflenwr newydd yn rhoi tanc arall yn ei le, gyda hyn i gyd yn gostus ac yn anghyfleus i'r cwsmer. Ond ym marn y Comisiwn Cystadleuaeth doedd dim rhesymau diogelwch dros newid y tanc. Pe bai cwsmeriaid yn bygwth newid cyflenwyr, yn aml byddai eu cyflenwr presennol yn cynnig disgownt i'r cwsmer pe bai'n aros gyda'r cwmni.

Ffynhonnell: addaswyd o Ddatganiad i'r Wasg gan y Comisiwn Cystadleuaeth, 23.8.2005.

(a) Eglurwch sut roedd yr arferion gwrthgystadleuol a welwyd gan y Comisiwn Cystadleuaeth yn y farchnad am nwy hylifol domestig
 (i) yn cynyddu prisiau cyfartalog i gwsmeriaid a
 (ii) yn cyfyngu ar ddewis.
(b) Pam oedd yr arferion gwrthgystadleuol hyn yn arwain at golli effeithlonrwydd economaidd?

Economeg gymhwysol
Ymchwiliad i gartel cwmnïau hedfan

Ym mis Chwefror 2006 archwiliodd swyddogion gwrthglymbleidiol Ewropeaidd ac UDA swyddfeydd *British Airways, Lufthansa, Air France-KLM, Cargolux* a chwmnïau cargo-awyr eraill fel rhan o ymchwiliad cartel trawsiwerydd. Roedd hyn yn dilyn honiadau bod y cwmnïau hedfan wedi torri Erthygl 81 o gytundeb yr UE sy'n gwahardd cartelau, gosod prisiau a rhannu'r farchnad.

Roedd y cynnydd ym mhrisiau tanwydd dros y 18 mis blaenorol wedi gwthio taliadau ar deithwyr a nwyddau i fyny ar draws y diwydiant hedfan, gan achosi i weithredwyr cargo godi taliadau ychwanegol ar gwsmeriaid. Roedd taliadau ychwanegol wedi'u gosod hefyd ar gyfer mesurau diogelwch newydd. Dywedodd grwpiau oedd yn cynrychioli cwsmeriaid fod y taliadau ychwanegol hyn weithiau'n fwy na chost wirioneddol y cludiant. Dywedon nhw hefyd fod y taliadau ychwanegol wedi bod yn debyg iawn ar draws gwahanol gwmnïau hedfan. Yr awgrym oedd y gallai'r cwmnïau hedfan fod

wedi dod i ryw fath o gytundeb anghyfreithlon i wthio prisiau i fyny drwy daliadau ychwanegol. Byddai hyn yn eu galluogi i gynyddu eu helw. Byddai gwarged defnyddwyr yn llai a gwarged cynhyrchwyr yn fwy. Gallai cwsmeriaid fod wedi siopa o gwmpas am brisiau rhatach. Ond pe bai'r holl gwmnïau hedfan wedi codi taliadau ychwanegol tebyg, ofer fyddai siopa o gwmpas. Felly byddai dewis i'r defnyddwyr wed'i gyfyngu.

Pe dyfarnwyd hwy'n euog, roedd y cwmnïau hedfan yn wynebu dirwy o hyd at 10% o'r trosiant byd-eang blynyddol gan y Comisiwn Ewropeaidd. Gallai awdurdodau gwrthglymbleidiol UDA eu dirwyo hefyd. Mae'r holl gwmnïau hedfan y cafodd eu swyddfeydd eu harchwilio, yn gwadu gweithredu unrhyw fath o arferion gwrthgystadleuol, ac maen nhw'n addo cydweithredu'n llawn â'r awdurdodau cystadleuaeth. Pwysleisiodd y Comisiwn, 'nid yw'r ffaith bod y Comisiwn Ewropeaidd yn cynnal archwiliadau o'r fath yn golygu bod y cwmnïau'n euog o ymddygiad gwrthgystadleuol'.

Cwestiwn Data

OPEC

Y Cartel

Sefydlwyd *OPEC* (*Organisation for Petroleum Exporting Countries*) yn 1960. Ni fu'n gyfundrefn amlwg na phwysig iawn yn ystod 13 blynedd cyntaf ei fodolaeth, ond yn 1973 daeth i sylw'r byd cyfan yn sgil Rhyfel Yom Kippur rhwng yr Arabiaid ac Israel.

Sylweddolodd aelodau'r gyfundrefn y gallent ffurfio cartel effeithiol pe byddent yn cytuno ar gwotâu cynhyrchu ymhlith ei gilydd. Wrth gyfyngu ychydig ar gyflenwad yn 1974, roedden nhw wedi gallu pedryblu pris byd-eang olew.

Cryfderau *OPEC*

Mae nifer o resymau pam mai *OPEC* yw un o'r cartelau rhyngwladol prin sydd wedi goroesi dros gyfnod hir.

- Nid oes angen dim stociau clustogi na symiau mawr o gyfalaf ariannol. Os ydy *OPEC* yn dymuno gostwng y cyflenwad, mae gwledydd sy'n aelodau yn cynhyrchu llai ac yn gadael eu holew yn y ddaear.
- Mae gan *OPEC* nifer cymharol fach o aelodau. Mae gwledydd sy'n aelodau yn gallu gweithredu graddau gweddol uchel o reolaeth ar faint o olew a godir yn eu gwledydd. Mae hyn yn wahanol iawn i sefyllfa coffi, er enghraifft, lle mae'n rhaid i lywodraethau sydd am gyfyngu ar gynhyrchu reoli degau o filoedd o ffermwyr bach.
- Nid yw newidiadau tywydd yn effeithio ryw lawer ar gynhyrchu olew. Felly, nid yw'r cyflenwad yn anwadal o flwyddyn i flwyddyn, fel sy'n digwydd mewn nifer o farchnadoedd amaethyddol.
- Mae gwledydd *OPEC* yn cyflenwi cyfran sylweddol o gyfanswm cynnyrch y byd, ac yn rheoli cyfran fwy fyth o'r cronfeydd hysbys o olew. Gan fod cynhyrchwyr nad ydynt yn aelodau o *OPEC* yn tueddu i gynhyrchu hyd eithaf eu gallu, ni all gwledydd fel UDA a'r DU wthio prisiau olew i lawr, hyd yn oed pe byddent eisiau gwneud hynny.

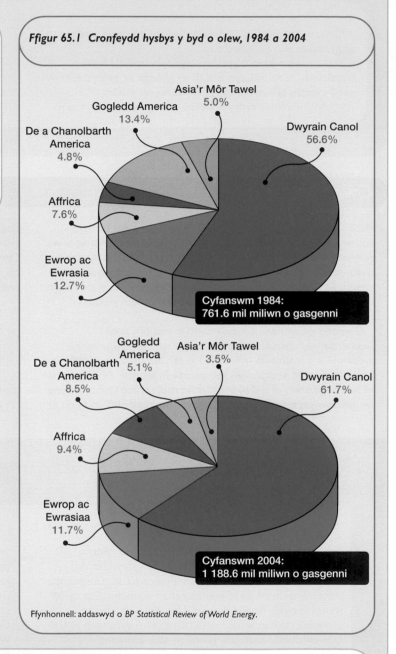

Ffigur 65.1 Cronfeydd hysbys y byd o olew, 1984 a 2004

Gogledd America 13.4%
Asia'r Môr Tawel 5.0%
De a Chanolbarth America 4.8%
Dwyrain Canol 56.6%
Affrica 7.6%
Ewrop ac Ewrasia 12.7%
Cyfanswm 1984: 761.6 mil miliwn o gasgenni

Gogledd America 5.1%
Asia'r Môr Tawel 3.5%
De a Chanolbarth America 8.5%
Dwyrain Canol 61.7%
Affrica 9.4%
Ewrop ac Ewrasiaa 11.7%
Cyfanswm 2004: 1 188.6 mil miliwn o gasgenni

Ffynhonnell: addaswyd o *BP Statistical Review of World Energy*.

Gwendidau *OPEC*

Er bod prisiau real olew yn 2005 ar lefelau cymharol uchel, nid oeddent mor uchel â'r prisiau uchel a welwyd yn 1979-80. Yn yr 1980au a'r 1990au roedd prisiau real olew yn fras rhwng $20-$30 y gasgen, sef uwchlaw eu cyfartaledd tymor hir ond islaw'r prisiau hynod uchel a welwyd yn 1973-74 ac 1979-80. Yn yr 1980au a'r 1990au dioddefodd *OPEC* o dri gwendid sylfaenol.

- Arweiniodd y codiadau mawr ym mhrisiau olew yn yr 1970au at alw cymharol ddisymud am olew yn yr 1980au a'r 1990au. Roedd defnyddwyr yn amnewid mathau eraill o egni am olew, ac roedd symudiad tuag at fwy o

gadwraeth egni.
- Arweiniodd codiadau mawr ym mhrisiau olew at gynnydd mawr mewn cyflenwad o wledydd nad oeddent yn aelodau *OPEC*. Roedd cronfeydd hysbys o olew yn 2005 lawer iawn yn uwch nag y buon nhw yn yr 1970au adeg yr 'argyfwng egni'.
- Mae aelodau *OPEC* yn anghytuno ynglŷn â'r ffordd ymlaen. Byddai rhai gwledydd fel Iran yn hoffi gweld cwotâu cynhyrchu yn cael eu torri er mwyn codi prisiau ymhellach. Roedd gwledydd eraill yn yr 1980au a'r 1990au yn twyllo'n barhaus, gan gynhyrchu mwy na'u cwotâu.

Ffigur 65.2 Cynnyrch olew crai y byd

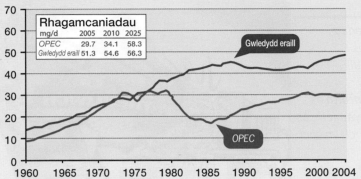

Miliynau o gasgenni y dydd (mg/d)

Rhagamcaniadau			
mg/d	2005	2010	2025
OPEC	29.7	34.1	58.3
Gwledydd eraill	51.3	54.6	56.3

Gwledydd eraill

OPEC

Ffynhonnell: addaswyd o *OPEC*.

Ffigur 65.3 Prisiau olew crai

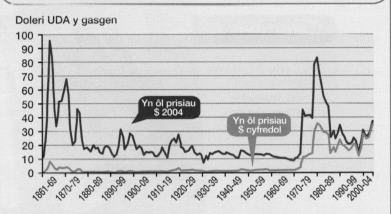

Doleri UDA y gasgen

Yn ôl prisiau $ 2004

Yn ôl prisiau $ cyfredol

Ffynhonnell: addaswyd o *BP Statistical Review of World Energy*.

Ffigur 65.4 Cynhyrchu a threuliant olew y byd, 2004

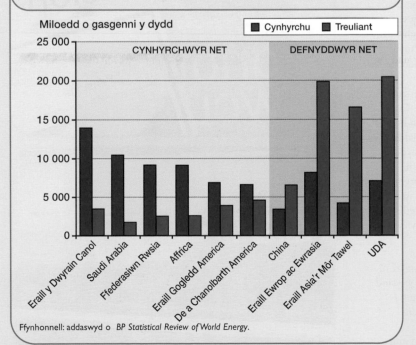

Miloedd o gasgenni y dydd

■ Cynhyrchu ■ Treuliant

CYNHYRCHWYR NET   DEFNYDDWYR NET

Eraill y Dwyrain Canol, Saudi Arabia, Ffederasiwn Rwsia, Affrica, Eraill Gogledd America, De a Chanolbarth America, China, Eraill Ewrop ac Ewrasia, Eraill Asia'r Môr Tawel, UDA

Ffynhonnell: addaswyd o *BP Statistical Review of World Energy*.

Dyfodol olew

Yng nghanol y 2000au, roedd *OPEC* yn ymddangos yn gyfundrefn bwerus eto. Roedd prisiau olew oddeutu $60 y gasgen. Roedd gwledydd nad oeddent yn aelodau o *OPEC* yn cynhyrchu hyd eithaf eu gallu tra bo'r galw'n cynyddu, yn enwedig o China. Fodd bynnag, mae rhai o gynhyrchwyr *OPEC* yn ofni y bydd yr un senario a gafwyd yn yr 1980au yn digwydd eto. Bydd prisiau uchel iawn yn hybu defnyddwyr i ddefnyddio llai a bydd y galw'n gostwng. Ond mae dau wahaniaeth rhwng y 2000au a'r 1980au. Yn gyntaf, mae'r twf yn y galw yn dod o wledydd sy'n diwydiannu'n gyflym yn Asia fel China ac India. Â chyfraddau twf economaidd o 5-10%, mae'n anodd gweld sefyllfa lle na fydd cynnydd yn y galw am olew. Yn ail, mae aelodau *OPEC* heddiw yn cynhyrchu hyd eithaf eu gallu, yn wahanol i'r 1980au a'r 1990au. Ni allant dwyllo hyd yn oed pe byddent eisiau gwneud hynny, oherwydd nid oes ganddynt y cyfleusterau cynhyrchu.

1. Yn gryno, ysgrifennwch grynodeb o'r hyn sydd wedi digwydd i gynhyrchu, prisiau a chronfeydd olew ers yr 1970au.
2. Sut mae *OPEC* wedi gweithredu fel cartel yn y gorffennol?
3. Pa effaith y mae cartel *OPEC* wedi ei gael ar (a) bris byd-eang olew a (b) gwledydd fel UDA sy'n treulio mwy o olew nag y maent yn ei gynhyrchu?
4. Trafodwch a fydd y galw byd-eang cynyddol am olew yn y dyfodol yn peri i *OPEC* golli ei rym yn y farchnad ai peidio.

Crynodeb

1. Mae sofraniaeth defnyddwyr yn bodoli pan fydd dewisiadau defnyddwyr yn pennu dyraniad adnoddau yn yr economi.
2. Dim ond os oes gwybodaeth berffaith yn y farchnad y gall sofraniaeth defnyddwyr fodoli'n llawn.
3. Mae defnyddwyr yn llai tebygol o fod â gwybodaeth berffaith os ydynt yn prynu'n anaml, os ydy nwyddau'n dechnegol gymhleth, os ydy amser a risg yn elfennau o'r prynu ac os ydy'r cynnyrch yn cael ei hysbysebu'n helaeth.
4. Gall hysbysebu fod er gwybodaeth ac er perswâd. Mae'r cyntaf yn cynyddu gwybodaeth yn y farchnad. Bwriad hysbysebu er perswâd yw dylanwadu ar flaenoriaethau defnyddwyr.
5. Gall llywodraethau gynyddu sofraniaeth defnyddwyr drwy basio deddfau a chynyddu argaeledd gwybodaeth yn y farchnad.

Sofraniaeth defnyddwyr

Mae SOFRANIAETH DEFNYDDWYR yn bodoli pan fydd adnoddau'n cael eu dyrannu yn ôl dymuniadau defnyddwyr. Bydd hynny'n digwydd mewn marchnad berffaith rydd. Mae gwariant defnyddwyr yn debyg i bleidleisiau mewn etholiad. Y cwmnïau sy'n derbyn y mwyaf o bleidleisiau fydd yn gallu prynu'r ffactorau cynhyrchu sydd eu hangen i gynhyrchu'r nwyddau y mae defnyddwyr yn galw amdanynt. Bydd cwmnïau nad ydynt yn derbyn dim pleidleisiau yn mynd i'r wal.

Gwybodaeth berffaith

Dim ond os oes gwybodaeth berffaith yn y farchnad y bydd sofraniaeth gyfan defnyddwyr yn bodoli (☞ uned 53). Os ydy defnyddwyr i ddyrannu eu hadnoddau mewn modd fydd yn uchafu eu defnydd-deb, mae angen iddynt wybod am y cynhyrchion y maent yn eu prynu. Mewn llawer o achosion mae defnyddwyr mewn sefyllfa dda i wneud penderfyniadau treuliant. Er enghraifft, defnyddiwr sy'n debygol o fod y barnwr gorau ynghylch p'un ai i brynu bananas neu afalau. Fodd bynnag, mae yna farchnadoedd lle mae gan ddefnyddwyr wybodaeth sy'n llai na pherffaith.

Mewn llawer o farchnadoedd, fel y rhai ar gyfer ceir, setiau teledu neu gyfreithwyr, mae defnyddwyr yn prynu'n anaml. Os byddant yn prynu ac yn gweld am ryw reswm nad ydynt yn hoffi'r cynnyrch, mae'n ddrud iawn gwneud dewis newydd. Pan fyddant yn dod i brynu eitem arall yn lle'r un sydd ganddynt efallai y bydd amrywiaeth y cynhyrchion wedi newid yn llwyr. Mae hyn yn wahanol i farchnadoedd fel bwyd lle mae defnyddwyr yn prynu'n aml. Yn y farchnad fwyd, gall defnyddwyr arbrofi am gost isel a darganfod y cynhyrchion sy'n well ganddynt. Felly yn gyffredinol, po leiaf aml y prynu, lleiaf tebygol yw hi y bydd defnyddwyr yn gwybod digon am y cynnyrch i wneud dewis optimaidd.

Efallai na all defnyddwyr wneud dewisiadau rhesymegol oherwydd natur dechnegol y cynnyrch. Er enghraifft, gan amlaf ni all defnyddwyr ddweud pa wneuthuriad o rewgell sydd â'r ynysiad gorau, pa set deledu sydd â'r cydrannau sy'n para hiraf, neu pa gyfreithiwr allai wneud y gwaith trosglwyddo gorau ar gyfer prynu tŷ.

Mae amser a risg yn creu problemau hefyd. Yn aml mae defnyddwyr yn ei chael hi'n anodd rhagamcanu.

Cwestiwn I

Pam y gallai defnyddwyr ei chael hi'n anodd gwneud dewisiadau rhesymegol ynghylch pob un o'r cynhyrchion hyn?

Efallai na fydd pobl iach 25 oed yn gweld fawr ddim diben i ddarparu ar gyfer gofal iechyd neu dalu i mewn i gynllun pensiwn. Eto i gyd pan fyddant yn cael damwain ddifrifol neu'n ymddeol efallai y byddant o'r farn y byddai eu defnydd-deb wedi bod yn fwy dros amser pe byddent wedi gwneud penderfyniadau gwario gwahanol.

Mae yna resymau eraill pam weithiau nad defnyddwyr yw'r barnwyr gorau o'r hyn y dylent ei brynu. Mae rhai nwyddau, fel cyffuriau (gan gynnwys alcohol a thybaco) yn gaethiwus, felly ni all y defnyddiwr wneud dewis rhesymegol ynghylch treuliant y presennol a'r dyfodol. Yn aml bydd yr un nwyddau yn creu allanolderau hefyd, fel cynnydd mewn troseddau neu ddamweiniau car, heb sôn am gost triniaeth feddygol. Efallai y bydd y gymdeithas, trwy'r llywodraeth, yn dewis cyfyngu ar werthiant y nwyddau hyn neu ei wahardd am nad yw'n dymuno talu cost yr allanolder.

Yn olaf, mae cynhyrchwyr, drwy hysbysebu a mathau eraill o farchnata, yn dylanwadu'n fwriadol ar ddewisiadau defnyddwyr.

Hysbysebu er gwybodaeth ac er perswâd

Caiff rhwng 1% a 2% o incwm gwladol y DU ei wario bob blwyddyn ar hysbysebu. Yn achos rhai cynhyrchion, fel rhai brandiau o bowdr golchi, cost hysbysebu yw 25% o'r gost i'r defnyddiwr. Mae hysbysebu yn gost i'r cynhyrchydd (cost fydd wrth gwrs yn cael ei thalu yn y pen draw gan y defnyddiwr). Felly rhaid i gynhyrchwyr fod yn argyhoeddig bod hysbysebu'n cynyddu'r galw am eu cynhyrchion os ydy symiau mawr yn cael eu gwario ar hysbysebu bob blwyddyn.

Mae damcaniaeth economaidd neo-glasurol yn rhagfynegi y gallai hysbysebu fod yn fuddiol i gwmni. Mae Ffigur 66.1 yn dangos cromliniau cost a derbyniadau monopolydd sy'n uchafu elw. Cyn hysbysebu DC_1 yw cromlin y galw neu'r derbyniadau cyfartalog, CG_1 yw cromlin y gost gyfartalog a CFf yw cromlin y gost ffiniol. Bydd ymgyrch hysbysebu lwyddiannus yn gwthio cromlin alw'r cwmni i'r dde i DC_2. Bydd yr ymgyrch hysbysebu yn costio arian. Mae'n ddadleuol ai cost sefydlog neu gost newidiol yw hysbysebu ond yma tybiwn mai cost sefydlog ydyw. Felly bydd cromlin y gost

ffiniol yn aros yr un fath ond bydd y gost gyfartalog yn codi i CG_2. (Yn y bôn dydy'r dadansoddiad ddim yn wahanol os caiff hysbysebu ei drin fel cost newidiol sydd wedyn yn cynyddu'r gost ffiniol hefyd.) Gellir gweld bod elw monopoli yn cynyddu o ABDE i RSTU. Mae'r derbyniadau ychwanegol a gynhyrchwyd o ganlyniad i'r ymgyrch hysbysebu wedi bod yn fwy na chost yr ymgyrch hysbysebu a'r costau cynhyrchu ychwanegol.

Gellir gwahaniaethu rhwng dau fath o hysbysebu. Hysbysebu sy'n cynyddu'r hyn y mae defnyddwyr yn ei wybod am gynnyrch yw HYSBYSEBU ER GWYBODAETH. Mae hysbysebion bach mewn papurau newydd lleol, er enghraifft, yn hysbysu prynwyr posibl bod cynnyrch ar werth. Efallai bod angen rhoi gwybod i ddefnyddwyr bod cynnyrch newydd wedi dod ar y farchnad drwy ymgyrch hysbysebu genedlaethol. Gall cwmnïau hysbysu defnyddwyr mewn cyfeiriaduron ffôn lleol eu bod yn cyflenwi gwasanaethau. Yn gyffredinol, byddai economegwyr yn dadlau bod y math hwn o hysbysebu yn cynyddu sofraniaeth defnyddwyr am ei fod yn galluogi defnyddwyr i wneud dewis mwy rhesymegol ynghylch beth i'w

Cwestiwn 2

I ba raddau y mae'r hysbysebion hyn yn cynyddu sofraniaeth defnyddwyr?

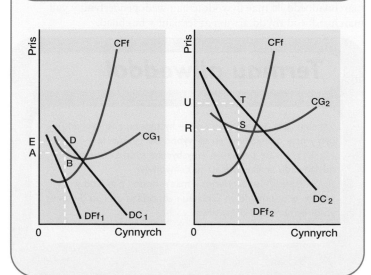

Ffigur 66.1 *Yr enillion o hysbysebu i fonopolydd*
Bydd ymgyrch hysbysebu sy'n cynyddu'r galw yn cynyddu elw annormal o ABDE i RSTU er gwaethaf cynnydd mewn costau cyfartalog.

brynu. Mae'n rhoi mwy o wybodaeth iddynt am yr hyn sydd ar gael yn y farchnad.

Hysbysebu sydd â'r bwriad o ddylanwadu ar flaenoriaethau defnyddwyr yw HYSBYSEBU ER PERSWÂD. Mae'r rhan fwyaf o hysbysebion teledu neu hysbysebion mawr mewn cylchgronau a phapurau newydd yn hysbysbu er perswâd. Efallai y bydd yr hysbysebion hyn yn cynnwys rhywfaint o wybodaeth, ond y prif nod yw perswadio defnyddwyr bod cynnyrch penodol yn fwy dymunol na chynhyrchion cystadleuwyr. Ar y gorau, gall hysbysebu er perswâd droi'r fantol yn achos defnyddiwr sydd heb benderfynu rhwng cynhyrchion gwahanol. Ar y gwaethaf, mae hysbysebu er perswâd yn gwneud i ddefnyddwyr brynu cynhyrchion na fyddent wedi'u prynu fel arall.

Polisi llywodraeth

Mae'n anodd asesu i ba raddau y mae sofraniaeth defnyddwyr yn bodoli mewn economi diwydiannol modern. Yn ei lyfr *The New Industrial State*, dadleuodd J K Galbraith nad oedd llawer o sofraniaeth defnyddwyr mewn marchnadoedd a ddominyddwyd gan ddiwydiannau oligopolaidd a monopolaidd (h.y. y rhan fwyaf o'r diwydiant gweithgynhyrchu a llawer o'r diwydiant gwasanaethau). Trwy hysbysebu a hyrwyddo, roedd cynhyrchwyr yn gallu sianelu gwariant defnyddwyr. Wrth gwrs ni fydd defnyddwyr yn prynu unrhyw gynnyrch cyffredin am ei fod yn cael ei hysbysebu. Ond byddan nhw yn prynu cynnyrch X yn hytrach na chynnyrch Y os gall y cynhyrchydd ddarganfod y cyfuniad iawn o rigwm, stori,

symbol rhywiol neu ddelwedd arall i'w chysylltu â'r cynnyrch.

Ar y llaw arall, yn ôl economegwyr marchnad rydd, hyd yn oed os ydy gwybodaeth defnyddwyr yn amherffaith, mae'r dewisiadau eraill sy'n cynnwys y wladwriaeth yn penderfynu beth sy'n ddymunol neu'n annymunol yn arwain at ddyraniad llawer llai effeithlon o adnoddau.

Mae gan lywodraethau ddewis eang o bolisïau i unioni methiant posibl y farchnad sy'n deillio o wybodaeth amherffaith defnyddwyr.

Gall llywodraethau geisio atal gwerthwyr rhag camarwain y defnyddiwr. Bwriad llawer o ddeddfwriaeth gwarchod defnyddwyr yw gwarchod y defnyddiwr rhag arferion annheg gan werthwyr. Er enghraifft, mae Deddf Disgrifiadau Masnach 1968 yn ei gwneud hi'n anghyfreithlon i adwerthwyr werthu nwyddau â disgrifiadau camarweiniol. Hefyd gall y llywodraeth annog neu orfodi gwerthwyr i ddarparu gwybodaeth na fyddent efallai yn ei rhoi fel arall. Dwy enghraifft yw cynhwysion bwyd wedi'i weithgynhyrchu neu ddyddiadau 'gorau cyn'.

Gall y llywodraeth helpu defnyddwyr i frwydro'n fwy effeithiol am iawndal yn erbyn gwerthwyr sydd yn aml â mwy o gyllid. Er enghraifft, mae ei gwneud hi'n rhatach i ddwyn achos llys yn erbyn cwmni trwy system Llysoedd Hawliadau Bach yn gwneud defnyddwyr yn llawer mwy pwerus.

Hefyd gall y llywodraeth ei hun roi gwybodaeth i'r defnyddiwr, neu hybu cyrff annibynnol i wneud hynny. Mae cyrff fel Sefydliad Safonau Prydain ac Adrannau Safonau Masnachu lleol yn helpu yn y maes hwn.

Yn fwy dadleuol efallai, mae hysbysebu alcohol eisoes yn gyfyngedig yn y DU ac mae hysbysebu tybaco wedi'i wahardd. Byddai'n bosibl cyflwyno rheolaethau ehangach o lawer ar hysbysebu, yn enwedig i reoli hysbysebu er perswâd. Fodd bynnag, mae llywodraethau wedi dewis peidio â gwneud hynny, yn rhannol oherwydd amheuaeth (nad yw diwydiant yn ei theimlo) ynghylch effeithiolrwydd hysbysebu o'r fath. Ar ben hynny, mae hysbysebu yn creu derbyniadau treth ac yn talu am nwyddau fel gwasanaethau teledu y gallai fod yn rhaid i'r llywodraeth neu'r defnyddwyr dalu amdanynt fel arall. Hefyd mae lobi'r defnyddwyr yn wannach o lawer na lobïau diwydiannol am fod defnyddwyr yn wasgaredig tra bo cwmnïau mawr yn gallu gwario symiau sylweddol o arian yn perswadio'r llywodraeth ynghylch eu hachos. Fel y nododd Galbraith, gall llywodraethau gael eu 'dal' gan ddiwydiant a'u defnyddio er lles busnes ac yn erbyn lles y defnyddiwr.

Yn y pen draw gellir teimlo nad ydy defnyddwyr yn y sefyllfa orau i benderfynu sut y dylai adnoddau gael eu dyrannu a bod angen cyd-ddarpariaeth. Gofal iechyd, addysg a darparu pensiynau yw rhai o'r marchnadoedd lle mae llywodraethau wedi penderfynu y gall marchnadoedd rhydd arwain at fethiant y farchnad.

Cwestiwn 3

Teach her a lesson. Cut out the coupon.

Teaching children about smoking isn't easy. You don't need us to tell you that.

However, our free 'Smoking and Pollution' pack should make for interesting lessons.

It's aimed at eleven to twelve year old children. It looks into

the harmful effects of smoking, not just to individuals but to the environment as well.

And it comes in the form of three booklets. One for teachers, one for pupils, and one for parents.

How many 'Smoking and Pollution' packs would you like?

I ba raddau y mae'r hysbyseb hon yn estyn sofraniaeth defnyddwyr neu'n cyfyngu arni?

Termau allweddol

Hysbysebu er gwybodaeth – hysbysebu sy'n cynyddu'r hyn y mae defnyddwyr yn ei wybod am gynnyrch.

Hysbysebu er perswâd – hysbysebu sydd â'r bwriad o ddylanwadu ar flaenoriaethau defnyddwyr.

Sofraniaeth defnyddwyr – mae'n bodoli pan fydd y system economaidd yn caniatáu i adnoddau gael eu dyrannu yn ôl dymuniadau defnyddwr.

Economeg gymhwysol
Hybsysebu yn y DU

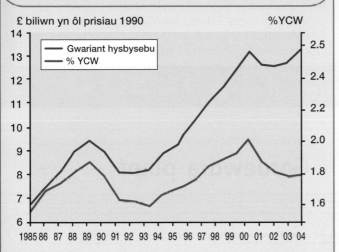

Ffigur 66.2 Gwariant hysbysebu yn ôl prisiau cyson (1990) ac fel % o Ychwanegiad Crynswth at Werth yn ôl prisiau sylfaenol

£ biliwn yn ôl prisiau 1990   %YCW

Ffynhonnell: addaswyd o *Advertising Statistics Yearbook*, Y Gymdeithas Hysbysebu.

Mae hysbysebu yn fusnes mawr yn y DU. Fel mae Ffigur 66.2 yn ei ddangos, mae gwariant hysbysebu wedi tueddu i godi dros amser, yn 1.8% o CMC ar gyfartaledd rhwng 2000 a 2004. Yn 2004 roedd yn cynrychioli gwariant o tua £300 y pen neu £1 200 am deulu o bedwar y flwyddyn. Pe bai hysbysebu yn cael ei wahardd, byddai defnyddwyr yn gorfod talu am deledu masnachol, er enghraifft drwy systemau dadgodio fel a geir gyda theledu lloeren neu gebl. Byddent hefyd yn gorfod talu prisiau uwch o lawer am bapurau newydd a llawer o gylchgronau. Er hynny, mae'r diwydiant hysbysebu yn defnyddio cyfran sylweddol o adnoddau yn yr economi, adnoddau sydd â chost ymwad.

Mae cynhyrchwyr yn defnyddio hysbysebu am eu bod yn gwybod ei fod yn dylanwadu ar flaenoriaethau defnyddwyr ac felly, gellir dadlau, yn lleihau sofraniaeth defnyddwyr ac yn cynyddu sofraniaeth cynhyrchwyr. Er enghraifft, mae *Unilever*, gwneuthurwr nwyddau traul byd-eang, wedi datblygu'r brand *Dove* ar gyfer sebon a nwyddau ymolchi eraill. Yn Awstralia roedd gwerthiant yn ddisymud a doedd y brand ddim yn llwyddo. Lansiwyd ymgyrch hysbysebu gan gadw pob agwedd arall ar y cynnyrch yr un fath, gan gynnwys pris, fformiwleiddiad a defnydd pacio. Am bob $100 a wariwyd ganddo ar hysbysebu yn y ddwy flynedd nesaf, gwelwyd bod derbyniadau'n cynyddu $146.

Enghraifft arall o hysbysebu llwyddiannus yw *Baileys*. Wedi'i lansio yn 1974, gwirod hufen melys ydyw oedd yn apelio yn wreiddiol at ferched hŷn. Roedd yn gynnyrch llwyddiannus iawn, yn ennill 50% o'r farchnad fyd-eang am wirodydd hufen. Roedd hysbysebu'n hanfodol i'r llwyddiant hwn. I godi gwerthiant, fe wnaeth y cynhyrchwyr, oedd erbyn hyn yn rhan o'r grŵp diodydd rhyngwladol, *Diageo*, benderfynu apelio at rannau eraill o'r farchnad. Yn gyntaf, targedwyd merched iau drwy ddangos hysbysebion o ddyn yn mynd â bag o iâ i ferch sengl yn byw ar lawr uchaf bloc o fflatiau. Ategwyd hyn gan ymgyrch farchnata ar gyfer tafarnau i werthu *Bailey's* mewn mesurau mwy gydag iâ. Yna, yn ddiweddarach yn yr 1990au, targedwyd dynion iau. Dangosodd yr ymgyrch hysbysebu hon ferch mewn neuadd pŵl yn darganfod y person wnaeth ddwyn ei diod drwy gusanu pob un o'r dynion.

Wrth gwrs, nid yw hysbysebu i gyd yn llwyddiannus. Fodd bynnag, dim ond am eu bod yn gwybod bod gan hysbysebu y potensial i newid blaenoriaethau defnyddwyr y bydd cwmnïau'n hysbysebu. Mae defnyddwyr yn prynu nwyddau a hysbysebir yn hytrach na rhai na chânt eu hysbysebu.

Oherwydd cydnabyddiaeth helaeth bod hysbysebu'n gallu newid ymddygiad defnyddwyr, gorfodwyd llywodraethau i'w reoli. Yn y DU mae'r diwydiant hysbysebu yn ei reoli ei hun drwy'r Awdurdod Safonau Hysbysebu. Mae hwn yn gorff 'annibynnol' sy'n cael ei ariannu gan y diwydiant hysbysebu. Mae ganddo'r gallu i ofyn i gwmni atal ymgyrch hysbysebu benodol, os nad yw'n gyfreithlon, yn weddus, yn onest, ac yn gywir ond ni all ei orchymyn i wneud hynny. Mae defnyddwyr neu grwpiau eraill â diddordeb yn rhydd i gwyno i'r Awdurdod fydd wedyn yn edrych ar y gŵyn, a naill ai'n ei chadarnhau neu'n ei gwrthod. Os caiff y gŵyn ei chadarnhau, gofynnir i'r cwmni dynnu'r hysbyseb yn ei hôl. Os byddant yn gwrthod, bydd yr Awdurdod yn dwyn pwysau ar y cwmni i newid ei feddwl. Bydd yn rhoi gwybod yn y cyfryngau bod y cwmni'n ymddwyn yn lletchwith. Bydd yn gofyn i bapurau newydd, cylchgronau, cwmnïau teledu, ayb i beidio â chynnwys rhagor o hysbysebion. Bydd hefyd yn gofyn i Swyddfa'r Post wrthod dosbarthu unrhyw ddeunydd hysbysebu drwy'r post ar ran y cwmni.

Mae hunanreoleiddio yn rhad i'r diwydiant ac i unrhyw un sy'n dymuno gwneud cwyn. Fodd bynnag, mae llawer o sefyllfaoedd lle mae angen rheolaeth gadarnach. Er enghraifft, nid yw tynnu hysbyseb yn ei hôl yn ddigon i gwsmeriaid anfodlon sydd am weld cwmnïau'n cael eu herlyn a nhw'n cael eu harian yn ôl. Mewn materion fel hyn, mae yna ddeddfau defnyddwyr, fel Deddf Disgrifiadau Masnach neu Ddeddf Gwerthiant Nwyddau, sy'n atal cwmnïau rhag gwneud honiadau camarweiniol ac sy'n galluogi defnyddwyr i hawlio iawndal.

Mewn achosion eraill, mae'r llywodraeth wedi rheoleiddio hysbysebu yn uniongyrchol. Er enghraifft, cyfyngwyd ar hysbysebu tybaco yn y DU ers tipyn ac yn 2003 cyflwynwyd gwaharddiad llawn ar hysbysebu. Dadleuodd y gwneuthurwyr tybaco fod hyn yn gyfyngiad ar ryddid a rhyddid mynegiant. Roedd hyn yn lleihau sofraniaeth defnyddwyr gan nad oeddent yn cael gwybodaeth am y brandiau oedd ar gael yn y farchnad. Roeddent yn dadlau ymhellach na allai hysbysebu gynyddu'r galw am fath penodol o gynnyrch, fel ceir neu sigaréts. Yn hytrach, doedd hysbysebu ond yn cynyddu'r galw am frand penodol o gynnyrch. Felly, dydy gwahardd hysbysebu tybaco ddim yn cael effaith ar lefelau ysmygu yn gyfan gwbl, ond mae'n effeithio ar ba frand o sigaréts sy'n cael ei ysmygu. Gan gymryd esiampl arall, ni fyddai gwahardd hysbysebu diod feddwol yn lleihau gwerthiant alcohol, ond byddai'n effeithio ar ba fath o alcohol fyddai'n cael ei yfed.

Byddai economegwyr yn dadlau y byddai effeithlonrwydd economaidd yn cynyddu pe bai hysbysebu er gwybodaeth yn cael ei hybu ond na fyddai hysbysebu er perswâd yn cael ei gefnogi. Gan ei bod hi bron yn amhosibl tynnu llinell rhwng y ddau fath o hysbysebu, mae'n anodd llunio canllawiau polisi ymarferol. Hefyd yr hysbysebwyr mawr sy'n dueddol o fod y cwmnïau sy'n cynnal cysylltiad agos â'r sawl sydd mewn grym, megis Aelodau Seneddol ac adrannau'r llywodraeth. Mae 'gafael' gan gwmnïau dros lywodraeth yn cynnal aneffeithlonrwydd economaidd.

Cwestiwn Data

Gordewdra plant

Mae plant yn fwyfwy agored i farchnata bwyd, nid yn unig drwy hysbysebion ond hefyd drwy dechnegau soffistigedig fel negeseuon testun. Yn ôl adroddiad a gyhoeddwyd gan Gymdeithas y Defnyddwyr, mae 'triciau marchnata llechwraidd' yn cael eu defnyddio i dargedu plant. Rhoddodd yr astudiaeth esiamplau o hyrwyddiadau ar y Rhyngrwyd, teganau a gemau cyfrifiadurol a honiadau iechyd 'camarweiniol'. Yn y DU, mae 15% o blant 15 mlwydd oed yn ordew, ond disgwylir i hynny godi i chwarter erbyn 2020.

Ffynhonnell: addaswyd o newyddion y BBC, 30.1.2006.

Ffigur 66.3. Gorbwysedd a gordewdra ymysg plant 2-10 oed, 1995-2003

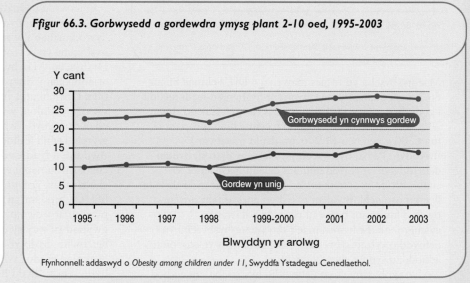

Ffynhonnell: addaswyd o *Obesity among children under 11*, Swyddfa Ystadegau Cenedlaethol.

Dywedodd Undeb Cymdeithasau Diodydd Ewrop y byddai ei aelodau, gan gynnwys *Coca-Cola*, *PepsiCo* a *Cadbury Schweppes*, yn wirfoddol yn atal hysbysebu diodydd ysgafn i blant dan 12 oed ledled yr Undeb Ewropeaidd. Mae *Coca-Cola a PepsiCo* eisoes yn gweithredu polisi o beidio â hysbysebu i blant dan 12 oed. Bydd y rheol yn datgan na fydd cwmnïau diodydd ysgafn yn medru hysbysebu mewn unrhyw gyfrwng nac o gwmpas unrhyw raglen lle mae plant dan 12 oed yn ffurfio hanner y gynulleidfa.

Ffynhonnell: addaswyd o www.foodnavigator-usa.com

Roedd adroddiad yn y *Journal of Epidemiology and Community Health* yn awgrymu bod deiet gwael yn costio £6 biliwn y flwyddyn i wasanaeth iechyd y DU. Mae cyfraniad deiet gwael i glefyd y galon, canser a chlefyd siwgr yn sylweddol. Mae'r £6 biliwn yn ddwbl cost damweiniau ar y ffyrdd a'r rheilffyrdd (£3 biliwn), yn fwy na theirgwaith cost ysmygu (£1.5 biliwn) ac yn fwy na deuddeg gwaith cost gordewdra (£500 miliwn).

Ffynhonnell: addaswyd o www.lse.co.uk, 15.11.2005.

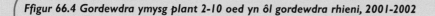

Ffigur 66.4 Gordewdra ymysg plant 2-10 oed yn ôl gordewdra rhieni, 2001-2002

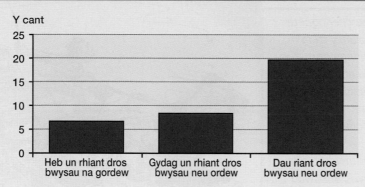

Y cant

Ffynhonnell: addaswyd o *Obesity among children under 11*, Swyddfa Ystadegau Cenedlaethol.

Mae dadansoddiad newydd gan y *Social Issues Research Council* yn Rhydychen, sy'n cael ei ariannu gan gwmnïau bwyd a'r llywodraeth, yn dangos mai dim ond cynnydd bach fu ym mhwysau cyfartalog plant yn ystod yr wyth mlynedd diwethaf. Gan ddefnyddio data'r *Health Survey for England* gan y llywodraeth yn 2003, cyfrifwyd mai ychydig yn llai na 58.9 kg oedd pwysau cyfartalog merch 15 oed yn 2003 o'i gymharu â 58.3 kg yn 1995. Hefyd, heriodd y dadansoddiad fesur y DU o ordewdra nad yw'n ystyried cynnydd yn nhaldra cyfartalog plant dros amser. Gan ddefnyddio mesurau rhyngwladol sydd yn cymryd hyn i ystyriaeth, roedd cyfraddau gordewdra wedi cynyddu o 3.9% yn 1995 i 6.75% yn 2003, o'u cymharu â ffigurau swyddogol y DU o 9.6% yn tyfu i 15.5% dros yr un cyfnod.

Ffynhonnell: addaswyd o www.bakeryandsnacks.com, 16.2.2005.

Mae'r Cyrchlu Gordewdra Rhyngwladol yn amcangyfrif bod 24% o blant oed ysgol yn Ewrop (10-20% yn y Gogledd a 20-35% yn Ne Ewrop) naill ai dros bwysau neu'n ordew, sy'n arwain at gynnydd yn y perygl o ddatblygu clefyd cronig. Mae arolygon a gynhaliwyd yn Ewrop ers yr 1970au yn dangos cynnydd cyflym yn y duedd hon ers canol yr 1990au. Rhaid i'r gwledydd sy'n aelodau'r UE gydymffurfio â'r *Television without Frontiers Directive* (1989) sy'n cyfyngu ar hysbysebu ac sy'n datgan nad yw hysbysebu i fanteisio ar ddiffyg profiad plant nac i hybu plant yn uniongyrchol i berswadio'u rhieni i brynu nwyddau sy'n cael eu hysbysebu. Gwaharddodd Sweden a Norwy hysbysebu wedi'i anelu at blant yn 1991.

Ffynhonnell: addaswyd o www.euractiv.com, 23.6.2005.

1. A oes problem gordewdra ymhlith plant y DU?
2. Ydy hysbysebu cynhyrchion bwyd a diod i blant yn cynyddu neu'n lleihau sofraniaeth defnyddwyr?
3. Trafodwch a ddylid gwahardd hysbysebu cynhyrchion bwyd a diod a anelir at blant.

Yn 2003 gwariodd hysbysebwyr £743 miliwn ar hysbysebu ar deledu plant, 7% o gyfanswm y DU. Gwariwyd dwy ran o dair o'r £743 miliwn ar dri macs: diodydd ysgafn (£63 miliwn), cadwynau tai bwyta (£70 miliwn) a bwyd (£390 miliwn). O fewn hysbysebu bwyd, y tair is-adran fwyaf oedd bwydydd parod a chyfleus (£128 miliwn), melysion (£107 miliwn) a chynnyrch llaeth ac amnewidion cynnyrch llaeth (£51 miliwn).

Mae 71% o'r hysbysebu ar y teledu a welir gan blant yn digwydd yn ystod oriau oedolion. Ar gyfartaledd, mae pob plentyn yn gweld 28 hysbyseb y dydd, nid yn unig ar y teledu ond ar gyfryngau hysbysebu eraill, fel byrddau poster. O'r 28 hyn, bydd pump ar y teledu ac yn ymwneud â bwyd.

Ffynhonnell: addaswyd o *Child obesity - food advertising in context*, Ofcom, 2005

Crynodeb

1. Cael diwydiannau allweddol yn yr economi dan berchenogaeth y wladwriaeth oedd y norm yng ngorllewin Ewrop am y rhan fwyaf o'r cyfnod ar ôl y rhyfel. Rhoddwyd diwydiannau dan berchenogaeth y wladwriaeth am nifer o resymau gan gynnwys yr awydd i sicrhau darbodion maint, gwella rheolaeth a rhedeg y diwydiannau hyn er lles y genedl gyfan.

2. Gwerthiant asedau sydd dan berchenogaeth y wladwriaeth i'r sector preifat yw preifateiddio.

3. Defnyddiwyd nifer o ddadleuon i gyfiawnhau preifateiddio gan gynnwys gostwng costau cynhyrchu, cynyddu dewis, ansawdd ac arloesi, ehangu perchenogaeth cyfranddaliadau a gostwng benthyca a dyled y wladwriaeth.

4. Mae dadleuon a ddefnyddiwyd yn erbyn y broses breifateiddio yn cynnwys pryderon ynghylch prisio monopolaidd, cynyddu anghydraddoldeb yn y gymdeithas a chynyddu allanolderau.

5. Gall effeithlonrwydd dyrannol gael ei gynyddu yn y gwasanaethau preifateiddiedig os byddant yn agored i fwy o gystadleuaeth neu os cânt eu rheoleiddio.

6. Gall dadreoli wella effeithlonrwydd economaidd drwy gynyddu cystadleuaeth.

7. Gall tendro cystadleuol arwain at gostau is ac felly cynyddu effeithlonrwydd cynhyrchiol.

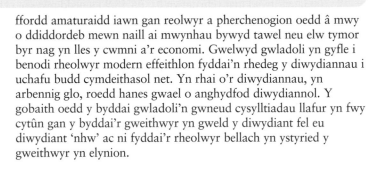

DIWYDIANT PREIFATEIDDIEDIG

Perchenogaeth y wladwriaeth

Wrth i economïau'r gorllewin ddatblygu yn rhan olaf y bedwaredd ganrif ar bymtheg ac yn yr ugeinfed ganrif, tyfodd rôl y wladwriaeth. Dechreuodd llywodraethau ymyrryd fwyfwy yn y dasg o reoli'r economi. Hefyd, yn raddol gwnaethon nhw gaffael perchenogaeth llawer o ddiwydiannau a dod yn gynhyrchwyr a darparwyr amrywiaeth eang o nwyddau a gwasanaethau. Roedd y rhain yn cynnwys:

● nwyddau cyhoeddus, fel amddiffyn, yr heddlu a'r farnwriaeth;
● nwyddau rhinwedd, fel addysg ac iechyd;
● nwyddau a gwasanaethau eraill, fel ffonau, nwy, trydan a rheilffyrdd – diwydiannau sylfaenol allweddol yn yr economi.

Erbyn rhan olaf yr 1970au roedd diwydiannau'r wladwriaeth neu DDIWYDIANNAU GWLADOLEDIG (os oeddent wedi'u trefnu fel cwmni ar wahân, a alwyd yn GORFFORAETHAU CYHOEDDUS yn y DU) yn chwarae rhan bwysig mewn cynhyrchu ym mhob gwlad yng ngorllewin Ewrop. Cynigiwyd nifer o ddadleuon pam y dylai'r wladwriaeth berchenogi a rhedeg cwmnïau.

Costau is Gallai diwydiannau gwladoledig fod yn fwy **cynhyrchiol effeithlon** na chwmnïau cyfatebol yn y sector preifat. Roedd llawer o'r rhaglen wladoli ar ôl y rhyfel yn cynnwys prynu nifer o gwmnïau preifat mewn diwydiant. Er enghraifft, cyn 1947 roedd nifer o gwmnïau rheilffyrdd preifat yn gweithredu ledled y DU. Dadleuwyd y gellid sicrhau **darbodion maint** drwy gydsoddi'r cwmnïau oedd yn cystadlu i fod yn un cwmni, gan ddileu dyblygu adnoddau cynhyrchiol. Hefyd roedd cystadlu â gwariant ar hysbysebu a hyrwyddo yn cael ei ystyried yn wastraffus. Byddai dileu costau marchnata o'r fath yn arwain at gyfanswm costau cynhyrchu is fyth. I raddau helaeth, mae'r dadleuon hyn yn dibynnu ar y ffaith bod y diwydiannau a wladolwyd yn **fonopolïau naturiol** (☞ uned 18).

Gwell rheolaeth Yn aml roedd cefnogwyr gwladoli â meddwl isel iawn o reolwyr sector preifat. Roedden nhw'n dadlau bod cwmnïau preifat yn aml yn cael eu rhedeg mewn ffordd amaturaidd iawn gan reolwyr a pherchenogion oedd â mwy o ddiddordeb mewn naill ai mwynhau bywyd tawel neu elw tymor byr nag yn lles y cwmni a'r economi. Gwelwyd gwladoli yn gyfle i benodi rheolwyr modern effeithlon fyddai'n rhedeg y diwydiannau i uchafu budd cymdeithasol net. Yn rhai o'r diwydiannau, yn arbennig glo, roedd hanes gwael o anghydfod diwydiannol. Y gobaith oedd y byddai gwladoli'n gwneud cysylltiadau llafur yn fwy cytûn gan y byddai'r gweithwyr yn gweld y diwydiant fel eu diwydiant 'nhw' ac ni fyddai'r rheolwyr bellach yn ystyried y gweithwyr yn elynion.

Rheoli monopolïau Roedd llawer o'r cwmnïau a wladolwyd, fel cwmnïau rheilffyrdd a chyflenwyr nwy, yn fonopolyddion lleol. Ystyriwyd mai gwladoli oedd y ffordd hawsaf a mwyaf effeithiol o reoli'r monopolyddion hyn a'u hatal rhag lleihau budd cymdeithasol drwy godi prisiau a gostwng cynnyrch.

Uchafu budd cymdeithasol net yn hytrach nag elw preifat Gwelwyd bod **allanolderau** sylweddol yn y diwydiannau a wladolwyd. Er enghraifft, yn y diwydiant glo teimlwyd bod cwmnïau preifat â rhy ychydig o feddwl am les eu gweithwyr. Roedd iechyd a bywydau glowyr yn cael eu haberthu er mwyn elw preifat. Rhoddwyd i ddiwydiannau gwladoledig y dasg o uchafu budd cymdeithasol net hyd yn oed os golygai hynny aberthu elw preifat.

Mwy o reolaeth ar yr economi Roedd perchneogaeth wladwriaethol o rai o'r diwydiannau pwysicaf yn yr economi (a alwyd weithiau yn rheoli **uchelfannau'r** economi) yn cael ei hystyried yn hanfodol os oedd y llywodraeth i reoli economi marchnad ansefydlog. Ystyriwyd yr 1930au yn enghraifft o anallu grymoedd y farchnad rydd i ddod â sefydlogrwydd a ffyniant i economi. Roedd gwladoli i bob pwrpas yn symudiad tuag at fath o economi oedd â mwy o gynllunio canolog. Yn yr 1970au rhoddwyd nifer o gwmnïau allweddol y DU, fel *Rolls Royce* a *British Leyland* (a ddaeth yn Grŵp *Rover*) dan berchenogaeth gyhoeddus am iddynt fod yn fethdalwyr dan reolaeth breifat. Teimlwyd bod yn rhaid i'r wladwriaeth ymyrryd er mwyn atal grymoedd y farchnad rydd rhag dinistrio cwmnïau oedd yn chwarae rhan allweddol mewn sicrhau ffyniant tymor hir y wlad.

Dosraniad tecach o adnoddau Mae cwmnïau preifat mewn busnes i wneud elw preifat i'w perchenogion. Cyn 1945 roedd y rhan fwyaf o gwmnïau dan berchenogaeth y bobl oedd yn eu rhedeg. Busnes teuluol oedd y gyfundrefn fusnes fwyaf nodweddiadol. Felly roedd hi'n hawdd i weithwyr weld y gwahaniaeth yn incwm y perchenogion a'r gweithwyr. Gallai glowyr, er enghraifft, gymharu safon byw eu plant nhw, oedd prin â digon i'w fwyta ac â dillad gwael, efallai heb bâr o esgidiau ac â llawer yn cysgu yn yr un ystafell, â'r dull cymharol foethus o fyw oedd gan blant perchennog y pwll. Ystyriwyd elw cyfalafol yn ddifeddiannu arian oedd wedi'i ennill gan y gweithwyr. Roedd gwladoli'n gyfle i gipio'r elw hwnnw a'i ddefnyddio er lles pawb yn y gymdeithas, yn weithwyr ac yn ddefnyddwyr, yn hytrach nag ychydig o gyfalafwyr yn unig.

Gwneir nifer o dybiaethau yn y dadleuon hyn sy'n uniongyrchol berthnasol i'r ddadl ynghylch preifateiddio.
- Ystyrir bod y sector cyhoeddus yn fwy effeithlon na'r sector preifat. Yn arbennig, mae rheolwyr sector cyhoeddus yn cael eu hystyried yn well o ran dyrannu adnoddau'r economi na rheolwyr sector preifat.
- Ystyrir bod y sector preifat yn ecsbloetio gweithwyr a defnyddwyr. Mae angen rheolaeth y wladwriaeth i niwtraleiddio grym monopoli a dilyn elw preifat ar draul lles y cyhoedd.
- Mae elw'n cael ei weld yn fwy fel dangosydd o rym monopoli nag fel arwydd sy'n dyrannu adnoddau'n effeithlon o fewn yr economi.

Yn gyffredinol, roedd rhagdybiaeth bod dyrannu adnoddau gan y wladwriaeth yn llawn cystal os nad yn well na dyrannu gan y sector preifat – neu i ddynwared George Orwell (yn *Animal Farm*), 'sector cyhoeddus da, sector preifat gwael.'

Preifateiddio

Mae **preifateiddio** wedi dod yn gysylltiedig â gwerthu diwydiannau gwladoledig mawr i'r sector preifat. Mae Dur Prydain, Telecom Prydain a Nwy Prydain yn enghreifftiau o gorfforaethau cyhoeddus sydd wedi cael eu gwerthu. Mae gwerthiant o'r fath yn un rhan yn unig o raglen ehangach sydd â'r bwriad o drosglwyddo adnoddau o'r sector cyhoeddus i'r sector preifat. Mae agweddau eraill ar breifateiddio yn cynnwys y canlynol.
- Gwerthu rhannau o ddiwydiannau gwladoledig i'r sector preifat. Er enghraifft, roedd *Jaguar Cars* (rhan o'r *Ford Motor Company*) yn rhan o *British Leyland* cyn cael ei werthu i *British Airways*.
- Gwerthu asedau unigol cyrff y llywodraeth. Er enghraifft, erbyn hyn gorfodir awdurdodau lleol i adael i denantiaid tai cyngor

brynu eu cartrefi eu hunain os dymunant. Mae adrannau'r llywodraeth wedi cael eu hannog i werthu tir ac adeiladau sydd ganddynt dros ben.
- Creu cystadleuaeth sector preifat i fonopolïau'r wladwriaeth. Roedd rheoliadau, yn aml wedi'u creu adeg y gwladoli, yn atal cystadleuaeth effeithiol mewn diwydiannau fel telathrebu, glo a nwy. Mae dileu'r rheoliadau hyn wedi galluogi cystadleuwyr, fel cwmnïau cebl, i fynd i mewn i farchnadoedd a gyflenwyd cyn hynny gan fusnesau sector cyhoeddus yn unig.
- Tendro cystadleuol gorfodol. Mae llawer o wasanaethau, yn aml gwasanaethau awdurdodau lleol, wedi cael eu darparu gan weithwyr sector cyhoeddus yn y gorffennol. Casglwyd biniau sbwriel gan gasglwyr sbwriel y cyngor, glanhawyd ysgolion gan lanhawyr y cyngor a golchwyd cynfasau ysbytai gan weithwyr y gwasanaeth iechyd. Erbyn hyn mae'r llywodraeth wedi gorfodi ei hadrannau ei hun, awdurdodau lleol a chyrff eraill y llywodraeth i osod y gwasanaethau hyn ar dendr. Mae gweithwyr a ddarparodd y gwasanaethau hyn o'r blaen wedi cael eu diswyddo, er bod y rhan fwyaf wedi adennill eu swyddi yn gweithio i'r cwmnïau sector preifat a enillodd y contractau.

Dadleuon o blaid preifateiddio

Mae nifer o ddadleuon wedi'u cynnig o blaid preifateiddio.

Cost Does gan ddiwydiannau dan berchenogaeth gyhoeddus ddim cymhelliad i ostwng costau. Y canlyniad yw y bydd aneffeithlonrwydd X (☞ uned 61) yn debygol yn y diwydiant. Does dim cymhelliad am nad oes fawr ddim neu ddim mecanwaith y gall y llywodraeth ei ddefnyddio i wasgu ar gostau. Yn aml does fawr ddim cymhariaeth â'r hyn allai costau fod o'u gostwng i'r isaf gan fod y cwmni sydd dan berchenogaeth y wladwriaeth yn aml yn fonopoli. Hefyd mae diwydiannau dan berchenogaeth y wladwriaeth yn tueddu i ymddwyn fel biwrocratiaethau, lle mae buddiannau'r gweithwyr yr un mor bwysig â buddiannau'r perchenogion (y wladwriaeth) a'r defnyddwyr. Mae **damcaniaethau ymddygiadol o'r cwmni** (☞ uned 50) yn fwy priodol ar gyfer deall eu gwneud penderfyniadau na damcaniaethau neo-glasurol traddodiadol o uchafu elw. Mae gan gwmni preifateiddiedig sy'n uchafu elw gymhelliad i ostwng cost gan fod cost is yn cael ei throsi'n elw uwch. Mae hynny'n wir p'un ai bod y cwmni preifateiddiedig yn wynebu cystadleuaeth yn y farchnad neu'n mwynhau monopoli. Felly mae preifateiddio'n arwain at gynyddu **effeithlonrwydd cynhyrchiol** (☞ uned 16).

Dewis ac ansawdd Does gan gyfundrefnau sector cyhoeddus fawr ddim cymhelliad i gynhyrchu nwyddau y mae defnyddwyr yn dymuno eu prynu. Maen nhw'n tueddu i fod yn gyfundrefnau 'a arweinir gan gynhyrchion', yn masgynhyrchu amrywiaeth gyfyngedig o nwyddau a gwasanaethau y dylid ym marn gweithwyr y wladwriaeth eu darparu ar gyfer defnyddwyr. Mae hyn yn arbennig o wir lle mae'r cyfyndrefnau sector cyhoeddus yn ddarparwyr sy'n fonopoli neu'n agos at fod yn fonopoli. I'r gwrthwyneb, mae gan gwmnïau sector preifat gymhelliad i ddarparu dewis ac ansawdd. Os ydynt mewn marchnadoedd cystadleuol a heb ddarparu dewis ac ansawdd, bydd defnyddwyr yn prynu gan gwmnïau eraill sydd yn darparu'r rhain. Yn aml, hyd yn oed os ydynt yn fonopolyddion, gall cwmnïau preifateiddiedig godi prisiau ac ehangu eu marchnad drwy ddarparu gwasanaethau o ansawdd ynghyd â dewis. Yna gall prisiau uwch a mwy o werthiant arwain at elw uwch, sef nod sylfaenol cwmnïau sector preifat. Mae dewis ac ansawdd yn agweddau ar **effeithlonrwydd dyrannol** (☞ uned 16).

Cwestiwn 1

'Bydd cyfuno dan berchenogaeth gyhoeddus yn dod â darbodion mawr mewn gweithredu ac yn ei gwneud hi'n bosibl moderneiddio dulliau cynhyrchu ... Bydd perchenogaeth gyhoeddus ... yn gostwng prisiau, yn atal gwastraff cystadleuol, yn agor y ffordd i ymchwil a datblygu cyd-drefnedig... Dim ond os bydd perchenogaeth gyhoeddus yn cymryd lle monopoli preifat y gall diwydiant fod yn effeithlon.'

Ffynhonnell: Maniffesto'r Blaid Lafur 1945.

Eglurwch y dadleuon economaidd sydd y tu ôl i'r syniadau a fynegir ym Maniffesto'r Blaid Lafur 1945.

Arloesi Fel y mae yn achos dewis ac ansawdd, does gan gyfundrefnau sector cyhoeddus fawr ddim cymhelliad i arloesi. Fodd bynnag, gall cyfundrefnau sector preifat ennill elw uwch os byddant yn arloesi ac yn perswadio defnyddwyr i brynu mwy o'u cynnyrch. Mae hyn yn cynyddu **effeithlonrwydd dynamig** yn yr economi.

Llaw gudd y farchnad Mae grymoedd y farchnad yn dyrannu andoddau fel y cânt eu defnyddio yn y modd mwyaf effeithlon. Mae penderfyniadau gwario defnyddwyr mewn marchnad rydd yn gweithio fel pleidleisiau mewn etholiad democrataidd, yn dangos blaenoriaethau defnyddwyr. Ar y llaw arall, dydy cyfundrefnau monopoli y wladwriaeth ddim yn gwybod blaenoriaethau defnyddwyr i allu gwneud penderfyniadau dyrannol effeithlon ar eu rhan. Hefyd, mae llywodraethau'n ymyrryd yn y farchnad ac yn camddyrannu adnoddau er mwyn amcanion gwleidyddol tymor byr. Llywodraethau yw gelyn rhyddid economaidd am fod ganddynt gymaint o rym gwleidyddol. Felly, dylai llywodraethau fod â chyn lleied o reolaeth ar yr economi ag sy'n bosibl. Dim ond gweithrediad grymoedd marchnad rydd fydd yn sicrhau'r dyraniad adnoddau optimaidd.

Ystyriaethau eraill o blaid preifateiddio

Gall y broses breifateiddio gael ei defnyddio i gyflawni nodau eraill hefyd.

Ehangu perchenogaeth cyfranddaliadau Dadleuwyd bod perchenogaeth ehangach o gyfranddaliadau yn ddymunol. Yn y gorffennol mae perchenogaeth cyfranddaliadau wedi bod yn rhy gul. Dim ond ychydig o bobl cymharol gyfoethog sydd wedi dewis buddsoddi eu cynilion mewn cyfranddaliadau. Y canlyniad fu

Cwestiwn 2

Cyflawnwyd y rhan fwyaf o breifateiddio gan y llywodraeth Geidwadol yn yr 1980au, gyda'r llywodraeth yn cael £110.5 biliwn (yn ôl prisiau 2000) o'r gwerthiant. Dros y cyfnod o ugain mlynedd hyd at 1999, gostyngodd prisiau defnyddwyr am drydan 24% ac am nwy 35% mewn termau real. Yn achos telathrebu y gostyngiad prisiau real oedd 52% ond mae prisiau dŵr wedi cynyddu 51% a phrisiau tocynnau bws a bws moethus 16%.

Yn achos nwy a thrydan ni chafwyd newidiadau mawr yn ansawdd y gwasanaeth er gwaethaf cystadleuaeth mewn cyflenwad domestig o 1998. Yn achos telathrebu, mae cystadleuaeth yn y ddolen leol wedi bod yn gyfyngedig iawn ond mae cwmnïau wedi bod yn symud i mewn i roi dewis o ddarparwyr i gwsmeriaid preswyl. Mae rhestri aros tanysgrifwyr (lle mae cwsmeriaid newydd yn gorfod aros i gael llinell wedi'i gosod) wedi cael eu dileu a chafwyd gostyngiad yng nghyfraddau methiant galwadau. Yn y diwydiant dŵr, cafwyd symiau mawr o fuddsoddiant mewn isadeiledd sylfaenol i gymryd lle hen system yn dyddio o oes Fictoria. Yn y diwydiant rheilffyrdd, cafwyd cystadlu cyfyngedig rhwng trwyddedwyr. Cafwyd rhywfaint o arloesi a rhywfaint o welliant mewn dangosyddion gwasanaeth. Fodd bynnag, yr argraff sydd gan y cyhoedd yw bod ansawdd y gwasanaeth wedi dirywio dros amser.

Ffynhonnell: addaswyd o'r *Financial Times*, 28.9.2005.

Yn ôl yr erthygl, sut mae preifateiddio wedi cynyddu (i) effeithlonrwydd, (ii) dewis a (iii) arloesi?

---

rhaniad rhwng gweithwyr a chyfalafwyr, gyda rhai gweithwyr yn gweld perchenogion cyfranddaliadau yn barasitiaid sy'n mynd â'r elw sy'n deillio o ymdrechion y gweithwyr. Mewn democratiaeth â pherchenogaeth ehangach o gyfranddaliadau, nid yw'r gwahaniaeth rhwng gweithiwr a chyfalafwr yn bresennol am fod gweithwyr hefyd yn gyfalafwyr. Bydd gweithwyr yn gallu deall yn well y risgiau y mae cyfalafwyr yn eu cymryd â'u hasedau a byddant yn gallu gweld, er enghraifft, nad yw cynnydd cyflog o reidrwydd yn economaidd ddymunol. Bydd cyfoeth y wlad wedi'i ledu'n fwy cyfartal a gall hynny hefyd gael ei ystyried yn ddymunol.

Gostwng benthyca cyhoeddus a gwariant y wladwriaeth Yn y tymor byr, mae gwerthu asedau sydd dan berchenogaeth y wladwriaeth yn codi arian i'r llywodraeth y gellir ei ddefnyddio i ostwng benthyca cyhoeddus am y flwyddyn neu hyd yn oed ad-dalu rhan o'r Ddyled Wladol. Bydd yna welliant hefyd yng nghyllid y wladwriaeth yn y tymor hir os ydy mentrau dan berchenogaeth y wladwriaeth yn gwneud colledion a bod angen eu cymorthdalu, fel sydd yn aml yn wir. Mae llai o fenthyca yn arwain at ad-daliadau is o log a thrwy hynny at lai o angen am drethi. Achosir hynny hefyd gan ostwng cymorthdaliadau i ddiwydiannau'r wladwriaeth.

Problemau posibl gyda phreifateiddio

Mae nifer o broblemau posibl gyda phreifateiddio.

Monopoli Mae rhai diwydiannau dan berchenogaeth y wladwriaeth eisoes yn gweithredu mewn marchnad gystadleuol. Cyn preifateiddio roedd Dur Prydain, er enghraifft, er yn gynhyrchydd monopoli yn y DU, yn wynebu cystadleuaeth frwd gan gynhyrchwyr dur tramor. Fodd bynnag, preifateiddiwyd rhai yn fonopolïau ac maen nhw'n parhau yn fonopolïau. Byddai damcaniaeth neo-glasurol draddodiadol yn awgrymu y bydden nhw wedyn yn manteisio ar y sefyllfa honno, yn codi prisiau uchel ac yn cyfyngu ar gynnyrch, gan arwain at golli effeithlonrwydd dyrannol (☞ uned 63). Caiff dwy ffordd o oresgyn y broblem hon eu trafod isod – hollti'r monopoli a rheoleiddio'r monopoli.

Tegwch Dydy diwydiannau gwladoledig ddim o reidrwydd yn prisio yn yr un ffordd ag y byddai cwmni preifateiddiedig yn ei wneud. Mae'r broses breifateiddio yn debygol o arwain at newid yn y strwythur prisiau. Bydd hyn yn peri bod enillwyr a chollwyr ymhlith defnyddwyr. Hefyd bydd newid mewn tegwch yn deillio o berchenogaeth cyfranddaliadau a thaliadau buddrannau i gyfranddalwyr preifat.

Allanolderau Efallai y rhoddodd diwydiannau gwladoledig fwy o bwys ar ffactorau fel effaith eu gweithrediadau ar yr amgylchedd na diwydiant preifateiddiedig. Wedyn gall preifateiddio arwain at fwy o allanolderau negyddol (☞ uned 19). Ar y llaw arall, efallai nad oes raid i ddiwydiannau gwladoledig gydymffurfio â deddfau amgylcheddol neu ddeddfau eraill am fod y wladwriaeth wedi eu heithrio. Yn yr achos hwn bydd preifateiddio'n arwain at lai o allanolderau negyddol.

Rheoli cwmnïau preifateiddiedig

Fel yr eglurwyd uchod, roedd rhai cwmnïau neu ddiwydiannau a breifateiddiwyd eisoes yn gweithredu o fewn amgylchedd cystadleuol. Fodd bynnag, roedd eraill, fel trydan, nwy a dŵr yn y DU, yn fonopolïau cyn preifateiddio. Pe byddent yn cael eu gadael yn fonopolïau gallent fanteisio ar eu safle monopoli, gan arwain at aneffeithlonrwydd dyrannol. Mae dwy brif ffordd y gall hynny gael ei atal.

Creu cystadleuaeth Mae dwy ffordd o greu cystadleuaeth. Y cyntaf yw preifateiddio'r cwmni neu'r diwydiant yn gyfan ond hybu cwmnïau sector preifat i gychwyn yn y diwydiant. Er enghraifft, gorfododd llywodraeth y DU Nwy Prydain i adael i gwmnïau nwy eraill gyflenwi'r farchnad nwy ddiwydiannol a'r farchnad ddomestig. Yr ail ffordd o greu cystadleuaeth yw hollti'r diwydiant adeg y preifateiddio yn gwmnïau sy'n cystadlu. Er enghraifft, holltwyd cynhyrchu trydan yn dair rhan adeg y preifateiddio – *PowerGen*, *National Power* a *Nuclear Electric*.

Rheoleiddio'r diwydiant Ail bosibilrwydd yw caniatáu i'r monopoli aros ar ôl preifateiddio ond creu fframwaith rheoleiddio sy'n ei atal rhag ennill elw annormal a chreu aneffeithlonrwydd dyrannol. Mae'r holl wasanaethau preifateiddiedig yn y DU â rheolyddion sy'n gweithredu drwy gyfyngu ar brisiau.

Mae dau brif fater yn codi o reoleiddio. Mae'r cyntaf yn ymwneud ag amcan rheoleiddio. Y nod sylfaenol yw atal y monopoli rhag ennill elw annormal a'i hybu i fod yn gynhyrchiol effeithlon (h.y. cynhyrchu am y gost isaf). Yn UDA mae rheolyddion wedi tueddu i ganolbwyntio ar elw, gan gyfyngu ar faint o elw y gall cwmni rheoleiddiedig ei ennill. Dadleuir nad yw hyn yn hybu'r cwmni i ostwng ei gostau nac i arloesi drwy greu cynhyrchion newydd a marchnadoedd newydd. Yn y DU mae rheoleiddio wedi canolbwyntio ar brisiau. Gosodwyd terfynau prisiau i'r gwasanaethau preifateiddiedig ond caniateir iddynt ennill cymaint o elw ag y gallant o fewn y terfynau hynny. Dadleuir bod hyn yn arwain at fwy o effeithlonrwydd. Os bydd y cwmni'n torri costau ac felly yn dod yn fwy cynhyrchiol effeithlon, gall gadw rhan neu'r cyfan o'r enillion ar ffurf elw uwch. Hefyd, os ydy'r cwmni'n llwyddo i ennill gwerthiant newydd ac ehangu ei farchnad, gall rannu yn y llwyddiant hwn drwy gadw'r elw uwch sy'n deillio o hyn.

Ail fater sy'n codi o reoleiddio yw **cipio rheoliadol** (☞ uned 20). Dadleuir y gall rheolyddion cwmnïau preifateiddiedig gael eu 'cipio' gan y diwydiannau y bwriadwyd iddynt eu rheoleiddio. Yn aml bydd penderfyniadau'r rheolydd yn seiliedig ar wybodaeth a roddir iddo gan y diwydiant. Yn amlwg, dim ond gwybodaeth sy'n cefnogi'r angen i gadw prisiau'n uchel y bydd y cwmni preifateiddiedig yn dymuno ei throsglwyddo i'r rheolydd. Os bydd y rheolydd yn tybio bod y cwmni'n rhoi gwybodaeth lawn a di-duedd iddo, gellir dweud bod y rheolydd wedi cael ei 'gipio' gan y cwmni am ei fod i bob pwrpas yn gweithredu er lles y cwmni yn hytrach nag er lles y defnyddwyr. Yn fwy o ofid fyddai sefyllfaoedd lle mae'r rheolydd yn cael budd rywsut o ganiatáu rheoleiddio gwan o'r diwydiant. Byddai llwgrwobrwyo yn un ffordd amlwg i'r cwmni gyflawni hyn. Fodd bynnag, byddai cysylltiad clòs rhwng y rheolydd a'r cwmni rheoleiddiedig, lle byddai'r cwmni yn talu symiau mawr o dreuliau i'r rheolydd, yn gallu arwain at sefyllfa lle na fyddai'r rheolydd yn rheoleiddio'n ddi-duedd.

Dadreoli

Y broses o ddileu rheolaethau'r llywodraeth o farchnadoedd yw **dadreoli**.

● Efallai y bydd y llywodraeth yn caniatáu i gwmnïau preifat gystadlu mewn marchnad sydd ar hyn o bryd yn cael ei chyflenwi gan fonopoli y wladwriaeth. Enhgraifft o hyn fyddai pe bai'r llywodraeth yn caniatáu i gwmnïau preifat gystadlu ym maes dosbarthu llythyrau â gwasanaeth post dan berchenogaeth y wladwriaeth.

● Efallai y bydd y llywodraeth yn dileu rheoliadau sy'n atal cystadlu rhwng cwmnïau preifat. Er enghraifft, efallai bod y llywodraeth yn cyfyngu ar nifer yr adeiladau mewn ardal leol all gael eu defnyddio ar gyfer gwerthu cyffuriau fferyllol. Yna gallai dadreoli arwain at ddileu'r system drwyddedu hon, gydag unrhyw adwerthwr yn rhydd i werthu cyffuriau o'i adeiladau.

● Efallai y bydd y llywodraeth yn dileu rheoliadau pan fydd diwydiant yn cael ei breifateiddio. Er enghraifft, pan breifateiddiwyd glo yn y DU dilewyd y rheoliad na allai pwll glo preifat gyflogi mwy na 10 gweithiwr.

Mae dadreoli'n ceisio gwella effeithlonrwydd economaidd drwy hybu cystadleuaeth. Dadleuir y bydd hyn yn gostwng costau (gan gynyddu effeithlonrwydd cynhyrchiol) tra'n gostwng prisiau a chynyddu cynnyrch (gan gynyddu effeithlonrwydd dyrannol). Problem fawr gyda dadreoli yw ei fod yn hybu 'hufennu' marchnadoedd (cwmnïau'n darparu gwasanaethau yn y rhannau mwyaf proffidiol o'r farchnad yn unig). Er enghraifft, yn y diwydiant bysiau, a ddadreolwyd yn yr 1980au, canolbwyntiodd cwmnïau bysiau ar ddarparu gwasanaethau bws ar lwybrau trefol proffidiol i mewn i ganol trefi, a gellir dadlau bod hynny ar draul teithwyr cefn gwlad.

Contractio allan

Rhaid i'r llywodraeth ddarparu rhai nwyddau a gwasanaethau am eu bod yn nwyddau cyhoeddus neu rinwedd, neu am fod darpariaeth y wladwriaeth yn fwy effeithlon neu'n fwy teg na darpariaeth sector preifat (☞ uned 20). Fodd bynnag, dydy hyn ddim yn golygu mai'r wladwriaeth sy'n gorfod cynhyrchu'r cyfan neu ran o'r nwyddau neu'r gwasanaethau hyn. Er enghraifft, yn y DU dydy'r wladwriaeth erioed wedi gwneud y cynfasau sydd yn

Cwestiwn 3

Mae dau gwmni trydan wedi cael eu dirwyo £200 000 yr un am atal cwsmeriaid rhag symud i gyflenwyr nwy neu bŵer newydd. Gwnaeth *Ofgem*, rheolydd diwydiannau'r gwasanaethau, ddirwyo *Scottish Power* a *Npower* a dweud na fyddai'n goddef 'arferion gwael'.

Ffynhonnell: addaswyd o'r *Financial Times*, 21.2 2004.

Dylai *OFCOM*, rheolydd newydd telathrebu, annog defnyddwyr i symud o *BT*, bydd ASau ar y Pwyllgor Cyfrifon Cyhoeddus yn ei ddweud hediw. Mae'r alwad wedi cael ei ysgogi gan gŵyn bod *BT* yn cadw canran 'annerbyniol', 70%, o gysylltiadau llinell sefydlog a rhybudd bod y farchnad gyfan yn ddryslyd i ddefnyddwyr.

Ffynhonnell: addaswyd o *The Times*, 23.2.2004.

Ar 2 Rhagfyr 2004, gwnaethom osod terfynau prisiau ar gyfer pob cwmni dŵr a charthffosiaeth yng Nghymru a Lloegr am y pum mlynedd o 2005 i 2010. Y terfyn pris cyfartalog am 2005-06 yw 13.1% (yn cynnwys chwyddiant). Erbyn hyn mae'r cwmnïau wedi gosod eu prisiau ac yn Ebrill 2005 bydd cwsmeriaid cartref yn gweld cynnydd cyfartalog yn eu biliau dŵr a charthffosiaeth o £29 (11.8% yn cynnwys chwyddiant).

Ffynhonnell: addaswyd o *Water and Sewerage Bills 2005-06* gan Ofwat.

Gan ddefnyddio enghreifftiau o'r data, eglurwch wahanol ffyrdd y gall llywodraethau reoli gwasanaethau preifateiddiedig.

Cwestiwn 4

Mae'r GIG yn bwriadu gwario £4.5 biliwn y flwyddyn, bron 6% o'i gyllideb, ar ddarpariaeth breifat o ofal clinigol a rheoli cyfleusterau. Tra yng nghynhadledd y Blaid Lafur yr wythnos hon, mae *Unison* ac undebau llafur eraill yn galw am roi terfyn ar ddefnyddio'r sector preifat. Dywedodd Chris Hamm, athro rheoli gwasanaethau iechyd ym Mhrifysgol Birmingham a chyn-bennaeth strategaeth yn yr Adran Iechyd, bod amrywiaeth o feysydd lle gallai darpariaeth breifat gynyddu yng ngwasanaethau meddyg teulu a gwasanaethau cymunedol.

Mae gweinidogion iechyd yn credu bod cystadleuaeth gan ddarparwyr preifat wedi helpu i symbylu ysbytai'r gwasanaeth iechyd ac wedi cyfrannu at ostwng amserau aros, ac maen nhw eisiau gweld yr un effaith mewn gofal cychwynnol. Fodd bynnag, mae'r graddau y mae'r sector preifat wedi cyfrannu hyd yma at ostyngiad sydyn amserau aros yn ddadleuol. Gellid dadlau mai arian ychwanegol i'r GIG a thargedau rhestri aros ar gyfer ysbytai'r GIG sydd wedi helpu i wella perffomiad y GIG. O'r 5.5 miliwn o gleifion ar restri aros y GIG, mae'r sector preifat wedi rhoi llawdriniaeth i 70 000 yn unig o gleifion.

Ffynhonnell: addaswyd o'r *Financial Times,* 26.9.2005.

(a) Pam y gallai cynyddu faint o waith a wneir gan y sector preifat i'r GIG fod o fudd i gleifion?
(b) Pam o bosibl y mae undebau sector cyhoeddus, fel Unison, yn gwrthwynebu contractio allan?

Mae cystadleuaeth, ar y llaw arall, p'un ai bod y contract yn mynd i gwmni sector preifat neu i un o gyrff y llywodraeth, yn gyrru prisiau i lawr, gan arwain at gynyddu effeithlonrwydd cynhyrchiol. Hefyd mae prynwr y gwasanaeth, y llywodraeth, yn gallu canolbwyntio ar benderfynu ar union fanylion yr hyn sydd i gael ei brynu, yn hytrach na gorfod poeni am sut y caiff y gwasanaeth ei ddarparu.

Ar y llaw arall, mae yna bryderu na fydd darparwyr sector preifat efallai yn bodloni manylion y contract. Er na fydd hynny efallai o bwys mawr yn achos, dyweder, cynnal a chadw tir, mae'n amlwg yn fater pwysig iawn os ydy cwmni preifat wedi'i gontractio i redeg cartref yr henoed neu i atgyweirio llong ryfel. Hefyd mae pryderu mai dim ond nifer cymharol fach o gwmnïau fydd yn cynnig am unrhyw gontract. Os bydd dau gwmni yn unig yn cynnig am gontract, rhaid bod rhywfaint o amheuaeth a fydd y naill neu'r llall yn cynnig am y pris isaf posibl. Mae perygl cydgynllwynio hefyd (☞ uned 65), gyda chwmnïau preifat yn dewis rhannu'r farchnad rhyngddynt yn hytrach na chystadlu. Yn olaf, efallai mai dim ond am fod cwmnïau preifat yn talu llai i'w gweithwyr ac yn eu gweithio'n galetach na phe byddent yn weithwyr sector cyhoeddus y cyflawnir costau is. Mae'n ymddangos bod cynnydd mewn effeithlonrwydd cynhyrchiol yn deillio o gostau is y contract ond efallai y cyflawnir hynny ar draul ailddosrannu yn y gymdeithas, gyda threthdalwyr yn ennill a'r gweithwyr yn colli.

Termau allweddol

Contractio allan – cael cwmnïau sector preifat i gynhyrchu'r nwyddau a'r gwasanaethau sydd wedyn yn cael eu darparu gan y wladwriaeth ar gyfer ei dinasyddion.
Diwydiannau gwladoledig a chorfforaethau cyhoeddus – diwydiannau neu gwmnïau dan berchenogaeth y wladwriaeth.
Tendro cystadleuol – cyflwyno cystadleuaeth ymhlith cwmnïau sector preifat sy'n cynnig am waith sy'n cael ei gontractio allan gan y sector cyhoeddus.

ysbytai'r GIG na'r tanciau a ddefnyddir yn y fyddin Brydeinig. Caiff y rhain eu cynhyrchu gan gwmnïau sector preifat a'u gwerthu i'r sector cyhoeddus.

Yn ddamcaniaethol, gallai llywodraeth GONTRACTIO ALLAN darpariaeth yr holl nwyddau a gwasanaethau sy'n cael eu darparu. Gallai gyflogi cwmnïau preifat i weithredu popeth o ffyrdd i ysbytai i'r fyddin. Mae TENDRO CYSTADLEUOL yn debygol o fynd gyda'r broses hon. Bydd y llywodraeth yn llunio manyleb ar gyfer y nwydd neu'r gwasanaeth. Yna bydd yn gwahodd cwmnïau sector preifat i gynnig am y contract i'w ddarparu. Y cwmni sy'n cynnig y pris isaf, yn amodol ar warantau ansawdd, sy'n ennill y contract.

Y brif fantais a honnir ar gyfer contractio allan gwasanaethau yw bod y llywodraeth yn arbed arian. Dadleuir bod darpariaeth sector cyhoeddus yn fiwrocratiadd ac yn aneffeithlon. Does dim cymhelliad i ddarparwyr sector cyhoeddus ostwng costau na bod yn arloesol.

Economeg gymhwysol
Gwladoli a phreifateiddio yn y DU

Hanes

Mae'r wladwriaeth yn gyfrifol am drefnu a chynhyrchu llawer o nwyddau a gwasanaethau. Yn draddodiadol, mae rhai, fel amddiffyn ac addysg, wedi cael eu hariannu drwy drethi a'u darparu am ddim yn y man gwerthu. Ond hefyd bu traddodiad hir o'r wladwriaeth yn gwerthu nwyddau a

gwasanaethau yn yr un modd â chwmni preifat. Er enghraifft, sefydlwyd gwasanaeth post cyhoeddus yn 1840 a ddatblygodd i fod yn Swyddfa'r Post a welwn heddiw. Yn 1912 darparodd Swyddfa'r Post wasanaeth ffôn cenedlaethol gyntaf. Yn ystod yr 1920au a'r 1930au, sefydlodd llywodraethau olynol y DU y *British*

Broadcasting Corporation, y *London Passenger Transport Board*, y *British Overseas Airways Corporation* (rhan o *British Airways* erbyn hyn) a'r Bwrdd Canolog Cynhyrchu Trydan. Hefyd darparodd awdurdodau lleol lawer o nwyddau a gwasanaethau, fel pyllau nofio, cludiant bws a nwy.

Hyd at yr Ail Ryfel Byd, sefydlwyd mentrau llywodraethol i'r diben os credwyd y byddai darpariaeth gan y wladwriaeth yn well na darpariaeth breifat yn yr achos arbennig hwnnw. Fodd bynnag, roedd y llywodraeth Lafur a etholwyd yn 1945 yn credu'n gryf bod gwladoli yn gyffredinol yn debygol o fod yn fuddiol. Gwladolodd llywodraeth Clement Attlee y diwydiannau glo, y rheilffyrdd, dur, Banc Lloegr a chludiant ffyrdd. Creodd y byrddau nwy a'r byrddau trydan a barhaodd am y 40 mlynedd nesaf. Roedd y llywodraeth Lafur ar ôl 1951 yn dal yn ymroddedig i wladoli pellach ond nid oedd yn flaenoriaeth uchel. Roedd y ddau gwmni arall a ddaeth dan berchenogaeth gyhoeddus yn gwmnïau a aeth yn fethdalwyr ac fe gawson nhw eu trosfeddiannu er lles y cyhoedd – *Rolls Royce* yn 1971 gan lywodraeth Geidwadol Edward Heath, a *British Leyland* yn 1975 gan lywodraeth Lafur Harold Wilson.

Ni chafodd preifateiddio ei grybwyll yn benodol ym maniffesto'r Blaid Geidwadol yn 1979. Serch hynny, o fewn 10 mlynedd roedd nifer o gwmnïau'r sector cyhoeddus wedi eu gwerthu i'r sector preifat. Mae Tabl 67.1 yn dangos amserlen gwerthu asedau dan berchenogaeth gyhoeddus i'r sector preifat oddi ar 1979.

I ddechrau, cwmnïau cymharol fach ag elw da a roddwyd ar werth. Roedd y rhain mewn marchnadoedd lle roedd cystadleuaeth eisoes. Y monopoli cyhoeddus cyntaf a breifateiddiwyd oedd Telecom Prydain yn 1984.

Yn y 2000au, i bob pwrpas, fe wnaeth y llywodraeth ailwladoli dau gwmni. Y cyntaf oedd *Railtrack*, a ffurfiwyd yn 1995, pan breifateiddiwyd y diwydiant rheilffyrdd, i fod yn berchen ar isadeiledd y rheilffyrdd. Yn 2005 fe'i galwyd yn *Network Rail*. Y cwmni arall oedd *British Energy*, perchennog gorsafoedd trydan niwclear mwyaf modern y DU, a ailwladolwyd yn 2004. I bob pwrpas, aeth *Railtrack* a *British Energy* yn fethdalwyr a phenderfynodd y llywodraeth weithredu er mwyn diogelu'r isadeiledd oedd dan berchenogaeth y ddau gwmni.

Gwasanaethau cyhoeddus – y gyfundrefn rheoleiddio

Mae gan bob un o'r gwasanaethau cyhoeddus a breifateiddiwyd yn yr 1980au a'r 1990au – Telecom Prydain, y diwydiannau nwy a thrydan, y diwydiant dŵr a Rheilffyrdd Prydain – gorff rheoleiddio.

- Rheoleiddir telathrebu, sy'n cynnwys gwasanaethau ffôn tirwifrau, gwasanaethau ffôn symudol, teledu a radio, gan *Ofcom*, (*Oftel* gynt, oedd yn rheoli gwasanaethau ffôn yn unig).
- Rheoleiddir nwy a thrydan gan *Ofgem*. Cymerodd y corff hwn le *Ofgas* ac *Offer* yn 1999.
- Rheoleiddir dŵr gan *Ofwat*.
- Rheoleiddir y rheilffyrdd gan *ORR*.

Eu tasg yw i sicrhau na all unrhyw gwmni gamddefnyddio pwerau monopoli sydd ganddynt i ecsbloetio eu cwsmeriaid. Gellir cyflawni hyn mewn pedair prif ffordd – cyfyngu ar brisiau, gwahardd arferion gwrthgystadleuol, cynyddu cystadleuaeth a gosod isafswm ar gyfer lefelau buddsoddi.

Terfynau pris Yn y DU mae terfynau pris wedi cael eu gosod ar wasanaethau cyhoeddus preifateiddiedig gan ddefnyddio fformiwla sy'n gysylltiedig â chyfradd chwyddiant – fformiwla *RPI* plws X neu *RPI* minws X. Mae'r terfynau pris yn cael eu gosod am gyfnod. Mewn diwydiannau lle mae'r rheolydd yn disgwyl gweld cynnydd mewn effeithlonrwydd heb newid sylweddol mewn buddsoddiant tymor hir, mae'r rheolydd yn debygol o osod terfyn *RPI* minws X. Mae hyn yn golygu bod yn rhaid i brisiau ostwng yn ôl cyfradd chwyddiant minws canran sefydlog bob blwyddyn. Mae cwmnïau nwy, trydan a thelathrebu wedi cael eu gorfodi i ostwng prisiau ers preifateiddio oherwydd y fformiwla reoleiddio hon. Yn y diwydiant dŵr, mae cwmnïau wedi cael eu gorfodi i ymgymryd â rhaglen fuddsoddi ddrud i godi safonau dŵr a gwaredu dŵr y DU i'r safonau a osodwyd gan yr UE. Felly, rhoddwyd hawl i gwmnïau dŵr godi eu prisiau.

Gwahardd arferion gwrthgystadleuol Mae gwasanaethau cyhoeddus preifateiddiedig yn dueddol o ddefnyddio arferion gwrthgystadleuol i amddiffyn eu monopoli. Er enghraifft, mae'r cynhyrchwyr trydan wedi eu cyhuddo dro ar ôl tro gan gwsmeriaid diwydiannol o ddylanwadu ar brisiau yn artiffisial yn y 'gronfa' drydan – marchnad ar gyfer trydan sy'n gosod prisiau fesul awr y tu allan i gytundebau tymor hir. Trwy gyfyngu ar gyflenwad ar adegau o brinder, gallan nhw gynyddu prisiau trydan yn sylweddol am ychydig oriau gan fod prynwyr â galw anelastig. Mae gan y rheolyddion bŵer i orfodi gwasanaethau cyhoeddus i newid eu ymddygiad ac, mewn rhai achosion, i osod dirwyon.

Tabl 67.1. Gwerthiant cwmnïau dan berchenogaeth gyhoeddus i'r sector preifat.

Dyddiad cychwyn

1979	*British Petroleum	1987	*British Airways*
	*ICL		Rolls Royce
	*Ferranti		Leyland Bus
	Fairey		Leyland Truck
1981	British Aerospace		Royal Ordnance
	*British Sugar		British Airport Authority
	Cable and Wireless	1988	Dur Prydain
	Amersham International		British Leyland
1982	National Freight Corporation	1989	Byrddau Dŵr
	Britoil	1990	Byrddau Trydan Rhanbarthol
1983	*Associated British Ports	1991	Electricity Generation
	British Rail Hotels	1994	Glo Prydain
1984	British Gas Onshore Oil	1995	Rheilffyrdd Prydain
	Enterprise Oil	1996	British Energy
	Sealink Ferries	1999	National Air Traffic Services
	Ceir Jaguar	2000+	British Nuclear Fuels
	Telecom Prydain	2002	Network Rail ailwladolwyd
	British Technology Group	2004	British Energy ailwladolwyd
1986	Nwy Prydain		

*Yn rhannol dan berchenogaeth y llywodraeth adeg y gwerthu.

Cynyddu cystadleuaeth Gan weithio gyda'r llywodraeth, gall rheolyddion gynyddu cystadleuaeth mewn diwydiant drwy ddileu rhwystrau cyfreithiol i fynediad. Er enghraifft, adeg y preifateiddio, rhoddwyd monopoli cyfreithiol i Nwy Prydain ar gyflenwi nwy, ond yn raddol mae wedi cael ei orfodi gan y rheolydd i adael i gystadleuwyr gyflenwi nwy i gwsmeriaid. Hefyd gall y rheolydd gynyddu cystadleuaeth drwy wahardd arferion gwrthgystadleuol gan gwmnïau dominyddol.

Mewn rhai achosion, nid yw cystadleuaeth yn bosibl gan fod rhan o ddiwydiant yn fonopoli naturiol. Mae enghreifftiau'n cynnwys rhwydwaith y rheilffyrdd, piblinellau nwy, y rhwydwaith trydan a gwifrau ffôn. Yn yr achosion hyn, mae rheolyddion a llywodraethau wedi rhannu cyflenwad nwydd neu wasanaeth oddi wrth ei drawsyriant. Gall cyflenwad fod yn gystadleuol, ond mae trawsyriant yn parhau yn fonopoli naturiol.

Er enghraifft, yn y diwydiant nwy, fe wnaeth Nwy Prydain ymateb i bwysau gan y rheolydd drwy ei rannu ei hun yn ddau gwmni. *Transco* oedd yn berchen ar rwydwaith y piblinellau ac mae'n fonopoli naturiol. Mae'n codi tâl ar gyflenwyr nwy, gan gynnwys Nwy Prydain, am drawsyrru nwy o'r cyflenwr i'r cwsmer. Mae Nwy Prydain yn un o nifer o gyflenwyr nwy. Yn y farchnad ddiwydiannol, a agorwyd i gystadleuaeth yn rhan olaf yr 1980au, mae Nwy Prydain wedi colli llawer o'r farchnad. Ond bu'n fwy llwyddiannus yn cadw cwsmeriaid domestig pan agorwyd y farchnad rhwng 1996 ac 1998. Un rheswm dros hyn yw bod cwsmeriaid domestig yn llai tebygol o newid o'u cyflenwr gwreiddiol, Nwy Prydain, oni bai bod arbedion mawr o ran pris. Mae teyrngarwch gan gwsmeriaid. Hefyd, mae'r buddion a geir o ran prisiau is am nwy yn aml yn cael eu gorbwyso gan y niwsans a ddychmygir o orfod newid cyflenwr.

Yn y diwydiannau nwy a rheilffyrdd, mae'r monopolyddion naturiol, *Transco* a *Network Rail*, yn gwmnïau sy'n annibynnol ar ddarparwyr cynhyrchion, fel Nwy Prydain a *Virgin Trains*. Yn y diwydiannau telathrebu, trydan a dŵr, mae'r monopolyddion naturiol yn ddarparwyr cynhyrchion hefyd. Felly, mae *BT*, er enghraifft, yn berchen ar y rhan fwyaf o'r isadeiledd ffôn tirwifrau yn y DU ac mae'n cynnig gwasanaethau telathrebu. Rhaid i gystadleuwyr dalu *BT* am ddefnyddio ei isadeiledd. Mae hyn yn ffynhonnell bosibl o arferion gwrthgystadleuol. Mae cystadleuwyr *BT* wedi cwyno'n gyson ei fod wedi codi prisiau uwch nag y dylai a'i fod wedi ei gwneud hi'n anodd sefydlu gwasanaethau newydd. Bu'n rhaid i'r rheolydd ddatrys y problemau hyn.

Gosod isafswm lefelau buddsoddi Yn y diwydiannau dŵr a rheilffyrdd, mae'r rheolydd wedi nodi isafswm lefelau buddsoddi. Y rheswm yw ei fod o'r farn na fu digon o fuddsoddiant yn y gorffennol. Yn y diwydiant dŵr, mae angen buddsoddiant i godi'r safonau dŵr i lefelau rheoleiddio'r UE. Yn y diwydiant rheilffyrdd, mae'r llywodraeth am weld gwell system cludiant cyhoeddus. Mae buddsoddiant yn elfen hanfodol o berswadio mwy o bobl i deithio ar drên.

Manteision ac anfanteision preifateiddio

Er iddo gael ei wrthwynebu'n ffyrnig gan lawer yn yr 1980au, credir yn gyffredinol erbyn hyn mai llwyddiant fu preifateiddio. Ni fyddai fawr neb yn dadlau y byddai cwmnïau fel *ICL*, Dur Prydain a *British Aerospace* wedi perfformio'n well pe byddent wedi aros dan berchenogaeth y wladwriaeth.

Yn y diwydiannau nwy, trydan, telathrebu, dŵr a rheilffyrdd, mae preifateiddio, ynghyd â'r gyfundrefn reoleiddio, wedi arwain at ostyngiadau mawr mewn costau. Gwelir erbyn hyn y bu'r hen ddiwydiannau gwladoledig yn X-aneffeithlon iawn, gyda gorgyflogi yn broblem arbennig. Gyda gostyngiadau mawr yn nifer y gweithwyr yn y diwydiannau hyn a gwerthu llawer o asedau diangen, mae preifateiddio wedi arwain at gynyddu effeithlonrwydd cynhyrchiol. Yn achos nwy, trydan a thelathrebu, mae'r gostyngiad mewn costau wedi bod yn fwy o lawer na'r elw sydd erbyn hyn yn gorfod cael ei dalu i gyfranddalwyr. O ganlyniad, mae defnyddwyr wedi elwa drwy ostyngiadau sylweddol mewn prisiau mewn termau real. Yn y diwydiannau dŵr a rheilffyrdd, defnyddiwyd cynnydd mewn effeithlonrwydd cynhyrchiol i dalu am fuddsoddiant, sy'n cynyddu effeithlonrwydd dynamig. Os rhywbeth, gwella wnaeth ansawdd y gwasanaeth. Mae defnyddwyr yn tueddu i fod â mwy o ddewis ac mae cwmnïau'n fwy ymatebol i anghenion a chwynion cwsmeriaid.

Fodd bynnag, mae nifer o bryderon ynglŷn â'r broses breifateiddio.

- Cafwyd gwelliannau sylweddol mewn cynhyrchedd yn y mwyafrif o'r cwmnïau preifateiddiedig yn y blynyddoedd cyn y preifateiddio wrth i gwmnïau gael eu gorchymyn i ddefnyddio agwedd fwy masnachol cyn cael ei gwerthu. Os gellid cyflawni'r gwelliannau hyn pan oedd y cwmnïau yn dal dan berchenogaeth y wladwriaeth, pam roedd angen eu preifateiddio?

- Mae elw gwasanaethau cyhoeddus preifateiddiedig wedi bod yn sylweddol ar adegau, ac ymhell uwchlaw cyfraddau'r adenillion ar gyfalaf mewn diwydiannau cymaradwy. Adlewyrchwyd hyn ym mhrisiau uchel cyfranddaliadau'r cwmnïau. Rhaid gofyn wedyn a fu'r rheolydd yn rhy drugarog wrth y gwasanaethau ac a ydyn nhw wedi cael eu **cipio**. Byddai beirniaid yn dadlau bod cyfranddalwyr wedi derbyn llawer gormod o'r enillion effeithlonrwydd a wnaed gan y gwasanaethau a bod defnyddwyr wedi derbyn rhy ychydig. Pe bai buddrannau'n llai, gallai prisiau fod yn is. Mae'r dystiolaeth yn awgrymu nad oes un rheolydd eto wedi cydgynllwynio'n fwriadol â'i ddiwydiant i gadw prisiau mor uchel â phosibl. Ond mae tystiolaeth sylweddol bod cwmnïau yn fwriadol wedi bod mor 'gynnil â'r gwirionedd' â phosibl, fel arfer drwy roi rhagolygon pesimistaidd iawn am dueddiadau'r dyfodol a thrwy gelu cymaint o ddata ag sy'n bosibl.

- Mae'r symudiadau ym mhrisiau'r cyfranddaliadau yn y mwyafrif o'r cwmnïau preifateiddiedig yn dangos bod y llywodraeth wedi gwerthu'r cwmnïau am bris rhy isel. Mae hyn wedi bod o fudd i'r cyfranddalwyr newydd ar draul y trethdalwr.

Cwestiwn Data

Y diwydiant trydan

Tabl 67.2 Newid unigryw[1] yng nghostau dosbarthu ar gyfer dosbarthwyr trydan, Ebrill 2005

Perchennog	Rhanbarth	Newid pris PO mewn termau real Ebrill 2005	Lwfans buddsoddiant ar gyfer 2005-10	Cynnydd mewn buddsoddiant o 2000-05
Eon	Canolbarth	-2.9%	£501 miliwn	49%
Eon	Dwyrain y Canolbarth	-5.7%	£485 miliwn	61%
United Utilities	Gogledd Orllewin	8.0%	£466 miliwn	34%
Berkshire Hathaway	Gogledd Ddwyrain	-3.7%	£277 miliwn	22%
Berkshire Hathaway	Swydd Efrog	-9.2%	£371 miliwn	53%
WPD	De Orllewin	1.5%	£283 miliwn	28%
WPD	De Cymru	6.2%	£186 miliwn	-3%
EdF Energy	Llundain	-2.45	£452 miliwn	74%
EdF Energy	De Ddwyrain	7.2%	£487 miliwn	72%
EdF Energy	Dwyreiniol	-0.1%	£697 miliwn	59%
Scottish Power	De a Chanol	11.9%	£361 miliwn	43%
Scottish Power	Manweb	-5.9%	£404 miliwn	68%
Scottish & Southern	Gogledd yr Alban a'r Ynysoedd	3.9%	£204 miliwn	23%
Scottish & Southern	Yr Alban a'r De	9.3%	£561 miliwn	50%
Total		1.3%	£5,734 miliwn	48%

1. Mae PO (y pris yng nghyfnod amser 0) yn dangos y newid unigryw mewn prisiau mae'n rhaid i ddosbarthwyr trydan ei wneud ar ddechrau'r cyfnod pum mlynedd o reoli prisiau. Wedyn, bydd *Ofgem* yn gosod newidiadau pris blynyddol fel *RPI – X*, yma *RPI* yw'r Indecs Prisiau Adwerthu, mesur o chwyddiant, a X yw canran orfodol y gostyngiad prisiau. Felly, os bydd *Ofgem* yn gosod terfyn o *RPI – 2%*, ni all dosbarthwyr trydan gynyddu eu prisiau, neu mae'n rhaid iddynt ostwng eu prisiau yn ôl cyfradd chwyddiant minws 2%.

Ffynhonnell: addaswyd o *Ofgem*.

Tabl 67.3 Rheoli prisiau, cyfartaledd ar gyfer pob cwmni 1995-2010

1995-99		2000-2005		2006-2010	
Gostyngiad PO	Ffactor X	Gostyngiad PO	Ffactor X	Cynnydd PO	Ffactor X
25.5%	3.0%	24.5%	3.0%	1.3%	0%

Ffynhonnell: addaswyd o ddatganiad i'r wasg, *Ofgem*, 29.11.2004.

Mae newidiadau ym mhrisiau dosbarthu yn adlewyrchu nifer o ffactorau, fel enillion effeithlonrwydd a gyflawnwyd yn y cyfnod rheoli prisiau cyfredol, targedau effeithlonrwydd y dyfodol a nifer o gostau eraill, fel treth, ardrethi busnes a phensiynau. Nid ydynt ynddynt eu hunain yn rhoi arwydd o effeithlonrwydd cwmnïau, nac adenillion tebygol yn y dyfodol.

Dros gyfnod y rheoli prisiau nesaf, disgwylir i gwmnïau dosbarthu ostwng eu gwariant gweithredu 3% ar gyfartaledd, tua £21 miliwn y flwyddyn.

Mae costau dosbarthu yn cyfrif am tua 25% o filiau terfynol defnyddwyr.

Ffynhonnell: addaswyd o ddatganiad i'r wasg, *Ofgem*, 29.11.2004.

Mae *Ofgem* wedi penderfynu y bydd taliadau i drawsyrru trydan trwy rwydweithiau rhanbarthol yn codi am y tro cyntaf ers 1995. Mae angen y derbyniadau ar gyfer rhaglen amnewid hen systemau a osodwyd 50 mlynedd yn ôl, rhaglen sy'n werth £5.7 biliwn. Mae'r buddsoddiant hwn yn gynnydd o 50% ar y pum mlynedd rhwng 2000 a 2005.

Bydd prisiau dosbarthu cyfartalog yn codi 1.3% mewn termau real o Ebrill 2005. Bydd hyn yn amrywio o uchafswm o 11.9% yn Ne a Chanolbarth yr Alban i ostyngiad o 9.2% yn Swydd Efrog. Rhwng Ebrill 2006 ac Ebrill 2010, caniateir i gwmnïau godi prisiau yn unol â chwyddiant. Mae hyn yn cyferbynnu â chytundebau blaenorol lle gorfodwyd prisiau i lawr gan *Ofgem* gan gredu y gallai dosbarthwyr wneud enillion effeithlonrwydd ac felly lleihau eu costau.

Roedd sawl cwmni wedi gofyn am gynnydd mwy mewn prisiau i dalu am raglenni buddsoddi mwy uchelgeisiol. Mae undebau a rhai arbenigwyr yn y diwydiant wedi beirniadu'r rheolydd am anelu at arbedion cost a thoriadau mawr mewn prisiau ar draul rhwydwaith dibynadwy yn y dyfodol. Y gofid yw y bydd toriadau trydan a blacowt aml os na fydd digon o fuddsoddiant i amnewid cyfarpar sy'n heneiddio.

Ffynhonnell: addaswyd o'r *Financial Times*, 30.11.2004.

1. Esboniwch swyddogaeth y rheolydd yn y diwydiant trydan.
2. Dadansoddwch sut mae defnyddwyr yn cael eu hamddiffyn yn y cyfnod rheoli prisiau 2005-2010.
3. Trafodwch a fyddai effeithlonrwydd economaidd wedi bod yn uwch mewn dosbarthu trydan dros y cyfnod 1995-2010 pe na bai rheoleiddio wedi cael ei osod ar gwmnïau.

Crynodeb

1. Mewn economi marchnad mae amrywiaeth o resymau pam mae incwm unigolion a chartrefi yn wahanol, gan gynnwys gwahaniaethau yng nghyfraddau cyflog, gweithgaredd economaidd a chyfoeth ariannol.
2. Gellir defnyddio cromlin Lorenz i ddangos y graddau o anghydraddoldeb mewn incwm yn y gymdeithas.
3. Gellir nodi dau fath o degwch – tegwch llorweddol a thegwch fertigol.
4. Gall fod gwrthdaro rhwng effeithlonrwydd a thegwch, ond dydy polisïau ailddosrannu gan y llywodraeth ddim o reidrwydd yn arwain at fwy o aneffeithlonrwydd.

Dyraniad adnoddau, cydraddoldeb a thegwch

Gall cadeirydd cwmni mawr ennill cannoedd o filoedd o bunnoedd y flwyddyn. Gallai penisynwr fyw ar ychydig o filoedd o bunnoedd y flwyddyn. Mae dosraniad incwm yn yr economi yn ganlyniad i'r rhyngweithio cymhleth rhwng gweithrediad y farchnad ac ymyriad y llywodraeth yn y farchnad. Mae marchnadoedd yn amhersonol. Maen nhw'n cynhyrchu dyraniad arbennig o adnoddau a all fod neu na all fod yn effeithlon ond mae bron yn sicr na fydd yn gydradd. Yn yr uned hon byddwn yn ystyried sut mae'r farchnad yn dyrannu adnoddau ac yna'n ystyried sut y gellir asesu'r farchnad ar sail cydraddoldeb a THEGWCH.

Dosraniad adnoddau mewn economi marchnad

Mae unigolion yn derbyn incwm gwahanol mewn economi marchnad. Y rheswm yw ei fod yn seiliedig ar berchenogaeth eiddo. Er enghraifft, dydy unigolion ddim yn gaethweision. Maen nhw'n gallu eu llogi eu hunain i gynhyrchwyr ac ennill incwm. Gallen nhw fod yn berchen ar gyfranddaliadau mewn cwmni ac yn ennill buddrannau, sef rhan o'r elw. Gallen nhw fod yn berchen ar dŷ ac yn cael rhent o hynny. Faint maen nhw'n ei gael? Mae hynny'n dibynnu ar rymoedd galw a chyflenwad.

Mae gweithwyr â sgiliau prin sydd â galw uchel amdanynt, fel cadeiryddion cwmnïau, yn gallu ennill cyflogau mawr. Mae gweithwyr sydd heb fawr ddim sgiliau ac sy'n cystadlu â nifer mawr o weithwyr di-grefft eraill yn debygol o dderbyn cyflogau isel. Ni fydd gweithwyr sy'n methu â chael swydd yn derbyn dim incwm cyflog trwy fecanwaith y farchnad. Gallai'r gweithwyr hyn fod yn alluog iawn ac yn dewis peidio â chymryd gwaith. Ar y llaw arall, gallen nhw fod yn anabl neu'n byw mewn ardal â diweithdra uchel iawn. Yn yr un modd, mae'r farchnad yn penderfynu ar werth asedau ffisegol a'r incwm y gellir ei ennill o'r rhain trwy fecanwaith y farchnad. Os ydy unigolyn yn etifeddu tŷ, yna â phopeth arall yn gyfartal, bydd y tŷ yn werth mwy os yw yng Nghanol Llundain nag os yw yn Llandysul. Bydd y rhent ar y tŷ yn uwch yng Nghanol Llundain. Bydd cyfranddaliadau mewn un cwmni â phris gwahanol i gyfranddaliadau mewn cwmni arall a bydd y buddrannau'n wahanol.

Mae perchenogion asedau sydd â gwerth uchel yn debygol o ennill incwm uchel. Mae cyfalaf dynol (☞ uned 2) cadeirydd Banc Barclays yn debygol o fod yn uchel iawn ac felly bydd yn gallu sicrhau cyflog uchel. Mae Dug Westminster, y tirfeddiannwr unigol mwyaf yn Llundain, yn berchen ar lawer iawn o gyfalaf ffisegol. Mae hynny hefyd yn cynhyrchu incwm mawr. Mae rhai unigolion yn berchen ar lawer iawn o gyfalaf ariannol, fel stociau a chyfranddaliadau. Eto byddan nhw'n derbyn incwm uwch o lawer na'r mwyafrif o'r boblogaeth, nad ydynt yn berchen ar fawr ddim neu ddim cyfalaf ariannol.

Mewn economi marchnad rydd bur, lle mae'r llywodraeth yn chwarae rhan fach yn unig yn darparu gwasanaethau fel amddiffyn, byddai'r bobl sydd heb ddim cyfoeth yn marw oni allent berswadio unigolion eraill i'w helpu. Fel arfer mae pobl nad ydynt yn weithwyr yn cael eu cynnal gan eraill yn y teulu. Mewn llawer o gymdeithasau y rhwydwaith teuluol sy'n darparu'r rhwyd nawdd cymdeithasol. Gall elusennau chwarae rhan fach hefyd.

Yn y DU mae'r llywodraeth wedi gwneud rhywfaint o ddarpariaeth ar gyfer y tlodion ers y canol oesoedd. Yn Oes Fictoria anfonwyd yr anghenus i dlotai lle roedd amodau'n cael eu gwneud yn amhleserus iawn er mwyn annog pobl i weithio er mwyn cadw allan o'r sefydliadau hyn. Ers 1945 mae gwladwriaeth les wedi cael ei chreu sy'n mynd rhywfaint o'r ffordd tuag at newid dosraniad incwm i sicrhau mwy o gydraddoldeb (☞ uned 69). Hynny yw, mae'r llywodraeth wedi penderfynu bod mecanwaith y farchnad yn cynhyrchu dyraniad adnoddau sy'n is na'r optimaidd o safbwynt cydraddoldeb ac mae'n ceisio unioni'r sefyllfa.

Achosion anghydraddoldeb incwm

Mae nifer o resymau pam mae'r DOSRANIAD INCWM PERSONOL yn anghydradd mewn economi marchnad.

Incwm gwaith Mae rhai gweithwyr yn ennill mwy na'i gilydd. Archwilir y rhesymau dros hyn yn unedau 71-75.

Diweithdra ac ymddeoliad Dydy pawb ddim yn gweithio. Mae pobl nad ydynt yn gweithio yn debygol o dderbyn incwm is na'r rhai sy'n gweithio. Mae'r cynnydd yn nifer y pensiynwyr yn y blynyddoedd diwethaf yn y DU, er enghraifft, yn debygol o fod wedi achosi cynnydd mewn tlodi.

Cyfoeth ffisegol ac ariannol Mae'r rhai hynny yn y gymdeithas sy'n berchen ar gryn dipyn o gyfoeth ffisegol neu ariannol yn gallu cynhyrchu incwm uwch o'u hasedau na'r rhai nad ydynt yn berchen ar fawr ddim neu ddim. Caiff cyfoeth ei gronni mewn dwy brif ffordd. Yn gyntaf, mae cyfran sylweddol o unigolion cyfoethog wedi etifeddu'r cyfoeth hwnnw. Yn ail, efallai bod unigolion cyfoethog wedi cynyddu eu cyfoeth yn ystod eu hoes o weithio neu o luosi'r asedau oedd ganddynt eisoes, er enghraifft drwy chwarae'r Gyfnewidfa Stoc neu drwy ddal gafael mewn ased sydd â'i werth yn cynyddu'n gyflym iawn.

Cyfansoddiad cartrefi Gall y modd y caiff incwm ei fesur fod yn bwysig mewn pennu anghydraddoldebau. Efallai bod unigolyn yn ennill cyflog uchel. Ond os yw'n gorfod cynnal teulu mawr, gall yr incwm am bob person yn y cartref fod yn eithaf isel. Ar y llaw arall, gall cartref lle mae dau riant yn ennill cyflog a phedwar plentyn yn ennill cyflog fod ag incwm uchel er gwaetha'r ffaith bod y chwe oedolyn yn unigol â chyflog isel. Felly mae anghydraddoldeb yn amrywio yn ôl a yw'n cael ei fesur am bob unigolyn neu am bob cartref.

Polisi'r llywodraeth Bydd y graddau y bydd y llywodraeth yn ailddosrannu incwm trwy drethi a budd-daliadau yn effeithio ar ddosraniad incwm. Archwilir hyn yn uned 69.

Y graddau o gystadleuaeth ym marchnadoedd cynhyrchion Bydd marchnadoedd amherffaith gystadleuol yn arwain at ddosraniad gwahanol o incwm a chyfoeth na marchnadoedd perffaith gystadleuol. Ysytriwch Ffigur 68.1. Mae'n dangos y cromliniau cost a derbyniadau ar gyfer diwydiant (☞ uned 63). Pe bai'r diwydiant yn berffaith gystadleuol, byddai cynhyrchu'n digwydd lle mae pris = CFf ar lefel cynnyrch OB. Pe bai'r diwydiant nawr yn dod yn fonopolydd amlffatri, byddai cynnyrch yn OA lle mae CFf = DFf. EFH yw'r golled ddyrannol i'r gymdeithas. Weithiau defnyddir y term **colled lwyr** (*deadweight*) am hyn am na ellir adennill y golled. Fodd bynnag, mae yna hefyd drosglwyddiad incwm o'r defnyddwyr i'r cynhyrchydd monopoli a gynrychiolir gan y petryal LMEF. Dan gystadleuaeth berffaith byddai'r defnyddwyr wedi talu OLFA yn unig am y cynnyrch OA. Dan fonopoli gorfodir y defnyddwyr i dalu OMEA.

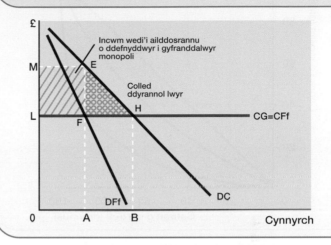

Ffigur 68.1 *Effeithiau dyrannol a dosrannol monopoli*
Os ydy'r diwydiant yn berffaith gystadleuol, bydd yn cynhyrchu yn OB lle mae pris = CFf. Pe bai'n fonopolydd amlffatri, byddai'n cynhyrchu yn OA lle mae CFf = DFf. EFH yw'r golled ddyrannol lwyr i'r gymdeithas. LMEF yw cyfanswm 'treth' y monopolydd ar ddefnyddwyr. Mae'n achosi ailddosrannu incwm o'r defnyddwyr i'r cyfranddalwyr.

Cwestiwn 1

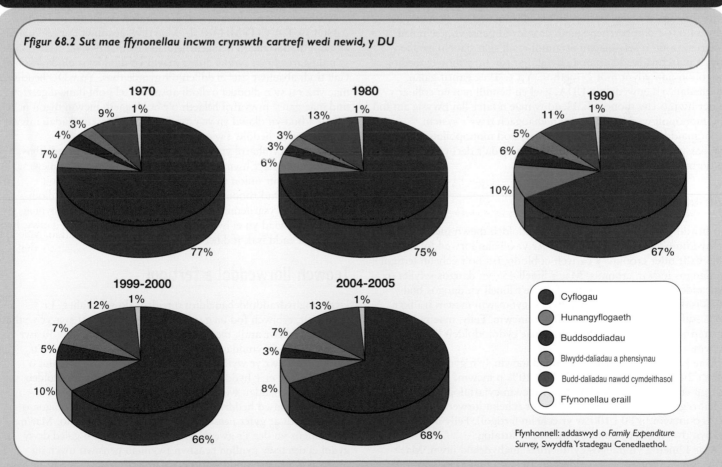

Ffigur 68.2 Sut mae ffynonellau incwm crynswth cartrefi wedi newid, y DU

1970 — 77%, 9%, 1%, 3%, 4%, 7%

1980 — 75%, 13%, 1%, 3%, 3%, 6%

1990 — 67%, 11%, 1%, 5%, 6%, 10%

1999-2000 — 66%, 12%, 1%, 7%, 5%, 10%

2004-2005 — 68%, 13%, 1%, 7%, 3%, 8%

- ● Cyflogau
- ● Hunangyflogaeth
- ● Buddsoddiadau
- ● Blwydd-daliadau a phensiynau
- ● Budd-daliadau nawdd cymdeithasol
- ○ Ffynonellau eraill

Ffynhonnell: addaswyd o *Family Expenditure Survey*, Swyddfa Ystadegau Cenedlaethol.

(a) Sut mae'r ffynonellau incwm ar gyfer cartrefi'r DU wedi newid rhwng 1970 a 2004-05?

(b) Mae anghydraddoldebau wedi cynyddu dros y cyfnod hwn o 35 o flynyddoedd. Gan ddefnyddio'r data, awgrymwch pam mae hyn wedi digwydd.

Ffigur 68.3 Cromliniau Lorenz
Mae cromlin Lorenz yn dangos y graddau o anghydraddoldeb incwm mewn cymdeithas. Po bellaf o'r llinell 45° y mae'r gromlin, mwyaf i gyd yw'r graddau o anghydraddoldeb.

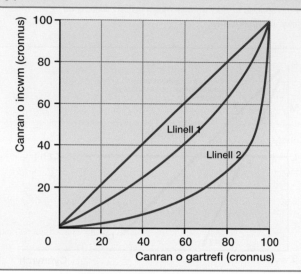

Cwestiwn 2

Tabl 68.1 Dosraniad incwm gwario cartrefi[1]

	Grwpiau o gartrefi mewn pumed rhannau				
	Pumed ran isaf	Pumed ran nesaf	Pumed ran ganol	Pumed ran nesaf	Pumed ran uchaf
1979	10	14	18	23	35
2002-03	7	12	17	24	40

1. Ar ôl trethi uniongyrchol a budd-daliadau.
2. Efallai na fydd y ffigurau yn adio oherwydd talgrynnu.

Ffynhonnell: addaswyd o *Social Trends*, Swyddfa Ystadegau Genedlaethol.

(a) Lluniwch ddwy gromlin Lorenz ar sail y data uchod.
(b) Ydy'r dosraniad incwm wedi mynd yn fwy cyfartal neu'n llai cyfartal rhwng 1979 a 2002-03?

Mewn system marchnad rydd mae monopolïau dan berchenogaeth cyfranddalwyr preifat. Yn yr 19eg ganrif byddai'r cyfranddalwyr preifat hyn gan amlaf yn unigolion preifat. Yn ddiamau aeth rhai ohonynt, fel Rockefeller a Vanderbilt yn gyfoethog iawn o elw monopoli. Heddiw, mae monopolïau'n fwy tebygol o fod dan berchenogaeth cronfeydd pensiwn, cwmnïau yswiriant a llu o sefydliadau ariannol eraill sy'n sianelu cynilion trwy'r marchnadoedd arian a chyfalaf ar ran unigolion cyfoethog ac unigolion nad ydynt mor gyfoethog. Yn yr 19eg ganrif gallai etholiadau, yn enwedig yn UDA, gael eu hennill neu eu colli ar y mater hwn o elw monopoli. Heddiw mae'n fater llai pwysig am fod elw monopoli wedi'i ddosrannu'n ehangach trwy'r system economaidd. Dylid cofio, fodd bynnag, bod monopolïau i bob pwrpas yn gosod 'treth' ar ddefnyddwyr, gyda'r derbyniadau'n cael eu derbyn gan gyfranddalwyr.

Mesur anghydraddoldeb

Un ffordd gyffredin o fesur anghydraddoldeb mewn incwm yw defnyddio CROMLIN LORENZ. Ar yr echelin lorweddol yn Ffigur 68.3 caiff nifer cronnus y cartrefi ei blotio, tra bo'r echelin fertigol yn dangos incwm cronnus. Mae'r llinell 45° yn dangos sefyllfa o gydraddoldeb llwyr. Er enghraifft, mae'r llinell yn dangos bod y 20% isaf o gartrefi yn derbyn 20% o gyfanswm incwm tra bo'r 80% isaf o gartrefi yn derbyn 80% o incwm. Felly, mae pob 1% o gartrefi yn derbyn 1% o incwm ac mae cydraddoldeb llwyr o incwm.

Mae Llinell 1 yn dangos dosraniad incwm sy'n gymharol gydradd. Mae'r 20% isaf o gartrefi yn derbyn 10% o incwm. Mae hynny'n golygu eu bod yn derbyn hanner yr incwm cyfartalog. Mae'r 10% uchaf o gartrefi (rhwng 90 a 100 ar yr echelin lorweddol) yn derbyn 20% o incwm (o 80 i 100 ar yr echelin fertigol). Felly maen nhw'n derbyn dwywaith cymaint â'r incwm cyfartalog.

Mae Llinell 2 yn dangos cymdeithas anghydradd iawn. Mae'r 50% isaf o'r boblogaeth yn derbyn 10% yn unig o incwm. Felly, mae hanner yr holl gartrefi yn derbyn un rhan o bump (10 ÷ 50) o'r incwm cyfartalog. Mae'r 10% uchaf o enillwyr incwm, ar y llaw arall, yn ennill 60% o'r holl incwm (o 40 i 100 ar yr echelin fertigol). Mae hynny'n golygu bod y 10%

uchaf yn ennill 6 gwaith cymaint â'r incwm cyfartalog.

Mae'r ddwy enghraifft yma gyda'i gilydd yn dangos po bellaf yw'r gromlin Lorenz o'r llinell 45°, mwyaf i gyd yw'r anghydraddoldeb incwm yn y gymdeithas.

Weithiau caiff anghydraddoldeb ei drafod yn nhermau TLODI ABSOLIWT A CHYMHAROL. Mae tlodi absoliwt i'w gael pan na all pobl dreulio digon o **angenrheidiau** i gynnal bywyd. Mae pobl sy'n ddigartref neu sydd â diffyg maeth yn dioddef o dlodi absoliwt. Gall tlodi absoliwt gael ei ddileu o'r gymdeithas. Yn y DU heddiw mae yna rai sy'n dioddef o dlodi absoliwt, fel pobl ifanc digartref, ond mae gan y mwyafrif helaeth o'r boblogaeth incwm digon uchel i beidio â bod yn dlawd yn yr ystyr hwn. Mae'r crynodiadau mwyaf o dlodi absoliwt heddiw i'w gweld yn y Trydydd Byd.

Mae tlodi cymharol yn bresennol bob amser yn y gymdeithas. Y tlodion yn yr ystyr hwn yw'r bobl ym mhen isa'r raddfa incwm. Does dim mesur union o hyn, fel y 10% neu 20% tlotaf o'r gymdeithas. Ond rhoddod Adam Smith un ffon fesur o dlodi cymharol pan ysgrifennodd mai angenrheidiau yw 'beth bynnag y mae arfer y wlad yn ei hystyried yn anweddus i bobl gredadwy, hyd yn oed o'r radd isaf, fod hebddynt.'

Tegwch llorweddol a fertigol

Dydy anghydraddoldebau ddim o reidrwydd yn annheg. Er enghraifft, tybiwch fod un gweithiwr yn gweithio 60 awr yr wythnos a bod gweithiwr arall, mewn swydd unfath, yn gweithio 30 awr yr wythnos. Mae'n ymddangos y byddai'n deg i'r gweithiwr sy'n gweithio 60 awr yr wythnos dderbyn tua dwywaith cymaint o gyflog â'r llall er y byddai hynny'n arwain at anghydraddoldeb cyflog rhwng y ddau weithiwr. Yn yr un modd, mae llawer o bensiynwyr tlawd heddiw yn dlawd am na wnaethant ddigon o ddarpariaeth ar gyfer pensiwn i'w hunain tra'n gweithio. Mae'n ymddangos yn deg i'r gweithiwr sydd wedi cynilo'n galed drwy gydol ei oes trwy gynllun pensiwn fwynhau pensiwn uwch na pherson a benderfynodd wario ei arian wrth iddo ei ennill. Er hynny, mae anghydraddoldeb yn y sefyllfa hon. Mewn economeg, diffinnir TEGWCH mewn ffordd fanwl gywir iawn er mwyn gwahaniaethu rhyngddo ac anghydraddoldeb.

Cwestiwn 3

Tabl 68.2 Enillion crynswth wythnosol, enillion crynswth yr awr a'r oriau a weithiwyd yr wythnos, gweithwyr amser llawn gwrywod a benywod[1]

	Enillion crynswth cyfartalog wythnosol (£)		Oriau a weithiwyd yr wythnos		Enillion crynswth cyfartalog yr awr (£)		Indecs Prisiau Adwerthu (1985=100)
	Gwrywod	Benywod	Gwrywod	Benywod	Gwrywod	Benywod	
1971	32.9	18.3	42.9	37.4	0.74	0.47	10.7
1981	140.5	91.4	41.7	37.2	3.32	2.42	39.6
1991	318.9	222.4	41.5	37.4	7.55	5.91	70.7
2001	490.5	366.8	41.2	37.5	11.9	9.77	91.8
2005	569.0	436.1	40.6	37.4	14.01	11.65	100.0

1 Mae'r data ar gyfer 1971-2001 yn ddata Gwledydd Prydain o'r *New Earnings Survey*. Disodlwyd y *New Earnings Survey* gan yr *Annual Survey of Hours and Earnings* (ASHE) yn 2004 yn ymwneud â'r DU. Felly dydy'r data ar gyfer 2005 yn Nhabl 68.2 ddim yn union gymaradwy â'r data ar gyfer 1971-2001.

Ffynhonnell: addaswyd o'r *New Earnings Survey*, *Annual Survey of Hours and Earnings*, Swyddfa Ystadegau Cenedlaethol.

(a) I ba raddau y mae tegwch llorweddol rhwng gwrywod a benywod wedi cynyddu dros amser yn y DU?

(b) Awgrymwch resymau pam y cafwyd y newid hwn.

Tegwch llorweddol Triniaeth unfath o unigolion unfath mewn sefyllfaoedd unfath yw TEGWCH LLORWEDDOL. Gall triniaeth anghydradd ddigwydd mewn nifer o sefyllfaoedd gwahanol yn ein cymdeithas heddiw. Gall ymgeisydd Asiaidd am swydd gael ei wrthod er mwyn ymgeisydd gwyn er bod y ddau'n debyg mewn pob ffordd arall. Efallai y bydd merch yn gwneud cais i fanc am fenthyciad busnes a chael ei gwrthod pan fydd dyn sy'n gwneud cais tebyg ar gyfer yr un project yn llwyddo. Efallai y gwrthodir swydd i berson 55 oed er mwyn ei rhoi i berson 25 oed er gwaethaf nodweddion cyflogaeth unfath. Efallai y bydd merch 18 oed yn cael lle mewn prifysgol yn hytrach na merch arall a hynny dim ond am fod ei thad yn gyfoethocach o lawer.

Tegwch fertigol Mae pawb yn wahanol, o liw eu gwallt i faint bysedd eu traed ac o'u gallu deallusol i'w cefndir cymdeithasol. Triniaeth wahanol o bobl â nodweddion gwahanol er mwyn hybu mwy o degwch yw TEGWCH FERTIGOL. Er enghraifft, pe bai

Cwestiwn 4

Yn 1976, yn lle cynllun lle roedd ychydig y cant o bobl anabl yn derbyn ceir bach wedi'u haddasu'n arbennig, cyflwynodd y llywodraeth Lwfans Symudedd, budd-dal y byddai pob person anabl â phroblemau symud yn ei dderbyn. Gwnaeth y rhai a fu'n derbyn car gwyno'n arw am fod y Lwfans Symudedd newydd yn ffracswn yn unig o gost prynu a rhedeg car.

I ba raddau y mae'r newid a ddisgrifir uchod yn arwain at y canlynol: (a) mwy o degwch a (b) mwy o effeithlonrwydd?

tegwch yn cael ei ddiffinio yn nhermau cydraddoldeb, byddai tegwch fertigol yn awgrymu y dylai pawb gael y cyfle i dderbyn yr un safon o addysg a'r un safon o ofal iechyd beth bynnag fo'u swydd, hil, incwm neu gefndir cymdeithasol.

Tegwch yn erbyn effeithlonrwydd

Mae llywodraethau'n ymyrryd yn y farchnad i ailddosrannu incwm oherwydd y cydnabyddir yn gyffredinol bod y dosraniad incwm a achosir gan weithrediad grymoedd y farchnad rydd yn annerbyniol. Mewn economi rydd bur, caif effeithlonrwydd ei uchafu am fod cynhyrchu i gyd yn digwydd lle mae pris = CFf (☞ uned 61). Os bydd llywodraeth wedyn yn ymyrryd yn y farchnad, er enghraifft drwy gymorthdalu bwyd i'r tlodion, gosod trethi o unrhyw fath i dalu am wariant y llywodraeth, cymorthdalu tai neu ddarparu budd-daliadau lles, bydd yn cyflwyno ystumiad yn y farchnad. Felly, mae ymyriad llywodraeth yn arwain at aneffeithlonrwydd dyrannol.

Yn ymarferol, does dim economïau marchnad rydd bur. Mae economïau'n llawn amherffeithrwydd marchnadoedd, fel diwydiannau oligopolaidd a monopolaidd, undebau monopoli ac allanolderau. Mae damcaniaeth yr ail orau yn dangos y gall cyflwyno ystumiad arall, fel taliadau lles i'r tlodion, arwain at fwy o effeithlonrwydd economaidd. Mae'r ddamcaniaeth yn awgrymu y bydd effeithlonrwydd ar ei fwyaf os bydd yr ystumiad wedi'i ledu'n denau ar draws llawer o farchnadoedd yn hytrach nag wedi'i grynodi ar ychydig o farchnadoedd. Er enghraifft, mae'n debygol y byddai cymorthdaliadau mawr ar gyfer tai heb ddim cymorthdaliadau ar gyfer unrhyw nwyddau eraill yn arwain at lai o effeithlonrwydd economaidd na chymorthdaliadau bach wedi'u lledu ar draws pob nwydd yn yr economi. Yn yr un modd, bydd lefelau isel o fudd-dal diweithdra sydd ar gael i bob gweithiwr di-waith yn yr economi yn debygol o arwain at fwy o effeithlonrwydd economaidd na lefelau uchel o fudd-dal diweithdra sydd ar gael i weithwyr llaw gwrywol.

Termau allweddol

Cromlin Lorenz – mae'n dangos y graddau o anghydraddoldeb incwm yn y gymdeithas.

Dosraniad incwm personol – dosraniad cyfanswm incwm yr holl unigolion.

Tegwch fertigol – triniaeth wahanol o unigolion neu grwpiau sy'n annhebyg o ran nodweddion.

Tegwch llorweddol – triniaeth unfath o unigolion neu grwpiau unfath yn y gymdeithas mewn sefyllfaoedd unfath.

Tlodi absoliwt – mae tlodi absoliwt i'w gael pan nad oes gan unigolion yr adnoddau i allu treulio digon o angenrheidiau i fyw.

Tlodi cymharol – tlodi sy'n cael ei ddiffinio yn gymharol i safonau byw cyfredol ar gyfer yr unigolyn cyfartalog.

Economeg gymhwysol

Dosraniad incwm a chyfoeth yn y DU

Dosraniad incwm

Mae incwm wedi'i ddosrannu'n anghyfartal yn y DU. Mae Tabl 68.3 yn dangos tri mesur o ddosraniad incwm rhwng cartrefi. Incwm gwreiddiol yw incwm crynswth cartrefi o ffynonellau fel cyflogau, pensiynau preifat ac incwm o fuddsoddiadau. Incwm gwario yw'r incwm crynswth ar ôl talu treth incwm a chyfraniadau Yswiriant Gwladol ond yn cynnwys budd-daliadau lles y wladwriaeth fel budd-dal diweithdra, credyd teulu a phensiwn henoed y wladwriaeth. Incwm terfynol yw'r incwm gwario minws trethi anuniongyrchol fel TAW, ond yn cynnwys gwerth gwasanaethau'r wladwriaeth fel addysg a'r Gwasanaeth Iechyd Gwladol.

Tabl 68.3 Dosraniad incwm[1]

	Canran o'r cyfanswm					
	Pumed ran isaf	Pumed ran nesaf	Pumed ran ganol	Pumed ran nesaf	Pumed ran uchaf	Cyfanswm
Incwm gwreiddiol						
1976	4	10	18	26	43	100
2002/03	3	8	15	26	48	100
Incwm gwario						
1976	10	14	18	23	36	100
2002/03	7	12	17	24	40	100
Incwm terfynol						
1976	10	14	18	23	36	100
2002/03	10	13	17	23	37	100

1. Efallai na fydd y ffigurau'n adio i 100 oherwydd talgrynnu.
Ffynhonnell: addaswyd o *Social Trends*, Swyddfa Ystadegau Cenedlaethol.

Mae'r ystadegau'n rhoi syniad o'r graddau o anghydraddoldeb incwm. Er enghraifft, yn 2002/03, roedd yr 20% isaf o gartrefi (cartrefi pensiynwyr a chartrefi ag oedolion di-waith yn bennaf) yn derbyn 3% yn unig o gyfanswm yr incwm gwreiddiol a gynhyrchwyd yn y DU. Mae hynny'n golygu bod pob cartref yn derbyn 0.15 (3 ÷ 20) yn unig o incwm cyfartalog yn y DU. Mewn cymhariaeth, roedd yr 20% uchaf o gartrefi yn derbyn 48% o gyfanswm incwm gwreiddiol y DU. Ar gyfartaledd, derbyniodd pob un o'r cartrefi hyn 2.4 gwaith (48 ÷ 20) yr incwm cyfartalog.

Mewn gwladwriaeth les, byddai disgwyl i ddosraniad incwm gwario ac incwm terfynol ddangos llai o anghydraddoldeb nag incwm gwreiddiol. Dylai trethi fod drymaf ar y rhai mwy cefnog a dylai budd-daliadau gael eu derbyn yn bennaf gan grwpiau tlotaf y gymdeithas. Mae Tabl 68.3 yn dangos bod hyn yn wir i raddau yn y DU. Y gyfran o incwm gwario oedd gan yr 20% isaf o gartrefi yn 2002/03 oedd 7% (o'i chymharu â 3% o incwm gwreiddiol). Mae hynny'n golygu bod y cartref cyfartalog yn yr 20% isaf wedi derbyn 0.35 (7÷20) o'r incwm cyfartalog. 40% oedd cyfran yr 20% uchaf o gartrefi, gan roi 2 waith incwm cyfartalog y DU i'r cartref cyfartalog yn y grŵp hwn. Ychydig iawn o wahaniaeth sydd rhwng ffigurau incwm terfynol (incwm gwario minws trethi anuniongyrchol fel TAW plws gwerth budd-daliadau mewn gwasanaethau fel addysg a'r GIG) a ffigurau incwm gwario, er bod yr 20% isaf o gartrefi yn cael ychydig o gynnydd yn eu cyfran o incwm yn ôl y mesur hwn.

Dylid cofio y bydd amrywio sylweddol mewn incwm o fewn pob un o'r grwpiau pumed ran (grwpiau o 20%). Er enghraifft, yn y pumed ran isaf bydd incwm terfynol rhai cartrefi yn llai o lawer na'r cyfartaledd ar gyfer y grŵp hwn. Ar y llaw arall, yn y pumed ran uchaf bydd ychydig yn ennill cannoedd o weithiau yr incwm cyfartalog cenedlaethol. Rhaid cofio hefyd nad yw'r ystadegau'n dweud dim am nifer y bobl sy'n byw ym mhob cartref. Gallai cartref un person yn y pumed ran isaf fod ag incwm uwch y pen na chartref â chwe pherson yn y pumed ran ganol.

Tueddiadau yn nosraniad incwm

Am y rhan fwyaf o'r 20fed ganrif, y duedd dymor hir oedd bod gwahaniaethau incwm yn culhau. Fodd bynnag, fel y gwelir yn Ffigur 68.4, bu cynnydd sydyn yn anghydraddoldeb incwm yn y cyfnod 1979 i 1990. 6% yn unig oedd y cynnydd yn incwm gwario real y 10% tlotaf o gartrefi. Mewn cyferbyniad â hynny, cynyddodd incwm

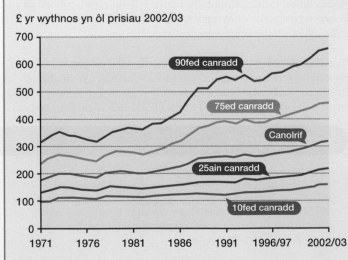

Ffigur 68.4 Incwm gwario real cartrefi

£ yr wythnos yn ôl prisiau 2002/03

(Llinellau: 90fed canradd, 75ed canradd, Canolrif, 25ain canradd, 10fed canradd; blynyddoedd 1971, 1976, 1981, 1986, 1991, 1996/97, 2002/03)

Ffynhonnell: addaswyd o *Social Trends*, Swyddfa Ystadegau Cenedlaethol.

cyfartalog y 10% uchaf o gartrefi 46%. Ers 1991, fodd bynnag, mae gwahaniaethau incwm, o'u mesur yn ôl incwm gwario cartrefi, wedi culhau. Fel y gwelir yn Ffigur 68.4, dros y cyfnod 1991 i 2002/03, cynyddodd incwm gwario y 10% uchaf o gartrefi tua 20% a chynyddodd incwm gwario y 10% isaf o gartrefi tua thraean.

Mae sawl rheswm dros y tueddiadau hyn. Ehangodd anghydraddoldebau cyflog yn sylweddol yn yr 1980au, ond ers hynny, maent wedi bod yn weddol gyson. Roedd yr 1980au yn gyfnod o ddiweithdra uchel a effeithiodd yn arbennig ar weithwyr cyflog isel. Lleihawyd grym undebau llafur hefyd, wrth i'r llywodraeth basio nifer o 'ddiwygiadau' a wanhaodd allu undebau i drefnu a streicio. Dioddefodd gweithwyr cyflog isel fwy nag eraill o'r diwygiadau hyn.

Yn ail, roedd symudiad yn y baich trethi o enillwyr incwm uchel i enillwyr incwm isel yn yr 1980au. Er enghraifft, torrwyd cyfradd uchaf treth incwm o 83% i 40%. Torrwyd budd-daliadau i'r bobl llai cefnog. Gellid priodoli llawer o'r cynnydd ers 1997 yn incwm gwario'r 10% isaf o gartrefi, sy'n cynnwys cyfran uchel o gartrefi pensiynwyr, i godiadau mewn budd-daliadau a thoriadau trethi ar gyfer y grŵp hwn.

Dosraniad cyfoeth

Mae dosraniad cyfoeth yn y DU yn llai teg o lawer na dosraniad incwm. Mae Tabl 68.4 yn dangos bod yr 1%

Tabl 68.4 Dosraniad cyfoeth

Canran cyfoeth gwerthadwy dan berchenogaeth:	1911	1954	1971	1981	1991	2001	2002
1% mwyaf cyfoethog	69	43	31	21	17	22	23
5% mwyaf cyfoethog	-	-	52	40	35	42	43
10% mwyaf cyfoethog	92	79	65	54	47	54	56
25% mwyaf cyfoethog	-	-	86	77	71	72	74
50% mwyaf cyfoethog	-	-	97	94	92	94	94
50% mwyaf cyfoethog	-	-	3	6	8	6	6

Ffynhonnell: addaswyd o *Social Trends*, Swyddfa Ystadegau Cenedlaethol.

uchaf yn berchen ar 23% o gyfoeth gwerthadwy yn y DU yn 2002. Roedd hynny'n golygu bod yr 1% cyfoethocaf o'r boblogaeth yn berchen ar 23 gwaith y cyfartaledd cenedlaethol.

Efallai yn fwy syfrdanol na hynny yw'r ffaith bod hanner y boblogaeth yn berchen ar 7% yn unig o gyfoeth y wlad. Roedd pob person ar gyfartaledd yn y 50% isaf yn berchen ar 0.14 yn unig o gyfoeth cyfartalog y pen yn y DU. Perchenogaeth tai yw'r ffactor sengl pwysicaf heddiw sy'n gwahanu'r 'cyfoethog' a'r 'tlawd'. Yn ôl *Social Trends*, gwerth tai perchenogion preswyl sy'n cyfrif am tua thraean o gyfoeth gwerthadwy.

Tabl 68.5 Dosraniad incwm cartref yn ôl rhanbarth, 2003

	Incwm gwario crynswth cartref y pen (£)
Llundain	15 235
De Ddwyrain Lloegr	14 265
Dwyrain Lloegr	13 685
De Orllewin Lloegr	12 704
Y DU	12 610
Dwyrain Canolbarth Lloegr	11 612
Yr Alban	11 753
Gogledd Orllewin Lloegr	11 559
Gorllewin Canolbarth Lloegr	11 552
Swydd Efrog a Humber	11 462
Cymru	11 137
Gogledd Iwerddon	10 809
Gogledd Ddwyrain Lloegr	10 787

Ffynhonnell: addaswyd o *Economic Trends*, Swyddfa Ystadegau Cenedlaethol.

Tegwch llorweddol

Mae annhegwch llorweddol yn bodoli yn y DU mewn nifer o ffyrdd gwahanol. Un mesur yw enillion cymharol dynion a merched. Fel y gwelwyd yn Nhabl 68.2, mae cryn anghyfartaledd rhwng enillion cymharol dynion a merched. Gellir esbonio hyn yn rhannol gyda ffactorau fel profiadau gwahanol o ran addysg a hyfforddiant, cyfansoddiad oedran gwahanol y gweithluoedd gwrywol a benywol a'r ffaith bod merched yn colli profiad gwaith yn ystod y blynyddoedd allweddol pan fyddant o bosibl yn ymadael â'r gweithlu i fagu teulu. Fodd bynnag, er gwaethaf deddfwriaeth cyflogau cyfartal, mae'n annhebygol mai hyn sy'n cyfrif yn llwyr am y

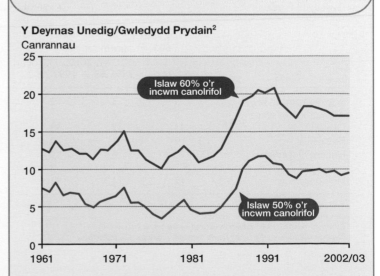

Ffigur 68.5 Y gyfran o bobl sydd â'u hincwm islaw 50% a 60% o'r incwm canolrifol[1]

Y Deyrnas Unedig/Gwledydd Prydain[2]
Canrannau

Islaw 60% o'r incwm canolrifol

Islaw 50% o'r incwm canolrifol

1. Incwm gwario cyfoes cyfwerth cartrefi cyn didynnu costau tai.
2. Mae data o 1993/94 ymlaen ar gyfer blynyddoedd ariannol. Newidiodd ffynhonnell y data yn 1994/95, newidiodd diffiniad incwm ychydig a newidiodd y ardal ddaearyddol o'r Deyrnas Unedig i Wledydd Prydain.

Ffynhonnell: addaswyd o *Social Trends*, Swyddfa Ystadegau Cenedlaethol.

gwahaniaeth rhwng cyflogau dynion a merched, ac felly gellir dweud bod annhegwch llorweddol rhwng dynion a merched.

Mesur arall o annhegwch llorweddol yw'r rhaniad Gogledd-De yn y DU. Mae Tabl 68.5 yn dangos incwm gwario crynswth y pen mewn gwahanol ranbarthau yn 2003. Y De Ddwyrain oedd â'r incwm gwario cyfartalog uchaf, a'r Gogledd Ddwyrain oedd â'r isaf. Mae'r gwahaniaeth mewn gallu prynu yn debygol o fod yn llai na'r hyn a awgrymir gan Dabl 68.5, oherwydd prisiau is, er enghraifft, am dai mewn ardaloedd y tu allan i'r De.

Tlodi absoliwt a chymharol

Mae tlodi absoliwt yn brin yn y DU. Un dangosydd posibl o dlodi yw nifer y bobl sy'n cysgu ar y stryd. Amcangyfrifwyd bod 459 ohonynt yn Lloegr ym Mehefin 2005. Er nad oes llawer o dlodi absoliwt yn y DU, mae yna dlodi cymharol yn ôl diffiniad y term. Un mesur cyffredin yw gweld faint o bobl sy'n byw ar neu islaw ffracsiwn o incwm cyfartalog. Mae Ffigur 68.5 yn dangos canran y bobl sydd ag incwm islaw 60% a 50% o'r

incwm canolrifol. Mae'n dangos y cynyddodd tlodi cymharol yn sylweddol yn yr 1980au, ond ei fod wedi gostwng ers hynny.

Mae rhai yn dadlau na fydd tlodi byth yn diflannu'n llwyr os defnyddir canran o incwm cyfartalog i ddiffinio tlodi. Maen nhw'n dadlau bod bron pawb yn y DU heddiw yn mwynhau safon byw uchel iawn o'u cymharu â phobl yn Oes Fictoria, dyweder. Ar y llaw arall, mae data fel y data yn Ffigur 68.5 yn dangos bod anghydraddoldeb yn amrywio dros amser. Fel rhan o'i diwygiadau ochr-gyflenwad, aeth llywodraeth Margaret Thatcher ati i gynyddu anghydraddoldebau yn fwriadol yn yr 1980au a llwyddo. Er gwaethaf amrywiaeth eang o fesurau ers 1997 â'r bwriad o fynd i'r afael â thlodi, methodd y llywodraeth Lafur dan Tony Blair â lleihau tlodi cymharol os mesurir hyn fel y gyfran o bobl sydd â'u hincwm islaw 50% o'r incwm cyfartalog. Ystyriwn ymhellach bolisi llywodraeth i leihau tlodi yn uned 69.

Cwestiwn Data · Tegwch ac anghydraddoldeb

Tabl 68.6 *Risg o brofi incwm isel cyson: yn ôl statws economaidd[1] y cartref*

Gwledydd Prydain			Canrannau
	3 allan o 4 blynedd islaw 60% o'r incwm canolrifol[2]		
	1991-94	1995-98	1999-2002
Â gwaith amser llawn	3	3	2
Â gwaith rhan amser	6	6	7
Di-waith	41	37	33
Pensiynwr	19	21	20
Hunangyflogedig	10	6	10
Holl unigolion	12	11	11

1. Dosberthir unigolion yn ôl statws economaidd y cartref y maent yn byw ynddo ym mlwyddyn gyntaf y cyfnod perthnasol.
2. Incwm gwario cyfoes cyfwerth cartrefi cyn didynnu costau tai.
Ffynhonnell: addaswyd o *Social Trends*, Swyddfa Ystadegau Cenedlaethol.

Newidiadau bywyd

Gall newid gael effaith bwysig ar eich incwm. Er enghraifft, cynhyrchodd Sefydliad Cenedlaethol Ymchwil Economaidd a Chymdeithasol (*NIESR*) dystiolaeth yn yr 1990au bod mwy na hanner y merched sy'n gwahanu o'u partner yn gweld cwymp sylweddol yn eu hincwm. Maent yn disgyn o leiaf un grŵp pumed ran yn y gynghrair incwm. Mae gwahanu'n debygol o fod yn llai niweidiol i incwm os ydych yn ddyn. Dim ond chwarter o ddynion sy'n symud i grŵp pumed ran is ar ôl gwahanu. Y ffactor unigol pwysicaf arall sy'n debygol o arwain at golli incwm yw symud ymaith o gartref. Mae mwy na hanner y plant sy'n ymadael â'r cartref teuluol yn disgyn o leiaf un grŵp pumed ran yn y gynghrair incwm.

I ferched ac i barau sy'n gweithio, mae cael plentyn yn debygol o arwain at golli incwm wrth i un rhiant roi'r gorau i weithio neu benderfynu gweithio'n rhan amser i fagu'r plentyn.

Tabl 68.7 Oedolion yn symud o fewn y dosraniad incwm rhwng blynyddoedd dilynol: yn ôl y math o newid yn y cartref, 1991-1996

Gwledydd Prydain			Canrannau
	Incwm yn gostwng I pumed ran neu fwy	Incwm yn sefydlog	Incwm yn codi I pumed ran neu fwy
Dim newid	19	61	21
Genedigaeth yn unig	32	54	14
Plentyn sy'n oedolyn yn ymadael yn unig	26	47	27
Marwolaeth partner yn unig	21	35	44
Plentyn yn ymadael â'r cartref teuluol[1]	53	25	22
Ymuno â phartner			
Dynion	32	43	25
Merched	21	37	42
Gwahanu o'r partner[2]			
Dynion	25	41	34
Merched	52	29	19
Newidiadau eraill	25	44	31
Holl oedolion	21	58	22

1. Newid mewn grŵp incwm i'r plentyn sy'n ymadael. Nid yw'n cynnwys y rhai sy'n ymuno â phartner yn yr un flwyddyn.
2. Nid yw'n cynnwys y rhai sy'n gwahanu ac yn ymuno â phartner arall yn yr un flwyddyn.
Ffynhonnell: addaswyd o *Social Trends*, Swyddfa Ystadegau Cenedlaethol.

Ffigur 68.6 Incwm unigol net canolrifol: yn ôl cyfnod oes a rhyw, 2002-03

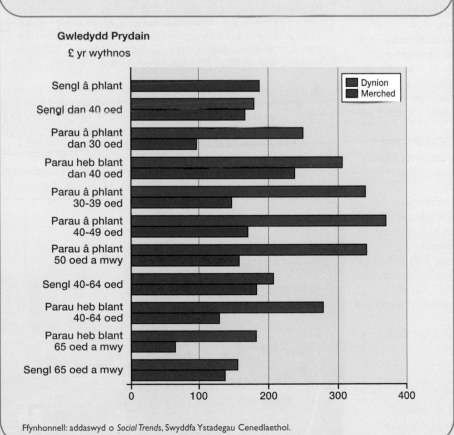

Gwledydd Prydain

£ yr wythnos

- Dynion
- Merched

Sengl â phlant
Sengl dan 40 oed
Parau â phlant dan 30 oed
Parau heb blant dan 40 oed
Parau â phlant 30-39 oed
Parau â phlant 40-49 oed
Parau â phlant 50 oed a mwy
Sengl 40-64 oed
Parau heb blant 40-64 oed
Parau heb blant 65 oed a mwy
Sengl 65 oed a mwy

0   100   200   300   400

Ffynhonnell: addaswyd o *Social Trends*, Swyddfa Ystadegau Cenedlaethol.

1. Pa fathau o gartrefi sy'n profi, a pha newidiadau sydd fwyaf tebygol o arwain at, (a) incwm isel a (b) incwm uchel?
2. Dadansoddwch ydy'r data'n awgrymu bod (a) tegwch llorweddol a (b) tegwch fertigol yn y DU.
3. Ers canol yr 1980au mae llywodraethau'r DU wedi annog unigolion â gwaith i wneud trefniadau preifat ar gyfer eu pensiynau. Trafodwch ydy hyn yn debygol o leihau tlodi yn y DU yn y 50 mlynedd nesaf.

69 Ailddosrannu incwm a chyfoeth

Crynodeb

1. Mae llywodraethau'n ailddosrannu incwm a chyfoeth am eu bod yn credu y bydd hynny'n cynyddu lles economaidd.
2. Gallant wneud hyn drwy fodd cyllidol, gan godi trethi ar y bobl cymharol gyfoethog er mwyn gwario ar wasanaethau a budd-daliadau ar gyfer y bobl cymharol lai cyfoethog.
3. Hefyd gall llywodraethau ddeddfu i hybu gwell cydraddoldeb, er enghraifft drwy basio deddfwriaeth cyflog cyfartal neu osod lleiafswm cyflog.
4. Mae rhai economegwyr yn dadlau bod ailddosrannu'n arwain at golledion mawr o les. Mae'r rhain yn cynnwys twf economaidd is a diwiethdra uwch. Eu casgliad yw y byddai'r tlodion yn well eu byd yn y tymor hir heb ddim ailddosrannu incwm a chyfoeth gan y llywodraeth.
5. Mae economegwyr eraill yn dadlau nad oes fawr ddim neu ddim tystiolaeth i awgrymu bod economïau lle mae'r llywodraeth yn ailddosrannu cyfran sylweddol o incwm a chyfoeth yn perfformio'n wahanol i economïau marchnad mwy rhydd.
6. Mae beirniaid dull y farchnad yn ateb mai dim ond os bydd y llywodraeth yn ymyrryd yn fwriadol drostynt y gall llawer o grwpiau yn y gymdeithas, fel yr anabl a'r henoed, fwynhau safonau byw sy'n cynyddu.

Dosraniad incwm a chyfoeth

Mae grymoedd y farchnad rydd yn arwain at ddosraniad arbennig o incwm a chyfoeth yn y gymdeithas. Mae'r dosraniad hwn yn annhebygol o fod yn **effeithlon** nac yn **deg**. Yn unedau 15-21 a 61-67 amlinellwyd ffactorau sy'n achosi aneffeithlonrwydd mewn economi marchnad ynghyd â pholisïau llywodraeth a allai unioni **methiant y farchnad** yn y sefyllfaoedd hyn. Mae'r uned hon yn amlinellu sut y gallai llywodraeth ymyrryd i wneud dosraniad incwm a chyfoeth yn y gymdeithas yn fwy teg.

Gall y dosraniad cyfredol o incwm a chyfoeth gael ei ystyried yn annymunol gan y llywodraeth am wahanol resymau.

- **Tlodi absoliwt** (☞ uned 68 am ddiffiniad o hwn a thermau eraill a ddefnyddir yn yr adran hon). Efallai bod tlodi absoliwt yn y gymdeithas. Ar yr eithaf, gall fod pobl yn marw ar y strydoedd oherwydd diffyg bwyd neu loches neu feddyginiaethau syml.
- Efallai yr ystyrir bod **tlodi cymharol** yn rhy fawr. Gall y llywodraeth gredu bod y bwlch rhwng y cyfoethog a'r tlawd yn y gymdeithas yn rhy eang.
- **Efallai nad oes tegwch llorweddol.** Er enghraifft, efallai bod dynion yn cael mwy o dâl am wneud yr un gwaith â merched. Gall fod gwahaniaethu mewn cyflogaeth a thai yn erbyn gweithwyr o grwpiau lleiafrifoedd ethnig.
- Efallai y credir bod y dosraniad cyfredol yn gwrthdaro ag ystyriaethau o **effeithlonrwydd economaidd**. Er enghraifft, gellid dadlau bod angen cynyddu gwahaniaethau incwm a chyfoeth er mwyn darparu cymhellion i bobl weithio'n galetach.

Mae'r tair cyntaf o'r dadleuon uchod yn awgrymu y dylid lleihau gwahaniaethau incwm a chyfoeth. Yn y blynyddoedd diwethaf, fodd bynnag, mae **economegwyr ochr-gyflenwad** (☞ uned 38) wedi dadlau'n gryf bod angen cynyddu gwahaniaethau incwm os ydy twf economaidd i gael ei gynyddu.

Sut y gall llywodraethau newid dosraniad incwm a chyfoeth yn y gymdeithas?

Gwariant y llywodraeth

Gellir defnyddio gwariant y llywodraeth i newid dosraniad incwm. Un ffordd amlwg yw i'r llywodraeth roi budd-daliadau ariannol i'r rhai y mae angen cymorth ariannol arnynt. Erbyn hyn mae budd-daliadau nawdd cymdeithasol ac yswiriant gwladol yn cyfrif am fwy na 30% o wariant

---

Cwestiwn 1

Mae'r llywodraeth yn bwriadu symud tuag at system o brisio ffyrdd yn y DU mewn ymdrech i ddatrys problemau tagfeydd ar ffyrdd Prydain. Mae amrywiaeth o dechnolegau ar gael a allai gael eu defnyddio. Un o'r rhain yw mesurydd fyddai'n cael ei osod mewn car ac yn darllen arwyddion o oleufâu (gantries) ar ochr y ffordd neu bont arwyddion dros y ffordd. Hefyd mae amrywiaeth o ddulliau prisio posibl. Un yw codi tâl ar fodurwyr am ddefnyddio ffyrdd dim ond pan fydd y ffyrdd â thagfeydd neu'n debygol o fod â thagfeydd. Er enghraifft, gellid codi tâl ar fodurwyr am ddefnyddio priffyrdd i mewn i ganol trefi a dinasoedd ar oriau brig neu gallai dinas godi tâl ar fodurwyr am ddefnyddio ffyrdd yng nghanol y ddinas ar unrhyw adeg o'r dydd. Gellid codi tâl am ddefnyddio traffyrdd tagfaol, fel yr M25, am gyfran helaeth o'r dydd.

(a) I ba raddau y mae cael defnyddio system ffyrdd sydd am ddim yn y pwynt defnyddio yn fater o gydraddoldeb cyfle?

(b) Sut y byddai dosraniad incwm yn newid pe bai'r llywodraeth yn gosod taliadau tagfeydd (congestion metering) tra ar yr un pryd: (i) yn gostwng cyfradd sylfaenol treth incwm yr un maint â'r swm a godir yn y trethi ffyrdd newydd; (ii) yn defnyddio'r incwm a godir o'r trethi ffyrdd newydd i gymorthdalu cludiant cyhoeddus?

llywodraeth y DU.

Fodd bynnag, efallai y bydd llywodraethau'n dymuno targedu help yn fwy manwl gywir. Er enghraifft, ni fydd cynnydd ym mhensiwn yr henoed o reidrwydd yn lleddfu tlodi absoliwt ymhlith rhai pobl hŷn. Efallai eu bod yn byw mewn tai sy'n llaith ac yn oer ac nid ydynt yn gallu neu'n fodlon talu symiau mawr o arian i wella'u sefyllfa. Felly, gallai'r llywodraeth ddewis gwario arian ar dai i'r henoed, e.e. darparu tai â rhent isel neu gynnig grantiau adnewyddu ar gyfer eiddo perchennog preswyl. Yn yr un modd, gallai llywodraethau ddewis helpu plant mewn angen drwy gynnig dillad am ddim neu gwponau bwyd yn hytrach na chynyddu budd-dal plant.

Maes pwysig arall o weithgaredd llywodraeth yw darparu nwyddau a gwasanaethau sy'n rhoi cydraddoldeb cyfle yn y gymdeithas i ddinasyddion. Dadleuodd Adroddiad Beveridge 1942 y dylai dinasyddion fod â modd i gael o leiaf safon benodol o ofal iechyd, tai ac addysg yn ogystal â lleiafswm cyflog a chyflogaeth. Mae rhai yn dadlau nad yw addysg, tai ac iechyd yn wahanol i geir neu wyliau. Os oes gan bobl incwm uchel, dylen nhw allu prynu gwell addysg i'w plant a gwell gofal iechyd iddyn nhw eu hunain, yn union fel y gallan nhw brynu gwell ceir neu wyliau drutach. Mae eraill yn dadlau y dylai pawb fod â modd cyfartal i gael **yr un** addysg a gofal iechyd am fod y rhain yn sylfaenol i unrhyw safon byw mewn economi diwydiannol modern. Ni ddylai addysg breifat na gofal iechyd preifat fod ar gael i'r rhai sy'n gallu eu fforddio.

Trethi

Mae'r system drethi yn chwarae rhan holl bwysig mewn pennu'r dosraniad incwm yn y gymdeithas. Gall trethi gael eu dosbarthu yn ôl eu pwysfan (☞ uned 11) fel cyfran o incwm.

Treth lle mae'r gyfran o incwm sy'n cael ei thalu mewn treth yn codi wrth i incwm y trethdalwr godi yw TRETH ESGYNRADD (*progressive*). Er enghraifft, byddai treth incwm yn esgynradd pe bai gweithiwr sy'n ennill £4 000 y flwyddyn yn talu 5% o incwm mewn treth, ond 25% o incwm o £40 000.

Treth lle mae'r gyfran o incwm sy'n cael ei thalu mewn treth yn gostwng wrth i incwm y trethdalwr godi yw TRETH DDISGYNRADD (*regressive*). Enghraifft eithafol o dreth ddisgynradd oedd treth y pen yn y DU rhwng 1990 ac 1992. Roedd y swm a dalwyd mewn treth y pen yn unfath i'r rhan fwyaf o'r bobl oedd yn talu'r dreth hon. Roedd person oedd yn ennill £8 000 y flwyddyn ac yn talu £400 y flwyddyn mewn treth y pen yn talu'r union un swm â pherson oedd yn ennill £40 000. Felly roedd cyfran y dreth a dalwyd yn wahanol – 5% o incwm i'r person oedd yn ennill £8 000 y flwyddyn (£400 ÷ £8 000), ond 1% yn unig i'r person oedd yn ennill £40 000 y flwyddyn (£400 ÷ £40 000).

Treth lle mae'r gyfran o incwm sy'n cael ei thalu mewn treth yn aros yr un fath wrth i incwm y trethdalwr newid (er bod y swm sy'n cael ei dalu yn cynyddu wrth i incwm gynyddu) yw TRETH GYFRANNOL (*proportional*). Mae TAW yn enghraifft o dreth sydd fwy neu lai yn gyfrannol. Mae enillwyr incwm isel yn gwario cyfran uwch o'u hincwm ar nwyddau a gwasanaethau sydd â chyfradd sero, ond mae enillwyr incwm uchel yn tueddu i gynilo mwy o'u hincwm. Felly, mae cyfradd gyfartalog TAW sy'n cael ei thalu gan unigolion yn tueddu i fod ychydig yn llai nag 17.5%.

Mae'r gwahaniaeth rhwng trethi esgynradd, disgynradd a chyfrannol yn cael ei nodi am ei fod yn bwysig wrth astudio dosraniad incwm a chyfoeth. Po fwyaf esgynradd yw'r dreth, mwyaf i gyd yw'r cysylltiad â gallu i dalu'r dreth a mwyaf tebygol y bydd o achosi ailddosrannu adnoddau o'r bobl sy'n well eu byd yn y gymdeithas i'r bobl sy'n waeth eu byd.

Deddfwriaeth

Gall y llywodraeth newid dosraniad incwm yn uniongyrchol trwy ei phenderfyniadau ynghylch gwariant a threthi. Ond hefyd gall ddylanwadu ar ymddygiad asiantau economaidd preifat trwy ddeddfwriaeth. Er enghraifft, gall llywodraethau ddewis cyflwyno

---

Cwestiwn 2

Rhwng 1979 a 2005 cyflwynodd y llywodraeth nifer o newidiadau ynghylch trethi, gan gynnwys:

- yn 1979 gostyngiad yng nghyfradd uchaf treth incwm o 83% i 60% a gostyngiad o 2 geiniog yng nghyfradd safonol treth incwm, ynghyd â chynnydd yng nghyfradd safonol TAW o 8% i 15%;
- yn 1987 gostyngiad yng nghyfradd uchaf treth incwm o 60% i 40% a gostyngiad pellach o 2 geiniog yng nghyfradd safonol treth incwm;
- rhwng 1990 ac 1993 i gymryd lle system ardrethi domestig, oedd yn dreth ar eiddo, cyflwyno'r dreth gyngor oedd yn dreth arall ar eiddo ond a wnaeth mewn gwirionedd ostwng y dreth ar eiddo â phrisiau uchel a'i chynyddu ar eiddo â phrisiau isel. Ar yr un pryd cynyddwyd TAW 2½% i ostwng biliau treth cyfartalog;
- rhwng 1994 a 2000 dileu yn raddol y gostyngiad yn y dreth incwm a roddwyd i bobl oedd wedi cael morgais i brynu cartref;
- yn 1999 cyflwyno Credyd Treth i Deuluoedd sy'n Gweithio, a ddisodlwyd gan Credyd Plant a Chredyd Treth Gwaith yn 2003, sef budd-dal treth i weithwyr ar incwm isel i ganolig â phlant i'w cynnal.

Eglurwch effaith debygol y newidiadau hyn mewn trethi ar ddosraniad incwm yn y DU.

Cwestiwn 3

Cyfraddau cyfraniadau Yswiriant Gwladol: gweithwyr 2005-06

Haenau enillion:
- Hyd at £94 yr wythnos – 0%
- £94 - £630 yr wythnos – 11%
- £630 a mwy yr wythnos – 1%

(a) Ni fyddai gweithiwr sy'n ennill £93 yr wytnos yn talu dim cyfraniadau Yswiriant Gwladol, ond byddai gweithiwr sy'n ennill £1 000 yr wythnos yn talu £62.66. Dangoswch sut y byddai'r ffigurau hyn yn cael eu cyfrifo.
(b) Cyfrifwch gyfanswm y cyfraniadau Yswiriant Gwladol y byddai gweithiwr yn ei dalu pe bai ei enillion wythnosol yn: (i) £194; (ii) £594; (iii) £830.
(c) Ydy cyfraniadau Yswiriant Gwladol yn esgynradd, yn ddisgynradd neu'n gyfrannol dros yr amrediad incwm wythnosol: (i) £93 i £94; (ii) £194 i £594; (iii) £594 i £830; (iv) £830 i £1 000?

deddfwriaeth lleiafswm cyflog (☞ uned 75), yn gorfodi cyflogwyr i gynyddu cyfraddau cyflog y gweithwyr sydd â'r cyflogau isaf. Gallant hefyd ddewis gwneud gwahaniaethu'n anghyfreithlon trwy fesurau fel deddfwriaeth cyflog cydradd, neu gallant orfodi cyflogwyr i ddarparu buddion fel budd-dal salwch, pensiynau a gofal iechyd ar gyfer eu gweithwyr, neu daliadau colli gwaith. Gallant geisio codi incwm pobl â chyflogau isel a'r di-waith trwy ailhyfforddiant effeithiol neu helpu gweithwyr i fod yn fwy symudol yn ddaearyddol.

Costau ailddosrannu

Gall ymyrryd yn yr economi arwain at gynyddu lles economaidd i rai, ond gall hefyd arwain at ostwng lles economaidd i eraill.

Mae yna gost amlwg i'r rhai hynny yn y gymdeithas sy'n colli'n uniongyrchol o drethi uwch. Mae rhai economegwyr yn dadlau bod unrhyw drethiant yn arwain at golli rhyddid. Mae'r trethdalwr yn colli'r gallu i ddewis sut i ddyrannu'r adnoddau prin hynny sydd nawr yn cael eu cymryd gan y wladwriaeth. Felly mewn cymdeithas rydd dylai trethiant gael ei gadw i'r lefel isaf bosibl. Ar y llaw arall, byddai DEDDF DEFNYDD-DEB FFINIOL LLEIHAOL yn awgrymu y bydd cymryd adnoddau o unigolyn cyfoethog er mwyn eu rhoi i berson tlawd yn arwain at gynnydd yn nefnyddioldeb cyfunol y ddau unigolyn. Yn ôl y ddeddf hon, po uchaf yw gwariant unigolion, lleiaf i gyd o ddefnydd-deb neu foddhad a gânt o wario punt ychwanegol. Er enghraifft, byddai £10 yr wythnos yn ychwanegol i deulu tlawd yn rhoi mwy o ddefnydd-deb iddynt na chael £10 yr wythnos yn ychwanegol ar ôl ennill £1 filiwn ar y lotri. Mae'r ddeddf yn awgrymu, er enghraifft, bod £1 sy'n cael ei gwario ar goffi gan enillydd incwm uchel yn y DU yn rhoi llai o ddefnydd-deb na £1 sy'n cael ei gwario ar fwyd gan unigolyn tlawd yn Bangladesh. Felly y goblygiad yw bod ailddosrannu incwm o'r cyfoethog i'r tlawd yn cynyddu cyfanswm defnydd-deb gan y bydd y defnydd-deb a gollir gan y person cyfoethog yn llai na'r defnydd-deb a enillir gan y person tlawd. Un o'r problemau gyda'r dull hwn yw bod deddf defnydd-deb ffiniol yn cyfeirio'n benodol at newidiadau gwariant gan un unigolyn. Mae punt yn werth llai i unigolyn sy'n ennill £1 filiwn y flwyddyn nag y byddai pe bai'n ennill £5 000 yn unig y flwyddyn. Ni all y ddeddf, yn ei hystyr manylaf, gael ei defnyddio i gymharu newidiadau incwm rhwng unigolion am ei bod hi'n amhosibl gwneud cymariaethau uniongyrchol o ddefnydd-deb rhwng unigolion.

Byddai economegwyr clasurol neu ochr-gyflenwad yn awgrymu bod ailddosrannu yn golygu costau trwm o ran twf economaidd a chyflogaeth. Mae cynyddu cyfraddau treth incwm yn gostwng cymhellion pobl sydd â swyddi i weithio (☞ uned 38), a thrwy hynny yn gostwng cyfradd symudiad cromlin y cyflenwad cyfanredol i'r dde. Byddai economegwyr clasurol yn dadlau hefyd bod ailddosrannu'n gostwng y cymhelliad i'r bobl sy'n ddi-waith i chwilio am waith. Gall budd-daliadau diweithdra uchel ei gwneud hi'n fwy gwerth chweil aros yn ddi-waith yn hytrach na chael swydd. Mae hynny'n cynyddu cyfradd naturiol diweithdra ac yn gostwng lefel cynnyrch yn yr economi. Gall deddfwriaeth lleiafswm cyflog a deddfwriaeth cyflog cydradd arwain at ostwng cyflogaeth. Mae damcaniaeth economaidd yn awgrymu y bydd cwmnïau'n cyflogi llai o staff os cânt eu gorfodi i dalu cyflogau uwch. Gall cyfraddau uchel o dreth achosi i gyfalaf a llafur adael yr economi. Efallai y bydd mentrwyr unigol yn dewis gadael y wlad, gan fynd â'u harian a'u sgiliau gyda nhw. Gall cwmnïau ddewis lleoli dramor i fanteisio ar gyfraddau is o dreth, gan arwain at golli swyddi ac incwm mewnol.

Hefyd bydd llu o ystumiadau eraill yn rhemp yn y

system. Er enghraifft, mae rhai wedi dadlau bod cymorthdaliadau i berchenogion tai trwy roi gostyngiad mewn treth incwm oherwydd morgais wedi arwain at ormod o fuddsoddiant yn stoc tai y wlad ar draul buddsoddiant mewn diwydiant sy'n creu cyfoeth. Gall darparu dillad ysgol am dim i blant achosi i rai rhieni werthu'r dillad ar unwaith a defnyddio'r arian at ddibenion eraill. Mae trethi uchel yn arwain at dwf osgoi trethi gyda chryn dipyn o adnoddau'n cael eu rhoi i chwilio am ffyrdd o fynd o'r tu allan i ddeddfwriaeth trethi.

Rôl y llywodraeth

Mae economegwyr marchnad rydd yn dadlau bod costau ymyriad llywodraeth yn fawr iawn. Mewn gwirionedd maen nhw mor fawr fel y bydd unrhyw fuddion lles posibl sy'n deillio o ailddosrannu incwm o'r cyfoethog i'r tlawd yn cael eu gwrthbwyso o bell ffordd gan y colledion lles a ddaw. Maen nhw'n dadlau y bydd twf economaidd yn cynyddu os ydy trethiant yn isel, os oes cyn lleied â phosibl o reoleiddio gweithgareddau economaidd y sector preifat gan y llywodraeth ac

Cwestiwn 4

Tabl 69.1 Y gyfran o gyfanswm treth incwm sy'n cael ei thalu gan grwpiau gwahanol o enillwyr incwm

Y Deyrnas Unedig					Canrannau
	1976-77	1981-82	1990-91	1997-98	2005-06
1% uchaf	11	11	15	20	21
5% uchaf	25	25	32	37	40
10% uchaf	35	35	42	48	51
40% nesaf	45	46	43	40	38
50% isaf	20	19	15	12	11

Ffynhonnell: addaswyd o *Social Trends*, Swyddfa Ystadegau Cenedlaethol, www.hmrt.gov.uk

Yn ystod yr 1980au gostyngwyd cyfraddau treth incwm. Cyfradd uchaf y dreth yn 1976-77 oedd 83%. Gostyngwyd hyn i 60% yn 1979 ac yna 40% yn 1987. Gostyngodd cyfradd sylfaenol y dreth yn ystod yr un cyfnod o 33% i 25%. Yn yr 1990au gostyngodd y gyfradd sylfaenol i 23% a chyflwynwyd cyfradd gychwynnol o 10%. Fodd bynnag, dilewyd sawl lwfans treth, sef symiau o incwm na thalwyd treth arnynt. Yn arbennig, cafodd y lwfans a roddwyd i bobl priod ei ddileu yn raddol, felly hefyd cymorthdaliadau treth incwm ar brynu tai. Ni chafwyd newidiadau sylweddol i dreth incwm yn hanner cyntaf degawd gyntaf yr unfed ganrif ar hugain.

(a) (i) Eglurwch pam y gallai gostyngiadau mawr yng nghyfraddau treth incwm ar y bobl sy'n well eu byd arwain at ostyngiadau yn y gyfran o dreth incwm sy'n cael ei thalu gan enillwyr incwm uchel.

(ii) Beth ddigwyddodd mewn gwirionedd i'r gyfran o dreth incwm a dalwyd gan enillwyr incwm uchel yn yr 1980au?

(iii) Awgrymwch DDAU reswm posibl pam y digwyddodd hyn a thrafodwch yn gryno a arweiniodd hyn at gynnydd mewn lles economaidd.

(b) (i) Pam y gallai dileu lwfansau treth ar brynu tai helpu i egluro'r tueddiadau yn y dreth incwm a dalwyd yn yr 1990au?

(ii) Trafodwch yn gryno a allai hyn fod wedi arwain at gynnydd mewn lles economaidd.

os ydy cynhyrchu nwyddau a gwasanaethau gan y wladwriaeth yn cael ei gadw i'r lefel isaf bosibl. Efallai y bydd y tlodion yn colli gan na fydd fawr ddim budd-daliadau gwladwriaethol. Ond bydd twf economaidd uwch yn gwneud iawn am hynny a mwy. Bydd y cyfoeth a gynhyrchir gan y bobl sy'n well eu byd yn y gymdeithas yn **diferu i lawr** i'r llai ffodus. Er enghraifft, byddai'r tlodion yn well eu byd o gael 10% o 'gacen genedlaethol' o £20 biliwn na chael 15% o £10 biliwn.

Mae'r ddadl y byddai'r tlodion yn well eu byd pe bai gwahaniaethau incwm yn ehangach yn hytrach nag yn fwy cul yn ddibynnol ar nifer o osodiadau:

- mae bod yn well eich byd yn fater o feintiau absoliwt yn hytrach na meintiau cymharol;

- mae'n rhaid ei bod hi'n wir bod cyfradd ffiniol uchel o dreth incwm yn anghymhelliad i waith ac i fenter;
- mae'n rhaid bod system hael o fudd-daliadau yn anghymhelliad i waith;
- mae'n rhaid bod yna fecanwaith sy'n sicrhau y bydd cynnydd mewn cyfoeth yn y gymdeithas yn rhoi budd nid yn unig i'r cyfoethog ond hefyd i'r tlodion, yn arbennig y bobl sydd am ryw reswm yn methu gweithio.

Gallai hyn fod yn wir ar gyfer llawer o bobl sydd â gwaith ond does dim mecanwaith ar wahân i elusen mewn economi marchnad rydd i sicrhau bod grwpiau fel yr anabl, y sâl a'r henoed yn cael budd o gynnydd mewn ffyniant sy'n cael ei fwynhau gan weddill y gymdeithas.

Termau allweddol

Deddf defnydd-deb ffiniol lleihaol – yn achos unigolyn, mae'r boddhad a ddaw o dreulio uned ychwanegol o nwydd yn gostwng wrth i fwy o'r nwydd gael ei dreulio.

Treth ddisgynradd – treth lle mae'r gyfran o incwm sy'n cael ei thalu mewn treth yn gostwng wrth i incwm godi.

Treth esgynradd – treth lle mae'r gyfran o incwm sy'n cael ei thalu mewn treth yn codi wrth i incwm godi.

Treth gyfrannol – treth lle mae'r gyfran o incwm sy'n cael ei thalu mewn treth yn aros yr un fath wrth i incwm godi.

Cwestiwn 5

Yn 1989 ymosododd Cynhadledd y Methodistiaid, corff llywodraethol yr eglwys Fethodistaidd, ar bolisïau cymdeithasol ac economaidd 'dadunol' y llywodraeth oedd yn gwneud cam â'r tlodion. Mewn ymateb, dywedodd y Prif Weinidog ar y pryd, Margaret Thatcher: 'Dros y ddegawd ddiwethaf mae safonau byw wedi cynyddu ym mhob rhan o'r dosraniad incwm – sy'n cynnwys y mwyaf tlawd.

'Ar ôl gwneud lwfans am chwyddiant, mae dyn priod â dau blentyn sydd yn y 10% isaf o enillion wedi gweld ei gyflog clir yn cynyddu 12.5%

'Wrth gwrs, mae rhai, trwy eu hymdrechion a'u menter eu hunain, wedi cynyddu eu safonau byw ymhellach. Maen nhw hefyd yn talu mwy mewn trethi, ac mae'r bobl sy'n ennill fwyaf yn cyfrannu cyfran uwch o'r cyfanswm y mae'r llywodraeth yn ei dderbyn o dreth incwm.

'Rydych chi'n cyfystyru cyfoeth a hunanoldeb. Ond dim ond trwy greu cyfoeth y gall tlodi gael ei gynorthwyo.

'Ein tasg ni yw ehangu cyfleoedd fel y gall mwy a mwy o bobl ffynnu.'

Dros yr 1980au aeth dosraniad incwm yn fwy anghyfartal. Eglurwch sut y gwnaeth Margaret Thatcher amddiffyn hyn yn ei hymateb i Gynhadledd y Methodistiaid.

Economeg gymhwysol

Polisïau ailddosrannu yn y DU

Trethiant a gwariant

Gosodwyd sylfeini'r Wladwriaeth Les gan weinyddiaeth Lafur Clement Atlee 1945-1951, a dylai sicrhau bod pob dinesydd o'r DU yn mwynhau isafswm safon byw. I gyflawni hyn, caiff yr enillwyr incwm uchaf eu trethi fwy na'r enillwyr incwm isaf, a defnyddir yr arian i ddarparu amrywiaeth o fudd-daliadau mewn nwyddau ac

Tabl 69.2 Ailddosrannu incwm drwy drethi a budd-daliadau, 2002-03

£ y flwyddyn a chanrannau

| | Grwpiau pumed ran o gartrefi[1] | | | | | |
	Pumed ran isaf	Pumed ran nesaf	Pumed ran ganol	Pumed ran nesaf	Pumed ran uchaf	Holl gartrefi
Cyfartaledd fesul cartref						
Cyflogau	2 450	7 050	14 920	26 650	45 270	19 270
Incwm priodoledig o fudd-daliadau mewn nwyddau	10	30	110	360	1 110	320
Incwm o hunangyflogaeth	580	660	1 330	2 390	7 150	2 420
Pensiynau gwaith, blwydd-daliadau	580	1 360	2 200	2 530	3 700	2 070
Incwm o fuddsoddiadau	240	360	550	910	2 840	980
Incwm arall	170	150	220	250	250	210
Cyfanswm incwm gwreiddiol	4 030	9 610	19 320	33 080	60 310	25 270
plws Budd-daliadau mewn arian parod						
Cyfrannol	2 520	3 080	2 210	1 420	930	2 030
Anghyfrannol	3 120	2 930	2 030	1 080	460	1 930
Incwm crynswth	9 670	15 630	23 560	35 580	61 700	29 230
llai Treth incwm[2] a Chyfraniadau Yswiriant Cenedlaethol[3]	470	1 370	3 320	6 440	13 690	5 060
llai Treth y Cyngor/ardrethi Gogledd Iwerddon[4] (net)	440	530	670	830	960	690
Incwm gwario	8 760	13 730	19 570	28 310	47 050	23 480
llai Trethi anuniongyrchol	2 750	3 140	4 180	5 340	6 990	4 480
Incwm ar ôl trethi	6 010	10 590	15 390	22 970	40 060	19 000
plws Budd-daliadau mewn nwyddau						
Addysg	2 500	1 770	1 620	1 520	850	1 650
Gwasanaeth Iechyd Gwladol	2 980	3 030	2 630	2 360	2 120	2 620
Cymorthdaliadau tai	80	70	40	20	-	40
Cymorthdaliadau teithio	70	60	60	70	100	70
Prydau bwyd ysgol a llaeth lles	80	30	10	-	-	20
Incwm terfynol	11 710	15 550	19 750	26 940	43 130	23 410
Math o gartref (canrannau)[5]						
Wedi ymddeol	41	42	20	10	4	23
Heb ymddeol, heb blant						
1 oedolyn dim plant	17	9	10	14	20	14
2 oedolyn dim plant	8	10	19	28	38	21
3 oedolyn dim plant	3	6	7	10	10	7
Holl gartrefi eraill heb blant	3	3	6	7	5	5
Heb ymddeol â phlant						
1 oedolyn â phlant	14	5	5	3	1	6
2 oedolyn â phlant	11	18	26	23	20	20
3 oedolyn neu fwy â phlant	2	4	5	4	2	3
Holl gartrefi eraill â phlant	1	2	1	1	0	1
Holl fathau o gartrefi	100	100	100	100	100	100

[1] Defnyddiwyd incwm gwario cywerth i raddio'r cartrefi.
[2] Ar ôl gostyngiad yn y dreth ar log morgeisiau a phremiymau yswiriant bywyd.
[3] Cyfraniadau Yswiriant Cenedlaethol Gweithwyr
[4] Treth y cyngor yn net o fudd-daliadau treth y cyngor. Ardrethi yn net o ad-daliadau yng Ngogledd Iwerddon.
[5] Efallai na fydd y ffigurau'n adio i 100 oherwydd talgrynnu.
Ffynhonnell: addaswyd o *Social Trends*, Swyddfa Ystadegau Cenedlaethol.

Tabl 69.3 *Trethi fel canran o incwm crynswth yn ôl grŵp pumed ran ar gyfer yr holl gartrefi, gyda chredydau treth yn cael eu trin fel budd-dal yn llwyr, 20*

| | Grwpiau pumed ran o'r holl gartrefi | | | | | Holl gartrefi |
	Isaf	2il	3edd	4edd	Uchaf	
Canran o incwm crynswth						
Trethi uniongyrchol						
Treth Incwm[1]	3.8	7.2	10.7	13.9	18.4	13.9
Cyfraniadau Yswiriant Gwladol Gweithwyr	1.4	2.8	4.4	5.3	4.6	4.3
Treth y Cyngor ac Ardrethi Gogledd Iwerddon[2]	4.9	3.6	3.0	2.5	1.7	2.5
Holl drethi uniongyrchol	10.1	13.6	18.2	21.7	24.6	20.7
Trethi anuniongyrchol						
TAW	10.6	8.0	7.3	6.3	4.9	6.3
Toll ar alcohol	1.5	1.2	1.1	0.9	0.6	0.9
Toll ar dybaco	3.2	1.8	1.3	0.9	0.4	1.0
Toll ar olewau hydrocarbon a threth gerbydau	2.9	2.4	2.3	2.1	1.4	1.9
Trethi anuniongyrchol eraill	9.6	6.6	5.6	4.8	3.6	4.9
Holl drethi anuniongyrchol	27.9	20.0	17.6	15.0	10.0	15.1
Holl drethi	38.0	33.6	35.8	36.7	35.5	35.8

[1] Ar ôl gostyngiad yn y dreth ar log morgeisiau a phremiymau yswiriant bywyd.
[2] Treth y cyngor, ardrethi domestig a thaliadau dŵr ar ôl didynnu disgowntiau, budd-dal treth y cyngor ac ad-daliadau ardrethi.

Ffynhonnell: addaswyd o www.statistics.gov.uk.

arian parod.

Mae Tabl 69.2 yn amcangyfrif gan y Swyddfa Ystadegau Cenedlaethol o sut mae'r ailddosrannu hwn yn effeithio ar incwm. Mae'n seiliedig ar ffigurau o'r Arolwg Gwariant Teulu, sef sampl blynyddol o tua 7 000 o gartrefi yn y DU. Rhennir y cartrefi yn grwpiau pumed ran yn ôl incwm gwreiddiol y cartrefi. Er enghraifft, incwm gwreiddiol o £4 030 yn unig y flwyddyn oedd gan y pumed ran isaf o gartrefi yn ôl incwm gwreiddiol. Roedd gan y pumed ran uchaf o gartrefi incwm gwreiddiol o £60 310 gan ennill tua 15 gwaith cymaint â'r grŵp isaf.

Mae'r anghydraddoldebau mawr hyn yn cael eu lleihau drwy effeithiau'r system drethi a budd-daliadau. Mae budd-daliadau mewn arian parod, sef rhai cyfrannol (h.y. budd-daliadau Yswiriant Gwladol) a rhai anghyfrannol, yn cynyddu incwm y pumed ran isaf o enillwyr incwm o £4 030 i £9 670 y flwyddyn. Tra bo llawer o fudd-daliadau wedi'u targedu at gartrefi incwm isel, mae rhai budd-daliadau yn rhai cyffredinol, ar gael i bawb beth bynnag fo'u hincwm. Y budd-dal cyffredinol pwysicaf yw budd-dal plant.

Trethi a chyfraniadau Yswiriant Gwladol sy'n talu am fudd-daliadau. Credir yn aml bod y system drethi yn **esgynradd**. Fodd bynnag, fel y gwelir yn Nhablau 69.2 a 69.3, gellir dadlau bod y system mewn gwirionedd yn ddisgynradd. Mae'r system drethi anuniongyrchol yn sicr yn ddisgynradd Er enghraifft, talodd y pumed ran isaf o

gartrefi 27.9% o'u hincwm crynswth mewn trethi anuniongyrchol, ond 10.9% yn unig a dalodd y pumed ran uchaf. Mewn cyferbyniad â hynny, mae trethi uniongyrchol, gan gynnwys treth y cyngor, yn esgynradd. Talodd y pumed ran isaf o gartrefi 10.1% o'u hincwm crynswth mewn trethi uniongyrchol, a thalodd y pumed ran uchaf 24.6%. Mae Tabl 69.2 yn dangos bod y pumed ran uchaf o gartrefi wedi derbyn 15 gwaith cymaint â swm yr incwm gwreiddiol a dderbyniodd y pumed ran isaf o gartrefi, ond bod eu hincwm ar ôl trethi yn 6.7 gwaith cymaint, ac fel incwm terfynol y gymhareb oedd 3.7 gwaith yn unig. Felly, mae'n ymddangos bod y Wladwriaeth Les yn llwyddiannus i raddau o ran lleihau anghydraddoldebau yn y gymdeithas.

Polisi llywodraeth dros amser

Mae Tablau 69.2 a 69.3 yn dangos y sefyllfa yn 2002-2003. Fodd bynnag, mae anghydraddoldebau incwm yn newid dros amser. Fel y gwelir yn Ffigur 69.1 (yn y cwestiwn data), roedd canran yr unigolion islaw hanner yr incwm canolrifol yn amrywio rhwng 3% a 7% yn ystod yr 1960au a'r 1970au. Gwelwyd newid mawr yn yr 1980au, gyda lefelau anghydraddoldeb yn codi'n sydyn. Roedd hyn yn rhannol yn ganlyniad i newidiadau ym mhatrymau cyflog yn y farchnad lafur, gyda'r enillwyr incwm uchaf yn cael codiadau cyflog sylweddol dros y ddegawd a'r gweithwyr mewn swyddi di-grefft neu led-fedrus heb gael fawr ddim newid yn eu cyflog real, os o gwbl. Ond roedd hefyd yn rhannol yn ganlyniad i bolisi llywodraeth.

- Yn y farchnad lafur, roedd polisïau llywodraeth a ostyngodd grym undebau llafur ac a arweiniodd at ddileu lleiafswm cyflog wedi rhoi gweithwyr cyflog isel yn fwy agored i bwysau tuag i lawr ar gyflogau.
- Cododd diweithdra o filiwn a hanner yn 1979 i dair miliwn a hanner erbyn 1986, gan achosi tlodi i'r sawl oedd yn ddi-waith a rhoi pwysau pellach tuag i lawr ar gyflogau'r gweithwyr lleiaf medrus. Drwy gydol yr 1980au, gadawodd y llywodraeth i ddiweithdra godi i ba lefel bynnag y credai oedd yn angenrheidiol i reoli chwyddiant. Ystyriwyd diweithdra a'r tlodi a ddaeth yn ei sgil fel pris i'w dalu am chwyddiant isel.
- Yn rhan gyntaf yr 1980au, torrodd y llywodraeth y cysylltiad a sefydlwyd yn yr 1970au rhwng codiadau mewn budd-daliadau gwladwriaethol, gan gynnwys pensiynau, a chodiadau mewn cyflog. Penderfynwyd codi budd-daliadau yn unol â chodiadau mewn prisiau. O gofio bod cyflogau real yn codi 2.5% y flwyddyn ar gyfartaledd, roedd hyn yn golygu bod y bwlch rhwng pobl ar fudd-daliadau a phobl â swydd yn cynyddu fwyfwy.
- Roedd newidiadau mewn trethi hefyd yn gyfrifol am wneud gwahaniaethau incwm ar ôl trethi yn fwy nag y byddent fel arall, newidiadau fel gostwng treth incwm a chynyddu TAW yn 1979, gostwng cyfradd uchaf treth incwm i 40% yn 1987 a chyflwyno treth y pen yn rhan olaf yr 1980au.

Ers 1997 pan etholwyd y llywodraeth Lafur gyntaf ers 18 mlynedd, cafwyd ymrwymiad i leihau tlodi, anghydraddoldeb ac all-gau cymdeithasol. Yn y tymor byr, prif fyrdwn polisi'r llywodraeth oedd annog y di-waith i gael swydd. Gwariwyd mwy ar gynlluniau hyfforddiant y llywodraeth i'r di-waith. Cyflwynwyd credydau treth ar gyfer gweithwyr ar gyflogau isel i gynyddu eu hincwm ar ôl trethi. Cyflwynwyd lleiafswm cyflog.

Yn y tymor hirach, roedd y llywodraeth eisiau cynyddu cyflogadwyedd a sgiliau'r gweithlu yn y dyfodol drwy wario mwy ar addysg a hyfforddiant heddiw. Mae gan addysg gyfnod ad-dalu hir a dim ond dros y cyfnod 10 neu 20 mlynedd nesaf y bydd buddion gwell addysg ond yn dechrau ymddangos.

Roedd y llywodraeth hefyd yn ymrwymedig i dargedu budd-daliadau'r wladwriaeth yn fwy gofalus. Golygai hyn naill ai gyfyngu ar nifer y bobl oedd â hawl i fudd-dal y wladwriaeth, neu gynnal prawf modd (h.y. talu budd-dal i'r rheiny oedd dan lefel benodol o incwm yn unig).

Mae diwygio pensiynau wedi bod yn anoddach. Gyda phoblogaeth sy'n heneiddio (☞ Uned 76), rhaid i bensiynau fod yn fforddiadwy i'r gymdeithas ymhen 20-30 mlynedd pan fydd trwch y '*baby boomers*', sef rhai a anwyd rhwng diwedd yr ail ryfel byd a chanol yr 1960au, wedi ymddeol. Ar y llaw arall, mae pensiynwyr yn draddodiadol wedi bod yn dlawd. Mae cynyddu pensiwn henoed y wladwriaeth yn ateb rhwydd i broblem tlodi pensiynwyr, ond byddai angen codi llawer mwy o dreth ar weithwyr. Nid oedd y llywodraeth Lafur yn awyddus i

fabwysiadu polisi o'r fath. Yn hytrach, aeth ati i annog pobl i gynilo mwy yn y sector preifat ar gyfer eu hymddeoliad tra'n targedu budd-daliadau â phrawf modd at y cartrefi pensiynwyr tlotaf. Fodd bynnag, yn hanner cyntaf y 2000au penderfynodd nifer o gwmnïau sector preifat gau eu cynlluniau pensiwn i weithwyr newydd a thorri'r buddion y gallai gweithwyr cyfredol eu disgwyl yn eu cynlluniau. Roedd cwmnïau'n wynebu'r union un problemau â'r llywodraeth. Sut ydych chi'n talu am bensiynau drud pan fydd pensiynwyr yn byw'n hirach ac yn disgwyl gwell buddion o'u pensiynau?

Yn gyffredinol, targedodd y llywodraeth Lafur grwpiau penodol mewn tlodi: pensiynwyr, teuluoedd un rhiant, y di-waith a phlant. Fel y gwelir yn Ffigur 69.1 (yn y cwestiwn data), ychydig iawn o lwyddiant gafodd y llywodraeth hyd at 2002-03. Roedd y gyfran o bobl ag incwm islaw 50% a 60% o'r incwm canolrifol yn sylweddol uwch na lefelau 1961 ac 1981, er yn is na lefelau 1991.

Ar y gorau, ni all polisïau o'r fath ond dileu tlodi absoliwt a lleihau tlodi cymharol. Mewn economi marchnad rydd, mae rhy ychydig o anghydraddoldeb incwm yn lleihau cymhellion i weithio i'r fath raddau fel na fydd yr economi'n gweithredu'n effeithiol. Yn yr hen economïau gorfodol fel yr Undeb Sofietaidd, er enghraifft, roedd gweithwyr yn tanseilio'r system swyddogol drwy gael ail swyddi yn y sector anffurfiol anghyfreithlon.

Cwestiwn Data

Tlodi yn y DU

Yn 2003-04 roedd 12 miliwn o bobl – tua un ym mhob pump – ym Mhrydain yn byw mewn tlodi incwm. Mae hyn bron 2 filiwn yn llai na'i uchafbwynt yn rhan gyntaf yr 1990au, ac yn is nag ar unrhyw adeg oddi ar 1987, ond mae'n dal i fod bron ddwywaith yr hyn a fu ar ddiwedd yr 1970au. Mae 3.5 miliwn o'r 12 miliwn yn blant, mae ychydig dros 2.5 miliwn yn oedolion sy'n byw gyda'r plant hynny, mae 2 filiwn yn bensiynwyr ac mae ychydig dros 3.5 miliwn yn oedolion o oed gweithio heb unrhyw blant sy'n ddibynnol arnynt.

Ers canol yr 1990au, mae cyfran pensiynwyr mewn tlodi incwm wedi gostwng o 27% i 22%; a chyfran plant o 32% i 29%. Nid yw cyfran oedolion o oed gweithio heb blant sy'n ddibynnol arnynt mewn tlodi incwm wedi newid (17%). Gan fod nifer yr oedolion o oed gweithio heb blant sy'n ddibynnol arnynt yn cynyddu, mae nifer y grŵp hwn mewn tlodi incwm tua 400 000 yn fwy nag yn rhan olaf yr 1990au.

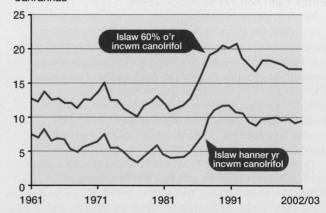

Ffigur 69.1 Y gyfran o bobl sydd â'u hincwm islaw 60% a 50% o'r incwm canolrifol[1]

Y Deyrnas Unedig/Gwledydd Prydain[2]
Canrannau

Islaw 60% o'r incwm canolrifol

Islaw hanner yr incwm canolrifol

[1] Incwm gwario cyfoes cywerth cartrefi cyn didynnu costau tai.
[2] Mae data o 1993/94 ymlaen ar gyfer blynyddoedd ariannol. Newidiodd ffynhonnell y data yn 1994/95, newidiodd diffiniad incwm ychydig a newidiodd yr ardal ddaearyddol o'r Deyrnas Unedig i Wledydd Prydain.
Ffynhonnell: addaswyd o *Social Trends*, Swyddfa Ystadegau Cenedlaethol.

Tlodi plant

Roedd lefel tlodi plant yn 3.5 miliwn yn 2003-04, sef gostyngiad o 600,000 oddi ar 1999. Y prif reswm pam fod tlodi ymhlith cartrefi â phlant wedi gostwng yw bod rhai cartrefi oedd heb neb yn gweithio bellach yn cynnwys rhywun â gwaith cyflogedig. Mae diweithdra fel achos tlodi oed gweithio wedi gostwng yn sylweddol.

Dros y ddegawd ddiwethaf mae cyfradd cyflogaeth ymhlith rhieni sengl wedi codi, o tua 45% i tua 55%, tra bo nifer y rhieni sengl sy'n ddibynnol ar fudd-daliadau nawdd cymdeithasol am ddwy flynedd neu fwy wedi gostwng. Ond mae'n dal yn wir mai diweithdra ymhlith cartrefi un rhiant yw'r prif reswm pam fod tua hanner y plant sy'n byw gydag un rhiant mewn tlodi incwm.

Tlodi cyflog isel

Cyflog isel yw'r prif reswm dros gymaint o dlodi 'mewn gwaith': talwyd llai na £6.50 yr awr i 5 miliwn o weithwyr 22 oed a mwy yn 2005. Mae gwaith rhan amser yn arbennig yn dueddol o fod â thâl isel: roedd hanner yr holl weithwyr rhan amser yn ennill llai na £6.50 yr awr, gyda thri chwarter ohonynt yn ferched. O roi swyddi rhan amser a swyddi amser llawn gyda'i gilydd, mae dwy ran o dair o'r holl weithwyr cyflog isel yn ferched. O'r gweithwyr cyflog isel 25 oed a mwy, cyflogir 30% gan y sector cyhoeddus.

Iechyd

Credir bod tua 13% o oedolion rhwng 25 oed ac oed ymddeol mewn perygl o ddatblygu salwch meddwl. Ond ymhlith y pumed ran dlotaf o'r boblogaeth mae'r gyfran tua 25%, sef dwywaith cymaint â'r gyfradd ar gyfer pobl ag incwm cyfartalog.

Mae tri chwarter o'r holl bobl o oed gweithio sy'n derbyn un o'r budd-daliadau di-waith allweddol am ddwy flynedd neu fwy yn sâl neu'n anabl. Mae nifer y sâl a'r anabl yn y sefyllfa hon wedi bod yn cynyddu'n raddol dros y ddegawd ddiwethaf ac erbyn hyn mae'n 2.1 miliwn. Mae traean ohonynt rhwng 55 oed ac oed ymddeol, traean yn 45-54 oed a thraean dan 45 oed. Mae'r twf hwn mewn dibyniaeth dymor hir ar fudd-daliadau wedi digwydd er gwaetha'r ffaith bod gwerth budd-daliadau, i rywun o oed gweithio heb blant sy'n ddibynnol arnynt, wedi gostwng 20% mewn perthynas ag incwm cyfartalog ers canol yr 1990au.

Diweithdra

Mae diweithdra yn y DU erbyn hyn lawer yn is nag yw mewn nifer o wledydd eraill yn yr UE. Ond nid yw'r sawl sy'n cael eu diffinio a'u cyfrif yn swyddogol fel 'di-waith' yn cynnwys pawb fyddai'n hoffi cael swydd. Ail grŵp mwy ei faint yw'r sawl sydd eisiau gwaith ond nad ydynt ar gael i ddechrau gweithio yn y pythefnos nesaf, neu nad ydynt wedi bod yn chwilio am waith yn y pedair wythnos diwethaf. Y term am y rhain yw'r 'economaidd anweithredol sydd eisiau gwaith'. Ar hyn o bryd mae tua 1.5 miliwn o bobl rhwng 25 oed ac oed ymddeol yn y grŵp hwn o'u cymharu â rhyw 0.8 miliwn 'di-waith'. Mae tua 800 000 o bobl anabl rhwng 25 oed ac oed ymddeol yn 'economaidd anweithredol ond eisiau gwaith', sef ffigur llawer uwch na'r 200 000 o bobl anabl 'di-waith'.

Addysg

Roedd cyfran y disgyblion 16 oed a gafodd lai na phump TGAU yn 2005 (12%) yr un fath ag yn 1998-99. Roedd tri chwarter o'r disgyblion 16 oed a dderbyniai ginio ysgol am ddim heb gael pum TGAU 'da' (gradd C neu uwch), sef un a hanner gwaith y gyfradd ar gyfer plant eraill.

Mae pobl yn eu hugeiniau hwyr sydd heb gymwysterau yn wynebu risg uwch o lawer o ddiweithdra na'u cyfoedion: 18% o'u cymharu â'r cyfartaledd o 5%. Mae pobl sydd ag o leiaf Safon Uwch neu gymwysterau galwedigaethol tebyg (NVQ3) yn wynebu risg is na'r cyfartaledd o fod yn ddiwaith yn eu hugeiniau hwyr. Dim ond graddedigion sy'n wynebu risg is na'r cyfartaledd o barhau i fod â chyflog isel erbyn eu hugeiniau hwyr: 10% o'u cymharu â'r cyfartaledd o 25%. Mae'r risg i'r sawl sydd heb ddim cymwysterau yn fwy na 50%.

Ffynhonnell: addaswyd o Sefydliad Joseph Rowntree, *Monitoring poverty and social exclusion 2005* gan Guy Palmer, Jane Carr a Peter Kenway.

Gofynnwyd i chi werthuso'r gwahanol gynigion ar gyfer lleihau tlodi a awgrymwyd gan y seiat ddoethion *(think tank)* breifat. Yn eich adroddiad:
1. amlinellwch nodweddion tlodi yn y DU;
2. cymerwch bob cynnig, ac esboniwch pam y gallai effeithio ar dlodi. Aseswch ei fanteision a'i anfanteision fel mesur polisi.
3. awgrymwch UN cynnig arall eich hunan ar gyfer lleihau tlodi ac aseswch ei gostau a'i fuddion;
4. aseswch pa un o'r cynigion, neu gyfuniad o gynigion, sydd fwyaf tebygol o leihau tlodi heb greu gormod o gost i'r economi.

Economeg gymhwysol

Dyraniad adnoddau

Mae adnoddau ym marchnad gludiant y DU yn cael eu dyrannu yn bennaf gan fecanwaith y farchnad, ond maen nhw hefyd yn cael eu dyrannu yn rhannol gan y wladwriaeth (☞ Uned 60). Er enghraifft, mae'r wladwriaeth yn darparu bron yr holl ffyrdd y mae cerbydau'n teithio arnynt am ddim i ddefnyddwyr cerbydau ym mhwynt y defnyddio. Y wladwriaeth sy'n penderfynu pa ffyrdd i'w hadeiladu a pha rai i'w huwchraddio. Mae gweddill y system cludiant ffyrdd yn dueddol o gael ei ddarparu o fewn marchnadoedd. Mae teithiau nwyddau yn cael eu prynu a'u gwerthu rhwng cwsmeriaid a chwmnïau cludo. Mae bysiau yn codi tâl ar eu cwsmeriaid. Mae perchenogion ceir unigol yn prynu eu ceir, petrol a gwasanaethau o fewn marchnadoedd. Hyd at yr 1980au yn y DU, roedd y wladwriaeth yn chwarae rhan flaenllaw mewn darparu nwyddau a gwasanaethau i'w gwerthu ym marchnadoedd cludiant. Y llywodraeth ganolog neu awdurdodau lleol oedd yn berchen ar y rhan fwyaf o'r cwmnïau bysiau. Yn yr 1970au gwladolwyd *British Leyland*, y gwneuthurwr cerbydau a ddaeth yn grŵp *Rover* yn ddiweddarach. Roedd y llywodraeth hefyd yn berchen ar hanner y cwmni olew *BP*. Mae'r cysylltiad hwn â'r wladwriaeth bellach wedi diflannu gyda phreifateiddio yn yr 1980au a'r 1990au.

Mewn marchnadoedd, mae rhanddeiliaid economaidd yn dyrannu eu hadnoddau i uchafu eu buddion. Er enghraifft, mae cartrefi'n gwario arian ar gludiant i'r pwynt lle mae cost ffiniol taith ychwanegol yn hafal i'r boddhad neu'r defnydd-deb a ddaw o'r daith honno (☞ uned 61). Bydd cwmnïau sy'n uchafu elw yn cynhyrchu ar lefel y cynnyrch lle mae'r gost ffiniol yn hafal i'r derbyniadau ffiniol (☞ uned 50). Pan fo'r gost ffiniol a'r enillion ffiniol yn wahanol, bydd cymhelliad i ddyrannu adnoddau'n wahanol. Ond ni all cartrefi a chwmnïau wneud hyn pan fydd y wladwriaeth yn darparu nwydd neu wasanaeth am ddim ym mhwynt y defnyddio. Mae cartref yn gallu penderfynu a yw am wario arian ar betrol i wneud taith gar ychwanegol. Ond ni all benderfynu a yw'r ffordd y bydd yn teithio arni yn ffordd ddeuol neu'n draffordd. Gellir effeithio ar benderfynu yn y tymor byr ar y ffin gan y graddau y mae cyfanswm y gost yn cynnwys cost newidiol yn hytrach na chost sefydlog. Er enghraifft, un rheswm pam fod modurwyr preifat yn tueddu i ddefnyddio'u car yn hytrach na'r trên yw mai cost y petrol yn unig yw cost ffiniol taith gar, tra bo tocyn trên yn cynnwys lwfans am gost sefydlog yn ogystal â chost newidiol. Mae hyn yn ystumio'r farchnad fel y trafodwyd yn adran Economeg Gymhwysol uned 61.

Mewn marchnadoedd cludiant, caiff adnoddau eu dyrannu'n wahanol yn dibynnu ar y graddau o gystadleuaeth yn y farchnad (☞ unedau 60 a 63). Lle mae

monopolïau, bydd cwmnïau'n tueddu i godi prisiau a gostwng cynnyrch o'u cymharu â sefyllfa lle mae'r diwydiant yn fwy cystadleuol. Felly bydd aneffeithlonrwydd dyrannol. Gellir dadlau, fodd bynnag, bod monopolïau'n arwain at fwy o effeithlonrwydd dynamig oherwydd bod gan fonopolïau gymhelliad a'r adnoddau i fuddsoddi (☞ unedau 18 a 63). Yn y diwydiant rheilffyrdd, er enghraifft, wrth geisio am drwyddedau, mae cwmnïau'n dadlau bod yn rhaid rhoi hawliau monopoli ar lwybrau iddynt a thrwyddedau hir os ydynt i gyfiawnhau gwario symiau mawr ar rolstoc newydd.

Amcanion polisi cludiant

Gan fod cludiant yn eitem fawr o wariant sector cyhoeddus, mae llywodraethau'n tueddu i lunio polisïau cludiant. Mae'r polisïau hyn yn debygol o nodi amrywiaeth o amcanion.

Effeithlonrwydd Mae cludiant fel rheol yn alw deilliedig. Er enghraifft, mae cludiant nwyddau yn gost cynhyrchu i nwydd tra bo cymudwyr yn defnyddio ceir i fynd i'w gwaith. Felly, mae'n rhaid mai un o amcanion allweddol polisi cludiant yw dyrannu adnoddau cludiant i uchafu effeithlonrwydd yn y marchnadoedd y mae cludiant yn eu gwasanaethu. Mae **effeithlonrwydd cynhyrchiol** i'w gael os ydy costau ar eu hisaf. Mae amser yn gost allweddol mewn unrhyw daith. Felly, mae isafu amserau teithiau yn debygol o gynyddu effeithlonrwydd cynhyrchiol. Bydd cysylltiadau ffyrdd neu reilffyrdd gorlawn yn amharu ar effeithlonrwydd cynhyrchiol. Bydd isadeiledd gwael yn gwneud hynny hefyd. Bydd gormod o droeon ar reilffordd neu ar ffordd yn arafu traffig ac yn cynyddu amserau teithiau. Bydd meysydd awyr sydd wedi'u lleoli mewn mannau anghywir hefyd yn amharu ar effeithlonrwydd cynhyrchiol. Felly, o ran effeithlonrwydd rhaid ymdrin â materion tagfeydd ac ansawdd isadeiledd cludiant mewn unrhyw bolisi cludiant.

Yr amgylchedd Mae cludiant yn effeithio'n sylweddol ar yr amgylchedd, gan fod cludiant yn creu **allanolderau negyddol** (☞ unedau 19 a 62). Yn arbennig, mae cerbydau cludo yn creu llygredd sŵn ac aer ac mae isadeiledd cludiant wedi'i adeiladu ar dir y gellid fod wedi'i ddefnyddio at ddibenion eraill. Felly, mae'n rhaid mai un o amcanion allweddol polisi cludiant yw lleihau allanolderau negyddol. Gellir cymhwyso'r cysyniad **datblygiad cynaliadwy** (☞ Uned 101) yn y cyd-destun hwn. Gellir diffinio datblygiad cynaliadwy fel y gallu i gwrdd ag anghenion y genhedlaeth bresennol heb amharu ar anghenion cenedlaethau'r dyfodol. Er enghraifft, mae adeiladu ffordd drwy ardal sy'n cynnwys yr unig fridfa yn y DU ar gyfer rhywogaeth benodol o anifail neu blanhigyn, yn enghraifft o ddatblygiad anghynaliadwy. Ni fydd cenedlaethau'r dyfodol yn gallu mwynhau'r rhywogaeth benodol hon oherwydd datblygiadau a wnaed er lles defnyddwyr ffyrdd presennol.

Hygyrchedd Gellir dadlau bod teithio yn **angen dynol sylfaenol** (☞ uned 1). Dylai pawb gael y cyfle i allu byw i ffwrdd o'u gweithle, ymweld â ffrindiau a pherthnasau, mynd ar wyliau a gallu prynu nwyddau o bedwar ban byd. Yn union fel y dylai pawb gael mynediad at addysg, gofal iechyd, tai a bwyd, felly hefyd y dylent allu teithio. Mae hyn yn golygu gwneud teithio ar gael ac yn fforddiadwy i bawb. Er enghraifft, nid yn unig y dylai pensiynwyr tlawd mewn pentref gwledig gael mynediad at wasanaeth bws neu reilffordd, ond hefyd dylai'r tocynnau fod yn fforddiadwy. Un o'r prif faterion ynghylch prisio ffyrdd yw bod y rhan fwyaf o fodurwyr, yn ôl arolygon, yn credu y dylai ffyrdd fod ar gael i bawb, beth bynnag fo'u hincwm. Gallai prisio ffyrdd olygu mai'r mwyaf cefnog yn unig fyddai'n defnyddio rhai ffyrdd. Felly, mae cludiant yn codi cwestiynau am **degwch** (☞ uned 68).

Cyllid cyhoeddus Mae'r rhan fwyaf o'r gwariant ar gludiant yn digwydd o fewn marchnadoedd. Felly gall cwsmeriaid ddewis faint y maent am ei wario ar gludiant, a gallant ddyrannu eu hadnoddau i uchafu eu lles. Ni allant wneud hyn pan fydd y wladwriaeth yn darparu nwydd neu wasanaeth cludiant am ddim, fel ffyrdd. Mae llywodraethau yn penderfynu sut i ddyrannu adnoddau mewn nifer o ffyrdd gwahanol (☞ unedau 20 ac 80). Mae gan wariant ychwanegol ar ffyrdd gost ymwad. Gallai gael ei ariannu drwy ostwng gwariant ar, dyweder, addysg neu iechyd; gallai'r llywodraeth godi trethi, gan leihau'r arian sydd ar gael i'w wario gan y sector preifat; neu gallai gael benthyg yr arian, a fyddai eto yn y tymor byr yn lleihau adnoddau sydd ar gael i'r sector preifat. Felly, rhaid i lywodraethau benderfynu ar eu blaenoriaethau cyllidol wrth lunio polisïau cludiant.

Yn ddelfrydol, bydd gan lywodraeth **bolisi cludiant integredig**. Bydd hyn i'w gael pan fydd polisïau meysydd cludiant gwahanol yn cael eu cydlynu i ffurfio un polisi cydlynol. Er enghraifft, bydd penderfyniadau ynghylch ehangu maes awyr yn cael effaith ar bolisi ffyrdd yn yr ardal leol. Mae ehangu maes awyr, ond peidio ag uwchraddio'r system ffyrdd leol, yn annhebygol o arwain at ddyraniad optimaidd o adnoddau. Yn Llundain, dylid gwneud penderfyniadau ynghylch Rheilffordd Danddaearol Llundain yng nghyd-destun penderfyniadau ynghylch bysiau, tacsis, ceir preifat, cludiant nwyddau ar y ffyrdd a Maes Awyr Heathrow. Yn rhy aml, caiff polisïau mewn gwahanol feysydd cludiant eu paratoi sy'n gwrthdaro â'i gilydd.

Un o'r problemau wrth lunio polisi cludiant integredig yw bod amcanion polisi yn debygol o wrthdaro. Er enghraifft mae'r diwydiant cludo nwyddau yn dadlau bod rhwydwaith cludiant ffyrdd Prydain yn llawer rhy orlawn, sy'n codi costau cludiant yn sylweddol. Y

defnyddiwr yn y pen draw sy'n gorfod ysgwyddo'r costau hyn. Mae'r diwydiant yn cefnogi ailddechrau adeiladu ffyrdd yn y DU. Mae amgylcheddwyr, ar y llaw arall, yn dadlau bod ffyrdd yn achosi allanolderau negyddol sylweddol. O ran adeiladu ffyrdd newydd, mae bron yn anochel bod allanolderau sy'n deillio o isadeiledd newydd mor fawr fel na allai unrhyw faint o arbedion cost i fodurwyr unigol neu i'r diwydiant cludo nwyddau eu gwrthbwyso. Wrth lunio polisi cludiant integredig, rhaid i'r llywodraeth gysoni'r safbwyntiau gwahanol hyn a derbyn y bydd costau yn ogystal â buddion yn deillio o unrhyw benderfyniadau a wneir. Yn nhermau effeithlonrwydd Pareto (☞ uned 61), bydd unrhyw newid yn arwain at aneffeithlonrwydd Pareto gan y bydd collwyr yn ogystal ag enillwyr bob amser.

Methiant y farchnad a pholisi llywodraeth

Mae allanolderau (☞ unedau 19 a 62) mewn cludiant yn arwain at fethiant y farchnad. Mae trafodaeth fanwl ar gludiant ffyrdd ac allanolderau yn adran Economeg Gymhwysol uned 62. Mae'r sector preifat yn anwybyddu'r allanolderau y mae'n eu creu wrth wneud penderfyniadau. Mae'n ystyried ei gostau a'i fuddion preifat yn unig. Dylai'r llywodraeth, fodd bynnag, ystyried yr holl gostau a buddion cymdeithasol, sy'n cynnwys allanolderau. Bydd mewn gwell sefyllfa i wneud penderfyniadau rhesymegol os bydd wedi cynnal **dadansoddiad cost a budd** (☞ uned 22).

Gall llywodraethau chwarae rôl allweddol mewn **unioni methiant y farchnad**. Trafodir y gwahanol fathau o bolisi sydd ar gael i lywodraethau yn unedau 19 a 62. Maen nhw'n cynnwys rheoleiddio, trethi a chymorthdaliadau a thrwyddedau.

Gall **diffyg cystadleuaeth** hefyd arwain at fethiant y farchnad. Mae monopolïau, a drafodir yn uned 63, neu arferion gwrthgystadleuol, a drafodir yn unedau 63 a 65, yn ystumio marchnadoedd cludiant. Rhaid i lywodraethau felly gymhwyso polisïau cystadleuaeth, a drafodir yn uned 64, at y problemau hyn. Yn y diwydiant rheilffyrdd, mae'r llywodraeth wedi gosod **cyfundrefn reoleiddio** i wella effeithlonrwydd a drafodir yn uned 67.

Cwestiwn Data — Maes Awyr Wolverhampton

Y Maes Awyr

Maes awyr dan berchenogaeth breifat yw Maes Awyr Wolverhampton. Mae'n ceisio cael caniatâd cynllunio i weithredu gwasanaethau hedfan i'r DU ac Ewrop i hyd at 500 000 o deithwyr y flwyddyn. Os rhoddir y caniatâd i'r cwmni, byddai dewis arall ar gael, yn hytrach na meysydd awyr fel *Birmingham International*, Manceinion ac *East Midlands*, i bobl sy'n byw yn ardal Birmingham a hefyd i drigolion ardaloedd gwledig Swydd Amwythig a Swydd Stafford.

Mae perchenogion y maes awyr yn dweud y byddai 700 o swyddi yn cael eu creu. Byddai'n rhoi hwb i fusnesau yn yr ardal leol, gan olygu y byddai modd iddynt gyrraedd cyrchfannau rhyngwladol heb orfod teithio mor bell â *Birmingham International* neu Fanceinion. Byddai hefyd yn fwy cyfleus i bobl lleol sydd am fynd ar wyliau tramor.

O gofio'r cynnydd aruthrol mewn teithio mewn awyren yn y blynyddoedd diwethaf, ni fyddai sicrhau arian ar gyfer adeiladu'r cyfleusterau newydd yn y maes awyr yn rhwystr i ddatblygu. Roedd cynigion blaenorol gan berchenogion y maes awyr yn crybwyll y byddai nifer y teithwyr yn tyfu i 4 miliwn y flwyddyn.

Ar hyn o bryd, mae gan y maes awyr drwydded ar gyfer awyrennau ysgafn a hofrenyddion.

Grŵp Gweithredu Maes Awyr Wolverhampton *(WAAG)*

Ffurfiwyd Grŵp Gweithredu Maes Awyr Wolverhampton yn 2003 pan gyhoeddodd Maes Awyr Wolverhampton ei gynigion i wneud cais am ganiatâd cynllunio i adeiladu rhedfa fyddai'n cymryd awyrennau rhyngwladol. Mae'r grŵp wedi cydweithio'n agos â charfannau pwyso eraill fel Ymgyrch Diogelu Lloegr Wledig, Cyfeillion y Ddaear, Coed Cadw a'r Fforwm Coed Hynafol.

Maent yn dadlau y byddai niwed amgylcheddol sylweddol pe bai'r cynnig yn mynd yn ei flaen. Byddai'n rhaid torri rhai coed hynafol ar safle'r maes awyr. Byddai awyrennau a ddefnyddiai'r maes awyr yn allyrru nwyon tŷ gwydr ac yn gwaethygu newid hinsawdd. Byddai llygredd sŵn yn cynyddu.

Byddai pwysau yn yr ardal leol hefyd i adeiladu mwy o isadeiledd. Ar hyn o bryd, mae Maes Awyr Wolverhampton wedi'i leoli mewn ardal wledig sydd heb lawer o ffyrdd. Byddai'n rhaid gwella mynediad pe bai 500 000 o deithwyr y flwyddyn yn defnyddio'r maes awyr, heb sôn am 4 miliwn.

Byddai maes awyr gweithredol hefyd yn siwr o adfywio cynllun traffordd o'r enw *Western Orbital* a fyddai'n cysylltu'r M6 i'r gogledd o Wolverhampton â'r M42 i'r de o Birminghan, gan greu cylch traffordd o amgylch cytref Birmingham yn debyg i'r M25 o amgylch Llundain. Penderfynodd y llywodraeth roi cynllun y *Western Orbital* o'r neilltu yn yr 1990au. Er hynny, roedd llawer o fusnesau yn rhan orllewinol cytref Birmingham a'r lobi cludiant o blaid adeiladu'r drafffordd.

Mae *WAAG* yn nodi y byddai prisiau eiddo lleol yn gostwng pe bai'r maes awyr yn cael ei adeiladu. Hefyd byddai colled gwerth mwynderau i drigolion lleol. Nid yr awyrennau yn hedfan uwchben fyddai'r unig niwsans. Byddai'r holl draffig ychwanegol ar y ffyrdd yn sgîl y maes awyr yn niwsans hefyd.

Mae *WAAG* hefyd yn nodi bod teithiau awyr tramor yn achosi 'difrod difrifol .. i'n heconomi' gyda 'diffyg net twristiaeth yn £15 biliwn y flwyddyn'.

Ffynhonnell: addaswyd o www.waag.uk; www.wolverhamptonairport.co.uk; www.expressandstar.com

1. Beth fyddai (a)(i) y costau preifat a (ii) yr allanoderau negyddol a gâi eu hachosi, a (b)(i) y buddion preifat a (ii) yr allanolderau cadarnhaol y byddai perchenogion Maes Awyr Wolverhampton yn eu cael pe byddent yn cael caniatâd cynllunio i wasanaethu hanner miliwn o deithwyr rhyngwladol y flwyddyn?

2. Mae grwpiau ymgyrchu yn dadlau y byddai ehangu Maes Awyr Wolverhampton yn arwain at gynnydd cyffredinol mewn allyriannau carbon, at gynnydd net yn nifer y teithiau hedfan i mewn ac allan o'r DU ac at ddirywiad ym mantol daliadau'r DU. Trafodwch ydy effeithiau o'r fath yn debygol o fod yn fawr o gofio cynlluniau meysydd awyr lleol eraill fel *Birmingham International* a Manceinion i ehangu eu cyfleusterau.

3. Gan ddefnyddio diagram, trafodwch a fyddai ehangu Maes Awyr Wolverhampton yn arwain at fethiant y farchnad.

Crynodeb

1. Yn y tymor hir mae cromlin y galw am lafur yn goleddu i lawr oherwydd y gall cyfalaf gael ei amnewid am lafur.
2. Yn y tymor byr, gall y ffaith fod cromlin y galw am lafur yn goleddu i lawr gael ei hegluro gan ddeddf adenillion lleihaol.
3. Cromlin derbyniadau cynnyrch ffiniol llafur yw cromlin y galw am lafur. Mae hynny'n wir p'un ai bod y cwmni'n gweithredu mewn marchnad berffaith gystadleuol neu farchnad amherffaith gystadleuol.
4. Pennir elastigedd y galw am lafur gan amser, argaeledd amnewidion, elastigedd y galw am y cynnyrch a chyfran costau llafur o gyfanswm y costau.

Cromlin y galw yn goleddu i lawr

Mae angen gweithwyr ar gwmnïau i gynhyrchu nwyddau a gwasanaethau. Mae cromlin y galw am lafur yn dangos faint o weithwyr fydd yn cael eu cyflogi ar unrhyw gyfradd cyflog benodol dros gyfnod penodol. Efallai, er enghraifft, y byddai cwmni'n dymuno cyflogi 100 o weithwyr pe bai'r gyfradd cyflog yn £2 yr awr ond 50 yn unig o weithwyr pe bai'n £200 yr awr. Yn ôl damcaniaeth economaidd, po uchaf yw pris lafur, lleiaf i gyd o lafur y bydd cwmnïau'n ei gyflogi.

● Yn y tymor hir, â phopeth arall yn gyfartal, gall cwmnïau amrywio pob ffactor cynhyrchu. Po uchaf yw'r gyfradd cyflog, mwyaf tebygol yw hi y bydd cwmnïau'n amnewid peiriannau am weithwyr ac felly isaf i gyd fydd y galw am lafur.

● Yn y tymor byr, mae cwmnïau'n debygol o fod â stoc penodol o gyfalaf. Rhaid iddynt gynhyrchu â maint penodol o le ffatri neu le swyddfa ac â maint penodol o offer, peiriannau a chyfarpar. Po fwyaf o weithwyr a ychwanegir at y stoc sefydlog hwn o gyfalaf, lleiaf tebygol yw hi y bydd y gweithiwr olaf a gyflogir mor gynhyrchiol â'r gweithiwr sydd yno eisoes. Felly, byddai'n rhaid i'r gyfradd cyflog ostwng i hybu'r cyflogwr i gyflogi gweithiwr ychwanegol.

Felly, mae cromlin y galw am lafur yn debygol o oleddu i lawr yn y tymor hir a'r tymor byr. Pam mae cromliniau galw y tymor hir a'r tymor byr yn goleddu i lawr a beth sy'n pennu elastigedd y galw am lafur?

Y galw tymor hir am lafur

Yn y tymor hir mae'r ffactorau cynhyrchu i gyd yn newidiol. Mae gan gwmni ryddid llwyr i ddewis ei dechnegau cynhyrchu. Yn y Trydydd Byd, lle mae llafur yn rhad o'i gymharu â chyfalaf, mae cwmnïau'n tueddu i ddewis dulliau cynhyrchu llafur-ddwys. Yn y Byd Cyntaf mae llafur yn gymharol ddrud ac felly dewisir technegau cynhyrchu mwy cyfalaf-ddwys. Felly, yn y Byd Cyntaf gwneir llawer mwy o ddefnydd o dractorau a pheiriannau eraill, tra yn y Trydydd Byd cyflogir llawer mwy o weithwyr am bob erw.

Y galw tymor byr am lafur

Yn y tymor byr mae o leiaf un o'r ffactorau cynhyrchu yn sefydlog. Tybiwch fod pob ffactor cynhyrchu yn sefydlog ar wahân i lafur. Mae **deddf adenillion lleihaol** yn nodi y bydd cynnyrch ffiniol yn dechrau lleihau os cyfunir mwy a mwy o unedau o un ffactor newidiol â maint penodol o ffactorau sefydlog. Un enghraifft gyffredin yw dychmygu darn o dir â nifer sefydlog o offer ac mae

Cwestiwn 1

Tabl 71.1 Cyfalaf real crynswth y gweithiwr yn y DU (£ yn ôl prisiau 1995)

£

	Cyfalaf real crynswth y gweithiwr	
	1978	2004
Mwyngloddio, chwarela, trydan, nwy a dŵr	296 000	1 597 000
Cludiant a chyfathrebu	87 000	164 000
Gweithgynhyrchu	47 000	106 000
Dosbarthu, gwestai a thai bwyta	16 000	41 000
Bancio, cyllid ac yswiriant	10 000	20 000
Adeiladu	11 000	17 000

Ffynhonnell: addaswyd o www.statistics.gov.uk.statbase

(a) Sut mae cyfalaf real y gweithiwr wedi newid dros y cyfnod 1978-2004?

(b) Cynyddodd enillion real cyfartalog 61% rhwng 1987 a 2004. Tybiwch nad oedd fawr ddim gwahaniaeth yn y cynydd hwn rhwng diwydiannau ac nad oedd cost real cyfalaf wedi cynyddu dros y cyfnod. Fyddai cwmni oedd yn cychwyn yn 2004 yn debygol o fod wedi defnyddio techneg gynhyrchu fwy cyfalaf-ddwys neu lai cyfalaf-ddwys nag yn 1987? Rhowch resymau dros eich ateb.

gweithwyr ychwanegol yn cael eu cyflogi i drin y tir. Bydd adenillion lleihaol yn cychwyn yn fuan a bydd yr unfed gweithiwr ar ddeg, er enghraifft, ar ddarn un erw o dir yn cyfrannu llai at gyfanswm y cynnyrch na'r degfed gweithiwr.

Dangosir hyn yn Nhabl 71.2. Tybir bod llafur yn ffactor cynhyrchu newidiol tra bo'r ffactorau eraill i gyd yn sefydlog. Wrth i weithwyr ychwanegol gael eu cyflogi, mae cyfanswm y cynnyrch, sef CYFANSWM Y CYNNYRCH FFISEGOL, yn cynyddu. Fodd bynnag, mae'r CYNNYRCH FFISEGOL FFINIOL, sef nifer yr unedau ychwanegol o gynnyrch y bydd gweithiwr yn eu cynhyrchu, yn dechrau gostwng ar ôl cyflogi'r ail weithiwr. Felly mae adenillion lleihaol yn cychwyn gyda'r trydydd gweithiwr. Tybiwch fod y cwmni mewn diwydiant perffaith gystadleuol a'i fod felly yn wynebu cromlin alw berffaith elastig lorweddol. Mae hynny'n golygu y gall y cwmni werthu unrhyw faint o'i gynnyrch am yr un pris yr uned. Yn Nhabl 71.2, tybir mai £10 yw pris y cynnyrch. Yna gellir cyfrifo DERBYNIADAU'R CYNNYRCH FFINIOL gan mai dyma'r ychwanegiad ar y derbyniadau o gyflogi gweithiwr ychwanegol. Er enghraifft, mae'r gweithiwr cyntaf yn cynhyrchu 8 uned ac felly, am bris o £10 yr uned, £80 (£10 × 8) yw derbyniadau ei chynnyrch ffiniol. £90 (£10 × y cynnyrch ffisegol ffiniol) yw derbyniadau cynnyrch ffiniol yr ail weithiwr.

Nawr mae'n bosibl cyfrifo faint o weithwyr y bydd cwmni'n eu

Tabl 71.2

						Yr wythnos
1	2	3	4	5	6	7
Mewngyrch llafur	Cyfanswm y cynnyrch	Cynnyrch ffisegol ffiniol	Pris y cynnyrch	Derbyniadau'r cynnyrch ffiniol (3 × 4)	Cyfradd cyflog y gweithiwr	Cyfraniad (5 - 6)
(gweithwyr)	(unedau)	(unedau)	£	£	£	£
1	8	8	10	80	70	10
2	17	9	10	90	70	20
3	25	8	10	80	70	10
4	32	7	10	70	70	0
5	38	6	10	60	70	-10
6	43	5	10	50	70	-20

cyflogi. Cyfraniad pob gweithiwr at dalu costau sefydlog a'r elw a enillir ganddo yw'r gwahaniaeth rhwng derbyniadau cynnyrch ffiniol y cwmni a chost y gweithiwr i'r cwmni. Tybiwch fod y cwmni'n gallu cyflogi unrhyw nifer o weithwyr am gyfradd cyflog o £70. Cyfraniad y gweithiwr cyntaf yw £10, sef derbyniadau'r cynnyrch ffiniol minws y cyflog (£80 – £70). Cyfraniad yr ail weithiwr yw £20 (£90 – £70). Gellir gweld o Dabl 71.2 bod pob un o'r tri gweithiwr cyntaf yn gwneud cyfraniad positif. Dydy'r pedwerydd gweithiwr ddim yn cynyddu cyfanswm elw'r cwmni nac yn ei ostwng. Yn sicr ni fyddai'r cwmni'n cyflogi pumed gweithiwr gan y byddai hynny'n arwain at golled o £10 i'r cwmni. Byddai'r cyflog o £70 yn fwy na derbyniadau'r cynnyrch ffiniol o £60. Felly mae damcaniaeth derbyniadau'r cynnyrch ffiniol yn awgrymu y bydd y cwmni'n cyflogi uchafswm o 4 gweithiwr gan mai dyma'r nifer sy'n uchafu cyfanswm yr elw (neu'n isafu'r golled) i'r cwmni.

Pe bai'r gyfradd cyflog yn gostwng i £50, byddai'r cwmni'n cyflogi mwy o weithwyr. Nawr byddai'r pedwerydd gweithiwr yn bendant yn cael ei gyflogi gan y byddai ei gyfraniad yn £20. Byddai'r pumed gweithiwr hefyd yn gwneud cyfraniad positif o £10. Efallai hefyd y byddai'r cwmni'n cyflogi chweched gweithiwr er bod ei gyfraniad yn sero. Felly, yn ôl damcaniaeth derbyniadau'r cynnyrch ffiniol, po isaf yw'r cyflog, mwyaf i gyd o weithwyr a gyflogir.

Cromlin y galw am lafur

Mae Ffigur 71.1 yn dangos cromlin derbyniadau'r cynnyrch ffiniol ar gyfer llafur. Mae'n goleddu i lawr am fod derbyniadau'r cynnyrch ffiniol yn gostwng wrth i'r cynnyrch gynyddu (fel y gwelir yn Nhabl 71.2). Os yw'r gyfradd cyflog yn OF, bydd y cwmni'n cyflogi OB o unedau o lafur. Os bydd y gyfradd cyflog yn cynyddu, bydd y cwmni'n gostwng cyflogaeth i OA. Ar y llaw arall, os bydd y gyfradd cyflog yn gostwng i OE, bydd y cwmni'n cyflogi gweithwyr ychwanegol ac yn cynyddu'r llafurlu i OD. Felly, mae cromlin derbyniadau'r cynnyrch ffiniol yn dangos nifer y gweithwyr y bydd y cwmni'n eu cyflogi ar unrhyw gyfradd cyflog benodol. Ond dyma ddiffiniad cromlin y galw am lafur ar gyfer y cwmni. Felly cromlin derbyniadau'r cynnyrch ffiniol yw cromlin y galw am lafur ar gyfer y cwmni hefyd.

Mae hyn yn wir am bob ffactor cynhyrchu. Mae

Tabl 71.3

Nifer y gweithwyr a gyflogir	Cyfanswm y cynnyrch ffisegol yr wythnos	Derbyniadau'r cyfanswm cynnyrch	Derbyniadau'r cynnyrch ffiniol
1	10		
2	24		
3	36		
4	44		
5	50		
6	53		

Mae Tabl 71.3 yn dangos cyfanswm y cynnyrch ffiniol yr wythnos ar gyfer cwmni bach wrth i nifer y gweithwyr a gyflogir amrywio. Pris gwerthu'r cynnyrch yw £10 yr uned.
(a) Cyfrifwch dderbyniadau gyfanswm y cynnyrch ar bob lefel cyflogaeth.
(b) Cyfrifwch dderbyniadau'r cynnyrch ffiniol wrth i gyflogaeth gynyddu.
(c) Eglurwch faint o weithwyr y dylai'r cwmni eu cyflogi pe bai'r cyflog wythnosol am bob gweithiwr yn: (i) £60; (ii) £30; (iii) £120; (iv) £100.

Ffigur 71.1 yn dangos y diagram pris/maint cyfarwydd. Pris llafur yw'r gyfradd cyflog. Maint yw maint y llafur a gyflogir. Mae cromlin derbyniadau'r cynnyrch ffiniol sy'n goleddu i lawr yn rhoi i ni'r gromlin alw gyfarwydd sy'n goleddu i lawr.

Symudiadau cromlin y galw am lafur

Gall cromlin y galw am lafur symud i'r chwith neu i'r dde os bydd derbyniadau cynnyrch ffiniol maint penodol o lafur yn newid. Mae dau brif reswm pam y gall derbyniadau'r cynnyrch ffiniol newid o gofio bod derbyniadau'r cynnyrch ffiniol yn hafal i'r cynnyrch ffisegol ffiniol × pris y cynnyrch.

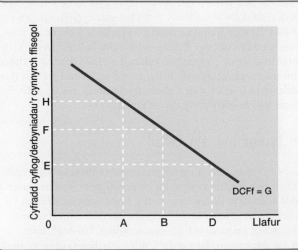

Ffigur 71.1 Cromlin DCFf yw cromlin y galw am ffactor
Mae'r gromlin DCFf yn dangos y pris mwyaf y byddai cwmni'n fodlon ei dalu am uned ychwanegol o ffactor cynhyrchu ac felly dyma cromlin y galw am y ffactor cynhyrchu ac felly dyma cromlin y galw am y ffactor hwnnw.

- Gall cynhyrchedd ffisegol llafur (y cynnyrch ffisegol am bob gweithiwr) newid. Os bydd grŵp o weithwyr ceir yn cynyddu eu cynnyrch o 4 car y dydd i 5 car y dydd, bydd eu cynnyrch ffisegol ffiniol yn cynyddu ac felly bydd derbyniadau eu cynnyrch ffiniol yn cynyddu hefyd. Bydd cyflogwyr yn fodlon talu mwy i weithwyr sy'n fwy cynhyrchiol.
- Gall pris yr hyn a gynhyrchir newid. Os bydd pris y farchnad am geir yn cynyddu o £5 000 i £10 000, bydd derbyniadau'r cynnyrch ffiniol yn dyblu. Yna bydd gwneuthurwyr ceir yn fodlon talu mwy am lafur.

Bydd cynnydd yng nghynhyrchedd llafur neu gynnydd ym mhris y cynnyrch a wneir yn cynyddu'r galw am lafur, gan symud cromlin y galw i'r dde. I'r gwrthwyneb, bydd gostyngiad yng nghynhyrchedd llafur neu ostyngiad ym mhris y cynnyrch yn gostwng y galw am lafur, gan symud cromlin y galw i'r chwith. Yn Ffigur 71.2 mae cromlin y galw wedi symud i'r dde. Ar gyfer unrhyw faint penodol o lafur, mae derbyniadau cynnyrch ffiniol llafur wedi cynyddu. Felly, er enghraifft, os oedd OA o lafur yn cael ei gyflogi, ei DCFf cyn y cynnydd mewn DCFf oedd OB. Nawr mae'n OD ac felly mae cromlin y galw wedi symud o G_1 i G_2.

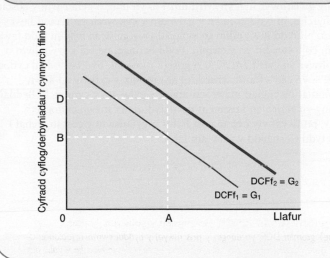

Ffigur 71.2 Cynnydd yn y galw am lafur
Bydd cynnydd yng nghynhyrchedd ffiniol llafur ar unrhyw lefel benodol o gyflogaeth yn achosi i gromlin y DCFf neu gromlin y galw am lafur symud i'r dde.

Cystadleuaeth berffaith ac amherffaith

Hyd yma tybiwyd bod y cyflogwr yn cyflenwi nwyddau mewn marchnad berffaith gystadleuol, a hynny oherwydd y tybiwyd y gall y cwmni gyflenwi unrhyw faint o nwyddau i'r farchnad am yr un pris yr uned (h.y. mae'r cwmni'n wynebu cromlin alw lorweddol). Mae cromlin derbyniadau'r cynnyrch ffiniol yn gostwng oherwydd adenillion lleihaol.

Fodd bynnag, os ydy'r cyflogwr yn cyflenwi nwyddau mewn marchnad amherffaith gystadleuol, mae cromlin y galw am ei gynnyrch yn goleddu i lawr. Os bydd yn ehangu cynnyrch, bydd pris yr uned a werthir yn gostwng. Ystyriwch Dabl 71.2 eto. Byddai'r gostyngiad yn nerbyniadau'r cynnyrch ffiniol hyd yn oed yn fwy na'r hyn a ddangosir pe na bai pris y cynnyrch yn aros yn £10 yr uned, ond yn hytrach yn gostwng wrth i'r cynnyrch ehangu. Felly mae cromlin derbyniadau'r cynnyrch ffiniol ar gyfer cwmni amherffaith gystadleuol yn gostwng nid yn unig oherwydd adenillion lleihaol

---

Tabl 71.4

Nifer y gweithwyr a gyflogir	Nifer yr unedau a gynhyrchir ac a werthir yr wythnos	Pris yr uned £
1	10	£15
2	24	£14
3	36	£12
4	44	£11
5	50	£10
6	53	£9

Mae'r cwmni yn Nhabl 71.4 yn cynhyrchu mewn marchnad amherffaith gystadleuol. Wrth i'r cynnyrch gynyddu, mae'r pris yn gostwng.
(a) Cyfrifwch (i) derbyniadau cyfanswm cynnyrch llafur a
     (ii) derbyniadau cynnyrch ffiniol llafur wrth i gyflogaeth gynyddu.
(b) Faint o weithwyr y byddai'r cwmni'n eu cyflogi pe bai'r cyflog wythnosol yn: (i) £20; (ii) £40; (iii) £60; (iv) £80; (v) £100; (vi) £120?

---

ond hefyd oherwydd bod pris neu dderbyniadau cyfartalog y nwydd a werthir yn gostwng hefyd wrth i'r cynnyrch changu.

P'un ai bod y cwmni'n berffaith gystadleuol neu'n amherffaith gystadleuol, mae'n dal yn wir mai cromlin derbyniadau cynnyrch ffiniol llafur yw cromlin y galw am lafur.

Ffactorau sy'n pennu elastigedd y galw am lafur

Mesur o ymatebolrwydd maint y galw am lafur i newidiadau ym mhris llafur (h.y. y gyfradd cyflog) yw elastigedd y galw am lafur (☞ unedau 8 a 9 am drafodaeth lawn ar elastigedd). Er enghraifft, os yw elastigedd y galw am lafur yn 2 a bod y gyfradd cyflog yn cynyddu 10% yna, â phopeth arall yn gyfartal, bydd y galw am lafur yn gostwng 20%. Os ydy'r galw am lafur yn gostwng 1% pan fo'r gyfradd cyflog yn codi 100% yna, â phopeth arall yn gyfartal, mae elastigedd y galw am lafur yn 0.01 (h.y. anelastig iawn).

Amser Po hiraf yw cyfnod yr addasu, hawsaf i gyd yw hi i amnewid llafur am ffactorau cynhyrchu eraill neu i'r gwrthwyneb. Yn y tymor byr, efallai nad oes gan gwmni fawr ddim dewis ond cyflogi'r un nifer o weithwyr hyd yn oed os ydy cyfraddau cyflog yn cynyddu'n gyflym. Bydd gan weithwyr gontractau cyflogaeth. Gall fod cosbau ariannol difrifol ar ffurf taliadau colli gwaith os diswyddir gweithwyr. Neu efallai nad yw cwmni'n dymuno colli staff medrus gan y byddai'n anodd cael eraill yn eu lle. Yn y tymor hirach, gall y cwmni brynu peiriannau newydd sy'n arbed llafur a newid ei ddulliau gweithio fel y gellir gostwng y llafur a gyflogir. Felly po hiraf yw'r cyfnod, uchaf i gyd fydd elastigedd y galw am lafur.

Argaeledd amnewidion Po hawsaf yw hi i amnewid ffactorau eraill am lafur, mwyaf i gyd fydd yr ymateb gan gwmnïau i newid yng nghyfraddau cyflogau real. Felly gorau oll yw'r amnewidion, uchaf i gyd fydd elastigedd y galw am lafur.

Elastigedd y galw am y cynnyrch Mae'r galw am lafur yn **alw deilliedig**. Mae galw amdano oherwydd bod galw am y nwyddau mae'n eu cynhyrchu. Er enghraifft, os oes cwymp yn y galw

Cwestiwn 4

Eglurwch a fyddech yn disgwyl i elastigedd y galw am lafur ar lwyfannau olew Môr y Gogledd fod yn gymharol uchel neu'n gymharol isel.

am lo, bydd cwymp yn y galw am lowyr hefyd. Felly mae cydberthyniad union rhwng elastigedd y galw am lafur mewn diwydiant ac elastigedd y galw am y cynnyrch a wneir yn y diwydiant. Os ydy elastigedd y galw am y cynnyrch yn isel, fel y mae er enghraifft yn achos nwy neu drydan, ni fydd codiad sydyn mewn cyflogau sy'n gwthio prisiau nwy neu drydan i fyny yn cael fawr ddim effaith ar y galw am nwy neu drydan. Ni fydd fawr ddim effaith ar gyflogaeth yn y diwydiant ac felly bydd elastigedd y galw am lafur yn isel. Ar y llaw arall, os ydy elastigedd y galw am y cynnyrch yn uchel, bydd elastigedd y galw am lafur yn uchel. Mae Grŵp Corus (Dur Prydian gynt), er enghraifft, yn wynebu galw elastig iawn am lawer o'i gynhyrchion. Bydd cynnydd mewn cyflogau heb gynnydd tebyg mewn rhannau eraill o'r diwydiant yn debygol o gynyddu ei brisiau ac arwain at golli archebion ac felly swyddi.

Cyfran cost llafur o gyfanswm y costau Bydd cynnydd mewn costau yn gostwng cyflenwad cynnyrch, gan symud cromlin y cyflenwad i fyny ac i'r chwith. Bydd hyn yn arwain at ostyngiad ym maint y galw. Po fwyaf yw'r symudiad, mwyaf i gyd yw'r gostyngiad yn y galw. Os ydy grŵp o weithwyr yn ennill codiad cyflog o 50% ond bod y gweithwyr hyn yn cyfrif am 1% yn unig o gyfanswm y costau cynhyrchu, ni fydd cromlin y galw am y cynnyrch yn symud fawr ddim. Ni fydd fawr ddim gostyngiad yn y galw ac felly ni fydd fawr ddim colli swyddi yn y cwmni. Fodd bynnag, pe bai'r grŵp hwn o weithwyr yn cyfrif am 50% o gostau'r cwmni, byddai codiad cyflog o 50% yn cael effaith sylweddol ar gromlin y cyflenwad ac yn arwain at ostyngiad mawr ym maint y galw am y cynnyrch. Byddai hynny yn ei dro yn arwain at osyngiad mawr mewn cyflogaeth. Felly, po fwyaf yw cyfran cost llafur o gyfanswm y costau, uchaf i gyd fydd elastigedd y galw am lafur.

Economeg gymhwysol
Cyflog wedi'i seilio ar berfformiad

Dechreuodd cyflog wedi'i seilio ar berfformiad fod yn ddull cyfarwydd o wobrwyo rheolwyr yn yr 1980au. Mae systemau taliadau wedi'u seilio ar berfformiad yn cysylltu perfformiad neu allbwn gweithiwr unigol gyda'i gyflog ef neu ei chyflog hi. Mae'r dull wedi bod yn un eithaf cyffredin ar lawr y ffatri ers tro byd. Roedd nifer o weithwyr llaw ar system cyfradd yn ôl y gwaith. Po fwyaf byddent yn ei gynhyrchu, yna'r uchaf oedd eu cyflogau ar ddiwedd yr wythnos. Mae nifer o werthwyr hefyd wedi'u gwobrwyo'n bennaf ar sail comisiwn ar werthu yn

hytrach na derbyn cyflog sylfaenol.

Gellid ystyried systemau o'r fath yn gais gan gyflogwyr i dalu gweithwyr yn ôl eu derbyniadau cynnyrch. Er enghraifft, os yw un gweithiwr yn cynhyrchu dwywaith cymaint o farrau haearn yr wythnos â gweithiwr arall, mae'n ymddangos yn rhesymol talu un gweithiwr yn fwy na'r llall. Os yw un deliwr cyfnewidfa dramor yn cynhyrchu £1 miliwn o warged ar symudiadau'r gyfnewidfa yn flynyddol i'w fanc, tra bod deliwr arall ond yn cynhyrchu £100,000 yn unig, yna dylid talu mwy i'r deliwr £1 miliwn na'r llall.

Mae hefyd yn galluogi cwmnïau i benderfynu a ddylid cadw staff ai peidio. Er enghraifft, os yw deliwr cyfnewidfa dramor yn ennill £200,000 y flwyddyn, ond yn cynhyrchu £20,000 y flwyddyn yn unig o warged i'w fanc, yna dylai gael y sac. Ymhellach, os oes gan gwmni bum gweithiwr, yr un mor gynhyrchiol â'i gilydd, ond bod allbwn un gweithiwr yn cael ei werthu ar golled, yna dylid rhoi'r sac i'r gweithiwr hwnnw.

Mae cyfraddau yn ôl y gwaith wedi dod yn llai cyffredin ers yr 1980au. Teimlir eu bod yn annog unigolyddiaeth. Bellach mae'r pwyslais mewn gweithgynhyrchu ar waith tîm. Mae nifer o gwmnïau gweithgynhyrchu'r DU yn copïo technegau cynhyrchu Japaneaidd, sy'n rhoi pwyslais ar bwysigrwydd cydweithredu. Mae technegau gweithgynhyrchu mewn union bryd, er enghraifft, yn gofyn i weithwyr weithredu er budd y grŵp, ac nid i'w hunain yn unig.

Ar yr yn pryd, gwelodd yr 1980au symudiad i ffwrdd o gyfunoliaeth ar lefel rheoli. Daeth yr **entrepreneur** yn fodel rôl i lawer. Roedd cwmnïau yn ceisio adnabod cyfraniad rheolwr neu gyfarwyddwr unigol i'r busnes. Wedyn, roedd modd defnyddio hyn i osod targedau ar gyfer perfformiad i'r dyfodol. Roedd modd ei ddefnyddio hefyd i osod lefelau cyflogau.

Gallai 'perfformiad' rheolwr neu gyfarwyddwr unigol fod yn gysylltiedig â nifer o newidynnau. Ar lefel y prif weithredwr, gallai fod yn gysylltiedig ag elw'r cwmni, pris y cyfranddaliadau neu'r buddrannau a dalwyd. Mae'r newidynnau hyn wedi'u dewis oherwydd y gred mai'r cyfranddalwyr yw'r grŵp pwysicaf i gwmni, a'u bod yn ceisio cael yr adenillion mwyaf posibl o'u cyfranddaliadau. Ar lefel rheolaethol, gallai fod yn gysylltiedig â ffactorau fel costau, gwerthiant, cynhyrchedd llafur neu fodlonrwydd cwsmeriaid. Mae'r holl newidynnau hyn yn effeithio yn y pen draw ar elw, pris cyfranddaliadau a buddrannau.

Mae'r 'tâl' y mae'r perfformiad yn gysylltiedig ag ef yn amrywiol. Caiff rheolwyr a chyfarwyddwyr gan amlaf gyflog sylfaenol. Ar ben hynny, gallant dderbyn taliadau bonws mewn blynyddoedd lle maent wedi cyflawni eu targedau. Gall cwmni hefyd geisio cadw staff drwy gynnig gwobrau y gallant eu cyfnewid am arian parod yn y tymor hir. Er enghraifft, byddai'n bosibl cynnig cyfranddaliadau i gyfarwyddwr pe byddai'n dal i fod gyda'r cwmni ymhen tair blynedd. Byddai hefyd yn bosibl cynnig opsiynau cyfranddaliadau iddynt. Dyma gyfle i brynu cyfranddaliadau rhywbryd yn y dyfodol am bris sy'n cael ei osod nawr – sef pris cyfredol y cyfranddaliadau gan amlaf. Er enghraifft, gellid rhoi'r opsiwn i weithredwr brynu 1 miliwn o gyfranddaliadau am bris o £2, gyda modd

gwireddu'r opsiwn ymhen tair blynedd cyn belled â'i fod yn dal gyda'r cwmni. Os yw pris y cyfranddaliadau wedi codi i £2.50 dros y cyfnod hwnnw, yna gall y cyfarwyddwr brynu'r cyfranddaliadau ymhen tair blynedd, ac yna'u gwerthu ar y farchnad agored. O wneud hynny, byddai'n gwneud elw o 50c y cyfranddaliad neu gyfanswm o £500,000. Gellid cyfiawnhau hyn drwy ddadlau bod y pris uwch yn dynodi bod y cwmni wedi perfformio'n dda dros y cyfnod, yn rhannol oherwydd gwaith y cyfarwyddwr.

Mae ffyrmiau'n fodlon talu cyflogau a thaliadau bonws mawr i uwch staff oherwydd bod y galw am eu llafur yn gymharol anelastig. Nid oes llawer o wahaniaeth i gwmni sydd â throsiant o £1 000 miliwn neu £5 000 miliwn os ydynt yn rhoi cyflog o £500 000 neu £5 miliwn i'w brif weithredwr. Mae prif weithredwr newydd sy'n cynyddu elw'r cwmni o £750 miliwn y flwyddyn i £1000 miliwn y flwyddyn yn haeddu cyflog uwch o ychydig gannoedd o filoedd y flwyddyn. Ar ben hynny, pwy allai gymryd ei le? Gall peiriant wneud gwaith gweithredwr peiriant neu glerc banc, ond ni all peiriant wneud gwaith prif weithredwr.

Mae yna ddwy broblem yn gysylltiedig â chyflog wedi'i seilio ar berffomiad. Yn gyntaf, nid oes cysylltiad amlwg rhwng perffomiad cwmnïau a'r taliadau bonws a roddir i uwch weithredwyr. Mae'n amlwg pam bod rhai gweithredwyr yn derbyn taliadau bonws sylweddol, ond caiff pobl o'r tu allan anhawster deall pam bod rhai gweithredwyr yn cael tâl bonws mawr pan fo elw'r cwmni wedi syrthio. Yn ail, nid yw'n hawdd gwahanu derbyniadau cynnyrch uwch weithredwr o berffomiad y staff sy'n gweithio iddo/iddi. Mae arweinyddiaeth effeithiol yn bwysig, ond dylid hefyd gwerthfawrogi ymateb staff sy'n barod i wneud yr ymdrech i newid ac addasu.

Mae'n bosibl y bydd ffyrmiau'n fodlon talu cyflogau uchel i reolwyr oherwydd bod y galw am eu llafur yn gymharol anelastig.

Cwestiwn Data

Galw am gyfrifwyr

Ni fu erioed cymaint o alw am gyfrifwyr. Dywed uwch weithredwyr swyddfeydd Llundain yn y pedwar prif gwmni cyfrifeg mai taclo'r 'prinder sgiliau' yw eu prif flaenoriaeth eleni. Yn ôl Mr Land, Cadeirydd DU Ernst & Young, 'Mae denu a chadw'r adnoddau cywir yn her sylweddol iawn. Dros y 18 mis diwethaf, mae'r dasg wedi bod yn anoddach nag yr wyf yn ei chofio erioed. Ar wahân i gyflafannau *(catastrophes)* economaidd, y cyfyngiad mwyaf ar lwyddiant a thwf yn y dyfodol fydd yr her o sicrhau gweithwyr ansawdd uchel.'

Mae'r galw wedi cynyddu oherwydd bod llywodraethau wedi cyflwyno gofynion adrodd a gofynion rheoleiddio newydd ar fusnesau. Er enghraifft, cyflwynwyd y Safonau Adrodd Ariannol Rhyngwladol newydd eleni sy'n eithriadol o gymhleth. Mae llywodraeth yr Unol Daleithiau hefyd wedi gweithredu Deddf Sarbanes-Oxley sy'n llawn manylion diflas ac anniddorol. Er hynny, mae'n rhaid i gyfrifwyr dreulio cyfnodau hirfaith yn gweithio i fodloni'r rheolau hyn. Mae'r mwyafrif o gwmnïau wedi gorfod hurio un set o gyfrifwyr i esbonio'r rheolau a gwneud y gwaith llafurus, a set arall i archwilio'r canlyniadau.

Fodd bynnag, byddai'r gwaith newydd wedi bod yn fwy proffidiol fyth pe na bai'r pedwar cwmni mawr wedi cwtogi ar recriwtio o'r prifysgolion yn ystod yr enciliad ôl-ryngrwyd yn y 2000au cynnar. Mae'n rhaid i raddedigion hyffordd am dair blynedd i ennill eu cymhwyster cyfrifeg siartredig. O ganlyniad, mae llai nag arfer o gyfrifwyr cymwys ar gael eleni, ar yr union adeg pan fo ar gwmnïau angen cyflenwad ohonynt. Fodd bynnag, gall cyfrifwyr dan hyfforddiant wneud peth o'r gwaith, a dyma sy'n rhannol esbonio pam bod y pedwar cwmni cyfrifeg mawr wedi cynyddu eu

recriwtio o'r prifysgolion eleni i lefelau uwch nag erioed.

Nid denu graddedigion dan hyfforddiant i ddod drwy eu system yw'r unig broblem sy'n wynebu'r pedwar mawr. Ar y pegwn arall, maent yn colli, ar gyfartaledd, 30% o gyfrifwyr newydd cymwysedig o fewn blwyddyn iddynt gwblhau eu hyfforddiant. Yn wir, mae'r farchnad ar ei thynnaf wrth i gwmnïau, banciau masnachol a banciau buddsoddi gystadlu am gyfrifwyr cymwysedig y pedwar mawr. Dywed Colin Webster, prif swyddog ariannol Imprint, sef cwmni o ymgynghorwyr recriwtio, 'Nid wyf erioed wedi gweld cymaint o alw am gyfrifwyr dan hyfforddiant gyda graddau da. Rydym wedi lleoli cyfrifwyr ifanc 24 a 25 mlwydd oed mewn swyddi yn y Ddinas ar gyflogau o £55,000 i £60,000 y flwyddyn, sy'n swm anferthol.'

Mae'r 'pedwar cwmni cyfrifeg mawr' yn tra-arglwyddiaethu ym marchnadoedd cyfrifeg y byd a'r DU. Dyma'r pedwar:
- PwC – PricewaterhouseCoopers;
- Deloitte;
- KPMG;
- Ernst & Young.

Ffynhonnell: addaswyd o'r *Financial Times*, 26.5.2005.

Tabl 71.5 Nifer y graddedigion a recriwtiwyd yn y DU

	PwC	Deloitte	KPMG	Ernst & Young
2001	900	-	660	272
2002	950	-	519	253
2003	950	544	505	293
2004	1 000	805	636	378
2005	1 000	1 010	850	527

1. (a) Amlinellwch yn fyr, gan ddefnyddio damcaniaeth derbyniadau cynnyrch ffiniol, pam fod y galw am gyfrifwyr wedi cynyddu yn 2005. (b) Gan ddefnyddio diagram a rhoi enghreifftiau o'r data, esboniwch effaith y cynnydd hwn ar y gromlin alw am gyfrifwyr.

2. Trafodwch i ba raddau y mae'r galw am gyfrifwyr yn y DU yn elastig.

Crynodeb

1. Mae cromlin y cyflenwad ar gyfer gweithiwr unigol yn goleddu yn ôl ar lefelau uchel o incwm.
2. Mae cromliniau cyflenwad sy'n goleddu yn ôl yn ganlyniad i effaith incwm negyddol cynnydd cyflog yn gorbwyso'r effaith amnewid bositif.
3. Mae cromlin cyflenwad llafur ar gyfer cwmni, diwydiant a'r economi cyfan yn debygol o oleddu i fyny.

Cromlin y cyflenwad ar gyfer gweithiwr unigol

Mae cromlin gyflenwad yn dangos y maint a gyflenwir i'r farchnad am unrhyw bris penodol. Yn achos gweithiwr unigol, maint y cyflenwad yw nifer yr oriau a weithir dros gyfnod penodol, fel blwyddyn. Mae damcaniaeth neo-glasurol yn dechrau drwy dybio y gall gweithiwr benderfynu faint o oriau yr wythnos i weithio a faint o wythnosau o wyliau i'w cymryd y flwyddyn. Pris llafur yw'r cyflog am bob cyfnod (h.y. y gyfradd cyflog). Y gyfradd cyflog sy'n pennu cyflenwad yw'r **gyfradd cyflog real** (y gyfradd cyflog arian neu enwol wedi'i rhannu â lefel prisiau), gan fod y gweithiwr yn penderfynu faint o oriau i weithio drwy gymharu'r cyflog â'r hyn y gall y cyflog ei brynu. Er enghraifft, efallai y byddai gweithiwr yn cymryd swydd pe bai cyflog wythnos yn £300 i brynu set deledu, ond byddai'n debygol o'i gwrthod pe bai'r £300 i brynu papur newydd yn unig.

Mae Ffigur 72.1 yn dangos cromlin cyflenwad llafur sy'n goleddu yn ôl. Rhwng y cyfraddau cyflog O a B bydd cynnydd yn y gyfradd cyflog real yn arwain at gynnydd yn yr oriau gwaith a gyflenwir. Er enghraifft, bydd y gweithiwr yn cynnig gweithio DF o oriau ychwanegol os bydd y gyfradd cyflog yn cynyddu o A i B. Fodd bynnag, bydd cynnydd yn y gyfradd cyflog uwchlaw OB, er enghraifft o B i H, yn arwain at awydd am lai o oriau gwaith.

I ddeall pam y gallai hyn fod yn wir, ystyriwch weithiwr ffatri rhan amser. I ddechrau mae â chyflog isel, sy'n wir am bron pob gweithiwr rhan amser. Yna mae'r cwmni mae'n gweithio iddo yn dyblu ei gyfradd cyflog real. Mae'r gweithiwr yn debygol o ymateb

drwy eisiau gweithio mwy o oriau ac efallai bod yn weithiwr amser llawn. Gallai codiadau pellach yn y gyfradd cyflog real ei berswadio i weithio goramser. Fodd bynnag, dim ond 24 awr sydd mewn diwrnod a 365 o ddiwrnodau mewn blwyddyn. Yn y pen draw mae'n debygol y bydd cynnydd yn y gyfradd cyflog yn gwneud iddo eisiau gostwng ei wythnos waith neu gynyddu ei wyliau. Bydd yn rhoi mwy o werth ar amser hamdden ychwanegol nag ar arian ychwanegol i'w wario. Hynny yw, mae'n dewis prynu amser hamdden drwy fynd heb y cyflog y gallai fod wedi'i ennill a'r nwyddau y gallai fod wedi'u prynu fel arall. Dyma enghraifft o'r cysyniad cost ymwad.

Gellir gweld y broses hon yn gweithio dros y 100 mlynedd diwethaf yn y DU. Mae cyfraddau cyflogau real wedi cynyddu'n sylweddol ond mae'r oriau a weithiwyd wedi gostwng. 60-70 awr oedd yr wythnos waith nodweddiadol yn oes Fictoria heb fawr ddim neu ddim gwyliau. Heddiw, yn achos gweithwyr amser llawn mae'r oriau cyfartalog a weithir yr wythnos i lawr i tua 42 awr gyda hawl nodweddiadol i 4 wythnos o wyliau y flwyddyn. Mae gweithwyr wedi ymateb i gynnydd yng nghyfraddau cyflogau drwy gyflenwi llai o lafur.

Cwestiwn 1

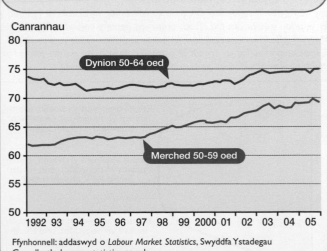

Ffigur 72.2 Cyfraddau gweithgaredd: cwbl economaidd weithgar fel % o'r holl bobl yn y grŵp oed perthnasol

Canrannau

Dynion 50-64 oed

Merched 50-59 oed

Ffynhonnell: addaswyd o *Labour Market Statistics*, Swyddfa Ystadegau Cenedlaethol, www.statistics.gov.uk

Cynyddodd cyfraddau cyflogau real yn y DU rhwng 1992 a 2005. Ydy'r data'n ategu'r farn bod cromlin cyflenwad llafur ar gyfer gweithiwr unigol yn goleddu yn ôl?

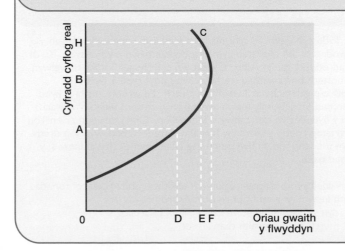

Ffigur 72.1 Cromlin cyflenwad sy'n goleddu yn ôl
Tybir bod cromlin y cyflenwad yn achos gweithiwr unigol o'r siâp hwn oherwydd ar lefelau uchel o incwm bydd yn well gan y gweithiwr weithio llai o oriau yn hytrach na derbyn yr incwm ychwanegol y gallai fod wedi'i ennill.

Sylwch: wrth i gyfraddau cyflogau gynyddu, mae gweithwyr yn debygol o allu cynyddu enillion **a** gostwng yr oriau gwaith. Er enghraifft, pe bai'r gyfraddau cyflog real yn cynyddu 20% o £10 yr awr i £12 yr awr, gallai gweithwyr ostwng eu horiau gwaith 10% o 40 awr i 36 awr yr wythnos a dal i weld cynnydd mewn enillion o £400 yr wythnos (40 × £10) i £432 yr wythnos (36 × £12). Yn y model neo-glasurol mae cynnydd yn y gyfradd cyflog real yn rhoi dewis i weithwyr rhwng cynyddu enillion neu gynyddu amser hamdden neu ryw gyfuniad o'r ddau.

Effeithiau incwm ac amnewid

Mae'r gromlin gyflenwad sy'n goleddu yn ôl yn digwydd oherwydd rhyngweithiad effeithiau **incwm ac amnewid**. Mae cynnydd yn y gyfradd cyflog real yn golygu bod y wobr am weithio, yn hytrach na pheidio â gweithio a chymryd mwy o oriau hamdden, yn cynyddu. Er enghraifft, mae gweithiwr sy'n derbyn codiad cyflog o 10% ar ôl treth a didyniadau nawr yn gallu prynu 10% yn fwy o nwyddau a gwasanaethau. Mae cost ymwad peidio â gweithio yn cynyddu. Felly bydd gweithwyr yn **amnewid** gwaith am hamdden os bydd y gyfradd cyflog yn cynyddu.

Fodd bynnag, gellir dadlau bod gwaith yn **nwydd israddol** (☞ uned 10). Po uchaf yw'r incwm, lleiaf i gyd o oriau y bydd unigolion yn dymuno gweithio. Er enghraifft, ofer yw gallu prynu cyfarpar tennis neu sboncen os nad oes gennych yr amser i chwarae. Dydy ennill mwy o arian fawr ddim o werth os na allwch gael yr amser i fynd ar wyliau, mynd i'r dafarn neu fynd i siopa. Felly, mae **effaith incwm** gwaith yn tueddu i fod yn negyddol ar gyfer y mwyafrif o unigolion. Po uchaf yw'r incwm, lleiaf i gyd o waith a mwyaf i gyd o amser hamdden a fynnir.

Ar lefelau isel o incwm, mae effaith amnewid bositif codiad cyflog yn gorbwyso'r effaith incwm negyddol. Felly, mae codiad cyflog i'r gweithwyr hyn yn arwain at gynnydd yn nifer yr oriau gwaith. Ar lefelau uwch o incwm, mae'r effaith amnewid bositif yn debygol o fod yn hafal i'r effaith incwm negyddol. Yna dydy codiad cyflog ddim yn cael effaith gymell nac anghymell ar oriau gwaith. Ond ar lefelau uchel o incwm, gorbwysir effaith amnewid bositif codiad cyflog gan yr effaith incwm negyddol. Felly, bydd gweithwyr yn

dewis gweithio llai o oriau.

Gellir gweld hyn yn Ffigur 72.3. Ar gyfraddau cyflog i fyny at OA, bydd cyfraddau cyflog uwch yn arwain at gynnydd yn yr oriau gwaith. Rhwng A a B mae cromlin y cyflenwad yn fertigol, gan ddangos na fydd cynnydd mewn cyflog yn cael dim effaith ar yr oriau gwaith. Rhwng A a B mae'r effaith incwm negyddol yn diddymu'r effaith amnewid bositif wrth i'r cyflog gynyddu. Uwchlaw OB mae cromlin y cyflenwad yn goleddu yn ôl, gan ddangos bod effaith incwm negyddol codiad cyflog yn gorbwyso'r effaith amnewid bositif.

Yn y byd go iawn, does gan lawer o weithwyr fawr ddim dewis ynghylch faint o oriau i weithio. Fodd bynnag, mae incwm cynyddol wedi bod yn gysylltiedig â gwyliau hirach a hefyd oes waith fyrrach. Yn aml mae pobl ag incwm uchel yn dymuno ymddeol cyn gynted â phosibl os ydynt wedi gallu cynilo digon dros eu hoes waith i ariannu pensiwn rhesymol. Mae llawer o weithwyr eraill yn cael y cyfle i weithio mwy o oriau yn ystod yr wythnos drwy gymryd goramser. Ond mae terfyn ar faint o oramser mae gweithwyr yn fodlon gweithio, gan ddangos yr effaith incwm negyddol yn gweithredu.

Cyflenwad llafur i gwmni

Mewn marchnad berffaith gystadleuol mae llawer o brynwyr a gwerthwyr (☞ uned 53). Mewn marchnad ffactor berffaith gystadleuol mae llawer o gwmnïau sy'n cyflogi llawer o weithwyr unigol. Mae hynny'n golygu y bydd cwmni unigol yn gallu cyflogi gweithiwr ychwanegol ar y gyfradd cyflog gyfredol.

Mae Ffigur 72.4(a) yn dangos cromlin cyflenwad llafur ar gyfer y cwmni. Mae'r cwmni'n fach ac mae eisiau ehangu ei weithlu o 20 i 21 o weithwyr. Mae Ffigur 72.4(b) yn dangos bod cromlin cyflenwad llafur y diwydiant yn goleddu i fyny, fel y dadleuir isod. Ar hyn o bryd mae 100 000 o weithwyr yn cael eu cyflogi yn y diwydiant. Mae'r symudiad i fyny cromlin cyflenwad llafur y diwydiant o 100 000 o weithwyr i 101 000 o weithwyr mor fach fel y gall y cwmni gyflogi'r gweithiwr ychwanegol ar gyfradd cyflog gyfredol y diwydiant. Felly mae cromlin y cyflenwad ar gyfer y cwmni yn llorweddol (h.y. yn berffaith elastig).

Mae llawer o ddiwydiannau, fodd bynnag, naill ai'n oligopolïau neu'n fonopolïau. Felly mae cwmnïau yn y diwydiannau hyn yn debygol o fod yn gyflogwyr sylweddol o fathau arbennig o lafur. Er enghraifft, y llywodraeth sy'n cyflogi mwy na 90% o holl athrawon y DU. Os ydy cwmni'n fonopsonydd (h.y. yr unig brynwr) yn ei farchnad lafur, yna cromlin cyflenwad llafur y cwmni fydd cromlin cyflenwad llafur y diwydiant hefyd. Bydd yn goleddu i fyny, yn

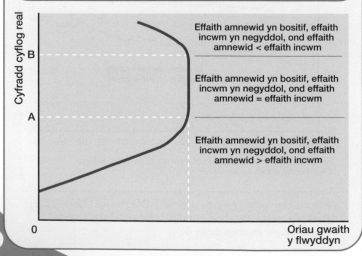

Cwestiwn 2

Yn 1986 cyhoeddwyd canlyniadau adroddiad a gomisiynwyd gan y llywodraeth am effeithiau cymell toriadau mewn treth incwm. Yn ôl yr adroddiad, gan yr Athro CV Brown o Brifysgol Stirling ni welwyd tystiolaeth bod toriadau trethi yn hybu pobl sydd â swyddi i weithio'n galetach nac i weithio'n hirach. Fe wnaeth trethi is hybu merched, yn arbennig mewn swyddi rhan amser, i weithio'n hirach gan y byddent yn cadw mwy o'u henillion. Ond i ddynion ar enillion cyfartalog, roedd yr hwb i'w hincwm cyfredol a roddwyd gan drethi is yn tueddu i fod yn bwysicach nag effaith gymell (h.y. amnewid) y toriad treth.

Gan ddefnyddio diagram, eglurwch effeithiau nodweddiadol toriadau treth incwm ar y canlynol yn ôl yr Athro Brown:
(a) dyn sy'n gweithio ac yn cael enillion cyfartalog a
(b) merch sydd â gwaith rhan amser.

Ffigur 72.4 Cyflenwad mewn marchnad berffaith gystadleuol

Mae cromlin cyflenwad llafur ar gyfer cwmni mewn marchnad ffactor berffaith gystadleuol yn berffaith elastig. Gall y cwmni gyflogi gweithwyr newydd ar y gyfradd cyflog gyfredol gan fod eu cyflogi yn cael effaith ddibwys ar gyfanswm cyflenwad llafur yn y farchnad.

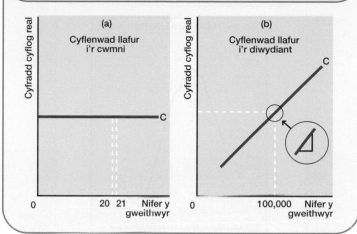

Tabl 72.1

Unedau llafur a gyflenwir	Cost yr uned	Cyfanswm y gost	Cost ffiniol
	(£)	(£)	(£)
0	-	0	
			10
1	10	10	
			30
2	20	40	
			50
3	30	90	
			70
4	40	160	

Ffigur 72.5 Cromlin cyflenwad llafur a chromlin cost ffiniol llafur ar gyfer cyflogwr sy'n fonopsonydd

Mae cromlin cyflenwad llafur ar gyfer cyflogwr sy'n fosnopsonydd yn goleddu i fyny. Mae cost ffiniol cyflogi gweithwyr ychwanegol yn fwy na'r gyfradd cyflog gan fod yn rhaid talu'r gyfradd cyflog uwch a roddir i'r gweithiwr ffiniol i'r holl weithwyr eraill sydd yno eisoes.

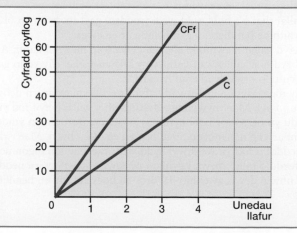

Tabl 72.2

Nifer y gweithwyr a gyflogir	Cyflog yr wythnos y gweithiwr (£)
100	200
200	220
300	240
400	260

Mae'r tabl yn dangos y cyfraddau cyflog yr wythnos y mae'n rhaid i gwmni eu cynnig i recriwtio gweithwyr.
(a) Lluniadwch (i) cromlin cyflenwad llafur a (ii) cromlin cost ffiniol llafur ar gyfer y cwmni. (Cofiwch fod cost ffiniol, er enghraifft, y 100 o weithwyr a gyflogir rhwng 300 a 400 yn cael ei lluniadu yn y pwynt 350.)
(b) Sut y byddai cromlin cyflenwad llafur a chromlin cost ffiniol llafur yn wahanol pe bai'r cwmni'n gallu recriwtio unrhyw nifer o weithwyr ar gyfradd cyflog o £200 yr wythnos?

dangos bod yn rhaid i'r cwmni gynnig cyflogau uwch os yw'n dymuno cynyddu ei lafurlu.

Bydd cost cyflogi gweithiwr ychwanegol (y gost ffiniol) yn uwch na'r gyfradd cyflog y mae'n rhaid i'r cwmni ei thalu i'r gweithiwr ychwanegol. Y rheswm yw bod yn rhaid iddo nid yn unig dalu cyfradd cyflog uwch i'r gweithiwr ond hefyd talu'r gyfradd uwch i'w weithwyr eraill i gyd. Yn Nhabl 72.1, er enghraifft, rhaid i'r cwmni gynyddu'r gyfradd cyflog wrth i weithwyr ychwanegol gael eu cyflogi. Y gyfradd cyflog sydd ei hangen i ddenu 3 gweithiwr i'r diwydiant yw £30 y gweithiwr. Ond cost ffiniol y trydydd gweithiwr yw £50, sef £30 am y trydydd gweithiwr ynghyd â £10 yn ychwanegol sy'n cael eu talu i bob un o'r ddau weithiwr cyntaf.

Yn Ffigur 72.5 dangosir cromlin cyflenwad llafur y cwmni a chromlin cost ffiniol llafur y cwmni sy'n deillio o'r data yn Nhabl 72.1. Mae cromlin cost ffiniol llafur y cyflogwr sy'n fonopsonydd yn uwch na chromlin cyflenwad llafur.

Cromlin cyflenwad llafur i ddiwydiant

Gall diwydiant gynyddu nifer yr oriau a weithir gan ei lafurlu mewn dwy ffordd:
● gall gynyddu nifer yr oriau a weithir gan ei lafurlu presennol;
● gall recriwtio gweithwyr newydd.
Fel yr eglurwyd uchod, efallai y bydd cynnydd yn y gyfradd cyflog real, â phopeth arall yn gyfartal, yn cynyddu cyflenwad llafur gan weithwyr unigol yn y diwydiant neu efallai na fydd. Fodd bynnag, mae'n debygol o ddenu gweithwyr newydd i mewn i'r diwydiant. Efallai y daw'r gweithwyr newydd hyn o ddiwydiannau eraill neu efallai nad oedd ganddynt swyddi cyn hyn, e.e. gwragedd tŷ neu ddynion tŷ neu'r di-waith. Felly, mae cromlin cyflenwad llafur ar gyfer diwydiant yn debygol o oleddu i fyny, bydd gallu cwmnïau i recriwtio gweithwyr newydd yn gorbwyso unrhyw effaith anghymell bosibl ar weithwyr presennol. Po uchaf yw cyfradd cyflog real y diwydiant, mwyaf i gyd o weithwyr fydd yn dymuno mynd i mewn i'r diwydiant arbennig hwnnw.

Elastigedd cyflenwad llafur

Bydd **elastigedd cyflenwad llafur** i ddiwydiant yn dibynnu ar nifer o ffactorau.

Argaeledd llafur addas mewn diwydiannau eraill Bydd cwmni peirianneg sy'n dymuno recriwtio gweithwyr di-grefft yn gallu 'cipio' gweithwyr yn gymharol hawdd o ddiwydiannau eraill am fod cronfa fawr o weithwyr di-grefft wedi'u gwasgaru ar draws diwydiannau. Bydd ysgolion yn cael mwy o anhawster i recriwtio athrawon gan fod nifer cyfyngedig o weithwyr â chymwysterau addysgu priodol i lenwi swyddi. Felly mae elastigedd cyflenwad cronfa o weithwyr sydd wedi'u gwasgaru ar draws llawer o ddiwydiannau yn debygol o fod yn uwch nag elastigedd cyflenwad grŵp o weithwyr sydd wedi'u crynodi yn y diwydiant sy'n recrwtio.

Amser Mae elastigedd cyflenwad yn debygol o fod yn is yn y tymor byr nag yn y tymor hir. Er enghraifft, efallai na allai'r gwasanaeth addysg recriwtio nifer mawr o athrawon ychwanegol yfory. Ond gallai'r cyflenwad gael ei ehangu dros gyfnod o 20 mlynedd drwy gynyddu lleoedd ar gyrsiau hyfforddi athrawon.

Y graddau o dangyflogaeth a diweithdra – Po uchaf yw lefel diweithdra, uchaf i gyd mae elastigedd cyflenwad yn debygol o fod. Gyda diweithdra uchel, mae cwmnïau'n fwy tebygol o allu recriwtio gweithwyr ar y gyfradd cyflog gyfredol o'r gronfa o bobl di-waith.

Gallai fod effaith **we** (☞ uned 12) mewn marchnad. Er enghraifft, arweiniodd y cynnydd mawr mewn niferoedd yn y grŵp 5-16 oed yn yr 1960au a hanner cytnaf yr 1970au at gynnydd sylweddol yn nifer y gweithwyr oedd yn mynd i mewn i'r proffesiwn addysgu. Yna dechreuodd niferoedd disgyblion ostwng wrth i gyfradd genedigaethau ostwng. Gostyngodd y galw am athrawon. Fel mae'n digwydd, roedd llywodraethau rhwng 1975 ac 1985 yn dymuno torri gwariant cyhoeddus. Ffordd hawdd o wneud hyn oedd torri cyflogau'r sector cyhoeddus o'i gymharu â'r sector preifat. Gostyngodd hyn recriwtio ar gyrsiau hyfforddi athrawon. Arweiniodd hefyd at gynnydd yn nifer y myfyrwyr oedd yn cwblhau cyrsiau hyfforddi athrawon ac yn cymryd swyddi nad oeddent yn swyddi addysgu. Erbyn rhan olaf yr 1980au roedd argyfwng mewn addysgu, gyda phrinderau sylweddol o athrawon addas. Hynny yw, roedd symudiad i ffwrdd o gydbwysedd canol yr 1970au wedi arwain at ostyngiad yng nghyflog cymharol athrawon. Arweiniodd hynny at ostyngiad yng nghyflenwad athrawon ar ôl cyfnod. Ymateb y llywodraeth yn rhan olaf yr 1980au oedd cynyddu cyflog cymharol athrawon. Y canlyniad oedd cynnydd yn nifer y bobl a ddymunai fod yn athrawon drwy fynd ar gyrsiau hyfforddi athrawon a chymryd swyddi cyntaf mewn addysgu. Erbyn canol yr 1990au gellid dadlau bod gorgyflenwad. Efallai bod hyn wedi hybu'r llywodraeth i ostwng cyflog cymharol athrawon eto, gan arwain yn ddiweddarach at oralw am athrawon.

Mae'r effaith we hon yn ganlyniad i oedi yn ymateb y farchnad i amodau cyfredol y farchnad. Mewn galwedigaethau lle mae cyfnodau hyfforddi hir a lle mae'n anodd i weithwyr presennol newid i swydd arall, mae penderfyniadau ynghylch p'un ai i gyflenwi llafur heddiw yn seiliedig ar benderfyniadau ynghylch p'un ai i fynd i mewn i'r alwedigaeth flwyddyn yn ôl, bum mlynedd yn ôl neu efallai hyd yn oed ddeng mlynedd ar hugain yn ôl.

Cyflenwad llafur i'r economi

Gallai ymddangos bod cyflenwad llafur i'r economi cyfan yn sefydlog (h.y. yn berffaith anelastig). Fodd bynnag, mae'n annhebygol mai felly y mae.

- Yn y DU dim ond tri chwarter o bobl 16-64 oed sydd mewn cyflogaeth. Mae'r gweddill yn dueddol o fod mewn addysg, gartref yn gofalu am blant, yn ddi-waith neu wedi ymddeol yn gynnar. Mae'r gronfa hon o bobl yn

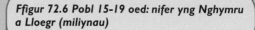

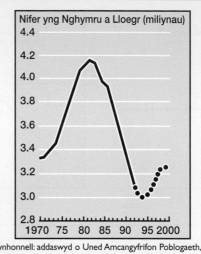

Ffigur 72.6 Pobl 15-19 oed: nifer yng Nghymru a Lloegr (miliynau)

Ffynhonnell: addaswyd o Uned Amcangyfrifon Poblogaeth, OPCS.

Yn ystod ail hanner yr 1980au rhagfynegwyd y byddai prinder difrifol o bobl ifanc yn y llafurlu. Cyhoeddodd y Cyngor Economaidd a Datblygiad Cenedlaethol adroddiad, *Defusing the Demograhpic Time Bomb*, oedd yn annog cyflogwyr i amrywiaethu eu patrymau recriwtio i wrdd â'r argyfwng oedd yn dod. Yn arbennig awgrymodd yr adroddiad bod cyflogwyr yn cyflogi mwy o weithwyr aeddfed, pobl ag anabledd a'r di-waith.

(a) Gan ddefnyddio'r cysyniad elastigedd cyflenwad, awgrymwch pam mae uwchfarchnad yn fwy tebygol o allu llenwi swyddi fel stacwyr silffoedd neu gynorthwywyr mannau talu na swyddi rheolaethol o blith pobl 50 oed a mwy.

(b) Ni wnaeth y prinder a ragfynegwyd ddigwydd yn hanner cyntaf yr 1990au, a hynny yn bennaf am i'r economi fynd trwy enciliad dwfn yn 1990-1992 a arweiniodd at ostyngiad yn y galw am lafur gan ddiwydiant. Pam y dylai enciliad, fel yr un yn 1990-1992, arwain at gynnydd yn elastigedd cyflenwad llafur i ddiwydiant?

weithwyr posibl a byddai rhai'n ymuno â'r gweithlu pe bai cyflogau real yn cynyddu.

- Gallai rhai o'r bobl sydd wedi ymddeol gael eu dwyn yn ôl i fyd gwaith pe bai digon o gymhellion ar eu cyfer.
- Hefyd gallai mewnfudo ehangu cyflenwad mewnol llafur. Ar hyn o bryd mae cyflenwad llafur yn y DU yn cael ei chwyddo gan fewnfudo o wledydd eraill yn yr UE.

Felly mae cromlin cyflenwad llafur i'r economi cyfan yn debygol o oleddu i fyny. Mae rhywfaint o dystiolaeth y gallai hefyd fod yn goleddu'n ôl. Mae'r bobl hynny sy'n gallu ei fforddio yn ymddeol yn gynnar yng nghanol eu 50au neu yn eu 50au hwyr. Mae'r rhain yn dueddol o fod yn weithwyr sydd wedi cael enillion digon uchel i allu fforddio talu i mewn i gynllun pensiwn. Mewn gwirionedd, maen nhw'n dewis gweithio llai dros eu hoes am fod eu henillion yn uchel.

Cwestiwn 5

Tabl 72.3 Merched 16+: enillion wythnosol a'r nifer a gyflogwyd, y DU

	1971	1981	1991	2001	2005
Enillion real cyfartalog wythnosol merched â swyddi amser llawn (£ yn ôl prisiau 2005)	174	232	314	367	436
Cyfanswm y merched mewn cyflogaeth (miliynau)	9.0	10.0	11.6	12.7	13.2

Ffynhonnell: addaswyd o *Labour Market Statistics*, Swyddfa Ystadegau Cenedlaethol, www.statistics.gov.uk

(a) Ydy'r data'n ategu'r ddamcaniaeth bod cromlin cyflenwad llafur mewn economi yn goleddu i fyny?

(b) Pa ffactorau eraill, ar wahân i enillion, allai effeithio ar gyflenwad llafur merched mewn economi?

Termau allweddol

Cyfraddau gweithgaredd neu gyfranogiad – y ganran neu'r gyfran o boblogaeth benodol yn y llafurlu.

Economaidd weithgar – nifer y gweithwyr yn y gweithlu sydd â swydd neu sy'n ddi-waith.

Gweithlu neu lafurlu – y bobl sy'n economaidd weithgar ac felly sydd â gwaith neu'n chwilio am waith.

Mudo net – mewnfudo minws ymfudo.

Poblogaeth o oed gweithio – fe'i diffinnir yn y DU fel dynion 16-64 oed a merched 16-59 oed.

Swyddi'r gweithlu – nifer y gweithwyr mewn cyflogaeth. Nid yw'n cynnwys y di-waith.

Economeg gymhwysol

Cyflenwad llafur yn y DU

Gweithlu'r DU

Yn 2006, roedd poblogaeth y DU oddeutu 61.4 miliwn. Nid oedd pawb ar gael i weithio. Roedd ieuenctid dan 16 oed mewn addysg amser llawn, tra oedd merched dros 60 a dynion dros 65 yn cael eu cyfrif yn swyddogol fel pobl wedi ymddeol. Gelwir y gweddill, y rhai 16-60/65 oed, yn BOBLOGAETH O OED GWEITHIO. Mae Ffigur 72.7 yn dangos bod niferoedd y grŵp oedran hwn wedi cynyddu yn y degawdau diwethaf o 31.7 miliwn yn 1971 i 37.2 miliwn yn 2006.

Nid yw pob person o oed gweithio yn ECONOMAIDD WEITHGAR ac yn rhan o'r GWEITHLU (neu'r LLAFURLU). Mae nifer o ferched yn dewis gadael eu swyddi er mwyn magu plant. Mae rhai ieuenctid hefyd yn dewis aros ym myd addysg ar ôl 16 oed. Mae llawer o bobl dros eu 50 yn dewis cymryd ymddeoliad cynnar. Felly, mae'r gweithlu yn llai na'r boblogaeth o oed gweithio.

Mae'r gweithlu, y sawl sy'n economaidd weithgar, yn ddau grŵp: y sawl sydd mewn gwaith a'r sawl sy'n chwilio am waith ac felly'n ddi-waith. Mae Ffigur 72.8 yn manylu ar y sawl sydd mewn gwaith gyda SWYDDI'R GWEITHLU. Mae'r rhan fwyaf yn **weithwyr cyflogedig** sy'n gweithio i rywun arall, sef eu **cyflogwr**. Mae lleiafrif yn gweithio iddynt hwy eu hunain, ac fe'u gelwir yn **weithwyr hunangyflogedig**. Mae'r gweddill yn y lluoedd arfog neu ar gynlluniau hyfforddi'r llywodraeth. Noder bod y niferoedd yn y lluoedd arfog wedi syrthio fel cyfran o gyfanswm swyddi'r gweithlu dros amser, yn rhannol oherwydd bod y lluoedd arfog yn llai a hefyd yn rhannol oherwydd y cynnydd ym maint y gweithlu. Tyfodd hunangyflogaeth yn sylweddol yn yr 1980au a

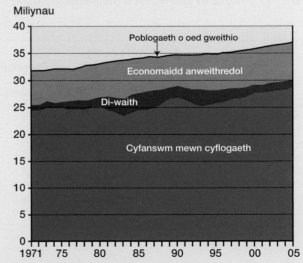

Ffigur 72.7 Poblogaeth o oed gweithio[1], economaidd weithgar, cyfanswm mewn cyflogaeth ac yn ddi-waith

Miliynau

Poblogaeth o oed gweithio
Economaidd anweithredol
Di-waith
Cyfanswm mewn cyflogaeth

1. Dynion oedran 16-64 a merched oedran 16-59
Ffynhonnell: addaswyd o *Labour Market Trends*, Swyddfa Ystadegau Cenedlaethol.

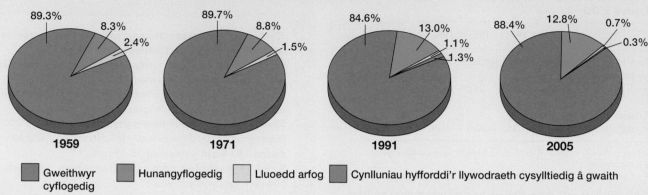

Ffigur 72.8 Swyddi'r gweithlu, y Deyrnas Unedig

89.3% 8.3% 2.4% — **1959**

89.7% 8.8% 1.5% — **1971**

84.6% 13.0% 1.1% 1.3% — **1991**

88.4% 12.8% 0.7% 0.3% — **2005**

■ Gweithwyr cyflogedig ■ Hunangyflogedig □ Lluoedd arfog ■ Cynlluniau hyfforddi'r llywodraeth cysylltiedig â gwaith

Ffynhonnell: addaswyd o *Annual Abstract of Statistics*, *Labour Market Trends*, Swyddfa Ystadegau Cenedlaethol.

chyflwynodd y llywodraeth gynlluniau hyfforddi'r llywodraeth ar ddiwedd yr 1970au. Pobl di-waith yw gweddill y gweithlu.

Mae Ffigur 72.7 yn dangos bod y gweithlu wedi bod yn dueddol o gynyddu dros amser, o 25.3 miliwn yn 1971 i 30.1 miliwn yn 2005. Nid yw'r twf mewn swyddi'r gweithlu wedi bod mor llyfn â thwf y gweithlu ei hunan. Arweiniodd tri enciliad mawr yn 1975-77, 1980-82 ac 1990-1992 at gynnydd mawr mewn diweithdra, a gostyngiad yn nifer y swyddi i'r gweithlu. Roedd enciliadau 1980-1982 ac 1990-92 mor ddwfn fel bo gostyngiad hyd yn oed yn nifer y sawl oedd yn economaidd weithgar. Yn yr 1980au cynnar, syrthiodd y gweithlu o 26.9 miliwn yn 1980 i 26.7 miliwn yn 1993, tra yn yr 1990au cynnar, syrthiodd y gweithlu o 28.9 miliwn yn 1990 i 28.2 miliwn yn 1994. Gwelwyd nifer o weithwyr, yn enwedig merched, yn diflasu wrth chwilio am waith, a diflannodd llawer iawn ohonynt o'r cyfrifon diweithdra swyddogol.

Tabl 72.4 Y gweithlu a'r boblogaeth o oed gweithio, y DU

				Miliynau
	Economaidd weithgar			Poblogaeth o oed gweithio
	Dynion	Merched	Cyfanswm	
1971	16.1	9.5	25.6	31.9
1976	16.1	10.1	26.2	32.2
1981	16.2	10.9	27.1	33.3
1986	16.1	11.8	27.9	34.3
1991	16.3	12.6	28.9	34.9
1996	15.7	12.7	28.4	35.1
2001	15.9	13.3	29.1	36.0
2005	16.3	13.8	30.1	37.0

Ffynhonnell: addaswyd o *Labour Market Statistics*, Swyddfa Ystadegau Cenedlaethol. www.statistics.gov.uk/statbase.

Ffigur 72.9 Cyfraddau gweithgaredd economaidd yn ôl cenedl, 16+ oed

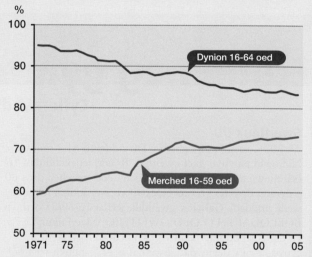

Dynion 16-64 oed

Merched 16-59 oed

Ffynhonnell: addaswyd o *Labour Market Statistics*, Swyddfa Ystadegau Cenedlaethol. www.statistics.gov.uk/statbase

Dynion a merched mewn cyflogaeth

Mae'r gweithlu wedi tyfu ar raddfa ychydig yn gyflymach na'r boblogaeth o oed gweithio yn ddiweddar. Mae Tabl 72.4 yn dangos bod cyfanswm y boblogaeth o oed gweithio wedi tyfu 16.0% dros y cyfnod 1971 i 2005, ond bod y gweithlu wedi tyfu 17.6%. Fodd bynnag, mae'r cyfansymiau yn cuddio newid llawer mwy yng nghyfansoddiad y gweithlu yn ôl rhyw. Ychydig iawn o newid fu yn y gweithlu gwrywaidd dros y cyfnod. Mae'r twf wedi dod yn sgîl cynnydd yn nifer y merched sy'n gweithio, o 9.5 miliwn yn 1971 i 13.8 miliwn yn 2005, sef cynnydd o 45%.

Dull arall o ddangos bod niferoedd cynyddol o ferched yn y gweithlu yw cyfrifo'r GYFRADD

GWEITHGAREDD benywaidd neu'r GYFRADD GYFRANOGIAD. Dyma ganran unrhyw boblogaeth benodol yn y gweithlu (h.y canrannau unrhyw grŵp oedran naill ai mewn gwaith neu'n cael eu cyfrif yn ddi-waith). Mae yna nifer o resymau pam bod cyfran uwch o ferched wedi mynd allan i weithio.

- Mae cyflogau real wedi codi dros y cyfnod. Byddai damcaniaeth economaidd yn rhagfynegi bod codiad mewn cyflogau real yn cynyddu'r cyflenwad llafur i'r farchnad.
- Drwy newidiadau mewn agweddau cymdeithasol a deddfwriaeth, mae mwy o gyfleoedd nawr i ferched nag oedd yn 1971, a llawer mwy na dyweder yn 1931 neu 1901. Unwaith eto, mae hyn yn golygu bod mwy o ferched yn cael swyddi cyflog uchel, sy'n eu denu i ddilyn gyrfaoedd eu hunain.
- Mae'r gost ymwad o fynd allan i weithio wedi gostwng. Gan mlynedd yn ôl, creodd merched nifer mawr o wasanaethau yn y cartref, o lanhau'r tŷ i bobi bara a gwneud dillad. Roedd yn rhaid iddynt dreulio cyfnodau hir o amser bob wythnos yn gwneud hyn. Heddiw, gall peiriannau rhad ac effeithiol wneud llawer o'r gwaith hwn. Ymhellach, mae pris real peiriannau golchi, microdonnau, ayyb, wedi tueddu i ostwng dros amser. Mae cartrefi'n gallu fforddio prynu mwy a mwy o'r peiriannau hyn. O ganlyniad, mae merched wedi cael mwy o gyfle i gyfuno gyrfa gyda'r gwaith o redeg cartref. Yn fwy na dim, mae newidiadau mewn agweddau cymdeithasol dros yr 20 mlynedd diwethaf wedi golygu fod dynion wedi dechrau rhannu mwy a mwy o dasgau yn y cartref, gan helpu creu amser i ferched fynd i weithio mewn swyddi cyflogedig.
- Mae'r ffaith bod nifer y plant mewn teulu wedi gostwng yn helpu esbonio pam bod cynnydd yn nifer y merched oedd yn gweithio dros y cyfnod 1900 i 1970. Fodd bynnag, nid yw maint y teuluoedd gyda phlant wedi newid rhyw lawer ers 1970. Yr hyn sydd wedi newid yw cynnydd mewn addysg feithrin a chyfleusterau cyn-ysgol a gofal plant. Mae merched wedi'i chael yn haws canfod gofal plant am gost fforddiadwy ers 1970.

Mewn cymhariaeth, mae cyfraddau gweithgaredd dynion wedi syrthio. Yn 1971, roedd bron holl ddynion 25-65 oed yn y gweithlu. Fodd bynnag, erbyn yr 1990au cynnar, roedd cyfraddau gweithgaredd i ddynion 50-65 oed wedi syrthio i oddeutu 75%, ac mae'r niferoedd hynny yn dal i fod heddiw. Ymddeoliad cynnar, afiechyd ac anabledd sydd i gyfrif am hyn. Ar begwn arall yr ystod oedran, mae'r ffaith bod y cyfraddau aros mewn addysg cynyddol yn cyfrif am y gostyngiad mewn cyfraddau gweithgaredd dros y 40 mlynedd diwethaf i'r grŵp oedran 16-25.

Ffigur 72.10 Galwedigaethau dynion a merched ym myd gwaith, y DU, gaeaf 2005

	% y gweithwyr gwrywaidd	% y gweithwyr benywaidd	dynion/merched
Swyddi medrus	15.5	1.4	
Gweithredwyr proses a pheiriannau	12.8	2.1	
Rheolwyr ac uwch swyddogion	18.5	10.3	
Galwedigaethau proffesiynol	13.6	11.6	
Galwedigaethau elfennol	12.8	11.4	
Proffesiynol a thechnegol cysylltiol	13.6	14.8	
Gwerthiant a gwasanaethau cwsmer	5.2	12.2	
Gwasanaethau personol	2.4	13.9	
Gweinyddol ac ysgrifenyddol	5.6	22.1	
Cyfanswm	100.0	100.0	

Ffynhonnell: addaswyd o *Labour Market Statistics*, Swyddfa Ystadegau Cenedlaethol. www.statistics.gov.uk/statbase

Fel y gwelir yn Ffigur 72.10, mae dosraniad dynion a merched rhwng gwahanol alwedigaethau yn wahanol iawn. Er enghraifft, prin iawn yw'r merched ym maes swyddi medrus fel plymwyr neu drydanwyr. Ychydig iawn o ddynion sydd mewn swyddi gweinyddol ac ysgrifenyddol a phrin yw'r dynion hefyd sy'n gweithio yn y gwasanaethau personol fel cynorthwy-wyr gofal. Mae bron i ddwywaith cyfran gweithwyr gwrywaidd yn reolwyr ac uwch swyddogion mewn cymhariaeth â gweithwyr benywaidd.

Mae yna nifer o resymau posibl allai esbonio hyn. Yn draddodiadol, mae dynion wedi cymryd swyddi sy'n gofyn am lafur trwm. Ar y llaw arall, mae merched wedi bod yn gysylltiedig â'r proffesiynau gofal fel nyrsio. Mae gwaith ysgrifenyddol a chlerigol yn faes arall sydd yn draddodiadol wedi bod yn nwylo merched dros y 100 mlynedd diwethaf. Mae cyfran uwch o lawer o ferched na dynion hefyd yn gweithio mewn meysydd lle mae niferoedd uchel o weithwyr rhan amser. Mae'n well gan lawer o ferched weithio'n rhan amser yn hytrach nag yn amser llawn oherwydd ymrwymiadau gofal plant, ac felly mae galwedigaethau sy'n cynnig cyfleoedd i weithio'n rhan amser yn debygol o ddenu mwy o weithwyr benywaidd.

Mae cydraddoldeb rhywiol yn ffenomen gymharol ddiweddar ac mae cyfran llawer uwch o ddynion yn parhau i weithio mewn swyddi cyflog uwch fel rheolwyr ac uwch swyddogion. Gallai gwahaniaethu yn erbyn merched fod yn gyfrifol am hyn. Fodd bynnag, mae'n anorfod ei fod hefyd yn adlewyrchu'r ffaith bod merched yn llawer mwy tebygol o roi'r gorau i'w gyrfaoedd i fagu plant am gyfnod. Gall ychydig o flynyddoedd allan o'r gweithlu hyd yn oed effeithio'n sylweddol ar y gobaith o ennill dyrchafiad. Yn olaf, gall y gwahaniaethau yn Ffigur 72.10 fod yn adlewyrchiad syml o ddewisiadau galwedigaethol gwahanol dynion a merched. Mae'n bosibl fod yn well gan ddynion gymysgu concrît yn hytrach na gweithio fel derbynnydd. Gallai hyn awgrymu bod y gromlin alw i unrhyw alwedigaeth yn wahanol rhwng dynion a merched.

Tabl 72.5 Cyflogaeth yn ôl oedran, y DU

	16-24	25-34	35-49	49-64 (g)/ 50-59 (b)	65+ (g)/ 60+ (b)
1971	5.1	5.3	7.9	5.0	0.6
1984	5.0	5.3	8.0	4.9	0.7
1994	3.9	6.7	9.3	4.7	0.8
2004	4.1	6.3	10.7	6.3	1.0
2005	4.1	6.3	10.9	6.4	1.1

Ffynhonnell: addaswyd o www.statistics.gov.uk

Cyflogaeth yn ôl oedran

Mae cydbwysedd y gweithlu wedi newid rhwng y ddau ryw, ac y mae hefyd wedi newid yn ôl oedran fel y gwelir yn Nhabl 72.5. Ers 1971, cafwyd cynnydd sylweddol yng nghyfran y gweithwyr 25-49 oed. Cyrhaeddodd nifer y gweithwyr 16-24 oed ei anterth yn 1989 gyda ffigur o 5.6 miliwn, gan ddirywio ers hynny. Mae nifer y gweithwyr 50+ oed wedi neidio ers canol yr 1990au.

Demograffeg sy'n rhannol gyfrifol am y newidiadau hyn. Cynyddodd nifer y genedigaethau rhwng diwedd yr Ail Ryfel Byd a chanol yr 1960au. Gelwir y bobl a anwyd yn y cyfnod hwn yn *baby boomers*. Bu gostyngiad yn y gyfradd genedigaethau ar ôl canol yr 1960au a dyma sy'n bennaf gyfrifol am y gostyngiad yn niferoedd y grŵp 16-24 oed sydd mewn gwaith ers 1989. Yn yr un modd, mae'r *baby boomers* wedi gwthio eu ffordd yn raddol drwy ystod oedran y boblogaeth weithio. Cafodd gweithiwr 50 oed yn 2006 ei eni yn 1956. Felly, gellir disgwyl i nifer y gweithwyr sydd dros eu 50 gynyddu hyd o leiaf 2015.

Ffactor arall sy'n effeithio ar niferoedd y grŵp 16-24 oed sydd mewn gwaith yw cyfran gynyddol ieuenctid 16-22 oed mewn addysg amser llawn. Ar y pegwn 50+, mae dau ffactor wedi bod yn tynnu mewn dau gyfeiriad hollol wahanol. Un o'r rhain yw tuedd tuag at ymddeoliad cynnar, a oedd yn arbennig o amlwg yn yr 1980au a'r 1990au cynnar. Ar y llaw arall, mae parodrwydd llawer o bobl, yn enwedig merched, yn y grŵp oedran 50+ i barhau i weithio i hybu eu hincwm hefyd wedi bod yn nodwedd amlwg. Mae llawer o'r rhai sy'n dewis cymryd ymddeoliad cynnar y dyddiau hyn yn aml yn mynd ymlaen i gymryd swydd arall, er yn aml am gyflog is na'r swydd flaenorol. Gall y cyfuniad o bensiwn ymddeol a chyflog is olygu eu bod yn fwy cyfforddus eu byd nag yr oeddynt yn eu swyddi blaenorol. Wrth ymateb i ddarpariaeth bensiwn wael yn y DU, mae'r llywodraeth yn annog gweithwyr i barhau mewn gwaith cyflogedig hyd eu 60au. Byddai hyn yn caniatáu i nifer llai o weithwyr ôl-*baby boomers* gefnogi nifer cynyddol o bensiynwyr *baby boomers*.

Cyflogaeth yn ôl grŵp ethnig

Mae ystadegau manwl am gyflogaeth gwahanol grwpiau ethnig i'w cael yn y cwestiwn data yn yr uned hon. At ei gilydd, mae patrymau cyflogaeth y sawl sydd â tharddiad nad yw'n wyn, yn llai ffafriol na phatrymau'r boblogaeth wen.

Cyflogaeth yn ôl diwydiant a rhanbarth

Mae cyflenwad gweithwyr i wahanol ddiwydiannau a gwahanol ranbarthau wedi newid yn sylweddol dros y 30 mlynedd diwethaf. Yn gyffredinol, gwelwyd symudiad sylweddol o weithwyr o sectorau cynradd ac eilaidd yr economi i'r sector trydyddol. O ganlyniad, collodd rhanbarthau a oedd yn dibynnu'n drwm ar y diwydiant glo a diwydiannau gweithgynhyrchu swyddi a phoblogaeth i ranbarthau sydd wedi arbenigo'n draddodiadol mewn gweithgynhyrchu ysgafn a'r diwydiant gwasanaethu. Trafodir y tueddiadau yn fanylach yn Uned 97.

Ffactorau eraill sy'n effeithio ar y gweithlu

Mae yna ffactorau eraill ar wahân i gynnydd yng nghyfranogiad merched, cyfraddau genedigaethau, addysg ac ymddeoliad cynnar sy'n effeithio ar y gweithlu.

Mudo Os yw mewnfudo yn fwy nag ymfudo, yna mae'r gweithlu yn debygol o gynyddu. Yn ystod yr 1950au, roedd y DU yn annog mewnfudo o wledydd newydd y Gymanwlad i ateb prinder llafur difrifol. Yn yr 1960au a'r 1970au, yn dilyn Deddf Mewnfudo 1961, roedd MUDO NET (mewnfudo minws ymfudo) yn dueddol o fod yn negyddol. Roedd mwy o bobl wedi ymadael â'r wlad nag oedd wedi dod i'r wlad. Ers yr 1980au, mae'r dduedd hon wedi'i gwyrdroi (☞ uned 72). Mudo net ar hyn o bryd sy'n gyfrifol am tua hanner y cynnydd poblogaeth net yn y DU. Mae'r dduedd hon yn effeithio'n sylweddol ar farchnadoedd llafur ar yr ymylon. Mae rhai'n dadlau mai mewnfudiad gweithwyr sy'n esbonio chwyddiant cyflog isel diwedd yr 1990au a'r 2000au, er gwaetha'r ffaith bod

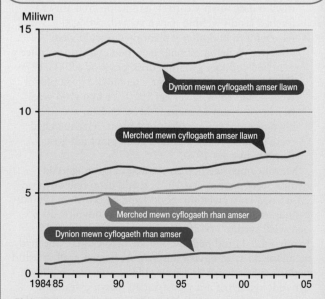

Ffigur 72.11 Cyflogaeth amser llawn a rhan amser: yn ôl rhyw

Miliwn

Dynion mewn cyflogaeth amser llawn

Merched mewn cyflogaeth amser llawn

Merched mewn cyflogaeth rhan amser

Dynion mewn cyflogaeth rhan amser

Ffynhonnell: addaswyd o *Labour Market Statistics*, Swyddfa Ystadegau Cenedlaethol. www.statistics.gov

Tabl 72.6 Rhesymau pam bod merched yn cymryd gwaith rhan amser, y DU 2004

Rheswm	%
Mewn addysg neu hyfforddiant	3
Anabl	2
Gofalu am blant neu aelodau teuluol eraill	36
Heb ganfod swydd amser llawn	7
Heb fod eisiau swydd amser llawn	19
Eraill	34

Ffynhonnell: addaswyd o A. Manning a B. Petrongolo, *The Part-Time Pay Penalty*, Centre for Economic Performance Discussion Paper rhif 679, Mawrth 2005.

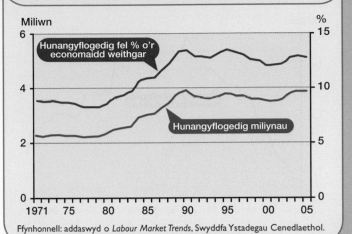

Ffigur 72.12 Hunangyflogaeth, y DU

Ffynhonnell: addaswyd o *Labour Market Trends*, Swyddfa Ystadegau Cenedlaethol.

bwlch cynnyrch yr economi yn agos iawn at sero. Mae mewnfudo net positif yn debygol o fod yn ffaith dros y ddegawd nesaf gan bod nifer o wledydd Dwyrain Ewrop wedi ymuno â'r Undeb Ewropeaidd yn 2004.

Gwaith rhan amser Mae niferoedd a chyfran gweithwyr rhan amser yn y gweithlu wedi bod yn tyfu dros y 50 mlynedd diwethaf. Er enghraifft, yn 1971 roedd 15% o'r holl weithwyr cyflogedig yn rhan amser. Erbyn 2005, roedd hyn wedi codi i 28%. Mae'r rhan fwyaf o weithwyr rhan amser yn ferched, fel y gwelir yn Ffigur 72.11. Roedd 43% o weithwyr cyflogedig benywaidd yn weithwyr rhan amser yn 2005 o'i gymharu â 11% yn unig o wrywod.

Mae gweithio rhan amser yn gyffredin iawn yn y diwydiannau gwasanaethu. Mae gweithwyr mewn diwydiant cynradd ac eilaidd, fel adeiladu a pheirianneg, yn dueddol o fod yn weithwyr gwrywaidd amser llawn. Yn draddodiadol, mae diwydiannau gwasanaethu wedi bod â chyfran uchel o ferched. O ganlyniad, mae'r diwydiannau hyn wedi gorfod cynnig cyfleoedd ar gyfer gweithio rhan amser oherwydd bod yn well gan gymaint o ferched weithio'n rhan amser na gweithio'n amser llawn.

Fel y gwelir yn Nhabl 72.6, y prif reswm pam fod ar gymaint o ferched eisiau gweithio'n rhan amser yw oherwydd fod arnynt eisiau (neu oherwydd bod yn rhaid iddynt) cymryd y prif gyfrifoldeb o ran magu plant a gofalu am y cartref. Mae swyddi rhan amser yn rhoi'r cyfle iddynt gyflawni'r cyfrifoldebau hyn a gweithio. Wrth i gymdeithas newid ac wrth i ddynion rannu mwy o gyfrifoldebau yn y cartref, mae'n debygol y bydd cyfran llawer mwy o ddynion ymhlith gweithwyr rhan amser. Mae gweithio rhan amser ymhlith dynion hefyd yn debygol o gynyddu wrth i fwy o ddynion gymryd ymddeoliad cynnar a chyfuno eu hymddeoliad gyda gwaith rhan amser. Mae cyfran gynyddol ieuenctid 16-22 oed sy'n aros mewn addysg hefyd wedi cynyddu gweithio rhan amser wrth iddynt orfod chwilio am waith i ychwanegu at yr arian poced a'r grantiau a roddir gan rieni.

Hunangyflogaeth Fel y gwelir yn Ffigur 72.12, bu cynnydd sylweddol mewn hunangyflogaeth yn ystod yr 1980au. Er hynny, mae hunangyflogaeth wedi parhau yn eithaf sefydlog. Roedd dau brif ffactor i gyfrif am dwf

hunangyflogaeth yn ystod yr 1980au:

● Ceisiodd llywodraeth Geidwadol y dydd greu **diwylliant mentro**. Credai y dylid annog cwmnïau bach oherwydd eu bod yn creu swyddi, yn cynyddu cystadleuaeth, blaengaredd ac effeithlondeb mewn marchnadoedd ac yn cynyddu cyfoeth mewn cymdeithas. Roedd polisi llywodraeth yn awyddus i gynorthwyo busnesau bach a'r hunangyflogedig. Er enghraifft, newidiwyd treth incwm, treth enillion cyfalaf a threth etifeddiaeth i alluogi entrepreneuriaid i gadw mwy o'r arian a enillwyd ganddynt. Cafwyd nifer o gynlluniau i ostwng cost a chynyddu hygyrchedd cyllid ar gyfer dechrau busnesau. Anogwyd pobl ddi-waith i ddod yn hunangyflogedig drwy gynnig grantiau. Anelwyd hyfforddiant at y sawl oedd am ddod yn hunangyflogedig a sefydlu eu busnesau eu hunain.

● Aeth yr economi drwy gyfnod o enciliad difrifol rhwng 1980 ac 1982, gyda diweithdra yn codi o 1.5 miliwn i dros 3 miliwn. Ni ddechreuodd diweithdra ostwng hyd tua 1987. Felly, bu diweithdra uchel am 6 mlynedd. Penderfynodd nifer o weithwyr di-waith ddod yn hunangyflogedig a dechrau eu busnesau eu hunain gan ei bod mor anodd canfod swyddi. Ar yr un pryd, roedd llif cyson o weithwyr yn colli'u gwaith, gyda nifer ohonynt yn derbyn taliadau diweithdra sylweddol. O ganlyniad, roedd cronfa o gyfalaf ariannol ar gael i weithwyr di-waith sefydlu eu busnesau eu hunain.

Ers hynny, nid yw'r llywodraeth wedi rhoi cymaint o bwyslais ar annog hunangyflogaeth, er bod busnesau bach yn parhau i fod yn destun polisi llywodraeth. Mae diweithdra cyfartalog wedi bod yn is ers dechrau'r 1990au nag yn yr 1980au, ac felly roedd llai o angen i weithwyr ddod yn hunangyflogedig. Yn ystod enciliad 1990-1992, aeth llawer o fusnesau i'r wal a daeth gweithwyr yn llawer mwy ymwybodol o'r risgiau ynghlwm wrth fod yn hunangyflogedig. Ers hynny, mae cyfnod o dwf economaidd estynedig wedi annog rhai gweithwyr i ddod yn hunangyflogedig. Fodd bynnag, roedd 3.9 miliwn o bobl hunangyflogedig yn y DU yn 2005, sef yr un faint ag oedd ar ei anterth yn 1990.

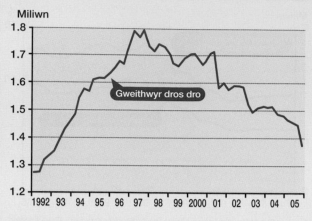

Ffigur 72.13 Gweithwyr dros dro, y DU

Miliwn

Gweithwyr dros dro

Ffynhonnell: addaswyd o *Labour Market Statistics*, Swyddfa Ystadegau Cenedlaethol. www.statistics.gov

Tabl 72.7 Rhesymau am weithio dros dro: y DU, gwanwyn 1999

Rheswm	Pawb	Dynion	Merched
Methu canfod swydd barhaol	34.9	40.3	29.8
Ddim am gael swydd barhaol	31.6	26.6	36.4
Wedi cael cytundeb gyda chyfnod hyfforddi	6.7	8.1	5.3
Rheswm arall	26.5	25.0	27.9

Ffynhonnell: addaswyd o *Labour Market Trends*, Swyddfa Ystadegau Cenedlaethol.

Gwaith dros dro Mae Ffigur 72.13 yn dangos bod twf mewn cyflogaeth dros dro yn yr 1990au. Fel y gwelir yn Nhabl 72.7, nid oedd hyn yn unig oherwydd bod gweithwyr yn chwilio yn benodol am waith dros dro. Oddeutu traean yn unig o weithwyr dros dro oedd yn chwilio am waith dros dro. Yn hytrach, roedd y twf yn adlewyrchu dymuniad cwmnïau i gyflogi gweithlu mwy hyblyg. Mae cyflogi gweithwyr yn barhaol yn golygu bod llafur yn dod yn gost sefydlog. Mae gweithwyr dros dro yn gost newidiol oherwydd bod modd eu hanfon i ffwrdd ar fyr rybudd. Felly, mae unrhyw gwmni sydd â galw tymhorol am ei gynnyrch yn debygol o weld mantais cyflogi gweithwyr dros dro i gyflawni'r gwaith ychwanegol ar adegau prysur. Mae gweithwyr dros dro hefyd yn ddefnyddiol i gwmnïau sy'n ansicr ynghylch y rhagolygon i'r dyfodol. Mae diswyddo gweithwyr yn gostus, ac mae'n well gan gwmnïau osgoi hynny. Yn olaf, pan fo cwmnïau'n gweithredu'n effeithlon, nid oes unrhyw slac i'w dynnu pan fydd gweithwyr yn sâl, i ffwrdd ar wyliau neu ar absenoldeb mamolaeth. Gellid defnyddio gweithwyr dros dro mewn sefyllfaoedd o'r fath.

Fodd bynnag, gall cyflogi gweithwyr dros dro hefyd osod costau ar gwmni. Mae gweithwyr dros dro yn aml yn anghyfarwydd gydag amgylchedd gwaith unigolyn, ac o ganlyniad, nid ydynt mor gynhyrchiol ag aelod o staff parhaol. Gall cymhelliant ymhlith gweithwyr dros dro

hefyd fod yn is na chymhelliant staff parhol. Mae hyn yn arbennig o wir os yw gweithiwr yn gweithio i gwmni am gyfnod hir o amser heb fyth gael cytundeb parhaol.

Mae merched yn fwy tebygol o fod yn weithwyr dros dro na dynion. Cyrhaeddodd gweithio dros dro ei anterth ar ddiwedd yr 1990au a dechrau'r 2000au. Gellir dadlau bod y gostyngiad mewn gweithio dros dro ers 2001 yn adlewyrchiad o'r ffyniant economaidd parhaus sydd wedi gwneud gweithio dros dro yn llai deniadol i weithwyr allai ganfod swyddi parhaol yn haws.

Oriau gwaith a gwyliau Nid yw oriau gwaith wedi newid rhyw lawer ers yr 1970au cynnar. Ar gyfartaledd, mae gweithwyr gwrywaidd amser llawn wedi gweithio 41 awr yr wythnos drwy'r cyfnod. Fodd bynnag, tra bo oriau gweithio wythnosol wedi parhau'n weddol gyson, mae oriau gweithio blynyddol wedi gostwng oherwydd bod cyfnodau gwyliau wedi cynyddu'n sylweddol. Yn 1961, câi'r mwyafrif o weithwyr bythefnos o wyliau gyda thâl y flwyddyn. Erbyn 2006, roedd gan weithwyr yr hawl cyfreithiol i dderbyn pedair wythnos o wyliau gyda thâl y flwyddyn, yn ogystal â gwyliau banc. Wrth gwrs, câi nifer o weithwyr fwy o wyliau na hyn. Byddai gwyliau hir a bywydau gweithio byrrach oherwydd ymddeoliad cynnar yn dueddol o ddynodi un o'r canlynol: naill ai fod yn well gan weithwyr gael mwy o amser hamdden mewn blociau o amser yn hytrach na rhai oriau ychwanegol yr wythnos, neu bod cyflogwyr yn ystyried mai'r wythnos waith 40 awr yw'r ddelfryd ar gyfer sicrhau bod gweithwyr yn cwblhau eu gwaith yn effeithiol, a'u bod yn fodlon ildio i'r dyhead am oriau byrrach gyda gwyliau hirach neu fywydau gweithio byrrach.

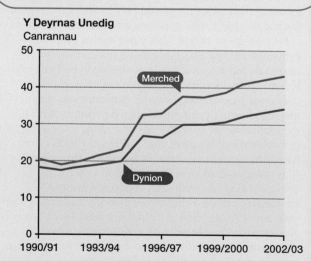

Ffigur 72.14 Ennill dau neu fwy TAG Safon A neu debyg: yn ôl rhyw[1]

Y Deyrnas Unedig
Canrannau

Merched

Dynion

[1] Mae 2 Safon Uwch cywerth â thri neu fwy o Dystysgrifau Higher. Mae'r data am ddisgyblion mewn ysgolion a sefydliadau addysg bellach. Mae data cyn 1995/96, ac i Gymru a Gogledd Iwerddon yn 2002/03, yn ymwneud ag ysgolion yn unig. Nid yw data i Gymwysterau'r Alban o 2000/01 ar yr un sail â blynyddoedd cynt.

Ffynhonnell: addaswyd o *Social Trends*, Swyddfa Ystadegau Cenedlaethol.

Ansawdd y gweithlu

Gall defnyddio mwy o lafur arwain at well cynhyrchiad. Fodd bynnag, bydd maint gweithlu'r DU ond yn debygol o newid yn araf iawn dros y 50 mlynedd nesaf. Bydd newidiadau yn ansawdd y gweithlu yn fwy arwyddocaol. Mae safonau addysgol ar gynnydd, gyda niferoedd uwch yn ennill graddau uchel ar lefel TGAU, Safon Uwch, cymwysterau galwedigaethol a graddau; mae hyn yn awgrymu y bydd y gweithlu o bosibl yn dod yn fwy cynhyrchiol gydag amser. Mae Ffigur 72.14 yn dangos un agwedd ar hyn. Mae cyfran uwch o ieuenctid 17/18

mlwydd oed yn ennill cymwysterau Safon Uwch neu debyg. Dylid nodi fod merched wedi gwella eu perfformiad mewn cymhariaeth â dynion. Mae tangyflawni gwrywaidd yn y system addysg bellach yn darged polisi llywodraeth. Er gwaetha'r gwelliannau hyn, mae llawer o bobl yn dadlau bod y DU ymhell ar ei hôl hi yn nhermau rhyngwladol o ran ansawdd ei gweithlu. Mae hyn yn esbonio pam fod llywodraethau yn yr 1990au a'r 2000au wedi rhoi cymaint o bwyslais ar addysg a hyfforddiant i wella perfformiad ochr-gyflenwad yr economi.

Cwestiwn Data — Grwpiau ethnig yn y gweithlu

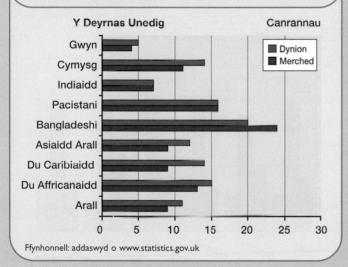

Ffigur 72.15 *Diweithdra yn ôl grŵp ethnig a rhyw, 2001/02*

Ffynhonnell: addaswyd o www.statistics.gov.uk

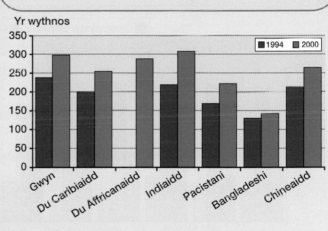

Ffigur 72.16 *Tâl wythnosol net cyfartalog dynion yn y brif swydd, ym Mhrydain, 1994-2000*

Ffynhonnell: addaswyd o *Ethnic Minorities and the Labour Market*, Uned Strategol y Prif Weinidog.

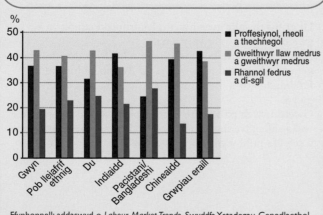

Ffigur 72.17 *Gweithwyr cyflogedig a hunangyflogedig yn ôl lefel cyflogaeth, cyfartaledd 1996-98*

Ffynhonnell: addaswyd o *Labour Market Trends*, Swyddfa Ystadegau Cenedlaethol. Rhagfyr 1998.

Ffigur 72.18 Y graddau gaiff gwahaniaethu ei dderbyn yn y gweithle

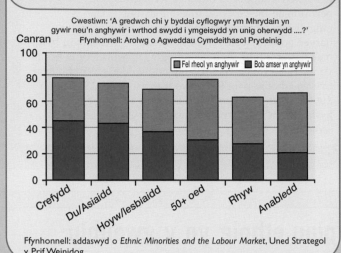

Cwestiwn: 'A gredwch chi y byddai cyflogwyr ym Mhrydain yn gywir neu'n anghywir i wrthod swydd i ymgeisydd yn unig oherwydd ....?'
Ffynhonnell: Arolwg o Agweddau Cymdeithasol Prydeinig

Canran

☐ Fel rheol yn anghywir ■ Bob amser yn anghywir

Crefydd · Du/Asiaidd · Hoyw/lesbiaidd · 50+ oed · Rhyw · Anabledd

Ffynhonnell: addaswyd o *Ethnic Minorities and the Labour Market*, Uned Strategol y Prif Weinidog.

Ffigur 72.19 Cymwysterau uchaf dynion a merched o oed gweithio yn ôl grŵp ethnig, 2003

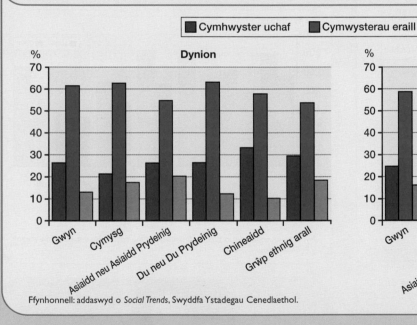

■ Cymhwyster uchaf   ■ Cymwysterau eraill   ☐ Dim cymhwyster

Dynion %

Gwyn · Cymysg · Asiaidd neu Asiaidd Prydeinig · Du neu Du Prydeinig · Chineaidd · Grŵp ethnig arall

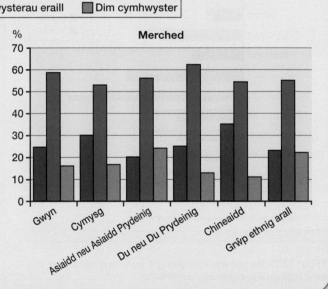

Merched %

Gwyn · Cymysg · Asiaidd neu Asiaidd Prydeinig · Du neu Du Prydeinig · Chineaidd · Grŵp ethnig arall

Ffynhonnell: addaswyd o *Social Trends*, Swyddfa Ystadegau Cenedlaethol.

Tabl 72.8 Cyfraddau cyflogaeth yn ôl tarddiad ethnig ac oedran, Gwledydd Prydain, Haf 2002 (%)

	16-24	25-44	45-59/64	Pob oed
Pob grŵp ethnig	64	81	73	75
Gwyn	67	83	74	77
Cyfanswm cymysg	49	67	57	60
Asiaidd neu Asiaidd Prydeinig	42	69	55	59
Indiaidd	51	80	66	70
Pacistani/Bangladeshi	38	54	30	45
Du neu Du Prydeinig	35	69	63	60
Chineaidd	41	76	72	67
Arall	35	58	72	57

Ffynhonnell: addaswyd o'r Comisiwn Cydraddoldeb Hiliol, www.cre.gov.uk

1. Disgrifiwch safle gweithwyr o leiafrifoedd ethnig yn y gweithlu fel y gwelir yn y data.
2. Awgrymwch pam bod gweithwyr o leiafrifoedd ethnig ar gyfartaledd yn llai tebygol o (a) gyflwyno eu hunain i'r farchnad lafur a (b) fod mewn cyflogaeth na gweithwyr gwyn.
3. Gwerthuswch pa fesurau economaidd y gellid eu cymryd i wella safle gweithwyr o leiafrifoedd ethnig mewn perthynas â sefyllfa pobl wyn.

Crynodeb

1. Caiff cyfradd cyflog llafur ei phennu gan y galw am lafur a chyflenwad llafur.
2. Mewn economi lle mae llafur yn gydryw a phob marchnad yn berffaith, byddai'r gyfradd cyflog yn unfath ar gyfer pob gweithiwr.
3. Achosir gwahaniaethau cyflogau yn rhannol gan amherffeithrwydd y farchnad ac yn rhannol gan wahaniaethau nodweddion llafur unigol.
4. Mewn marchnad berffaith gystadleuol mae cwmnïau unigol yn wynebu cromlin gyflenwad lorweddol a byddant yn cyflogi llafur hyd at y pwynt lle mae'r gyfradd cyflog yn hafal i dderbyniadau cynnyrch ffiniol llafur.
5. Mewn marchnad amherffaith gystadleuol, naill ai mae'r cwmni'n fonopsonydd neu mae cyflenwr llafur yn fonopoli, fel undeb llafur, neu'r ddau. Mae monopsonydd yn gyrru'r gyfradd cyflog a lefel cyflogaeth i lawr, tra bo cyflenwr sy'n fonopoli yn cynyddu'r gyfradd cyflog.

Marchnad Berffaith — Gwahaniaethau Cyflog

"Rydym i gyd yn cael yr un tâl" — "Pam nad ydym ni...?"

Sut y caiff cyfraddau cyflogau eu pennu

Caiff prisiau eu pennu gan alw a chyflenwad. Felly pennir pris llafur, sef y gyfradd cyflog real, gan y galw am lafur a chyflenwad llafur.

Cromlin y galw am lafur mewn diwydiant yw cromlin derbyniadau cynnyrch ffiniol llafur (☞ uned 71). Mae hon yn goleddu i lawr gan ddangos y bydd galw am fwy o lafur po isaf fydd y gyfradd cyflog real. Mae cromlin cyflenwad llafur yn goleddu i fyny (☞ uned 72), gan ddangos y cyflenwir mwy o lafur os bydd y gyfradd cyflog real yn cynyddu. Mae hyn yn rhoi cyfradd cyflog real gytbwys o OA yn Ffigur 73.1. OB o unedau o lafur fydd maint y galw a'r cyflenwad.

Gall cromliniau galw a chyflenwad llafur symud am amrywiaeth o resymau, gan roi cyfradd cyflog real gytbwys newydd a lefel newydd o gyflogaeth yn y diwydiant. Bydd y galw am lafur yn symud i'r dde gan ddangos cynnydd yn y galw am lafur os bydd derbyniadau cynnyrch ffiniol llafur yn cynyddu. Gall hyn ddigwydd os bydd:
- cynhyrchedd yn gwella, efallai o ganlyniad i newid mewn technoleg neu arferion gwaith mwy hyblyg, gan gynyddu'r cynnyrch am bob gweithiwr;
- pris gwerthu'r cynnyrch yn codi, gan gynyddu gwerth cynnyrch pob gweithiwr;
- pris cyfalaf yn codi, gan arwain at amnewid llafur am gyfalaf.

Gall cromlin y cyflenwad symud i'r dde, gan ddangos cynnydd yn y cyflenwad, os bydd:
- cynnydd yn nifer y gweithwyr yn y boblogaeth gyfan, efallai oherwydd newidiadau mewn tueddiadau demograffig, neu oherwydd bod y llywodraeth yn newid lefelau trethi a budd-daliadau, gan gynyddu cymhellion i weithio;
- cyflogau neu amodau gwaith yn dirywio mewn diwydiannau eraill, gan wneud amodau'n gymharol fwy atyniadol yn y diwydiant hwn.

Marchnad lafur lle caiff pob gweithiwr yr un tâl

Ystyriwch economi lle mae'r farchnad lafur â'r nodweddion canlynol.
- Mae llafur yn gydryw (h.y. mae pob gweithiwr yn unfath, er enghraifft o ran oed, hil a rhyw).
- Mae gwybodaeth berffaith yn y farchnad lafur. Er enghraifft, mae

gweithiwr yng ngogledd Cymru yn gwybod cymaint am gyfleoedd gwaith yn Llundain â pherson sy'n byw yn Llundain.
- Mae symudedd perffaith o lafur. Gall gweithwyr symud heb gost

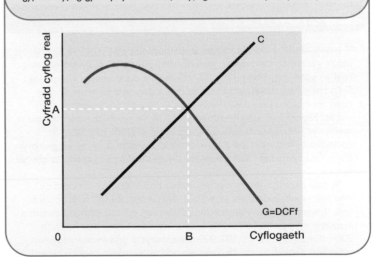

Ffigur 73.1 Y gyfradd cyflog gytbwys mewn diwydiant
Y gyfradd cyflog gytbwys yw OA a lefel cyflogaeth mewn cydbwysedd yw OB.

(Echel fertigol: Cyfradd cyflog real; echel lorweddol: Cyflogaeth; G=DCFf; pwyntiau A, B, C)

Cwestiwn 1

(a) Mewn diagram lluniadwch gromlin alw a chromlin gyflenwad ar gyfer llafur yn y diwydiant cynhyrchu DVDs.

(b) Marciwch ar y diagram y gyfradd cyflog gytbwys a lefel gytbwys cyflogaeth.

(c) Dangoswch sut y gallai cromlin y galw neu gromlin y cyflenwad symud pe bai:
  (i) gostyngiad yng nghynhyrchedd llafur;
  (ii) cynnydd yn y gyfradd cyflog ym mhob marchnad lafur arall yn yr economi;
  (iii) gostyngiad yn y galw am DVDs;
  (iv) technoleg newydd yn cael ei chyflwyno sy'n arbed llafur;
  (v) gostyngiad yn nifer y bobl 16-25 oed yn y boblogaeth gyfan.

rhwng swyddi yn yr un diwydiant, rhwng diwydiannau gwahanol a rhwng ardaloedd daearyddol. Hefyd, does dim costau i gwmnïau wrth gyflogi a diswyddo gweithwyr.

● Mae pob gweithiwr a phob cyflogwr yn dderbynnydd pris. Does dim undebau llafur na chyflogwyr monopsonaidd.

● Does dim rhwystrau sy'n atal cyflogau rhag codi a gostwng yn sgil newidiadau yn y galw am lafur ac yng nghyflenwad llafur.

● Mae cwmnïau'n ceisio uchafu elw ac isafu costau cynhyrchu, tra bo gweithwyr yn ceisio uchafu eu cyflogau.

Yn y farchnad lafur berffaith hon, byddai pob gweithiwr yn cael ei dalu yr un gyfradd cyflog. I ddangos bod yn rhaid i hynny fod yn wir, ystyriwch ddwy farchnad lle mae'r cyfraddau cyflogau yn wahanol. Yn niwydiant dur Cymru mae cyflogau'n uwch nag yn y farchnad arlwyo yn Llundain. Byddai gweithwyr arlwyo Llundain yn gwybod hyn am fod gwybodaeth berffaith yn y farchnad. Bydden nhw'n cynnig am swyddi yng nghwmnïau dur Cymru. Bydden nhw'n fodlon gweithio am lai na'r gweithwyr dur presennol yng Nghymru cyhyd ag y byddai'r gyfradd cyflog yn uwch na'u cyfradd cyflog bresennol fel arlwywyr. Yna byddai gwneuthurwyr dur Cymru, gan geisio isafu cost, naill ai'n diswyddo eu gweithwyr presennol a rhoi gweithwyr arlwyo Llundain rhatach yn eu lle, neu'n cynnig parhau i gyflogi eu gweithlu presennol ond am gyflog is. Yn y cyfamser, byddai cwmnïau arlwyo Llundain yn wynebu bygythiad colli eu gweithwyr. I'w cadw byddai angen iddynt godi eu cyfradd cyflog. Dim ond pan fyddai'r ddwy gyfradd cyflog yn hafal y byddai gweithwyr arlwyo Llundain heb gymhelliad i fod yn weithwyr dur yng Nghymru.

Cwestiwn 2

Y tro diwethaf y cafodd Miguel godiad cyflog oedd yn 1998. Ers hynny, mae'r gweinydd hwn mewn gwleddoedd gwesty wedi gweld ei gyflog real yn gostwng rhwng 1% a 2% y flwyddyn o ganlyniad i chwyddiant. Bu'n rhaid iddo roi'r gorau i rentu fflat â dwy ystafell wely ac mae nawr yn rhannu un ystafell wely gyda'i wraig a'i ddau blentyn.

Nid Miguel yw'r unig weithiwr yn UDA yn y sefyllfa hon. I filiynau o weithwyr heb lawer o sgiliau a gweithwyr di-grefft, prin iawn fu codiadau cyflog yn ystod y blynyddoedd diwethaf, a hynny er gwaetha'r ffaith bod cwmnïau UDA yn gweld cynhyrchedd yn cynyddu ac elw yn ffynnu.

Byddai rhai economegwyr yn dadlau bod Miguel yn dioddef effeithiau globaleiddio. Ar yr wyneb, dydy economi UDA ddim wedi colli llawer o swyddi i 'alltraethu' *(offshoring)*, sef cau mannau gwaith a symud y cynhyrchu i wledydd â llafur rhad fel China neu India. Yn 2004 dim ond 2.5% o'r 182 000 o weithwyr a ddiswyddwyd mewn colledion swyddi ar raddfa fawr welodd eu swyddi'n cael eu symud dramor. Ond mae cyflogau'n cael eu gosod ar y ffin. Mewn llawer o ddiwydiannau cynradd a gweithgynhyrchu, mae gweithwyr yn gwybod y gallen nhw golli eu swyddi dros nos i gystadleuwyr yn China neu mewn gwlad arall pe bai costau eu cwmni yn rhy uchel. Ac er mai cymharol ychydig sy'n colli eu swyddi yn uniongyrchol i alltraethu, mae llawer mwy nad ydynt yn llwyddo i gael swydd am fod eu cwmni wedi ehangu cynhyrchu yn China yn hytrach nag yn UDA. Mae hynny'n rhoi pwysau ar ddiwydiannau gwasanaethu fel darparu gwleddoedd gwesty. Gall cyflogwyr Miguel gyflogi digonedd o weithwyr ar y cyflog mae Miguel yn cael ei dalu ar hyn o bryd. Efallai y dylai Miguel ei ystyried ei hun yn ffodus nad ydynt wedi gostwng ei gyflog.

Ffynhonnell: addaswyd o'r *Financial Times*, 11.5.2005.

Gan ddefnyddio diagram, eglurwch pam mae cyflogau real llawer o weithwyr di-grefft a gweithwyr heb lawer o sgiliau yn UDA yn gostwng pan fo cyflogau real llawer o weithwyr tebyg yn China yn codi.

Cwestiwn 3

Enw	Petra Ellis
Oed	29
Galwedigaeth	Cynorthwy-ydd personél
Lleoliad	Caer
Enillion	£22,000 y flwyddyn

Enw	Addo Tower
Oed	49
Galwedigaeth	Cyfarwyddwr cyllid
Lleoliad	Llundain
Enillion	£95,000

Enw	Mike Sellers
Oed	19
Galwedigaeth	Gwerthwr
Lleoliad	Dinbych y Pysgod, Sir Benfro
Enillion	£8,500 y flwyddyn

Enw	Geena Miles
Oed	33
Galwedigaeth	Peiriannydd sifil
Lleoliad	Birmingham
Enillion	£44,000 y flwyddyn

Pam mae enillion y gweithwyr hyn yn wahanol?

Pam mae cyfraddau cyflogau yn wahanol

Yn y byd go iawn mae cyfraddau cyflogau yn wahanol. Un rheswm pwysig yw nad ydy llafur yn gydryw. Mae pob gweithiwr yn ffactor cynhyrchu unigryw, yn meddu ar set unigryw o nodweddion cyflogaeth fel:

● oed – ifanc, canol oed neu hen;
● rhyw – dyn neu ferch;
● cefndir ethnig;
● addysg, hyfforddiant a phrofiad gwaith;
● gallu i gyflawni tasgau – gan gynnwys pa mor galed maen nhw'n fodlon gweithio, eu cryfder a'u deheurwydd llaw neu feddwl.

Er enghraifft, mae rheolwr cwmni yn debygol o gael ei dalu mwy na glanhäwr sy'n gweithio i'r un cwmni. Ar y naill law, mae derbyniadau cynnyrch ffiniol y rheolwr yn debygol o fod yn uwch. Mae ei addysg, ei sgiliau a'i brofiad gwaith yn debygol o roi mwy o werth i'r cwmni nag addysg, sgiliau a phrofiad gwaith y glanhäwr. Ar y llaw arall, mae cyflenwad rheolwyr yn is na chyflenwad glanhawyr. Tra gallai'r rhan fwyaf o'r gweithwyr yn y gweithlu fod yn lanhäwr, dim ond ychydig sydd â nodweddion digonol i fod yn rheolwr. Mae mwy o alw a llai o gyflenwad yn arwain at gyfraddau cyflogau uwch i reolwyr nag i lanhawyr.

Mae cyfraddau cyflogau yn wahanol hefyd am nad ydy gweithwyr o reidrwydd yn ceisio uchafu eu cyflog. Dim ond rhan o'r budd net y mae gweithwyr yn ei gael o weithio yw cyflog. Efallai y bydd gweithwyr sydd â swyddi peryglus, amhleserus, diflas, heb fawr ddim gobaith o ddyrchafiad, gydag enillion yn amrywio heb fawr ddim neu ddim cilfanteision, yn ceisio cyflogau uwch na gweithwyr lle mae'r gwrthwyneb yn wir am nodweddion eu swyddi. Bydd grymoedd y farchnad yn tueddu i arwain at gydraddoldeb buddion net i weithwyr yn hytrach na chydraddoldeb cyfraddau cyflogau.

Dydy llafur ddim yn berffaith symudol. Felly gall fod diweithdra a chyflogau isel yn yr Alban tra bo cyflogwyr yn Llundain yn cynnig cyflogau uwch o lawer ac yn galw allan am lafur. Rhan o'r rheswm dros ddiffyg symudedd yw nad oes gwybodaeth berffaith yn y farchnad. Efallai na fydd gweithwyr yn yr Alban yn gwybod am gyfleoedd gwaith yn Ne Lloegr. Mae llawer o fathau eraill o amherffeithrwydd yn y farchnad sy'n atal cyfraddau cyflogau rhag codi neu ostwng mewn ymateb i bwysau'r farchnad (☞ uned 75).

Marchnadoedd llafur perffaith gystadleuol

Mewn marchnad ffactor berffaith gystadleuol mae nifer mawr o gwmnïau bach yn cyflogi nifer mawr o weithwyr unigol. Yn achos y cwmni unigol sy'n gweithredu mewn marchnad o'r fath:

● mae cromlin y galw am lafur, sef cromlin derbyniadau cynnyrch ffiniol llafur, yn goleddu i lawr (☞ uned 71);
● mae cromlin cyflenwad llafur yn berffaith elastig ac felly yn llorweddol (☞ uned 72); gall y cwmni gyflogi unrhyw nifer o weithwyr am gyfradd cyflog bresennol y diwydiant.

Faint o weithwyr y dylai'r math hwn o gwmni eu cyflogi? Os ydy gweithiwr yn costio £200 yr wythnos, ond mae'n cynyddu derbyniadau yn net o bob cost arall £150 yn unig, ni ddylid ei gyflogi.

O roi hyn yn ddamcaniaethol, bydd y cwmni'n cyflogi gweithwyr hyd at y pwynt lle mae cost ffiniol llafur yn hafal i dderbyniadau cynnyrch ffiniol llafur. Os ydy'r gost ffiniol yn uwch na derbyniadau'r cynnyrch ffiniol, er enghraifft yn OD yn Ffigur 73.2, bydd y cwmni'n gwneud colled ar y cynnyrch a gynhyrchir gan y gweithiwr ffiniol ac felly bydd yn cyflogi llai o lafur. Os ydy derbyniadau cynnyrch ffiniol llafur yn uwch na chost ffiniol llafur, er enghraifft yn OA, bydd yn cyflogi mwy o weithwyr gan y bydd y

gweithwyr hyn yn cynhyrchu elw i'r cwmni.

Felly, yn Ffigur 73.2 lefel gytbwys cyflogaeth y cwmni yw OB. Dyma'r pwynt lle mae cost ffiniol llafur (cromlin y cyflenwad) yn hafal i dderbyniadau cynnyrch ffiniol llafur (cromlin y galw). Y gyfradd cyflog real gytbwys yw OW. Dyma gyfradd cyflog gytbwys y diwydiant cyfan.

Marchnadoedd llafur amherffaith gystadleuol

Mewn marchnad lafur amherffaith gystadleuol:

● naill ai mae'r cwmni'n brynwr dominyddol neu'n brynwr monopoli o lafur;
● neu mae'r cwmni'n wynebu cyflenwr monopoli o lafur, sydd fwyaf tebygol o fod yn undeb llafur.

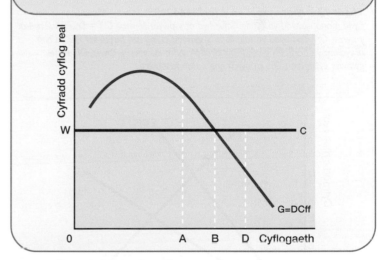

Ffigur 73.2 Cyflogaeth a chyfradd cyflog gytbwys yn achos cwmni mewn marchnad ffactor berffaith gystadleuol
Mewn marchnad ffactor berffaith gystadleuol, mae cromlin cyflenwad llafur ar gyfer y cwmni yn llorweddol. Pennir y gyfradd cyflog gytbwys, OW, gan y diwydiant cyfan. Yna bydd y cwmni'n cyflogi OB o weithwyr mewn cydbwysedd.

Cwestiwn 4

Tabl 73.1

Nifer y gweithwyr a gyflogir	Derbyniadau cyfanswm y cynnyrch (£ y mis)
1	700
2	1 300
3	1 800
4	2 200

Mae'r data'n dangos derbyniadau cyfanswm y cynnyrch misol ar gyfer cwmni gweithgynhyrchu sy'n uchafu elw mewn diwydiant perffaith gystadleuol.

(a) Plotiwch gromlin derbyniadau'r cynnyrch ffiniol ar bapur graff (cofiwch blotio'r DCFf hanner ffordd rhwng rhifau cyfan ar yr echelin cyflogaeth).

(b) Beth fyddai'r nifer mwyaf o weithwyr y byddai'r cwmni'n eu cyflogi pe bai'r cyflog misol am bob gweithiwr yn:
(i) £600; (ii) £400; (iii) £425; (iv) £800; (v) £525?

Os y cwmni yw'r unig brynwr o lafur, defnyddir y term **monopsonydd** amdano. Y wladwriaeth, er enghraifft, sy'n cyflogi 90% o athrawon yn y DU ac felly i bob pwrpas mae'n fonopsonydd. Mae monopsonydd yn gallu manteisio ar ei rym yn y farchnad ac felly byddai synnwyr cyffredin yn awgrymu y byddai'r monopsonydd yn defnyddio'r grym hwnnw i orfodi lefelau cyflogau i lawr.

Mae cost ffiniol cyflogi uned ychwanegol o lafur yn uwch i'r monopsonydd na'r gost gyfartalog neu'r cyflog. Mae hyn yn wir am fod y cwmni'n gorfod codi'r gyfradd cyflog i ddenu llafur ychwanegol i mewn i'r diwydiant. Felly mae cost cyflogi uned ychwanegol o lafur yn cynnwys nid yn unig y cyflog uwch sy'n cael ei dalu i'r uned honno ond hefyd y cyflogau ychwanegol y mae angen eu talu nawr i'r holl weithwyr eraill yn y diwydiant (☞ uned 72).

Yn Ffigur 73.3 mae cromliniau galw a chyflenwad llafur wedi'u lluniadu. Bydd y cwmni'n cyflogi gweithwyr hyd at y pwynt lle mae cost ffiniol gweithiwr ychwanegol yn hafal i dderbyniadau cynnyrch ffiniol y gweithiwr. Felly bydd y monopsonydd yn cyflogi OA o

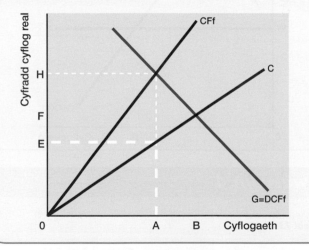

Ffigur 73.3 Monopsoni yn y farchnad lafur
Bydd monopsonydd yn cyflogi llafur hyd at y pwynt lle mae CFf = DCFf (h.y. hyd at y pwynt OA). Yna bydd yn talu llafur y gyfradd cyflog isaf posibl sef OE. Pe bai'r diwydiant yn berffaith gystadleuol byddai'r gyfradd cyflog cytbwys, OF, a lefel gytbwys cyflogaeth, OB, yn uwch nag o dan fonopsoni.

Cwestiwn 5

Mae cyflog athrawon yn y DU yn cael ei bennu ar hyn o bryd gan gasgliadau Corff Adolygu Athrawon Ysgol. Mae'r corff hwn yn derbyn tystiolaeth oddi wrth y llywodraeth, sydd yn gyffredinol yn dymuno cadw codiadau cyflog i'r isaf posibl, ac oddi wrth undebau llafur, sy'n dymuno gweld codiadau mawr mewn cyflogau. Gall y llywodraeth ddewis derbyn argymhellion y corff neu orfodi ei gytundeb cyflog ei hun, sydd bob tro yn is. Mae'r llywodraeth i bob pwrpas yn gyflogwr monopsonaidd yn achos athrawon gan mai dim ond 9% o athrawon sy'n gweithio mewn ysgolion sector preifat.

(a) Lluniadwch ddiagram i ddangos sefyllfa'r llywodraeth yn wynebu undebau llafur yn y farchnad am athrawon.

Tybiwch fod y llywodraeth yn penderfynu gorfodi bargeinio yn y gweithle yn achos dysgu, gydag athrawon unigol yn trafod gyda phob ysgol lle maen nhw'n gweithio.

(b) Gan ddefnyddio diagram, cymharwch y cyflogau a lefel y cyflogaeth y gallai'r system hon eu creu â'r system bresennol o fargeinio cenedlaethol.

weithwyr, sef croestoriad cromlin y gost ffiniol a chromlin derbyniadau'r cynnyrch ffiniol neu gromlin y galw. Does dim angen i'r cwmni dalu cyfradd cyflog real o OH i bob gweithiwr. Mae angen iddo dalu cyfradd cyflog real o OE yn unig i ddenu OA o weithwyr i'r diwydiant.

Pe bai'r farchnad yn berffaith gystadleuol, byddai cyflogaeth yn OB a'r gyfradd cyflog cytbwys yn OF. Felly mae damcaniaeth economaidd yn awgrymu bod monopsonydd yn gyrru cyflogau i lawr ac yn gostwng lefelau cyflogaeth o'i gymharu â marchnad ffactor berffaith gystadleuol. Sylwch fod hyn yn debyg i'r dadansoddiad cystadleuaeth berffaith/monopoli mewn marchnad nwyddau, lle dadleuir bod monopolydd yn gostwng cynnyrch ac yn codi prisiau o'i gymharu â marchnad berffaith gystadleuol.

Ystyrir effaith cyflenwr monopoli o lafur yn yr uned nesaf ar undebau llafur.

Economeg gymhwysol
Pennu cyflog

Strwythur cyflog yn ôl galwedigaeth
Mae damcaniaeth economaidd yn awgrymu y byddai holl gyfraddau cyflog yr un fath pe byddai'r holl lafur yn gydryw a phe byddai gan yr holl swyddi yr un nodweddion. Yn y byd real, nid yw gweithwyr yn unfath. Maent yn wahanol o ran ble maent yn fodlon gweithio, eu horiau gwaith a'u lefelau **cyfalaf dynol** (☞ uned 2). Mae swyddi'n wahanol hefyd gyda chromlin derbyniadau

cynnyrch ffiniol pob math o swydd yn wahanol.

Er enghraifft, mae Tabl 73.2 yn dangos mai £1,190 oedd enillion wythnosol cyfartalog gweithwyr proffesiynol iechyd amser llawn fel meddygon yn 2005. Mae hyn yn cymharu gyda gweithwyr amser llawn mewn swyddi gwerthu a enillai £279 ar gyfartaledd pob wythnos. Mae damcaniaeth economaidd neo-glasurol yn awgrymu bod y gwahaniaethau yn bodoli oherwydd gwahaniaethau yn y

Tabl 73.2 Enillion crynswth cyfartalog wythnosol ac oriau gweithio gweithwyr amser llawn, yn ôl grŵp galwedigaethol, 2005

Galwedigaeth	Enillion wythnosol (£)	Oriau wythnosol
Gweithwyr iechyd proffesiynol	1 190.7	40.4
Rheolwyr corfforaethol	807.6	38.5
Gweithwyr proffesiynol busnes a gwasanaeth cyhoeddus	723.5	37.2
Gweithwyr proffesiynol gwyddoniaeth a thechnoleg	680.4	38.5
Galwedigaethau ym myd diwylliant, y cyfryngau a chwaraeon	669.3	37.9
Gweithwyr proffesiynol byd addysg ac ymchwil	632.7	33.3
Galwedigaethau gwasanaeth amddiffyn	621.4	42.4
Rheolwyr a pherchenogion yn amaethyddiaeth a gwasanaethau	598.2	40.2
Gweithwyr proffesiynol cysylltiol busnes a gwasanaeth cyhoeddus	564.1	37.9
Gweithwyr proffesiynol cysylltiol gwyddoniaeth a thechnoleg	496.7	38.9
Gweithwyr proffesiynol cysylltiol iechyd a lles cymdeithasol	491.0	38.1
Swyddi metel a thrydanol medrus	471.4	42.9
Swyddi adeiladu medrus	425.2	42.8
Gyrrwyr a gweithredwyr cludiant a pheiriannau symudol	400.5	47.0
Gweithredwyr proses, ffatri a pheiriant	392.2	42.2
Galwedigaethau ysgrifenyddol a rhai cysylltiol	356.7	37.0
Galwedigaethau ym maes tecstilau, argraffu a meysydd medrus eraill	352.3	41.7
Galwedigaethau gweinyddol	351.5	37.4
Galwedigaethau elfennol a rhai cysylltiedig â pheiriannau a storio	326.4	42.4
Galwedigaethau medrus ym maes amaethyddiaeth	314.7	40.6
Galwedigaethau hamdden a gwasanaethau personol eraill	311.4	39.6
Galwedigaethau gweinyddol a gwasanaeth elfennol	302.1	42.2
Galwedigaethau gwasanaeth cwsmeriaid	298.8	37.9
Galwedigaethau gofal a gwasanaethau personol	296.9	38.8
Galwedigaethau gwerthu	278.9	39.1
Holl weithwyr	517.0	39.4

Ffynhonnell: addaswyd o *Annual Survey of Hours and Earnings* (ASHE), Swyddfa Ystadegau Cenedlaethol.

Tabl 73.3 Galwedigaethau gyda'r cyflogau uchaf a'r isaf, Ebrill 2004

Cyflog crynswth canolrifol wythnosol

Gwledydd Prydain	£ yr wythnos
Cyflogau uchaf	
Cyfarwyddwyr a phrif weithredwyr cyrff mawr	1 791
Uwch swyddogion mewn llywodraeth wladol	1 168
Ymarferwyr iechyd	1 168
Peilotiaid awyrennau a pheirianwyr awyrennau	1 094
Rheolwyr ariannol ac ysgrifenyddion siartredig	951
Cyfreithwyr, barnwyr a chrwneriaid	832
Swyddogion yr heddlu (arolygwyr ac uwch)	825
Rheolwyr ym maes mwyngloddio ac egni	819
Gweithwyr proffesiynol strategaeth a chynllunio TG	797
Rheolwyr TGCh	795
Cyflogau isaf	
Gweithwyr trin gwallt a barbwyr	219
Cynorthwy-wyr ysgol ac awr ginio	218
Cynorthwy-wyr cegin ac arlwyo	216
Staff bar	213
Gweinyddion a gweinyddesau	206
Arianyddion siop a gweithwyr til	204
Galwedigaethau gwasanaeth personol elfennol	204
Gweithwyr golchdai, sychlanhawyr a smwddwyr	204
Gosodwyr blodau, gwerthwyr blodau	197
Gofalwyr parciau hamdden a pharciau thema	191

Ffynhonnell: addaswyd o *Social Trends*, Swyddfa Ystadegau Cenedlaethol.

galw am, a chyflenwad mathau gwahanol o lafur.

Ar yr ochr-gyflenwad, mae yna ar bapur lawer mwy o weithwyr gyda'r gallu a'r hyfforddiant i ddod yn weithwyr llaw na gweithwyr di-law. Yn Nhabl 73.3, gallai cyfarwyddwyr a phrif weithredwyr cyrff enfawr sy'n ennill £1,791 yr wythnos ddod yn gynorthwy-ydd hamdden neu barc thema yn ennill £191 yr wythnos, ond ni fyddai'r gofalwr parc thema o reidrwydd yn gallu dod yn brif weinyddwr llwyddiannus. Mae galwedigaethau sy'n annifyr neu'n beryglus, neu rai gydag enillion all amrywio'n fawr, yn debygol o ddenu llai o weithwyr nag eraill lle mae'r manteision di-arian llawer yn fwy. Felly, mae enillion mewn adeiladu a mwyngloddio yn debygol o fod yn uwch na'r cyfartaledd, gyda phopeth arall yn hafal, oherwydd perygl y swydd. Yn gyffredinol, po fwyaf yw'r cyflenwad llafur potensial i alwedigaeth, y lleiaf yw'r lefel enillion tebygol.

Ar yr ochr-alw, mae swyddi di-law yn debygol o gynnal derbyniadau cynnyrch ffiniol uwch na swyddi llaw. Heb

reolwr effeithiol, gall cwmni golli miloedd ac efallai miliynau o bunnau o dderbyniadau potensial neu ddioddef costau cynhyrchu uwch. Ond gallai'r cwmni lwyddo heb lanhawr swyddfa effeithiol. Felly, mae gweithwyr proffesiynol ar lefel rheoli a gweinyddu yn cael eu talu'n uwch na gweithwyr arlwyo, glanhau a thrin gwallt oherwydd bod eu derbyniadau cynnyrch yn uwch.

Hyd yn hyn, rydym wedi tybio bod marchnadoedd llafur yn berffaith gystadleuol ac yn gytbwys. Yn ymarferol, mae'n bosibl esbonio llawer o'r gwahaniaethau mewn cyflogau rhwng galwedigaethau yn nhermau undebau llafur neu gyflogwyr monopsoni. Er enghraifft, dirywiodd pŵer undebau llafur y gweithwyr argraffu yn yr 1980au wrth i gyflogwyr, fel *Times Newspapers*, ennill sawl anghydfod diwydiannol allweddol.

Fel arall, gall diffyg cydbwysedd fod yn y farchnad. Gellid dadlau bod cyfraddau cyflog mewn swyddi heb lawer o sgiliau yn ambell i faes gweithgynhyrchu yn isel heddiw oherwydd bod diwydiant gweithgynhyrchu yn parhau i grebachu. Ar y llaw arall, mae enillion mewn galwedigaethau sy'n ymwneud â chyfrifiaduron wedi bod yn ffynnu dros y 15 mlynedd diwethaf wrth i'r diwydiant ehangu.

Newidiadau mewn strwythur cyflog yn ôl galwedigaeth

Yn ystod y deugain mlynedd diwethaf cafwyd newidiadau mawr mewn cyflog cymharol rhwng gwahanol alwedigaethau. Mae Tabl 73.3, er enghraifft, yn dangos bod gweinyddion a gweinyddesau yn derbyn £206 yr wythnos yn 2004, sef ffigur sy'n debyg iawn yn nhermau

Mae cyfarwyddwyr a rheolwyr corfforaethol yn ennill cyflogau cymharol uchel.

real i'w cyflog ar ddechrau'r 1980au. Ar y llaw arall, mae cyflog real cyfreithwyr bron â dyblu dros yr un cyfnod. Mae Ffigur 73.4 yn dangos bod y degfed uchaf o weithwyr o ran enillion wedi gweld eu henillion yn cynyddu yn ôl canran uwch na'r degfed isaf yn y rhan fwyaf o flynyddoedd dros y cyfnod 1987 i 2003.

Mae yna sawl rheswm dros y tueddiadau hyn. Mae dirywiad cymharol diwydiannau cynradd ac eilaidd yn y DU a thwf y sector gwasanaethau yn un rheswm. Roedd tuedd i swyddi llaw gyda chyflogau da fod ym meddiant dynion yn y diwydiant gweithgynhyrchu a diwydiannau cynradd fel mwyngloddio. Mae nifer y swyddi llaw mewn diwydiannau gwasanaeth wedi tyfu, ond yn draddodiadol, swyddi cyflogau isel a wnaed gan ferched yw'r rhain.

Mae dirywiad undebaeth llafur wedi bod yn ffactor arall. Roedd aelodaeth undebau cyn 1980 gryfaf ymhlith dynion mewn diwydiannau cynradd ac eilaidd a gweithwyr sector cyhoeddus. Gallai undebau llafur sicrhau cyflogau uwch na chyfradd y farchnad rydd mewn sawl achos. Bu deddfwriaeth gwrth-undebol (☞ uned 74) yr 1980au yn ergyd i bŵer undebau llafur ar gyfnod pan welwyd gostyngiad sylweddol yn nifer y swyddi mewn diwydiannau cynradd ac eilaidd. Roedd hyn yn ergyd ddwbl i weithwyr llaw gwrywaidd a enillai gyflogau cymharol dda.

Aeth y llywodraeth ati hefyd i danseilio deddfwriaeth lleiafswm cyflog a oedd yn bodoli mewn rhai diwydiannau yn ystod yr 1980au cyn dileu pob lleiafswm cyflog yn 1993.

Mae globaleiddio wedi rhoi pwysau ychwanegol ar weithwyr prin eu sgiliau ac isel eu cyflog. Mae tuedd gyson wedi bod i waith sy'n gofyn am lawer o lafur ond ychydig o sgiliau fynd i'r byd sy'n datblygu lle mae cyflogau ond yn ffracsiwn o'r hyn y mae gweithwyr isel eu cyflog yn ennill yn y DU. Ochr arall y geiniog yw bod tuedd dymor hir ym myd gweithgynhyrchu a gwasanaethau mewn meysydd sy'n masnachu'n rhyngwladol i'r DU arbenigo mewn cynhyrchu

cynhyrchion technolegol sy'n fwyfwy soffistigedig. Mae hyn yn gofyn am lafur medrus iawn gan felly gynyddu'r galw am weithwyr sydd eisoes wedi derbyn gwell addysg, hyfforddiant a chyflog.

Mae mewnfudo hefyd yn rhan amlwg o globaleiddio. Mae'r DU yn gweithredu polisi mewnfudo rhwystrol, ond mae gweithwyr o wledydd eraill yr UE yn rhydd i ddod yn rhan o farchnad lafur y DU. Yn y 2000au, gellir dadlau bod mewnfudo wedi ehangu'r cyflenwad o weithwyr sy'n fodlon ymgymryd â swyddi cyflog isel, ac mae hyn wedi bod yn ffactor wrth gadw cyfraddau cyflog i lawr.

Mae'r rhagolygon i'r gweithwyr isaf eu cyflog yn well heddiw nag yr oeddynt ar ddechrau'r 1990au. Mae'r weithred o ail-gyflwyno'r lleiafswm cyflog yn 1998, wedi gosod sylfaen ar gyfer cyflogau. Mae'r llywodraeth wedi gosod targedau ar gyfer cyflawniad mewn addysg a hyfforddiant, a ddylai leihau nifer y gweithwyr di-grefft heb unrhyw gymwysterau dros y 40 mlynedd nesaf. Hefyd, mae nifer y di-waith wedi gostwng yn sylweddol ers yr 1980au cynnar ac 1991-93 pan oedd 3 i 3.5 miliwn yn ddi-waith. Mae hyn yn cynyddu prinder llafur ac yn gwthio cyfraddau cyflog i fyny.

Fodd bynnag, nid yw'r broses o gyflwyno technoleg newydd sy'n arbed llafur yn arafu o gwbl. Y swyddi sydd angen llai o sgiliau yn aml yw'r rhai hawddaf i'w hawtomeiddio. Mae yna ddigon o wledydd Trydydd Byd gyda chronfeydd mawr o weithwyr isel iawn eu cyflog all gymryd swyddi i ffwrdd o'r DU. Ymhellach, mae rhai gwledydd Trydydd Byd hefyd yn datblygu gweithluoedd mwy medrus all gystadlu gyda gweithwyr y DU am gost is. Mae hyn yn debygol o roi pwysau ar lawer o gyflogau ar draws y sbectrwm cyflog yn y DU.

Gellid dadlau bod enillion y gweithwyr uchaf eu cyflog yn debygol o barhau i berfformio'n well na'r cyfartaledd. Bydd hyn yn digwydd oherwydd bod derbyniadau

Ffigur 73.4 Twf blynyddol enillion ar ben a gwaelod pwyntiau degradd gweithwyr amser llawn, Gwledydd Prydain

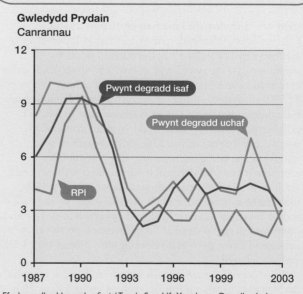

Gwledydd Prydain
Canrannau

Pwynt degradd isaf

Pwynt degradd uchaf

RPI

Ffynhonnell: addaswyd o *Social Trends*, Swyddfa Ystadegau Cenedlaethol.

cynnyrch ffiniol potensial uwch-weithiwr yn sylweddol. Ym myd pêl-droed, er enghraifft, bydd cefnogwyr yn talu prisiau uchel i weld y chwaraewyr gorau yn perfformio ar y cae, ond ychydig sydd eisiau gweld chwarewyr llai medrus. O ganlyniad, mae'r clybiau mwyaf llwyddiannus dros y ddeng mlynedd diwethaf wedi bod yn barod i dalu cyflogau uwch i'w chwaraewyr i'w cadw yn eu clybiau. Mae'r un peth yn wir am y cyrff busnes mwyaf llwyddiannus. Gall un person gael effaith sylweddol ar enillion ac elw cwmni, ond mae'r bobl sydd â'r gallu i wneud hynny yn gymharol brin. O ganlyniad, bu cynnydd eithriadol yn enillion cyfarwyddwyr ac uwch-reolwyr cwmnïau ers yr 1980au.

Strwythur cyflog yn ôl rhyw

Mae merched yn draddodiadol wedi ennill llai na dynion. Mae'n bosibl cynnig rhesymau economaidd dros hyn. Yn y gorffennol, nid oedd merched yn cael yr un cyfleoedd addysg â dynion ac felly nid oeddent yn gallu cyflawni'r un lefel o gyfalaf dynol. Yn yr un modd, nid oedd ond mynediad iddynt i ystod cyfyngedig o swyddi.

Heddiw, mae'n bosibl mai'r ffactor pwysicaf sy'n achosi anghydraddoldeb mewn enillion rhwng y ddau ryw yn y DU yw baich gofal plant. Mae'n llawer mwy cyffredin gweld merched yn cymryd y prif gyfrifoldeb am fagu plant. Bydd nifer yn rhoi'r gorau i'w gyrfa am gyfnod ar ôl y plentyn cyntaf neu ail, neu'n dewis gweithio'n rhan amser. Ar ôl cefnu ar eu gyrfa am gyfnod, bydd rhai yn cymryd gwaith rhan amser, cyflog isel sy'n cyd-fynd â'u prif rôl fel gofalwyr plant.

Mae cael saib yrfaol yn gostus iawn yn nhermau cyfalaf dynol. Bydd y sawl sy'n parhau mewn gwaith yn derbyn hyfforddiant ffurfiol, gan ddatblygu gwybodaeth a dealltwriaeth anffurfiol o ddulliau gweithio newydd, a chynhyrchion newydd. Ar gyfartaledd, mae enillion dynion a merched yn codi tua 3% y flwyddyn pan fyddant mewn gwaith. Bydd sgiliau merched a adawodd y gwaith ddeng mlynedd yn ôl ar ôl yr oes. Mae enillion potensial merch yn gostwng bob blwyddyn y bydd hi allan o waith. Mae'r union amser y bydd merch yn dewis gadael ei gyrfa yn bwysig hefyd. Mae'n draddodiadol i weithwyr ddatblygu fwyaf yn eu gyrfaoedd rhwng 20 a 30 oed, sef yr union gyfnod y bydd nifer o ferched allan o'r gweithlu. Mae tystiolaeth bod cyflogwyr yn parhau i ymateb i batrymau gwaith llai cyson merched drwy gynnig llai o hyfforddiant i weithwyr benywaidd, er bod hynny'n anghyfreithlon ac yn mynd yn groes i gyfleoedd cyfartal. Mae tystiolaeth ar gael hefyd bod merched yn cael eu diystyru ar gyfer dyrchafiad. Ar y brig, mae nifer o ferched yn cwyno am 'nenfwd gwydr', y bydd uwch reolwyr yn gwrthod eu dyrchafu drosto. I weld y nenfwd gwydr ar waith, edrychwch ar y nifer bach iawn o ferched sy'n llwyddo i gyrraedd byrddau cwmnïau cyfyngedig cyhoeddus.

Mae Ffigur 73.5 yn dangos enillion cyfartalog yr awr dynion a merched. Yn ystod hanner cyntaf yr 1970au, culhaodd y bwlch rhwng enillion dynion a merched. Digwyddodd hyn yn bennaf o ganlyniad i gyflwyniad Deddf Cyflogau Cyfartal 1970 a Deddf Gwahaniaethu ar

Sail Rhyw 1975. Roedd Deddf 1970 yn datgan ei bod yn anghyfreithlon i dalu llai i ferched na dynion os oeddynt yn gwneud yr un gwaith. Roedd Deddf 1975 yn gwarantu cydraddoldeb cyfle. Byddai Ffigur 73.5 yn awgrymu mai budd unwaith ac am byth oedd hyn. Ychydig iawn o newid fu mewn enillion cymharol yn y ddegawd nesaf. Fodd bynnag, ers canol yr 1980au, mae gwahaniaethau mewn enillion wedi culhau. Mae nifer o ffactorau i gyfrif am hyn.

- Mae'n bosibl bod y duedd ar i fyny a ddechreuodd yn 1987 wedi cael ei chicdanio gan y gostyngiad mewn diweithdra yn ystod ffyniant Lawson a arweiniodd at brinderau yn y farchnad lafur.
- Mae'n bosibl bod cyfran cynyddol y merched uchel eu cymwysterau yn y gweithlu wedi achosi pwysau ar i fyny.
- Os oedd yr 1970au wedi gweld tuedd gynyddol at gyflogau cymharol am resymau cyfreithiol, yna mae'n bosibl dweud bod ymwybyddiaeth cymdeithasol a busnes cynyddol o 1987 ymlaen o'r gred bod gwahaniaethu yn erbyn merched yn annerbyniol.
- Ers yr 1990au, mae cyfran y gweithwyr gwrywaidd sy'n perthyn i undebau llafur wedi gostwng, ond mae cyfran y gweithwyr benywaidd sy'n perthyn i undebau llafur wedi parhau'n weddol gyson. Os yw bod yn aelod o undeb llafur yn arwain at gyflogau uwch fel yr awgryma damcaniaeth economaidd (☞ uned 74), dylai cyfraddau tâl dynion fod wedi gostwng yn gymharol â chyfraddau tâl merched.

Fodd bynnag, mae yna resymau sy'n esbonio pam y bydd enillion gweithwyr benywaidd yn parhau i fod yn is nag enillion gweithwyr gwrywaidd.

- Mae merched ar gyfartaledd yn gweithio llai o oriau, ac felly'n ennill llai yr wythnos na dynion hyd yn oed os yw'r tâl yn ôl yr awr yr un fath.

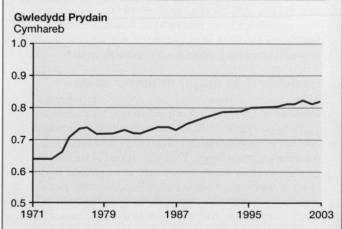

Ffigur 73.5 Gwahaniaethau mewn enillion yr awr yn ôl rhyw[1]

Gwledydd Prydain
Cymhareb

1. Cymhareb enillion crynswth yr awr merched i ddynion (ac eithrio goramser) i weithwyr amser llawn yn Ebrill bob blwyddyn. Hyd 1982, merched 18 oed a throsodd; dynion 21 oed a throsodd. O 1983 ymlaen, i weithwyr ar gyfraddau oedolion nad oedd eu cyflog am y cyfnod dan sylw yn cael ei effeithio gan absenoldeb.

Ffynhonnell: addaswyd o *Social Trends*, Swyddfa Ystadegau Cenedlaethol.

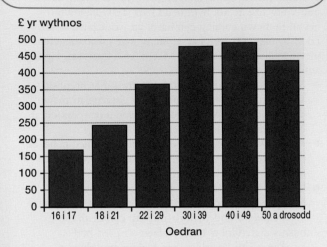

Ffigur 73.6 Enillion crynswth canolrifol wythnosol yn ôl oedran, y DU, Ebrill 2005

£ yr wythnos

Ffynhonnell: addaswyd o *Labour Market Trends*, Swyddfa Ystadegau Cenedlaethol.

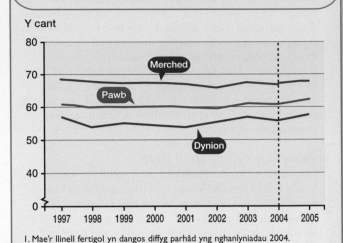

Ffigur 73.7 Cymhareb enillion canolrifol yn ôl yr awr rhan amser i amser llawn, y DU

Y cant

1. Mae'r llinell fertigol yn dangos diffyg parhâd yng nghanlyniadau 2004.

Ffynhonnell: addaswyd o *Labour Market Trends*, Swyddfa Ystadegau Cenedlaethol.

● Mae merched yn dominyddu mewn nifer o alwedigaethau (☞ uned 72), fel gwaith ysgrifenyddol. Mae'n bosibl bod derbyniadau cynnyrch ffiniol galwedigaethau a lenwyd yn draddodiadol gan ferched yn is na chynnyrch galwedigaethau y mae dynion yn draddodiadol wedi'u gwneud.

Strwythur cyflog yn ôl oedran

Mae oedran yn ffactor pwysig o ran pennu cyflog fel y gwelir yn Ffigur 73.6. Byddai damcaniaeth economaidd yn awgrymu bod gweithwyr hŷn yn derbyn cyfraddau tâl uwch oherwydd lefelau uwch o gyfalaf dynol o ganlyniad i addysg, hyfforddiant a phrofiad. I wrthbwyso hyn, nid yw gweithwyr hŷn yn eu 40au, 50au a 60au yn aml mor gorfforol gryf ac ystwyth, sy'n bwysig i waith llaw, neu mor hyblyg, sy'n bwysig i unrhyw swydd. Mae Ffigur 73.6 yn cefnogi hyn i ryw raddau. Roedd enillion wythnosol yn 2005 ar eu huchaf yn y grŵp oedran 40-49, ac yna'n gostwng i weithwyr 50 oed a throsodd.

Gweithio rhan amser ac amser llawn

Mae gweithwyr rhan amser yn y DU yn fwy tebygol o lenwi swyddi llai cyfrifol o fewn cwmni. O ganlyniad, fel y gwelir yn Ffigur 73.7, maent yn ennill ar gyfartaledd ond tua 60% o gyfraddau tâl yn ôl yr awr cyfartalog gweithwyr amser llawn. Yn 2005, roedd cyfraddau tâl gweithwyr rhan amser gwrywaidd a benywaidd yn debyg iawn ar lefel o tua £6.60 yr awr. Fodd bynnag, gan fod gweithwyr gwrywaidd amser llawn ar gyfartaledd yn ennill mwy yr awr na gweithwyr benywaidd amser llawn, mae'n golygu bod cymhareb tâl yn ôl yr awr i ferched rhan amser yn uwch nag i ddynion, sef rhywbeth arall y mae Ffigur 73.7 yn ei ddangos. Mae merched sy'n gweithio rhan amser yn dioddef llai ar gyfartaledd o

weithio'n rhan amser na dynion.

Cyflog yn ôl grŵp ethnig

Mae gweithwyr o leiafrifoedd ethnig yn dueddol o ennill llai na gweithwyr gwyn. Mae Ffigur 73.8 yn dangos bod y bwlch yn lletach i weithwyr gwrywaidd nag ydyw i weithwyr benywaidd.

Mae yna nifer o ffactorau sy'n achosi i weithwyr o leiafrifoedd ethnig ennill llai na gweithwyr gwyn. Yn gyntaf, mae gweithwyr o leiafrifoedd ethnig, ar gyfartaledd, yn tueddu i fod â llai o gymwysterau na gweithwyr gwyn. Golyga hyn bod gweithwyr o gefndiroedd ethnig yn fwy tebygol o fod mewn swyddi llaw na gweithwyr gwyn a hefyd yn llai tebygol o fod mewn swyddi rheolaethol. Yn ail, mae gweithwyr o leiafrifoedd ethnig yn fwy tebygol na gweithwyr gwyn o weithio ym maes dosbarthu (gan gynnwys siopau),

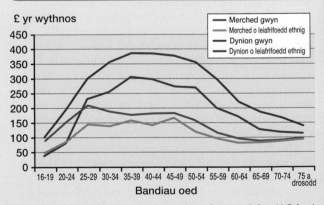

Ffigur 73.8 Cyfanswm incwm unigolyn canolrifol yn ôl oedran, rhyw a grŵp ethnig, 2003/04

£ yr wythnos

Merched gwyn
Merched o leiafrifoedd ethnig
Dynion gwyn
Dynion o leiafrifoedd ethnig

Bandiau oed

Ffynhonnell: addaswyd o *Ethnic minority women and men*, Comisiwn Cyfleoedd Cyfartal.

Mae cymhareb tâl yn ôl yr awr i weithwyr rhan amser i weithwyr amser llawn benywaidd yn uwch nag i ddynion.

gwestai, arlwyo ac yn y gwasanaeth iechyd. Er enghraifft, yn ôl Cyfrifiad 2001, roedd bron i hanner holl ddynion Bangladeshi, 40% o ddynion Chineaidd a thraean o ferched Chineaidd mewn gwaith yn gweithio mewn gwestai a bwytai. Roedd bron i 40% o weithwyr benywaidd du Caribiaidd yn gweithio ym maes addysg, iechyd a gwaith cymdeithasol o'i gymharu â 30% o ferched gwyn. Mae gan rai swyddi yn y sectorau hyn gyflogau da, ac mae gweithwyr o dras Indiaidd yn cael eu cynrychioli'n arbennig o dda ymhlith meddygon, er enghraifft. Er hynny, mae gweithwyr o leiafrifoedd ethnig ar gyfartaledd yn fwy tebygol o weithio mewn diwydiannau lle mae cyflogau isel yn nodwedd amlwg. Yn olaf, mae tystiolaeth bod gwahaniaethu o ran cyflog yn erbyn gweithwyr o leiafrifoedd ethnig yn digwydd, er gwaethaf deddfwriaeth cyflog cyfartal. Mae yna hefyd wahaniaethu yn erbyn gweithwyr o leiafrifoedd ethnig pan fydd recriwtio, dethol, dyrchafu a hyfforddi gweithwyr yn digwydd.

Cwestiwn Data — Enillion a chyflogaeth rhanbarthol

Tabl 73.4 Enillion crynswth cyfartalog wythnosol (canolrifol), Ebrill 2005

£

	Dynion	Merched
Y Deyrnas Unedig	471.50	371.80
Llundain	619.90	491.80
De Ddwyrain	497.30	383.30
Dwyrain	476.80	356.70
Dwyrain y Canolbarth	450.00	334.80
Gogledd Orllewin	446.70	350.00
Yr Alban	446.00	361.00
De Orllewin	443.80	340.20
Gorllewin y Canolbarth	440.80	345.00
Swydd Efrog a'r Humber	435.20	339.80
Cymru	425.70	334.80
Gogledd Ddwyrain	424.20	330.60
Gogledd Iwerddon	409.50	355.80

Ffynhonnell: addaswyd o *2005 Annual Survey of Hours and Earnings* (ASHE), First Release, Tachwedd 2005, Swyddfa Ystadegau Cenedlaethol.

Tabl 73.5 Cymhariaeth cost byw rhwng rhanbarthau 1999–2002; gwariant cartref wythnosol cyfartalog ar dai a thanwydd, golau a phŵer

£ yr wythnos

	Tai	Tanwydd, golau a phŵer
Y Deyrnas Unedig	62.30	11.70
Llundain	90.30	10.80
De Ddwyrain	76.40	11.60
Dwyrain	66.40	11.30
De Orllewin	61.40	11.60
Dwyrain y Canolbarth	56.20	11.80
Gorllewin y Canolbarth	56.00	11.80
Swydd Efrog a'r Humber	54.20	11.20
Yr Alban	53.60	12.30
Gogledd Orllewin	53.50	11.70
Gogledd Ddwyrain	47.70	11.40
Cymru	45.90	11.80
Gogledd Iwerddon	34.50	16.80

Ffynhonnell: addaswyd o *Regional Trends*, Swyddfa Ystadegau Cenedlaethol.

Tabl 73.6 Mudo net rhwng rhanbarthau[123]

Miloedd

	1981	1986	1991	1996	2001	2002
De Orllewin	20	46	22	29	32	35
Dwyrain y Canolbarth	5	17	9	8	19	23
Dwyrain	17	17	9	18	20	20
Cymru	3	5	5	2	9	14
De Ddwyrain	36	39	13	29	8	9
Swydd Efrog a'r Humber	-5	-12	0	-7	0	5
Yr Alban	-1	-12	9	-7	6	5
Gogledd Ddwyrain	-8	-10	-1	-6	-3	2
Gogledd Orllewin	-20	-26	-9	-9	-4	1
Gogledd Iwerddon	-3	-6	4	-1	2	0
Gorllewin y Canolbarth	-12	-8	-5	-10	-7	-4
Llundain	-32	-49	-53	-45	-84	-107

1. Mudo net: mewnfudo minws ymfudo. Mae ffigurau positif mewn du yn dangos cynnydd ym mhoblogaeth rhanbarth tra bod ffigurau negyddol mewn coch yn dangos gostyngiad ym mhoblogaeth rhanbarth oherwydd mudo.
2. Rhoddir llifoedd mudo rhwng rhanbarthau Prydeinig yn unig. Ni chynhwysir mudo rhyngwladol.
3. Rhanbarthau yn nhrefn maint mudo net yn 2003.

Ffynhonnell: addaswyd o *Regional Trends*, Swyddfa Ystadegau Cenedlaethol.

Tabl 73.7 Swyddi gweithwyr: yn ôl diwydiant[1]

% o weithwyr

	Diwydiant cynradd ac adeiladu[2]	Gweithgynhyrchu	Gwasanaethau ariannol a busnes	Gwasanaethau eraill[3]
Y Deyrnas Unedig	6.2	14.2	19.6	60.0
Llundain	3.7	6.50	33.0	56.8
De Ddwyrain	5.9	11.1	23.2	59.8
Dwyrain	6.8	14.4	19.1	59.7
Dwyrain y Canolbarth	7.5	20.4	14.2	57.9
Gogledd Orllewin	5.9	16.4	16.2	61.5
Yr Alban	8.6	12.7	17.1	61.6
De Orllewin	6.9	14.3	16.9	61.9
Gorllewin y Canolbarth	5.9	19.9	16.0	58.2
Swydd Efrog a'r Humber	7.0	17.9	14.2	60.9
Cymru	6.8	17.3	11.3	64.6
Gogledd Ddwyrain	7.6	16.4	13.4	62.6

1. Trefnir rhanbarthau yn ôl enillion wythnosol cyfartalog.
2. Amaethyddiaeth, hela, coedwigaeth a physgota, mwyngloddio a chwarela gan gynnwys echdynnu olew a nwy, trydan, nwy a dŵr ac adeiladu.
3. Dosbarthu, gwestai ac arlwyo, trwsio, cludiant, storio a chyfathrebu, gweinyddiaeth gyhoeddus ac amddiffyn ac addysg, gwaith cymdeithasol a gwasanaethau iechyd.

Ffynhonnell: addaswyd o *Regional Trends*, Swyddfa Ystadegau Cenedlaethol.

Tabl 73.8 Cyflawniad mewn arholiadau, 2001/2

Canran yn cyflawni

	5 neu fwy gradd A*–C safon TGAU[1]	2 neu fwy Safon Uwch/3 neu fwy Higher SCE[2]
Y Deyrnas Unedig	52.5	37.6
Yr Alban	60.4	39.4
Gogledd Iwerddon	58.7	43.4
De Ddwyrain	56.4	43.9
De Orllewin	56.0	40.3
Dwyrain	55.3	40.9
Dwyrain y Canolbarth	50.8	34.8
Llundain	50.6	37.6
Cymru	50.5	30.6
Gogledd Orllewin	49.7	35.2
Gorllewin y Canolbarth	49.7	35.0
Swydd Efrog a'r Humber	45.6	32.8
Gogledd Ddwyrain	45.6	31.8

1. Canran disgyblion yn eu blwyddyn olaf o addysg orfodol.
2. Disgyblion 17-19 oed yn cyflawni 2 neu fwy Safon Uwch neu 3 neu fwy Highers SCE fel canran o'r boblogaeth 18 mlwydd oed.

Ffynhonnell: addaswyd o *Regional Trends*, Swyddfa Ystadegau Cenedlaethol.

Tabl 73.9 Cyfraddau diweithdra rhanbarthol (cyfrif y sawl sy'n hawlio)

%

	1981	1986	1991	1996	2001	2005
Y Deyrnas Unedig	6.9	11.0	6.6	7.7	3.2	2.8
De Ddwyrain	na	7.2	4.1	5.5	1.6	1.6
De Orllewin	5.7	9.2	5.3	6.5	2.1	1.6
Dwyrain	na	8.5	4.8	6.4	2.0	2.1
Dwyrain y Canolbarth	6.4	9.9	5.8	7.2	3.1	2.6
Swydd Efrog a'r Humber	7.6	12.3	7.4	8.3	4.0	3.0
Cymru	9.2	13.9	7.6	8.3	4.0	3.2
Yr Alban	8.8	13.2	8.0	7.8	4.1	3.3
Gogledd Iwerddon	11.7	16.1	12.5	11.2	4.9	3.4
Gorllewin y Canolbarth	8.3	12.7	6.6	7.6	3.8	3.5
Llundain	4.4	9.0	6.2	9.1	3.3	3.5
Gogledd Orllewin	na	11.9	6.8	7.0	5.5	4.1
Gogledd Ddwyrain	na	16.7	10.2	11.1	5.7	4.1

na = ddim ar gael

Ffynhonnell: addaswyd o *Regional Trends*, Swyddfa Ystadegau Cenedlaethol.

1. Amlinellwch y prif wahaniaethau mewn cyflogau a chyflogaeth rhwng rhanbarthau'r DU.
2. Pa ffactorau economaidd allai esbonio'r gwahaniaethau mewn enillion cyfartalog rhwng rhanbarthau?
3. Gwerthuswch pa bolisïau llywodraeth y gellid eu gweithredu i leihau'r bwlch enillion rhwng rhanbarthau.

Crynodeb

1. Mae undebau llafur yn bodoli i hybu buddiannau eu haelodau.
2. Mae damcaniaeth economaidd neo-glasurol yn rhagfynegi bod undebau llafur yn cynyddu cyflogau ond yn creu diweithdra mewn diwydiannau perffaith gystadleuol.
3. Mae damcaniaeth yn rhagfynegi hefyd y bydd prynwr llafur sy'n fonopsonydd yn cyflogi mwy o weithwyr ac yn talu cyfradd cyflog uwch iddynt pan fydd yn bargeinio ag undeb na phan fydd yn bargeinio â nifer mawr o weithwyr unigol.
4. Bydd undebau llafur yn fwy pwerus po fwyaf yw aelodaeth yr undeb, po leiaf elastig yw'r galw am lafur a pho fwyaf yw proffidioldeb y cyflogwr.
5. Bydd undebau llafur yn gostwng effeithlonrwydd mewn economi perffaith gystadleuol, ond gallan nhw gynyddu effeithlonrwydd os ydy'r economi'n amherffaith gystadleuol.
6. Gall undebau llafur ostwng costau cynhyrchu i gwmnïau os byddan nhw'n hwyluso newid ac yn cyflawni rhai o'r tasgau, fel rheoli personél, y byddai'n rhaid i'r rheolwyr eu gwneud fel arall.

Cydfargeinio

Cyfundrefn o weithwyr sy'n uno â'i gilydd i hybu eu buddiannau eu hunain yw undeb llafur. O fewn cyfundrefn cwmni, mae gweithiwr unigol yn debygol o fod mewn safle bargeinio cymharol wan o'i gymharu â'i gyflogwr. Mae'r cyflogwr yn gwybod mwy o lawer am bopeth o safonau diogelwch i broffidioldeb y cwmni na gweithiwr unigol. Hefyd, mae colled gweithiwr unigol i gwmni yn debygol o fod yn llai pwysig o lawer na cholled ei swydd i'r gweithiwr.

Felly mae gweithwyr wedi eu trefnu eu hunain yn undebau i fargeinio ar y cyd. Yn hytrach na phob gweithiwr unigol yn bargeinio â'r cwmni ynghylch amrywiaeth eang o faterion cyflog a chyflogaeth, mae'r gweithwyr yn ethol neu'n penodi cynrychiolwyr i fargeinio ar eu rhan. O safbwynt economaidd, mae undebau llafur yn gweithredu fel cyflenwyr monopoli o lafur.

Mae undebau llafur yn chwarae rhan ddadleuol iawn yn yr economi. Mae beirniaid yn dadlau bod undebau'n creu diweithdra, drwy orfodi cyflogau i fyny a gwrthwynebu newidiadau mewn arferion gwaith. Mae damcaniaeth economaidd neo-glasurol yn ategu'r farn hon, a thybio bod marchnadoedd ffactorau yn berffaith gystadleuol. Fodd bynnag, fel y dadleuir isod, mae'n awgrymu hefyd bod undebau llafur yn cynyddu cyflogaeth os ydy undeb llafur yn cynrychioli gweithwyr mewn cwmni sydd yr unig brynwr o lafur.

Diwydiannau cystadleuol

Mae undebau llafur yn gweithredu i hybu buddiannau eu haelodau. Un o'r ffyrdd allweddol maen nhw'n gwneud hyn yw pwyso am gyflogau uwch. Mewn termau economaidd, maen nhw'n ceisio gosod isafbris ar gyfer cyflenwad llafur. Mae hynny'n creu cromlin gyflenwad wyrdro.

Yn Ffigur 74.1 cromlin y galw am lafur mewn diwydiant, heb undeb, yw G a chromlin cyflenwad llafur heb undeb yw C_1. Mae cytundeb gydag undeb i godi'r cyflog o gyflog y farchnad rydd, sef OA, i'r gyfradd cyflog undebol, sef OB, yn golygu na all cyflogwyr yn y diwydiant gyflogi gweithwyr am lai na'r gyfradd cyflog OB. Felly

mae cromlin y cyflenwad yn berffaith elastig (h.y. llorweddol) dros yr amrediad cyflogaeth OH. Dydy'r cytundeb gyda'r undeb ddim yn atal cyflogwyr rhag talu cyflogau uwch na'r cyflog a drafodwyd. Byddai angen i gyflogwyr dalu cyfradd cyflog uwch pe byddent yn dymuno cyflogi mwy o weithwyr nag OH. Uwchlaw OH mae'r gromlin gyflenwad newydd C_2 yr un fath â'r hen gromlin gyflenwad C_1. Y gyfradd cyflog cytbwys newydd yw OB, sef y gyfradd cyflog a drafodwyd gan yr undeb. Fodd bynnag, mae cyflogaeth yn y diwydiant yn gostwng o OF (y cydbwysedd mewn marchnad heb undeb) i OE.

Felly mae damcaniaeth micro-economaidd neo-glasurol yn awgrymu bod undebau llafur yn cynyddu cyflogau i'w haelodau, ond hefyd yn achosi diweithdra yn y diwydiant. Byddai cyflgoau'n is a chyflogaeth yn uwch pe nai bai undebau yn y diwydiant.

Ffigur 74.1 Undebau llafur mewn marchnad gystadleuol

Os ydy undeb llafur yn mynd i mewn i farchnad ffactor gystadleuol mae'n debygol o 'wyrdroi' cromlin cyflenwad llafur. OB yw'r gyfradd cyflog mewn diwydiant a drafodir gan yr undeb. Bydd cyflogaeth yn gostwng o OF i OE, a bydd y gyfradd cyflog yn codi o OA i OB. Ar y cyflog OB mae EH o ddiweithdra nawr.

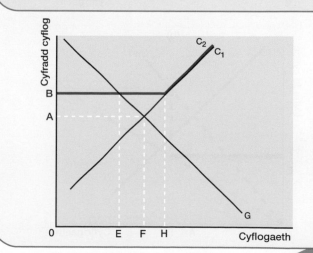

Cwestiwn I

Wal-Mart yw'r gadwyn fwyaf o uwchfarchnadoedd yn y byd. Mae wedi tyfu yn UDA drwy agor siopau newydd sy'n cynnig y prisiau rhataf am nwyddau. Mae'n llwyddo i wneud hyn drwy gyfuniad o strategaethau o swmpbrynu am brisiau isel gan wneuthurwyr, i system gyfrifiadurol sy'n tracio pob eitem drwy ei gadwyn logisteg, i gyflogau isel i'r staff. Mae llawer o'i gystadleuwyr â staff undebol sy'n cael mwy o dâl na gweithwyr Wal-Mart. Mae Wal-Mart yn honni bod ei bolisi di-undeb yn creu swyddi. Mae beirniaid yn honni bod Wal-Mart yn dinistrio swyddi, ac yn sicr mae'n gwneud hynny pan orfodir cystadleuwyr allan o fusnes oherwydd eu costau uwch.

Ffynhonnell: addaswyd o'r *Financial Times*, 12.4.2005.

(a) 'Mae undebau llafur yn cynyddu lefelau cyflog mewn diwydiant ond yn achosi colled swyddi.' Gan ddefnyddio diagram, eglurwch pam y gallai honiad Wal-Mart bod ei bolisi di-undeb yn creu swyddi fod yn gywir.

(b) Eglurwch pam y gallai cystadleuwyr Wal-Mart fod dan anfantais gystadleuol os oes ganddynt lafur undebol.

Ffigur 74.2 Undeb llafur yn erbyn cyflogwr sy'n fonopsoni
Bydd monopsonydd sy'n wynebu nifer mawr o weithwyr mewn diwydiant yn gorfodi'r gyfradd cyflog i lawr i OE ac yn cyfyngu cyflogaeth i OA. Daw undeb i mewn i'r diwydiant a gosodir lleiafswm cyflog o OF. Bydd hynny'n 'gwyrdroi' cromlin cyflenwad llafur ac yn achosi diffyg parhad yng nghromlin cost ffiniol llafur. Mae gan y monopsonydd gymhelliad elw i gyflogi gweithwyr ychwanegol cyhyd ag y bydd derbyniadau cynnyrch ffiniol llafur, a ddangosir gan gromlin y galw, yn fwy na chost ffiniol llafur. Felly, bydd yn cyflogi OB o weithwyr.

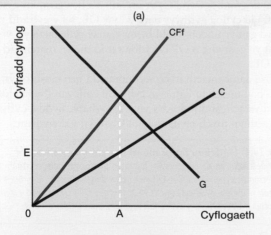

(a)

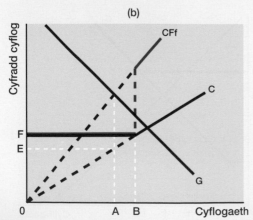

(b)

Undebau llafur yn erbyn cyflogwyr monopsoni

Mae llawer o undebau llafur yn gweithredu mewn marchnadoedd ffactor lle mae cyflogwyr monopsoni. Mae unig werthwr llafur (yr undeb llafur) yn wynebu unig brynwr llafur (y monopsonydd).

Mae damcaniaeth economaidd yn awgrymu y bydd undeb llafur yn cynyddu cyflogau a chyflogaeth o gymharu hyn â marchnad ffactor lle mae cyflogwr sy'n fonopsoni yn trafod gyda nifer mawr o weithwyr unigol. Mae Ffigur 74.2(a) yn dangos y cyflog a lefel y gyflogaeth mewn diwydiant sydd â monopsonydd a llawer o weithwyr unigol (☞ uned 73 am esboniad llawn o'r graff). Lefel cyflogaeth yw OA a'r gyfradd cyflog cytbwys yw OE. Mae Ffigur 74.2(b) yn dangos y sefyllfa pan ddaw undeb llafur i mewn i'r diwydiant. Tybiwch fod yr undeb llafur yn gorfodi'r gyfradd cyflog i fyny i OF. Mae hyn yn creu cromlin gyflenwad wyrdro. Ni all y monopsonydd dalu cyfradd cyflog is nag OF oherwydd ei gytundeb gyda'r undeb. Ond mae'n rhydd i dalu cyfradd cyflog uwch os yw'n dymuno cyflogi mwy nag OB o weithwyr. Mae hyn yn achosi gwyrdroad yng nghost ffiniol llafur i'r cwmni. Hyd at OB mae cost ffiniol llafur yr un fath â'r gyfradd cyflog a drafodwyd gyda'r undeb. Gall y cyflogwr gyflogi uned ychwanegol o lafur am y gyfradd cyflog honno. Os yw'n cyflogi mwy nag OB o weithwyr, bydd y gyfradd cyflog yn codi, gan achosi naid yn y gost ffiniol yn OB. Mae gan y monopsonydd gymhelliad elw i gyflogi gweithwyr ychwanegol cyhyd ag y bydd derbyniadau cynnyrch ffiniol llafur, a ddangosir gan gromlin y galw, yn fwy na chost ffiniol llafur. Felly bydd yn cyflogi OB o weithwyr.

Pam y dylai monopsonydd brynu mwy o lafur am gyfradd cyflog uwch gan undeb nag a fyddai fel arall? Dylid cofio bod y cwmni'n seilio ei benderfyniad ynghylch faint o lafur i'w gyflogi ar gost ffiniol llafur yn hytrach nag ar y gyfradd cyflog (cost gyfartalog llafur). Gellir gweld o Ffigur 74.2 bod cost ffiniol llafur undebol yn is rhwng lefelau cyflogaeth A a B nag a fyddai pe bai llafur heb undeb. Gydag undeb mae cost ffiniol wastad sef OF, ond heb undeb mae'n cynyddu'n serth uwchlaw OF.

Grym undebau llafur

Mae amrywiaeth o ffactorau sy'n gwneud undebau llafur yn fwy pwerus neu'n llai pwerus.

Aelodaeth undeb llafur a'i milwriaethusrwydd Mae undeb sydd ag aelodaeth o 100% mewn diwydiant yn debygol o fod yn gryfach nag undeb sy'n cynrychioli 10% yn unig o aelodau posibl. Gellid dadlau bod y *RMT* yn llawer mwy pwerus yn y diwydiant rheilffyrdd nag y mae Undeb y Gweithwyr Cludiant a Chyffredinol yn y diwydiant trin gwallt. Hefyd, mae undeb yn fwy tebygol o alw am weithredu diwydiannol os ydy aelodau'r undeb yn filwriaethus. Po fwyaf milwriaethus yw aelodau'r undeb, mwyaf costus mae anghydfod yn debygol o fod i gyflogwr.

Mae cromlin y galw am lafur yn gymharol anelastig Bydd codiad yn y gyfradd cyflog yn cael llawer llai o effaith ar gyflogaeth yn y diwydiant os ydy'r galw am lafur yn gymharol anelastig nag y byddai pe bai'r galw'n elastig. Felly, bydd codi'r gyfradd cyflog yn creu llawer llai o gost i'r undeb o ran colli aelodau ac i'w aelodau o ran colli gwaith (☞ uned 71 am drafodaeth ar y rhesymau pam y gallai'r galw am lafur fod yn anelastig).

Proffidioldeb y cyflogwr Mae undeb llafur yn annhebygol o allu trafod codiadau cyflog mawr gyda chyflogwr sydd ar fin bod yn fethdalwr. Mae'n debygol o fod mewn safle cryfach gyda chwmni

Cwestiwn 2

Tabl 74.1

Unedau o lafur a gyflogir	Cyfradd cyflog y gweithiwr, £		Cost ffiniol cyflogi 1 gweithiwr arall, £		Derbyniadau cynnyrch ffiniol llafur, £
	Heb undeb llafur	Gyda undeb llafur	Heb undeb llafur	Gyda undeb llafur	
2	4	8	4	8	16
3	5	8	6	8	14
4	6	8	8	8	12
5	7	8	10	8	10
6	8	8	12	8	8
7	9	9	14	14	6
8	10	10	16	16	4

Mae'r tabl yn dangos cyfraddau cyflog, costau ffiniol cyflogi a DCFf a wynebir gan gyflogwr llafur sy'n fonopsonydd.

(a) (i) Beth yw'r nifer mwyaf o weithwyr y byddai'r cwmni'n eu cyflogi pe bai'r llafurlu heb undeb?

    (ii) Beth fyddai'r gyfradd cyflog cytbwys?

(b) Beth yw'r nifer mwyaf o weithwyr y byddai'r cwmni'n eu cyflogi pe bai gweithwyr yn perthyn i undeb llafur a bod yr undeb wedi trafod lleiafswm cyflog o £8?

(c) Eglurwch pam y gallai undebau llafur gynyddu yn hytrach na gostwng lefel cyflogaeth mewn diwyiant.

proffidiol iawn. Mae hyn yn awgrymu y bydd undebau llafur yn gryfach mewn diwydiannau monopolaidd ac oligopolaidd, lle mae cwmnïau'n gallu ennill elw annormal, nag mewn diwydiannau perffaith gystadleuol lle na ellir ennill ond elw normal yn y tymor hir.

Effeithlonrwydd

Mae damcaniaeth economaidd neo-glasurol yn awgrymu bod undebau llafur sy'n gweithredu mewn diwydiannau cystadleuol yn gostwng lefelau cyflogaeth ac yn codi cyfraddau cyflog. Pe bai pob diwydiant ond un yn berffaith gystadleuol byddai undeb llafur yn yr un diwydiant hwnnw yn golygu nad oedd yr economi cyfan yn Pareto effeithlon (☞ uned 61).

Fodd bynnag, mae'r rhan fwyaf o'r diwydiannau yn y DU yn amherffaith gystadleuol. Bydd undeb llafur sy'n wynebu monopsonydd yn unioni cydbwysedd grym yn y diwydiant ac yn arwain at lefel cyflogaeth a chyfradd cyflog fydd yn agosach at bris y farchnad rydd am lafur. Gallai presenoldeb undeb llafur gynyddu effeithlonrwydd economaidd mewn marchnad amherffaith gystadleuol. Felly mae effaith undebau llafur ar effeithlonrwydd economaidd yn dibynnu ar strwythur marchnadoedd mewn economi.

Mae angen ystyried dadl bwysig arall. Mae rhai economegwyr wedi awgrymu bod undebau llafur yn cynyddu effeithlonrwydd economaidd am eu bod yn gostwng costau cynhyrchu'r cwmni. Mae'r undeb llafur yn gwneud llawer o swyddogaethau adran bersonél mewn cwmni. Mae'n delio â phroblemau gweithwyr ac mae'n dileu'r angen i'r cwmni drafod cyflog gyda phob gweithiwr yn unigol. Yn bwysicach na hynny, gall fod yn gyfrwng da ar gyfer

trafod newidiadau mewn arferion gwaith. Efallai y bydd cwmni'n dymuno gweithredu newidiadau fydd yn arwain at amodau gwaith llai pleserus i'w weithwyr. Efallai ei fod yn dymuno cynyddu cyflymder y llinell gydosod, neu orfodi gweithwyr i wneud amrywiaeth o dasgau yn hytrach nag un. Gallai fod yn anodd iddo weithredu'r newidiadau hyn gyda gweithlu heb undeb oherwydd y gallai rhai gweithwyr ymgymryd â gweithredu diwydiannol sydd heb ei drefnu neu wneud eu gorau i amharu ar unrhyw newidiadau sy'n cael eu cyflwyno. Gall undeb helpu'r cwmni i berswadio gweithwyr bod newidiadau mewn arferion gwaith yn llesol iddyn nhw. Fel arfer bydd yr undeb yn mynnu pris am y cydweithredu hyn – cyflogau uwch i'w aelodau. Ond mae'n dal yn arwain at gynnydd mewn effeithlonrwydd economaidd am fod y cwmni'n gallu gwneud elw uwch tra bo'r gweithwyr yn derbyn cyflogau uwch. Yn ôl y farn hon, mae undebau llafur yn cynyddu cynhyrchedd yn yr economi.

Cwestiwn 3

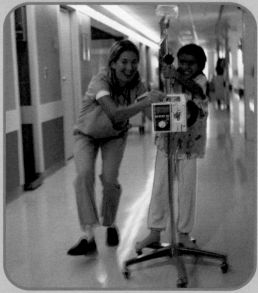

Sut y byddai damcaniaeth economaidd yn cyfrif am gryfder a gwendid grym undebau yn y diwydiannau hyn?

Cwestiwn 4

Mae'r undeb adwerthu *Usdaw* wedi llunio cytundeb unigryw gyda thîm o weithwyr tai bwyta Chineaidd yn Cathay Dim Sum yng Nghanolfan Trafford ym Manceinion. Fe wnaeth y cyfarwyddwr tŷ bwyta Laurence Lee gysylltu ag *Usdaw* ar ôl darganfod bod ei dîm o 30 o weithwyr yn dymuno cael cynrychiolaeth annibynnol a mynediad at raglenni addysgol undeb. Meddai Ysgrifennydd Cyffredinol *Usdaw*, John Hannett: 'Mae'r Grŵp Yang Sing yn gyflogwyr cyfrifol iawn sy'n gweld buddion uniongyrchol gweithio gydag undeb blaengar fel *Usdaw* ac rydym yn edrych ymlaen at ddatblygu perthynas gadarn â Cathay Dim Sum fydd o fudd uniongyrchol i'r cwmni ac i'n haelodau. Bydd ein tîm addysg yn asesu tîm Cathay Dim Sum i weld pa gyfleoedd dysgu y gallwn eu cynnig iddynt yn y dyfodol i gryfhau'r sgiliau sydd ganddynt eisoes drwy'r tŷ bwyta.'

Ffynhonnell: addaswyd o www.usdaw.org.uk 30.6.2005.

Mae *Amicus* a'r cwmni printio mwyaf yn y DU, *Polestar*, wedi cyrraedd cytundeb ar gyfer gweithredu ffatri enfawr newydd y cwmni yn Sheffield. Wrth roi sylwadau ar y cytundeb, meddai Tony Burke, Ysgrifennydd Cyffredinol Cynorthwyol *Amicus*: 'Mae hwn yn fuddsodiad allweddol. Er y bu'r trafodaethau'n anodd ar adegau, roedd *Polestar* yn sylweddoli o'r trafodaethau cychwynnol a gawsom bod budd mawr o weithio gydag *Amicus*, nid yn unig ar gyflog ac ar amodau, ond hefyd ar faterion fel hyfforddiant, iechyd a diogelwch, ymgynghori â'r gweithlu, materion cymdeithasol, recriwtio staff a chynhyrchedd.'

Ffynhonnell: addaswyd o www.amicustheunion.org, 19.7.2005.

Sut y gallai'r newidiadau a ddisgrifir yn y data gynyddu effeithlonrwydd i weithwyr?

Termau allweddol

Siop gaeedig – man gwaith lle mae'n rhaid i'r gweithwyr berthyn i undeb llafur cydnabyddedig.

Ychwanegiad undeb llafur – y gwahaniaeth rhwng y gyfradd cyflog mewn man gwaith undebol a'r gyfradd cyflog a fyddai yno yn absenoldeb undebau llafur.

Economeg gymhwysol
Undebau Llafur

Mae undebau llafur wedi bodoli yn y DU ers dros 200 mlynedd. Ar ddechrau'r bedwaredd ganrif ar bymtheg, gwaharddwyd undebau llafur am fod yn wrth-gystadleuol. Erbyn dechrau'r ugeinfed ganrif, roedd dros 2 filiwn o aelodau undebau llafur ac fel y gwelir yn Ffigur 74.3, roedd y ffigur hwn wedi cyrraedd uchafbwynt o dros 13 miliwn yn 1979.

Ers 1979, bu gostyngiad sylweddol yn nifer aelodau undebau llafur. Erbyn 2004, roedd aelodaeth wedi gostwng i 6.8 miliwn. Mae yna sawl esboniad posibl am y newid radical hwn yn aelodaeth undebau.

- Collodd dros filiwn a hanner o weithwyr eu gwaith yn ystod enciliadau 1980-82 ac yna 1990-92. Mae gweithwyr di-waith yn dueddol o beidio adnewyddu eu haelodaeth undeb. Felly nid oes syndod gweld bod y gostyngiad yn aelodaeth undebau ar ei waethaf yn ystod y ddau gyfnod hwn. Digwyddodd y gostyngiad lleiaf mewn aelodaeth dros y cyfnod 1979-1992 ym mlwyddyn ffyniannus 1987.

- Ailstrwythurwyd diwydiant Prydeinig yn sylweddol yn yr 1980au a'r 1990au. Gwelwyd gostyngiadau mawr o ran swyddi yn y diwydiannau cynradd a gweithgynhyrchu, sef dau sector oedd yn rhoi cryn bwyslais ar undebaeth. Tueddai'r swyddi newydd a grewyd fod yn sector gwasanaeth yr economi, a roddai'n draddodiadol lai o bwyslais ar undebaeth. Ymhellach, roedd y mwyafrif o'r swyddi a gollwyd yn rhai amser llawn, tra bod nifer o'r swyddi newydd yn rhai rhan amser. Yn 2004, roedd 31.5% o holl weithwyr amser llawn yn aelodau o undeb o'i gymharu â 21.1% yn unig o weithwyr rhan amser. Roedd y ffaith bod nifer o'r swyddi a gollwyd yn rhai traddoddiadol wrywaidd a llawer o'r swyddi newydd a grewyd yn rhai traddodiadol benywaidd yn ffactor pwysig hefyd. Erbyn 2004, roedd 28.8% o ferched yn aelodau undeb o'i gymharu â 28.2% yn unig o ddynion.

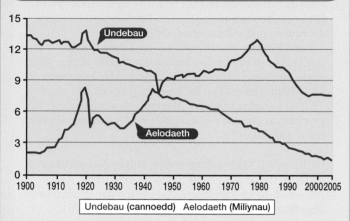

Ffigur 74.3 Aelodaeth o undebau llafur a nifer yr undebau

Undebau

Aelodaeth

Undebau (cannoedd) Aelodaeth (Miliynau)

Ffynhonnell: addaswyd o *Employment Gazette*, Swyddfa Ystadegau Cenedlaethol; *Annual Abstract of Statistics*, Swyddfa Ystadegau Cenedlaethol; *Trade Union Membership*, Adran Masnach a Diwydiant.

Ffigur 74.4 Ychwanegiad Undeb

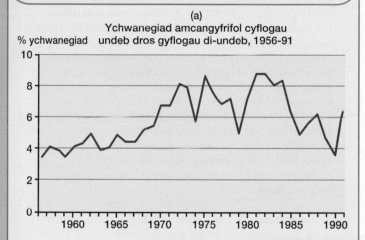

(a)
Ychwanegiad amcangyfrifol cyflogau undeb dros gyflogau di-undeb, 1956-91
% ychwanegiad

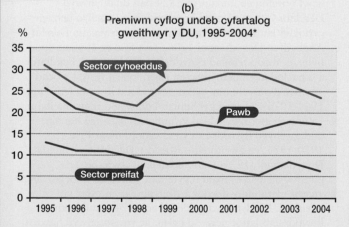

(b)
Premiwm cyflog undeb cyfartalog gweithwyr y DU, 1995-2004*
%

Sector cyhoeddus

Pawb

Sector preifat

* Gwahaniaeth canrannol enillion yr awr cyfartalog aelodau undeb yn ôl sector o'i gymharu â gweithwyr di-undeb yn yr un sector.

Ffynhonnell: addaswyd o Layard a Nickell (1986) a G Jones a G Taylor, *The UK Economy*, Weidenfeld and Nicolson, 1992; *Trade Union Membership*, Adran Masnach a Diwydiant.

● Rhwng 1979 ac 1997, dangosodd y llywodraeth gryn elyniaeth at undebau llafur. Mae hyn wedi effeithio ar barodrwydd gweithwyr i ymuno ag undebau ac wedi cynyddu hyder y cyflogwyr hynny sy'n ceisio lleihau neu ddileu gweithgaredd undebol yn eu gweithleoedd.
● Mae llawer o weithwyr yn llai awyddus i ymuno ag undebau llafur oherwydd eu bod yn credu bod undebau llafur wedi colli grym.

Ychwanegiad undeb llafur

Mae damcaniaeth economaidd yn awgrymu y bydd undebau llafur yn cynyddu cyfraddau cyflog i'w haelodau drwy wthio'r gromlin gyflenwad llafur ar i fyny. Mae astudiaethau o economi'r DU yn tueddu i gadarnhau bod YCHWANEGIAD o'r fath yn bresennol. Golyga hyn y gwahaniaeth rhwng cyfraddau cyflog gwirioneddol mewn marchnadoedd lle mae undebau'n bresennol a'r gyfradd cyflog a fyddai'n bodoli pe na bai undebau llafur yn bresennol. Mae Ffigur 74.4 yn dangos dau amcangyfrif o ychwanegiad undeb mewn dau gyfnod dilynol. Nid yw'r fethodoleg a ddefnyddiwyd i gyfrifo'r ychwanegiad yr un fath, ac nid yw'r data yn y ddau graff yn hollol gymharol. Er hynny, mae'r ddau yn dangos bod ychwanegiad undeb yn bodoli. Mae gweithwyr undebol ar gyfartaledd yn derbyn cyflogau uwch na gweithwyr sydd heb fod yn aelodau o undeb.

Ffynonellau grym undeb llafur

Gall amrywiaeth o ffactorau esbonio maint yr ychwanegiad undeb.

Dwysedd undeb Mae dwysedd undeb yn cyfeirio at gyfran y gweithlu sy'n perthyn i undeb llafur. Mae Ffigurau 74.3 a 74.4 yn dangos bod aelodaeth undebau llafur wedi cynyddu ar yr un pryd â'r ychwanegiad undeb yn ystod yr 1950au, 1960au ac 1970au. Felly, mae'n bosibl bod cysylltiad rhwng maint yr ychwanegiad a chanran y gweithwyr sy'n perthyn i undeb llafur. Yn wir, roedd diwydiannau a oedd yn draddodiadol yn cynnig cyflogau da i weithwyr llaw, fel mwyngloddio ac adeiladu llongau, yn ddiwydiannau gyda phresenoldeb undeb cryf iawn. Roedd nifer o ffyrmiau o fewn y diwydiannau hyn yn SIOPAU CAEEDIG. Mewn siop gaeedig, mae'n rhaid i'r holl weithwyr fod yn aelod o undeb llafur cydnabyddedig. Credir bod siopau caeedig yn fodd o gynyddu grym undeb llafur ar draul y cyflogwr.

Gall y dirywiad mewn aelodaeth undebol yn yr 1980au esbonio i ryw raddau y dirywiad yn yr ychwanegiad undeb yn yr 1980au. Gwelwyd grym siopau caeedig hefyd yn gwanhau yn yr 1980au. Cafwyd deddfwriaeth rhwng 1980 ac 1990 i gyfyngu ar bwerau undebau llafur i orfodi cytundebau siop gaeedig. Ymhellach, arweiniodd y dirywiad mewn aelodaeth undebau yn uniongyrchol at ddirywiad yn nifer y siopau caeedig anffurfiol. Er enghraifft, amcangyfrifir bod nifer y gweithwyr llaw dan gytundebau siop gaeedig wedi gostwng o 3.7 miliwn yn 1984 i 0.5 miliwn yn 1990.

Gwelwyd dwysedd undeb yn sefydlogi i ryw raddau ar ddechrau'r 2000au fel y gwelir yn Ffigur 74.5. Gellir

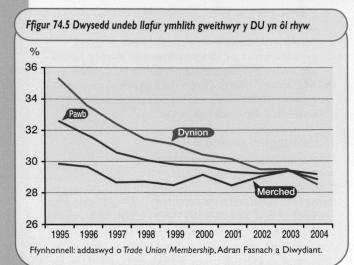

Ffigur 74.5 Dwysedd undeb llafur ymhlith gweithwyr y DU yn ôl rhyw

Ffynhonnell: addaswyd o *Trade Union Membership*, Adran Fasnach a Diwydiant.

ofynion yr undebau. Yn ymarferol, mae'n anodd mesur milwriaethusrwydd undebol ac felly mae'n anodd pennu lefel y cydberthyniad rhwng milwriaethusrwydd o'r fath a'r newid yn yr ychwanegiad undeb.

Fodd bynnag, mae Ffigur 74.6 yn dangos bod gostyngiad yn nifer y dyddiau gwaith a gollwyd oherwydd anghydfod diwydiannol ers yr 1970au. Mae gweithwyr ers yr 1980au wedi bod yn llai parod nag yr oeddynt yn yr 1970au i weithredu'n ddiwydiannol. Unwaith eto, gall hyn gyfrannu at esbonio'r gostyngiad yn yr ychwanegiad undeb ers yr 1980au.

Cydfargeinio Mae cydfargeinio yn golygu bod undebau llafur yn trafod gyda chyflogwyr. Yn yr 1970au, roedd niferoedd mawr o weithwyr yn gweithio dan gytundebau cenedlaethol. Byddai undebau llafur yn trafod gyda grwpiau o gyflogwyr oedd yn cynrychioli diwydiant cyfan. Mewn rhai achosion, byddai bargeinio lleol mewn gweithleoedd yn digwydd wedyn, gyda gweithwyr mewn gweithle unigol yn trafod telerau yn seiliedig ar y cytundebau cenedlaethol. Rhoddodd llywodraethau Ceidwadol rhwng 1979 ac 1997 bwysau ar gyflogwyr i ddileu cydfargeinio cenedlaethol. Roedd deddfwriaeth undebau llafur a basiwyd yn ystod y cyfnod hwn yn rhoi'r hawl i gwmnïau roi'r gorau i gydnabod undebau llafur, h.y. rhoi'r gorau i gydnabod eu hawliau i drafod ar ran eu haelodau. Roedd yn well gan y llywodraeth annog cwmnïau i fabwysiadu bargeinio unigol gyda gweithwyr, gan o bosibl gysylltu hyn â pherfformiad. Mae'r gallu i gydfargeinio yn rhan ganolog o bŵer undeb llafur i sicrhau ychwanegiad i'w aelodau. Gyda bargeinio unigol, dylid gosod y gyfradd tâl ar lefel glirio'r farchnad, h.y. dylai'r ychwanegiad fod yn sero. Lle roedd bargeinio tâl unigol yn amhosibl, roedd y llywodraeth yn annog cwmnïau i drafod ar sail lleol, fesul gweithle neu fesul rhanbarth er enghraifft; roedd hyn, unwaith eto, yn gwanhau grym undebau llafur.

dadlau bod hyn yn ganlyniad i'r Ddeddf Cysylltiadau Cyflogaeth a basiwyd yn 1999. Dyma'r darn cyntaf o ddeddfwriaeth undebol a basiodd y llywodraeth Lafur a etholwyd yn 1997. Roedd y Ddeddf yn rhoi'r hawl i weithwyr gael cynrychiolaeth undebol mewn gweithle os oedd y mwyafrif ohonynt yn pleidleisio o blaid hynny. Fodd bynnag, fel y gwelir yn Ffigur 74.5, mae dwysedd undeb ymhlith merched wedi cynyddu ers 1999 tra'n parhau i ostwng ymhlith dynion. Mae hyn yn debyg o adlewyrchu'n rhannol y cynnydd yng nghyfranogiad merched yn y gweithlu.

Milwriaethusrwydd undebol Gall parodrwydd undebau llafur i weithredu'n ddiwydiannol fod yn ffactor arall sy'n dylanwadu ar faint yr ychwanegiad undeb. Gall gweithredu diwydiannol ddigwydd mewn sawl ffurf, gan gynnwys streiciau, gweithio i reol, a gwahardd unrhyw weithio goramser. Po fwyaf yw parodrwydd undebau i streicio, y mwyaf costus fydd gweithredu diwydiannol i gyflogwyr ac felly po fwyaf tebygol y byddant o ildio i

Y cefndir deddfwriaethol Mae'n rhaid i undebau weithio o fewn fframwaith gyfreithiol. Cafodd undebau yn y DU yr hawl i drefnu eu hunain yn 1824 pan ddiddymwyd y Deddfau Cyfuno. Roedd hawl undebau i streicio heb i gyflogwr eu herlyn am iawndal yn rhan bwysig o Ddeddf Anghydfod Diwydiannol 1906. Yn ystod yr 1960au, fodd bynnag, roedd teimlad cynyddol ar led bod undebau llafur a'u haelodau yn defnyddio eu grym mewn ffordd a oedd yn niweidio'r economi cyfan. Rhoddodd llywodraeth Lafur 1964-1970 y gorau i gynlluniau i ddiwygio undebau llafur yn wyneb gwrthwynebiad yr undebau llafur eu hunain, ond gwelwyd llywodraeth Geidwadol Edward Heath, 1970-1974, yn gweithredu. Roedd y Ddeddf Cysylltiadau Diwydiannol (1971) yn un ddadleuol iawn; bu gwrthwynebiad tanbaid o gyfeiriad y mudiad undebol ac yn wir methodd y ddeddf â chyfyngu ar eu pŵer yn effeithiol. Diddymwyd y ddeddf yn 1974 pan ddaeth llywodraeth Lafur newydd i rym, ac ymestynnwyd hawliau undebau llafur mewn sawl darn o ddeddfwriaeth dros y ddwy flynedd nesaf. Gellir dadlau bod trawsnewidiad yn hinsawdd cysylltiadau diwydiannol y DU wedi digwydd yn

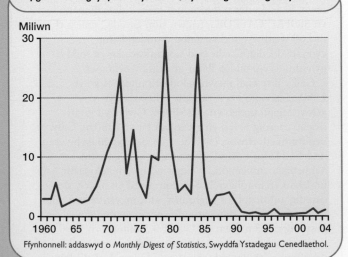

Ffigur 74.6 Anghydfod diwydiannol, dyddiau gwaith a gollwyd

Ffynhonnell: addaswyd o *Monthly Digest of Statistics*, Swyddfa Ystadegau Cenedlaethol.

yr 1980au. Yn hytrach na chyflwyno diwygiadau deddfwriaethol ar raddfa eang, aeth y llywodraeth Geidwadol ati i basio nifer o ddeddfau a oedd yn eu tro yn cyfyngu ar bŵer undebol ar y ffin. Erbyn canol yr 1990au:

● roedd picedi eilaidd (picedu gan weithwyr nad oeddynt yn rhan o'r anghydfod, e.e, glowyr yn picedu mewn ysgol lle mae'r athrawon ar streic i ddangos cefnogaeth i'r athrawon) yn anghyfreithlon;

● roedd yn rhaid i undebau llafur gynnal pleidlais gudd ac ennill mwyafrif o'r pleidleisiau a fwriwyd i alw streic swyddogol;

● collodd y sawl oedd yn ddibynnol ar weithwyr ar streic yr hawl i hawlio budd-daliadau cymdeithasol;

● roedd yn rhaid ethol swyddogion undeb trwy bleidlais gudd;

● cyfyngwyd ar gytundebau siop gaeedig a rhoddwyd mwy o gyfle i gyflogwyr optio allan o siopau caeedig.

Yn sicr, roedd pŵer o fewn y mudiad undebol wedi symud. Cyn 1979, roedd grwpiau bach o weithwyr a oedd yn fodlon mynd ar streic yn answyddogol, a rhai arweinwyr undeb milwriaethus yn dueddol o ennill y sylw mwyaf ym mhenawdau'r papurau newydd. Roedd diwygiadau'r 1980au a'r 1990au yn ei gwneud yn anoddach ac yn fwy costus i weithwyr weithredu'n answyddogol. Roedd pŵer arweinwyr undebol i alw streiciau bellach wedi lleihau oherwydd bod yn rhaid cynnal pleidlais ymhlith gweithwyr cyn unrhyw streicio. Ymhellach, roedd y broses o ddemocrateiddio trefniadau pleidleisio undebau yn ei gwneud yn anoddach i arweinwyr undebol milwriaethus gael eu hethol i swyddi allweddol o fewn undebau llafur.

Bu'r llywodraeth yn graff iawn wrth bellhau rhag erlyn undebau llafur. Roedd deddfwriaeth flaenorol wedi canolbwyntio ar gyfraith droseddol, lle roedd unigolion yn cael eu herlyn gan y wladwriaeth ac yn cael eu dirwyo neu eu carcharu. Roedd y llywodraeth bob amser yn wynebu'r risg o greu 'merthyron' undebol. Roedd llawer o ddeddfwriaeth undebol yr 1980au a'r 1990au yn canolbwyntio ar gyfraith sifil. Rhoddwyd pwerau i gyflogwyr ddod ag achos yn erbyn undebau llafur am dorri'r gyfraith. Er enghraifft, os yw undeb llafur yn galw streic heb gynnal pleidlais gudd, y cyflogwr dan sylw sydd â'r hawl i ddod ag achos yn erbyn yr undeb llafur am iawndal. Nid oes gan y llywodraeth unrhyw bŵer i erlyn yr undeb.

Mae hyn yn golygu bod perygl i undebau llafur golli symiau sylweddol o arian os nad ydynt yn cydymffurfio gyda'r gyfraith, ond ni all aelodau undeb cyffredin ennill cydymdeimlad y cyhoedd wrth gael eu carcharu, fel y gallent ar bapur dan Ddeddf Cysylltiadau Cyhoeddus 1971.

Mae'r llywodraeth felly wedi cyfyngu'n sylweddol ar allu undebau llafur a'u haelodau i weithredu'n ddiwydiannol. Yn ystod yr 1980au a'r 1990au, penderfynodd sefyll yn gadarn yn erbyn gofynion undebau llafur y sector cyhoeddus. Y golled bwysicaf i undebau llafur y sector cyhoeddus oedd llwyddiant y llywodraeth wrth drechu streic y glowyr yn 1984-85.

Ymhellach, llwyddodd y llywodraeth i ynysu'r mudiad

undebol yn llwyr o'r broses gwneud penderfyniadau ar lefel genedlaethol. Roedd hyn yn newid mawr o'r sefyllfa yn yr 1960au a'r 1970au, lle byddai llywodraethau Llafur a Cheidwadol yn aml yn ymgynghori ag arweinwyr undebau llafur cyn gwneud penderfyniadau pwysig.

Nid oes syndod felly bod yr ychwanegiad undeb wedi dirywio yn yr 1980au. Gwelodd rhai grwpiau o weithwyr, fel glowyr a gweithwyr argraffu, doriadau sylweddol yn eu hychwanegiad wedi i gyflogwyr ennill cyfres o streiciau chwerw ynghanol yr 1980au. Yn yr 1990au, parhaodd y llywodraeth i weithredu polisïau a gynlluniwyd i gynhyrchu **marchnad hyblyg** (☞ uned 75). Yng ngolwg y llywodraeth Geidwadol hyd 1997, prin y byddai unrhyw le i undebau llafur yn y farchnad hon.

Roedd y llywodraeth Lafur a etholwyd yn 1997 yn fwy pleidiol i'r undebau, ond nid oedd arni eisiau dychwelyd i ddyddiau anghydfod diwydiannol blin yr 1960au a'r 1970au pan oedd Llafur ddiwethaf mewn grym. Yn hytrach, roedd arni eisiau gweld partneriaeth rhwng undebau a chyflogwyr lle gallai undebau ychwanegu gwerth i'r broses o redeg cwmni yn ogystal ag amddiffyn buddiannau eu haelodau. Yn wir, nid oedd ganddi unrhyw fwriad diddymu'r rhan fwyaf o ddeddfwriaeth gwrth-undebol yr 1980au.

Ceisiodd Deddf Cysylltiadau Gweithwyr 1999 wrthdroi y tueddiadau hyn drwy roi'r hawl i weithwyr sicrhau cydnabyddiaeth undebol yn y gweithle lle roedd mwyafrif yn pleidleisio o blaid hynny. Ond fel y gwelir yn Ffigur 74.7, mae canran y gweithwyr (rhai sy'n aelodau o undebau a rhai nad ydynt yn aelodau) y mae eu cyflog yn cael ei effeithio gan gytundebau cyfunol rhwng undebau llafur a chyflogwyr yn parhau i ostwng. Felly hefyd canran y gweithwyr (rhai sy'n aelodau o undebau a rhai nad ydynt yn aelodau) mewn gweithleoedd lle mae undebau llafur yn bresennol.

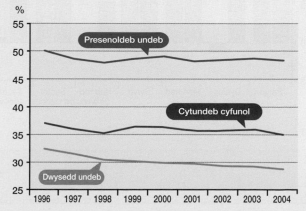

Ffigur 74.7 Dwysedd undeb, presenoldeb undebau yn y gweithle a chytundebau cyfunol ar waith, gweithwyr y DU

Ffynhonnell: addaswyd o *Trade Union Membership*, Adran Fasnach a Diwydiant.

Cwestiwn Data

Rôl yr undebau

Bu bron i nifer y dyddiau gwaith a gollwyd drwy streiciau ddyblu llynedd wrth i weithwyr y sector cyhoeddus gynnal cyfres o streiciau yn erbyn cynlluniau'r llywodraeth i dorri swyddi a chyflwyno cytundebau tâl dadleuol. Cododd cyfanswm y dyddiau a gollwyd o 499 100 yn 2003 i 904 900 llynedd. Ddoe, cyhoeddodd yr Undeb Gwasanaethau Cyhoeddus a Masnachol, sef undeb mwyaf y sector cyhoeddus, y byddai'n cynnal streiciau pellach yn ymwneud â 5 miliwn o weithwyr sector cyhoeddus pe byddai'r llywodraeth yn parhau gyda'i chynlluniau i orfodi codi oedrannau ymddeol.

Ffynhonnell: addaswyd o'r *Financial Times*, 9.6.2005.

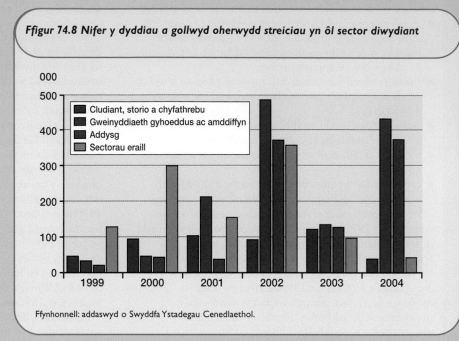

Ffigur 74.8 Nifer y dyddiau a gollwyd oherwydd streiciau yn ôl sector diwydiant

Ffynhonnell: addaswyd o Swyddfa Ystadegau Cenedlaethol.

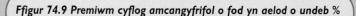

Ffigur 74.9 Premiwm cyflog amcangyfrifol o fod yn aelod o undeb %

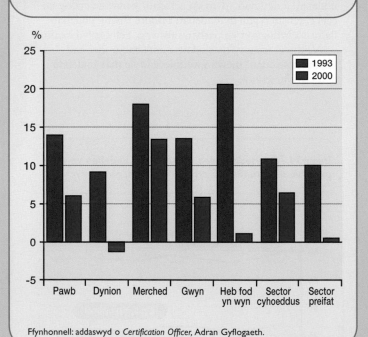

Ffynhonnell: addaswyd o *Certification Officer*, Adran Gyflogaeth.

Mae astudiaeth newydd yn dadlau na fydd creu undebau enfawr newydd yn atal y dirywiad tymor hir yn aelodaeth undebol na'n lleddfu eu problemau ariannol oni bai eu bod yn addasu eu strategaethau i gyd-fynd â gofynion marchnad lafur sydd wedi newid yn enbyd. Mae'r adroddiad, a gyhoeddwyd gan Y Ganolfan Perfformiad Economaidd, yn dadlau bod cyfuno undebau llafur wedi methu ag ymdrin â'r methiant sylfaenol i ddenu aelodau newydd i gymryd lle aelodau a gollwyd yn sgîl dirywiad diwydiannau traddodiadol fel gweithgynhyrchu a mwyngloddio.

Mae gallu'r undebau llafur i sicrhau cyflogau uwch i'w haelodau, sef un o'r prif atyniadau wrth ddenu aelodau newydd, wedi dirywio wrth i'w gallu bargeinio wanhau. Roedd premiwm cyflog o tua 10% i aelodau undeb sector preifat yn 1993 wedi gostwng i ychydig dan 1% erbyn 2000. Ar y llaw arall, mae'r adroddiad yn cydnabod bod undebau wedi 'lleihau'r gwahaniaethau cyflog rhwng merched a dynion, gweithwyr du a gwyn, gweithwyr llaw a gweithwyr dwylo glân a'r sawl sy'n dioddef o broblemau iechyd'.

Ffynhonnell: addaswyd o'r *Financial Times*, 8.9.2005.

Mae cannoedd o filoedd o weithwyr adeiladu wedi ennill codiad cyflog o 23%. Mae'r cytundeb, rhwng undebau Ucatt, y T & G a GMB ar y naill ochr, a'r Cydffederasiwn Adeiladu ar y llall, yn ymwneud â thua 600 000 o weithwyr. Bydd cyflog sylfaenol crefftwr yn codi o £7.30 i £9 yr awr.

Awgrymodd George Brumwell, arweinydd yr undeb adeiladwyr mwyaf, bod y cynnydd yn adlewyrchu'r broses o ail-werthuso'r sgiliau sydd ar Brydain ei hangen. Mae diwydiant adeiladu Prydain wedi manteisio yn sgîl cynnydd aruthrol mewn gwariant cyhoeddus i adnewyddu isadeiledd bregus y wlad. Mae hyn yn ei dro wedi arwain at 24,000 o swyddi newydd yn y diwydiant adeiladu mewn chwe mis, gan ddod â'r cyfanswm i 1.89 miliwn erbyn diwedd llynedd. Ond mae nifer o gwmnïau yn parhau i gael anhawster i lenwi swyddi gwag.

Ffynhonnell: addaswyd o'r *Financial Times*, 17.4.2003.

Mae aelodau o undeb llafur Amicus sy'n gweithio yn y diwydiant argraffu masnachol wedi pleidleisio o blaid cytundeb cenedlaethol newydd gyda chyflogwyr. Dywedodd Tony Burke, Ysgrifennydd Cyffredinol Cynorthwyol Amicus: 'Bydd y cytundeb Partneriaeth mewn Gwaith newydd yn tywys cysylltiadau diwydiannol yn y diwydiant i mewn i'r unfed ganrif ar hugain. Mae'r cytundeb newydd a foderneiddiwyd yn ystyried y newidiadau technegol ac economaidd sydd wedi digwydd yn ystod y blynyddoedd diwethaf, yn ogystal ag adlewyrchu'r newidiadau cymdeithasol niferus. Mae'r cytundeb newydd hwn hefyd yn edrych i'r dyfodol gyda chymalau ar faterion cymdeithasol fel tâl salwch, rheoliad gweithwyr asiantaeth a gweithwyr dros-dro, gwybodaeth ac ymgynghoriad, a phatrymau gweithio hyblyg. Bydd hefyd yn golygu bod y diwydiant yn gallu trafod ystod eang o faterion gan gynnwys cynhyrchedd, yr awydd i gystadlu, deddfwriaeth newydd, yn ogystal â materion cymdeithasol a thechnegol mewn ffordd wahanol. Bydd trafodaethau'n digwydd yn rheolaidd rhyngddom ni a'r BPIF (ffederasiwn y cyflogwyr) gyda chymorth cadeirydd annibynnol i weithio trwy unrhyw faterion, tra'n cydnabod buddiannau'r ddwy ochr.'

Ffynhonnell: addaswyd o www.amicustheunion.org, 28.10.2005.

1. Beth yw rôl undeb llafur? Rhowch enghreifftiau o'r data i esbonio eich ateb.
2. Dadansoddwch effaith undebau llafur ar gyflogau a chyflogaeth yn y DU.
3. Trafodwch a fyddai effeithlonrwydd economaidd yn gwella pe rhoddwyd cyfyngiadau pellach ar weithgaredd undebau llafur.

Crynodeb

1. Mewn marchnad lafur berffaith gystadleuol, does dim diweithdra, dim gwahaniaethu a bydd grymoedd y farchnad yn dyrannu gweithwyr i'w galwedigaethau â'r tâl mwyaf.
2. Yn ymarferol, mae llawer o enghreifftiau o fethiant y farchnad mewn marchnadoedd llafur.
3. Un ffactor allweddol sy'n achosi methiant y farchnad lafur yn y DU yw diffyg symudedd llafur, a achosir yn ei dro yn bennaf gan fethiant yn y farchnad dai a diffyg sgiliau ymhlith gweithwyr.
4. Mewn marchnadoedd llafur wedi'u segmentu, mae'r sector ffurfiol yn annhebygol o wneud cymwysiadau tymor byr i ddiweithdra ac felly efallai y caiff marchnadoedd llafur eu hatal rhag clirio.
5. Gall undebau llafur a chyflogwyr monopsonaidd, fel y llywodraeth, ostwng cyflogaeth yn y farchnad. Gallai polisi llywodraeth wneud hynny hefyd.
6. Mae llywodraethau'n ceisio unioni methiant y farchnad lafur mewn amrywiaeth o ffyrdd, gan gynnwys deddfwriaeth lleiafswm cyflog a deddfwriaeth cyflog cydradd. Gall y rhain arwain at gynnydd mewn cyflogau i rai gweithwyr ond gallan nhw hefyd arwain at ddiweithdra i weithwyr eraill.

Effeithlonrwydd, tegwch a methiant y farchnad

Mae economi lle mae pob marchnad yn berffaith gystadleuol yn Pareto effeithlon (☞ uned 61). Bydd pob marchnad lafur yn clirio. Mae pawb sydd eisiau swydd ar y gyfradd cyflog gyfredol yn gallu cael un ac felly does dim diweithdra. Mae symudedd perffaith o ffactorau ac felly ni ellir cael diweithdra rhanbarthol na diweithdra sectoraidd. Bydd mecanwaith y farchnad yn dyrannu gweithwyr i'w galwedigaethau â'r gwerth uchaf, gan sicrhau bod cyfanswm y cynnyrch yn yr economi yn cael ei uchafu.

Mewn economi diwydiannol modern go iawn, does fawr ddim o'r marchnadoedd yn berffaith gystadleuol. Mae llawer o enghreifftiau o fethiant y farchnad ac mae hynny'n wir nid yn unig yn y marchnadoedd nwyddau (☞ uned 16) ond hefyd mewn marchnadoedd llafur. Gellir asesu methiant y farchnad yn erbyn nifer o feini prawf effeithlonrwydd gan gynnwys:

- cyflogaeth lawn – i ba raddau mae mecanwaith y farchnad yn darparu swyddi ar gyfer y sawl sy'n dymuno gweithio;
- uchafswm cynhyrchedd llafur – i ba raddau mae potensial, talentau a sgiliau gweithwyr mewn swyddi yn cael eu defnyddio'n llawn mewn economi.

Hefyd gellir asesu llafur yn erbyn gwahanol feini prawf tegwch:

- cyfleoedd cyfartal – i ba raddau mae pob grŵp yn y gymdeithas, gan gynnwys merched, yr ifanc, yr henoed a phobl o leiafrifoedd ethnig, heb gael gwahaniaethu yn eu herbyn yn y farchnad lafur.
- gwahaniaethau cyflog – i ba raddau mae gweithwyr unigol yn derbyn cyflog 'teg' am y gwaith a wnânt.

Achosion methiant y farchnad lafur

Mae nifer sylweddol o ffyrdd y mae marchnadoedd llafur yn amherffaith.

Symudedd llafur Mewn marchnad lafur berffaith mae symudedd llwyr o lafur. Mae gweithwyr, heb gost iddyn nhw eu hunain, yn rhydd i newid swyddi rhwng diwydiannau a rhwng rhanbarthau. Yn ymarferol, mae rhwystrau mawr i symudedd.

- Mae llawer o weithwyr â sgiliau sy'n benodol i swydd. Er enghraifft, ni allai athro ddod yn rheolwr yn hawdd. Ni allai rheolwr ddod yn bianydd cyngerdd yn hawdd. Ni allai pianydd cyngerdd ddod yn gogydd yn hawdd. Pan fydd diwydiannau fel y diwydiant dur neu'r diwydiant

adeiladu llongau yn crebachu fel y gwnaethon nhw yn yr 1970au a'r 1980au yn y DU, mae gweithwyr medrus sy'n colli swyddi yn y diwydiannau hyn yn ei chael hi'n anodd cael hyd i waith heblaw am swyddi di-grefft â chyflog isel. Mae hyfforddiant diwydiannol gan gwmnïau a'r llywodraeth yn ffafrio gweithwyr ifanc. Felly, mae gweithwyr hŷn yn ei chael hi'n anodd symud o ddiwydiant i ddiwydiant, hyd yn oed os dymunant wneud hynny.
- Mae gwybodaeth yn amherffaith yn y farchnad lafur, yn enwedig mewn galwedigaethau lle mae traddodiad hir o ansymudedd llafur. Mae COSTAU CHWILIO uchel i weithwyr a chyflogwyr wrth gael gwybod am gyfleoedd gwaith. Mae'r costau chwilio hyn yn cynnwys amser a dreulir yn chwilio am swyddi, neu ymgeiswyr am swyddi, a chostau ariannol fel teithio, post a hysbysebion. Po uchaf yw'r costau chwilio, lleiaf tebygol yw hi y bydd chwiliad yn digwydd a lleiaf i gyd o symudedd llafur a fydd.
- Dydy gweithwyr ddim yn weithwyr yn unig. Maen nhw'n perthyn i deuluoedd a chymunedau lleol. Maen nhw'n ymfalchïo yn eu hardal neu yn y sgiliau maen nhw wedi'u caffael dros gyfnod hir. Mae'n well gan lawer o bobl peidio â symud o amgylch y wlad yn dilyn swydd neu yrfa. Mae'n well ganddynt aros yn ddi-waith neu aros mewn swydd nad yw'n rhoi boddhad yn hytrach na symud.
- Gall y farchnad dai fod yn rhwystr mawr i symudedd. Yn y DU lleihaodd pwysigrwydd y sector rhentu yn y cyfnod ar ôl y rhyfel. Heddiw, mae'r rhan fwyaf o eiddo ar rent dan berchenogaeth awdurdodau lleol neu gymdeithasau tai ac maen nhw ar gael yn bennaf i deuluoedd ag incwm isel. Mae rhestri aros hir yn golygu na all gweithwyr mewn ardaloedd â diweithdra uchel fel yr Alban symud i ardaloedd â diweithdra is fel De-ddwyrain Lloegr a chael llety teulu am rent isel. Mae mwy o ddarpariaeth ar gyfer gweithwyr ifanc sengl gan fod cyflenwad cymharol helaeth o fflatiau ar gael yn genedlaethol. Mae llety teulu preifat o ansawdd da ar gael mewn meintiau bach ond mae'r rhenti mor uchel fel na ellir eu fforddio ond gan weithwyr sydd ag incwm uwch na'r cyfartaledd. Mae'r rhan fwyaf o gartrefi, fodd bynnag, yn gartrefi perchennog preswyl erbyn hyn. Gall hynny ynddo'i hun achosi ansymudedd llafur. Pan fydd y farchnad dai yn farwaidd, gall gweithwyr ei chael hi'n anodd gwerthu eu tai er mwyn symud i ardal arall. Pan fydd y farchnad dai yn ffyniannus, tueddir i gael bwlch mawr rhwng prisiau tai yn Llundain a De Lloegr a gweddill y DU. Yna efallai y bydd

Cwestiwn 1

Awgrymodd arolwg a gyhoeddwyd yn 1993 gan Gydffederasiwn Diwydiant Prydain a Gwasanaethau Adleoli y Ceffyl Du fod gwrthwynebiad gweithwyr i adleoli swyddi yn cynyddu ar y pryd. Nododd bron 40% o'r 251 o gwmnïau yn yr arolwg fod priod sy'n gweithio 'yn cynrychioli atalydd allweddol i adleoli'. Meddai Ms Sue Shortland, pennaeth grŵp adleoli y Cydffederasiwn: 'Bydd mater y partner sy'n gweithio yn cynyddu gyda mwy o ferched yn gweithio a mwy o deuluoedd dau incwm.' Nododd hi nad dim ond colli incwm am gyfnod oedd yn achosi problemau ond hefyd y niwed i yrfa, dyrchafiad a photensial incwm y partner.

Trydydd pryder a grybwyllwyd oedd addysg plant a nododd ychydig dros chwarter o sampl yr arolwg rwymau teuluol a gwreiddiau fel rhesymau dros amharodrwydd i symud gyda'r cwmni.

Y cwymp ym mhrisiau eiddo yn rhan gyntaf yr 1990au oedd y rhwystr mwyaf difrifol i adleoli. Dwedodd 44% o'r sampl bod methu â gwerthu eu tŷ yn eu hatal rhag cael eu symud i ran arall o'r wlad gan eu cyflogwr.

Ffynhonnell: addaswyd o'r *Financial Times*.

(a) Pa rwystrau i symudedd llafur a amlygwyd yn yr arolwg yn 1993?
(b) Eglurwch pam y gall ansymudedd llafur arwain at aneffeithlonrwydd yn yr economi.

gweithiwr yng Ngogledd Lloegr yn cadw rhag cymryd swydd yn Ne Lloegr oherwydd y gwahaniaeth mawr ym mhrisiau tai.

Undebau llafur a chyflogwyr monopsonaidd Dadleuir bod undebau llafur a chyflogwyr monopsonaidd yn creu diweithdra yn y farchnad. Rhoddwyd esboniad llawn o hyn yn uned 74.

Marchnadoedd llafur wedi'u segmentu Mae rhai economegwyr wedi dadlau bod marchnaodedd llafur wedi'u segmentu fel nad oes fawr ddim symud llafur o un farchnad i farchnad arall. Un fersiwn o'r ddadl hon yw RHAGDYBIAETH Y FARCHNAD LAFUR DDEUOL. Yn sector ffurfiol, cynradd neu gynlluniedig yr economi mae gweithwyr, yn aml yn undebol, yn cael eu cyflogi gan gyflogwyr mawr fel cwmnïau sy'n oligopolaidd neu'n fonopoli neu gan y llywodraeth. Mae gweithwyr yn y sector ffurfiol yn tueddu i fod â gwell cymwysterau a gwell tâl. Yn y sector anffurfiol, eilaidd neu farchnad mae gweithwyr, yn aml heb undebau, yn cael eu cyflogi gan gwmnïau bach neu'n hunangyflogedig. Mae'r gweithwyr hyn yn tueddu i fod heb lawer o sgiliau neu'n ddi-grefft ac yn cael tâl isel.

Yn y sector ffurfiol, mae gweithwyr yn cael eu hystyried yn asedau pwysig gan eu cyflogwyr. Cânt eu hyfforddi a disgwylir iddynt ddilyn gyrfa gydol oes yn eu galwedigaeth. Fe'u hystyrir yn ddibynadwy ac yn deyrngar. Yn gyfnewid am y rhinweddau hyn, mae cwmnïau'n fodlon rhoi pecyn tâl cyflawn, gan gynnwys nid yn unig cyflog ond hefyd buddion fel cynlluniau pensiwn, budd-dal afiechyd a gwyliau â thâl. Ar adegau, gall y pecyn hwn fod yn uwch o lawer na'r gyfradd cyflog gytbwys (h.y. gallai'r cwmni gyflogi gweithwyr ar gyflogau is o lawer). Fodd bynnag, byddai gostwng cyflogau i fanteisio ar wendidau tymor byr yn y farchnad lafur yn wrthgynhyrchiol yn y tymor hir. Gallai ostwng morâl, cynyddu ansicrwydd a gostwng cynhyrchedd ymhlith y staff presennol. Os daw gweithwyr i mewn o'r tu allan i'r cwmni, gallai gymryd amser i'r gweithwyr newydd ddod yn gyfarwydd â threfnau gwaith sydd yn aml yn gymhleth ac efallai y bydd gwrthdaro rhwng y gweithwyr hyn a gweithwyr presennol y cwmni. Hefyd gall gostwng cyflogau

yn y tymor byr gadw pobl ifanc rhag mynd i mewn i'r diwydiant, am iddynt weld y gall cyflogau fod yn gyfnewidiol.

Yn y sector anffurfiol, disgwylir i weithwyr fod yn symudol. Mae sicrwydd swydd yn isel. Mae hyfforddiant yn isel. Ni ddisgwylir i weithwyr aros gyda'u cyflogwyr ac felly ni ddarperir fawr ddim buddion ychwanegol, fel budd-daliadau afiechyd neu gynlluniau pensiwn.

Os ydy economi mewn gwirionedd wedi'u rhannu'n sectorau ffurfiol ac anffurfiol, mae goblygiadau pwysig ar gyfer diweithdra a gwahaniaethau. Mae economegwyr marchnad yn dadlau y gall diweithdra mewn diwydiant fod yn ffenomen dymor byr yn unig gan y bydd cyflogau'n gostwng i glirio'r farchnad. Fodd bynnag, dydy cyflogwyr ddim yn ymateb i ddiweithdra drwy ostwng cyflogau yn sector ffurfiol yr economi. I'r gwrthwyneb, efallai y bydd gweithwyr yn parhau i dderbyn codiadau cyflog yn unol â'u disgwyliadau gyrfa. Yn y sector anffurfiol, bydd yna ostyngiadau cyflog fydd yn ehangu cyflogaeth. Yn gyffredinol bydd yn cymryd yn hirach o lawer i'r economi ddychwelyd i gyflogaeth lawn gan mai dim ond y sector anffurfiol sy'n ymddwyn yn y modd a awgrymir gan ddamcaniaeth economaidd. Hefyd bydd y broses gymhwyso yn arwain at ehangu gwahaniaethau incwm. Tra bydd gweithwyr yn y sector ffurfiol yn derbyn codiadau cyflog, bydd gweithwyr yn y sector anffurfiol yn derbyn toriadau cyflog. Felly mae baich y

Cwestiwn 2

Tabl 75.1 Enillion cyfartalog, chwyddiant a diweithdra, 1990-1993

	1990	1993
Enillion cyfartalog 1990 = 100		
Trydan, nwy, egni arall a chyflenwi dŵr	100	122.2
Bwyd, diod a thybaco (gweithgynhyrchu)	100	125.0
Addysg a gwasanaethau iechyd	100	120.2
Cerbydau modur a darnau (gweithgynhyrchu)	100	119.5
Yr economi cyfan	100	118.5
Gwestai ac arlwyo	100	118.0
Lledr, esgidiau a dillad (gweithgynhyrchu)	100	117.2
Adeiladu	100	116.5
Dosbarthu ac atgyweiriadau	100	113.3
Indecs prisiau adwerthu (1990= 100)	100	114.3
Diweithdra (miliynau)	1.66	2.92

Ffynhonnell: addaswyd o'r Adran Gyflogaeth, *Employment Gazette*.

Mae trydan, nwy, egni arall a chyflenwi dŵr, bwyd, diod a thybaco, addysg a gwasanaethau iechyd a cherbydau modur a darnau yn ddiwydiannau a nodweddir gan gyfran uwch na'r cyfartaledd o swyddi amser llawn parhaol. Mae gwestai ac arlwyo, lledr, esgidiau a dillad, adeiladu a dosbarthu ac atgyweiriadau yn ddiwydiannau sydd â chyfrannau uwch na'r cyfartaledd o weithwyr rhan amser a gweithwyr ysbeidiol.

Dioddefodd economi'r DU enciliad difrifol a hir rhwng 1990 ac 1992. Sut y gallai damcaniaeth marchnadoedd llafur wedi'u segmentu helpu i egluro'r gwahaniaeth yn y cynnydd mewn enillion rhwng y sectorau ar y pryd?

cymhwyso yn disgyn yn anghyfrannol galed ar y sawl sydd fwyaf tebygol o dderbyn cyflogau isel.

Am amrywiaeth o resymau a drafodir isod, mae merched a phobl o leiafrifoedd ethnig yn tueddu i ffurfio canran uwch o lawer o'r gweithlu yn sector anffurfiol yr economi nag yn y sector ffurfiol. Felly, mae'r economi deuol hwn yn atgyfnerthu gwahaniaethu yn erbyn y grwpiau hyn.

Polisi llywodraeth Mae polisïau llywodraeth, yn amrywio o drethi ar sigaréts i bolisi cyfraddau llog i ddeddfwriaeth iechyd a diogelwch, yn effeithio ar y farchnad lafur mewn amrywiaeth o ffyrdd. Mae pob polisi unigol yn lleihau methiant y farchnad neu'n arwain at gynnydd ym methiant y farchnad. Trafodir sawl agwedd ar y ddadl am y mater hwn mewn unedau ar economeg ochr-gyflenwad, ond mae'n bwysig sylweddoli bod polisïau llywodraeth sydd â'r bwriad penodol o ymdrin â methiant y farchnad lafur yn gallu eu hunain greu mwy o fethiant y farchnad lafur.

Unioni methiant y farchnad

Mae llywodraethau wedi mabwysiadu amrywiaeth o bolisïau i geisio gwella effeithlonrwydd a thegwch yn y farchnad lafur. Fodd bynnag, mae rhai economegwyr yn credu bod y problemau mae'r polisïau hyn yn eu creu yn waeth na'r problemau y bwriadwyd iddynt eu datrys.

Deddfwriaeth lleiafswm cyflog Un ffordd o ymdrin â chyflog isel yw bod y llywodraeth yn gorfodi lleiafswm cyfraddau cyflogau ar gyflogwyr.

Mae hyn yn ymddangos yn ddatrysiad delfrydol i broblem tlodi ymhlith gweithwyr. Fodd bynnag, mae damcaniaeth economaidd yn rhagfynegi y bydd y polisi'n cael effeithiau eilaidd annymunol. Mae Ffigur 75.1 yn dangos y cromliniau galw a chyflenwad ar gyfer llafur mewn diwydiant. Y gyfradd cyflog cytbwys yw OE a lefel gytbwys cyflogaeth yw OB. Nawr mae'r llywodraeth yn gosod lleiafswm cyflog o OF, gan orfodi cyfradd cyflog y diwydiant i godi i OF. Mae galw cwmnïau am lafur yn gostwng AB ac mae BD yn fwy o weithwyr yn dymuno cael swyddi yn y diwydiant. Y canlyniad yw

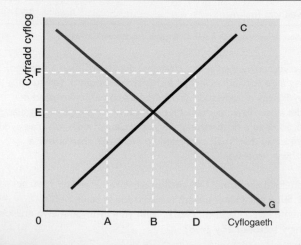

Ffigur 75.1 Deddfwriaeth lleiafswm cyflog
Bydd lleiafswm cyflog o OF yn arwain at gyfradd cyflog uwch yn y diwydiant. Fodd bynnag, bydd AB o weithwyr yn colli eu swyddi presennol a bydd cyfanswm o AD o ddiweithdra yn cael ei greu.

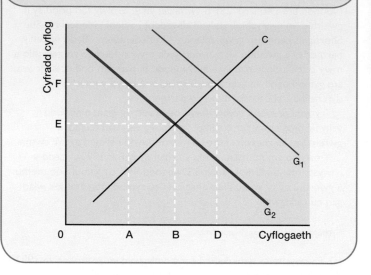

Ffigur 75.2 Gall lleiafswm cyflog achosi diweithdra
Dylai gostyngiad yn y galw am lafur o G_1 i G_2 arwain at ostyngiad yn y gyfradd cyflog o OF i OE. Fodd bynnag, bydd lleiafswm cyflog o OF yn atal hyn ac yn achosi diweithdra o AD.

AD o ddiweithdra.

Dydy'r gweithwyr presennol ddim o reidrwydd wedi elwa. Mae OA o weithwyr wedi cael cyflog uwch. Ond mae AB o weithwyr wedi colli eu swyddi o ganlyniad i'r ddeddfwriaeth. Ar ben hynny, mae'n debygol mai'r gweithwyr a gollodd eu swyddi yw'r rhai lleiaf cyflogadwy. Bydd cwmnïau'n diswyddo eu gweithwyr lleiaf cynhyrchiol.

Hefyd gall deddfwriaeth lleiafswm cyflog atal y farchnad rhag clirio pan fydd cynnydd mewn diweithdra. Yn Ffigur 75.2 G_1 yw cromlin wreiddiol y galw a C yw cromlin y cyflenwad. Tybiwch y gosodir y lleiafswm cyflog yn OF. Mae'r gyfradd cyflog cytbwys yn hafal i leiafswm y gyfradd cyflog a does dim diweithdra. Nawr tybiwch fod yr economi'n cael enciliad. Mae'r galw am gynnyrch y diwydiant yn gostwng ac felly mae'r galw am lafur yn y diwydiant yn gostwng (cofiwch fod llafur yn alw deilliedig). G_2 yw cromlin newydd y galw am lafur. Pe bai'r farchnad yn rhydd, byddai'r gyfradd cyflog wedi gostwng i OE a byddai unrhyw ddiweithdra dros dro yn y farchnad yn diflannu. Ond â lleiafswm cyflog o OF, mae diweithdra o AD yn cael ei greu. Felly dadleuir y gall deddfwriaeth lleiafswm cyflog achosi diweithdra.

Deddfwriaeth cyflog cydradd Bwrieidir i ddeddfwriaeth cyflog cydradd godi cyfraddau cyflogau grwpiau o weithwyr sy'n gwneud gwaith o werth cydradd i lefel cyfraddau cyflogau gweithwyr eraill sy'n gwneud yr un gwaith ond yn cael cyflogau uwch. Yn y DU mae deddfwriaeth cyflog cydradd wedi cael ei chymhwyso yn arbennig at ferched a gweithwyr o leiafrifoedd ethnig.

Mae damcaniaeth economaidd yn awgrymu y bydd deddfwriaeth cyflog cydradd yn cael yr un effaith â gosod lleiafswm cyflog. Bwrieidir i ddeddfwriaeth cyflog cydradd godi cyflogau gweithwyr y gwahaniaethir yn eu herbyn. Yn y DU mae tystiolaeth i awgrymu y bu'n rhannol lwyddiannus yn cyflawni hyn. Fodd bynnag, bydd codi cyflogau yn gostwng y galw am lafur ac yn cynyddu cyflenwad llafur. Pe bai'r farchnad mewn cydbwysedd i ddechrau, byddai cyflwyno'r ddeddfwriaeth yn achosi diweithdra ymhlith y grwpiau y bwriadwyd iddi eu helpu. Mae gwrthddewis uniongyrchol rhwng cyflog uwch a llai o swyddi.

Deddfwriaeth iechyd a diogelwch a mesurau eraill i ddiogelu cyflogaeth Mae'r llywodraeth wedi pasio llawer o ddeddfau y bwriedir iddynt wella safonau byw gweithwyr. Er enghraifft, bwriedir i ddeddfwriaeth iechyd a diogelwch ddiogelu gweithwyr rhag damweiniau yn y gwaith. Mae'r mesurau hyn yn cael yr effaith o gynyddu costau cyflogi llafur i gwmnïau. Nid yn unig mae'n rhaid i gwmnïau dalu cyflog i weithwyr, ond hefyd mae'r ddeddfwriaeth yn gorfodi cynnydd mewn costau sy'n gysylltiedig â llafur. Er enghraifft, rhaid sicrhau bod peiriannau'n ddiogel a rhaid cynnal isafswm ac uchafswm penodol ar gyfer tymereddau yn y gwaith. Mae hyn yn symud cromlin y cyflenwad i fyny ac i'r chwith. Ar unrhyw lefel benodol o gyflogaeth, bydd gweithwyr yn gweithio am gyfradd cyflog benodol plws cost mesurau diogelu, a bydd hynny yn ei dro yn arwain at ostyngiad mewn cyflogaeth. Felly mae economegwyr marchnad rydd yn dadlau bod mesurau sydd â'r bwriad o ddiogelu'r gweithiwr yn arwain at ostyngiad mewn cyflogaeth.

Mae'r graddau y bydd deddfwriaeth llywodraeth sy'n rhoi hawliau ychwanegol i weithwyr yn arwain at gynnydd mewn diweithdra yn dibynnu ar dri ffactor:

● Mae'r cyntaf yn ymwneud â'r gwahaniaeth rhwng yr hawliau newydd a'r hawliau presennol yn y farchnad rydd. Er enghraifft, os ydy cyfradd cyflog y farchnad yn £4 yr awr a bod lleiafswm cyflog yn cael ei osod yn £3 yr awr, ni fydd y lleiafswm cyflog yn cael dim effaith. Ni fydd yn codi cyflogau yn y farchnad nac yn creu diweithdra. Os gosodir y lleiafswm cyflog yn £3 yr awr pan fo cyfradd clirio'r farchnad yn £2.75 yr awr, bydd cynnydd bach mewn cyflogau cyfartalog ond nid yw'n debygol y bydd llawer o ddiweithdra yn cael ei greu. Ar y llaw arall, bydd lleiafswm cyflog o £6 gyda chyfradd clirio'r farchnad yn £2 yr awr yn rhoi buddion sylweddol i'r gweithwyr a gyflogir ond bydd yn debygol o greu diweithdra sylweddol.

● Yn ail, bydd swm y diweithdra a gaiff ei greu yn dibynnu ar elastigeddau cymharol y galw am lafur a chyflenwad llafur. Ystyriwch Ffigur 75.3 a'i gymharu â Ffigur 75.1. Mae'r ddau ddiagram yn ymwneud â chyflwyno lleiafswm cyflog. Cyflog clirio'r farchnad yw OE a'r lleiafswm cyflog a osodir yw OF. Caiff diweithdra o AD ei greu gan gyflwyno'r lleiafswm cyflog. Yn Ffigur 75.1 mae cromliniau'r galw a'r cyflenwad yn gymharol

elastig rhwng OE ac OF. Mae'r diweithdra a gaiff ei greu yn fawr. Yn Ffigur 75.3 mae cromliniau'r galw a'r cyflenwad yn gymharol anelastig rhwng OE ac OF. Mae'r diweithdra a gaiff ei greu yn gymharol fach.

● Yn wir os ydy'r galw am lafur yn berffaith anelastig, ni fydd cynnydd mewn cyflogau yn cael dim effaith ar y galw am lafur. Un casgliad a allai gael ei lunio o'r ddadl uchod yw bod y galw am lafur yn gymharol lai elastig yn sector ffurfiol yr economi nag yw yn y sector anffurfiol. Felly bydd deddfwriaeth lleiafswm cyflog neu ddeddfwriaeth cyflog cydradd yn cael llawer mwy o effaith ar swyddi yn y sector anffurfiol nag yn y sector ffurfiol. Byddai hynny'n cyd-fynd â thystiolaeth sy'n awgrymu bod gweithwyr lled-fedrus a gweithwyr di-grefft wedi dioddef yn anghyfrannol o ddiwethdra yn yr 1970au a'r 1980au yn y DU.

● Yn drydydd, efallai na fydd yr hyn sy'n wir am un diwydiant yn wir am yr economi cyfan. Er enghraifft., gallai deddfwriaeth lleiafswm cyflog yn y diwydiant trin gwallt arwain at ddiweithdra ymhlith pobl trin gwallt. Ond efallai na fydd deddfwriaeth lleiafswm cyflog ar draws pob diwydiant yn cael fawr ddim neu ddim effaith ar ddiweithdra. Mewn economeg, nid yw'n bosibl casglu y bydd yr economi cyfan yn ymddwyn yn yr un ffordd â marchnad unigol.

Cwestiwn 3

Bydd cyflwyno uchafswm wythnos waith o 48 awr, rhan o gyfarwyddyd amser gwaith yr UE, yn rhoi ergyd galed i rai o sectorau diwydiant y DU. Meddai Geoff Bryant, rheolwr-gyfarwyddwr *NC Engineering*, sy'n gosod ac yn cynnal a chadw offer peiriannau: 'Byddai rhoi terfyn ar yr eithrio *(opt-out)* yn gorbwyso pob darn o dâp coch y mae'n rhaid i ni ymdopi ag ef. Ar raddfa o 0-10, byddai'n cael 10 am ddifrifoldeb.' Dywedodd fod llawer o'u staff o 28 yn aml yn gweithio mwy na 48 awr yr wythnos, gan gynnwys teithio i gwrdd â chwsmeriaid. 'Pe bai'n rhaid i ni gydymffurfio â'r ddeddfwriaeth hon, byddai'n ein rhoi ni dan anfantais gystadleuol sylweddol.'

Mae Bob Fiddaman yn rhedeg fferm 500 hectar yn Swydd Hertford. Yn ystod cynaeafu mae'n cyflogi staff rhan amser sydd â'u hwythnos waith yn aml yn mynd y tu hwnt i 48 am gyfnod byr. Meddai: 'Gallaf weld costau ym myd ffermio yn codi ac elw yn gostwng. Dydy ffermio ddim yn fusnes lle mae maint yr elw yn uchel a gallaf weld llawer o ffermwyr yn ymadael â'r diwydiant.'

Ffynhonnell: addaswyd o'r *Financial Times*, 11.5.2005

Gan ddefnyddio diagram, eglurwch effaith bosibl cyfarwyddyd yr wythnos waith 48 awr ar gyflogaeth.

Gwahaniaethu

Un nodwedd anfoddus o farchnadoedd llafur yw gwahaniaethu. Yng nghyd-destun y DU, mae hyn yn fwyaf tebygol o ddigwydd yn erbyn merched, pobl o leiafrifoedd ethnig, pobl ag anabledd a gweithwyr hŷn. Daw gwahaniaethu oddi wrth gyflogwyr. Mewn marchnad sydd â llawer o gyflogwyr, ar unrhyw gyfradd cyflog benodol byddan nhw â llai o alw am weithwyr o grwpiau y gwahaniaethir yn eu herbyn. Mae hynny'n golygu bod cromlin y galw am weithwyr o'r fath yn is ac i'r chwith o'i safle pe na bai gwahaniaethu. Yn Ffigur 75.4 mae hyn yn cael yr effaith o symud cromlin y galw o G_1 i G_2. O ganlyniad, mae'r gyfradd cyflog yn is ac mae llai o weithwyr yn cael swyddi nag a fyddai'n wir fel arall.

Gellid dadlau hefyd bod gwahaniaethu yn effeithio ar gromlin cyflenwad llafur. Os ydy gweithwyr posibl yn

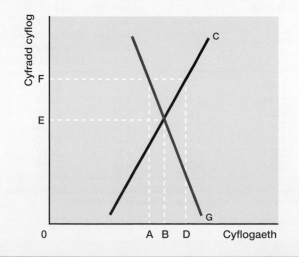

Ffigur 75.3 Cromliniau galw a chyflenwad anelastig ar gyfer llafur
Po fwyaf anelastig yw'r cromliniau galw a chyflenwad ar gyfer llafur, lleiaf i gyd o ddiweithdra sy'n cael ei greu pan gyflwynir lleiafswm cyflog.

Ffigur 75.4 Gwahaniaethu

Mae gwahaniaethu'n golygu y bydd cyflogwyr yn fodlon cynnig llai o swyddi i'r rhai y gwahaniaethir yn eu herbyn. Mae hyn yn cael yr effaith o wthio eu cromlin alw i'r chwith. Mae cyflogau'n is a chyflogir llai o weithwyr.

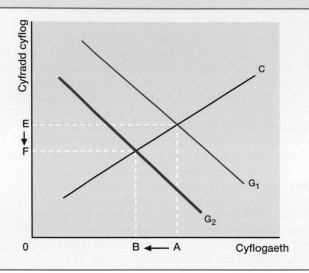

cadw draw rhag mynd i mewn i'r farchnad lafur oherwydd gwahaniaethu yn hytrach na chyflogau isel, bydd cromlin y cyflenwad yn symud i'r dde o'r safle lle byddai fel arall. Sylwch fodd bynnag y bydd gwahaniaethu yn arwain hefyd at symudiad i lawr cromlin y cyflenwad. Am fod cyflogau'n is, bydd llai o weithwyr yn fodlon cymryd swyddi.

Termau allweddol

Costau chwilio – costau fel arian sy'n cael ei wario ac amser sy'n cael ei dreulio yn chwilio am swydd.
Rhagdybiaeth marchnad lafur ddeuol – y rhagdybiaeth bod y farchnad lafur wedi'i rhannu'n ddau sector: y sector ffurfiol â gweithlu cymharol fedrus a sefydlog sy'n cael tâl uchel, a'r sector anffurfiol â gweithlu cymharol ddi-grefft ac ansefydlog sy'n cael tâl isel.

Economeg gymhwysol

Lleiafswm cyflog

Yn Ebrill 1999, cyflwynodd y llywodraeth Leiafswm Cyflog Cenedlaethol o £3.60 yr awr i oedolion 22 mlwydd oed a throsodd. Gosodwyd cyfradd o £3 i ieuenctid 18-21 mlwydd oed, tra bod gan gyflogwyr yr hawl i gynnig beth bynnag y dymunent i weithwyr 17 oed a iau. Mae Tabl 75.2 yn dangos sut mae'r lleiafswm cyflog wedi codi ers hynny.

Amcangyfrifwyd y byddai cyfanswm o tua 2 filiwn o weithwyr yn gweld cynnydd yn eu cyflogau pan gyflwynwyd y lleiafswm cyflog gyntaf yn 1999 fel y mae Tabl 75.3 yn dangos. Mae Tabl 75.3 hefyd yn dangos nifer y gweithwyr a welodd godiadau cyflog wrth i'r lleiafswm cyflog cenedlaethol gynyddu wedyn. Er engraifft, yn Ebrill 2004, amcangyfrifwyd bod 1.4 miliwn o weithwyr yn ennill llai na lefel newydd y lleiafswm

cyflog a fyddai'n dod i rym yn Hydref 2004, sef £4.85. Roedd y rhan fwyaf o'r rhain yn ennill y lleiafswm cyflog a fodolai eisoes sef £4.50.

Gweithwyr benywaidd rhan amser yw'r grŵp sengl mwyaf sydd wedi elwa o'r Lleiafswm Cyflog Cenedlaethol. Mae Ffigur 75.5 yn rhoi manylion o'r rhai oedd yn Ebrill 2004 yn derbyn llai na lefelau'r Lleiafswm Cyflog Cenedlaethol o £4.85 i oedolyn i'w gyflwyno yn Hydref 2004. Roedd bron i 50% o'r rhai fyddai'n elwa

Tabl 75.2 Lleiafswm Cyflog Cenedlaethol – cyfraddau yr awr, y DU

	16-17 oed	18-21 oed	22 a throsodd
Ebrill 1999 i Fai 2000	-	£3.00	£3.60
Mehefin 2000 i Fedi 2000	-	£3.20	£3.60
Hydref 2000 – Medi 2001	-	£3.20	£3.70
Hydref 2001 – Medi 2002	-	£3.50	£4.10
Hydref 2002 – Medi 2003	-	£3.60	£4.20
Hydref 2003 – Medi 2004	-	£3.80	£4.50
Hydref 2004 – Medi 2005	£3.00	£4.10	£4.85
Hydref 2005 – Medi 2006	£3.00	£4.25	£5.05

Ffynhonnell: addaswyd o *Labour Market Trends*, Swyddfa Ystadegau Cenedlaethol.

Tabl 75.3 Niferoedd amcangyfrifol yr effeithiwyd eu cyflog gan gyflwyniad ac yna godiadau dilynol y Lleiafswm Cyflog Cenedlaethol

Ebrill bob blwyddyn	Cyfradd lleiafswm cyflog oedolyn yn Ebrill	Cyfradd lleiafswm cyflog oedolyn arfaethedig ar gyfer Hydref	Nifer yr oedolion yn ennill llai yn Ebrill na chyfradd arfaethedig Hydref[1] (miliynau)
1998	-		1.960
1999	3.6	3.60	0.458
2000	3.6	3.70	0.746
2001	3.7	4.10	1.326
2002	4.1	4.20	0.920
2003	4.2	4.50	1.022
2004	4.5	4.85	1.399

1. Mae ffigur 1998 yn dangos nifer y gweithwyr yr amcangyfrifwyd eu bod yn ennill llai na'r lleiafswm cyflog o £3.60 cyn iddo gael ei gyflwyno yn y lle cyntaf.

Ffynhonnell: addaswyd o *Annual Report*, Comisiwn Cyflogau Isel.

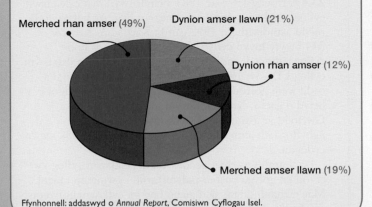

Ffigur 75.5 *Canran swyddi yn Ebrill 2004 yn talu llai na'r Lleiafswm Cyflog Cenedlaethol o £4.85 a gyflwynwyd yn Hydref 2004*

Merched rhan amser (49%)

Dynion amser llawn (21%)

Dynion rhan amser (12%)

Merched amser llawn (19%)

Ffynhonnell: addaswyd o *Annual Report*, Comisiwn Cyflogau Isel.

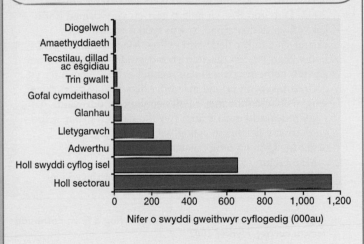

Ffigur 75.6 *Nifer y swyddi yn Ebrill 2004 yn talu llai na'r Lleiafswm Cyflog Cenedlaethol o £4.85 a gyflwynwyd yn Hydref 2004, yn ôl sector diwydiannol*

Nifer o swyddi gweithwyr cyflogedig (000au)

Ffynhonnell: addaswyd o *Annual Report*, Comisiwn Cyflogau Isel.

yn weithwyr benywaidd rhan amser, gyda gweithwyr benywaidd a gwrywaidd amser llawn yn gwneud y grŵp pwysicaf nesaf fyddai'n elwa.

Mae'r gweithwyr sy'n elwa o hyn i'w canfod yn bennaf mewn dau ddiwydiant fel y gwelir yn ffigur 75.6: adwerthu a lletygarwch (gan gynnwys gwestai ac arlwyo). Mae tua dwy ran o dair o swyddi cyflog isel y DU i'w cael yn y ddau ddiwydiant yma. Mae glanhau a gofal cymdeithasol preswyl yn ddau ddiwydiant arall gyda nifer sylweddol o weithwyr cyflog isel, sef tua chweched rhan o holl swyddi cyflog isel.

Dadleuon o blaid lleiafswm cyflog

Mae'r prif ddadl o blaid lleiafswm cyflog cenedlaethol yn ymwneud â **thegwch llorweddol** (☞ uned 68). Dylai pob gweithiwr dderbyn yr un cyfradd tâl am weithio awr.

Mewn economi marchnad, nid yw hyn yn bosibl. Mae'r farchnad yn cynhyrchu gwahaniaethau mewn cyflog er mwyn creu economi effeithlon lle mae cyflogau'n gweithredu fel arwyddion, gan gymell gweithwyr gyda sgiliau uwch i ymgymryd â swyddi gyda derbyniadau cynnyrch ffiniol uwch. Fodd bynnag, mae lleiafswm cyflog yn gosod sylfaen ac mae'n amhosibl i rymoedd y farchnad wthio cyflogau yn is na'r sylfaen hwn. Mae'n sicrhau lleiafswm gwobr i lafur sy'n cael ei hystyried yn wobr 'deg'. Mae'n rhwystro gweithwyr yn y DU rhag derbyn cyfraddau cyflog Trydydd Byd a chreu cymdeithas sy'n anghyfartal iawn.

Gellid dadlau hefyd bod lleiafswm cyflog yn hyrwyddo effeithlonrwydd dynamig mewn gwlad ddiwydiannol gyfoethog. Bydd cwmnïau'n cyflogi gweithwyr os yw eu cyflogau'n hafal i, neu'n llai na'u derbyniadau cynnyrch ffiniol (MRP). Gellir codi MRP llafur os yw gweithwyr yn derbyn hyfforddiant ac yn dod yn fwy medrus. Hefyd, gall MRP llafur godi os yw cwmnïau'n buddsoddi mewn offer cyfalaf. Mae lleiafswm cyflog yn annog cwmnïau i fuddsoddi mewn cyfalaf dynol a chyfalaf ffisegol all arwain at dwf economaidd uwch yn y tymor hir. Bydd hyn yn wir os oedd cyflogau isel cyn i'r lleiafswm cyflog gael ei gyflwyno wedi arwain at danfuddsoddi a defnydd aneffeithiol o lafur prin.

Yn yr un modd, gellir dadlau bod lleiafswm cyflog yn annog gwledydd cyfoethog fel y DU i symud ymaith o gynhyrchu cynhyrchion gyda gwerth ychwanegol isel a symud at gynhyrchu cynhyrchion gyda gwerth ychwanegol uwch. Yn y tymor hir, os yw gwledydd am dyfu, byddant fwyfwy yn cynhyrchu cynhyrchion soffistigedig. Mae cyflwyno lleiafswm cyflog yn annog y duedd hon am ei fod yn annog buddsoddiant.

Yn nhermau tlodi byd-eang, gall lleiafswm cyflog helpu gwledydd Trydydd Byd i ddod yn fwy cystadleuol. Bydd rhai swyddi gwerth isel, di-grefft yn diflannu mewn gwledydd cyfoethog sy'n cyflwyno lleiafswm cyflog. Bydd gwledydd Trydydd Byd wedyn yn gallu llenwi'r bwlch drwy allforio'r cynhyrchion hynny i'r wlad gyfoethog. Mae hyn o fudd i bawb. Gellir gwario'r ariannau tramor y mae'r wlad Trydydd Byd yn eu hennill ar nwyddau a gwasanaethau o wledydd eraill, gan gynnwys allforion o wledydd cyfoethog. Maent yn debygol o fod yn nwyddau gwerth uchel, sef y nwyddau hynny y mae gan wledydd cyfoethog fantais gystadleuol wrth eu cynhyrchu.

Mae damcaniaeth economaidd yn awgrymu y bydd aneffeithlonrwydd dyrannol os oes cyflogwr monopsonaidd yn y farchnad. Bydd hyn yn digwydd oherwydd bydd monopsonydd yn cyflogi llai o weithwyr ar gyfradd tâl is nag y byddai'r sefyllfa pe byddai nifer o gyflogwyr mewn marchnad (☞ uned 75). Bydd cyflwyno lleiafswm cyflog i farchnad lle mae monopsonydd yn talu cyflogau isel yn codi cyflogau ac yn creu swyddi. Mae aneffeithlonrwydd dyrannol yn debygol o ostwng. Ymhellach, dylai'r trethdalwr hefyd fanteisio gan y bydd llai o weithwyr yn hawlio budd-daliadau incwm isel, a

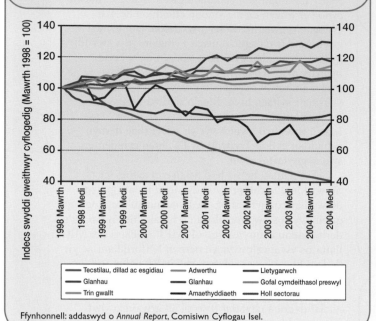

Ffigur 75.7 Newid i swyddi gweithwyr mewn diwydiannau cyflog isel

Ffynhonnell: addaswyd o *Annual Report*, Comisiwn Cyflogau Isel.

bydd mwy o weithwyr yn talu mwy o dreth incwm wrth i gyflogau godi ac wrth i fwy o weithwyr fod mewn gwaith.

Dadleuon yn erbyn lleiafswm cyflog

Y brif ddadl yn erbyn lleiafswm cyflog yw ei fod yn creu diweithdra. Mae'r dystiolaeth ar hyn yn groesddywedol. Yn y DU, roedd effaith cyflwyniad y lleiafswm cyflog yn 1999 ar ddiweithdra yn ddibwys, yn bennaf oherwydd bod y lleiafswm cyflog wedi'i osod ar lefel mor isel fel nad oedd yn golygu costau uwch i gyflogwyr.

Mae'r graddau y mae diweithdra yn cael ei greu yn dibynnu'n rhannol ar natur swyddi cyflog isel; hynny yw, a yw'r swyddi hyn yn y sector nwyddau a gwasanaethau a fasnachir yn rhyngwladol ac ar gyfraddau cyflog ein cystadleuwyr rhyngwladol. Mae Ffigur 75.7 yn dangos sut mae cyflogaeth wedi newid mewn diwydiannau gyda chyfran uchel o weithwyr cyflog isel. Fe wynebodd y diwydiant tecstilau yn arbennig gystadleuaeth ryngwladol ffyrnig rhwng 1998 a 2004, a chollwyd bron i 60% o swyddi. Aeth amaethyddiaeth trwy adegau caled yn sgîl argyfyngau BSE a chlwy'r traed a'r genau; collwyd llawer o swyddi wrth i incymau ostwng. Bu cynnydd yn nifer y swyddi yn y rhan fwyaf o ddiwydiannau cyflog isel lle nad oedd cystadleuaeth dramor, gyda diogelwch yn codi dros 30%. Nid yw'r ystadegau yn dweud beth fyddai'r lefelau cyflogaeth pe na bai'r lleiafswm cyflog wedi'i gyflwyno. Ond mae nifer y swyddi cyflog isel wedi ehangu ers 1998.

Mae tystiolaeth o wledydd tramor lle mae lleiafswm cyflog cenedlaethol yn gymharol gyffredin yn rhoi darlun croesddywedol. Er enghraifft, roedd astudiaeth o ymestyniad lleiafswm cyflog UDA i Puerto Rico, economi Trydydd Byd yn y Caribî yn 1974, yn dangos bod

cyflogaeth wedi gostwng yno. Erbyn 1980, roedd y lleiafswm cyflog Ffederal yn 75% o'r cyflog cyfartalog yn niwydiant gweithgynhyrchu Puerto Rico o'i gymharu â 43% ar dir mawr UDA. Cododd diweithdra o 11.3% i 23.4% rhwng 1974 ac 1983 a chyfrifwyd mai'r lleiafswm cyflog oedd yn gyfrifol am draean o hyn. Ar y llaw arall, roedd astudiaeth yn 1992 gan L. Katz ac A. Krueger o 314 bwyty bwyd cyflym yn Texas yn dangos bod cyflogaeth wedi codi yn dilyn codiad o 45% yn lleiafswm cyflog UDA yn 1991. Ar ben hynny, roedd y bwytai a oedd wedi gorfod codi eu cyflogau fwyaf yn dueddol hefyd o gael y cynnydd mwyaf mewn cyflogaeth. Gwelodd yr astudiaeth bod cynnydd o 25% yng nghyflogaeth amser llawn am bob cynnydd o 10% mewn cyflogau.

Dadl arall yn erbyn deddfwriaeth lleiafswm cyflog yw ei fod yn golygu costau cydymffurfio i gwmnïau unigol. Mae'n rhaid iddynt sicrhau eu bod yn cyflawni gofynion y gyfraith a'u bod yn gallu profi i arolygwyr eu bod yn gwneud hynny. Mae hyn yn enghraifft arall o 'dâp coch' sy'n golygu costau arbennig o uchel i gwmnïau bach.

Efallai mai'r ddadl bwysicaf yn erbyn y lleiafswm cyflog yn y DU yw mai ychydig iawn y mae'n ei wneud i leihau tlodi. Mae Ffigur 75.8 yn dangos safle'r cartrefi lleiafswm cyflog yn nosraniad incwm cartref yn Hydref 2002. Dim ond 8% yn unig o gartrefi yn y degfed isaf o gartrefi yn ôl dosraniad incwm sydd â rhywun yn y cartref yn ennill y lleiafswm cyflog. Mae hyn oherwydd bod y rhan fwyaf o gartrefi yn y degradd isaf o incwm yn gartrefi heb unrhyw aelodau'n ennill cyflog. Mae nifer yn gartrefi pensiynwyr ond mae nifer hefyd yn gartrefi rhieni sengl a chartrefi lle mae'r holl oedolion yn ddi-waith. Yn y grŵp degradd gyda'r rhan fwyaf o gartrefi gydag aelod yn derbyn y lleiafswm cyflog, sef y trydydd grŵp degradd, 15% yn unig o gartrefi sy'n elwa.

Mae Ffigur 75.8 hefyd yn dangos cyfran y cartrefi o oed gweithio gydag un neu fwy mewn gwaith sydd ag

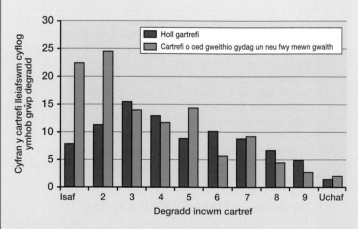

Ffigur 75.8 Cyfran y cartrefi lleiafswm cyflog o fewn dosraniad incwm cartref, Hydref 2002

Ffynhonnell: addaswyd o *Annual Report*, Comisiwn Cyflogau Isel.

aelod ar y lleiafswm cyflog. Mae gan bron chwarter o'r cartrefi hyn yn y ddau ddegradd isaf aelodau ar y lleiafswm cyflog. Felly i gartrefi o oed gweithio gydag un neu fwy mewn gwaith, mae'r lleiafswm cyflog yn cael

llawer mwy o effaith, o'i gymharu â'r holl gartrefi. Er hynny, nid yw mwyafrif helaeth y cartrefi gyda gweithwyr yn elwa'n uniongyrchol o'r lleiafswm cyflog.

Cwestiwn Data

Modelau lles cymdeithasol

Ffigur 75.9 *Cyfraddau cyflogaeth a'r tebygolrwydd o osgoi tlodi mewn systemau cymdeithasol Ewropeaidd*

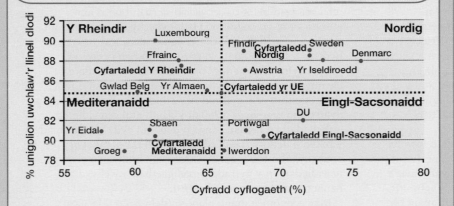

Ffigur 75.10 *Cyfaddawd deddfwriaeth amddiffyn cyflogaeth/budd-daliadau diweithdra*

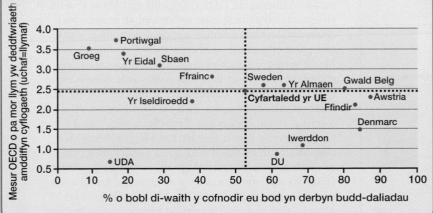

Ffynhonnell: addaswyd o *Globalisation and the Reform of European Social Models*, André Sapir, 2005.

1. Eglurwch pam y gallai cyfraddau cyflogaeth mewn marchnadoedd llafur yn y gwledydd sy'n mabwysiadu 'Model y Rheindir' a'r 'Model Mediteranaidd' fod yn isel.

2. Eglurwch pam bod tlodi'n uwch yn y gwledydd sy'n mabwysiadu'r model 'Eingl-Sacsonaidd'.

3. Trafodwch a yw methiant marchnad yn fwy mewn gwledydd fel Ffrainc a Denmarc nag ydyw yn Groeg neu'r DU.

Mae'r economegydd o Wlad Belg, André Sapir, yn dadlau mewn llyfr diweddar, *Globalisation and the Reform of European Social Models*, bod yna bedwar model lles cymdeithasol gwahanol yn cael eu defnyddio gan lywodraethau o fewn gorllewin Ewrop, fel y gwelir yn Ffigurau 75.9 a 75.10.

- Y 'Model Nordig' (Denmarc, Ffindir, Sweden a'r Iseldiroedd), sydd a'r gwariant cyhoeddus uchaf ar amddiffyniad cymdeithasol a darpariaeth lles cyffredinol. Mae marchnadoedd llafur yn gymharol ddigyswllt ond mae yna bolisïau marchnad lafur 'gweithredol' tra bod undebau cryf yn sicrhau lefel uchel o gydraddoldeb tâl.

- Y model 'Eingl-Sacsonaidd' (Iwerddon a'r DU) sy'n darparu cymorth cymdeithasol eithaf hael yn y pen draw, gyda throsglwyddiadau ariannol yn mynd yn bennaf i bobl o oed gweithio. Mae undebau yn wan a'r farchnad lafur yn gymharol anrheoledig.

- 'Model y Rheindir' (Awstria, Gwlad Belg, Ffrainc, Yr Almaen a Luxembourg) sy'n dibynnu ar yswiriant cymdeithasol i'r sawl sy'n ddi-waith yn ogystal ag ar gyfer darparu pensiynau. Mae amddiffyniad cyflogaeth yn gryfach nag yn y gwledydd Nordig. Mae undebau hefyd yn bwerus ac yn mwynhau cefnogaeth gyfreithiol ar gyfer ymestyn canlyniadau cydfargeinio.

- Y 'Model Mediteranaidd' (Groeg, Yr Eidal, Portiwgal a Sbaen) sy'n canolbwyntio ar wariant cyhoeddus ar bensiynau i'r henoed. Mae rheoliadau cryf yn amddiffyn ac yn gostwng cyflogaeth, tra bod cefnogaeth hael i ymddeoliad cynnar yn ceisio lleihau'r niferoedd sy'n chwilio am waith.

Mae'r Athro Sapir yn dadlau bod y modelau Eingl-Sacsonaidd a Nordig yn effeithiol (o leiaf yn y farchnad lafur), tra bo modelau 'Y Rheindir' a 'Mediteranaidd' yn deg.

Ffynhonnell: addaswyd o'r *Financial Times*, 14.9.2005.

Economeg gymhwysol

Newid poblogaeth yn y DU

Mae poblogaeth y DU wedi cynyddu yn yr ugeinfed ganrif o 38 miliwn yn 1901 i'r ffigur cyfredol sydd ychydig dros 60 miliwn. Gall poblogaeth gwlad newid mewn tair ffordd.

Gall nifer y genedigaethau godi Fel y gwelir yn Ffigur 76.1, bu cryn amrywiadau yn nifer y genedigaethau yn y wlad hon yn ystod yr ugeinfed ganrif. Cafwyd gostyngiad sydyn yn nifer y genedigaethau yn ystod y ddau Ryfel Byd. Bu gostyngiadau pellach mewn genedigaethau yn ystod cyfnodau o enciliad neu ansicrwydd economaidd – yr 1920au a'r 1930au, diwedd yr 1960au a'r 1970au cynnar. Gwelwyd cynnydd mewn genedigaethau yn ystod cyfnod o dwf hir ei barhâd o 1950 hyd canol yr 1960au – yr hyn a alwyd yn *baby boom* y cyfnod wedi'r rhyfel. Ni ddechreuodd nifer y genedigaethau godi eto hyd ddiwedd yr 1970au.

Mae dau ffactor yn pennu'r GYFRADD GENEDIGAETHAU, sef nifer y genedigaethau byw fel cyfran o gyfanswm y boblogaeth. Yn gyntaf, po fwyaf nifer y merched o oed geni plant, yna y mwyaf y mae'r gyfradd genedigaethau yn debygol o fod. Er enghraifft, roedd cynnydd yn nifer y merched o oed geni plant o'r 1970au hwyr ymlaen oherwydd y cynnydd mewn genedigaethau yn yr 1950au a'r 1960au. Felly mae hyn

yn esbonio'n rhannol y cynnydd yn y gyfradd genedigaethau o'r 1970au hwyr ymlaen.

Yn ail, mae'r gyfradd genedigaethau yn cael ei phennu gan y GYFRADD FFRWYTHLONDEB, sef nifer y genedigaethau byw fel cyfran y merched o oed geni plant.

Mae'n anodd dweud beth sy'n pennu'r gyfradd ffrwythlondeb. Un rheswm am gyfraddau ffrwythlondeb uchel y cyfnod cyn y Rhyfel Byd Cyntaf oedd y ffaith bod cyfradd marwolaethau plant mor uchel. Gan bod cymaint o blant yn marw, roedd ar ferched angen cael nifer mawr o blant os am geisio sicrhau bod rhai'n goroesi i fod yn oedolion. Heddiw, ychydig iawn o blant sy'n marw, ac felly gall rhieni dau o blant fod yn weddol hyderus y bydd y ddau yn goroesi i fod yn oedolion.

Mae defnydd cynyddol o ddulliau atal cenhedlu a chynnydd yn nifer erthyliadau hefyd yn debygol o fod wedi effeithio ar y gyfradd ffrwythlondeb. Fodd bynnag, dylid cofio mai yn yr 1960au y daeth atal cenhedlu ac erthyliadau yn bethau eang eu defnydd gyda chyflwyniad y bilsen a deddfwriaeth o blaid erthylu. Felly maent yn annhebygol o fod wedi chwarae rhan amlwg yn y newidiadau yn y gyfradd genedigaethau a welwyd yn hanner cyntaf yr ugeinfed ganrif.

Mae economeg magu plant yn debygol o ddarparu esboniad llawnach o'r duedd tuag at gyfraddau ffrwythlondeb is a welir yn yr holl wledydd datblygedig. Mae cost ymwad magu plant wedi cynyddu'n raddol. Mewn llawer o wledydd Trydydd Byd, mae plant yn asedau economaidd i'r rhieni. Gellir eu hanfon i weithio yn ifanc iawn ac mae arferion yn aml yn mynnu bod dyletswydd ar blant i ofalu am rieni oedrannus – mae cael plant cywerth â buddsoddi mewn cynllun pensiwn. Mewn gwledydd datblygedig, mae oedran cyfartalog gadael addysg amser llawn yn codi'n araf. Mae'n rhaid cynnal mwy a mwy o blant hyd eu bod yn 21 oed. Mae plant yn ddrud i'w cadw. Prin yw'r traddodiad yn y DU o gynnal rhieni oedrannus. Ymhellach, mae'r gost ymwad i ferched sy'n aros gartref i fagu plant wedi cynyddu. Mae merched wedi gallu ennill cyflogau uwch ac uwch ac mae gadael cyflogaeth am unrhyw gyfnod o amser yn cael effaith andwyol ar botensial ennill arian tymor hir merch (☞ uned 73). Mewn gwledydd fel Yr Almaen a'r Eidal, mae'r gyfradd genedigaethau heddiw mor isel fel bo'r boblogaeth yn gostwng.

Gall nifer y marwolaethau ostwng Mae Ffigur 76.1 yn dangos bod nifer y marwolaethau wedi cynyddu ers yr Ail Ryfel Byd. Digwyddodd hyn oherwydd bod y boblogaeth wedi tyfu. Fodd bynnag, mae'r GYFRADD MARWOLAETHAU, sef cyfran y marwolaethau i'r

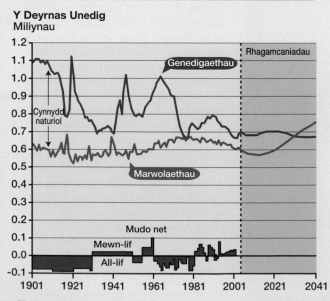

Ffigur 76.1 Newidiadau a rhagamcaniadau poblogaeth

Y Deyrnas Unedig
Miliynau

Ffynhonnell: addaswyd o *Social Trends*, Swyddfa Ystadegau Cenedlaethol.

boblogaeth gyfan, wedi bod yn gostwng wrth i ddisgwyliad oes gynyddu. Gwell bwyd, gwell tai, amodau gweithio mwy diogel yn ogystal â datblygiadau meddygol sydd wedi achosi'r duedd hon tuag at fyw'n hirach.

Gall mudo net fod yn bositif Mudo net yw'r gwahaniaeth rhwng mewnfudiad ac ymfudiad. Os yw'n bositif, mae'n golygu bod mwy o bobl yn dod i'r wlad na bobl yn gadael i ymgartrefu dramor. Mae Ffigur 76.1 yn dangos bod y DU wedi tueddu i golli poblogaeth drwy fudo dros amser. Fodd bynnag, ers yr 1980au, mae mudo net wedi bod yn bositif a chododd yn sydyn yn ystod hanner cyntaf y 2000au. Daw mewnfudwyr o amrywiaeth o wledydd ac mae'r twf mewn mewnfudiad wedi'i rannu'n fras rhwng rhanbarthau'r byd. Yn yr un modd, mae ymfudiad hefyd wedi bod yn cynyddu ers canol yr 1980au. Mae'r tueddiadau hyn yn adlewyrchu symudedd rhyngwladol cynyddol sy'n debygol o barhau mewn economi byd-eang.

T", Tuedda mudwyr i fod yn ifanc, yn eu 20au a 30au. Yng nghyd-destun y DU, mae mudo net yn helpu gwrthweithio proffil heneiddio y boblogaeth breswyl. Heb fewnfudiad, byddai'r problemau y mae'r DU yn wynebu dros y 40 mlynedd nesaf oherwydd poblogaeth sy'n heneiddio yn debygol o fod yn waeth. Gall mudwyr hefyd lenwi swyddi lle mae prinder yn y farchnad lafur. Yn y DU, mae rhai yn dadlau bod mewnfudiad cynyddol wedi helpu cadw chwyddiant cyflog yn isel drwy ehangu'r cyflenwad llafur. Mae rhai gwledydd fel Awstralia a Canada yn mynd ati'n fwriadol i dargedu mewnfudwyr potensial sydd â chymwysterau uchel, gan eu hystyried yn ased economaidd sy'n hyrwyddo ffyniant. Mae rhai yn dadlau y dylid gweithredu'r math hwn o bolisi yn y DU fel rhan o bolisïau ochr-gyflenwad ehangach.

Strwythur oedran newidiol y boblogaeth

Mae'r gyfradd marwolaethau ond wedi newid yn araf dros amser, ac wedi tueddu i ostwng. Fodd bynnag, mae'r gyfradd genedigaethau yn y DU dros yr ugeinfed ganrif wedi amrywio'n sylweddol, a'r amrywiad hwn sydd wedi achosi newid sylweddol yn strwythur oedran y boblogaeth. Mae Ffigur 76.2 yn dangos newidiadau pwysig yn strwythur oedran y boblogaeth ers 1971 a rhagamcaniad hyd 2021. Gellir gweld tri newid o bwys.

Plant Mae nifer y plant 0-15 oed wedi amrywio dros amser. Er enghraifft, erbyn 2013, bydd 8% yn llai o blant nag yn 2000. Mae hyn yn effeithio ar y galw am unrhyw nwyddau a gwasanaethau yn ymwneud â phlant, o deganau a dillad i leoedd mewn ysgolion. Bydd hefyd yn effeithio ar nifer y gweithwyr yn y dyfodol o'r 2020au ymlaen.

Yr henoed Rhagamcanir y bydd nifer yr henoed yn cynyddu. Dros y cyfnod 1971 i 2021, bydd nifer yr henoed wedi cynyddu 72%. Bydd oddeutu tracan mwy o henoed yn 2021 o'i gymharu â 2006. Gellir rhannu pobl dros 65 oed yn ddau grŵp. Mae'r grŵp cyntaf yn heini a gweithgar, yn mwynhau eu hymddeoliad ac yn prynu ystod eang o nwyddau a gwasanaethau o wyliau a phrydau bwyd allan i'r nwyddau electronig diweddaraf. Mae ar yr ail grŵp angen cymorth ffisegol yn eu cartrefi, mewn cartrefi ymddeol neu yn yr ysbyty. Mae'r ail grŵp yn dibynnu'n helaeth ar wasanaeth gwladol, gan gynnwys y GIG. Wrth i ddisgwyliadau oes barhau i godi dros amser, mae'n debygol y bydd mwy a mwy o bobl yn yr ail grŵp hwn, gyda goblygiadau i'r baich treth. Mae'r henoed hefyd yn byw ar bensiynau ac mae'r hyn ddylai ddigwydd i bensiynau yn y dyfodol wedi arwain at ddadleuon tanbaid fel y gwelir yn y cwestiwn data'n ddiweddarach.

Gweithwyr Nid gweithwyr yw pob un o'r bobl 16-64 mlwydd oed a ddangosir yn Ffigur 76.2. Ar waelod yr ystod oedran, mae pobl ifanc mewn addysg amser llawn. Ynghanol yr ystod oedran, mae rhai bobl yn anweithredol oherwydd eu bod yn gofalu am eu plant eu hunain. Ar frig yr ystod oedran, bydd nifer wedi ymddeol cyn cyrraedd 64 mlwydd oed. Fodd bynnag, fel y gwelir yn Ffigur 76.2, rhagamcanir y bydd nifer y bobl 16-64 mlwydd oed yn cynyddu hyd 2021. Ond rhagamcanir y bydd cyfran plant 0-15 mlwydd oed a phobl 65+ i bobl 16-64 mlwydd oed yn gostwng. Gelwir y gyfran hon y GYMHAREB DDIBYNIAETH. Dyma nifer y sawl nad ydynt yn gweithio neu'r sawl sy'n ddibynnol yn y boblogaeth i nifer y gweithwyr. Felly, mae'r gymhareb ddibyniaeth yn is na'r hyn a ddangosir yn Ffigur 76.2. Os yw'r gymhareb ddibyniaeth yn gostwng, mae yna lai o weithwyr i gynnal yr un nifer o bobl ddibynnol. Mae hyn yn arwain at y broblem y bydd yn rhaid i weithwyr neilltuo mwy o'u henillion i gynnal pensiynwyr, sef y 'bom amser pensiynau' a ddisgrifir yn y cwestiwn data.

Ffordd arall o edrych ar strwythurau oedran newidiol yw defnyddio pyramid oed-rhyw, fel yn Ffigur 76.3. Yn 2004, prin nad oedd neb a anwyd 100 mlynedd ynghynt ar ben y pyramid. Ar waelod y pyramid mae'r babanod 0

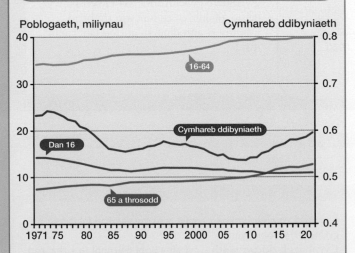

Ffigur 76.2 Poblogaeth yn ôl oedran a chymarebau dibyniaeth

Poblogaeth, miliynau   Cymhareb ddibyniaeth

16-64

Dan 16

Cymhareb ddibyniaeth

65 a throsodd

1971 75 80 85 90 95 2000 05 10 15 20

Ffynhonnell: addaswyd o: Swyddfa Ystadegau Cenedlaethol; Adran Actiwari'r Llywodraeth; Swyddfa Gofrestru Gyffredinol yr Alban; Asiantaeth Ystadegau ac Ymchwil Gogledd Iwerddon.

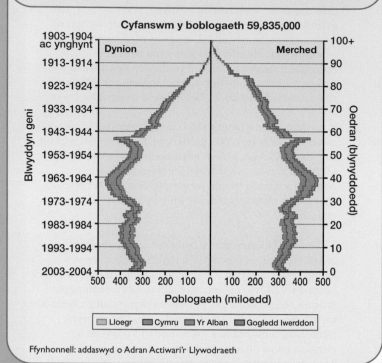

Ffigur 76.3 Poblogaeth yn ôl oedran a rhyw, y Deyrnas Unedig, canol 2004

Cyfanswm y boblogaeth 59,835,000

Ffynhonnell: addaswyd o Adran Actiwari'r Llywodraeth

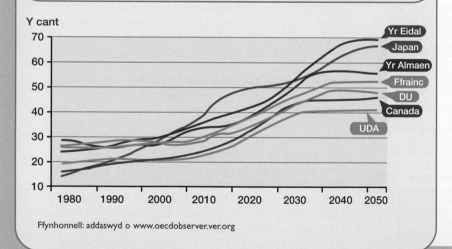

Ffigur 76.4 Dibyniaeth pobl oedrannus: poblogaeth 65 mlwydd oed a throsodd fel canran o'r boblogaeth o oed gweithio (20-64 mlwydd oed), gwledydd G7

Ffynhonnell: addaswyd o www.oecdobserver.ver.org

oed a anwyd yn 2003-2004. Mae'r 'bom amser pensiynau' yn cael ei achosi gan yr ymchwydd poblogaeth hanner ffordd i fyny'r pyramid. Dyma'r *baby boomers* a anwyd rhwng 1950 ac 1965. Pan fyddant yn ymddeol, bydd yn rhaid i weithwyr oddi tanynt yn y pyramid eu cynnal. Fel y gwelir yn Ffigur 76.3, roedd y *baby boomers* mewn gwaith yn 2004 yn cynnal llawer llai o bobl wedi ymddeol nag a welir o 2025 ymlaen. Pan fydd y *baby boomers* wedi ymddeol, bydd nifer llai o weithwyr i'w cynnal.

Cymhariaeth ryngwladol

Mae gan y rhan fwyaf o wledydd tlawd y byd sy'n datblygu boblogaeth gymharol ifanc o'i chymharu â'r DU. Y problemau sy'n eu hwynebu nhw yw talu am addysg eu plant a darparu swyddi wrth i'r plant hyn symud i'r gweithle. Yn y byd datblygedig, y prif broblem sy'n wynebu gwledydd yw'r ffaith fod y boblogaeth yn heneiddio. Mae Ffigur 76.4 yn dangos dibyniaeth gynyddol pobl oedrannus o'i gymharu â'r boblogaeth o oed gweithio. O'r gwledydd a ddangosir, y rhai yr effeithiwyd arnynt fwyaf yw Japan ac yna'r Almaen, Yr Eidal a Ffrainc ar gyfandir Ewrop. Canada ac UDA yw'r ddwy wlad yr effeithiwyd arnynt leiaf yn rhannol oherwydd bod niferoedd mawr o fewnfudwyr ifanc yn dewis symud i'r gwledydd hynny. Mae'r DU rhwng y ddau grŵp.

Y perygl i'r gwledydd hyn yw y bydd yn rhaid rhoi holl fanteision twf economaidd yn y pen draw tuag at gynnal pobl oedrannus. Er gwaethaf Cynnyrch Mewnwladol Crynswth (CMC) uwch, mae'n bosibl y bydd gweithwyr yn waeth eu byd yn 2040 nag yn, dyweder, 2020. Dyma pam bod sôn am 'bom amser pensiynau'. Ar ei waethaf, bydd trosglwyddiadau incwm rhyng-genhedlaeth o weithwyr i bensiynwyr yn achosi gwrthdaro gwleidyddol wrth i bensiynwyr geisio amddiffyn eu hincwm tra bydd gweithwyr anfodlon yn gorfod talu trethi uwch.

Termau allweddol

Cyfradd ffrwythlondeb – nifer y genedigaethau byw fel cyfran y merched o oed geni plant.

Cyfradd genedigaethau – nifer y genedigaethau byw fel cyfran o gyfanswm y boblogaeth.

Cyfradd marwolaethau – nifer y marwolaethau fel cyfran o gyfanswm y boblogaeth.

Cymhareb ddibyniaeth – cyfran y bobl dibynnol (h.y. rhai nad ydynt yn gweithio) i weithwyr yn y boblogaeth.

Cwestiwn Data

Y bom amser pensiynau

Y broblem

Mae'r rhan fwyaf o weithwyr yn y DU yn wynebu dyfodol llwm fel pensiynwyr. Mae llywodraethau dros yr ugain mlynedd diwethaf wedi cwtogi ar eu hymrwymiad at dalu yr hyn sydd wedi bod yn swm gymharol gynnil yn ôl safonau rhyngwladol. Mae mwy o bobl wedi cynilo symiau mwy o arian mewn cronfeydd pensiwn galwedigaethol a phersonol, ond nid yw llawer wedi cynilo digon i ennill pensiwn parchus. Gweithwyr cyflog isel, y sawl sy'n wynebu diweithdra a merched yw'r grwpiau mwyaf bregus. Felly mae cost pensiynau yn y dyfodol yn fforddiadwy iawn yn ôl y rhan fwyaf o ddadansoddwyr, yn enwedig gan fod y twf yn y gymhareb ddibyniaeth yn hanner cyntaf yr 21ain ganrif yn gymharol fach o'i chymharu â gwledydd diwydiannol eraill.

Yn Ewrop, mae yna broblem wahanol. Mae cynlluniau pensiwn di-wladol i weithwyr yn tueddu i fod yn fwy hael. Er enghraifft, mae gan nifer o weithwyr sydd wedi gweithio 40 mlynedd yr hawl i ymddeol ar ddwy ran o dair cyflog terfynol, tra mai hanner y cyflog terfynol yw'r uchafswm arferol yn y DU. Ymhellach, mae llywodraethau wedi ymroi i ddarparu hawliau pensiwn mwy hael, fel y gwelir yn Nhabl 76.1. Gall gweithwyr cyflog isel, yr hunangyflogedig, y di-waith a merched edrych ymlaen at bensiynau gwladol llawer uwch nag y byddent yn eu cael yn y DU. Mae'r pensiynau hyn yn cael eu hariannu gan drethi cymdeithasol (tebyg i gyfraniadau Yswiriant Cenedlaethol) sy'n dueddol o fod yn uchel heddiw oherwydd bod yn rhaid iddynt ariannu pensiynwyr heddiw. Ond gyda chymhareb ddibyniaeth gynyddol, bydd yn rhaid iddynt fod llawer yn uwch erbyn 2050. Mae nifer o ddadansoddwyr yn rhagweld na fydd modd fforddio'r systemau hyn oherwydd ni fydd gweithwyr yn fodlon talu'r trethi uchel sy'n angenrheidiol i'w hariannu. Yr ateb sy'n cael ei argymell amlaf yw torri budd-daliadau pensiwn gwladol, fel y gwnaethpwyd yn y DU, ac annog gweithwyr i gynilo ar gyfer pensiynau preifat.

Tabl 76.1 Cymhariaeth ryngwladol o wariant tymor-hir amcangyfrifol ar bensiynau

Gwlad	Canran o CMC yn	
	2009 neu'r dyddiad agosaf sydd ar gael	2050
Groeg	12.3	22.6
Ffindir	12.3	15.2
Ffrainc	12.9	14.5
Yr Eidal	13.6	14.4
Yr Almaen	10.9	13.8
Awstria	14.2	13.6
Gwlad Belg	18.8	13.0
Sbaen	8.0	13.0
Sweden	8.6 (2008)	9.4
Luxembourg	7.5 (2008)	9.3
Yr Iseldiroedd	5.2 (2008)	8.3
Denmarc	5.5	7.8
Iwerddon	4.1 (2008)	7.7
Y DU	6.8	7.7

Y broblem ddemograffig

Rydym yn byw yn hirach, fel y gwelir yn Ffigur 76.5, ond rydym eisiau ymddeol ynghynt. Mae hyn yn creu problem bensiwn amlwg.

Mae pensiynau'n cael eu hariannu mewn dwy ffordd. Mae cynlluniau talu wrth fynd yn dibynnu ar weithwyr heddiw yn talu am bensiynau heddiw. Er enghraifft, mae'r pensiwn gwladol i'r henoed yn y DU yn cael ei ariannu yn y modd hwn. Mae'r llywodraeth yn casglu trethi ac yn talu pensiynau allan o'r arian hwnnw. Mae cynlluniau talu wrth fynd yn gymharol rhad i'w cynnal ac yn hawdd i'w deall. Ond maent yn wynebu problemau mawr os bydd nifer y pensiynwyr i weithwyr yn codi, fel bydd yn digwydd dros y 50 mlynedd nesaf. Yr unig ffordd i ariannu hyn, os yw pensiynau i gadw eu gwerth mewn cymhariaeth ag enillion, yw codi'r trethi neu gyfraniadau ar weithwyr.

Y dull arall o ariannu pensiynau yw creu cronfa. Wrth wneud hyn, bydd gweithwyr heddiw yn rhoi arian o'r neilltu a bydd yr arian hwnnw yn cael ei fuddsoddi. Pan fyddant eisiau ymddeol, bydd eu pensiynau yn cael eu talu allan o'r gronfa arian sydd wedi cronni dros y blynyddoedd. Gall y gronfa hon fod yn un unigol, sef pensiwn personol. Neu gall fod yn un gyfunol. Gall grŵp o weithwyr sy'n gweithio i'r un cyflogwr gyfrannu at gronfa, gyda'r cyflogwr fel rheol yn cyfrannu symiau hael hefyd. Bydd y gronfa wedyn yn talu pensiwn i aelodau'r cynllun sydd wedi ymddeol. Ond os yw gweithwyr yn treulio llai o amser yn y gwaith a mwy o amser yn eu hymddeoliad, fel yr awgryma Ffigur 76.5, bydd y gronfa arian a gynilwyd yn llai a bydd yn rhaid i'r incwm rheolaidd a delir allan o'r gronfa yn ystod ymddeoliad fod yn llai. Bydd yn rhaid i weithwyr naill ai gynilo mwy ar gyfer ymddeoliad neu bydd yn rhaid iddynt dderbyn pensiynau llai.

Ffigur 76.5 Canran bywyd oedolyn a dreulir mewn ymddeoliad

		Oed cyfartalog gadael y gweithlu	Disgwyliad oes adeg gadael y gweithlu	Canran bywyd oedolyn a dreulir mewn ymddeoliad
1950	Dynion	67.2	10.8	18.0%
	Merched	63.9	16.2	26.1%
1995	Dynion	63.1	18.9	29.6%
	Merched	60.7	24.7	36.6%
2005	Dynion	64.0	20.4	30.7%
	Merched	61.9	25.1	36.4%

Gwariant cyhoeddus y DU ar bensiynwyr

Fel y gwelir yn Ffigur 76.6, mae cyfran y CMC y mae'r llywodraeth yn ei wario ar bensiynwyr yn debygol o godi erbyn 2050 o ystyried polisïau cyfredol. Telir y pensiwn gwladol sylfaenol i bensiynwyr sydd wedi talu digon o Gyfraniadau Yswiriant Cenedlaethol dros eu bywyd gweithio. Mae SERPS yn gynllun pensiwn gwladol i bob gweithiwr lle mae'r pensiwn a delir yn gysylltiedig ag incwm y gweithiwr dros ei fywyd. Mae credydau pensiwn a Budd-dal Tai/Budd-dal Treth y Cyngor yn fudd-daliadau a delir yn ôl prawf modd. Rhagamcanir y byddant yn tyfu dros amser oherwydd ni fydd y pensiwn gwladol sylfaenol na SERPS yn cadw i fyny gyda thwf mewn enillion. Bydd pensiynwyr sy'n dibynnu'n llwyr ar bensiynau gwladol yn dod yn dlotach o'u cymharu â gweithwyr. Bydd budd-daliadau prawf modd yn helpu i godi eu hincwm i'w rhwystro rhag llithro islaw'r llinell dlodi.

Un o'r problemau gyda budd-daliadau prawf modd yw y gallant atal pobl rhag cynilo. Er enghraifft, gall fod pensiynwyr wedi cynilo ar gyfer pensiwn bach o £100 y mis. Heb y pensiwn hwn, byddai wedi derbyn £80 mewn budd-daliadau prawf modd gan y byddai'n rhy dlawd fel arall. O ganlyniad, mae ei gynilion pensiwn ond wedi cynhyrchu £20 y mis. Dyma un o'r rhesymau pam bod llawer yn dadlau

bod pensiwn gwladol sylfaenol uwch i bawb yn well na phensiwn gwladol is gyda budd-daliadau prawf modd ychwanegol i'r sawl sydd heb lawer neu heb ddim incwm pensiwn arall.

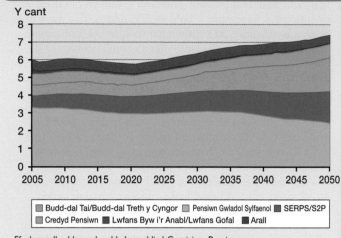

Ffigur 76.6 Gwariant cyhoeddus ar bensiynwyr fel canran o CMC

Ffynhonnell: addaswyd o ddadansoddiad Comisiwn Pensiynau.

Ariannu: a yw'n bwysig?

Gellid dadlau nad oes fawr o bwys sut mae pensiynau yn cael eu hariannu. Mae cynlluniau talu wrth fynd a chynlluniau cronfa yn golygu bod gweithwyr heddiw yn cynhyrchu'r nwyddau a'r gwasanaethau y mae pensiynwyr heddiw yn eu defnyddio. Ni all pensiynwr storio toriadau gwallt, reidiau bws neu hyd yn oed offer cyfrifiadurol pan oeddynt yn gweithio'n 30 mlwydd oed i'w defnyddio pan yn 80 mlwydd oed. Mae cynlluniau cronfa yn awgrymu bod gan bensiynwyr adnoddau real i'w defnyddio. Gall gweithwyr a llywodraethau chwalu'r awgrym yn llwyr. Er enghraifft, gall cyfraddau chwyddiant uchel olygu bod arian pensiynwr mewn cynllun cronfa yn colli'i werth yn sydyn iawn. Gallai llywodraeth hefyd basio deddf yn diddymu holl gytundebau pensiwn.

Fodd bynnag, gellid dadlau hefyd bod cynlluniau cronfa yn well na chynlluniau talu wrth fynd. Mae cynlluniau cronfa o leiaf yn buddsoddi cyfran o'u cronfeydd mewn busnesau, er enghraifft trwy brynu cyfranddaliadau newydd ar farchnadoedd stoc. Caiff yr arian hwn ei ddefnyddio wedyn i ariannu buddsoddiant na fyddai wedi digwydd oni bai am hynny. Felly mae gweithwyr yn cyfrannu at gynyddu stoc cyfalaf gwlad drwy eu cyfraniadau pensiwn. Pan fyddant yn ymddeol, mae cynnyrch yr economi yn fwy nag y byddai wedi bod. Maent wedyn yn gallu prynu nwyddau a gwasanaethau na fyddai wedi cael eu cynhyrchu pe na byddent wedi talu cyfraniadau pensiwn. Gyda chynlluniau talu wrth fynd, nid yw cyfalaf ffisegol yn cael ei gronni, oherwydd bod cyfraniadau pensiwn heddiw yn dod yn bensiynau heddiw.

Argymhellion Turner

Yn 2005, cyhoeddwyd adroddiad Comisiwn Turner, a sefydlwyd gan y llywodraeth i gynnig argymhellion ynghylch sut orau i ymdrin â phroblemau pensiwn y DU i'r dyfodol. Roedd yn dadlau mai cyfuniad o fesurau fyddai'n ymdrin â'r problemau hynny orau.

- Dylid codi gwerth y Pensiwn Henoed Gwladol i godi pensiynwyr heb unrhyw bensiwn arall allan o dlodi, ac i leihau'r ddibyniaeth gynyddol ar fudd-daliadau prawf modd.
- Mae'n rhaid i weithwyr weithio'n hirach ac ymddeol yn hwyrach na'r drefn bresennol.
- Dylid sefydlu Cynllun Cynilo Pensiwn Cenedlaethol lle byddai gweithwyr nad ydynt ar hyn o bryd mewn cynlluniau pensiwn a ddarperir gan eu cyflogwyr yn cyfrannu. Byddai cynilion yn cael eu buddsoddi mewn asedau ariannol fel stociau a chyfranddaliadau.

1. Yn gryno, amlinellwch y broblem bensiwn sy'n wynebu (a) llywodraethau (b) gweithwyr a (c) pensiynwyr yn Ewrop dros y 50 mlynedd nesaf.
2. Ym mha ffordd y gellid dosbarthu pensiynau fel nwyddau rhinweddol?
3. Trafodwch a ddylai llywodraethau orfodi'r holl ddinasyddion i gynilo ar gyfer pensiwn mewn cynllun cronfa yn hytrach na chynllun talu wrth fynd.

Ffynhonnell: addaswyd o *A New Pension Settlement for the Twenty-First Century*, www.pensionscommission.org.uk.

Crynodeb

1. Ystyr dosraniad swyddogaethol incwm yw'r gyfran o'r incwm gwladol a dderbynnir gan bob ffactor cynhyrchu.
2. Mae ffactor yn derbyn rhent economaidd os yw ei enillion yn fwy na'i enillion trosglwydd. Rhent a enillir yn y tymor byr yn unig yw cwasi-rent.
3. Bydd rhent economaidd yn fwy, po fwyaf anelastig yw cromlin y cyflenwad.
4. Ni fydd newid mewn rhent economaidd yn effeithio ar ddyraniad adnoddau.

Dosraniad swyddogaethol incwm

Mae'r ffactorau cynhyrchu yn cael eu dosbarthu yn **dir, llafur, cyfalaf** a **menter** (☞ uned 2). Mae perchenogion ffactorau cynhyrchu yn derbyn tâl am adael i'w ffactorau gael eu defnyddio. Mae tirfeddianwyr yn derbyn rhent, mae llafur yn derbyn cyflog, mae darparwyr cyfalaf yn derbyn llog ac mae mentrwyr yn ennill elw.

Mae DOSRANIAD SWYDDOGAETHOL INCWM yn dangos y gyfran o'r incwm gwladol a dderbynnir gan bob ffactor cynhyrchu. Mae hwn yn wahanol i **ddosraniad personol incwm** a ddisgrifiwyd yn uned 68. Gall unigolyn neu gartref dderbyn incwm o sawl ffactor cynhyrchu. Er enghraifft, gall pensiynwr fod â swydd ran amser, gall dderbyn rhent o eiddo y mae'n berchen arno a gall dderbyn buddrannau o gyfranddaliadau.

Mae dosraniad swyddogaethol incwm yn dibynnu yn rhannol ar y pris sy'n cael ei dalu i bob ffactor cynhyrchu. Mae damcaniaeth economaidd neo-glasurol yn awgrymu bod pris cynnyrch yn cael ei bennu gan rymoedd galw a chyflenwad. Er enghraifft, caiff cyfradd cyflog llafur ei bennu gan y galw am lafur a chyflenwad llafur (☞ uned 73). Caiff rhent ar dir ei bennu gan y galw am dir a chyflenwad tir. Mae deddfau galw a chyflenwad yr un mor berthnasol ym marchnadoedd ffactorau ag y maent ym marchnadoedd nwyddau.

Mae union siapiau'r cromliniau galw a chyflenwad ar gyfer tir, llafur a chyfalaf yn amrywio. Fodd bynnag, maen nhw fwy neu lai yr un siâp ag a welir mewn marchnad nwyddau (h.y. mae cromlin y galw yn goleddu i lawr ac mae cromlin y cyflenwad yn goleddu i fyny).

Gellir defnyddio dadansoddiad galw a chyflenwad i ddangos dosraniad swyddogaethol incwm. Yn Ffigur 77.1 OD yw'r gyfradd cyflog gytbwys yn y farchnad lafur. Cyflogir OA o weithwyr ac felly cyfanswm y bil cyflogau yw OA × OD (nifer y gweithwyr a gyflogir × y gyfradd cyflog am bob gweithiwr). Mae gwerth OA o weithwyr i'r cyflogwr yn cael ei roi gan yr arwynebedd OEBA, swm derbyniadau cynnyrch ffiniol pob gweithiwr a gyflogir i fyny at OA o weithwyr (y pellter fertigol rhwng y gromlin DCFf a'r echelin lorweddol yw derbyniadau cynnyrch ffiniol pob gweithiwr).

Cyfanswm y derbyniadau a dderbynnir gan y cyflogwr yw OEBA. Caiff ODBA ei dalu mewn cyflogau. Felly, BDE yw'r swm sy'n weddill, ar ôl talu cyflogau, i dalu'r ffactorau cynhyrchu eraill a ddefnyddir gan y cwmni. Allan o BDE rhaid iddo dalu rhent a llog i berchenogion tir a chyfalaf ac elw i fentrwyr.

Mae Ffigur 77.1 yn dangos y farchnad am lafur. Byddai'r un dadansoddiad yn gymwys pe bai'r farchnad am dir neu gyfalaf yn cael ei dangos.

Rhent economaidd

Yn ysgrifennu yn rhan gyntaf y 19eg ganrif, datblygodd David Ricardo ddamcaniaeth o rent economaidd sydd heddiw yn gallu cael

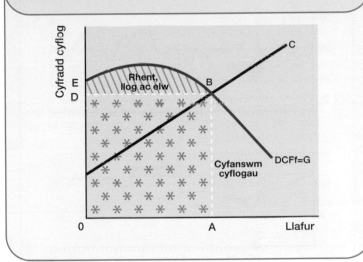

Ffigur 77.1 Dosraniad swyddogaethol incwm
Cyfanswm y derbyniadau i'r cwmni yw swm derbyniadau cynnyrch ffiniol pob gweithiwr (h.y. OEBA). Cyfanswm bil cyflogau'r cwmni yw ODBA. Felly mae BDE yn weddill i'w ddosrannu ar ffurf rhent, llog ac elw.

ei chymhwyso at bob ffactor cynhyrchu. Yn ystod Rhyfeloedd Napoleon cododd rhenti tir yn sydyn yr un pryd â phris ŷd. Dadleuodd llawer fod y cynnydd ym mhris ŷd yn ganlyniad i dirfeddianwyr yn cynyddu rhenti ar dir amaethyddol. Ond dadleuodd Ricardo mai'r cynnydd ym mhris ŷd a achosodd i ffermwyr alw am fwy o dir ar gyfer cynhyrchu ŷd a thrwy hynny yrru pris tir i fyny. Dadleuodd ef fod rhent yn cael ei bennu gan bris yn hytrach nag yn pennu pris.

Yn Ffigur 77.3 dangosir bod cyflenwad tir yn berffaith anelastig. Dim ond maint penodol o dir sydd ar gael ar gyfer cynhyrchu ŷd. Bydd cynnydd yn y galw deilliedig am dir i'w rentu, o ganlyniad i gynnydd ym mhris ŷd, yn gwthio cromlin y galw am dir o G_1 i G_2 a bydd pris neu rent tir yn codi o OA i OB.

Ni fyddai newid yn y rhent ar dir yn Ffigur 77.3 a achosir gan newid yn y galw yn cael dim effaith ar ddyraniad adnoddau yn yr economi. Oherwydd bod y cyflenwad yn berffaith anelastig, byddai tir yn cael ei ddefnyddio i dyfu ŷd p'un ai bod y bris bron yn sero neu'n uwch o lawer nag OB.

Fodd bynnag, dydy'r cyflenwad ddim yn berffaith anelastig ar gyfer y rhan fwyaf o'r ffactorau cynhyrchu. Er enghraifft, gallai'r tir a ddefnyddir ar gyfer tyfu ŷd yn ein henghraifft uchod fod â defnyddiau eraill, fel tyfu llysiau neu bori anifeiliaid. Yna bydd newid ym mhris y ffactor yn cael effaith ddyrannol. Yn Ffigur 77.4 bydd cynnydd yn y galw o G_1 i G_2 yn arwain at ddefnyddio AB yn fwy o unedau o'r ffactor.

Mae damcaniaeth rhent economaidd yn gwahaniaethu rhwng dwy elfen yn y tâl a wneir i ffactor cynhyrchu.

Cwestiwn I

Ffigur 77.2 Dosraniad swyddogaethol incwm, y DU, 1948-2004

Fel canran o CMC

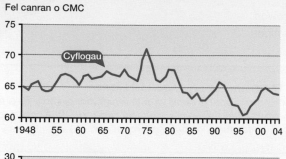

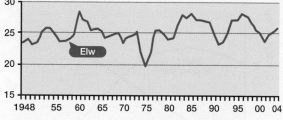

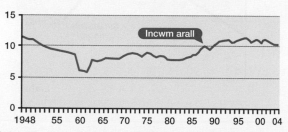

Ffynhonnell: addaswyd o *Monthly Digest of Statistics*, Swyddfa Ystadegau Cenedlaethol.

Tâl gweithwyr yw cyflogau. Gwarged gweithredol crynswth corfforaethau yw elw. Mae incwm arall yn cynnwys incwm o hunangyflogaeth. Ychwanegiad at werth crynswth yn ôl cost ffactor yw incwm gwladol.

(a) Disgrifiwch y tueddiadau yn nosraniad swyddogaethol incwm a ddangosir yn y data.

(b) Gan ddefnyddio diagramau, eglurwch y dadleuon canlynol a allai gyfrif am y data yn Ffigur 77.2:
  (i) o ganlyniad i ddiwygio undebau llafur yn yr 1980au roedd gweithwyr yn fodlon gweithio am gyflogau is;
  (ii) mewn enciliadau, fel 1974-76, 1980-81 ac 1990-92, mae cwmnïau'n ei chael hi'n anodd gostwng eu biliau cyflogau yn unol â'r gostyngiad yn nerbyniadau cynnyrch ffiniol llafur ac felly mae eu proffidioldeb yn gostwng.

• ENILLION TROSGLWYDD y ffactor, sef y tâl **isaf** sydd ei angen i gadw'r ffactor yn ei ddefnydd presennol. Pe bai gweithiwr yn cael ei dalu £200 yr wythnos, ond gallai ennill £150 yn unig yr wythnos yn yr alwedigaeth â'r tâl gorau nesaf, £150 fyddai ei enillion trosglwydd. Enillion trosglwydd yw **cost ymwad** cyflogi'r ffactor. Bydd newid mewn enillion trosglwydd yn effeithio ar ddyraniad adnoddau. Pe bai'r gweithiwr nawr yn gallu ennill £250 yn yr alwedigaeth â'r tâl gorau nesaf, byddai damcaniaeth economaidd yn rhagfynegi y byddai'r gweithiwr, â phopeth arall yn gyfartal, yn gadael ei swydd bresennol sy'n talu £200 yr wythnos ac yn cymryd y swydd sydd â chyflog uwch.

Ffigur 77.3 Tir â chyflenwad sefydlog

Os ydy cyflenwad tir yn berffaith anelastig, bydd unrhyw gynnydd yn y galw amdano yn codi rhenti ond ni fydd yn cael effaith ar ddyraniad tir fel adnodd yn yr economi.

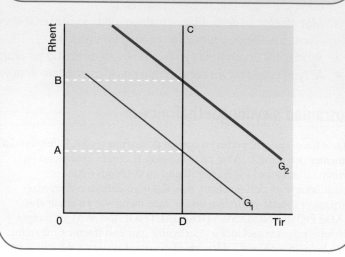

Ffigur 77.4 Tir â chyflenwad elastig

Os nad ydy cyflenwad tir yn berffaith anelastig, bydd cynnydd yn y galw amdano yn effeithio nid yn unig ar ei bris ond hefyd ar ddyraniad tir yn yr economi.

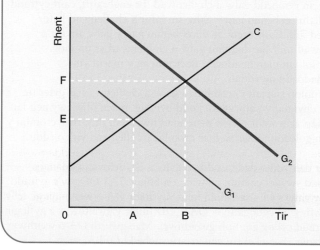

• RHENT ECONOMAIDD y ffactor. Rhent economaidd yw'r tâl uwchlaw'r isafswm sydd ei angen i gadw'r ffactor yn ei ddefnydd presennol (h.y. y gwahaniaeth rhwng ei dâl cyfredol a'i enillion trosglwydd). Ni fydd rhent economaidd yn effeithio ar ddyraniad adnoddau. Pe bai enillion trosglwydd gweithiwr yn £150, byddai'n aros yn ei swydd bresennol p'un ai y byddai'n ennill £200 yr wythnos neu £250 yr wythnos.

Gellir egluro damcaniaeth rhent economaidd gan ddefnyddio diagram galw a chyflenwad. Yn Ffigur 77.5(a) cyfradd cyflog cytbwys llafur yw OD. Fodd bynnag, dim ond y gweithiwr olaf a gyflogir sydd ag enillion trosglwydd o OD. Byddai'r gweithiwr cyntaf yn fodlon gweithio am y gyfradd cyflog OE. Rydym yn gwybod hyn am fod cromlin y cyflenwad yn dangos y gyfradd cyflog isaf y byddai gweithwyr yn fodlon gweithio amdani. Wrth i weithwyr olynol gael eu cyflogi, mae enillion trosglwydd y gweithiwr ffiniol (y gweithiwr olaf a gyflogir) yn cynyddu. Enillion

Ffigur 77.5 Rhent economaidd

Yn Ffigur 77.5(a) cyfanswm enillion trosglwydd OA o lafur yw'r arwynebedd OABE. Cyfanswm y cyflogau a delir yw OABD. Felly y rhent economaidd sy'n cael ei dalu i'r ffactor yw EBD. Po leiaf elastig yw cyflenwad ffactor, mwyaf i gyd yw elfen y rhent economaidd. Os ydy'r cyflenwad yn berffaith anelastig, fel yn Ffigur 77.5(b), mae'r cyfan o'r tâl i'r ffactor yn rhent economaidd.

(a)

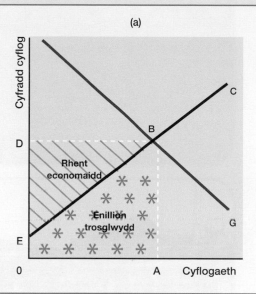

(b)

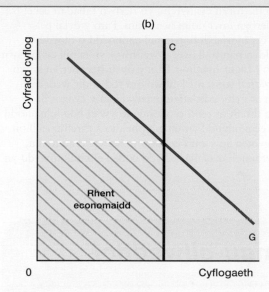

trosglwydd y gweithiwr cyntaf yw OE ac enillion trosglwydd y gweithiwr olaf yw AB (h.y. y pellter fertigol rhwng yr echelin lorweddol a chromlin y cyflenwad). Felly cyfanswm enillion trosglwydd yr holl weithwyr a gyflogir, sef OA, yw'r arwynebedd OABE.

Cyfanswm enillion OA o weithwyr yw'r arwynebedd OABD (nifer y gweithwyr, OA, wedi'i luosi â'r gyfradd cyflog am bob gweithiwr, OD). Y gwahaniaeth rhwng cyfanswm y tâl i ffactor a'i enillion trosglwydd yw ei rent economaidd. Felly rhent economaidd llafur yn Ffigur 77.5(a) yw'r arwynebedd EBD.

Bydd rhent economaidd yn fwy, po fwyaf anelastig yw cromlin y cyflenwad. Os ydy'r cyflenwad yn berffaith anelastig, fel yn Ffigur 77.5(b), mae holl dâl y ffactor yn rhent economaidd ac mae enillion trosglwydd y ffactor yn sero. Mae enillion trosglwydd yn sero oherwydd y caiff y ffactor ei gyflenwi p'un ai bod y tâl a dderbynnir yn sero neu'n anfeidredd (fel y dangosir gan y gromlin gyflenwad fertigol). Yn yr un modd, os ydy'r galw'n berffaith elastig (h.y. mae cromlin y galw yn llorweddol), mae holl dâl y ffactor yn enillion trosglwydd ac mae rhent economaidd yn sero. Beth bynnag yw'r maint a brynir, byddai pris uwch yn achosi i'r galw am y ffactor ostwng i sero. Ni all y ffactor ennill dim mwy na'r isafswm sydd ei angen i'w gadw yn ei ddefnydd presennol.

Cwasi-rent

Weithiau, gall rhent economaidd gael ei ennill yn y tymor byr, ond nid yn y tymor hir. Y term am rent economaidd y gellir ei ennill yn y tymor byr yn unig yw CWASI-RENT. Er enghraifft, efallai y bydd cwmni'n prynu peiriant sydd mor arbenigol fel nad oes defnydd arall iddo. Felly mae ei enillion trosglwydd yn sero ac felly cwasi-renti economaidd yw'r holl daliadau a dderbynnir o ddefnyddio'r peiriant. Yn y tymor hir rhaid i'r peiriant gael ei amnewid yn llwyr neu ddim o gwbl, ac felly bydd rhan neu'r cyfan o enillion y darn yma o gyfalaf yn enillion trosglwydd. Yn y tymor hir bydd angen i'r peiriant o leiaf dalu ei gost economaidd neu ni phrynir un arall yn ei le.

Polisi llywodraeth

Ni fydd swm y rhent economaidd a enillir gan ffactor cynhyrchu yn effeithio ar ddyraniad adnoddau yn yr economi. Felly, mae'n ddamcaniaethol bosibl i'r llywodraeth drethu rhent economaidd ffactor heb newid effeithlonrwydd economaidd yn yr economi (dadleuir yn uned 79 y gallai trethi gael effaith anffafriol ar effeithlonrwydd economaidd). Er enghraifft, mae llywodraeth y DU yn gosod trethi trwm ar gynhyrchu olew Môr y Gogledd, ond mae'n ceisio eu gosod yn y fath fodd fel na fydd yn achosi i gwmnïau beidio â datblygu meysydd ffiniol (h.y. meysydd olew sydd o'r

Cwestiwn 2

Gyda phrisiau olew ar eu hisaf ers 12 mlynedd, mae diwydiant olew alltraeth Prydain yn wynebu dyfodol ansicr. Mae cynhyrchu cyfredol yn gymharol ddiogel. Mae amcangyfrifon y diwydiant yn awgrymu bod 93% o'r cynnyrch o sgafell gyfandirol (*continental shelf*) y DU yn broffidiol am brisiau mor isel â $7 y gasgen o'u cymharu â'r pris heddiw o $10-$12. Fodd bynnag, archwilio, gwerthuso a datblygu sy'n cael eu hergydio fwyaf gan brisiau isel am olew. Mae angen i'r pris fod yn $12 y gasgen i gyfiawnhau costau cylchred oes y maes cyfartalog. Mae'r $12 yn ddigon i dalu nid yn unig y gost weithredol o $7 ond hefyd y costau archwilio a datblygu. Gyda phrisiau yn is na $12, ni fydd cwmnïau ar gyfartaledd yn cael cyfradd adennill sy'n ddigon uchel i gyfiawnhau eu buddsoddiad.

Ffynhonnell: addaswyd o'r *Financial Times*, 16.2.1999.

Yn 2006 roedd pris ar-y-pryd (*spot price*) olew crai Brent yn $60 y gasgen.
(a) Gan ddefnyddio diagram, eglurwch faint o rent economaidd oedd yn cael ei ennill ar olew Môr y Gogledd a werthwyd yn y farchnad ar-y-pryd.
(b) Gan ddefnyddio diagram arall, eglurwch pam y byddai cwmnïau ym musnes olew Môr y Gogledd yn annhebygol o archwilio a datblygu meysydd yn 2006 oedd â chost cylchred oes o $80 y gasgen.

braidd yn broffidiol ac na fyddent yn cael eu datblygu pe bai costau, gan gynnwys trethi, yn uwch).

Mae'r rhai sy'n dadlau o blaid trethu rhenti economaidd fel arfer yn dymuno gweld ailddosrannu incwm o'r cyfoethog i'r tlawd. Maen nhw'n dadlau ei bod hi'n groes i egwyddorion tegwch bod perchenogion rhai ffactorau cynhyrchu yn derbyn taliadau uchel tra nad yw eraill yn derbyn fawr ddim neu ddim. Pam y dylai pêl-droedwyr neu sêr cerddoriaeth bop ennill cannoedd o filoedd o bunnoedd y flwyddyn pan fo llawer o weithwyr yn ennill cyflog sy'n lla nag un y cant o'r ffigur hwnnw? Pam y dylai ffermwr yn sydyn gael ffawdelw (*windfall gain*) o £1 filiwn am fod ei dir wedi cael caniatâd cynllunio ar gyfer adeiladau preswyl gan y cyngor lleol?

Y broblem gyda threth ar renti economaidd yw ei bod hi'n anodd iawn trethu rhent economaidd yn unig a pheidio â threthu enillion trosglwydd. Cyn gynted ag y caiff enillion trosglwydd eu trethu, bydd effeithiau dyrannol ac efallai y bydd colled effeithlonrwydd yn yr economi.

Termau allweddol

Cwasi-rent – rhent economaidd a enillir yn y tymor byr yn unig.
Dosraniad swyddogaethol incwm – mae'n dangos y gyfran o'r incwm gwladol a dderbynnir gan bob ffactor cynhyrchu.
Enillion trosglwydd – y tâl isaf sydd ei angen i gadw ffactor cynhyrchu yn ei ddefnydd presennol. Dyma gost ymwad y ffactor.
Rhent economaidd – y tâl a wneir i ffactor uwchlaw ei enillion trosglwydd yn y tymor hir.

Cwestiwn 3

(a) Eglurwch pam y gallai'r cae hwn yn Swydd Gaerhirfryn fod yn werth tua £4 500 yr erw fel tir ffermio ond £450 000 yr erw fel tir adeiladu.
(b) A ddylid gadael i ffermwyr gadw unrhyw enillion cyfalaf ar dir yn dilyn penderfyniad gan awdurdod lleol i roi caniatâd cynllunio ar gyfer adeiladu ar y tir?

Economeg gymhwysol

Croesi'r Sianel

Yn 1994, agorodd Twnnel y Sianel yn swyddogol, ddeuddeg mis yn hwyr. Roedd wedi costio bron ddwywaith yr hyn a amcangyfrifwyd yn wreiddiol i'w adeiladu, ac roedd y project yn ariannol fregus. Fe'i gorfodwyd i ail-drafod ei fynydd o ddyled oherwydd ni allai derbyniadau o deithwyr wneud iawn am gostau gweithredu beunyddiol a'r taliadau llog. Erbyn 2006, roedd wedi'i orfodi i ail-drafod ei ddyledion gyda'i gredydwyr ar sawl achlysur oherwydd nid oedd yr elw a wnaed o'i fusnes beunyddiol yn agos at fod yn ddigon i ad-dalu'r llog a oedd yn ddyledus ar ei fenthyciadau, heb sôn am ad-dalu'r benthyciadau hyn.

Mae Twnnel y Sianel yn gystadleuydd brwd i'r cwmnïau fferi ar daith Dover-Calais. Erbyn 2006, roedd wedi cipio oddeutu hanner y traffig ar daith Dover-Calais. Ymatebodd y cwmnïau fferi drwy dorri eu costau a thrwy leihau nifer y llongau ar y daith. Aeth rhai cwmnïau mor bell â diddymu eu presenoldeb yn llwyr oherwydd nad oeddynt yn gallu gwneud elw. Gall cwmnïau fferi fod yn hyblyg yn y modd hwn. Os yw cwch yn methu gwneud elw, gall ei pherchennog ei symud i daith arall. Fodd bynnag, nid oes gan Dwnnel y Sianel ddiben arall.

Gellir defnyddio'r cysyniadau rhent economaidd ac enillion trosglwydd i esbonio a dadansoddi'r sefyllfa hon. Yn achos *Eurotunnel*, nid oes gan y Twnnel ddiben arall. Mae ei enillion trosglwydd felly yn sero ac mae ei holl enillion yn rhent economaidd. Yn nhermau Ffigur 77.6, mae cromlin y cyflenwad yn berffaith anelastig. Bydd y

Twnnel yn parhau i weithredu os yw'r galw yn G_1 neu'n G_2. Fodd bynnag, mae cromlin gyflenwad y cwmnïau fferi yn elastig iawn fel y gwelir yn Ffigur 77.7. Mae cyfran uchel iawn o'u henillion yn enillion trosglwydd ac ychydig iawn sy'n rhent economaidd. Os bydd cyfraddau

adenillion teithiau Dover-Calais yn gostwng yn sylweddol, byddant yn rhoi'r gorau i gynnig gwasanaethau ac yn trosglwyddo eu llongau i lwybrau teithio eraill. Byddai gostyngiad mewn galw o G_1 i G_2 yn ddigon i roi monopoli i *Eurotunnel* ar daith Dover-Calais.

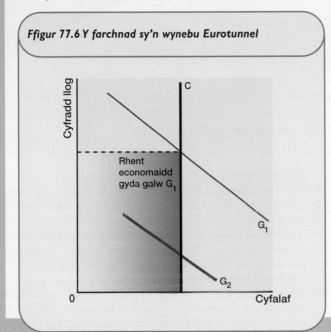

Ffigur 77.6 Y farchnad sy'n wynebu Eurotunnel

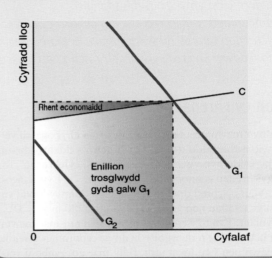

Ffigur 77.7 Y farchnad sy'n wynebu Cwmnïau Fferi'r Sianel

Cwestiwn Data

Rhent economaidd

Datgelwyd y gwahaniaethau enfawr yn enillion gweithlu Prydain heddiw. Mae ymchwil gan undeb y GMB yn datgelu bod cyfarwyddwyr a phrif weithredwyr wedi derbyn ar gyfartaledd £162,000 llynedd o'i gymharu â £10,400 i ofalwr parc thema. Dros y ddeng mlynedd diwethaf, mae prif weithredwyr cwmnïau mawr wedi cael codiadau cyflog ar gyfartaledd dros 250%. Cododd cyflogau sylfaenol holl gyfarwyddwyr FTSE 350 ar gyfartaledd o 8.4% yn ystod y flwyddyn ddiwethaf. Fodd bynnag, cododd cyfanswm y taliadau o'u diffinio fel taliadau gosodedig plws bonysau 18.1%. Yn ystod yr un cyfnod, mae ffigurau swyddogol yn dangos bod enillion cyfartalog ddim ond wedi codi ychydig dros 4%.

Mae'r dadansoddiad o 342 o alwedigaethau yn yr ystadegau cyflogau swyddogol yn dangos bod gweithwyr trin gwallt, llenwyr silffoedd, porthorion, staff bar a trefnwyr blodau ymhlith y rhai a dalwyd lleiaf. Roedd broceriaid, peilotiaid ac ymgynghorwyr rheoli yn y 10% uchaf o ran cyflog. Mae swyddi addysg hanfodol, fel nyrsys meithrinfa, cynorthwy-wyr dysgu a chynorthwy-wyr chwarae yn parhau i fod ar waelod y raddfa gyflog, heb fod yn ennill mwy na £14,000 ar gyfartaledd.

Ffynhonnell: addaswyd o www.guardian.co.uk 23.5.2005, 4.11.2005

Wrth ysgrifennu yn *The Guardian* i amddiffyn hawl pêl-droedwyr i ennill cyflogau uchel, dywedodd Gordon Taylor, prif weithredwr Y Gymdeithas Pêl-droedwyr Proffesiynol: 'Mae'n fy nharo i'n od bob amser bod yn rhaid amddiffyn y ffaith bod pêl-droedwyr yn ennill cyflogau am eu llafur. Pam fod neb yn cwyno am incwm sêr pop, actorion a diddanwyr eraill, neu brisiau cyfreithwyr, yr elw a wna'r banciau a miliwynyddion TG? Fel unrhyw ddiddanwyr, mae cyflogau pêl-droedwyr yn seiliedig ar gyflenwad a galw. Mae Ronaldinhos y byd hwn yn elwa'n gyfiawn ar y ffaith mai pêl-droed yw'r gamp fwyaf poblogaidd o ran gwylio neu gymryd rhan ynddi. I gyrraedd y brig, mae Wayne Rooney, Frank Lampard a David Beckham wedi ennill ras yn erbyn miloedd o gystadleuwyr eraill. Peidiwch â gwrthod iddynt yr hawl i elwa ar eu gallu arbennig ac ennill cyfran deg o'r incwm y maent yn ei gynhyrchu.'

Ffynhonnell: addaswyd o www.guardian.co.uk 7.12..2005

1. Eglurwch faint rhent economaidd y gweithwyr/unigolion uchod.

2. A ddylid trethi rhan fawr o incwm y sawl sy'n ennill cyflogau uchel? Yn eich ateb, dylech gynnwys trafodaeth ar ystyriaethau yn ymwneud ag effeithlonrwydd a thegwch.

Crynodeb

1. Bu cylchredau busnes yn nodwedd o economïau cyfalafol yn y 19eg ganrif a'r 20fed ganrif.
2. Mae pedwar cyfnod i'r gylchred fusnes – ffyniant, enciliad, dirwasgiad ac adferiad.
3. Gellir egluro'r gylchred fusnes gan ddefnyddio'r model GC/CC o'r economi.
4. Mae damcaniaeth y lluosydd-cyflymydd yn nodi yr achosir cylchredau gan ryngweithiad y lluosydd Keynesaidd a damcaniaeth y cyflymydd o fuddsoddiant.
5. Yn ôl damcaniaeth y gylchred stociau achosir cylchredau gan amrywiadau rheolaidd yn lefelau stociau yn yr economi.
6. Mae cylchredau tonnau hir wedi cael eu hegluro gan newidiadau yn lefelau adeiladu a newidiadau mewn technoleg.
7. Mae arianyddwyr yn credu yr achosir cylchredau masnach gan newidiadau yn y cyflenwad arian.

Nodweddion cylchredau

Gwelwyd ers tipyn mewn economeg bod incwm a chyflogaeth yn tueddu i amrywio'n rheolaidd dros amser. Y term a ddefnyddir am yr amrywiadau rheolaidd hyn yw **cylchredau busnes, cylchredau masnach** neu **gylchredau economaidd**. Mae Ffigur 78.1 yn dangos gwahanol gyfnodau cylchred draddodiadol, fel a ddigwyddodd yn y 19eg ganrif, yn yr 1930au neu yn yr 1970au a'r 1980au yn y DU.

- **Brig neu ffyniant.** Pan fo'r economi mewn ffyniant mae incwm gwladol yn uchel. Mae'n debygol y bydd yr economi'n gweithio ar gyflogaeth lawn neu y tu hwnt iddi. Felly mae **gorgynhesu** yno (ond gallai'r economi fod islaw cyflogaeth lawn, yn ôl Keynesiaid, pe bai tagfeydd mewn rhai diwydiannau yn yr economi). Bydd gwariant traul a buddsoddiant yn uchel. Bydd derbyniadau trethi yn uchel. Bydd cyflogau'n cynyddu a bydd elw'n cynyddu. Bydd y wlad yn sugno mewnforion i mewn sydd â galw amdanynt gan ddefnyddwyr ag incwm uchel a busnesau â llyfrau archebion llawn. Hefyd bydd pwysau chwyddiannol yn yr economi.
- **Enciliad.** Pan fydd yr economi'n symud i mewn i enciliad, bydd cynnyrch ac incwm yn gostwng, gan arwain at ostyngiad mewn treuliant a buddsoddiant. Bydd derbyniadau trethi yn dechrau gostwng a bydd gwariant y llywodraeth ar fudd-daliadau yn dechrau codi. Bydd hawliadau cyflog yn fwy cymedrol wrth i ddiweithdra godi. Bydd mewnforion yn gostwng a bydd pwysau

chwyddiannol yn lleihau.
- **Cafn neu ddirwasgiad.** Ar waelod y gylchred dywedir bod yr economi mewn cafn neu ddirwasgiad. Mae gweithgaredd economaidd yn isel o'i gymharu â blynyddoedd cyfagos. Mae yna ddiweithdra torfol, felly bydd treuliant, buddsoddiant a mewnforion yn isel. Ni fydd fawr ddim pwysau chwyddiannol yn yr economi ac efallai y bydd prisiau'n gostwng (bydd **dadchwyddiant** yng ngwir ystyr y term).
- **Adferiad neu ehangu.** Wrth i'r economi symud i mewn i gyfnod o adferiad neu ehangu, bydd incwm a chynnyrch gwladol yn dechrau cynyddu. Bydd diweithdra'n gostwng. Bydd treuliant, buddsoddiant a mewnforion yn dechrau cynyddu. Bydd gweithwyr yn teimlo'n fwy hyderus ynghylch hawlio cynnydd yn eu cyflogau a bydd pwysau chwyddiannol yn dechrau cynyddu.

Yn y DU mae'r llywodraeth yn diffinio enciliad fel sefyllfa lle mae CMC yn gostwng mewn o leiaf dau chwarter olynol. Yn ystod yr 1950au a'r 1960au ac ers canol yr 1990au gwelodd y DU gylchredau masnach llawer mwy cymedrol, fel y dangosir yn Ffigur 78.2. Ni wnaeth incwm gwladol ostwng ond roedd amrywiadau rheolaidd yng nghyfradd twf economaidd. Digwyddai enciliad pan fyddai cyfradd twf economaidd yn gostwng. Byddai adferiad neu ehangiad i'w gael pan fyddai cyfradd twf yn codi eto. Byddai'r economi mewn ffyniant pan fyddai twf economaidd ar ei uchaf o'i gymharu â blynyddoedd

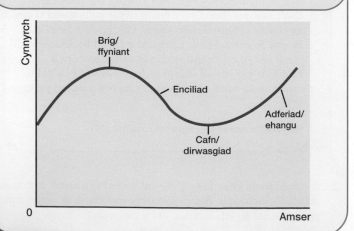

Ffigur 78.1 Y gylchred fusnes draddodiadol
Mae'r economi'n symud yn rheolaidd o ffyniant trwy enciliad i ddirwasgiad cyn cael adferiad eto.

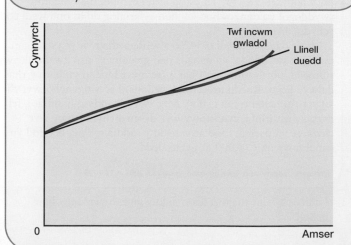

Ffigur 78.2 Cylchred fasnach y DU yn yr 1950au a'r 1960au
Cafwyd brigau pan fu twf economaidd yn uchel a chafnau pan fu twf economaidd yn isel.

cyfagos. Cafwyd cafnau hefyd pan fyddai twf yn arbennig o isel ond doedd y rhain ddim yn 'ddirwasgiad' yn yr ystyr draddodiadol. Yn y cyfnod ar ôl y rhyfel yn y DU, tueddai'r gylchred fasnach i bara pedair neu bum mlynedd o frig i frig. Mae hynny'n cyferbynnu â chylchredau saith i naw mlynedd yn y 19eg ganrif. Mae rhai economegwyr wedi honni bod yna GYLCHREDAU KONDRATIEV sy'n para 50 mlynedd. Fe'u galwyd hyn ar ôl yr economegydd o Rwsia a gynigiodd y syniad gyntaf.

Cwestiwn I

Tabl 78.1

	Twf CMC %	Buddsoddiant (£bn yn ôl prisiau 1985)	Mantol gyfredol y fantol daliadau (£bn yn ôl prisiau 1985)	Diweithdra (miliynau)
1978	2.9	54.9	1.7	1.4
1979	2.8	56.5	- 0.9	1.3
1980	- 2.0	53.4	3.9	1.6
1981	- 1.2	48.3	8.4	2.5
1982	1.7	50.9	5.4	2.9

Nodwch bedwar cyfnod y gylchred fusnes ar sail y data.

Bylchau cynnyrch

Mae cylchredau busnes yn symudiadau o amgylch cyfradd duedd dymor hir twf economi. Pan fydd ffyniant yn ei anterth bydd cynnyrch yn debygol o fod uwchlaw'r hyn y byddai ei gyfradd twf tymor hir yn ei ragfynegi. Mewn enciliad bydd islaw hynny. Mae'r **bwlch cynnyrch** yn mesur y gwahaniaeth rhwng lefel wirioneddol cynnyrch a'i lefel duedd. Yn Ffigur 78.3 mae bwlch cynnyrch negyddol yn OA mewn enciliad am fod cynnyrch gwirioneddol islaw'r lefel duedd. Mae bwlch cynnyrch positif yn OB, pan fo'r economi mewn ffyniant, am fod cynnyrch gwirioneddol yn uwch na'i lefel duedd.

Hysteresis

Gallai Ffigur 78.3 awgrymu nad oes fawr ddim cost yn gysylltiedig ag amrywiadau yn lefel gweithgaredd. Mae cynnyrch a gollir mewn enciliad yn cael ei adennill yn ystod ffyniant, gan adael yr economi heb fod yn well ei fyd nac yn waeth ei fyd yn y tymor hir. Fodd bynnag, mae yna gostau eraill posibl.

● Mae pobl a wneir yn ddi-waith yn ystod enciliad, pa mor gymedrol bynnag y bydd, yn dioddef colled yn eu hincwm hyd yn oed os nad effeithir ar y mwyafrif o weithwyr.

● Mae pobl ar incwm sefydlog yn dioddef mewn ffyniant os bydd chwyddiant yn cynyddu. Caiff eu grym gwario ei erydu oherwydd prisiau uwch.

● Yn ôl rhai economegwyr, mewn enciliad dwfn dydy economïau ddim yn symud yn ôl i'w lefel duedd flaenorol o dwf. Dyma enghraifft o HYSTERESIS. Yn hytrach, mae'r economi'n aros ar lefel is o gynnyrch, er iddo ddal i dyfu ar ei gyfradd duedd flaenorol. Yn Ffigur 78.4 mae'r economi'n dechrau ar lwybr duedd twf AA. Fodd bynnag, mae enciliad dwfn â'i gafn yn OR yn golygu mai dim ond ar lefel sy'n gyson â'r llwybr twf is BB y mae'r economi'n ffynnu. Yna mae'r economi'n dioddef enciliad dwfn arall â chafn yn OS. Mae llinell duedd twf yn symud i lawr i CC. Ar ôl hynny, mae'r gylchred fusnes yn fwy bas o lawer ac mae cynnyrch gwirioneddol yn amrywio o amgylch y llinell duedd CC. Un rheswm pam na fydd economi efallai yn llwyddo i gael adferiad llawn o enciliad dwfn yw bod colled barhaol o gyfalaf dynol. Mewn enciliad gall miliynau golli eu swyddi. Mae rhai'n ymddeol yn gynnar, gan achosi i'r economi golli cynnyrch. Mae eraill yn ddi-waith am gyfnodau hir ac yn colli sgiliau. Maen nhw felly yn llai cynhyrchiol nag o'r blaen. Rheswm arall yw y gall fod colled barhaol o gyfalaf ffisegol. Mewn enciliad, mae cwmnïau'n cwtogi ar eu buddsoddi. Os na fyddan nhw'n gwneud iawn am hyn yn y ffyniant nesaf, mae llai o gyfalaf ffiscgol yn yr economi nag a fyddai wedi bod fel arall. Bydd cynnyrch posibl felly yn gostwng.

Modelau cylchred fusnes

Gellir rhannu modelau cylchred fusnes yn ddau fath. Mae **modelau alldarddol** yn dadlau y caiff cylchredau busnes eu cychwyn gan sioc i'r system economaidd, fel rhyfel, chwyldro, darganfod aur neu symudiadau mawr o boblogaeth. Gellid dadlau bod y cynnydd

---

Figur 78.3 Bylchau cynnyrch
Mae bwlch cynnyrch negyddol yn OA, am fod lefel cynnyrch gwirioneddol islaw lefel duedd cynnyrch. Yn OB mae'n bositif am fod cynnyrch yn uwch na'i lefel duedd.

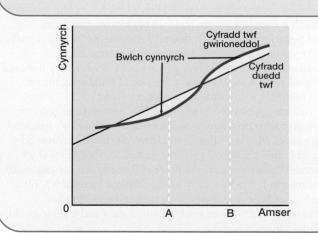

Ffigur 78.4 Hysteresis
Gall cyfradd duedd twf economi symud i lawr os oes enciliad dwfn oherwydd colledion parhaol o gyfalaf dynol a ffisegol.

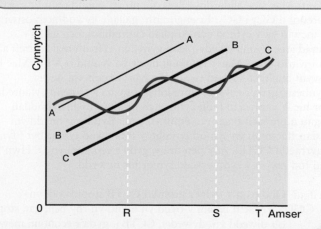

pedwarplyg ym mhris olew yn 1973-74 wedi rhoi sioc ochr-gyflenwad sylweddol i economïau'r byd. Parhaodd yr effeithiau hyn dros amser nes i'r economïau ddychwelyd i gydbwysedd. Mae **damcaniaethau mewndarddol** yn dadlau yr achosir cylchredau masnach gan ffactorau sydd o fewn y system economaidd. Hyd yn oed pe na bai siociau ochr-gyflenwad, byddai'r economi'n amrywio'n rheolaidd dros amser, er y gallai'r amrywiadau fod yn eithaf ysgafn.

Eglurwch sut y gallai enciliad mawr byd-eang, sy'n sioc alldarddol i economi'r DU, gychwyn cylchred fusnes.

Dadansoddiad galw a chyflenwad cyfanredol

Gellir egluro'r gylchred fusnes gan ddefnyddio dadansoddiad galw cyfanredol a chyflenwad cyfanredol. Ystyriwch Ffigur 78.5. Mae'r economi mewn cydbwysedd tymor byr a thymor hir yn A.

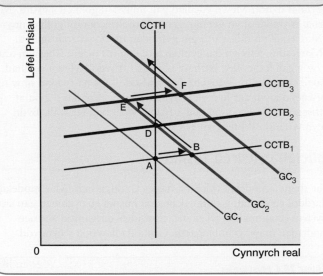

Ffigur 78.5 Y gylchred fusnes
Aflonyddir ar yr economi i ddechrau ac mae'n symud i B. Yna mae'n symud o D drwy E a thu hwnt wrth iddo ddychwelyd i gydbwysedd ar y llinell CCTH.

Ffyniant Mae sioc alldarddol i'r economi yn symud cromlin y galw cyfanredol o GC$_1$ i GC$_2$. Er enghraifft, gallai'r llywodraeth ostwng treth incwm yn y cyfnod cyn etholiad cyffredinol, neu gallai'r farchnad stoc ffynnu'n sydyn, gan gynyddu cyfoeth real cartrefi a'u hybu i wario mwy. Mae'r economi nawr yn symud o A i B. Mae hyn yn bwynt anghydbwysedd tymor hir. Mae'r economi wedi gorgynhesu, gyda'r galw cyfanredol yn fwy na'r cromlin cyfanredol tymor hir. Y canlyniad fydd cyflogaeth orlawn. Bydd cyfraddau cyflogau a phrisiau ffactorau eraill yn codi. Bydd y cynnydd ym mhrisiau ffactorau yn symud cromlin y cyflenwad tymor byr i fyny, gan gyrraedd CCTB$_2$ yn y pen draw, gyda'r economi yn D. Hwn ddylai fod pwynt y cydbwysedd tymor hir newydd.

Enciliad Ond pam y dylai'r gromlin CCTB stopio codi yn CCTB$_2$? Mae'n bosibl y bydd yn mynd yn rhy bell, gan stopio o'r diwedd yn, dyweder, CCTB$_3$, gyda'r economi mewn enciliad. Yr enciliad fydd yn y pen draw yn rhoi

terfyn ar chwyddiant cyflogau, nid safle cydbwysedd tymor hir posibl. Gyda'r economi mewn enciliad, bydd cynnyrch cytbwys wedi gostwng, a ddangosir yn y diagram gan y ffaith bod E i'r chwith o D.

Adferiad Yn y pen draw, fodd bynnag, bydd cynnydd yn y galw cyfanredol ar y lefel prisiau benodol. Yn ystod y symud o B i E, mae treulwyr a chynhyrchwyr wedi gostwng eu gwariant real. Bydd defnyddwyr wedi gostwng yn arbennig eu gwario ar nwyddau traul sy'n para a bydd cwmnïau wedi gostwng gwariant buddsoddiant. Daw pwynt pan fydd yn rhaid i wariant ar yr eitemau hyn ddechrau codi. Er enghraifft, bydd defnyddwyr, ar ôl gohirio prynu ceir newydd, yn gorfod cael ceir yn y pen draw i gymryd lle eu hen geir. Bydd cwmnïau, ar ôl gohirio gwariant buddsoddiant newydd, yn gorfod cael peiriannau yn lle rhai sydd wedi treulio neu roi'r gorau i gynhyrchu. Felly bydd y gromlin GC yn symud i'r dde eto, gan greu tro ar i fyny yn y gylchred.

Ffyniant Wrth i hyder defnyddwyr a busnesau ddychwelyd, mae gwariant yn cynyddu ymhellach i GC$_3$. Ond mae hyn yn arwain at gydbwysedd tymor byr newydd lle mae'r economi eto â chyflogaeth orlawn, sy'n safle anghydbwysedd tymor hir. Bydd cyflogau'n dechrau codi, gan wthio'r gromlin CCTB i fyny i greu'r tro ar i lawr yn yr economi.

Mae Ffigur 78.5 yn dangos economi lle mae'r sioc cychwynnol yn y galw yn creu cylchredau llai a llai dros amser. Yn y pen draw, bydd yr economi'n cydgyfeirio at safle cydbwysedd tymor hir ar gromlin y cyflenwad cyfanredol tymor hir. Mae'n debygol, cyn i hynny ddigwydd, y bydd sioc alldarddol arall wedi digwydd sydd eto'n cynyddu arg y gylchred.

Mae carfannau gwahanol o economegwyr yn pwysleisio agweddau gwahanol ar yr esboniad sylfaenol hwn. Mae economegwyr Keynesaidd yn tueddu i bwysleisio'r newid mewn newidynnau real, fel buddsoddiant, sydd wedyn yn creu amrywiadau mewn cynnyrch sy'n nodweddu'r gylchred fusnes. Mae economegwyr arianolaethol yn tueddu i bwysleisio rôl arian yn y broses sy'n arwain at amrywiadau mewn prisiau yn ogystal â chynnyrch. Trafodir nawr yr esboniadau unigol hyn.

Model y lluosydd-cyflymydd

Un esboniad Keynesaidd o'r gylchred fusnes yw MODEL Y LLUOSYDD-CYFLYMYDD. Yn ôl **damcaniaeth y cyflymydd** o fuddsoddiant, mae buddsoddiant yn ffwythiant o newidiadau incwm yn y gorffennol (☞ uned 32). Os ydy incwm gwladol yn cynyddu, bydd buddsoddiant yn cynyddu hefyd. Bydd y cynnydd hwn mewn buddsoddiant yn arwain at gynnydd lluosol mewn incwm gwladol trwy **effaith y lluosydd** (☞ uned 33). Mae hyn yn arwain at gynnydd pellach mewn buddsoddiant. Felly mae'r economi'n parhau i dyfu. Ar y llaw arall, os bydd incwm yn gostwng, bydd buddsoddiant yn gostwng hefyd, gan arwain trwy broses y lluosydd at ostyngiad pellach mewn incwm. Yna bydd buddsoddiant yn gostwng eto. Mae'r economi ar lwybr tuag i lawr.

Hyd yma mae gennym esboniad posibl o pam y gallai economi dyfu neu grebachu dros amser ond does dim esboniad o'r gylchred fasnach ynddo. Mae dwy ffordd o ddefnyddio model y lluosydd-cyflymydd i lunio model o'r gylchred fusnes. Y ffordd gyntaf yw llunio model llawer mwy cymhleth o'r cyflymydd nag, er enghraifft, y ddamcaniaeth $I_t = a(Y_t - Y_{t-1})$ a ddatblygwyd yn uned 32. Bydd rhai ffurfiau ar fodel y cyflymydd yn cynhyrchu cylchredau rheolaidd. Dim ond trwy eu profi yn erbyn data real y gellir gweld a yw'r ffurfiau hyn yn realistig.

Tabl 78.2 Buddsoddiant ac incwm gwladol, y DU, 1993-2005

£bn yn ôl prisiau 2002

	Ffurfiant cyfalaf sefydlog crynswth	Newid yn ffurfiant cyfalaf sefydlog crynswth	Newid mewn cynnyrch mewnol crynswth yn ôl prisiau'r farchnad
1993	112.9	0.3	18.9
1994	118.2	5.3	35.2
1995	112.8	3.6	23.8
1996	128.6	6.7	23.3
1997	137.1	8.6	27.8
1998	154.9	17.8	29.4
1999	158.1	3.2	28.4
2000	163.7	5.6	39.0
2001	167.6	3.9	22.4
2002	172.6	5.0	20.6
2003	172.6	0.0	26.4
2004	181.5	8.9	34.3
2005	187.5	6.0	20.1

(a) Yn ôl damcaniaeth economaidd Keynesaidd, bydd cynnydd mewn buddsoddiant yn achosi cynnydd mewn incwm gwladol (CMC). Cymhareb y cynnydd mewn incwm gwladol i newid penodol mewn buddsoddiant yw'r lluosydd. Gall newidiadau mewn newidynnau economaidd eraill fel gwariant y llywodraeth ac allforion gael effaith luosydd ar incwm hefyd. Fyddai'r data'n ategu'r farn bod effaith luosydd rhwng buddsoddiant ac incwm?

(b) Mae damcaniaeth y cyflymydd yn awgrymu bod buddsoddiant yn cael ei bennu gan newidiadau mewn incwm dros gyfnodau blaenorol. Fyddai'r data'n ategu'r ddamcaniaeth hon?

(c) Fyddai'r data'n ategu model y lluosydd-cyflymydd?

Y ffordd arall yw cynosod bodolaeth **toeon** a **lloriau** yn y cylch. Mae cyfradd twf blynydol o 5-6% wedi bod yn anghynaliadwy ar gyfer economi'r DU ar ôl y rhyfel. Mae'r economi'n symud i gyflogaeth lawn ac yna y tu hwnt i gyflogaeth lawn. Does dim rhagor o lafur i'w gyflogi i gynnal y ffyniant. Mae hynny'n rhoi brêc ar yr economi. Wrth i gyfradd cynnydd cynnyrch arafu, mae cyfradd twf buddsoddiant yn gostwng hefyd, gan arwain at y tro ar i lawr yn yr economi. Yn yr un modd, ni fydd incwm gwladol yn parhau i ostwng i sero. Ar ryw adeg rhaid i gwmnïau gynyddu buddsoddiant i amnewid peiriannau sydd wedi treulio. Bydd defnyddwyr fwyfwy yn gwrthsefyll gostyngiadau yn eu treuliant ac yn fodlon defnyddio cynilion neu gael benthyg arian i atal gostyngiad pellach yn eu safonau byw. Dyma'r trobwynt i'r economi.

Bydd cynnyrch yn dechrau cynyddu, gan dynnu gwariant defnyddwyr i fyny a hybu gwariant buddsoddiant.

Y gylchred stociau

Esboniad Keynesaidd arall o'r gylchred fusnes yw rhagdybiaeth y GYLCHRED STOCIAU. Mae hon yn ymwneud â stociau o ddefnyddiau crai a chynhyrchion gorffenedig sydd gan gynhyrchwyr. Er enghraifft, bydd gwneuthurwr ceir yn cadw stociau o ddur, cydrannau ceir a cheir gorffenedig.

Mae rhai economegwyr yn dadlau bod yna gylchred stociau o

weithgaredd busnes yn yr economi. Mae newidiadau mewn stociau yn achosi amrywiadau rheolaidd yn lefel incwm gwladol. Er enghraifft, tybiwch fod y llywodraeth yn cynyddu ei gwariant mewn termau real. I ddechrau bydd cwmnïau'n cwrdd â rhan o'r galw ychwanegol drwy gyflenwi nwyddau o'u stociau presennol. Felly bydd angen iddynt gynyddu eu lefelau cynhyrchu, yn gyntaf i gymryd lle'r stociau hynny ac yn ail i gwrdd â'r galw ychwanegol sy'n parhau gan y llywodraeth. Mae hyn yn arwain at gynnydd mewn incwm gwladol trwy broses y lluosydd. Yn y pen draw bydd cwmnïau wedi dychwelyd eu stociau i'r lefelau a ddymunir. Yna byddan nhw'n gostwng eu harchebion oddi wrth gwmnïau eraill i'r lefel sydd ei hangen i ddiwallu'r galw tymor hir. Ond bydd y gostyngiad hwn mewn archebion yn achosi tro ar i lawr yn yr economi trwy broses y lluosydd. Dim ond ar ôl i gwmnïau redeg eu stociau i lawr gymaint fel y cânt eu gorfodi i gynyddu eu harchebion eto y bydd yr economi'n codi.

Tabl 78.3 Newid mewn stociau a CMC, 1979-1983

£ biliwn yn ôl prisiau 1985

	Cynnydd mewn stociau a gwaith ar droed[1]	CMC[2]
1979	3.3	283.4
1980	- 3.4	277.4
1981	- 3.2	274.3
1982	- 1.3	279.2
1983	1.4	289.2

1. Yn ôl prisiau'r farchnad
2. Yn ôl prisiau sylfaenol
Ffynhonnell: addaswyd o *Economic Trends Annual Supplement*.

Eglurwch sut y gallai'r newidiadau mewn stociau a gwaith ar droed fod wedi cyfrannu at y newid mewn CMC dros y cyfnod 1979-1983.

Cylchredau tonnau hir

Mae nifer o economegwyr wedi dadlau bod cylchredau tonnau hir i'w cael. Fel damcaniaeth y lluosydd-cyflymydd a damcaniaeth y gylchred stociau, mae'r damcaniaethau hyn yn pwysleisio bod cylchredau'n cael eu hachosi gan newidiadau mewn newidynnau real.

Yn y cyfnod rhwng y rhyfeloedd, honnodd Kuznets fod yna gylchred adeiladu 15-20 mlynedd. Achoswyd amrywiadau economaidd gan gylchredau hir rheolaidd mewn adeiladu.

Eto yn y cyfnod rhwng y rhyfeloedd, awgrymodd economegydd o Rwsia o'r enw Kondratiev fod cylchredau 50 mlynedd i'w cael. Achoswyd y rhain gan dalpiogrwydd yng nghyflymder newid technolegol. Datblygwyd y syniad ymhellach gan Schumpeter, economegydd o Awstria, a nododd donnau o gynnydd technolegol. Er enghraifft, yng nghanol y 19eg ganrif roedd datblygiad y rheilffyrdd yn hwb mawr i alw byd-eang. Yn rhan gyntaf yr 20fed ganrif y car modur a thrydan a ddarparodd yr ysgogiad i gynnydd technolegol. Yn y cyfnod ar ôl y rhyfel, hyd at 1970, datblygiad cemegion, plastigion, pŵer niwclear ac amrywiaeth eang o nwyddau traul trydanol a ddarparodd yr ysgogiad. Ers yr 1970au datblygiad technoleg gwybodaeth a chyfathrebu (TGCh) a biotechnoleg oedd yr ysgogiad.

Mae'r tonnau hyn o ddatblygiadau newydd yn cynhyrchu cylchredau nodweddiadol. Ystyriwch chwyldro'r microsglodyn. Yn yr 1970au a rhan gyntaf yr 1980au dechreuodd microsglodion gael effaith ar nwyddau a chynnyrch. I ddechrau daeth rhai nwyddau newydd ar y farchnad (fel cyfrifianellau). Ond roedd yr effaith fwyaf ar nwyddau oedd eisoes ar gael. Torrwyd costau drwy gynnwys microsglodion mewn peiriannau oedd eisoes ar gael. Arweiniodd hyn at ostwng cyflogaeth gan y gallai'r peiriannau newydd gynhyrchu mwy o gynnyrch â llai o lafur.

Symudodd yr economi byd-eang i mewn i ddirwasgiad yng nghanol yr 1970au yn dilyn sioc pris olew, ac eto yn rhan gyntaf yr 1980au. Ar y ddwy adeg, cynyddodd diweithdra yn sylweddol ac arhosodd ar lefelau uchel iawn yn hanesyddol. Erbyn canol yr 1990au, fodd bynnag, roedd economi UDA yn dechrau tyfu ar gyfraddau hanesyddol uchel gyda diweithdra'n gostwng. Roedd yr 1980au a'r 1990au yn ddegawdau o ddiweithdra uchel. Byddai rhagdybiaeth cylchredau tonnau hir yn awgrymu y byddai'r cynhyrchion newydd oedd yn ymddangos yn y farchnad – yn amrywio o gyfarpar adloniant cartref integredig yn darparu teledu digidol, gallu i gyrchu'r rhyngrwyd ynghyd â chyfleusterau cryno-ddisgiau a gemau, i gyffuriau biotechnegol newydd i geir yn rhedeg ar danwyddau nad oeddent yn seiliedig ar olew – yn arwain at dro ar i fyny yn yr economi byd-eang yn yr unfed ganrif ar hugain. Roedd UDA, arweinydd technolegol y byd, eisoes wedi dechrau mwynhau buddion y tro tymor hir ar i fyny yn ail hanner yr 1990au, gyda gwledydd eraill yn dilyn yn ddiweddarach. Erbyn 2010-2020, bydd y ffyniant yn dechrau lleihau wrth i gynhyrchion cyffrous newydd fod yn fwy anodd eu dyfeisio. Felly bydd cyfraddau twf economaidd yn dechrau gostwng. Yna bydd yr economi yn ei gyfnod o enciliad. Erbyn 2020-2030, bydd yr economi eto'n agosáu at ddirwasgiad a ddylai ddigwydd yn y 2030au. Unwaith eto daw technolegau newydd i'r golwg, ond nid tan y 2040au y byddan nhw'n helpu i godi'r economi byd-eang allan o ddirwasgiad.

Esboniad arianolaethol

Mae Milton Friedman wedi awgrymu bod cylchredau masnach yn y bôn yn ffenomena ariannol a achosir gan newidiadau yn y **cyflenwad arian** (☞ uned 82). Yn eu llyfr pwysig *A Monetary History of the United States, 1867-1960*, dadleuodd Milton Friedman ac Anna Schwartz fod cylchredau busnes UDA wedi'u rhagflaenu gan newidiadau yn y cyflenwad arian.

Y ddadl a gynigir yw bod newidiadau yn y cyflenwad arian yn arwain at newidiadau mewn newidynnau real, fel diweithdra ac incwm gwladol, cyn arwain yn y diwedd at gynnydd mewn prisiau. Nid yw'r llwybr at lefel uwch o brisiau yn un esmwyth, ond yn hytrach mae'n gylchol. Daw'r osgiliadau yn y gylchred yn fwyfwy gwanychol wrth i amser fynd yn ei flaen. Wrth gwrs, gallan nhw fynd yn fwy eto os bydd cynnydd gormodol arall yn y cyflenwad arian.

Y term am y cysylltiad rhwng newidiadau yn y cyflenwad arian a newidiadau mewn incwm yw'r **mecanwaith troslgwyddo ariannol**. Tybiwch fod cynnydd unwaith ac am byth yn y cyflenwad arian pan fo'r economi mewn cydbwysedd tymor hir. Nawr mae'r cyflenwad arian yn fwy na'r **galw am arian**. Bydd asiantau economaidd, fel banciau, cwmnïau a defnyddwyr, yn cymhwyso'u portffolio o asedau. Defnyddir rhyfaint o'r gorgyflenwad i brynu asedau ffisegol – nwyddau a gwasanaethau. Caiff y gweddill ei gynilo, gan ostwng cyfraddau llog a thrwy hynny hybu cael benthyg arian eto i brynu asedau ffisegol. Bydd y cynnydd mewn treuliant a buddsoddiant yn arwain at gynnydd mewn incwm. Mae'r economi nawr mewn ffyniant. Bydd prisiau'n

dechrau codi. Bydd hyn, ynghyd â'r cynnydd mewn gwariant real, yn cynyddu'r galw am arian. Mae'n annhebygol iawn y bydd yr economi'n dychwelyd i gydbwysedd gyda'r galw am arian yn hafal i'r cyflenwad arian. Yr hyn fydd yn digwydd yw y bydd y galw am arian yn parhau i gynyddu fel bo'r galw am arian yn fwy na'r cyflenwad arian. Pan fydd hynny'n digwydd, bydd asiantau economaidd yn dechrau cymhwyso'u portffolios i'r cyfeiriad arall. Byddan nhw'n cwtogi ar brynu asedau ffisegol ac ariannol. Bydd cyfraddau llog yn codi. Bydd buddsoddiant a threuliant yn dechrau gostwng. Nawr mae'r economi mewn enciliad gydag incwm yn gostwng. Mae hynny'n gostwng y galw am arian, gan ddod ag ef yn ôl heibio'r pwynt cydbwysedd i waelod y gylchred lle eto bydd cyflenwad yn fwy na'r galw am arian. Bydd pwl arall o gymhwyso portffolios a bydd galw cyfanredol yn dechrau cynyddu, gan ddod â'r economi i mewn i gyfnod adferiad y gylchred. Bydd hyn yn parhau, ond yn ôl Friedman heb siociau pellach bydd yr osgiliadau'n mynd yn llai ac yn llai dros amser.

Cwestiwn 5

Mae arianyddwyr yn dadlau y gellir egluro'r gylchred fusnes gan newidiadau yn y cyflenwad arian. Er enghraifft, mae Friedman a Schwartz (1963) yn dadlau yr achoswyd Dirwasgiad Mawr yr 1930au yn UDA gan ostyngiad sylweddol yn y cyflenwad arian. Maen nhw'n ysgrifennu: 'Roedd lleihad cymedrol cychwynnol yn y stoc arian o 1929 i 1930, ar yr un adeg â lleihad yng nghredyd y Gronfa Ffederal oedd yn ddyledus, wedi cael ei drawsnewid yn lleihad sydyn gan don o fethiannau banciau yn dechrau yn rhan olaf 1930.' Arweiniodd y methiannau hynny (a) at ymdrechion helaeth gan y cyhoedd i drawsnewid adneuon yn arian cyfred a thrwy hynny at leihad yn y gymhareb adneuon-arian cyfred a (b) at grafangu gan y banciau am hylifedd a thrwy hynny at leihad yn y gymhareb adneuon-cronfeydd wrth gefn.

(a) Sut a pham, yn ôl Friedman a Schwartz, y gwnaeth cyflenwad arian UDA grebachu o 1929?
(b) Awgrymwch sut y gwnaeth y crebachu yma yn y cyflenwad arian arwain at ddirwasgiad.

Termau allweddol

Cylchred stociau – amrywiadau mewn incwm gwladol a achosir gan newidiadau yn lefel stociau yn yr economi.
Cylchredau Kondratiev – cylchredau masnach hir o 50 mlynedd a achosir gan 'dalpiogrwydd' newid technolegol.
Hysteresis – y broses lle nad yw newidyn yn dychwelyd i'w hen werth pan gaiff ei newid. O ran y gylchred fusnes, defnyddir y term i ddisgrifio ffenomen economi yn methu â dychwelyd i'w hen gyfradd duedd dymor hir o dwf ar ôl enciliad difrifol.
Model y lluosydd-cyflymydd – model sy'n disgrifio sut mae gweithrediad damcaniaeth y lluosydd a damcaniaeth y cyflymydd yn arwain at newidiadau mewn incwm gwladol.

Economeg gymhwysol

Cylchred fusnes y DU yn y cyfnod wedi'r rhyfel

Hyd ac Amlder

Mae'r gylchred fusnes yn y DU yn y cyfnod wedi'r rhyfel wedi parhau 4 i 5 mlynedd ar gyfartaledd o frig i frig. Fel y gwelir yn Ffigur 78.6, roedd cyfnodau o ffyniant ac enciliad yn gymharol gymedrol yn yr 1950au a'r 1960au. Roedd enciliadau'n golygu gostyngiad yng nghyfradd twf cynnyrch yn hytrach na gostyngiadau mewn cynnyrch. Fodd bynnag, roedd gogwyddiadau'r 1970au a'r 1980au yn llawer mwy; enciliad 1980-82 oedd y gwaethaf ers Dirwasgiad Mawr yr 1930au, ac enciliad 1990-92 oedd yr hiraf.

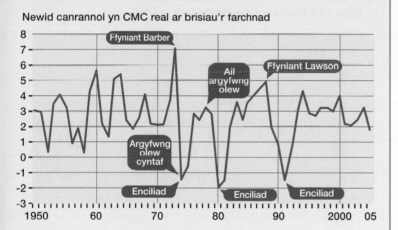

Ffigur 78.6 Twf economaidd

Newid canrannol yn CMC real ar brisiau'r farchnad

Ffynhonnell: addaswyd o *Monthly Digest of Statistics*, Swyddfa Ystadegau Cenedlaethol.

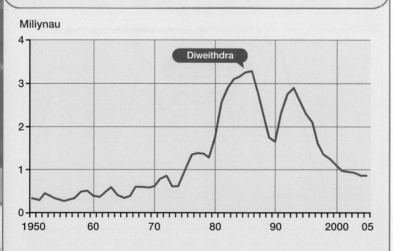

Ffigur 78.7 Nifer yn hawlio budd-dal diweithdra

Miliynau

Ffynhonnell: addaswyd o *Monthly Digest of Statistics*, Swyddfa Ystadegau Cenedlaethol.

Yr 1950au, 1960au a'r 1970au cynnar

Yn yr 1950au, 1960au a'r 1970au cynnar, roedd cyfnodau o ffyniant yn yr economi (1954-5, 1959-60, 1964, 1968 ac 1973) yn gysylltiedig â diweithdra isel, chwyddiant uchel a diffyg cyfrif cyfredol ar y fantol daliadau. Mae'n bosibl gweld o Ffigur 78.7 bod diweithdra'n symud ar i fyny yn yr 1960au hwyr. Ni welwyd y gostyngiad disgwyliedig mewn diweithdra yn ystod ffyniant 1968. Roedd hyn yn arwydd bod **cyfradd naturiol** diweithdra yn yr economi ar gynnydd (☞ uned 86). Mae'n enghraifft o **hysteresis**, lle mae newidyn economaidd yn newid ond ddim yn dychwelyd i'w hen werth pan fydd amgylchiadau economaidd yn newid.

1974-1979

Roedd enciliad 1974-75 yn anarferol oherwydd ei fod wedi digwydd yr un pryd â sioc ochr-gyflenwad difrifol i'r economi. Gwthiwyd y cyfrif cyfredol ar y fantol daliadau i fwy o ddiffyg nag erioed wrth i brisiau olew gynyddu pedwarplyg, ac arweiniodd hynny at gynnydd yng nghyfradd chwyddiant. Dyma oedd yn gyfrifol am gynhyrchu ffenomen **chwyddwasgiad** yn 1974. Roedd chwyddiant ar gynnydd, y fantol daliadau yn gwaethygu, diweithdra ar gynnydd a gostyngiad mewn cynnyrch. Fodd bynnag ymhen ychydig o flynyddoedd, roedd patrymau mwy traddodiadol wedi ail sefydlu. Yn ystod ffyniant 1978-79, cafwyd twf cyflymach, gostyngiad mewn diweithdra, chwyddiant cynyddol a dirywiad yn y cyfrif cyfredol.

Enciliad 1980-81

Roedd enciliad 1980-81 yn fwy difrifol fyth nag un 1974-75, a chafwyd chwyddwasgiad unwaith eto. Gwelwyd diweithdra yn mwy na dyblu, a syrthiodd cynnyrch 4.2%. Effeithiwyd yn ddrwg iawn ar ddiwydiannau gweithgynhyrchu, sef gostyngiad o 14.6% o'r brig i'r gwaelod. Ar yr un amser, cynyddodd chwyddiant o 13.4% yn 1979 i 18.0% yn 1980 cyn syrthio nôl i 11.9% yn 1981. Gwelwyd cyfrif cadw'r fantol daliadau yn symud yn gryf i warged. Roedd enciliad 1980-81 yn annodweddiadol o'i gymharu ag enciliadau'r 1950au a'r 1960au mewn sawl ffordd. Cododd chwyddiant yn sgîl ail argyfwng olew 1978-79 gan achosi dirywiad yn yr economi rhyngwladol a arweiniodd yn ei dro at lai o alw am allforion o'r DU. Ar yr un pryd, roedd olew Môr y Gogledd yn dechrau cael effaith sylweddol ar y fantol daliadau a arweiniodd at gynnydd yn y gyfradd gyfnewid, gan eto leihau'r galw am allforion heblaw am olew o'r DU. Am y tro cyntaf wedi'r Ail Ryfel Byd, aeth y llywodraeth ati'n fwriadol i leihau galw cyfanredol wrth i'r economi lithro i enciliad, yn gyntaf trwy godi cyfraddau llog mewnol ac yn ail trwy gwtogi ar wariant cyhoeddus a chodi trethi.

Yr 1980au a ffyniant Lawson

Nid oes syndod bod yr economi wedi cymryd peth amser i adfer. Er i'r economi arafu yn 1984, ni chafwyd enciliad mawr fel y byddai profiad y 30 mlynedd blaenorol wedi awgrymu. Fodd bynnag, cafwyd ffyniant yn yr economi yn 1987-89, sef oddeutu deng mlynedd ar ôl y ffyniant mawr diwethaf yn 1977-79. Roedd gan y ffyniant hwn nifer o nodweddion y ddau ffyniant blaenorol, yn 1963-64 ac 1972-74. Roeddynt oll, mewn gwahanol ffyrdd, yn ganlyniad i newidiadau polisi gan y llywodraeth. Hybwyd ffyniant Barber 1972-74 pan laciwyd polisi ariannol yn drychinebus mewn cyfuniad ag ehangiad cyllidol sylweddol yn sgîl torri trethi a chynyddu gwariant llywodraeth. Adeg ffyniant Lawson yn 1987-89, methwyd â rheoli twf yn y cyflenwad arian yn ddigon buan yn ystod y ffyniant. Tra bo polisi cyllidol at ei gilydd yn dal i fod yn gymharol niwtral, rhoddodd toriadau treth incwm mawr yn 1987 hwb i hyder cwsmeriaid; arweiniodd hyn yn ei dro at ddefnydd, gwariant a benthyca uwch. Roedd prisiau tai cynyddol ar y pryd yn symptom o chwyddiant a hefyd yn achosi galw cynyddol a phrisiau cynyddol. Mae cynnydd cyflym mewn prisiau tai yn cynyddu cyfoeth cartrefi, ac yn eu hannog i fenthyca a gwario mwy. Dros y cyfnod tair mlynedd nesaf, 1963-65, cododd prisiau tai fwy na 20%, sef yn uwch na'r cyfartaledd i'r 1950au a'r 1960au. Dros y cyfnod tair mlynedd 1972-74, cododd prisiau tai 90%, tra'u bod wedi codi 72% dros y cyfnod 1986-1989. Yn sicr, roedd y llywodraeth yn annog y cynnydd ym mhrisiau tai canol a diwedd yr 1980au trwy gynnig consensiynau treth hael ar forgeisi a hinsawdd wleidyddol a oedd yn rhoi gwerth ar berchen tŷ. Yn y tri cyfnod o ffyniant, aeth y cyfrif cyfredol ar y fantol daliadau i ddiffyg sylweddol – 1.2% o CMC yn 1964, 4.2% o CMC yn 1974 (er mai'r sioc ochr-gyflenwad olew oedd yn rhannol gyfrifol am hyn), a record o 5.1% o CMC yn 1989. Roedd hyn oherwydd bod y ffyniannau hyn yn sugno mewnforion i mewn wrth i ddiwydiant Prydeinig fethu â chyflawni galw domestig.

Enciliad 1990-1992

Cafwyd cyfnod o enciliad hir yn dilyn ffyniant Lawson, ac fe'i achoswyd wrth i bolisi ariannol gael ei dynhau'n sylweddol. Dyblodd cyfraddau llog yn 1988-89 o 7.5% i 15% wrth i'r llywodraeth geisio atal cynnydd bach mewn chwyddiant. Yn 1990, ymunodd y DU â'r Mecanwaith Cyfraddau Cyfnewid (ERM) ond roedd cyfradd y bunt yn erbyn ariannau cyfred Ewropeaidd eraill yn rhy uchel. O ganlyniad, bu'n rhaid i'r llywodraeth gynnal cyfraddau llog uchel i amddiffyn y bunt wan drwy 1991 ac 1992, ymhell ar ôl i fygythiad chwyddiant ddiflannu. Canlyniad hyn i gyd oedd mai'r enciliad hwn oedd yr hiraf ers yr 1930au. Daeth yr economi allan o'r enciliad pan dorrodd y llywodraeth gyfraddau llog yn sydyn pan orfodwyd i'r DU adael yr ERM.

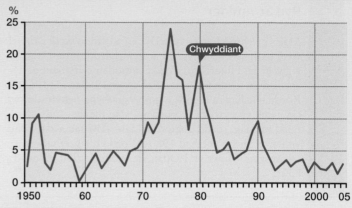

Ffigur 78.8 Chwyddiant (newid % blynyddol yn yr Indecs Prisiau Adwerthu – RPI)

Ffynhonnell: addaswyd o *Monthly Digest of Statistics*, Swyddfa Ystadegau Cenedlaethol.

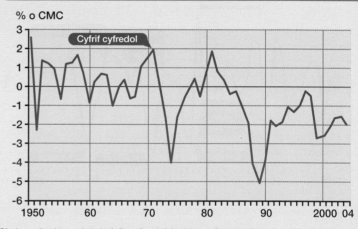

Ffigur 78.9 Mantol cyfrif cyfredol fel % o CMC

Ffynhonnell: addaswyd o'r Llyfr Pinc, Swyddfa Ystadegau Cenedlaethol.

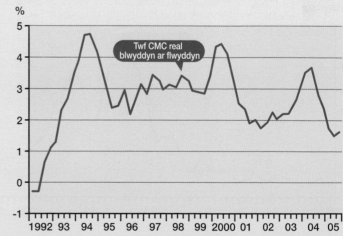

Ffigur 78.10 CMC, twf canrannol blynyddol

Ffynhonnell: addaswyd o *Monthly Digest of Statistics*, Swyddfa Ystadegau Cenedlaethol.

Ers 1992

Rhwng 1992 a 2006, dychwelodd yr economi at batrwm yr 1950au a'r 1960au gyda chyfnod hir o dwf economaidd positif. Fodd bynnag, o fewn hyn, mae'n bosibl canfod y math o ffyniant ac enciliad bach a welwyd yn y cyfnod yn union wedi'r rhyfel.

Byddai'r cyfnod yn union wedi'r rhyfel yn awgrymu bod cylchredau economaidd y DU yn parhau am oddeutu 5 mlynedd. Gydag enciliad hir rhwng 1990 ac 1991, cafwyd iselbwyntiau yn 1996, 2001-2002 a 2005-2006 fel y gwelir yn Ffigur 78.10. Cafwyd hefyd uchafbwyntiau mewn twf CMC yn 1994, 2000 a 2004. Fodd bynnag, o edrych ar dystiolaeth o newidynnau cysylltiol eraill, mae'n anodd canfod y patrwm cylchol hwn. Roedd chwyddiant drwy'r cyfnod mor isel fel bod ffactorau heblaw am y gylchred fasnach yn debygol o fod yn bwysicach wrth bennu'r newid mewn prisiau ar sail blwyddyn ar flwyddyn. Dylid cofio hefyd bod diweithdra wedi tueddu i ostwng drwy'r cyfnod cyfan.

Mae dau ffactor i gyfrif am natur gymedrol y cylchredau masnach yn ystod y cyfnod hwn. Yn gyntaf, roedd y siociau economaidd a brofodd yr economi yn gymharol ysgafn. Yn ystod 'Argyfwng Asiaidd' 1997-98, gwelwyd nifer o wledydd yn Asia, gan gynnwys De Korea, yn wynebu argyfyngau ariannol. Achosodd hyn i'w heconomïau ddirywio ac felly roedd llai o alw am allforion o'r DU. Yn 2001, dirywiodd economi UDA ymhellach yn dilyn yr ymosodiad terfysgol ar y Ddau Dŵr yn Efrog Newydd, ac fe effeithiodd hyn hefyd ar allforion o'r DU. Yn 2004-05, roedd codiadau sylweddol ym mhrisiau olew yn golygu eu bod yn dychwelyd yn nhermau real i'w gwerth ar ddiwedd yr 1970au. Er hyn i

Gwelodd y cyfnod rhwng 1992 a 2005 chwyddiant cymharol isel er tua diwedd y cyfnod roedd prisiau olew yn cynyddu.

gyd, 0.5% ar ei fwyaf oedd y gostyngiad yn nhwf economaidd y DU.

Yr ail ffactor a arweiniodd at sefydlogrwydd economaidd cymharol oedd polisi'r llywodraeth. Yn yr 1970au a'r 1980au, gellid awgrymu bod llywodraethau'r DU wedi camdrafod yr economi ar adegau gwahanol. Ers 1992, mae polisi economaidd wedi tueddu i sefydlogi newidynnau macro-economaidd. Gellir dadlau nad yw llywodraethau diweddar wedi gorfod ymdrin â'r math o broblemau a ddigwyddodd yn yr 1970au a'r 1980au. Gellid dweud hefyd bod gwell dealltwriaeth o sut i reoli'r economi ac o bosibl ddadlau na wnaethpwyd unrhyw gamgymeriadau.

Cwestiwn Data

Economi Japan

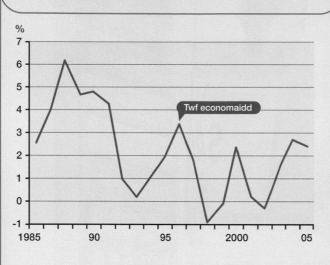

Ffigur 78.11 Twf economaidd, Japan

Twf economaidd

Ffynhonnell: addaswyd o *Economic Outlook, OECD.*

Mae'n bosibl bod Japan o'r diwedd yn dod allan o'r enciliad hir a ddioddefodd yn yr 1990au a'r 2000au cynnar. Er hynny, cafwyd ffug obeithion o'r blaen. Pan fyddai'r economi yn adfer ar unrhyw gyfnod drwy'r 1990au, roedd optimistiaid yn rhagfynegi y gallai cylchred ffyniant ac enciliad Japan fod ar ben, ac y gallai'r wlad ddychwelyd at gyfnod hir o dwf economaidd positif.

Un arwydd positif yw bod Banc Japan, sef y Banc Canolog Japaneaidd, wedi cyhoeddi heddiw y byddai'n rhoi'r gorau i'w bolisi o gynnal cyfraddau llog sero yn yr economi. Mae'n rhagfynegi y bydd prisiau yn codi yn hytrach na syrthio yn y dyfodol agos. Felly, gall cyfraddau llog ddod yn bositif fel y byddech yn disgwyl mewn economi normal iach. Fodd bynnag, mae llywodraeth Japan yn pryderu y gallai codiad mewn cyfraddau llog niweidio'r adferiad cyfredol a thynnu'r economi yn ôl i enciliad.

Ffynhonnell: addaswyd o new.bbc.co.uk 9.3.2006

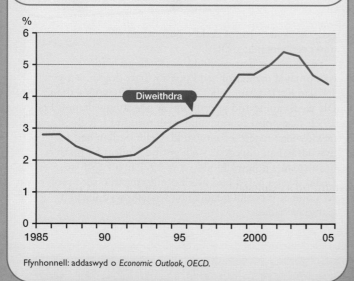

Ffigur 78.12 Cyfradd ddiweithdra (%), Japan

Diweithdra

Ffynhonnell: addaswyd o *Economic Outlook, OECD.*

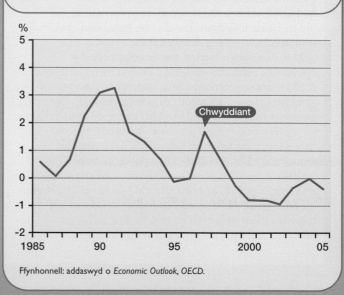

Ffigur 78.13 Chwyddiant (%), Japan

Chwyddiant

Ffynhonnell: addaswyd o *Economic Outlook, OECD.*

1. Nodwch bedwar cyfnod y gylchred fusnes o Ffigur 78.11.
2. (a) Eglurwch y cysylltiadau rhwng twf economaidd, diweithdra a chwyddiant yn y gylchred fusnes.
   (b) I ba raddau y mae'r data i Japan yn awgrymu bod y cysylltiadau hyn yn bodoli?

3. Trafodwch pam y gall ymyriad Banc Japan effeithio ar hynt cylchred fusnes Japan.

79 Trethiant

Crynodeb

1. Mae angen i lywodraethau godi trethi i dalu am wariant cyhoeddus. Hefyd defnyddir trethi i unioni methiant y farchnad, ailddosrannu incwm a chyfoeth a rheoli'r economi.
2. Set o egwyddorion ar gyfer gwerthuso trethi yw canonau trethiant.

Y rhesymau dros drethiant

Mae llywodraethau'n defnyddio trethiant at nifer o ddibenion.

Talu am wariant y llywodraeth Mae angen i lywodraethau godi cyllid ar gyfer eu rhaglenni gwariant (☞ uned 80). Gallan nhw gael benthyg swm cyfyngedig o arian ar gyfer hyn, ond rhaid i'r rhan fwyaf o'r cyllid ddod o drethi os ydy chwyddiant i gael ei osgoi.

Unioni methiant y farchnad fel allanolderau Gall llywodraethau ymyrryd mewn marchnadoedd unigol drwy newid trethi ac felly newid y galw. Er enghraifft, gellir gostwng treuliant tybaco drwy godi trethi ar sigaréts, gellir rheoli llygredd drwy osod trethi llygredd, neu gellir cynyddu gwerthiant llyfrau drwy eu heithrio rhag TAW. O'i ddefnyddio yn y modd hwn, mae trethiant yn ffordd o gynyddu effeithlonrwydd economaidd.

Rheoli'r economi cyfan Gall trethiant gael dylanwad pwysig ar berfformiad **macro-economaidd** yr economi (☞ unedau 36 ac 81). Gall llywodraethau newid cyfraddau trethi er mwyn dylanwadu ar newidynnau fel chwyddiant, diweithdra a'r fantol daliadau.

Ailddosrannu incwm Efallai y bydd llywodraeth o'r farn bod dosraniad adnoddau yn annheg. Er mwyn ailddosrannu incwm, gall osod trethi sy'n gostwng incwm a chyfoeth rhai grwpiau yn y gymdeithas a defnyddio'r arian sy'n cael ei gasglu i gynyddu incwm a chyfoeth grwpiau eraill (☞ uned 69).

Cwestiwn 1

Bob blwyddyn yn y Gyllideb, mae Canghellor y Trysorlys yn cyhoeddi a fydd yn newid lefel y doll ecseis ar dybaco ai peidio. Yn y rhan fwyaf o flynyddoedd, cynyddir hyn yn unol â chwyddiant, ond mewn rhai blynyddoedd, yn enwedig blynyddoedd etholiad, ni fydd dim cynnydd o gwbl. Pam o bosibl mae'r llywodraeth yn newid lefel y doll ecseis ar dybaco bob blwyddyn?

Trethi uniongyrchol ac anuniongyrchol

Caiff trethi eu dosbarthu'n ddau fath. Treth a osodir yn uniongyrchol ar unigolyn neu gyfundrefn yw TRETH UNIONGYRCHOL. Er enghraifft, mae treth incwm yn dreth uniongyrchol gan mai enillwyr incwm unigol sy'n gyfrifol am ei thalu. Mae treth gorfforaeth, sef treth ar elw cwmnïau, yn dreth uniongyrchol gan fod yn rhaid i gwmnïau ei thalu'n uniongyrchol i Gyllid a Thollau.

Treth ar nwydd neu wasanaeth yw TRETH ANUNIONGYRCHOL. Er enghraifft, mae treth ar werth yn dreth anuniongyrchol am ei bod hi'n dreth 17.5% ar y rhan fwyaf o nwyddau a gwasanaethau. Mae treth gyngor yn dreth anuniongyrchol ar werth tybiannol eiddo, ac mae ardrethi busnes ar gyfer busnesau yn dreth anuniongyrchol ar rent tybiannol eiddo.

Cwestiwn 2

Eglurwch pa rai o'r canlynol sy'n drethi uniongyrchol a pha rai sy'n drethi anuniongyrchol.

(a) treth incwm; (b) cyfraniadau Yswiriant Gwladol; (c) treth etifeddiaeth; (d) treth gorfforaeth; (e) treth enillion cyfalaf; (f) treth gyngor; (g) TAW; (h) tollau ecseis.

Canonau trethiant

Mae trethiant wedi achosi llawer o ddadlau ers i'r dreth gyntaf gael ei chyflwyno. Ysgrifennodd Adam Smith lawer am drethiant yn ei lyfr *An Enquiry into the Nature and Causes of the Wealth of Nations*, a gyhoeddwyd yn 1776. Dadleuodd fod treth dda â phedair nodwedd:

- dylai cost y casglu fod yn isel o'i chymharu â'r arian a ddaw o'r dreth;
- dylai amseriad y casglu a'r swm sydd i'w dalu fod yn glir ac yn sicr;
- dylai modd y talu ac amseriad y talu fod yn gyfleus i'r trethdalwr;
- dylai trethi gael eu gosod yn ôl gallu'r trethdalwr unigol i dalu.

Mae'r canonau hyn yn ymwneud ag effeithlonrwydd a thegwch. Er enghraifft, mae cost y casglu yn ymwneud ag effeithlonrwydd cynhyrchiol. Mae'r gallu i dalu yn ymwneud â thegwch.

Cafwyd enghreifftiau mewn hanes lle nad oedd trethi yn cydymffurfio â'r canonau hyn. Er enghraifft, ar adegau yn hanes Rhufain preifateiddiwyd casglu trethi. Gwerthodd llywodraeth Rhufain yr hawl i gasglu trethi mewn talaith i'r cynigiwr uchaf. Byddai'r unigolyn hwn yn prynu'r hawl, gan obeithio codi mwy mewn trethi nag y byddai'n ei dalu i'r awdurdodau Rhufeinig. Gyda lwc gallai wneud elw o 100% ar y contract – yn yr achos hwnnw ni fyddai cost y casglu yn isel. Byddai'n brawychu'r dalaith, gan orfodi dinasyddion i dalu cymaint o dreth ag y gallai ei chael ganddynt. Doedd dim ymdrech i wneud cyfrwng y talu na'r amseriad yn addas ar gyfer y trethdalwr. Doedd hi ddim yn glir ar ba sail roedd dinasyddion yn cael eu trethu, a doedd dim ymdrech i gysylltu trethi â'r gallu i dalu, gan mai'r tlodion oedd yr hawsaf i'w brawychu tra rhoddwyd llonydd i ddinasyddion mwy cefnog rhag ofn y bydden nhw'n cwyno i Rufain.

Mae economegwyr heddiw wedi dadlau, yn ogystal â chanonau Adam Smith, y dylai treth 'dda' fod yn un sydd:
- yn achosi'r golled leiaf o effeithlonrwydd economaidd, neu hyd yn oed yn cynyddu effeithlonrwydd economaidd;
- yn gydnaws â systemau trethi tramor, ac yn achos y DU, yn gydnaws yn arbennig â chyfundrefnau trethi yr UE;
- yn addasu'n awtomatig i newidiadau yn lefel

prisiau – mae hyn yn arbennig o bwysig mewn economi â chwyddiant uchel.

Mae'r meini prawf hyn yn ymwneud ag effeithlonrwydd economaidd.

Weithiau dadleuir y dylai trethi gael eu cysylltu â'r budd-daliadau mae trethdalwyr yn eu derbyn o'r dreth. Er enghraifft, mae carfannau'r ffyrdd yn y DU yn aml yn nodi bod derbyniadau o drethi ar fodurwyr yn fwy o lawer na gwariant y llywodraeth ar ffyrdd. Eu casgliad wedyn yw naill ai bod trethi ar fodurwyr yn rhy uchel neu fod gwariant ar ffyrdd yn rhy isel. Y term am dreth sydd â'i derbyniadau wedi'u cysylltu'n benodol ag un o feysydd gwariant y llywodraeth yw treth wystledig (*hypothecated*). Yn y DU, gellid dadlau bod cyfraniadau Yswiriant Gwladol yn dreth **wystledig** am eu bod yn cael eu defnyddio'n benodol i dalu am wariant ar fudd-daliadau Yswiriant Gwladol a gwneud cyfraniad bach tuag at y Gwasanaeth Iechyd Gwladol. Mae'r egwyddor fudd-daliadau yn un o degwch. Mae'n ddadl sy'n nodi bod cysylltu tâl a budd-dal yn 'fwy teg' na threth nad yw'n gwneud hyn.

Trethiant, aneffeithlonrwydd ac anghydraddoldeb

Mae treth yn debygol o arwain at ostyngiad yng nghyflenwad y nwydd neu'r gwasanaeth a drethir a gostyngiad dilynol ym maint y galw amdano. Er enghraifft:

- Mae TAW a thollau ecseis ar gynnyrch yn gwthio cromlin y cyflenwad i'r chwith sydd yn ei dro yn arwain at ostyngiad ym maint y galw am y cynnyrch (☞ uned 11);
- Mae treth incwm yn debygol o arwain at ostyngiad yng nghyflenwad llafur i'r farchnad (☞ uned 38);
- Mae treth gorfforaeth yn debygol o arwain at ostyngiad yng nghyflenwad mentrwyr i'r farchnad.

Felly mae trethi'n ystumio marchnadoedd. Gall hynny fod yn fuddiol mewn rhai marchnadoedd, yn enwedig os oes allanolderau negyddol pwysig a bod y dreth yn rhoi costau a buddion preifat yn unol â chostau a buddion cymdeithasol (☞ uned 19).

Mewn marchnadoedd eraill, gall trethi arwain at golli effeithlonrwydd. Er enghraifft, pe bai pob marchnad yn berffaith gystadleuol byddai'r economi'n Pareto effeithlon (☞ uned 61). Yna byddai cyflwyno treth ar un nwydd, fel petrol, yn arwain at golled effeithlonrwydd yn yr economi, gan na fyddai'r gost ffiniol bellach yn hafal i'r pris yn y farchnad honno. Yn ymarferol, mae cymaint o enghreifftiau o fethiant y farchnad fel ei bod hi'n amhosibl llunio casgliadau syml ynghylch a yw treth yn arwain at golledion effeithlonrwydd ai peidio. Fodd bynnag, mae **damcaniaeth yr ail orau** (☞ uned 61) yn awgrymu bod trethi â sail eang yn llai tebygol o arwain at golledion effeithlonrwydd na threthi cul. Mae cyfraddau isel o dreth sydd wedi'u lledu mor eang â phosibl yn debygol o fod yn llai niweidiol i les economaidd na chyfraddau uchel o dreth ar nifer bach o nwyddau neu unigolion. Er enghraifft, mae TAW sydd ag un gyfradd yn debygol o arwain at fwy o effeithlonrwydd na threth ar betrol yn unig sy'n codi'r un derbyniadau. Neu bydd treth incwm y mae'r holl enillwyr yn ei thalu yn debygol o arwain at golledion is o effeithlonrwydd na threth incwm sy'n cael ei thalu gan weithwyr gweithgynhyrchu yn unig.

Dylid cofio bod trethi'n cael eu codi yn bennaf i dalu am wariant y llywodraeth. Hyd yn oed os ydy gosod trethi yn arwain at golled effeithlonrwydd, dylai'r golled hon gael ei gorbwyso gan y cynnydd mewn effeithlonrwydd economaidd sy'n deillio o ddarparu nwyddau **cyhoeddus** a nwyddau **rhinwedd** (☞ uned 20) gan y llywodraeth.

Codir trethi hefyd i scirhau ailddosraniad adnoddau o fewn yr economi. Bydd cynnydd mewn lles economaidd os bydd yr enillion lles o ddosraniad mwy dymunol o adnoddau yn gorbwyso'r colledion lles o'r aneffeithlonrwydd uwch sy'n deillio o drethiant.

Efallai y bydd cwmnïau llongau mwyaf y byd yn rhoi'r gorau i ddefnyddio porthladdoedd y DU oherwydd y 'tollau golau' y mae'n rhaid iddynt eu talu. I bob pwrpas mae'r rhain yn dreth wystledig ar ddefnyddio cyfleusterau'r harbwr. Defnyddir y derbyniadau i dalu cost darparu goleuadau a bwiau o amgylch arfordir Prydain, sef £73 miliwn. Rhaid i longau sy'n mynd i borthladdoedd Prydain dalu i fyny at £16 000 am bob ymweliad. Yng ngwledydd eraill yr UE, ar wahân i Groeg a Gweriniaeth Iwerddon, caiff goleudai eu hariannu allan o drethi cyffredinol, fel TAW a threth incwm.

Yn ôl adroddiad a gomisiynwyd gan y Fforwm Tollau Golau Annibynnol, carfan lobïo a sefydlwyd gan 21 cwmni llongau, gallai swyddi gael eu colli yn y DU oherwydd tollau golau. Gallai cyflogaeth yn y porthladdoedd ddioddef a gallai gwneuthurwyr y DU hefyd symud cynhyrchu i'r Cyfandir i fod yn agosach at borthladdoedd rhatach. Gallai hyn gostio rhai o'r 800 000 o swyddi yn niwydiant ceir y DU, er enghraifft. Mae'r adroddiad yn cymharu costau porthladdoedd yn y DU ac ar y Cyfandir, gan gynnwys tollau golau, tollau porthladdoedd a thaliadau am halio a llywio. Er bod costau eraill yn llai yn y DU, mae tollau golau yn gorbwyso'r arbedion eraill.

Ffynhonnell: addaswyd o *The Times*, 30.12.2003.

Gan ddefnyddio canonau trethiant Adam Smith a'r cysyniadau effeithlonrwydd a thegwch, trafodwch a ddylai llywodraeth y DU ddileu tollau golau a thalu am gost goleudau a bwiau allan o drethi cyffredinol.

Termau allweddol

Treth anuniongyrchol – treth a osodir ar nwyddau neu wasanaethau, fel treth ar werth neu dollau ecseis.
Treth uniongyrchol – treth a osodir yn uniongyrchol ar unigolyn neu gyfundrefn, fel treth incwm.

Economeg gymhwysol

Trethiant yn y DU

Economeg gymhwysol

Y prif drethi yn y DU

Mae Ffigur 79.1 yn rhoi dadansoddiad bras o dderbyniadau'r llywodraeth ar gyfer 2005-2006. Y dreth fwyaf yn ôl derbyniadau yw treth incwm, sy'n codi ychydig dros chwarter holl dderbyniadau'r llywodraeth. Mae'r tair dreth fwyaf (treth incwm, cyfraniadau Yswiriant Gwladol a threth ar werth) yn codi oddeutu 60%. Pe ychwanegir treth gorfforaeth, trethi awdurdod lleol (trethi busnes a threth y cyngor) a thollau ecseis (yn bennaf ar betrol, diod a thybaco), yna byddai'r trethi hyn yn cyfrannu bron 90% o dderbyniadau'r llywodraeth. Mae Tabl 79.1 yn rhoi dadansoddiad mwy manwl o drethi a derbyniadau eraill.

Treth incwm Dyma'r ffynhonnell incwm sengl fwyaf pwysig i'r llywodraeth. Treth ydyw ar incwm unigolion. Mae gan bob person yr hawl i ennill swm penodol cyn talu treth incwm bob blwyddyn. Gelwir y swm hwn yn **lwfans treth**. Mae gan bob person yr hawl i gael y **lwfans personol**. Yn 2005-2006, roedd hwn werth £4,895. Felly, gallai pob unigolyn ennill £4,895 rhwng 6 Ebrill 2005 a 5 Ebrill 2006 yn rhydd o dreth incwm. Mae taliadau i mewn i gronfeydd pensiwn yn rhydd o drethi tra mae lwfansau ychwanegol ar gael i bobl dros 65 mlwydd oed.

Rhaid talu treth ar incwm a dderbynnir dros werth lwfansau (y **trothwy** treth), a gelwir yr incwm hwn yn **incwm trethadwy**. Yn 2005-2006, roedd y £2,090 cyntaf o incwm trethadwy yn cael ei drethu ar **gyfradd gychwynnol** o 10%. Roedd yn rhaid talu treth ar y **gyfradd sylfaenol** o 22% ar incwm rhwng £2,090 a £32,400. Yna, roedd yn rhaid talu'r **gyfradd uwch** o 40% ar holl incwm trethadwy dros £32,400. Mae Tabl 79.2 yn rhoi enghraifft o sut gaiff treth incwm unigolyn ei chyfrifo.

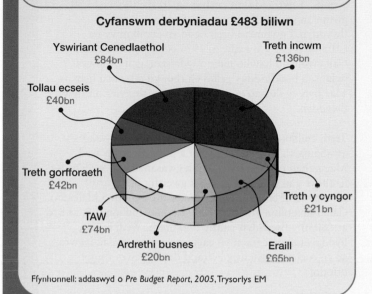

Ffigur 79.1 *Derbyniadau'r llywodraeth, 2005-2006*

Cyfanswm derbyniadau £483 biliwn

- Yswiriant Cenedlaethol £84bn
- Treth incwm £136bn
- Tollau ecseis £40bn
- Treth gorfforaeth £42bn
- TAW £74bn
- Ardrethi busnes £20bn
- Eraill £65bn
- Treth y cyngor £21bn

Ffynhonnell: addaswyd o *Pre Budget Report*, 2005, Trysorlys EM

Tabl 79.1 *Derbyniadau'r llywodraeth, 2005-2006*

	£ biliwn 2005-06
Cyllid a Thollau EM	
Treth incwm (o gredydau treth crynswth)	135.9
Credydau treth incwm	-4.6
Cyfraniadau Yswiriant Gwladol	84.2
Treth ar Werth	74.4
Treth gorfforaeth	41.8
Credydau treth gorfforaeth	-0.5
Treth derbyniadau petroliwm	2.2
Tollau tanwydd	23.9
Treth enillion cyfalaf	2.8
Treth etifeddiaeth	3.3
Trethi stamp	10.2
Trethi ar dybaco	8.2
Trethi ar wirodydd	2.3
Trethi ar win	2.4
Trethi ar gwrw a seidr	1.4
Trethi ar fetio a hapchwarae	1.4
Trethi ar deithwyr awyren	1.0
Trethi premiwm yswiriant	2.5
Treth tirlenwi	0.8
Ardoll newid hinsawdd	0.8
Trethi cyfanredau	0.3
Cymorthdaliadau a threthi ar gwsmeriaid	2.2
Cyfanswm Cyllid a Thollau EM	**398.8**
Trethi ecseis cerbydau	4.9
Breindaliadau olew	0.0
Ardrethi busnes	20.3
Treth y cyngor	21.1
Trethi a breindaliadau eraill	12.9
Trethi a chyfraniadau yswiriant gwladol net	**458.0**
Derbyniadau eraill	25.0
Derbyniadau cyfredol	**483.0**

Ffynhonnell: addaswyd o *Pre Budget Report*, 2005, Trysorlys EM

Tabl 79.2 *Treth incwm i'w thalu: enghraifft*

	£	£
Incwm cyn treth		60 000.00
Lwfansau		
Lwfans personol	4 895.00	
Taliadau pensiwn	5 105.00	
Cyfanswm	10 000.00	
Incwm trethadwy		50 000.00
Treth		
2 090 @10%	209.00	
30 310 @22%	6 668.20	
17 600 @40%	7 040.00	
Cyfanswm treth a dalwyd	13 917.20	13 917.20
Incwm ar ôl treth		46 082.80

I'r sawl sy'n ennill incwm isel iawn, fel gweithwyr rhan amser, mae **cyfradd ffiniol** treth incwm yn 0%, oherwydd gallant ennill £1 ychwanegol a dal i fod o fewn eu lwfans treth bersonol. Er enghraifft, gallai gweithiwr sy'n ennill £4000 y flwyddyn weithio shifft ychwanegol a thalu dim treth incwm ar yr enillion. Bydd gan weithwyr sy'n cael eu talu ychydig yn well gyfradd ffiniol o 10%. Bydd y mwyafrif o weithwyr yn ennill digon i orfod talu cyfradd sylfaenol treth incwm. Mae'r gyfradd ffiniol i'r sawl sy'n ennill incwm uchel yn 40%. Fodd bynnag, ychydig iawn o wahaniaeth sydd rhwng cyfraddau treth ffiniol a chyfraddau treth cyfartalog.

Edrychwch ar Dabl 79.2. Mae'r unigolyn hwn yn ennill £60,000 cyn treth. Yn 2005-06, byddai wedi talu £13,917.20 o dreth. Felly, ei gyfradd dreth gyfartalog oedd 23.3% (£13,917,20 ÷ £60,000). Ond 40% oedd ei gyfradd ffiniol oherwydd ei bod wedi talu 40c o dreth ar y £1 olaf a enillwyd. **Mae cyfradd gyfartalog y dreth bob amser yn llai na'r gyfradd ffiniol i drethdalwyr incwm**, oherwydd gall pob enillwyr incwm ennill cyfran o'u hincwm yn rhydd o dreth. Ymhellach, mae trethdalwyr cyfradd sylfaenol ac uwch yn talu cyfraddau treth is ar ran o'u henillion trethadwy. Felly, nid oedd trethdalwyr cyfradd sylfaenol yn 2005-06 yn talu treth ar yr un incwm oedd yn cyfateb i'w lwfansau; roeddynt yn talu 10% ar y £2090 nesaf a wedyn yn talu 22% o dreth ar yr incwm oedd yn weddill.

Mae cyflogwyr yn casglu treth incwm o weithwyr cyflogedig drwy'r system Talu wrth Ennill (PAYE). Mae cyflogwyr wedyn yn gyfrifol am dalu'r arian a dynnwyd i'r Cyllid a Thollau.

Cyfraniadau Yswiriant Gwladol (CYG) Caiff yr holl drethi ac eithrio CYG a threthi awdurdod lleol eu talu mewn i un gronfa ganolog (y **Prif Gronfa Wladol**) a chânt eu defnyddio i dalu am wariant y llywodraeth. Fodd bynnag, mae yna Gronfa Yswiriant Gwladol ar wahân, ac o'r gronfa hon telir budd-daliadau Yswiriant Gwladol, fel pensiynau gwladol a Lwfans Chwilio am Waith. Mae'r Gronfa Yswiriant Gwladol hefyd yn talu am gyfran fach o gost y Gwasanaeth Iechyd Gwladol. Mewn gwirionedd, nid trethi yw'r cyfraniadau hyn oherwydd maent yn fath o bremiwm yswiriant. Fodd bynnag, mae llywodraethau yn gynyddol wedi ystyried y rhain, ac wedi'u defnyddio, fel ffurf o dreth. Mae'r cysylltiad rhwng y taliadau a wnaed i'r Gronfa a'r budd-daliadau y mae unigolion yn eu hawlio wedi erydu dros amser. Yn 2006-2007, roedd gweithwyr cyflogedig yn talu cyfraniadau o 11% ar enillion rhwng £84 a £645. Yn wahanol i dreth incwm, sy'n cael ei chyfrifo ar incwm blynyddol, mae cyfraniadau Yswiriant Gwladol yn seiliedig ar incwm wythnosol. Ni fydd myfyriwr 17 mlwydd oed sy'n ennill £100 un wythnos, £50 yr wythnos nesaf a dim drwy weddill y flwyddyn yn talu unrhyw dreth incwm oherwydd ei bod o fewn ei ffigur lwfans personol. Ond bydd yn rhaid iddi dalu CYG yn yr wythnos yr enillodd £100 gan ei bod dros y trothwy £84. Ni fydd yn talu unrhyw CYG yr wythnos nesaf gan ei bod dan £84. Ymhellach, mae'n rhaid i gyflogwyr dalu cyfraniadau Yswiriant Gwladol i

weithwyr ar gyfradd o 12.8% yr wythnos ar enillion gweithwyr sy'n uwch na £97 yr wythnos. Mae yna gyfraddau cyfraniadau Yswiriant Gwladol gwahanol i weithwyr a gontractiwyd-allan a'r hunangyflogedig.

Treth gorfforaeth Mae treth gorfforaeth yn dreth ar elw cwmni. Y gyfradd dreth uchaf yn 2005-2006 oedd 30% i gwmnïau yn ennill mwy na £1.5 miliwn o elw y flwyddyn. I gwmnïau bach oedd yn ennill mwy na £10,000 o elw y flwyddyn, 19% oedd y gyfradd dreth. Gall cwmnïau hawlio nifer o lwfansau, gan gynnwys lwfansau buddsoddi y gellid eu **rhoi yn erbyn** eu helw. Mae hyn yn lleihau eu helw trethadwy ar gyfer unrhyw flwyddyn.

Treth enillion cyfalaf Dyma dreth ar enillion cyfalaf – y gwahaniaeth rhwng pris prynu a phris gwerthu ased. Mae'r rhan fwyaf o nwyddau a gwasanaethau wedi'u heithrio, gan gynnwys prynu a gwerthu prif gartref person. Caiff ei thalu fwyaf ar stociau a chyfranddaliadau. Gallai unigolion yn 2006-2007 sicrhau enillion cyfalaf hyd at £8050 y flwyddyn yn rhydd o dreth. Wedi hynny, byddai enillion cyfalaf yn cael eu cynnwys gydag incwm, ac yn cael eu trethi ar y gyfradd dreth incwm ffiniol briodol.

Treth etifeddiaeth Dyma dreth ar werth yr asedau a adewir gan berson adeg ei farwolaeth. Yn 2005-2006, roedd £275,000 cyntaf unrhyw etifeddiad yn rhydd o dreth. Wedi hynny, roedd rhaid talu treth o 40%. Mae yna nifer o eithriadau. Er enghraifft, mae unrhyw arian mae person yn ei adael i'w briod yn hollol rhydd o dreth. Nid oes unrhyw dreth ychwaith ar roddion a wnaed yn ystod bywyd unigolion cyn belled â'u bod wedi'u rhoi 7 mlynedd cyn marwolaeth.

Tollau ecseis Ni ddylid cymysgu'r rhain gyda tholldaliadau – trethi ar nwyddau a fewnforiwyd. Caiff tollau ecseis eu codi ar amrywiaeth gyfyng o nwyddau: tanwydd, alcohol, tybaco a hapchwarae. Fe'u cyfrifir ar faint a werthir yn hytrach na'u gwerth (fel yn achos TAW). Er enghraifft, telir toll ecseis fesul pob litr o betrol a werthir. Os yw pris petrol yn codi, mae'r swm a delir mewn TAW yn codi, ond mae'r doll ecseis yn dal yr un fath.

Treth ar Werth Dyma dreth ar wariant. Mae yna wahanol gyfraddau treth. Mae nwyddau hanfodol – bwyd, dŵr, dillad plant, llyfrau, papurau newydd, cylchgronau a chludiant cyhoeddus – wedi'u heithrio o'r dreth (h.y. gyda **chyfradd sero**). Mae treth ar gyfradd ostyngol o 5% ar danwydd i'r cartref (nwy, trydan, olew gwresogi a glo). Mae treth o 17.5% ar unrhyw nwyddau a gwasanaethau eraill. Y busnes sy'n casglu TAW gan ei bod yn cael ei rhoi ar ben y gwerth y mae'r busnes hwnnw yn ychwanegu at gynnyrch.

Treth derbyniadau petroliwm a breindaliadau olew Dyma dreth ar gynhyrchion olew Môr y Gogledd.

Treth y Cyngor Dyma dreth y mae awdurdodau lleol yn ei gosod ar eiddo domestig. Aseswyd gwerth gwerthu pob annedd yn Ebrill 1992. Wedyn, rhoddwyd pob eiddo mewn un o 7 band, o fand A (eiddo hyd at £40,000) i fand H (eiddo dros £320,000). Er enghraifft, byddai eiddo £130,000 yn cael ei roi ym Mand F, sy'n ymdrin ag eiddo rhwng £120,000 a £160,000. Mae'r awdurdod lleol wedyn yn gosod tâl i bob band yn flynyddol. Mae'r gwahaniaethau mewn taliadau rhwng bandiau wedi'u gosod gan y gyfraith. Er enghraifft, mae eiddo ym Mand H, y band uchaf, yn talu deirgwaith cymaint o dreth y cyngor ag eiddo ym Mand A, sef y band isaf mewn ardal leol.

Ardrethi busnes Trethi awdurdod lleol yw'r rhain a godir ar eiddo busnes. Rhoddwyd gwerth ardrethol ar bob eiddo busnes yn seiliedig ar y rhent blynyddol y byddai'r eiddo yn ei ennill ar osod. Bydd y busnes yn talu'r gwerth ardrethol wedi'i luosi gyda 'ffactor'. Gelwir y ffactor hwn yn 'Gyfradd Fusnes Unradd'. Y llywodraeth sy'n ei gosod yn flynyddol, ac mae'r un fath ym mhob rhan o'r wlad.

Trethi esgynradd, cyfrannol a disgynradd

Mae rhai trethi yn y DU yn esgynradd, h.y. po uchaf yr incwm, yna'r uchaf yw cyfran yr incwm a delir mewn trethi. Mae treth incwm yn esgynradd oherwydd bod yna lwfansau personol ac oherwydd bod tair cyfradd dreth yn dibynnu ar faint o arian a enillir. Er enghraifft, yn Nhabl 79.3, roedd y person a enillai incwm o £60,000 yn talu cyfradd dreth gyfartalog o 23.3%. Pe bai gan yr un unigolyn incwm crynswth o £40,000, gyda'r un lwfansau a thaliadau pensiwn, byddai wedi talu 17.0% o dreth ([£6809.00 ÷ £40,000] x 100%).

Mae cyfraniadau Yswiriant Gwladol yn weddol esgynradd hyd at y terfyn enillion uchaf. Gall gweithwyr ennill hyd at £84 yr wythnos (yn 2006-2007) heb dalu cyfraniadau. Fodd bynnag, maent yn gyfraniadau disgynradd i unigolion sy'n ennill mwy na'r terfyn enillion uchaf o £645 yr wythnos (yn 2006-2007). Er enghraifft, roedd gweithiwr a enillai £70 yr wythnos yn talu cyfradd dreth gyfartalog o 0%. Byddai gweithiwr a enillai £184 yr wythnos yn talu 11% ar y £100 dros y terfyn enillion isaf o £84. Felly, 6.0% fyddai ei gyfradd dreth gyfartalog ([£11 ÷ £184] x 100%). Byddai gweithiwr a enillai gyflog ar ben y terfyn enillion eithaf o £645 yn talu treth o 11% ar £561 (£645 - £84), ac felly 9.6% fyddai ei gyfradd dreth gyfartalog ([£61.71 ÷ £645.00] x 100%). Byddai gweithiwr a enillai £2000 yr wythnos yn talu 0% ar yr £84 cyntaf, 11% ar y £561 nesaf ac 1% ar y £1355 sy'n weddill. Mae hyn yn gwneud cyfanswm bil treth o £75.26 a chyfradd dreth gyfartalog o 5.6%.

Mae Treth y Cyngor yn dreth ddisgynradd iawn. Mae'r sawl sy'n talu treth y cyngor uchaf ond yn talu deirgwaith cymaint â'r sawl sy'n talu'r lleiaf, ond gallai fod yn ennill llawer iawn mwy. Mae'r tlotaf yn derbyn ad-daliadau ar dreth y cyngor, ond ychydig iawn o newid wnaiff hyn i natur ddisgynradd y dreth.

Gellir dadlau mai'r dreth gorfforaeth yw'r un fwyaf esgynradd. Mae'r dreth gorfforaeth yn gadael llai o elw i'w rannu i'r cyfranddalwyr. Gan fod cyfranddalwyr yn tueddu i fod yn unigolion ag incwm uchel, maen nhw'n cael eu heffeithio fwy gan y dreth gorfforaeth.

Mae'r dreth enillion cyfalaf yn sicr yn un esgynradd. Y sawl sydd â digon o asedau i'w defnyddio i sicrhau enillion cyfalaf dros £8,500 y flwyddyn yn unig sy'n ei thalu (2005-2006). Yn yr un modd, mae treth etifeddiaeth yn eithaf esgynradd dros lawer o'r ystod incwm. Mae cysylltiad rhwng cyfoeth ac incwm. Felly, po fwyaf yw'r swm a adewir, y mwyaf oedd incwm yr un a fu farw ac yn wir y rhai sy'n etifeddu. Er hynny, y mae'r sawl sy'n ennill incwm uchel iawn, sydd hefyd yn gyfoethog iawn, yn debygol o dalu ychydig iawn o dreth etifeddiaeth. Mae'n bosibl osgoi talu treth etifeddiaeth drwy roi cyfoeth i ffwrdd cyn marw. Po fwyaf yw'r cyfoeth, yna'r mwyaf yw'r awydd i osgoi'r dreth, ac felly ar ben y raddfa incwm, gallai treth etifeddiaeth fod yn un ddisgynradd.

Mae trethi anuniongyrchol yn tueddu i fod yn ddisgynradd. Caiff cyfran llawer uwch o gyllideb cartrefi incwm isel ei gwario ar alcohol, tybaco a hapchwarae na chartrefi incwm uchel, ac felly mae tollau ecseis yn ddisgynradd. Gellid dadlau bod TAW yn esgynradd oherwydd nad oes TAW ar eitemau sy'n rhan anghyfrannol o gyllidebau incwm isel, fel bwyd a chludiant cyhoeddus. Fodd bynnag, mae'r ffaith bod enillwyr incwm uchel yn dueddol o gynilo cyfran uwch o'u hincwm nag enillwyr incwm isel yn gwrthbwyso hyn, ac felly mae cyfran yr incwm a delir yn TAW yn gostwng wrth i incwm godi – effaith disgynradd.

Yn adran Economeg Gymhwysol uned 69, mae Tabl 69.3 yn rhoi amcangyfrifon Cyllid a Thollau o gyfraddau treth cyfartalog i drethi uniongyrchol ac anuniongyrchol. Tra bod treth incwm a chyfraniadau Yswiriant Gwladol gweithwyr yn dueddol o fod yn esgynradd, mae trethi eraill yn tueddu i fod yn rhai disgynradd. Yn gyffredinol, mae pumed isaf y cartrefi yn ôl incwm yn talu cyfran ychydig yn uwch o'u hincwm crynswth mewn treth na'r pumed uchaf. Fodd bynnag, mae'n bosibl disgrifio'r system dreth yn ei chyfanrwydd yn y DU fel un sy'n eithaf cyfrannol.

Cymariaethau rhyngwladol

Mae Ffigur 79.2 yn rhoi cymhariaeth ryngwladol o drethi. Yn yr 1970au, dadleuwyd bod Prydain yn trethu'n drwm a bod hyn wedi cyfrannu at gyfraddau twf economaidd isel. Mewn gwirionedd, mae Prydain wedi tueddu i drethu llai na gwledydd cyfandir Ewrop tra'n trethu ychydig yn fwy na gwledydd fel UDA a Japan. Mae Ffigur 79.2 yn dangos bod y DU tuag at waelod cynghrair drethiant gwledydd datblygedig cyfoethog yr OECD yn 2005. Mae'r DU hefyd yn dueddol o gasglu cyfran is o drethi ar ffurf trethi uniongyrchol na'r rhan fwyaf o wledydd datblygedig. Tuedda trethi anuniongyrchol i fod yn gymharol uchel. Er enghraifft, mewn cymhariaeth â gwledydd cyfandir Ewrop, mae trethi nawdd cymdeithasol llawer yn is yn y DU.

Ffigur 79.2 Cyfanswm derbyniadau treth a di-dreth llywodraeth fel canran o CMC

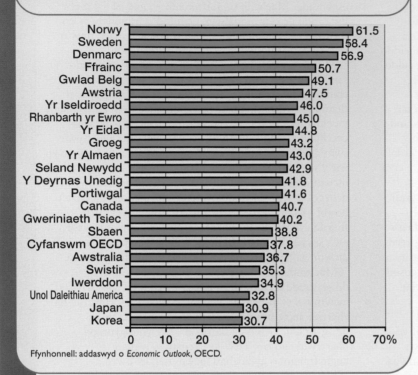

Ffynhonnell: addaswyd o *Economic Outlook*, OECD.

Newidiadau mewn treth

Dros y cyfnod 1979-2005, bu newidiadau sylweddol yn nosbarthiad treth. Mae Tabl 79.3 yn dangos tair blynedd. Roedd 1979 a 2005 yn ddwy flynedd ffyniannus i'r economi, tra bod y DU yn dod allan o gyfnod o enciliad yn 1993. Bu'r enciliad hwn yn gyfrifol am ostwng derbyniadau treth ar incwm gan felly gynyddu'r dreth a godwyd o ffynonellau eraill. Fodd bynnag, roedd y gostgyniad yng nghanran y derbyniadau treth o dreth incwm a'r cynnydd mewn trethi ar wariant rhwng 1979 ac 1993 hefyd yn adlewyrchu penderfyniad bwriadol y llywodraeth i symud y baich treth o drethi uniongyrchol i drethi anuniongyrchol. Ers 1993, mae trethi ar incwm a threthi eraill wedi codi fel cyfran o gyfanswm derbyniadau

Tabl 79.3 Canran cyfraniad gwahanol drethi i incwm llywodraeth ganolog[1]

	1979	1993	2005
			%
Trethi ar incwm			
Telir gan unigolyn	32.5	27.1	31.8
Telir gan gorfforaeth	7.5	8.1	9.7
Trethi ar wariant	33.1	42.6	30.7
Cyfraniadau nawdd cymdeithasol	17.4	18.0	18.9
Rhent, llog, buddrannau,			
breindaliadau ac incwm arall	7.4	4.4	8.9
	100.0	100.0	100.0

1. colofnau ddim yn adio i 100 oherwydd talgrynu

Ffynhonnell: addaswyd o'r *National Income and Accounts Blue Book, Financial Statistics*, Swyddfa Ystadegau Cenedlaethol; *Pre Budget Report, 2005*, Trysorlys EM.

treth, gan leihau pwysigrwydd cymharol trethi ar wariant.

Treth incwm Yng Nghyllideb 1979, torrodd y llywodraeth y gyfradd uchaf o dreth incwm o 83% ar incwm gwaith a 98% ar incwm heb ei ennill i 60%. Drwy'r 1980au, roedd yn flaenoriaeth ganddi i dorri cyfraddau treth. Syrthiodd cyfradd sylfaenol treth incwm o 33% yn 1979 i 25% yn 1987. Syrthiodd cyfradd uchaf y dreth hefyd i 40% yn dilyn cyllideb 1987. Ers hynny, mae'r gyfradd sylfaenol wedi gostwng i 22% ac mae cyfradd gychwynnol is o dreth wedi'i chyflwyno. Er gwaethaf y gostyngiadau hyn yng nghyfradd treth, mae'r derbyniadau o incwm wedi tueddu i godi am dri rheswm. Yn gyntaf, er bod cyfraddau treth incwm wedi bod yn gostwng, mae llywodraethau ers yr 1980au hwyr wedi bod yn cyfyngu ar lwfansau treth. Er enghraifft, yn yr 1990au, penderfynodd y llywodraeth gael gwared yn raddol o'r gostyngiad yn y dreth ar daliadau morgais, ynghyd â lwfans gŵr priod a lwfans plentyn. Yn ail, mae twf economaidd wedi codi incwm trethadwy'r wlad. Yn drydydd, mae enillwyr incwm uchel wedi cynyddu eu taliadau treth. Mae'r gostgyniad yng nghyfradd uchaf treth wedi lleihau'r awydd i osgoi treth. Er enghraifft, mae llai o reswm i filiwnyddion symud i'r Bahamas neu Jersey heddiw nag oedd yn 1979. Ymhellach, mae gwahaniaethau cyflog cynyddol yn golygu bod y 10% uchaf o enillwyr incwm yn derbyn cyfran fwy o'r cyfanswm incwm nag yn 1979. Felly, mae mwy o incwm yn cael ei drethu ar gyfradd uchaf treth. Mae'r 10% isaf yn derbyn cyfran lai. Felly, mae cyfanswm yr incwm anhrethadwy wedi bod yn dueddol o ostwng.

TAW Mae cyfraddau Treth ar Werth (TAW) wedi codi a'i heffaith wedi ymestyn. Yng nghyllideb 1979, codwyd cyfradd TAW o 8% i 15% i dalu am doriadau mewn treth incwm. Yn 1991, codwyd y gyfradd eto i 17.5% i dalu am doriad yn nhreth y pen awdurdodau lleol. Yn 1995, cyflwynwyd TAW ar danwydd i'r cartref, a oedd cyn hynny'n rhydd o dreth.

Gostyngiad yn nifer y trethi ar gyfalaf Yn yr 1980au, llwyddodd y llywodraeth Geidwadol i ostwng treth enillion cyfalaf a threth etifeddiaeth yn sylweddol. Cymharol ychydig o incwm ddaw o'r trethi hyn, ond maent yn dueddol o fod yn rhai esgynradd iawn. Heddiw, gyda chynllunio treth gofalus, gall trethdalwyr osgoi talu'r naill dreth neu'r llall.

Cynnydd mewn tollau ecseis Yn yr 1990au, bu cynnydd sylweddol mewn tollau ecseis ar sigarennau a phetrol. Cafodd y cynnydd ar sigarennau ei gyfiawnhau ar sail iechyd, tra bo'r cynnydd ar betrol i fod yn llesol i'r amgylchedd. O ganlyniad i'r cynnydd ar dollau ecseis ar sigarennau, mae prisiau ôl-dreth y DU ar sigarennau llawer yn uwch nag yn Ffrainc neu Wlad Belg. Amcangyfrifir bod tri chwarter o'r holl dybaco rholio llaw a ddefnyddir yn y DU yn cael ei smyglo o'r cyfandir tra bod hyd at draean o'r holl sigarennau a werthir yn rhai gwaharddedig. O ran petrol, mae'n ymddangos mai ychydig iawn o effaith gafodd y newidiadau ar nifer y milltiroedd a yrrir, gan ddangos bod petrol yn hynod o bris anelastig o ran galw. Felly, nid yw'r codiadau treth wedi llwyddo i leihau tagfeydd traffig na chyfyngu ar allyriadau pibellau gwacáu ceir, er iddynt ddod â symiau mawr o dderbyniadau ychwanegol i'r llywodraeth.

A yw'r system dreth wedi dod yn fwy disgynradd?

Symudodd y newidiadau treth a gyflwynwyd yn yr 1980au y baich treth o'r sawl oedd yn gysurus eu byd i'r sawl oedd â llai yn y lle cyntaf. Helpodd toriadau mewn treth incwm, yn enwedig i'r sawl dalai treth gyfradd uchel, gynyddu incymau ôl-treth yr enillwyr uchaf; talwyd yn rhannol am hyn gyda'r TAW a dalai cartrefi incwm is. Effeithiodd cyflwyniad treth y pen yn 1989-1990 ar enillwyr incwm isel yn drwm tra'n rhoi enillion treth sylweddol i'r mwy cyfoethog eu byd. Yn yr 1990au gwrthdrowyd y duedd hon. Cyflwynwyd treth y cyngor wedyn i olynu treth y pen. Roedd toriadau yn nhreth incwm, yn enwedig ar ôl etholiad llywodraeth Lafur yn 1997, yn dueddol o ffafrio'r boblogaeth llai cefnog. Pobl mwy cefnog oedd yn dueddol o ddioddef yn sgîl diddymu rhai lwfansau treth incwm, fel y gostyngiad yn y dreth ar forgeisiau. At ei gilydd, mae'r system yn eithaf cyfrannol.

Cwestiwn Data

Treth unradd

Mae George Osborne, Canghellor Ceidwadol yr Wrthblaid, yn bwriadu sefydlu comisiwn i archwilio'r achos dros gael treth unradd. Dywedodd ei fod eisiau gweld y DU yn symud tuag at 'system dreth rhwyddach sy'n haws ei deall, lle nad oes unrhyw gymalau sy'n rhoi cyfle i'r cyfoethog iawn eu byd osgoi talu treth drwy gyflogi cyfrifwyr drud. Rwy'n hollol ymwybodol na fyddwn o bosibl yn gallu cyflwyno treth hollol unradd, ond mae'n bosibl y byddwn yn gallu symud tuag at drethi rhwyddach a llai o gyfraddau ... . Mae gweddill y byd, gan gynnwys nifer o wledydd Ewrop, yn gostwng trethi.' Gwadodd y byddai'r system yn ddisgynradd, gan ddweud na fyddai enillion hyd at tua £10,000 i £12,000 y flwyddyn yn cael eu trethu o gwbl.

Mabwysiadodd Hong Kong dreth unradd yn 1948. Mae'r naw gwlad arall sydd â threth unradd oll o'r cyn-floc Sofietaidd, sef Estonia, Latvia, Lithuania, Rwsia, Serbia, Slofacia, Ukrain, Georgia a România. Dywedodd y *Daily Telegraph* (19.8.2005): 'Yr arloeswr yn nwyrain Ewrop yw Estonia, a gyflwynodd gyfradd unradd o 26% yn 1994. Ers hynny, mae wedi mwynhau twf cyflym ac wedi llwyddo i ad-dalu ei dyled wladol. Erbyn hyn, mae'n gostwng y gyfradd i 20% i'r holl incymau.'

Ffynhonnell: addaswyd o newsvote.bbc.co.uk 7.9.2005; portal.telegraph.co.uk 19.8.2005.

Cred rhai economegwyr y gallai trethi unradd gyfrannu at adfywio'r economi Prydeinig. Mae yna bedair prif ddadl o blaid treth unradd ar incwm.
- Mae trethi unradd yn llawer haws i'w deall na'r system dreth incwm gymhleth bresennol lle mae nifer o lwfansau a phedair cyfradd dreth wahanol (0%, 10%, 22% a 40%). Byddai symleiddio'r system yn golygu bod llai o ffyrdd i drethdalwyr eu defnyddio i dalu cyn lleied â phosibl o dreth. Byddai derbyniadau treth wedyn yn codi oherwydd byddai llai yn ceisio osgoi talu trethi.
- Byddai gostwng y gyfradd dreth uchaf o 40% i 22%, sef y gyfradd y mae Sefydliad Adam Smith yn argymell, yn cymell enillwyr incwm uwch i weithio'n galed a bod yn fwy mentrus. Ar y gwaelod, ni fyddai gweithwyr rhwng lefel y lwfans personol presennol o tua £5,000 a'r lefel

lwfans personol o £12,000 y mae Sefydliad Adam Smith yn argymell, yn talu unrhyw dreth. Unwaith eto, byddai hyn yn eu hannog i weithio'n galetach. Byddai'r ddau grŵp yn dueddol o ennill mwy o ganlyniad, ac fe fyddai hyn yn cynyddu faint o dreth a dalwyd.
- Byddai treth unradd yn gwneud y DU yn fwy deniadol i fuddsoddwyr tramor. Byddai trethi is yn annog cwmnïau tramor i ymsefydlu yn y DU ac unigolion tramor cyfoethog i breswylio yn y DU.
- Byddai cyfuniad y tair effaith yma yn rhoi hwb i ochr-gyflenwad yr economi ac yn arwain at dwf economaidd uwch. Byddai derbyniadau treth yn cynyddu o ganlyniad i hyn, a byddai hynny yn ei dro yn galluogi'r llywodraeth i dorri cyfraddau llog ymhellach.

Treth unradd yw un lle nad oes ond un cyfradd dreth. Er enghraifft, yn 2005, dadansoddodd Sefydliad Adam Smith, sy'n sefydliad asgell dde, effeithiau cyflwyno treth incwm unradd yn y DU. Byddai'r gyfradd yn 22%, a byddai lwfans personol o £12,000. Byddai'r lwfans personol hwn yn swm o arian y gellid ei ennill heb orfod talu unrhyw dreth arno. Er enghraifft, ni fyddai gweithiwr a enillai £12,000 y flwyddyn yn talu unrhyw dreth incwm o gwbl oherwydd bod cyfanswm ei enillion islaw'r trothwy treth o £12,001. Ni fyddai gweithiwr a enillai £22,000 y flwyddyn yn talu

unrhyw dreth ar y £12,000 cyntaf, ond byddai'n talu 22% ar y £10,000 oedd yn weddill, sef cyfanswm o £2,200. Ni fyddai gweithiwr a enillai £112,000 y flwyddyn yn talu unrhyw dreth ar y £12,000 cyntaf, ond byddai'n talu 22% ar y £100,000 oedd yn weddill, sef cyfanswm o £22,000.

Ffynhonnell: addaswyd o portal.telegraph.co.uk 19.8.2005

Byddai argymhellion Sefydliad Adam Smith o gyfradd dreth unradd o 22% gyda lwfans personol di-dreth o £12,000 yn arwain at ostyngiad dechreuol mewn derbyniadau treth incwm o oddeutu traean, neu tua £45 biliwn y flwyddyn. Gellir gweld hyn yn fanwl yn Nhabl 79.4. Mae'r gyfradd dreth gyfartalog gyda'r gyfradd unradd hon islaw'r gyfradd dreth gyfartalog dan y system bresennol ar bob pwynt ar yr ystod incwm. Felly byddai'r swm cyfartalog a gesglir yn llai gyda threth unradd na'r swm a gesglir dan y trefniadau presennol. Er mwyn casglu'r un faint o arian, byddai naill ai'n rhaid i'r lwfans di-dreth personol fod yn llawer llai neu byddai'n rhaid i'r gyfradd unradd fod yn llawer uwch.

Mae Tabl 79.4 hefyd yn dangos problem arall gyda chyfradd unradd. Gyda'r system incwm bresennol, mae trethdalwyr ar gyfartaledd yn talu 18.2% o'u hincwm yn dreth incwm. Mae enillwyr incwm yn yr ystod £4,895 i £49,999 y flwyddyn yn talu llai na'r cyfartaledd hwn. Felly hefyd y sawl sy'n ennill leiaf yn yr ystod £50,000 - £99,999. Fe welwn bod isafswm o 28.5 miliwn o drethdalwyr yn syrthio i mewn i'r categori hwn. 2 filiwn o drethdalwyr yn unig sy'n ennill mwy na £50,000 y flwyddyn.

Tybiwch bod y dreth unradd yn cael ei gosod ar lefel a oedd yn cynhyrchu'r un faint o dreth incwm ag y ceir ar

hyn o bryd. Byddai'r 2 filiwn o drethalwyr hyn yn elwa ar dreth unradd o'r fath, oherwydd eu bod ar hyn o bryd bron yn sicr yn talu cyfradd dreth ffiniol o 40%. Gallai hynny ostwng i dyweder, 30%, dan dreth unradd. Y trethdalwyr hyn fyddai ar eu hennill dan dreth unradd, ac felly, byddai gweddill trethdalwyr y wlad ar eu colled. Byddai 2 filiwn ar eu hennill, a'r rhan fwyaf o'r 28.5 miliwn eraill ar eu colled. Yn fras, byddai 5 enillydd incwm isel ar eu colled i bob 1 enillydd incwm uchel fyddai ar ei ennill.

Mae Tabl 79.4 yn arddangos hyn mewn ffordd arall. Mae'r 2 filiwn uchaf o drethdalwyr sy'n ennill dros £50,000 y flwyddyn yn talu 45% o'r holl dreth incwm. Mae'r 480,000 uchaf o drethdalwyr sy'n ennill dros £100,000 y flwyddyn yn talu 26% o'r holl dreth incwm. Nhw fyddai'n elwa fwyaf ar dreth unradd. Byddai'n rhaid i'r 28.5 miliwn isaf o drethdalwyr sy'n ennill llai na £50,000 y flwyddyn dalu'r dreth na fyddai'n cael ei thalu gan y 2 filiwn uchaf. Byddai hyn yn swm fawr a byddai'r golled i'r 28.5 miliwn o drethdalwyr yn sylweddol.

Ffynhonnell: addaswyd o www.hmrc.gov.uk, Ebrill 2005.

Tabl 79.4 Ystadegau treth incwm, 2005-2006[1]

Ystod cyfanswm incwm £ y flwyddyn	Nifer y trethdalwyr Miloedd	Cyfanswm y dreth a delir fesul trethdalwr dan y system dreth incwm bresennol £ miliwn	Cyfradd gyfartalog y dreth dan y system dreth bresennol %	Cyfradd gyfartalog y dreth gyda threth unradd o 22% a lwfans treth bersonol o £12, %
4 895-4 999	127	1	0.1	0
5 000-7 499	2 940	369	2.0	0
7 500-9 999	3 540	1 580	5.1	0
10 000-14 999	6 130	7 560	9.8	5
15 000-19 999	5 060	11 500	13.0	6.5
20 000-29 999	6 370	24 000	15.4	11.4
30 000-49 999	4 320	28 900	17.9	15.4
50 000-99 999	1 520	25 900	25.7	18.5
100 000+	480	34 200	33.4	19.4 i 22.0
Holl enillwyr incwm dros £4,895	30 500	134 000	18.2	

1 Amcangyfrifon Cyllid y Wlad.

Ffynhonnell: addaswyd o www.hmrc.gov.uk, Ebrill 2005.

1. Eglurwch y gwahaniaeth rhwng y system dreth incwm bresennol yn y DU a'r dreth unradd sy'n cael ei hargymell.

2. Trafodwch a fyddai treth unradd yn fwy effeithiol ac yn decach na'r system dreth incwm gyfredol.

80 Gwariant y llywodraeth

Crynodeb

1. Cynyddodd maint y wladwriaeth yn ystod yr 20fed ganrif.
2. Mae ffactorau sy'n pennu lefel optimaidd gwariant cyhoeddus yn cynnwys effeithlonrwydd darpariaeth y sector cyhoeddus yn erbyn y sector preifat, tegwch, yr effeithiau ar drethi ac ar fenthyca'r llywodraeth, a'r angen i ymyrryd ynglŷn â'r gylchred fasnach.
3. Gall maint y wladwriaeth gael ei ostwng drwy breifateiddio, contractio allan, marchnadoedd mewnol, partneriaethau sector cyhoeddus/preifat, neu roi'r gorau i ddarparu.
4. Mae'r ateb i'r cwestiwn a ddylai'r wladwriaeth neu'r sector preifat gynhyrchu nwydd neu wasanaeth unigol, yn dibynnu ar y meini prawf effeithlonrwydd cynhyrchiol a dyrannol a thegwch.

Maint y wladwriaeth

Tueddai gwariant llywodraeth, fel cyfran o incwm gwladol, i gynyddu ledled y byd yn ystod yr 20fed ganrif. Arweiniodd dau Ryfel Byd at symudiad sylweddol ar i fyny yng ngwariant gwladwriaethau. Yna, yn Ewrop o leiaf, fe wnaeth creu gwladwriaethau lles gynyddu gwariant ymhellach. Mae nifer o ffactorau sy'n pennu beth allai fod yn lefel optimaidd gwariant cyhoeddus mewn economi.

Effeithlonrwydd Gall marchnadoedd rhydd fod yn llai effeithlon na'r wladwriaeth mewn cynhyrchu rhai nwyddau a gwasanaethau. Er enghraifft, bydd y farchnad rydd yn cynhyrchu rhy ychydig o **nwyddau cyhoeddus** a **nwyddau rhinwedd** (☞ uned 20). Felly, rhaid i'r wladwriaeth drefnu cynhyrchu gwasanaethau fel amddiffyn, y gyfraith, gwasanaethau trefn a diogelu ac addysg. Mae cynhyrchu rhy ychydig o nwyddau a gwasanaethau yn agwedd ar effeithlonrwydd dyrannol. Ond gall marchnadoedd rhydd fod yn gynhyrchiol aneffeithlon hefyd. Gellir dadlau, er enghraifft, y dylai gofal iechyd gael ei ddarparu gan y wladwriaeth am fod costau, ar gyfer yr un lefel o wasanaethau, yn uwch pan gân nhw eu darparu gan y sector preifat. Mae hyn yn ymwneud â darbodion maint a gallu unig brynwr (monopsonydd) i yrru i lawr prisiau cyflenwyr i'r farchnad fel doctoriaid, ysbytai a chwmnïau cyffuriau. Felly dylai'r wladwriaeth gynhyrchu'r nwyddau a'r gwasanaethau y gall eu darparu'n fwy effeithlon na'r sector preifat.

Tegwch Gall marchnadoedd rhydd greu dosraniad annheg o adnoddau. Yn achos gofal iechyd, er enghraifft, y bobl sy'n debygol o wynebu'r biliau mwyaf yw'r henoed, sydd yn nodweddiadol yn y grwpiau incwm isaf. Oni fyddai'r wladwriaeth yn rhoi cymorth, ni fyddai llawer o bobl hŷn yn gallu fforddio gofal iechyd. Yn yr un modd, pe bai'n rhaid talu am addysg, plant o'r teuluoedd tlotaf fyddai'n dioddef fwyaf. Felly, gellir dadlau bod gan lywodraethau rwymedigaeth i wario mewn modd fydd yn gostwng annhegwch.

Baich trethi Rhaid talu am wariant y llywodraeth drwy drethi, yn nodweddiadol. Mae baich trethi mewn gwlad fel y DU, lle mae gwariant y llywodraeth tua 40% o'i CMC, yn is nag yw yn Sweden, dyweder, lle mae'n agosach at 60%. Gall lefel trethi fod yn bwysig i effeithlonrwydd a thwf economaidd. Gall trethi weithredu fel anghymhelliad. Er enghraifft, gall cyfraddau ffiniol uchel o dreth incwm ostwng cymhellion i weithio. Mae cyfraddau ffiniol uchel o dreth ar gyflogaeth yn gostwng parodrwydd cyflogwyr i gyflogi gweithwyr a gall arwain at ddiweithdra uwch. Gall lefelau uchel o dreth gadw buddsoddwyr tramor rhag buddsoddi mewn gwlad, a hefyd hybu cwmnïau mewnol i adleoli dramor. Mae hynny'n achosi i gyfalaf adael y wlad, gan arwain efallai at dwf economaidd is. Felly, ni ellir ystyried lefel optimaidd gwariant llywodraeth heb ystyried goblygiadau lles lefelau gwahanol o drethi.

Benthyca'r llywodraeth Yn aml mae lefelau uchel o wariant llywodraeth yn gysylltiedig â lefelau uchel o fenthyca gan y llywodraeth. Y rheswm yw bod llywodraethau'n wynebu pwysau gwleidyddol i wario mwy ond trethi llai. Gallan nhw wneud hyn os byddan nhw'n benthyca mwy. Ond ni ellir cynnal lefelau o fenthyca sy'n cynyddu drwy'r amser (☞ uned 81). Felly rhaid i lefelau gwariant y llywodraeth fod yn ddigon isel i gael eu hariannu'n ddigonol yn y tymor hir.

Y gylchred fasnach Efallai y bydd llywodraethau'n dymuno defnyddio'u gwariant i lyfnu'r gylchred fasnach. Dadleuodd John Maynard Keynes y dylai llywodraethau wario mwy pe bai'r economi mewn dirwasgiad er mwyn cynyddu'r galw cyfanredol. Os bydd llywodraethau'n ariannu hyn drwy gynyddu eu benthyca, rhaid iddynt sicrhau bod gwariant llywodraeth yn gostwng eto pan fydd yr economi'n cael adferiad. Fel arall, mae perygl y bydd gwariant y llywodraeth a lefelau'r ddyled wladol yn cynyddu'n ddi-ddiwedd, ac ni ellir cynnal hynny yn y tymor hir.

Darpariaeth wladwriaethol o nwyddau a gwasanaethau

Mae nifer o fodelau gwahanol o ddarpariaeth wladwriaethol o

Cwestiwn 1

Mae Syr Rod Eddington wedi cael ei gomisiynu gan y llywodraeth i lunio adroddiad erbyn canol y flwyddyn am sut y dylid gwella'r isadeiledd cludiant ar ôl 2015. Mae busnes yn gobeithio y bydd ei argymhellion yn radicalaidd. Rhybuddiodd fis Mehefin y llynedd fod y DU 'bron â chyrraedd y pwynt di-droi'n-ôl hwnnw' lle byddai ei hisadeiledd cludiant mor wael fel ei bod yn anghymell buddsoddiant o wledydd tramor. Amcangyfrifir bod tagfeydd ar y ffyrdd yn costio cwmnïau £20 biliwn y flwyddyn. Mae ei adroddiad yn debygol o dybio y daw cynllun cenedlaethol o brisio ffyrdd i rym yn y 10-15 mlynedd nesaf.

Ffynhonnell: addaswyd o'r *Financial Times*, 6.1.2006.

(a) Eglurwch y dadleuon o blaid y llywodraeth yn darparu gwell isadeiledd cludiant yn y DU.
(b) Trafodwch a fyddai derbyniadau o brisio ffyrdd yn cael eu defnyddio orau i wella'r rhwydwaith ffyrdd ymhellach ar gyfer y modurwr preifat.

nwyddau a gwasanaethau, a ddangosir yn Ffigur 80.1.

- Gall y sector cyhoeddus gynhyrchu nwyddau a gwasanaethau yn ffisegol a'u darparu (h.y. talu amdanynt allan o dderbyniadau trethi). Er enghraifft, yn y DU felly y mae yn achos gofal iechyd, amddiffyn, addysg a llyfrgelloedd.
- Gall y sector cyhoeddus ddarparu nwydd neu wasanaeth ond nid ei gynhyrchu. Yn hytrach, mae'n ei brynu gan y sector preifat. Er enghraifft, yn y DU mae'r llywodraeth yn talu am adeiladu ffyrdd newydd, ond mae'n cyflogi contractwyr sector preifat i wneud y gwaith. Awdurdodau lleol sy'n talu am y rhan fwyaf o'r lleoedd mewn cartrefi henoed, ond mae'r cartrefi yn y sector preifat. Mae'r llywodraeth yn prynu bwyd ar gyfer y fyddin, gwerslyfrau ar gyfer ysgolion neu drydan ar gyfer ysbytai gan y sector preifat.
- Gall y llywodraeth gynhyrchu nwydd neu wasanaeth ond ei werthu i'r sector preifat. Cyn preifateiddio, y llywodraeth oedd yn berchen ar y diwydiannau nwy, trydan, dŵr a thelathrebu, ond roedd yn gwerthu'r rhain i gwsmeriaid yn y sector preifat.
- Y pedwerydd dewis a ddangosir yn Ffigur 80.1 yw bod y wladwriaeth heb ymwneud â chynhyrchu nac ariannu gwasanaethau. Nwyddau a gwasanaethau yw'r rhain a gynhyrchir ac a werthir yn y sector preifat, o geir i ffa pob i wyliau parod.

Yn yr 1950au, yr 1960au a'r 1970au roedd y wladwriaeth yn y DU yn fwy o lawer nag y mae heddiw. Yn arbennig, roedd y wladwriaeth yn berchen ar 'uchelfannau'r economi', sef diwydiannau allweddol fel glo, nwy, trydan, rheilffyrdd a thelathrebu. Ers dechrau'r 1980au mae maint y wladwriaeth wedi cael ei leihau gryn dipyn mewn nifer o ffyrdd.

Preifateiddio Gwerthwyd cwmnïau ac asedau eraill oedd dan berchenogaeth y wladwriaeth i'r sector preifat. Yn Ffigur 80.1, roedd preifateiddio'n cynrychioli symudiad yn bennaf o Flwch B i Flwch C.

Contractio allan Y broses o ofyn i gynhyrchydd arall ddarparu nwydd neu wasanaeth yn hytrach na'i gynhyrchu'n fewnol yw contractio allan. Yn yr achos hwn, byddai'r llywodraeth yn gofyn i gwmnïau sector preifat gynnig am ddarparu gwasanaethau i'r wladwriaeth. Er enghraifft, gellid gofyn i gwmnïau adeiladu gynnig am gontract adeiladu ffordd, neu i gwmnïau arlwyo gynnig am ddarparu bwyd i ysgol. Pe bai'r nwydd neu'r gwasanaeth wedi cael ei gynhyrchu gan y wladwriaeth cyn hynny, byddai symudiad o Flwch A i Flwch D yn Ffigur 80.1.

Marchnadoedd mewnol Mewn rhai achosion gallai'r llywodraeth benderfynu mai dim ond hi sy'n gallu talu am a chynhyrchu nwydd neu wasanaeth. Fodd bynnag, gall benderfynu cyflwyno cystadleuaeth drwy greu marchnad fewnol lle bydd darparwyr gwahanol yn y sector cyhoeddus yn cystadlu ymhlith ei gilydd. Er enghraifft, gall ysgolion mewn ardal leol gystadlu am ddisgyblion. Mae marchnadoedd mewnol yn gadael nwydd neu wasanaeth ym Mlwch A yn Ffigur 80.1.

Partneriaethau sector cyhoeddus/preifat Gall y llywodraeth geisio perswadio'r sector preifat i fynd i mewn i bartneriaeth gyda hi. Er enghraifft, yn hytrach na thalu'r cyfan am ailddatblygu ardal ddirywiedig, gall y llywodraeth wahodd cwmnïau preifat i dalu rhan o'r gost yn gyfnewid am ran o'r derbyniadau yn y dyfodol. Mae'r Cynllun Cyllid Preifat (*Private Finance Initiative – PFI*) yn enghraifft arall. Yn yr achos hwn, mae cwmni preifat yn adeiladu a gweithredu adeilad, ffordd, pont neu ddarn arall o isadeiledd yn lle'r llywodraeth. Yna mae'r wladwriaeth yn talu 'rhent' dros gyfnod o flynyddoedd am ddefnydio'r isadeiledd cyn iddo ddychwelyd i berchenogaeth y wladwriaeth. Byddai *PFI* yn rhoi darpariaeth nwydd ym Mlwch D.

Rhoi'r gorau i ddarparu Gall y llywodraeth geisio rhoi'r gorau i dalu am wasanaeth y mae hefyd yn ei gynhyrchu. Er enghraifft, y rhai fydd yn talu am draffyrdd toll newydd fydd y modurwyr sy'n eu defnyddio yn hytrach na'r trethdalwr (symudiad o Flwch A i Flwch C). Gallai'r llywodraeth wneud i gleifion dalu am wasanaethau eu meddyg teulu (symudiad o Flwch D i Flwch C).

Dewis rhwng darpariaeth sector cyhoeddus a sector preifat

Ai darpariaeth wladwriaethol neu ddarpariaeth breifat sydd fwyaf dymunol? Mae'n dibynnu ar nifer o ffactorau.

Cwestiwn 2

Mae carchar Kilmarnock, yr unig garchar preifat yn yr Alban, wedi bod yn y newyddion yn ddiweddar yn dilyn ymchwiliad gan y BBC a honnodd fod problemau ynghylch rhedeg y carchar. Derbyniodd cynrychiolydd *Premier Custodial Group* y cafwyd methiannau unigol yn y carchar. Fe wnaeth cudd-ohebydd ffilmio swyddogion yn anwybyddu defnyddio cyffuriau ac alcohol. Dair blynedd yn ôl roedd carcharor wedi ei grogi ei hun er gwaetha'r ffaith ei fod yn garcharor 'mewn perygl' ac y dylai wardeniaid fod wedi cadw golwg arno bob 30 munud yn ei gell. Mae dau swyddog carchar nad oeddent wedi gwneud hyn noson yr hunanladdiad wedi cael eu diswyddo ers hynny.

Mae Alex Neil, un o aelodau plaid y Cenedlaetholwyr yn Senedd yr Alban, wedi galw ar Wasanaeth Carcharau yr Alban i ddweud faint mae rhedeg y carchar yn ei gostio i drethdalwyr. Mae'n poeni nad yw'r trethdalwr yn cael gwerth am arian. Meddai: 'Arian cyhoeddus yw hyn sy'n cael ei wastraffu ar garchar preifat. Yn ogystal â bod yn gostus i'w redeg mae'r carchar hwn â pherfformiad sydd ymhlith y gwaethaf o garcharau'r Alban.'

Ffynhonnell: addaswyd o news.bbc.co.uk 10.3.2005, 22.3.2005 ac 11.8.2005.

(a) Gan ddefnyddio Ffigur 80.1, eglurwch pa fodel o ddarpariaeth wladariaethol sy'n cael ei ddefnyddio yn achos Carchar Kilmarnock.
(b) Ar ba sail economaidd y gallai Gwasanaeth Carcharau yr Alban fod wedi contractio gwasanaethau carchar allan i *Premier Custodial Group*?

Ffigur 80.1 Darpariaeth wladwriaethol yn y flwyddyn 2006, y DU

		Talwyd amdano gan	
		Y sector cyhoeddus	Y sector preifat
Cynhyrchwyd gan	Y sector cyhoeddus	A Llyfrgelloedd, ysbytai	B Swyddfa'r Post
	Y sector preifat	D Meddygon teulu, adeiladau ysgolion dan gontractau'r Cynllun Cyllid Preifat	C Cerbydau modur, hufen iâ

Effeithlonrwydd cynhyrchiol Gall fod **darbodion maint** mawr ar gael os caiff gwasanaeth ei ddaparu ar gyfer y boblogaeth gyfan gan un cynhyrchydd. Er enghraifft, bydd bron yn sicr yn fwy costus i ddau gwmni casglu sbwriel sy'n cystadlu â'i gilydd wneud y gwaith hwn ar stad o dai nag i un cwmni ei wneud. Felly, gall fod yn fwy effeithlon i'r wladwriaeth drefnu casglu sbwriel cartrefi nag yw i adael i bob cartref ddefnyddio cwmnïau gwahanol. Gallai'r un peth fod yn wir am y Gwasanaeth Iechyd Gwladol (GIG). Mae'r costau am bob claf yn is nag, er enghraifft, yn UDA. Gellid dadlau mai'r rheswm yw bod y GIG yn darparu gofal iechyd o ansawdd is na gwledydd eraill. Ond mae tystiolaeth i awgrymu bod darbodion maint sywleddol yn y GIG nad ydynt i'w gweld yn systemau gofal iechyd preifat cyfandir Ewrop ac UDA. Er enghraifft, mae lefel defnyddio gwelyau yn ysbytai'r GIG yn uwch o lawer nag yn Ewrop neu UDA am fod gan y GIG lawer mwy o reolaeth ar le mae cleifion i gael eu trin. Hefyd, mae costau cyffuriau yn is am fod meddygon yn y GIG yn cael eu hannog i ragnodi'r dosiau angenrheidiol isaf o'r cyffur rhataf sydd ar gael.

Ar y llaw arall, honnir weithiau bod **annarbodion maint** yn bresennol mewn cyfundrefnau fel y GIG. Maen nhw'n fiwrocratiaethau mor fawr fel na all y rheolwyr reoli costau a defnyddio adnoddau yn effeithlon. Mae **aneffeithlonrwydd X** (☞ uned 61) yn cynyddu costau wrth i weithwyr o fewn y gyfundrefn gamddefnyddio'r system er eu lles nhw. Dim ond hollti'r gyfundrefn a chreu cystadleuaeth gref yn y farchnad sy'n gallu gostwng costau a dileu aneffeithlonrwydd. Mae hyn yn darparu dadl gref o blaid naill ai hollti monopoli sector cyhoeddus ac yna gwerthu'r rhannau sy'n cystadlu i'r sector preifat, fel a ddigwyddodd i'r diwydiant cynhyrchu trydan yn 1991, neu greu marchnadoedd mewnol cryf lle mae'n rhaid i ysgolion neu ysbytai, dyweder, gystadlu â'i gilydd am ddisgyblion neu gleifion.

Effeithlonrwydd dyrannol Mae cynhyrchu gwladwriaethol neu systemau tendro yn annhebygol o greu llawer o ddewis i ddefnyddwyr. Mae cartrefi, er enghraifft, yn annhebygol o gael dim dewis ynghylch pwy sy'n casglu eu sbwriel neu pwy sy'n plismona eu hardal. Hefyd allan nhw ddim dylanwadu ar y swm sy'n cael ei wario ar wasanaethau heblaw efallai yn anuniongyrchol trwy'r blwch pleidleisio.

Mae dewis yn fwy o lawer yn y sector preifat. Erbyn hyn, er enghraifft, mae gan ddefnyddwyr y DU ddewis ynghylch pa gwmni ffôn neu gyflenwr nwy i'w ddefnyddio. Ers rhan olaf yr 1990au, mae cartrefi wedi gallu dewis pa gwmni sy'n cyflenwi nwy iddynt. Cyn hynny dim ond ym meysydd offer nwy neu wasanaethau atgyweirio nwy y gallen nhw chwilio am y fargen orau. Mae darpariaeth wladwriaethol, fodd bynnag, yn gallu cynnwys elfen o ddewis. Mae gan rieni yn y DU yr hawl i ddewis i ba ysgol maen nhw'n dymuno anfon eu plant. Gall cleifion ddewis eu meddyg. Ond efallai nad yw'r dewis gymaint ag y mae'n ymddangos. Mae defnyddwyr addysg neu ofal iechyd yn debygol o eisiau prynu gan eu cyflenwr agosaf. Felly, mae monopolïau lleol gwan yn debygol o ddatblygu, yn enwedig mewn ardaloedd gwledig. Gallai'r ysgolion 'gorau' mewn ardal fod â gormod o ddisgyblion ac yn troi ymgeiswyr i ffwrdd. Mae ysbytai'n debygol o fod yn llawn ac felly mae cleifion yn annhebygol o allu arfer llawer o ddewis ynghylch lle i gael llawdriniaeth.

Mae dewis hefyd yn awgrymu bod defnyddwyr yn gallu gwneud dewisiadau rhesymegol. Ond efallai nad oes fawr ddim **sofraniaeth defnyddwyr** (☞ uned 66) yn y farchnad. Efallai y bydd cynhyrchwyr yn defnyddio'u grym yn y farchnad i ystumio gwybodaeth a roddir i gwsmeriaid. Efallai hefyd na fydd defnyddwyr â llawer o ddealltwriaeth o'r gwasanaethau y mae gofyn iddyn nhw eu prynu eu hunain.

Dosraniad adnoddau Gall trosglwyddo adnoddau o'r sector cyhoeddus i'r sector preifat fod â goblygiadau pwysig ar gyfer dosraniad incwm. Er enghraifft, pan fydd y wladwriaeth yn peidio â thalu am rai gweithgareddau trwy'r system drethi, rhaid i unigolion dalu'r gost lawn eu hunain. Yn y gorffennol efallai y byddai myfyriwr a ddymunai astudio mewn coleg drama fod wedi cael ei gyllido drwy gasglu ffracsiwn o geiniog y flwyddyn oddi wrth drethdalwyr lleol. Os bydd yr awdurdod lleol yn rhoi'r gorau i dalu grant, rhaid i'r myfyriwr neu deulu'r myfyriwr dalu'r gost lawn o filoedd o bunnoedd.

Mae wedi'i awgrymu na ddylai awdurdodau lleol ddarparu llyfrgelloedd cyhoeddus bellach. Yn hytrach, gallen nhw naill ai gontractio allan, gan gael cwmni preifat i redeg y gwasanaeth yn gyfnewid am ffi gan yr awdurdod lleol, neu gallai'r awdurdod lleol roi'r gorau i gynnig gwasanaeth yn gyfan gwbl a gadael i fecanwaith y farchnad benderfynu a ddylid cynnig gwasanaethau llyfrgell i ddefnyddwyr ac ar ba ffurf. Defnyddir llyfrgelloedd gan bob grŵp oedran a phob grŵp incwm ond fe'u defnyddir yn anghyfrannol gan ferched a phobl hŷn.

Trafodwch effaith contractio allan a phreifateiddio'n llwyr y gwasanaeth llyfrgell ar effeithlonrwydd a thegwch.

Economeg gymhwysol

Gwariant cyhoeddus yn y DU

Cyfansymiau gwariant cyhoeddus

Mae'r sector cyhoeddus yn y DU yn cynnwys llywodraeth ganolog, llywodraeth leol a mentrau'r llywodraeth fel corfforaethau cyhoeddus. Mae llywodraeth ganolog yn gyfrifol am oddeutu tri chwarter o gyfanswm gwariant cyhoeddus. O'i gymharu â gwledydd eraill, nid yw maint sector cyhoeddus Prydain yn nodedig. Fel y gwelir yn Nhabl 80.1, mae'n fwy fel cyfran o CMC nag economïau marchnad rydd yr Unol Daleithiau neu Japan. Mae'n agos at waelod ystod ein partneriaid yn yr UE, ond yn llawer is na gwledydd fel Sweden sydd â thraddodiad hir o wariant cyhoeddus uchel.

Gellir rhannu cyfansymiau gwariant cyhoeddus yn ôl swyddogaeth, fel y gwelir yn Ffigur 80.2.

- Yr eitem gwariant cyhoeddus sengl fwyaf yw amddiffyniad cymdeithasol. Mae hyn yn cynnwys **taliadau trosglwydd** fel budd-dal plant a lwfans Chwilio am Waith. Y budd-dal mwyaf costus yw'r pensiwn ymddeoliad gwladol sy'n cael ei dderbyn gan oddeutu 10 miliwn o bensiynwyr.

- Gwariant ar **iechyd** yw'r ail gategori mwyaf o ran gwariant. Mae'r rhan fwyaf o'r gwariant hwn yn mynd at gost y Gwasanaeth Iechyd Gwladol.
- Mae **addysg** yn cynnwys gwariant llywodraeth leol ar ysgolion cynradd ac uwchradd a cholegau addysg bellach. Mae llywodraeth ganolog yn talu am addysg uwch a grantiau ymchwil.
- Mae **gwasanaethau personol a chymdeithasol** yn cynnwys gwariant gan adrannau gwasanaethau cymdeithasol awdurdodau lleol ac adrannau plant ar weithwyr cymdeithasol, cynorthwy-wyr gofal yn y cartref a lleoedd i'r henoed mewn cartrefi preswyl.
- Mae **cludiant** yn cynnwys adeiladu a chynnal ffyrdd yn ogystal â chymorthdaliadau i wasanaethau trên a bws.
- Mae **diwydiant, amaethyddiaeth, cyflogaeth a hyfforddiant** yn cynnwys grantiau a chymorthdaliadau i hyrwyddo twf busnesau, cynnal ffermydd, hyfforddi gweithwyr a mesurau fel y Fargen Newydd i annog y sawl sy'n ddi-waith i ddychwelyd i waith.
- Mae **gwariant ar amddiffyn** yn cynnwys gwariant ar y fyddin, y llynges a'r llu awyr.
- Mae **trefn a diogelwch cyhoeddus** yn cynnwys gwariant ar yr heddlu a'r system farnwrol, carchardai a'r gwasanaeth tân.
- Mae **tai a'r amgylchedd** yn cynnwys grantiau i Gymdeithasau Tai i adeiladu cartrefi newydd ac i gynghorau lleol i atgyweirio a chynnal y stoc sydd eisoes ganddynt yn ogystal â gwariant ar gasglu sbwriel, parciau a mesurau diogelu'r amgylchedd.
- **Llog crynswth ar ddyled** yw'r llog y mae'n rhaid i'r llywodraeth dalu ar yr arian y mae wedi'i fenthyg yn y gorffennol – y Ddyled Wladol.
- Mae **gwariant arall** yn cynnwys gwariant ar gymorth tramor, y celfyddydau, llyfrgelloedd a llysgenadaethau tramor.

Tueddiadau mewn gwariant cyhoeddus

Mae cyfanswm gwariant llywodraeth yn y DU wedi tueddu i gynyddu yn nhermau real dros amser fel y gwelir yn Nhabl 80.2 Mae incwm cynyddol o dwf economaidd wedi'i wario'n rhannol ar wella gwasanaethau cyhoeddus. Mae tueddiadau yng ngwariant llywodraeth fel canran o CMC yn fwy cymhleth, fel y gwelir yn Ffigur 80.3.

1900-1960 Cynyddodd gwariant cyhoeddus ar amddiffyn yn sylweddol yn sgîl dau ryfel byd yr ugeinfed ganrif. Arweiniodd y ddau ryfel byd hefyd at sefydlu lefelau newydd o wariant cyhoeddus. Cyn y Rhyfel Byd Cyntaf, roedd gwariant cyhoeddus oddeutu 12% o CMC. Yn y cyfnod rhwng y rhyfeloedd, cododd i oddeutu 25%; cododd eto i oddeutu 35% ar ôl yr Ail Ryfel Byd.

1960-1975 Gwelodd yr 1960au a hanner cyntaf yr 1970au duedd gynyddol yng ngwariant cyhoeddus fel canran o CMC wrth i'r wladwriaeth les ehangu. Daeth y duedd hon i ben yn 1975 pan gyhoeddodd y llywodraeth Lafur na allai'r wlad fforddio parhau i wario mwy a mwy ar wasanaethau cyhoeddus. Erbyn y cyfnod hwn, roedd gwariant cyhoeddus yn 50% o CMC.

1975-1990 Bwriad y llywodraeth Geidwadol yn 1979 dan Margaret Thatcher oedd parhau gyda'r duedd at wariant cyhoeddus is. Roedd hi'n awyddus iawn i wthio nôl ffinau'r wladwriaeth a lleihau'r baich treth. Erbyn 1988-89, roedd gwariant cyhoeddus fel canran o CMC wedi syrthio i 39.4%. Yn y ddegawd 1980 i 1990, tyfodd gwariant cyhoeddus real 10% yn unig o'i gymharu â 33% yn yr 1970au a 22% yn yr 1990au. Mewn gwirionedd, syrthiodd gwariant cyhoeddus real 3% rhwng 1984 ac 1989.

1990-1997 Bu cynnydd sylweddol yng ngwariant cyhoeddus yn ystod enciliad 1990-1992 gan fod gwariant ar nawdd cymdeithasol yn dueddol o godi yn ystod unrhyw enciliad. Ymhellach, disodlwyd Margaret Thatcher yn 1990. Sylweddolodd ei holynydd, John Major, ei bod yn amhosibl parhau i rewi gwariant real mewn

Tabl 80.1 Gwariant y llywodraeth fel canran o CMC

	1960-67	1968-73	1974-79	1980-89	1990-99	2000-04
Sweden	34.8	44.3	54.4	62.9	64.0	57.8
Ffrainc	37.4	38.9	43.3	50.2	53.4	52.6
Yr Eidal	31.9	36.0	42.9	44.9	52.8	48.5
Yr Almaen	35.7	39.8	47.5	47.8	48.1	47.2
Y DU	34.7	39.5	44.6	44.9	43.0	41.5
Canada	29.3	34.7	39.2	39.7	46.3	41.0
UDA	28.3	31.0	32.6	35.8	34.6	35.8
Japan	18.7	20.5	28.4	32.8	34.5	37.9

Ffynhonnell: addaswyd o OECD, *Historical Statistics and Economic Outlook*.

Ffigur 80.2 Gwariant y llywodraeth yn ôl swyddogaeth, 2005-06

Cyfanswm £520 biliwn

- Gwasanaethau personol a chymdeithasol £25bn
- Iechyd £90bn
- Amddiffyniad cymdeithasol £147bn
- Cludiant £19bn
- Eraill £47bn
- Addysg £70bn
- Tai a'r amgylchedd £17bn
- Amddiffyn £28bn
- Trefn a diogelwch cyhoeddus £31bn
- Llog ar ddyled £26bn
- Diwydiant, amaethyddiaeth, cyflogaeth a hyfforddiant £21bn

Ffynhonnell: addaswyd o *Pre Budget Report*, 2005, Trysorlys EM.

Ffigur 80.2 Cyfanswm gwariant dan reolaeth y llywodraeth yn ôl prisiau 2004-05

	£ biliwn	Indecs 1970-71=100
1970-71	225.9	100.0
1975-76	294.0	130.1
1980-81	300.4	133.0
1985-86	326.3	144.4
1990-91	330.3	146.2
1995-96	381.6	168.9
2000-01	403.7	178.7
2004-05	487.3	215.7

Ffigur 80.3 Gwariant llywodraeth ganolog fel canran o CMC

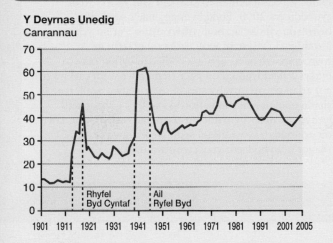

Ffynhonnell: addaswyd o *Social Trends*, Swyddfa Ystadegau Cenedlaethol; *Pre Budget Report*, 2005, Trysorlys EM.

meysydd fel addysg a iechyd, ac felly bu twf cymedrol yng ngwariant real ar wasanaethau llywodraeth gan ei lywodraeth ef.

O 1997 Yn 1997, daeth llywodraeth Lafur dan Tony Blair i rym i olynu llywodraeth Geidwadol John Major. Yn ei maniffesto etholiadol, roedd Llafur wedi addo peidio â chodi gwariant cyhoeddus mewn ymgais i berswadio'r pleidleiswyr y byddai'n gyfrifol yn ariannol. Rhwng 1996 ac 1999, ychydig iawn o newid gafwyd mewn gwariant cyhoeddus. Fodd bynnag, roedd etholwyr yn dod yn fwyfwy anfodlon gydag ansawdd gwasanaethau cyhoeddus gan gynnwys y Gwasanaeth Iechyd Gwladol. Yn 2000, ymatebodd y llywodraeth drwy gyhoeddi cynnydd sylweddol mewn gwariant ar iechyd ac addysg hyd 2007-08 a fyddai'n codi cyfran gwariant llywodraeth i CMC i oddeutu 43% o CMC. Mae Ffigur 80.4 yn dangos effaith hyn ar wariant ar iechyd ac addysg yn ogystal ag ar gyfanswm gwariant.

Ydy gwasanaethau cyhoeddus yn gwella?

Mae yna broblemau mawr wrth geisio asesu a fu twf mewn gwasanaethau cyhoeddus yn ystod y blynyddoedd diwethaf. O gymryd y Gwasanaeth Iechyd Gwladol fel enghraifft, mae'n rhaid ystyried pedwar ffactor allweddol.

Enillion effeithlonrwydd Bob blwyddyn, mae'r GIG yn hawlio gwelliant mewn effeithlonrwydd. Mae'n mesur hyn, er enghraifft, drwy welliannau yn nifer y cleifion sy'n cael eu trin i bob meddyg, toriadau mewn rhestri aros a chyfraddau llenwi gwelyau. Daw gwelliannau effeithlonrwydd o ddwy ffynhonnell. Yn gyntaf, ceir mabwysiadu arfer gorau drwy'r gwasanaeth gan ddileu **aneffeithlonrwydd X** (☞ uned 61). Dyma effaith sy'n digwydd unwaith yn unig, oherwydd unwaith bo'r arfer gorau wedi'i fabwysiadu, bydd yn amhosibl gwneud enillion effeithlonrwydd pellach. Yn ail, gall datblygiadau

Ffigur 80.4 Twf yng ngwariant cyhoeddus real: iechyd, addysg a chyfanswm gwariant

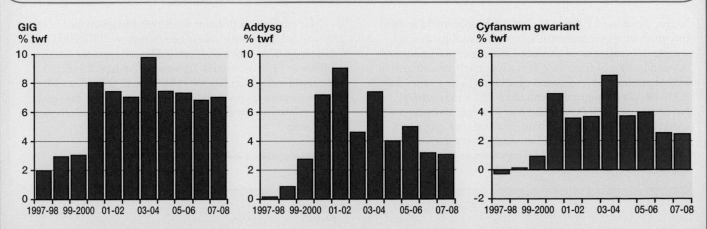

Ffynhonnell: addaswyd o amcangyfrifon *PWC* yn seiliedig ar ddata'r Trysorlys.

newydd ym maes gwybodaeth feddygol, offer newydd a staff sydd wedi'u hyfforddi'n well oll gynyddu effeithlonrwydd. Ar bapur, mae hon yn broses ddynamig a dylai fod yn bosibl sicrhau enillion effeithlonrwydd o'r ffynhonnell hon yn y dyfodol.

Cost y gwasanaeth Caiff data yn aml ei gyflwyno 'ar brisiau cyson'. Mae hyn yn golygu bod ffigurau yn cael eu haddasu i gyfradd chwyddiant gyffredinol yn yr economi (wedi'i mesur yn ôl y datchwyddwr CMC yn hytrach na'r Indecs Prisiau Adwerthu – RPI). Fodd bynnag, nid yw codiadau mewn gwariant real ar wasanaethau o reidrwydd yn golygu bod maint y gwasanaethau wedi cynyddu, oherwydd bod chwyddiant yn y sector cyhoeddus yn debygol o fod yn uwch na chwyddiant yn yr economi cyfan. Mae'r sector cyhoeddus yn llawer mwy dwys o ran llafur na'r sector preifat. Mae yna hefyd lai o gyfle i gynyddu cynhyrchedd. Mae enillion ar gyfartaledd yn cynyddu tua 2% yn fwy na'r cynnydd mewn chwyddiant bob blwyddyn. Felly, mae'n rhaid i'r GIG dalu mwy yn nhermau real bob blwyddyn i brynu'r un nifer o feddygon, nyrsys, ayyb.

Anghenion y cleifion Mae strwythur y boblogaeth yn araf newid, yn enwedig y twf yn nifer yr henoed dros 75 mlwydd oed. Mae'r grŵp oedran hwn yn gwneud defnydd arbennig o drwm o gyfleusterau'r GIG. Os yw gwariant cyhoeddus ar y GIG yn parhau'n gyson, bydd lefel y gwasanaeth i'r claf cyfartalog o reidrwydd yn dirywio.

Disgwyliadau a thechnoleg Bob blwyddyn, mae cwsmeriaid yn disgwyl gallu prynu cynhyrchion gwell. Maent yn digwyl gweld ceir gwell, cael ystod ehangach o fwydydd a mynd i leoedd mwy ecsotig ar eu gwyliau. Maent hefyd yn disgwyl derbyn gwell gofal iechyd. Mae datblygiadau ym myd meddygaeth yn golygu bod modd trin mwy a mwy o afiechydon. Ond os yw'r afiechydon hyn yn mynd i gael eu trin, mae'n rhaid canfod arian ychwanegol i dalu amdanynt. Mae cwsmeriaid hefyd yn disgwyl gwell cyfleusterau – popeth o flodau mewn pot, i fod yn gallu dewis amseriad triniaeth feddygol. Mae hyn i gyd yn costio arian.

At ei gilydd, mae yna gytundeb eang bod ansawdd a maint y gwasanaethau a ddarperir gan y GIG wedi cynyddu ers 2000. Fodd bynnag, mae'r sawl sy'n beirniadu yn dadlau bod y mwyafrif o'r arian ychwanegol a roddwyd i'r system wedi cael ei wastraffu ar fiwrocratiaeth ac ar ariannu codiadau cyflog mawr i nyrsys a meddygon. Nid yw'r trethdalwr wedi cael gwerth am arian o'r arian ychwanegol. Ar y pegwn arall, mae rhai'n dadlau mai'r unig ffordd i wella'r gwasanaeth iechyd yw drwy gynyddu gwariant, ac mai ychydig iawn o'r adnoddau ychwanegol sydd wedi'u gwastraffu. Ceir rhagor o wybodaeth yn y cwestiwn data.

Cwestiwn Data | Y Gwasanaeth Iechyd Gwladol

Ddoe, dywedodd Patricia Hewitt, yr Ysgrifennydd Iechyd, fod yn rhaid i'r Gwasanaeth Iechyd Gwladol baratoi at wasgfa ar wariant ar ôl codiadau anferth mewn ariannu yn ddiweddar. Yn ôl ffigurau'r Trysorlys, mae'r gwasanaeth iechyd yn debygol o gynyddu gwariant 4% ar y mwyaf ar ôl 2007-08, o'i gymharu â'r cynnydd o 7% y mae wedi'i fwynhau ers 1999. Dywedodd Mrs Hewitt: 'Rydym yn ymwybodol ers tro byd na fydd yn rhaid rhoi cymaint o arian ar ôl 2008, gan y byddwn wedi dileu rhestri aros ac wedi cyrraedd y cyfartaledd Ewropeaidd ar ariannu gofal iechyd.'

Mae'r llywodraeth Lafur wedi cynyddu gwariant GIG yn sylweddol. Mae wedi codi o £65 biliwn yn 2002-2003 i £87 biliwn eleni, ac erbyn 2007, fe fydd wedi cyrraedd £105 biliwn ar brisiau cyfredol. Dywedodd Andrew Lansley, y llefarydd iechyd Ceidwadol: 'I ble aeth yr holl arian? Mae biliynau ychwanegol wedi'u gwario ar y GIG ac eto i gyd mae ysbytai mewn diffyg a gwasanaethau rheng-flaen yn cael eu cwtogi.'

Ffynhonnell: addaswyd o www.telegraph.co.uk, 18.1.2006.

Un o dargedau allweddol y llywodraeth Lafur fu torri rhestri aros ysbytai. Rhwng 1997 a 2000, roedd y ffocws ar leihau cyfanswm y cleifion a oedd yn aros am driniaeth o 100,000 a sicrhau nad oedd yr un claf yn gorfod aros am fwy na 18 mis. Rhwng 2000 a 2004, cwtogwyd yr amser aros mwyaf i driniaethau cleifion mewnol a thriniaethau dydd o 18 mis i 6 mis tra cwtogwyd yr amser aros mwyaf am apwyntiadau all-gleifion o 6 i 3 mis. Ar ôl cyflawni'r targedau hyn, cyhoeddodd y llywodraeth yn 2005 y byddai erbyn 2008 wedi cwtogi amser aros unrhyw glaf a fyddai'n cael ei atgyfeirio gan feddyg teulu i dderbyn triniaeth mewn ysbyty i 18 wythnos ar y mwyaf.

Yn Lloegr, mae gosod targedau a chyflwyno cystadleuaeth wedi helpu sicrhau gwelliant mewn perfformiad. Dywedodd Simon Stevens, cyn ymgynghorydd iechyd i Tony Blair: 'Mae ysbytai ac ymgynghorwyr yn Lloegr wedi gorfod wynebu bygythiad real o ran cystadleuaeth; pe na byddent yn perfformio'r llawdriniaethau, byddai grŵp o Almaenwyr neu feddygon tramor eraill yn dod rownd y gornel i wneud hynny. Bu hyn yn fodd o ysgogi gweithredu.'

Ffynhonnell: addaswyd o'r *Financial Trimes*, 21.10.05 a *Journal of the Royal Society of Medicine*, Ionawr 2006.

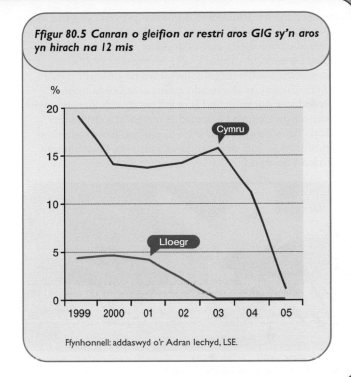

Ffigur 80.5 Canran o gleifion ar restri aros GIG sy'n aros yn hirach na 12 mis

Ffynhonnell: addaswyd o'r Adran Iechyd, LSE.

Mae llawer o'r arian ychwanegol a roddir i'r gwasanaeth iechyd yn cael ei lyncu gan godiadau cyflog. Yn 2005-06, aeth hanner o'r cynnydd ariannol o £3.6 biliwn ar gyflogau uwch, tra yn 2006-07 aeth oddeutu traean o'r £4.5 biliwn ychwanegol ar gyflogau. Mae costau ychwanegol am gyffuriau, gan gynnwys cyffuriau newydd yn dod i'r amlwg, ac arian i adeiladau ac offer newydd yn cymryd rhwng chwarter a thraean o'r arian ychwanegol. Gyda chostau eraill hefyd yn cynyddu, cymharol ychydig o arian oedd ar ôl i ariannu datblygiadau eraill a fyddai'n gwella gwasanaethau i gleifion.

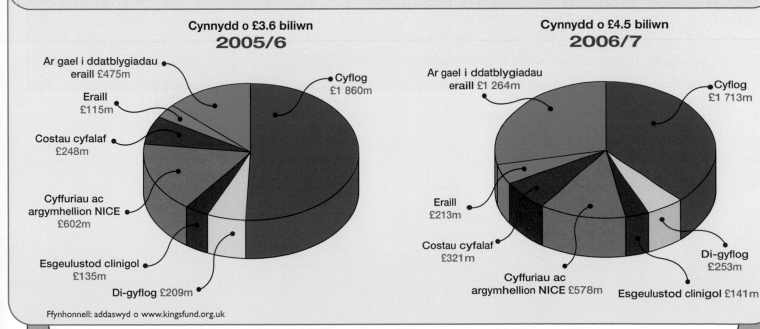

Ffigur 80.6 Sut y caiff arian ychwanegol y GIG ei wario

Cynnydd o £3.6 biliwn
2005/6

Ar gael i ddatblygiadau eraill £475m
Eraill £115m
Costau cyfalaf £248m
Cyffuriau ac argymhellion NICE £602m
Esgeulustod clinigol £135m
Di-gyflog £209m
Cyflog £1 860m

Cynnydd o £4.5 biliwn
2006/7

Ar gael i ddatblygiadau eraill £1 264m
Eraill £213m
Costau cyfalaf £321m
Cyffuriau ac argymhellion NICE £578m
Cyflog £1 713m
Di-gyflog £253m
Esgeulustod clinigol £141m

Ffynhonnell: addaswyd o www.kingsfund.org.uk

Mae unedau llawdriniaeth dydd mewn ysbytai GIG yn Lloegr yn gwastraffu bron i hanner eu hamser cynnal llawdriniaethau oherwydd camreolaeth; cyhoeddodd yr Arolygiaeth Iechyd heddiw. Dywedodd y gallai'r GIG berfformio 74,000 o lawdriniaethau ychwanegol y flwyddyn pe byddai'r unedau lleiaf effeithiol yn mabwysiadu arferion yr unedau gorau. Dywedodd yr Adran Iechyd bod y llywodraeth yn tynnu sylw at nifer o'r gwelliannau a wnaed o ran gofal a chyfleuster cleifion. 'Er enghraifft, mae 91% o gleifion llawdriniaethau dydd bellach yn cael dewis o ddyddiadau i'w llawdriniaeth', dywedodd llefarydd.

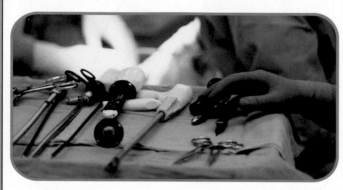

Yn ddiweddar cyhoeddodd Patricia Hewitt, yr ysgrifennydd iechyd, y byddai'r llywodraeth yn gwario £2.5 biliwn ychwanegol dros y pum mlynedd nesaf ar rownd bellach o gytundebau gyda'r sector preifat i berfformio llawdriniaethau dydd cyflym ar gleifion GIG mewn canolfannau triniaethau annibynnol.

Ffynhonnell: addaswyd o society.guardian.co.uk, 11.7.2005.

A yw'r GIG yn rhoi gwerth am arian? Yn wir, mae nyrsys a meddygon dros yr ychydig flynyddoedd diwethaf wedi derbyn codiadau cyflog sy'n golygu mai nhw yw'r rhai gorau eu cyflog yn Ewrop, felly maent wedi elwa ar wariant llywodraeth cynyddol ar y GIG. Ond nid yw'r Swyddfa Ystadegau Gwladol (ONS), fel corff ystadegol y llywodraeth, yn siwr bod trethdalwyr wedi gwneud cystal. Ar ei ffigurau, mae cynhyrchedd naill ai'n sefyll yn ei unfan neu'n syrthio. Caiff cynhyrchedd ei fesur yn nhermau canlyniadau corfforol fel nifer y llawdriniaethau a gynhaliwyd, nifer y presgripsiynau a roddwyd neu nifer y teithiau ambiwlans a gymerwyd. Mae mewnbynnau yn adnoddau fel nyrsys a meddygon. Mae'r Swyddfa Ystadegau Gwladol yn cyfrifo ar y sail yma, bod cynhyrchedd yn y gwasanaeth iechyd wedi bod yn gostwng yn ystod y degawd ddiwethaf rhwng 0.6% a 1.3% y flwyddyn. Mae pob £1 ychwanegol sy'n cael ei gwario ar y GIG yn cynhyrchu llai a llai.

Ond mae'r Swyddfa Ystadegau Gwladol yn cyfaddef bod y cyfrifon hyn yn rhy amrwd. Er enghraifft, nid yw'r mesurau hyn yn ystyried ansawdd y gwasanaeth. Os yw rhestri aros yn syrthio neu os yw grŵp o gleifion canser yn goroesi am 12 mis yn hirach na'r cyfartaledd, nid yw ffigurau'r Swyddfa Ystadegau Gwladol yn adlewyrchu hyn. Nid yw'r ffaith ein bod ni, ar gyfartaledd, yn byw'n hirach oherwydd triniaethau syml i'n gwarchod rhag problemau'r galon a strociau, yn cael ei adlewyrchu ychwaith. Mae'r Swyddfa Ystadegau Gwladol yn galw am drafodaeth genedlaethol i benderfynu ar yr ymagwedd orau i'w mabwysiadu.

Ffynhonnell: addaswyd o news.bbc.co.uk, 28.2.2006.

1. Gan ddefnyddio Ffigur 80.4 yn yr adran Economeg Gymhwysol a'r data uchod, eglurwch y tueddiadau mewn gwariant cyhoeddus ar y gwasanaeth iechyd ers 1997.
2. Gan ddefnyddio cysyniadau tegwch ac effeithlonrwydd, eglurwch pam mae'r llywodraeth o bosibl wedi newid ei lefelau gwario ar y gwasanaeth iechyd.
3. Trafodwch a fyddai wedi bod yn well i'r llywodraeth ostwng trethi a chaniatáu i drethdalwyr brynu gofal iechyd preifat ychwanegol os ydynt yn dymuno gwneud hynny yn hytrach na chodi trethi ac ariannu gwariant ychwanegol ar y GIG.

Crynodeb

1. Trwy newidiadau ym maint y diffyg cyllidol, gall polisi cyllidol gael effaith ar y galw cyfanredol.
2. Defnyddir y term sefydlogyddion awtomatig am wariant llywodraeth a derbyniadau trethi sy'n newid yn awtomatig wrth i incwm newid. Maen nhw'n lleddfu gostyngiad incwm gwladol pan fydd economi'n symud tuag at ddirwasgiad ac yn cyfyngu ar gynnydd incwm pan fydd yr economi mewn ffyniant.
3. Polisi cyllidol gweithredol yw addasu gwariant llywodraeth a derbyniadau trethi yn fwriadol i ddylanwadu ar yr economi.
4. Mae cyfyngiadau ar reoli'r galw drwy ddefnyddio polisi cyllidol. Mae oediadau amser wrth weithredu polisi, mae data economaidd y seilir penderfyniadau arnynt yn annigonol, dydy damcaniaeth economaidd ddim yn ddigon datblygedig i lywodraethau allu manwl diwnio'r economi i gyrraedd targedau manwl gywir a gall diffygion parhaol arwain at broblemau gyda'r ddyled wladol. Hefyd mae gwledydd sy'n perthyn i'r Undeb Ariannol Ewropeaidd â chyfyngiadau wedi'u gosod ar y defnydd a wnânt o bolisi cyllidol.
5. Oherwydd y cyfyngiadau hyn, mae llywodraethau heddiw yn tueddu i ddefnyddio polisi ariannol i addasu'r galw cyfanredol.
6. Gellir defnyddio polisi cyllidol i ddylanwadu ar ochr gyflenwad yr economi.

Polisi cyllidol a rheoli macro-economaidd

Mae polisi cyllidol yn ymwneud â phenderfyniadau'r llywodraeth ynghylch ei gwariant, trethiant a benthyca. Yn uned 36 eglurwyd y gall polisi cyllidol gael effaith ar y galw cyfanredol. Mae **polisi cyllidol ehangol**, lle caiff gwariant y llywodraeth ei gynyddu o'i gymharu â threthi ac felly mae benthyca'r llywodraeth yn cynyddu neu mae gwarged cyllidol yn lleihau, yn arwain at gynnydd yn y galw cyfanredol. Mae hynny yn ei dro yn debygol o arwain at gynnydd mewn CMC a gostyngiad mewn diweithdra, ond cynnydd mewn chwyddiant a dirywiad yng nghyfrif cyfredol y fantol daliadau. Mae **polisi cyllidol datchwyddol**, lle mae'r diffyg cyllidol yn gostwng neu'r gwarged yn cynyddu, yn debygol o achosi'r gwrthwyneb, gyda thwf economaidd yn gostwng ond hefyd pwysau chwyddiannol yn gostwng.

Sefydlogyddion awtomatig

Yn yr 1930au arweiniodd gostyngiadau mawr mewn gwariant buddsoddiant ac enillion o allforion at y Dirwasgiad Mawr. Heddiw byddai unrhyw ostyngiad mewn buddsoddiant neu enillion o allforion yn cael llai o effaith ar yr economi gan fod SEFYDLOGYDDION AWTOMATIG neu GYNHENID yn fwy. Gwariant sy'n cynyddu'n awtomatig pan fydd yr economi'n mynd i mewn i enciliad yw sefydlogyddion awtomatig. I'r gwrthwyneb, maen nhw'n gostwng yn awtomatig pan fydd incwm gwladol yn dechrau codi.

Mae gwariant y llywodraeth a threthi yn sefydlogyddion awtomatig. Pan fydd yr economi'n mynd i mewn i enciliad a bydd diweithdra'n cynyddu, bydd y llywodraeth yn awtomatig yn cynyddu ei gwariant nawdd cymdeithasol, gan dalu mwy mewn budd-daliadau diweithdra a budd-daliadau cysylltiedig. Felly bydd y gostyngiad yn y galw cyfanredol yn llai nag a fyddai fel arall. Hefyd bydd derbyniadau trethi yn gostwng yn gyflymach na'r gostyngiad mewn incwm. Y rheswm yw bod cyfraddau trethi yn tueddu i fod yn uwch ar incwm ffiniol nag ar incwm cyfartalog. Er enghraifft, efallai y bydd gweithiwr ar gomisiwn yn gwerthu llai mewn enciliad. Efallai wedyn y bydd ei gyfradd dreth yn gostwng o'r gyfradd uwch o 40% i'r gyfradd sylfaenol o 20%. Os oes rhaid gostwng gwariant cartref, mae'n debygol mai eitemau traul fel nwyddau traul sy'n para sydd â

TAW o 17.5% fydd yn gostwng yn hytrach na bwyd sydd â chyfradd sero. Gyda'r llywodraeth yn casglu llai o dreth, mae incwm gwario yn uwch nag a fyddai fel arall ac felly gall treuliant fod ar lefel uwch nag a fyddai heb y sefydlogydd awtomatig hwn.

Pan fydd yr economi'n mynd i mewn i ffyniant, bydd gwariant y llywodraeth yn gostwng wrth i'r gyllideb fudd-daliadau ostwng yn awtomatig. Bydd derbyniadau trethi yn cynyddu'n gyflymach na'r cynnydd mewn incwm. Ychydig iawn o dreth y bydd person di-waith yn ei thalu. Pan fydd pobl di-waith yn cael swyddi, byddan nhw'n dechrau talu symiau sylwedol o dreth uniongyrchol ac anuniongyrchol. Felly bydd y galw cyfanredol yn is nag a fyddai heb y sefydlogyddion awtomatig hyn.

Polisi cyllidol gweithredol neu ddewisol

Dydy POLISI CYLLIDOL GWEITHREDOL neu DDEWISOL ddim yn dibynnu ar yr economi yn newid yn awtomatig y swm mae'r llywodraeth yn ei wario neu'n ei gasglu mewn trethi. Mae'n golygu bod y llywodraeth yn addasu ei gwariant a threthi yn fwriadol i ddylanwadu ar yr economi. Byddai penderfyniad bwriadol gan y llywodraeth i ostwng cyfraddau trethi, gan arwain at ostyngiad yn

Ym mis Mawrth 2006 cyhoeddodd Canghellor y Trysorlys nifer o newidiadau i drethi a gwariant y llywodraeth ar adeg pan oedd yr economi'n tyfu ychydig bach islaw ei gyfradd duedd o dwf. Eglurwch ydy'r canlynol yn debygol o fod yn enghreifftiau o sefydlogyddion awtomatig neu bolisi cyllidol gweithredol.

(a) Cyflwyno haen uwch newydd o Dreth Gerbydau (y disg treth ar geir) o £210 ar gyfer ceir sydd â threuliant uchel o betrol am bob milltir o deithio.
(b) Cynnydd o 7.0% yn nerbyniadau trethi yn 2005-2006, yn net o newidiadau yng nghyfraddau trethi yng Nghyllideb 2005.
(c) Cynnydd yn y gwariant cyfartalog am bob disgybl yn ysgolion y sector gwladwriaethol o £5 000 y flwyddyn i £8 000 dros y cyfnod 2006-2012.
(d) Derbyniadau is o dollau ecseis a TAW a achosir yn rhannol gan leihad yng ngwariant cartrefi.

nerbyniadau trethi, yn enghraifft o bolisi cyllidol gweithredol. Enghraifft arall fyddai penderfyniad i gynyddu gwariant ar addysg.

Mae nifer mawr o resymau pam y bydd llywodraethau'n defnyddio polisi cyllidol dewisol. Gallai dadleuon nad ydynt yn economaidd ddylanwadu arnynt. Er enghraifft, cynyddodd y llywodraeth Geidwadol wariant ar amddiffyn yn fwriadol rhwng 1979 ac 1983 am ei bod o'r farn bod y DU wedi gwario rhy ychydig ar amddiffyn yn yr 1970au. Hefyd gall y llywodraeth newid ei gwariant a threthi i ennill pleidleisiau. Efallai y bydd yn dymuno dylanwadu ar **ochr gyflenwad** yr economi. Efallai hefyd y bydd yn dymuno dylanwadu ar y galw cyfanredol. Y term am hyn yw **rheoli'r galw**.

Rheoli'r galw

Datblygodd Keynes ei syniadau ynghylch newid y galw drwy ddefnyddio polisi cyllidol yn yr 1930au yn erbyn cefndir y Dirwasgiad Mawr. Yn ystod dirwasgiad yr 1930au collodd miliynau o weithwyr ledled y byd eu swyddi. Yn UDA a'r Almaen cyrhaeddodd lefelau diweithdra 25%. Roedd uniongrededd economaidd y pryd yn argymell **cyllidebau mantoledig**, lle roedd gwariant y llywodraeth yn hafal i drethiant, ac yn dadlau na allai'r llywodraeth wneud fawr ddim yn uniongyrchol i ddylanwadu ar lefel incwm a chyflogaeth. Dadleuodd Keynes y byddai cynnydd yn y galw yn gostwng diweithdra. Os na fyddai cwmnïau'n cynyddu'r galw drwy gynyddu buddsoddiant ac os na fyddai defnyddwyr yn cynyddu eu galw drwy gynyddu eu tueddfryd cyfartalog i dreulio, byddai'n rhaid i'r llywodraeth gamu i mewn a chynyddu'r galw yn yr economi drwy greu diffyg cyllidol.

Daeth y farn hon yn uniongrededd economaidd yr 1950au a'r 1960au. Ar ôl diweithdra ofnadwy'r 1930au y nod oedd creu CYFLOGAETH LAWN. Yn 1944 nodwyd yn y papur gwyn *Employment Policy* (Cmnd 6527): 'Mae'r llywodraeth yn derbyn cynnal lefel uchel a sefydlog o gyflogaeth ar ôl y rhyfel fel un o'i phrif nodau a chyfrifoldebau.' Cyflogaeth lawn yw lefel y cynnyrch lle mae'r holl ffactorau cynhyrchu yn yr economi yn cael eu defnyddio'n llawn ar brisiau penodol am y ffactorau. Er enghraifft, bydd pob gweithiwr sydd am gael swydd ar y gyfradd cyflog gyfredol yn gweithio.

Felly, pan fyddai'r economi'n dioddef o gynnydd mewn diweithdra, byddai'r llywodraeth yn cynyddu'r diffyg cyllidol. Pan fyddai'r economi ar gyflogaeth lawn a bod y galw cyfanredol yn bygwth cynyddu ymhellach a bod chwyddiant yn cynyddu (sefyllfa lle mae **gorgynhesu** ☞ uned 36), byddai'r llywodraeth yn gostwng y diffyg cyllidol er mwyn gostwng y galw cyfanredol.

Mewn gwirionedd, tueddodd lefelau diweithdra yn yr 1950au a'r 1960au i amrywio rhwng 1% a 2%. Gydag amser, credai economegwyr a gwleidyddion yn fwyfwy y gallai'r economi gael ei FANWL DIWNIO i lefel fanwl gywir iawn o ddiweithdra drwy ddefnyddio liferi cyllidol. Y term am hyn oedd RHEOLI GALW yr economi – defnyddio polisi'r llywodraeth i reoli lefel y galw cyfanredol yn yr economi. Ond hyd yn oed yn yr 1950au a'r 1960au gwelwyd bod cyfyngiadau ar fanwl diwnio.

Cyfyngiadau polisi cyllidol i addasu'r galw cyfanredol

Amcanion polisi sy'n gwrthdaro Roedd llywodraethau yn yr 1950au a'r 1960au wedi ei chael hi'n amhosibl cynnal lefel **sefydlog** o ddiweithdra isel. Tueddai'r economi i symud o ffyniant i enciliad ysgafn – sef yr hyn a alwyd yn

Mewn araith ddoe, fe wnaeth arweinydd y Ceidwadwyr, David Cameron, addo rhoi sefydlogrwydd economaidd Prydain uwchlaw toriadau trethi. Dywedodd y byddai'r Torïaid yn creu economi trethi isel 'dros amser' ond 'sefydlogrwydd a chyfrifoldeb sy'n dod gyntaf'. Dywedodd fod trethi uchel a rheoleiddio yn achosi i 'rydwelïau economi Prydain gulhau yn araf'.

Dywedodd Rupert Murdoch, perchennog sawl papur newydd yn y DU gan gynnwys y *Sun* ei fod o'r farn bod y wlad wedi'i 'gordrethu' a bod hynny'n niweidio busnes. 'Y bobl sydd i fwrw ati i lwyddo, a'r llywodraeth sydd i symud allan o'u ffordd, eu trethu nhw lai a rhoi mwy o gymhellion iddynt.'

Ffynhonnell: addaswyd o news.bbc.co.uk 23.1.2006.

(a) Eglurwch pam o bosibl fod David Cameron o'r farn y gallai gostyngiadau trethi arwain at ansefydlogrwydd yn economi'r DU.
(b) Mae Rupert Murdoch eisiau i lywodraeth 'symud allan o ffordd' pobl drwy ostwng trethi a gwariant y llywodraeth. Fyddai hynny'n ffordd gyfrifol o ymddwyn o safbwynt galw cyfanredol a pheryglon gorgynhesu'r economi?

GYLCHRED STOP-MYND. Pan fyddai diweithdra'n isel, tueddai twf economaidd i fod yn uchel. Ond tueddai chwyddiant i godi a'r fantol daliadau i gael diffyg. Y fantol daliadau yn arbennig oedd yn poeni llywodraethau ar y pryd. Felly, pan fyddai diffyg yn y fantol daliadau, byddai'r llywodraeth yn gostwng y diffyg cyllidol a byddai'r economi yn disgyn i enciliad ysgafn. Yna byddai gwarged yn y fantol daliadau, byddai'r llywodraeth yn gweithredu'r liferi cyllidol eto, gan ehangu'r economi a byddai'r gylchred yn dechrau eto.

Oediadau amser Tybiwch fod y llywodraeth yn cyhoeddi cynnydd o £500 miliwn yng nghyflogau gweision sifil a chynnydd o £500 miliwn mewn adeiladu ffyrdd. Os 2 yw'r lluosydd, byddai hynny'n arwain at gynnydd o £2 000 miliwn mewn incwm cytbwys yn ôl y model Keynesaidd. Ond gallai gymryd blynyddoedd i'r cynnydd llawn weithio trwy'r economi. Bydd y cynnydd yng nghyflogau gweision sifil yn gweithio trwodd yn gymharol gyflym. Bydd gweision sifil yn cynyddu eu gwariant o fewn ychydig fisoedd i dderbyn y cynnydd yn eu cyflogau. Efallai y bydd rhai blynyddoedd yn mynd heibio cyn i'r rhaglen adeiladu ffyrdd ddechrau hyd yn oed. Felly mae angen i lywodraeth gofio ystyried oediadau mewn gwario wrth ddefnyddio polisi cyllidol i lenwi neu ddileu bylchau datchwyddol neu chwyddiannol. Os ydy llywodraeth yn dymuno atchwyddo neu ddatchwyddo'r economi'n gyflym, mae angen iddi newid y trethi a'r eitemau gwariant hynny fydd yn cael effaith ddi-oed ar y galw cyfanredol. Bydd newid cyfraddau treth incwm, taliadau nawdd cymdeithasol a chyflogau sector cyhoeddus i gyd yn gweithio'n gyflym i newid y galw. Mae projectau cyfalaf tymor hir, fel adeiladu ffyrdd neu adeiladu ysbytai, yn anaddas ar gyfer newidiadau tymor byr ond gallen nhw fod yn ddelfrydol mewn dirwasgiad difrifol tymor hirach fel y rhai a gafwyd yn yr 1930au ac yn rhan gyntaf yr 1980au.

Yn y gorffennol, mae llywodraethau wedi cael eu cyhuddo o ansefydlogi'r economi drwy ddefnyddio polisi cyllidol gweithredol. Byddai'r llywodraeth yn atchwyddo'r economi ar adeg pan fyddai'r economi'n symud i mewn i ffyniant ohono'i hun, fel y bu o bosibl yn 1972 pan atchwyddodd y Canghellor yr economi. Yna byddai'r cyfuniad o wariant ychwanegol y sector preifat a gwariant ychwanegol y sector cyhoeddus yn creu bwlch chwyddiannol. Po fwyaf cynhenid sefydlog yw'r economi, mwyaf i gyd o niwed posibl fyddai'n deillio o amseru gwael mewn polisi cyllidol gweithredol. Felly mae rhai economegwyr yn dadlau bod yr anallu i ragfynegi oediadau amser yn gywir yn ei gwneud hi'n amhosibl defnyddio polisi cyllidol i fanwl diwnio'r economi.

Data economaidd annigonol Mae polisi cyllidol gweithredol yn tybio bod y Canghellor yn gwybod cyflwr cyfredol economi Prydain. Ond mae ystadegau'n annibynadwy. Ni chaiff ystadegau diweithdra a chwyddiant eu diwygio ar ôl eu cyhoeddi, ond caiff ystadegau incwm gwladol a'r fantol daliadau eu diwygio yn aml. Hefyd, yn aml mae 'tyllau duon' yn yr ystadegau lle nad yw dwy set neu fwy o ffigurau yn cyd-fynd â'i gilydd er y dylent wneud hynny. Mewn ystadegau swyddogol caiff y rhain eu galw'n 'eitemau mantoli', 'gwallau gweddillol' neu 'anghysondebau ystadegol'. Os oes diffyg yng nghyfrif cyfredol y fantol daliadau, ni fydd y Canghellor yn gwybod faint ohono sy'n ganlyniad i ddiffyg go iawn a faint sy'n ganlyniad i gofnodi gwallus o ystadegau. Wedyn mae manwl diwnio'n anodd iawn. Gallai'r Canghellor atchwyddo'r economi er ei fod â chyflogaeth lawn am iddo gael ei gamarwain gan ystadegau oedd yn dangos enciliad.

Gwybodaeth economaidd annigonol Mae polisi cyllidol gweithredol yn tybio ein bod yn gwybod sut mae'r economi'n ymddwyn. Fodd bynnag, mae amheuaeth a fydd economeg fyth yn gallu rhagfynegi newidiadau mewn newidynnau i'r ychydig % olaf. Mae hyn yn bwysig gan fod gwerthoedd bach iawn i gynifer o'r newidynnau y mae llywodraethau'n dymuno eu rheoli. Er enghraifft, efallai y bydd y llywodraeth yn dymuno gostwng twf economaidd o 3% i 1.5%. Ond mae'n annhebygol y bydd polisi cyllidol gweithredol fyth yn ddigon sensitif i gyflawni'r union ostyngiad o 1.5%.

Model annigonol Mae'r modelau cyfrifiadurol a ddefnyddir gan benderfynwyr heddiw ar gyfer rhagfynegi macro-economaidd yn gymhleth iawn. Er hynny, ar y gorau maen nhw'n darparu brasamcan o ganlyniadau posibl. Yn rhannol mae hyn yn ganlyniad i'r ffaith nad yw'r data a roddir i mewn i'r modelau yn fanwl gywir, yn enwedig y data diweddaraf. Yn rhannol mae'n ganlyniad i'r ffaith na all modelau gynnwys union ymddygiad economi. Allan nhw ddim, er enghraifft, rhagfynegi siociau economaidd sydyn fel argyfwng Asia yn 1998. Yn rhannol hefyd mae'n adlewyrchu natur cyfnewidiol economïau. Tan yr 1980au ni wnaeth modelau rhagfynegi y DU ystyried pwysigrwydd newidiadau mawr ym mhrisiau tai ar gyfer galw cyfanredol am na chafwyd newidiadau mawr tan hynny. Heddiw, mae dadl ymhlith adeiladwyr modelau ynghylch pwysigrwydd chwyldro technoleg gwybodaeth. Mae rhai economegwyr yn dadlau ei fod wedi cynyddu cynhyrchedd mewn modd nad yw'n cael ei ddangos gan fodelau traddodiadol. Byddai hynny'n galluogi'r economi i dyfu'n gyflymach heb achosi cynnydd mewn chwyddiant. Mae economegwyr eraill yn amheus ac yn cofio rhannau canol ac olaf yr 1980au pan wnaeth llywodraeth Geidwadol Margaret Thatcher honni bod economi 'gwyrth' newydd wedi cael ei greu drwy ei diwygiadau ochr-gyflenwad fyddai'n caniatáu cyfradd twf gyflymach nad oedd yn chwyddiannol. Arweiniodd y gred hon at economi wedi'i orgynhesu a aeth wedyn i mewn i'r enciliad hiraf ers yr 1930au.

Polisi cyllidol a pholisi ariannol Ers yr 1980au mae llywodraethau yn Ewrop ac UDA wedi tueddu i reoli galw drwy **bolisi ariannol** yn hytrach na pholisi cyllidol gweithredol. Un rheswm dros hyn yw na

Dan Gordon Brown fel Canghellor, mae'r rheolaeth gyffredinol ar yr economi wedi bod yn alluog. Ond mae ei Gyllideb yn 2006 yn dangos ei fod e'n fwy optimistaidd ynghylch twf posibl yr economi ac felly y canlyniad cyllidol na'r rhan fwyaf o ddadansoddwyr. Yn ôl amcangyfrifon Gordon Brown, bydd cymhareb dyled net i CMC yn cael ei chadw ymhell islaw 39% o CMC drwy gydol cyfnod y rhagfynegi, ac felly bydd o fewn ei darged hunanosodedig ef o 40%.

Ydw i'n credu'r rhagfynegiadau hyn? Nac ydw. A ydyw o bwys os byddan nhw'n profi i fod yn anghywir? Yr ateb eto bron yn sicr yw na. Efallai y bydd Gordon Brown yn gorfod cynyddu trethi neu ostwng gwariant ychydig. Ond fyddai hynny ddim yn argyfwng economaidd, er y byddai'n creu embaras yn wleidyddol ac yn rhoi cyfle i'r Wrthblaid feirniadu'r Canghellor.

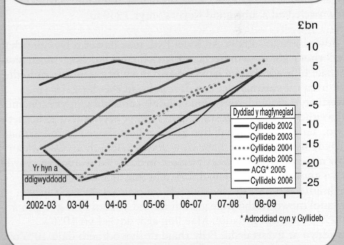

Ffigur 81.1 Rhagfynegiadau olynol ar gyfer y gwarged neu ddiffyg cyllidol cyfredol

Ffynhonnell: addaswyd o'r *Financial Times*, 23.3.2006.

(a) Yn ôl y graff beth ddigwyddodd i ragfynegiadau ar gyfer y gwarged neu ddiffyg cyllidol rhwng rhagfynegiad Cyllideb 2003 a rhagfynegiad cyllideb 2006?

(b) Pam y gallai polisi cyllidol gweithredol a gododd lefelau gwariant cyhoeddus a sefydlogyddion cynhenid yn deillio o dwf economaidd is nag a ragfynegwyd helpu i egluro'r rhagfynegiadau hyn?

(c) Awgrymwch pam mae awdur yr erthygl yn y *Financial Times* yn dweud nad yw'n poeni os bydd y rhagfynegiadau'n 'profi i fod yn anghywir'.

all polisi cyllidol fod yn annibynnol ar bolisi ariannol.

Er enghraifft, os ydy'r llywodraeth yn cynyddu ei benthyca, rhaid i hynny gael ei ariannu rywfodd. Yn wahanol i gartrefi a chwmnïau, mae llywodraethau â'r gallu i brintio arian i ariannu benthyca ychwanegol. Mewn economi modern, cyflawnir hyn drwy lywodraethau yn cael benthyg arian gan y system fancio yn hytrach na thrwy gynyddu'r arian papur a'r darnau arian mewn cylchrediad. Ond mae printio arian yn cynyddu'r cyflenwad arian ac o bosibl yn chwyddiannol. Mae printio arian a chynyddu'r cyflenwad arian yn benderfyniad polisi ariannol. Felly mae polisi cyllidol a pholisi ariannol yn gydgysylltiol.

Gall llywodraethau osgoi printio arian drwy gael benthyg yr arian yn go iawn gan y sector preifat ar gyfer cynnydd yn y diffyg cyllidol. Ond bydd hynny'n cynyddu'r galw am arian benthyg a bydd cyfraddau llog yn debygol o godi. Bydd cyfraddau llog uwch yn gostwng parodrwydd y sector preifat i gael benthyg ac felly gwario. Felly bydd y cynnydd yn y galw cyfanredol o ddiffyg cyllidol uwch yn cael ei wrthbwyso i raddau gan ostyngiad yn y galw cyfanredol oherwydd llai o fenthyca gan y sector preifat. Bydd hynny'n lleihau effaith polisi cyllidol. Mae gadael i gyfraddau llog godi yn rhan o bolisi ariannol ac mae hyn eto yn dangos sut mae cyswllt rhwng polisi ariannol a pholisi cyllidol.

Efallai na fydd cynyddu benthyca'r llywodraeth yn arwain at gyfraddau llog uwch os ydy'r economi mewn dirwasgiad dwfn. Gelwir hyn yn sefyllfa MAGL HYLIFEDD. Pan fo magl hylifedd, gall benthyca gynyddu heb newid cyfraddau llog. Mae hyn yn digwydd am fod cyfraddau llog mor isel fel na allan nhw ostwng ymhellach. Ond mae rhai sy'n rhoi benthyg yn fodlon cynyddu'r cyflenwad arian heb weld cynnydd yng nghyfraddau llog. Ni ellir defnyddio polisi ariannol i gael yr economi allan o'r dirwasgiad gan na all y llywodraeth wthio cyfraddau llog i lawr ymhellach. Felly polisi cyllidol ehangol yw'r unig opsiwn sy'n weddill. Dyma'r mewnwelediad a amlygodd Keynes yn yr 1930au.

Y ddyled wladol Ers yr Ail Ryfel Byd, mae llawer o lywodraethau wedi rhoi'r gorau i ymdrechion i fantoli eu cyllidebau. Maen nhw'n ei chael hi'n wleidyddol haws i wario mwy nag y maent yn trethu a benthyca'r gwahaniaeth. Yna daw polisïau rheoli'r galw yn gwestiwn o gynyddu diffygion cyllidol pan fydd gan yr economi ddiweithdra uchel a'u gostwng pan fydd yr economi ar gyflogaeth lawn. Yn y tymor hir, gall hyn greu problem fawr i lywodraethau.

Dydy llywodraethau ddim yn wahanol i unigolion. Os byddan nhw'n benthyca arian drwy'r amser, bydd dyled wladol yn cynyddu ac yn anodd iawn ei chynnal (h.y. talu llog ar y ddyled). Er enghraifft, tybiwch fod llywodraeth yn cymryd 40% o'r incwm gwladol mewn trethi. Mae ganddi ddyled wladol sy'n gywerth â 100% o'r incwm gwladol. Mae llog ar y ddyled yn 10% y flwyddyn ar gyfartaledd. Felly rhaid i'r llywodraeth dalu 10% o'r incwm gwladol mewn llog, sef chwarter o'i derbyniadau trethi (10% ÷ 40%). Os bydd yn parhau i redeg diffyg cyllidol, bydd y gyfran o drethi a ddefnyddir i gynnal y ddyled yn cynyddu fwy dros amser.

Yn y pen draw, bydd y rhai sy'n rhoi benthyg yn ofni y bydd y llywodraeth yn methu talu ei dyled (h.y. ni fydd yn talu'r llog nac yn ad-dalu'r benthyciadau pan ddaw'r amser i wneud hynny). Rhaid i lywodraethau sydd yn y sefyllfa hon gynnig cyfraddau uwch o log ar fenthyciadau newydd er mwyn perswadio benthycwyr posibl i roi benthyg iddi. Mae hynny'n gwaethygu'r sefyllfa, gan fod y llywodraeth nawr yn gorfod talu hyd yn oed fwy o log ar ei dyled. Yn y sefyllfa waethaf, bydd benthycwyr yn gwrthod rhoi benthyg neu bydd y llywodraeth â chymaint o ddyled fel y bydd hi'n dechrau peidio ag ad-dalu ei benthyciadau. Y naill ffordd neu'r llall, bydd y llywodraeth yn fethdalwr.

Mae yna ffordd i osgoi hyn yn y tymor byr. Yn wahanol i unigolyn, gall y llywodraeth ad-dalu ei dyled drwy brintio arian. Bydd mwy o arian yn yr economi yn debygol o arwain at chwyddiant (☞ uned 84). Mae chwyddiant yn gostwng gwerth real y ddyled. Yn yr enghraifft uchod, pe bai'r llywodraeth yn achosi i brisiau ddyblu, bydd gwerth real y ddyled wladol yn gostwng o 100% i 50% gan y bydd incwm gwladol yn ôl prisiau cyfredol yn dyblu ond bydd y ddyled wladol yn ôl prisiau cyfredol yn aros yr un fath. Ond dydy hyn ddim yn ddatrysiad tymor hir. Bydd y rhai sy'n rhoi benthyg yn hawlio cyfraddau llog uwch o lawer os oes chwyddiant uchel mewn gwlad. Bydd

diffygion cyllidol yn parhau i gynyddu maint y ddyled wladol. Bydd y llywodraeth yn gorfod creu llawer iawn o chwyddiant er mwyn aros yn yr unfan o ran y ddyled wladol.

Undeb Ariannol Ewropeaidd Pan wnaed cynlluniau i greu'r Undeb Ariannol Ewropeaidd (☞ uned 95), sylweddolwyd y gallai diffygion cyllidol mawr a dyled wladol sylweddol ansefydlogi economïau aelod-wledydd unigol ac felly yr undeb ariannol cyfan. Felly, un o amodau aelodaeth oedd na allai diffygion cyllidol fod yn fwy na 3% o CMC tra na allai dyled wladol gwlad fod yn fwy na 60% o CMC. Mae hynny'n cyfyngu ymhellach ar allu

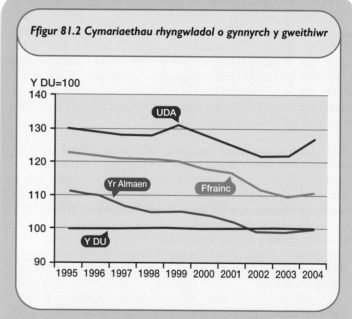

Cwestiwn 4

Ffigur 81.2 Cymariaethau rhyngwladol o gynnyrch y gweithiwr

Mae'r Gyllideb hon yn nodi diwygiadau yng ngoleuni'r pum ffactor allweddol sy'n hybu cynhyrchedd.

- Gwella *cystadleuaeth*, sy'n hollbwysig ar gyfer mabwysiadu arloesi a chynnydd yn effeithlonrwydd busnesau.
- Hybu *menter*, drwy ddileu rhwystrau i fenter a datblygu diwylliant menter.
- Cefnogi *gwyddoniaeth ac arloesi*, o wybod bod enillion cynyddol i arloesi yn golygu y bydd llwyddiant economaidd y DU yn dibynnu ar ei gallu i greu gwybodaeth newydd a'i throsi'n nwyddau a gwasanaethau arloesol.
- Codi *lefelau sgiliau*, i greu gweithlu mwy hyblyg a chynhyrchiol, sy'n gallu mabwysiadu technolegau newydd a galluogi unigolion i symud i feysydd gwaith newydd.
- Hybu *buddsoddiant*, i gynyddu stoc cyfalaf ffisegol, gan gynnwys marchnadoedd cyfalaf cryfach a mwy effeithlon.

Ffynhonnell: addaswyd o *Full Budget Report*, Mawrth 2006, Trysorlys Ei Mawrhydi.

(a) Gan ddefnyddio'r data, trafodwch ydy'r DU wedi gwella ei pherfformiad cynhyrchedd o'i gymharu â gwledydd eraill.

(b) Yn ei Gyllideb ym mis Mawrth 2006, cyhoeddodd y Canghellor arian ychwanegol ar gyfer gwariant cyfalaf mewn adeiladau ysgolion fel rhan o gynllun ehangach i gynyddu arian ar gyfer addysg. Trafodwch sut y gallai'r enghraifft hon o bolisi cyllidol gweithredol gynorthwyo ochr gyflenwad yr economi yn ngoleuni'r pum 'ffactor allweddol sy'n hybu cynhyrchedd'.

llywodraethau aelod-wledydd i ddefnyddio polisi cyllidol i lywio'r economi. Mae hefyd yn cyfyngu ar bolisi gwledydd fydd yn ceisio ymuno yn y dyfodol. Os bydd y DU yn dymuno ymuno â'r arian cyfred sengl, rhaid dangos bod cyllid y llywodraeth wedi cydymffurfio â'r meini prawf hyn am nifer o flynyddoedd cyn ymuno.

Polisi cyllidol ac economeg ochr-gyflenwad

Gall polisi cyllidol gael ei ddefnyddio hefyd i effeithio ar y cyflenwad cyfanredol. Er enghraifft, gallai gostwng treth incwm gynyddu cymhellion i weithio. Gallai gostwng ardrethi busnes mewn ardal hybu cwmnïau i fynd yno. Gallai cymorthdalu gweithwyr hybu cwmnïau i'w cymryd nhw oddi ar gofrestri diweithdra. Mae'r rhain yn enghreifftiau o fesurau **ochr-gyflenwad**, a drafodir yn fwy manwl yn uned 38. Gellir dadlau bod polisi cyllidol heddiw yn y DU yn chwarae rôl bwysicach o lawer yn dylanwadu ar ochr gyflenwad yr economi na'r ochr alw.

Ond mae'r un problemau yn wynebu llywodraethau sy'n dymuno defnyddio polisi cyllidol i addasu'r cyflenwad cyfanredol ag sydd wrth addasu'r galw cyfanredol. Gall fod amcanion polisi sy'n gwrthdaro. Er enghraifft, â phopeth arall yn gyfartal, ni all llywodraeth sy'n dymuno gostwng ei benthyca ostwng treth incwm hefyd. Gall mesurau ochr-gyflenwad fel cynyddu gwariant ar addysg gymryd degawdau i gael effaith sylweddol ar dwf economaidd ac felly mae oediadau amser rhwng gweithredu ac effaith. Yn aml rhaid i lywodraethau seilio'u penderfyniadau ar ddata economaidd annigonol. Er enghraifft, mae diweithdra'n anodd ei amcangyfrif ac felly efallai y caiff polisïau ochr-gyflenwad anaddas eu defnyddio ar gyfer y broblem. Hefyd mae union effeithiau polisïau ochr-gyflenwad yn aml yn anhysbys. Yn yr 1980au roedd dadlau brwd ynghylch i ba raddau y byddai gostyngiadau treth incwm yn cynyddu cymhellion i weithio.

Defnyddiau eraill o bolisi cyllidol

Defnyddir polisi cyllidol hefyd i gyflawni nifer o amcanion eraill. Er enghraifft, fe'i defnyddir i ailddosrannu incwm a chyfoeth (☞ uned 69). Fe'i defnyddir hefyd i gyflawni amcanion amgylcheddol (☞ unedau 19 a 62).

Termau allweddol

Cyflogaeth lawn – lefel y cynnyrch mewn economi lle mae'r holl ffactorau cynhyrchu yn cael eu defnyddio'n llawn ar brisiau penodol am y ffactorau.

Cylchred stop/mynd – y symud o ffyniant i enciliad yn y gylchred fasnach.

Manwl diwnio – y llywodraeth yn ymdrechu i symud yr economi i lefel fanwl gywir iawn o ddiweithdra, chwyddiant, ayb. Mae fel rheol yn gysylltiedig â pholisi cyllidol a rheoli'r galw.

Polisi cyllidol gweithredol neu ddewisol – addasu gwariant llywodraeth a threthi yn fwriadol i ddylanwadu ar yr economi.

Rheoli'r galw – y llywodraeth yn defnyddio polisi cyllidol neu bolisïau eraill i addasu lefel y galw cyfanredol yn yr economi.

Sefydlogyddion awtomatig neu gynhenid – mecanweithiau sy'n lleihau effaith newidiadau yn yr economi ar incwm gwladol.

Y fagl hylifedd – lle mae'r economi mewn dirwasgiad mor ddwfn fel bo cyfraddau llog wedi gostwng mor bell ag y byddan nhw'n mynd. Mae hynny'n golygu na all y llywodraeth ddefnyddio polisi ariannol drwy ostwng cyfraddau llog i ysgogi'r galw cyfanredol. Dim ond polisi cyllidol all helpu i adfywio'r galw.

Economeg gymhwysol

Japan: dirwasgiad estynedig

Am lawer o'r cyfnod wedi'r Ail Ryfel Byd, roedd Japan yn economi gwyrthiol. Roedd yn gyson yn tyfu ynghynt nag Ewrop a'r Unol Daleithiau. O fod yn wlad Trydydd Byd yn 1945, roedd ei CMC y pen yn uwch na gwledydd fel y DU neu Ffrainc erbyn yr 1980au cynnar. Eto'i gyd, bu'r 1990au a'r 2000au cynnar yn flynyddoedd argyfyngus i economi Japan.

Achos ei phroblemau oedd y swigen ased enfawr a grewyd yn ail hanner yr 1980au. Roedd Japan wedi datblygu gwargedion masnach mawr gyda gweddill y byd a oedd yn achosi gwrthdaro masnachol, yn enwedig gyda'r Unol Daleithiau a oedd yn cyhuddo Japan o ddinistrio ei diwydiant mewnol. Er mwyn gwneud Japan yn llai cystadleuol, gwelwyd gwledydd yn gwthio gwerth yr yen i fyny ar farchnadoedd arian cyfred tramor yn dilyn cytundeb anffurfiol yn 1985 (Cytundeb Plazza). Roedd hyn yn gwneud allforion Japaneaidd yn ddrytach, ac felly'n llai cystadleuol. Gweithiodd y cynllun yn ddigon da i'r awdurdodau Japaneaidd ofni y byddai'r economi yn mynd i enciliad. Felly gwthiwyd cyfraddau llog i lawr. Bu mwy o fuddsoddiant mewn diwydiant yn sgîl y cyfraddau llog isel hyn. Cododd y gymhareb buddsoddiant-CMC o 27.3% yn 1986 i 32.2% yn 1990. Roedd cyfraddau llog isel hefyd yn gyfrifol am greu swigen ased. Gwelwyd prisiau cyfranddaliadau yn treblu rhwng 1985 ac 1989, a chododd prisiau tir ac eiddo yn sylweddol hefyd.

Ffrwydrodd y swigen yn 1990. Dechreuodd gwerthoedd y farchnad stoc ostwng a chyn hir roeddynt nôl i'w prisiau cyn-swigen. Syrthiodd prisiau tir yn sydyn. Arweiniodd hyn at ddirywiad yn yr economi fel y gwelir yn Ffigur 81.3. Syrthiodd gwariant cwsmeriaid wrth i gyfoeth cartrefi ostwng. Gwelwyd cwmnïau yn cwtogi ar eu buddsoddiant wrth iddynt sylweddoli eu bod wedi gor-fuddsoddi yn ail hanner yr 1980au, a bod ganddynt bellach ormod o allu cynhyrchu. Yna, datblygodd problemau gyda'r system fancio Japaneaidd. Roedd wedi rhoi benthyg symiau mawr ar gyfer prynu eiddo. Gyda phrisiau eiddo yn syrthio ac economi yn mynd i enciliad, roedd llawer o fenthycwyr yn ei chael hi'n amhosibl ad-

dalu'r benthyciadau, gan adael y banciau â lefelau cynyddol o ddyledion drwg. Llwyddodd y system fancio i guddio'r problemau hyn yn ystod hanner cyntaf yr 1990au, ond yn ail hanner yr 1990au, daeth yn amlwg bod yn rhaid ail-strwythro'r system fancio gan fod banciau gyda lefelau uchel iawn o ddyledion drwg yn cau.

Roedd Banc Japan, sef banc canolog Japan, yn ei chael yn anodd gwybod sut i ymateb. Roedd wedi codi cyfraddau llog yn 1989 ac 1990, fel y gwelir yn Ffigur 81.4, mewn ymgais i reoli'r economi cryf. Yna, torrodd gyfraddau llog tymor byr yn raddol i lawr i 0.6% erbyn 1996 gan geisio defnyddio polisi ariannol i adfer yr economi. Gellid dadlau bod y banc wedi llwyddo i ryw raddau oherwydd bu cynnydd mewn twf economaidd i 3.4% yn 1996. Ond llithrodd y twf a syrthiodd prisiau yn yr economi fel y gwelir yn Ffigur 81.4. O 1999, llaciwyd eto ar y polisi ariannol hyd nes bod cyfraddau llog tymor byr yn 0%. Er hynny, ni lwyddodd cyfraddau llog isel i gic-danio'r economi nôl i dwf tymor hir yr 1990au hwyr a'r 2000au cynnar. Gellid dadlau bod Japan yn dioddef o fagl hylifedd: sefyllfa lle roedd cyfraddau llog yn isel iawn,

Ffigur 81.3 Twf canrannol yn CMC real a'r bwlch cynnyrch

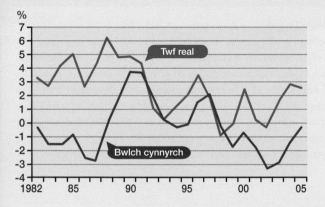

Ffigur 81.5 Gwarged neu ddiffyg cyllideb y llywodraeth fel canran o CMC

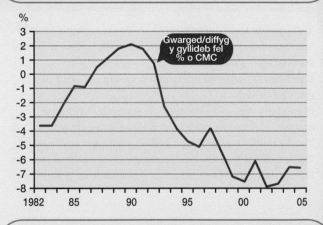

Ffigur 81.4 Cyfraddau llog tymor byr a chyfradd chwyddiant

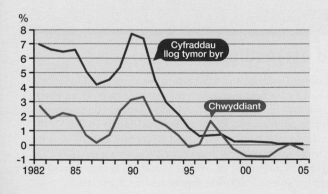

Ffigur 81.6 Dyled grynswth llywodraeth ganolog fel canran o CMC

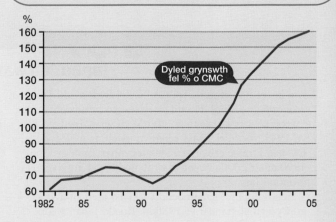

Ffynhonnell: addaswyd o *Economic Outlook*, OECD.

ond yn methu ag arwain at gynnydd mewn treuliant a buddsoddiant.

Profodd polisi ariannol i fod yn aneffeithiol. Yn hytrach, defnyddiodd y llywodraeth fwy a mwy o dechnegau cyllidol Keynesaidd traddodiadol i adfer yr economi. Mae Ffigur 81.5 yn dangos sut y cododd diffyg cyllideb y llywodraeth fel canran o CMC yn ystod yr 1990au. Cyrhaeddodd uchafbwynt o 7.9% o CMC yn 2002. I roi hyn mewn cyd-destun, nid yw llywodraethau'r UE, dan gytundebau sy'n rheoli'r ewro, yn cael gosod cyllidebau lle byddai'r diffyg yn uwch na 3% o CMC. Caiff diffygion cyson o 4 neu 5% eu hystyried yn beryglus i ffyniant tymor hir. Yn achos Japan, arweiniodd lefelau uchel o fenthyca gan y llywodraeth at gynnydd yn nyled wladol Japan. Erbyn 2005, roedd y ddyled wladol bron â chyrraedd 160% o CMC, fel y gwelir yn Ffigur 81.6. I roi hyn eto mewn cyd-destun, mae gan lywodraeth y DU reol gyllidol na ddylai'r ddyled wladol fod yn uwch na 40% o CMC, ac yn achos gwledydd yr ewro, ni ddylai fod yn uwch na 60% (er bod y rhan fwyaf o wledydd yr ewro yn mynd dros hyn, gyda'r waethaf, Yr Eidal, â dyled wladol oedd yn 125% o CMC yn 2005).

Felly, gellid dadlau bod polisi cyllidol ehangol wedi bod yn fethiant ar ddiwedd yr 1990au a dechrau'r 2000au. Ni rwystrodd yr economi Japaneaidd rhag profi enciliadau yn 1988-98 a 2001-02. Ar y llaw arall, heb symiau mawr o wariant llywodraeth ychwanegol, gellid dadlau y byddai Japan wedi profi dirwasgiad estynedig am lawer o'r 1990au a hanner cyntaf yr 2000au. Mewn gwirionedd, mae'r ddwy ddadl yn debygol o ddal dŵr. Heb bolisi cyllidol ehangol, byddai'r sefyllfa economaidd wedi bod llawer yn waeth. Fodd bynnag, os am ddychwelyd at sefyllfa o dwf economaidd positif tymor hir, roedd yn rhaid i'r economi ddatrys y problemau a etifeddwyd o swigen ased yr 1980au hwyr. Yn benodol, roedd yn rhaid i fanciau a chwmnïau ail-strwythuro i gael gwared o ddyledion drwg. Roedd yn rhaid i gwsmeriaid hefyd gael mwy o hyder i wario. Erbyn 2005, roedd arwyddion gobeithiol bod yr economi nôl ar y trywydd iawn. Fodd bynnag, mae'r llywodraeth yn y tymor hir yn gorfod ymdrin gyda'r ddyled enfawr ar adeg pan mae hefyd yn gorfod ymdrin gyda phoblogaeth sy'n heneiddio'n sydyn ac a allai wneud yr economi Japaneaidd yn llai dynamig.

Cwestiwn Data

Economi'r DU, 2006

Yn 2006, roedd economi'r DU yn mwynhau ei ehangiad di-dor hiraf ers i ddata cyfrifon gwladol chwarterol ddechrau, gyda'r newyddion bod CMC wedi tyfu am 54 chwarter yn olynol. Gyda chyfnewidioldeb yn economi'r DU ar lefelau hanesyddol o isel a'r isaf ymlith y G7, mae'r sefydlogrwydd mewnol a grewyd gan fframwaith macro-ecomonaidd y llywodraeth yn rhoi'r DU mewn sefyllfa gref i ymateb i heriau economaidd byd-eang y ddegawd nesaf.

Mae fframwaith macro-economaidd y llywodraeth wedi'i gynllunio i gynnal sefydlogrwydd economaidd tymor hir. Mae newidiadau mawr mewn cynnyrch, cyflogaeth a chwyddiant yn ychwanegu at ansicrwydd i gwmnïau, cwsmeriaid a'r sector cyhoeddus, a gall hyn gyfyngu ar botensial twf tymor hir yr economi. Mae sefydlogrwydd yn galluogi busnesau, unigolion a'r llywodraeth i gynllunio'n fwy effeithiol ar gyfer y tymor hir, gan wella ansawdd a maint buddsoddiant mewn cyfalaf ffisegol a dynol, a helpu codi cynhyrchedd.

Mae'r fframwaith polisi ariannol yn ceisio sicrhau chwyddiant isel a chyson, tra bo amcanion eglur a dwy reol lem yn sail i bolisi cyllidol, dwy reol sy'n sicrhau cyllid cyhoeddus cadarn dros y tymor canolig tra'n caniatáu i bolisi cyllidol gefnogi polisi ariannol dros y gylchred economaidd.

Mae fframwaith polisi cyllidol y llywodraeth yn seiliedig ar

y pum egwyddor allweddol a nodir yn y cod ar gyfer sefydlogrwydd cyllidol – tryloywder, sefydlogrwydd, cyfrifoldeb, tegwch ac effeithlonrwydd. Dyma amcanion polisi cyllidol y llywodraeth:

- dros y tymor canolig, sicrhau cyllid cyhoeddus sefydlog a bod gwariant a threthiant yn cael effaith deg o fewn a rhwng cenedlaethau;
- dros y tymor byr, cefnogi polisi ariannol ac yn benodol, galluogi'r sefydlogyddion awtomatig i gadw llwybr yr economi yn llyfn.

Caiff yr amcanion hyn eu gweithredu drwy ddwy reol gyllidol lem, y gellir barnu perfformiad polisi cyllidol yn eu herbyn. Y rheolau cyllidol yw:

- y rheol euraidd: dros y gylchred economaidd, bydd y llywodraeth yn benthyca er mwyn buddsoddi yn unig ac nid i ariannu gwariant cyfredol;
- rheol buddsoddiant cynaliadwy: bydd dyled net y sector cyhoeddus fel cyfran o CMC yn cael ei dal dros y gylchred economaidd ar lefel gyson a darbodus. Â phopeth arall yn gyfartal, bydd y ddyled net yn aros islaw 40% o CMC dros y gylchred economaidd.

Mae'r rheolau'n cydweithio i hybu buddsoddiant cyfalaf tra'n sicrhau bod cyllid cyhoeddus yn gynaliadwy yn y tymor hir.

Mae'r rheol euraidd yn mynnu bod y gylideb gyfredol yn gytbwys neu'n dangos gwarged dros y gylchred, gan alluogi'r llywodraeth i fenthyca i ariannu gwariant cyfalaf yn unig. Mae'r rheol buddsoddiant cynaliadwy yn sicrhau bod benthyca yn digwydd ar lefel ddarbodus. Er mwyn cyflawni'r rheol buddsoddiant cynaliadwy yn hyderus, caiff dyled net ei chynnal islaw 40% o CMC ymhob blwyddyn o'r gylchred economaidd gyfredol. Mae'r rheolau cyllidol hyn yn sail i fframwaith gwariant cyhoeddus y llywodraeth. Mae'r rheol euraidd yn datgan y bydd y llywodraeth ond yn benthyca i fuddsoddi dros y gylchred economaidd.

Mae'r llywodraeth wedi cymryd penderfyniadau anodd ar drethiant a gwariant i adfer cyllid cyhoeddus i safle cynaliadwy. Cafodd dyled net y sector cyhoeddus ei lleihau o ychydig dan 44% o CMC yn 1996-96 i 35% yn 2004-05. Bu gostyngiad sylweddol mewn benthyca net y sector cyhoeddus o 1997-98 ymlaen, gyda gwargedion dros 1998-99 i 2000-01 pan oedd yr economi yn perfformio yn well na'r duedd. Yn ystod y blynyddoedd mwy diweddar, mae benthyca net wedi cynyddu, gan alluogi polisi cyllidol i gefnogi polisi ariannol wrth i'r economi symud islaw'r duedd yn 2001.

1. Gan ddefnyddio'r data, eglurwch sut mae sefydlogyddion awtomatig a pholisi cyllidol gweithredol wedi helpu i leihau newidiadau cylchredol yn yr economi.
2. Eglurwch pam mae rheol euraidd y llywodraeth a'r rheol buddsoddiant cynaliadwy yn bwysig i sefydlogrwydd tymor hir yr economi.
3. Trafodwch a yw polisi cyllidol ers 1997 wedi helpu creu economi iach.

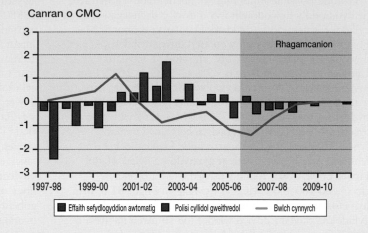

Ffigur 81.7 *Maint polisi cyllidol gweithredol a sefydlogyddion awtomatig, bwlch cynnyrch, canran o CMC*

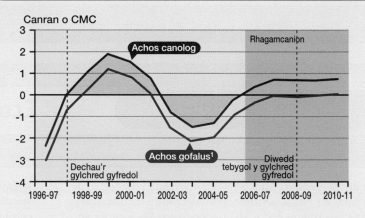

Figur 81.8 *Y Rheol Euraidd: gwarged/diffyg a addaswyd yn gylchredol ar y gyllideb gyfredol*

1. Mae achos gofalus yn tybio tuedd gynhyrchu 1 pwynt% yn is mewn perthynas â chynhyrchu gwirioneddol na'r achos canolog.

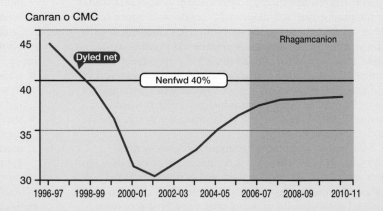

Ffigur 81.9 *Dyled y llywodraeth fel canran o CMC*

Ffynhonnell: addaswyd o *Full Budget Report*, Mawrth 2006, Trysorlys EM.

Crynodeb

1. Mae gan arian bedair swyddogaeth: cyfrwng cyfnewid; uned cyfrif; stôr gwerth; a safon ar gyfer talu gohiriedig.

2. Mae nodweddion arian da yn cynnwys bod yn dderbyniol, yn gludadwy, yn para, yn rhanadwy ac â chyflenwad cyfyngedig.

3. Mewn economi modern, arian parod ac adneuon parod yw'r asedau sy'n cyflawni orau swyddogaeth y cyfrwng cyfnewid. Gelwir y rhain yn arian cul.

4. Mae asedau agos at arian, sef asedau sy'n dda fel unedau cyfrif a storau gwerth ac sy'n gallu cael eu trosi'n hawdd yn asedau sy'n gyfrwng cyfnewid, yn cynnwys adneuon tymor mewn banciau a chymdeithasau adeiladu. Arian eang yw arian cul plws asedau agos at arian.

5. Mae amnewidion arian, fel cardiau credyd, yn eitemau sy'n gweithredu fel cyfrwng cyfnewid ond nad ydynt yn storau gwerth.

6. Cyfanswm yr arian sy'n cylchredeg yn yr economi yw'r cyflenwad arian.

7. Mae cartrefi a chwmnïau yn dal eu cyfoeth ar ffurf arian, asedau ariannol nad ydynt yn arian neu asedau ffisegol. Cost ymwad dal arian yw'r buddion mae rhywun yn mynd hebddynt drwy ddal asedau ariannol eraill neu asedau ffisegol.

8. Mae'r galw am arian yn amrywio ag incwm ac â'r gyfradd llog.

Swyddogaethau arian

Pe byddech yn gofyn i'r rhan fwyaf o bobl ym Mhrydain heddiw 'Beth yw arian?', bydden nhw'n ateb 'arian papur a darnau arian'. Beth sy'n gwneud y rhain yn arian? Oes rhywbeth arall sydd â'r un nodweddion? Os ydy rhywbeth i fod yn arian, rhaid iddo gyflawni pedair SWYDDOGAETH (h.y. rhaid iddo wneud pedwar peth).

Cyfrwng cyfnewid Dyma swyddogaeth bwysicaf arian. Defnyddir arian i brynu a gwerthu nwyddau a gwasanaethau. Mae gweithiwr yn derbyn tâl ar ffurf arian am ei fod yn gwybod y bydd yn gallu defnyddio'r arian hwnnw i brynu cynhyrchion yn y siopau.

Does dim arian mewn economi FFEIRIO (*barter*). Cyflawnir cyfnewid drwy gyfnewid un nwydd am nwydd arall. Er enghraifft, gallai ffermwr dalu dwsin o wyau am bedoli ei geffyl neu gallai merch gyfnewid carped am fuwch. Ar gyfer hyn mae angen **cyd-ddigwyddiad dwbl o chwantau**. Pe na bai'r gof eisiau wyau, gallai wrthod pedoli ceffyl y ffermwr. Pe bai'r ferch â'r carped wedi cael cynnig ceffyl yn hytrach na buwch, gallai fod wedi gwrthod masnachu. Mae ffeirio yn gofyn bod y naill berson a'r llall eisiau cael yr hyn sydd gan y person arall i'w fasnachu. Mae hyn yn gostus ac yn anodd, os nad yn amhosibl, ac felly ni chaiff masnachu ei annog. Heb fasnach ni ellir cael arbenigo. Heb arbenigo, ni fydd fawr ddim neu ddim cynnydd yn safonau byw. Felly, mae ffeirio'n gysylltiedig â mathau o economi lle mae unigolion neu grwpiau bach yn hunanddibynnol ac mae'r angen i fasnachu yn fach.

Mae arian yn gwahanu'r ddwy ochr i ffeirio. Gall y ffermwr werthu ei wyau am arian. Bydd y gof yn derbyn arian am bedoli ceffyl y ffermwr am ei fod yn gwybod y bydd yn gallu defnyddio'r arian i brynu'r nwyddau mae ef eu heisiau.

Uned cyfrif Mae arian yn gweithredu fel mesur o werth. Os ydy gwisg yn costio £30 a sgert yn costio £15, rydym yn gwybod bod gwerth un wisg yn hafal i werth dwy sgert. Ar adegau o chwyddiant uchel iawn, fel yn yr Almaen yn 1923, mae arian yn peidio â gweithredu fel uned cyfrif. Gall prisiau newid bob awr. Efallai y bydd gwisg oedd yn costio £30 yn y bore yn gallu prynu un sgert yn unig erbyn yr hwyr. Felly mae chwyddiant uchel yn dinistrio gallu arian i gyflawni'r swyddogaeth hon. Mae'n anodd iawn dan system ffeirio i gael uned cyfrif gytunedig gan y bydd barn pobl am werth eitemau penodol yn amrywio'n fawr.

Stôr gwerth Mae gweithiwr sy'n derbyn cyflog yn annhebygol o wario'r arian ar unwaith. Efallai y bydd yn gohirio gwario am ei bod hi'n fwy cyfleus gwario'r arian yn ddiweddarach. Dim ond os bydd yr hyn y gall hi ei brynu yn y dyfodol fwy neu lai yn hafal i'r hyn y gall hi ei brynu heddiw y bydd hi'n gwneud hyn. Felly mae arian yn cysylltu'r presennol a'r dyfodol. Mae'n gweithredu fel stôr gwerth. Mae chwyddiant uchel yn dinistrio'r cyswllt hwn gan fod arian yn y dyfodol yn werth llawer llai nag arian heddiw. Yn ystod gorchwyddiant yr Almaen yn 1923 dechreuodd pobl wrthod derbyn tâl mewn arian Almaenig oherwydd y byddai'n colli cymaint o werth erbyn iddyn nhw ei wario.

Safon ar gyfer talu gohiriedig Os ydy person yn ystyried rhoi benthyg arian heddiw, ni fydd yn gwneud hynny oni fydd yn credu y bydd yn gallu prynu tua'r un maint o nwyddau pan fydd yr arian yn cael ei ad-dalu. Mewn masnach, ni fydd cwmni'n fodlon derbyn archeb am bris sefydlog heddiw ar gyfer dosbarthu â thalu ymhen blwyddyn oni fydd yn hyderus y bydd yr arian a gaiff â gwerth sy'n gallu cael ei asesu heddiw. Felly eto rhaid i arian gysylltu cyfnodau gwahanol yn achos arian a fenthycir yn ogystal ag arian a gynilir. Pan fydd arian yn peidio â chyflawni'r swyddogaeth hon, daw credyd a benthyca i ben a bydd hynny'n niweidiol iawn i fuddsoddiant a thwf economaidd mewn economi.

Nodweddion arian

Mae moch, arian (*silver*), aur, dannedd a hyd yn oed gwragedd wedi cael eu defnyddio fel arian yn y gorffennol. Mae rhai diwylliannau heddiw yn dal i ddefnyddio anifeiliaid fel arian cyfred. Fodd bynnag, mae'r rhan fwyaf, os nad y cyfan, o'r rhain wedi bod yn anfoddhaol oherwydd eu nodweddion. Yn ddelfrydol, dylai arian fod:

- yn dderbyniol i bawb – er enghraifft, mae'n anghyfleus os ydy math o arian yn cael ei dderbyn mewn rhai siopau ond nid mewn eraill;
- yn gludadwy – dydy moch, er enghraifft, ddim yn hawdd eu cludo ac mae hynny'n cyfyngu ar y masnachu sy'n bosibl gan ddefnyddio moch fel cyfrwng cyfnewid;
- yn para – mae moch yn marw ac mae dannedd yn

Eglurwch pa rai o'r eitemau hyn y gellid eu hystyried yn 'arian' a pha rai na ellid.

dirywio; yn ddelfrydol dylai arian bara dros amser;
- yn rhanadwy – ni ellir defnyddio moch byw cyfan i brynu pethau bach am eu bod yn rhy werthfawr; rhaid i arian allu cael ei rannu'n werthoedd bach;
- yn gyfyngedig – os caiff cerrig cyffredin eu defnyddio fel arian, bydd prisiau nwyddau yn debygol o fod yn uchel iawn yn nhermau cerrig am eu bod mor hawdd i'w cael;
- anodd ei ffugio – mae ffugion yn gwneud arian yn ddi-werth a gall achosi iddo beidio â chael ei dderbyn yn gyfnewid.

Ffurfiau ar arian mewn economi modern

Mewn economi modern mae nifer o asedau sy'n gallu cael eu dosbarthu yn arian.

Arian parod Mae arian parod yn golygu arian papur a darnau arian. Mae arian parod yn **arian arwydd** (*token*

I ba raddau y mae pob un o'r eitemau yn y cwestiwn blaenorol â nodweddion arian da?

money). Does ganddo fawr ddim neu ddim gwerth cynhenid (yn annhebyg i aur a fyddai'n cael ei ddosbarthu, ynghyd ag eitemau fel moch a sigaréts, yn **arian nwydd**). Caiff ei ddyroddi naill ai gan y llywodraeth neu â chaniatâd y llywodraeth. Mae'r llywodraeth yn atgyfnerthu derbynioldeb arian parod drwy ei wneud yn **arian cyfreithlon** (*legal tender*). Mae hynny'n golygu bod yn rhaid ei dderbyn fel modd talu yn ôl y gyfraith.

Yn ystod y rhan fwyaf o'r 19eg ganrif roedd arian papur banc yn **drosadwy** (*convertible*), hynny yw roedd hi'n bosibl mynd i mewn i fanc a throsi'r arian papur yn rhywbeth â gwerth go iawn, sef aur yn yr achos hwn. Fodd bynnag, dyroddwyd mwy o arian papur na'u gwerth mewn aur. Y term am werth yr arian papur a'r darnau arian a ddyroddwyd uwchlaw gwerth yr aur yn y banciau oedd y **dyroddiad ymddiriedol** (*fiduciary issue*). Heddiw ni ellir trosi arian papur banc yn aur ac felly mae'r holl arian papur yn arian **gorchymyn** (*fiat*), sef arian sydd wedi'i wneud yn arian cyfreithlon drwy orchymyn llywodraeth.

Dydy arian parod ddim yn arian perffaith. Yn y DU mae bron yn gyfrwng cyfnewid perffaith. Ond mae chwyddiant yn effeithio ar dair o swyddogaethau arian – uned cyfrif, stôr gwerth a safon ar gyfer talu gohiriedig. Yn 1975 er enghraifft, roedd chwyddiant y DU bron yn 25%. Gallai person oedd â £1 ar ddechrau'r flwyddyn brynu gwerth 75 ceiniog o nwyddau yn unig â hyn ar ddiwedd y flwyddyn. Po uchaf yw cyfradd chwyddiant, lleiaf i gyd y gellir dweud bod arian parod yn arian 'da'.

Arian mewn cyfrifon cyfredol Mae banciau a chymdeithasau adeiladu yn y DU yn cynnig cyfleusterau cyfrif cyfredol i'w cwsmeriaid. Mae dwy nodwedd wahaniaethol i gyfrifon cyfredol (a elwir yn GYFRIFON ADNEUON PAROD mewn theori economaidd). Yn gyntaf, gall arian gael ei alldynnu ar alw o'r cyfrif os yw mewn credyd. Felly gall adneuon gael eu trosi'n arian ar unwaith os ydy deiliad y cyfrif yn dymuno hynny. Yn ail, mae deiliaid cyfrifon yn cael llyfr sieciau a cherdyn debyd. Gellir defnyddio sieciau a chardiau debyd i brynu nwyddau a gwasanaethau. Felly mae arian llyfr sieciau yn gyfrwng cyfnewid. Nid yw'n berffaith oherwydd y gall pobl a chwmnïau wrthod derbyn sieciau a chardiau debyd mewn trafod. Hefyd, ni roddir fawr ddim neu ddim llog ar gyfrifon ac felly mae adneuon cyfrifon cyfredol yn colli gwerth dros amser gyda chwyddiant, gan niweidio eu swyddogaeth stôr gwerth. Ond mae adneuon mewn cyfrifon cyfredol bron cystal ag arian parod fel ffurf ar arian.

Asedau agos at arian Asedau sy'n cyflawni rhai o swyddogaethau arian ond nid y cyfan ohonynt yw ASEDAU AGOS AT ARIAN. Yn arbennig, maen nhw'n gweithredu fel unedau cyfrif a storau gwerth ond ni ellir eu defnyddio fel cyfrwng cyfnewid. Fodd bynnag, gellir eu trosi'n gyfrwng cyfnewid yn gyflym a heb fawr ddim cost. (Y term am rwyddineb trosi ased yn arian heb golli gwerth yw HYLIFEDD. Po fwyaf hylif yw ased, hawsaf i gyd yw ei drosi'n arian.) Yn y DU y math mwyaf amlwg o asedau agos at arian yw ADNEUON TYMOR gyda banciau a chymdeithasau adeiladu. Maen nhw'n talu cyfraddau uwch o log na chyfrifon cyfredol. Felly fe'u defnyddir fwy ar gyfer cynilo a llai ar gyfer gwneud trafodion na chyfrifon cyfredol. Mae angen i adneuwyr roi rhybudd os ydynt

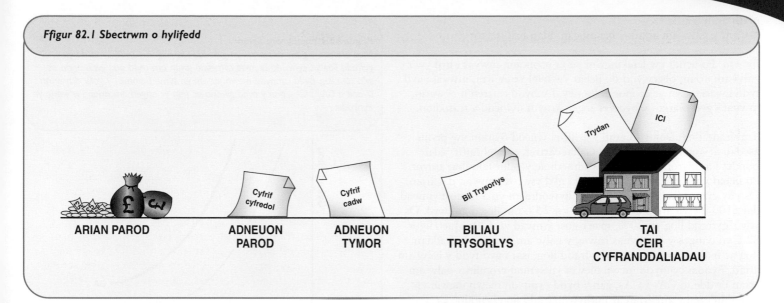

Ffigur 82.1 Sbectrwm o hylifedd

ARIAN PAROD | ADNEUON PAROD | ADNEUON TYMOR | BILIAU TRYSORLYS | TAI CEIR CYFRANDDALIADAU

eisiau alldynnu arian o'r cyfrif (o hynny y daw'r term adneuon 'tymor'. Fel dewis arall, mae llawer o adneuon yn cynnig alldynnu arian yn ddi-oed os caiff cosb o ran cyfradd llog ei thalu (h,y, mae'r cynilwr yn colli arian am y fraint o alldynnu yn ddi-oed).

Asedau ariannol nad ydynt yn arian Mae pob ased ariannol yn gallu cael ei drosi'n arian. Fodd bynag, yn achos y rhan fwyaf o asedau mae'r gosb bosibl am wneud hynny yn fawr. Gall fod amser aros hir cyn alldynnu a gall fod colled sylweddol o arian wrth drosi. Mae hyn yn amharu ar eu swyddogaethau fel unedau cyfrif a storau gwerth. Dydy economegwyr ddim yn dosbarthu'r asedau hyn yn arian. Er enghraifft, gall cyfranddaliadau gael eu gwerthu'n hawdd ond gall gymryd hyd at fis i dderbyn yr arian o'r gwerthiant. Hefyd gall gwerth cyfranddaliadau newid yn gyflym ac felly dydyn nhw ddim yn dda fel stôr gwerth (pan fydd prisiau cyfranddaliadau yn gostwng) nac fel safon ar gyfer talu gohiriedig (pan fydd prisiau cyfranddaliadau yn codi).

Amnewidion arian

Nid arian yw'r unig modd talu am nwyddau a gwasanaethau. Mae cardiau credyd wedi dod yn fwyfwy pwysig dros y 30 mlynedd diwethaf fel cyfrwng cyfnewid. Ond dydyn nhw ddim yn stôr gwerth. Y rheswm yw nad ydy bod â cherdyn o reidrwydd yn dangos bod gan ddeiliad y cerdyn arian yng nghyfrif y cerdyn. Mae'r cerdyn yn cynrychioli gallu i fenthyca arian yn ddi-oed. Felly, dydy cardiau credyd ddim yn arian ond maen nhw'n AMNEWIDION ARIAN (h.y. fe'u defnyddir yn lle arian).

Y cyflenwad arian

Cyfanswm yr arian sy'n cylchredeg yn yr economi yw'r CYFLENWAD ARIAN. Dadleuwyd uchod nad oes dim ased ariannol sy'n cyflawni'n berffaith holl swyddogaethau arian. Felly gellir gosod asedau ariannol ar sbectrwm fel yn Ffigur 82.1. Ar ochr chwith y sbectrwm mae'r ased sy'n dod agosaf at gyflawni'r rhan fwyaf o swyddogaethau arian heddiw – arian parod. Ar y pen arall mae asedau sy'n anhylif iawn, fel cyfranddaliadau mewn cwmnïau na chânt eu masnachu ar gyfnewidfa stoc. Rhwng y rhain mae amrywiaeth o asedau. Wrth i ni symud i'r dde mae'r asedau'n cyflawni llai a llai o swyddogaethau arian. Mae'n amlwg nawr bod y torbwynt rhwng yr asedau hynny sy'n arian a'r rhai nad ydynt yn

Mae gan Emma Higgins £250 mewn cyfrif cynilo mewn cymdeithas adeiladu. Mae hi'n berchen ar dŷ sy'n werth £100 000 ond mae £50 000 yn ddyledus ganddi ar ffurf benthyciad morgais. Mae ganddi £200 yn ei chyfrif cyfredol yn ei banc ac mae ganddi gyfleuster gorddrafft o £300. Yn ei phwrs mae ganddi £20 o arian parod. Yn ddiweddar prynodd werth £50 o nwyddau gan ddefnyddio ei cherdyn credyd. Terfyn ei cherdyn credyd yw £1 000.

Eglurwch faint o arian sydd gan Emma Higgins.

arian i raddau yn fympwyol.

Yn y DU mae nifer o ddiffiniadau swyddogol o'r cyflenwad arian. Mae dau fath eang o ddiffiniad o'r cyflenwad arian.
- ARIAN CUL – arian y gellir ei ddefnyddio fel cyfrwng cyfnewid.
- ARIAN EANG – arian cul plws asedau agos at arian.
Yn yr adran economeg gymhwysol isod disgrifir diffiniadau cyfredol o'r cyflenwad arian sy'n cael eu defnyddio yn y DU.

Y galw am arian

Mae cartrefi a chwmnïau yn dal eu cyfoeth mewn amrywaieth o asedau gwahanol. Gellir gwahaniaethu dau brif fath o asedau:
- **asedau ariannol**, naill ai asedau sy'n arian, fel arian parod ac adneuon mewn cyfrifon cyfredol mewn banciau, neu asedau nad ydynt yn arian fel cyfranddaliadau.
- **asedau ffisegol**, fel tai, adeiladau, ceir, dodrefn, peiriannau, cyfrifiaduron a stociau.

Pan fydd economegwyr yn sôn am y galw am arian, dydyn nhw ddim yn cyfeirio at faint o arian yr hoffai pobl ei gael mewn byd lle bydden nhw'n gyfoethog tu hwnt. Maen nhw'n golygu faint y bydd cartrefi a chwmnïau yn dewis ei ddal ar ffurf arian yn hytrach na dal naill ai asedau ariannol nad ydynt yn arian neu asedau ffisegol.

Felly mae **cost ymwad** i gartref os yw'n dal £300 mewn arian parod. Gallai yn hytrach brynu cyfranddaliadau a derbyn buddrannau ac o bosibl enillion cyfalaf. Gallai roi'r arian i mewn i gynllun pensiwn a chynyddu gwerth taliadau pensiwn rywbryd yn y dyfodol, neu gallai brynu set deledu newydd a mwynhau'r gwasanaethau mae'n eu darparu. Felly pris dal arian yw'r buddion mae rhywun yn mynd hebddynt drwy ddal math arall o ased.

Caiff y galw am arian ei bennu gan ddau brif ffactor.

Incwm Po uchaf yw lefel incwm yn yr economi, mwyaf i gyd yw'r galw am arian, oherwydd po uchaf yw lefel yr incwm, mwyaf i gyd fydd gwariant yn yr economi. Po fwyaf y bydd cartrefi'n ei wario, mwyaf i gyd o arian y bydd ei angen arnynt i wneud y trafodion.

Y gyfradd llog Defnydd arall y gellir ei wneud o arian yw prynu asedau ariannol sy'n rhoi llog. Gallai cartref, er enghraifft, ddal bondiau a ddyroddir gan y llywodraeth ac y gellir talu llog arnynt. Po uchaf yw'r gyfradd llog, mwyaf i gyd yw cost ymwad dal arian. Os ydy cyfraddau llog ar fondiau'r llywodraeth yn 5%, cost ymwad dal £100 mewn arian am flwyddyn yw £5 o ran llog a gollwyd. Os ydy'r gyfradd llog yn 20%, mae'r gost ymwad yn £20. Mae Ffigur 82.2 yn dangos y berthynas rhwng y galw am arian a chyfraddau llog ac incwm. Po uchaf yw'r gyfradd llog, isaf i gyd fydd y galw am arian. Byddai cynnydd mewn incwm yn symud cromlin y galw am arian i'r dde, o GA_1 i GA_2, gan y bydd cynnydd mewn incwm yn cynyddu'r galw am arian ar unrhyw gyfradd llog benodol. I'r gwrthwyneb, byddai gostyngiad mewn incwm yn achosi i gromlin y galw am arian symud i'r chwith.

Ffigur 82.2 Y galw am arian
Mae cromlin y galw am arian yn goleddu i lawr gan y bydd cynnydd yn y gyfradd llog yn cynyddu atyniad cyfnewid arian am ased nad yw'n arian ac sy'n talu llog. Bydd cynnydd mewn incwm yn symud cromlin y galw am arian i'r dde o GA_1 i GA_2, gan y bydd gwario ac felly yr angen am arian i'w wario yn cynyddu.

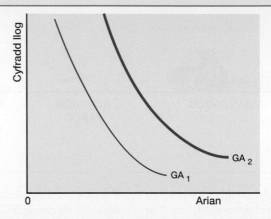

Cwestiwn 4

Mae gan Kim Yip £250 o arian parod, £500 mewn cyfrif cymdeithas adeiladu sy'n ennill llog o 5% y flwyddyn, gwerth £400 o fondiau'r llywodraeth sydd â chyfradd llog y farchnad o 7%, gwerth £900 o gyfranddaliadau Telecom Prydain sy'n ennill buddran o 3%, tŷ sy'n werth £70 000 ac sydd â morgais o £40 000 arno, dodrefn ac eiddo personol sydd wedi'u hyswirio am £30 000 a char sy'n werth £2 500 yn ail law.

(a) Beth o bosibl yw'r gost ymwad i Kim o ddal: (i) y £250 mewn arian parod; (ii) y £900 mewn cyfranddaliadau Telecom Prydain; (iii) y tŷ £70 000?

(b) Mae cyfraddau llog tymor hir ar fondiau'r llywodraeth yn cynyddu 3%, â phopeth arall yn gyfartal. Sut y gallai hyn effeithio ar ddaliad Kim o arian?

Termau allweddol

Amnewidion arian – pethau y gellir eu defnyddio fel cyfrwng cyfnewid ond nad ydynt yn storau gwerth. Enghraifft yw cardiau credyd.

Arian cul – arian a ddefnyddir yn bennaf fel cyfrwng cyfnewid.

Arian eang – arian cul plws asedau agos at arian.

Ased agos at arian – ased na ellir ei ddefnyddio fel cyfrwng cyfnewid ond y gellir ei drosi'n hawdd yn arian ac mae'n uned cyfrif ac yn stôr gwerth.

Cyflenwad arian – cyfanswm yr arian mewn cylchrediad yn yr economi.

Cyfrifon adneuon parod – cyfrifon gyda sefydliadau ariannol lle caiff adneuon eu had-dalu ar alw a lle rhoddir llyfr sieciau. Yn y DU term cyffredin amdanynt yw cyfrifon cyfredol neu gyfrifon siec.

Cyfrifon adneuon tymor – cyfrifon lle caiff llog ei dalu ond ni all cynilwyr alldynnu heb naill ai roi rhybudd neu dalu cosb o ran cyfradd llog.

Ffeirio – cyfnewid un nwydd am nwydd arall heb ddefnyddio arian.

Galw am arian – cyfanswm yr arian y mae cartefi a chwmnïau yn dymuno ei ddal ar adeg benodol.

Hylifedd – y graddau y gellir trosi ased yn arian heb golled gyfalaf.

Swyddogaethau arian – rhaid i arian fod yn gyfrwng cyfnewid, yn stôr gwerth, yn uned cyfrif ac yn safon ar gyfer talu gohiriedig.

Economeg gymhwysol

Y cyflenwad arian yn y DU

Nid oes yr un diffiniad sengl o arian oherwydd nid yw un ased ariannol yn dal holl nodweddion nac yn cyflawni holl swyddogaethau arian yn berffaith. Mae gan amrywiaeth o asedau ariannol gwahanol rai o'r swyddogaethau i ryw raddau neu'i gilydd, ac felly mae'n bosibl cynnig nifer mawr o ddiffiniadau o'r cyflenwad arian. Yn y Deyrnas Unedig, dau brif fesur yn unig sy'n ffurfio'r sail i bolisi, sef M0 ac M4. Mae Ffigur 82.3 yn dangos y berthynas rhwng y ddau fesur gwahanol yma.

Mae M0 cywerth â'r arian papur a'r darnau arian mewn cylchrediad ynghyd ag arian parod yn nhiliau banciau a daliannau'r banciau gyda Banc Lloegr er rhesymau gweithredol. Mae'n **arian cul**. Golyga hyn fod yr asedau a fesurir yn cael eu defnyddio'n bennaf fel cyfrwng cyfnewid. Cartrefi a chwmnïau sy'n dal yr arian hwn i brynu nwyddau a gwasanaethau.

Mae tri phrif fath o ased yn M4. Arian papur a darnau arian yw'r rhan leiaf. Y rhan fwyaf yw adneuon cartrefi a chwmnïau gyda banciau a chymdeithasau adeiladu. Mae rhai adneuon yn cael eu cadw'n bennaf i'w gwario. Fel rheol, daw'r cyfrifon hyn gyda llyfr siec a cherdyn debyd. Caiff adneuon eraill eu cadw fel cynilion ac maent yn dueddol o dalu cyfraddau llog uwch na chyfrifon llyfr siec. Yn olaf, ceir adneuon cyfanwerth gyda banciau a chymdeithasau adeiladu. Mae'r rhain yn adneuon mawr iawn a wneir fel rheol mewn miliynau o bunnoedd. Mae M4 yn **arian eang**, sef arian a ddefnyddir i gynilo yn ogystal ag i wario.

Mae Banc Lloegr hefyd yn cyfrifo mesur o'r enw M2 (neu M4 Adwerthol) sef M4 minws adneuon cyfanwerth, h.y. arian papur a darnau arian plws adneuon adwerthol.

Mae Ffigur 82.4 yn dangos maint cymharol gwerth yr arian papur a'r darnau arian mewn cylchrediad gyda M0, M2 ac M4.

Yn y gorffennol, roedd Banc Lloegr yn cyhoeddi ffigurau i chwe phrif fesur o'r cyflenwad arian, sef M0 i M5. Yn yr 1980au, M1 ac M3 oedd y ddau ffigur a oedd yn cael eu monitro fwyaf. Mae'r ffaith eu bod bellach wedi cael eu rhoi o'r neilltu yn rhoi enghraifft dda iawn o sut mae diffiniad natur arian mewn economi real yn gallu newid yn sydyn iawn.

Yn yr 1960au a'r 1970au, roedd rhaniad eglur rhwng cyfrifon llyfr siec (cyfrifon cyfredol) a gynigiwyd gan fanciau a chyfrifon cynilo a gynigiwyd gan fanciau a chymdeithasau adeiladu. Defnyddiwyd cyfrifon llyfr siec ar gyfer gwario beunyddiol. Defnyddiwyd cyfrifon cynilo ar gyfer cynilo tymor hirach. Byddai banciau yn defnyddio'r adneuon o'r holl fathau o gyfrifon i roi benthyg arian i gwsmeriaid. Roedd y benthyca hwn yn helpu ariannu popeth o geir i wyliau i ffatrïoedd newydd. Byddai cymdeithasau adeiladu yn rhoi benthyg arian ar gyfer morgeisiau ar dai yn unig, sef maes busnes nad oedd y banciau'n draddodiadol yn ymwneud ag ef. Barnwyd na fyddai arian a fenthycwyd ar gyfer morgeisiau yn cael unrhyw effaith sylweddol ar wariant ar unrhyw beth y tu hwnt i'r farchnad dai.

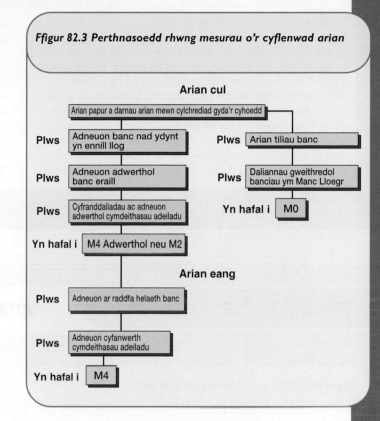

Ffigur 82.3 Perthnasoedd rhwng mesurau o'r cyflenwad arian

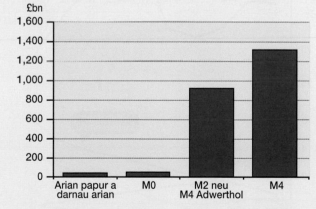

Ffigur 82.4 Maint cymharol gwahanol fesurau o'r cyflenwad arian, swm yn weddill ar ddiwedd Rhagfyr 2005, addaswyd yn dymhorol

Ffynhonnell: addaswyd o *Financial Statistics*, Swyddfa Ystadegau Cenedlaethol.

Roedd M1 yn mesur arian papur a darnau arian mewn cylchrediad ynghyd ag arian mewn cyfrifon llyfr siec. Roedd yn fesur cul o'r cyflenwad arian. Roedd M3 yn cynnwys M1 plws cyfrifon cynilo mewn banciau. Roedd M4 yn M3 plws cynilion mewn cymdeithasau adeiladu.

Fodd bynnag, yn yr 1980au, roedd y llywodraeth yn annog banciau a chymdeithasau adeiladu i gystadlu. Dechreuodd banciau roi benthyg symiau sylweddol mewn morgeisiau tai. O 1986, câi cymdeithasau adeiladu roi benthyg arian ar gyfer unrhyw ddiben ac nid yn unig i brynu tŷ. Dechreuodd cymdeithasau adeiladu hefyd gynnig cyfrifon llyfr siec. Roedd nifer o bobl yn defnyddio cyfrifon cymdeithasau adeiladu fel lle i gadw cyflog y mis a'i godi yn ôl yr angen, yn hytrach nag fel lle i gynilo arian. Felly diflannodd y gwahaniaethau rhwng adneuon mewn banciau ac adneuon mewn cymdeithasau adeiladu. Bellach, nid oedd yn bosibl gwahaniaethu'n eglur rhwng arian a fyddai'n cael ei wario'n gyflym ac arian a fyddai'n cael ei gynilo. Nid oedd yn bosibl bod yn sicr ychwaith sut fyddai banciau a chymdeithasau adeiladu yn defnyddio

eu hadneuon o'u benthyca allan. Felly, nid oedd y gwahaniaeth rhwng M1 a M3 yn ddefnyddiol bellach. Yna yn 1989, newidiodd cymdeithas adeiladu'r *Abbey National* ei statws cyfreithiol i ddod yn fanc. Cafwyd naid enfawr dros nos yng ngwerth M3. Roedd disgwyl i fwy o gymdeithasau adeiladu droi'n fanciau, ac felly roedd yn amlwg na fyddai M3 bellach yn ystyrlon ac y dylid defnyddio M4 fel y prif fesur ariannol o hynny ymlaen.

Heddiw, mae Banc Lloegr yn defnyddio ei data cyflenwad arian yn ofalus oherwydd nad yw'n bosibl diffinio'n eglur beth sy'n arian, ac oherwydd bod modd i'r sefyllfa newid yn sydyn iawn. Ni ystyrir newidiadau bach yng nghyfradd twf y cyflenwad arian yn arwyddocaol. Newidiadau cymharol fawr yn unig fyddai'n cael eu hystyried wrth benderfynu ar bolisi ariannol.

Cwestiwn Data — Arian yn y DU

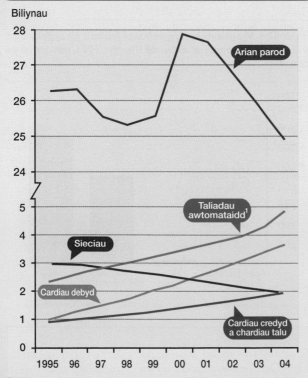

Ffigur 82.5 *Nifer y trafodion yn ôl dull talu*

Biliynau

- Arian parod
- Taliadau awtomataidd[1]
- Sieciau
- Cardiau debyd
- Cardiau credyd a chardiau talu

[1] Taliadau awtomataidd: debydau uniongyrchol, archebion rheolaidd, credydau uniongyrchol a CHAPS sterling.

Ffynhonnell: addaswyd o *Payment Trends 1995-2004: Facts and Figures*, Association for Payment Clearing Services.

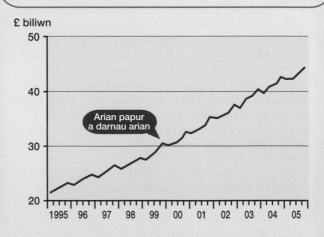

Ffigur 82.6 *Arian papur a darnau arian mewn cylchrediad*

£ biliwn

- Arian papur a darnau arian

Fynhonnell: addaswyd o *Financial Statistics*, Swyddfa Ystadegau Cenedlaethol.

Mae gwneuthurwr arian papur a chardiau plastig wedi comisiynu adroddiad ar y rhagolygon ym marchnad arian y DU. Ysgrifennwch yr adroddiad:

1. yn gwahaniaethu rhwng arian ac amnewidion arian;
2. yn egluro sut mae'r farchnad am (a) arian a (b) amnewidion arian wedi newid dros y cyfnod;
3. yn trafod sut mae dulliau talu yn debygol o newid yn y dyfodol a goblygiadau hyn ar y cyflenwad arian yn y DU.

83 Y gyfradd llog

Crynodeb

1. Pris arian yw'r gyfradd llog.
2. Caiff y gyfradd llog ei phennu gan y galw am arian a'r cyflenwad arian.
3. Bydd cynnydd yn y galw am arian neu ostyngiad yn y cyflenwad arian yn cynyddu'r gyfradd llog. Bydd gostyngiad yn y galw am arian neu gynnydd yn y cyflenwad arian yn arwain at ostyngiad yn y gyfradd llog.
4. Mae cyfraddau llog gwahanol i'w cael mewn marchnadoedd arian gwahanol. Mae cyfraddau llog yn tueddu i symud gyda'i gilydd i'r un cyfeiriad dros gyfnodau hir.
5. Ffactorau sy'n achosi i gyfraddau llog fod yn wahanol yn yr un farchnad yw amser, risg a chost weinyddol.
6. Mae damcaniaeth arian benthyg yn nodi bod y gyfradd llog yn cael ei phennu gan y galw am arian benthyg ar gyfer buddsoddi a chynilo a'r cyflenwad ohono.
7. Y gyfradd llog real yw'r gyfradd llog enwol wedi'i chymhwyso ar gyfer chwyddiant.

Pennu'r gyfradd llog

Yn ôl damcaniaeth economaidd, yn union fel y caiff pris nwydd ei bennu gan rymoedd galw a chyflenwad (☞ uned 6), felly hefyd y caiff pris arian ei bennu. Beth yw pris arian? Pris arian yw faint sydd angen ei dalu os caiff arian ei fenthyg – sef y **gyfradd llog**.

Mae Ffigur 83.1 yn dangos y cromliniau galw a chyflenwad ar gyfer arian. Weithiau caiff cromlin y galw am arian (☞ uned 82) ei galw'n **gromlin hylifddewis** (*liquidity preference*). Mae'n goleddu i lawr oherwydd po uchaf yw'r gyfradd llog, mwyaf i gyd y bydd cartrefi a chwmnïau yn dymuno dal ascdau nad ydynt yn arian fel bondiau neu gyfranddaliadau. Mae'r cyflenwad arian wedi'i luniadu fel llinell fertigol, yn dangos bod y cyflenwad arian yn ddigyfnewid beth bynnag yw'r gyfradd llog. Mae hyn yn tybio bod y banc canolog yn gallu rheoli'r cyflenwad arian yn yr economi yn annibynnol ar ei bris (☞ uned 85) a'i fod yn gwneud hynny. Yna dywedir bod y cyflenwad arian yn **alldarddol** (h.y. nid yw'n gysylltiedig ag unrhyw newidyn yn y model economaidd ond caiff ci bennu y tu allan i'r model). Ni fyddai'n gwneud dim gwahaniaeth i'n casgliadau yma pe bai'r cyflenwad arian yn cael ei dybio i fod yn goleddu i fyny ac felly yn **fewndarddol** (h.y. yn gysylltiedig â newidyn yn y model, yn yr

achos hwn pris arian, sef y gyfradd llog), gyda'r cyflenwad arian yn cael ei bennu gan y gyfradd llog yn hytrach na phenderfyniadau'r banc canolog. Mae'r gyfradd llog gytbwys, r_e, i'w chael lle mae'r galw am arian yn hafal i'r cyflenwad arian.

Yn ôl damcaniaeth economaidd, os ydy'r gyfradd llog yn uwch neu'n is na'r lefel hon bydd yn tueddu tuag at ei gwerth cytbwys.

- Tybiwch fod y gyfradd llog yn r_1 (h.y. mae goralw am arian). Mae cartrefi a chwmnïau yn dymuno dal mwy o arian nag y maent yn ei ddal ar hyn o bryd. Byddan nhw'n ymateb drwy werthu rhai o'u hasedau nad ydynt yn arian ac yn eu trosi'n arian. Os caiff arian ei ddiffinio mewn termau cul fel M0, gallai cartrefi gynyddu eu daliadau o arian drwy alldynnu arian o gyfrifon cymdeithas adeiladu. Nawr bydd gan gymdeithasau adeiladu brinder adneuon a byddan nhw'n ymateb drwy godi eu cyfraddau llog er mwyn denu mwy o gynilion. Os caiff arian ei ddiffinio mewn termau eang, gallai cartrefi ymateb drwy werthu cynilion fel bondiau'r llywodraeth (a elwir hefyd yn stociau'r llywodraeth neu warannau'r llywodraeth). Mae'r bondiau hyn yn fath o fenthyca tymor hir, a dim ond os byddan nhw'n talu gwobr ariannol uwch drwy gynnydd yn eu cyfradd llog effeithiol y bydd prynwyr ychwanegol i'w cael amdanynt. Felly bydd cyfraddau llog tymor hir yn codi. Bydd goralw am arian yn gwthio cyfraddau llog i fyny, gan arwain at symudiad yn ôl ar hyd y gromlin hylifddewis. Bydd hyn yn parhau nes y bydd cartrefi a chwmnïau mewn cydbwysedd lle mae'r galw am arian yn hafal i'r cyflenwad arian.
- Nawr tybiwch y gwrthwyneb: bod gorgyflenwad o arian fel y gwelir ar y gyfradd llog r_2. Mae cartrefi a chwmnïau yn dal mwy o arian nag maen nhw eisiau, felly byddan nhw'n ceisio ei roi i mewn i gymdeithas adeiladu neu brynu bondiau, cyfranddaliadau neu fathau eraill o asedau. Bydd hynny'n arwain at ostyngiad yng nghyfraddau llog yn ôl tuag at y gyfradd llog gytbwys r_e.

Symudiadau cromliniau'r galw a chyflenwad

Beth sy'n digwydd os ydy'r galw am arian neu'r cyflenwad arian yn newid (h.y. mae cromlin y galw neu'r cyflenwad yn **symud**)?

Tybiwch fod y gromlin hylifddewis yn symud i'r dde fel yn Ffigur 83.2 Mae hynny'n golygu bod mwy o alw am arian ar unrhyw gyfradd llog benodol. Gallai hyn fod wedi'i achosi gan gynnydd mewn incwm, cynnydd yn lefel prisiau (rydym yn tybio bod y gromlin H yn dangos y galw am ddaliannau enwol [*nominal balances*]) neu gynnydd yn y risg canfyddedig o ddal

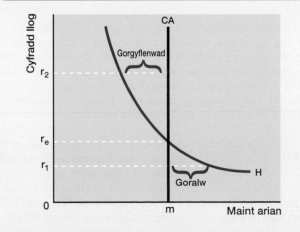

Ffigur 83.1 Y gyfradd llog gytbwys
r_e yw'r gyfradd llog gytbwys – y gyfradd llog lle mae'r galw am arian yn hafal i'r cyflenwad arian.

Ffigur 83.2 Cynnydd yn y galw am arian

Bydd cynnydd yn y galw am arian, a ddangosir gan y gromlin hylifddewis yn symud i'r dde, yn cynyddu'r gyfradd llog o r_1 i r_2.

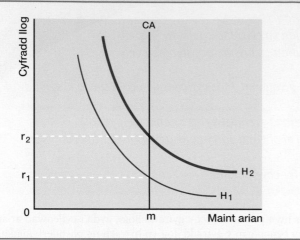

Ffigur 83.3 Cynnydd yn y cyflenwad arian

Bydd cynnydd yn y cyflenwad arian, a ddangosir gan gromlin y cyflenwad arian yn symud i'r dde, yn arwain at ostyngiad yn y gyfradd llog o r_1 i r_2.

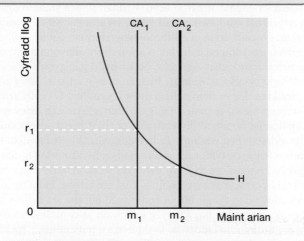

asedau nad ydynt yn arian fel bondiau neu gyfranddaliadau. O ganlyniad bydd y gyfradd llog yn codi o r_1 i r_2. Felly bydd cynnydd mewn hylifddewis a ddangosir gan symudiad y gromlin H i'r dde yn cynyddu cyfraddau llog, ond ni fydd yn newid y cyflenwad arian sy'n cael ei osod gan yr awdurdodau. I'r gwrthwyneb bydd gostyngiad yn y galw am arian yn arwain at ostyngiad yng nghyfraddau llog.

Nawr tybiwch fod y llywodraeth yn cynyddu'r cyflenwad arian. Dangosir hyn gan symudiad cromlin y cyflenwad i'r dde yn Ffigur 83.3. Y canlyniad fydd gostyngiad yn y gyfradd llog o r_1 i r_2. I'r gwrthwyneb, bydd gostyngiad yn y cyflenwad arian yn arwain at gynnydd yng nghyfraddau llog.

Marchnadoedd gwahanol, cyfraddau llog gwahanol

Hyd yma, tybiwyd yn ymhlyg bod un farchnad am arian ac un gyfradd llog cytbwys yn yr economi. Mae hwn yn symleiddiad defnyddiol iawn mewn damcaniaeth

Lluniadwch ddiagram yn dangos y gromlin hylifddewis a chromlin y cyflenwad arian. Dangoswch yr effaith debygol ar y gyfradd llog gytbwys os bydd:
(a) gostyngiad yn y cyflenwad arian;
(b) cynnydd yn lefel prisiau;
(c) cynnydd mewn defnyddio cardiau credyd i dalu am nwyddau a gwasanaethau;
(d) gostyngiad mewn incwm gwladol yn ôl prisiau cyfredol;
(e) cynnydd yn yr arian papur a'r darnau arian sydd mewn cylchrediad yn yr economi.

facro-economaidd. Ond mewn gwirionedd mae llawer o farchnadoedd am arian a llawer o gyfraddau llog mewn economi. Er enghraifft, ym marchnad Biliau'r Trysorlys mae'r llywodraeth yn cael benthyg am dymor byr gan fanciau a sefydliadau ariannol mawr eraill. Ym marchnad cardiau credyd mae cartrefi'n cael benthyg arian ar gardiau credyd gan fanciau a sefydliadau ariannol eraill sy'n darparu gwasanaeth cerdyn credyd. Ym marchnad morgeisiau mae cymdeithasau adeiladu a banciau yn benthyca arian i gartrefi sy'n prynu tai. Pe bai'r holl farchnadoedd hyn yn berffaith a'r holl fenthyciadau yn unfath, byddai'r gyfradd llog ym mhob marchnad yr un fath. Ond mae llawer o rwystrau rhwng marchnadoedd a dydy benthyciadau ddim yn unfath. Felly mae cyfraddau llog yn wahanol. Er enghraifft, pan fydd banciau'n cynnig cyfraddau llog uwch ar eu cyfrifon na chymdeithasau adeiladu, ni fydd arian y cymdeithasau adeiladu yn dioddef colled sylweddol o arian. Y rheswm yn rhannol yw bod cwsmeriaid yn ei chael hi'n anghyfleus symud arian o un cyfrif i gyfrif arall. Ond hefyd dydy llawer o gwsmeriaid ddim yn gwybod am wahaniaethau yng nghyfraddau llog. Hefyd, mewn rhai marchnadoedd mae'r sawl sy'n cael benthyg a'r sawl sy'n rhoi benthyg ynghlwm wrth gontractau tymor sefydlog. Mae'r rhain yn debygol o fod yn fyr – unrhyw beth hyd at 6 mis, dyweder. Maer hynny'n golygu na all arian lifo i mewn i farchnad arall i fanteisio ar gyfraddau llog uwch.

Mae rhwystrau i lif arian rhwng marchnadoedd ond ar y cyfan dydyn nhw ddim yn ddigon uchel i ynysu marchnadoedd yn llwyr. Pan fydd cyfraddau llog yn cynyddu yn Ninas Llundain mae bron yn sicr y bydd y prif fanciau yn cynyddu eu cyfraddau llog nhw hefyd. Bydd yr effaith yn lledu i weddill yr economi. Efallai na fydd cymdeithasau adeiladu yn ymateb ar y dechrau ond byddant yn gweld arian yn llifo allan ohonynt yn y tymor canolig os na fyddant yn cynyddu eu cyfraddau llog. Felly mae cyfraddau llog yn tueddu i symud i'r un cyfeiriad dros gyfnod.

Mae nifer o ffactorau a all achosi i gyfraddau llog fod yn wahanol yn yr un farchnad.

Amser Po hiraf yw cyfnod y benthyciad, uchaf i gyd y bydd y gyfradd llog yn dueddol o fod. Os caiff arian ei fenthyca am 24 awr yn unig, mae gan yr un sy'n rhoi benthyg hyblygrwydd llwyr naill ai i beidio â benthyca'r arian neu i symud arian i farchnad arall. Os caiff arian ei fenthyca am 25 mlynedd, does dim y fath hyblygrwydd. Felly mae angen llog uwch i ddigolledu'r sawl sy'n rhoi benthyg wrth i hyd tymor benthyciad gynyddu.

Disgwyliadau Os ydy'r farchnad yn disgwyl i gyfraddau llog ostwng yn y dyfodol agos, gallai benthyciadau tymor hirach fod â chyfradd llog is na benthyciadau tymor byrrach. Er enghraifft, os ydy cyfraddau llog cyfredol yn 12% am fenthyciadau dros nos ond eich bod yn disgwyl iddynt ostwng i 10% ymhen mis, efallai y byddech yn fodlon rhoi benthyg arian am dri mis am rywle rhwng 10% a 12%.

Cwestiwn 2

Tabl 83.1 Detholiad o gyfraddau llog ac arenillion (yields)

Ffynhonnell	Cyfnod y benthyciad	%
Stociau'r llywodraeth 2007	1 flwyddyn	4.24
Marchnadoedd arian rhyngfanc	dros nos	4 ¹³⁄₃₂
	un mis	4 ⁹⁄₁₆ - 4 ¹⁵⁄₃₂
	un flwyddyn	4 ⅝ - 4 ¹⁷⁄₃₂
Cyfradd sylfaenol y banciau		4.50
Cyfradd morgais (cyfradd newidiol Cymdeithas Adeiladu *Coventry*)		4.85
Benthyciad personol anwarantedig (*Northern Rock*)	3 blynedd	5.80
Gorddrafft awdurdodedig, Cymdeithas Adeiladu *Nationwide*		7.75
Cerdyn credyd Banc *Sainsbury*		15.9
Cerdyn Cyfrif Miss *Selfridge*		29.9

Ffynhonnell: addaswyd o'r *Financial Times*, 11.2.2006, www.nationwide.co.uk, www.missselfridge.co.uk.

Mae stociau'r llywodraeth yn fath o fenthyciad tymor hir i lywodraeth y DU. Roedd stociau'r llywodraeth 2007 yn stociau oedd yn ad-daladwy yn 2007 ac felly yn 2006 dim ond blwyddyn oedd i fynd cyn yr ad-dalu. Yn y farchnad ryngfanc yn Llundain mae banciau'n benthyca i'w gilydd am gyfnodau byr yn amrywio o dros nos i un flwyddyn. Cyfradd sylfaenol y banciau yw'r gyfradd llog y mae banciau yn y DU yn gosod eu cyfraddau llog nhw mewn perthynas â hi. Rhaid i'r sawl sy'n cael benthyg dalu uwchlaw'r gyfradd sylfaenol tra bydd y sawl sy'n benthyca i fanciau'r DU yn cael llai na'r gyfradd sylfaenol. Benthyciadau gwarantedig ar gyfer prynu tai yw morgeisiau a gall y sawl sy'n rhoi benthyg ailfeddiannu'r tŷ os na chaiff y morgais ei ad-dalu. Benthyciadau i unigolion lle na roddir gwarant gan y sawl sy'n cael benthyg yw benthyciadau personol anwarantedig. Yn achos gorddrafftiau awdurdodedig mae cwsmeriaid yn mynd i'r coch ar eu cyfrif banc gyda chaniatâd eu banc neu gymdeithas adeiladu. Caiff cardiau siop neu gardiau cyfrif eu dyroddi gan adwerthwyr unigol ac maen nhw'n gweithio mewn modd tebyg i gardiau credyd. Yn nodweddiadol fe'u cymerir gan bobl ifanc ag incwm cymharol isel.

Awgrymwch resymau pam mae'r cyfraddau llog yn Nhabl 83.1 yn wahanol i'w gilydd.

Risg Mae benthyca arian i berson di-waith yn debygol o fod yn fwy o risg o lawer na'i fenthyca i fanc *HSBC*. Felly, po fwyaf yw'r risg na chaiff y benthyciad ei ad-dalu, uchaf i gyd fydd y gyfradd llog.

Cost weinyddol Mae rhoi benthyg £100 miliwn mewn sypiau o £100 ar y tro yn debygol o fod yn fwy costus o lawer yn weinyddol na benthyca £100 miliwn i un cwsmer yn unig. Felly, po uchaf yw'r gost weinyddol, uchaf i gyd y bydd y gyfradd llog yn dueddol o fod. Hefyd, efallai y bydd rhai sy'n rhoi benthyg arian yn ei chael hi'n fwy costus symud eu harian o amgylch i ennill y gyfradd llog uchaf sydd ar gael ar adeg benodol na gadael eu harian yn y cyfrif sydd ganddynt eisoes gan ennill cyfradd llog is.

Gwybodaeth amherffaith Gall y rhai sy'n cael benthyg a'r rhai sy'n rhoi benthyg fod â gwybodaeth amherffaith. Er enghraifft, efallai na fydd deiliaid cardiau credyd yn gwybod y gallen nhw ostwng eu taliadau llog drwy newid i ddarparwr arall o gardiau credyd. Efallai na fydd cynilwr gyda chymdeithas adeiladu yn gwybod bod cymdeithas adeiladu arall yn cynnig cyfraddau llog uwch ar gyfrif cynilo sydd fel arall yn unfath â'i gyfrif presennol.

Damcaniaeth arian benthyg

Damcaniaeth arall sy'n egluro sut y caiff y gyfradd llog ei phennu yw DAMCANIAETH ARIAN BENTHYG. Tybiwch y daw'r unig alw am arian benthyg o gwmnïau neu lywodraeth sy'n dymuno buddsoddi. Mae'r rhestr fuddsoddiant yn goleddu i lawr fel yn Ffigur 83.4 (☞ uned 32). Po uchaf yw'r gyfradd llog, isaf i gyd fydd swm buddsoddiant. Un rheswm dros hyn yw bod y gost i gwmnïau o gael benthyg arian i ariannu buddsoddiant yn uwch, po uchaf yw'r gyfradd llog. Po uchaf yw'r gost, lleiaf proffidiol fydd project buddsoddiant. Gallai project buddsoddiant fod yn broffidiol iawn pe bai arian yn gallu cael ei fenthyg am 5%, ond efallai mai elw normal yn unig fyddai'n cael ei ennill ar 8% a gallai fod yn amhroffidiol ar 15%. Po uchaf yw'r gyfradd llog, lleiaf i gyd o brojectau buddsoddiant sy'n broffidiol ac felly isaf i gyd yw swm buddsoddiant.

Mewn cyferbyniad â hynny, mae'r rhestr gynilion yn goleddu i

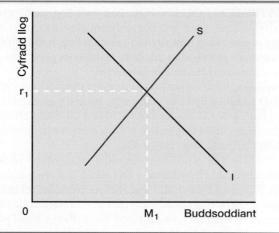

Ffigur 83.4 Damcaniaeth arian benthyg
Yn ôl damcaniaeth arian benthyg, caiff y gyfradd llog ei phennu gan fuddsoddiant a chynilion mewn economi. Mae'r gyfradd llog gytbwys i'w chael lle mae lefel cynilion yn hafal i lefel buddsoddiant sef r_1.

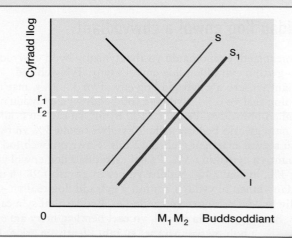

Ffigur 83.5 Cynnydd yn lefel cynilion
Os bydd cartrefi'n penderfynu cynilo mwy ar unrhyw gyfradd llog benodol, bydd y gromlin gynilion yn symud i'r dde o S i S_1. Yna bydd y gyfradd llog gytbwys yn gostwng o r_1 i r_2.

fyny fel y gwelir yn Ffigur 83.4. Po uchaf yw'r gyfradd llog, mwyaf atyniadol yw hi i gartrefi a chwmnïau gynilo. Gallan nhw ennill mwy o arian mewn llog, po uchaf yw'r gyfradd llog.

Mae'r gyfradd llog cytbwys i'w chael lle mae'r rhestr fuddsoddiant yn croestorri'r rhestr gynilion sef r_1. Os bydd cartrefi'n penderfynu cynilo mwy ar unrhyw gyfradd llog benodol, fel yn Ffigur 83.5, efallai oherwydd mwy o ofni diweithdra, bydd y rhestr gynilion yn symud i'r dde. Bydd hynny'n arwain at ostyngiad yn y gyfradd llog cytbwys i r_2. Byddai cynnydd mewn buddsoddiant ar unrhyw lefel benodol o gyfraddau llog yn symud y rhestr fuddsoddiant i'r dde ac yn arwain at gynnydd yn y gyfradd llog cytbwys.

Gall damcaniaeth arian benthyg egluro sut y caiff y gyfradd llog ei phennu mewn economi syml lle daw'r prif alw am arian o fuddsoddiant a daw'r prif gyflenwad arian o gynilion. Fodd bynnag, mewn economi modern mae marchnadoedd arian yn fwy cymhleth o lawer. Mewn economi agored fel y DU, er enghraifft, effeithir ar gyfraddau llog gan lifoedd o arian rhwng gwledydd. Felly, mae damcaniaeth economaidd fodern yn tueddu i ddefnyddio modelau sy'n seiliedig ar y galw am arian a'r cyflenwad arian i egluro sut y caiff cyfraddau llog eu pennu.

Cyfraddau llog enwol a real

Pan fydd cymdeithas adeiladu yn cynnig cyfradd llog o 10%, mae'n cynnig CYFRADD LLOG ENWOL. Nid yw'r llog wedi'i gymhwyso ar gyfer chwyddiant. Ond bob blwyddyn mae prisiau yn yr economi yn debygol o godi. Gan anwybyddu taliadau llog, bydd £100 a roddir i mewn i'r gymdeithas adeiladu heddiw yn prynu llai o nwyddau a gwasanaethu ymhen blwyddyn.

Y gyfradd llog wedi'i chymhwyso ar gyfer chwyddiant yw'r GYFRADD LLOG REAL. Er enghraifft, byddai'r gyfradd llog real yn 5% pe bai'r gyfradd llog enwol yn 10% a chyfradd chwyddiant yn 5%. Gyda chyfradd llog enwol o 12% a chyfradd chwyddiant o 8%, byddai'r gyfradd llog real yn 4%.

Gall cyfraddau llog real fod yn negyddol yn ogystal â phositif. Yn 1975, gyda chyfradd chwyddiant y DU yn 25% a chyfraddau llog enwol tua 7%, roedd y gyfradd llog real yn negyddol sef minws 18%. Byddai unrhyw un oedd yn cynilo ar 7% wedi colli 18% o allu prynu ar yr arian hwnnw yn ystod 1975. Pam y bydd pobl yn cynilo pan fydd cyfraddau llog real yn negyddol? Un rheswm yw bod llawer o gynilion yn anhylif iawn. Er enghraifft, ni all pobl drosi contractau cronfeydd pensiwn neu yswiriant yn arian yn hawdd neu heb gost. Rheswm arall yw bod pobl yn gorfod cynilo os nad ydynt eisiau gwario'u holl incwm ar unwaith pan fyddan nhw'n ei dderbyn. Hefyd, efallai bod cynilwyr wedi colli 18%, ond roedd pobl a gadwodd eu harian ar ffurf arian parod wedi colli 25%!

Cyfraddau llog enwol a chwyddiant

Mae damcaniaeth economaidd yn rhagfynegi y bydd chwyddiant uwch yn gwthio cyfraddau llog enwol i fyny. Tybiwch fod chwyddiant yn sero a'r gyfradd llog enwol yn 3% (h.y. mae'r gyfradd llog real yn 3%). Byddai £100 heddiw yn cynyddu'n £103 ymhen blwyddyn. Pe bai'r £100 hynny yn cael eu cynilo yn hytrach na'u gwario heddiw gallai'r cynilwr brynu 3% yn fwy o nwyddau a gwasanaethau ymhen 12 mis. Nawr tybiwch fod chwyddiant yn cynyddu i 5%. Pe bai cyfraddau llog enwol yn dal i fod yn 3%, byddai £100 heddiw yn prynu gwerth £98 yn unig o nwyddau ymhen blwyddyn am fod y gyfradd llog real yn −2%.

Felly byddai cynilwyr yn cynilo llai. Byddai rhai sy'n cael benthyg, ar y llaw arall, yn cael benthyg mwy am eu bod i bob pwrpas yn cael eu talu i fenthyca arian. Felly

byddai'r farchnad am arian benthyg mewn anghydbwysedd. Dim ond pan fydd cyfraddau llog enwol wedi codi ddigon i oddeutu'r gyfradd llog real wreiddiol o 3% y gall ddychwelyd i gydbwysedd.

Cwestiwn 3

(a) Eglurwch y cyswllt posibl rhwng cyfraddau llog enwol a chyfraddau chwyddiant.
(b) I ba raddau y mae'r data yn Ffigur 83.6 yn ategu damcaniaeth economaidd?

Ffigur 83.6 Cyfraddau llog enwol[1] a chwyddiant[2] gwledydd yr OECD

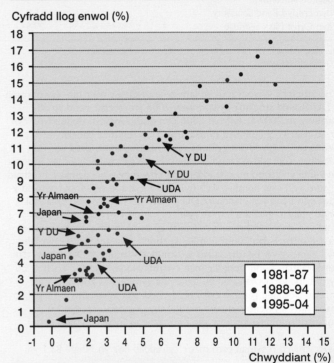

1. Cyfraddau tymor byr, cyfartaledd blynyddol
2. Newid canrannol cyfartalog blynyddol mewn prisiau defnyddwyr

Ffynhonnell: addaswyd o Ystadegau Hanesyddol, *Economic Outlook*, OECD.

Termau allweddol

Damcaniaeth arian benthyg – mae damcaniaeth arian benthyg pennu'r gyfradd llog yn dadlau y caiff y gyfradd llog ei phennu gan y galw am arian benthyg a'r cyflenwad ohono, yn arbennig ar gyfer prynu cyfalaf.
Cyfraddau llog enwol – cyfraddau llog heb eu cymhwyso ar gyfer chwyddiant.
Cyfraddau llog real – cyfraddau llog enwol wedi'u cymhwyso ar gyfer chwyddiant.

Dadleuodd Irving Fisher, economegydd Americanaidd yn rhan gyntaf yr ugeinfed ganrif, y byddai cynnydd o 1% mewn chwyddiant yn gysylltiedig â chynnydd o 1% mewn cyfraddau llog enwol. Felly, os ydy'r gyfradd llog real yn 3%, byddai cyfraddau llog enwol yn 13% pe bai cyfradd chwyddiant yn 10%, bydden nhw'n 23% pe bai cyfradd chwyddiant yn 20% ac yn y blaen.

Gellir gweld hyn yn Ffigur 83.2. Mae'r galw am arian yn alw am ddaliannau real. Felly, pan fydd prisiau'n codi, bydd y galw am arian yn cynyddu, a ddangosir gan y gromlin hylifddewis yn symud i'r dde yn Ffigur 83.2. Ond mae'r cynnydd hwn yn y galw

yn codi cyfraddau llog. Mae'r dadansoddiad yn fwy cymhleth na hynny, fodd bynnag. Mae codiadau mawr mewn prisiau yn gysylltiedig â chynnydd mawr yn y cyflenwad arian (☞ uned 84). Felly mae chwyddiant uchel yn gysylltiedig â chromlin cyflenwad arian yn symud i'r dde hefyd. Yr hyn mae rhagdybiaeth Fisher yn ei awgrymu yw y byddai symudiad cromlin y galw am arian i'r dde yn fwy na symudiad cromlin cyflenwad arian i'r dde, ac y byddai hynny'n achosi i gyfraddau llog enwol godi.

Y gyfradd llog mewn pum marchnad arian

Caiff y gyfradd llog ymhob marchnad arian yn y DU ei phennu gan y galw am, a chyflenwad arian yn y farchnad honno. Mae'n bosibl adnabod y prif fenthycwyr a'r sawl sy'n rhoi benthyg yn y rhan fwyaf o farchnadoedd arian. Er enghraifft, ym marchnad morgeisiau cartref y DU, banciau a chymdeithasau adeiladu yw'r ddau brif gyflenwr arian. Mae pobl sydd eisiau benthyg arian i brynu tŷ yn gofyn am arian. Mae'r gyfradd llog ar fenthyciad morgais yn isel mewn cymhariaeth â gorddrafft neu fenthyciad banc arferol. Y rheswm am hyn yw fod eiddo yn diogelu benthyciad morgais. Os yw'r benthyciwr yn methu ad-dalu'r benthyciad, gall y banc neu'r gymdeithas adeiladu orfodi'r benthyciwr i werthu'r eiddo ac ad-dalu'r benthyciad gyda'r arian a godwyd. Felly, cred y sawl sy'n rhoi benthyg arian ar ffurf morgais fod benthyciad o'r fath yn gymharol rydd o risg.

Banciau yn draddodiadol oedd prif ffynhonnell benthyciadau a gorddrafftiau, er i fanciau a chymdeithasau adeiladu eilaidd gael mynediad i'r farchnad yn yr 1970au a'r 1980au. Daw'r galw am arian o unigolion neu gwmnïau sydd eisiau benthyg i ariannu unrhywbeth o drwsio car, i gegin newydd i ffatri newydd. Mae cyfraddau llog yn tueddu i gael eu gosod yn ôl y risg o fethu ad-dalu. Gall cwmnïau mawr fel arfer gael cyfraddau llog is ar fenthyciadau na chwmnïau bach, tra bod unigolion yn talu

cyfraddau llawer uwch na chyfraddau benthyciad morgais. Gellid dadlau bod benthyciadau drwy gardiau credyd hefyd yn ffurfio rhan o'r farchnad hon. Mae cyfraddau llog ar gardiau credyd yn dueddol o fod yn uwch na chyfraddau gorddrafftiau a benthyciadau personol i unigolion. Mae'r risg o fethu ad-dalu ar gerdyn credyd yn uwch nag ar fenthyciad personol, ac mae costau gweinyddol ymdrin â benthyciadau cerdyn credyd lawer yn uwch na chostau ymdrin â benthyciadau personol a gorddrafftiau.

Mae Ffigur 83.7 yn dangos y cyfraddau llog a gynigiwyd ac a godwyd gan fanc Lloyds TSB yn Chwefror 2006. Banc Lloegr sy'n pennu cyfradd sylfaenol y banciau. Mae banciau, fel Lloyds TSB, yn benthyca arian o gwsmeriaid ar raddfeydd sydd islaw cyfradd sylfaenol y banciau. Mae cyfrifon cyfredol sy'n cynnig gwasanaethau costus fel sieciau a chardiau debyd, yn dueddol o dalu cyfraddau llog is na chyfrifon cynilo. Yna, gall y banciau godi cyfraddau uwchlaw'r gyfradd sylfaenol i gwsmeriaid sy'n benthyca arian. Mae benthyciadau sydd ond ag ychydig o risg a chostau gweinyddol isel fel morgeisiau, â chyfraddau llog cymharol isel. Mae benthyciadau lle mae'r risg o fethu ad-dalu'r benthyciad yn uwch, neu lle mae costau gweinyddol uwch, fel benthyca cerdyn credyd, yn codi cyfraddau llog uwch.

Mewn marchnad arian yn y Ddinas, fel y farchnad

Ffigur 83.7 Cyfraddau llog, Banc Lloyds TSB, 11.2.2006

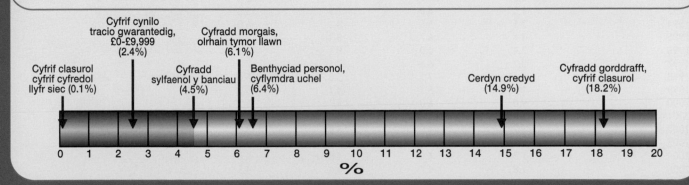

rhyngfanc, y farchnad ddisgownt neu farchnad awdurdod lleol, mae trafodion unigol yn dueddol o fod am symiau llawer uwch o arian. Yn y farchnad rhyngfanc, mae banciau yn rhoi benthyg arian ac yn benthyca rhwng ei gilydd. Gall hyn fod am gyfnod o 24 awr yn unig pan fydd gan un banc ormod o wargedion, tra gallai banc arall fod angen benthyg arian dros nos. Gall benthyca a rhoi benthyg ddigwydd am gyfnodau hyd at flwyddyn o hyd hefyd. Yn y farchnad ddisgownt, mae'r llywodraeth yn galw am arian drwy gyhoeddi Biliau'r Trysorlys, a bydd sefydliadau ariannol fel banciau neu gwmnïau yswiriant yn bennaf yn cyflenwi'r arian ar gyfer eu prynu. Yn y farchnad awdurdod lleol, mae awdurdodau lleol yn galw am arian tra bod banciau a sefydliadau eraill yn cyflenwi arian.

Mae Tabl 83.2 yn dangos cyfraddau llog yn y farchnad arian rhyngfanc ar adeg benodol. Mae'r gyfradd llog yn codi gyda hyd y cyfnod benthyca, fel y byddai damcaniaeth

Tabl 83.2 Cyfraddau marchnad arian rhyngfanc, 10.2.2006

	dros nos	un mis	un flwyddynn
			%
marchnadoedd arian rhyngfanc	4 $^{13}/_{32}$	4 $^{9}/_{16}$ - 4 $^{15}/_{32}$	4 $^{5}/_{8}$ - 4 $^{17}/_{32}$

Ffynhonnell: addaswyd o'r *Financial Times*, 11.2.2006.

economaidd yn rhagfynegi.

Fodd bynnag, yn Chwefror 2006, roedd amodau galw a chyflenwi yn rhai marchnadoedd arian y DU yn golygu bod 'cromlin arenillion wrthdroedig' *(inverted yield curve)* yn bodoli. Mae hyn yn golygu bod y berthynas economaidd arferol o gyfraddau llog uwch am fenthyca hirach wedi'i gwrthdroi. Er enghraifft, gallai'r llywodraeth fenthyca arian ar gyfradd llog is pe byddai'n ei fenthyca am ddeng mlynedd (mewn gwarannau) yn hytrach nag am dri mis yn unig (Biliau'r Trysorlys). Gall cromliniau arenillion gwrthdroedig ddigwydd os cred y marchnadoedd y bydd cyfraddau llog yn gostwng yn y dyfodol.

Cwestiwn Data — Cyfraddau llog a chwyddiant

Tabl 83.3 Chwyddiant a chyfraddau llog dethol

	Cyfradd chwyddiant	Cyfradd sylfaenol y banciau	Gwarantau'r llywodraeth Brydeinig, hir-ddyddiedig 20 mlynedd	Arenillion Biliau'r Trysorlys
1980	18.0	16.3	13.8	13.4
1981	11.9	13.3	14.7	15.3
1982	8.6	11.9	12.9	10.0
1983	4.5	9.9	10.8	9.0
1984	5.0	9.8	10.7	9.3
1985	6.0	12.2	10.6	11.5
1986	3.4	10.9	9.9	10.9
1987	4.2	9.7	9.5	8.4
1988	4.9	10.1	9.4	12.9
1989	7.8	13.8	9.6	15.0
1990	9.4	14.8	11.1	13.5
1991	5.9	11.7	9.9	10.4
1992	3.8	9.6	9.1	6.4
1993	1.6	6.0	7.9	5.0
1994	2.5	5.5	8.1	6.0
1995	3.4	6.7	8.3	6.3
1996	2.4	6.0	8.1	6.3
1997	3.2	6.6	7.1	7.1
1998	3.4	7.2	5.5	5.6
1999	1.5	5.3	4.7	5.7
2000	3.0	6.0	4.7	5.7
2001	1.8	5.1	4.8	3.9
2002	1.7	4.0	4.8	3.9
2003	2.9	3.7	4.6	3.9
2004	1.3	4.4	4.8	4.8
2005	2.8	4.7	4.4	4.5

Ffynhonnell: addaswyd o *Economic Trends, Financial Statistics*, Swyddfa Ystadegau Gwladol.

1. (a) Beth a olygir wrth 'gyfradd llog real'?
   (b) Yn ystod pa flynyddoedd a ddangosir yn y data oedd cyfraddau llog real positif yn y DU?
2. Pam mae rhai cyfraddau llog yn uwch nag eraill? Defnyddiwch y data i esbonio eich ateb.
3. Trafodwch a yw newidiadau mewn cyfraddau llog yn adlewyrchu newidiadau yng nghyfradd chwyddiant.

Crynodeb

1. Mae arian yn niwtral os bydd newidiadau yn y cyflenwad arian yn effeithio ar lefel prisiau'r economi yn unig.
2. Mae hafaliad cyfnewid Fisher yn nodi bod $MV \equiv PT$.
3. Mae damcaniaeth stoc arian yn nodi mai newidiadau yn M, y cyflenwad arian, yw'r unig bethau sy'n pennu newidiadau yn P, lefel prisiau.
4. Mae arianyddwyr yn dadlau bod V yn gyson yn y tymor byr a'i fod yn newid yn raddol yn unig yn y tymor hir.
5. Maen nhw'n dadlau hefyd bod yn rhaid i'r cyflenwad arian dyfu dros amser i gyd-fynd ag unrhyw gynnydd yn T, lefel incwm real; pe bai twf T yn fwy na thwf M, byddai gostyngiad mewn prisiau.
6. Mae economegwyr Keynesaidd yn amau a fydd V yn gyson yn y tymor byr. Maen nhw'n awgrymu hefyd y gall codiadau mewn prisiau arwain at godiadau yn y cyflenwad arian.

Niwtraliaeth arian

Yn 1960 fe wnaeth Arlywydd Ffrainc, y Cadfridog Charles de Gaulle, ostwng gwerth yr holl arian Ffrengig yn ôl y ffactor 100. Pasiodd ddeddf yn gorchymyn y byddai 100 Ffranc yn cael eu galw'n 1 Ffranc ar 1 Ionawr 1960. Felly gostyngwyd gwerth papur 1 000 Ffranc i 10 Ffranc. Roedd 10 000 Ffranc mewn cyfrif banc yn Ffrainc yn werth 100 Ffranc yn unig. Byddai cwmni oedd wedi cael benthyg 100 miliwn Ffranc yn gorfod ad-dalu 1 miliwn Ffranc yn unig. Ni chafodd y newid hwn yng ngwerth y Ffranc fawr ddim neu ddim effaith ar yr **economi real**. Oherwydd y newidiwyd pob gwerth ariannol ar yr un diwrnod, roedd gwerthoedd cymharol heb newid. Roedd prisiau'n 1% o'u lefel flaenorol, ond felly hefyd roedd cyflogau. Roedd y cwmni y gostyngwyd ei fenthyciad yn ôl y ffactor 100 yn dal i orfod ennill 100 gwaith yn fwy mewn Ffranciau i ad-dalu'r benthyciad. Roedd perchennog papur 1 000 Ffranc wedi gweld ei werth yn gostwng 100 gwaith, ond roedd prisiau hefyd wedi'u gostwng yn ôl yr un ffactor. Byddai'r papur 1 000 Ffranc yn dal i brynu'r un maint o nwyddau a gwasanaethau ag o'r blaen.

Mae hyn yn enghraifft o niwtraliaeth arian. Dywedir bod arian yn NIWTRAL os bydd newidiadau yn y cyflenwad arian yn effeithio ar lefel prisiau yn yr economi yn unig. Ond mae economegwyr yn anghytuno ynghylch i ba raddau y mae arian yn niwtral. Mae rhai economegwyr yn dadlau y gall newidiadau yn y cyflenwad arian gael effeithiau pwysig ar yr economi real, yn arbennig ar newidynnau fel incwm gwladol a diweithdra, tra bod eraill yn dadlau ei fod yn niwtral.

Yr hafaliad cyfnewid

Mae'r HAFALIAD CYFNEWID yn gwahaniaethu rhwng ochr real ac ochr arian yr economi. Cafodd fformiwleiddiad enwocaf yr hafaliad ei wneud gan Irving Fisher, economegydd Americanaidd a weithiodd yn ystod hanner cyntaf yr ugeinfed ganrif. HAFALIAD FISHER yw:

$$MV \equiv PT$$

M yw cyfanswm yr arian yn yr economi (h.y. y cyflenwad arian). V yw CYFLYMDER CYLCHREDIAD arian (a elwir weithiau yn GYFLYMDER INCWM). V yw sawl gwaith y bydd y cyflenwad arian yn newid dwylo dros gyfnod penodol, fel blwyddyn. P yw pris cyfartalog pob trafod a wneir yn yr economi. T yw cyfanswm y trafodion a wneir dros gyfnod penodol.

Mae'r hafaliad cyfnewid yn unfathiant (*identity*) (h.y. mae'n wir yn ôl diffiniad ☞ uned 45). Tybiwch fod £100 o arian (M) mewn cylchrediad yn yr economi. Ar gyfartaledd, fe wnaeth pob £1 newid dwylo 4 gwaith (V) yn ystod y flwyddyn. Felly rhaid bod £400 wedi cael eu gwario yn ystod y flwyddyn (M × V). Os oedd pris cyfartalog pob trafod yn £2 (P), rhaid bod 200 o drafodion gwahanol (T) dros y cyfnod. Yn yr un modd, os cafwyd 100 o drafodion (T) mewn blwyddyn a bod pob trafod am gyfartaledd o £5 (P), cyfanswm y gwariant oedd £500. Os oedd £50 o arian mewn cylchrediad (M), rhaid bod yr arian hwnnw wedi newid dwylo 10 gwaith ar gyfartaledd yn ystod y flwyddyn. Felly rhaid mai 10 oedd cyflymder cylchrediad arian (V).

Fformiwleiddiadau gwahanol

Mae nifer o ffyrdd gwahanol o fynegi'r hafaliad cyfnewid.
- Gall T, sef nifer y trafodion yn yr economi dros gyfnod penodol, gael ei hafalu ag incwm gwladol real, sef maint ffisegol y cynnyrch yn yr economi. Felly·

$$MV \equiv PY$$

lle mae Y yn dynodi incwm gwladol real.
- Mae P wedi'i luosi ag Y, sef pris cyfartalog pob trafod wedi'i luosi â lefel incwm gwladol real, yn hafal i y, sef lefel incwm gwladol enwol neu incwm gwladol yn ôl prisiau cyfredol. Felly:

$$MV \equiv y$$

- Os ydy $MV \equiv PY$ ac os rhannwn ddwy ochr yr unfathiant â V, yna:

$$M \equiv \frac{PY}{V}$$

- Os gelwir $1 \div V$ yn k, mae gennym:

$$M \equiv k\,PY$$

- Neu os gelwir $Y \div V$ yn a, mae gennym:

$$M = aP$$

Nawr defnyddiwn y fformiwleiddiadau gwahanol hyn i egluro damcaniaeth stoc arian.

Mae'r cyflenwad arian M yn £200, mae V yn 10 ac mae T yn 100.

(a) Beth yw gwerth P?

(b) Nawr mae'r cyflenwad arian yn dyblu. Os ydy V a T yn gyson, beth yw gwerth newydd P?

(c) Ar lefel newydd y cyflenwad arian, mae T nawr yn cynyddu o 100 i 150. Beth fydd yn digwydd i lefel prisiau os nad oes newid yn y cyflenwad arian a bod V yn gyson.

(d) Ar lefel newydd y cyflenwad arian, beth yw lefel (i) incwm gwladol yn ôl prisiau cyson a (ii) incwm gwladol yn ôl prisiau cyfredol?

(e) Os ydy M = aP, beth yw gwerth a ar lefel newydd y cyflenwad arian?

Damcaniaeth stoc arian

DAMCANIAETH STOC ARIAN yw un o'r damcaniaethau economaidd hynaf, yn dyddio'n ôl 500 mlynedd o leiaf. Mae'r ddamcaniaeth yn nodi yr achosir cynnydd mewn prisiau gan gynnydd yn y cyflenwad arian yn unig. Fel y nododd Milton Friedman yn ei lyfr *Dollars and Deficits* yn 1968, 'mae chwyddiant bob amser ac ym mhobman yn ffenomen ariannol'.

Mae angen gwneud nifer o dybiaethau allweddol os ydym i symud o'r hafaliad cyfnewid, sy'n unfathiant ac felly bob amser yn wir, i ddamcaniaeth stoc arian. Y ffordd symlaf o wneud hyn yw tybio bod k, sef gwrthdro cyflymder cylchrediad arian, ac Y, sef lefel real incwm gwladol, yn gyson. Felly:

$$M = aP$$

ac yma a yw'r kY cyson (neu Y÷V). Os ydy M yn cynyddu, rhaid i P gynyddu hefyd. Yn y ffurf fwyaf amrwd ar arianolaeth, bydd M a P yn newid yn ôl yr un ganran. Felly bydd cynnydd o 10% yn y cyflenwad arian yn cynyddu prisiau 10%. Felly mae arian yn niwtral.

Mae cefnogwyr damcaniaeth stoc arian yn cael eu galw'n ARIANYDDWYR ac mae'r gred bod chwyddiant yn cael ei achosi gan gynnydd yn y cyflenwad arian yn unig yn cael ei galw'n ARIANOLAETH. Pam mae arianyddwyr yn dadlau y gellir tybio bod V ac Y yn gyson?

Cyflymder cylchrediad Y nifer cyfartalog o weithiau y bydd uned o arian yn newid dwylo dros gyfnod penodol yw cyflymder cylchrediad arian. Er enghraifft, efallai y bydd papur £10 yn newid dwylo 50 gwaith y flwyddyn.

Un ffactor sy'n pennu cyflymder cylchrediad yw'r ffordd y bydd cartrefi'n derbyn arian ac yn gwneud pryniannau.

● Bydd cyflymder cylchrediad arian eang yn tueddu i ostwng os bydd newid o dalu gweithwyr unwaith yr wythnos i unwaith y mis. Nawr bydd cartrefi'n dal arian am gyfnodau hirach i dalu am wariant yn ddiweddarach yn y mis.

● Hefyd bydd cynnydd mewn defnyddio **amnewidion arian**, fel cardiau credyd, yn gostwng cyflymder cylchrediad arian. Yn hytrach na gwneud llawer o drafodion arian gwahanol, bydd deiliad y cerdyn yn gwneud un trafod ar ddiwedd y mis i gwmni'r cerdyn credyd.

Ar y llaw arall, bydd cynnydd mewn defnyddio sieciau a chardiau debyd a chredyd yn tueddu i arwain at gynnydd yng nghyflymder cylchrediad arian papur a darnau arian

(M0). Yn fwyfwy dydy cartrefi a chwmnïau ddim yn cadw arian parod fel cynilion gartref, ond maen nhw'n ei ddefnyddio ar gyfer trafodion. Mae peiriannau cerdyn arian yn golygu bod cartrefi'n cadw llai a llai o arian parod fel cyfran o incwm ac yn ei wario'n gyflym iawn.

Ffactor arall sy'n bwysig o ran pennu gwerth V yw i ba raddau y defnyddir arian ar gyfer hapfasnachu mewn asedau ariannol fel cyfranddaliadau. Os ydy'r **galw hapfasnachol am arian** yn fawr, gall V amrywio wrth i bortffolios asedau gael eu symud i mewn i arian ac allan ohono. Yn ôl Keynesiaid, pan fydd y gyfradd llog yn codi, bydd cartrefi a chwmnïau yn dymuno dal llai o arian am fod cost ymwad dal arian wedi codi. Y gost ymwad yw'r llog neu'r adenillion y gallen nhw fod wedi'u cael pe bydden nhw wedi rhoi eu harian mewn, dyweder, cyfrif cymdeithas adeiladu neu mewn cyfranddaliadau. Pan fydd y gyfradd llog yn codi, bydd llai o arian yn cael ei ddal i wneud yr un nifer o drafodion. Bydd cartrefi a chwmnïau yn gwneud i'w stoc llai o arian weithio'n galetach (h.y. bydd cyflymder cylchrediad yn cynyddu).

Felly yr un yw'r ddadl ynghylch gwerth cyflymder cylchrediad arian â'r ddadl ynghylch y ffactorau sy'n pennu'r galw am arian. Mae arianyddwyr yn dadlau bod y galw hapfasnachol am arian yn gymharol ddibwys am fod arian yn cael ei ddal yn bennaf ar gyfer trafodion. Yn y tymor hir gall V newid wrth i ffactorau sefydliadol newid, ond bydd y newid yn araf. Yn y tymor byr, mae V fwy neu lai yn gyson am fod y galw am arian yn ffwythiant sefydlog o incwm. Mae Keynesiaid, ar y llaw arall, yn dadlau bod newidiadau yn y gyfradd llog yn arwain at newidiadau sylweddol mewn **hylifddewis** (h.y. y galw am arian) ac felly bod cyflymder cylchrediad yn armywiol yn y tymor byr.

Incwm gwladol Mae incwm gwladol real yn tueddu i gynyddu'n araf dros amser. Cyfradd twf blynyddol economi'r DU dros y 40 mlynedd diwethaf oedd tua 2.5% ar gyfartaledd. Os ydy M = kPY, a bod k yn gyson, gall y cyflenwad arian dyfu yn ôl cyfradd twf incwm real heb achosi i brisiau godi. Yn wir mae arianyddwyr yn dadlau y dylai'r cyflenwad arian gael ei ehangu yn unol â thwf real, neu fel arall bydd prisiau'n gostwng. Gall prisiau sy'n gostwng fod yr un mor annymunol â chwyddiant. Ond bydd unrhyw ehangiad o'r cyflenwad arian uwchlaw cyfradd twf incwm real yn chwyddiannol, yn ôl arianyddwyr.

Y cyflenwad arian a chwyddiant

Yn ôl arianyddwyr, mae damcaniaeth stoc arian yn dangos bod codiadau prisiau yn ganlyniad i godiadau yn y cyflenwad arian. Mae'r casgliad hwn yn ddibynnol ar y tybiaethau bod cyflymder cylchrediad arian yn gyson, a bod incwm (ac felly trafodion a chynnyrch) yn newid yn araf yn unig dros amser. Mae Keynesiaid, ar y llaw arall, yn dadlau bod y galw am arian yn ansefydlog ac felly bod cyflymder cylchrediad arian yn ansefydlog hefyd. Gallai cynnydd yn M gael ei wrthbwyso gan gynnydd yn V yn hytrach nag arwain at newid yn lefel prisiau.

Mae Keynesiaid yn dadlau hefyd bod arianyddwyr yn tybio bod achosiaeth yn mynd o M i P. Ond yn rhesymegol gallai fod yn wir a gallai codiadau prisiau arwain at gynnydd yn y cyflenwad arian. Mae dwy ffordd y gallai hyn ddigwydd.

● Tybiwch fod y cyflenwad arian yn **fewndarddol** (h.y. ni ellir ei reoli gan y banc canolog ond yn hytrach caiff ei greu gan y system fancio). Bydd cynnydd mewn cyflogau yn arwain at gynnydd yn y galw am arian o'r banciau. Bydd angen mwy o arian ar gwmnïau i dalu eu gweithwyr, a bydd gweithwyr yn cynyddu eu galw nhw am arian am fod eu hincwm wedi codi. Bydd cynnydd yn y galw am arian yn gwthio cyfraddau llog i

Ffigur 84.1 Cyflymder cylchrediad

Cyflymder cylchrediad

MO

Cyflymder cylchrediad

M4

Mae Ffigur 84.1 yn dangos dau fesur gwahanol o gyflymder cylchrediad arian: M0, sef arian cul, a M4, sef arian eang.

(a) I ba raddau mae cyflymder cylchrediad arian yn gyson dros amser?

(b) Awgrymwch resymau pam y gall cyflymder cylchrediad fod wedi newid dros y cyfnod a ddangosir.

fyny a bydd banciau'n ei chael hi'n fwy proffidiol i greu mwy o arian. Felly bydd y cyflenwad arian yn ehangu.

● Os ydy'r cyflenwad arian yn **alldarddol** (h.y. rheolir ei faint gan y banc canolog), nid yw o reidrwydd yn wir y bydd y banc canolog yn dewis cyfyngu ar dwf y cyflenwad arian. Efallai y bydd yn caniatáu i'r cyflenwad arian ehangu yn hytrach na derbyn canlyniadau cyfyngu ar ei dwf. Y term am y polisi hwn yw **goddef** (*accommodate*) y ffactorau sy'n achosi'r cynnydd yn y

galw am arian ac felly y cyflenwad arian.

Mae hafaliad damcaniaeth stoc arian yn awgrymu hefyd y **gallai** cynnydd yn y cyflenwad arian arwain at gynnydd mewn incwm real. Os ydy M = kPY, a thybir bod k a P yn gyson, bydd cynnydd yn M yn arwain at gynnydd yn Y. Mae rhai arianyddwyr yn dadlau y bydd cynnydd yn M yn achosi cynnydd yn P mor gyflym fel nad effeithir ar Y o gwbl (h.y. ni fydd dim oediad amser rhwng cynnydd yn M a chynnydd yn P). Yn ôl arianyddwyr eraill, yn y tymor byr bydd llawer o'r cynnydd yn y cyflenwad arian yn wir yn arwain ar y dechrau at gynnydd mewn incwm real. Y term am y cyswllt hwn rhwng cynnydd yn M a chynnydd yn Y yw'r **mecanwaith trosglwyddo** ariannol (☞ uned 89). Ond maen nhw'n dadlau y bydd incwm real yn y tymor hirach yn dychwelyd i'w lefel flaenorol a bydd y cyfan o'r cynnydd yn y cyflenwad arian wedi gweithio trwodd i gynnydd mewn prisiau (h.y. mae oediad amser rhwng cynnydd yn y cyflenwad arian a chynnydd yn lefel prisiau).

Mae economegwyr yn cytuno y bydd codiadau mawr iawn yn y cyflenwad arian yn arwain yn anochel at chwyddiant uchel. Pe bai'r cyflenwad arian yn cynyddu 200% dros flwyddyn, byddai'n amhosibl i naill ai V neu Y newid ddigon i sicrhau na fyddai effaith ar P. Mae'r ddadl rhwng arianyddwyr a Keynesiaid yn ymwneud ag effeithiau codiadau cymharol fach yn y cyflenwad arian. Ydy codiadau o 5% neu 10% neu hyd yn oed 20% yn y cyflenwad arian o reidrwydd yn chwyddiannol?

Yn y tymor hir, mae newidiadau di-baid yng nghyfradd twf arian yn gysylltiedig â newidiadau yng nghyfradd chwyddiant ond yn y tymor byr efallai na fydd twf ariannol yn cael fawr ddim effaith ar brisiau.

Yn y misoedd diwethaf, efallai bod twf yr arian papur a'r darnau arian mewn cylchrediad wedi sefydlogi, ar ôl gostwng yn ystod y blynyddoedd diwethaf. Cynyddodd yr arian papur a'r darnau arian mewn cylchrediad 3.9% yn y flwyddyn hyd at Ionawr, ar ôl bod â chyfartaledd o 8% dros 2002 a 2003.

Mewn cyferbyniad â hynny roedd twf blynyddol arian eang (M4) yn 12.6% ym mis Rhagfyr 2005, y gyfradd uchaf o dwf ers mis Tachwedd 1990. Mae twf cyflym arian eang wedi bod yn ffenomen ryngwladol yn ddiweddar. Mae M4 yn cynnwys yr adneuon banc sy'n cael eu dal gan amrywiaeth o gyfundrefnau ariannol allfanc *(non-bank)* fel cronfeydd pensiwn a thai clirio. Mae'r cyfundrefnau hyn wedi bod yn cronni adneuon yn gyflym dros y gorffennol diweddar, ac mae hynny wedi cyfrannu at y twf cryf mewn arian eang. Mae goblygiadau cynnydd yn eu daliadau arian ar gyfer CMC a chwyddiant yn dibynnu ar y rhesymau pam mae'r cyfundrefnau hyn wedi bod yn cronni adneuon. Os ydynt wedi bod yn cynyddu adneuon i brynu asedau yn y dyfodol, gallai hyn arwain at gynnydd ym mrisiau asedau. Gallai hynny yn ei dro arwain at wariant uwch yn yr economi rywbryd yn y dyfodol. Ond efallai bod y sefydliadau hyn wedi gwneud dewis pendant i ddal mwy o'u cyfoeth ar ffurf arian parod neu adneuon hylif. Byddai hynny'n golygu cynnydd yn eu galw am arian ac ni fyddai'n cael dim effaith ar CMC na chwyddiant.

Ffynhonnell: addaswyd o'r *Inflation Report*, Chwefror 2006, Banc Lloegr.

Gan ddefnyddio'r data, eglurwch y cysylltiadau posibl rhwng y cyflenwad arian, lefel gweithgaredd economaidd a chwyddiant yn 2006.

Termau allweddol

Arianyddwyr – economegwyr sy'n credu bod damcaniaeth stoc arian yn dangos bod chwyddiant bob amser ac ym mhobman yn cael ei achosi gan godiadau gormodol yn y cyflenwad arian.

Cyflymder cylchrediad arian (neu gyflymder incwm) – sawl gwaith y bydd y stoc arian yn yr economi yn newid dwylo dros gyfnod penodol.

Damcaniaeth stoc arian – y ddamcaniaeth, yn seiliedig ar yr hafaliad cyfnewid, y bydd cynnydd yn y cyflenwad arian, M, yn arwain at gynnydd yn lefel prisiau P.

Hafaliad cyfnewid (hafaliad Fisher) – yr unfathiant $MV \equiv PT$ lle mae M yn dynodi'r cyflenwad arian, V yw cyflymder cylchrediad arian dros amser, P yw lefel prisiau a T yw nifer y trafodion dros amser.

Niwtraliaeth arian – y ddamcaniaeth y bydd newid yn y stoc arian yn yr economi yn effeithio ar lefel prisiau yn unig ac nid newidynnau real fel diweithdra.

Economeg gymhwysol

Chwyddiant a'r cyflenwad arian

Mae damcaniaeth stoc arian yn awgrymu bod chwyddiant yn cael ei achosi gan godiadau yn y cyflenwad arian dros a thu hwnt cyfradd y twf real yn yr economi. Pe bai hyn yn wir, byddai'n bosibl gweld cydberthyniad cryf rhwng twf cyflenwad arian a chyfradd newid prisiau dros amser.

Mae Ffigurau 84.2 ac 84.3 yn ddiagramau gwasgariad. Maent yn dangos y berthynas rhwng chwyddiant blynyddol, fel y'i mesurir gan yr Indecs Prisiau Adwerthu *(RPI)*, a'r newidiadau canrannol blynyddol mewn dau fesur o'r cyflenwad arian, sef arian cul M0 ac arian eang M4. Mae'r cydberthyniad yn wan iawn yn y ddau achos, o bosibl oherwydd y ffaith bod newidiadau yn y

cyflenwad arian yn cael eu cymharu gyda newidiadau mewn prisiau ar sail blynyddol, yn hytrach na, dyweder, chwarterol. Mae'n bosibl hefyd nad oes unrhyw oediadau amser. Felly, mae'n bosibl y dylid cymharu newidiadau yn y cyflenwad arian yn un flwyddyn gyda newidiadau mewn chwyddiant yn y flwyddyn ganlynol. Er hynny, mae'r cydberthyniad yn parhau i fod yn wan, hyd yn oed gyda data chwarterol ac oediadau soffistigedig yn rhan o'r darlun.

Mae Ffigur 84.4 yn dangos y berthynas rhwng y pedwar newidyn yn hafaliad Fisher ar gyfer y DU o 1970. Byddai'r 1970au a'r 1990au'n dueddol o gefnogi'r

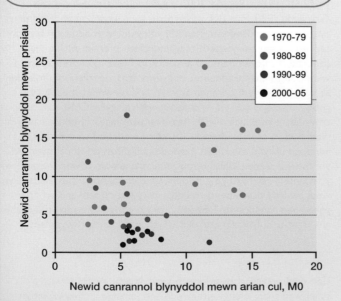

Ffigur 84.2 Chwyddiant a'r newid canrannol yn M0

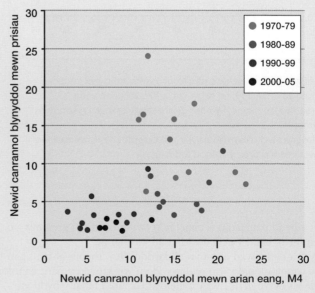

Ffigur 84.3 Chwyddiant a'r newid canrannol yn M4

Ffynhonnell: addaswyd o *Financial Statistics Freestanding*, www.statistics.gov.uk

Ffynhonnell: addaswyd o *Financial Statistics Freestanding*, www.statistics.gov.uk

safbwynt bod newidiadau yn y cyflenwad arian yn arwain at newid yng nghyfradd chwyddiant.

- Arweiniodd y twf yn M4 rhwng 1970 ac 1972 yn gyntaf at ostyngiad yng nghyflymder cylchrediad arian ac yna at gynnydd yn nhwf CMC. Dilynwyd hynny wedyn gyda thwf yng nghyfradd chwyddiant yn 1974 ac 1975. Bu'r profiad hwn yn arwyddocaol gan iddo argyhoeddi nifer o economegwyr a gwleidyddion i droi at arianolaeth.
- Arweiniodd y gostyngiad yn nhwf M4 yn 1973-7 at godiadau cychwynnol yng nghyflymder cylchrediad arian, a gostyngiadau yn nhwf CMC. Dilynwyd hynny gyda gostyngiadau yng nghyfraddau chwyddiant rhwng 1975 ac 1978.
- Arweiniodd y gostyngiad yng nghyfradd twf M4 o 1989 at ostyngiadau yng nghyfradd chwyddiant o 1991 ymlaen.

Fodd bynnag, ychydig iawn o gydberthyniad sydd rhwng twf M4 a chwyddiant yn yr 1970au hwyr a rhan fwyaf o'r 1980au, 1990au a'r 2000au. Yn ystod yr 1970au hwyr a hanner cyntaf yr 1980au, roedd dadrithiad cynyddol ymhlith economegwyr a gwleidyddion gyda'r hyn a alwyd weithiau yn arianolaeth 'amrwd' (fe'i galwyd yn arianolaeth 'pync' gan Denis Healey, Canghellor y Trysorlys o 1976 hyd 1979!). Tyfodd mesurau targed y cyflenwad arian (M1 ac M3, nad ydynt yn cael eu cyfrif bellach) ar raddfa llawer cyflymach na chwyddiant. Ynghanol yr 1980au, er enghraifft, gyda chwyddiant oddeutu 5%, roedd M4 yn tyfu rhwng 12-16%.

Byddai arianyddwyr heddiw yn dadlau bod hyn wedi codi'n bennaf oherwydd dadreoleiddiad ariannol. Er enghraifft:

- diddymwyd rheolaethau cyfnewid (cyfyngiadau ar allu dinasyddion y DU i gyfnewid punnoedd am ariannau cyfred gwahanol) yn 1979;
- diddymwyd rheolaethau ar fenthyca banciau yn 1980;
- cafwyd mwy o gystadleuaeth yn y sector bancio, trwy alluogi cymdeithasau adeiladu i gynnig gwasanaethau bancio dan Ddeddf Cymdeithasau Adeiladu 1986;
- dadreoleiddiwyd Marchnad Stoc Llundain yn 1986.

O ganlyniad i hyn, roedd unigolion a chwmnïau'n cynyddu eu galw am arian (h.y. roedd rheolaethau wedi dogni'r arian oedd ar gael iddynt). Gwelwyd cynnydd yn naliadau arian oedd yn berthynol â'r holl newidynnau eraill at ostyngiadau yng nghyflymder cylchrediad arian, sef rhywbeth y credai arianyddwyr ynghynt ei fod yn weddol gyson dros amser. Fodd bynnag, erbyn diwedd yr

1980au, roedd yr effeithiau unwaith ac am byth hyn wedi treiddio eu ffordd drwy'r economi.

Yna, cafwyd cwymp sydyn yn nhwf cyflenwad arian o 19.0% i M4 yn 1989 i 2.7% yn 1992. Ar yr un pryd, bu cwymp sydyn ym mhrisiau a thwf economaidd. Gostyngodd chwyddiant o 9.4% yn 1990 i 1.6% yn 1993, ac aeth yr economi drwy enciliad rhwng 1990 ac 1992. Byddai arianyddwyr yn dadlau mai'r cwymp sydyn yng nghyfradd twf y cyflenwad arian a arweiniodd yn gyntaf at enciliad ac yna'r cwymp mewn chwyddiant. Yn ail hanner yr 1990au a hanner cyntaf y 2000au, gwelwyd twf economaidd uwchlaw'r gyfradd duedd yn ogystal â chwyddiant isel. Roedd hyn, ynghyd â chwymp araf yng nghyflymder cylchrediad arian, yn galluogi M4 i dyfu rhwng 4% ac 13% y flwyddyn.

I arianyddwyr, mae tystiolaeth y 40 mlynedd ddiwethaf yn dangos yn glir bod chwyddiant yn ffenomen ariannol. Mae ganddynt hefyd esboniad am y berthynas anarferol rhwng y cyflenwad arian a phrisiau yn yr 1980au. I economegwyr Keynesaidd, mae'r cyfnod cyfan yn dangos nad oes perthynas ragweladwy rhwng y cyflenwad arian a phrisiau a bod newidiadau yn V yn aml yn amsugno newidiadau yn M. Ymhellach, mae'n bosibl bod yr achosiaeth yn rhedeg o godiadau mewn prisiau i godiadau yn y cyflenwad arian, yn hytrach na'r ffordd arall fel y byddai arianyddwyr yn awgrymu. Yn fyr, gellid defnyddio'r dystiolaeth i gefnogi amrywiaeth eang o safbwyntiau croes ynghylch achosion chwyddiant.

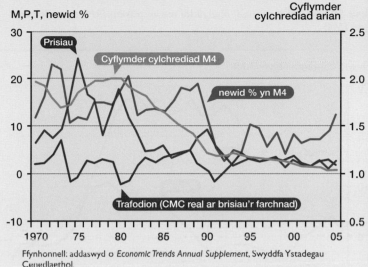

Ffigur 84.4 *Newid canrannol blynyddol mewn prisiau, CMC real, y cyflenwad arian (M4) a chyflymder cylchrediad M4*

Ffynhonnell: addaswyd o *Economic Trends Annual Supplement*, Swyddfa Ystadegau Cenedlaethol.

Cwestiwn Data

Arian, 1985-1992

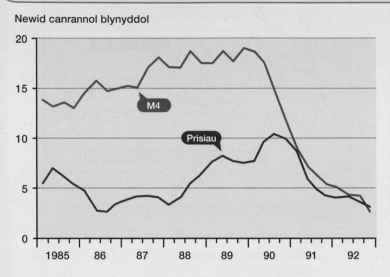

Ffigur 84.5 *Newid canrannol blynyddol mewn prisiau (RPI) a'r cyflenwad arian (M4)*

Newid canrannol blynyddol

M4

Prisiau

Ffynhonnell: addaswyd o *Economic Trends Annual Supplement*, Swyddfa Ystadegau Cenedlaethol.

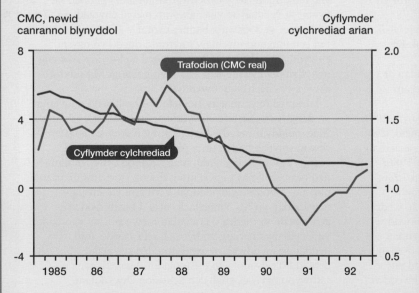

Ffigur 84.6 *Cyflymder cylchrediad arian (M4) a newid canrannol blynyddol yn CMC real*

CMC, newid canrannol blynyddol

Cyflymder cylchrediad arian

Trafodion (CMC real)

Cyflymder cylchrediad

Ffynhonnell: addaswyd o *Economic Trends Annual Supplement*, Swyddfa Ystadegau Cenedlaethol.

Ffyniant Lawson a'r enciliad dilynol

Ynghanol yr 1980au, bu Canghellor y Trysorlys, Nigel Lawson, yn gyfrifol am brocio ffyniant yn yr economi gyda thoriadau treth a chyfraddau llog isel. Fodd bynnag, pan ddechreuodd chwyddiant godi yn 1988, ei ymateb oedd codi cyfraddau llog. Cododd y cyfraddau o isafbwynt o 7.5% ym Mai 1988 i uchafbwynt o 15% yn Hydref 1989. Bu'r cyfraddau wedyn yn gyson rhwng 14-15% hyd Chwefror 1991. Erbyn hynny, roedd yr economi ynghanol enciliad dwfn, ond roedd chwyddiant o leiaf wedi gostwng, sef amcan y polisi ariannol tynn.

Trafodwch a fyddai'r cyfnod 1985-1992 yn cefnogi neu'n gwrthbrofi'r rhagdybiaeth bod newidiadau yn y cyflenwad arian yn effeithio ar chwyddiant trwy fecanwaith trosglwyddo ariannol.

Crynodeb

1. Prif arf polisi ariannol yn y DU yn y blynyddoedd diwethaf fu rheoli cyfraddau llog.
2. Mae cyfraddau llog mewn perthynas wrthdro â galw cyfanredol, sydd yn ei dro yn dylanwadu ar chwyddiant.
3. Caiff y gyfradd llog ei phennu gan y galw am arian a'r cyflenwad arian.
4. Gall banciau canolog geisio rheoli'r cyflenwad arian yn uniongyrchol yn hytrach na defnyddio polisi cyfraddau llog. Er enghraifft, gallan nhw ddefnyddio gweithrediadau marchnad agored, rheoli'r sail arian neu osod rheolau a rheoliadau ar fanciau.
5. Hefyd gall banciau canolog geisio rheoli newidynnau ariannol eraill fel credyd hurbwrcas, neu fenthyca ar gyfer contractau allforion.
6. Po uchaf yw lefel benthyca go iawn y llywodraeth, uchaf i gyd fydd y gyfradd llog yn y farchnad. Weithiau, fodd bynnag, bydd y llywodraeth yn dewis ariannu ei diffyg cyllidol drwy brintio arian ac felly cynyddu'r cyflenwad arian ac nid o reidrwydd effeithio ar gyfraddau llog.
7. Bydd cyfraddau llog uwch yn arwain at lefelau uwch o'r gyfradd cyfnewid.
8. Mae'r lluosydd credyd yn mesur sawl gwaith y bydd cynnydd mewn arian sail yn cynyddu cyfanswm adneuon banc.
9. Mae polisi ariannol yn gweithio'n amherffaith, yn rhannol am nad yw'r union berthynas rhwng newidiadau mewn newidynnau yn hysbys, yn rhannol am fod yr economi'n newid yn gyson ac felly bod ansicrwydd, yn rhannol am fod data'n amherffaith, ac yn rhannol am fod gweithredu polisi yn gallu ystumio'r newidiadau y mae'n ceisio eu rheoli.

Polisi ariannol

Amlinellwyd gweithredu polisi ariannol yn uned 37. Ymdrech gan y llywodraeth neu ei hasiant, y banc canolog, i addasu newidynnau ariannol fel y gyfradd llog neu'r cyflenwad arian i gyflawni nodau polisi yw polisi ariannol. Y pedwar prif nod polisi macro-economaidd yw sefydlogrwydd prisiau, diweithdra isel, twf economaidd uchel a chydbwysedd y fantol daliadau.

Polisi cyfraddau llog

Heddiw, prif arf polisi ariannol yn Ewrop ac UDA yw rheoli cyfraddau llog. Mae codi cyfraddau llog yn gostwng y galw cyfanredol oherwydd y bydd defnyddwyr yn gwario llai a bydd cwmnïau'n gostwng eu buddsoddiant. Mae hyn yn digwydd yn uniongyrchol, er enghraifft am fod cyfraddau llog uwch yn cynyddu cost cael benthyg i brynu nwyddau traul sy'n para neu nwyddau buddsoddiant. Mae'n digwydd yn anuniongyrchol hefyd. Er enghraifft, mae cynnydd yng nghyfraddau llog yn debygol o gynyddu'r gyfradd cyfnewid, sydd yn ei dro yn debygol o wneud allforion yn llai pris gystadleuol a mewnforion yn fwy pris gystadleuol. Felly bydd allforion yn gostwng a gall mewnforwyr gynyddu eu gwerthiant ar draul cynhyrchwyr mewnol. Gall newidiadau yng nghyfraddau llog effeithio ar gyfoeth hefyd, gan newid, er enghraifft, prisiau cyfranddaliadau neu brisiau tai. Bydd y newidiadau hyn yn effeithio ar dreuliant cartrefi.

Felly bydd cynnydd yng nghyfraddau llog yn gostwng lefel y galw cyfanredol. Mewn diagram cromliniau galw a chyflenwad cyfanredol, mae cromlin y galw cyfanredol yn symud i'r chwith, gan ostwng lefel prisiau gytbwys yr economi (☞ uned 35).

Y cyflenwad arian a'r gyfradd llog

Dim ond am eu bod yn rheoli o leiaf rhan o'r **cyflenwad arian** (☞ uned 82) y gall banciau canolog osod cyfraddau llog. Mewn gwirionedd, mae'r cyflenwad arian a'r gyfradd llog yn hollol

Cwestiwn 1

Mae 'risg difrifol' y bydd twf economaidd yn is na rhagfynegiad Banc Lloegr, gan orfodi gostyngiadau pellach yng nghyfraddau llog, yn ôl Stephen Nickell, aelod o'i bwyllgor polisi ariannol. Roedd twf gwariant defnyddwyr yn arafu oherwydd prisiau uchel olew, slac cynyddol yn y farchnad lafur a lefelau uchel o ddyled cartrefi. Roedd posibilrwydd hefyd y byddai cyfraddau cynilo cartrefi yn codi, gan ostwng twf treuliant. Aeth ymlaen i ddweud nad oedd yn gweld fawr ddim arwyddion bod disgwyliadau chwyddiannol wedi codi, er gwaethaf prisiau uchel olew.

Ffynhonnell: addaswyd o'r *Financial Times*, 19.11.2005.

Eglurwch pam y gallai Banc Lloegr fod wedi gostwng cyfraddau llog ym mis Tachwedd 2005.

gydgysylltiol. Ystyriwch Ffigur 85.1, sy'n dangos cromlin y galw am arian sy'n goleddu i lawr mewn marchnad arian (☞ uned 82 am ystyr y galw am arian a pham mae cromlin y galw yn goleddu i lawr). Pris arian yw'r gyfradd llog. Caiff y gyfradd llog gytbwys ei phennu gan y galw am arian a'r cyflenwad arian. Felly, os yw'r gyfradd llog gytbwys yn r_1, rhaid mai M_1 yw'r cyflenwad arian mewn cydbwysedd. Felly rhaid bod cromlin y cyflenwad arian yn mynd trwy'r pwynt A. Os bydd cyfraddau llog yn codi i r_2, rhaid mai M_2 yw'r cyflenwad arian yn y cydbwysedd hwnnw. Felly mae'r cyflenwad arian wedi gostwng o M_1 i M_2. Rhaid bod cromlin newydd y cyflenwad arian wedi symud yn ôl a mynd trwy'r pwynt B.

Yn ymarferol, pan fydd banciau canolog yn cyhoeddi cyfradd llog newydd ar gyfer yr economi, dim ond ar gyfer un farchnad arian y maent yn ei rheoli y gallan nhw osod cyfradd llog newydd. Yn y DU y **gyfradd repo** yw'r gyfradd llog hon. Ond wedyn mae'r gyfradd repo yn gosod cyfraddau sylfaenol y banciau masnachol. Mae hyn yn ei dro yn dylanwadu ar y rhan fwyaf o

Ffigur 85.1 Y cyflenwad arian a'r gyfradd llog

Os ydy'r gyfradd llog yn codi o r_1 i r_2 heb i gromlin y galw am arian symud, rhaid bod lefel gytbwys y cyflenwad arian wedi gostwng o M_1 i M_2.

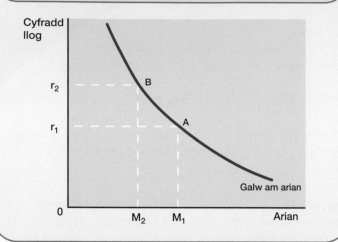

Cwestiwn 2

Ffigur 85.2 Newid yn y cyflenwad arian (M4, newid canrannol ar y flwyddyn flaenorol) a chyfraddau llog (cyfraddau sylfaenol y banciau, %)

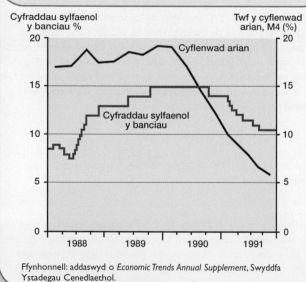

Ffynhonnell: addaswyd o *Economic Trends Annual Supplement*, Swyddfa Ystadegau Cenedlaethol.

Gan ddefnyddio'r data i egluro eich ateb, eglurwch y berthynas rhwng y cyflenwad arian a'r gyfradd llog.

iawn. Ar unrhyw ddiwrnod, gall banciau fod â gwarged arian sydd heb ei neilltuo ar gyfer benthyciadau tymor hirach i gwsmeriaid. Efallai, er enghraifft, eu bod wedi derbyn £50 miliwn yn fwy mewn sieciau nag y maent wedi'i dalu i sefydliadau ariannol eraill. Gall rhai banciau fod yn brin o arian uniongyrchol, gan fod arian yn ddyledus ganddynt i fanciau eraill, dyweder, am fod eu cwsmeriaid wedi talu allan mwy mewn sieciau nag y maent wedi'i dalu i mewn. I lenwi'r bwlch yma, bydd banciau'n cael benthyg am dymor byr, dros nos (h.y. am 24 awr) yn nodweddiadol gan fanciau sydd â gwarged arian. Mae gan y banc canolog y grym unigryw i brintio neu greu arian. Os yw'n dymuno bod cyfraddau llog yn gostwng, gall gynyddu'r cyflenwad arian i'r farchnad hon drwy brynu'n ôl biliau (benthyciadau tymor byr y mae wedi'u dyroddi) neu asedau ariannol eraill y mae'n berchen arnynt yn gyfnewid am arian. Os yw'n dymuno cynyddu cyfraddau llog, gall werthu asedau ariannol fel biliau i'r banciau am arian. Felly dim ond os gall llywodraethau reoli o leiaf rhan o'r cyflenwad arian y gallan nhw reoli cyfraddau llog.

Rheoli'r cyflenwad arian

Mae rheoli cyfraddau llog tymor byr yn rhoi rheolaeth anuniongyrchol yn unig ar y cyflenwad arian cyfan. Yn ddamcaniaethol, mae nifer o ffyrdd y gellir gweithredu rheolaeth fwy uniongyrchol.

Gweithrediadau marchnad agored Gall y banc canolog ddyroddi bondiau'r llywodraeth a ffurfiau eraill ar ddyled y llywodraeth. Os prynir y rhain gan y sector nad yw'n ariannol, bydd arian yn mynd o'r sector nad yw'n ariannol i'r banc canolog. Felly bydd y stoc arian, y cyflenwad arian, yn llai oherwydd yn nodweddiadol ni chaiff arian yn y banc canolog ei gyfrif yn y cyflenwad arian. Y term am hyn yw GWEITHREDIADAU MARCHNAD AGORED. Mae'r gwrthwyneb yn wir hefyd. Gall y banc canolog gynyddu'r cyflenwad arian drwy brynu rhan o'i ddyled yn ôl. Mae'n gallu gwneud hyn gan mai'r banc canolog yw'r unig sefydliad sydd â'r grym cyfreithiol i 'brintio' neu greu arian.

Rheoli'r sail arian Ffordd arall o reoli'r cyflenwad arian yw i'r banc canolog ddynodi mathau penodol o asedau ariannol yn ASEDAU WRTH GEFN ar gyfer banciau. Weithiau gelwir asedau wrth gefn yn ARIAN SAIL (*high powered money*) neu'n SAIL ARIAN. Ystyr asedau wrth gefn yw asedau y mae'n rhaid i fanc eu dal os yw i roi benthyg arian. Yn y gorffennol, byddai banciau canolog yn ceisio atal banciau masnachol rhag methu drwy fynnu eu bod yn cadw canran sefydlog o'u hasedau yn **asedau hylif**, h.y. naill ai yn arian parod neu'n asedau y gellid eu gwerthu'n hawdd ac yn gyflym a'u trosi'n arian parod pe bai eu cwsmeriaid yn dymuno alldynnu eu harian. Ond sylweddolodd bancwyr canolog y gallai'r asedau hyn gael eu defnyddio i reoli cyfanswm benthyca'r banciau pe bydden nhw'n gallu addasu'r cyflenwad ohonynt.

Er enghraifft, tybiwch fod banciau'n gorfod cadw 1% o'r holl adneuon a wneir gan eu cwsmeriaid mewn cyfrif arbennig yn y banc canolog. Ar adeg benodol roedd gan fanciau £100 biliwn mewn adneuon ac felly roedden nhw'n cadw £1 biliwn yn y banc canolog. Yna mae'n penderfynu ei fod eisiau gweld gostyngiad yn y cyflenwad arian. Felly, mae'n dychwelyd £0.1 biliwn i'r banciau, gan eu gadael â £0.9 biliwn yn unig yn y banc canolog. Gyda dim ond £0.9 biliwn, gallan nhw fod ag adneuon o £90 biliwn yn unig gyda'u cwsmeriaid (1% o £90 biliwn yw £0.9 biliwn). Felly mae'r banciau'n lleihau eu gweithgareddau, gan roi benthyg llai a derbyn llai o adneuon nes iddyn nhw gyrraedd y ffigur £90 biliwn. Nawr mae'r cyflenwad arian wedi gostwng £10 biliwn gan fod adneuon

gyfraddau llog tymor byr, fel cyfraddau morgeisiau y cymdeithasau adeiladu. Mae hefyd yn debygol o effeithio ar gyfraddau llog tymor hirach, ond mae'r cyswllt yn wanach (☞ uned 83). Felly gall banc canolog ddylanwadu ar strwythur cyfraddau llog ledled yr economi cyfan drwy osod un gyfradd llog yn unig mewn un farchnad arian.

Mae'r gyfradd llog y mae'r banc canolog yn ei gosod yn debygol o fod yn gysylltiedig â'r farchnad lle mae banciau'n cael benthyg ac yn rhoi benthyg arian ar rybudd byr

banc wedi'u cynnwys mewn mesurau eang o'r cyflenwad arian (☞ uned 82). Yr asedau wrth gefn y mae'r banc canolog yn gorfodi'r banciau masnachol i'w cadw yw **sail ariannol** yr economi. Maen nhw'n sail, oherwydd hebddyn nhw ni all banciau gael benthyg a rhoi benthyg. Os ydy'r banc canolog yn dymuno cynyddu'r cyflenwad arian, mae'n caniatáu i'r banciau masnachol gynyddu eu hadneuon cydag ef. Er enghraifft, yn yr enghraifft uchod, byddai cynydd o £2 biliwn mewn asedau wrth gefn yn caniatáu i'r banciau gynyddu adneuon gan gwsmeriaid £200 biliwn (am fod £200 biliwn × 1% = £2 biliwn). Mae asedau wrth gefn yn **arian sail** gan fod meddiant ohono yn galluogi'r banciau i greu arian ychwanegol.

Rheolau a rheoliadau   Gall y banc canolog osod rheolau a rheoliadau ar fanciau sydd â'u hadneuon yn ffurfio'r rhan fwyaf o arian eang. Er enghraifft, gall banc canolog osod cosbau ariannol ar fanciau sy'n cynyddu eu hadneuon (ac felly eu benthyciadau) yn fwy na chanran benodol dros gyfnod penodol.

Rheoli newidynnau ariannol eraill

Gall banciau canolog ddewis rheoli newidynnau ariannol eraill. Er enghraifft, yn yr 1950au a'r 1960au, gosododd Banc Lloegr gyfyngiadau ar fenthyca hurbwrcas. Cyfyngodd ar yr arian y gellid ei fenthyca, pennodd faint y blaendal roedd yn rhaid ei roi a chyfyngodd ar nifer y misoedd ar gyfer ad-dalu'r benthyciad. Roedd hyn yn gwneud synnwyr ar y pryd gan mai'r ffurf fwyaf cyffredin ar ariannu prynu nwyddau defnyddwyr oedd yn para oedd hurbwrcas. Gallai'r banc canolog gyfyngu ar fenthyca gan fanciau a chymdeithasau adeiladu ar gyfer prynu tai pe bai'n teimlo bod chwyddiant prisiau tai yn broblem ddifrifol. Yn yr 1940au a'r 1950au roedd Banc Lloegr hefyd wedi gorchymyn banciau i roi blaenoriaeth i fenthyciadau i gwmnïau yr oedd angen y cyllid arnynt ar gyfer allforion. Gall banciau canolog orfodi banciau masnachol i godi cyfraddau llog gwahanol ar gyfer mathau gwahanol o fenthyciad. Er enghraifft, gallai cwmnïau sydd eisiau buddsoddi gael cyfradd llog is o lawer na chwsmer personol sydd eisiau prynu car.

Y cyflenwad arian a'r *PSNCR*

Ers yr Ail Ryfel Byd, mae llywodraethau yn draddodiadol wedi gwario mwy o arian nag y maent wedi ei godi mewn trethi. Y canlyniad yw eu bod wedi gorfod cael benthyg arian. Yn y DU y term am y benthyca hyn yw **gofyniad arian net y sector cyhoeddus**, y *PSNCR* (*public sector net cash requirement*) (☞ uned 36). Mae gan lywodraethau ddwy ffordd o godi'r arian hwn, a thybio nad ydynt yn mynd i gael ei fenthyg gan dramorwyr. Y ffordd gyntaf yw cael benthyg yr arian gan y cyhoedd (a elwir yn **sector allfanc**). Nid yw yn cael effaith ar y cyflenwad arian ond mae'n effeithio ar y gyfradd llog. Os ydy'r llywodraeth yn dymuno cynyddu'r swm, bydd yn rhaid iddi gystadlu am arian â defnyddwyr a chwmnïau. Bydd y galw ychwanegol am arian benthyg yn cynyddu eu pris (h.y. bydd y gyfradd llog yn codi). I'r gwrthwyneb, bydd gostyngiad yn y *PSNCR* yn gostwng cyfanswm y galw am arian benthyg ac felly bydd y gyfradd llog yn gostwng. Felly ni all y llywodraeth ddewis lefel y *PSNCR* a'r gyfradd llog os bydd benthyca go iawn yn digwydd.

Mae gan y llywodraeth ail ddewis wrth ariannu'r *PSNCR*. Gallai ddewis printio'r arian. Mewn economi modern mae'n gwneud hyn drwy werthu dyled y llywodraeth i'r **sector bancio**. I ddeall pam, ystyriwch sefyllfa lle mae'r banc canolog yn gwerthu £100 miliwn o ddyled y llywodraeth i'r banciau. Maen nhw'n talu am hyn ac mae'r llywodraeth yn defnyddio hyn i ariannu ei gwariant. Er enghraifft,

gallai ei ddefnyddio i dalu cyflogau gweision sifil. Mae'r llywodraeth yn talu'r cyflogau i mewn i'w cyfrifon banc. Mae'r banciau felly yn derbyn mewnlif o adneuon sydd fwy neu lai yn gywerth â'r benthyciad maen nhw wedi'i roi i'r llywodraeth drwy brynu ei dyled. Ond mae'r adneuon ychwanegol a wnaed gan gwsmeriaid y banciau yn gynnydd yn y cyflenwad arian. Felly os ydy'r banc canolog yn gwerthu dyled i'r sector bancio mae hynny'n cynyddu'r cyflenwad arian ac mae i bob pwrpas yn ffordd o brintio arian. Mae hyn yn wahanol i'r sefyllfa lle mae'r banc canolog yn gwerthu dyled i'r sector allfanc. Yma bydd y sector allfanc yn alldynnu arian o'i gyfrifon banc i dalu am brynu'r ddyled. Pan fydd y llywodraeth yn gwario'r arian, daw'r arian yn ôl i'r banciau ar ffurf adneuon newydd. Mae'r alldyniadau a'r adneuon newydd yn canslo'i gilydd, felly does dim cynnydd yn y cyflenwad arian.

Mae hanes hir o lywodraethau'n defnyddio'r gweisg printio i ariannu gwariant. Mae gan y dull hwn y fantais nad oes raid i'r llywodraeth gynyddu trethi. Mae'n golygu hefyd nad oes raid i gyfraddau llog godi oherwydd y dylai cynyddu'r cyflenwad arian arwain at ostyngiad yng nghyfraddau llog.

Y cyflenwad arian, y gyfradd llog a'r gyfradd cyfnewid

Y gyfradd y gellir cyfnewid un arian cyfred am arian cyfred arall yw'r **gyfradd cyfnewid** (☞ unedau 13 a 93). Mae'n bris y farchnad, ac felly caiff y gyfradd cyfnewid ei phennu gan rymoedd galw a chyflenwad. Gall llywodraethau ymyrryd i geisio gosod y gyfradd cyfnewid ar lefel benodol drwy naill ai brynu neu werthu arian cyfred. Er enghraifft, pe bai Banc Lloegr yn dymuno gwneud i werth y bunt ostwng mewn perthynas ag ariannau cyfred eraill, gallai werthu punnoedd am ariannau cyfred fel doleri. Ond rhaid i'r punnoedd y bydd yn eu gwerthu ddod o rywle. Os bydd y Banc yn printio'r arian, bydd hynny'n cynyddu'r cyflenwad arian. Os bydd yn cael benthyg yr arian gan y cyhoedd, bydd yn cynyddu'r galw am fenthyciadau ac felly yn cynyddu'r gyfradd llog.

Dewis arall yw newid gwerth y bunt drwy newid cyfraddau llog. Bydd cynnydd yng nghyfraddau llog yn y DU yn denu mewnlif o arian i'r wlad, gan gynyddu'r galw am yr arian cyfred ac felly codi ei bris. Dim ond trwy ostyngiad yn y cyflenwad arian y gellir achosi'r cynnydd yng nghyfraddau llog. Felly eto mae Banc Lloegr yn wynebu gwrthddewis yn ei amcanion polisi.

Mae'r cyflenwad arian, y gyfradd llog, y *PSNCR* a'r gyfradd cyfnewid yn gydgysylltiol. Os bydd y llywodraeth yn gosod gwerth ar gyfer un, ni all osod gwerth ar gyfer eraill. Felly efallai y bydd llywodraeth yn dewis peidio â rheoli'r cyflenwad arian er mwyn rheoli newidynnau eraill fel y gyfradd llog.

Y lluosydd credyd

Os ydy banciau'n gorfod cadw cyfran o'u hasedau fel asedau wrth gefn, gellir cyfrifo LLUOSYDD CREDYD. Er enghraifft, tybiwch fod banc yn gorfod cadw 10% o adneuon ei gwsmeriaid fel arian parod (h,y, arian papur a darnau arian). Felly os oes ganddo £100 mewn adneuon, rhaid iddo gadw £10 mewn arian parod. Mae'n gallu rhoi benthyg y gweddill i gwsmeriaid a chodi llog am hynny sy'n cyfrannu at ei elw. Pe bai ganddo £1 yn ychwanegol o arian parod, gallai gynyddu ei adneuon cwsmeriaid £10. Gydag £11 (£10 + £1) o arian parod, gall adneuon cwsmeriaid nawr fod yn £110 (£100 + £10) gan mai 10% o £110 yw £11. Gyda £1 ychwanegol o arian papur a darnau arian, gall y banc greu £10 o adneuon cwsmeriaid.

Cwestiwn 3

Yn 1987 a rhan gyntaf 1988, cynyddodd gwerth y bunt mewn perthynas ag ariannau cyfred eraill. Roedd Canghellor y Trysorlys, Nigel Lawson, o'r farn y byddai hyn yn niweidiol i'r economi a cheisiodd gyfyngu ar y cynnydd hwn drwy ostwng cyfraddau llog. Gostyngodd cyfraddau sylfaenol y banciau o 11% ar ddechrau 1987 i isafbwynt o 7½% yng nghanol 1988. Fodd bynnag, roedd arwyddion bod chwyddiant yn dechrau cynyddu. Cododd y llywodraeth gyfraddau llog yn sydyn i 15% erbyn diwedd 1988 i arafu'r cynnydd yn y cyflenwad arian. Ar yr un pryd, collodd y marchnadoedd ariannau tramor hyder yn y bunt, gostyngodd gwerth y bunt a bu'n rhaid i'r Canghellor gynyddu cyfraddau llog eto yn 1989 i atal y bunt rhag gostwng ymhellach.

Gan ddefnyddio enghreifftiau o'r darn, eglurwch y gwrthdaro polisi rhwng rheoli'r cyflenwad arian, rheoli cyfraddau llog a rheoli'r gyfradd cyfnewid.

Mae fformiwla ar gyfer cyfrifo lluosydd credyd, sef:

$$\text{Lluosydd credyd} = \frac{1}{\text{cymhareb asedau wrth gefn}}$$

Yn yr enghraifft uchod, arian papur a darnau arian yw'r asedau wrth gefn a 10% yw cymhareb yr asedau wrth gefn. Felly y lluosydd credyd yw 1 ÷ 10% sef 10. Am bob £1 o arian papur a darnau arian a gedwir gan y banc, gall ddal £10 o adneuon cwsmeriaid. Mae Tabl 85.1 yn dangos enghreifftiau eraill o gyfrifo'r lluosydd credyd. Sylwch: po leiaf yw cymhareb yr asedau wrth gefn, mwyaf i gyd yw'r lluosydd credyd.

Mae lluosyddion credyd yn bwysig os ydy banc canolog yn ceisio rheoli'r cyflenwad arian drwy ryw fath o reoli'r sail ariannol. Tybiwch fod y cyflenwad arian yn £100 ar hyn o bryd a bod y banc canolog yn dymuno cynyddu hyn i £110. Cymhareb yr asedau wrth gefn yw 10%, sy'n golygu mai gwerth y lluosydd credyd yw 10 (1 ÷ 10%). Felly mae'r banc canolog yn gwybod bod yn rhaid i'r banciau

Tabl 85.1

Cymhareb asedau wrth gefn	Lluosydd credyd
1%	$\frac{1}{1\%}$ = 100
5%	$\frac{1}{5\%}$ = 20
20%	$\frac{1}{20\%}$ = 5
25%	$\frac{1}{25\%}$ = 4
50%	$\frac{1}{50\%}$ = 2

gael £1 yn ychwanegol o asedau wrth gefn er mwyn cyflawni'r £10 terfynol o adneuon ychwanegol. Y £10 ychwanegol o adneuon sy'n ffurfio'r cynnydd o £10 yn y cyflenwad arian. Os ydy'r banc canolog yn dymuno gostwng y cyflenwad arian £10, rhaid iddo dynnu £1 o asedau wrth gefn oddi wrth y banciau.

Cyfyngiadau polisi ariannol

Defnyddir polisi ariannol yn y pen draw i reoli newidynnau real fel chwyddiant, twf economaidd a diweithdra. Mae cyflawni chwyddiant isel neu ddiweithdra isel, er enghraifft, yn **amcanion** polisi ariannol. Efallai y bydd llywodraeth yn rhoi **targedau** penodol i'r banc canolog eu cyflawni, fel chwyddiant o 2%. Yna bydd y banc canolog yn defnyddio **arfau** i gyflawni'r amcanion a'r targedau hyn. Er enghraifft, gallai ddefnyddio cyfraddau llog neu'r cyflenwad arian. Yn ymarferol, mae gweithredu polisi ariannol yn achosi nifer o anawsterau i'r banc canolog.

Y cyswllt rhwng newidynnau ariannol gwahanol, a rhwng newidynnau ariannol a'r economi real Un broblem yw bod y cysylltiadau rhwng newidynnau ariannol gwahanol, fel cyfraddau llog a'r cyflenwad arian, yn ansicr. Mae rhai economegwyr yn dadlau nad yw cysyniadau fel y lluosydd credyd o fawr ddim gwerth i wneuthurwyr polisi am fod gwerth y lluosydd credyd yn newid o fis i fis yn dibynnu ar ba mor hawdd yw hi i fanciau gael benthyg a rhoi benthyg arian. Yn sicr nid yw'r lluosydd credyd o fawr ddim diddordeb i wneuthurwyr polisi os nad ydynt yn ceisio rheoli maint yr arian sail yn y system fancio. Hefyd mae'r cyswllt rhwng newidynnau ariannol a newidynnau real yn gallu bod yn ansicr. Er enghraifft, os bydd y banc canolog yn cynyddu cyfraddau llog 2%, beth fydd yr union effaith ar chwyddiant a thwf economaidd? Mae gwahaniaeth sylweddol rhwng sefyllfa lle mae cynnydd o 2% mewn llog yn arwain at ostyngiad o 1% mewn CMC a sefyllfa lle mae gostyngiad CMC yn 3%. Hefyd dydy newidiadau ddim yn digwydd ar unwaith. Mae effeithiau unrhyw newid mewn newidynnau ariannol yn digwydd dros gyfnod. Felly mae ymatebion ag **oediad**. Gall cynnydd o 2% yng nghyfraddau llog arwain at ostyngiad o 0.5% mewn CMC yn y chwe mis cyntaf, 1% ar ôl blwyddyn a 2% ar ôl 2 flynedd. Po gyflymaf yw'r ymateb, hawsaf i gyd yw hi i wneuthurwyr polisi lywio'r economi. Os yw'n cymryd dwy flynedd i gael effaith sylweddol, mae'n dod yn fwy anodd atal codiadau sydyn mewn chwyddiant, neu ostyngiadau sydyn mewn CMC o ganlyniad i siociau economaidd annisgwyl.

Cwestiwn 4

£110 biliwn yw'r cyflenwad arian. O hyn, mae £10 biliwn yn arian parod sy'n cael ei ddal gan y cyhoedd ac mae £100 biliwn yn adneuon banc. Mae'r banc canolog wedi gorchymyn bod banciau'n gorfod cadw 10% o gyfanswm eu rhwymedigaethau ar ffurf arian parod. Felly mae gan y system fancio werth £10 biliwn o arian parod yn foltiau'r banciau a gwerth £90 biliwn o fenthyciadau yn ei lyfrau.

(a) Pa ased sy'n arian sail?
(b) Beth yw cymhareb yr asedau wrth gefn?
(c) Beth yw gwerth y lluosydd credyd?
(d) Mae'r banc canolog yn cynyddu cymhareb yr asedau wrth gefn i 25%. A thybio nad oes newid yn swm yr arian parod y mae'r cyhoedd yn ei ddal, beth fydd (i) lefel newydd asedau a rhwymedigaethau'r banciau a (ii) lefel newydd y cyflenwad arian?
(e) Beth fyddai'r atebion yn (d) pe bai cymhareb yr asedau wrth gefn yn 5%?

Ansicrwydd Mae ansicrwydd yn cyfyngu ar effeithiolrwydd unrhyw fath o bolisi, boed yn gyllidol, yn ariannol neu'n fath arall. Er enghraifft, fe wnaeth siociau pris olew 1973-74 ac 1978-79, cwymp y farchnad stoc yn 1987, argyfwng Asia yn 1997-98, argyfwng terfysgaeth 9/11 yn 2001 a chodiadau pris olew 2004-2006 i gyd gael effeithiau sylweddol ar economïau'r gorllewin. Ond ni allai gwneuthurwyr polisi fod wedi rhagweld y digwyddiadau hyn. Felly gall economi gael ei yrru oddi ar ei hynt gan ddigwyddiad allanol sydd y tu hwnt i reolaeth gwneuthurwyr polisi. Yna gall yr ymateb polisi fod yn annigonol neu'n anaddas os na fydd gwneuthurwyr polisi yn asesu pwysigrwydd y sioc economaidd yn gywir. Hefyd gall y sioc economaidd arwain at sefyllfa lle mae modelau economaidd cyfredol yn methu egluro'r sefyllfa newydd. Yn yr 1970au, er enghraifft, roedd gan economegwyr Keynesaidd ac arianolaethol farn wahanol iawn am y rhesymau pam yr arweiniodd yr argyfyngau olew at chwyddwasgiad, sef cyfuniad o chwyddiant uchel a dirwasgiad yn yr economi. Yn yr 1980au ni wnaeth gwneuthurwyr polisi y DU ddeall pwysigrwydd y cynnydd ym mhrisiau tai a'r cynnydd mewn morgeisiau mewn perthynas â'r galw cyfanredol a chwyddiant.

Diffyg data dibynadwy Mae data economaidd yn amherffaith. Yn aml bydd data a gasglwyd heddiw yn cael eu diwygio wrth i ragor o ddata gael eu casglu. Er enghraifft, gall ffigurau CMC gael diwygiadau sylweddol dros amser, yn rhannol am fod y sector gwasanaethau yn anodd ei fonitro. Rhaid i wneuthurwyr polisi wneud asesiadau ar sail y data sydd ar gael ar y pryd. Os ydy CMC yn tyfu 2% yn hytrach nag 1%, gall wneud gwahaniaeth mawr i benderfyniadau gwneuthurwyr polisi. Ar 2% gallen nhw benderfynu cynyddu cyfraddau llog; ar 1% gallen nhw benderfynu peidio â'u

newid. Eto i gyd rhwng y ddau ffigur dim ond 1% yw lled y gwall, sy'n fach iawn.

Diffinio newidynnau ariannol Problem arall gyda pholisi ariannol yw bod arfau polisi ariannol, fel y cyflenwad arian, yn gallu newid eu nodweddion am eu bod yn cael eu rheoli. Y term am hyn yw DEDDF GOODHART. Yn ôl yr Athro Charles Goodhart, pe bai gwneuthurwyr polisi yn ceisio trin un newidyn oedd â pherthynas sefydlog â newidyn arall, byddai'r berthynas honno'n newid neu'n chwalu wrth i ymddygiad addasu i'r trin. Roedd yn cyfeirio'n benodol at y berthynas rhwng benthyca gan fanciau a'r cyflenwad arian. Yn rhan olaf yr 1970au a rhan gyntaf yr 1980au ceisiodd Banc Lloegr reoli twf y cyflenwad arian am ei fod yn credu bod chwyddiant yn cael ei achosi gan gynnydd yn y cyflenwad arian. Y mesurau o'r cyflenwad arian y dewiswyd eu rheoli oedd M1 ac M3. Cydrannau pwysicaf y rhain oedd adneuon gyda banciau masnachol. Ond arweiniodd rheolaethau at **anghyfryngu** (*disintermediation*). Fe wnaeth banciau ostwng eu hadneuon cofnodedig gan gwsmeriaid yn artiffisial drwy hybu cwsmeriaid mawr iawn, fel cwmnïau, i fenthyca'n uniongyrchol i gwsmeriaid eraill y banciau. Ni welwyd yr adneuon na'r benthyciadau yn llyfrau'r banciau ond i bob pwrpas roedd y banciau'n dal i weithredu fel asiantau ar gyfer adneuon a benthyciadau. Gostyngodd hyn y cyflenwad arian yn artiffisial. Pan ddilewyd cyfyngiadau ar dwf adneuon banc yn 1980 gan Fanc Lloegr, roedd cynnydd mawr sydyn yn y cyflenwad arian wrth i'r arian oedd wedi mynd y tu allan i'r system a reolwyd yn swyddogol ddod yn ôl i mewn.

Cwestiwn 5

Ym mis Tachwedd 1998 fe wnaeth Swyddfa Ystadegau Cenedlaethol atal cyhoeddi un o'r cyfresi economaidd pwysicaf a gyhoeddir ganddi. Gwelwyd bod indecs enillion cyfartalog yn rhoi gwybodaeth wallus. Mae indecs enillion cyfartalog yn fesur o faint mae enillion yn y DU gyfan yn cynyddu. Fe'i cyfrifir yn fisol drwy gymryd data o filoedd o adroddiadau gan fusnesau. Maen nhw'n adrodd a ydynt wedi rhoi unrhyw gynnydd cyflog ai peidio yn ystod y mis blaenorol, ac os ydynt faint oedd y cynnydd.

Cododd problemau oherwydd ffyrdd gwahanol o gyfrifo'r cyfartaledd. Ym mis Hydref 1998 lansiodd Swyddfa Ystadegau Cenedlaethol gyfres newydd ar gyfer enillion cyfartalog a ddefnyddiai ffordd wahanol o gyfrifo'r cyfartaledd. Ond fel y gwelir yn Ffigur 85.3, rhoddodd y gyfres ddiwygiedig hon ffigurau gwahanol iawn i'r gyfres wreiddiol. Hefyd nid oedd yn cyd-fynd yn dda â'r hyn a ddangosai dangosyddion economaidd eraill ar y pryd.

Gwelodd ymchwiliad gan y llywodraeth fod y gyfres ddiwygiedig yn seiliedig ar ddulliau ystadegol annigonol oedd yn rhoi gormod o bwysigrwydd i newidiadau mawr mewn enillion gan fusnesau bach. Ym mis Mawrth 1999 cyhoeddwyd cyfres newydd oedd yn dilyn yr hen gyfres yn agosach.

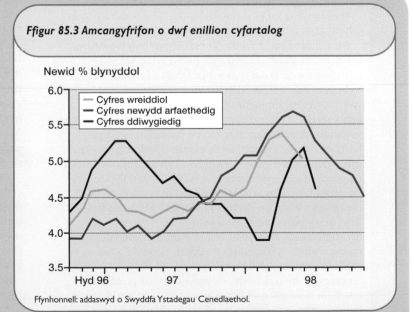

Ffigur 85.3 Amcangyfrifon o dwf enillion cyfartalog

Newid % blynyddol

- Cyfres wreiddiol
- Cyfres newydd arfaethedig
- Cyfres ddiwygiedig

Ffynhonnell: addaswyd o Swyddfa Ystadegau Cenedlaethol.

(a) (i) Yn ôl y gyfres ddiwygiedig, beth oedd yn digwydd i newidiadau mewn enillion cyfartalog yn 1997?

(ii) Pam y dylai Banc Lloegr fod wedi gostwng cyfraddau llog ar sail y dystiolaeth hon?

(b) (i) Sut y gwnaeth tystiolaeth y gyfres ddiwygiedig wrthdaro â thystiolaeth y gyfres newydd arfaethedig?

(ii) Pam y gallai ymateb polisi ariannol Banc Lloegr fod wedi bod yn wahanol pe bai wedi defnyddio'r data o'r gyfres newydd?

Termau allweddol

Asedau wrth gefn, arian sail neu'r sail ariannol – yr asedau hynny y mae'n rhaid i fanciau eu cadw naill ai am fod eu hangen i fodloni gofynion cwsmeriaid (fel arian parod) neu am fod y llywodraeth yn gorfodi banciau i'w cadw er mwyn gweithredu ei pholisi ariannol.

Deddf Goodhart – os bydd yr awdurdodau'n ceisio addasu un newidyn oedd â pherthynas sefydlog â newidyn arall o'r blaen, bydd y berthynas honno'n newid neu'n chwalu.

Gweithrediadau marchnad agored – prynu a gwerthu gwarannau ariannol yn gyfnewid am arian er mwyn cynyddu neu ostwng y cyflenwad arian.

Lluosydd credyd – sawl gwaith y bydd cynnydd mewn asedau wrth gefn yn newid asedau'r system fancio ac felly y cyflenwad arian.

Economeg gymhwysol

Polisi arian y DU

Rheoli cyfraddau llog

Fel yr esboniwyd yn uned 37, mae polisi ariannol y DU heddiw yn talu cryn dipyn o sylw i bolisi cyfraddau llog. Mae Banc Lloegr yn rheoli cyfraddau llog tymor byr ym marchnadoedd arian Dinas Llundain. Mae'r rhain yn rheoli cyfraddau sylfaenol y banciau, sef y gyfradd llog a osodir gan fanciau ar gyfer gosod eu cyfraddau benthyg. Yn eu tro, bydd rhain yn dylanwadu'n gryf ar y cyfraddau llog a osodir gan gymdeithasau adeiladu. Mae'r cysylltiad rhwng cyfraddau llog tymor byr a chyfraddau llog eraill yn yr economi, fel y gyfradd llog ar gardiau credyd neu gyfraddau llog tymor hir, yn wannach. Fodd bynnag, mae cyfraddau llog yn yr economi yn dueddol o symud gyda'i gilydd dros gyfnodau hirach (☞ uned 83).

Mae Banc Lloegr yn rheoli cyfraddau llog tymor byr drwy reoli'r galw am neu gyflenwad arian ym marchnadoedd arian tymor byr Dinas Llundain. Tybiwch fod cyflenwad arian yn y marchnadoedd hyn yn fwy na'r galw. Er enghraifft, yn rhan olaf yr 1990au penderfynodd nifer o gymdeithasau adeiladu a chwmnïau yswiriant ddatgilyddu h.y. nid eu haelodau oedd yn berchen arnynt bellach, wrth iddynt ddod yn gwmnïau cyhoeddus neu'n rhan o gwmnïau cyhoeddus oedd yn cael eu perchen gan gyfranddalwyr. Wrth i'r datgilyddu ddigwydd, byddai aelodau'r gymdeithas adeiladu neu'r cwmni yswiriant yn derbyn taliad; gallai'r taliad fod ar ffurf arian parod pe byddai cwmni arall yn ei drosfeddiannu, neu gallai fod ar ffurf cyfranddaliadau mewn cwmni cyfyngedig cyhoeddus newydd a fyddai'n cael ei restru ar y gyfnewidfa stoc. Gallai'r arian 'annisgwyl' hwn ddaeth i ddwylo aelodau cymdeithas adeiladu o bosibl gael ei roi ar gadw o'r newydd mewn banciau neu gymdeithasau adeiladu. Mae hyn yn cynyddu faint o arian sydd gan fanciau fel asedau. Byddant i ddechrau yn rhoi benthyg yr arian hwn am dymor byr ar farchnadoedd arian Llundain er mwyn sicrhau adenillion ar yr arian. Bydd y cynnydd hwn yng nghyflenwad arian

yn gwthio cyfraddau llog tymor byr i lawr. Mae Banc Lloegr yn rhwystro hyn drwy werthu Biliau Trysorlys yn bennaf i'r marchnadoedd. Mae Biliau Trysorlys yn fenthyciadau 91 diwrnod i'r llywodraeth. Mae gwerthu'r Biliau Trysorlys hyn yn amsugno'r gor-hylifedd yn y farchnad trwy gynyddu'r galw am arian. Mae Banc Lloegr wedi cynyddu galw i gyd-fynd â chyflenwad, ac mae'n gallu gosod pris arian, sef y gyfradd llog tymor byr yn yr achos hwn.

Os yw'r cyflenwad arian yn y marchnadoedd tymor byr yn llai na'r galw, mae Banc Lloegr yn ymddwyn i'r gwrthwyneb. Gallai hyn ddigwydd, er enghraifft, oherwydd bod yr hunangyflogedig yn codi llawer iawn o arian o'r banciau i dalu eu trethi ar 31 Ionawr a 31 Gorffennaf. Mae'r banciau wedyn yn brin o arian, ac mae arnynt angen benthyca er mwyn adfer eu hylifedd. Byddai'r benthyca hwn yn gwrthio'r cyfraddau llog tymor byr i fyny. Yn lle gwneud hynny, mae Banc Lloegr yn prynu 'gwarannau cymwys' o'r system fancio. Mae gwarannau cymwys yn warannau fel repos (ffurf ar fenthyca gan y llywodraeth), Biliau Trysorlys neu Filiau Masnachol (benthyciadau 91 diwrnod a wneir gan gwmnïau). Mae prynu biliau yn cynyddu cyflenwad arian i'r marchnadoedd, gan sefydlogi cyfraddau llog.

Mae Banc Lloegr yn codi cyfraddau llog pan fydd yn credu bod yr economi yn debygol o fod yn gweithredu uwchlaw ei botensial cynhyrchiol, h.y. pan fo'r bwlch cynnyrch yn bositif. Os yw cynnyrch gwirioneddol uwchlaw cyfradd duedd cynnyrch, mae pwysau chwyddiannol galw-dynnu yn debygol o fod yn bresennol. Fodd bynnag, os yw'r economi'n gweithredu islaw gallu a chwyddiant yn gyson neu'n gostwng, yna mae Banc Lloegr yn gostwng cyfraddau llog i alluogi'r economi i dyfu ar raddfa gyflymach.

Annibyniaeth y banc canolog

Oddi ar 1997, mae Banc Lloegr wedi bod yn annibynnol

ar y llywodraeth ac yn enwedig y Trysorlys, sef adran y llywodraeth dan arweiniad Canghellor y Trysorlys sy'n gyfrifol am reolaeth economaidd gyffredinol yr economi. Mae'r llywodraeth yn gosod targed chwyddiant y mae'n rhaid i Fanc Lloegr ei gyflawni. Cyfrifoldeb y Pwyllgor Polisi Ariannol *(MPC)* yw penderfynu ar gyfraddau llog ym Manc Lloegr. Mae pedwar aelod annibynnol, sef economegwyr proffesiynol fel rheol, pedwar aelod o staff Banc Lloegr a Llywodraethwr Banc Lloegr yn aelodau o'r pwyllgor hwn. Maent yn cyfarfod bob mis ac yn ystyried ystod eang o ystadegau economaidd sy'n eu cynorthwyo i benderfynu a yw chwyddiant yn debygol o godi, syrthio neu aros yn sefydlog yn y dyfodol. Mae'r data yn aml yn anghyson. Er enghraifft, gallai codiadau cyflog fod yn cynyddu (arwydd o godiadau chwyddiant posibl yn y dyfodol), ond gallai allforion fod yn syrthio (arwydd o ddatchwyddiant ac felly pwysau chwyddiannol gostyngol). Caiff yr aelodau fwrw pleidlais ac anaml iawn y bydd y pwyllgor yn unfrydol.

Mae'r broses wedi cael ei beirniadu'n hallt ar sawl achlysur. Gellir dadlau na ddylai Banc Lloegr fod yn annibynnol ac y dylai'r llywodraeth fod wedi cadw rheolaeth dros arf macro-economaidd mor allweddol. Mae rhai'n dadlau hefyd y dylai gosod cyfraddau llog fod yn fwy na chyflawni targed chwyddiant yn unig, ac y dylid ystyried targedau hefyd fel cyfradd diweithdra. Mae rhai wedi dadlau bod tuedd ddatchwyddol graidd i'r broses wneud penderfyniadau oherwydd bydd y pwyllgor eisiau tangyrraedd y targed chwyddiant (a fyddai'n ymddangos yn 'llwyddiant') yn hytrach na phasio'r targed

(a fyddai'n ymddangos yn 'fethiant'). Mae eraill yn dadlau nad yw Banc Lloegr yn ddigon atebol, ac y dylai'r cyfrifoldeb orwedd gyda llywodraeth etholedig.

Fodd bynnag, mae cael banc canolog annibynnol yn ei gwneud hi'n llawer anoddach i'r blaid wleidyddol sydd mewn grym ystumio'r economi er mantais adeg etholiadau. Yn y gorffennol, cyhuddwyd llywodraethau o brocio ffyniant adeg etholiad er mwyn cynhyrchu'r ffactor 'teimlad da' a fyddai'n sicrhau llwyddiant etholiadol, gan adael y wlad i orfod talu'r pris yn nhermau chwyddiant uwch ac yna enciliad. Nid yw banc canolog annibynnol ychwaith yn ansensitif i amcanion polisi eraill fel twf a diweithdra. Yn sicr, nid yw Banc Lloegr wedi ceisio cyflawni ei darged chwyddiant trwy gael enciliad parhaol. Yn wir, byddai tactegau o'r fath yn debygol o arwain at tangyrraedd y targed a fyddai ynddo'i hun yn cael ei weld fel methiant ar ran Banc Lloegr. Mae banc canolog UDA, sef Banc y Gronfa Ffederal, a banc canolog rhanbarth yr ewro, sef y Banc Canolog Ewropeaidd, yn annibynnol. Felly byddai'r DU yn wahanol pe na byddai ei banc canolog yn annibynnol. Yn bwysicach fyth, mae Banc Lloegr wedi bod yn llwyddiannus wrth gadw chwyddiant dan reolaeth heb achosi enciliad mawr ers 1997. Felly, mae record y banc yn un gref.

Mae Ffigur 85.4 yn dangos bod chwyddiant ers annibyniaeth yn 1997 wedi bod yn isel, o'i gymharu 1980au a'r 1990au cynnar. Mae Banc Lloegr wedi cadw o fewn ei dargedau bron bob mis. Felly, mae annibyniaeth wedi gwarantu chwyddiant isel. Fodd bynnag, gellid dadlau bod chwyddiant wedi bod yn isel ers yr 1990au cynnar pan oedd polisi ariannol yn cael ei reoli gan y llywodraeth. Pe byddai'r llywodraeth wedi gweithredu polisi ariannol gofalus ers 1997, gallai'r canlyniad fod wedi bod yn union yr un fath. O ddilyn y ddadl hon, nid annibyniaeth Banc Lloegr fu'r rheswm allweddol dros chwyddiant isel ers 1997. Ni wyddom beth fyddai wedi digwydd i bolisi ariannol pe na bai Banc Lloegr wedi bod yn annibynnol ers 1997, ac felly, mae'n anodd dweud ai annibyniaeth oedd y ffactor allweddol wrth sicrhau chwyddiant isel.

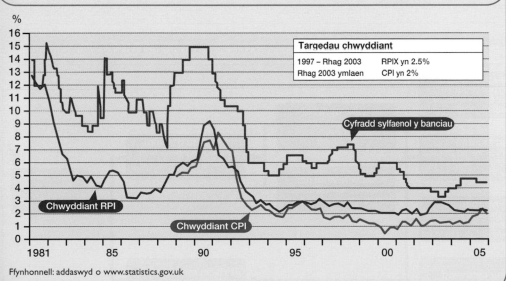

Ffigur 85.4 *Cyfraddau llog a chwyddiant*

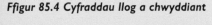

%

Targedau chwyddiant	
1997 – Rhag 2003	RPIX yn 2.5%
Rhag 2003 ymlaen	CPI yn 2%

Cyfradd sylfaenol y banciau

Chwyddiant RPI

Chwyddiant CPI

Ffynhonnell: addaswyd o www.statistics.gov.uk

Cwestiwn Data

Banc Lloegr

Yn 2005, datgelodd Banc Lloegr fodel macro-economaidd newydd o economi'r DU. Cyflwynodd Llywodraethwr Banc Lloegr, Mervyn King, y model trwy ddweud: 'Mae'r model chwarterol newydd yn ychwanegiad gwerthfawr i 'gyfres modelau'r' Banc. Nid yw'n cynrychioli newid sylweddol ym marn y Pwyllgor o sut mae'r economi'n gweithio nac o fecanwaith trosglwyddo polisi ariannol.' Aeth ymlaen i ddweud: 'Mae'r holl fodelau economaidd, waeth pa mor dda ydynt, yn cynrychioli realiti wedi'i symleiddio ac, o'r herwydd, ni all yr un model sengl fyth ymdrin â'r holl faterion amrywiol sy'n effeithio ar bolisi economaidd. Mae'r gydnabyddiaeth hon yn ganolog i ddefnydd y Banc o fodelau economaidd a'i ymagwedd at ragfynegi economaidd. Mae'r Banc yn dibynnu ar nifer o fodelau i gyfrannu at ragamcaniadau'r Pwyllgor. Caiff y modelau hyn eu defnyddio fel arfau i gynorthwyo'r Pwyllgor i bennu'r penderfyniadau economaidd sy'n chwarae rôl allweddol yn y gwaith o ffurfio ei ragamcaniadau yn hytrach na chynhyrchu rhagfynegiadau mecanyddol yn unig. Mae rhagfynegi economaidd yn y pen draw yn fater o farn.'

Ffynhonnell: addaswyd o *The Bank of England Quarterly Model*, Richard Harrison, Kalin Nikolov, Meghan Quinn, Gareth Ramsey, Alasdair Scott a Ryland Thomas, 2005.

Mae model Banc Lloegr yn gwneud nifer o ragfynegiadau ynglŷn â sut mae newidiadau mewn cyfraddau llog yn effeithio ar yr economi. Yn gyffredinol, mae cynnydd o 1% mewn cyfraddau sylfaenol yn torri cynnyrch mewnol crynswth 0.2 i 0.35%. Bydd chwyddiant yn gostwng rhwng 0.2% a 0.4%. Fodd bynnag, mae'r effeithiau cyffredinol ond yn digwydd dros gyfnod o amser. Mae'r llwybr a gymerir, sef y mecanwaith trosglwyddo ariannol, yn gymhleth. Mae yna bedair dolen allweddol.

- Mae penderfyniadau cyfradd llog swyddogol yn effeithio ar gyfraddau llog eraill yn yr economi, fel cyfraddau morgais a chyfraddau adneuon banc, naill ai'n uniongyrchol neu oherwydd disgwyliadau ynghylch newidiadau yn y cyfraddau llog i'r dyfodol.
- Mae newidiadau mewn cyfraddau llog yn effeithio ar benderfyniadau gwario, cynilo a buddsoddi cartrefi a chwmnïau.
- Mae newidiadau mewn cyfraddau llog hefyd yn effeithio ar werth y bunt, sydd yn ei dro yn arwain at newidiadau yn y galw am nwyddau a gwasanaethau gaiff eu cynhyrchu yn y DU.
- Mae newidiadau yng ngwerth y bunt hefyd yn cael effaith uniongyrchol ar chwyddiant.

Mae effeithiau unrhyw newid mewn cyfraddau llog yn cymryd amser. Bydd cynnydd o 1% mewn cyfraddau sylfaenol yn arwain yn gymharol gyflym dros gyfnod o tua 5 chwarter at y gostyngiad mwyaf o 0.2-0.35% mewn CMC. Ar ôl hynny, bydd CMC yn dechrau codi nôl a dychwelyd i'w werth tueddiad tymor hir. Mae'r effaith ar chwyddiant yn digwydd ar ôl y newid mewn CMC. Nid yw chwyddiant yn newid rhyw lawer yn y flwyddyn gyntaf yn dilyn codiad yng nghyfraddau llog. Fodd bynnag, yn yr ail flwyddyn, mae chwyddiant yn gostwng yn sydyn, gan gyrraedd y gostyngiad mwyaf o rhwng 0.2% a 0.4% am bob cynnydd o 1% yng nghyfraddau llog ar ôl 9 chwarter.

Ffynhonnell: addaswyd o *The Guardian*.

Ffigur 85.5 Y mecanwaith trosglwyddo ariannol

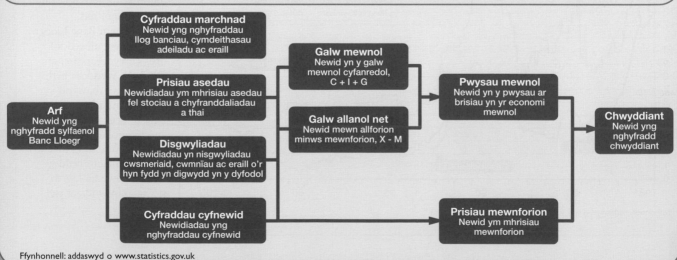

Ffynhonnell: addaswyd o www.statistics.gov.uk

1. Eglurwch sut mae gostyngiad mewn cyfraddau llog yn debygol o arwain at ostyngiad mewn CMC a gostyngiad mewn chwyddiant yn dilyn hynny.
2. Dadansoddwch beth allai fod yr ymateb polisi gorau i Fanc Lloegr petai chwyddiant yn codi uwchlaw ei gyfradd twf targed ond bod economi UDA newydd fynd i enciliad dwfn.
3. Pa broblemau sy'n wynebu Banc Lloegr wrth geisio gweithredu polisi ariannol?

Crynodeb

1. Mae cydbwysedd yn y farchnad lafur pan fo'r galw am lafur yn hafal i gyflenwad llafur.
2. Os ydy'r cyflenwad yn fwy na'r galw yn y farchnad lafur a'i bod hi felly mewn anghydbwysedd, mae diweithdra naill ai'n gylchol neu'n glasurol.
3. Gellir cael diweithdra hyd yn oed os ydy'r farchnad lafur mewn cydbwysedd. Wedyn byddai diweithdra'n ffrithiannol, yn dymhorol neu'n strwythurol.
4. Mae diweithdra gwirfoddol yn digwydd pan fydd gweithwyr yn dewis peidio â chymryd swyddi a gynigir ar y cyfraddau cyflogau cyfredol. Mae diweithdra ffrithiannol, tymhorol, strwythurol a chlasurol i gyd yn enghreifftiau o ddiweithdra gwirfoddol.
5. Y term am gyfradd diweithdra yn yr economi a derbyn diweithdra gwirfoddol yw cyfradd naturiol diweithdra.
6. Mae diweithdra anwirfoddol yn digwydd pan fydd gweithwyr yn fodlon gweithio am y cyfraddau cyflogau cyfredol ond ni chynigir swyddi iddynt. Mae diweithdra cylchol yn enghraifft o ddiweithdra anwirfoddol.

Cydbwysedd y farchnad lafur

Cyflawnir cydbwysedd yn y farchnad lafur pan fydd y galw am lafur yn hafal i gyflenwad llafur (☞ uned 73). Caiff y galw am lafur mewn economi ei bennu gan dderbyniadau cynnyrch ffiniol llafur. Wrth i fwy a mwy o weithwyr gael eu cyfuno â stoc sefydlog o dir a chyfalaf, bydd **derbyniadau cynnyrch ffiniol** llafur (yr ychwanegiad at gynnyrch gan y gweithiwr ychwanegol) yn lleihau (enghraifft o **ddeddf adenillion lleihaol**). Felly mae cromlin y galw am lafur yn goleddu i lawr.

Mae cromlin cyflenwad llafur mewn economi yn debygol o oleddu i fyny. Wrth i gyfraddau cyflogau real gynyddu, caiff mwy o oedolion, yn arbennig merched, eu denu i mewn i'r gweithlu. Yn y tymor byr iawn, gall cyflogwyr hefyd berswadio gweithwyr sydd ganddynt eisoes i weithio goramser os gwnân nhw gynnig cyfraddau uwch o gyflog.

Mae Ffigur 86.1 yn dangos lefel gytbwys cyflogaeth yn yr economi. Mae cyflogaeth yn OE a'r gyfradd cyflog gytbwys yw OW. Mae diweithdra yn yr economi yn digwydd wedyn am ddau reswm. Naill ai mae'r farchnad lafur yn symud i ffwrdd o'i safle cytbwys,

gyda chyflogau gwirioneddol yn uwch nag OW, neu mae rhywfaint o ddiweithdra mesuredig yn dal i fod hyd yn oed pan ocdd y farchnad lafur mewn cydbwysedd. Caiff y ddau bosibilrwydd eu harchwilio yn yr uned hon.

Diweithdra pan fo'r farchnad lafur mewn anghydbwysedd

Weithiau mae'r farchnad lafur yn symud i ffwrdd o'i safle cytbwys. Mae Ffigur 86.2 yn dangos sefyllfa o'r fath. Mae'r gyfradd cyflog wirioneddol, OT, yn uwch na'r gyfradd cyflog sy'n clirio'r farchnad, sef OW. O gymharu hyn â'r safle cytbwys:

- mae FE yn llai o alw am weithwyr gan gyflogwyr am fod y gyfradd cyflog yn rhy uchel;
- mae EH yn fwy o weithwyr eisiau swydd am fod y gyfradd cyflog mor uchel.

Y canlyniad yw bod FH o ddiweithdra yn yr economi.

Pe bai'r gyfradd cyflog yn gostwng i OW, byddai diweithdra'n gostwng wrth i'r galw am weithwyr gynyddu ac wrth i rai gweithwyr ymadael â'r farchnad lafur gan nad ydynt yn fodlon gweithio am y gyfradd cyflog is. Mae nifer o resymau pam y gall y farchnad lafur fod mewn anghydbwysedd ac mae pob un yn achosi math arbennig o ddiweithdra.

Diweithdra cylchol neu alw annigonol Pan fydd economi'n mynd i mewn i enciliad, bydd diweithdra'n codi am fod galw annigonol yn yr economi. Nid llafur yn unig sy'n ddi-waith, bydd ffatrïoedd, peiriannau, mwyngloddiau, swyddfeydd a ffermydd (h.y. tir a chyfalaf) yn ddi-waith hefyd. Mae Ffigur 86.3 yn dangos yr hyn sy'n digwydd yn y farchnad lafur yn ystod enciliad. Mae'r galw am lafur yn gostwng, a ddangosir gan gromlin y galw yn symud i'r chwith. Bu cyflogaeth yn OE. Nawr mae'n OH gyda'r hen gyfradd cyflog o OW. Y rheswm yw bod OE o weithwyr eisiau swydd ond mae cwmnïau â galw am OH o weithwyr yn unig.

Mae'r diweithdra hwn, sef HE yn DDIWEITHDRA CYLCHOL neu ALW ANNIGONOL. Fe'i gelwir weithiau yn DDIWEITHDRA KEYNESAIDD gan mai Keynes a ddadleuodd yn yr 1930au mai diffyg galw yn yr economi a achosodd y Dirwasgiad Mawr. Yn ystod enciliad, mae'r economi mewn anghydbwysedd. Bydd grymoedd macro-economaidd yn gweithio i ddychwelyd yr economi i'w safle cytbwys tymor hir. Yna bydd y galw ychwanegol am nwyddau yn creu galw ychwanegol am

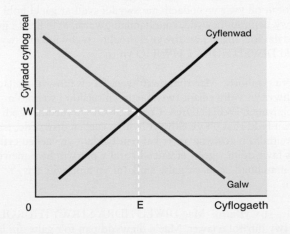

Ffigur 86.1 Cydbwysedd y farchnad lafur
Mae'r farchnad lafur mewn cydbwysedd pan fo'r galw am lafur yn hafal i gyflenwad llafur.

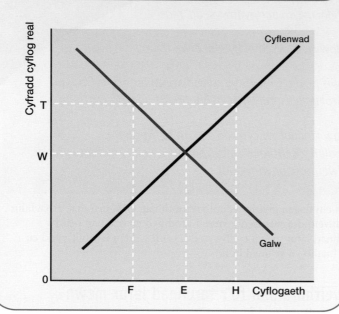

Ffigur 86.2 Cydbwysedd ac anghydbwysedd yn y farchnad lafur
Ar y gyfradd cyflog OW bydd cydbwysedd yn y farchnad lafur. Ar y gyfradd cyflog OT, fodd bynnag, bydd anghydbwysedd gyda diweithdra o FH.

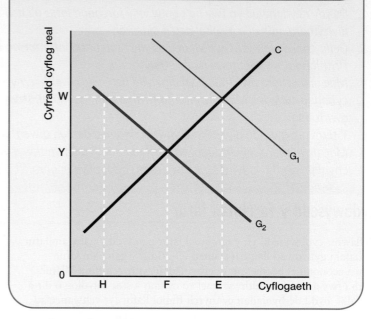

Ffigur 86.3 Diweithdra cylchol
Pan fydd yr economi'n mynd i mewn i enciliad, bydd gostyngiad yn y galw am lafur, a ddangosir gan y symudiad o G_1 i G_2. Gyda chyflogau'n aros yn OW, bydd diweithdra cylchol o HE yn cael ei greu.

lafur.. Felly, yn y tymor hir bydd cromlin y galw am lafur yn symud yn ôl i'r dde yn Ffigur 86.3. Yn y tymor byr, fodd bynnag, mae diweithdra.

Diweithdra clasurol Mae DIWEITHDRA CLASUROL neu DDIWEITDRA CYFLOG REAL i'w gael pan fo'r gyfradd cyflog real yn uwch na'r hyn sydd ei angen i glirio'r farchnad lafur hyd yn oed pan fo'r economi'n ffynnu. Mae swyddi i'w cael ond mae gweithwyr yn dewis peidio â'u cymryd am nad ydynt yn fodlon derbyn y cyflogau a gynigir neu ni allant eu cymryd oherwydd grym undebau llafur neu ddeddfwriaeth y llywodraeth. Yn Ffigur 86.2 mae'r gyfradd cyflog wirioneddol o OT yn rhy uchel i glirio'r farchnad. Hefyd mae cyflogau'n 'anhyblyg tuag i lawr'. Mae hynny'n golygu bod ffactorau'n atal cyflogau rhag gostwng i glirio'r farchnad.

Un rheswm pam y bydd pobl di-waith yn gwrthod cymryd swyddi yw bod lefelau budd-daliadau diweithdra yn rhy agos at lefel y cyflog a gynigir. Os ydy lefelau budd-daliadau yn uwch nag OW yn Ffigur 86.2, ofer fyddai derbyn swydd am y gyfradd cyflog OW. Y term am y gymhareb rhwng y budd-dal a dderbynnir mewn gwirionedd a'r cyflog y gallai gweithiwr ei dderbyn yw'r GYMHAREB DÔL-ENILLION (*replacement ratio*). Pe bai'r gymhareb yn 1.0, byddai'r bobl di-waith yn derbyn yr union un faint o weithio ag o fod yn ddi-waith. Pe bai'r gymhareb yn 2, byddai'r bobl di-waith yn cael dwywaith cymaint ar y dôl ag o weithio. Un ffordd o ostwng y gymhareb a rhoi mwy o gymhelliad i'r bobl di-waith gymryd swydd yw gostwng budd-daliadau diweithdra.

Rheswm arall pam na fydd y farchnad lafur efallai yn clirio yw deddfwriaeth lleiafswm cyflog. Os ydy'r lleiafswm cyflog yn OT yn Ffigur 86.2, mae'n anochel y bydd diweithdra (☞ uned 75).

Ffactor arall yw y gallai undebau llafur orfodi cyflogau i fod yn uwch na'u lefel gytbwys. Mae undebau llafur yn gwasanaethu buddiannau eu haelodau, ac mae bron pob un o'r rhain â swydd. Mae gwthio lefelau cyflog i fyny, hyd yn oed os

yw'n golygu colli swyddi yn y tymor hir, yn debygol o gael ei ystyried yn fanteisiol gan yr undeb llafur (☞ uned 74).

Diweithdra pan fo'r farchnad lafur mewn cydbwysedd

Hyd yn oed pan fo'r farchnad lafur mewn cydbwysedd, gallai fod diweithdra am amrywiaeth o resymau.

Diweithdra ffrithiannol a chwilio Mae'r rhan fwyaf o weithwyr sy'n colli swyddi yn symud yn gyflym i swyddi newydd. Y term am y diweithdra tymor byr hwn yw DIWEITHDRA FFRITHIANNOL. Bydd diweithdra ffrithiannol bob amser mewn economi marchnad rydd a dydy'r rhan fwyaf o economegwyr ddim yn ei ystyried yn broblem ddifrifol. Mae hyd yr amser a dreulir yn ddi-waith yn amrywio. Po uchaf yw lefel budd-daliadau diweithdra neu daliadau diswyddo, fwyaf i gyd o amser y gall gweithwyr fforddio ei dreulio yn chwilio am swydd dda heb gael eu gorfodi i mewn i dlodi llwyr. Hefyd, gorau oll yw'r wybodaeth am swyddi sydd ar gael i bobl di-waith drwy bapurau newydd, canolfannau gwaith, ayb. lleiaf i gyd o amser y dylai fod angen i weithwyr ei dreulio yn chwilio am swyddi. Felly bydd DIWEITHDRA CHWILIO yn is.

Diweithdra tymhorol Mae rhai gweithwyr, fel gweithwyr adeiladu neu weithwyr yn y diwydiant twristiaeth, yn tueddu i weithio'n dymhorol. Mae DIWEITHDRA TYMHOROL yn tueddu i godi yn y gaeaf pan fydd rhai o'r gweithwyr hyn yn cael eu diswyddo, tra bydd diweithdra'n gostwng yn yr haf pan fyddant yn cael eu cyflogi eto. Does fawr ddim y gellir ei wneud i atal y patrwm hwn mewn economi marchnad lle mae'r galw am lafur yn amrywio drwy'r flwyddyn.

Diweithdra strwythurol Mae DIWEITHDRA STRWYTHUROL yn broblem fwy difrifol o lawer. Mae'n digwydd pan fo'r galw am lafur yn llai na'i gyflenwad mewn marchnad lafur unigol yn yr economi.

Cwestiwn 1

Mae diweithdra wedi gostwng yn gyson ers 1993, ond yn 2005 gwelwyd cynnydd bach am y tro cyntaf. Mae'r gweithwyr canlynol yn Llundain yn ddi-waith. Eglurwch sut y byddech yn dosbarthu'r math o ddiweithdra a wynebir gan bob un o'r gweithwyr hyn.

(a) Mae Mr Robert Quinn, 24, wedi bod yn ddi-waith ers dau fis ar ôl colli ei swydd yn labrwr. 'Roedd y cwmni'n brin o arian,' meddai. Ni allai gael hyd i swydd arall ac mae ei briodas wedi chwalu.

(b) Mae Mr David Kimber, 26, o Lerpwl yn wreiddiol, wedi bod yn ddi-waith ers tair wythnos ar ôl i'w gontract fel gyrrwr craen uchel ddod i ben. 'Mae pobl wedi addo contractau i mi ond mae swyddi'n cael eu gohirio.'

(c) Ymddiswyddodd Mr Kirpal Singh, dyn sengl 24 oed, ddau fis yn ôl ar ôl dwy flynedd fel cyfrifiadurwr ar gyfer *Harrods*, y siop adrannol, 10 milltir i ffwrdd. 'Roedd yn rhy bell i deithio bob dydd,' meddai. Roedd yn hyderus ynghylch cael swydd arall a dywedodd ei fod yn cael ei alw am ail gyfweliadau.

(d) Roedd Ms Susan Morrison, 19, yn besimistaidd ynghylch cael swydd arall mewn prosesu geiriau. Gadawodd hi un swydd ym mis Ionawr ar ôl mis pan ddywedyd wrthi 'nad hi oedd y person iawn' am y swydd. Cyn hynny roedd hi wedi ymddiswyddo o Telecom Prydain am ei bod hi'n credu mai hi oedd y person â'r cyflog isaf yn y swyddfa.

(e) Meddai Ms Patricia Jones, 24, a fu gynt yn ddirprwy swyddog arlwyo mewn sefydliad addysg bellach mawr yn Llundain: 'Doedd dim datblygiad gyrfa yn cael ei gynnig. Mae gennyf y cymwysterau i gyd ar gyfer gwneud cynnydd ym myd arlwyo, felly dwi eisiau swydd dda â chyflog pum ffigur.'

(f) Bu Mr Peter Vass, 24, yn werthwr gyda *Maples* y grŵp dodrefn ond ymddiswyddodd am ei fod yn cael ei dalu 'tua £12 000 y flwyddyn a doedd hynny ddim yn ddigon.' Yn ddi-waith ers 13 wythnos, roedd yn hyderus ynghylch cael swydd newydd.

Un enghraifft o ddiweithdra strwythurol yw **diweithdra rhanbarthol**. Drwy gydol y cyfnod ar ôl y rhyfel tueddai De Lloegr i fod â chyflogaeth lawn tra bo rhanbarthau fel Gogledd Iwerddon yn dioddef diweithdra yn gyson. Mae hyn wedi digwydd oherwydd diffyg symudedd ffactorau cynhyrchu rhwng y rhanbarthau (☞ uned 75). Enghraifft arall yw **diweithdra sectoraidd**. Dirywiodd y diwydiannau dur ac adeiladu llongau yn sydyn yn yr 1970au a rhan gyntaf yr 1980au gan adael nifer sylweddol o weithwyr medrus yn ddi-waith. Yn anffodus nid oedd angen eu sgiliau bellach yn yr economi a heb ailhyfforddi ac o bosibl adleoli, allen nhw ddim ymaddasu i'r newid yn y galw. Mae **diweithdra technolegol** yn enghraifft arall o ddiweithdra strwythurol. Gall grwpiau o weithwyr ar draws diwydiannau gael eu rhoi allan o waith gan dechnoleg newydd. Eto, heb ailhyfforddi a symudedd daearyddol gall y gweithwyr hynny aros yn ddi-waith.

Cyfradd naturiol diweithdra

Yn ystod cyfnod o ffyniant does dim diweithdra cylchol. Pan fydd yr economi'n mynd i mewn i enciliad, bydd gweithwyr yn colli eu swyddi a byddan nhw'n ei chael hi'n anodd cael swydd arall am fod rhy ychydig o swyddi yn yr economi ar y cyfraddau cyflogau cyfredol. Felly, mae diweithdra cylchol yn DDIWEITHDRA ANWIRFODDOL. Mae'n anwirfoddol gan na all gweithwyr di-waith ddewis fynd yn ôl i weithio, am nad oes swyddi ar gael.

Fodd bynnag, mae pob math arall o ddiweithdra yn enghreifftiau o DDIWEITHDRA GWIRFODDOL. Mae hyn yn digwydd pan fydd

gweithwyr yn gwrthod cyfleoedd i weithio ar gyfraddau cyflogau cyfredol. Er enghraifft, gallai gweithiwr sy'n ffrithiannol ddi-waith ddewis treulio llai o amser yn chwilio am waith a chymryd swydd sy'n talu llai nag y mae eisiau ei gael. Gallai gweithwyr tymhorol gael hyd i fân swyddi, fel gweithio mewn tafarnau neu lanhau, i lenwi'r misoedd maen nhw allan o waith o'u prif alwedigaeth. Gallai'r rhai sy'n dioddef o ddiweithdra strwythurol gael swydd pe bydden nhw'n fodlon derbyn cyfradd is o dâl neu amodau gwaeth o waith. Felly, gallai gweithwyr di-waith o Ogledd Iwerddon fynd i Dde Lloegr i gael hyd i swyddi. Gallai gweithwyr dur di-waith weithio mewn tafarnau neu fel gwarchodwyr. Mae diweithdra clasurol yn wirfoddol am fod gweithwyr unigol, undebau llafur neu lywodraethau yn dewis caniatáu i ddiweithdra fodoli drwy gynnal cyflogau rhy uchel. Y ganran o weithwyr sy'n wirfoddol ddi-waith yw CYFRADD NATURIOL DIWEITHDRA. Dywedir bod yr economi â **chyflogaeth lawn** pan nad oes dim diweithdra anwirfoddol yn yr economi. Gellir dangos y gwahaniaeth rhwng diweithdra gwirfoddol ac anwirfoddol mewn diagramau. Yn Ffigur 86.4 dangosir cromlin y cyflenwad cyfanredol tymor hir ar gyfer yr economi gyda lefel gytbwys cynnyrch yn OE. Ar y lefel hon o gynnyrch mae'r economi, gan gynnwys y farchnad lafur, mewn cydbwysedd tymor hir. Fodd bynnag, mae rhai gweithwyr yn dewis

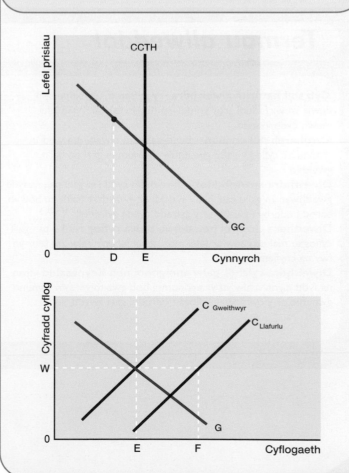

Ffigur 86.4 Diweithdra gwirfoddol

Mae diweithdra gwirfoddol i'w gael pan fydd rhan o'r llafurlu yn gwrthod gweithio am y gyfradd cyflog gyfredol. Mae cydbwysedd cyflogaeth lawn i'w gael yn OE. Ar OW, y gyfradd cyflog gytbwys, mae EF o weithwyr yn dewis peidio â gweithio. Felly cyfradd naturiol diweithdra yw EF÷OF. Mae diweithdra cylchol yn digwydd os ydy'r economi'n is na lefel gytbwys cynnyrch a chyflogaeth OE, megis OD.

peidio â gweithio ar y lefel cyflog gytbwys yn yr economi. Yn Ffigur 86.4 OW yw'r lefel cyflog gytbwys. Mae dwy gromlin gyflenwad wedi'u lluniadu. $C_{Llafurlu}$ yw $C_{Gweithwyr}$ plws y rhai sy'n honni eu bod yn dymuno gweithio ond nad ydynt yn fodlon gweithio ar y gyfradd cyflog gyfredol. Felly mae ystadegau swyddogol yn dangos bod EF o ddiweithdra yn yr economi. Mae'r diweithdra hwn yn wirfoddol ac OE yw **lefel naturiol cyflogaeth** yn yr economi. EF yw **lefel naturiol diweithdra**. Cyfradd naturiol diweithdra yw lefel naturiol diweithdra wedi'i rhannu â'r llafurlu, sef EF ÷ OF.

Beth os ydy'r economi ar lefel cynnyrch OD yn Ffigur 86.4? Yma, mae'r economi mewn enciliad gyda chynnyrch islaw lefel cyflogaeth lawn OE. Felly bydd diweithdra cylchol, sy'n ddiweithdra anwirfoddol. Bydd y farchnad yn dychwelyd i gydbwysedd yn OE ac yn y broses bydd yn gostwng lefel diweithdra cylchol i sero.

Mae'r graddau y mae diweithdra'n wirfoddol neu'n anwirfoddol wedi bod yn ddadl fawr mewn economeg. Mae economegwyr Keynesaidd wedi dadlau bod y rhan fwyaf o'r diweithdra yn Nirwasgiad Mawr yr 1930au ac enciliadau mawr 1980-82 ac 1990-92 yn alw annigonol ei natur. Ar y pegwn arall, mae economegwyr clasurol carfan disgwyliadau rhesymegol wedi dadlau y bydd marchnadoedd llafur yn addasu bron ar unwaith i godiadau mawr mewn diweithdra. Bydd cyfraddau cyflogau yn gostwng a bydd y farchnad lafur yn clirio. Yn ôl y farn hon, roedd digon o swyddi i'w cael yn yr 1930au a'r 1980au ond roedd gweithwyr yn gwrthod eu cymryd. Felly doedd dim diweithdra anwirfoddol.

Mewn astudiaeth o 6 000 o weithwyr cyflogedig a di-waith, gwelodd tîm o academyddion, yn groes i'r farn boblogaidd, fod y bobl di-waith yn fwy ymrwymedig i gyflogaeth na'r bobl oedd eisoes â gwaith. Roedd 77% yn fodlon cymryd swydd hyd yn oed os nad oedd rheidrwydd ariannol, o'u cymharu â 66% o'r rhai oedd â swyddi a ddywedodd y byddent yn parhau i weithio. Doedd dim tystiolaeth bod y di-waith yn anodd eu plesio yn y farchnad swyddi. Dim ond 12% o'r bobl di-waith ddywedodd eu bod yn disgwyl tâl uwchlaw tâl cyfartalog eu cyfatebwyr cyflogedig. Dywedodd 45% o'r bobl di-waith eu bod wedi ystyried o ddifrif ailhyfforddi er mwyn cael hyd i waith, gyda 40% yn fodlon symud i ardal arall.

Fe wnaeth yr astudiaeth ystyried hefyd a oedd y di-waith yn gynhenid yn llai 'cyflogadwy'. Defnyddiwyd dau ddull i gymharu'r bobl di-waith a'r bobl mewn gwaith. Yn gyntaf, dangosodd archwiliad o hanesion gwaith y bobl di-waith fod y bobl hyn gynt wedi dal bron yr un nifer o swyddi â'r bobl mewn gwaith - y ffactorau mwyaf o bell ffordd o ran pennu profiad gwaith oedd oedran, rhyw a diwydiant. Yn ail, y ffaith mai 74 mis oedd hyd cyfartalog swyddi hiraf y di-waith a 76 mis oedd y ffigur ar gyfer y bobl mewn gwaith, ac roedd yr astudiaeth yn awgrymu bod hynny'n 'awgrymu cyflogadwyedd yn hytrach nag ansefydlogrwydd ymddygiadol'.

I ba raddau y mae'r astudiaeth a amlinellir yn yr erthygl yn awgrymu bod diweithdra'n wirfoddol yn bennaf?

Termau allweddol

Cyfradd naturiol diweithdra – y gyfran o'r gweithlu sy'n dewis yn wirfoddol aros yn ddi-waith pan fo'r farchnad lafur mewn cydbwysedd.

Cymhareb dôl-enillion – budd-daliadau diweithdra wedi'u rhannu â'r cyflog y gallai gweithiwr di-waith ei gael pe bai'n gweithio.

Diweithdra anwirfoddol – diweithdra sydd i'w gael pan na fydd gweithwyr yn gallu cael hyd i swyddi er gwaetha'r ffaith eu bod yn barod i dderbyn gwaith ar y gyfradd cyflog gyfredol.

Diweithdra clasurol neu ddiweithdra cyflog real – pan gaiff cyflogau real eu cadw ar lefel mor uchel fel bo'r galw am lafur yn fwy na chyflenwad llafur.

Diweithdra cylchol, galw annigonol neu Keynesaidd – pan na fydd digon o alw yn yr economi i bob gweithiwr sy'n dymuno gweithio ar y cyfraddau cyflogau cyfredol gael swydd.

Diweithdra chwilio – pan fydd gweithwyr yn treulio amser yn chwilio am y swydd orau sydd ar gael.

Diweithdra ffrithiannol – pan fydd gweithwyr yn ddi-waith am gyfnodau byr rhwng swyddi.

Diweithdra gwirfoddol – gweithwyr sy'n dewis peidio â derbyn swyddi ar y gyfradd cyflog gyfredol.

Diweithdra strwythurol – pan fydd patrwm galw a chynhyrchu yn newid gan adael gweithwyr yn ddi-waith mewn marchnadoedd llafur lle mae'r galw wedi crebachu. Enghreifftiau o ddiweithdra strwythurol yw diweithdra rhanbarthol, diweithdra sectoraidd neu ddiweithdra technolegol.

Diweithdra tymhorol – pan fydd gweithwyr yn ddi-waith ar adegau penodol o'r flwyddyn, fel gweithwyr adeiladu neu weithwyr amaethyddol yn y gaeaf.

Economeg gymhwysol

Achosion diweithdra yn y DU

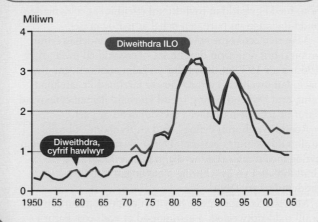

Ffigur 86.5 *Diweithdra, cyfrif hawlwyr a diweithdra ILO, DU miliynau*

Diweithdra yn y cyfnod wedi'r rhyfel

Mae Ffigur 86.5 yn dangos bod diweithdra ers canol yr 1970au yn llawer uwch na diweithdra yn yr 1950au a'r 1960au ar sail cyfrif hawlwyr. Yn yr 1950au a'r 1960au, tueddai diweithdra i fod yn llai na hanner miliwn o weithwyr. Ond yn yr 1970au, cyrhaeddodd diweithdra ffigur o 0.9 miliwn yn 1972, 1.5 miliwn yn 1977, 3.3 miliwn yn 1986 a 2.9 miliwn yn 1993. Nid ffenomen yn y DU yn unig mohoni. Roedd cyfraddau diweithdra yn uwch yn Ewrop ac UDA hefyd. Syrthiodd diweithdra yn y DU ac UDA yn sylweddol yn ail hanner yr 1990au, tra arhosodd yn uchel yn Ewrop.

Diweithdra cylchol

Mae patrymau diweithdra yn cyfateb yn agos gyda symudiadau yn y gylchred fasnach. Mewn enciliad, mae diweithdra'n codi, tra bydd yn gostwng yn ystod ffyniant. Felly yn y cyfnod wedi'r rhyfel, roedd cyfnodau o ddiweithdra uchel yn cael eu dilyn gan gyfnodau o ddiweithdra isel. Er enghraifft, syrthiodd diweithdra o 3.3 miliwn yn 1986 i 1.7 miliwn yn 1990 ar sail cyfrif hawlwyr.

Gellir cyfrifo union faint diweithdra cylchol drwy astudio'r symudiad o uchafbwynt i isafbwynt. Er enghraifft, byddai'r gostyngiad o 1.6 miliwn yn nifer y di-waith rhwng 1986 ac 1990 yn awgrymu bod diweithdra cylchol yn 1986 oddeutu un filiwn a hanner. Gallai fod wedi bod yn llawer uwch pe byddai modd dadlau bod yr economi yn 1990 yn gweithredu islaw ei botensial cynhyrchiol. Fodd bynnag, mae'n debygol bod mathau eraill o ddiweithdra drwy'r cyfnod hwn, heblaw am ddiweithdra cylchol.

Yn y DU, mae diweithdra wedi tueddu i lusgo tu ôl i ddangosyddion cylchred fasnach eraill. Ar ddechrau enciliad, mae cwmnïau yn anfodlon cael gwared o lafur

oherwydd eu bod yn gobeithio y bydd y dirywiad mewn amodau masnachu yn rhywbeth dros dro. Ar ddiwedd enciliad, mae cwmnïau'n aros cyn recriwtio llafur ychwanegol oherwydd eu bod yn ofni y bydd yr enciliad yn parhau. Bydd cynnydd mewn cynnyrch yn amlach na pheidio yn arwain at gynnydd mewn gweithio goramser. Mae enciliadau mawr 1971-72, 1974-75, 1980-82 ac 1990-92 wedi arddangos y llusgo hwn, er bod yr oediad ar ddiwedd enciliad 1992 yn fyr iawn.

Mae rhai economegwyr yn dadlau nad yw peth diweithdra cylchol yn gildroadwy. Pan fydd diweithdra'n codi mewn enciliad, nid yw'n syrthio'n ôl i'w lefel isel blaenorol pan fo'r economi yn ffynnu. Mae Ffigur 86.5 yn dangos yn eglur y duedd gynyddol mewn diweithdra yn yr 1970au a'r 1980au. Mae rhai'n dadlau bod gweithwyr yn colli sgiliau pan fyddant yn colli'u gwaith mewn enciliad. Er enghraifft, cymerwch bod gweithiwr yn colli'i waith ar adeg waethaf enciliad, ac yn methu cael swydd arall o fewn blwyddyn. Ar ôl blwyddyn, mae cyflogwyr yn dangos amharodrwydd i gyflogi'r gweithiwr hwnnw. Maent yn ofni bod y gweithiwr wedi colli sgiliau penodol i swydd ac yn dechrau amau a yw ef neu hi wedi cadw sgiliau gwaith cyffredinol fel y gallu i fod yn brydlon i'r gwaith. Ar ôl sawl blwyddyn o ddiweithdra, gall gweithwyr ganfod eu bod yn anghyflogadwy.

Mae cyflymdra newidiadau technolegol heddiw yn golygu bod hon yn fwy o broblem nag yr oedd hanner can mlynedd yn ôl. Bydd rhai gweithwyr yn colli'r awydd i chwilio am waith, ac o ganlyniad yn colli cyfleoedd cyflogaeth pan fydd mwy o swyddi gwag yn ymddangos eto. Roedd enciliadau mawr 1974-76 a 1980-82 yn arbennig o niweidiol i ddiwydiant gweithgynhyrchu, gyda chyfran sylweddol o stoc cyfalaf gweithgynhyrchu yn cael ei datgysylltu. Diflannodd swyddi'r bobl hynny a arferai weithio yn y ffatrïoedd hynny am byth. Mae diweithdra cylchol sy'n achosi diweithdra strwythurol yn enghraifft o **hysteresis** – sef gwerth cyfredol newidyn (diweithdra yn yr achos hwn) yn cael ei effeithio'n uniongyrchol gan ei werth blaenorol (lefelau diweithdra blaenorol yn yr achos hwn).

Diweithdra ffrithiannol a chwilio

Cododd diweithdra ffrithiannol a chwilio yn yr 1960au a'r 1970au oherwydd cynnydd sylweddol yn y gymhareb dôl-enillion, sef cymhareb budd-daliadau diweithdra i gyflogau, yn yr 1960au hwyr. Gallai gweithwyr fforddio bod yn ddi-waith am gyfnodau hirach, tra'n chwilio am swydd addas. Er enghraifft, yn yr 1960au roedd oddeutu hanner y rhai oedd yn ddi-waith ddim ond yn ddi-waith am llai nag 8 wythnos. Erbyn yr 1980au cynnar, roedd oddeutu 85% o'r rhai oedd yn ddi-waith heb waith am fwy nag 8 wythnos. Roedd rhan o hyn yn ganlyniad i anawsterau eraill wrth ganfod gwaith, ond roedd rhan o hyn oherwydd bod gweithwyr yn dewis treulio mwy o amser yn chwilio am swydd oedd yn addas iddynt.

Diweithdra strwythurol

Cododd diweithdra strwythurol yn yr 1970au a'r 1980au am nifer o resymau. Yn gyntaf, dioddefodd y rhan fwyaf o ddiwydiannau gweithgynhyrchu ddirywiad difrifol yn ogystal â rhai diwydiannau cynradd fel mwyngloddio glo. Gadawodd y broses hon o ddad-ddiwydiannu (☞ uned 97) nifer o weithwyr gyda sgiliau diangen yn y farchnad swyddi. Ar yr un adeg, roedd mathau eraill o weithwyr medrus yn aml yn brin, gan greu sefyllfa baradocsaidd o ddiweithdra uchel ar y naill law a gormod o alw am fathau penodol o weithwyr ar y llaw arall.

Gwaethygu'r sefyllfa wnaeth Olew Môr y Gogledd drwy godi cyfradd cyfnewid y bunt, yn enwedig rhwng 1979 ac 1981. Golygai hyn bod mewnforion yn rhatach i gwsmeriaid Prydeinig ond allforion y DU yn ddrytach i dramorwyr. Gellid dadlau bod y bunt wedi'i gor-brisio ar sawl cyfnod allweddol yn yr 1970au, 1980au a'r 1990au, gan effeithio ymhellach ar ddiweithdra.

Nid oedd llafur wedi'i ddosbarthu'n dda rhwng y rhanbarthau ychwaith. Roedd y swyddi cynradd ac eilaidd a ddiflannodd wedi'u gwasgaru'n weddol wastad o amgylch y wlad fel cyfran o'r llafurlu. Fodd bynnag, profodd y De dwf llawer cyflymach yn y diwydiannau gwasanaeth na gweddill y wlad dros y cyfnod. Golygai hyn bod modd i'r De symud gweithwyr o swyddi gweithgynhyrchu i swyddi gwasanaeth yn weddol rhwydd. Ond roedd hyn yn cymryd llawer mwy o amser mewn lleoedd eraill. Roedd polisïau tai anaddas hefyd yn rhwystro gweithwyr cyflog isel rhag symud o'r rhanbarthau gwaethaf o ran diweithdra i'r De. Roedd y polisïau hynny yn llywio pobl tuag at brynu tai drud yn hytrach nag annog rhenti fforddiadwy. Tarodd enciliad 1990-1992 y diwydiannau gwasanaeth yn arbennig o ddrwg, gan gau'r bwlch diweithdra rhwng y rhanbarthau yn sylweddol. Ond wrth i'r economi gryfhau drwy weddill y degawd, dechreuodd y bwlch agor eto, gyda'r sector gwasanaeth yn ffynnu yn y De a llawer o swyddi gweithgynhyrchu'n diflannu yng ngweddill y wlad.

Roedd y dirywiad hwn yn nifer y swyddi diwydiannol cynradd ac eilaidd yn cymhlethu tueddiadau eraill yn yr economi. Yn yr 1970au a'r 1980au cynnar, bu cynnydd sylweddol yn nifer y bobl ifanc 16 mlwydd oed yn y boblogaeth oedd angen swyddi. Rhoddodd hyn bwysau sylweddol ar ddiweithdra ymhlith pobl ifanc. Erbyn canol yr 1980au, roedd y sefyllfa wedi gwella ychydig oherwydd bod y duedd wedi'i gwrthdroi. Roedd gostyngiad sylweddol hefyd yn nifer y swyddi lled-fedrus a di-grefft cyflog da oedd yn draddodiadol wedi'u llenwi gan ddynion. Roedd y swyddi hyn yn y diwydiant cynradd a gweithgynhyrchu, fel mwyngloddio neu weithio ar linell gynhyrchu mewn ffatri geir. Bu cynnydd mewn mathau eraill o waith di-grefft, ond roedd y swyddi hyn yn y diwydiant gwasanaeth. Roeddent yn gyflogau isel a merched yn bennaf oedd yn eu llenwi. O ganlyniad, cododd niferoedd y gweithwyr di-grefft gwrywaidd oedd yn ddi-waith ond gwelwyd cynnydd mawr yn nifer y gweithwyr benywaidd mewn gwaith.

Diweithdra clasurol

Daliwyd nifer o weithwyr gwrywaidd lled-fedrus a di-grefft yn y **trap tlodi** yn yr 1970au a'r 1980au. Byddai ymgymryd â swydd cyflog isel yn golygu eu bod yn colli cymaint os nad mwy o fudd-daliadau gwladol nag y byddent yn ennill mewn cyflog ar ôl treth. Er i gyfres o ddiwygiadau o'r system dreth a budd-daliadau yn yr 1980au a'r 1990au arwain at rai gwelliannau yn y sefyllfa hon, roedd cyfraddau treth ffiniol effeithiol ac alldyniadau budd-daliadau yn parhau'n uchel ar gyflogau isel.

Mae rhai economegwyr yn dadlau bod undebau llafur yn un o brif achosion diweithdra oherwydd eu pŵer yn yr 1960au a'r 1970au. Roeddent yn gallu codi cyflogau i'w haelodau uwchlaw cyfradd clirio'r farchnad i'r farchnad lafur, ond i wneud hynny, roedd yn rhaid lleihau cyflenwad llafur ac felly lleihau nifer y swyddi oedd ar gael.

Roedd cynghorau cyflog hefyd yn ffynhonnell bosibl arall o ddiweithdra clasurol. Dyma gyrff a osodai leiafswm cyflog mewn nifer o ddiwydiannau a oedd yn draddodiadol yn gysylltiedig â chyflogau isel. Fe'u diddymwyd yn 1994.

Mae rhai economegwyr hefyd yn credu bod ffurfiau eraill o ddeddfwriaeth a gyfrannodd at godi cost llafur i gyflogwyr wedi arwain at ddiweithdra uwch. Yn yr 1970au a'r 1980au, bu mesurau fel deddfwriaeth cyflog cyfartal a rheoliadau iechyd a diogelwch yn y gweithle yn gyfrifol am godi costau i gwmnïau, er gwaetha'r ffaith bod llywodraethau Ceidwadol 1979-1997 wedi diddymu rhai darnau o ddeddfwriaeth a oedd yn gwarchod hawliau gweithwyr.

Diweithdra heddiw

Ers 1993, mae diweithdra wedi syrthio o'i uchafbwynt o 2.9 miliwn yn 1993 i isafbwynt o 0.87 miliwn yn 2004. Mae yna nifer o resymau am hyn.

- Syrthiodd diweithdra cylchol cymaint fel bo modd dadlau iddo gyrraedd sero erbyn diwedd yr 1990au. Roedd y llywodraeth wedi rheoli ochr-alw yr economi drwy bolisi cyllidol, a Banc Lloegr drwy bolisi ariannol, gan olygu bod y bwlch cynnyrch bron yn sero dros gyfnod hir o amser. Mae'r sefydlogrwydd hwn yn nhwf galw wedi annog cwmnïau i fuddsoddi ac wedi tawelu agwedd filwriaethus gweithwyr.
- Syrthiodd diweithdra strwythurol hefyd. Er bod cyflogaeth ym maes gweithgynhyrchu yn parhau i syrthio, roedd y gyfradd yn llawer is ac yn golygu llai o swyddi nag yn yr 1970au a'r 1980au. Ymhellach, roedd economïau gwasanaeth y rhanbarthau y tu hwnt i Dde Lloegr yn llawer cryfach ac yn gallu creu mwy o swyddi nag o'r blaen. Lansiodd y llywodraeth Lafur newydd yn 1997 y rhaglen 'Fargen Newydd' a oedd wedi'i hanelu'n benodol at gael swyddi i bobl ifanc a grwpiau eraill a oedd yn cael anhawster canfod gwaith. Roedd diwygiadau ochr-gyflenwad a ddechreuwyd yn yr 1980au yn parhau i gael effaith. Bu lefelau addysg a hyfforddiant gwell hefyd yn fodd o leihau diweithdra strwythurol, fel ag y gwnaeth mudo o ardaloedd diweithdra uchel i ardaloedd diweithdra is.
- Syrthiodd diweithdra clasurol hefyd. Bu diwygiadau i'r

system dreth a budd-daliadau, fel cyflwyniad credydau treth gweithio, yn fodd o annog y sawl oedd ar waelod yr ystod dâl i weithio.

Fodd bynnag, teimlai rhai economegwyr bod cyflwyno'r lleiafswm cyflog yn 1999 a derbyn deddfwriaeth llafur yr Undeb Ewropeaidd, fel wythnos waith 48 awr, wedi cynyddu diweithdra clasurol. Teimlent hefyd bod deddfwriaeth undebau llafur newydd, a basiwyd yn 1998 ac a roddai'r hawl i undebau llafur orfodi eu hawliau i drafodaeth yn y gweithle, wedi cryfhau grym yr undebau llafur gan felly godi diweithdra.

Mae economegwyr clasurol yn dadlau bod y diweithdra uchel a welwyd yn y rhan fwyaf o Ewrop ers 1990au wedi digwydd oherwydd bod gan yr undebau ormod o bŵer, bod trethi cyflogaeth ar gwmnïau yn rhy uchel, bod budd-daliadau diweithdra i weithwyr yn rhy hael a bod deddfwriaeth llafur wedi rhoi gormod o hawliau i weithwyr yn y gweithle. Mae hyn wedi codi cost gweithwyr i gyflogwyr gan eu gwneud yn llai hyblyg. Felly, mae cyfradd naturiol diweithdra wedi bod yn uchel yn Ewrop. Byddent wedyn yn dadlau bod diweithdra wedi gostwng yn UDA ac i ryw raddau yn y DU oherwydd marchnadoedd llafur hyblyg. Mae undebau llafur yn wannach, trethi cyflogaeth yn isel ac nid yw'r wladwriaeth yn llawdrwm wrth reoleiddio'r farchnad lafur. Canlyniad hyn yw gostyngiad yng nghyfradd naturiol diweithdra. O gefnogi'r asesiad hwn, gellid dweud bod UDA a'r DU wedi bod yn llwyddiannus iawn wrth reoli diweithdra o'i gymharu â gwledydd Ewropeaidd.

Cwestiwn Data

Achosion diweithdra

Ffigur 86.6 *Diweithdra, cyfraddau ILO a chyfrif hawlwyr, %; cyfradd diweithdra, pawb 16-59/64 oed, %.*

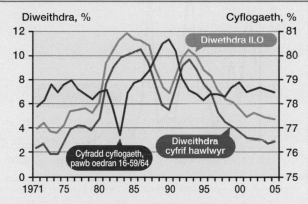

Ffynhonnell: addaswyd o *Economic Trends*, Swyddfa Ystadegau Cenedlaethol.

Ffigur 86.8 *Cyfraddau diweithdra rhanbarthol dethol, cyfrif hawlwyr, %*

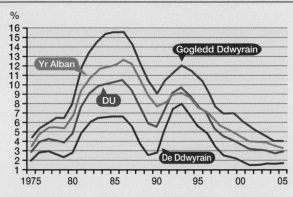

Ffynhonnell: addaswyd o *Economic Trends*, Swyddfa Ystadegau Cenedlaethol.

Ffigur 86.7 *Arolwg y CBI o brinder gweithwyr medrus ym maes gweithgynhyrchu*

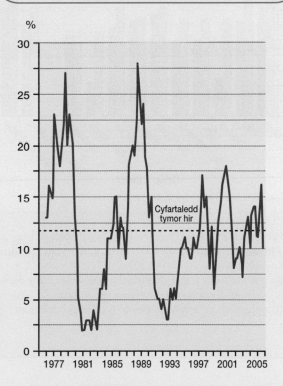

Addaswyd o *The Budget, The Economy, Supplementary charts and tables,* Mawrth 2006, Trysorlys EM.

Ffigur 86.9 *Swyddi gweithwyr yn y gwasanaethau gweithgynhyrchu a gwasanaeth*

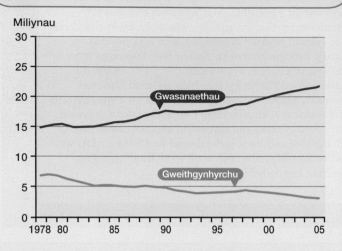

Ffynhonnell: addaswyd o *Economic Trends*, Swyddfa Ystadegau Cenedlaethol.

Ffigur 86.10 *Diweithdra tymor hir, pobl ifanc a 25+*

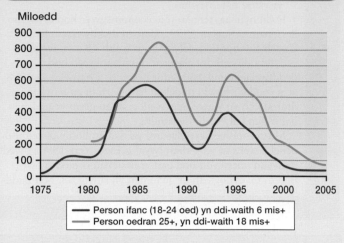

Ffynhonnell: addaswyd o *Pre-budget Report 2005*, Trysorlys EM.

Ffigur 86.11 *Cyfraddau cyflogaeth lleiafrifoedd ethnig yn ôl rhyw*

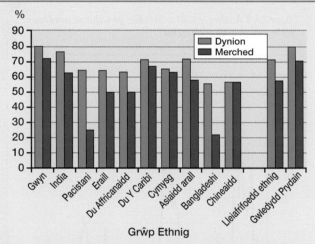

Ffynhonnell: addaswyd o *Pre-budget Report 2005*, Trysorlys EM.

Ffigur 86.12 *Streiciau, dyddiau gwaith a gollwyd*

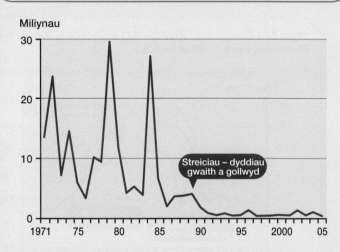

Ffynhonnell: addaswyd o *Labour Market Trends*, Swyddfa Ystadegau Cenedlaethol.

Mae cylchgrawn wedi gofyn i chi ysgrifennu erthygl ar achosion diweithdra yn y DU dros y blynyddoedd diwethaf. Yn eich erthygl:

(a) amlinellwch y prif dueddiadau yn niweithdra dros y cyfnod diweddar, a ddangosir yn y data;

(b) eglurwch yr achosion posibl o ddiweithdra, gan wahaniaethu rhwng y prif fathau o ddiweithdra a nodwyd gan yr economegwyr;

(c) gan ddefnyddio'r data, gwerthuswch pa ffactorau sydd wedi bod fwyaf pwysig wrth bennu lefelau diweithdra ers yr 1970au cynnar.

Crynodeb

1. Mae'r gromlin Phillips yn dangos y berthynas rhwng cyfradd newid cyflogau arian a diweithdra. Mae diweithdra uchel yn gysylltiedig â chyfradd newid isel o gyflogau arian, tra bo diweithdra isel yn gysylltiedig â chyfradd newid uchel o gyflogau arian.
2. Yn dilyn cyhoeddi casgliadau Phillips yn 1958, datblygwyd barn bod gwrthddewis rhwng diweithdra a chwyddiant.
3. O ganol yr 1960au, chwalodd perthynas y gromlin Phillips yn y DU. Yr esboniad a dderbynnir fwyaf ar gyfer hyn yw bod y gromlin Phillips wreiddiol yn dangos proses addasu dymor byr yr economi, a thybio bod gweithwyr â rhith arian. Ers canol yr 1960au mae gweithwyr wedi peidio â bod â rhith arian.
4. Mae economegwyr clasurol yn dadlau bod cromlin Phillips y tymor hir yn fertigol. Bydd diweithdra bob amser yn dychwelyd i'w gyfradd naturiol. Mae gwrthddewis y gromlin Phillips i'w gael yn y tymor byr yn unig.
5. Bydd llywodraeth sy'n cynyddu'r galw yn yr economi yn llwyddo i ostwng diweithdra a'r gost fydd chwyddiant uchel yn y tymor byr, ond yn y tymor hir bydd diweithdra'n dychwelyd i'w gyfradd naturiol ar gyfradd uwch o chwyddiant.
6. Bydd polisïau sy'n llwyddo i ostwng chwyddiant yn creu diweithdra yn y tymor byr. Mae Keynesiaid yn tueddu i ddadlau y bydd y gost o ran diweithdra yn ddifrifol ac yn hir. Ar y pegwn arall, mae economegwyr clasurol newydd yn dadlau y bydd y gost o ran diweithdra yn ddibwys a bod y broses addasu dymor byr yn gyflym.

Y gromlin Phillips wreiddiol

Yn 1958 cyhoeddodd yr Athro A W Phillips o Ysgol Economeg Llundain *The Relation between Unemployment and the Rate of Change of Money Wage Rates, 1861-1957*. Dangosodd bod perthynas hynod o sefydlog rhwng cyfradd newid cyflogau arian a lefel diweithdra. Fel y gellir gweld yn Ffigur 87.1, roedd cyfraddau uchel o ddiweithdra yn gysylltiedig â chyfraddau newid isel (a hyd yn oed negyddol) o gyfraddau cyflogau arian, ac roedd cyfraddau isel o ddiweithdra yn gysylltiedig â chyfraddau newid uchel o gyfraddau cyflogau arian. Cafodd y llinell ffit orau ei galw'n GROMLIN PHILLIPS.

Mae'r berthynas hon yn rhoi goleuni defnyddiol ar achosion chwyddiant. Mae newidiadau yng nghyfraddau cyflogau arian yn gydran allweddol o newidiadau mewn prisiau. Tybiwch fod cyfraddau cyflogau arian yn cynyddu 10% tra bo pob ffactor arall

Ffigur 87.1 Y gromlin Phillips

Roedd y gromlin Phillips wreiddiol yn deillio o ddata o'r cyfnod 1861-1913. Yna dangosodd Phillips fod y gromlin yn rhagfynegi'r berthynas rhwng cyfradd newid cyfraddau cyflogau arian a diweithdra yn y cyfnod 1913-1957.

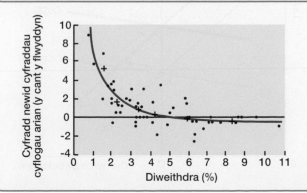

Cwestiwn I

Ffigur 87.2 Data'r gromlin Phillips 1913-1948

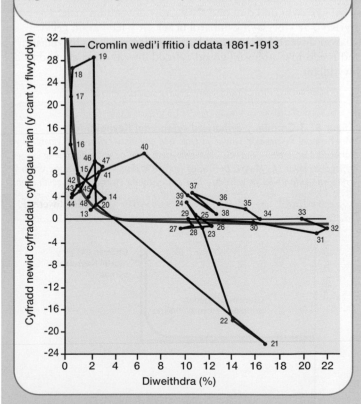

I ba raddau y mae'r data a ddangosir yn Ffigur 87.2 yn ategu'r farn bod perthynas sefydlog rhwng diweithdra a chyfradd newid cyfraddau cyflogau arian?

yn ddigyfnewid. Os ydy cyflogau yn 70% o gostau cwmni, bydd ei gostau'n cynyddu 7%. Mae'n debygol o drosglwyddo'r costau hyn ar ffurf prisiau uwch. Bydd y prisiau uwch hyn yn gweithio trwodd i gostau uwch ar gyfer cwmnïau eraill neu yn uniongyrchol i mewn i gyfradd chwyddiant (e.e. yr Indecs Prisiau Adwerthu yn y DU). Po uchaf yw cyfradd newid cyflogau arian, uchaf i gyd fydd cyfradd debygol chwyddiant. Felly gellir newid rhagdybiaeth y gromlin Phillips ychydig i nodi bod perthynas wrthdro rhwng chwyddiant a diweithdra. Pan fydd diwethdra'n isel, bydd chwyddiant yn uchel. Pan fydd diweithdra'n uchel, bydd chwyddiant yn isel neu hyd yn oed yn negyddol (h.y. bydd prisiau'n gostwng).

Pwysigrwydd cychwynnol y gromlin Phillips

Roedd yr erthygl yn bwysig i ddechrau am ddau reswm. Yn gyntaf, helpodd Keynesiaid i ddatblygu damcaniaeth fwy soffistigedig o chwyddiant. Yn y model Keynesaidd symlaf mae cromlin y cyflenwad cyfanredol â siâp fel a geir yn Ffigur 87.3.

Hyd at lefel incwm cyflogaeth lawn, mae cromlin y cyflenwad yn llorweddol. Bydd unrhyw gynnydd yn y galw cyfanredol yn cynyddu cynnyrch heb achosi chwyddiant. Ar gyflogaeth lawn mae cromlin y cyflenwad yn fertigol. Bydd unrhyw gynnydd yn y galw cyfanredol yn cynyddu prisiau heb gynyddu cynnyrch. Ond awgrymodd tystiolaeth yr 1950au fod cromlin y cyflenwad cyfanredol yn goleddu i fyny yn agos at lefel cynnyrch cyflogaeth lawn. Roedd newidiadau yn y galw cyfanredol yn effeithio ar gynnyrch a chwyddiant.

Yn ail, newidiodd gwneuthurwyr polisi (ac yn arbennig llywodraethau) eu barn am sut y gallai'r economi gael ei reoli. Argyhoeddwyd llawer bod gwrthddewis rhwng diweithdra a chwyddiant. Gallai chwyddiant sero (h.y. sefydlogrwydd prisiau) gael ei gyflawni ond dim ond trwy gadw diweithdra ar lefel a ystyriwyd ar y pryd yn gymharol uchel. Ar y llaw arall, gellid cyflawni diweithdra is drwy dderbyn lefelau uwch o chwyddiant. Ond roedd hi'n amhosibl gosod cyfradd diweithdra a chyfradd chwyddiant.

Perthynas y gromlin Phillips syml yn chwalu

Yn dilyn cyhoeddi erthygl Phillips, gwnaed llawer o waith yn y DU a thramor i brofi'r berthynas rhwng diweithdra a chwyddiant. Yn gyffredinol, roedd yn ymddangos bod y berthynas yn digwydd mewn gwledydd eraill hefyd. Yn rhan gyntaf yr 1960au roedd y berthynas yn dal yn wir yn y DU. Yna o 1966 ymlaen, chwalodd yn llwyr. Flwyddyn ar ôl blwyddyn, cofnodwyd pwyntiau i'r dde o'r gromlin Phillips wreiddiol fel y gwelir yn Ffigur 87.7. Hyd yn oed yn fwy difrifol oedd y ffaith nad oedd dim patrwm newydd yn datblygu. Dadleuodd rhai economegwyr nad oedd y gromlin Phillips wreiddiol erioed wedi bodoli beth bynnag. Y ddamcaniaeth gydnabyddedig heddiw yw bod y gromlin Phillips fel y cafodd hi ei phlotio'n wreiddiol yn achos arbennig ac mai dim ond yng nghyd-destun ehangach galw cyfanredol a chyflenwad cyfanredol y gellir ei deall.

Cromlin Phillips y tymor byr

Tybiwch fod prisiau'n sefydlog a bod cynnydd yn y galw cyfanredol. Efallai bod buddsoddiant bwriedig wedi cynyddu, neu fod y llywodraeth yn dymuno cynyddu ei gwariant. Bydd hyn yn symud cromlin y galw cyfanredol i'r dde yn Ffigur 87.4. Mae'r economi'n symud ar hyd cromlin ei gyflenwad cyfanredol tymor byr o A i B. Sylwch fod y symudiad yn cynnwys cynnydd mewn cynnyrch a chynnydd yn lefel prisiau. Mae cynnydd mewn cynnyrch fel arfer yn gysylltiedig â gostyngiad mewn diweithdra. Wrth gwrs chwyddiant yw'r cynnydd yn lefel prisiau. Felly mae'r symudiad o A i B yn dangos gwrthddewis y gromlin Phillips: chwyddiant uwch am ddiweithdra is. Ni fyddai'r berthynas yn wahanol pe bai'r galw cyfanredol yn gostwng, gan symud cromlin y galw cyfanredol i'r chwith heblaw y byddai chwyddiant is yn cael ei ddewis ar draul diweithdra uwch. Felly mae'r gromlin Phillips fel y cafodd hi ei phlotio'n wreiddiol gan Phillips yn dangos yr hyn sy'n digwydd pan fydd yr economi'n addasu yn y tymor byr i **sioc ochr-alw**.

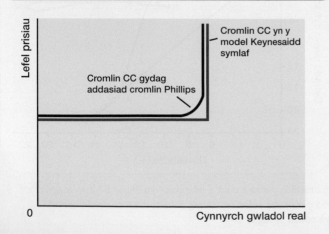

Ffigur 87.3 Cromlin y cyflenwad cyfanredol Keynesaidd
Mae'r model Keynesaidd symlaf yn tybio bod cromlin y cyflenwad cyfanredol yn llorweddol ar lefelau cynnyrch islaw cyflogaeth lawn ac yna'n fertigol ar gyflogaeth lawn. O gyflwyno perthynas cromlin Phillips i'r model, mae cromlin y cyflenwad cyfanredol yn goleddu i fyny cyn cyrraedd cynnyrch cyflogaeth lawn.

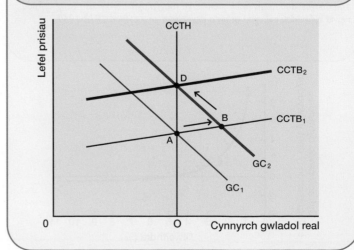

Ffigur 87.4 Galw cyfanredol a chyflenwad cyfanredol
Bydd cynnydd yn y galw cyfanredol o GC_1 i GC_2 yn cynyddu prisiau. Bydd hefyd yn cynyddu cynnyrch ac felly yn gostwng diweithdra. Mae'r symudiad hwn o A i B yn dangos perthynas cromlin Phillips y tymor byr. Yn y tymor hir bydd yr economi'n symud yn ôl i D. Does dim gwrthddewis yn y tymor hir rhwng diweithdra a chwyddiant.

Cromlin Phillips y tymor hir â chwyddiant sero

Yn ôl tybiaethau clasurol, nid yw pwynt B yn Ffigur 87.4 yn bwynt cydbwysedd tymor hir (☞ uned 86). A derbyn bod yr economi ar gyflogaeth lawn ym mhwynt A, mae'r economi wedi symud i safle â chyflogaeth orlawn yn B. Yn y farchnad lafur, bydd gweithwyr yn gallu gwthio cyfraddau cyflogau i fyny, gan symud cromlin y cyflenwad cyfanredol tymor byr i fyny. Dim ond ym mhwynt D lle mae'r galw cyfanredol eto yn hafal i'r cyflenwad cyfanredol y bydd yr economi'n dychwelyd i gydbwysedd. Mae'r symudiad o B i D yn cynnwys cynnydd mewn diweithdra mesuredig tra bydd chwyddiant yn gostwng i sero eto pan fydd yr economi'n cyrraedd pwynt D (cofiwch ein bod wedi tybio nad oedd dim chwyddiant yn A ac ar ôl i'r economi gyrraedd D ni fydd dim grymoedd fydd yn cynyddu prisiau bellach). Yn y tymor hir, felly, does dim gwrthddewis rhwng chwyddiant a diweithdra.

Cromlin Phillips fertigol y tymor hir

Pan fo chwyddiant yn sero neu'n isel iawn, fel er enghraifft yn y DU yn yr 1950au neu ers rhan olaf yr 1990, mae asiantau economaidd yn debygol o ddioddef o RITH ARIAN (*money illusion*), sef y gred bod prisiau'n sefydlog pan efallai nad ydynt mewn gwirionedd. Er enghraifft, os ydy gweithwyr yn derbyn cynnydd cyflog arian o 2%, efallai y byddan nhw'n credu eu bod 2% yn well eu byd. Ond os ydy chwyddiant hefyd yn 2% dydyn nhw ddim yn well eu byd o gwbl gan fod eu cyflogau real heb newid. Dywedir wedyn eu bod yn dioddef o rith arian.

Pan fydd asiantau economaidd yn ymwybodol bod chwyddiant yn erydu gwerth incwm a chyfoeth, byddan nhw'n newid eu hymddygiad. Efallai y bydd gweithwyr, er enghraifft, yn trafod mewn termau real. Yn hytrach na thrafod ar gyfer cynnydd cyflog o 2%, dyweder, gallen nhw drafod ar gyfer 2% plws cyfradd ddisgwyliedig chwyddiant. Mae ymddygiad o'r fath yn effeithio ar safle cromlin Phillips y tymor byr.

Yn Ffigur 87.5 y gromlin Phillips wreiddiol yw CP_1. Mae gweithwyr a chwmnïau yn tybio na fydd newidiadau prisiau ac mae'r economi mewn cydbwysedd ym mhwynt A. Yna mae'r llywodraeth yn cynyddu'r galw cyfanredol, gan wthio'r economi i bwynt W ar y gromlin Phillips dymor byr CP_1, gan ostwng diweithdra a chynyddu chwyddiant i 5%. Os ydy gweithwyr yn dioddef o rith arian, bydd yr economi yn y pen draw yn dychwelyd i'r pwynt A fel yr eglurwyd uchod. Ond tybiwch eu bod yn fwy soffistigedig ac yn disgwyl i chwyddiant barhau ar 5% y flwyddyn. Bydd gweithwyr yn bargeinio am gyflogau arian uwch fyth sy'n gwthio prisiau i fyny ymhellach. Felly bydd cyflogau real yn gostwng a bydd gweithwyr yn disgyn allan o'r farchnad lafur. Bydd diweithdra'n dychwelyd i'r lefel OA ond bydd cyfradd chwyddiant o 5% yn barhaol. Bydd y gromlin Phillips dymor byr wedi symud i CP_2 a bydd yr economi yn B. Os bydd y llywodraeth yn ceisio gostwng diweithdra eto, bydd chwyddiant yn codi, dyweder, i 10% ar CP_2. Yn y tymor hir bydd yr economi'n dychwelyd i OA o ddiweithdra ond ar gromlin Phillips uwch sef CP_3.

Cyfradd naturiol diweithdra

Yn Ffigur 87.5 pam mae'r economi'n dal i dueddu yn ôl i'r un lefel o ddiweithdra, OA? OA yw **cyfradd naturiol diweithdra** (☞ uned 86). Dyma gyfradd diweithdra pan fo'r economi mewn cydbwysedd tymor hir (h.y. lle mae'r galw cyfanredol yn hafal i gyflenwad cyfanredol y tymor hir). Eglurwyd yn uned 35 bod yr economi, ar sail tybiaethau clasurol, yn tueddu tuag at lefel ei

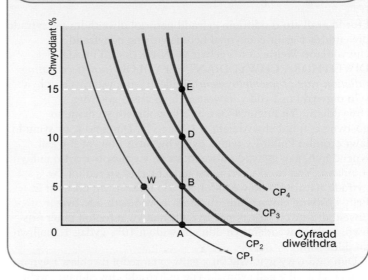

Ffigur 87.5 Cromlin Phillips y tymor hir
Yn y tymor hir mae'r gromlin Phillips yn fertigol. Bydd ymdrechion gan y llywodraeth i ostwng diweithdra islaw cyfradd naturiol diweithdra OA yn llwyddiannus yn y tymor byr, gan symud yr economi o A i W er enghraifft. Ond yn y tymor hir yr unig ganlyniad fydd chwyddiant uwch.

Yn 2005 roedd chwyddiant, yn ôl mesur yr Indecs Prisiau Adwerthu, yn 2.8%. Roedd cytundebau cyflog a dderbyniwyd yn 2005 yn cynnwys y canlynol.
- Ym mis Medi 2005 derbyniodd yr AUT, yr undeb sy'n cynrychioli darlithwyr mewn colegau Addysg Bellach, gytundeb cyflog o 3% ar gyfer 2005-2006.
- Ym mis Mehefin 2005 derbyniodd rheolwyr y Post Brenhinol gytundeb oedd yn werth rhwng 3.5% a 4% am y flwyddyn oedd i ddod.
- Ym mis Rhagfyr 2005 enillodd gweithwyr a gyflogwyd gan *Wincanton* gytundeb cyflog oedd yn werth tua 4% ar gyfer cyfnod o saith mis.

Eglurwch a fyddai penderfyniadau'r gweithwyr hyn i dderbyn y cynigion cyflog wedi bod yn wahanol pe bai chwyddiant yn (a) 0% a (b) 15%.

gydbwysedd tymor hir drwy newidiadau mewn cyflogau a phrisiau. Os ydy'r economi islaw cyfradd naturiol diweithdra, mae'r galw cyfanredol yn uwch na chyflenwad cyfanredol y tymor hir, fel ym mhwynt B yn Ffigur 87.4. Bydd gweithwyr yn gallu gwthio cyfraddau cyflogau i fyny, a bydd cromlin cyflenwad cyfanredol y tymor byr yn symud i fyny nes y caiff cydbwysedd tymor hir ei ailsefydlu. Os ydy diweithdra uwchlaw ei gyfradd naturiol, mae'r galw cyfanredol yn llai na chyflenwad cyfanredol y tymor hir. Bydd diweithdra'n gorfodi gweithwyr i dderbyn gostyngiadau cyflog. Yna bydd cwmnïau'n cyflogi mwy o lafur, gan ehangu cynnyrch a gostwng diweithdra i'w lefel naturiol.

Os ydy'r economi mewn cydbwysedd tymor hir, bydd y farchnad lafur mewn cydbwysedd hefyd. Felly diffiniad arall o gyfradd naturiol diweithdra yw cyfradd diweithdra pan fo'r galw am lafur yn hafal i gyflenwad llafur.

Yn y tymor hir bydd yr economi bob amser yn tueddu tuag at ei gyfradd naturiol o ddiweithdra. Felly mae cromlin Phillips y tymor hir yn fertigol, sef y llinell ABDE yn Ffigur 87.5. Does dim gwrthddewis tymor hir rhwng diweithdra a chwyddiant. Gall llywodraeth ostwng diweithdra islaw ei gyfradd naturiol yn y tymor byr, ond yn y tymor hir bydd diweithdra'n dringo'n ôl i fyny eto a bydd chwyddiant yn uwch.

Gostwng chwyddiant

Ffordd arall eto o ddiffinio cyfradd naturiol diweithdra yw cyfradd diweithdra y gellir ei chynnal heb newid yng nghyfradd chwyddiant. Weithiau fe'i gelwir yn *NAIRU* – CYFRADD DIWEITHDRA CHWYDDIANT SEFYDLOG (*non-accelerating inflation rate of unemployment*). I ddeall pam, ystyriwch yr hyn sy'n digwydd os bydd y llywodraeth yn ceisio gostwng chwyddiant. Yn Ffigur 87.6 mae'r llywodraeth yn dymuno gostwng cyfradd chwyddiant o 10% i 5%. Dim ond trwy symud i lawr cromlin Phillips y tymor byr o bwynt A i bwynt B y gall wneud hyn, gan gynyddu diweithdra yn y tymor byr o 1½ miliwn i 3 miliwn. Yna bydd yr economi'n dychwelyd yn raddol i'w gyfradd naturiol o ddiweithdra, sef 1½ miliwn, ym mhwynt E. Felly i ostwng chwyddiant, rhaid i'r llywodraeth dderbyn diweithdra uwch yn y tymor byr. Os nad yw'n fodlon talu'r pris hwn, bydd chwyddiant yn ddigyfnewid yn 10% gydag 1.5 miliwn yn ddi-waith.

Dim ond trwy gynnydd yn y galw cyfanredol uwchlaw'r hyn a fyddai fel arall y gall cynnydd yng nghyfradd chwyddiant uwchlaw 10% ddigwydd. Bydd y cynnydd hwn eto yn symud yr economi i ffwrdd o'r pwynt A, y tro hwn i fyny cromlin Phillips y tymor byr i F.

Felly gall y farchnad lafur fod mewn cydbwysedd ar gyfradd naturiol diweithdra (ar y *NAIRU*) gydag unrhyw gyfradd chwyddiant. Felly, eto mae cromlin Phillips y tymor hir yn fertigol. Yr unig ffordd i ostwng y *NAIRU* (h.y. gwthio cromlin Phillips fertigol y tymor hir i'r chwith), yn ôl economegwyr clasurol, yw mabwysiadu polisïau ochr-gyflenwad (☞ uned 38).

Keynesiaid, arianyddwyr ac economegwyr clasurol

Cynigiwyd y ddamcaniaeth bod y gromlin Phillips yn fertigol yn y tymor hir gan sefydlydd arianolaeth fodern, Milton Friedman. Yntau hefyd a awgrymodd nad oedd gweithwyr efallai yn dioddef o rith arian. Felly weithiau gelwir ei ddamcaniaeth yn **rhagdybiaeth cromlin Phillips ddisgwyliadau-estynedig** neu'r **rhagdybiaeth disgwyliadau addasol**.

Mae Keynesiaid wedi tueddu i amau bodolaeth cyfradd naturiol diweithdra. Y rheswm yw eu bod nhw'n credu ei bod hi'n cymryd amser hir iawn i farchnadoedd llafur glirio os oes diweithdra torfol. Yn Ffigur 87.6, efallai y bydd llywodraeth sy'n creu EB o ddiweithdra er mwyn gostwng chwyddiant yn gweld bod yr economi'n cadw lefel diweithdra o 3 miliwn. Oni fydd yn barod i aros efallai degawd neu fwy, ni all ostwng diweithdra ond trwy ehangu galw eto a derbyn chwyddiant uwch.

Ar y llaw arall, mae economegwyr clasurol newydd wedi awgrymu nad yw cromlin Phillips y tymor byr yn bodoli. Yn eu damcaniaeth **disgwyliadau rhesymegol** maen nhw'n dadlau bod asiantau economaidd fel gweithwyr, undebau llafur a chyflogwyr, yn gallu gweld ydy chwyddiant a diweithdra yn debygol o gynyddu neu ostwng yn y dyfodol. Os bydd y llywodraeth yn datgan ei bod hi'n fodlon derbyn cynnydd mewn diweithdra er mwyn gostwng chwyddiant, bydd gweithwyr ar unwaith yn cymedroli eu ceisiadau am godiad

cyflog er mwyn osgoi diweithdra. Felly bydd chwyddiant yn gostwng ar unwaith. Y casgliad felly yw y bydd yr economi bob amser ar gromlin fertigol y tymor hir am fod asiantau economaidd yn addasu eu disgwyliadau yn berffaith yng ngoleuni newyddion economaidd.

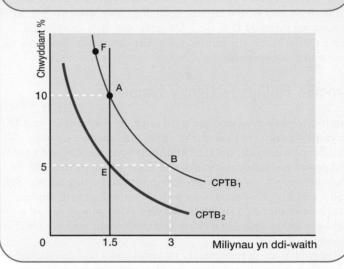

Ffigur 87.6 Gostwng chwyddiant
Dim ond trwy symud i lawr cromlin Phillips y tymor byr, er enghraifft o A i B, y gall llywodraeth ostwng chwyddiant. Yn y tymor hir bydd yr economi'n aros yn E, ond bydd pris trwm wedi'i dalu ar ffurf diweithdra uchel dros dro.

Cwestiwn 3

(a) Eglurwch rhwng pa flynyddoedd a ddangosir yn y data y mae'n ymddangos bod perthynas cromlin Phillips dymor byr normal i'w chael.
(b) (i) Beth yw ystyr y *NAIRU*?
   (ii) Eglurwch rhwng pa flynyddoedd y gallai'r *NAIRU* fod wedi gostwng.

Tabl 87.1 Diweithdra a chwyddiant

	Diweithdra, (cyfrif hawlwyr), miliynau	Chwyddiant (RPI) %
1988	2.4	4.9
1989	1.5	7.8
1990	1.6	9.4
1991	2.3	5.9
1992	2.8	3.8
1993	2.9	1.6
1994	2.6	2.5
1995	2.3	3.4
1996	2.1	2.4
1997	1.6	3.2
1998	1.4	3.4
1999	1.3	1.5
2000	1.1	3.0
2001	1.0	1.8
2002	1.0	1.7
2003	0.9	2.9
2004	0.9	1.3
2005	0.9	2.8

Ffynhonnell: addaswyd o *Economic Trends Annual Supplement*, Swyddfa Ystadegau Cenedlaethol.

Termau allweddol

NAIRU, cyfradd diweithdra chwyddiant sefydlog – cyfradd naturiol diweithdra, lefel diweithdra y gellir ei chynnal heb newid yn y gyfradd chwyddiant.

Rhith arian – pan fydd asiantau economaidd fel gweithwyr yn credu bod newidiadau mewn gwerthoedd arian yr un fath â

newidiadau mewn gwerthoedd real er bod chwyddiant (neu ddatchwyddiant) yn digwydd ar yr un pryd.

Y gromlin Phillips – y llinell sy'n dangos bod cyfraddau uwch o ddiweithdra yn gysylltiedig â chyfraddau newid is o gyfraddau cyflogau arian ac felly chwyddiant ac i'r gwrthwyneb.

Economeg gymhwysol

Cromlin Phillips oddi ar 1963

Rhwng 1957, dyddiad cyhoeddi erthygl wreiddiol Phillips, a 1965, gwelwyd economi'r DU yn ymddwyn mewn modd y byddai'r gromlin Phillips wreiddiol wedi'i rhagfynegi. Yn Ffigur 87.7, mae'r pwyntiau ar gyfer 1963, 1964 ac 1965 yn gorwedd ar y gromlin Phillips wreiddiol. Fodd bynnag, oddi ar 1967 mae cyfuniadau o ddiweithdra a chyfraddau chwyddiant wedi symud i'r dde o'r gromlin wreiddiol. Yn wir, daeth chwyddiant cynyddol i fod yn gysylltiedig â diweithdra cynyddol, yn groes i ragfynegiadau'r gromlin Phillips sy'n awgrymu cydberthyniad negatif rhwng y ddau newidyn.

Mae rhagdybiaeth cromlin Phillips ddisgwyliadau-estynedig yn awgrymu bod y gromlin Phillips y tymor byr sy'n goleddu i lawr wedi symud i'r dde gan bod gweithwyr wedi cynyddu eu disgwyliadau o gyfraddau chwyddiant i'r dyfodol. Nid oeddynt bellach yn dioddef o rith arian, ac felly roeddynt yn ystyried codiadau mewn prisiau yn y dyfodol wrth fargeinio am godiadau cyflog. A oes unrhyw dystiolaeth i awgrymu bod gweithwyr wedi rhoi'r gorau i ddioddef o rith arian o ganol yr 1960au ymlaen?

Un ffactor y mae'n rhaid cyfeirio ato yw bod chwyddiant o 1964 ymlaen lawer yn uwch nag a fu dros y 40 mlynedd blaenorol. Heblaw am gyfnod byr yn ystod Rhyfel Korea yn yr 1950au cynnar, roedd chwyddiant ar ei waethaf wedi bod yn 1% neu 2% y flwyddyn. Felly, roedd hi'n rhesymol i weithwyr dybio y byddai codiadau cyflog ariannol yn cyfateb yn fras i godiadau cyflog real. Fodd bynnag, o 1964 ymlaen, cododd

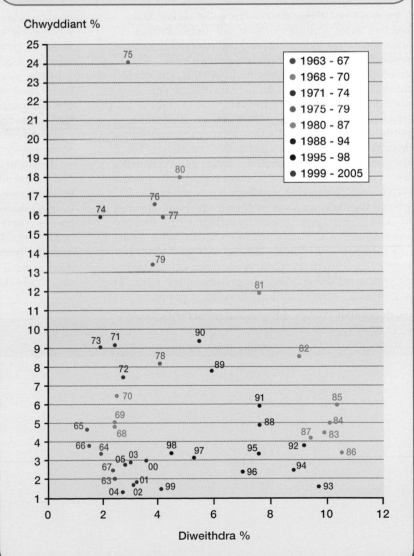

Ffigur 87.7 Data cromlin Phillips, 1963-2005

Chwyddiant %

Legend:
● 1963 - 67
● 1968 - 70
● 1971 - 74
● 1975 - 79
● 1980 - 87
● 1988 - 94
● 1995 - 98
● 1999 - 2005

Diweithdra %

Ffynhonnell: addaswyd o *Economic Trends Annual Supplement*, Swyddfa Ystadegau Cenedlaethol.

chwyddiant yn sylweddol, gan gyrraedd 24.1% erbyn 1975. Byddai'n syndod pe na bai gweithwyr wedi colli eu rhith arian ar ôl 1964 o ystyried y tueddiadau hyn.

Ffactor arall i'w ystyried yw bod y polisi prisiau ac incwm statudol cyntaf wedi'i weithredu yn 1965 (☞ uned 90). Cyhoeddodd llywodraeth Lafur Harold Wilson na ddylid dyfarnu unrhyw godiadau cyflog am gyfnod o chwe mis er mwyn rhwystro chwyddiant rhag codi ymhellach. Sicrhaodd hyn bod chwyddiant, a sut i reoli chwyddiant, yn dod yn fater canolog yng ngwleidyddiaeth Prydain. Ni allai gweithwyr beidio â sylweddoli bod chwyddiant yn bwysig i bŵer prynu eu pecynnau cyflog.

Gwelwyd llywodraeth Edward Heath 1970-1974 yn annog undebau llafur yn frwd yn 1972-3 i setlo am becynnau cyflog indecs gyswllt gyda chyflogwyr fel rhan o'i pholisi prisiau ac incwm. Credai y byddai chwyddiant yn syrthio yn y tymor byr ac felly y byddai pecynnau o'r fath yn arwain at godiadau cyflog is na phe byddai'r undebau wedi bargeinio ar sail y gyfradd chwyddiant gyfredol. Mewn gwirionedd, roedd y pecynnau hyn yn chwyddiannol oherwydd bod prisiau nwyddau byd-eang yn codi, yn enwedig olew.

Yn ystod yr 1970au a'r 1980au, gellid dadlau bod undebau llafur wedi bargeinio ar sail 'Indecs Prisiau Adwerthu' + (yr Indecs Prisiau Adwerthu *[RPI]* yw'r mesur chwyddiant a ddefnyddir fwyaf yn y DU – ☞ uned 28). Os oedd chwyddiant yn 10%, yna roedd undebau llafur yn pwyso am sicrhau 10% ac yna cynnydd cyflog real ar ben hynny.

Gallai'r patrwm bargeinio hwn arwain at effeithiau gwrthnysig. Tybiwch bod y llywodraeth yn ceisio lleihau chwyddiant drwy godi cyfraddau llog (polisi ariannol) neu godi trethi anuniongyrchol (i leihau galw cyfanredol drwy bolisi cyllidol). Effaith y ddau beth hyn yn y tymor byr yw codi'r gyfradd chwyddiant oherwydd bod y gyfradd llog morgais a'r cyfraddau treth anuniongyrchol yn cael eu cynnwys ym mesur chwyddiant *RPI*. Byddai undebau wedyn yn bargeinio am godiadau cyflog uwch yn seiliedig ar yr *RPI* uwch, a achoswyd yn rhannol gan bolisi'r llywodraeth wrth iddi geisio lleihau chwyddiant.

Cyfrannodd **diwygiadau ochr-gyflenwad** (☞ uned 38) yr 1980au a'r 1990au at dorri'r cysylltiad rhwng codiadau cyflog a chwyddiant. Roedd y symudiad oddi wrth cydfargeinio cenedlaethol, er enghraifft, yn cyfyngu ar bŵer undebau llafur a oedd wedi dod yn fedrus iawn yn y broses o ddefnyddio'r gyfradd chwyddiant ddisgwyliedig fel arf bargeinio mewn trafodaethau. Cyfrannodd enciliad estynedig 1990-92 hefyd yn seicolegol at leihau pwysigrwydd chwyddiant mewn trafodaethau cyflog. Yn ystod y cyfnod hwn, cododd diweithdra o 1.5 miliwn i 3 miliwn tra syrthiodd chwyddiant o 10 i 2%. I lawer o weithwyr, roedd cadw swydd bellach yn bwysicach na sicrhau codiad cyflog. Yn ystod yr 1990au, cafwyd chwyddiant isel o rhwng 2-4%, gan gyfrannu eto at leihau pwysigrwydd y gyfradd chwyddiant wrth drafod cyflogau. Erbyn 2000, gellid dadlau bod rhith arian wedi dod yn norm eto ymhlith gweithwyr a chwsmeriaid.

Gellir defnyddio'r newidiadau hyn i helpu esbonio'r data a ddangosir yn Ffigur 87.7. Gellid dadlau bod yr economi rhwng 1988 ac 1994 ar gromlin Phillips y tymor byr sengl. Rhwng 1995 ac 1999, fodd bynnag, symudodd y gromlin Phillips y tymor byr yn ôl. Gyda newid bach iawn mewn chwyddiant, syrthiodd diweithdra o 3 miliwn i 1.5 miliwn yn ôl y mesur cyfrif hawlwyr. Yna, gellid gweld y cyfnod 1999-2005 fel un sydd ar gromlin Phillips y tymor byr sengl, bron yn union yr un fath a'r gromlin Phillips y tymor byr a fodolai rhwng 1963 ac 1967 ar ddechrau'r cyfnod.

Byddai hyn yn awgrymu bod y gromlin Phillips y tymor hir fertigol wedi bod yn symud nôl hefyd wrth i gyfradd naturiol diweithdra, neu *NAIRU*, ostwng. Mae rhai economegwyr wedi dadlau mai dyma un o fanteision y diwygiadau ochr-gyflenwad ers dechrau'r 1980au. Mae economegwyr eraill yn dadlau bod y data yn Ffigur 87.7 yn dangos nad yw cyfradd naturiol diweithdra yn bodoli. Nid yw cyfradd naturiol sy'n syrthio o 3 miliwn i 1.5 miliwn mewn pum mlynedd (1993-1998) yn gredadwy iawn. O ddilyn y ddadl hon, nid oedd diweithdra uchel hanner cyntaf yr 1980au a'r 1990au yn bris anochel yr oedd yn rhaid ei dalu i sicrhau chwyddiant isel. Pe byddai'r llywodraeth wedi dilyn polisïau llai datchwyddol, gallai diweithdra wedi bod yn llai gyda'r un gyfradd chwyddiant.

Cwestiwn Data

Diweithdra a chwyddiant yng ngwledydd *OECD*

Tabl 87.2 Chwyddiant (newid canrannol o'r flwyddyn flaenorol)

	1992	1993	1994	1995	1996	1997	1998	1999	2000	2001	2002	2003	2004
Ffrainc	2.5	2.2	1.7	1.8	2.1	1.3	0.7	0.6	1.8	1.8	1.9	2.2	2.3
Yr Almaen	5.1	4.4	2.7	2.7	1.2	1.5	0.6	0.6	1.4	1.9	1.3	1.0	1.8
Yr Eidal	5.0	4.5	4.2	5.4	4.0	1.9	2.0	1.7	2.6	2.3	2.6	2.8	2.3
Japan	1.7	1.3	0.7	-0.1	0.0	1.7	0.7	-0.3	-0.8	-0.8	-0.9	-0.3	0.0
Y Deyrnas Unedig	4.2	2.5	2.0	2.7	2.5	1.8	1.6	1.3	0.8	1.2	1.3	1.4	1.3
Unol Daleithiau America	3.0	3.0	2.6	2.8	2.9	2.3	1.5	2.2	3.4	2.8	1.6	2.3	2.7
Rhanbarth yr Ewro	4.6	4.0	3.2	3.2	2.4	1.7	1.2	1.2	2.2	2.5	2.3	2.1	2.1

Ffynhonnell: addaswyd o *Economic Outlook, OECD.*

Tabl 87.3 Cyfraddau diweithdra (canran o'r gweithlu cyfan)

	1992	1993	1994	1995	1996	1997	1998	1999	2000	2001	2002	2003	2004
Ffrainc	9.9	11.1	11.7	11.1	11.6	11.5	11.1	10.5	9.1	8.4	8.9	9.5	9.6
Yr Almaen	6.4	7.7	8.3	8.0	8.5	9.2	8.8	7.9	7.2	7.4	8.2	9.1	9.5
Yr Eidal	8.8	9.8	10.6	11.2	11.2	11.2	11.3	11.0	10.1	9.1	8.6	8.4	8.0
Japan	2.2	2.5	2.9	3.1	3.4	3.4	4.1	4.7	4.7	5.0	5.4	5.3	4.7
Y Deyrnas Unedig	9.7	10.2	9.3	8.5	7.9	6.8	6.1	5.9	5.4	5.0	5.1	4.9	4.7
Unol Daleithiau America	7.5	6.9	6.1	5.6	5.4	4.9	4.5	4.2	4.0	4.7	5.8	6.0	5.5
Rhanbarth yr Ewro	8.6	10.1	10.7	10.5	10.7	10.6	10.1	9.2	8.2	7.9	8.3	8.7	8.9

Ffynhonnell: addaswyd o *Economic Outlook, OECD.*

1. Eglurwch y gwahaniaeth rhwng cromliniau Phillips y tymor byr a'r tymor hir.
2. A yw'r data yn awgrymu bod cromliniau Phillips yn bodoli yn y gwledydd a ddangosir?
3. I ba raddau all llywodraethau ddefnyddio polisïau rheoli'r galw i leihau diweithdra heb effeithio ar chwyddiant?

Crynodeb

1. Gellir defnyddio technegau rheoli'r galw i ostwng diweithdra cylchol yn yr economi.
2. Ymdrinnir orau â diweithdra gwirfoddol drwy amrywiaeth o bolisïau ochr-gyflenwad. Byddai economegwyr ochr-gyflenwad yn awgrymu mesurau fel gwella gwybodaeth ar gyfer chwilio am swyddi, gostwng cymhareb budd-daliadau i gyflogau, hyfforddi, dileu lleiafswm cyflog a chynyddu symudedd gweithwyr.
3. Gellir gostwng cyfradd naturiol diweithdra os ydy cyflenwad cyfanredol y tymor hir yn yr economi yn tyfu.

Rheoli'r galw

Gellir dosbarthu diweithdra yn bum math (☞ uned 86). Os ydy diweithdra'n Keynesaidd neu'n alw annigonol ei natur (h.y. yn cael ei achosi gan rhy ychydig o wariant yn yr economi), gall fod yn briodol i'r llywodraeth ddefnyddio polisïau sy'n arwain at gynnydd yn y galw cyfanredol.

Yn ystod yr 1950au a'r 1960 defnyddiodd llywodraethau Prydeinig olynol dechnegau **rheoli'r galw** (☞ uned 81) i gadw diweithdra ar lefelau isel iawn yn ôl safonau hanesyddol. Os oedd yr economi islaw cyflogaeth lawn, byddai'r llywodraeth yn ymyrryd i gynyddu'r galw cyfanredol a dileu'r bwlch cynnyrch. Yn hawsaf oll gallai'r llywodraeth newid ei gwariant ei hun. Gallai hefyd newid gwariant traul drwy newidiadau mewn treth. Byddai'r naill neu'r llall o'r rhain yn arwain at gynnydd yn y *PSNCR* ac yn golygu llacio polisi cyllidol. Gallai'r llywodraeth lacio polisi ariannol hefyd, yn bennaf drwy lacio rheolaethau ar argaeledd credyd yn yr economi (☞ uned 85). Yn yr un modd, pe bai goralw yn yr economi a phwysau chwyddiannol yn cynyddu, byddai'r llywodraeth yn gostwng y galw cyfanredol drwy ostwng y *PSNCR* a thynhau rheolaethau ar gredyd.

Nid oedd angen i'r newid yn y diffyg cyllidol neu'r gwarged cyllidol fod o'r un maint â maint y bwlch cynnyrch, a hynny oherwydd effaith y **lluosydd** (☞ uned 33). Er enghraifft, pe bai angen cynyddu'r galw cyfanredol £10 000 miliwn a bod y lluosydd yn 2, byddai angen i'r llywodraeth gynyddu ei gwariant £5 000 miliwn yn unig i ddychwelyd yr economi i gyflogaeth lawn.

Gallai'r galw cyfanredol gael ei addasu hyd yn oed pe bai diffyg cyllidol y llywodraeth yn ddigyfnewid. Pe bai'r llywodraeth yn cynyddu ei gwariant a threthi yr un maint, byddai'r galw cyfanredol yn cynyddu oherwydd **effaith lluosydd y gyllideb fantoledig**. Byddai'r effaith hon yn digwydd oherwydd y byddai £100 o wariant llywodraeth yn cynyddu'r galw cyfanredol £100. Ond ni fyddai cynnydd o £100 mewn trethi yn gostwng y galw cyfanredol £100, oherwydd y byddai cartrefi'n ariannu rhan o'r £100 drwy gynilo llai. Felly efallai y byddai treuliant yn gostwng £90 yn unig. Byddai cynnydd o £100 yng ngwariant y llywodraeth, ond gostyngiad o £90 mewn treuliant oherwydd trethi uwch, yn cynyddu'r galw cyfanredol £10 – effaith lluosydd y gyllideb fantoledig.

Gellir gweld effeithiau polisïau rheoli'r galw yn Ffigur 88.1. Tybir cromlin gyflenwad cyfanredol Keynesaidd (☞ uned 34). I ddechrau mae'r economi yn A, islaw lefel cynnrch cyflogaeth lawn OR. Bydd cynnydd yn y galw cyfanredol o GC₁ i GC₂ yn dychwelyd yr economi i gyflogaeth lawn, ond am rywfaint o gost o ran prisiau uwch. Fodd bynnag, bydd cynnydd pellach yn y galw cyfanredol, o GC₂ i GC₃, yn hollol chwyddiannol, gan fod yr economi eisoes ar gyflogaeth lawn.

Mae Keynesiaid heddiw yn cydnabod bod y polisïau

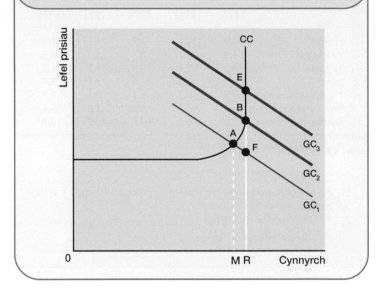

Ffigur 88.1 Rheoli'r galw
Yn ôl Keynesiaid, gall polisi cyllidol neu ariannol ehangol symud y gromlin GC i'r dde. Os ydy'r economi yn A, islaw cyflogaeth lawn, gallai cynnydd yn y diffyg cyllidol symud yr economi i B. Os ydy'r economi eisoes yn B, bydd ehangiad cyllidol yn hollol chwyddiannol.

rheoli'r galw a ddefnyddiwyd yn yr 1950au a'r 1960au yn rhy syml a heb ystyried chwyddiant a chyfradd naturiol diweithdra. Er hynny, mae Keynesiaid modern yn dadlau y gellir ymdrin â **diwethdra cylchol** drwy bolisi cyllidol. Er enghraifft, mewn enciliad byddai'n anghywir i lywodraeth fynd ati yn fwriadol i gadw ei chyllideb yn fantoledig fel y digwyddodd yn yr 1930au. Dylai ganiatáu i **sefydlogyddion awtomatig** (☞ uned 81) gostyngiad yn nerbyniadau trethi a chynnydd yn y gwariant ar fudd-dal diweithdra dorri'r cwymp mewn cynnyrch. Gallai hefyd ddefnyddio **polisi cyllidol gweithredol**, gan gynyddu gwariant cyhoeddus a gostwng trethi yn fwriadol, i gyflymu'r adferiad. Ond mae angen i lywodraethau ofalu na fyddant yn gorysgogi'r economi o gofio'r cyfyngiadau o ran chwyddiant a'r fantol daliadau (☞ uned 92). Â chyfraddau naturiol uchel o ddiweithdra hefyd, dim ond rhan o'r datrysiad i ostwng cyfraddau diweithdra y gall polisïau rheoli'r galw fod.

Mae economegwyr clasurol yn dadlau bod cromlin cyflenwad cyfanredol y tymor hir yn fertigol (☞ uned 34). Bydd yr economi'n dychwelyd i'w lefel gyflogaeth lawn bob amser. Felly ar y gorau mae polisïau rheoli'r galw yn ddiangen ac ar y gwaethaf maen nhw'n ddifrifol niweidiol i'r economi. Bydd polisi ehangol bob amser yn arwain at chwyddiant uwch nag a fyddai'n wir fel arall. Yn Ffigur 88.1, â chromlin y galw cyfanredol yn GC₁ a'r economi

Yn ei Gyllideb yn 1959 fe wnaeth Canghellor y Trysorlys, Heathcoat Amory, ostwng trethi'n sylweddol. Cyfiawnhaodd hyn yn y geiriau canlynol:

'Dydy'r rhagolygon ar gyfer cynhyrchu mewnol fel a nodwyd gennyf ddim yn cynrychioli defnydd digon llawn o'r adnoddau cyfalaf sydd wedi cael eu creu yn y blynyddoedd diwethaf. Nac ychwaith y gallwn fod yn fodlon ar y posibilrwydd y gallai diweithdra barhau oddeutu'r lefelau presennol ... (Fodd bynnag) rhaid i ni ar bob cyfrif ei gwneud hi ein busnes i beidio â dychwelyd i orlwytho'r economi, a fyddai'n gwneud ailgychwyn chwyddiant yn anochel. Ar hyn o bryd, fodd bynnag, mae'n amlwg nad yw hyn yn berygl uniongyrchol.'

(a) Gan ddefnyddio diagram galw a chyflenwad cyfanredol, eglurwch pam y gostyngodd y Canghellor drethi.
(b) Fyddai ei bolisi wedi bod yn wahanol pe bai chwyddiant yn cynyddu ar y pryd?
(c) Tyfodd yr economi yn gryf iawn yn ail hanner 1959 ac yn 1960. Dros y tair blynedd nesaf roedd y llywodraeth i gyfyngu ar dwf galw drwy bolisïau cyllidol ac ariannol. Gan ddefnyddio diagram, awgrymwch pam y defnyddiodd y llywodraeth bolisïau datchwyddol.

Ym mis Hydref 1996, fe wnaeth y llywodraeth roi Lwfans Ceisio Gwaith yn lle budd-dal diweithdra. Roedd budd-dal diweithdra yn fudd-dal heb brawf moddion oedd yn daladwy am 12 mis i unrhyw weithiwr oedd wedi talu digon o gyfraniadau Yswiriant Gwladol. Nid oedd yn ofynnol bod y derbynnydd yn chwilio am waith ac fe allai wrthod cynigion gwaith os oedd yn eu hystyried yn anaddas i'w anghenion. Mewn cyferbyniad â hynny, roedd Lwfans Ceisio Gwaith yn gofyn bod y derbynnydd yn chwilio naill ai am waith neu am hyfforddiant pellach. Byddai'r lwfans yn cael ei dynnu yn ei ôl pe bai'r ceisiwr gwaith yn gwrthod cynnig oedd yn addas ym marn y Gwasanaeth Cyflogaeth. Cafodd y Lwfans Ceisio Gwaith y clod gan lawer am ostwng lefel diweithdra ar y pryd.

Fodd bynnag, mae ymchwil gan Alan Manning o Ganolfan Perfformiad Economaidd yn dadlau bod cyflwyno'r Lwfans Ceisio Gwaith wedi arwain at ostyngiad unwaith ac am byth mewn diweithdra cyfrif hawlwyr. Pan gawson nhw lythyrau yn eu galw am gyfweliad gan y Gwasanaeth Cyflogaeth neu ar ôl eu cyfweliad, fe wnaeth lleiafrif sylweddol o'r bobl ar y Lwfans ddisgyn allan o'r system. Roedd y 'chwynnu' hwn yn gryfaf ymhlith y sawl oedd o'r blaen â lefelau cymharol isel o weithgaredd chwilio am swyddi. Hefyd, does dim tystiolaeth bod gweithgaredd chwilio ymhlith y rhai a arhosodd ar y Lwfans Ceisio Gwaith yn uwch nag o dan y system flaenorol o fudd-daliadau diweithdra.

Ffynhonnell: addaswyd o *You can't always get what you want: the impact of the UK Jobseekers' Allowance*, Alan Manning, Canolfan Perfformiad Economaidd, 2005.

Trafodwch a wnaeth cyflwyno'r Lwfans Ceisio Gwaith ostwng (a) diweithdra ffrithiannol a (b) diweithdra strwythurol.

---

yn A i ddechrau, byddai symudiad yn ôl i gyflogaeth lawn yn F pe na bai dim ymyriad llywodraeth. Byddai gweithredu rheoli'r galw, a symudai gromlin y galw cyfanredol i GC_2, yn arwain at yr un lefel cynnyrch ond prisiau uwch yn B.

Polisïau ochr-gyflenwad

Mae amrywiaeth barn ymhlith economegwyr ynghylch y ffordd orau o ymdrin â diweithdra cylchol. Fodd bynnag, maen nhw'n cytuno na ellir defnyddio polisïau rheoli'r galw i ymdrin â mathau eraill o ddiweithdra. Mae angen **polisïau ochr-gyflenwad** i ostwng y rhain.

Diweithdra ffrithiannol Os ydy diweithdra'n dymor byr, mae amrywiaeth o fesurau y gallai'r llywodraeth eu defnyddio i ostwng y math hwn o ddiweithdra. Un yw cynyddu llif gwybodaeth i weithwyr di-waith drwy ddarparu gwell gwasanaethau cyflogaeth. Yn y DU, er enghraifft, gallai hyn olygu mwy o wariant ar ganolfannau gwaith. Os gellir cysylltu gweithwyr di-waith â swyddi gwag yn gyflymach, byddan nhw'n treulio llai o amser ar y dôl a bydd diweithdra ffrithiannol yn gostwng.

Mesur arall fyddai gostwng neu ddileu budd-daliadau i'r di-waith tymor byr. Er enghraifft, pe bai'r holl fudd-daliadau yn cael eu torri ar ôl tri mis, yn hytrach na, dyweder, chwe mis neu flwyddyn, byddai mwy o gymhelliad i weithwyr di-waith gael hyd i swydd yn gyflym. Gall cynyddu hawliau i fudd-daliadau a chynyddu taliadau colli gwaith weithredu fel cymhellion i'r di-waith tymor byr gymryd mwy o amser i chwilio am swyddi.

Gallai mesurau i ymdrin â diweithdra strwythurol, fel cynyddu symudedd llafur rhwng rhanbarthau neu ddiwydiannau, helpu i ostwng diweithdra ffrithiannol hefyd.

Diweithdra strwythurol Mae'n anodd ymdrin â diweithdra strwythurol tymor hirach. Os ydy'r diweithdra'n rhanbarthol, gyda rhai rhanbarthau â diwethdra uwch o lawer na rhanbarthau eraill, byddai economegwyr Keynesaidd yn dadlau y dylai'r llywodraeth

roi cymhellion ariannol i gwmnïau symud i'r ardaloedd hynny. Mae gan bob gwlad yn yr UE, er enghraifft, gronfeydd rhanbarthol maen nhw'n eu defnyddio i ddenu cwmnïau mawr i ranbarthau â diweithdra uchel. Gall gwariant ar isadeiledd fel traffyrdd, neu ar gyfalaf dynol fel ailhyfforddi, ddenu cwmnïau i ranbarth hefyd. Byddai economegwyr clasurol yn tueddu i ddibynnu fwy ar rymoedd marchnad rydd. Maen nhw'n dadlau bod rhanbarthau â diweithdra uchel yn debygol o fod â chostau isel o ran tir a chyfalaf. Dylai hynny, ynddo'i hun, ddenu buddsoddiant o'r tu allan. Maen nhw'n dadlau hefyd bod cronfeydd rhanbarthol yn tueddu i dalu arian i gwmnïau a fyddai wedi symud i mewn i'r rhanbarth beth bynnag. Maen nhw felly yn wastraff o arian trethdalwyr.

Os ydy'r diweithdra'n ddiwydiannol, wedi'i achosi er enghraifft gan ddirywiad diwydiant traddodiadol, byddai economegwyr Keynesaidd yn dadlau y dylai'r llywodraeth wario arian ar ailhyfforddi gweithwyr o'r diwydiannau hynny. Mae diwydiannau sy'n dirywio hefyd yn tueddu i greu mannau lleol sydd â diweithdra uchel iawn ac felly gall chwistrelliad o arian rhanbarthol fod yn ddefnyddiol hefyd. Byddai economegwyr clasurol yn tueddu eto i ddibynnu fwy ar rymoedd marchnad rydd. Yn arbennig, bydden nhw'n awgrymu bod taliadau colli gwaith mawr a budd-daliadau diweithdra uchel yn hwyhau unrhyw chwilio am waith. Bydden nhw felly yn awgrymu budd-daliadau is a thorri budd-daliadau i weithwyr sy'n gwrthod cymryd swyddi â chyflog is.

Mae rhai gweithwyr di-waith yn aros yn ddi-waith oherwydd hyd eu hamser allan o waith. Po hiraf yw'r amser a dreulir allan o'r gweithlu, isaf i gyd fydd cyfalaf dynol y gweithiwr. Ar y llaw arall, mae cyflogaeth yn creu cyfalaf dynol

Yn aml cysylltir diweithdra tymor hir â diweithdra strwythurol. Ond gellid dweud bod rhai o'r di-waith tymor hir yn dioddef o ddiweithdra cyflog real.

Fe wnaeth pobl mewn diweithdra tymor hir fel cyfran o'r holl bobl di-waith ostwng rhwng 1993 a 2003, a chynyddodd cyfran y di-waith tymor byr. Mae hynny'n newyddion da i'r llywodraeth gan ei bod hi'n anoddach cael y di-waith tymor hir i mewn i waith na'r di-waith tymor byr.

Roedd gan bobl oedd yn ddi-waith tymor hir nifer o nodweddion. Roedden nhw'n debygol o fod yn hŷn ac yn ddynion. Roedden nhw'n llai tebygol o fod â chymwysterau uwch. Roedden nhw'n fwy tebygol o fod ag anabledd. Lle roedd gan y person di-waith blant dibynnol, roedd unig riant yn fwy tebygol o fod yn ddi-waith tymor hir na phennaeth teulu mewn pâr oedd yn briod neu'n byw gyda'i gilydd.

Ffynhonnell: addaswyd o *Labour Market Trends*, Ebrill 2004, Swyddfa Ystadegau Cenedlaethol.

(a) Eglurwch pam mae'r di-waith tymor hir yn debygol o ddioddef o ddiweithdra strwythurol neu ddiweithdra cyflog real.
(b) Trafodwch DDAU bolisi y gallai llywodraeth eu defnyddio i ostwng diweithdra tymor hir o gofio nodweddion y di-waith tymor hir a ddisgrifir yn y data.

oherwydd yr ychwanegiad a wneir drwy brofiad gwaith. Mae cryn dipyn o dystiolaeth hefyd bod cyflogwyr yn ystyried ceisiadau ar sail hyd diweithdra. Mae'r di-waith tymor hir yn annhebygol o gael eu gwahodd i gyfweliad hyd yn oed. Mewn un ystyr, mae'r gwahaniaethu hwn yn cynrychioli ymddygiad rhesymegol gan gyflogwyr oherwydd bod diweithdra'n dinistrio cyfalaf dynol. Mae rhai economegwyr wedi dadlau y dylai cyflogwyr sy'n cyflogi'r di-waith tymor hir dderbyn cymhorthdal, fel cyfran o'r budd-daliadau y byddai'r gweithiwr di-waith wedi eu cael pe bai wedi aros yn ddi-waith.

Diweithdra clasurol neu gyflog real Fel y nodwyd eisoes, gall gostwng diweithdra cyflog real gael ei gyflawni drwy ostwng budd-daliadau diweithdra. Mae hynny'n rhoi mwy o gymhelliad i weithwyr gymryd gwaith cyflog isel. Byddai talu cyflogwyr i gyflogi gweithwyr di-waith hefyd yn gostwng diweithdra cyflog real. Y rheswm yw bod y galw am y di-waith tymor hir yn llai na'i gyflenwad ar gyfraddau cyflogau penodol. Hefyd, os ydy'r llywodraeth yn rhoi budd-daliadau i weithwyr sydd â chyflog isel mae hynny'n gostwng diweithdra cyflog real oherwydd fel arall efallai na fyddai'r gweithwyr hynny wedi bod yn fodlon cymryd y gwaith hwnnw â thâl isel.

Byddai economegwyr clasurol yn dadlau hefyd bod gostwng grym undebau llafur a dileu lleiafswm cyflog yn ddatrysiadau i ddiweithdra cyflog real. Mae undebau llafur yn gweithredu i gynyddu cyflogau real gweithwyr. Heb undebau, byddai cyflogau'n is ac felly byddai cyflogwyr yn fodlon cyflogi mwy o weithwyr. Hefyd, mae deddfwriaeth lleiafswm cyflog yn atal cyflogwyr rhag creu swyddi islaw'r lleiafswm cyflog ac felly cynyddir diweithdra.

Cyfradd naturiol diweithdra

Mae'r mesurau ochr-gyflenwad a amlinellwyd hyd yma yn rhai yn unig o'r mesurau y gellir eu defnyddio i ostwng **cyfradd naturiol diweithdra** (☞ uned 86). Maen nhw'n tueddu i fod yn fesurau sy'n gwneud i farchnadoedd llafur presennol weithio'n fwy effeithlon. Ond ffordd arall o ostwng cyfradd naturiol diweithdra yw cynyddu cyfradd twf yr economi cyfan. Mae hyn yn tybio y bydd cynyddu gweithgaredd economaidd yn cynyddu nifer y swyddi yn yr economi ac felly yn gostwng cyfradd diweithdra.

Mae economegwyr clasurol yn credu bod cyfraddau trethi yn hollbwysig i wneud penderfyniadau economaidd. Felly, bydd gostyngiadau yng nghyfradd ffiniol trethi incwm, nawdd cymdeithasol neu elw yn arwain at gynnydd sylweddol mewn cymhellion i weithio, cymryd risgiau a chynyddu cyfoeth. Bydd polisïau fel **preifateiddio, cynyddu cystadleuaeth** a **dadreoli** hefyd yn cynyddu potensial cynhyrchiol yr economi yn ôl economegwyr clasurol. Mae economegwyr Keynesaidd yn tueddu i bwysleisio fwy rôl buddsoddi mewn cyfalaf ffisegol a dynol a pholisïau y gall llywodraethau eu defnyddio i gynyddu buddsoddiant yn yr economi.

Polisi diweithdra yn y DU, 1950-2000

Profiad yr 1930au a'r 1940au

Yn ystod cyfnod y Diwrasgiad Mawr yn yr 1930au, cododd diweithdra yn y DU i 13% o'r llafurlu. Cafodd rhai rhanbarthau eu heffeithio'n waeth nag eraill, ac roedd cyfradd diweithdra nifer o drefi diwydiannol yn uwch na 25%. Gadawodd y tlodi a achosodd diweithdra graith ar y genhedlaeth hon o weithwyr. Felly, nid oes syndod fod y syniadau a gyflwynodd John Maynard Keynes yn yr 1930au mewn gweithiau fel *General Theory of Employment, Interest and Money* ac a oedd yn dadlau y gellid cynyddu gwariant y llywodraeth i ddatrys problem diweithdra, yn rhai deniadol yn y

cyfnod wedi'r rhyfel. Yn 1944, cyhoeddodd Papur Gwyn y byddai sicrhau 'lefel cyflogaeth uchel a chyson' yn un o amcanion polisi'r llywodraeth ar ôl i'r rhyfel ddod i ben. Roedd profiad y rhyfel ei hunan, pan syrthiodd diweithdra bron i sero, yn ddigon i argyhoeddi llawer y gallai'r llywodraeth gyflawni'r amcan o sicrhau diweithdra isel.

1950-65, cyfnod rheoli'r galw

Yn yr 1950au a'r 1960au cynnar, defnyddiodd llywodraethau bolisïau rheoli'r galw Keynesaidd gyda hyder cynyddol. Roedd diweithdra drwy'r cyfnod hwn

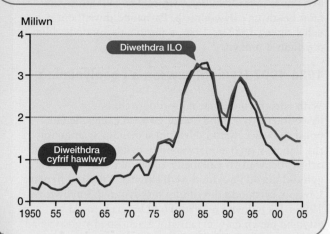

Ffigur 88.2 Diweithdra, di-waith yn ôl cyfrif hawlwyr a chyfrif ILO, y DU miliynau

yn isel yn ôl safonau hanesyddol, gyda chyfartaledd o 1.7% yn unig. Pan fyddai diweithdra'n codi mewn enciliad, byddai'r llywodraeth yn cynyddu ei gwariant, yn gostwng trethi ac yn llacio rheolaethau credyd. Pan fyddai'r economi'n gorboethi, gyda diweithdra isel ond chwyddiant yn codi a mantolen cyfrif cyfredol yn gwaethygu, byddai'r llywodraeth yn lleihau galw cyfanredol drwy godi trethi, lleihau gwariant llywodraeth a thynhau rheolaethau credyd.

Er enghraifft, yn 1963 gyda diweithdra'n codi'n agos at hanner miliwn, sef yr uchafbwynt ers y rhyfel, a thwf yn arafu, cyflwynodd llywodraeth Geidwadol y dydd Gyllideb hynod o atchwyddiannol. Syrthiodd diweithdra'n sydyn i 300,000 crbyn 1965, ond roedd y cyfrif cyfredol mewn diffyg, gan achosi argyfwng cyfradd cyfnewid i'r bunt.

Roedd diweithdra strwythurol yn broblem drwy'r cyfnod hwn. Fe'i achoswyd yn bennaf gan ddirywiad diwydiannau cynradd traddodiadol fel mwyngloddio glo, gweithgynhyrchu trwm fel adeiladu llongau, a rhai diwydiannau gweithgynhyrchu eraill fel tecstilau. Roedd y diwydiannau hyn i'w canfod yn bennaf yng Ngogledd Lloegr, Yr Alban, Cymru a Gogledd Iwerddon. Felly, roedd diweithdra strwythurol yn ymddangos yn bennaf fel diweithdra rhanbarthol. Aeth y llywodaeth ati i geisio datrys hyn trwy gyflwyno ystod o gymhellion rhanbarthol i gwmnïau sefydlu mewn rhanbarthau diweithdra uchel (☞ uned 38).

1966-1975, methiant rheoli'r galw

Erbyn canol yr 1960au, teimlai llywodraethau rwystredigaeth na allent sicrhau diweithdra isel a chwyddiant isel ynghyd â gwarged cyfrif cyfredol. Roedd cydnabyddiaeth bod gan dechnegau rheoli'r galw eu gwendidau. Yn 1966, cyflwynodd y llywodraeth Lafur dan Harold Wilson **bolisi prisiau ac incwm** (☞ uned 90). Nod y polisi hwn oedd lleihau chwyddiant heb orfod datchwyddo'r economi drwy drethi uwch neu gwtogi ar

wariant llywodraeth. Er hynny, arweiniodd diweithdra cyllidol datchwyddol a gynlluniwyd i ddatrys y diffyg cyfrif cyfredol, a chynnydd yng **nghyfradd naturiol diweithdra**, at bron ddyblu diweithdra rhwng 1966 ac 1967 ac fe barhaodd ar ei lefel uchaf ers yr Ail Ryfel Byd, sef hanner miliwn, hyd 1970.

Bu'n rhaid i'r llywodraeth Geidwadol newydd dan Edward Heath wynebu enciliad yn fuan yn yr economi. Yng ngaeaf 1971-72, cododd diweithdra yn raddol at ffigur o 1 filiwn. Teimlai'r llywodraeth nad oedd dewis ond gwneud tro pedol gyda'i pholisïau marchnad rydd ac yn 1972, rhoddodd y Canghellor, Anthony Barber, hwb gyllidol fawr i'r economi yng Nghyllideb Mawrth – 'gwibio er twf' fel y'i galwyd ar y pryd. Dyma'r tro olaf y rhoddodd unrhyw lywodraeth reolaeth dros ddiweithdra fel ei phrif flaenoriaeth economaidd. Yn y ffyniant dilynol, cynyddodd twf i lefelau a oedd bron yn record, ond aeth chwyddiant allan o reolaeth ac roedd diffyg mawr ar y cyfrif cyfredol. Aeth ffyniant Barber wedyn i drafferthion pan gynyddodd prisiau olew bedwarplyg yn 1973-74 (☞ uned 8). Collodd y llywodraeth etholiad yn Chwefror 1974, ond methodd y llywodraeth Lafur newydd, a oedd yn dal i lynu at amcan 1944 o ddiweithdra isel, â darparu unrhyw ymatebion polisi rhesymegol i'r problemau enfawr a achoswyd gan **chwyddwasgiad** y cyfnod.

Y flwyddyn ganlynol, fodd bynnag, penderfynodd y llywodraeth mai rheoli chwyddiant fyddai ei phrif flaenoriaeth economaidd, gan gydnabod bod yn rhaid sicrhau bod y cyfrif cyfredol yn mantoli yn y tymor canolig.

1975-79, rhoi'r gorau i'r amcan o sicrhau cyflogaeth lawn

Yn 1975, penderfynodd y llywodraeth ganolbwyntio ar reoli chwyddiant fel ei phrif flaenoriaeth economaidd wrth sylweddoli na allai polisïau rheoli'r galw cyllidol traddodiadol ddatrys argyfwng economaidd y DU.

Cyfunwyd polisïau cyllidol ac ariannol datchwyddol gyda pholisi prisiau ac incwm i leihau galw cyfanredol a gwthio cyfraddau chwyddiant i lawr. Rhoddwyd y gorau i geisio sicrhau cyflogaeth lawn, o leiaf yn y tymor byr, er bod y Blaid Lafur yn parhau i weld hyn fel amcan tymor hir. Mae'n bosibl mai sylwadau Jim Callaghan, Prif Weinidog Llafur y dydd, i Gynhadledd ei Blaid yn 1976 sy'n crynhoi orau y newid anferthol hwn mewn syniadaeth a'r diddordeb newydd mewn syniadau ariannol. Dywedodd: 'Roeddem yn arfer credu y gallech wario eich ffordd allan o enciliad, a chynyddu cyflogaeth, drwy dorri trethi a chynyddu gwariant llywodraeth. Dywedaf wrthych yn blaen nad yw'r opsiwn hwn yn bodoli mwyach, oherwydd pan oedd yr opsiwn hwn ar waith, yr hyn a wnaeth oedd cyflwyno chwyddiant i'r economi.'

Cododd diweithdra'n gyflym o 600,000 yn 1974 i bron i 1.5 miliwn yn 1978. Prin oedd ymateb rhesymegol i'r cynnydd hwn mewn diweithdra o gyfeiriad y llywodraeth. Ceisiwyd ymdrin â diweithdra ymhlith pobl ifanc trwy gyflwyno cynlluniau gwaith a hyfforddiant llywodraeth, tebyg i'r Fargen Newydd sydd ar fod nawr. Cynigiwyd amrywiaeth o gynlluniau gwneud-gwaith i weithwyr di-waith hŷn, sef yr hyn ddaeth yn gynlluniau hyfforddi oedolion heddiw. Fodd bynnag, ystyriwyd bod y cynnydd yn niweithdra yn bris yr oedd yn rhaid ei dalu am y gostyngiad yn chwyddiant, a syrthiodd o 24% yn 1975 i 8% yn 1978. Er hynny, roedd y llywodraeth yn anfodlon gweld diweithdra'n codi ymhellach. Yn 1978-79, mewn cyd-destun o bolisi cyllidol ac ariannol atchwyddiannol, ceisiodd wthio chwyddiant i lawr ymhellach drwy dynhau'r nenfwd tâl yn ei pholisi incwm. Gwrthodwyd hyn gan y gweithwyr, ac yn ystod 'gaeaf o anfodlonrwydd' 1978-79, cafwyd cyfres o streiciau mawr niweidiol a sicrhaodd godiadau cyflog mawr i'r gweithwyr dan sylw gan rwygo'r polisi incwm yn ddarnau. Nid oedd gan y llywodraeth bellach unrhyw bolisi gwrthchwyddiannol creadawy.

1979-1986, arbrawf Thatcher

Collodd Llafur etholiad Mehefin 1979, a daeth y Blaid Geidwadol i rym dan Margaret Thatcher a oedd yn barod i roi'r gorau yn llwyr i nifer o'r polisïau a oedd wedi bod mor nodweddiadol o'r cyfnod wedi'r rhyfel. Credai'r llywodraeth mai rheoli chwyddiant trwy ddilyn polisi ariannol llym ddylai fod ei phrif amcan. Byddai hefyd yn lleihau ymyriad y wladwriaeth yn yr economi er mwyn galluogi marchnadoedd preifat i weithio'n fwy effeithlon. Byddai arian llym a llai o ymyriad yn darparu twf economaidd uwch a mwy o ffyniant. Yn y tymor byr, mae'n bosibl mai cynnydd pellach mewn diweithdra fyddai'r pris oedd yn rhaid ei dalu am hyn. Felly, rhoddodd y llywodraeth y gorau i unrhyw ymrwymiad i gadw diweithdra'n isel a chyson. Byddai diweithdra'n setlo ar y *NAIRU* (☞ uned 87). Dyma gyfradd naturiol diweithdra lle y gellid cynnal prisiau cyson.

Rhoddodd y llywodraeth y gorau i geisio trin galw cyfanredol trwy bolisi cyllidol neu ariannol. Credwyd bod rheoli'r galw yn wrth-gynhyrchiol gan fod cromlin cyflenwad cyfanredol y tymor hir yn yr economi yn fertigol. Byddai modd sicrhau gostyngiadau y tymor byr mewn diweithdra trwy symud i lawr y gromlin Phillips ac i fyny cromlin cyflenwad cyfanredol y tymor byr. Fodd bynnag, gallai'r ffyniant dilynol ond arwain at enciliad wedyn lle byddai'r holl enillion o ran diweithdra yn cael eu colli eto. Yr unig ffordd i leihau diweithdra oedd trwy bolisïau ochr-gyflenwad a gynlluniwyd i leihau cyfradd naturiol diweithdra.

Aeth y llywodraeth newydd yn 1979 ati'n syth i geisio ymdrin â chwyddiant cynyddol trwy godi cyfraddau llog yn sylweddol. Gyda'r bunt hefyd yn codi yn sgîl cyfraddau llog uchel ac olew Môr y Gogledd, aeth yr economi yn gyflym i enciliad. Enciliad 1980-82 oedd yr enciliad gwaethaf ers y Dirwasgiad Mawr. Cododd diweithdra i dros 3 miliwn, sef ffigur a oedd bron cynddrwg â chyfradd diweithdra yr 1930au. Ymateb Keynesaidd traddodiadol fyddai torri trethi a chynyddu gwariant cyhoeddus yn 1981 i gael yr economi allan o'r

enciliad. Fodd bynnag, gwelwyd Canghellor y cyfnod, Geoffrey Howe, yn codi trethi yn ei gyllideb yn 1981 er mwyn lleihau'r *PSNCR*, a fyddai yn ei dro yn rhoi llai o bwysau ar gyfraddau llog, sy'n cael eu heffeithio gan faint benthyca'r llywodraeth. Parhaodd diweithdra'n uchel rhwng 1982 ac 1986, a phrin na symudodd ddim o'r ffigur 3 miliwn.

1986-1992 Ffyniant Lawson a'i ganlyniadau

Wrth edrych yn ôl, mae'n hawdd gweld bod y llywodraeth yn 1986-87 wedi gwneud camgymeriad polisi sylfaenol, wrth ddilyn polisi cyllidol ac ariannol rhy llac yn y gred gamarweiniol y byddai ei diwygiadau ochr-gyflenwad yn galluogi'r economi i dyfu uwchlaw ei gyfradd duedd i'r cyfnod wedi'r rhyfel. Yn ystod ffyniant Lawson, syrthiodd diweithdra'n sydyn, o 3.3 miliwn yn 1986 i 1.6 miliwn yn 1990. Fodd bynnag, roedd yr estyniad mewn galw cyfanredol a achosodd y gostyngiad hwn mewn diweithdra hefyd wedi arwain at grynhoad bach o bwysau chwyddiannol. Yn 1988, ymatebodd y llywodraeth yn ffyrnig drwy ddyblu cyfraddau llog. Aeth yr economi yn araf i enciliad. Cynyddodd pwysau chwyddiannol pan benderfynodd y llywodraeth gael mynediad i'r Mecanwaith Cyfraddau Cyfnewid *(ERM)*, sef rhag-flaenydd yr Undeb Ariannol Ewropeaidd a chread yr ewro, ar gyfradd cyfnewid uchel iawn yn 1990. Ei pholisi oedd defnyddio gwerth uchel y bunt i roi pwysau ar i lawr pellach ar chwyddiant. Roedd y polisi yn sicr yn ddatchwyddol oherwydd dioddefodd allforion er i fewnforion godi. Ychwanegodd hyn at y cynnydd yn niweithdra oedd eisoes ar droed oherwydd cyfraddau llog uchel. Profodd y polisi i fod yn wrth-gynhyrchiol. Erbyn 1991, roedd yn amlwg bod chwyddiant wedi dychwelyd at lefel annerbyniol o isel. Roedd ar y llywodraeth eisiau llacio polisi ariannol ond ni allai leihau cyfraddau llog gymaint ag y dymunai oherwydd bod y bunt erbyn hyn yn gymharol wan. Byddai toriadau mwy mewn cyfraddau llog wedi arwain at werthu'r bunt yn sylweddol. Byddai hyn wedi gwthio ei gwerth islaw'r isafswm a osodwyd i'r *ERM*. Bu'r methiant i leihau cyfraddau llog yn ddigonol drwy 1991 a'r rhan fwyaf o 1992 yn ddigon i ymestyn yr enciliad ymhellach a chynyddu diweithdra ymhellach. Ym Medi 1992, gyrrodd y marchnadoedd cyfnewid tramor werth y bunt islaw isafswm gwerth yr *ERM*, a gorfodwyd i'r DU ymadael â'r *ERM*. Byddai'r enciliad yn waeth fyth pe na byddai'r llywodraeth wedi ceisio mantoli ei chyllideb. Yn yr 1990au cynnar, tyfodd y *PSNCR* yn sydyn o ran maint wrth i'r enciliad effeithio'r derbyniadau treth a chynyddu'r gwariant ar fudd-daliadau lles. Defnyddiodd y llywodraeth y diffyg cyllideb cynyddol fel sefydlogydd awtomatig.

1992 – 1997, adferiad economaidd a chwymp mewn diweithdra

Heb werth cyfradd cyfnewid i'w ddiogelu, torrodd y llywodraeth gyfraddau llog yn sydyn o 10% ym Medi

1992 i 5.25% yn Chwefror 1994. Cafwyd adferiad cymharol gyflym yn dilyn hyn. Cyrhaeddodd diweithdra ei uchafbwynt o 2.9 miliwn yn 1993, ac yna syrthiodd yn sydyn. Gyda thwf economaidd uwchlaw'r duedd, syrthiodd diweithdra ar sail cyfrif hawlwyr yn bwyllog. Erbyn 1998, roedd wedi syrthio i 1.3 miliwn, yn is na'i isafbwynt blaenorol yn 1990. Ymhellach, parhaodd i syrthio'n araf iawn.

Yn ystod y cyfnod hwn, tynhaodd y llywodraeth ei safiad cyllidol, gan godi trethi o 1995 mewn ymgais i fantoli ei chyllideb. Wedyn, defnyddiodd gyfraddau llog i gynnal chwyddiant isel. Fodd bynnag, gellid dadlau bod galw cyfanredol wedi cael ehangu ar gyfradd ddigon cyflym i dynnu diweithdra cylchol i lawr, yn wahanol i hanner cyntaf yr 1980au. Syrthiodd diweithdra hefyd oherwydd effeithiau tymor hir diwygiadau ochr-gyflenwad yr 1980au a'r 1990au.

1979-1997, diwygiadau ochr-gyflenwad a diweithdra

Roedd y llywodraethau Ceidwadol o 1979 yn argyhoeddiedig bod diwygiadau ochr-gyflenwad yn hanfodol os oedd y DU am adfer ei gallu i gystadlu'n rhyngwladol a pherfformio cystal â'r economïau Ewropeaidd a Japaneaidd. Cynlluniwyd diwygiadau ochr-gyflenwad i gynyddu effeithlonrwydd ar yr holl lefelau yn yr economi. Yn y tymor hir, dylai hyn arwain at gynnydd mewn cyflogaeth. Fodd bynnag, yn y tymor hir, arweiniodd nifer o bolisïau ochr-gyflenwad at golli swyddi. Er enghraifft, arweiniodd y broses breifateiddio at golli swyddi yn y diwydiannau a breifateiddiwyd, sef canlyniad gwell **effeithlonrwydd cynhyrchiol**. I leihau diweithdra, roedd yn rhaid creu swyddi newydd yn yr economi. Ceisiodd y llywodraeth greu 'diwylliant mentro' (☞ uned 38), gan roi pwyslais arbennig ar annog twf cwmnïau bach yn yr economi. Roedd gan y llywodraeth hefyd agwedd bositif at fuddsoddiant o'r tu allan, er enghraifft, o gwmnïau Japaneaidd. Roedd hyn yn wahanol iawn i agwedd rhai llywodraethau Ewropeaidd a deimlai bod buddsoddiant o'r tu allan yn niweidio eu diwydiannau mewnol. O'r 1980au hwyr, rhoddwyd pwyslais arbennig ar addysg a hyfforddiant er mwyn cynyddu lefelau cyfalaf dynol yn yr economi.

Teimlwyd bod creu hinsawdd lle gallai busnesau ymsefydlu, ehangu ac ennill elw uchel yn hanfodol ar gyfer twf economaidd uwch ac felly diweithdra is. Er hynny, credai'r llywodraeth hefyd bod yn rhaid diwygio'r farchnad lafur os am ymdrin â diweithdra uchel. Teimlwyd bod undebau llafur yn gwthio cyflogau i fyny ac yn creu ansicrwydd gyda gweithredu diwydiannol cyson, a bod hynny yn y pen draw yn dinistrio swyddi. Felly cyflwynodd y llywodraeth ddiwygiadau undeb llafur eang a dorrodd bŵer y mudiad undebol. Diddymwyd deddfwriaeth llywodraethol a oedd yn amddiffyn merched a phlant yn y gweithle er mwyn 'rhyddhau' marchnadoedd. Diddymwyd yr holl gynghorau cyflogau yn 1994, sef y cyrff a oedd yn gosod lleiafsymiau cyflog mewn diwydiannau cyflog isel, ac a

oedd ym marn y llywodraeth yn creu diweithdra. Anogwyd cyflogwyr hefyd i leihau costau cyflogi drwy ei gwneud yn haws iddynt gwtogi ar staff pan fyddai hynny'n angenrheidiol. Bu cynnydd sylweddol yn nifer y gweithwyr a weithiai'n rhan amser neu ar gytundebau tymor penodedig. Roedd y symudiadau hyn i greu **marchnad lafur 'hyblyg'** yn cael eu gyrru gan y gred y gellid creu swyddi a cynyddu ffyniant pe gallai'r DU ddod yn economi cyflog is, a llai rheoledig na'i phrif bartneriaid masnachu, yn enwedig yn Ewrop. Roedd rhai economegwyr yn mynnu bod y cwymp sydyn yn niweithdra yn 1993 ac 1994 wrth i'r economi ddod allan o enciliad, yn ganlyniad uniongyrchol o'r hyblygrwydd newydd hwn yn y farchnad lafur. Roedd cwmnïau a oedd yn diswyddo gweithwyr wrth i'r economi fynd i enciliad yn ddigon hyderus i gyflogi gweithwyr eto wrth i'r economi ddod allan o enciliad.

1997 i'r presennol, parhau gyda pholisïau blaenorol

Gellid dadlau na wnaeth y llywodraeth Lafur a etholwyd yn 1997 newid cyfeiriad polisi diweithdra. Roedd polisi macro-economaidd yn dal i gael ei gyfeirio at gynnal chwyddiant isel a gadawyd i ddiweithdra ganfod ei lefel ei hunan a oedd yn gyson gyda'r amcan hwn. Er enghraifft, pan gododd lefel y bunt yn 1997 ac aros yn uchel, cafodd diwydiant gweithgynhyrchu ei daro a chododd diweithdra mewn ardaloedd a oedd yn parhau i fod yn ddibynnol iawn ar swyddi gweithgynhyrchu. Ni thorrodd y llywodraeth, drwy Fanc Lloegr, gyfraddau llog i helpu gostwng lefel y bunt er mwyn helpu diwydiant gweithgynhyrchu. Cadw rheolaeth lem ar chwyddiant, sef cyfrifoldeb Banc Lloegr o 1997 ymlaen, oedd y flaenoriaeth economaidd tymor byr bwysicaf.

Fodd bynnag, roedd y llywodraeth hefyd yn awyddus i sicrhau twf economaidd uchel, tymor hir. I gyflawni hyn, roedd yn rhaid i ddiweithdra fod yn gymharol isel, neu byddai'r economi bob amser yn gweithredu o fewn ei ffin posibilrwydd cynhyrchu. O 1997, lansiodd y llywodraeth nifer o fentrau ochr-gyflenwad i leihau diweithdra yn uniongyrchol neu'n anuniongyrchol trwy dwf economaidd cyflymach.

Ei menter bolisi fawr gyntaf oedd y Fargen Newydd, sef ymestyniad o'r rhaglenni hyfforddiant a phrofiad gwaith a oedd wedi gweithredu ers 1978. Yr hyn wnaeth y Fenter Newydd yn wahanol oedd ei bod yn derbyn mwy o arian na rhaglenni blaenorol. Roedd hefyd yn cydnabod yn blaen bod llawer o'r sawl oedd yn ddi-waith ers amser hir yn brin o'r sgiliau angenrheidiol i ennill a chadw swyddi parhaol. Felly, rhoddwyd pwyslais mawr ar ennill sgiliau. Mater arall yw barnu a lwyddodd y Fargen Newydd i gyflawni ei hamcanion. Mae tystiolaeth i awgrymu byddai'r sawl sydd wedi cael swyddi tra ar y Fargen Newydd wedi cael swyddi beth bynnag, tra bod eraill yn parhau mewn cylchred o hyfforddiant, swyddi tymor byr a diweithdra.

Mae'r llywodraeth hefyd wedi lansio cyfres o ddiwygiadau o'r system dreth a budd-daliadau i leihau cyfraddau ffiniol treth a thynnu budd-daliadau i'r sawl sydd ar gyflog isel. Mae hyn wedi cymell nifer o bobl i weithio yn enwedig grwpiau sy'n aml yn cael eu hunain yn ddi-waith.

Yn y tymor hir, roedd y llywodraeth Lafur yn awyddus i esbonio y byddai gweithwyr ond yn cael swydd ac aros yn y swydd honno cyn belled â bod eu sgiliau yn addas i anghenion yr economi. Er enghraifft, mae globaleiddio yn golygu y bydd diwydiannau sgil isel yn sector nwyddau masnachol yr economi yn diflannu. Bydd swyddi'n symud i China neu India neu unrhyw wlad lle mae cyflogau yn isel. Felly mae addysg a hyfforddiant yn rhan hanfodol o unrhyw strategaeth tymor hir i ymdrin â diweithdra.

Cred rhai economegwyr bod rhai mentrau Llafur wedi helpu codi diweithdra. Gellid dadlau bod yr holl gamau canlynol wedi lleihau cyflogaeth a chodi diweithdra:

cydymffurfio gyda chyfraith lafur UE, fel yr wythnos waith 48 awr, cyflwyniad y lleiafswm cyflog, mwy o hawliau i undebau llafur, baich treth uwch i dalu am wariant cynyddol ar iechyd ac addysg, a mwy o 'dâp coch' ar fusnesau. Er gwaethaf hyn, parhaodd diweithdra i syrthio rhwng 1997 a 2004, er bod cynnydd bach yn 2005.

At ei gilydd, gellid dweud bod y llywodraeth Lafur wedi ymrwymo i leihau diweithdra, er nad oedd ganddi darged diweithdra penodol, yn wahanol i chwyddiant. Ei phrif arfau polisi oedd lefel uchel barhaus o alw cyfanredol yn yr economi gyda diwygiadau ochr-gyflenwad, tymor byr a thymor hir, yn cynyddu cyflenwad cyfanredol.

Cwestiwn Data

Polisi diweithdra

Ffigur 88.3 Cyflogaeth (pob oedran, miliynau); cyfradd diweithdra (%)

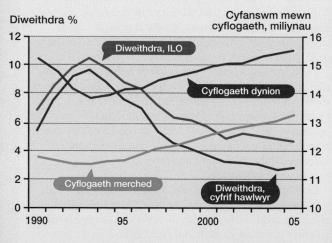

Ffynhonnell: addaswyd o *Economic Trends*, *Labour Market Trends*, Swyddfa Ystadegau Cenedlaethol.

Ffigur 88.4 Cyfraddau sylaenol y banciau a'r bwlch cynnyrch

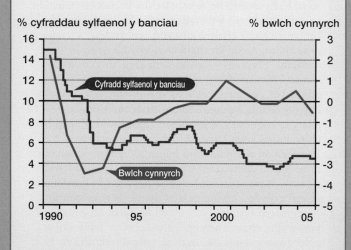

Ffynhonnell: addaswyd o *Financial Statistics*, Swyddfa Ystadegau Cenedlaethol; *Economic Outlook*, OECD.

Gorfodaeth ar hawlwyr

Cyhoeddodd y llywodraeth ddoe y bydd gorfodaeth gyfreithiol ar holl hawlwyr budd-daliadau, ac eithrio'r sawl sydd wedi dioddef profedigaeth neu'r sawl sy'n ddifrifol anabl, i ymrwymo i ganfod gwaith neu wynebu colli eu hawl i fudd-daliadau. Yn ôl y cynllun, byddai hawlwyr budd-dal newydd yn cael eu cyfweld gan gynghorydd personol i

sefydlu eu hanghenion unigol. Byddent wedyn yn cael eu cynghori ar anghenion cyflogaeth, hyfforddiant neu adfer yn ogystal â derbyn gwybodaeth am eu cyfrifoldebau i chwilio am waith os ydynt yn dymuno hawlio budd-daliadau.

Ffynhonnell: addaswyd o'r *Financial Times*.

Mae'r economi Prydeinig yn gryf ac yn cryfhau. Rydym wedi cyrraedd ein degfed blwyddyn o dwf dan y llywodraeth hon. Gyda chyflymder newid economaidd byd-eang yn cyflymu, dyma Gyllideb i gryfhau Prydain ymhellach ar gyfer y cyfleoedd byd-eang sydd o'n blaenau.

Mae'r ail-strwythuro economaidd byd-eang sy'n digwydd ar hyn o bryd yn effeithio ar swyddi a sgiliau yn fwy nag unrhyw beth arall. Bydd Prydain sy'n meddwl yn nhermau tymor-hir a byd-eang yn cystadlu nid ar sgiliau isel, ond yn buddsoddi mewn uwch sgiliau. Mae'r Fargen Newydd wedi gweithredu'r egwyddor o gefnogaeth marchnad lafur weithredol i unrhyw berson sy'n ddi-waith, ac mae'r economi wedi cynhyrchu 2.4 miliwn o swyddi ychwanegol ers 1997. Mae'r cyfrif hawlwyr, a oedd yn 1.7 miliwn adeg hynny, bellach yn 920,000, hyd yn oed ar ôl codiadau diweddar. Mae 75% o oedolion Prydain yn gweithio, sef cyfradd uwch na rhanbarthau America a'r Ewro, a 170,000 mwy o bobl yn gweithio nag oedd flwyddyn yn ôl.

Mae cyflogwyr yn dweud wrthym yn gywir mai eu hangen mwyaf tymor hir yw gweithlu hyblyg a medrus. A gyda'r gweithiwr nodweddiadol yn newid swyddi saith gwaith yn ystod bywyd gwaith, bydd buddsoddi mewn sgiliau a'r gallu i ddysgu sgiliau newydd yn golygu mai Prydain fydd â'r economi mwyaf hyblyg yn y dyfodol. Felly, ni fydd y llywodraeth hon yn diddymu'r Fargen Newydd, sydd wedi helpu dros 1 filiwn o bobl i gael swyddi; byddwn yn ei chryfhau fel Bargen Newydd ar gyfer swyddi a sgiliau.

Diolch i'r rhaglen hyfforddiant cyflogwyr cenedlaethol, mae 100,000 o ferched yn ennill sgiliau am y tro cyntaf. Byddwn yn dyblu'r hyfforddiant sydd ar gael a – trwy godi'r credyd gweithio ac o fis Hydref, codi'r lleiafswm cyflog i £5.35 yr awr – byddwn yn ymdrin â'r gwahaniaethu annerbyniol mewn cyflogau merched.

Ein dinasoedd a'n trefi mwyaf yw'r crewyr swyddi mwyaf, ond maent hefyd yn gartref i'r diweithdra mwyaf. Mae'r gweinidogion cymunedau a gwaith yn gosod mesurau i helpu 30,000 mwy o rieni sengl i gael gwaith ac yn treialu partneriaethau gyda'r sector gwirfoddol ac awdurdodau lleol i greu miloedd o swyddi ychwanegol.

Ffynhonnell: Araith Gyllideb y Canghellor, Mawrth 2006, Trysorlys EM.

Northampton yw cartref y clwstwr mwyaf o wneuthurwyr esgidiau yn y DU. Yr unig rai sydd ar ôl bellach yw cwmnïau sy'n cyflenwi pen uchaf y farchnad. Mae masgynhyrchu, a oedd yn arfer cyflogi 15,000 o bobl, wedi diflannu i wledydd Trydydd Byd. Efallai ei bod yn syndod, felly, bod y cwmnïau hyn sydd wedi goroesi yn ei chael hi'n anodd canfod gweithwyr gyda'r sgiliau cywir. Dywedodd Nick Barltrop, o wneuthurwr esgidiau RE Tricker: 'Rydym yn ceisio hyfforddi pobl ond nid yw hynny'n rhwydd, gan nad oes llawer o gefnogaeth o'r colegau technegol.' Cred Victoria Darby, rheolwr gyfarwyddwr cwmni esgidiau plant Daisy Roots bod y cysyniad o addysg brifysgol i bawb wedi newid dyheadau plant ysgol ar draul swyddi sy'n gofyn am weithwyr llaw. 'Nawr rydym yn ceisio cyflogi pobl ifanc i weithio ar y peiriannau, ond yn aml, nid ydynt am wneud y gwaith. Rwy'n meddwl eu bod yn teimlo nad oeddynt wedi mynd i'r coleg er mwyn gweithio mewn ffatri', meddai.

Ffynhonnell: addaswyd o'r *Financial Times*, 2.11.2004.

1. Yn fyr, amlinellwch y gwahanol bolisïau a ddisgrifiwyd yn y data sydd wedi cael eu defnyddio gan y llywodraeth i leihau diweithdra.
2. Cymharwch effeithiolrwydd y gwahanol bolisïau hyn wrth leihau (a) diweithdra strwythurol a (b) diweithdra cylchol.

Mae Gordon Brown, Canghellor y Trysorlys, yn mwynhau canmol cryfder yr economi y mae wedi'i lywio am naw mlynedd. Ond y tu cefn i'r ffigurau pennawd sy'n wirioneddol nodedig, mae tanberfformiad eang yn rhanbarthau tlotaf y DU. Mae'r rhanbarthau cyfoethocaf yn tynnu i ffwrdd o'r rhanbarthau tlotaf yn nhermau incwm a swyddi. Mae'r rhanbarthau tlotaf wedi dibynnu llawer mwy, ers 1997, ar swyddi a grewyd yn y sector cyhoeddus na'r rhanbarthau mwy llewyrchus. Mewn geiriau eraill, nid yw'r rhanbarthau tlotaf yn creu'r un gyfran o swyddi yn y sector preifat o'u cymharu â'r rhanbarthau cyfoethocaf.

Rhan o'r rheswm yw methiant llu o fentrau llywodraeth, fel cronfeydd buddsoddi cyfalaf menter rhanbarthol, cronfeydd arloesedd rhanbarthol a phecynnau sgiliau, i wella perfformiad yr holl ranbarthau. Mae arian i hybu sgiliau mewn ardaloedd dirwasgedig wedi'i wario ar hyfforddi pobl mewn colegau addysg bellach am gymwysterau nad oes iddynt unrhyw werth economaidd.

Ffynhonnell: addaswyd o'r *Financial Times*, 20.3.2006.

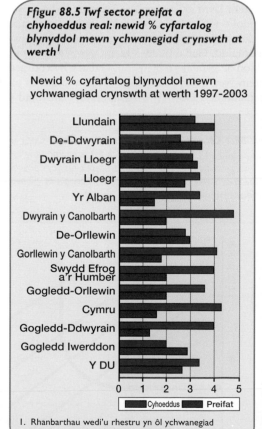

Ffigur 88.5 Twf sector preifat a chyhoeddus real: newid % cyfartalog blynyddol mewn ychwanegiad crynswth at werth[1]

Newid % cyfartalog blynyddol mewn ychwanegiad crynswth at werth 1997-2003

Llundain
De-Ddwyrain
Dwyrain Lloegr
Lloegr
Yr Alban
Dwyrain y Canolbarth
De-Orllewin
Gorllewin y Canolbarth
Swydd Efrog a'r Humber
Gogledd-Orllewin
Cymru
Gogledd-Ddwyrain
Gogledd Iwerddon
Y DU

Cyhoeddus ■ Preifat ■

1. Rhanbarthau wedi'u rhestru yn ôl ychwanegiad crynswth at werth uchaf y pen yn 1997.

Crynodeb

1. Mae rhai Keynesiaid yn credu mai goralw yn yr economi yw prif achos chwyddiant – damcaniaeth alw-dynnu chwyddiant.
2. Mae Keynesiaid eraill yn dadlau bod chwyddiant yn bennaf yn gostwthiol ei natur.
3. Mae arianyddwyr yn dadlau yr achosir chwyddiant gan godiadau gormodol yn y cyflenwad arian.
4. Os achosir chwyddiant gan symudiadau yng nghromliniau'r galw cyfanredol neu'r cyflenwad cyfanredol, dim ond os caiff ei ddilysu neu ei oddef gan gynnydd yn y cyflenwad arian y bydd yn gallu parhau.

Chwyddiant galw-dynnu

Mae Keynesiaid wedi dadlau yn draddodiadol bod chwyddiant yn digwydd oherwydd newidiadau mewn newidynnau **real** yn yr economi. Un ddamcaniaeth Keynesaidd bwysig yw yr achosir chwyddiant gan oralw yn yr economi. Mae DAMCANIAETH ALW-DYNNU chwyddiant yn dweud mai chwyddiant fydd y canlyniad os oes gormod o wariant mewn perthynas â chynnyrch. Mewn marchnad unigol, fel y farchnad am fananas, bydd goralw'n arwain at godiad yn y pris. Mae'r un fath yn wir am economi cyfan. Os bydd y galw cyfanredol yn fwy na'r cyflenwad cyfanredol, bydd lefel prisiau yn codi ac felly bydd yna chwyddiant.

Mae Ffigur 89.1 yn dangos cromlin galw cyfanredol a chromlin cyflenwad cyfanredol Keynesaidd (☞ uned 34). Mae'r economi â chyflogaeth lawn ar incwm Y_F. Tybiwch fod cynnydd yn y galw cyfanredol o GC_1 i GC_2. Gallai hyn fod yn ganlyniad i gynnydd yn hyder defnyddwyr sy'n cynyddu gwariant defnyddwyr awtonomaidd. Gallai buddsoddiant gynyddu am fod cyfradd yr adenillion ar gyfalaf yn cynyddu. Gallai'r llywodraeth gynyddu ei gwariant. Neu gallai fod cynnydd mewn allforion oherwydd twf economaidd cryf mewn gwledydd eraill. Canlyniad y codiadau hyn

mewn gwariant real yw cynnydd mewn cynnyrch a chwyddiant. Mae cynnyrch yn codi o OA i OB ac mae lefel prisiau yn codi o OE i OF. Bydd cynnyrch cynyddol yn arwain at ostyngiad mewn diweithdra. Diweithdra'n gostwng ynghyd â chwyddiant yn cynyddu yw **perthynas y gromlin Phillips** (☞ uned 87). Os ydy'r economi eisoes ar gyflogaeth lawn, gyda chromlin y galw cyfanredol yn GC_3, bydd cynnydd mewn gwariant real sy'n symud cromlin y galw cyfanredol i GC_4 yn arwain at chwyddiant yn unig heb gynnydd mewn cynnyrch na gostyngiad mewn diweithdra. Yna daw'r gromlin Phillips yn fertigol.

Mae gwneuthurwyr polisi heddiw yn ceisio mesur goralw drwy fylchau cynnyrch (☞ uned 26). Y gwahaniaeth rhwng lefel wirioneddol incwm gwladol a rhagfynegiad o'r hyn y dylai fod ag ystyried ei gyfradd duedd o dwf yn y blynyddoedd diwethaf yw'r bwlch cynnyrch. Mae goralw pan fo'r bwlch cynnyrch yn bositif, h.y. mae incwm gwladol gwirioneddol uwchlaw ei lefel duedd. Fodd bynnag, gall fod chwyddiant galw-dynnu hyd yn oed pan fo'r bwlch cynnyrch yn negyddol. Fel y mae Ffigur 89.1 yn ei awgrymu, mae pwysau chwyddiannol galw-dynnu yn cynyddu po agosaf y bydd y bwlch cynnyrch yn agosáu at sero, sy'n cyfateb i lefel incwm cyflogaeth lawn. Er enghraifft, gall y bwlch cynnyrch fod yn negyddol yn gyffredinol, ond gall rhai diwydiannau neu rai rhanbarthau fod â goralw. Felly efallai y bydd De-Ddwyrain Lloegr a'r sector gwasanaethau yn gorgynhesu pan fydd gallu cynhyrchu

Ffigur 89.1 Chwyddiant galw-dynnu

Bydd cynnydd yn y galw cyfanredol pan fo'r economi islaw cyflogaeth lawn yn arwain at gynnydd mewn prisiau a chynnyrch. Os ydy'r economi ar gyflogaeth lawn, bydd cynnydd yn y galw cyfanredol yn arwain at gynnydd mewn chwyddiant yn unig.

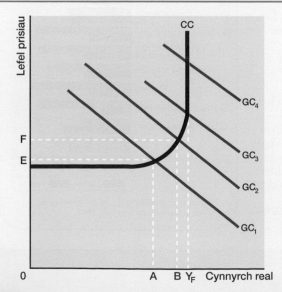

Tabl 89.1 Goralw a chwyddiant, y DU

	CMC Real newid %	Diweithdra (cyfrif hawlwyr) %	Chwyddiant %
1970	2.1	2.6	6.5
1971	2.1	2.6	9.2
1972	3.7	2.9	7.5
1973	7.1	2.0	9.1
1974	-1.5	2.1	15.9
1975	-0.6	3.1	24.1
1976	2.8	4.2	16.5
1977	2.4	4.4	15.8
1978	3.2	4.4	8.3

Ffynhonnell: addaswyd o *Trends Annual Supplement*, Swyddfa Ystadegau Cenedlaethol.

(a) Amlinellwch ddamcaniaeth alw-dynnu o chwyddiant.
(b) I ba raddau y mae'r data'n ategu damcaniaeth alw-dynnu o chwyddiant?

dros ben yng Ngogledd-Ddwyrain Lloegr ac mewn diwydiannau gweithgynhyrchu. Bydd y goralw yn y De-Ddwyrain ac mewn gwasanaethau yn creu chwyddiant ledled yr economi er bod rhanbarthau neu ddiwydiannau eraill yn ddirwasgedig.

Chwyddiant costwthiol

Ail ddamcaniaeth Keynesiadd o chwyddiant yw damcaniaeth GOSTWTHIOL chwyddiant. Mae hon yn dadlau yr achosir chwyddiant gan newidiadau ar ochr gyflenwad yr economi, sy'n cynyddu costau cynhyrchu. Mae pedair prif ffynhonnell o gynnydd mewn costau.

● Cyflogau. Maen nhw'n cyfrif am tua 70% o incwm gwladol ac felly fel arfer codiadau cyflog yw'r achos sengl pwysicaf o gynnydd yng nghostau cynhyrchu.
● Mewnforion o nwyddau. Bydd cynnydd ym mhris mewnforion o weithgynhyrchion gorffenedig, fel setiau teledu neu geir, yn arwain yn uniongyrchol at gynnydd yn lefel prisiau. Bydd cynnydd ym mhris mewnforion o led-weithgynhyrchion a dcfnyddiau crai, fel cydrannau gweithgynhyrchion a gynhyrchir yn fewnol, yn gweithio trwodd yn anuniongyrchol drwy gynnydd ym mhris nwyddau a gynhyrchir yn fenwol.
● Elw. Gall cwmnïau godi eu prisiau i gynyddu maint eu helw. Po fwyaf pris anelastig yw'r galw am eu nwyddau, lleiaf i gyd y bydd ymddygiad o'r fath yn arwain at ostyngiad yn y galw am eu nwyddau.
● Trethi. Gall y llywodraeth godi cyfraddau trethi anuniongyrchol neu ostwng cymorthdaliadau, a thrwy hynny godi prisiau.

Ar sawl adeg yn y gorffennol cafwyd cynnydd sylweddol mewn prisiau o ganlyniad i gynnydd yn un o'r costau hyn. Er enghraifft, dioddefodd pob economi Gorllewinol godiadau sydyn mewn prisiau ar ôl y cynnydd pedwarplyg ym mhris olew yn 1973-4.

Fodd bynnag, mae economegwyr Keynesaidd wedi dadlau y gall chwydd-dro costwthiol (*cost-push spiral*) ddatblygu sy'n arwain at gylchred dymor hir o chwyddiant. Ystyriwch economi datblygedig â chwyddiant sero a fawr ddim adnoddau naturiol. Mae prisiau rhyngwladol cynwyddau fel olew, nwy a glo yn cynyddu 50% mewn un flwyddyn. Mae prisiau mewnol yn codi 10% o ganlyniad. Nawr bydd gweithwyr 10% yn waeth eu byd mewn termau real. Felly byddan nhw'n ceisio cael cyflogau uwch. Os ydyn nhw yn y gorffennol wedi arfer derbyn cynnydd o 2% y flwyddyn mewn cyflogau real, byddan nhw'n fodlon setlo am 12%. Bydd cwmnïau'n talu'r 12% ac yn trosglwyddo'r cynnydd yn eu costau ar ffurf prisiau uwch. Bydd hynny'n ychwanegu at chwyddiant. Y flwyddyn

ganlynol, bydd undebau llafur eto yn brwydro i gael codiadau cyflog o 2% plws cyfradd chwyddiant. Yn y cyfamser bydd elw cwmnïau wedi bod yn gostwng mewn termau real. Felly bydd cwmnïau'n debygol o geisio cynyddu maint eu helw yn nhermau arian, gan ychwanegu at chwyddiant. Mae'r broses hon, a ddangosir yn Ffigur 89.2, yn cael ei galw'n CHWYDD-DRO PRISIAU A CHYFLOGAU neu weithiau yn CHWYDD-DRO COSTWTHIOL.

Gellir gweld y chwydd-dro prisiau a chyflogau hwn yn Ffigur 89.3

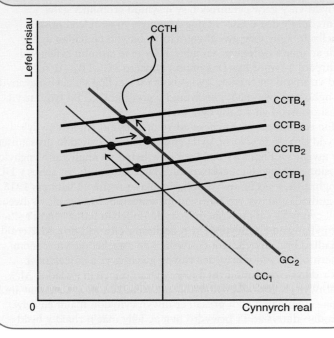

Ffigur 89.3 Chwyddiant costwthiol
Mae cynnydd cychwynnol mewn costau yn arwain at gadwyn o godiadau cyflog a chynnydd yn y galw sy'n gweithio'n ôl i godiadau mewn costau. Felly, mae lefel prisiau cydbwysedd tymor byr yn yr economi yn symud i fyny yn gyson.

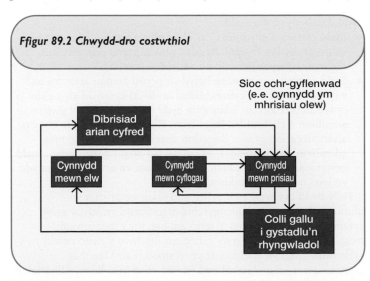

Ffigur 89.2 Chwydd-dro costwthiol

Sioc ochr-gyflenwad (e.e. cynnydd ym mhrisiau olew)

Dibrisiad arian cyfred

Cynnydd mewn elw — Cynnydd mewn cyflogau — Cynnydd mewn prisiau

Colli gallu i gystadlu'n rhyngwladol

Cwestiwn 2

Tabl 89.2 Costau a phrisiau, y DU

	Enillion cyfartalog wythnosol	Prisiau mewnforion	Newid canrannol Indecs Prisiau Adwerthu
1970	12	4	6.5
1971	11	5	9.2
1972	13	5	7.5
1973	14	28	9.1
1974	18	46	15.9
1975	27	14	24.1
1976	16	22	16.5
1977	9	16	15.8
1978	13	4	8.3

Ffynhonnell: addaswyd o *Economic Trends Annual Supplement*, Swyddfa Ystadegau Cenedlaethol.

(a) Amlinellwch ddamcaniaeth chwyddiant costwthiol.
(b) I ba raddau y mae'r data'n ategu'r farn bod chwyddiant yn bennaf yn gostwthiol ei darddiad?

hefyd. Mae sioc prisiau cychwynnol, dyweder o gynnydd mawr ym mhrisiau olew, yn symud cromlin cyflenwad cyfanredol y tymor byr i fyny o $CCTB_1$ i $CCTB_2$. Â phrisiau uwch, mae gweithwyr yn hawlio cyflogau uwch ac mae cyflogwyr yn ildio i hynny. Mae hyn yn gwthio cromlin cyflenwad cyfanredol y tymor byr i fyny ymhellach i $CCTB_3$. Mae'r cynnydd mewn cyflogau yn arwain at gynnydd yn y galw cyfanredol, sy'n symud cromlin y galw cyfanredol i'r dde o GC_1 i GC_2. Mae hyn yn codi lefel prisiau ymhellach. Felly mae gweithwyr eto yn hawlio codiadau cyflog uwch ac mae'r cyflogwyr yn ildio. Felly mae cromlin cyflenwad cyfanredol y tymor byr yn symud i fyny eto i $CCTB_4$. Ac felly y bydd yn mynd yn ei flaen, gyda chodiadau cyflog yn achosi cynnydd yng nghostau cwmnïau, gan symud y gromlin CCTB i fyny, ac yn achosi cynnydd yn y galw cyfanredol.

Mae economegwyr Keynesaidd yn anghytuno ynghylch ydy'r chwydd-dro yn ffrwydrol, gyda chwyddiant yn cynyddu dros amser, fel y gwelir yn Ffigur 89.3. Maen nhw hefyd yn anghytuno ynghylch achosion y chwyddiant costwthiol. Mae rhai'n nodi, yn achos y DU er enghraifft, y dechreuwyd pob pwl mawr o chwyddiant ers 1918 gan godiadau mawr ym mhrisiau mewnforion. Mae eraill yn dweud y gall cynnydd ym milwriaethusrwydd undebau llafur achosi'r sioc ochr-gyflenwad cychwynnol sy'n dechrau'r chwydd-dro. Mae eraill yn dadlau bod chwyddiant costwthiol yn anochel mewn economi modern oherwydd y brwydro rhwng gweithwyr a chyfalafwyr. Mae'r ddau'n dymuno cynyddu eu cyfran o incwm gwladol. Mae gweithwyr yn gorfodi cwmnïau i roi codiadau cyflog chwyddiannol ac mae cwmnïau'n codi prisiau er mwyn cynyddu maint eu helw. Does dim datrysiad i'r brwydro hyn ac felly mae'n rhaid y bydd

chwyddiant yn endemig mewn cymdeithas ddiwydiannol fodern.

Yr esboniad arianolaethol

Mae arianyddwyr yn credu bod chwyddiant yn alw-dynnu ei natur. Fodd bynnag, maen nhw'n dadlau na all newidiadau yn yr economi real arwain at chwyddiant hir. Dim ond cynnydd yn y cyflenwad arian fydd yn hyrwyddo chwyddiant galw-dynnu. Fel y nododd Milton Friedman, 'mae chwyddiant bob amser ac ym mhobman yn ffenomen ariannol'.

Gellir egluro'r farn hon gan ddefnyddio fformiwleiddiad Fisher o **ddamcaniaeth stoc arian**:

$$MV \equiv PT$$

lle mae M yn dynodi'r cyflenwad arian, V yw cyflymder cylchrediad arian, P yw lefel prisiau a T yw nifer y trafodion dros gyfnod. Yn y tymor byr, bydd codiadau yn M yn gweithio trwodd i lefel uwch o drafodion (h.y. bydd incwm gwladol yn codi a bydd diweithdra'n debygol o ostwng), a gostyngiad yn V. Y term am hyn yw'r MECANWAITH TROSGLWYDDO ARIANNOL. Ond yn y tymor hir, gyda V yn ddigyfnewid, bydd codiadau yn M uwchlaw cyfradd twf real yn yr economi (y newid yn T) yn gweithio trwodd i newidiadau yn P (☞ uned 84).

Darlunnir y mecanwaith trosglwyddo yn Ffigur 89.4. Ar adeg benodol t_1, mae cynnydd yn y cyflenwad arian o M_1 i M_2. Yr effaith ddi-oed yw gostyngiad yng nghyflymder cylchrediad arian, ond wrth i amser fynd yn ei flaen mae'r arian hwn yn dechrau cael ei wario, gan arwain at gynnydd mewn cynnyrch ac incwm real, y. Mae hyn yn ei dro yn arwain at chwyddiant galw-dynnu ac mae prisiau'n dechrau codi. Mae'r cynnydd mewn prisiau yn arwain at lai o wariant real gan fod defnyddwyr nawr yn gallu fforddio prynu llai â'u harian. Mae y yn dechrau gostwng ac mae cydbwysedd yn dychwelyd pan fydd y a V yn ôl ar eu lefelau gwreiddiol. Yn y cyfamser mae prisiau wedi codi o P_1 i P_2.

Gellir dadansoddi'r mecanwaith trosglwyddo ariannol yn fwy manwl gan ddefnyddio cysyniadau'r galw am arian a'r cyflenwad arian. Tybiwch fod y farchnad arian yn dechrau mewn cydbwysedd gyda'r galw am arian yn hafal i'r cyflenwad arian (☞ uned 82). Yna tybiwch fod cynnydd yn y cyflenwad arian am ryw reswm, fel y llywodraeth yn dymuno gostwng cyfraddau llog er mwyn gostwng diweithdra. Nawr bydd anghydbwysedd yn y farchnad arian. Bydd y cyflenwad arian yn fwy na'r galw am arian. Er enghraifft, mae banciau'n debygol o ddal gorgyflenwadau o arian. Byddan nhw'n ymateb drwy gynyddu eu benthyca i gartrefi a chwmnïau. Nawr bydd dau beth yn digwydd.

- Bydd cartrefi a chwmnïau, ar ôl benthyca mwy o arian, yn ei wario ar asedau ffisegol. Byddan nhw'n prynu ceir, gwyliau, ceginau, cyfarpar newydd ac adeiladau newydd.
- Bydd cartrefi a chwmnïau hefyd yn prynu asedau ariannol nad ydynt yn arian, e.e. cyfranddaliadau. Bydd cynnydd yn y galw yn cynyddu pris asedau ariannol a bydd hyn yn ei dro yn gwthio arenillion a chyfraddau llog i lawr. Wedi'r cyfan, os ydy mwy o arian yn cael ei gynilo, does dim angen i fenthycwyr gynnig adenillion mor atyniadol, fel cyfraddau llog, i ddenu arian. Bydd gostyngiad yn y gyfradd llog ynddo'i hun yn arwain at gynnydd yn lefel treuliant a buddsoddiant.

Felly bydd cynnydd yn y cyflenwad arian yn arwain yn uniongyrchol ac yn anuniongyrchol at gynnydd yn lefel y galw cyfanredol yn yr economi. Y term am hyn yw'r mecanwaith trosglwyddo ariannol – trwy'r mecanwaith hwn y bydd newid yn y cyflenwad arian yn effeithio ar yr economi real. Mae rhai economegwyr arianolaethol hyd yn oed yn cyfrifo **lluosyddion arian**

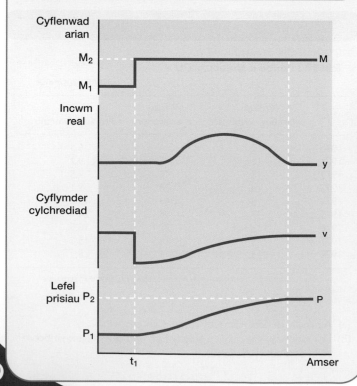

Ffigur 89.4 Y mecanwaith trosglwyddo ariannol
Mae cynnydd cychwynnol yn y cyflenwad arian o M_1 i M_2 yn arwain at ostyngiad ar unwaith yn V, cyflymder cylchrediad arian. Yna mae arian yn dechrau cael ei wario, gan gynyddu y a V. Mae'r cynnydd mewn gwario yn arwain hefyd at chwyddiant galw-dynnu. Gyda P yn codi, bydd incwm real yn dechrau gostwng yn y pen draw. Yn y cydbwysedd terfynol, bydd V ac y yn dychwelyd i'w lefelau cychwynnol ond nawr bydd P yn uwch.

Cyflenwad arian

M_2 ----- M
M_1

Incwm real

y

Cyflymder cylchrediad

v

Lefel prisiau P_2

P

P_1

t_1 Amser

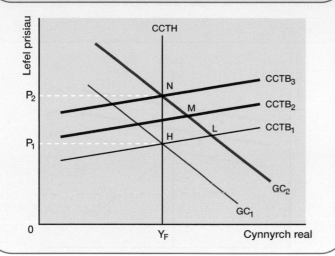

Ffigur 89.5 Cynnydd yn y cyflenwad arian
Bydd cynnydd yn y cyflenwad arian yn symud cromlin y galw cyfanredol o GC₁ i GC₂. Ar ôl cynnydd cychwynnol mewn cynnyrch, a ddangosir gan symudiad o H i L, bydd yr economi'n dychwelyd i gydbwysedd tymor hir yn N. Bydd prisiau wedi codi ond bydd cynnyrch yn ddigyfnewid.

buddsoddiant yn gymharol ansensitif i'r gyfradd llog (☞ unedau 31 a 32). Felly, ni fydd newidiadau eithaf mawr yn y gyfradd llog yn cael fawr ddim effaith ar wariant cyfanredol bwriedig.

Gellir egluro'r safbwynt arianolaethol gan ddefnyddio cromliniau galw cyfanredol a chyflenwad cyfanredol hefyd. Bydd cynnydd yn y cyflenwad arian yn arwain at gynnydd yn y galw cyfanredol trwy'r mecanwaith trosglwyddo. Ystyriwch Ffigur 89.5. Byddai economegwyr arianolaethol neu glasurol yn dadlau bod cromlin cyflenwad cyfanredol y tymor hir yn fertigol. Lefel cydbwysedd cynnyrch yw lefel cyflogaeth lawn Y_F, a'r lefel prisiau ar y cychwyn yw P_1. Mae cynnydd yn y cyflenwad arian yn symud cromlin y galw cyfanredol i'r dde i GC_1 i GC_2. I ddechrau mae'r economi'n symud i fyny cromlin cyflenwad cyfanredol y tymor byr $CCTB_1$ o H i L. Ond yn y tymor hirach, â phrisiau uwch a chyflogaeth gorlawn, bydd gweithwyr yn hawlio ac yn ennill codiadau cyflog fydd yn gwthio cromlin cyflenwad cyfanredol y tymor byr i fyny i $CCTB_2$, ac yna i $CCTB_3$. N yw'r cydbwysedd tymor hir newydd lle mae'r galw cyfanredol yn hafal eto i gyflenwad cyfanredol y tymor hir. Mae cynnyrch, ar ôl cynyddu i ddechrau, wedi dychwelyd i lefel cyflogaeth lawn y tymor hir. Ond mae prisiau wedi codi o P_1 i P_2.

Mae dadansoddiad Keynesaidd yn awgrymu bod symudiad

(na ddylid drysu rhyngddynt a lluosyddion credyd a ddefnyddir yn namcaniaeth creu credyd). Ystyr y lluosydd arian yw sawl gwaith y lluosir cynnydd yn y cyflenwad arian i roi'r cynnydd terfynol mewn incwm gwladol. Mae llawer o arianyddwyr yn dadlau bod y lluosydd arian yn fawr. Felly, bydd newidiadau bach yn y cyflenwad arian yn cynhyrchu symudiadau mawr yn y galw cyfanredol. Mae Keynesiaid, ar y llaw arall, yn dadlau bod y lluosydd arian yn fach iawn. Maen nhw'n dadlau bod asedau ffisegol yn amnewidyn gwael am asedau ariannol fel arian. Felly bydd cynnydd yn y cyflenwad arian yn effeithio yn bennaf ar ddaliadau o asedau ariannol fel cyfranddaliadau ac ni fydd yn cael fawr ddim effaith ar ddaliadau o asedau ffisegol. Yn ail, maen nhw'n dadlau bod treuliant a

Cwestiwn 3

Tabl 89.3 Y cyflenwad arian a chwyddiant, y DU

			Newid canrannol
	Cyflenwad arian (M4)	CMC real	Prisiau
1970	8.6	2.1	6.5
1971	13.8	2.1	9.2
1972	22.8	3.7	7.5
1973	20.6	7.1	9.1
1974	15.7	- 1.5	15.9
1975	12.8	- 0.6	24.1
1976	11.8	2.8	16.5
1977	10.9	2.4	15.8
1978	17.2	3.2	8.3

Ffynhonnell: addaswyd o *Economic Trends Annual Supplement*, Swyddfa Ystadegau Cenedlaethol.

(a) Sut mae arianyddwyr yn egluro achosion chwyddiant?
(b) I ba raddau y mae'r data'n ategu'r farn hon?

Cwestiwn 4

Tabl 89.4 Chwyddiant, arian a thwf economaidd, y DU

			%
	Newid yn M4	Chwyddiant	Twf economaidd
1983	14.0	4.6	3.6
1984	12.5	5.0	2.5
1985	13.1	6.1	3.6
1986	15.9	3.4	4.1
1987	14.7	4.2	4.5
1988	17.2	4.9	5.0
1989	18.2	7.8	2.1
1990	17.6	9.5	0.8
1991	8.0	5.9	-1.5
1992	4.4	3.7	0.4

Ffynhonnell: addaswyd o *Economic Trends Annual Supplement*, Swyddfa Ystadegau Cenedlaethol.

Rhwng 1983 ac 1987 cyfartaledd twf arian eang oedd 14.0% a chyfartaledd chwyddiant oedd 4.7%. Yna neidiodd twf arian eang i gyfartaledd o 17.7% rhwng 1988 ac 1990 a chododd chwyddiant i uchafbwynt o 9.5% yn 1990 o 4.9% yn 1988.
(a) Sut y byddai arianyddwyr yn egluro hyn?
Cyfradd twf real cyfartalog CMC dros y cyfnod 1983-1987 oedd 3.7%. Ar y pryd, roedd dadreoli sylweddol o farchnadoedd ariannol a arweiniodd at ffrwydrad o fenthyca gan gartrefi a chwmnïau.
(b) Sut y byddai arianyddwr yn egluro pam, er gwaethaf cynnydd o 14% y flwyddyn yn y cyflenwad arian, mai dim ond 4.7% oedd y cynnydd cyfartalog mewn chwyddiant dros y cyfnod?
Gostyngodd cyfradd twf blynyddol y cyflenwad arian o 18.2% yn 1989 i 2.6% yn 1993. Ar yr un pryd, plymiodd cyfradd twf yr economi o uchafbwynt o 5.0% yn 1988 i –1.5% yn 1991.
(c) Pam y gallai hyn fod yn enghraifft o sut mae'r mecanwaith trosglwyddo ariannol yn gweithredu?

cychwynnol cromlin y galw cyfanredol o gynnydd yn y cyflenwad arian yn gymharol fach. Felly, bydd y cynnydd terfynol mewn prisiau yn gymharol isel. Byddai arianyddwyr yn dadlau bod newidiadau mewn gwerthoedd ariannol, fel y cyflenwad arian a'r gyfradd llog, yn cael effaith fawr ar y galw cyfanredol. Felly bydd symudiad cromlin y galw cyfanredol yn fawr gydag effaith gyfatebol fawr ar chwyddiant. Mae anghytuno hefyd ynghylch siâp cromlin cyflenwad cyfanredol y tymor hir. Os yw'n goleddu i fyny, fel y dadleuir gan Keynesiaid yn Ffigur 89.1, a bod yr economi islaw cyflogaeth lawn, gallai cynnydd yn y cyflenwad arian sy'n cynyddu'r galw cyfanredol arwain at gynnydd parhaol mewn incwm real. Po bellaf i ffwrdd o gyflogaeth lawn mae'r economi, mwyaf i gyd fydd yr effaith barhaol ar y, incwm real, a lleiaf i gyd ar P, lefel prisiau. Os oes diweithdra torfol gyda dirwasgiad difrifol fel yn yr 1930au, efallai na fydd cynnydd yn y cyflenwad arian yn cael dim effaith ar chwyddiant ond bydd yn arwain at gynnydd mewn cynnyrch real yn unig am fod cromlin y galw cyfanredol yn llorweddol.

Goddef ariannol

Mae Keynesiaid yn tueddu i ddadlau er bod gorchwyddiant yn cael ei achosi gan gynnydd gormodol yn y cyflenwad arian, bod y chwyddiant ymlusgol a gafwyd yn y degawdau diwethaf yn y byd diwydiannol wedi cael ei achosi yn bennaf gan newidiadau mewn newidynnau real. Naill ai cafwyd gwariant gormodol (chwyddiant galw-dynnu) neu cafwyd siociau ochr-gyflenwad sydd wedi cynyddu costau cynhyrchu. Ni fyddai arianyddwyr yn gwadu bod sioc ochr-gyflenwad fel y cynnydd pedwarplyg ym mhrisiau olew yn 1973-43 yn cynyddu prisiau. Ond bydden nhw'n dadlau bod hyn yn gynnydd unwaith-ac-am-byth, yn debyg i gynnydd tymhorol ym mhris tomatos. Roedd yn gynnydd mewn prisiau ond nid oedd yn chwyddiannol (h.y. nid oedd ynddo'i hun wedi achosi cynnydd cyffredinol a hir mewn prisiau).

Ystyriwch Ffigur 89.6. Mae cynnydd ym mhrisiau olew wedi symud cromlin cyflenwad cyfanredol y tymor byr o $CCTB_1$ i $CCTB_2$. Mae'r economi wedi symud o gyflogaeth lawn yn A i lefel is na chyflogaeth lawn yn D ac mae prisiau wedi codi. Mae'r economi nawr mewn sefyllfa o CHWYDDWASGIAD gyda chodiadau prisiau a diweithdra. Byddai damcaniaeth Keynesaidd yn awgrymu y bydd gweithwyr nawr yn hawlio codiadau cyflog uwch i'w digolledu am godiadau prisiau. Ond byddai arianyddwyr yn gofyn o ble mae'r arian i ddod i dalu am y codiadau cyflog chwyddiannol hyn. Os ydy'r cyflenwad arian yn sefydlog, ni all cromlin y galw cyfanredol symud. Rhaid i godiadau cyflog i rai gweithwyr gael eu cydbwyso gan golledion cyflog i eraill. Bydd rhai gweithwyr yn 'eu prisio eu hunain allan o swyddi' wrth i gromlin cyflenwad cyfanredol y tymor byr godi i $CCTB_3$.

Felly mae diweithdra'n cynyddu. Ymhen amser bydd gweithwyr yn dechrau derbyn toriadau yn eu cyflogau a bydd hyn yn dechrau symud cromlin cyflenwad cyfanredol y tymor byr i lawr. Yn y pen draw bydd yr economi'n dychwelyd i gyflogaeth lawn yn A ar y lefel prisiau wreiddiol. Felly ni fydd sioc ochr-gyflenwad yn chwyddiannol yn y tymor hir oni fydd y llywodraeth yn caniatáu i'r cyflenwad arian gynyddu i ODDEF (*accommodate*) y pwysau chwyddiannol o fewn yr economi.

Mae goddef yn ddatrysiad gwleidyddol atyniadol iawn yn y tymor byr. O wynebu diweithdra a chwyddiant, gall llywodraeth o leiaf ostwng diweithdra drwy gynyddu'r cyflenwad arian a thrwy hynny cynyddu'r galw cyfanredol. Ond yn y tymor hir mae polisi o'r fath

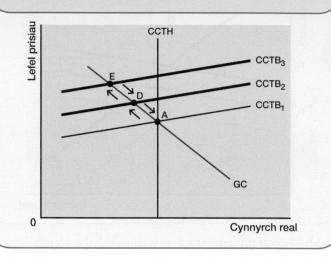

Ffigur 89.6 Goddef ariannol
Gall sioc ochr-gyflenwad sy'n symud cromlin cyflenwad cyfanredol y tymor byr o $CCTB_1$ i $CCTB_2$ achosi i weithwyr hawlio codiadau cyflog i'w digolledu am chwyddiant, gan symud cromlin cyflenwad cyfanredol y tymor byr ymhellach byth i fyny ac i'r chwith. Ond bydd yr economi'n dychwelyd i'r pwynt gwreiddiol A os na fydd y llywodraeth yn goddef y codiad prisiau (h.y. os na fydd yn cynyddu'r cyflenwad arian fyddai'n cael yr effaith o symud cromlin y galw cyfanredol i'r dde.)

yn chwyddiannol yn unig. Hefyd mae economegwyr arianolaethol yn dadlau y byddai'r economi wedi dychwelyd i gyflogaeth lawn beth bynnag trwy'r broses o doriadau cyflog real.

Mae'r un ddadl yn berthnasol i gynnydd yn y galw cyfanredol. Tybiwch fod y llywodraeth yn cynyddu ei gwariant pan fo'r economi eisoes ar gyflogaeth lawn, a thrwy hynny yn cynyddu'r galw cyfanredol. Mae prisiau'n codi ychydig. Bydd y cynnydd mewn gwariant bron yn sicr yn arwain at gynnydd yn y galw am arian benthyg. Bydd hynny'n cynyddu cyfraddau llog. Bydd treuliant yn gostwng, ac yn y marchnadoedd ariannau tramor bydd mewnlif o arian o wledydd tramor fydd yn ariannu cynnydd mewn mewnforion. Felly bydd y galw cyfanredol mewnol yn gostwng i'w lefel wreiddiol. Dywedir nad yw'r ehangiad yn y galw wedi cael ei DDILYSU os na chynyddir y cyflenwad arian. Pe bai'r cyflenwad arian wedi cael ei gynyddu, byddai cwmnïau wedi ymateb drwy gynnig prisiau uwch am lafur, gan symud cromlin cyflenwad cyfranredol y tymor byr i fyny, gan greu chwydd-dro prisiau a chyflogau posibl.

Felly mae arianyddwyr yn dadlau na all siociau ochr-alw ac ochr-gyflenwad achosi chwyddiant. Dim ond os caniateir i'r cyflenwad arian gynyddu y bydd chwyddiant yn dilyn.

Cwestiwn 5

(a) Gwahaniaethwch rhwng goddef ariannol a dilysu ariannol.
(b) Ystyriwch y data yn Nhablau 89.1, 89.3 ac 89.4. A oes unrhyw dystiolaeth i awgrymu y cafwyd goddef neu ddilysu ariannol yn y cyfnod 1970-1978?

Termau allweddol

Chwydd-dro prisiau a chyflogau neu chwydd-dro costwthiol – y broses lle mae codiadau mewn costau, fel cyflogau, yn arwain at godiadau mewn prisiau ac mae hynny yn ei dro yn arwain at godiadau mewn costau i gwmnïau.

Chwyddiant costwthiol – chwyddiant a achosir gan godiadau yng nghostau cynhyrchu yn yr economi.

Chwyddiant galw-dynnu – chwyddiant a achosir gan oralw yn yr economi.

Chwyddwasgiad – sefyllfa lle mae economi'n wynebu chwyddiant cynyddol a diweithdra cynyddol.

Dilysu ariannol – newid yn y cyflenwad arian enwol sy'n cael ei ganiatáu gan y llywodraeth yn dilyn newid yn y galw cyfanredol er mwyn cadw'r cyflenwad arian real yn ddigyfnewid.

Goddef ariannol – newid yn y cyflenwad arian enwol sy'n cael ei ganiatáu gan y llywodraeth yn dilyn sioc ochr-gyflenwad er mwyn cadw'r cyflenwad arian real yn ddigyfnewid.

Mecanwaith trosglwyddo ariannol – trwy'r mecanwaith hwn y bydd newid yn y cyflenwad arian yn arwain at newid mewn incwm gwladol a newidynnau real eraill fel diweithdra.

Economeg gymhwysol

Chwyddiant yn ystod ffyniant Lawson, 1986-1989

Yn hanner cyntaf yr 1980au, syrthiodd y gyfradd chwyddiant o 18.0% yn 1980 i 4.6% yn 1983. Yna, bu chwyddiant yn hofran oddeutu 5% dros y bum mlynedd nesaf, cyn dechrau codi eto ynghanol 1988. Erbyn diwedd 1990, roedd twf blynyddol yr Indecs Prisiau Adwerthu dros 10%. Pam bod y gyfradd chwyddiant wedi dyblu yn y modd hwn?

O safbwynt arianyddwr, gellid cysylltu'r cynnydd mewn chwyddiant yn 1988 gyda'r naid yng nghyfradd twf y cyflenwad arian ers 1986. Ar ddechrau'r 1980au, roedd y cyflenwad arian, o'i fesur fel M1, M2, M3 neu M4, wedi tyfu llawer cyflymach na lefel y CMC enwol (h.y. cyflymach na PT yn hafaliad Fisher). Fel y gwelir yn Nhabl 89.5, cododd cyfradd twf blynyddol M4 o ffigur islaw 15% y flwyddyn i dros 15% yn 1986 ac erbyn 1988, roedd y ffigur cyfartalog dros 17%. Roedd y cynnydd hwn yn ddigon i gynhyrchu'r cynnydd mewn chwyddiant o ganol 1988. Byddai'n awgrymu bod oediad blwyddyn neu ddwy rhwng codiadau cychwynnol yng nghyfradd twf y cyflenwad arian a chodiadau dilynol yng nghyfradd chwyddiant ar y pryd.

Gall economegwyr Keynesaidd hefyd ddarparu esboniad o'r cynnydd mewn chwyddiant. Fel y gwelir yn Nhabl 89.5, cynyddodd cyfradd twf CMC real o gyfradd o 3-4% rhwng 1983 ac 1986 i 4-6% rhwng chwarter olaf 1986 ac 1988. Yn chwarter cyntaf 1988, cyrhaeddodd lefel uchel anghynaliadwy o 5.9%. Bu'r twf sydyn hwn yn gyfrifol am leihau diweithdra'n sydyn o dros 3 miliwn yn hanner cyntaf yr 1980au i 1.6 miliwn erbyn chwarter olaf 1989, gyda rhanbarthau fel De Ddwyrain Lloegr yn dioddef prinder difrifol o rai mathau o lafur.

Ffordd arall o edrych ar oralw yw ystyried y bwlch cynnyrch ar y pryd. Mae Ffigur 89.7 yn dangos bod yr economi mewn enciliad dwfn ar ddechrau'r 1980au gyda chynnyrch gwirioneddol bron i 5% islaw ei gyfradd duedd cynnyrch. Erbyn 1986, roedd y bwlch cynnyrch negyddol

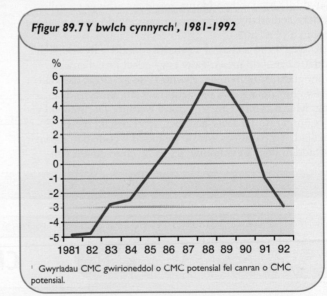

Ffigur 89.7 Y bwlch cynnyrch[1], 1981-1992

[1] Gwyriadau CMC gwirioneddol o CMC potensial fel canran o CMC potensial.

hwn wedi'i ddileu ac roedd yr economi'n gweithredu ychydig uwchlaw lefel ei botensial. Pan oedd ffyniant Lawson ar ei anterth yn 1988 ac 1989, roedd yr economi'n gweithredu dros 5% uwchlaw ei gyfradd duedd. Roedd hyn yn anghynaliadwy, ac fe arweiniodd yn anochel at chwyddiant cynyddol.

Mae Tabl 89.5 hefyd yn dangos pwysau chwyddiannol costwthiol. Cyflogau yw'r gost fwyaf sylweddol i gyflogwyr ar gyfartaledd. Ers 1984, roedd cynnydd graddol yng nghyfradd twf enillion. Yn chwarter cyntaf 1984, roedd yn 6.1% y flwyddyn, ond erbyn 1989 roedd bron yn 10%. Gallai hyn ddarparu tystiolaeth am esboniad costwthiol o'r cynnydd mewn chwyddiant.

Mewn gwirionedd, mae'n debygol mai canlyniad cyfuniad o'r ffactorau uchod oedd chwyddiant cynyddol o

1988 ymlaen.

Byddai'r rhan fwyaf o economegwyr yn derbyn bod galw cyfanredol wedi cynyddu ers 1986 mewn perthynas â chyflenwad cyfanredol. Digwyddodd y cynnydd yn y cyflenwad arian yn rhannol oherwydd cyfraddau llog is, ond hefyd oherwydd dadreoleiddiad yn y marchnadoedd ariannol. Er enghraifft, yn ystod ail hanner yr 1980au, llaciwyd nifer o'r cyfyngiadau ar gymdeithasau adeiladu ac aethant ati o ddifrif i werthu morgeisiau, gan annog cwsmeriaid i fenthyca arian. Dechreuodd nifer o fanciau hefyd werthu morgeisiau mewn modd cystadleuol. Roedd pobl a oedd yn symud tŷ yn dueddol o fenthyca mwy nag oedd arnynt ei angen i dalu cost prynu'r tŷ gan ddefnyddio'r arian oedd dros ben i brynu popeth o garpedi a llenni i geir newydd. Cododd prisiau tai yn gyflym hefyd wrth i fwy o arian gael ei fenthyg. Roedd hyn yn annog perchenogion tai i fenthyca arian yn erbyn y cynnydd yng ngwerth eu tai.

Yna, fe arweiniodd y cynnydd mewn treuliant at fuddsoddiant cynyddol gan ddiwydiant ar adeg pan oedd gwerthiant allforion yn tyfu'n gyflym hefyd. Roedd gwario ychwanegol yn arwain at fwy o gynnyrch, ac yn golygu bod diweithdra'n syrthio hefyd. Gyda thyndra cynyddol yn y farchnad lafur, roedd gweithwyr yn gallu sicrhau codiadau cyflog uwch, a arweiniodd at bwysau ar gostau a phrisiau.

Rhwng 1986 a chanol 1988, llwyddodd y llywodraeth i **oddef** y cynnydd mewn galw trwy adael i'r cyflenwad arian godi. Fodd bynnag, rhwng 1988 ac 1989, ceisiodd gadw chwyddiant dan reolaeth trwy ddyblu cyfraddau llog. Mae'n cymryd amser i bolisi weithio. Dechreuodd yr economi arafu yn 1989 ac erbyn 1991, roedd mewn enciliad. Yn baradocsaidd, arweiniodd y codiadau mewn cyfraddau llog, a gynlluniwyd i gadw chwyddiant dan

reolaeth, at godiadau yn yr Indecs Prisiau Adwerthu yn y tymor byr. Gallai hynny wedyn fod wedi achosi gweithwyr i alw am godiadau cyflog uwch er mwyn rhwystro eu lefelau cyflog real rhag erydu. Fodd bynnag, erbyn 1991, roedd chwyddiant yn dechrau syrthio.

Tabl 89.5 Chwyddiant a'i ddeterminannau posibl

		%	newid % dros y 12 mis blaenorol			Miliynau
		Chwyddiant	Cyflenwad arian	CMC real	Enillion cyfartalog	Diweithdra (cyfrif hawlwyr)
1983	Q1	4.9	14.7	3.0	8.8	3.2
1984	Q1	5.2	11.7	4.0	6.1	3.2
1985	Q1	5.4	14.0	2.2	7.5	3.3
1986	Q1	5.0	13.7	3.8	8.4	3.4
	Q2	2.8	15.3	3.3	8.1	3.3
	Q3	2.7	15.6	3.8	7.4	3.3
	Q4	3.5	15.9	4.9	8.0	3.2
1987	Q1	3.9	14.6	3.9	7.2	3.2
	Q2	4.2	14.1	3.9	7.5	3.1
	Q3	4.3	15.4	5.6	7.9	2.9
	Q4	4.1	16.2	4.8	8.4	2.8
1988	Q1	3.3	16.8	5.9	8.8	2.7
	Q2	4.3	16.9	5.3	8.3	2.5
	Q3	5.5	18.6	4.5	8.4	2.3
	Q4	6.5	17.6	4.2	9.6	2.1
1989	Q1	7.8	18.0	2.8	9.3	2.1
	Q2	8.2	18.6	3.0	9.3	1.9
	Q3	7.7	17.6	1.7	9.9	1.8
	Q4	7.6	18.3	1.1	8.7	1.6

Ffynhonnell: addaswyd o *Economic Trends Annual Supplement, Monthly Digest of Statistics*, Swyddfa Ystadegau Cenedlaethol.

Cwestiwn Data

Chwyddiant, 1997-2005

Tabl 89.6 Prisiau

		Newid canrannol blynyddol	
	RPI	RPIX	CPI
1997	3.2	2.8	1.8
1998	3.4	2.6	1.6
1999	1.5	2.3	1.3
2000	3.0	2.1	0.8
2001	1.8	2.1	1.2
2002	1.7	2.2	1.3
2003	2.9	2.8	1.4
2004	1.3	2.2	1.3
2005	2.8	2.3	2.1

Ffynhonnell: addaswyd o *Economic Trends*, Swyddfa Ystadegau Cenedlaethol.

Tabl 89.7 Galw: y bwlch cynnyrch a newidiadau mewn CMC real

	CMC real newid % blynyddol	Bwlch cynnyrch newid % blynyddol
1997	3.2	-0.4
1998	3.2	-0.1
1999	3.0	-0.1
2000	4.0	1.0
2001	2.2	0.5
2002	2.0	-0.1
2003	2.5	-0.1
2004	3.2	0.5
2005	1.8	-0.5

Ffynhonnell: addaswyd o *Economic Trends*, Swyddfa Ystadegau Cenedlaethol, *Economic Outlook*, OECD.

Tabl 89.8 Newidiadau cost: enillion cyfartalog, prisiau mewnforion ac elw

| | Newid canrannol blynyddol | | |
	Enillion cyfartalog	Prisiau mewnforion	Elw[1]
1997	4.2	-6.7	9.2
1998	5.2	-6.0	2.8
1999	4.8	-0.5	2.5
2000	4.5	3.3	-0.3
2001	4.4	-0.9	-1.5
2002	3.6	-2.5	4.7
2003	3.3	-0.7	6.8
2004	4.4	-0.6	7.9
2005	4.2	4.1	3.3

1. Elw ar brisiau cyfredol: elw masnachu crynswth neu gorfforaethol di-ariannol preifat ac eithrio cwmnïau sgafell gyfandirol y DU.

Ffynhonnell: addaswyd o *Economic Trends*, Swyddfa Ystadegau Cenedlaethol.

Tabl 89.9 Newidynnau ariannol: y cyflenwad arian M4 a chyfraddau sylfaenol y banciau

	Newid canrannol blynyddol M4 %	Cyfraddau sylfaenol y banciau cyfartalog am y flwyddyn %
1997	5.7	6.56
1998	8.5	7.24
1999	4.2	5.34
2000	8.4	5.97
2001	6.5	5.13
2002	7.0	4.00
2003	7.2	3.69
2004	9.0	4.38
2005	12.4	4.65

Ffynhonnell: addaswyd o *Financial Statistics*, Swyddfa Ystadegau Cenedlaethol.

Tabl 89.10 Ffactorau ochr-gyflenwad

	Cynnyrch fesul gweithiwr economi cyfan, newid % blynyddol	Mudo net (mewnfudiad – ymfudiad) 000s	Cyfradd diweithdra, *ILO* %
1997	1.4	46.8	7.2
1998	2.4	138.8	6.3
1999	1.7	163.0	6.1
2000	2.9	162.8	5.6
2001	1.1	171.8	4.9
2002	0.9	153.4	5.2
2003	1.5	151.0	5.0
2004	2.0	222.6	4.8
2005	0.5	250.3	4.7

Ffynhonnell: addaswyd o *Economic Trends*, *International Migration*, Swyddfa Ystadegau Cenedlaethol.

Mae Banc Lloegr wedi gofyn i chi, fel un o'i economegwyr, baratoi adroddiad ar brif achosion chwyddiant yn ystod y cyfnod 1997-2005.

1. Yn fyr, disgrifiwch y prif dueddiadau yn yr economi yn ystod y cyfnod.
2. Amlinellwch pob prif ddamcaniaeth chwyddiant yr ydych yn gyfarwydd â hi, a thrafodwch i ba raddau y mae'r dystiolaeth o'r cyfnod yn cefnogi'r esboniad.
3. Ysgrifennwch gasgliad lle rydych yn gwerthuso pa ddamcaniaeth sy'n egluro orau batrwm chwyddiant yn ystod y cyfnod.

Crynodeb

1. Prif arf polisi gwrthchwyddiannol heddiw yn Ewrop ac UDA yw'r gyfradd llog. Defnyddir codiadau yn y gyfradd llog i ddatchwyddo'r economi i ostwng chwyddiant. Pan fo chwyddiant yn isel, gostyngir cyfraddau llog i ganiatáu i'r economi dyfu yn gyflymach.

2. Gellir defnyddio polisi cyllidol i addasu'r galw cyfanredol. Bydd diffyg cyllidol llai neu warged mwy yn gostwng y galw cyfanredol, yn datchwyddo'r economi ac yn gostwng chwyddiant galw-dynnu. Gall newid trethi anuniongyrchol a chymorthdaliadau neu reoli'r prisiau a godir gan ddiwydiannau gwladoledig effeithio ar chwyddiant costwthio.

3. Mae cynnal cyfradd cyfnewid sefydlog neu hoelio'r gyfradd cyfnewid mewn perthynas ag arian cyfred chwyddiant isel yn bolisi priodol arall y gellir ei ddefnyddio i reoli chwyddiant.

4. Mae Keynesiaid yn awgrymu polisïau prisiau ac incwm fel modd posibl i ostwng effaith chwyddiannol siociau ochr-gyflenwad. Fodd bynnag, mae'n anaddas eu defnyddio i reoli chwyddiant a achosir gan oralw yn yr economi.

Polisi ariannol

Yn Ewrop ac UDA prif arf polisi gwrthchwyddiannol heddiw yw polisi ariannol ac yn arbennig rheoli cyfraddau llog tymor byr. Defnyddir polisi ariannol i addasu lefel y galw cyfanredol.

Bydd cynnydd yng nghyfraddau llog yn arwain at ostyngiad yn y galw cyfanredol oherwydd y canlynol:

- bydd defnyddwyr yn gwario llai ar nwyddau traul sy'n para, gwariant sy'n cael ei ariannu yn aml drwy fenthyciadau, pan fydd cyfraddau llog yn codi;
- bydd cwmnïau'n gwario llai ar fuddsoddiant gan fod llai o brojectau buddsoddiant yn broffidiol ar gyfraddau llog uwch;
- mae cyfoeth cartrefi yn tueddu i ostwng â chyfraddau llog uwch am fod cyfraddau llog uwch yn tueddu i gael effaith negyddol ar gyfranddaliadau; gallan nhw effeithio'n anffafriol ar brisiau tai hefyd gan fod morgeisiau'n ddrutach;
- mae'r gyfradd cyfnewid yn tueddu i godi, gan ei gwneud hi'n anoddach i allforwyr werthu dramor a gwneud mewnforion yn fwy cystadleuol yn erbyn cynhyrchwyr mewnol;
- mae cyfraddau llog uwch yn hybu cynilo.

Mae gostyngiadau yn y galw cyfanredol yn arwain at ostyngiadau mewn prisiau, â phopeth arall yn gyfartal.

Yn aml nid yw polisi ariannol datchwyddol yn wleidyddol boblogaidd. Dim ond os bydd twf economaidd yn arafu neu hyd yn oed yn dod yn negyddol y gall cynnydd yng nghyfraddau llog reoli chwyddiant. Mae datchwyddiant sydyn yn debygol o arwain at ddiweithdra cynyddol hefyd. Felly, gall llywodraethau fod yn amharod i gynyddu cyfraddau llog, yn enwedig os oes etholiad pwysig ar y gorwel. Am y rheswm hwn, mae rhai economegwyr yn y blynyddoedd diwethaf wedi dadlau y dylai polisi ariannol gael ei weithredu gan fanc canolog sy'n annibynnol ar y llywodraeth ac felly yn annibynnol ar bwysau gwleidyddol tymor byr.

Yn nodweddiadol rhoddir i fanciau canolog annibynnol yr amcan o gynnal chwyddiant isel, ond nid oes raid iddynt ystyried canlyniadau eu gweithredoedd ar dwf economaidd a diweithdra (mae llywodraeth y DU yn dadlau ei bod yn osgoi'r broblem hon drwy osod targed cymesur ar gyfer Banc Lloegr sef plws neu finws 1% o amgylch y targed canolog o 2%). Mae rhai economegwyr yn dadlau bod gosod targed uchaf yn unig ar gyfer chwyddiant yn ystumio polisi'r llywodraeth am ei fod yn rhoi gwerth rhy uchel ar chwyddiant isel ar draul newidynnau eraill. Er enghraifft, nid yw o reidrwydd yn amlwg bod economi â chwyddiant o 2% a 3 miliwn yn ddi-waith yn fwy dymunol nag economi â

Ers ei gyflwyno yn 1997, mae'r fframwaith polisi ariannol yn gyson wedi cyflawni chwyddiant sy'n agos at darged y llywodraeth. Mae'r fframwaith yn seiliedig ar bedair egwyddor allweddol;

- amcanion clir a manwl gywir. Prif amcan polisi ariannol yw cyflawni sefydlogrwydd prisiau. Mae mabwysiadu targed chwyddiant cymesur sengl yn sicrhau bod canlyniadau islaw'r targed yn cael eu trin yr un mor ddifrifol â chanlyniadau uwchlaw'r targed, fel y bydd polisi ariannol yn cefnogi hefyd amcan y llywodraeth o lefelau uchel a sefydlog o dwf a chyflogaeth;
- annibyniaeth weithredol lwyr i'r Pwyllgor Polisi Ariannol wrth osod cyfraddau llog i gwrdd â tharged y llywodraeth;
- bod yn agored, yn dryloyw ac yn atebol; hybir hyn drwy gyhoeddi hanes pleidleisio aelodau'r Pwyllgor, cyhoeddi cofnodion cyfarfodydd misol y Pwyllgor yn brydlon, a chyhoeddi Adroddiad Chwyddiant chwarterol Banc Lloegr;
- hygrededd a hyblygrwydd. Mae gan y Pwyllgor Polisi Ariannol ddisgresiwn i benderfynu sut a phryd i ymateb i ddigwyddiadau, o fewn cyfyngiadau'r targed chwyddiant a system y llythyr agored. Os bydd chwyddiant yn gwyro fwy nag un pwynt canrannol uwchlaw neu islaw y targed, rhaid i Reolwr Banc Lloegr egluro mewn llythyr agored at y Canghellor y rhesymau dros y gwyro, yr hyn mae'r Pwyllgor yn bwriadu ei wneud, hyd disgwyliedig y gwyro a sut mae'r gweithredu arfaethedig yn cyflawni cyfrifoldeb y Pwyllgor.

Mae'r trefniadau hyn wedi dileu'r risg y gall ffactorau gwleidyddol tymor byr ddylanwadu ar bolisi ariannol ac wedi sicrhau y caiff cyfraddau llog eu gosod mewn modd blaengar i gyflawni targed chwyddiant cymesur y llywodraeth.

Ffynhonnell: addaswyd o *Economic and Fiscal Strategy Report*, Trysorlys EM, Mawrth 2006.

(a) 'Prif amcan polisi ariannol yw cyflawni sefydlogrwydd prisiau.' Eglurwch sut y gall polisi ariannol gyflawni sefydlogrwydd prisiau.

(b) 'Mae'r trefniadau hyn wedi dileu'r risg y gall ffactorau gwleidyddol tymor byr ddylanwadu ar bolisi ariannol.' Pa broblemau allai gael eu hachosi gan ffactorau gwleidyddol yn dylanwadu ar bolisi ariannol?

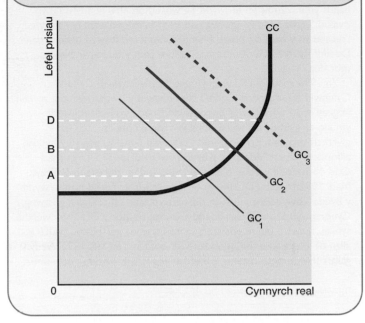

Ffigur 90.1 Defnyddio polisi cyllidol i reoli chwyddiant galw-dynnu
Bydd gostwng Gofyniad Arian Net y Sector Cyhoeddus (PSNCR) fel bo cynnydd yn y galw cyfanredol yn cael ei leddfu o GC_3 i GC_2 yn gostwng cyfradd chwyddiant.

chwyddiant o 6% ac 1 filiwn yn ddi-waith. Byddai economegwyr Keynesaidd yn dadlau y gall gwrthddewis o'r fath barhau dros ddegawdau. Mae arianyddwyr, ar y llaw arall, yn dadlau nad oes gwrthddewis rhwng chwyddiant a diweithdra yn y tymor hir. Mae cromlin Phillips y tymor hir yn fertigol. Efallai y bydd banc canolog sy'n gostwng chwyddiant drwy bolisi ariannol datchwyddol yn y tymor byr yn achosi diweithdra. Ond bydd diweithdra yn fuan yn gostwng i'w gyfradd naturiol, ac ni fydd dim cost o ran diweithdra.

Polisi cyllidol

Yn yr 1950au a'r 1960au, tueddai llywodraethau yn y byd Gorllewinol i ddefnyddio polisi cyllidol fel prif fodd i reoli chwyddiant.

Chwyddiant galw-dynnu Os ydy chwyddiant yn alw-dynnu ei natur, bydd gostwng lefel y galw cyfanredol yn yr economi yn gostwng pwysau chwyddiannol. Tybiwch yn Ffigur 90.1 y bydd cromlin y galw cyfanredol yn symud dros y 12 mis nesaf o GC_1 i GC_3. Byddai prisiau felly yn codi o OA i OD. Trwy ostwng y cynnydd yn y galw cyfanredol i GC_2, gall y llywodraeth ostwng cyfradd chwyddiant gyda phrisiau'n codi i OB yn unig.

Mae Keynesiaid yn tueddu i ddadlau y gall polisi cyllidol chwarae rhan hollbwysig mewn gostwng galw cyfanredol. Y newidyn allweddol y gall y llywodraeth ei addasu yw'r *PSNCR*, sef benthyca'r llywodraeth. Os bydd yn gostwng lefel y benthyca, bydd yn gostwng y galw cyfanredol. Gall ostwng benthyca naill ai drwy ostwng lefel gwariant y llywodraeth neu drwy gynyddu trethi. Os bydd yn gostwng gwariant y llywodraeth, bydd **effaith lluosydd** ar incwm gwladol gyda'r galw cyfanredol yn gostwng fwy na'r toriad cychwynnol yng ngwariant y llywodraeth (☞ uned 33).

Chwyddiant costwthiol Gall llywodraethau ddylanwadu ar chwydd-dro costwthiol hefyd drwy addasu cyfraddau trethi anuniongyrchol yn artiffisial. Mewn chwydd-dro costwthiol, mae gweithwyr yn hawlio codiadau cyflog sy'n hafal i gynnydd real plws

cyfradd chwyddiant. Er enghraifft, os ydy gweithwyr eisiau cynnydd real o 2% a bod cyfradd chwyddiant yn 8%, byddan nhw'n hawlio codiad cyflog o 10%. Ond os ydy cyfradd chwyddiant yn 18% byddan nhw'n hawlio codiad cyflog o 20%. Gall llywodraethau ostwng cyfradd ddisgwyliedig chwyddiant drwy beidio â chynyddu trethi anuniongyrchol yn nhermau arian. Er enghraifft, yn y DU mae tollau ecseis yn dueddol o gael eu cynyddu ym mhob Cyllideb er mwyn cynnal gwerth real y dreth. Mae indecsu pob toll ecseis yn llwyr yn tueddu i ychwanegu tua 1% at yr Indecs Prisiau Adwerthu bob blwyddyn. Os bydd y Canghellor yn dewis peidio â chynyddu tollau, bydd cyfradd ddisgwyliedig chwyddiant yn gostwng, gan gymedroli hawliadau cyflog.

Os ydy'r llywodraeth yn berchen ar ddiwydiannau allweddol, fel y rheilffyrdd neu Swyddfa'r Post, gall ostwng chwyddiant disgwyliedig drwy beidio â chynyddu prisiau yn unol â chwyddiant. Y canlyniad yw bod y diwydiannau hyn yn gwneud elw is neu hyd yn oed golledion, ond gall hynny fod yn bris bach i'w dalu am chwyddiant is.

Os bydd diwydiant yn talu trethi is bydd hynny'n gostwng costau diwydiant. Efallai felly y bydd gostwng treth gorfforaeth neu gyfraniadau Yswiriant Gwladol cyflogwyr yn helpu i dorri chwydd-dro costwthiol. Byddai'n ffôl i lywodraeth ostwng trethi a gadael gwariant y llywodraeth yn ddigyfnewid pc bai'n dymuno gostwng chwyddiant. Byddai'n amnewid elfen o chwyddiant costwthiol â mwy o chwyddiant galw-dynnu. Felly rhaid gostwng gwariant cyhoeddus real hefyd. Un ffordd o ostwng gwariant cyhoeddus real yw cadw cyflogau'r sector cyhoeddus islaw cyfradd chwyddiant. Mae hyn â'r bonws gwrthchwyddiannol ychwanegol bod y llywodraeth yn gallu rhoi esiampl i weithwyr y sector preifat o'r hyn a allai fod yn 'gyfradd gyfredol' codiadau cyflog. Os ydy'r llywodraeth yn gosod terfyn uchaf o 4% yn hytrach nag 8% ar godiadau cyflog y sector cyhoeddus pan fo cyfradd chwyddiant yn 8%, efallai y bydd gweithwyr y sector preifat yn fodlon derbyn codiadau cyflog o 9% yn hytrach na 10%.

Dadrithiwyd llywodraethau fwyfwy yn yr 1970au a'r 1980au â defnyddio polisi cyllidol i frwydro yn erbyn chwyddiant am nifer o resymau.
● Roedden nhw'n llai argyhoeddedig y gallai polisi cyllidol gael ei ddefnyddio i newid newidynnau economaidd fel chwyddiant ag unrhyw fanwl gywirdeb.
● Fe wnaeth y **chwyddwasgiad** (☞ uned 35) a welwyd yn yr 1970au, a achoswyd gan godiadau sydyn ym mhrisiau byd-eang olew, achosi i arianyddwyr ddweud bod sylfeini economeg Keynesaidd yn anghywir. Yr unig reswm bod defnyddio trethi a gwariant llywodraeth i atchwyddo a datchwyddo econoïau yn gweithio oedd bod llywodraethau'n newid y cyflenwad arian i gyflawni hyn. Felly dylai llywodraethau ddefnyddio polisi

Cwestiwn 2

Bob blwyddyn mae'r Canghellor yn ei Gyllideb yn wynebu dewisiadau ynghylch p'un i newid cyfraddau trethi ai peidio. Gan ddefnyddio diagramau, eglurwch pam y gallai'r canlynol arwain at ostyngiad yng nghyfradd chwyddiant:
(a) cynyddu cyfraddau treth incwm;
(b) ar sail gostwthiol, gostwng tollau ar alcohol, tybaco a phetrol;
(c) cynyddu gwarged cyllidol (h.y. PSNCR negyddol);
(d) cynyddu cyflogau'r sector cyhoeddus lai na chyfradd chwyddiant.

ariannol i lywio'r economi.

- Cysylltwyd defnydd gweithredol o bolisi cyllidol â diffygion cyllidol a Dyled Wladol gynyddol. Yn dilyn cynlluniau i greu arian cyfred sengl yn yr UE yn rhan olaf yr 1980au a'r 1990au, roedd cyflawni diffyg cyllidol isel a lefel isel o Ddyled Wladol yn rhan o'r meini prawf ar gyfer asesu a oedd gwledydd yn barod i gymryd rhan mewn undeb ariannol.

Polisi cyfradd cyfnewid

Mae gwerth yr arian cyfred yn newidyn pwysig wrth bennu chwyddiant. Os ydy gwerth yr arian cyfred yn gostwng, bydd prisiau mewnforion yn codi, gan gynyddu chwyddiant costwthiol. Bydd hefyd yn gwneud allforion yn rhatach i dramorwyr. Bydd y galw am allforion yn cynyddu, felly, gan arwain at chwyddiant galw-dynnu.

Felly gall rheoli'r gyfradd cyfnewid fod yn rhan o strategaeth wrthchwyddiannol. Un ffordd o wneud hyn yw trwy gyfraddau llog. Po uchaf yw lefel cyfraddau llog, uchaf i gyd fydd lefel yr arian cyfred. Felly gellir ystyried polisi cyfraddau llog a pholisi cyfradd cyfnewid yn ddwy ran o un strategaeth gyffredinol.

Mae rhai economegwyr yn dadlau ei bod hi'n briodol weithiau i lywodraethau hoelio'u harian cyfred wrth arian cyfred chwyddiant isel. Er enghraifft, yn yr 1990au hoeliodd Ariannin ei harian cyfred wrth ddoler UDA. Hoeliodd y DU y bunt wrth farc yr Almaen am gyfnod byr yn 1986 ac 1987. Pe bai economi chwyddiant uchel yn hoelio'i arian cyfred wrth economi chwyddiant isel y mae'n masnachu ag ef, byddai cyfraddau uwch o chwyddiant yn dechrau erydu ei allu i gystadlu. Byddai prisiau allforion yn codi o'u cymharu â'r wlad arall, gan arwain at lai o allforion. Byddai prisiau mewnforion yn gostwng o'u cymharu â nwyddau a gynhyrchir yn fewnol, gan gynyddu mewnforion a gostwng cynhyrchu mewnol. Byddai hyn yn ddatchwyddol. Byddai diweithdra'n codi ac ni allai cwmnïau gynnig codiadau cyflog chwyddiannol i'w gweithwyr heb fynd allan o fusnes. Byddai cytundebau cyflog yn cymedroli, byddai cwmnïau'n gorfod gostwng codiadau prisiau neu hyd yn oed ostwng eu prisiau a byddai cyfradd chwyddiant yn gostwng. Yn ymarferol, mae hoelio'r gyfradd cyfnewid yn anodd ei gyflawni heb sicrhau mai polisi cyfradd cyfnewid yw'r flaenoriaeth bwysicaf. Yn Ewrop mae rhai gwledydd wedi datrys problemau hoelio cyfraddau cyfnewid drwy greu undeb ariannol ac arian cyfred sengl. Gall ymrwymiad gwannach, fel ymrwymiad y DU yn 1986 ac 1987, gael ei chwalu'n hawdd gan argyfwng economaidd sy'n gorfodi'r wlad i roi'r gorau i'w tharged cyfradd cyfnewid.

Polisïau prisiau ac incwm

Polisi y bwriedir iddo gyfyngu ar dwf prisiau ac incwm yn uniongyrchol yw polisi prisiau ac incwm. Er enghraifft, gallai llywodraeth rewi prisiau a/neu incwm. Mae hynny'n golygu na chaniateir i brisiau ac incwm godi. Fodd bynnag, gallai'r llywodraeth reoli incwm yn unig, gan gyfyngu eu twf i 2% er enghraifft, neu ganiatáu i incwm godi yn unol â chwyddiant yn unig.

Roedd polisïau incwm yn ffasiynol yn yr 1960au a gobeithiwyd bryd hynny y gallai eu cyflwyno wthio cromlin Phillips y tymor byr i'r chwith. Byddai hyn yn galluogi llywodraeth i redeg yr economi â lefel benodol o ddiweithdra ar gyfradd is o chywddiant nag a fyddai'n wir fel arall. Yn anffodus roedd hyn yn dangos diffyg dealltwriaeth o'r economeg y tu ôl i'r gromlin Phillips.

Gall polisïau incwm helpu i ostwng chwyddiant a achosir gan ffactorau ochr-gyflenwad. Tybiwch fod cynnydd sydyn ym mhrisiau mewnforion sydd yn ei dro

Ar 23 Medi 1992 nododd y *Financial Times* nad oedd Norman Lamont, Canghellor y Trysorlys ar y pryd, erioed wedi bod mor hapus yn ei 22 mis yn ei swydd. Fe wnaethon nhw ei ddyfynnu yn dweud: 'Dywedodd fy ngwraig nad oedd hi erioed wedi fy nghlywed i'n canu yn y bath o'r blaen.' Mae papurau a ryddhawyd heddiw dan Ddeddf Rhyddid Gwybodaeth yn egluro pam y bu mewn hwyliau mor dda.

Yn 1990 roedd y DU wedi ymuno â'r Mecanwaith Cyfraddau Cyfnewid (*ERM*), system cyfraddau cyfnewid y bwriadwyd iddi arwain at greu arian cyfred sengl Ewropeaidd. Roedd yn fwriadol wedi ymuno ar gyfradd cyfnewid uchel fel rhan o'i bolisi gwrthchwyddiant. Roedd cyfradd cyfnewid uchel yn golygu y byddai allforion y DU yn ddrud ac y byddai mewnforion i'r DU yn rhad. Ond ôl-daniodd y polisi oherwydd iddo fod yn rhy effeithiol. Erbyn Medi 1992 roedd y DU mewn enciliad mawr ac roedd posibilrwydd y byddai chwyddiant yn troi'n ddatchwyddiant, sef prisiau'n gostwng. Cynorthwyodd y marchnadoedd ariannau tramor y DU. Trwy werthu symiau mawr o bunnoedd am ariannau tramor, gorfodwyd y DU allan o'r Mecanwaith Cyfraddau Cyfnewid ar 16 Medi 1992. Wedyn gallai'r llywodraeth ostwng cyfraddau llog ac atchwyddo'r economi.

Ffynhonnell: addaswyd o'r *Financial Times*, 10.2.2005.

Eglurwch pam y byddai cael gwerth uchel iawn am y bunt, gydag allforion drud a mewnforion rhad, yn helpu i ostwng chwyddiant (i) am resymau galw-dynnu a (ii) am resymau costwthiol.

yn arwain at gynnydd sydyn yn yr Indecs Prisiau Adwerthu. Bydd gweithwyr yn cynyddu eu hawliadau cyflog, gan fygwth cychwyn chwydd-dro prisiau a chyflogau. Gallai'r llywodraeth ymateb drwy dynhau polisi ariannol, gan adael i'r economi ddisgyn i enciliad a chlirio'r economi o chwyddiant drwy gynnydd mewn diweithdra. Mae polisi incwm yn cynnig datrysiad llai llym. Trwy osod uchafswm ar gyfer codiadau cyflog, mae'r llywodraeth yn torri disgwyliadau chwyddiannol a thrwy hynny y chwydd-dro costwthiol ac yn helpu'r economi i ddychwelyd i sefydlogrwydd prisiau am gost is o lawer o ran diweithdra.

Fodd bynnag, ni ellir defnyddio polisïau prisiau ac incwm i reoli chwyddiant a achosir gan ffactorau galw-dynnu yn ddiderfyn. Os bydd y llywodraeth yn parhau i ganiatáu i'r galw cyfanredol fod yn fwy na'r cyflenwad cyfanredol, er enghraifft trwy ei gwariant gormodol ei hun neu drwy ehangu'r cyflenwad arian yn ormodol, bydd prisiau'n codi'n sydyn ar ôl i bolisi incwm ddod i ben o'u cymharu â'r hyn y bydden nhw wedi bod heb y polisi. Yn wir bydd y goralw'n tueddu i gyfrannu at chwalu'r polisi incwm, oherwydd y bydd cwmnïau a gweithwyr yn disgwyl i brisiau godi ag ystyried yr amodau galw yn yr economi. Bydd cwmnïau'n gwybod y gallen nhw godi prisiau uwch am eu cynhyrchion am fod goralw. Felly byddan nhw'n fwy parod i roi codiadau cyflog uwch i weithwyr nag y bydden nhw pe na bai goralw. Bydd gweithwyr yn sylweddoli bod cwmnïau'n barod i dalu cyflogau uwch a byddan nhw'n barod i frwydro, er enghraifft drwy weithredu diwydiannol. Bydd y polisi incwm yn chwalu gan arwain at ymchwydd o godiadau cyflog chwyddiannol.

Gall polisi incwm helpu i ffrwyno chwyddiant yn y tymor byr os achosir chwyddiant gan ffactorau ochr-gyflenwad drwy dorri disgwyliadau chwyddiannol. Ond mae cryn dipyn o ddadlau ynghylch a oes lle i bolisi incwm mewn rheoli economi yn y tymor hir. Mae unrhyw ganllawiau neu lefelau uchaf o gyflog a osodir gan bolisi yn tueddu i ddod yn normau – bydd pob gweithiwr yn derbyn y codiad cyflog a osodir gan y llywodraeth. Felly ni fydd gwahaniaethau cyflogau rhwng gweithwyr yn newid. Ond byddai gwahaniaethau cyflog yn newid dros amser pe bai pob marchnad yn rhydd. Mae hyn yn creu problemau difrifol. Mewn diwydiannau sy'n ehangu, er enghraifft, mae'n debyg yr hoffai cyflogwyr dalu mwy i'w gweithwyr er mwyn recriwtio llafur, tra mewn diwydiannau sy'n dirywio efallai yr hoffai cyflogwyr dalu llai i'w gweithwyr, heb boeni y gallen nhw wedyn golli gweithwyr. Felly bydd cwmnïau a gweithwyr yn digio fwyfwy wrth y polisi incwm a byddant â mwy a mwy o gymhelliad i'w dorri.

Termau allweddol

Polisi prisiau ac incwm – polisi y bwriedir iddo gyfyngu ar dwf prisiau ac incwm yn uniongyrchol.

Cwestiwn 4

Tabl 90.1

	1974	1975	1976	1977	1978
Newid yn y cyflenwad arian¹ %	11	6	8	9	15
Newid mewn prisiau %	16	24	17	16	8

1. £M3.
Ffynhonnell: addaswyd o *Economic Trends Annual Supplement*, Swyddfa Ystadegau Cenedlaethol.

Yn 1973-74 dioddefodd economi'r DU sioc ochr-gyflenwad ddifrifol yn deillio o godiadau mawr ym mhrisiau mewnforion cynwyddau, yn arbennig olew. Cododd prisiau mewnforion 46% yn 1974. Yn 1975 trafododd y llywodraeth Lafur bolisi incwm gyda'r undebau llafur oedd i bara tan 1979. Fodd bynnag, erbyn 1978 roedd gweithwyr yn teimlo'n fwyfwy rhwystredig ynghylch codiadau cyflog isel. Yn ystod gaeaf 1978-79, 'gaeaf anfodlonrwydd' llwyddodd grwpiau allweddol o weithwyr i dorri'r canllawiau cyflog.

(a) Pam y gallai'r polisi incwm a ddisgrifir yn y darn fod wedi helpu i ostwng pwysau chwyddiannol?
(b) Pam y gallai'r newidiadau yn y cyflenwad arian a ddangosir yn Nhabl 90.1 helpu i egluro pam y cafodd gweithwyr hi'n bosibl torri'r polisi incwm yn 1978-79?

Economeg gymhwysol

Rheoli chwyddiant yn y DU

Yr 1950au a'r 1960au

Yn yr 1950au a hanner cyntaf yr 1960au, defnyddiodd llywodraethau gymysgedd o bolisïau cyllidol ac ariannol i reoli prisiau cynyddol. Ac eithrio cyfnod rhyfel Korea yn yr 1950au cynnar, roedd chwyddiant yr adeg honno yn cael ei gysylltu fwyaf â chyfnodau ffyniannus yn yr economi. Felly, roedd mesurau i leihau cyfradd twf yr economi hefyd yn helpu lleihau y chwyddiant galw-dynnu hwn. Ymhlith hoff arfau'r llywodraeth cafwyd cynnydd mewn trethi a rheolaeth dynnach ar fenthyca gan y banciau a benthyca hurbwrcasu. Credwyd y byddai'r mesurau hynny, o'u cymharu â gostyngiadau mewn gwariant y llywodraeth, dyweder, yn cael effaith sydyn ar alw cyfanredol.

Yn 1966, gweithredwyd polisi newydd i reoli chwyddiant. Roedd chwyddiant wedi codi o 2.1% yn 1963 i 4.7% yn 1965 wrth i'r economi ehangu. Penderfynodd y llywodraeth Lafur newydd dan Harold Wilson, y gallai polisi prisiau ac incwm alluogi'r economi i elwa ar docio chwyddiant a chadw diweithdra'n gymharol isel ar y pryd (h.y. gobeithiai symud cromlin Phillips y

tymor byr yn ôl i'r chwith). Yn Awst 1966, gweithredwyd polisi **statudol**, (h.y. y gellid ei weithredu'n gyfreithiol). Daeth yn anghyfreithlon i gwmnïau godi prisiau neu ddyfarnu codiadau cyflog. Roedd chwyddiant yn ystod gweddill y flwyddyn a thrwy 1967 yn gymedrol. Fodd bynnag, pan laciwyd y polisi, dechreuodd chwyddiant godi eto, er gwaethaf cylideb ddatchwyddol iawn yn 1968, a gynlluniwyd i daclo problem mantol daliadau'r cyfnod. Erbyn 1969, roedd chwyddiant blynyddol wedi codi i 5.1%, sef yn uwch na phan weithredwyd y polisi prisiau ac incwm gyntaf.

1970-74

Yn etholiad 1970, roedd polisi incwm yn fater allweddol. Addawodd yr wrthblaid Geidwadol y byddai'n ddiddymu'r polisi tra bod y llywodraeth Lafur am barhau i'w ddefnyddio, er gwaethaf chwyddiant cynyddol. Enillodd y Ceidwadwyr yr etholiad gan ddiddymu'r polisi. Fodd bynnag, am y ddwy flynedd nesaf, methodd y llywodraeth hon â chael unrhyw ymateb polisi rhesymegol i'r gyfradd chwyddiant gynyddol. Yn wir, yn ei Gyllideb yn 1972, rhoddodd y Canghellor, Anthony Barber, hwb gyllidol i'r economi trwy dorri trethi'n sylweddol, a allai yn nhermau Keynesaidd ond fod wedi annog chwyddiant. Cymlethwyd yr hwb a roddwyd i'r cyflenwad arian drwy argraffu arian i dalu am y diffyg cynyddol yn y gyllideb gan ddiwygiad polisi ariannol yn 1971, a elwid yn 'Rheoli Credyd a Chystadleuaeth'. Arweiniodd at gynnydd annisgwyl yn y cyflenwad arian a allai, ar sail arianolaethol, ond fod wedi arwain at chwyddiant uwch. Ffactor arall a gyfrannodd at bwysau chwyddiannol oedd y penderfyniad i roi'r gorau i cyfradd cyfnewid sefydlog y DU yn 1972 a'r cwymp dilynol yng ngwerth y bunt a wthiodd brisiau mewnforion i fyny. Yn olaf, bu cynnydd aruthrol ym mhrisiau nwyddau yn 1972-73 a gyrhaeddodd ei anterth wrth i bris olew gynyddu pedwarplyg yn 1973-74. Arweiniodd hyn at chwyddiant costwthiol difrifol.

I ddatrys y broblem gynyddol, cyhoeddodd y llywodraeth yn Nhachwedd 1972 y byddai'n ail-gyflwyno polisi prisiau ac incwm statudol. Fel y polisi blaenorol, dechreuodd trwy rewi cyflogau a phrisiau, ac yna llaciwyd y polisi'n raddol. Am gyfnod byr, syrthiodd chwyddiant, ond roedd y pwysau chwyddiannol ar yr economi mor gryf fel y dechreuodd y gyfradd chwyddiant godi eto gyda chodiadau mewn prisiau. Cododd cyfraddau llog yn araf o 6% yng Ngorffennaf 1972 i 13% erbyn Tachwedd 1973. Rhoddwyd y gorau i Rheoli Credyd a Chystadleuaeth yn Rhagfyr 1973 ac yn ei le, rhoddwyd rheolaeth dynnach ar fenthyca banc. Fodd bynnag, collodd y llywodraeth etholiad sydyn a gynhaliwyd yn Chwefror 1974 ar y cwestiwn a ddylai glowyr dderbyn codiad cyflog uwchlaw'r hyn a ganiatawyd yn y polisi incwm.

1974-79

Nid oedd gan y llywodraeth Lafur newydd fwyafrif yn y Senedd, ac ychydig a wnaeth i gadw chwyddiant dan reolaeth. Cynhaliwyd ail etholiad yn ddiweddarach yn 1974 pan lwyddodd i ennill mwyafrif, ond ni ymddangosai fel petai ganddi ymateb polisi i'r problemau economaidd enfawr – chwyddiant cynyddol, diweithdra cynyddol, enciliad a diffyg mawr ar y fantol daliadau – a oedd yn wynebu'r economi. Roedd wedi gobeithio y byddai'r 'Cytundeb Cymdeithasol' y cytunwyd arno gyda'r undebau yn 1974 yn lleihau chwyddiant cost-wthiol. Roedd y cytundeb yn addo codi pensiynau, diddymu deddfau gwrth-undeb a chymryd mesurau eraill a fyddai'n ffafrio aelodau undebau llafur ar yr amod eu bod yn ymddwyn yn gymedrol wrth fargeinio am dâl. Fodd bynnag, ychydig o sylw dalodd yr undebau llafur i'r cytundeb. Yn 1975, aeth y llywodraeth ati i drafod cytundeb arall tynnach, ond eto'i gyd yn wirfoddol, gyda'r undebau. Cytunodd yr undebau llafur i dderbyn uchafswm codiad cyflog o £6 yr wythnos, gyda dim ychwanegol i'r sawl enillai dros £8,500 y flwyddyn, am flwyddyn gyfan o Awst 1975. Yn ôl cefnogwyr cost-wthiol, arweiniodd hyn, ynghyd â chwymp ym mhrisiau nwyddau byd-eang, at gwymp sydyn mewn chwyddiant o

24.1% yn 1975 i 16.5% yn 1976, ac i isafbwynt o 8.3% yn 1978.

Fodd bynnag, roedd hefyd ffactorau ochr-alw ar waith yng ngostyngiad chwyddiant rhwng 1875 ac 1978. Cwtogwyd yn sylweddol hefyd ar wariant llywodraeth a gynlluniwyd ar gyfer 1975 ac 1976, a chafwyd codiadau treth. O ganlyniad, syrthiodd benthyca'r llywodraeth, y *PSNCR*, o £10.2 biliwn yn 1975 i £5.4 biliwn yn 1977. Tynhawyd polisi ariannol i gyd-fynd â'r polisi cyllidol datchwyddol hwn. Ar yr ochr arian, cyhoeddwyd y targedau cyflenwad arian swyddogol cyntaf yng Ngorffennaf 1975 a chadwyd golwg fanwl ar dwf cyflenwad arian. Yn 1975, tyfodd M4 ond 10%, sef newid o'r twf 56% yn 1972 yn dilyn cyflwyniad Rheoli Credyd a Chystadleuaeth. Cadwyd cyfraddau sylfaenol y banciau yn uchel iawn, sef yn yr ystod 10-14%, bron drwy 1975 ac 1976 ar eu hyd.

Arweiniodd llwyddiant wrth leihau chwyddiant i'r llywodraeth lacio ei pholisi cyllidol ac ariannol o 1977 ymlaen. Dechreuodd yr economi dyfu'n gryf eto, gyda galw cyfanredol yn codi oherwydd cynnydd yng ngwariant y sector preifat. Er hynny, roedd chwyddiant ar 8% yn dal yn uwch na'n prif gystadleuwyr diwydiannol ac yn dal yn uchel yn nhermau hanesyddol. Felly ceisiodd y llywodraeth dynhau ei pholisi incwm o Awst 1978. Mynnodd ostyngiad yng nghyfradd targed codiadau cyflog o'r 10% yn 1977-78 i 5% yn 1978-79. Gwrthododd yr undebau â chefnogi hyn ac yn hydref a gaeaf 1978-79 (**gaeaf o anfodlonrwydd**), bu cyfres o streiciau niweidiol. Nid oedd gan y llywodraeth unrhyw bŵer cyfreithiol i orfodi cyflogwyr sector preifat i ddilyn y canllaw 5% oherwydd bod y polisi incwm yn un gwirfoddol. Daeth y streiciau yn y sector cyhoeddus i ben o'r diwedd gydag addewid i sefydlu comisiwn i ystyried cymaroldeb tâl. Daeth y dyfarniadau cyflog hyn i'w hadnabod fel 'dyfarniadau Clegg' ar ôl Cadeirydd y Comisiwn a sefydlwyd i farnu'r gofynion. Fodd bynnag, roedd y polisi incwm i bob pwrpas wedi'i wthio i'r naill ochr gan yr undebau, ac roedd y gaeaf o anfodlonrwydd yn ffactor bwysig wrth i'r Blaid Lafur golli i'r Ceidwadwyr yn etholiad Mehefin 1979.

1979-85

Roedd y llywodraeth Geidwadol newydd dan Margaret Thatcher yn gryf o blaid arianolaeth, gan ddadlau bod polisïau incwm yn hollol amherthnasol i reolaeth chwyddiant. Gallai polisi incwm bapuro dros y craciau am beth amser, ond os oedd codiadau yn y cyflenwad arian yn parhau i fwydo'r economi dros amser, yna chwyddiant fyddai'r canlyniad anochel.

Roedd y llywodraeth Geidwadol newydd yn wynebu her anodd. Roedd prisiau cynwyddau, yn enwedig olew, wedi codi'n sydyn unwaith eto yn ffyniant byd-eang 1978-79, gan achosi naid sylweddol ym mhrisiau mewnforion. Roedd codiadau cyflog mewn ffigurau dwbl gyda Chomisiwn Clegg yn addo codiadau cyflog mawr i weithwyr sector cyhoeddus. Ar yr ochr-alw, roedd 1978-79 yn flynyddoedd ffyniannus i'r economi. Gwaethygodd y sefyllfa pan gododd y llywodraeth TAW o 8% i 15% yn ei chyllideb gyntaf yng Nghorffennaf 1979. Talodd y mesur hwn am doriad sylweddol yng nghyfraddau treth incwm. Roedd y canlyniad cyffredinol ar dreth yn niwtral, ond gwelwyd canlyniad y cynnydd 7% mewn TAW yn syth gyda'r Indecs Prisiau Adwerthu, sef yr indecs chwyddiant, yn codi 5%. Ceisiodd gweithwyr wedyn adennill y 5% trwy bwyso am godiadau cyflog uwch yn 1979-80.

Dewisodd y llywodraeth dynhau polisi ariannol, fel y byddid yn disgwyl i lywodraeth arianolaethol ei wneud. Codwyd cyfraddau llog o 12% cyn yr etholiad i 17% yn Nhachwedd 1979. Yng Nghyllideb 1980, cyhoeddodd y llywodraeth Strategaeth Ariannol y Tymor Canolig *(MTFS)*. Byddai twf mewn cyflenwad arian yn cael ei gyfyngu, trwy godi cyfraddau llog a thrwy ymrwymo i ariannu'r *PSNCR* yn llawn (h.y. peidio â chaniatáu argraffu arian i ariannu benthyca gan y llywodraeth). Roedd y *PSNCR* ei hun i gael ei dorri hefyd er mwyn galluogi cyfraddau llog i ostwng, gan fod y llywodraeth yn credu bod benthyca uwch gan y llywodraeth yn codi cyfraddau llog yn yr economi (oherwydd bod benthyca uchel yn arwain at alw uwch am arian yn y marchnadoedd benthyciadau). Bwriadwyd i'r *MTFS* hefyd arwain at leihau disgwyliadau chwyddiannol yn yr economi (seiliedig ar **fodel disgwyliadau rhesymegol**, ☞ uned 34). Roedd y ddadl yn nodi bod gweithwyr yn seilio eu gofynion o ran cyflogau ar chwyddiant. Pe gellid perswadio gweithwyr y byddai chwyddiant yn y dyfodol yn isel iawn, yna byddai eu gofynion yn isel a byddai hyn yn helpu lleihau pwysau chwyddiannol yn yr economi ei hun.

Rhwng 1980 ac 1981, aeth yr economi i enciliad dwfn. Bu cyfraddau llog uchel yn gyfrifol am ddadstocio eang gan ddiwydiant Prydain, a arweiniodd yn ei dro at ddiswyddiadau a diweithdra cynyddol. Ar yr un pryd, cododd cyfradd cyfnewid y bunt yn sylweddol oherwydd allforion cynyddol olew Môr y Gogledd. Helpodd hyn i leihau prisiau mewnforion ac felly chwyddiant, ond arweiniodd at gyfangiad sylweddol y diwydiant gweithgynhyrchu, a fethai gystadlu yn erbyn mewnforion tramor rhad. Felly, bu polisi ariannol tynn, ynghyd â pholisi cyfradd cyfnewid a adawodd i'r bunt godi mewn gwerth, yn gyfrifol am helpu lleihau chwyddiant o 18.0% yn 1980 i 11.9% yn 1981. Yn ei gyllideb yn 1981, penderfynodd y Canghellor, Syr Geoffrey Howe, dynhau'r wasgfa ymhellach trwy dorri trethi'n sylweddol, a achosodd effaith ddatchwyddol gyllidol. Erbyn 1982, roedd chwyddiant wedi syrthio i 8.6% ac yn 1983, roedd yn 4.6%.

Drwy'r 1980au a'r 1990au cynnar, defnyddiwyd polisi cyllidol yn unig i gyflawni amcanion micro-economaidd fel torri cyfraddau treth incwm i godi'r cymhelliant i weithio, neu fel modd i gyflawni targedau ariannol neu gyfradd cyfnewid. Yn wir, polisi ariannol oedd y prif arf yn y frwydr yn erbyn chwyddiant, gyda chymorth polisi cyfradd cyfnewid.

Er hynny, collodd y llywodraeth ffydd yn y polisi o ddargedu'r cyflenwad arian yn uniongyrchol. Gwelwyd twf blynyddol dau ddigid o'r cyflenwad arian yn hanner cyntaf yr 1980au er gwaetha'r ffaith bod chwyddiant yn syrthio'n gyflym. Daeth yn amlwg nad oedd cysylltiad syml rhwng twf cyflenwad arian a chwyddiant yn bodoli. O ganlyniad, rhoddodd y llywodraeth y gorau yn 1982 i dargedu un mesur cyflenwad arian yn unig, sef M3 sterling, gan osod targedau i ddau fesur cyflenwad arian arall, ac erbyn 1985, roedd y llywodraeth wedi israddio M3 sterling o fod yn newidyn a dargedwyd i fod yn un o nifer o newidynnau a gâi eu monitro.

1986-92

Erbyn canol yr 1980au, roedd ffocws polisi gwrthchwyddiannol wedi symud i'r gyfradd cyfnewid. Byddai unrhyw ostyngiadau yng ngwerth y bunt yn arwain at brisiau mewnforion uwch ac felly chwyddiant uwch. Pe byddai modd sefydlogi'r bunt yn erbyn arian cyfred chwyddiant iscl, fcl y deutschmark, yna byddai'n rhaid i gyfraddau chwyddiant y DU aros ar y lefelau i'r wlad honno. O 1987, gweithredodd y llywodraeth bolisi cyfradd cyfnewid lle roedd y bunt yn cysgodi'r deutschmark. Roedd cyfraddau llog yn cael eu codi a'u gostwng yn erbyn y deutschmark. Profodd y polisi hwn i fod yn un annoeth.

Un broblem oedd bod twf economaidd wedi symud o gyfartaledd blynyddol o 2.5% yn 1982-84 i 4.0% yn 1985-86 i 4.8% yn 1987-88. Roedd y twf hwn mewn galw yn anghynaliadwy a dechreuodd hynny ddod i'r amlwg wrth i'r fantolen daliadau ddirywio ac wrth i chwyddiant godi eto yn 1987-88. Yn y cyfamser, roedd y llywodraeth wedi penderfynu ei bod wedi trawsnewid yr economi drwy ei pholisïau ochr-gyflenwad, a bod twf an-chwyddiannol o 4 i 5% bellach yn bosibl. Yn Haf 1988, fodd bynnag, daeth y llywodraeth i'r casgliad bod yr economi yn gorboethi, ac y byddai'n rhaid gweithredu i reoli chwyddiant. Torrodd y cysylltiad gyda'r deutschmark a chododd gyfraddau llog, o 7.5% ym Mai 1988 pan oedd ffyniant Lawson ar ei anterth, i 13% erbyn Tachwedd 1988 a 15% erbyn Hydref 1989. Gobeithiai'r llywodraeth weld cwymp sydyn mewn chwyddiant a 'glaniad-meddal' i'r economi lle gallai twf syrthio'n ôl rhyw ychydig heb achosi enciliad. Fodd bynnag, parhaodd chwyddiant i godi. Cyfrannodd polisi cyfraddau llog y llywodraeth at ei phroblemau tymor-byr. Roedd y cynnydd digyffelyb o 7.5% yng nghyfraddau llog yn arwain trwodd at godiadau yng nghyfraddau llog morgeisiau ac yna i'r Indecs Prisiau Adwerthu *(RPI)*. O ganlyniad, cododd ffigur pennawd yr *RPI* ar raddfa gyflymach na mwyafrif y mesurau chwyddiant eraill yn yr economi a phwysai gweithwyr wedyn am godiadau cyflog a oedd yn seiliedig ar y cyfraddau *RPI* uwch.

Fodd bynnag, drwy'r cyfnod hwn, daliodd Canghellor y Trysorlys, sef Nigel Lawson, yn ffyddiog mai sefydlogi'r bunt yn erbyn y deutschmark oedd yr unig bolisi gwrthchwyddiannol gydag unrhyw hygrededd. Credai Margaret Thatcher, y Prif Weinidog gwrth-Ewropeaidd, mai monitro'r cyflenwad arian mewnol oedd yr allwedd i bolisi chwyddiant. Credai hefyd bod y broblem o chwyddiant cynyddol yn 1988 yn uniongyrchol gysylltiedig â'r polisi ariannol llac yr oedd y llywodraeth wedi gorfod ei gynnal gyda chyfraddau llog isel o ganlyniad i'r penderfyniad i gysgodi'r deutschmark yn 1987 a dechrau 1988. Yr anghytundeb hwnnw oedd un o'r ffactorau allweddol yn y digwyddiadau gwleidyddol a arweiniodd at ymadawiad Margaret Thatcher fel Prif Weinidog, a dyrchafiad John Major i'r swydd honno. Dan ei arweinyddiaeth ef y penderfynwyd o'r diwedd yn 1990 i ymuno â'r Mecanwaith Cyfraddau Cyfnewid (☞ uned 95), gan sefydlogi'r bunt yn erbyn y deutschmark ar lefel canolog uchel o £1 = DM2.95. Dewiswyd y lefel hwn yn fwriadol i roi tro gwrthchwyddiannol pellach i bolisi cyfradd llog uwch y cyfnod. Roedd cwmnïau a oedd yn cystadlu yn erbyn cwmnïau tramor yn ei chael yn amhosibl pasio unrhyw godiadau mewn prisiau i'w cwsmeriaid ar y gyfradd cyfnewid hon, ac o ganlyniad i hynny, roedd rhaid iddynt roi codiadau cyflog isel iawn, os o gwbl, i'w gweithwyr. Roedd y gyfradd cyfnewid uchel hefyd yn ddatchwyddol oherwydd roedd allforwyr yn ei chael hi'n anodd cynyddu allforion ar y gyfradd honno ac roedd mewnforwyr yn ei chael hi'n haws cystadlu yn erbyn cwmnïau o'r DU yn y DU.

Cyrhaeddodd cyfradd pennawd chwyddiant uchafbwynt o 10.4% yn nhrydydd chwarter 1990 ac erbyn Medi 1992, roedd wedi syrthio i 4%. Roedd rhai economegwyr yn rhagfynegi y byddai'r DU cyn hir yn profi datchwyddiant a chwymp mewn prisiau. Byddai datchwyddiant yn codi o economi mewn enciliad, a byddai angen y cyfraddau llog uchel i gynnal gwerth y bunt yn yr *ERM*.

1992-97

Profodd Medi 1992 i fod yn drobwynt pwysig i'r economi. Gorfodwyd y bunt i ymadael â'r *ERM* ar 'Ddydd Mercher Du'. Roedd strategaeth economaidd y llywodraeth wedi cael ei rhwygo'n ddarnau gan y marchnadoedd ariannu tramor. Roedd angen strategaeth newydd.

Dechreuodd y llywodraeth yn syth drwy lacio polisi ariannol a thorri cyfraddau llog i roi hwb i'r economi. Parhaodd chwyddiant i syrthio i isafbwynt newydd o 1.8% erbyn pedwerydd chwarter 1994. Er hynny, roedd yr economi'n tyfu ar gyflymder cymharol gyflym yn ystod y cyfnod adfer hwn o'r gylchred fasnach, ac ym Medi 1994, dewisodd Banc Lloegr godi cyfraddau llog. Ofnai y gallai'r pwysau costwthiol gafwyd o ganlyniad i'r cwymp 15% yng ngwerth y bunt ers Medi 1992, a'r pwysau galw-dynnu a godai o dwf economaidd cryf, arwain at lefelau chwyddiant annerbyniol o uchel yn 1995. Cododd cyfraddau llog o 5.25% ar ddechrau Medi 1994 i 6.75% yn 1995 ar ei hyd. Erbyn diwedd 1995 roedd chwyddiant yn dechrau syrthio, fel y gwelir yn Ffigur 90.2 a dechreuodd Banc Lloegr dorri cyfraddau llog, i lawr i 5.75% rhwng Mehefin a Hydref 1996.

Oddi ar 1997

Yn 1997, enillodd y Blaid Lafur yr etholiad cyffredinol. Un o'i gweithredoedd cyntaf oedd symud y cyfrifoldeb dros bolisi ariannol oddi ar y Trysorlys ac i Fanc Lloegr trwy wneud Banc Lloegr yn annibynnol (☞ uned 85). Gosododd y llywodraeth darged chwyddiant i Fanc Lloegr o 2.5% plws neu finws 1% fel y'i mesurir gan y *RPIX*. Newidiwyd hyn i lefel a oedd cywerth â 2% plws neu minws 1% fel y'i mesurir gan y *CPI* yn 2004.

Oddi ar 1997, mae chwyddiant wedi bod yn eithaf tawel, fel y gwelir yn Ffigur 90.2 Pan fydd chwyddiant yn dangos arwyddion ei fod am godi, mae Banc Lloegr yn gwthio cyfraddau llog i fyny. Pan mae'n nesáu at fod yn rhy isel, mae Banc Lloegr yn torri cyfraddau llog.

Mae economegwyr yn anghytuno pam bod chwyddiant mor isel wedi bodoli yn ddiweddar.

- Mae rhai'n pwysleisio absenoldeb unrhyw siociau ochr-gyflenwad negyddol. Methodd y codiadau uchaf ym mhrisiau olew a chynwyddau eraill o 2003 ymlaen hyd yn oed â chael yr un effaith ag a gawsant yn yr 1970au a'r 1980au cynnar. Rhan o'r rheswm yw bod cyfraniad olew a chynwyddau eraill i bob £1 o gynnyrch gwladol yn llai. Os rhywbeth, mae globaleiddio wedi rhoi sioc ochr-gyflenwad bositif i economi'r DU. Mae'r gallu i brynu nwyddau a gwasanaethau am brisiau llawer rhatach, yn enwedig o India, China a'r Dwyrain Pell, wedi helpu lleihau chwyddiant costwthiol. Gellir wedyn ystyried polisïau masnach rydd tymor hir y DU yn rhai gwrthchwyddiannol.
- Mae rhai economegwyr yn dadlau bod y llywodraeth, drwy ei pholisi cyllidol pwyllog, wedi caniatáu i'r economi dyfu ar raddfa sy'n lled an-chwyddiannol. Mae'r 'rheol euraidd' a gyflwynwyd gan y llywodraeth yn 1998, yn golygu nad yw'r llywodraeth dros y gylchred fasnach yn gwario mwy nag y mae'n ei hennill. Gellid dadlau bod llywodraethau yn gwario mwy nag yr oeddynt yn ei dderbyn mewn trethi a derbyniadau eraill blwyddyn ar ôl blwyddyn yn yr 1960au a'r 1970au, gan achosi galw cynyddol yn yr economi a mwy o chwyddiant.
- Mae rhai'n credu bod polisïau ochr-gyflenwad o'r 1980au wedi rhoi hwb i botensial twf yr economi. Mae llai o gyfyngiadau ochr-gyflenwad yn golygu bod llai o bwysau chwyddiannol.
- Mae economegwyr eraill yn dadlau mai'r ffactor bwysicaf fu annibyniaeth Banc Lloegr. Mae annibyniaeth wedi cael gwared o bŵer y llywodraeth i gyflwyno 'ffactor teimlo'n dda' chwyddiannol i'r economi cyn pob etholiad cyffredinol drwy gynyddu gwariant a gostwng cyfraddau llog. Rhoddir llawer o glod i Bwyllgor Polisi Ariannol Banc Lloegr am gael dealltwriaeth dda o bwysau chwyddiannol ac am godi neu leihau cyfraddau llog ar yr adeg priodol. Mae cael 'targed cymesur' hefyd yn ei rwystro rhag bod yn rhy ddatchwyddol. Os yw chwyddiant yn symud 1% uwchlaw neu islaw'r targed (yn 2006 gyda tharged o 2%, byddai hyn wedi bod yn 3% neu 1%), mae'n rhaid i'r Pwyllgor Polisi Ariannol ysgrifennu adroddiad

i Ganghellor y Trysorlys yn esbonio pam ei fod wedi methu cadw at y targed a osodwyd. Mae cael lefel chwyddiant rhy isel yn yr economi, sy'n aml yn digwydd yn ystod enciliad, cynddrwg â chael gormod o chwyddiant, sy'n aml yn digwydd fel rhan o ffyniant afreolus.

Gwerthuso polisi

Wrth edrych yn ôl, gellid dadlau bod polisi gwrthchwyddiant yn y DU yn aml wedi bod yn annoeth. Methodd polisïau prisiau ac incwm (sef polisi a dargedwyd at ochr-gyflenwad yr economi) â gweithio pan oedd y llywodraeth yn gadael i'r economi dyfu'n gyflym (h.y. roedd pwysau galw yn cynyddu). Mae llywodraethau ar adegau wedi ymateb yn rhy hwyr yn y gylchred chwyddiannol i gyfyngu ar bwysau chwyddiannol (e.e. yn 1973) ac ar adegau eraill wedi gor-ymateb, gan arwain at enciliad rhy ddwfn (e.e. yn 1989 ac 1990). Ar rai adegau, mae arwyddion rhybuddiol wedi cael eu hanwybyddu (e.e. y gor-dwf ariannol yn 1972) tra bo rhai mesurau a gynlluniwyd i leihau chwyddiant wedi cynyddu chwyddiant, o leiaf yn y tymor byr (e.e. y codiadau yng nghyfraddau llog yn 1988-89). Mae'r ymateb i chwyddiant yn aml wedi bod yn amwys oherwydd bod amcanion polisi yn gwrthdaro (e.e. yn 1994 pan laciodd y llywodraeth bolisi er mwyn annog adferiad yn yr economi). Fodd bynnag, cefnwyd ar yr ymrwymiad at gyflogaeth lawn ar ddiwedd yr 1970au, sef rhywbeth y cred nifer o economegwyr erbyn hyn ei fod wedi cyfrannu'n sylweddol at chwyddiant cynyddol yn yr 1960au a'r 1970au.

Heddiw, nid yw gwleidyddiaeth yn rhan o'r broses llunio polisi gan fod Banc Lloegr yn annibynnol. Cyfraddau llog yw'r unig arf polisi swyddogol ar gyfer rheoli chwyddiant. Fodd bynnag, nid yw'r system bresennol hyd yn hyn wedi wynebu sioc ochr-gyflenwad ddifrifol fel y codiadau ym mhris olew yn yr 1970au, neu sioc ochr-alw fel cwymp y farchnad stoc yn 1929. Mae'n bosibl fod y system bresennol ond yn gweithio oherwydd bod yr hinsawdd economaidd ers dechrau'r 1990au wedi bod yn ffafriol i'r amcan o gynnal chwyddiant isel. Amser yn unig a ddengys a fydd Banc Lloegr yn llwyddo pan fydd yn wynebu prawf gwirioneddol.

Ffigur 90.2 Chwyddiant (newid yn y RPIX a'r CPI), cyfraddau sylfaenol y banciau a thwf economaidd real

Ffynhonnell: addaswyd o *Economic Trends*, Swyddfa Ystadegau Cenedlaethol.

Cwestiwn Data
Chwyddiant, 1986-88

Tabl 90.2 Newidiadau yn CMC a'i gydrannau ar brisiau 1990, addaswyd yn dymhorol

	Newid canrannol dros y 12 mis blaenorol					% o CMC[1]
	CMC	Gwariant	Buddsoddiant cwsmeriaid	Allforion	Mewnforion	PSNCR[2]
1986						
C1	3.3	6.1	-4.7	4.4	1.2	- 2.4
C2	2.9	7.8	1.4	1.7	7.6	+ 3.1
C3	4.0	6.9	6.5	4.8	10.4	+ 4.3
C4	4.8	6.4	7.6	7.0	8.5	- 2.0
1987						
C1	4.3	4.7	4.2	6.8	4.4	- 0.9
C2	4.0	4.1	10.4	4.4	5.9	+ 1.6
C3	4.7	5.4	11.5	7.4	10.0	+ 0.5
C4	4.2	6.8	14.9	4.1	10.6	- 2.6
1988						
C1	5.6	8.1	19.4	0.0	13.2	- 2.9
C2	4.7	7.3	19.5	3.1	12.4	- 1.7

1. Heb addasu'n dymhorol. 2. + nodi diffyg cyllideb, – nodi gwarged cyllideb.

Tabl 90.3 Prisiau ac enillion

	Newid canrannol dros y 12 mis blaenorol				
	RPI	Prisiau tai[1]	Prisiau mewnforion	Cynnyrch gweith-gynhyrchion[2]	Enillion cyfartalog
1986					
C1	5.0	13.5	- 8.5	- 16.1	8.1
C2	2.8	18.8	- 8.2	- 16.5	7.4
C3	2.7	19.8	- 3.7	- 16.6	8.0
C4	3.5	15.9	+ 2.6	- 16.7	7.2
1987					
C1	3.9	17.3	+ 4.4	+ 3.7	7.5
C2	4.2	14.2	+ 4.1	+ 3.8	7.9
C3	4.3	16.3	+ 4.3	+ 3.6	8.4
C4	4.1	21.3	- 0.5	+ 3.8	8.8
1988					
C1	3.3	27.3	- 2.7	+ 3.9	8.3
C2	4.3	27.8	- 1.3	+ 4.1	8.4

1 Pris cyfartalog anheddau newydd a brynwyd gyda morgais.
2 Indecs Prisiau Cynhyrchwyr. Cynnyrch holl weithgynhyrchion, gwerthiant tai.

Tabl 90.4 Diweithdra, y gyfradd cyfnewid a chyfraddau llog

	Diweithdra (miliynau)	Cyfradd cyfnewid (sterling yn erbyn y deutschmark)	Cyfradd sylfaenol y banciau %
1986			
C1	3.4	3.38	12.30
C2	3.3	3.39	10.45
C3	3.3	3.10	10.00
C4	3.2	2.87	10.85
1987			
C1	3.2	2.84	10.80
C2	3.1	2.96	9.35
C3	2.9	2.97	9.58
C4	2.8	2.99	9.20
1988			
C1	2.7	3.01	8.75
C2	2.5	3.14	8.17

Ffynhonnell: addaswyd o *Economic Trends; Economic Trends Annual Supplement*, Swyddfa Ystadegau Cenedlaethol.

Mae cylchgrawn economeg wedi gofyn i chi ysgrifennu erthygl am ffyniant Lawson a beth allai fod wedi bod yn ymateb polisi gwahanol i'r un a ddewiswyd gan y llywodraeth ar y pryd i wrthsefyll chwyddiant cynyddol.

1. Amlinellwch yr amodau economaidd a fodolai rhwng chwarter cyntaf 1986 ac ail chwarter 1988.

2. Gan ddefnyddio diagramau, eglurwch sut y dylai'r polisi a ddewisodd y llywodraeth – sef codi cyfraddau llog o 7.5% ym mis Mai 1988 i uchafbwynt o 15% ym mis Tachwedd 1989 – fod wedi lleihau chwyddiant yn ddamcaniaethol.

3. Gwerthuswch, gan ddefnyddio diagramau, pa bolisïau gwahanol y gallai'r llywodraeth fod wedi'u dilyn ar y pryd.

4. Arweiniodd yr ymateb polisi a ddewiswyd – i godi cyfraddau llog yn 1989 ac 1990 ac yna i ymuno gyda'r Mecanwaith Cyfraddau Cyfnewid *(ERM)* yn 1990 – at yr enciliad hiraf ers yr 1930au. Trafodwch a fyddai gwneud dim wedi bod yn well yn 1988, 1989 ac 1990.

Crynodeb

1. Dylai polisi llywodraeth i gynyddu twf economaidd dros y tymor hir gael ei gyfeirio tuag at gynyddu cynhyrchedd llafur, naill ai drwy gynyddu sgiliau'r llafurlu neu drwy gynyddu maint neu ansawdd y stoc cyfalaf.

2. Mae rhai economegwyr yn dadlau y dylai llywodraethau ymyrryd yn y farchnad os ydy twf economaidd i gael ei gyflawni. Maen nhw'n argymell polisïau fel cynyddu gwariant ar addysg a hyfforddiant, cymorthdaliadau ar gyfer buddsoddiant, buddsoddiant uniongyrchol gan y llywodraeth yn yr economi a grantiau neu gymorthdaliadau ar gyfer Ymchwil a Datblygu.

3. Mae economegwyr eraill yn dadlau bod llywodraeth mewn safle gwael i asesu sut y dylai adnoddau gael eu dyrannu o fewn economi. Maen nhw'n dadlau mai swyddogaeth y llywodraeth yw rhyddhau marchnadoedd rhag cyfyngiadau. Maen nhw'n argymell defnyddio polisïau ochr-gyflenwad i gynyddu cyfradd twf economaidd.

Achosion twf economaidd

Mae twf economaidd yn digwydd pan fydd cynnydd ym maint neu ansawdd y ffactorau cynhyrchu neu pan gân nhw eu defnyddio'n fwy effeithlon. Rhaid i lywodraeth sy'n dymuno cynyddu twf yn yr economi yn sylfaenol ddilyn polisïau fydd yn cynyddu **cynhyrchedd llafur** (h.y. y cynnyrch am bob gweithiwr). Mae tair prif ffordd o gyflawni hyn:

- gall ansawdd y gweithlu gynyddu, sy'n golygu bod pob gweithiwr ar gyfartaledd yn gallu cynhyrchu mwy o gynnyrch â'r stoc cyfredol o gyfalaf â chyflwr cyfredol technoleg;
- gall maint y stoc cyfalaf gynyddu, sy'n golygu bod gweithwyr yn gallu defnyddio mwy o gyfalaf a thrwy hynny gynyddu'r cynnyrch cyfartalog;
- gall cyflwr technoleg newid, sy'n golygu y gall stoc penodol o gyfalaf fod yn fwy cynhyrchiol â llafurlu penodol.

Felly mae angen i bolisïau llywodraeth i hybu twf gael eu cyfeirio at y marchnadoedd llafur a chyfalaf.

Dull ymyrrol

Mae rhai economegwyr yn credu bod mecanwaith y farchnad yn annhebygol o arwain at gyfraddau optimaidd o dwf economaidd. Mae cymaint o fathau o **fethiant y farchnad** (☞ uned 16) fel bo'n rhaid i'r llywodraeth ymyrryd yn y farchnad. Er enghraifft, gellir dadlau bod ffyniant economaidd gwledydd fel Ffrainc, yr Almaen a Japan yn yr 1960au, yr 1970au a'r 1980au yn seiliedig ar bolisïau **ymyrrol** eu llywodraethau. Mae llawer o ffyrdd y gall llywodraeth weithredu i gynyddu cyfradd twf yr economi.

Cynyddu gwariant cyhoeddus ar addysg a hyfforddiant Gellir cynyddu ansawdd y gweithlu os codir safonau addysgol. Gellid cyflawni hyn, er enghraifft, pe bai mwy o blant yn aros yn yr ysgol neu'r coleg ar ôl 16 oed neu pe bai mwy o bobl yn mynd i'r brifysgol. Ond i gael cynnydd sylweddol yn y niferoedd mewn addysg amser llawn mae'n debygol y bydd angen cynnydd sylweddol yng nghyllidebau addysg y llywodraeth.

Dewis arall fyddai i gyflogwyr ddarparu mwy o hyfforddiant ar gyfer eu staff. Ond mewn marchnad rydd, mae cwmnïau dan bwysau cryf o ran costau i wario cyn lleied â phosibl ar hyfforddiant. Efallai y bydd llawer o gwmnïau'n ei chael hi'n rhatach o lawer i 'ddwyn' staff hyfforddedig o gwmnïau eraill yn hytrach na hyfforddi staff yn uniongyrchol. Y canlyniad yw methiant y farchnad – anallu'r farchnad rydd i ddarparu digon o hyfforddiant ar gyfer gweithlu'r wlad. Yma eto mae rhan hanfodol i gael ei chwarae gan y llywodraeth. Gallai'r llywodraeth orfodi'r sector preifat i ymgymryd â

mwy o hyfforddiant, er enghraifft drwy basio deddfau sy'n nodi bod cwmnïau'n gorfod talu am o leiaf un diwrnod o hyfforddiant yr wythnos ar gyfer pob person 16-18 oed a gyflogir. Neu gallai hybu hyfforddiant yn y gwaith drwy ddarparu cymorthdaliadau hael i gyflogwyr sydd â rhaglenni hyfforddiant cadarn.

Cymorthdalu buddsoddiant Mae damcaniaeth economaidd yn awgrymu y bydd cwmnïau'n buddsoddi mwy os bydd cost cyfalaf yn gostwng (☞ uned 32). Felly gallai'r llywodraeth gymorthdalu buddsoddiant pe bai'n dymuno cynyddu gwariant buddsoddiant yn yr economi. Mae ganddi amrywiaeth o ffyrdd o wneud hyn. Gallai, er enghraifft, ddarparu cymorthdaliadau uniongyrchol ar gyfer buddsoddiant newydd, gan roi grant ar gyfer cyfran o unrhyw fuddsoddiant newydd a wneir gan gwmni, neu gallai gynnig

Mae Bill Mills wedi cael ei gyflogi gan Asiantaeth Datblygu Gogledd-orllewin Lloegr, corff a noddir gan y llywodraeth, i sefydlu Rhwydwaith Tecstilau y Gogledd Orllewin. Ei dasg yw hybu a chefnogi'r 4 500 o gwmnïau tecstilau a dillad, bach eu maint gan amlaf, sy'n weddill mewn diwydiant a reolai'r byd gynt. Yr unig obaith o oroesi i'r cwmnïau hyn yw symud i fyny'r gadwyn ffasiwn i mewn i farchnadoedd cloer â gwerth uchel lle nad yw cost cymharol uchel eu llafur yn anfantais gystadleuol. Ond yr ymdrech hon i sefydlu'r Rhwydwaith yw'r diweddaraf o gyfres o gynlluniau dan nawdd y llywodraeth sydd wedi methu ag atal dirywiad diwydiant £11 biliwn y flwyddyn sy'n dal i allforio bron £6 biliwn y flwyddyn o'i gynnyrch.

Mae Peter Booth, pennaeth adran decstilau Undeb y Gweithwyr Cludiant a Chyffredinol, yn disgrifio parhad y dirywiad swyddi yn 'frawychus'. Yn ei farn ef gallai'r llywodraeth wneud mwy i gynorthwyo'r diwydiant, yn enwedig o ran contractau llywodraeth i brynu cynhyrchion tecstilau a wneir ym Mhrydain.

Mae Linda Florence, prif weithredwraig *Skillfast-UK*, y cyngor sgiliau â nawdd cyhoeddus ar gyfer y diwydiant dillad, esgidiau a thecstilau, yn dweud bod y dirywiad yn cyrraedd ei isafbwynt. Ond bydd unrhyw dwf yn y dyfodol yn dibynnu'n helaeth ar gynllun sector cyhoeddus/preifat *Skillfast* i hybu sgiliau mewn diwydiant lle mae un o bob dau weithiwr heb ddim cymwysterau.

Ffynhonnell: addaswyd o'r *Financial Times*, 27.3.2004.

(a) Amlinellwch yn gryno dair ffordd a grybwyllir yn y darn y gallai'r llywodraeth helpu'r diwydiant tecstilau.

(b) Eglurwch pam y gallai hyfforddiant a noddir gan y llywodraeth helpu diwydiant tecstilau'r DU gystadlu yn erbyn cynhyrchwyr cost isel China ac India.

cymhellion treth. Gallai buddsoddiant gael ei osod yn erbyn rhwymedigaeth treth gorfforaeth. Gallai llywodraethau gynnig cymorth dethol i ddiwydiannau penodol a allai yn ei barn hi fod yn bwysig yn y dyfodol. Gelwir hyn yn bolisi 'dewis enillwyr'.

Dewis arall fyddai i'r llywodraeth ostwng cost cyfalaf drwy ostwng cyfraddau llog, gan arwain at symudiad ar hyd **rhestr effeithlonrwydd ffiniol cyfalaf**. Un ffordd o ostwng cyfraddau llog o bosibl yw cynyddu cymhareb cynilion personol. Y ddadl yma yw y tueddir i ariannu buddsoddiant o gynilion domestig. Felly bydd cynnydd yn S, cyfanswm cynilion, yn arwain at gynnydd yn I, lefel buddsoddiant. Mae hyn yn digwydd trwy fecanwaith y cyfraddau llog. Felly gall mesurau sy'n hybu cynilo, fel lwfansau treth, gynyddu lefel buddsoddiant.

Buddsoddiant uniongyrchol gan y llywodraeth Mae grymoedd marchnad rydd, hyd yn oed pan fyddant yn gweithio yn eu ffordd fwyaf effeithlon, yn dal yn gallu arwain at lefel buddsoddiant yn yr economi sy'n llai na'r lefel gymdeithasol ddymunol. Yna efallai y gorfodir y llywodraeth i ymyrryd yn uniongyrchol, yn hytrach na cheisio dylanwadu ar y sector preifat yn anuniongyrchol. Er enghraifft, gall y llywodraeth ddewis gwladoli cwmnïau neu ddiwydiannau (h.y. eu rhoi dan berchenogaeth gyhoeddus). Gall wneud hyn ar ôl perfformiad siomedig yn y sector preifat. Mewn rhai achosion, efallai y byddai'r diwydiant neu'r cwmni yn mynd allan o fusnes fel arall a rhaid i'r llywodraeth gamu i mewn i'w achub ar gyfer y genedl.

Hefyd gall y llywodraeth ddewis cydweithredu â'r sector preifat mewn datblygu diwydiant. Gallai'r llywodraeth sefydlu partneriaeth gyda chwmni sector preifat cyfredol i ddatblygu cynnyrch newydd. Ym maes busnesau bach, efallai y bydd y llywodraeth yn ariannu cwmni sydd dan berchenogaeth y llywodraeth i brynu ecwiti mewn busnesau sy'n tyfu.

Hybu Ymchwil a Datblygu Gall llywodraeth hybu cynnydd technolegol mewn amrywiaeth o ffyrdd. Er enghraifft, gall ariannu prifysgolion i ymgymryd ag ymchwil sylfaenol. Gall gychwyn sefydliadau ymchwil. Gall roi grantiau neu gymorthdaliadau treth i gwmnïau preifat sy'n ymgymryd ag ymchwil a datblygu. Gall hybu lledaenu helaeth o ddyfeisiau newydd a thechnolegau newydd drwy gymorthdalu eu pris, neu gynnig cymorth am ddim i gwmnïau sydd eisiau gwybod sut y gallai technolegau newydd fod o fudd iddyn nhw.

Ffordd arall yw hybu twf monopolïau mawr a pheidio â hybu bodolaeth cwmnïau bach a chanolig eu maint yn y farchnad. Yn ôl y farn Awstriaidd (☞ uned 63), monopolïau mawr yw'r cwmnïau sydd fwyaf tebygol o fod â'r arian a'r cymhelliad i ymgymryd ag Ymchwil a Datblygu. Mae ganddynt yr arian am eu bod yn gallu ennill elw annormal. Mae ganddynt y cymhelliad am fod eu grym monopoli yn dibynnu ar eu gafael ar y farchnad â'r dechneg gyfredol. Yn y broses **dinistrio creadigol**, gall monopolïau gael eu dinistrio gan gystadleuwyr newydd sy'n cynnig cynhyrchion newydd i ddiwallu'r un chwantau. Er enghraifft, dinistriwyd grym monopoli rheilffyrdd y 19eg ganrif gan ddyfodiad y car modur. Ar y llaw arall, does gan gwmnïau mewn cystadleuaeth berffaith ddim cymhelliad i ymgymryd ag Ymchwil a Datblygu am fod gwybodaeth berffaith yn y farchnad. Bydd unrhyw ddyfais yn wybodaeth gyffredin yn fuan ac yn cael ei chopïo gan bob cwmni yn y diwydiant.

Diffynnaeth Efallai y bydd y llywodraeth yn teimlo nad yw diwydiant mewnol yn buddsoddi oherwydd cystadleuaeth dramor. Er enghraifft, mae **dadl y diwydiannau ifanc** (☞ uned 40) yn dweud y gall fod angen amddiffyn cychwynnol ar ddiwydiannau sydd newydd ddechrau am nad oes ganddynt y darbodion maint sydd ar gael i gystadleuwyr tramor sefydledig mawr. Efallai bod economi cyfan gwlad yn aneffeithlon o'i gymharu â chystadleuwyr rhyngwladol a bod angen cyfnod y tu ôl i rwystrau diffynnaeth uchel, lle gall diwydiannau mewnol ennill elw uchel a fforddio gwneud buddsoddiadau mawr, er mwyn atal diwydiant rhag chwalu'n llwyr.

Y cyfyngiadau ar ymyriadaeth

Mae gwledydd yn ei chael hi'n fwy anodd mabwysiadu polisïau ymyrrol wrth i amser fynd yn ei flaen. Y rheswm yw bod cytundebau rhyngwladol yn cyfyngu ar y cyfle i ymyrryd. Er enghraifft, cyfyngir ar lywodraeth y DU yn ei pholisïau mewnol gan y ffaith ei bod hi'n aelod o'r UE. Ni all gynyddu cymorthdaliadau i ddiwydiannau unigol heb wynebu'r risg y caiff ei orfodi gan y Comisiwn Ewropeaidd i roi'r gorau i hynny. Mae monopolïau'n atebol i gyfraith yr UE hefyd. Yn amlwg ni all y DU godi rhwystrau tollau yn erbyn nwyddau a ddaw o wledydd eraill yr UE. Mae hefyd yn gyfyngedig yn ei gallu i amddiffyn diwydiannau mewnol rhag cystadleuaeth dramor am ei bod hi wedi llofnodi cytundebau rhyngwladol sy'n cyfyngu ar ddiffynnaeth ac sydd nawr yn cael eu goruchwylio gan Gyfundrefn Masnach y Byd.

Nid yn unig mae'r cyfyngiadau cyfreithiol a sefydliadol ar ymyriadaeth wedi cynyddu dros y 30 mlynedd diwethaf. Mae'r hinsawdd deallusol o blaid ymyriadaeth wedi lleihau, tra bo'r hinsawdd deallusol o blaid y farchnad rydd wedi cryfhau. Mae gwladoli, monopoleiddio a diffynnaeth yn bolisïau y mae llawer o lywodraethau ledled y byd wedi rhoi'r gorau iddynt. Er enghraifft, dechreuwyd y symudiad tuag at breifateiddio gan lywodraeth y DU yn 1980. Ar yr un pryd, mae gwledydd fel De Korea a Singapore, â'r ddwy wedi cael cyfraddau uchel iawn o dwf yn y degawdau diwethaf, yn ymyrrol o ran bod y llywodraeth wedi

---

Cwestiwn 2

Bydd y Comisiwn Ewropeaidd yn apelio heddiw at wledydd yr UE i gynyddu gwariant ar ymchwil a datblygu, neu wynebu colli tir i gystadleuwyr fel China. Mewn adroddiad ar ariannu Ymchwil a Datblygu, bydd y Comisiwn yn dweud, ar sail tueddiadau cyfredol, ei bod hi'n debygol na fydd lefelau buddsoddiant yn yr UE wedi newid fawr ddim erbyn 2010. Mewn cyferbyniad â hynny, bydd China o fewn pum mlynedd yn debygol o roi'r un gyfran o'i chyfoeth i ymchwil â'r UE.

Mae Tony Blair, Prif Weinidog Prydain, wedi galw am i adnoddau gael eu symud o ddiwydiannau hŷn, fel amaethyddiaeth, i feysydd fel ymchwil ac addysg. Ond nid yw gwledydd yr UE wedi symud ymlaen fawr ddim ynghylch addewidion i gynyddu buddsoddiant cyhoeddus a phreifat mewn ymchwil i 3% o'r cynnyrch mewnol crynswth erbyn 2010. Daw arian ar gyfer ymchwil o lywodraethau cenedlaethol, yr UE a busnes. Ond mae arian busnes ar gyfer buddsoddiant wedi bod yn gostwng ers 2000 yn yr UE. Mae ymdrechion y Comisiwn Ewropeaidd i gynyddu'r arian a roddir ganddo i brojectau arloesi wedi wynebu rhwystrau yn y trafodaethau anodd ar gyllideb saith mlynedd yr UE hyd at 2014. Yn Ebrill, cynigiodd y Comisiwn wario €73 biliwn ar Ymchwil a Datblygu dros saith mlynedd, ond mae arwyddion y gallai'r ffigur hwn gael ei dorri'n sylweddol o ganlyniad i argyfwng cyllideb gyffredinol yr UE.

Ffynhonnell: addaswyd o'r Financial Times, 19.7.2005.

(a) Pam y gallai cynyddu gwariant ar Ymchwil a Datblygu yn yr UE helpu i wrthwynebu'r bygythiad cystadleuol o China?

(b) Trafodwch pam y gallai Tony Blair ddadlau y dylai 'adnoddau gael eu symud o ddiwydiannau hŷn, fel amaethyddiaeth, i feysydd fel ymchwil ac addysg'.

hybu addysg a hyfforddiant ac wedi gweithio'n fwriadol gyda'r sector preifat yn dewis pa sectorau o ddiwydiant y dylid eu hyrwyddo.

Dull marchnad rydd

Mae gan y dull arall draddodiad hir mewn economeg. Mae economegwyr marchnad rydd yn dadlau mai'r farchnad yw'r ffordd fwyaf effeithlon o ddyrannu adnoddau. Mae ymyriad llywodraeth ar y gorau yn aneffeithiol ac ar y gwaethaf yn niweidiol iawn i dwf economaidd tymor hir yr economi.

Er enghraifft, dydy llywodraethau ddim yn y safle gorau i asesu pa fath o hyfforddiant sydd ei angen ar gwmnïau. Os na fydd cwmnïau'n hyfforddi eu gweithwyr, y rheswm yw bod y gyfradd adennill economaidd ar hyfforddiant o'r fath yn rhy fach. Mae'n rhaid bod cwmnïau'n defnyddio'u hadnoddau prin mewn ffyrdd mwy proffidiol (h.y. ffyrdd sy'n cynyddu incwm gwladol fwy na gwariant ar hyfforddiant). Mae cymorthdalu buddsoddiant yn economaidd niweidiol hefyd. Mae'n newid y cydbwysedd rhwng treuliant presennol a threuliant yn y dyfodol, gan wneud i dreuliant yn y dyfodol ymddangos yn fwy gwerthfawr nag y mae. Mae'n hybu diwydiant cyfalafddwys (oherwydd y bydd diwydiant cyfalafddwys yn derbyn cymhorthdal mawr) ac yn gwahaniaethu yn erbyn diwydiant llafurddwys heb fod yna gyfiawnhad economaidd dros yr ystumiad hwn.

O ran 'dewis enillwyr', mae gan y llywodraeth hanes hir o daflu arian at fentrau a wnaeth golledion. Mae *Concorde*, y diwydiant adeiladu llongau a phŵer niwclear yn enghreifftiau o 'enillwyr' y mae llywodraethau olynol y DU wedi'u dewis. Nac ychwaith ydy ansawdd yr ymchwil ym mhrifysgolion Prydain wedi rhoi mantais gymharol i ni ar Japan a'r Almaen.

Addysg a hyfforddiant Tra'n cydnabod bod gan y wladwriaeth ran bwysig i'w chwarae mewn darparu neu drefnu addysg a hyfforddiant, byddai economegwyr marchnad rydd yn pwysleisio pwysigrwydd dewis a chynnwys y sector preifat yn y darparu. Byddai economegwyr marchnad rydd yn pwysleisio bod unigolion a busnesau yn aml yn well yn penderfynu ar eu hanghenion nhw eu hunain na llywodraethau. Felly dylai llywodraethau ganiatáu dewis, er enghraifft drwy roi talebau addysg i unigolion y gallan nhw eu defnyddio i brynu'r addysg o'u dewis. O ran addysg uwch, dylai llywodraethau fod yn ymwybodol o'r angen i osgoi lefelau uchel o drethi. Mae addysg uwch yn ddrud iawn a'r prif rai sydd ar eu mantais o addysg uwch yw'r rhai sy'n derbyn yr addysg. Adlewyrchir hyn yn y cyflogau uwch a enillir gan raddedigion.

Felly, y ffordd orau i uchafu nifer y rhai sy'n mynd i mewn i addysg uwch yw osgoi ariannu gan y llywodraeth a all fod yn gyfyngedig yn unig, ond defnyddio cynlluniau lle mae'r myfyrwyr eu hunain yn talu am eu haddysg eu hunain. Bydd myfyrwyr hefyd yn gweithio'n galetach yn y brifysgol ac yn awyddus i ddefnyddio'r sgiliau a ddysgwyd ganddynt os byddan nhw'n gorfod talu am yr addysg honno.

O ran hyfforddiant, mae busnesau mewn gwell safle na llywodraethau i benderfynu ar anghenion hyfforddiant eu gweithwyr. Felly mae cynlluniau fel system Cynghorau Hyfforddiant a Menter (*TECs*) yn y DU, sy'n gosod hyfforddiant dan reolaeth busnesau ac sy'n hybu cydariannu hyfforddiant gan y sectorau cyhoeddus a phreifat, yn fwy tebygol o gynhyrchu cyfradd adennill uchel na chynlluniau dan reolaeth y llywodraeth.

Buddsoddiant Mae'n well gadael buddsoddiant i ddiwydiant preifat. Mae gan gwmnïau sy'n uchafu elw y cymhelliad i gyfeirio buddsoddiant tuag at y projectau â'r arenillion uchaf. Os ydy'r llywodraeth yn ymyrryd, mae ganddi yn aml nodau eraill fel gostwng diweithdra neu gynyddu ffyniant mewn rhan arbennig o'r wlad. Ond ar gyfer twf uwch, dylai buddsoddiant gael ei gyfeirio tuag at brojectau ag arenillion uchel.

Maint y wladwriaeth Dylai maint y wladwriaeth fod mor fach â

Ym mis Tachwedd 2004 rhoddodd arweinydd y Blaid Geidwadol araith i Ffederasiwn Cyflogwyr Peirianneg. Roedd y canlynol yn rhan o'r araith.

'Rwy'n credu mewn rhyddid – menter rydd, marchnadoedd rhydd, masnach rydd. Does dim gwell system ar gyfer lledu ffrwythau llafur dyn i'r llawer na menter rydd. Ddim gwell system ar gyfer codi pobl allan o dlodi. Ddim gwell system ar gyfer codi safonau byw pobl.

Rydych i gyd yn gweithredu yn y farchnad. Bob dydd, rydych yn cystadlu i ennill archebion, creu swyddi a gwneud elw. Bob dydd mae Prydain yn wynebu cystadleuaeth frwd yn fwyfwy gan wledydd sy'n datblygu. Mae India a China nawr yn dod i'r amlwg fel chwaraewyr economaidd mawr. Felly rhaid i'r DU gadw'r gallu i gystadlu'n rhyngwladol. Ac i helpu gweithgynhyrchu yn y DU mae angen trethi isel, rheoleiddio ysgafn, rheolaeth ar wariant y llywodraeth a safonau dosbarth cyntaf mewn addysg.

Dydw i ddim yn credu ein bod ni'n gwneud cystal ag y dylem. Dros y saith mlynedd diwethaf mae economi Prydain wedi tyfu'n fwy araf nag economïau Awstralia, Canada, Iwerddon, Seland Newydd a'r Unol Daleithiau. Mae ein hincwm y pen, am y tro cyntaf, yn is nag incwm y pen yn Iwerddon. Mae twf cynhyrchedd wedi gostwng draean. Yn y chwe blynedd diwethaf rydym wedi disgyn o 4ydd i 11eg yn y gynghrair a lunnir gan Fforwm Economaidd y Byd i ddangos y gallu i gystadlu'n fyd-eang.

Y drafferth yw na all y llywodraeth hon ei hatal ei hun rhag cynyddu maint y sector cyhoeddus a rheoleiddio gweithgareddau'r sector preifat. Yn y saith mlynedd diwethaf, mae'r sector cyhoeddus wedi chwyddo'n helaeth. Mae rheoleiddio wedi cynyddu'n sylweddol hefyd. Yn ôl Siambrau Masnach Prydain, tua £30 biliwn yw costau ychwanegol cronnus tâp coch busnes ers 1988. Maen nhw'n amcangyfrif mai £1.5 miliwn y dydd yw cyfanswm y gost i fusnes o'r holl reoliadau newydd a ddaeth i rym fis diwethaf.

A dim ond un ffordd sydd i dalu am y biwrocratiaid a'r rheolyddion hyn: cynyddu trethi. Mae Cydffederasiwn Diwydiant Prydain yn amcangyfrif bod cost treth fusnes ychwanegol wedi cyrraedd £40 biliwn hyd yma. Dydy cyfundrefn drethi Prydain ddim mor gystadleuol ag a fu o bell ffordd. Mae llawer o wledydd Dwyrain Ewrop wedi torri eu cyfraddau trethi yn sylweddol. Erbyn hyn mae treth gorfforaeth yn Iwerddon yn 12.5% yn unig. Mae hyd yn oed yr Almaen â'i threthi uchel yn dechrau torri trethi.

Mae angen i ni roi busnes Prydain yn rhydd i wneud yr hyn mae'n ei wneud orau – ennill archebion, creu swyddi, codi safonau byw.'

Ffynhonnell: addaswyd o www.conservatives.com, 16.11.2004.

(a) Dadansoddwch sut y gallai 'trethi isel, rheoleiddio ysgafn, rheolaeth ar wariant y llywodraeth a safonau dosbarth cyntaf mewn addysg' gynyddu twf economaidd.

(b) Trafodwch a allai gwariant uwch gan y llywodraeth fyth arwain at dwf cyflymach i economi'r DU.

phosibl, yn ôl economegwyr marchnad rydd. Mae angen i'r wladwriaeth fodoli i ddarparu fframwaith cyfreithiol ac ariannol y gall y farchnad rydd weithredu ynddo. Hefyd mae angen iddi ddarparu **nwyddau cyhoeddus** (☞ uned 20). Fodd bynnag, mae gwariant y wladwriaeth yn allwthio (*crowds out*) gwariant marchnad rydd. Mae £1 sy'n cael ei gwario ar dŷ cyngor yn £1 y gellid fod wedi'i gwario yn y sector preifat. Mewn marchnad rydd gall defnyddwyr ddewis yr hyn maen nhw eisiau ei brynu. Pennir eu patrymau gwario gan eu nod o uchafu eu defnydd-debau nhw eu hunain. Ond yn y sector cyhoeddus mae'r llywodraeth yn gorfodi defnyddwyr i dderbyn y bwndel o nwyddau a gwasanaethau y mae'r wladwriaeth wedi penderfynu y dylai defnyddwyr ei gael. Gall y bwndel hwn fod yn wahanol iawn i'r bwndel y byddai defnyddwyr wedi'i brynu pe bai dewis ganddynt mewn marchnad rydd. Felly po fwyaf o adnoddau sy'n cael eu dyrannu mewn marchnadoedd rhydd preifat, mwyaf i gyd fydd lles. Hefyd, mae'r sector preifat yn creu cyfoeth drwy fuddsoddiant sy'n mynd yn ei

flaen. Er bod y wladwriaeth yn buddsoddi, mae cyfran lawer uwch o'i gwariant yn mynd ar nwyddau traul a gwasanaethau.

Masnach rydd Mae masnach rydd a chystadleuaeth yn hanfodol ar gyfer twf. Mae masnach rydd a chystadleuaeth yn golygu mai dim ond y cwmnïau hynny sydd fwyaf effeithlon fydd yn goroesi. Mae diffynnaeth a monopoli yn caniatáu i gwmnïau sydd ymhell o fod yn effeithlon aros mewn busnes, gan ecsbloetio'r defnyddiwr drwy brisiau uchel a gwerthu cynhyrchion o ansawdd gwael. Mae economegwyr marchnad rydd yn nodi llwyddiant economaidd gwledydd fel Hong Kong a De Korea sydd wedi bod yn gyfeiriedig at allforion, gan lwyddo i werthu cynhyrchion am y pris iawn a'r ansawdd iawn ledled y byd.

Syniadau marchnad rydd sydd wrth wraidd **economeg ochr-gyflenwad** (☞ uned 38). Maen nhw hefyd wrth wraidd masnach rydd a'r enillion sydd i'w cael o ddefnyddio **mantais gymharol** (☞ uned 14).

Economeg gymhwysol

Polisi diwydiannol

Ers yr 1990au, mae llywodraethau amrywiol, yn enwedig yn y DU ac UDA, wedi dilyn nifer o bolisïau ochr-gyflenwad marchnad rydd yn y gred mai'r ffordd orau o hybu twf economaidd yw lleihau ymyriad gan y llywodraeth yn y farchnad a rhyddhau egni a dynamiaeth grymoedd y farchnad. Mae'r polisi hwn eisoes wedi'i drafod yn uned 38. Yma, byddwn yn ystyried strategaeth wahanol, sef polisi diwydiannol ymyrrol.

Mae rhai economegwyr yn dadlau bod gwledydd fel Japan, Yr Almaen a Ffrainc wedi profi cyfraddau twf uwch na'r DU o ganlyniad uniongyrchol i bolisïau ymyrrol llywodraethau'r gwledydd hyn. Yn Japan, er enghraifft, mae'r Weinyddiaeth Masnach a Diwydiant Rhyngwladol *(MITI)* wedi defnyddio ystod o bolisïau yn y cyfnod wedi'r rhyfel gyda'r bwriad o drawsnewid Japan yn uwch-bŵer byd diwydiannol. Ar ôl i Japan gael ei threchu yn yr Ail Ryfel Byd, cynghorodd economegwyr Americanaidd y wlad i ail-adeiladu diwydiannau lle roedd ganddi fantais gymharol, fel tecstilau ac amaethyddiaeth. Dewisodd Japan wrthod y cyngor hwn oherwydd teimlai y byddai strategaeth ddatblygu o'r fath yn creu Japan a fyddai bob amser yn llusgo ar ôl UDA ac Ewrop o ran datblygiad economaidd. Penderfynodd Japan, drwy *MITI*, glustnodi nifer o ddiwydiannau allweddol fel diwydiannau'r dyfodol. I ddechrau, roeddent yn cynnwys llongau a dur ac yn ddiweddarach, ychwanegwyd ceir, nwyddau trydanol ac electroneg a chyfrifiaduron. Defnyddiodd *MITI* amryw o bolisïau i hybu twf yn y diwydiannau hyn, gan gynnwys:

- cynlluniau arwyddol i'r economi cyfan, yn dangos sut oedd cynnyrch i fod i dyfu fesul diwydiant yn y dyfodol;
- cymhellion treth, a dargedwyd yn fanwl ac a ddiddymwyd unwaith bo'r nod penodol wedi'i gyflawni;

- creu cwmnïau ym mherchenogaeth y wladwriaeth i gynnal ymchwil a chynhyrchiad mewn meysydd buddsoddi risg-uchel;
- neilltuo arian cyhoeddus ar raddfa eang i raglenni ymchwil a datblygiad;
- annog cydweithrediad rhwng cynhyrchwyr lle byddai hynny'n galluogi cwmnïau Japaneaidd i gystadlu'n fwy llwyddiannus mewn marchnadoedd rhyngwladol, hyd yn oed os oedd hyn yn niweidio cystadleuaeth fewnol;
- annog cyfnewid safbwyntiau a syniadau yn rhydd rhwng cwmnïau, yn enwedig i gyflawni cynlluniau gwladol i'r economi;
- estyn cymorthdaliadau buddsoddi i ddiwydiannau allweddol;
- defnyddio rheolaethau mewnforio yn ofalus, yn enwedig i amddiffyn diwydiannau ifanc.

Roedd y berthynas rhwng *MITI* a diwydiant preifat yn un anffurfiol. Nid oedd yn rhaid i gwmnïau ddilyn cynlluniau *MITI*. Fodd bynnag, roedd y parch at awdurdod o fewn cymdeithas Japan yn golygu bod cwmnïau Japaneaidd ar y cyfan yn barod i gydymffurfio gyda'r cynlluniau a osodwyd gan y weinyddiaeth. Roedd yn ymddangos fel petai *MITI* yn llwyddiannus wrth 'ddarganfod enillwyr' – sef dethol y diwydiannau hynny a oedd yn debygol o gael cyfraddau twf uchel yn y dyfodol.

Yn Ffrainc, cafwyd cyfres o gynlluniau economaidd gwladol yn y cyfnod wedi'r rhyfel. Fel y cynlluniau Japaneaidd, roeddent yn gynlluniau arwyddol, yn dangos sut y disgwyliai llywodraeth Ffrainc weld cynnyrch yn codi dros y cyfnod pum mlynedd nesaf. Eto, fel y Japaneaid, mae llywodraeth Ffrainc wedi tueddu i fod yn agored ymyrrol, gan gefnogi diwydiannau allweddol, yn enwedig diwydiannau technolegol uwch, trwy gymhellion treth, cymorthdaliadau, tollau a chwotâu a thrwy roi mathau eraill o gefnogaeth. Fodd bynnag, cyfyngwyd yn arw ar ei gallu i ddilyn polisïau ymyrrol yn yr 1990au gan bolisi cystadleuaeth Ewropeaidd a globaleiddio cynyddol (☞ uned 97).

Mae gan y DU hanes hir o fasnach rydd, yn dyddio nôl at ei goruchafiaeth ym maes masnach a gweithgynhyrchu yn y bedwaredd ganrif ar bymtheg. Mae polisi diwydiannol wedi'i ddilyn mewn modd llawer llai cydlynol a gyda llawer llai o bendantrwydd na nifer o wledydd diwydiannol eraill. Mae **polisi rhanbarthol** wedi bod yn un agwedd bwysig ar bolisi diwydiannol y DU (☞ uned 38), ond prif fwriad hyn oedd ailgyfeirio diwydiant i leoliadau penodol yn y DU yn hytrach nag annog twf diwydiannol cyffredinol ac eang. Mae'n bosibl mai llywodraeth Lafur 1964-1970 oedd y llywodraeth a ddangosodd yr ymrwymiad mwyaf at ymyriadaeth wedi'r rhyfel. Yn 1965, cynhyrchodd Gynllun Cenedlaethol a ddaeth yn hollol amherthnasol o fewn misoedd o'i gyhoeddi oherwydd penderfyniad y llywodraeth i ddatchwyddo'r economi er mwyn datrys argyfwng cyfradd cyfnewid. Creodd hefyd y Gorfforaeth Ad-drefnu Diwydiannol *(Industrial Reorganisation Corporation)*, a oedd yn annog cwmnïau allweddol i uno er mwyn gallu

manteisio ar ddarbodion maint yn llawnach a bod yn fwy cymwys i gystadlu mewn marchnadoedd rhyngwladol. Diddymwyd y Gorfforaeth gan y llywodraeth Geidwadol newydd ar ddechrau'r 1970au. Creodd llywodraeth Lafur 1974-79 y Bwrdd Menter Cenedlaethol, sef cwmni dal i'r cwmnïau cymharol fach amrywiol oedd yn llwyr neu'n rhannol ym mherchenogaeth y wlad ac yn nwylo cyhoeddus. Diffyg arian a rwystrodd y bwrdd rhag dilyn strategaeth rymus mewn technolegau newydd er enghraifft, ac ni chafodd ddylanwad sylweddol ar strwythur cynnyrch cyn iddo gael ei ddiddymu gan y llywodraeth Geidwadol ar ôl 1979.

O'r dystiolaeth hon, byddai'n anodd dadlau bod polisi diwydiannol y DU wedi bod yn ffactor allweddol yn y broses o hyrwyddo twf uchel. Mae cefnogwyr polisi diwydiannol ymyrrol yn awgrymu nad yw polisi diwydiannol wedi cael siawns deg i weithredu yn y DU wedi'r rhyfel, ac mai dyna sy'n esbonio ei aneffeithiolrwydd. Mae economegwyr marchnad rydd yn awgrymu fod polisi o'r fath wedi cael ei weithredu ond wedi bod yn aneffeithiol, ac felly dylid lleihau yn sylweddol ymyriad llywodraeth yn y farchnad.

Cwestiwn Data

Menter

Llwyddiant neu fethiant?

Mae'n anodd barnu os yw'r llywodraeth wedi llwyddo i gynyddu lefelau menter ers iddi ddod i rym yn 1997. Yn 2000, roedd 6.9% o Brydeinwyr gafodd eu holi ar gyfer y Monitor Menter Byd-eang, wedi bod yn rhan o fusnes cychwynnol, neu'n cynllunio i fod. Gostyngodd y ffigur hwn i 6.3% yn 2004. Mae'r ffigurau hyn lawer yn is na nod Gordon Brown o gyrraedd ffigur y DU o 11.3%. Mae'r arolwg hefyd yn dangos bod y DU ynghanol y grŵp G7 o'r prif wledydd diwydiannol (☞ Ffigur 91.1).

Ffordd arall o fesur menter yw edrych ar y ffigurau i'r hunangyflogedig a chofrestriadau TAW. Roedd 3.7 miliwn o fusnesau gyda 250 neu lai o staff yn y DU ar ddechrau 1997. Yn 2005, roedd 4.3 miliwn. Mae llawer o'r rhain yn hunangyflogedig mewn swyddi incwm isel fel trin gwallt. Mae ar fusnesau TAW cofrestredig angen trosiant dros £50,000 y flwyddyn. Yn 1997, roedd 1.6 miliwn o fusnesau TAW cofrestredig ac yn 2005, roedd 1.8 miliwn.

Mae'r sawl sy'n beirniadu'r llywodraeth yn dweud mai rheolaeth facro-economaidd gymwys sydd wrth wraidd unrhyw lwyddiant mewn annog menter. Mae twf cyson a chwyddiant isel wedi darparu amgylchedd economaidd da y gellid dechrau busnes ynddo.

Ffigur 91.1 Gweithgaredd entrepreneuraidd yn ôl gwlad

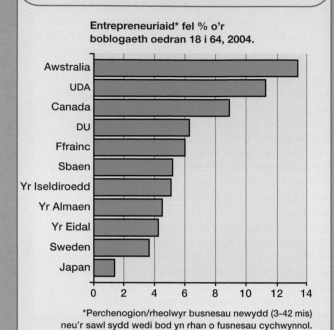

Entrepreneuriaid* fel % o'r boblogaeth oedran 18 i 64, 2004.

*Perchenogion/rheolwyr busnesau newydd (3-42 mis) neu'r sawl sydd wedi bod yn rhan o fusnesau cychwynnol.

Ffynhonnell: addaswyd o DTI, GEM.

Mentrau'r llywodraeth

Cred nifer bod rhai o fentrau'r llywodraeth i helpu busnesau bach wedi bod yn fanteisiol. Un yw'r Cynllun Gwarantu Benthyciad i Gwmnïau Bach, a ddechreuwyd cyn 1997. Yn y cynllun hwn, mae banciau yn rhoi benthyg arian i gwmnïau sy'n brin o sicrwydd cyfochrog ar yr amod bod y llywodraeth yn gwarantu y bydd y benthyciad yn cael ei ad-dalu os yw'r busnes yn methu. Gall busnesau bach hefyd gael credydau treth ar gyfer ymchwil a datblygiad. Mae'r cynllun wedi darparu £1.3 biliwn o gredydau ers iddo gychwyn yn 2000. Mae'n arwydd bod y llywodraeth o ddifrif yn ceisio cynyddu gwariant ar ymchwil a datblygiad yn y DU.

Fodd bynnag, cred nifer o fusnesau bod tâp coch cynyddol o gyfeiriad y llywodraeth yn broblem. Mae Lucy Findlay, pennaeth menter Cydffederasiwn Diwydiant Prydain, yn dweud bod 'anghymhelliad tâp coch yn gorbwyso unrhyw gymhellion a ddarperir drwy gynlluniau cefnogaeth y llywodraeth' i unrhyw fentrwyr posibl. Mae Nana Hybschmann Lay, sydd wedi rhedeg busnes dodrefn ac anrhegion ers 21 mlynedd, yn rhoi'r gorau i'r fenter. Mae hi wedi blino'n llwyr gyda thâp coch a hawliau gweithwyr. 'Mae'r sefyllfa yn sicr wedi gwaethygu yn y blynyddoedd diwethaf. Mae'r holl gyflogwyr yr wyf yn eu hadnabod yn ofni'r hyn ddaw i'r golwg mewn tribiwnlys cyflogaeth.'

Addysg

Mae Gordon Brown, Canghellor y Trysorlys, yn awyddus i weld menter yn llwyddo. Mae'n credu bod ar y DU angen cynyddu nifer y mentrwyr os yw am ffynnu yn y tymor hir.

Yn Nhachwedd 2005, trefnodd y Trysorlys Wythnos Fenter i ysgolion, lle roedd plant ledled y wlad yn ymgymryd â gweithgareddau menter. Mae pob ysgol uwchradd bellach wedi derbyn grant o £16,000 y flwyddyn i ariannu addysg fenter. Meddai Gordon Brown mewn erthygl yn y *Financial Times*: 'Mae'n rhaid i'r addysg hon fod ar gael i fechgyn a merched. Pe bai'r DU yn gallu sicrhau yr un lefel o fenter ymhlith merched ag UDA, yna gallai Prydain ennill tri chwarter miliwn mwy o fusnesau.'

Diwylliant menter?

A ydym yn dod yn ddiwylliant â mwy o fenter? Mae'r llywodraeth yn credu ei bod yn iawn iddi dargedu pobl ifanc. Maent yn fwy agored i dderbyn cyfarwyddyd ac nid oes ganddynt ddim i'w golli.

Mae Simon Barnes o Ysgol Fusnes Tanaka, Imperial College, yn credu bod Prydeinwyr yn dod yn fwy parod i gymryd risg. Meddai: 'Mae'r diwylliant wedi newid yn ei wreiddiau. Mae gan bobl ifanc ddiddordeb byw mewn dechrau busnesau a gweithio iddyn nhw eu hunain.' Mae stigma methu wedi lleihau yn sgîl diwygiadau i'r deddfau methdalu a'r methiant eang ym myd dot.com. Bryd hynny, 'sylweddolodd pobl y gall busnesau fethu yn unig oherwydd eu bod yn gweithredu ar ffin yr hyn rydym yn ei ddeall.'

Fodd bynnag, yn ôl David Storey o Brifysgol Warwick mae polisïau y llywodraeth i gryfhau'r wladwriaeth les a hawliau gweithwyr yn arwain yn anochel at wanhau'r symbyliad i ffurfio busnes.

1. Amlinellwch y cysylltiad rhwng gweithgaredd menter a thwf economaidd.
2. Dadansoddwch ffyrdd y mae'r llywodraeth wedi'u defnyddio i annog gweithgaredd menter yn y DU yn ystod y blynyddoedd diwethaf.
3. Trafodwch a yw'r llywodraeth wedi bod yn llwyddiannus wrth geisio defnyddio menter i gynyddu twf economaidd.

Ffynhonnell: addaswyd o'r *Financial Times*, 14.11.2005.

Economeg gymhwysol

Terfynau polisi'r llywodraeth

Amcanion polisi'r llywodraeth

Mae llywodraeth y DU yn draddodiadol wedi cael pedwar prif amcan economaidd:

- chwyddiant isel;
- diweithdra isel;
- twf economaidd uchel;
- cydbwysedd ar y fantol allanol, mantol gyfredol y fantol daliadau.

Nid yw o reidrwydd yn bosibl cyflawni'r pedwar amcan ar yr un pryd. Er enghraifft, mewn ffyniant, gall diweithdra fod yn syrthio a'r fantol allanol yn dangos diffyg. Digwyddodd hyn yn ystod ffyniant Lawson yn 1986-89. Hefyd, os oes sioc sydyn i'r system, fel codiad sylweddol ym mhrisiau cynwyddau neu bod partner masnachu pwysig yn dioddef enciliad sydyn, efallai na fydd yn bosibl cyflawni unrhyw un o'r amcanion hyn. Yng nghanol yr 1970au, gyda sioc y prisiau olew, roedd llunwyr polisi yn y DU yn gorfod wynebu chwyddiant a diweithdra cynyddol, diffyg allanol cynyddol a chwymp mewn twf economaidd.

Mae hyn yn gorfodi'r llywodraeth i wneud dewisiadau ynghylch pa amcanion yw'r rhai pwysicaf. Yn yr 1950au a'r 1960au roedd llywodraethau'n dueddol o roi pwyslais ar gynnal cyflogaeth lawn a mantol allanol. Roedd cyflogaeth lawn yn bwysig oherwydd gallai cymaint o weithwyr gofio blynyddoedd dirwasgiad yr 1930au pan oedd diweithdra ar ei waethaf. Roedd mantol allanol yn bwysig oherwydd bod y DU yn rhan o system Bretton Woods o gyfraddau cyfnewid sefydlog. Byddai diffygion sylweddol ar y cyfrif cyfredol yn arwain at bwysau gwerthu ar y bunt. Er bod modd i'r llywodraeth ddatbrisio'r bunt ar bapur, yn ymarferol byddai'n dueddol o ddatchwyddo'r economi er mwyn lleihau mewnforion a dod â'r cyfrif cyfredol yn ôl i'r fantol.

O ganol yr 1960au, dechreuodd chwyddiant godi'n sylweddol a daeth rheoli chwyddiant yn fater pwysicach o lawer. Erbyn 1975, roedd y Prif Weinidog Llafur, James Callaghan, yn fodlon cyfaddef na allai'r llywodraeth reoli chwyddiant a dweithdra ar yr un pryd. Gadawodd llywodraethau i ddiweithdra godi gan roi blaenoriaeth i geisio rheoli chwyddiant.

Daeth y fantol allanol hefyd yn llai pwysig fel amcan polisi'r llywodraeth yn yr 1970au. Yn 1971, gadawodd y DU system Bretton Woods gan adael i'r bunt arnofio. Roedd diffygion allanol yn dueddol o arwain at ostyngiadau yng ngwerth y bunt, ac i'r gwrthwyneb. Fodd bynnag, cyn belled nad oedd ar y llywodraeth eisiau cynnal cyfradd cyfnewid benodol, nid oedd y rhain yn arwyddocaol. Yng nghanol yr 1980au, cyhoeddodd Nigel Lawson, Canghellor y Trysorlys, nad oedd gan y fantol allanol bellach unrhyw arwyddocâd polisi. Cyn belled â bo modd ariannu diffygion, credai ef nad gwaith y llywodraeth oedd penderfynu a oedd ar gartrefi a chwmnïau eisiau benthyca arian i ariannu mwy o fewnforion mewn unrhyw flwyddyn.

Erbyn yr 1990au, roedd consensws mai rheoli chwyddiant ddylai fod yn brif amcan tymor byr polisi'r llywodraeth. Mae'n bosibl y byddai'n rhaid i ddiweithdra godi yn y tymor byr, a CMC syrthio er mwyn sicrhau'r amcan hwn. Fodd bynnag, yn y tymor hir, dylai llywodraethau fod yn mabwysiadu polisïau ochr-gyflenwad a ddylai sicrhau gostyngiad mewn diweithdra a chynnydd yng nghyfradd twf. Nid oedd gan y fantol allanol unrhyw arwyddocâd polisi ynddi'i hun. Erbyn 2006, roedd y llywodraeth yn dechrau meddwl y gallai cyflogaeth lawn yn hytrach na diweithdra is ddod yn amcan realistig unwaith yn rhagor.

Rheoli'r galw

Polisi ariannol Yn yr 1950au a'r 1960au, roedd gan bolisi ariannol sawl ffurf. Ceisiodd llywodraethau reoli credyd drwy reolau a rheoliadau ynghylch faint y gallai cymdeithasau adeiladu, banciau a benthycwyr eraill roi ar fenthyg. Cawsai cyfraddau llog hefyd eu codi a'u gostwng i drin lefelau benthyca, ac fe'u defnyddiwyd hefyd i ddylanwadu ar werth y bunt. Yn yr 1970au a'r 1980au symudodd y pwyslais at reoli'r cyflenwad arian, ond erbyn canol yr 1980au roedd yn amlwg nad oedd perthynas syml rhwng twf yn y cyflenwad arian a chwyddiant (damcaniaeth stoc arian). Rheoli cyfraddau llog oedd y prif arf polisi a ddefnyddiwyd wedyn. Ers canol yr 1980au, polisi ariannol yw'r dull pwysicaf y mae'r llywodraeth wedi'i ddefnyddio i reoli galw cyfanredol. Pe byddai chwyddiant yn bygwth codi, yna byddai'n codi cyfraddau llog, ac i'r gwrthwyneb. Yn yr 1980au, cyfeiriwyd at hwn fel polisi 'un clwb' – un arf yn unig oedd gan y llywodraeth i lywio'r economi.

Yn 1997, rhoddwyd annibyniaeth i Fanc Lloegr a rheolaeth dros weithredu polisi ariannol. Byddai'r llywodraeth yn gosod targedau ar gyfer chwyddiant (e.e. i'w gynnal ar 2.5% neu lai). Pan roddwyd annibyniaeth i Fanc Lloegr, roedd ofnau y byddai'n gweithredu'n bwyllog iawn gan dueddu i ddilyn polisïau datchwyddol i gyflawni ei darged chwyddiant. Byddai hyn wedi golygu diweithdra uwch a thwf is nag y gallai fod. Mewn gwirionedd, mae Banc Lloegr, yn ôl y rhan fwyaf o sylwebwyr, wedi ceisio gosod cyfraddau llog a fyddai'n caniatáu'r ehangiad economaidd mwyaf posibl o fewn ffiniau ei darged chwyddiant.

Polisi cyllidol Gwelwyd polisi cyllidol yn yr 1950au a'r 1960au fel modd mwy effeithiol o ddylanwadu ar alw cyfanredol na pholisi ariannol. Byddai llywodraethau'n cynyddu diffygion cyllidol pan oedd yr economi mewn enciliad ac yna'n eu lleihau pan oedd yr economi'n gorboethi. Yn yr 1970au, chwalodd y perthnasoedd traddodiadol rhwng chwyddiant a diweithdra ac erbyn canol yr 1970au roedd yr economi'n wynebu chwyddwasgiad, chwyddiant uchel a diweithdra uchel. Ni allai polisi cyllidol traddodiadol wthio chwyddiant a diweithdra i lawr. Felly rhoddodd llywodraethau, fwy neu lai, y gorau i'r defnydd o bolisi cyllidol gweithredol. Fodd bynnag, maent wedi caniatáu sefydlogyddion awtomatig o fewn y system i reoli'r gylchred fasnach. Er enghraifft, yn enciliad 1990-92, gadawyd i'r *PSNCR*, diffyg y Gyllideb, godi gan gyrraedd uchafbwynt o £43 biliwn yn 1993. Amcan hysbys y llywodraeth heddiw yw sicrhau bod mantol ar y Gyllideb dros y gylchred fasnach (y 'Rheol Euraidd'). Mewn enciliadau, caniateir diffyg tra bydd gwarged ar y Gyllideb yn ystod cyfnodau ffyniannus. Mae'r rheol yn rhwystro'r llywodraeth rhag ansefydlogi'r economi trwy ei or-chwyddo neu drwy gyflwyno enciliad rhy llym gyda defnydd amhriodol o bolisi cyllidol.

Polisi cyfradd cyfnewid Defnyddiwyd polisi cyfradd cyfnewid, am gyfnodau byr iawn, i ddylanwadu ar chwyddiant. Yn 1987-88, mabwysiadodd Nigel Lawson bolisi o gysgodi gwerth arian cyfred Yr Almaen, y deutschmark. Yn y cyfnod wedi'r rhyfel, roedd Yr Almaen wedi bod yn economi cymharol isel o ran chwyddiant. Y ddadl oedd y byddai cysylltu'r bunt â'r deutschmark yn galluogi'r DU i ddilyn chwyddiant isel Yr Almaen. Rhoddwyd y gorau i'r polisi pan ddechreuodd chwyddiant godi yn y DU a bu'n rhaid i'r Canghellor godi cyfraddau llog yn sydyn i ddatchwyddo'r economi. Fodd bynnag, daeth y polisi i'r amlwg eto ar ffurf wahanol pan ymunodd y DU â'r Mecanwaith Cyfraddau Cyfnewid *(ERM)*, sef rhagflaenydd yr Undeb Ariannol Ewropeaidd, yn 1990. Roedd gwerth y bunt ar y pryd yn gymharol uchel. Y ddadl oedd y byddai cynnal gwerth uchel y bunt yn cadw pwysau ar i lawr ar chwyddiant. Profodd i fod yn gamgymeriad costus. Erbyn Medi 1990 pan ymunodd y DU â'r *ERM*, roedd cyfraddau llog uchel eisoes wedi lleihau galw cyfanredol yn ddigonol i sicrhau y byddai'r economi yn dychwelyd at chwyddiant isel o fewn 12 mis. Er mwyn cynnal gwerth uchel y bunt, gorfodwyd i'r llywodraeth gadw cyfraddau llog llawer yn uwch nag y byddent wedi bod yn 1991 ac 1992, wrth i'r economi arafu mewn enciliad estynedig. Pan orfodwyd i'r DU ymadael â'r *ERM* ym Medi 1992 gyda'r bunt yn syrthio 15%, roedd y llywodraeth yn gallu torri cyfraddau llog. Bu datbrisiad y bunt a chyfraddau llog is yn help i'r economi ddod allan o enciliad. Ers hynny, mae'r llywodraeth wedi gadael i'r bunt arnofio yn rhydd. Fodd bynnag, os a phan fydd y DU yn ymuno â'r arian cyfred sengl, bydd yn rhaid iddi benderfynu ar werth i'r bunt wrth ymuno. Bydd gwerth rhy uchel yn gwasgu galw cyfanredol a gallai arwain at enciliad estynedig.

Bydd gwerth rhy isel yn cynyddu galw cyfanredol a gallai arwain at chwyddiant yn y tymor byr.

Polisïau prisiau ac incwm Yn yr 1960au a'r 1970au, defnyddiodd llywodraethau bolisïau prisiau ac incwm (☞ uned 90) i dawelu pwysau costwthiol chwyddiannol. Tra eu bod yn llwyddiannus wrth leihau galw cyfanredol yn y tymor byr, roeddynt yn methu ymdrin â'r rhesymau sylfaenol dros gynnydd mor sydyn yn y galw cyfanredol. O ganlyniad, ychydig iawn o effaith gafodd y polisïau hyn ar brisiau y tymor hir.

Dylanwadu ar gyflenwad cyfanredol

Yn yr 1950au a'r 1960au, canolbwyntiodd llywodraethau ar bolisi diwydiannol a rhanbarthol i ddylanwadu ar gyflenwad cyfanredol. Ar y pryd, teimlwyd bod y DU yn wynebu dwy broblem fawr: diffyg cystadleuaeth o'i gymharu â gwledydd eraill ac anghydraddoldeb rhanbarthol, gyda lefelau diweithdra uwch tu allan i Dde Lloegr a'r Canolbarth. Yn yr 1970au, bathodd economegwyr masnach rydd y term 'economeg ochr-gyflenwad'. Roeddent yn dadlau bod modd cynyddu effeithlonrwydd pe bai marchnadoedd yn dod yn farchnadoedd rhydd. Yn yr 1980au, gweithredodd y llywodraeth Geidwadol nifer mawr o ddiwygiadau ochr-gyflenwad. Roeddent yn cynnwys diwygio undebau llafur, preifateiddio monopolïau gwladol a dadreoleiddio diwydiannau fel y diwydiant bysiau. Defnyddiwyd polisi cyllidol, na ddefnyddir bellach i ddylanwadu ar alw cyfanredol, i ddylanwadu ar gyflenwad cyfanredol. Er enghraifft, torrwyd cyfraddau treth a rhoddwyd cymhellion budd-dal i'r sawl a oedd yn dechrau eu busnesau eu hunain. Mae polisi cyllidol yn parhau i gael ei ddefnyddio heddiw fel un o'r prif ffyrdd y mae llywodraeth yn ceisio dylanwadu ar gyflenwad cyfanredol. Mae ffyrdd eraill yn cynnwys rhyddhau marchnadoedd ymhellach, fel telegyfathrebu a chludiant awyr, a gwelliannau i werth am arian mewn meysydd fel addysg a'r gwasanaeth iechyd.

Tegwch

Mae polisi cyllidol wedi'i ddefnyddio i ailddosbarthu incwm a chyfoeth mewn cymdeithas. Yn yr 1960au a'r 1970au roedd llywodraethau Llafur yn ffafrio trethu enillwyr incwm uwch yn drymach er mwyn ennill arian i godi budd-daliadau i'r sawl oedd ar incwm isel. Un o'r canlyniadau oedd bod y gyfradd treth incwm ffiniol ar incwm gwaith yn 83% i'r sawl enillai'r incwm uchaf. Os oedd yr unigolion hyn hefyd yn cynhyrchu incwm heb ei ennill, fel llog banc neu fuddrannau ar gyfranddaliadau, byddai'r incwm heb ei ennill hwn yn cael ei drethu ar 98%. Roedd hyn yn gyfrifol am ystumio'r farchnad yn arw. Roedd llawer o enillwyr incwm uchel yn osgoi treth drwy beidio gweithio, symud dramor, derbyn cilfanteision neu newid eu hasedau ariannol er mwyn peidio ennill dim incwm tra'n manteisio ar enillion cyfalaf nad oedd yn cael eu trethu. Yn yr 1980au, llwyddodd y llywodraeth

Geidwadol i ostwng cyfraddau treth ffiniol ar yr enillwyr incwm uchaf, tra hefyd yn torri budd-daliadau lles i'r tlawd. Roedd yn dadlau y byddai gostwng cyfraddau treth yn cynyddu'r cymhelliant i weithio a chymryd risgiau, tra byddai torri budd-daliadau yn annog y tlawd i ymgymryd â gwaith neu weithio'n galetach. Y canlyniad oedd ailddosbarthiad incwm sylweddol o'r tlawd i'r cyfoethog. Mae'r llywodraeth Lafur oddi ar 1997 wedi cyfuno elfennau o'r ddwy strategaeth uchod. Roedd yn dymuno gweld llai o anghydraddoldeb mewn cymdeithas, gan ddadlau mai'r ffordd i wneud hyn oedd annog y tlawd i ddod yn fwy hunan-gynhaliol drwy'r system dreth a budd-daliadau. Felly cafwyd mesurau treth i godi incwm y sawl oedd ar gyflog isel, gan gynyddu'r cymhelliant i'r di-waith i chwilio am waith. Rhoddwyd cymorth gyda chyfleusterau gofal plant i annog gweithwyr cyflog isel, yn enwedig merched, i barhau i weithio ar ôl cael plant yn hytrach na dod yn ddibynnol ar nawdd cymdeithasol. Yn y tymor hir, mae ar y llywodraeth eisiau gweld y mwyafrif o weithwyr gyda phensiwn preifat yn hytrach na dibynnu ar y wladwriaeth am incwm ar ôl ymddeol.

Masnach rydd a diffynnaeth

Mae llywodraethau'r DU ers yr Ail Ryfel Byd wedi tueddu i ffafrio polisïau masnach rydd yn hytrach na diffynnaeth. Ers yr 1950au, mae rhwystrau masnach wedi'u dileu, yn enwedig drwy'r cytundebau masnach a drafodwyd drwy *GATT*, sef Cyfundrefn Masnach y Byd *(WTO)* erbyn hyn (☞ uned 40). Galluogwyd y DU i fasnachu'n rhydd gyda phartneriaid UE ar ôl iddi ymaelodi gyda'r Undeb Ewropeaidd yn 1973, a chyfyngwyd yn arw ar allu Prydain i ddilyn polisïau diffynnaeth oherwydd bod penderfyniadau o'r fath bellach yn cael eu cymryd ar lefel UE. Dros y deng mlynedd diwethaf, mae'r DU wedi tueddu i fod ymhlith y gwledydd UE hynny sy'n pwyso am fwy o fasnach rydd, tra bod gwledydd fel Ffrainc a'r Eidal wedi tueddu i ffafrio Ewrop sy'n fwy ddiffynnol, ac wedi bod yn llai parod i ryddhau masnach mewn gwasanaethau o fewn yr UE.

Rheoli'r economi

Mae gallu llywodraeth y DU i reoli'r economi yn gyfyng iawn ac mae'n debygol o ddod yn fwy cyfyng dros amser.

Siociau Ni all y llywodraeth rwystro siociau rhag ansefydlogi'r economi. Gellid dadlau mai'r sioc bwysicaf a darodd y DU yn y cyfnod wedi'r rhyfel oedd y codiad ym mhrisiau olew rhwng 1973 ac 1981 (☞ uned 8). Cafwyd rhai eraill gan gynnwys Rhyfel Korea ac argyfwng Asia yn 1998.

Symudiadau tymor hir mewn patrymau treuliant a masnachu Ar ddechrau'r ugeinfed ganrif, roedd un ymhob deg gweithiwr yn y DU yn y diwydiant tecstilau. Roedd amaethyddiaeth a'r diwydiant glo yn gyflogwyr sylweddol hefyd. Heddiw, mae'r diwydiannau hyn yn gymharol ddibwys yn nhermau cynnyrch a chyflogaeth. Dyma un enghraifft yn unig o sut mae'r economi yn newid dros amser. Heddiw, mae diwydiannau TG yn ffynnu ac mae'r Rhyngrwyd yn newid y ffordd y mae'r economi'n gweithio. Mae newidiadau o'r fath yn rhoi llawer o gyfleoedd i lywodraethau, ond hefyd yn achosi nifer o broblemau iddynt. Yn y cyfnod wedi'r rhyfel, gellid dadlau bod ailstrwythuriad diwydiant Prydeinig yn gyfyngydd ochr-gyflenwad pwysig gan iddo gyfyngu ar allu'r llywodraeth i ddylanwadu ar dwf economaidd tymor hir. Pan oedd y DU yn rhan o system cyfraddau cyfnewid Bretton Woods, roedd diffyg gallu Prydain i gystadlu'n rhyngwladol yn achosi problemau cyfradd cyfnewid yn aml iawn.

Masnach ryngwladol Mae'r DU yn gynyddol wedi dod yn economi cymharol agored dros amser. Po fwyaf yw natur agored ei heconomi, lleiaf y gall llywodraeth ddefnyddio polisi cyllidol neu ariannol i ddylanwadu ar alw cyfanredol. Er enghraifft, os yw'r llywodraeth yn defnyddio polisi cyllidol ehangol, yna po fwyaf agored yw'r economi, y mwyaf yw'r galw uwch am fewnforion a lleiaf fydd y gwariant mewnol. Y tro diwethaf i lywodraeth ddefnyddio polisi cyllidol gweithredol yn y DU i atchwyddo'r economi oedd 1972-73; bu cynnydd sylweddol mewn galw mewnol ond cododd y diffyg ar y cyfrif cyfredol i lefel anghynaliadwy.

Rhwymedigaethau cytundebau rhyngwladol Mae'n rhaid i'r DU gydymffurfio â nifer o rwymedigaethau cytundebol rhyngwladol sy'n cyfyngu ar ei gallu i ddilyn polisïau annibynnol. Mae Cyfundrefn Masnach y Byd a'r UE yn dylanwadu ar bolisïau masnach. Mae materion ochr-gyflenwad, fel rhoi cymorth i gwmnïau unigol, neu oriau gwaith i weithwyr, yn cael eu cyfyngu gan gyfraith yr UE. Os a phan fydd y DU yn dewis ymuno â'r Arian Cyfred Sengl Ewropeaidd, bydd cyfyngiadau pellach ar bolisi. Nid Banc Lloegr fydd yn penderfynu ar bolisi ariannol, ond y Banc Canolog Ewropeaidd. Er dibenion polisi cyllidol, bydd yn rhaid i'r llywodraeth gadw'r diffyg ar y gyllideb o fewn uchafswm o 3% o CMC, ac ni chaiff lefel y Ddyled Wladol fynd yn uwch na 60% o CMC.

Cwestiwn Data | Strategaeth Facro-economaidd

Fframwaith polisi macro-economaidd

Mae'r fframweithiau i bolisi ariannol, polisi cyllidol a gwariant cyhoeddus yn darparu strategaeth gydlynol ar gyfer cynnal lefelau twf a chyflogaeth uchel a chyson, ac ar gyfer lleihau effeithiau niweidiol digwyddiadau allanol.

Er enghraifft, mae'r fframwaith polisi ariannol wedi gwella hygrededd llunio polisi ac mae'n parhau i gynhyrchu manteision amlwg. Ers i'r fframwaith newydd gael ei gyflwyno:

- arhosodd y cynnydd blynyddol mewn chwyddiant hyd Rhagfyr 2003, lle defnyddiwyd *RPIX* fel y mesur targed chwyddiant, yn agos at werth y targed o 2.5%, sef y cyfnod hiraf o chwyddiant isel parhaus yn y 30 mlynedd diwethaf;
- mae disgwyliadau chwyddiant wedi aros yn agos at y targed yn dilyn y newid i darged *CPI* o 2%. Mae chwyddiant *CPI* wedi bod o fewn 1 pwynt canrannol o'i darged ar bob adeg ers cychwyn yn Rhagyr 2003.

Mae'r fframwaith polisi ariannol wedi rhoi i'r Pwyllgor Polisi Ariannol (*MPC*) yr hyblygrwydd i ymateb yn gryf i ddigwyddiadau economaidd annisgwyl dros y blynyddoedd diwethaf. Yn gyson gyda'i ymagwedd o edrych ymlaen i'r dyfodol, torrodd yr *MPC* gyfraddau llog o chwarter pwynt canrannol yn Awst 2005 gan ymateb i'r slacio ym mhwysau galw ar gyflenwad. Ers hynny, mae cyfraddau llog wedi aros yn ddigyfnewid gan adlewyrchu safbwynt yr *MPC* bod gosodiadau polisi ariannol yn gyson gyda chwyddiant yn parhau ar y targed.

Mae disgwyliadau chwyddiant isel dros gyfnod o sefydlogrwydd macro-economaidd cyson wedi helpu sicrhau bod cyfraddau llog yn aros ar lefelau hanesyddol o isel. Mae cyfraddau llog tymor hir yn lleihau taliadau dyled y llywodraeth, yn rhyddhau adnoddau ar gyfer gwasanaethau cyhoeddus a helpu hyrwyddo buddsoddiant. Dros y gylchred economaidd gyfredol, mae cyfraddau llog tymor hir wedi aros ar oddeutu 5% ar gyfartaledd gyda chyfartaledd o ychydig dros 9% yn y gylchred flaenorol.

Mae'r gyfradd cyfnewid effeithiol hefyd wedi bod yn eithaf sefydlog law yn llaw â sefydlogrwydd macro-economaidd y DU yn ystod y blynyddoedd diwethaf. Mae cyfradd cyfnewid effeithiol sterling hefyd yn aros yn agos at lefelau Cyllideb 2004, gan aros oddi mewn band cul o ychydig dros 3% o'i lefel cyfartalog dros y cyfnod. Ers cyflwyniad yr ewro yn 1999, mae cyfnewidioldeb cyfradd cyfnewid effeithiol sterling wedi bod dan hanner cyfradd yr ewro, ac o gwmpas traean doler UDA.

Mae'r llywodraeth wedi cymryd penderfyniadau anodd ar drethiant a gwariant i adfer cyllid cyhoeddus i sefyllfa gynaliadwy. Llwyddwyd i leihau dyled net y sector cyhoeddus o 44% o CMC yn 1996-96 i 35% yn 2004-5. Torrwyd benthyca net y sector cyhoeddus yn sydyn o 1997-98 ymlaen, gyda gwargedion dros 1998-99 i 2000-01 pan oedd yr economi'n gweithredu dros y duedd. Yn y blynyddoedd mwyaf diweddar, mae benthyca net wedi codi, gan alluogi polisi cyllidol i gefnogi polisi ariannol wrth i'r economi symud islaw'r duedd yn 2001.

Achosion sefydlogrwydd cynyddol yn y DU

Ers cyflwyniad fframwaith economaidd y llywodraeth yn 1997, mae'r DU wedi profi cyfnod o sefydlogrwydd economaidd na welwyd mo'i fath o'r blaen. O'i gymharu â'r cyfnod wedi'r Ail Ryfel Byd, ac o'i gymharu â gwledydd G7 eraill, mae cyfnewidioldeb economaidd yn y DU yn isel. Fel y cyhoeddodd y Gronfa Ariannol Ryngwladol (*IMF*) yn Rhagfyr 2005, 'mae sefydlogrwydd macro-economaidd yn y DU yn parhau i fod yn nodedig.'

Bu cryn dipyn o drafod ynghylch achosion y sefydlogrwydd cynyddol, yn y DU ac ar draws y byd datblygedig. Mae yna dystiolaeth gref i awgrymu bod fframwaith macro-economaidd y llywodraeth wedi cyfrannu at sefydlogrwydd cynyddol trwy greu amgylchedd mwy sicr a chyson ar gyfer gwneud penderfyniadau yn y sector preifat:

- mae hygrededd polisi ariannol wedi cynyddu oddi ar 1997. Mae disgwyliadau chwyddiant wedi aros yn agos at y targed chwyddiant. Mae cyfraddau llog tymor byr wedi bod yn isel am y cyfnod estynedig hiraf ers yr 1950au;
- mae hygrededd polisi cyllidol wedi cynyddu oddi ar 1997. Mae fframwaith polisi cyllidol y llywodraeth wedi adfer cyllid cyhoeddus, ac wedi cefnogi polisi ariannol trwy alluogi'r sefydlogyddion awtomatig i weithredu a chymryd camau priodol i weithredu lle bynnag bo hynny'n briodol.

Gallai maint ac arddwysedd siociau economaidd hefyd effeithio ar sefydlogrwydd. Mae economi'r DU wedi cynnal sefydlogrwydd yn wyneb nifer o siociau gyda chanlyniadau economaidd oddi ar 1997, gan gynnwys cynnydd a chwymp mawr ym mhrisiau ecwiti, codiadau mawr ym mhrisiau tai a phrisiau olew, rhyfeloedd yn Afghanistan ac Iraq, ymosodiadau terfysgol ac argyfyngau economaidd mawr yn Rwsia a Dwyrain Asia. Mae'r DU hefyd wedi gorfod addasu i economi sy'n globaleiddio'n gynyddol, gyda buddsoddiant masnachol a rhyng ffiniol cynyddol yn newid yr amgylchedd cystadleuol. Mae newidiadau a diwygiadau strwythurol wedi bod yn digwydd dros nifer o flynyddoedd sydd hefyd wedi chwarae rôl bwysig wrth wella hyblygrwydd a chryfder economi'r DU. Maent yn cynnwys, er enghraifft, diwygiadau i ddeddfwraeth polisi cystadlu a diwygiadau i annog y sawl sy'n economaidd anweithredol i ymgymryd â gwaith.

Ffynhonnell: addaswyd o *Full Budget Report*, Mawrth 2006, Trysorlys EM.

---

1. Yn 2006, hawliodd y llywodraeth ei bod wedi 'cynyddu sefydlogrwydd trwy greu amgylchedd mwy penodol ar gyfer y sawl sy'n gwneud penderfyniadau yn y sector preifat'. Eglurwch beth yw ystyr hyn.

2. Gan ddefnyddio diagramau, dadansoddwch sut mae'r fframwaith polisi ariannol wedi gwella sefydlogrwydd.

3. I ba raddau y gallai'r llywodraeth osgoi problemau economaidd mawr yn y DU petai marchnadoedd stoc yn UDA yn cwympo a phe bai economi UDA yn mynd i ddirwasgiad dwfn ac estynedig?

Crynodeb

1. Pris trosi un arian cyfred yn arian cyfred arall yw'r gyfradd cyfnewid.
2. Sefydlir y gyfradd cyfnewid cytbwys lle mae'r galw am arian cyfred yn hafal i'w gyflenwad.
3. Bydd y gyfradd cyfnewid cytbwys yn newid os bydd newid yng ngwerth allforion neu fewnforion, gwerth buddsoddiant tramor tymor hir net, neu faint neu gyfeiriad llifoedd hapfasnachol.
4. O ddydd i ddydd mewn marchnad ariannau tramor, hapfasnachu sy'n tueddu i fod y dylanwad dominyddol ar bris arian cyfred.
5. Yn y tymor hirach, sylfeini economaidd ynghylch allforion, mewnforion a llifoedd cyfalaf tymor hir sy'n tueddu i bennu'r gyfradd cyfnewid.
6. Mae damcaniaeth paredd gallu prynu yn nodi y bydd cyfraddau cyfnewid yn newid yn y tymor hir yn unol â chyfraddau chwyddiant cymharol rhwng economïau.
7. Mae hapfasnachu'n tueddu i arwain at ansefydlogrwydd cyfraddau cyfnewid yn y tymor byr.

Y gyfradd cyfnewid

Mae gwledydd gwahanol yn defnyddio mathau gwahanol o **arian** neu **arian cyfred**. Yn y DU caiff nwyddau a gwasanaethau eu prynu a'u gwerthu â phunnoedd sterling, yn Ffrainc â'r ewro, ac yn UDA â'r ddoler.

Y term am y gyfradd y gall un arian cyfred gael ei drosi (h.y. ei brynu neu ei werthu) yn arian cyfred arall yw'r **gyfradd cyfnewid**. Er enghraifft, efallai bod cwmni yn India yn dymuno prynu punnoedd sterling. Os yw'n talu 80 miliwn rwpî i brynu £1 filiwn, y gyfradd cyfnewid yw 80 rwpî i'r bunt. Efallai bod teulu yn y DU yn dymuno prynu doleri UDA ar gyfer gwyliau yn Florida. Os byddan nhw'n derbyn $2 000 yn gyfnewid am £1 000, y gyfradd cyfnewid yw $2 i'r bunt, neu 50c i'r ddoler.

Fel arfer mynegir cyfraddau cyfnewid yn nhermau gwerth un arian cyfred sengl mewn perthynas ag arian cyfred sengl arall – punnoedd am ddoleri, er enghraifft, neu ewros am ien. Ond mae'n bosibl cyfrifo cyfradd cyfnewid un arian cyfred yn nhermau grŵp neu **fasged** o ariannau cyfred. Mae'r GYFRADD CYFNEWID EFFEITHIOL (mesur a gyfrifir gan y Gronfa Ariannol Ryngwladol) ac INDECS MASNACH-BWYSOL CYFRADD CYFNEWID (neu INDECS CYFRADD CYFNEWID fel y caiff ei alw yn aml) yn ddau gyfrifiad gwahanol o symudiad cyfartalog y gyfradd cyfnewid ar sail pwysiadau (☞ uned 3) a bennir gan werth y fasnach a wneir â phrif bartneriaid masnachu y wlad.

I egluro sut y cyfrifir yr indecs masnach-bwysol, tybiwch fod y DU yn masnachu ag UDA a Ffrainc yn unig. Mae 70% o fasnach y DU ag UDA ac mae 30% â Ffrainc. Mae gwerth y bunt yn gostwng 10% mewn perthynas â'r ddoler a 20% mewn perthynas â'r ewro (sydd, gyda llaw, yn golygu bod gwerth yr ewro wedi codi mewn perthynas â doler UDA). Bydd yr indecs masnach-bwysol wedi newid nawr. Mae'r gostyngiad yn y ddoler yn cyfrannu gostyngiad o 7% yn y gyfradd cyfnewid (10% × 0.7) ac mae'r gostyngiad yn yr ewro yn cyfrannu gostyngiad o 6% (20% × 0.3). Y gostyngiad cyfartalog yw swm y ddwy gydran yma (h.y. 13%). Os dechreuodd yr indecs masnach-bwysol ar 100, ei werth newydd fydd 87.

Cyfraddau cyfnewid cytbwys

Caiff ariannau tramor eu prynu a'u gwerthu yn y MARCHNADOEDD ARIANNAU TRAMOR. Gall llywodraethau brynu a gwerthu ariannau cyfred er mwyn dylanwadu ar bris arian cyfred. Yma tybiwn nad yw llywodraethau'n ymyrryd ac y gadewir i ariannau cyfred gyrraedd eu prisiau eu hunain drwy rymoedd **galw** a **chyflenwad**. Mae tri phrif reswm wedyn pam y caiff ariannau tramor eu prynu a'u gwerthu.

- Mae angen ariannu masnach ryngwladol mewn nwyddau a gwasanaethau. Mae allforion yn creu galw am arian cyfred ac mae mewnforion yn creu cyflenwad o arian cyfred.
- Mae symudiadau cyfalaf tymor hir yn digwydd. Mae buddsoddiant i mewn i economi o'r tu allan yn creu galw am ei arian cyfred. Mae buddsoddiant allan o economi yn creu cyflenwad.
- Mae llawer iawn o hapfasnachu yn y marchnadoedd ariannau tramor.

Cwestiwn 1

Tabl 93.1

Gwerth gwreiddiol yr indecs masnach-bwysol	Newid yn y gyfradd cyfnewid %		Gwerth newydd yr indecs masnach-bwysol
	Gwlad W	Gwlad Y	
100	+10	+20	
100	+20	+10	
100	-10	+10	
100	+10	-10	
100	- 6	- 6	

Mae gwlad A yn masnachu â dwy wlad yn unig. Mae 60% o'i masnach â gwlad W ac mae 40% â gwlad Y.

(a) Cwblhewch y tabl drwy gyfrifo gwerth newydd yr indecs masnach-bwysol ar gyfer gwlad A yn dilyn newidiadau yn ei chyfradd cyfnewid â gwledydd W ac Y.

(b) Beth fyddai gwerth yr indecs masnach-bwysol pe bai gwlad A â 90% o'i masnach â gwlad W a 10% â gwlad Y?

(c) Cyfrifwch werthoedd newydd yr indecs masnach-bwysol yn (a) pe bai gwerth gwreiddiol yr indecs masnach-bwysol yn 80 yn hytrach na 100.

Sefydlir y gyfradd cyfnewid cytbwys lle mae'r galw am yr arian cyfred yn hafal i'w gyflenwad. Mae Ffigur 93.1 yn dangos y galw am bunnoedd a chyflenwad punnoedd wedi'u prisio mewn doleri. Mae'r farchnad mewn cydbwysedd ar gyfradd cyfnewid o $2 = £1. Mae prynu a gwerthu yn hafal i £1 000 miliwn y dydd.

Tybir bod cromlin y galw yn goleddu i lawr. Os bydd pris y bunt yn gostwng mewn perthynas â'r ddoler, bydd pris nwyddau Prydeinig yn gostwng yn nhermau'r ddoler. Er enghraifft, os bydd y gyfradd cyfnewid yn gostwng o $2 = £1 i $1 = £1, bydd pris nwydd Prydeinig sy'n costio £1 000 yn gostwng i Americanwyr o $2 000 i $1 000. Dylai Americanwyr felly brynu mwy o nwyddau Prydeinig a galw am fwy o bunnoedd i dalu amdanynt. Felly dylai gostyngiad ym mhris y bunt arwain at gynnydd ym maint y galw am bunnoedd, sy'n arwain at gromlin alw sy'n goleddu i lawr. Yn yr un modd mae cromlin y cyflenwad yn goleddu i fyny oherwydd y bydd gostyngiad yng ngwerth y bunt yn cynyddu pris mewnforion o wledydd tramor i bobl Prydain, gan achosi iddynt ostwng eu pryniant o nwyddau tramor ac felly o ariannau tramor.

Â phopeth arall yn gyfartal, mae gostyngiad yng ngwerth y bunt o, dyweder, $2 i $1 yn debygol o wneud i'r bunt ymddangos yn rhad a gall hynny achosi prynu hapfasnachol o'r bunt a lleihau gwerthu hapfasnachol. Byddai hyn wedyn yn creu cromliniau galw sy'n goleddu i lawr a chromliniau cyflenwad sy'n goleddu i fyny ar gyfer y bunt sterling. Fodd bynnag, yn gyffredinol ar yr ochr gyfalaf, nid yw'n glir sut y bydd prynwyr a gwerthwyr yn ymateb i godiadau a gostyngiadau ym mhris arian cyfred. O wybod hynny, mae'r cyfiawnhad dros gromliniau galw sy'n goleddu i lawr a chromliniau cyflenwad sy'n goleddu i fyny ar gyfer ariannau tramor yn tueddu i fod ar sail dadleuon ynghylch prynu a gwerthu arian cyfred ar gyfer taliadau am allforion a mewnforion.

Mae Ffigur 93.2 yn dangos y bydd y gyfradd cyfnewid yn newid os bydd cromlin y galw neu gromlin y cyflenwad yn symud. Mae cydbwysedd i'w gael ar bris OB a maint OM.

- Os bydd allforion Prydain i UDA yn cynyddu, bydd angen i gwmnïau Americanaidd brynu mwy o bunnoedd nag o'r blaen i dalu amdanynt. Felly bydd cynnydd yng ngwerth allforion y DU yn cynyddu'r galw am bunnoedd, gan symud cromlin y galw o G_1 i G_2. Felly bydd y gyfradd cyfnewid yn codi o OB i OD.

- Os bydd mewnforion o UDA yn cynyddu, bydd angen i gwmnïau Prydeinig brynu mwy o ddoleri nag o'r blaen i dalu amdanynt. Byddan nhw'n prynu'r doleri hyn â phunnoedd. Felly bydd cynnydd yng ngwerth mewnforion y DU yn cynyddu cyflenwad punnoedd. Bydd cromlin y cyflenwad yn symud i'r dde o C_1 i C_2. Bydd gwerth cytbwys y bunt yn gostwng o OB i OA.

- Os bydd y gyfradd llog ym marchnadoedd arian Llundain yn cynyddu, bydd cynilwyr UDA yn symud arian i mewn i'r DU. Mae hyn yn debygol o fod yn arian tymor byr neu **arian trasymudol** sy'n llifo o ganolfan ariannol i ganolfan ariannol yn cael ei ddenu gan y gyfradd adennill uchaf. Bydd cynnydd mewn mewnlifoedd yng nghyfrif cyfalaf y fantol daliadau yn cynyddu'r galw am bunnoedd, gan symud cromlin y galw o G_1 i G_2, a chynyddu gwerth y bunt o OB i OD.

- Os bydd mewnlif o arian ar gyfer buddsoddiant tymor hir yn y DU, eto bydd y galw am bunnoedd yn codi. Er enghraifft, bydd buddsoddiant o Japan mewn ffatrïoedd ceir yn y DU yn cynyddu'r galw am bunnoedd (ac yn cynyddu cyflenwad ien) a ddangosir gan gromlin y galw yn symud o G_1 i G_2, gan godi gwerth y bunt o OB i OD.

- Heddiw hapfasnachu yw'r ffactor sengl pwysicaf sy'n pennu pris y bunt o funud i funud. Os bydd hapfasnachwyr yn credu bod gwerth y bunt yn mynd i ostwng mewn perthynas â'r ddoler, byddan nhw'n gwerthu punnoedd ac yn prynu doleri. Bydd cynnydd yng nghyflenwad punnoedd ar y farchnad, a ddangosir gan gromlin y cyflenwad yn symud o C_1 i C_2, yn arwain at ostyngiad ym mhris y bunt o OB i OA.

Mae'n anodd asesu lefel gweithgaredd hapfasnachol yn y marchnadoedd ariannau tramor. Mae llai nag 1% o drafodion ariannau tramor dyddiol yn Llundain yn ganlyniad i archeb brynu neu werthu uniongyrchol ar gyfer allforion a mewnforion neu lifoedd cyfalaf tymor hir. Ond mae pob archeb yn tueddu i arwain at fwy nag un trafod wrth i ddelwyr ariannau tramor eu diogelu eu hunain drwy brynu a gwerthu ariannau cyfred eraill. Hyd yn oed pe bai pob archeb yn arwain at dri thrafod ychwanegol, byddai hyn yn dal i gyfrif am 4% yn unig o drafodion ar y mwyaf, fyddai'n awgrymu mai bargeinion hapfasnachol yw'r mwyafrif o'r masnachu o ddydd i ddydd.

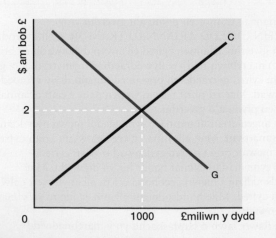

Ffigur 93.1 Systemau cyfraddau cyfnewid arnawf
Mewn marchnad rydd am gyfraddau cyfnewid, caiff pris arian cyfred ei bennu gan alw a chyflenwad. Y pris cytbwys yw $2 i'r bunt a maint cytbwys y galw a'r cyflenwad yw £1 000 miliwn y dydd.

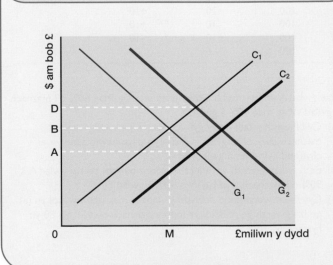

Ffigur 93.2 Newidiadau yng nghyfraddau cyfnewid
Bydd gwerth cytbwys y bunt yn newid os bydd newid yn y galw am bunnoedd neu yng nghyflenwad punnoedd (neu'r ddau).

Felly, yn y tymor byr, dominyddir gwerth arian cyfred gan weithgaredd hapfasnachol yn yr arian cyfred. Fodd bynnag, mae tystiolaeth i awgrymu bod gwerth arian cyfred yn y tymor hirach yn cael ei bennu gan **sylfeini** (*fundamentals*) economaidd – gan allforion, mewnforion a symudiadau cyfalaf tymor hir.

Damcaniaeth paredd gallu prynu ynghylch cyfraddau cyfnewid

Os oes paredd gallu prynu, bydd swm penodol o arian cyfred mewn un wlad, o gael ei drosi'n arian cyfred arall ar gyfradd cyfnewid gyfredol y farchnad, yn prynu'r un bwndel o nwyddau yn y ddwy wlad. Er enghraifft, os ydy £1 = $2 a bod defnyddwyr yn prynu jîns yn unig, bydd paredd gallu prynu i'w gael os bydd pâr o jîns £20 yn costio $40 yn UDA. Ni fydd i'w gael os bydd pâr o jîns â'i bris yn £20 yn y DU yn cael ei werthu am bris o $50 neu $30 yn UDA. Os oes dau nwydd yn unig yn yr economi, sef bwyd a dillad, bydd paredd gallu prynu i'w gael os bydd bwndel unfath o fwyd a dillad yn costio £100 pan fydd yn costio $200 yn UDA, neu'n

costio £500 pan fydd yn costio $1 000 yn UDA.

Mae DAMCANIAETH PAREDD GALLU PRYNU (PGP) yn nodi bod cyfraddau cyfnewid yn y tymor hir yn newid yn unol â chyfraddau chwyddiant gwahanol rhwng gwledydd. I ddeall pam y gallai cyfraddau cyfnewid newid yn unol â chyfraddau chwyddiant, tybiwch fod mantol daliadau'r DU mewn cydbwysedd gydag allforion yn hafal i fewnforion ac all-lifoedd cyfalaf yn hafal i fewnlifoedd cyfalaf, ond ei bod hi'n dioddef o gyfradd chwyddiant o 5% (h.y. mae prisiau nwyddau yn codi 5% y flwyddyn ar gyfartaledd). Tybiwch hefyd nad oes chwyddiant yng ngweddill y byd. Ar ddiwedd un flwyddyn, bydd pris cyfartalog allforion y DU 5% yn uwch nag ar y dechrau. Ar y llaw arall, bydd mewnforion 5% yn rhatach na nwyddau a gynhyrchir yn fewnol. Ar ddiwedd yr ail flwyddyn, bydd y bwlch yn ehangach fyth.

Gan ddechrau â chyfradd PGP o $2 = £1, bydd y newid hwn mewn prisiau cymharol rhwng y DU a gweddill y byd yn effeithio ar faint allforion a mewnforion y DU. Bydd allforion y DU yn llai llai cystadleuol ym marchnadoedd y byd. Felly bydd gwerthiant allforion y DU yn gostwng. Bydd mewnforion i mewn i'r DU ar y llaw arall yn dod yn fwyfwy pris gystadleuol a bydd eu gwerthiant yn y DU yn codi. Bydd cyfrif cyfredol y fantol daliadau yn symud i mewn i'r coch.

Bydd gostyngiad ym maint allforion y DU yn debygol o arwain at ostyngiad yng ngwerth allforion (mae hyn yn tybio bod allforion yn **bris elastig** ☞ uned 8) ac felly bydd y galw am bunnoedd yn gostwng. Bydd cynnydd yng ngwerth mewnforion yn arwain at gynnydd yng nghyflenwad punnoedd. Bydd gostyngiad yn y galw am bunnoedd a chynnydd yng nghyflenwad punnoedd yn achosi gostyngiad yng ngwerth y bunt.

Felly mae damcaniaeth paredd gallu prynu yn dadlau y bydd cyfraddau cyfnewid yn y tymor hir yn newid yn unol â newidiadau mewn prisiau rhwng gwledydd. Er enghraifft, os ydy cyfradd chwyddiant flynyddol y DU 4% yn uwch na chyfradd chwyddiant flynyddol UDA dros gyfnod, bydd gwerth y bunt yn gostwng ar gyfradd flynyddol gyfartalog o 4% mewn perthynas â'r ddoler dros y cyfnod. Yn y tymor hir, bydd cyfraddau cyfnewid mewn cydbwysedd pan fydd **pareddau gallu prynu** yn hafal rhwng gwledydd. Mae hynny'n golygu bod prisiau bwndeli nodweddiadol o nwyddau a gwasanaethau sy'n cael eu masnachu yn hafal.

Mae achosion chwyddiant yn gymhleth. Ond un rheswm sylfaenol pam y gall economïau ddod yn llai pris gystadleuol dros amser yw **cynhyrchedd llafur** (h.y. y cynnyrch am bob gweithiwr). Os ydy'r cynnyrch am bob gweithiwr, er enghraifft, yn cynyddu ar gyfradd o 2% y flwyddyn yn y DU a 5% y flwyddyn yn Japan, mae'n debygol y bydd y DU yn mynd yn llai cystadleuol yn rhyngwladol na Japan dros amser. Costau cyflogau yw'r elfen sengl bwysicaf ar gyfartaledd yng ngwerth terfynol cynnyrch. Yn y DU cyflogau sy'n ffurfio tua 70% o incwm gwladol. Felly mae newidiadau yng nghynhyrchedd llafur yn gydran bwysig o newidiadau mewn costau terfynol.

Ffactorau eraill sy'n effeithio ar y gallu i gystadlu

Mae pris yn ffactor pwysig wrth bennu penderfyniadau prynu, ond nid yr unig ffactor. Mae ffactorau eraill yn cynnwys dyluniad, ansawdd, dibynadwyedd neu argaeledd er enghraifft. Dros gyfnodau hir, gall gwledydd ddod yn fwyfwy anghystadleuol yn rhyngwladol o ran un neu fwy o'r ffactorau hyn. Yn wir dadleuir yn aml bod y DU wedi dioddef hyn dros y ganrif ddiwethaf. Yr hyn sy'n digwydd wedyn yw bod yr economi'n ei chael hi'n fwyfwy anodd allforio tra bo mewnforion yn cynyddu. Felly mae pwysau parhaol tuag i lawr ar y gyfradd cyfnewid. Mae'r ddadl ynghylch beth sy'n gwneud gwlad yn

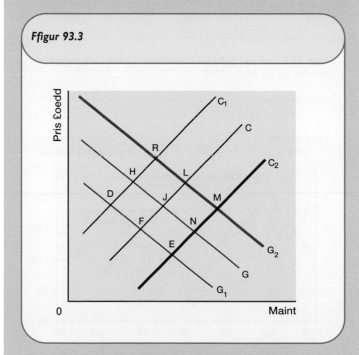

Cwestiwn 2

Mae Ffigur 93.3 yn dangos y galw am bunnoedd a chyflenwad punnoedd. G yw cromlin wreiddiol y galw a C yw cromlin wreiddiol y cyflenwad.

Ffigur 93.3

Pris £oedd (echel fertigol)
Maint (echel lorweddol)

Pwyntiau: C₁, C, R, H, L, C₂, D, J, M, F, N, G₂, E, G, G₁

(a) Ym mha bwynt (D i R) y mae'r farchnad mewn cydbwysedd?

(b) I ba bwynt y bydd y farchnad fwyaf tebygol o symud yn y tymor byr os bydd: (i) cynnydd mewn allforion; (ii) cynnydd mewn mewnforion; (iii) gostyngiad yng nghyfraddau llog ym marchnadoedd arian Llundain; (iv) cynnydd mewn trosfeddiannau o gwmnïau UDA gan gwmnïau Prydeinig; (v) cred y bydd gwerth yr ewro yn codi yn y dyfodol agos; (vi) maes olew newydd enfawr yn cael ei ddarganfod ym Môr y Gogledd; (vii) tywydd haf gwael yn y DU sy'n achosi cynnydd sydyn yn nifer y gwyliau tramor a gymerir; (viii) cyfres o streiciau hir yn sector peirianneg economi'r DU?

Cwestiwn 3

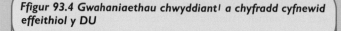

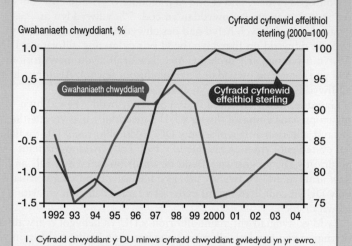

Ffigur 93.4 Gwahaniaethau chwyddiant¹ a chyfradd cyfnewid effeithiol y DU

Gwahaniaeth chwyddiant, %

Cyfradd cyfnewid effeithiol sterling (2000=100)

1. Cyfradd chwyddiant y DU minws cyfradd chwyddiant gwledydd yn yr ewro. Mae tua 60% o fasnach y DU â gwledydd ardal yr ewro.

Ffynhonnell: addaswyd o *Economic Outlook*, OECD.

(a) Eglurwch pam y gallai gwahaniaethau yng nghyfradd chwyddiant y DU a chyfradd chwyddiant gwledydd eraill effeithio ar werth y bunt.

(b) I ba raddau y mae'r data'n ategu'r berthynas hon?

rhyngwladol anghystadleuol yr un fath â'r ddadl ynghylch pam mae gwlad yn tyfu ar gyfradd arafach na gwledydd eraill (☞ uned 26).

Symudiadau cyfalaf tymor hir

Yn ystod llawer o'r 19eg ganrif roedd UDA yn fewnforiwr net o gyfalaf. Fe wnaeth hi ariannu ei datblygiad yn rhannol drwy gael benthyg gan Ewrop. Bydd gwledydd sydd mewn sefyllfa i gael benthyg arian â chyfradd cyfnewid uwch yn y tymor hir nag a fyddai ganddynt fel arall. Er enghraifft, yn ystod y 19eg ganrif, roedd Ewropeaid yn galw am ddoleri er mwyn buddsoddi yn UDA. Arweiniodd y cynnydd hwn yn y galw at gynnydd yng ngwerth y ddoler. Yn yr un modd, os bydd gwlad yn rhoi benthyg yn net yn y tymor hir, bydd hynny'n tueddu i ostwng y gyfradd cyfnewid.

Hapfasnachu

Y dyddiau hyn effeithir ar symudiadau cyfraddau cyfnewid o ddydd i ddydd gan hapfasnachu neu lifoedd tymor byr o gyfalaf. Roedd hyn yn wahanol iawn 30 mlynedd yn ôl, wrth i bron pob gwlad osod amrywiaeth o GYFYNGIADAU AR GYFNEWID ARIANNAU TRAMOR (*exchange controls*). Ar yr eithaf, gallai ariannau tramor gael eu prynu a'u gwerthu trwy'r banc canolog yn unig. Mewn systemau mwy rhyddfrydol, gallai prynu gael ei wneud yn y farchnad agored, ond bu'n rhaid i unigolion a chwmnïau geisio caniatâd gan y banc canolog i fasnachu mewn ariannau tramor. Erbyn hyn mae cyfyngiadau ar gyfnewid ariannau tramor wedi cael eu dileu i raddau helaeth ym mhrif genhedloedd masnachu diwydiannol y byd. Mae

symiau enfawr o arian ynghlwm wrth hyn yn rhyngwladol ac mae llifoedd o ffracsiwn yn unig o'r rhain ar draws cyfnewidfeydd yn gallu arwain at amrywiadau mawr yng ngwerth ariannau cyfred.

Rhagfynegodd economegwyr clasurol neu arianolaethol yn yr 1960au a'r 1970au y byddai hapfasnachu'n lleddfu amrywiadau cyfraddau cyfnewid ac yn helpu i sefydlogi ariannau cyfred. Dadleuon nhw fod y gyfradd cyfnewid yn y tymor hir yn cael ei gosod gan sylfeini economaidd fel y cydbwysedd rhwng allforion a mewnforion. Mae sylfeini economaidd yn newid yn raddol yn unig dros amser ac felly bydd disgwyliadau'r farchnad o gyfraddau cyfnewid yn y dyfodol yn newid yn raddol yn unig dros amser hefyd. Os ydy'r farchnad yn credu mai $2 = £1 fydd gwerth y bunt mewn perthynas â'r ddoler ymhen dwy flynedd, a $3 = £1 yw gwerth y bunt heddiw, bydd hapfasnachwyr yn gwerthu punnoedd, gan yrru gwerth y bunt i lawr tuag at ei gwerth tymor hirach.

Mae tystiolaeth y 30 mlynedd diwethaf yn awgrymu nad yw hynny'n wir. Yn yr enghraifft uchod, mae yr un mor debygol y bydd gwerth y bunt yn mynd i fyny ag i lawr hyd yn oed os ydy hapfasnachwyr yn cytuno bod y bunt yn y tymor hir wedi'i gorbrisio yn ôl prisiau heddiw. Y rheswm yw bod hapfasnachu wrth ei natur yn dymor byr. Does gan hapfasnachwyr fawr ddim diddordeb ym mhris sterling ymhen 2 flynedd. Maent â llawer mwy o ddiddordeb ym mhris sterling yn y 30 munud nesaf. Gellir gwneud symiau mawr o arian drwy brynu a gwerthu yn y tymor byr iawn.

Mae'n amhosibl nodi beth yn union sy'n gyrru marchnadoedd

Cwestiwn 4

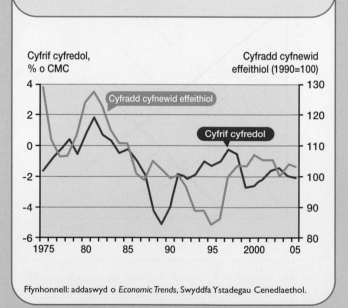

Ffigur 93.5 Cyfradd cyfnewid effeithiol (1990=100) a'r fantol gyfredol fel canran o CMC

Cyfrif cyfredol, % o CMC

Cyfradd cyfnewid effeithiol (1990=100)

Ffynhonnell: addaswyd o *Economic Trends*, Swyddfa Ystadegau Cenedlaethol.

(a) Eglurwch beth mae damcaniaeth economaidd yn rhagfynegi sy'n debygol o ddigwydd i'r gyfradd cyfnewid os bydd sefyllfa'r cyfrif cyfredol yn gwaethygu.

(b) Dylai gweithgaredd hapfasnachol ragweld newidiadau mewn sylfeini economaidd fel newidiadau yn sefyllfa'r cyfrif cyfredol. Ydy'r data'n darparu unrhyw dystiolaeth ar gyfer awgrymu bod hapfasnachwyr ariannau cyfred wedi rhagweld yn gywir newidiadau yn sefyllfa cyfrif cyfredol y DU?

cyfraddau cyfnewid tymor byr. Yn sicr, mae marchnadoedd yn tueddu i ymateb mewn modd rhagfynegadwy i newyddion am newidiadau mewn sylfeini economaidd. Mae set wael o ffigurau masnach, er enghraifft, sy'n awgrymu y bydd gostyngiad yn y gyfradd cyfnewid yn y dyfodol, yn tueddu i arwain at bwysau gwerthu heddiw. Bydd cynnydd yng nghyfraddau llog mewnol yn tueddu i gynyddu'r gyfradd cyfnewid heddiw wrth i hapfasnachwyr ragweld mewnlifoedd cyfalaf yn y dyfodol i fanteisio ar y cyfraddau llog uwch. Ond mae llawer o gyfraddau cyfnewid na ellir eu hegluro. Bydd hapfasnachwyr yn 'colli hyder' neu'n 'ennill hyder'. Mae barn hapfasnachwyr eraill yn dylanwadu'n fawr arnynt. Gall rhai unigolion yn y farchnad fod yn ddylanwadol iawn. Gall rhywbeth a ddywedir mewn cyfweliad ar y teledu neu a ysgrifennir mewn erthygl gychwyn prynu neu werthu gwyllt.

Mae rhai economegwyr yn dadlau nad oes dim patrwm o gwbl i symudiadau cyfraddau cyfnewid: maen nhw ar **hapgrwydriad** ac mae'r farchnad yn gwbl **anhrefnus**.

Er y gall hapfasnachu ansefydlogi gryn dipyn yn y tymor byr, mae economegwyr yn tueddu i gredu mai sylfeini economaidd sydd gryfach yn y tymor hir.

Termau allweddol

Cyfradd cyfnewid effeithiol ac indecs masnach-bwysol cyfradd cyfnewid – mesurau o gyfradd cyfnewid arian cyfred gwlad mewn perthynas â basged o ariannau cyfred prif bartneriaid masnachu'r wlad.
Cyfyngiadau ar gyfnewid ariannau tramor – rheolaethau ar brynu a gwerthu ariannau tramor gan wlad, fel arfer trwy ei banc canolog.
Damcaniaeth paredd gallu prynu – y rhagdybiaeth y caiff newidiadau tymor hir mewn cyfraddau cyfnewid eu hachosi gan wahaniaethau yng nghyfraddau chwyddiant rhwng gwledydd.
Marchnadoedd ariannau tramor – y marchnadoedd, wedi'u trefnu mewn canolfannau ariannol allweddol fel Llundain ac Efrog Newydd, lle prynir a gwerthir ariannau cyfred.

Economeg gymhwysol

Y gyfradd cyfnewid, 1978-1981

Rhwng 1978 ac 1981, cododd cyfradd cyfnewid effeithiol (CCE) y bunt dros ddau ddeg pump y cant cyn syrthio'n ôl ychydig, fel y gallwch weld yn Nhabl 93.2. Mae nifer o resymau posibl pam y dylai fod newid mor sylweddol yn y CCE.

Un ffactor pwysig oedd y newid yn y fantol olew ar y fantol daliadau. Roedd 1976 wedi gweld y cynhyrchiad cyntaf o olew Môr y Gogledd ac erbyn dechrau'r 1980au, roedd y gwaith cynhyrchu wedi cyrraedd ei lefel uchaf. Yr effaith oedd trawsnewid diffyg traddodiadol ar fasnach mewn olew (gyda'r DU yn mewnforio'i holl ofynion olew) i warged sylweddol. Fel y mae Tabl 93.2 yn dangos, roedd gwelliant o £6 000 miliwn yn y fantol olew. Cafodd effaith mwy o gynhyrchiad ei chwyddo gan yr ail argyfwng olew yn 1978-9 a gododd pris olew o ryw $15 y gasgen yn 1978 i $36 y gasgen yn 1981. Mae mwy o allforion yn arwain at fwy o alw am bunnoedd ac felly gwerth uwch yn y bunt. Felly, helpodd y newid cadarnhaol yn y cydbwysedd olew i gynyddu'r CCE.

Er gwaetha'r newid cadarnhaol yn y fantol olew, gwaethygodd y fantol gyfredol (cyfanswm allforion minws mewnforion) yn 1978-9. Roedd hyn oherwydd bod yr economi'n mwynhau ffyniant, ac roedd mewnforion yn cael eu sugno i mewn i'r wlad i fodloni'r galw mewnol. Fodd bynnag, erbyn dechrau 1980, roedd yr economi'n troelli i lawr i enciliad dwfn, a fyddai'n gweld cwymp o 5% yn y CMC a bron 20% mewn cynnyrch gweithgynhyrchu cyn cyrraedd y gwaelod yng nghanol 1981. Arweiniodd hynny at gwymp llym mewn mewnforion a arweiniodd, ynghyd ag effaith olew Môr y Gogledd, at warged cyfrif cyfredol oedd yn record yn

1981. Mae'n rhaid bod y symudiad hwn o ddiffyg yn 1979 i record gwarged yn 1981, sef elw o tua £7 000 miliwn bob blwyddyn, wedi cyfrannu at y codiad mewn

Tabl 93.2 Ffactorau'n effeithio ar y gyfradd cyfnewid, 1979-1981

		Cyfradd cyfnewid effeithiol 1985 = 100	Cyfradd llog[1] %	Y newid mewn cronfeydd wrth gefn swyddogol[2] £miliwn	Mantol cyfrif cyfredol £miliwn	Mantol olew[3] £miliwn	Asedau allanol net[3] £biliwn
1978	C1	111.2	6.5	-46	-119		
	C2	105.3	9.0	-2 026	458	-2 017	12.0
	C3	106.5	10.0	54	88		
	C4	105.7	12.0	-311	394		
1979	C1	107.5	13.0	955	-661		
	C2	113.0	12.0	68	-133	-686	11.0
	C3	118.1	14.0	152	147		
	C4	113.6	14.0	-166	-355		
1980	C1	119.2	17.0	457	-274		
	C2	122.1	17.0	140	-419	160	16.8
	C3	125.1	16.0	-223	851		
	C4	131.4	16.0	-83	1 582		
1981	C1	135.9	14.0	319	2 752		
	C2	131.9	12.0	-1 448	1 517	3 153	31.1
	C3	123.1	12.0	-1 167	-68		
	C4	120.9	15.0	-123	645		

1. Cyfradd banc sylfaenol ar 15 Chwefror, 15 Mai, 15 Awst, 15 Tachwedd.
2. Ychwanegiadau at gronfeydd wrth gefn (+), cwympiadau mewn cronfeydd wrth gefn (-).
3. Ffigurau blynyddol.

Ffynhonnell: addaswyd o *Economic Trends, Financial Statistics, Pink Book*, Swyddfa Ystadegau Cenedlaethol.

sterling rhwng 1979 ac 1981.

Ffactor pellach sy'n debygol o fod wedi rhoi pwysau ar i fyny ar y bunt oedd y codiad mewn cyfraddau llog. Rhwng 1978 ac 1980, cododd cyfraddau sylfaenol y banciau o 6.5% i 17%. Cynyddodd hyn y gwahaniaeth rhwng cyfraddau llog Llundain a chyfraddau llog canolfannau ariannol eraill o gwmpas y byd, gan ddenu llifoedd arian hapfasnachol i sterling. Yn dilyn y cwympiadau mewn cyfraddau llog yn 1980 ac 1981 cafwyd cwympiadau yn y gyfradd cyfnewid yn 1981.

Mae'n rhaid bod hapfasnachu wedi chwarae rhan hefyd wrth yrru'r CCE i lefelau record. Yn 1978, roedd pryder rhyngwladol dwys o hyd am natur gystadleuol economi'r DU a'r bunt. Erbyn 1979, roedd y bunt yn cael ei hystyried yn arian cyfred petro. Wrth edrych ar yr hyn oedd yn digwydd i'r fantol olew sylweddolwyd bod y DU yn debygol o fod â gwarged sylweddol ar y cyfrif cyfredol ar ddechrau'r 1980au.

Byddai gwargedion sylweddol yn debygol o gynyddu'r CCE, ac felly prynodd hapfasnachwyr bunnoedd, a olygodd codi'r CCE ymhellach.

Gwnaeth dau ffactor helpu atal y codiad yn y bunt rhwng 1979 ac 1981 rhag mynd yn fwy nag ydoedd. I ddechrau, ym mis Tachwedd 1979, diddymodd y llywodraeth reolaethau cyfnewid. Roedd y rhain wedi cyfyngu'r all-lif arian ar y cyfrif cyfalaf, gan leihau all-lifoedd o'u lefelau marchnad rydd. Yn dilyn diddymu, roedd all-lif sylweddol o gyfalaf o'r DU, a adlewyrchwyd yn y cynnydd yn asedau allanol net y DU a gaiff ei ddangos yn Nhabl 93.2. Yn ail, ymyrrodd Banc Lloegr yn y marchnadoedd ariannau tramor, gan brynu arian cyfred tramor ar y cyfan yn gyfnewid am bunnoedd (h.y. cynyddodd cyflenwad punnoedd). Mae'r ffaith bod Banc Lloegr yn ymyrryd fel hyn i'w weld yn y cynnydd yng nghronfeydd wrth gefn arian cyfred tramor swyddogol y DU yn ystod y cyfnod hwn. Pan ddechreuodd y gyfradd cyfnewid syrthio yn 1981, fe wnaeth Banc Lloegr wrthdroi ei bolisi. Dechreuodd brynu punnoedd gydag arian tramor. Helpodd hyn dorri'r cwymp yn y bunt, ond syrthiodd y cronfeydd wrth gefn o arian cyfred tramor swyddogol.

Cwestiwn Data — Y gyfradd cyfnewid, 1993-2005

Ffigur 93.6 Cyfrif cyfredol, y DU

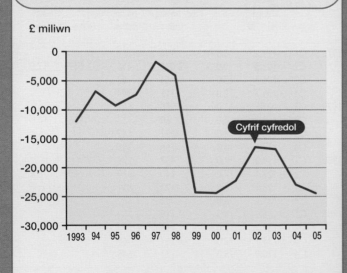

Ffynhonnell: addaswyd o *Economic Trends*, Swyddfa Ystadegau Cenedlaethol.

Ffigur 93.7 Gwahaniaethau cyfradd llog rhwng y DU ac ardal yr ewro, Japan ac UDA %

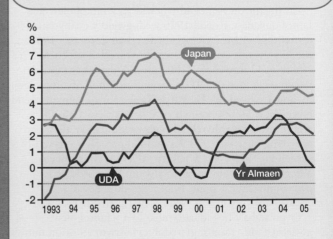

Ffynhonnell: addaswyd o *Financial Statistics*, Swyddfa Ystadegau Cenedlaethol.

Syrthiodd y bunt i isafbwynt un mis yn erbyn y ddoler ddoe yn sgil pryderon y farchnad o economi sy'n cyflym wanhau. Dywedodd David Mann, strategydd ariannau tramor yn y Standard Chartered Bank: 'Mae'r sterling mor gryf ag y bydd o eleni fwy na thebyg. O hyn ymlaen, bydd yn perfformio o dan y ddoler a'r ewro.' Gyda diffyg masnach cynyddol yn cael ei achosi gan werth uchel y bunt, mae angen cywiriad i'r farchnad i godi allforion a lleihau mewnforion.

Ffynhonnell: addaswyd o'r *Financial Times*, 11.5.2005.

Ffigur 93.8 Cyfraddau cyfnewid sterling

Indecs cyfradd cyfnewid effeithiol sterling, 1990=100

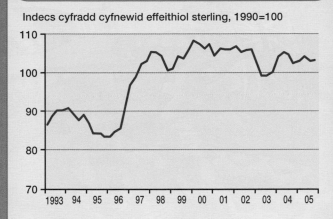

Ewro i'r £

Doler UDA i'r £

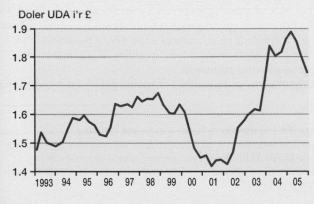

Ien Japan i'r £

Ffynhonnell: addaswyd o *Economic Trends*, Swyddfa Ystadegau Cenedlaethol.

Ffigur 93.9 Allforion: prif bartneriaid masnachu'r DU, 2004

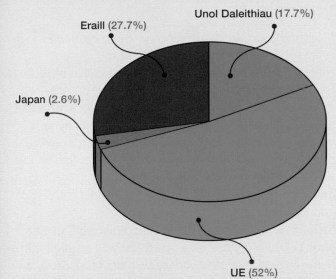

Eraill (27.7%)
Unol Daleithiau (17.7%)
Japan (2.6%)
UE (52%)

Ffynhonnell: addaswyd o *Monthly Digest of Statistics*, Swyddfa Ystadegau Cenedlaethol.

Cwympodd y bunt ddoe ar ôl iddi ymddangos fod Banc Lloegr wedi astudio'r achos o blaid toriad yn y cyfraddau llog y mis hwn. Dangosodd cofnodion trafodaeth ymhlith Pwyllgor Polisi Ariannol y Banc bythefnos yn ôl fod rhai aelodau'n teimlo bod gwanhau pwysau chwyddiant yn cyfiawnhau ystyried toriad yn y cyfraddau llog. 'Mae cyfraddau llog yn debygol o syrthio'n gynt ac ymhellach nag y mae'r rhan fwyaf yn ei ddisgwyl,' dywedodd Jonathan Loynes o Capital Economics. Syrthiodd y bunt fwy nag 1% yn erbyn y ddoler a'r ewro.

Ffynhonnell: addaswyd o *The Times*, 23.12.2004.

1. Dadansoddwch a oedd y bunt yn gryf neu'n wan rhwng (a) 1993 a 2000; (b) 2000 a 2005.
2. Trafodwch beth allai fod wedi arwain at y newidiadau yng ngwerth y bunt yn erbyn ariannau cyfred gwledydd eraill a welir yn y data.

Crynodeb

1. Mae nifer o fathau gwahanol o systemau cyfraddau cyfnewid – mecanweithiau ar gyfer pennu amodau cyfnewid rhwng un arian cyfred ac arian cyfred arall.

2. Roedd system Bretton Woods yn enghraifft o system cyfraddau cyfnewid cymwysadwy. Yn y tymor byr roedd gwerth ariannau cyfred yn sefydlog mewn perthynas â'i gilydd. Yn y tymor hirach gallai ariannau cyfred gael eu datbrisio neu eu hadbrisio. Roedd ariannau cyfred yn sefydlog yn y tymor byr drwy ymyriad banciau canolog – prynu a gwerthu arian cyfred gan ddefnyddio cronfeydd ariannau tramor.

3. Mewn system cyfraddau cyfnewid arnawf, caiff gwerth arian cyfred ei bennu heb ymyriad banciau canolog, gan rymoedd galw a chyflenwad mewn marchnadoedd ariannau tramor.

4. Yn achos arnofiant ymyrrol neu reoledig, pennir pris arian cyfred gan rymoedd marchnad rydd, ond o bryd i'w gilydd bydd banciau canolog yn ymyrryd gan ddefnyddio'u cronfeydd wrth gefn i sefydlogi pris yr arian cyfred.

5. Roedd y Safon Aur yn enghraifft o system cyfraddau cyfnewid sefydlog. Hoeliwyd gwerth ariannau cyfred mewn perthynas ag aur ac felly ni allai eu gwerth newid mewn perthynas â'i gilydd.

6. Mae'r System Ariannol Ewropeaidd yn enghraifft o floc ariannau cyfred. Mae grŵp o ariannau cyfred yn cynnal cyfraddau cyfnewid sefydlog mewn perthynas â'i gilydd, ond maen nhw'n arnofio mewn perthynas ag ariannau cyfred eraill.

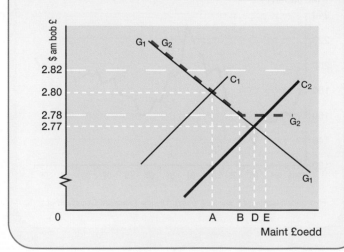

Systemau cyfraddau cyfnewid

Ystyr SYSTEM CYFRADDAU CYFNEWID yw system sy'n pennu'r amodau ar gyfer cyfnewid un arian cyfred am arian cyfred arall. Yn uned 93 tybiwyd bod cyfraddau cyfnewid yn cael eu pennu gan rymoedd marchnad rydd galw a chyflenwad yn unig. Gelwir y math hwn o system yn system cyfraddau cyfnewid rhydd neu arnawf. Mewn cyferbyniad â hynny, cafwyd systemau cyfraddau cyfnewid sefydlog yn y gorffennol, lle na chaniatawyd i werth ariannau cyfred newid mewn perthynas â'i gilydd o flwyddyn i flwyddyn. Rhwng y rhain mae amrywiaeth o systemau cyfraddau cyfnewid cymwysadwy (*adjustable peg systems*) sy'n cyfuno elfennau o sefydlogrwydd cyfraddau cyfnewid yn y tymor byr â'r posibilrwydd o symudiadau cyfraddau cyfnewid yn y tymor hir.

Systemau cyfraddau cyfnewid cymwysadwy

Yn achos SYSTEM CYFRADDAU CYFNEWID CYMWYSADWY mae ariannau cyfred wedi'u hoelio wrth ei gilydd yn y tymor byr ac nid yw eu gwerth yn newid, ond yn y tymor hirach gellir newid gwerth arian cyfred os ydy amgylchiadau economaidd yn gwneud hynny'n ofynnol. Rhwng diwedd yr Ail Ryfel Byd a rhan gyntaf yr 1970au pennwyd cyfraddau cyfnewid gan system cyfraddau cyfnewid cymwysadwy. Fe'i galwyd yn SYSTEM BRETTON WOODS ar ôl y dref yn UDA lle gwnaeth y pwerau Cynghreiriol gyfarfod yn 1944 i drafod trefniadau masnach ryngwladol newydd ar gyfer y cyfnod ar ôl y rhyfel.

Sut y gweithiodd Dan y system hon pennodd pob gwlad werth sefydlog ar gyfer ei harian cyfred mewn perthynas ag ariannau cyfred eraill. Er enghraifft, rhwng 1949 ac 1967 gwerth y bunt oedd 2.80 o ddoleri UDA. Hwn oedd parwerth yr arian cyfred. Roedd Banc Lloegr yn gwarantu cynnal

prisiau o fewn ffin gul o 1%. Felly gallai pris y bunt amrywio o ddydd i ddydd rhwng $2.78 a $2.82. Roedd prisiau'n cael eu cynnal am fod banciau canolog yn prynu a gwerthu ariannau cyfred. Pan fyddai pris y bunt mewn perygl o fynd islaw $2.78, byddai Banc Lloegr yn ymyrryd yn y farchnad ac yn prynu punnoedd. Pan fyddai'r pris mewn perygl o fynd uwchlaw $2.82, byddai Banc Lloegr yn gwerthu punnoedd.

Darlunnir hyn yn Ffigur 94.1. Cromlin galw'r farchnad rydd am

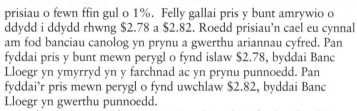

Ffigur 94.1 Systemau cyfraddau cyfnewid sefydlog
Mae'r bunt wedi'i hoelio ar $2.80 ond caniateir iddi amrywio o fewn band cul iawn o $2.78 i $2.82. Os bydd grymoedd y farchnad yn symud cromlin y cyflenwad o C_1 i C_2, bydd angen i Fanc Lloegr brynu BE o bunnoedd er mwyn cynnal yr isafbris o $2.78.

Cwestiwn I

Ffigur 94.2

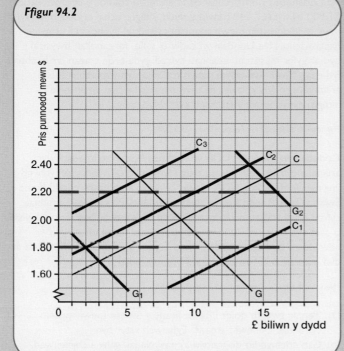

G yw cromlin galw'r farchnad rydd am bunnoedd mewn doleri a C yw cromlin y cyflenwad. Mae Banc Lloegr yn ymrwymedig i gadw pris sterling mewn doleri rhwng \$2.20 ac \$1.80.

(a) Beth yw pris marchnad rydd y bunt?
(b) Â chromlin alw G, faint o arian cyfred (mewn £) y bydd yn rhaid i Fanc Lloegr ei brynu neu ei werthu y dydd os bydd cromlin y cyflenwad yn symud o C i (i) C_1; (ii) C_2; (iii) C_3?
(c) Â chromlin gyflenwad C, faint o arian cyfred (mewn £) y bydd yn rhaid i Fanc Lloegr ei brynu neu ei werthu y dydd os bydd cromlin y galw yn symud o G i (i) G_1; (ii) G_2?

---

bunnoedd yw G_1G_1. Mewn cyferbyniad â hynny, mae cromlin y galw dan system cyfraddau cyfnewid cymwysadwy, G_2G_2, yn ginciedig. Uwchlaw pris o \$2.78 mae cromlin y galw yr un fath â chromlin galw'r farchnad rydd. Ond ar \$2.78 mae Banc Lloegr yn barod i brynu unrhyw swm o'r arian cyfred er mwyn cynnal gwerth y bunt ar y lefel isaf hon. Felly mae'r galw am bunnoedd yn llorweddol (h.y. yn berffaith elastig) ar y pris hwn.

Tybiwch mai C_1 yw cromlin y cyflenwad i ddechrau, gan arwain at bris cytbwys o \$2.80. Prynir a gwerthir OA a dydy Banc Lloegr ddim yn ymyrryd yn y farchnad.

Nawr tybiwch fod mewnforion i mewn i'r DU yn cynyddu, gan symud cromlin cyflenwad punnoedd i'r dde i C_2, dyweder. Pris cytbwys newydd y farchnad rydd fyddai \$2.77, islaw'r **isafbris ymyrrol** yn y system, gydag OD o arian cyfred yn cael ei brynu a'i werthu. Byddai Banc Lloegr yn ymateb i hyn drwy brynu punnoedd ag aur neu ariannau tramor sydd yn ei gronfeydd wrth gefn. I ddychwelyd y gyfradd gyfnewid i'r isafbris o \$2.78, rhaid iddo brynu BE o bunnoedd sef y gwahaniaeth rhwng OB, y galw am bunnoedd gan weddill y farchnad ar \$2.78, ac OE, maint y cyflenwad am y pris hwnnw.

Pe bai gwerth y bunt mewn perygl o godi uwchlaw'r uchafbris o \$2.82, byddai Banc Lloegr yn gwerthu punnoedd yn y farchnad, gan gynyddu cyflenwad punnoedd a thrwy hynny yrru eu pris i lawr. Sylwch yn Ffigur 94.1 y byddai cromlin cyflenwad sterling dan system cyfraddau cyfnewid cymwysadwy yn ginciedig fel cromlin y galw, gan ddod yn llorweddol (h.y. yn berffaith elastig) ar bris sterling o \$2.82. Byddai Banc Lloegr yn barod i gyflenwi unrhyw swm o sterling yn gyfnewid am ariannau tramor am bris o \$2.82.

Mecanweithiau cymhwyso Dan system Bretton Woods, roedd gwledydd yn ymrwymedig i ddau brif amcan polisi:
● yn y tymor byr, cynnal cyfraddau cyfnewid sefydlog;
● yn y tymor hir cynnal cydbwysedd mantol daliadau (y byddent yn cael eu gorfodi i'w wneud beth bynnag gan rymoedd marchnad rydd).

Yn y tymor byr, roedd sefydlogrwydd cyfraddau cyfnewid yn cael ei gynnal drwy brynu a gwerthu ariannau cyfred fel yr eglurwyd uchod. Felly roedd y system yn ddibynnol ar fodolaeth cronfeydd aur ac ariannau tramor a gadwyd gan fanciau canolog. Yn ddamcaniaethol, gosodwyd pris yr arian cyfred ar ei lefel gytbwys dymor hir. Byddai gostyngiadau yn y cronfeydd wrth gefn a achoswyd gan yr angen i brynu'r arian cyfred mewnol pan oedd yr arian cyfred yn wan yn cael ei wrthbwyso gan godiadau yn y cronfeydd ar adegau eraill pan oedd yr arian cyfred yn gryf.

Fodd bynnag, gallai hapfasnachu yn y farchnad rydd arwain at ostyngiadau cyflym iawn yng nghronfeydd aur ac ariannau tramor gwlad. Dioddefodd y DU gyfres o **argyfyngau sterling** yn yr 1950au, yr 1960au a'r 1970au wrth i hapfasnachwyr werthu punnoedd gan gredu y byddai llywodraeth y DU efallai yn datbrisio sterling. Roedd nifer cyfyngedig o ddewisiadau ar gael i lywodraethau pe bydden nhw eisiau cynnal gwerth eu cyfradd cyfnewid.
● Yr ymateb mwyaf tebygol i bwysau gwerthu trwm ar yr arian cyfred oedd cynyddu cyfraddau llog. Byddai hynny'n denu arian hapfasnachol o wledydd tramor, gan gynyddu'r galw am yr arian cyfred ac felly ei bris. Yn y tymor canolig, byddai cynnydd yng nghyfraddau llog yn cael effaith ddatchwyddol drwy'r **mecanwaith trosglwyddo** (☞ uned 89).
● Hefyd gallai'r llywodraeth geisio atal gostyngiad yng ngwerth yr arian cyfred drwy gyflwyno **cyfyngiadau ar gyfnewid ariannau tramor** (☞ uned 93).
● Fel dewis olaf, byddai'r banc canolog yn troi at y **Gronfa Ariannol Ryngwladol** (*IMF*). Sylweddolodd y rhai a sefydlodd y system y byddai adegau pan fyddai gwlad unigol yn rhedeg allan o gronfeydd wrth gefn. Felly sefydlwyd cronfa ryngwladol, yr *IMF*, fyddai'n benthyca arian i fanciau canolog pan fyddai angen hynny. Byddai banciau canolog yn adneuo rhan o'u cronfeydd aur ac ariannau tramor gyda'r *IMF* ac yn gyfnewid bydden nhw'n gallu cael benthyg swm cyfyngedig o arian pan fydden nhw mewn argyfwng.

Roedd mesurau tymor byr yn annhebygol o fodloni'r farchnad am gyfnod hir pe bai hapfasnachwyr yn gwerthu arian cyfred am eu bod o'r farn bod ANGHYDBWYSEDD SYLFAENOL ym mantol daliadau'r wlad. Pe bai mewnforion yn fwy nag allforion a/neu ddiffyg yn y cyfrif cyfalaf dros gyfnod hir, byddai banc canolog y wlad yn prynu ei arian cyfred yn barhaol ac felly yn gostwng ei gronfeydd wrth gefn. Yn y pen draw byddai'r cronfeydd wrth gefn, gan gynnwys unrhyw arian a fenthycwyd o'r *IMF*, wedi'u disbyddu a byddai'n rhaid i werth yr arian cyfred ostwng. Gallai llywodraethau fabwysiadu nifer o bolisïau tymor hir i atal hyn rhag digwydd (☞ uned 96 am fwy o fanylder).
● Y bwriad oedd y byddai llywodraethau yn swyddogol yn datbrisio'u harian cyfred cyn i farchnadoedd orfodi hyn beth bynnag.

- Yn ymarferol, tueddai llywodraethau i ddatchwyddo eu heconomïau, gan ostwng mewnforion a thrwy hynny sicrhau dychwelyd i gydbwysedd cyfrif cyfredol.
- Roedd mesurau diffynnaeth, fel cynyddu tollau a chwotâu, yn bosibilrwydd ond yn anghyfreithlon dan reolau Cyfundrefn Masnach y Byd (☞ uned 40). Roedd hyn yn cyfyngu'n ddifrifol ar ddefnyddio'r rhain gan y prif wledydd diwydiannol.
- Posibilrwydd arall oedd polisïau ochr-gyflenwad y bwriadwyd iddynt wella'r gallu i gystadlu yn y tymor hir.

Cwestiwn 2

Yn 1952 cymhareb cronfeydd aur ac ariannau tramor banciau canolog y byd i gyfanswm mewnforion y byd oedd 70%. Erbyn 1966 roedd wedi gostwng i 38%.

Awgrymwch resymau pam mae'r gostyngiad hwn yn debygol o fod wedi cyfrannu at gwymp system Bretton Woods yn rhan gyntaf yr 1970au.

Systemau cyfraddau cyfnewid ymlusgol

Mae system CYFRADDAU CYFNEWID YMLUSGOL yn fath o system cyfraddau cyfnewid cymwysadwy. Mae gwlad yn pennu gwerth ei harian cyfred mewn perthynas ag arian cyfred arall o fewn band. Fodd bynnag, mae mecanwaith yn y system sy'n caniatáu i'r band godi a gostwng yn rheolaidd dros amser. Er enghraifft, efallai y caiff y band ei symud bob tri mis. Yna gallai'r gwerth canolog fod yn seiliedig ar werth cyfartalog yr arian cyfred yn y tri mis blaenorol. Mae systemau cyfraddau cyfnewid ymlusgol yn caniatáu mwy o hyblygrwydd os bydd gwlad yn wynebu amgylchiadau economaidd gwahanol i wledydd eraill ac yn arbennig y rhai y mae arian cyfred y wlad wedi'i hoelio wrthynt. Mae'n ei gwneud hi'n haws o lawer cymhwyso gwerth yr arian cyfred wrth i amgylchiadau economaidd newid.

Systemau cyfraddau cyfnewid arnawf

Mewn SYSTEM CYFRADDAU CYFNEWID ARNAWF neu RYDD caiff gwerth arian cyfred ei bennu funud wrth funud gan rymoedd marchnad rydd. Dyma'r system cyfraddau cyfnewid a ddisgrifiwyd yn fanwl yn uned 93. Tybir na fydd llywodraethau'n ymyrryd yn y marchnadoedd ariannau tramor trwy eu banciau canolog.

Yn ddamcaniaethol nid oes angen ymyriad am fod yn rhaid i'r fantol daliadau fantoli bob amser (☞ uned 30). Bydd y fantol daliadau yn gofalu am ei hun. Yn ymarferol, mae llywodraethau'n ei chael hi'n amhosibl peidio ag ymyrryd oherwydd y gall newidiadau yng nghyfraddau cyfnewid arwain at newidiadau pwysig mewn cynnyrch mewnol, diweithdra a chwyddiant. Hefyd, mae gostyngiadau sydyn mewn arian cyfred fel arfer yn niweidiol yn wleidyddol ac felly caiff llywodraethau eu temtio ar yr adegau hynny i gynnal yr arian cyfred drwy brynu yn y farchnad.

Defnyddir y term ARNOFIANT YMYRROL neu REOLEDIG am system lle caiff y gyfradd cyfnewid ei phennu gan rymoedd marchnad rydd ond bydd llywodraethau o bryd i'w gilydd yn newid pris marchnad rydd arian cyfred. Bydd llywodraethau'n ymyrryd drwy brynu a gwerthu ariannau cyfred fel a wnaed dan system Bretton Woods a eglurwyd uchod. Mae'r arnofiant yn cael ei 'reoli' gan lywodraethau. Mae'n 'ymyrrol' am fod ymyriad bwriadol â grymoedd 'pur' galw a chyflenwad.

Cwestiwn 3

Mae masnachu ym marchnadoedd ariannau tramor y byd wedi codi i $1 900 biliwn (£1 048 biliwn) y dydd, y ffigur uchaf erioed, oherwydd mwy o ddiddordeb mewn ariannau cyfred fel ffynhonnell ar gyfer hapfasnachu. Mae Llundain yn cadw ei safle fel canolfan bwysicaf y byd ar gyfer masnachu ariannau cyfred, gyda bron traean o'r farchnad fyd-eang. Mae'r twf cyflym mewn trafodion yn y marchnadoedd ariannol, sy'n fwy o lawer na thwf masnach y byd, yn arwydd o integru cynyddol yn y farchnad gyfalaf fyd-eang.

Ffynhonnell: addaswyd o'r *Financial Times*, 29.9.2004.

Cododd gwerth doler UDA yr wythnos hon. Mae masnachwyr ariannau cyfred wedi addasu tuag i fyny eu disgwyliadau o gynnydd yng nghyfraddau llog UDA. Mewn cyferbyniad â hynny, roedd ffranc y Swistir i lawr. Roedd hyn yn rhannol am fod masnachwyr ariannau cyfred wedi addasu eu hamcangyfrifon o gyfraddau llog is yn y Swistir o gymharu â'r ewro. Ond roedd yn rhannol hefyd oherwydd newyddion bod buddsoddwyr yn y Swistir wedi bod yn manteisio ar dwf economaidd byd-eang cryf i brynu asedau tramor.

Ffynhonnell: addaswyd o'r *Financial Times*, 25.3.2006.

(a) 'Pennir gwerth doler UDA a ffranc y Swistir mewn system cyfraddau cyfnewid arnawf.' Eglurwch ystyr hyn.
(b) Gan ddefnyddio diagramau a'r cysyniadau galw a chyflenwad, eglurwch pam y cododd gwerth doler UDA yn y drydedd wythnos ym mis Mawrth 2006 tra gostyngodd gwerth ffranc y Swistir.

Mecanweithiau cymhwyso Ers cwymp system Bretton Woods yn rhan gyntaf yr 1970au mae masnach y byd wedi cael ei rheoleiddio dan system o arnofiannau rheoledig neu ymyrrol yn hytrach na system cyfraddau cyfnewid rhydd bur. Mae llywodraethau wedi defnyddio cyfraddau llog a'u cronfeydd aur ac ariannau tramor i addasu gwerth eu hariannau cyfred. Mae dibrisio, arbrisio a datchwyddo i gyd wedi cael eu defnyddio i geisio newid diffygion neu wargedion cyfredol. Mae llywodraethau wedi ei chael hi'n anoddach dilyn polisïau diffynnaeth oherwydd pwysau rhyngwladol am fwy o fasnach rydd. Mae cyfyngiadau ar gyfnewid ariannau tramor wedi colli ffafr hefyd wrth i economeg ochr-gyflenwad bwysleisio gwerth marchnadoedd rhydd a dadreoli i hybu gallu economïau i gystadlu'n rhyngwladol.

Systemau cyfraddau cyfnewid sefydlog

Mewn system cyfraddau cyfnewid sefydlog mae gan arian cyfred werth sefydlog mewn perthynas ag arian cyfred neu gynwydd arall. Yr enghraifft enwocaf o system o'r fath oedd y SAFON AUR, a weithredodd yn y 19eg ganrif a rhan gyntaf yr 20fed ganrif.

Sut y gweithiodd Dan y Safon Aur, gwnaeth y prif wledydd masnachu eu hariannau cyfred mewnol yn **drosadwy** yn aur ar gyfradd sefydlog. Er enghraifft, yn 1914 gallai deiliad papur £1 fynd i Fanc Lloegr a chyfnewid y papur am 0.257 owns o aur. Gan fod dinasyddion Ffrainc yn gallu cyfnewid ffrancau Ffrainc am swm sefydlog o aur, a bod dinasyddion yr Almaen yn gallu gwneud yr un fath, ac yn y blaen, golygai hyn fod **cyfradd cyfnewid sefydlog** rhwng prif ariannau cyfred masnachu y byd. Roedd y cyflenwad arian mewnol yn uniongyrchol gysylltiedig â faint o aur oedd gan y banc canolog. Am bob 0.257 owns yn ychwanegol o aur a ddaliwyd gan Fanc Lloegr gallai ddyroddi £1 o arian papur (roedd yr arian cyfred wedi'i ategu ag aur). Ar y llaw arall, byddai gostyngiad yng nghronfeydd aur Banc Lloegr yn golygu gostyngiad cyfatebol yn yr arian papur mewn cylchrediad.

Mecanweithiau cymhwyso Ni allai diffyg yng nghyfrif cyfredol y fantol daliadau gael ei unioni drwy ddatbrisio'r arian cyfred. Yn ôl rheolau mecanwaith y Safon Aur, roedd gwerth yr arian cyfred yn sefydlog. Cafodd anghydbwyseddau yn y cyfrif cyfredol eu hunioni yn hytrach drwy ddatchwyddo ac adchwyddo neu newidiadau yng nghyfraddau llog.

Tybiwch fod y DU ar y Safon Aur a bod diffyg yn y cyfrif cyfredol. Felly mae all-lif net o bunnoedd i dramorwyr. Dydy tramorwyr ddim eisiau punnoedd, felly maen nhw'n cyfnewid y punnoedd hynny am aur ym Manc Lloegr. Â llai o aur, gorfodir Banc Lloegr i ostwng ei ddyroddiad o arian papur (i bob pwrpas bydd yr arian papur a gyfnewidir gan dramorwyr am aur yn cael ei ddinistrio). Bydd y cyflenwad arian yn gostwng a bydd cyfraddau llog yn codi. Bydd hyn yn achosi datchwyddiant yn yr economi trwy'r **mecanwaith trosglwyddo**. Nid yn unig y bydd y galw'n gostwng, gan ostwng mewnforion, ond hefyd bydd prisiau'n gostwng (a ragfynegir gan **ddamcaniaeth stoc arian** ☞ uned 84). Felly bydd allforion yn fwy cystadleuol a bydd mewnforion yn llai cystadleuol. Bydd y cyfrif cyfredol yn dychwelyd i gydbwysedd. Bydd y cynnydd cychwynnol mewn diweithdra a achoswyd gan y gostyngiad yn y galw yn cael ei wrthdroi wrth i allforion gynyddu, gan ddychwelyd yr economi i gyflogaeth lawn.

Mae nifer bach ond cynyddol o wledydd bach yn mabwysiadau BYRDDAU ARIANNAU CYFRED. Mae hyn yn fath o system cyfraddau cyfnewid sefydlog lle mae pris un arian cyfred yn sefydlog mewn perthynas ag arian cyfred arall. Yn nodweddiadol, bydd byrddau ariannau cyfred yn pennu eu hariannau cyfred mewn perthynas â doler UDA neu'r ewro.

Sut mae'n gweithio Mae gwlad yn pennu gwerth ei harian cyfred, fel arfer mewn perthynas ag un o'r prif ariannau cyfred rhyngwladol fel doler UDA neu'r ewro. Mae'r dewis o arian cyfred yn gysylltiedig â masnach dramor. Yna bydd y banc canolog yn printio arian cyfred mewnol. Fodd bynnag, ni all brintio ond cymaint o arian cyfred mewnol ag sydd ganddo o gronfeydd o'i arian cyfred hoeliedig.

Mecanweithiau cymhwyso Mae'r mecanwaith cymhwyso yr un fath ag ar gyfer y Safon Aur. Bydd diffyg yn y cyfrif cyfredol yn arwain at all-lif o ddoleri, fydd yn ei dro yn gostwng y cyflenwad arian ac yn achosi datchwyddiant. Bydd hyn yn arwain at alw mewnol is ac felly mewnforion is, a phrisiau mewnol is ac felly bydd allforion yn cynyddu wrth iddyn nhw ddod yn fwy cystadleuol.

Blociau ariannau cyfred

Gall gwlad ddewis hoelio ei harian cyfred wrth un arian cyfred arall ond caniatáu i'r arian cyfred amrywio mewn perthynas â phob un arall. Byddai hyn yn enghraifft finimol o FLOC ARIANNAU CYFRED, sef grŵp o ariannau cyfred sydd â gwerth sefydlog mewn

perthynas â'i gilydd ond sy'n arnofio mewn perthynas â phob arian cyfred arall.

Yr enghraifft bwysicaf o floc ariannau cyfred yn yr 1980au a'r 1990au oedd y SYSTEM ARIANNOL EWROPEAIDD (*EMS*). Bwriadwyd i'r system hon arwain at greu arian cyfred sengl Ewropeaidd, yr ewro. Cytunodd y gwledydd a gymerodd ran i gadw eu hariannau cyfred o fewn band o amgylch cyfeirbwynt canolog. Pe bai arian cyfred yn bygwth torri allan o'r band, byddai banciau canolog o fewn yr *EMS* yn ymyrryd yn y farchnad, gan brynu neu werthu ariannau cyfred er mwyn cadw'r arian cyfred yn ei fand. Hefyd gallai banc canolog y wlad newid cyfraddau llog er mwyn newid gwerth yr arian cyfred. Roedd y bloc cyfan, fodd bynnag, yn arnofio'n rhydd mewn perthynas ag ariannau cyfred eraill y byd gan gynnwys y ddoler a'r ien. Os ydy'r DU i ymuno â'r ewro, bydd yn rhaid iddi hoelio'r bunt wrth yr ewro a dangos y gall hi gynnal sefydlogrwydd cyfraddau cyfnewid o fewn y system hon.

Yn debyg i system Bretton Woods, mae hyn yn enghraifft o system groesryw, yn cyfuno elfennau o systemau cyfraddau cyfnewid sefydlog ac arnawf.

Cwestiwn 4

Yn rhan olaf yr 1980au a rhan gyntaf yr 1990au roedd economi Ariannin mewn trafferth fawr. Cyrhaeddodd chwyddiant uchafbwynt o 3 000% yn 1989 ac roedd CMC 10% yn is yn 1989 nag yn 1980. Fel rhan o gynllun adfer, cyflwynodd llywodraeth Ariannin system bwrdd ariannau cyfred yn 1991. Hoeliwyd peso Ariannin wrth ddoler UDA ar gyfradd cyfnewid o 1 peso i $1. Gostyngodd chwyddiant i 3.4% yn 1994 ond erbyn hynny roedd y peso wedi'i orbrisio mewn perthynas â'r ddoler a phrif bartneriaid masnachu Ariannin. Y canlyniad oedd i'r hoelio ddod yn ffynhonnell fawr o ddatchwyddiant yn yr economi. Ar ôl sawl argyfwng cyfradd cyfnewid yn yr 1990au rhoddwyd y gorau i'r bwrdd ariannau cyfred yn 2002. Gostyngodd gwerth y peso dwy ran o dair mewn perthynas â doler UDA.

Ffynhonnell: addaswyd o en.wikipedia.org

Daeth Estonia yn annibynnol ar Rwsia yn 1990. Diweddwyd cyfnod o chwyddiant cyflym pan hoeliodd banc canolog Estonia ei harian cyfred, y Kroon, wrth arian cyfred yr Almaen ar y pryd (y marc) a chreu bwrdd ariannau cyfred. Mae Estonia'n wlad gymharol fach ac mae wedi dod yn ddibynnol ar fasnach â gwledydd eraill am ei ffyniant. Yn 2004 ymunodd â'r Undeb Ewropeaidd ac fel rhan o'i chytundeb cydsyniad ymrwymodd ei hun i fabwysiadu'r ewro. Gwnaeth hynny yn Ionawr 2007. Mae prisiau sefydlog ynghyd ag arian cyfred sy'n sefydlog mewn perthynas ag ariannau cyfred Ewropeaidd eraill trwy'r Mecanwaith Cyfraddau Cyfnewid (ERM), y mecanwaith a arweiniodd at greu'r ewro, wedi helpu twf cyflym Estonia.

Ffynhonnell: addaswyd o www.eestipank.info, gwefan banc canolog Estonia.

Gan ddefnyddio enghreifftiau Ariannin ac Estonia, eglurwch (i) ystyr 'bwrdd ariannau cyfred'; (ii) manteision ac anfanteision byrddau ariannau cyfred.

Termau allweddol

Anghydbwysedd sylfaenol yn y fantol daliadau – lle mae mewnforion yn fwy nag allforion dros gyfnod hir gan arwain at lefelau anghynaliadwy o fenthyca rhyngwladol.

Arnofiant ymyrrol neu reoledig – lle caiff y gyfradd cyfnewid ei phennu gan rymoedd marchnad rydd ond bydd llywodraethau'n ymyrryd o bryd i'w gilydd i newid pris marchnad rydd arian cyfred.

Bloc ariannau cyfred – grŵp o ariannau cyfred sydd â gwerth sefydlog mewn perthynas â'i gilydd ond sy'n gallu arnofio'n rhydd mewn perthynas ag ariannau cyfred eraill y byd.

Cronfeydd aur ac ariannau tramor – aur ac ariannau tramor a berchenogir gan fanc canolog gwlad ac a ddefnyddir yn bennaf i newid gwerth yr arian cyfred mewnol yn nhermau ariannau tramor drwy brynu a gwerthu ariannau cyfred ym marchnadoedd ariannau tramor.

Cyfradd cyfnewid sefydlog – cyfradd cyfnewid rhwng o leiaf dau arian cyfred sy'n gyson dros gyfnod.

System Ariannol Ewropeaidd – bloc ariannau cyfred lle roedd yr ariannau cyfred oedd yn cymryd rhan â gwerth sefydlog mewn perthynas â'i gilydd o fewn band a lle roedd y bloc cyfan yn amrywio'n rhydd mewn perthynas ag ariannau cyfred eraill.

System Bretton Woods – system cyfraddau cyfnewid cymwysadwy a ddefnyddiwyd yn y cyfnod ar ôl yr Ail Ryfel Byd hyd at ei chwymp yn rhan gyntaf yr 1970au.

System bwrdd ariannau cyfred – system cyfraddau cyfnewid sefydlog lle mae gwlad yn hoelio gwerth ei harian cyfred wrth arian cyfred arall. Ni ellir printio arian papur na darnau arian yn yr arian cyfred mewnol ond yn ôl gwerth asedau yn yr arian cyfred arall sy'n cael eu dal gan y banc canolog.

System cyfraddau cyfnewid – system sy'n pennu'r amodau ar gyfer cyfnewid un arian cyfred am arian cyfred arall.

System cyfraddau cyfnewid cymwysadwy – system cyfraddau cyfnewid lle mae gwerth ariannau cyfred yn sefydlog yn y tymor byr ond gellir ei ddatbrisio neu ei adbrisio yn y tymor hirach.

System cyfraddau cyfnewid rhydd neu arnawf – lle caiff gwerth arian cyfred ei bennu gan rymoedd marchnad rydd.

System cyfraddau cyfnewid ymlusgol – system cyfraddau cyfnewid cymwysadwy sydd â mecanwaith ynddi ar gyfer newidiadau rheolaidd yng ngwerth canolog yr arian cyfred.

Y Safon Aur – system cyfraddau cyfnewid lle gallai ariannau cyfred gael eu trosi'n aur ar gyfradd sefydlog, gan ddarparu trwy hynny pris cymharol rhwng pob arian cyfred.

Economeg gymhwysol

System Bretton Woods

Rhoddodd system Bretton Woods, a ddyfeisiwyd yn 1944 i ddechrau, sefydlogrwydd i'r gyfradd cyfnewid. Felly, mae modd dadlau iddi annog twf masnach y byd yn ystod yr 1950au a'r 1960au.

Y bwriad oedd y gallai llywodraethau ddewis sut i ddatrys diffyg yn y cyfrif cyfredol. Roeddent yn gallu datchwyddo'r economi, gan greu diweithdra, lleihau mewnforion a lleihau chwyddiant mewnol. Dyma oedd yr un mecanwaith cymhwyso â'r un sy'n bodoli o dan y Safon Aur. Gallent hefyd ddatbrisio'r arian cyfred. Trwy newid pris cymharol allforion a mewnforion, gallai'r economi gael ei gwneud yn fwy cystadleuol ar lefel ryngwladol heb greu diweithdra. Fodd bynnag, byddai rhywfaint o gost o ran chwyddiant wedi'i fewnforio.

Yn ymarferol, roedd gwledydd yn tueddu i beidio â datbrisio ac eithrio mewn argyfwng. Roedd hyn oherwydd bod datbrisiad, yn anghywir ym marn llawer o economegwyr, wedi dod yn gysylltiedig â methiant economaidd. Tueddai gwledydd â diffyg ddefnyddio datchwyddiant fel y prif arf polisi i ddelio â phroblemau'r fantol daliadau, sy'n negyddu'r hyblygrwydd o addasu prisiau cymharol sydd wedi'u hadeiladu i mewn i'r system. Yn ogystal, syrthiodd baich cymhwyso ar wledydd â diffyg yn unig. Cafwyd ychydig iawn o bwysau yn y system i wledydd â gwarged leihau eu gwargedion, er enghraifft trwy adbrisio'u harian cyfred. Y canlyniad oedd bod y system yn dod yn fwyfwy bregus. Tueddai gwledydd â diffyg fel y DU wegian o un argyfwng ariannau tramor i'r nesaf wrth i wledydd â gwarged fel Gorllewin yr Almaen wrthsefyll pwysau i gymryd unrhyw gamau i leihau eu gwargedion.

Cafodd y problemau eu cymhlethu gan y cwymp yng ngwerth aur a chronfeydd arian cyfred wrth gefn fel cymhareb o fasnach y byd yn ystod yr 1950au a'r 1960au. Er mwyn cynnal sefydlogrwydd y gyfradd cyfnewid, prynodd a gwerthodd y banciau canolog ariannau cyfred. Os y banciau canolog oedd y prif brynwyr a gwerthwyr yn y farchnad, roeddent yn gallu rheoli pris y farchnad ariannau tramor. Fodd bynnag, yn ystod yr 1950au a'r 1960au, ehangodd masnach y byd ar gyfradd tipyn yn gynt nag aur a chronfeydd arian cyfred tramor wrth gefn.

Mewn ymgais i chwistrellu mwy o hylifedd i'r system ariannol ryngwladol, cyhoeddodd y Gronfa Ariannol

Ryngwladol *(IMF)* yr **Hawliau Arbennig Codi Arian** *(Special Drawing Rights - SDRs)* i aelod wledydd yn 1969. Mae *SDRs* yn fath o arian cyfred rhyngwladol y mae modd ei ddefnyddio'n unig gan fanciau canolog i setlo dyledion rhyngddynt eu hunain neu gyda'r *IMF*. Pan fydd gwlad angen arian cyfred tramor i amddiffyn ei harian cyfred ei hun, gall ei brynu gyda'r *SDRs* mae'n ei ddal.

Er i *SDRs*, sef dosbarthiad o arian 'am ddim' yn ei hanfod, gynyddu hylifedd yn y system ar y pryd, methodd yr *IMF* ddyrannu mwy o *SDRs* i aelod wledydd. Mae'r gwledydd sy'n rheoli'r *IMF*, sef gwledydd diwydiannol y byd, yn enwedig UDA, yn ofni y byddai creu mwy o *SDRs* yn annog gwledydd, yn enwedig yn y Trydydd Byd, i osgoi delio â phroblemau sylfaenol y fantol daliadau trwy ddefnyddio *SDRs* newydd eu dosbarthu i ariannu eu diffygion cyfrif cyfredol mawr. Heddiw, mae *SDRs* yn cyfrif am ryw 5% yn unig o gronfeydd wrth gefn y byd.

Gwnaeth Rhyfel Viet Nam o 1965 ymlaen bethau'n waeth. Er mwyn ariannu'r rhyfel, rhedodd UDA ddiffyg mawr yn y cyfrif cyfredol ac felly roedd yn fenthyciwr arian net ar ei gyfrif cyfalaf ei hun. Roedd unigolion a chwmnïau'n eithaf hapus i fenthyca eu punnoedd, ffranciau, deutschmarks ac arian eraill i UDA a chael doleri yn gyfnewid oherwydd roedd cyfraddau cyfnewid yn sownd i'r ddoler ac roedd doleri'n cael eu hystyried mor ddiogel ag aur ei hun.

Erbyn diwedd yr 1960au, roedd swm mawr o arian, yn enwedig doleri, yn cael eu dal y tu allan i'r wlad y gwnaethant darddu ohonynt. Roedd Americaniaid yn dal punnoedd, y Japaneaid yn dal deutschmarks, yr Almaenwyr yn dal doleri, etc. Rhoddodd hyn sail ar gyfer gweithgareddau hapfasnachol mawr ar yr ariannau tramor. Daeth yn amlwg y byddai angen i'r Unol Daleithiau ddatbrisio'r ddoler er mwyn iddi ddychwelyd i gydbwysedd mantol daliadau. Ar y llaw arall, roedd yn amlwg y byddai'n rhaid i'r Almaen a Japan, dwy wlad â gwargedion mawr, adbrisio'u hariannau cyfred. Roedd pwysau gwerthu cyson ar y ddoler a phwysau prynu ar y deutschmark a'r ien. Roedd y banciau canolog yn cael trafferth cyfateb y tonnau hapfasnachol o brynu a gwerthu. Ar ddechrau'r 1970au, ar ôl datbrisio ac adbrisio trawmatig, cyhoeddodd un wlad ar ôl y llall y byddai'n arnofio ei harian cyfred.

Darparodd system Bretton Woods gyfnod hir o sefydlogrwydd o ran y gyfradd cyfnewid yn ystod y cyfnod lle'r oedd ehangu sylweddol ym masnach y byd. Mae'n debygol bod cost cymhwyso i ddiffygion cyfrif cyfredol yn llai nag o dan y Safon Aur. Er i ddatchwyddiant gael ei ddefnyddio'n eang mewn ymateb i'r broblem hon, datbrisiodd gwledydd eu harian cyfred hefyd. Roeddent yn cyfnewid chwyddiant wedi'i fewnforio ychydig yn uwch am lai o ddiweithdra. Fodd bynnag, nid oedd y system yn ddigon grymus i atal ei gwymp ar ddechrau'r 1970au.

Cwestiwn Data

Y renminbi

Ddoe, cyhoeddodd banc canolog China, sef Banc Pobl China, y byddai'n adbrisio arian cyfred China, y renminbi, i fyny o 2.1% yn erbyn doler UDA. Mae'r arian cyfred wedi'i osod yn erbyn doler UDA ers 1994.

Bu llywodraeth China yn amharod i adbrisio'r renminbi er gwaetha'r ffaith bod China'n cynnal gwarged fasnach fawr ac mae Banc Pobl China wedi ymyrryd yn rheolaidd i gadw gwerth y renminbi lawr. Er enghraifft, yn ystod y ddwy flynedd diwethaf, mae wedi ymyrryd yn y marchnadoedd ariannau tramor gan brynu rhyw $200 biliwn y flwyddyn o arian cyfred UDA yn gyfnewid am y renminbi, gan ddod â'i gyfanswm cronfeydd ariannau tramor wrth gefn i $700 biliwn. Ystyriwyd ar raddfa eang nad oedd modd cynnal cyfradd y cynnydd yng nghronfeydd ariannau tramor wrth gefn China.

Gallai'r system cyfradd cyfnewid newydd, a gyhoeddwyd ddoe gan Fanc Pobl China, arwain at adbrisiadau ar i fyny o'r renminbi i'r dyfodol. Disgrifiodd banc canolog China y system newydd fel 'hoelen', a fyddai'n awgrymu fel rheol y byddai newidiadau rheolaidd yng ngwerth yr arian cyfred. Fodd bynnag, yn yr un modd, mae'n annhebygol bod llywodraeth China am weld y renminbi'n codi gormod mewn gwerth oherwydd ei effaith ar allforion. Dywedodd Banc Pobl China ddoe y byddai'n cynnal 'cyfradd cyfnewid y renminbi yn sefydlog yn ei hanfod ar lefel gymhwysol a chytbwys, er mwyn hyrwyddo cydbwysedd sylfaenol y fantol daliadau a diogelu sefydlogrwydd macro-economaidd ac ariannol'.

Yn y blynyddoedd diwethaf, mae China wedi bod o dan bwysau dwys gan rai grwpiau lobïo UDA i adbrisio'r renminbi. Mae China'n rhedeg gwarged enfawr ar ei masnach gydag UDA, gan adlewyrchu ei gallu i danbrisio llawer o gwmnïau UDA o ran pris. Er enghraifft mae gweithgynhyrchwyr tecstilau UDA wedi dioddef yn wael yn sgil cystadleuaeth o China. Cafodd mesur ei gynnig yn y Gyngres fis diwethaf i osod tollau o 27.5% ar fewnforion o China.

Fodd bynnag, mae China'n nodi ei bod yn rhedeg diffygion gyda nifer o wledydd gan gynnwys Japan. Mae'n dadlau bod diffygion masnach UDA yn ymwneud fwy â ffactorau eraill na natur gystadleuol gynyddol China.

Gall llywodraeth China longyfarch ei hun am ei bod yn rhedeg economi 'gwyrthiol' sy'n tyfu 6-10% y flwyddyn. Mae llawer o'i llwyddiant yn sgil ei pholisïau o annog allforion a galluogi cwmnïau tramor i sefydlu yn China. Mae cael arian cyfred sydd wedi'i danbrisio yn helpu i gynnal y momentwm allforio hwn.

Fodd bynnag, mae cynnydd economaidd yn golygu talu'r pris o ansefydlogrwydd cymdeithasol posibl. Mae miliynau o bobl yn symud o ardaloedd gwledig cynhyrchedd isel i ardaloedd trefol cynhyrchedd uwch, yn enwedig yn y taleithiau arfordirol. Mae gan fudo torfol a newidiadau enfawr mewn gwaith y potensial i ansefydlogi cymdeithas a bygwth gafael y Blaid Gomiwnyddol ar bŵer. Felly, y peth olaf y mae llywodraeth China eisiau yw cyfradd cyfnewid gydag amrywiadau mawr. Mae cyfradd cyfnewid sefydlog yn golygu y caiff o leiaf un ansicrwydd ei dynnu allan o'r sefyllfa ar gyfer allforwyr a mewnforwyr China.

Yn yr un modd, nid yw adeiladu cronfeydd arian cyfred tramor wrth gefn enfawr yn ffordd synhwyrol o weithredu polisi yn y tymor hir. Mae cyfradd cyfnewid sydd wedi'i thanbrisio'n achosi ffrithiannau masnach gyda'r perygl o wledydd eraill yn codi tollau diffynnaeth. Yn ogystal, mae'n arwain at safonau byw is. Mae'r Chineaid yn codi pris rhy isel ar gyfer yr allforion ond caiff ffi rhy uchel ei chodi arnynt am eu mewnforion. Trwy godi eu cyfradd cyfnewid, gallai'r Chineaid gael mwy am eu hallforion a thalu llai am eu mewnforion.

Ffynhonnell: addaswyd o'r *Financial Times*, 22.7.2005

1. Gan ddefnyddio diagramau, eglurwch sut y caiff gwerth arian cyfred ei bennu mewn system cyfraddau cyfnewid cymwysadwy, gan ddefnyddio'r renminbi fel enghraifft.
2. Dadansoddwch pam nad oedd llywodraeth China dan unrhyw bwysau economaidd tymor byr i adbrisio'r renminbi ym mis Gorffennaf 2005.
3. Trafodwch a ddylai llywodraeth China adbrisio'r renminbi ar i fyny yn erbyn ariannau cyfred eraill gydag amser.

Crynodeb

1. Dylai system cyfraddau cyfnewid hybu masnach fyd-eang, yn arbennig drwy sefydlogrwydd cyfraddau cyfnewid. Mae systemau cyfraddau cyfnewid arnawf wedi profi'n wael iawn o ran darparu sefydlogrwydd cyfraddau cyfnewid.

2. Dylai costau economaidd cymhwyso pan fydd mantol daliadau gwlad mewn anghydbwysedd sylfaenol fod yn isel. Mae mecanweithiau cymhwyso o fewn systemau cyfraddau cyfnewid sefydlog, fel y Safon Aur, ac i raddau llai systemau cyfraddau cyfnewid cymwysadwy, fel system Bretton Woods a'r System Ariannol Ewropeaidd, yn tueddu i greu diweithdra am eu bod yn dibynnu ar ddatchwyddo'r economi. Mewn cyferbyniad, mae systemau cyfraddau cyfnewid arnawf yn tueddu i arwain at chwyddiant pan fydd ariannau cyfred yn dibrisio ar ôl diffygion cyfrif cyfredol.

3. Mae systemau cyfraddau cyfnewid sefydlog, ac i raddau llai systemau cyfraddau cyfnewid cymwysadwy, yn gorfodi llywodraethau i gynnal cyfraddau chwyddiant tebyg i'w cystadleuwyr rhyngwladol.

4. Dylai systemau cyfraddau cyfnewid fod yn gadarn. Systemau cyfraddau cyfnewid rhydd sydd fwyaf cadarn am fod y maint lleiaf o ymyriad llywodraeth yn ofynnol.

Barnu rhwng systemau

Dros y 200 mlynedd diwethaf mae amrywiaeth o systemau cyfraddau cyfnewid wedi gweithredu. Byddai hynny'n awgrymu nad oes dim system heb ei broblemau. Gellir defnyddio nifer o feini prawf i asesu rhinweddau cymharol systemau cyfraddau cyfnewid gwahanol.

Hybu masnach fyd-eang

Mae masnach fyd-eang yn galluogi gwledydd i arbenigo mewn cynhyrchu'r nwyddau a'r gwasanaethau lle mae ganddynt **fantais gymharol** (☞ uned 14). Mae'r arbenigo hyn yn cynyddu cyfanswm y nwyddau sydd ar gael i'w treulio'n fyd-eang. Felly gallai systemau cyfraddau cyfnewid gael eu hasesu yn ôl y graddau maen nhw'n hybu neu rwystro masnach fyd-eang.

Dadleuwyd ers amser maith bod cyfnewidioldeb cyfraddau cyfnewid, fel a geir dan arnofiant rhydd neu arnofiant rheoledig, yn rhwystro masnach. Os ydy cyfraddau llog yn amrywio'n sylweddol o ddydd i ddydd, bydd allforwyr a mewnforwyr yn ei chael hi'n amhosibl gwybod pa bris y byddant yn ei dderbyn neu'n gorfod ei dalu am nwyddau sydd i'w dosbarthu yn y dyfodol. Er enghraifft, efallai y bydd allforiwr yn y DU yn cytuno i werthu nwyddau i UDA am dâl mewn doleri UDA ymhen 3 mis. Mae maint yr elw o 10% wedi'i gynnwys yn y pris o $1 filiwn. Dros y 3 mis mae gwerth y bunt yn gostwng 15% mewn perthynas â'r ddoler. Nid yn unig y bydd yr allforiwr yn colli ei elw arfaethedig, ond hefyd bydd yn gwneud colled o tua 5% ar y contract.

Mae yna ffyrdd o oresgyn y broblem hon mewn cyfundrefn arnofiant rhydd neu reoledig. Mae **marchnadoedd blaendrafodion** (*futures*) i'w cael, lle gall ariannau tramor gael eu prynu ar gyfer eu derbyn rywbryd yn y dyfodol. Felly gallai'r allforiwr fod wedi **blaenbrynu** punnoedd. Ar yr adeg y bydd yn llofnodi'r cytundeb allforio, byddai wedi cymryd contract yn y marchnadoedd ariannau tramor i brynu gwerth $1 filiwn o bunnoedd ymhen tri mis (a bydd yn talu am y rhain â'r $1 filiwn a ddaw o'r contract allforio). Nawr mae ganddo bris gwarantiedig ar gyfer ei gontract. Wrth gwrs, efallai y bydd blaen-bris punnoedd yn llai na phris punnoedd heddiw (y pris ar y pryd – *spot price*). Ond nid yw hyn yn bwysig yn yr ystyr y bydd yr allforiwr yn y DU wedi seilio pris y cytundeb allforio ar flaengyfradd y bunt yn hytrach na'r pris cyfredol ar y pryd. Y term am y broses hon o flaenbrynu arian cyfred i atal colledion yw **rhagfantoli** (*hedging*).

Yn anffodus, mae blaenfarchnadoedd yn gyfyngedig eu cwmpas. Er enghraifft, nid yw'n bosibl prynu arian cyfred ar gyfer ei dderbyn ymhen 5 mlynedd. Felly mae angen mathau eraill o yswirio ar gyfer contractau tymor hir. Yn aml caiff hyn ei ddarparu gan asiantaethau'r llywodraeth sy'n gwarantu prisiau yn yr arian cyfred mewnol am gontractau allforio mawr tymor hir. Mae rhagfantoli ac yswirio yn costio arian ac felly maen nhw naill ai'n rhwystro masnach neu'n cynyddu ei chost. Mae cwmnïau na allant ragfantoli nac yswirio neu nad ydynt yn fodlon gwneud hynny yn gorfod penderfynu p'un ai i gymryd y risg o fwrw ymlaen â'r contract allforio neu fewnforio ai peidio.

Felly, yn gyffredinol, po leiaf cyfnewidiol y bydd cyfraddau cyfnewid, lleiaf i gyd y rhwystrir masnach ryngwladol. Yn ôl y meini prawf hyn, mae systemau cyfraddau cyfnewid sefydlog, fel y Safon Aur, a systemau cyfraddau cyfnewid cymwysadwy, fel system Bretton Woods, yn cael eu hystyried yn 'well' systemau na systemau arnofiant rhydd neu reoledig.

Costau economaidd cymhwyso

Gall cyfrif cyfredol mantol daliadau gwlad symud i mewn i anghydbwysedd. Mae systemau cyfraddau cyfnewid gwahanol â mecanweithiau gwahanol ar gyfer dychwelyd y fantol daliadau i gydbwysedd. Gall y symudiad yn ôl i gydbwysedd olygu costau economaidd, fel diweithdra uwch neu dwf economaidd is. Po fwyaf yw'r costau trawsnewidiol hyn, lleiaf atyniadol yw'r system cyfraddau cyfnewid.

Cwestiwn 1

Pe bai Prydain yn ymuno â'r ewro, byddai hynny'n codi baich trwm oddi ar gefnau busnesau bach Ewrop. Mae'r mwyafrif o'r rhain heb yr arbenigedd i ddelio â chymhlethdodau marchnadoedd ariannau tramor. Mae busnesau bach yn talu cost uchel am drosi symiau bach o ariannau cyfred, meddai Ms Jane Waters, ymgynghorydd ariannau tramor. Yn nodweddiadol mae banciau'n codi 1% ar fargeinion bach i fyny at $10 000 ond 0.1% yn unig ar symiau mawr.

Mae *Van Halteren*, prosesydd cig yn yr Iseldiroedd â gwerthiant blynyddol o £23 miliwn, yn talu tua £25 000 bob blwyddyn i ragfantoli'r ariannau cyfred sydd â mwy o risg, fel sterling.

Mae llawer o fusnesau bach yn ofni defnyddio'r rhagfantoliadau cyfnewid a nodir mewn gwerslyfrau – blaendrafodion neu drefniadau hawlddewis ariannau cyfred – oherwydd eu cymhlethdod canfyddedig a'u cost. Maen nhw'n gweithredu i osgoi problemau. Maen nhw'n anfonebu cwsmeriaid yn eu harian cyfred eu hunain; mae rhai yn oedi trosglwyddo arian nes bod cyfraddau cyfnewid yn ffafriol; mae eraill yn chwyddo prisiau i ymdopi â'r risg o ran ariannau cyfred.

Mae'r mesurau hyn i gyd â risg. Mae perchenogion bach yn dadlau mai gwell o lawer fyddai sefydlu fframwaith ariannau tramor sy'n caniatáu i gwmnïau fynd ymlaen â'u busnes yn hytrach na gorfod gwylio symudiadau ariannau cyfred.

Gan ddefnyddio enghreifftiau o'r darn, eglurwch pam y gallai sefydlogrwydd cyfraddau cyfnewid hybu masnach fyd-eang.

Mae'n debygol mai prif gost cymhwyso dan system cyfraddau cyfnewid sefydlog neu gymwysadwy yw diweithdra uwch. Dan y Safon Aur, byddai diffyg cyfrif cyfredol yn cael ei ddileu'n awtomatig yn y tymor hir drwy ostyngiad mewn prisiau mewnol. Fodd bynnag, mae economegwyr yn anghytuno ynghylch y graddau y bydd cytfraddau cyflogau arian yn gostwng yn gyflym mewn ymateb i ddiweithdra. Mae economegwyr Keynesaidd yn tueddu i ddadlau bod cymhwyso cyfraddau cyflogau yn araf. Mae economegwyr clasurol neu arianolaethol yn dadlau bod y broses yn gymharol gyflym. Po fwyaf araf yw'r cymhwyso, uchaf i gyd fydd y gost o ran diweithdra a cholli cynnyrch. Gadawodd gwledydd y Safon Aur yn rhan gyntaf yr 1930au am eu bod yn teimlo y byddai cyfraddau cyfnewid arnawf yn galluogi eu heconomïau i ostwng diweithdra yn gyflymach na phe bai'r gyfradd cyfnewid yn gysylltiedig ag aur.

Dan system Bretton Woods, tueddai gwledydd i osgoi datbrisio eu hariannau cyfred (☞ uned 94). Pan fyddai cyfrifon cyfredol â diffyg, tueddai llywodraethau i ddatchwyddo eu heconomïau, gan osod trethi uwch neu ostwng gwariant y llywodraeth. Felly cynyddodd diweithdra wrth i gyfradd twf economaidd ostwng.

Un o'r prif feirniadaethau o systemau cyfraddau cyfnewid arnawf a rheoledig yw eu bod yn hybu ymddygiad chwyddiannol gan lywodraethau. Tybiwch fod economi â chyfradd uwch o chwyddiant na'i brif bartneriaid masnachu ac o ganlyniad bod diffyg yn y cyfrif cyfredol. Dan system Bretton Woods, mae'n debygol y byddai llywodraethau wedi ymdrin â'r ddwy broblem yma drwy ddatchwyddo'r economi. Dan y Safon Aur, byddai datchwyddo wedi digwydd yn awtomatig. Mae diweithdra cynyddol a cholli cynnyrch yn wleidyddol amhoblogaidd ac yn economaidd gostus. Dan system cyfraddau cyfnewid arnawf, dylai'r gyfradd cyfnewid ostwng yn awtomatig â diffyg cyfrif cyfredol. Mae hynny'n arwain at **chwyddiant wedi'i fewnforio**. Gall llywodraeth osgoi ymdrin â chwyddiant mewnol a'r diffyg yn y cyfrif cyfredol drwy adael i'r gyfradd cyfnewid ostwng yn barhaol. Felly does dim disgyblaeth wrthchwyddiant mewn system cyfraddau cyfnewid arnawf. Hefyd, gall ymdrin â chwyddiant dan system

cyfraddau cyfnewid arnawf fod yn fwy costus nag yw dan systemau cyfraddau cyfnewid sefydlog. Tybiwch fod y llywodraeth yn gostwng y cyflenwad arian ac yn cynyddu cyfraddau llog fel rhan o becyn gwrthchwyddiant. Bydd y cynnydd yng nghyfraddau llog mewnol yn hybu mewnlif o arian hapfasnachol yn y cyfrif cyfalaf. Bydd hynny'n codi pris yr arian cyfred. Bydd cynnydd yn y gyfradd cyfnewid yn gwneud yr economi yn llai rhyngwladol gystadleuol. Bydd allforion yn gostwng a mewnforion yn cynyddu, gan arwain at waethygu diffyg y cyfrif cyfredol sydd eisoes yn wael. Ond bydd allforion gostyngol a mewnforion cynyddol yn arwain hefyd at ostyngiad yn y galw cyfanredol, gan wthio'r economi i mewn i enciliad. Mae'r enciliad hwn yn rhan o'r broses ar gyfer gostwng chwyddiant a daw'r economi yn fwy rhyngwladol gystadleuol. Dim ond pan fydd cyfradd cyfnewid y farchnad yn hafal yn fras i **gyfradd paredd gallu prynu** (☞ uned 93) y bydd y cyfrif cyfredol yn dychwelyd i gydbwysedd. Dim ond tra bydd cyfradd chwyddiant y wlad yn hafal i gyfradd chwyddiant ei phartneriaid masnachu y bydd yn aros mewn cydbwysedd. Mae gostwng chwyddiant yn broses boenus ac yn sicr ni fydd yn wleidyddol boblogaidd.

Cwestiwn 2

Trwy gydol yr 1980au pennwyd cyfradd cyfnewid y DU dan system cyfraddau cyfnewid arnawf, ond pennwyd cyfradd cyfnewid ei phrif bartneriaid masnachu yn yr UE dan system cyfraddau cyfnewid cymwysadwy – y Mecanwaith Cyfraddau Cyfnewid *(ERM)*. Tueddai cyfraddau chwyddiant pob gwlad yn yr UE i ostwng yn hanner cyntaf yr 1980au ac yna aros yn isel tan ddiwedd y ddegawd. Tueddai cyfraddau chwyddiant y DU i fod 2-3% un uwch na chyfraddau Ffrainc a'r Almaen yn ystod y cyfnod, a thueddai gwerth y bunt i ostwng. Erbyn 1987 roedd gwerth y bunt 15% yn is mewn perthynas â'r *ECU* (y fasged neu'r cyfartaledd o ariannau cyfred Ewropeaidd) nag a fu yn 1980. Fodd bynnag, rhwng 1982 ac 1988 roedd twf economaidd blynyddol cyfartalog y DU yn fwy na thwf y rhan fwyaf o wledydd Ewrop. Yn 1988 dechreuodd chwyddiant y DU gyflymu eto gyda llywodraeth y DU yn ymateb drwy ddyblu cyfraddau llog i 15%. Dechreuodd yr economi arafu. Yna yn 1990 ymunodd y DU â'r *ERM* ar y gyfradd cyfnewid ganolog uchel iawn o DM2.95, yr un gyfradd cyfnewid ag a gafwyd ar gyfartaledd 1986. I gynnal gwerth y bunt, gorfodwyd llywodraeth y DU i gadw cyfraddau llog ar lefelau uwch o lawer nag y byddai wedi dymuno ei wneud. Roedd economi'r DU mewn enciliad hir iawn rhwng 1990 ac 1992, gyda chwyddiant yn gostwng yn gyflym i lefelau nas gwelwyd ers yr 1960au. Ym mis Medi 1992 fe wnaeth pwysau hapfasnachol orfodi tynnu'r bunt allan o'r *ERM*. Gostyngodd gwerth y bunt fwy na 10% ar unwaith a gostyngodd y llywodraeth gyfraddau llog o 10% i 5½% dros y 12 mis nesaf. Cododd twf yn yr economi yn gyflym a daeth yr economi allan o'r enciliad.

(a) (i) Beth oedd yn wir am gyfradd chwyddiant a chyfradd twf economaidd y DU yn ystod y cyfnod 1982-88 o'u cymharu â chyfraddau ei phrif bartneriaid yn yr UE?

(ii) Â'r tueddiadau hyn, eglurwch beth fyddech chi wedi disgwyl i ddigwydd i gyfrif cyfredol mantol daliadau'r DU pe bai gwerth y bunt wedi aros yn ddigyfnewid.

(iii) Dadleuodd rhai economegwyr a gwleidyddion ar y pryd fod gadael i werth y bunt arnofio i lawr yn chwyddiannol. Eglurwch y farn hon.

(b) (i) Pam y gallai'r ffaith yr ymunodd y DU â'r *ERM* yn 1990 fod wedi estyn enciliad 1990-1992?

(ii) Eglurwch effaith debygol y ffaith fod Prydain yn aelod o'r *ERM* ar chwyddiant mewnol rhwng 1990 ac 1992.

Disgyblaethau ariannol

Heddiw mae rhai yn dadlau mai chwyddiant yw'r broblem economaidd bwysicaf sy'n wynebu economïau a llywodraethau. Mae arianyddwyr yn dadlau yr achosir chwyddiant gan gynnydd gormodol yn y cyflenwad arian. Dan y Safon Aur, ni all llywodraethau ehangu'r cyflenwad arian oni fydd y stoc o aur yn y banc canolog yn codi gyntaf (er i wledydd ddyroddi swm sefydlog o arian papur oedd heb ei ategu ag aur – y **dyroddiad ffyddiol** (*fiduciary issue*) – ni effeithiodd hynny ar yr egwyddor na allai banciau canolog gynyddu'r arian papur mewn cylchrediad heb gynnydd cyfatebol yn eu stoc o aur). Dydy newidiadau mewn stociau o aur ddim yn debygol o fod yn fawr iawn yn y tymor byr. Felly mae'r Safon Aur yn darparu ataliad pwysig ar allu llywodraethau i gynhyrchu chwyddiant drwy greu arian.

Dan system cyfraddau cyfnewid cymwysadwy, fel system Bretton Woods, ni allai llywodraethau adael i'w cyfraddau chwyddiant fod yn wahanol iawn i gyfraddau chwyddiant eu cystadleuwyr rhyngwladol oherwydd fel arall bydden nhw'n colli gallu i gystadlu'n rhyngwladol, byddai diffyg yn eu cyfrif cyfredol a bydden nhw wedyn yn debygol o ddatchwyddo i ddatrys y broblem.

Fodd bynnag, dan system cyfraddau cyfnewid arnawf, fel y dadleuwyd uchod, gall llywodraethau bob amser ddatrys problemau o ran y gallu i gystadlu'n rhyngwladol, a achosir gan chwyddiant mewnol, drwy adael i werth eu hariannau cyfred ostwng. Nid yw'r system yn gosod dim disgyblaeth ariannol.

Cadernid y system

Mae rhai systemau cyfraddau cyfnewid yn gadarn iawn; hynny yw, maen nhw'n annhebygol o chwalu pan fydd amodau economaidd yn anffafriol. Po fwyaf tebygol yw hi y bydd system cyfraddau cyfnewid yn chwalu dan straen, lleiaf atyniadol yw'r system cyfraddau cyfnewid.

Mae systemau cyfraddau cyfnewid sefydlog neu gymwysadwy, yn llai cadarn na systemau cyfraddau cyfnewid rhydd neu systemau arnofiant rheoledig. Gadawodd gwledydd y Safon Aur yn rhan gyntaf yr 1930au yn ystod y Dirwasgiad Mawr am eu bod nhw eisiau gallu datbrisio eu hariannau cyfred er mwyn ennill mantais gystadleuol. Trwy ddatbrisio, roedden nhw'n gobeithio gallu gostwng mewnforion, hybu allforion ac felly gostwng diweithdra mewnol. Fodd bynnag, yn ystod gweddill yr 1930au, â system arnofiant rheoledig o gyfraddau cyfnewid, cafwyd cyfres o ddatbrisiadau cystadleuol gyda gwledydd yn ceisio allforio eu diweithdra. Mae datbrisiadau cystadleuol yn hunandrechol yn y pen draw, gan y byddai datbrisiad gan un wlad a ddilynwyd gan ddatbrisiad cywerth gan wlad arall yn gadael cyfraddau cyfnewid yn ddigyfnewid.

Arweiniodd profiad anfoddhaol yr 1930au at greu system Bretton Woods. Chwalodd honno yn rhan gyntaf yr 1970au, yn rhannol am nad oedd gwledydd yn datbrisio nac yn adbrisio pan oedd anghydbwysedd sylfaenol yn eu cyfrifon cyfredol ac yn rhannol am nad oedd gan fanciau canolog ddigon o gronfeydd wrth gefn i wrthsefyll y mynydd cynyddol o arian hapfasnachol a symudai mor gyflym o wlad i wlad.

Mae system arnofiant rheoledig yr 1970au, yr 1980au a'r 1990au wedi gorfod ymdopi â thri argyfwng olew, ac yn rhan gyntaf yr 1980au â'r dirwasgiad byd-eang gwaethaf ers yr 1930au. Mae systemau arnofiant rhydd a rheoledig yn gadarn iawn oherwydd y gall llywodraethau adael i rymoedd marchnad rydd bennu gwerth y gyfradd cyfnewid heb ymyrryd yn y farchnad. Fodd bynnag, mae cyfnewidioldeb cyfraddau cyfnewid dros y cyfnod wedi achosi i lawer argymell dychwelyd i ryw fath o system cyfraddau cyfnewid sefydlog neu gymwysadwy. Mae cadernid y system yn llai atyniadol na'r sefydlogrwydd cyfraddau cyfnewid y gellir ei gael.

Cwestiwn 3

Yn rhan gyntaf yr 1970au chwalodd system cyfraddau cyfnewid Bretton Woods. Eglurwch pam nad oedd y system yn ddigon cadarn.

Economeg gymhwysol

Undeb Ariannol Ewropeaidd

Hanes

Mae gan y ddadl am Undeb Ariannol Ewropeaidd (*EMU*) hanes hir yn yr Undeb Ewropeaidd (UE). Gellir dadlau bod ariannau cyfred gwahanol yn Ewrop yn rhwystr mawr i fasnach, yn yr un modd â thollau neu gwotâu. Yn 1970, cynigiodd Adroddiad Werner greu Undeb Ariannol Ewropeaidd ac am gyfnod byr ar ddechrau'r 1970au hoeliodd 6 o aelod wledydd yr UE eu hariannau cyfred yn erbyn ei gilydd. Fodd bynnag, gwnaeth pwysau chwyddiannol y cyfnod, a arweiniodd at argyfwng olew 1973-74, dorri'r system wrth i un wlad ar ôl y llall naill ai ddatbrisio neu adbrisio.

Gwelodd diwedd yr 1970au amodau economaidd mwy sefydlog a gwnaed dechrau newydd yn 1979 gyda chreu'r System Ariannol Ewropeaidd (*EMS*), a'r gydran bwysicaf yn hon oedd y Mecanwaith Cyfraddau Cyfnewid (*ERM*). Cytunodd yr aelod wledydd i hoelio'u hariannau cyfred mewn band o 2¼% o gyfartaledd pwysol ariannau cyfred Ewrop. Gelwid y cyfartaledd pwysol hwn yn ECU (Uned Arian Cyfred Ewrop). Rhwng 1979 ac 1987, cafwyd 11 **ailosodiad** yn yr *EMS* wrth i wledydd ddatbrisio neu adbrisio. Yn gyffredinol, gwnaeth gwledydd â chwyddiant isel ac â gwarged yn y cyfrif cyfredol, fel Gorllewin yr Almaen a'r Iseldiroedd, adbrisio eu hariannau cyfred. Tra bo gwledydd â chwyddiant uwch ac â diffyg yn y cyfrif cyfredol, fel Ffrainc a'r Eidal, wedi datbrisio'u hariannau cyfred hwy.

Cytundeb Maastricht

Yn 1989 cyflwynodd Jacques Delors, Llywydd y Comisiwn Ewropeaidd, adroddiad radical yn awgrymu y dylai'r aelod wledydd symud i Undeb Ariannol Ewropeaidd llawn. Ffurfiodd ei gynigion y sail ar gyfer rhan o Gytundeb Maastricht, a arwyddwyd yn 1992, ac a ymdriniodd â'r Undeb Ariannol Ewropeaidd. Cafodd amserlen ei gosod ar gyfer symud ymlaen yn llawn i'r Undeb Ariannol Ewropeaidd.

Cam 1 Byddai 'Pwyllgor Ariannol' UE yn cael ei sefydlu a fyddai'n cynghori llywodraethau a'r Comisiwn Ewropeaidd am y camau angenrheidiol i symud ymlaen i'r ddau gam nesaf.

Cam 2 Yn ystod y cam hwn, mae'r gwledydd yn gweithio tuag at gam 3. Yn benodol, yn ystod cam 2, byddai'n rhaid i wledydd gymhwyso eu polisïau mewnol eu hunain i gyflawni pedwar **maen prawf cydgyfeirio**. Ystyriwyd bod y meini prawf cydgyfeirio yn hollbwysig i lwyddiant un arian cyfred.

- Chwyddiant. Roedd rhaid i gyfraddau chwyddiant fod o fewn 1.5% o'r gyfradd cyfartalog yn y tair gwlad isaf ei chwyddiant yn yr UE. Roedd hyn oherwydd bod gwlad gyda chwyddiant sylweddol uwch na gwledydd eraill, mewn mecanwaith cyfraddau cyfnewid cymwysadwy, fel rheol yn gweld ei harian cyfred yn suddo'n is yn erbyn ei phartneriaid masnachu gan ei bod yn dod yn llai a llai cystadleuol. Gallai gynnal paredd gallu prynu'n unig trwy gyfradd cyfnewid sy'n gostwng. Er mwyn cynnal cyfradd cyfnewid sefydlog, roedd rhaid iddi felly alinio'i chyfradd chwyddiant yn fras i rai ei phartneriaid masnachu.

- Cyfraddau llog. Byddai cyfraddau llog tymor hir ddim mwy na dau y cant uwchlaw'r gyfradd cyfartalog yn y tair gwlad isaf eu cyfradd llog yn yr UE. Petai cyfraddau llog tymor hir llawer yn uwch na hyn mewn un wlad, yna byddai llifoedd arian tymor byr i mewn i'r wlad honno i gymryd mantais ar y cyfraddau llog uwch. Byddai hyn wedyn yn ansefydlogi llifoedd arian cyfred, gan roi pwysau ar arian cyfred y wlad honno i symud ar i fyny. Byddai modd cynnal cyfraddau cyfnewid sefydlog yn unig petai ychydig gymhelliant neu ddim o gwbl i symud symiau mawr o arian tymor byr o wlad i wlad yn yr *EMS*.

- Sefyllfa gyllidol. Roedd rhaid i lywodraethau gael diffygion cyllideb o ddim mwy na 3% o Gynnyrch Mewnol Crynswth (CMC) (yn ôl prisiau'r farchnad) a dyled genedlaethol o lai na 60% o CMC (ar brisiau'r farchnad). Byddai llywodraethau a oedd mewn dyled drwm, neu yr oedd angen iddynt fenthyg symiau mawr o arian mewn blwyddyn, yn tueddu i orfod cynnig cyfraddau llog uchel ar y ddyled oedd yn cael ei dyroddi. Byddai cyfraddau llog uchel ar fondiau'r llywodraeth yn tueddu i ddenu llifoedd arian o

wledydd tramor a allai ansefydlogi'r arian cyfred. Yn yr un modd, roedd perygl y byddai'r llywodraethau'n ei chael hi'n anodd ariannu eu dyled ac o ganlyniad, byddai tramorwyr yn gwrthod benthyg i'r wlad. Bydd hyn hefyd yn tueddu i ansefydlogi'r arian cyfred. Felly, o ran sefydlogrwydd yr arian cyfred, roedd rhaid cael sefydlogrwydd cyllidol hefyd.

- Cryfder cydgyfeirio. Rhaid bod arian cyfred gwlad wedi bod ym mand cul yr *ERM* am o leiaf ddwy flynedd heb unrhyw ailosodiadau neu 'densiynau difrifol'. Roedd hyn er mwyn sicrhau bod o leiaf rhywfaint o sefydlogrwydd yn yr arian cyfred.

Cam 3 Ar y cam hwn, byddai symudiad tuag at ariannau cyfred sefydlog. Byddai corff newydd, sef y Banc Canolog Ewropeaidd *(ECB)* bellach, yn dal ac yn rheoli cronfeydd wrth gefn swyddogol yr holl aelod wledydd. Byddai'r hyn sydd bellach yn ewro yn dod yn arian cyfred swyddogol. Byddai Cam 3 yn dechrau ar 1 Ionawr 1999.

Creu'r ewro

Ar 1 Ionawr 1999, cafodd yr ewro ei lansio. Roedd un deg un gwlad wedi ymuno – Ffrainc, Yr Almaen, Yr Eidal, Sbaen, Portiwgal, Awstria, Gwlad Belg, Luxembourg, Yr Iseldiroedd, Gweriniaeth Iwerddon a'r Ffindir. Roedd Gwlad Groeg ymhell o ddigoni'r meini prawf cydgyfeirio ond yn y pen draw cafodd ei chaniatáu i mewn i'r don gyntaf o wledydd yr ewro. Penderfynodd Sweden, Denmarc a'r DU beidio ag ymuno am resymau gwleidyddol. Nid oedd y DU yn gymwys i ymuno beth bynnag oherwydd nid oedd wedi sefydlogi'i harian cyfred yn erbyn ariannau cyfred *EMS* ers mis Medi 1992.

Rhwng 1 Ionawr a 31 Rhagfyr 2001, cafodd ariannau cyfred y gwledydd oedd yn cymryd rhan eu cloi mewn cyfradd cyfnewid benodol. Cafodd rheolaeth o'r gyfradd llog allweddol yn ardal yr ewro, sy'n gywerth â chyfradd sylfaenol y banciau yn y DU, ei throsglwyddo i'r Banc Canolog Ewropeaidd. Roedd y sefydliad hwn bellach yn gyfrifol am bolisi ariannol trwy'r 12 gwlad. Felly, roedd y gyfradd llog allweddol bellach yr un fath yn yr Almaen ag yr oedd yn yr Eidal, Ffrainc a Portiwgal. Roedd y Banc Canolog Ewropeaidd hefyd yn gyfrifol am bolisi cyfradd cyfnewid ardal yr ewro. Roedd ganddo reolaeth o gyfran o gronfeydd wrth gefn banciau canolog yr aelod wledydd a gallai, mewn theori, ddefnyddio'r rhain i brynu a gwerthu arian cyfred i newid gwerth yr ewro yn erbyn ariannau cyfred fel y ddoler a'r ien. Yn ymarferol, gadawyd yr ewro i arnofio'n rhydd yn y marchnadoedd ariannau tramor.

Ar 1 Ionawr 2002, cafodd arian papur a darnau arian yr ewro eu dyrannu ac, ymhen misoedd, cafodd arian papur a darnau arian ariannau cyfred cenedlaethol eu diddymu'n raddol.

Manteision Uned Ariannol Ewropeaidd

Costau cyfradd cyfnewid llai Mae un arian cyfred yn golygu nad oes unrhyw gostau cyfradd cyfnewid wrth wneud trafodion. Mae mor ddigost i gwmni Ffrengig yn Calais brynu o gwmni yn yr Almaen ag ydyw o gwmni ym Mharis. O gymharu, bydd cwmni Ffrengig sy'n prynu o gwmni Prydeinig yn dal i gael y gost o newid arian cyfred. Nid yn unig y comisiwn a'r ffioedd a gaiff eu gosod gan y banciau yw hyn. Mae hefyd yn golygu'r costau sy'n codi o ffactor risg ariannau cyfred sy'n newid mewn gwerth o ddydd i ddydd mewn system cyfradd cyfnewid cymwysadwy.

Mwy o dryloywder o ran pris Gyda llawer o farchnadoedd cenedlaethol a sawl arian cyfred gwahanol, mae'n debygol bod gan gwsmeriaid, boed yn gwmnïau neu'n gartrefi, wybodaeth amherffaith am brisiau ar draws yr ardal gyfan. Mae un arian cyfred yn ei wneud yn hawdd i gwsmeriaid gymharu prisiau rhwng gwledydd gwahanol a phrynu o'r ffynhonnell rataf. Mae cynhyrchwyr rhyngwladol yn llawer llai abl i brisio'n anffafriol rhwng gwledydd trwy godi prisiau uwch mewn rhai gwledydd na gwledydd eraill i ennill elw monopoli. Y canlyniad oedd prisiau is ar draws ardal yr ewro er lles y defnyddwyr.

Mwy o fasnach a darbodion maint mwy Mae'r gostyngiad yng nghostau'r gyfradd cyfnewid a mwy o eglurder o ran pris wedi arwain at fwy o fasnach rhwng aelod wledydd. Cafwyd ton o uno a phrynu cwmnïau trawsffiniol i greu ffyrmiau mwy o faint sy'n cyflenwi ar draws ardal yr ewro yn hytrach nag un economi cenedlaethol yn unig. Mae hyn wedi arwain at ddarbodion maint mwy, gan leihau'r prisiau i gwsmeriaid ymhellach.

Buddsoddi o'r tu allan Mae bod y tu mewn i ardal yr ewro wedi rhoi mantais gystadleuol i wledydd o'i gymharu â'r rhai y tu allan i ardal yr ewro, fel y DU. Dros y tri deg o flynyddoedd diwethaf, mae'r DU ei hun wedi mwynhau buddsoddi sylweddol o'r tu allan, er enghraifft gan gwmnïau o Japan ac UDA. Un fantais i'r cwmnïau yw eu bod yn osgoi tollau a chwotâu yn cael eu gosod ar nwyddau sy'n dod o'r tu allan i'r UE. Yn ogystal, maent yn agosach i'r farchnad Ewropeaidd, sy'n rhoi manteision iddynt wrth ddatblygu cynhyrchion newydd ac wrth farchnata. Fodd bynnag, mae bod mewn gwlad y tu allan i ardal yr ewro yn creu risgiau ac ansicrwydd o ran y gyfradd cyfnewid. Mae cwmnïau fel Toyota wedi dweud yn eithaf eglur bod hyn yn ffactor negyddol mewn unrhyw benderfyniad ynglŷn â ph'un ai i ehangu yn y DU ai peidio. I'r gwrthwyneb, un o'r rhesymau pam y mae gwledydd Dwyrain Ewrop am ymuno â'r ewro yw oherwydd eu bod yn cydnabod y bydd hyn yn creu cymhelliant ychwanegol i gwmnïau rhyngwladol leoli yn eu gwlad.

Rheolaeth facro-economaidd Roedd rhai gwledydd, fel yr Almaen, yn llwyddiannus iawn wrth reoli eu heconomïau yn y cyfnod ar ôl y rhyfel. Yn benodol, gwnaethant gyflawni chwyddiant cymharol isel. Roedd gwledydd eraill, fel Yr Eidal a'r DU yn llai llwyddiannus. Er enghraifft, roedd materion cyllidol cyhoeddus yr Eidal yn anghynaliadwy yn y tymor hir. Gwariodd y llywodraeth ormod a chodwyd trethi rhy fach gan arwain at symiau hyd yn oed uwch o ddyled i'r llywodraeth. Arweiniodd y gwaith o greu Undeb Ariannol Ewropeaidd at osod meini prawf ar gyfer rheolaeth facro-economaidd. Er enghraifft, nid oedd llywodraethau cenedlaethol yn gallu rhedeg diffygion mawr i'r gyllideb dros gyfnod hir. Ni all Banc Canolog Ewropeaidd gael ei drafod gan wleidyddion sy'n ceisio cael ailetholiad gan ei fod yn annibynnol ar y llywodraeth genedlaethol. Fodd bynnag, ers 2001 cafwyd rhywfaint o ddadrithiad gyda rheolaeth facro-economaidd gan y Banc Canolog Ewropeaidd. Mae wedi'i feirniadu am gadw cyfraddau llog yn rhy uchel, gan arwain at effaith ddatchwyddol ar wledydd gyda chyfraddau twf isel iawn a diweithdra uchel. Yn yr un modd, ni chreodd yr ewro unrhyw wthiad i wledydd weithredu diwygiadau ochr-gyflenwad.

Yr agenda tymor hir Mae un arian cyfred yn rhan o symudiad ehangach tuag at fwy o integreiddio Ewropeaidd. Po fwyaf yr integreiddio economaidd, mwya'i gyd yw'r darbodion maint ac isaf i gyd yw'r costau i'r cynhyrchwyr. Ond ceir llawer o fuddiannau eraill o bosibl y gellir eu cyflawni yn sgil mwy o integreiddio. Er enghraifft, mae cael llawer o fyddinoedd cenedlaethol yn ffordd hynod aneffeithlon o ddarparu amddiffyniad i Ewrop. Yn y pen draw, hoffai rhai weld uniad gwleidyddol yn ogystal ag uniad economaidd. Heb un arian cyfred, byddai hyn yn anodd.

Anfanteision Uned Ariannol Ewropeaidd

Costau trawsnewid Gwnaeth creu un arian cyfred wneud costau trawsnewid yn anochel. Er enghraifft, roedd rhaid newid peiriannau gwerthu i gymryd y darnau arian newydd. Collodd rhai gweithwyr banc eu swyddi oherwydd cafodd adrannau ariannau tramor eu torri mewn maint. Roedd rhaid i gwsmeriaid ddod i arfer â defnyddio'r arian newydd.

Colli annibyniaeth polisi Mae'r DU wedi dioddef yn hir o anghydbwysedd strwythurol. Er enghraifft, gallai De Lloegr fod yn ffynnu heb unrhyw ddiweithdra tra bydd Cymru neu Ogledd Ddwyrain Lloegr yn gweld ychydig o dwf economaidd a diweithdra hirbarhaol. Mae'n anodd cymhwyso polisi cyllidol ac ariannol i ddarparu ar gyfer anghenion pob rhanbarth yn y DU dan yr amgylchiadau hyn. O ran De Lloegr, efallai bod angen i gyfraddau llog fod yn uchel er mwyn datchwyddo'r economi. O ran Cymru a Gogledd Ddwyrain Lloegr, efallai bod angen i'r cyfraddau llog fod yn isel i hybu'r galw cyfanredol. Mae'r math hwn o broblem yn debygol o fod yn waeth po fwyaf yw ardal yr undeb ariannol. Er enghraifft, yn ardal yr ewro, gellid dadlau bod angen i gyfraddau llog fod yn uwch yng Ngweriniaeth Iwerddon rhwng 2001 a 2006 er mwyn ffrwyno twf cryf lle roedd angen iddynt fod llawer yn is yn Ffrainc i hybu twf isel a lleihau diweithdra. Yn anffodus, mae un arian cyfred yn golygu mai dim ond un set o gyfraddau llog sydd ar draws ardal yr ewro. Felly, mae'n rhaid i'r Banc Canolog Ewropeaidd osod cyfraddau llog i fod o fantais i'r nifer mwyaf ar draws yr aelod wledydd. Y fantais o gael ariannau cyfred cenedlaethol yw bod pob gwlad yn rhydd i osod ei chyfraddau llog ei hun ac felly mewn theori, mae modd teilwra polisïau macro-economaidd i'r llog cenedlaethol. Yn ymarferol, mae llywodraethau gwledydd gydag economïau cymharol agored (h.y. rhai lle mae allforion a mewnforion yn gyfran fawr o'r CMC) yn cael trafferth gweithredu polisi macro-economaidd yn annibynnol ar eu prif bartneriaid masnachu. Er enghraifft, cyn 1999, cafodd polisi macro-economaidd yn yr Iseldiroedd ei ddylanwadu'n gryf gan bolisi yn yr Almaen. Felly, er y ceir rhywfaint o golli rheolaeth o ran rheolaeth facro-economaidd i wledydd sy'n ymuno ag ardal yr ewro, nid yw mor wych ag y gallai ymddangos i ddechrau.

Problemau strwythurol Gallai natur 'un maint i bawb' y polisi ariannol yn ardal yr ewro arwain at bocedi difrifol o enciliad mewn rhai rhanbarthau. Mae hyn wedi digwydd yn y DU dros y 50 mlynedd diwethaf. Mae economi rhanbarthol fel Gogledd Ddwyrain Lloegr wedi'i daro'n galed gan ddirywiad y diwydiant mwyngloddio a gweithgynhyrchu trwm ac mae'n cymryd degawdau i wella. O leiaf yn y DU, mae llifoedd arian cryf rhwng y rhanbarthau cyfoethocach a thlotach. Mae rhanbarth mewn trafferth yn talu llai o dreth y pen nag un llwyddiannus. Yn ogystal, mae'n cael trosglwyddiadau mawr, o'r system budd-daliadau diweithdra er enghraifft. Nid oes mecanweithiau felly yn yr UE. Mae Brwsel ond yn cael cyfran fach o drethi wedi'u talu yn yr UE ac mae'n talu swm cymharol fach allan. Mae tipyn o hyn yn mynd i'r ffermwyr. Felly gallai'r Banc Canolog Ewropeaidd fod yn codi cyfraddau llog oherwydd pwysau chwyddiannol yn yr Almaen, ond bydd hyn ond yn gwneud pethau'n waeth i ranbarth yn yr Eidal sydd eisoes yn dioddef o ddirywiad strwythurol. Nid oes gwaith trosglwyddo adnoddau o'r Almaen i'r Eidal wedyn a fyddai'n helpu hybu galw cyfanredol yn rhanbarth yr Eidal ac yn helpu datchwyddo economi'r Almaen hefyd. Yr ateb i'r broblem hon yw i Frwsel fod yn gyfrifol am lawer mwy o'r hyn sy'n wariant llywodraeth ar hyn o bryd gan wladwriaethau cenedlaethol unigol. Mae hyn yn awgrymu bod llawer mwy o ganoli a cholli sofraniaeth genedlaethol.

Colli sofraniaeth wleidyddol Mae rhai'n dadlau bod undeb ariannol yn cyflwyno colled annerbyniol o sofraniaeth genedlaethol. Ar ei symlaf yn y DU, mae rhai

ewro-sgeptigiaid yn dadlau bod gwerth mewn cadw'r bunt sterling fel symbol o Brydeindod. Mae eraill yn dadlau na ddylai tramorwyr reoli polisi economaidd cenedlaethol. Nid oes amheuaeth fod creu un arian cyfred wedi arwain at golli sofraniaeth genedlaethol gan fod rheoli polisi ariannol a chyfradd cyfnewid ar gyfer gwledydd ardal yr ewro wedi'i drosglwyddo i'r Banc Canolog Ewropeaidd.

Torri ardal yr ewro i fyny Mae'r un mor hawdd i ddiddymu un arian cyfred â'i greu. Petai'r ewro'n methu, am ba reswm bynnag, gallai fod costau trawsnewid sylweddol yn y chwalfa ddilynol. Yn y gorffennol, mae arian cyfred sengl wedi tueddu i fethu oherwydd chwalfa wleidyddol gwlad neu ardal. Mae enghreifftiau'n cynnwys ymerodraeth Awstria-Hwngari, a chwalodd yn 1918, yr Undeb Sofietaidd, a chwalodd yn 1990 a Tsiecoslofacia a rannodd yn ddwy wlad yn 1993. Byddai cefnogwyr arian cyfred sengl yn dadlau bod hyn yn dangos yr angen am fwy o integreiddio economaidd a gwleidyddol tuag at ryw fath o unol daleithiau Ewrop nad oes modd eu datod. Yn 2005, roedd rhai gwleidyddion yn yr Eidal yn galw i'w gwlad dynnu'n ôl o'r ewro i alluogi cyfraddau llog is a fyddai'n ysgogi twf disymud ac yn lleihau diweithdra.

Prydain a'r ewro

Mae'r DU wedi parhau y tu allan i'r ewro ac mae'n debygol o wneud hynny hyd y gellir rhagweld.
- Yn wleidyddol, mae'r etholwyr yn tueddu i fod yn ewro-sgeptig a byddai'n anodd i lywodraeth ennill refferendwm ar a ddylid ymuno ai peidio.
- Ers 'Dydd Mercher Du', mis Medi 1992, ystyriwyd yn gyffredinol bod rheolaeth facro-economaidd yn gadarn. Bu cyfradd twf y DU yn uwch na chyfradd ardal yr ewro, yn rhannol oherwydd diwygiadau'r cyflenwyr ac yn rhannol oherwydd absenoldeb unrhyw enciliadau sylweddol. Felly, nid oedd unrhyw hwb i ymuno ag ardal yr ewro.
- Nid yw allforwyr na mewnforwyr wedi dangos bod risgiau'r gyfradd cyfnewid a chostau trafodion arian cyfred wedi bod yn ddigon uchel i atal twf mewn masnach. Yn fwy na hynny, mae tipyn o'r twf mewn masnach yn digwydd gyda gwledydd y Dwyrain Pell, fel China ac India, y tu allan i ardal yr ewro.

Mae ewro-sgeptigiaid yn dadlau'n fras bod economi'r DU wedi bod yn gwneud yn eithriadol o dda ac felly pam ymuno? Byddai'r sawl o blaid Ewrop yn ymateb trwy ddweud y byddai economi'r DU wedi perfformio hyd yn oed yn well y tu mewn i ardal yr ewro. Gan nad oes modd cynnal arbrawf wedi'i reoli, mae'n anodd dweud pa un o'r sefyllfaoedd hyn sy'n gywir.

Cwestiwn Data

A ddylai Prydain ymuno â'r ewro?

Manteision ymuno

Y fantais gyntaf yw costau trafodion is i fusnes a defnyddwyr. Amcangyfrifwn fod y rhain gwerth tua 0.1% i 0.2% o'r CMC, £1 biliwn y flwyddyn. Mae'r enillion yn fwy i gwmnïau bach a'r enillion yn barhaol.

Yr ail yw llai o gyfnewidioldeb yn y gyfradd cyfnewid, gydag enillion i gwmnïau mawr a bach fel ei gilydd, yn enwedig yn y sector gweithgynhyrchu gyda'r enillion mwyaf i gwmnïau llai o faint o bosibl.

Y drydedd fantais yw mwy o fasnach trawsffiniol ac felly'r potensial am fwy o fasnach a thwf. Mae ein hasesiad yn nodi'n glir, gyda Phrydain yn yr ewro, gallai masnach Brydeinig gydag ardal yr ewro gynyddu, efallai 50% dros 30 o flynyddoedd.

Nesaf, y cyfraddau llog. Am 30 neu 40 o flynyddoedd roedd cyfandir Ewrop yn gallu cyfuno sefydlogrwydd gyda chyfraddau llog cyson is na Phrydain, a oedd o fantais i fusnes a pherchenogion cartrefi wrth reswm. Gyda Phrydain yn yr ewro, gallai busnes elwa trwy fwy o fynediad i farchnad gyfalaf Ewropeaidd mwy integredig. Ac os gallwn gloi i mewn sefydlogrwydd yn y tymor hir, ar sail cydgyfeirio wedi'i gynnal a chryf, gallai busnes wedyn weld toriad yng nghost benthyg.

Mae ein hasesiad ar fasnach a chynnyrch yn nodi y tu mewn i'r ewro, gallai incwm cenedlaethol y DU godi rhwng 5% a 9% dros gyfnod o 30 o flynyddoedd. Byddai hyn yn cynyddu, yn amodol ar gydgyfeirio, cynnyrch a chyfoeth cenedlaethol posibl hyd at 0.25% y flwyddyn, sydd werth hyd at £3 biliwn y flwyddyn, gan gyflwyno safonau byw uwch a phrisiau is i ddefnyddwyr a chartrefi.

Ffynhonnell: addaswyd o Gordon Brown, Canghellor y Trysorlys, datganiad i Dŷ'r Cyffredin, 9.6.2003.

Yn 1997, gosododd Gordon Brown, Canghellor y Trysorlys, bum prawf yr oedd rhaid llwyddo ynddynt er mwyn i Brydain ymuno â'r ewro. Yn 2003, mewn datganiad i Dŷ'r Cyffredin, adroddodd, ar yr adeg honno, mai dim ond un o'r pum prawf y llwyddodd Prydain ynddynt.

Prawf 1 Cydgyfeirio Rhaid i strwythurau economaidd a'r gylchred fusnes gydfynd â'i gilydd. Rhaid i newidiadau mewn cyfraddau llog gael yr un effaith ar economi'r DU ag y maen nhw ar Ewrop. Er enghraifft, rhaid i'r ffordd y mae newidiadau mewn cyfraddau llog yn arwain at wariant trwy'r farchnad dai fod yn debyg. Yn yr un modd, rhaid i hyd y cylchredau masnach fod yn debyg a rhaid i gylchred fasnach y DU fod ar yr un pwynt â chylchred fusnes ardal yr ewro. Dywedodd Gordon Brown ein bod ni wedi methu'r prawf hwn. 'Mae gwahaniaethau strwythurol yn parhau a allai gyflwyno risg i sefydlogrwydd oni bai y delir â nhw.'

Prawf 2 Hyblygrwydd Petai problemau economaidd yn ymddangos, rhaid cael digon o hyblygrwydd yn y marchnadoedd i ddelio â nhw. Dywedodd Gordon Brown ein bod ni wedi methu'r prawf hwn. 'Mae cynnydd sylweddol wedi'i wneud i ddiwygio'r marchnadoedd yn y DU ac yn ardal yr ewro. Ac eto, fel y mae dyfalbarhad y cyfnewidioldeb mewn cyfraddau chwyddiant yn ardal yr ewro'n dangos, ni allwn fod yn sicr bod digon o hyblygrwydd i ddelio â'r pwysau posibl. Dyma'r rhesymau pam rydym yn gwneud diwygiadau strwythurol a fydd yn esgor ar fwy o hyblygrwydd'.

Prawf 3 Buddsoddi A fyddai ymuno â'r ewro'n creu amodau gwell i gwmnïau sy'n gwneud penderfyniadau tymor hir i fuddsoddi yn y DU? Er enghraifft, a fyddai aelodaeth o'r ewro'n gwneud y DU yn lle mwy deniadol i gwmnïau o Japan leoli? Dywedodd Gordon Brown ein bod ni wedi methu'r prawf hwn. 'Mae'r asesiad yn dangos y bydd cyfleoedd newydd i fuddsoddi y tu mewn i'r ewro'. Fodd bynnag, mae angen mwy o gydgyfeirio (Prawf 1) er mwyn llwyddo yn y prawf hwn.

Prawf 4 Gwasanaethau ariannol A fydd Dinas Llundain, enillydd allforio pwysig i'r DU, yn elwa o fod yn aelod o'r ewro? Hwn oedd yr unig brawf y gwnaethom lwyddo ynddo yn ôl Gordon Brown. 'Yn yr ewro neu'r tu allan iddo, mae gwasanaethau ariannol y DU yn gystadleuol a byddant yn parhau i fod felly. Gallai integreiddio marchnadoedd ariannol y tu mewn i'r ewro i'r dyfodol hyrwyddo'r math o amrywiaeth, hyblygrwydd ac arallgyfeirio risg a welir ym marchnadoedd cyfalaf UDA'.

Prawf 5 Cyflogaeth, sefydlogrwydd a thwf A fydd ymuno â'r ewro'n creu swyddi, gan arwain at fwy o sefydlogrwydd economaidd ac yn cynyddu twf economaidd? Dywedodd Gordon Brown ein bod ni wedi methu'r prawf hwn. 'Mae'r fantais bosibl mewn mwy o fasnach a chystadleuaeth ac wedyn lefelau tymor hir uwch o gynnyrch a chyflogaeth yn arwyddocaol. Heb gydgyfeirio cynaliadwy a hyblygrwydd digonol, ni fyddwn yn gwireddu'r manteision ar gyfer sefydlogrwydd, swyddi a buddsoddi.' Roedd yn dweud oherwydd bod Profion 1 a 2 wedi methu, roedd yn golygu bod Prawf 5 wedi methu'n awtomatig hefyd.

Ffynhonnell: addaswyd o Gordon Brown, Canghellor y Trysorlys, datganiad i Dŷ'r Cyffredin, 9.6.2003.

Cydgyfeirio economaidd?

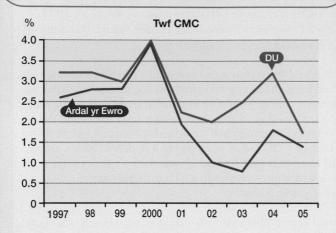

Ffigur 95.1 *Twf economaidd (newid mewn CMC %), a bwlch cynnyrch (% o CMC)*

Twf CMC

DU

Ardal yr Ewro

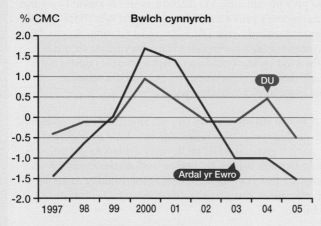

% CMC — Bwlch cynnyrch

DU

Ardal yr Ewro

Ffynhonnell: addaswyd o *Economic Outlook*, OECD.

Ffigur 95.2 *Cyfraddau llog tymor byr[1]*

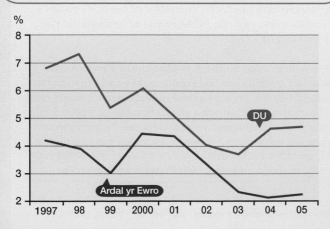

DU

Ardal yr Ewro

1. Cyfraddau marchnad arian tri mis

Ffynhonnell: addaswyd o *Economic Outlook*, OECD.

Caiff Gordon Brown ei ystyried yn 'ewro-sgeptig' ar raddfa eang, h.y. rhywun sy'n ansicr bod lefel bresennol integreiddio Ewropeaidd neu gynlluniau i'r dyfodol i integreiddio ymhellach er lles gorau Prydain. Mae llawer wedi dadlau bod ei bum prawf wedi'u ffurfio'n fwriadol i wneud yn siŵr bod modd eu methu bob tro, gan roi ffordd cadw wyneb iddo beidio â gorfod arwain Prydain i'r ewro.

Ffigur 95.3 *Camau posibl i ymuno ag arian cyfred*

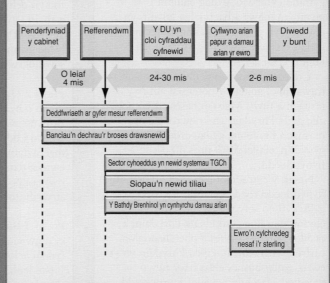

Ffynhonnell: addaswyd o'r *Financial Times*.

Colli sofraniaeth

'Mae ildio sofraniaeth Prydain yn rhywbeth rwy'n ei wrthwynebu'n chwyrn. Mae'r holl syniad o un arian cyfred yn anghynaliadwy a byddai'n arwain at ansefydlogrwydd'. *Adwerthwr mawr, Canolbarth Lloegr.*

'Rwy'n credu y bydd pethau'n mynd yn ddrutach nag ydyn nhw ar hyn o bryd. Ar hyn o bryd, gall pethau gael eu prynu'n rhad oddi ar y Cyfandir ac os bydd un arian cyfred yn mynd yn ei flaen bydd pethau'n mynd yn ddrutach'. *Cwmni adeiladu bach, Gogledd Lloegr.*

'Mae'r sterling yn arian cyfred rhyngwladol ac wedi bod ers nifer mawr o flynyddoedd. Pam ddylwn ni symud i ffwrdd tuag at fond niwlog? Os diddymwn ni'r bunt, byddwn ni wedyn yn drifftio i arian cyfred gwannach'. *Gwneuthurwr canolig ei faint, De Lloegr.*

Ffynhonnell: addaswyd o'r *Financial Times*.

Costau trawsnewid

Mae busnesau llai o faint Prydain yn wynebu talu £6.2 biliwn i drosi i ddefnyddio'r ewro. Dangosodd arolwg gan yr Allied Irish Bank (Gwledydd Prydain) fod costau trawsnewid yn amrywio'n sylweddol rhwng diwydiannau, ond ar gyfartaledd gallant ddisgwyl talu £1,685. Yr adwerthwyr sy'n cael eu taro waethaf, gan wynebu bil sydd 300% yn uwch na'u cydweithwyr yn y diwydiant adeiladu.

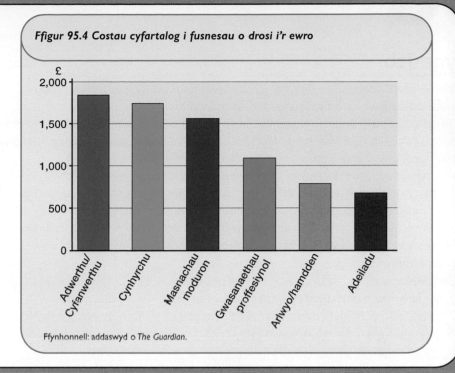

Ffigur 95.4 Costau cyfartalog i fusnesau o drosi i'r ewro

Ffynhonnell: addaswyd o *The Guardian*.

Yr Eidal yn meddwl tynnu allan o'r ewro

Mae'r annychmygol yn digwydd. Mae rhai o wleidyddion yr Eidal yn siarad am Yr Eidal yn tynnu allan o'r ewro. Maen nhw'n poeni ynghylch cyfradd diweithdra uchel yr Eidal a thwf gwael yn y blynyddoedd diwethaf. Eu dadl nhw yw bod polisi ariannol 'un maint i bawb' ardal yr ewro yn niweidio economi'r Eidal yn ddifrifol. Byddai tynnu allan yn golygu y gallai'r Eidal ddatbrisio'i harian cyfred ac ennill mantais gystadleuol dros ei hewro-bartneriaid. Byddai mwy o allforion a llai o fewnforion Eidalaidd yn hybu swyddi ac incymau.

Fodd bynnag, mae economegwyr yn nodi y byddai'n ddinistriol i'r Eidal dynnu allan nawr. Mae gan yr Eidal un o'r dyledion cenedlaethol uchaf yn yr UE, a gaiff ei hariannu yn ôl y cyfraddau llog isel iawn sy'n bodoli y tu mewn i ardal yr ewro. Petai ganddi ei harian cyfred ei hun, ni fyddai'r marchnadoedd yn barod i fenthyg i wladwriaeth yr Eidal ac eithrio ar gyfraddau llog llawer uwch. Byddai cyfraddau llog uwch yr Eidal yn disodli unrhyw enillion y gallai'r Eidal eu gwneud o gyfradd cyfnewid is.

Ffynhonnell: addaswyd o'r *Financial Times*, 8.6.2005.

Dim prinder ymgeiswyr i'r ewro

Efallai bod Prydain yn amharod i ymuno â'r ewro, ond nid oes prinder ymgeiswyr am aelodaeth â'r ewro o wledydd yn Nwyrain Ewrop. Fel rhan o'u cytundebau i ymuno â'r UE, mae pob gwlad newydd sydd wedi'i derbyn wedi gorfod llofnodi y byddant yn ymuno â'r ewro yn y dyfodol. Mae'r rhan fwyaf ohonynt yn ystyried bod aelodaeth â'r ewro yn eu cloi mewn sefydlogrwydd ariannol ac ardal masnach rydd economaidd a fydd yn hybu swyddi a thwf economaidd.

1. Beth yw'r prif ddadleuon o blaid ac yn erbyn y DU yn ymuno â'r ewro?

2. Trafodwch a yw Gordon Brown yn iawn i gadw'r DU allan o'r ewro ar hyn o bryd.

Crynodeb

1. Mae'r fantol daliadau yn debygol o fod mewn anghydbwysedd os bydd gwerth allforion a mewnforion yn wahanol dros gyfnod hir.

2. Un arf polisi sydd ar gael i lywodraethau i ymdrin â diffyg cyfrif cyfredol yw datbrisio'r arian cyfred neu adael iddo ddibrisio. Mae amod Marshall-Lerner yn nodi y bydd datbrisiad yn llwyddiannus os ydy elastigeddau cyfunol y galw am allforion a mewnforion yn fwy nag un.

3. Yn y tymor byr, mae datbrisiad yn debygol o arwain at ddirywiad yn sefyllfa'r cyfrif cyfredol oherwydd effaith y gromlin J. Yn y tymor hirach, efallai y caiff buddion cystadleuol datbrisiad eu herydu gan chwyddiant costwthiol.

4. Bydd polisïau datchwyddol yn gweithredu i ostwng mewnforion oherwydd y gostyngiad yng nghyfanswm y galw yn yr economi. Cynyddu cyfraddau llog yw un ffordd o weithredu polisi datchwyddol.

5. Mae cynyddu cyfraddau llog hefyd yn debygol o arwain at gynnydd yng ngwerth yr arian cyfred yn y tymor byr wrth i arian hapfasnachol gael ei ddenu i mewn i'r wlad.

6. Gall mesurau diffynnaeth ostwng mewnforion ond mae gallu llywodraethau i weithredu polisïau o'r fath heddiw yn gyfyngedig iawn oherwydd cytundebau rhyngwladol.

7. Dylai polisïau ochr-gyflenwad arwain at gynnydd yn y gallu i gystadlu'n rhyngwladol dros gyfnodau hir.

8. Yn y tymor byr, efallai y bydd gwlad yn dewis gosod cyfyngiadau ar gyfnewid ariannau tramor, gan gyfyngu ar gyflenwad ei harian cyfred ar gyfer ei ddefnyddio mewn trafodion rhyngwladol.

Cydbwysedd mantol daliadau

Dywedir bod y fantol daliadau mewn **cydbwysedd** pan nad oes tuedd iddi newid. Mae hyn fwyaf tebygol o ddigwydd yn y tymor byr i ganolig os ydy allforion yn hafal i fewnforion ac felly mae'r cyfrif cyfredol a chyfalaf mewn cydbwysedd. Fodd bynnag, gall fod cydbwysedd hefyd os ydy:

● mewnforion yn fwy nag allforion a bod y wlad yn defnyddio arian benthyg o wledydd tramor i ddatblygu ei heconomi fel y gwnaeth UDA yn rhan gyntaf y 19eg ganrif.

● allforion yn fwy na mewnforion a bod y wlad yn buddsoddi'r arian dramor er mwyn ariannu mwy o fewnforion yn y dyfodol. Gellir dadlau bod Japan yn y sefyllfa hon heddiw gan ei bod hi'n wynebu gostyngiad sylweddol yn ei gweithlu a chynnydd sylweddol yn nifer y pensiynwyr yn y 30 mlynedd nesaf.

Yn y tymor hir mae gwledydd yn annhebygol o allu parhau i fod yn fenthycwyr net sylweddol gan y bydd gwledydd eraill yn gwrthod benthyca i wledydd sydd â mwy a mwy o ddyled (fel y digwyddodd â llawer o wledydd y Trydydd Byd). Yn y tymor hir, felly, bydd cydbwysedd yn digwydd pan fydd allforion yn hafal i fewnforion.

Os ydy'r fantol daliadau mewn cydbwysedd, ni fydd tuedd i'r gyfradd cyfnewid newid. Ar y llaw arall, os ydy gwlad yn tueddu i allforio mwy nag y mae'n ei fewnforio dros gyfnodau hir, bydd ei chyfradd cyfnewid yn tueddu i godi. Bydd y galw am arian cyfred y wlad i dalu am ei hallforion fyth a beunydd yn fwy na chyflenwad yr arian cyfred a gynigir ar werth i dalu am fewnforion. Gall hapfasnachu achosi i'r gyfradd cyfnewid amrywio ar hap yn y tymor byr os ydy cyfraddau cyfnewid yn arnofio, ond bydd tuedd y gyfradd cyfnewid yn debygol o fod tuag i fyny yn y tymor hir. Os bydd y wlad â diffyg parhaol yn y cyfrif cyfredol, bydd ei chyfradd cyfnewid yn tueddu i ostwng.

Os oes diffyg (neu warged) parhaol yn y cyfrif cyfredol, pa gamau y gall llywodraeth eu cymryd i unioni'r sefyllfa? Sut y gall llywodraethau gadw cyfraddau cyfnewid i fyny pan fo pwysau gwerthu parhaol o'r marchnadoedd?

Datbrisiad ac adbrisiad

Un ffordd bosibl o wella diffyg cyfrif cyfredol yw i'r llywodraeth DDATBRISIO (*devalue*) yr arian cyfred, hynny yw gostwng gwerth yr arian cyfred mewn perthynas ag ariannau cyfred eraill. Mae datbrisiad yn effeithio ar allforion a mewnforion am ei fod yn newid eu prisiau cymharol ac felly eu gallu i gystadlu'n rhyngwladol. Y gwrthwyneb i ddatbrisiad yw ADBRISIAD (*revaluation*), sef cynnydd yng ngwerth yr arian cyfred.

Mae datbrisiad yn tybio bod y llywodraeth yn hoelio gwerth ei harian cyfred mewn perthynas ag ariannau cyfred eraill. Fodd bynnag, efallai y bydd cyfraddau cyfnewid yn **arnofio**, sy'n golygu bod llywodraethau'n gadael i rymoedd marchnad rydd bennu gwerth yr arian cyfred. Yna defnyddir y term **dibrisiad** (*depreciation*) am ostyngiad yng ngwerth yr arian cyfred. Y gwrthwyneb i ddibrisiad yw **arbrisiad** (*appreciation* – ☞ uned 39) yr arian cyfred. Yn y gwaith sy'n dilyn, tybir bod y llywodraeth yn rheoli gwerth yr arian cyfred ac felly defnyddir y term 'datbrisiad' yn hytrach na 'dibrisiad'. Ond mae gan ddatbrisiad a dibrisiad yr un effeithiau, felly hefyd adbrisiad ac arbrisiad.

Effeithiau datbrisiad

Tybiwch fod gwerth y bunt yn gostwng 10% mewn perthynas ag ariannau cyfred eraill. Bydd pris mewnforion felly yn codi mewn punnoedd sterling. Â chyfradd cyfnewid o $2 = £1, byddai car o UDA a werthir i fewnforwyr yn y DU am $20 000 wedi costio £10 000 mewn punnoedd sterling. Â datbrisiad o 10%, cyfradd cyfnewid newydd y bunt fydd $1.8 = £1. Felly cost car $20 000 o UDA fydd £11 111 ($20 000 ÷ 1.8). Ar y pris newydd, bydd y galw'n debygol o ostwng. Bydd yr effaith ar gyfanswm gwerth mewnforion yn dibynnu ar elastigedd y galw am geir UDA. Os ydy'r galw'n elastig, bydd y codiad canrannol ym mhris ceir UDA wedi'i orbwyso gan y gostyngiad canrannol yn y galw am geir. Felly bydd cyfanswm gwerth sterling ceir a fewnforir o UDA yn gostwng. (Mae hyn yn gymhwysiad o'r berthynas rhwng elastigedd a derbyniadau ☞ uned 9). Os ydy'r galw'n bris anelastig, bydd codiad yn y pris yn arwain at gynnydd yn y gwariant ar geir UDA ac felly cynnydd yng ngwerth sterling mewnforion o geir UDA.

I grynhoi, bydd datbrisiad y bunt yn:

- gadael y **pris** yn nhermau doleri UDA yn ddigyfnewid ond yn cynyddu pris sterling mewnforion;
- arwain at ostyngiad ym **maint mewnforion**;
- yn arwain at ostyngiad yng **nghyfanswm gwerth sterling** mewnforion a thybio bod y galw mewnol am fewnforion yn glastig; os ydy'r galw'n anelastig, bydd cynnydd yng ngwerth sterling mewnforion.

Ni ddylai datbrisiad y bunt gael dim effaith ar bris sterling allforion. Bydd car £10 000 sy'n cael ei allforio i UDA yn dal i fod yn £10 000 ar ôl datbrisiad. Ond bydd y pris wedi gostwng yn nhermau doleri UDA. Os ydy gwerth y bunt yn gostwng o $2 = £1 i $1.8 = £1, bydd pris y car £10 000 yn UDA yn gostwng o $20 000 i $18 000. Dylai hynny arwain at gynnydd yn y galw am geir y DU.

Felly bydd datbrisiad yn:

- gadael **pris sterling** allforion yn ddigyfnewid ond yn gostwng y pris yn nhermau ariannau tramor;
- arwain at gynnydd ym **maint allforion**;
- cynyddu **cyfanswm gwerth sterling** allforion.

Datbrisiad ac elastigedd

Yn gyffredinol, bydd datbrisio'r bunt yn cynyddu gwerth sterling allforion, ond efallai y bydd neu efallai na fydd yn arwain at ostyngiad yng ngwerth mewnforion yn dibynnu ar elastigedd y galw am fewnforion. Mae'n debygol, hyd yn oed os bydd gwerthoedd mewnforion yn cynyddu, y bydd gwerthoedd allforion yn cynyddu fwy byth. Felly bydd datbrisiad yn arwain at wella sefyllfa'r cyfrif cyfredol. Yn ôl amod MARSHALL-LERNER, a derbyn amodau caeth iawn, bydd datbrisiad yn achosi gwelliant yn y cyfrif cyfredol os bydd elastigeddau cyfunol y galw am allforion a mewnforion yn fwy nag 1. Os ydy elastigeddau cyfunol y galw am allforion a mewnforion yn llai nag 1, yr ymateb polisi cywir a ddylai fod i ddiffyg yn y cyfrif cyfredol yw **adbrisio** yr arian cyfred.

Datbrisiad a strategaethau prisio

Hyd yma tybiwyd y bydd allforwyr y DU yn dewis cadw pris sterling y cynhyrchion yn ddigyfnewid a newid y pris arian tramor, tra bydd mewnforion yn dewis cadw pris arian tramor eu nwyddau yr un fath a newid y pris sterling. Ond efallai y bydd allforwyr a mewnforwyr yn dewis strategaeth wahanol. Efallai, er enghraifft, y bydd gwneuthurwr ceir moeth yn prisio model penodol yn $40 000 yn UDA. Os ydy gwerth y bunt yn $2 = £1, bydd yn derbyn £20 000 am bob car. Os caiff y bunt ei datbrisio i $1 = £1, mae gan y gwneuthurwr ddewis o strategaethau. Gallai gadw'r pris sterling yn ddigyfnewid yn £20 000 a gostwng y pris yn nhermau doleri i $20 000. Ond gallai gostyngiad ym mhris car moeth roi'r arwyddion anghywir i brynwyr ceir UDA. Gallen nhw dybio nad yw'r ceir hyn yn geir moeth bellach. Gallen nhw feddwl nad yw'r busnes yn gwneud cystal yn UDA a'i fod yn gorfod gostwng prisiau er mwyn cynnal gwerthiant. Efallai na fydd y gostyngiad yn y pris yn nhermau doleri yn cynyddu gwerthiant fawr ddim. Felly bydd y gwneuthurwr yn debygol o gadw'r pris mewn doleri yn ddigyfnewid yn $40 000 ac o ganlyniad cynyddu maint ei elw. Pan fydd gwerth y bunt yn codi mewn perthynas â'r ddoler, efallai eto y bydd y gwneuthurwr yn dewis cadw'r pris mewn doleri yn ddigyfnewid. Gallai codiad yn y pris mewn doleri arwain at ostyngiad mawr mewn gwerthiant os ydy'r gwneuthurwr mewn marchnad gystadleuol â gwneuthurwyr ceir moeth eraill.

Os bydd allforwyr a mewnforwyr yn mabwysiadu'r strategaeth o adael y prisiau a godant ar eu cwsmeriaid yn ddigyfnewid, bydd datbrisiad yn dal i wella sefyllfa'r cyfrif cyfredol. Tybiwch fod y bunt yn cael ei datbrisio.

- Bydd gwerth sterling allforion yn codi am fod allforwyr wedi dewis cynyddu pris sterling allforion yn hytrach na gostwng eu pris arian tramor. Bydd maint allforion yn ddigyfnewid am fod y pris arian tramor yn ddigyfnewid. Felly bydd gwerthoedd sterling allforion yn cynyddu am fod y pris sterling yn cynyddu.
- Bydd gwerth sterling mewnforion yn ddigyfnewid. Mae cwmnïau tramor wedi dewis cadw pris sterling eu nwyddau yn ddigyfnewid. Felly ni fydd meintiau'n newid ac felly ni fydd gwerth sterling mewnforion yn newid.

Â gwerthoedd allforion wedi cynyddu a gwerthoedd mewnforion yn ddigyfnewid, bydd gwelliant yn sefyllfa'r cyfrif cyfredol.

Problemau sy'n gysylltiedig â datbrisiad

Mae dwy brif broblem â defnyddio datbrisiad fel arf polisi.

Y gromlin J Mae'r cyfrif cyfredol ar ôl datbrisiad yn debygol o fynd yn waeth cyn iddo wella. Gelwir hyn yn EFFAITH Y GROMLIN J ac fe'i dangosir yn Ffigur 96.1.

Tybiwch fod y DU â diffyg cyfrif cyfredol a'i bod hi'n ceisio datbrisio ei harian cyfred. Yn y tymor byr bydd y galw am allforion a mewnforion yn dueddol o fod yn anelastig. Er y bydd pris arian tramor allforion y DU yn gostwng, bydd hi'n cymryd amser cyn i wledydd eraill ymateb i'r newid. Felly, bydd maint allforion yn aros yr un fath yn y tymor byr, cyn cynyddu yn y tymor hirach. Felly, yn y tymor byr ni fydd cynnydd yng ngwerthoedd sterling allforion.

Yn yr un modd, er bod pris sterling mewnforion yn codi, yn y tymor byr efallai y bydd mewnforwyr y DU â chontractau mewnforion a lofnodwyd ganddynt cyn y datbrisiad. Neu efallai nad oes cyflenwyr eraill o fewn y wlad ac felly rhaid i gwmnïau barhau i brynu mewnforion. Felly, yn y tymor byr bydd gwerthoedd sterling mewnforion yn codi. Yn y tymor hirach gall contractau gael eu haddasu a gall cynhyrchwyr mewnol gynyddu'r cyflenwad, gan arwain at ostyngiad ym meintiau mewnforion.

Yn gyffredinol, yn y tymor byr bydd gwerthoedd mewnforion yn cynyddu ond bydd gwerthoedd allforion yn ddigyfnewid, felly bydd

Cwestiwn 1

Bydd penderfyniad llywodraeth China i adbrisio'r renminbi 2.5% mewn perthynas â doler UDA yn arwain at ymatebion gwahanol gan allforwyr China. Yn y diwydiant tecstilau, er bod maint yr elw yn fach iawn, mae gwneuthurwyr China yn annhebygol o allu trosglwyddo'r cynnydd yn y gyfradd cyfnewid mewn prisiau uwch i'w cwsmeriaid tramor. Hyd yn oed â chodiad mor fach yn y pris, gallai rhai gwneuthurwyr golli contractau i wledydd eraill sy'n cynhyrchu tecstilau am gost isel fel India a Bangladesh. Yn y diwydiant electroneg lle mae llai o gystadleuaeth o wledydd eraill yn y tymor byr, mae cynhyrchwyr China yn fwy tebygol o drosglwyddo'r codiad pris i'w cwsmeriaid.

Ffynhonnell: addaswyd o'r *Financial Times*, 24.5.2005 a 22.7.2005.

Gan ddefnyddio enghreifftiau o'r darn, eglurwch beth sy'n debygol o ddigwydd i'r canlynol ar ôl adbrisiad arian cyfred: (a) pris allforion, (b) maint allforion a (c) y derbyniadau a dderbynnir o allforion.

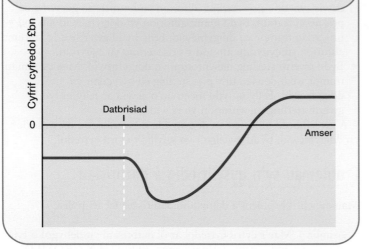

Ffigur 96.1 Effaith y gromlin J
Bydd datbrisiad yn arwain i ddechrau at ddirywiad yn sefyllfa'r cyfrif cyfredol cyn iddi wella yn y tymor hirach.

dirywiad yn y cyfrif cyfredol. Yn y tymor hirach bydd gwerthoedd allforion yn codi a gallai gwerthoedd mewnforion ostwng, gan greu gwelliant yn sefyllfa'r cyfrif cyfredol.

Chwyddiant costwthiol Mae datbrisiad yn cynhyrchu chwyddiant wedi'i fewnforio. Nid yw hyn yn ddifrifol os oes cynnydd unwaith-ac-am-byth mewn prisiau. Ond os bydd yn cychwyn neu'n hybu **chwydd-dro costwthiol**, bydd y cynnydd yn y gallu i gystadlu a gyflawnwyd gan y datbrisiad yn cael ei erydu yn gyflym. Mae economegwyr Keynesaidd yn fwyfwy amheus o werth datbrisiad fel arf polisi i wella diffyg mantol daliadau oni fydd yn rhan o becyn ehagach o lawer o fesurau sydd â'r bwriad o gynyddu perfformiad economi sydd â diffyg a'i allu i gystadlu.

Datchwyddiant

Mae datbrisiad yn arwain at **symud gwariant** (*expenditure switching*). Bydd tramorwyr yn prynu mwy o'n hallforion ni a llai o'u nwyddau nhw eu hunain a nwyddau gwledydd eraill, tra bydd defnyddwyr mewnol yn prynu llai o fewnforion a mwy o nwyddau a gynhyrchir yn fewnol. Dull gwahanol o wella diffyg cyfrif cyfredol yw **datchwyddiant**. Mae hwn yn bolisi **gostwng gwariant**. Os bydd y llywodraeth yn gostwng y galw cyfanredol yn yr economi, er enghraifft drwy godi cyfraddau llog neu gynyddu trethi, bydd pobl â llai o arian i'w wario ac felly byddan nhw'n gostwng eu treuliant o nwyddau a gynhyrchir yn fewnol a nwyddau a fewnforir. Felly bydd mewnforion yn gostwng. Efallai hefyd y bydd allforion yn codi os bydd cwmnïau mewnol yn symud gwerthiant o'r farchnad fewnol farwaidd i farchnadoedd tramor.

Yn y DU, mae datchwyddiant wedi bod yn llwyddiannus iawn o ran gostwng mewnforion, yn arbennig am fod ei **thueddfryd ffiniol i fewnforio** yn uchel iawn yn achos gweithgynhyrchion. Mae'r effaith ar fewnforion wedi bod yn llai amlwg. Efallai y bydd cwmnïau'n dewis gostwng cynhyrchu mewn ymateb i enciliad yn yr economi yn hytrach na cheisio archebion am allforion.

Un fantais bwysig sydd gan ddatchwyddiant fel polisi yw ei fod yn debygol o ostwng pwysau chwyddiannol yn yr economi, a thybio bod y pwysau hynny'n dod o ochr alw yr economi. Ar y llaw arall,

Cwestiwn 2

Mae economi Prydain wedi cael budd o werth uchel y bunt yn y blynyddoedd diwethaf, ond gallai hyn ddod i ben os bydd y marchnadoedd ariannau tramor yn ofnus o broblem dyled gynyddol Prydain.

Oddi ar 1995, mae'r DU wedi cael budd o symudiadau mewn prisiau byd-eang. Mae prisiau mewnforion i'r DU wedi gostwng 16% tra bo prisiau allforion wedi gostwng 11% yn unig. Mae'r tueddiadau hyn wedi cynyddu gallu prynu Prydain yn y byd. Fodd bynnag, mae diffyg y cyfrif cyfredol ar hyn o bryd tua 3% o CMC, ond byddai'n uwch o lawer pe bai prisiau cymharol yn dal ar eu lefelau yn 1995. Mae chwyddiant wedi cael ei gadw i lawr gan fewnforion rhad, gan ganiatáu i Fanc Lloegr gadw cyfraddau llog ar eu lefelau isaf ers pedwar degawd.

I Andrew Smithers o *Smithers and Co.*, cwmni buddsoddiant y Ddinas, mae diffyg y cyfrif cyfredol wedi cynyddu i bwynt lle bydd yn rhaid iddo gael ei gulhau. Mae'n debyg y bydd hynny'n golygu gostyngiad yn y bunt, gan leihau'r galw am fewnforion a chynyddu'r galw am allforion. 'Mae hynny'n achosi problem i Fanc Lloegr,' meddai. 'Bydd cyfradd chwyddiant yn codi a bydd yn rhaid i ni gael cyfraddau llog uwch ac ychydig o enciliad.'

Cafwyd gostyngiad cymedrol yng ngwerth y bunt eisoes dros y 12 mis diwethaf, ond mae'n debyg nad yw hynny wedi cael fawr ddim effaith ar brisiau mewnforion hyd yma. Ond mae'n bosibl bod yr effaith wedi cael ei gohirio yn unig. Yn ei Adroddiad Chwyddiant diweddaraf, nododd Banc Lloegr y gallai mewnforwyr fod yn araf i godi eu prisiau am fod llawer o'u contractau wedi'u pennu ar gyfer cyfnodau penodol neu oherwydd costau newid eu rhestri prisiau. 'Efallai felly y bydd oedi yn y trosglwyddo nes y bydd cwmnïau'n credu bod symudiad y gyfradd cyfnewid yn un parhaol,' meddai.

Ffynhonnell: addaswyd o'r *Financial Times*, 10.1.2004.

(a) Gan ddefnyddio'r data, eglurwch pam y gallai effaith dymor byr datbrisio'r bunt ar fewnforion fod yn wahanol i'r effaith dymor hir.

(b) Gan ddefnyddio enghreifftiau o'r darn, eglurwch y problemau a allai ddigwydd o ganlyniad i ddatbrisio'r bunt.

Cwestiwn 3

Mae gwerth yr ewro wedi codi 30% mewn perthynas â doler UDA dros y ddwy flynedd diwethaf. Mae allforion ardal yr ewro i wledydd sy'n prynu mewn doleri UDA yn teimlo'r gwres. Fis diwethaf, er enghraifft, cyhoeddodd Heineken, y trydydd mwyaf o fragwyr y byd yn ôl maint, rybudd ynghylch elw oherwydd yr effaith roedd gostyngiad y ddoler yn ei chael ar dderbyniadau o allforion i UDA.

Dywedodd Gerhard Schröder, Canghellor yr Almaen, fis diwethaf fod cyfradd y ddoler/ewro yn 'anfoddhaol' ar gyfer allforion Ewropeaidd ac awgrymodd, mae'n debyg, y gallai fod yn rhaid i'r Banc Canolog Ewropeaidd ystyried gostwng cyfraddau llog i atal codiad yr ewro.

Ffynhonnell: addaswyd o'r *Financial Times*, 11.3.2004.

(a) Pe bai'r Banc Canolog Ewropeaidd yn gostwng ei gyfradd llog, sut y gallai hynny helpu cwmnïau yn ardal yr ewro sy'n allforio i UDA fel *Heineken*.

(b) Pa effaith y gallai gostyngiad yng nghyfraddau llog gan y Banc Canolog Ewropeaidd ei chael ar sefyllfa cyfrif cyfredol mantol daliadau gwledydd ardal yr ewro?

bydd hefyd yn gostwng twf ac yn cynyddu diweithdra, dau beth sy'n annymunol ynddynt eu hunain. Yn y tymor hir, rhaid i'r economi gynyddu ei allu i gystadlu'n rhyngwladol onid yw'r economi i aros islaw cyflogaeth lawn yn barhaol.

Cyfraddau llog

Bydd cyfraddau llog uwch i ddechrau yn cryfhau gwerth yr arian cyfred. Maen nhw'n denu llifoedd hapfasnachol i mewn i'r wlad, gan gynyddu'r galw am yr arian cyfred. Yn y tymor hirach bydd cynnydd yng nghyfraddau llog, a gynhyrchwyd, mae'n rhaid, gan ostyngiad yn y cyflenwad arian (☞ uned 82), yn arwain at ostyngiad yn y galw cyfanredol trwy'r mecanwaith trosglwyddo. Bydd cyfraddau llog uwch yn datchwyddo'r economi, gan arwain at ostyngiad mewn mewnforion ac felly gwelliant yn y cyfrif cyfredol.

Diffynnaeth

Bydd cynyddu tollau neu gwotâu neu fesurau diffynnaeth eraill yn gostwng mewnforion gan wella sefyllfa'r cyfrif cyfredol. Gall tollau a chwotâu gael effaith sylweddol yn y tymor byr. Fodd bynnag, dydy economegwyr ddim yn ffafrio diffynnaeth ryw lawer. Yn gyntaf, mae'r wlad yn debygol o'i chael ei hun hyd yn oed yn fwy rhyngwladol anghystadleuol yn y tymor hir gan nad oes gan ei diwydiannau mewnol gymhelliad i wella eu heffeithlonrwydd. Yn ail, mae diffynnaeth mewn un wlad yn gwahodd dial gan ei phartneriaid masnachu. Gallai'r wlad weld bod yr enillion yn y cyfrif cyfredol o fewnforion is wedi'u gorbwyso gan golli allforion o ganlyniad i ddial (☞ uned 40).

Hefyd mae mesurau sy'n cynyddu diffynnaeth wedi'u gwahardd gan Gyfundrefn Masnach y Byd ac eithrio dan amgylchiadau penodol. Mae bod yn aelod o floc masnachu fel yr Undeb Ewropeaidd yn cyfyngu'n ddifrifol ar allu gwledydd unigol i gyfyngu ar fewnforion drwy bolisïau diffynnaeth.

Cyfyngiadau ar gyfnewid ariannau tramor

Gall llywodraeth ddewis gosod neu dynhau cyfyngiadau ar gyfnewid ariannau tramor, sy'n cyfyngu ar allu dinasyddion a chwmnïau mewnol i brynu ariannau tramor. Yn rhan olaf yr 1960au, er enghraifft, yn y DU cyfyngwyd ar swm yr arian cyfred y gellid ei gymryd dramor ar wyliau i £50 y person. Gallai llywodraethau hefyd gyfyngu ar arian ar gyfer buddsoddiant dramor neu hyd yn oed ar gyfer mewnforion. Fe wnaeth y llywodraeth ddileu cyfyngiadau ar gyfnewid ariannau tramor yn 1979, a heddiw ni all llywodraeth y DU osod cyfyngiadau o'r fath am ei bod hi'n aelod o'r Undeb Ewropeaidd.

Polisïau ochr-gyflenwad

Un ffordd o wneud nwyddau a gynhyrchir yn fewnol yn fwy cystadleuol yw trwy ddatbrisiad: newid pris cymharol allforion a mewnforion. Ond mae llawer o ffyrdd eraill y gall diwydiant mewnol ddod yn fwy cystadleuol yn rhyngwladol. Dylai **polisïau ochr-gyflenwad** (☞ uned 38) sydd â'r nod o ostwng costau llafur yr uned, cynyddu buddsoddiant, cynyddu sgiliau'r llafurlu a gwella ansawdd a dyluniad cynhyrchion arwain at gynyddu allforion a gostwng mewnforion. Mae polisïau ochr-gyflenwad yn tueddu i fod yn bolisïau tymor hir. Allan nhw ddim gwella diffyg cyfrif cyfredol o fewn, er enghraifft, 12-24 mis.

Cwestiwn 4

Ym mis Chwefror 1990 roedd llywodraeth Bangladesh yn wynebu cynnydd yn niffyg cyfrif cyfredol y wlad. Tynhaodd y llywodraeth ei chyfyngiadau ar gyfnewid ariannau tramor. Bu'n rhaid i fewnforwyr ddarparu adnau arian parod o 50% wrth agor llythyrau credyd newydd.

Math o fenthyciad sy'n gyffredin yn y fasnach allforio/mewnforio yw llythyr credyd. Eglurwch pam y gallai'r mesur llywodraeth a amlinellir yn y darn arwain at y canlynol: (a) gwelliant yn sefyllfa'r cyfrif cyfredol a (b) cynnydd yng ngwerth arian cyfred Bangladesh, y Taka.

Termau allweddol

Amod Marshall-Lerner – bydd datbrisiad yn arwain at welliant yn y cyfrif cyfredol cyhyd ag y bydd elastigeddau pris cyfunol allforion a mewnforion yn fwy nag 1.

Datbrisiad ac adbrisiad – gostyngiad neu gynnydd yng ngwerth yr arian cyfred pan fo'r arian cyfred wedi'i hoelio wrth ariannau cyfred eraill.

Effaith y gromlin J – yn y tymor byr bydd datbrisiad yn debygol o arwain at ddirywiad yn sefyllfa'r cyfrif cyfredol cyn iddi ddechrau gwella.

Economeg gymhwysol

Polisi'r llywodraeth

Yr 1950au a'r 1960au

Ar gyfer cryn dipyn o'r 1950au a'r 1960au, cyflwynodd y fantol daliadau a'r gyfradd cyfnewid broblemau mawr i lywodraeth y DU. Pryd bynnag yr oedd yr economi'n ffynnu, roedd y cyfrif cyfredol yn llithro i ddiffyg. Byddai hyn yn tueddu i gael ei gysylltu ag argyfyngau'r gyfradd cyfnewid. Byddai hapfasnachwyr yn gwerthu sterling, gan orfodi prisiau sterling i lawr. Ar y pryd, roedd y DU yn aelod o **system Bretton Woods** (☞ uned 94) o gyfraddau cyfnewid, lle roedd gan y bunt werth penodol yn erbyn ariannau cyfred eraill. Er mwyn cadw'r bunt yn sefydlog roedd y llywodraeth yn tueddu i ddatchwyddo'r economi, gan ei roi mewn enciliad. Arweiniodd hyn at gwymp mewn mewnforion a gwell sefyllfa mantol daliadau. Fodd bynnag, erbyn canol yr 1960au, roedd llawer yn dadlau bod gan y DU ddiffyg strwythurol ar ei mantol daliadau (h.y. yn y tymor hir byddai diffygion yn gorbwyso gwargedion ac felly byddai diffyg tymor hir ar y cyfrif cyfredol). Yn 1964, gwrthododd y llywodraeth Lafur dan Harold Wilson y dewis polisi o ddatbrisio'r bunt. Wedyn, treuliodd ei lywodraeth y tair blynedd nesaf yn delio ag argyfyngau ysbeidiol â gyfradd cyfnewid ac yn olaf, ym mis Mehefin 1967, datbrisiodd y bunt 15%.

Gwelodd y naw mis nesaf ddirywiad llym yn sefyllfa'r cyfrif cyfredol - mwy na thebyg effaith y gromlin J yn gweithio'i ffordd allan. Felly, penderfynodd y llywodraeth fod angen i'w Chyllideb ym mis Mawrth 1968 fod yn ddifrifol o ddatchwyddol. Gwellodd y cyfrif cyfredol yn gyflym ac erbyn 1969 roedd mewn gwarged unwaith eto. Roedd hi'n anodd barnu ai'r ffactor pwysicaf yn hyn oedd y datbrisiad o 15% neu'r Gyllideb fwyaf datchwyddol ers yr Ail Ryfel Byd.

Yr 1970au

Parhaodd y cyfrif cyfredol mewn gwarged yn 1970 ac 1971 wrth i'r economi fynd i enciliad. Roedd Cyllideb Mawrth 1972 yn hynod atchwyddiannol, a oedd wedi'i chynllunio i leihau diweithdra. Cydnabyddodd y llywodraeth y gallai hyn gael goblygiadau ar gyfer y cyfrif cyfredol a chyhoeddodd nad oedd yn mynd i gynnal y gyfradd cyfnewid bresennol. Ym mis Mehefin 1972, yn dilyn gwerthiant trwm o'r bunt, gadawodd y DU system Bretton Woods a datbrisiodd y bunt mewn gwerth.

Syrthiodd y bunt yn gyflym. Er enghraifft, yn erbyn y deutschmark, sef arian cyfred yr Almaen ar y pryd, syrthiodd o DM8.26 yn ail chwarter 1972 i DM6.05 yn chwarter olaf 1973, datbrisiad o 27%. Dylai hyn fod wedi galluogi'r cyfrif cyfredol i barhau yn y fantol. Fodd bynnag, roedd polisi'r llywodraeth mor atchwyddiannol, symudodd y cyfrif cyfredol yn ddyfnach ac yn ddyfnach i'r coch. Y tro annisgwyl oedd argyfwng olew 1973-74, a gynyddodd pris olew wedi'i fewnforio bedair gwaith.

Ymateb polisi'r llywodraeth oedd parhau i alluogi'r bunt i arnofio ar i lawr. Erbyn diwedd 1975, roedd y bunt werth DM5.30 yn unig ac erbyn chwarter olaf 1976 roedd y bunt werth DM3.98 yn unig, sef datbrisiad o 52% yn erbyn ei gwerth yn ail chwarter 1972. Roedd cyllidebau yn 1975 ac 1976 yn ddatchwyddol. Ni rwystrodd hyn argyfwng mawr i'r sterling yn niwedd 1976 pan gafodd y llywodraeth ei gorfodi i fenthyg arian gan yr IMF i gynnal ei chronfeydd wrth gefn. Fodd bynnag, roedd sefyllfa'r cyfrif cyfredol eisoes yn gwella erbyn 1975-76 ac yn 1977 symudodd i mewn i warged. Unwaith eto, mae'n anodd barnu'r graddau yr oedd y gwelliant hwn yn ddyledus, naill ai i ddatbrisiad yr arian cyfred neu i gyllidebau datchwyddol.

Cafodd sefyllfa'r cyfrif cyfredol ei thrawsnewid gan allforion o olew Môr y Gogledd wedyn. Cafodd yr olew cyntaf ei gynhyrchu yn 1976 ac erbyn 1980 roedd yr allforion olew yn fwy na'r mewnforion olew. Cynhyrchodd y llywodraeth Gyllidebau cymharol atchwyddiannol yn 1977 ac 1978 er mwyn cymell twf a lleihau diweithdra. Yn anochel, gwaethygodd sefyllfa'r cyfrif cyfredol ac erbyn 1979 roedd y cyfrif cyfredol yn ôl mewn diffyg. Fodd bynnag, parhaodd y gyfradd cyfnewid yn sefydlog fwy neu lai ac, yn wir, dechreuodd y bunt gynyddu mewn gwerth yn 1979 wrth i'r marchnadoedd arian cyfred tramor ragweld yr effaith y byddai llwyddiant olew Môr y Gogledd yn ei gael ar y cyfrif cyfredol.

1980-1992

Yn yr 1950au, yr 1960au a'r 1970au, ystyriwyd bod diffygion yn y cyfrif cyfredol yn broblem a oedd yn mynnu ymateb polisi gan y llywodraeth. Ers 1979, mae'r llywodraeth wedi credu bod y cyfrif cyfredol yn cywiro'i hun ac felly nid yw'n mynnu ymateb polisi. Rhwng 1980 ac 1982, manteisiodd y cyfrif cyfredol ar warged olew cynyddol ac enciliad dwfn yn yr economi. Mewn cyferbyniad, saethodd gwerth y bunt. Yn erbyn y deutschmark, er enghraifft, cododd o DM3.81 yn chwarter olaf 1979 i DM4.81 yn chwarter cyntaf 1981, sef arbrisiad o 26%. Oni bai am yr arbrisiad hwn, byddai gwargedion cyfredol 1980-1982 wedi bod hyd yn oed yn fwy.

Fodd bynnag, cafodd yr arbrisiad yr effaith drychinebus o ddinistrio rhan fawr o ddiwydiant gweithgynhyrchu'r DU. Oherwydd eu bod yn methu cystadlu'n rhyngwladol, aeth cwmnïau i'r wal. Syrthiodd cynnyrch gweithgynhyrchu 18% rhwng ail chwarter 1979 a chwarter olaf 1982. Plymiodd y fantol fasnach ar weithgynhyrchion gorffenedig, a oedd wedi amrywio rhwng +£2bn i £3bn y flwyddyn yn yr 1970au, i ddiffyg o £4bn erbyn 1984 ac wedyn, ar ôl cyfnod byr o sefydlogi, plymiodd i ddiffyg o £13bn erbyn 1989. O 1982 ymlaen, dechreuodd y bunt syrthio eto wrth iddi ddod yn amlwg bod llawer o'r cynnydd mewn derbyniadau olew ar y cyfrif cyfredol wedi'i wrthbwyso gan gwympiadau mawr yn y fantol fasnach ar nwyddau wedi'u gweithgynhyrchu.

Trwy gydol yr 1980au, prif amcan polisi'r llywodraeth oedd rheoli chwyddiant. I ddechrau, roedd y llywodraeth Geidwadol a etholwyd yn 1979 yn argyhoeddedig y gallai hyn gael ei gyflawni trwy reoli'r cyflenwad arian (☞ uned 85). Fodd bynnag, yn hanner cyntaf yr 1980au, tyfodd y cyflenwad arian i ffigurau dwbl pan oedd chwyddiant yn llai na 5%. Cafodd ei ddadrithio'n fwyfwy gyda rheoli'r cyflenwad arian. Yng nghanol yr 1980au, cafodd y Canghellor ar y pryd, Nigel Lawson, ei ddenu i'r syniad y gallai polisi'r gyfradd cyfnewid helpu i gynnal chwyddiant isel. Yn benodol, pe gallai'r bunt gael ei chysylltu â'r deutschmark, gallai'r DU fwynhau'r un chwyddiant isel yr oedd yr Almaen wedi'i chyflawni ers y cyfnod ar ôl y rhyfel. Y ffordd amlwg o wneud hyn oedd ymuno â'r Mecanwaith Cyfraddau Cyfnewid, ond gwrthododd y prif weinidog ewro-sgeptig, Margaret Thatcher, alluogi hyn. Felly yn hytrach, aeth y Canghellor ar drywydd polisi o gysgodi'r deutschmark. Cododd neu gostyngodd cyfraddau sylfaenol y banciau i gynnal cyfradd cyfnewid sefydlog.

O edrych yn ôl, roedd y polisi hwn yn gamarweiniol. Rhwng 1985 ac 1987, cyflymodd twf economaidd yn gyflym. Erbyn 1987-88, ar anterth y cyfnod a gaiff ei adnabod fel ffyniant Lawson, roedd yr economi'n gweithredu y tu hwnt i'w allu i gynhyrchu gyda bwlch cynnyrch cadarnhaol yn bresennol. Dangosodd y gorgynhesu hyn yn glir ar y fantol daliadau. Yn 1986, cofnododd y cyfrif cyfredol ddiffyg bach o £2.3 biliwn. Yn 1987, tyfodd hyn i £5.6 biliwn. Yn 1988, chwyddodd i £17.5 biliwn, 3.8% o'r CMC. Yn 1989, roedd hyd yn oed yn uwch ar £23.5 biliwn, 4.6% o'r CMC. Nid oedd modd cynnal hyn yn y tymor hir.

Roedd y llywodraeth yn rhy araf i ymateb i'r gorgynhesu hwn. Roedd wedi'i hargyhoeddi ei hun y gallai'r economi dyfu uwchlaw ei chyfradd duedd oherwydd diwygiadau'r cyflenwyr. Fel unrhyw lywodraeth, roedd yn amharod hefyd i ddod â ffyniant a oedd yn gweld twf mewn llewyrch a diweithdra oedd yn cwympo'n gyflym i stop. Roedd o'r farn nad oedd diffygion y cyfrif cyfredol yn broblem. Dadleuodd fod y diffygion yn dangos dymuniad ar ran y defnyddwyr a'r cwmnïau i fenthyg o wledydd tramor i ariannu gwariant. Os dyma beth oedden nhw ei eisiau, ni ddylai'r llywodraeth ymyrryd i'w hatal rhag gwneud hynny.

Fodd bynnag, erbyn canol 1988, daeth yn glir fod chwyddiant yn dechrau codi er gwaethaf cysgodi'r deutschmark. Cafodd polisi'r gyfradd cyfnewid ei fwrw o'r neilltu a chafodd cyfraddau llog eu codi o 7.5% ym mis Mai 1988 i 15% ym mis Hydref 1989. Datchwyddodd hyn yr economi'n araf. Dechreuodd diffyg y fantol gyfredol syrthio wrth i'r galw am fewnforion syrthio ac erbyn 1991 roedd yn £8.4 biliwn.

Roedd y cyfraddau llog yn araf i weithredu wrth ddod â chwyddiant i lawr. Parhaodd i ddringo trwy gydol 1989 er gwaethaf codiadau olynol mewn cyfraddau llog. Ni chyrhaeddodd twf yr RPI ei anterth tan drydydd chwarter 1990 ar 10.4% y flwyddyn. Ar yr adeg hon, roedd y llywodraeth yn siomedig ar fethiant chwyddiant i syrthio. Felly penderfynodd ddefnyddio polisi'r gyfradd cyfnewid i ddatchwyddo'r economi ymhellach. Ym mis Medi 1990, aeth i mewn i'r *ERM* ar yr hyn yr oedd y rhan fwyaf o sylwebyddion ar y pryd yn credu oedd yn werth uchel iawn o'r bunt o 3 deutschmark i'r bunt. Camgymeriad oedd hyn.

Dechreuodd chwyddiant syrthio bron yn syth, ond aeth yr economi i enciliad gyda thwf economaidd negyddol. Roedd cyfraddau chwyddiant y DU yn parhau'n uwch na rhai ei phrif bartneriaid masnachu, ond ni allai'r bunt syrthio digon i adfer gallu'r DU i gystadlu oherwydd aelodaeth y DU â'r *ERM*. Erbyn 1992, roedd diffyg y cyfrif cyfredol wedi codi i £10.1 biliwn wrth i allforwyr ei chael hi'n anodd parhau'n gystadleuol gyda phrisiau, tra cododd mewnforion er gwaetha'r ffaith fod yr economi yn yr enciliad hiraf ers yr 1930au. Yn 1991 ac 1992, gyda chwyddiant yn syrthio'n gyflym a'r economi mewn enciliad, roedd y llywodraeth am dorri cyfraddau llog yn gyflym. Ond ni allai wneud hyn oherwydd roedd

y bunt bellach tua gwaelod ei band masnachu yn yr *ERM*. Bygythiodd cwymp rhy fawr mewn cyfraddau llog i fynd â'r bunt allan o'i band masnachu. Roedd y llywodraeth wedi'i hargyhoeddi y byddai datbrisiad o'r bunt yn codi chwyddiant eto. Yn wleidyddol, roedd yn annerbyniol hefyd oherwydd roedd wedi ymroi ei hun i etholwyr y DU ac i lywodraethau'r UE i barhau yn yr *ERM*.

Ym mis Gorffennaf a mis Awst 1992, gwnaeth y marchnadoedd ariannau tramor nifer o ymosodiadau ar aelodau gwan yr *ERM*. Cafodd Banc Lloegr ei orfodi i ddefnyddio'i gronfeydd arian cyfred tramor i brynu punnoedd yn y marchnadoedd i atal y bunt rhag syrthio trwy lawr ei band. Ar 15 Medi, 'Dydd Mercher Du', daeth y pwysau i werthu mor ddwys, cododd Banc Lloegr gyfraddau llog yn ôl i fyny i 15%. Ond parhaodd y gwerthu a chafodd y llywodraeth ei gorfodi i gyhoeddi ei bod yn gadael yr *ERM*. Syrthiodd y bunt 10% yn syth. Ni wyddwn beth yw union swm yr arian a gafodd ei wario gan Fanc Lloegr wrth gefnogi'r bunt, ond aeth i ddegau ar biliynau o bunnoedd. Mae hyn yn dangos yn union faint o arian sydd ar gael i hapfasnachwyr arian cyfred tramor i ymosod ar ariannau cyfred gwan sydd wedi'u hoelio i ariannau cyfred eraill.

1992-2006

Roedd Dydd Mercher Du yn foment allweddol i atgyfnerthu tueddiadau ewro-sgeptig yn y DU. Petai'r DU wedi parhau yn yr *ERM*, mwy na thebyg y byddai wedi ymuno â'r un arian cyfred, yr ewro, a ddechreuodd yn 1999. Felly cafodd Dydd Mercher Du effaith sylweddol ar bolisi'r DU tuag at yr UE.

Fodd bynnag, gellir dadlau iddo fod yn fanteisiol i'r DU ym mhob ffordd arall. Dechreuodd y llywodraeth dorri cyfraddau llog yn syth. Arweiniodd hyn yn gyflym at adferiad economaidd. Yn ogystal, helpodd datbrisiad y bunt i wella'r cyfrif cyfredol. Er gwaetha'r twf economaidd cryf rhwng 1993 ac 1997, gwellodd mantol y cyfrif cyfredol o ddiffyg o £10.6 biliwn i warged o £6.6 biliwn. Mae hyn yn dangos yr effaith rymus y gall datbrisiad sylweddol ei chael ar y cyfrif cyfredol.

Yn 1996, dechreuodd y bunt arbrisio eto yn enwedig yn erbyn ariannau cyfred Ewropeaidd eraill. Rhwng trydydd chwarter 1996 a chwarter cyntaf 1998, arbrisiodd y bunt 23% yn erbyn yr hyn sydd bellach yn ewro. Un rheswm am hyn oedd bod economi'r DU ar y pryd yn perfformio'n dda o'i gymharu â llawer o wledydd yr UE. Roedd chwyddiant yn isel tra oedd twf economaidd cryf, gan nodi bod y DU yn dod yn fwy cystadleuol. Ar yr un pryd, roedd cyfraddau llog yn uwch yn y DU nag yn ardal yr ewro, a ddenodd arian trasymudol i Lundain.

Effaith gychwynnol yr arbrisiad oedd gwasgu twf allforio. Yn benodol, roedd cwmnïau gweithgynhyrchu yn ei chael hi'n anodd cystadlu. Cafwyd dirywiad difrifol yn y fantol fasnach (mantol fasnach mewn nwyddau) o 1997, gyda'r diffyg yn cynyddu pedair gwaith mewn gwerth rhwng 1997 a 2002. Manteisiodd yr allforwyr ychydig pan syrthiodd gwerth y bunt rhwng 2002 a 2003 o ryw 6%. Fodd bynnag, profodd y fantol fasnach ddiffyg record o £60 biliwn yn 2005, sef 5% o'r CMC.

Trwy gydol cyfnod 1992-2006, ni wnaeth y llywodraeth na Banc Lloegr unrhyw ymgais i ddylanwadu ar werth y bunt. Er enghraifft, ni phrynodd na gwerthodd Fanc Lloegr ariannau cyfred gyda'r diben clir o wthio gwerth y bunt i gyfeiriad penodol. Defnyddiodd bolisi'r gyfradd llog i reoli chwyddiant.

Ni chafwyd unrhyw ymgais ychwaith i ddylanwadu'n uniongyrchol ar y fantol daliadau. Y farn swyddogol oedd bod diffygion y cyfrif cyfredol yn cywiro'i hun yn y tymor hir ac felly nid oedd yn bryder uniongyrchol i wneuthurwyr polisi. Fodd bynnag, fel y cafodd ei esbonio yn uned 30, mae hanes yn awgrymu bod diffygion mawr a gaiff eu cynnal i'r cyfrif cyfredol yn aml yn arwain at argyfyngau economaidd. Mewn system cyfradd cyfnewid cymwysadwy, dylai diffygion cyfrif cyfredol fod yn cywiro'u hunain gydag amser. Ond gall y cywiriad fod yn boenus iawn. Rhwng 1992 a 2005, cynhaliodd y DU

ddiffyg cyfrif cyfredol cyfartalog o 1.6% y flwyddyn. Rydym eto i weld a fydd hyn, os bydd y duedd yn parhau, yn ddigon i ysgogi argyfwng yn y tymor hir.

Ar ddechrau'r 21ain ganrif, y penderfyniad polisi cyfradd cyfnewid pwysicaf sydd gan y llywodraeth i'w wneud yw p'un ai i ymuno â'r ewro ai peidio. Ar ôl iddi ymuno, bydd yn colli rheolaeth ar bolisi'r gyfradd cyfnewid a'r polisi cyfradd llog. Bydd y fantol daliadau'n gorffen bod yn destun pryder oherwydd bydd masnach Prydain yn cael ei chynnwys gyda gweddill ardal yr ewro, yn union fel y mae masnach California yn rhan o UDA. Erbyn 2006, yr arwyddion gwleidyddol oedd na fyddai unrhyw lywodraeth yn y dyfodol agos yn debygol o fynd â'r DU i'r ewro. Yn yr un modd, yn y tymor hir, mae'r pwysau gwleidyddol ac economaidd i ymuno yn debygol o fynd yn llethol. Felly mae'n bosibl y byddwn yn rhan o ardal yr ewro, ond dim ond yn 2020.

Cwestiwn Data — Arbrisiad y bunt, 1996-2001

Ffigur 96.2 Gwerth cyfradd cyfnewid y bunt: cyfradd cyfnewid effeithiol, yr ewro

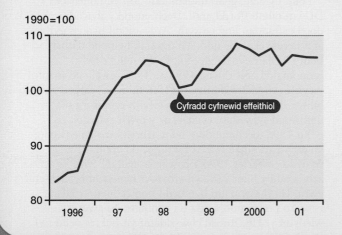

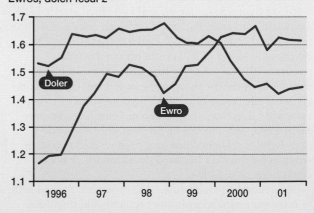

Gwerth allforion a mewnforion, wedi'u mesur mewn £oedd, yw maint yr allforion a'r mewnforion wedi'u lluosi gan eu pris cyfartalog. Yn y data yma, caiff maint a phris eu mesur fel mynegrifau.

Rhwng 1996 a 2000, roedd arbrisiad llym yng ngwerth y bunt a effeithiodd ar allforion a mewnforion fel ei gilydd.

Gwnaeth dau ffactor arall effeithio ar allforion a mewnforion ar y pryd hefyd. Un oedd cyfradd twf uwchlaw'r duedd mewn CMC. Y llall oedd cwymp mewn prisiau cyfartalog y byd ar gyfer nwyddau masnach, sef canlyniad y cynnydd mewn globaleiddio.

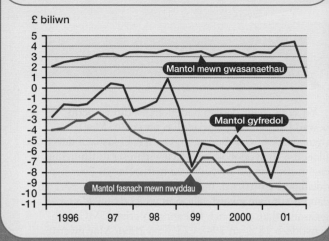

Ffigur 96.3 Mantol daliadau: mantol fasnach mewn nwyddau, mantol mewn gwasanaethau a'r fantol gyfredol, £ biliwn

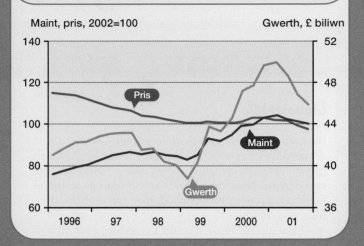

Ffigur 96.4 Allforion nwyddau yn ôl gwerth (£ biliwn), maint (2002=100)

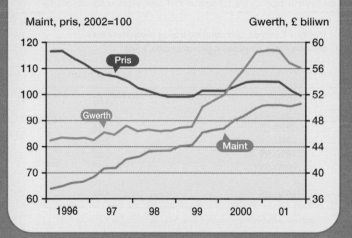

Ffigur 96.5 Mewnforion nwyddau yn ôl gwerth (£biliwn), maint (2002=100)

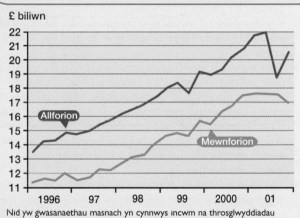

Ffigur 96.6 Gwerth allforion a mewnforion gwasanaethau (£ biliwn)¹

Nid yw gwasanaethau masnach yn cynnwys incwm na throsglwyddiadau cyfredol, cydrannau eraill y 'pethau cudd' ar y cyfrif cyfredol.

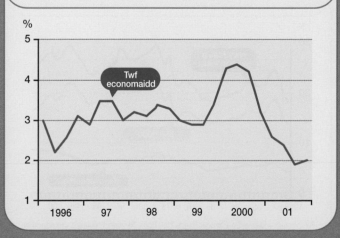

Ffigur 96.7 Canran twf blynyddol mewn CMC

1. Amlinellwch y tueddiadau yng nghyfradd cyfnewid y bunt sterling fel a gaiff eu dangos yn y data.
2. Gan ddefnyddio diagram, eglurwch yr hyn y mae'r model cromlin J yn awgrymu fydd yn digwydd i gyfrif cyfredol y fantol daliadau (a) yn y tymor byr a (b) yn y tymor hir.
3. I ba raddau y gall effaith cromlin J gael ei weld yn y data?
4. Dros y cyfnod 1996 i 2001, mae'r data'n dangos y bu dirywiad llym ym mantol fasnach y DU a'r fantol gyfredol ar y fantol daliadau. (a) Amlinellwch DDWY ffordd y gallai'r llywodraeth neu Fanc Lloegr fod wedi gweithredu i wirio'r dirywiad hwn a (b) trafodwch i ba raddau y gallai ymyriad felly fod wedi bod yn llwyddiannus.

Ffynhonnell: addaswyd o *Economic Trends*, Swyddfa Ystadegau Cenedlaethol.

Economeg gymhwysol

Globaleiddio

Dechreuodd y term globaleiddio (☞ uned 40) gael ei ddefnyddio yn yr 1980au i ddisgrifio'r integreiddio a'r gyd-ddibyniaeth gynyddol nid yn unig o economi'r byd ond o gymdeithas, diwylliant a sefydliadau gwleidyddol hefyd. O safbwynt economaidd, mae gan globaleiddio nifer o nodweddion.

- O ran gwledydd datblygedig cyfoethog, caiff mwy o nwyddau eu gweithgynhyrchu dramor, gyda llawer ohonynt am y tro cyntaf mewn gwledydd sy'n datblygu (☞ unedau 99-104) fel China ac India. Mae'r fasnach hon yn digwydd oherwydd bod gwledydd sy'n datblygu'n cael yr offer cyfalaf a'r wybodaeth i gynhyrchu gweithgynhyrchion. Hefyd mae dulliau cludo effeithlon o gael nwyddau i farchnadoedd, ac mae gan wledydd sy'n datblygu fantais gost ar ffurf llafur rhad iawn.
- Mae masnach mewn gwasanaethau'n tyfu. Er enghraifft, mae twf mewn twristiaeth yn golygu bod niferoedd mawr o ymwelwyr yn mynd dramor. Mae canolfannau galw i gwsmeriaid mewn gwledydd datblygedig yn cael eu lleoli mewn gwledydd sy'n datblygu. Mae India wedi dod yn arweinydd byd mewn ysgrifennu meddalwedd ac wedyn yn gwerthu'r sgiliau hyn i gwmnïau mewn gwledydd datblygedig.
- Mae perchenogaeth dramor o gwmnïau'n cynyddu. Er enghraifft, mae llawer o gwmnïau amlwladol mawr wedi buddsoddi mewn ffatrïoedd a chwmnïau yn China. Mae cwmnïau Ffrengig wedi prynu cwmnïau UDA. Mae cwmni a ddechreuodd yn yr India bellach yn un o'r cynhyrchwyr dur mwyaf yn y byd, ar ôl prynu nifer o gwmnïau dur yn y byd datblygedig.
- Mae brandiau'n cynyddu ac yn ehangu'n rhyngwladol. Mae *Coca-Cola, McDonald's,* hufen iâ *Magnum* neu farrau siocled *Snickers* ar gael ar y pum cyfandir.
- Mae llifoedd ariannol rhyngwladol yn dod llawer yn fwy. Mae gwledydd fel China a Malaysia yn ariannu rhan sylweddol o'u twf economaidd cyflym o lifoedd cyfalaf rhyngwladol o'r tu allan. Gwelodd gwledydd fel Rwsia, Brasil a Gwlad Thai fod symudiadau sydyn cyfalaf ariannol rhyngwladol allan o'r wlad wedi ansefydlogi eu hariannau cyfred ac achosi cwympiadau difrifol ar eu heconomïau mewnol.
- Mae datblygiadau mewn cyfathrebu a thechnoleg gwybodaeth wedi lleihau'r amser y mae ar asiantau economaidd eu hangen i gyfathrebu â'i gilydd. Mewn diwydiannau fel cynhyrchu meddalwedd, mae rhaglenwyr yr un mor agos at swyddfa cleient a leolir yn Llundain â phetaen nhw eu hunain wedi'u lleoli yn India neu yng Nghaint.

Yn syml, gellir dadlau bod globaleiddio yn derm newydd ar gyfer rhyngwladoli economïau. Mae rhyngwladoli wedi bod yn digwydd ers i fasnach ddechrau filoedd o flynyddoedd yn ôl. Mewn amserau Rhufeinig, er enghraifft, cafodd nwyddau eu masnachu yn Ewrop a ddeilliodd o Affrica, India a China. Mae Ffigur 97.1 yn dangos sut mae gwerth allforion y DU o nwyddau a gwasanaethau masnach fel canran o arian CMC wedi cynyddu o 18% yn 1948 i 25% yn 2004. Mae gwerth allforion o wasanaethau masnach fel canran o CMC wedi codi'n gynt na nwyddau masnach.

4.45% oedd twf blynyddol cyfartalog allforion mewn termau real dros y cyfnod 1950-2005, bron dwbl y twf blynyddol mewn CMC. Fodd bynnag, nid oes tystiolaeth i awgrymu bod cyfradd newid twf allforion wedi cynyddu

Tabl 97.1 Cynnydd canrannol cyfartalog blynyddol mewn allforion real o nwyddau a gwasanaethau, y DU

	% twf blynyddol
1950-59	3.82
1960-69	5.12
1970-79	5.16
1980-89	2.96
1990-99	5.69
2000-05	3.87
1950-05	4.45

Ffynhonnell: addaswyd o *Economic Trends,* Swyddfa Ystadegau Cenedlaethol

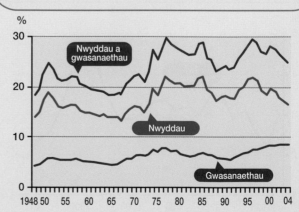

Ffigur 97.1 Allforion nwyddau a gwasanaethau fel canran o CMC

Ffynhonnell: addaswyd o *Economic Trends,* Pink Book, Swyddfa Ystadegau Cenedlaethol

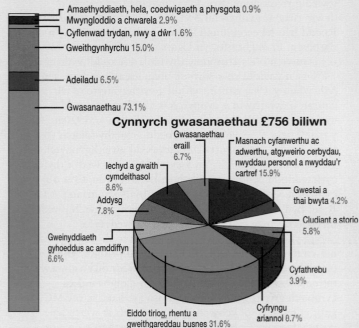

Ffigur 97.2 Strwythur economi'r DU yn ôl sector, 2004

Cynnyrch gweithgynhyrchu £155 biliwn

Gweithgynhyrchion eraill 5.0%

Offer cludiant 12.3%

Offer trydanol ac optegol 11.0%

Peiriannau ac offer heb eu nodi yn rhywle arall 7.8%

Metelau sylfaenol a chynhyrchion metel gwneuthuredig 10.2%

Rwber, plastig a chynhyrchion eraill heb fod yn fetel 9.0%

Cemegion, cynhyrchion cemegol a ffibrau synthetig 10.2%

Golosg, cynhyrchion petroliwm wedi'u puro a thanwydd niwclear 2.3%

Cynhyrchion pren a phapur, mwydion, papur a chynhyrchion papur, cyhoeddi ac argraffu 14.8%

Tecstilau a chynhyrchion tecstilau, lledr a chynhyrchion lledr 3.7%

Bwyd, diodydd a thybaco 14.8%

Amaethyddiaeth, hela, coedwigaeth a physgota 0.9%
Mwyngloddio a chwarela 2.9%
Cyflenwad trydan, nwy a dŵr 1.6%
Gweithgynhyrchu 15.0%
Adeiladu 6.5%
Gwasanaethau 73.1%

Cynnyrch gwasanaethau £756 biliwn

Gwasanaethau eraill 6.7%

Iechyd a gwaith cymdeithasol 8.6%

Addysg 7.8%

Gweinyddiaeth gyhoeddus ac amddiffyn 6.6%

Eiddo tiriog, rhentu a gweithgareddau busnes 31.6%

Cyfryngu ariannol 0.7%

Cyfathrebu 3.9%

Cludiant a storio 5.8%

Gwestai a thai bwyta 4.2%

Masnach cyfanwerthu ac adwerthu, atgyweirio cerbydau, nwyddau personol a nwyddau'r cartref 15.9%

Cyfanswm cynnyrch £1 033 biliwn

Ffynhonnell: addaswyd o'r *Blue Book*, Swyddfa Ystadegau Cenedlaethol.

gydag amser. Mae Tabl 97.1 yn dangos bod cyfradd twf blynyddol cyfartalog allforion ychydig yn gynt yn yr 1960au a'r 1970au nag ydoedd yn yr 1990au ac yn sylweddol gynt nag yn yr 1950au, 1980au a dechrau degawd cyntaf 2000.

Strwythur yr economi

Dylai globaleiddio gael effaith ar strwythur economïau. Er enghraifft, yn y byd sy'n datblygu, mae wedi arwain at gynnydd yng nghyfran sector gweithgynhyrchu llawer o

economïau ac wedi'u gwneud nhw'n llai dibynnol ar amaethyddiaeth. Yn y byd datblygedig, mae cyfran y sector gweithgynhyrchu mewn CMC wedi dirywio wrth i weithgynhyrchu gael ei ddisodli gan y diwydiannau gwasanaeth.

Mae strwythur economi'r DU yn 2004 yn cael ei ddangos yn Ffigur 97.2. Heddiw, mae economi'r DU yn economi seiliedig ar wasanaethau gan mwyaf. Roedd gweithgynhyrchu ond yn cyfrif am 15% o CMC tra bo gwasanaethau yn cyfrif am 73.1%.

Fodd bynnag, cafwyd newidiadau sylweddol yn y

Ffigur 97.3 Cynnyrch amaethyddiaeth, gweithgynhyrchu a'r sector gwasanaethau fel canran o CMC

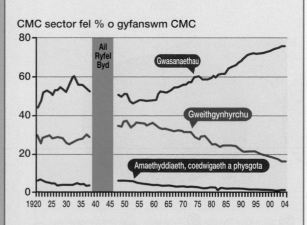

CMC sector fel % o gyfanswm CMC

Ail Ryfel Byd

Gwasanaethau

Gweithgynhyrchu

Amaethyddiaeth, coedwigaeth a physgota

1920 25 30 35 40 45 50 55 60 65 70 75 80 85 90 95 00 04

Ffynhonnell: addaswyd o B R Mitchell, *British Historical Statistics; Annual Abstract of Statistics*, Swyddfa Ystadegau Cenedlaethol.

Ffigur 97.4 Ychwanegiad crynswth at werth yn ôl sector diwydiannol, 1948=100

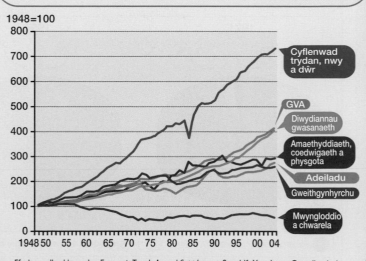

1948=100

Cyflenwad trydan, nwy a dŵr

GVA
Diwydiannau gwasanaeth

Amaethyddiaeth, coedwigaeth a physgota

Adeiladu
Gweithgynhyrchu

Mwyngloddio a chwarela

1948 50 55 60 65 70 75 80 85 90 95 00 04

Ffynhonnell: addaswyd o *Economic Trends Annual Supplement*, Swyddfa Ystadegau Cenedlaethol.

strwythur hwn gydag amser. Cyn chwyldro diwydiannol 1750-1850, roedd cynnrych wedi'i ganoli yn sector gwledig yr economi. Roedd cynhyrchiad yn pwyso'n drwm tuag at gynhyrchu bwyd neu wasanaethau'r cartref. Roedd hyn fel economïau llawer o wledydd tlawd sy'n datblygu. Er enghraifft, yn Uganda yn 1980, roedd 72% o'r cynnrych o'r sector amaethyddol, 4% o ddiwydiant a'r 24% sy'n weddill yn y diwydiannau gwasanaethau. Ym Mhrydain y 19eg ganrif, tyfodd gweithgynhyrchu fel canran o gyfanswm y cynnrych wrth i bwysigrwydd cymharol amaethyddiaeth ddirywio. Erbyn yr 1920au, fel y mae Ffigur 97.3 yn dangos, roedd amaethyddiaeth yn cyfrif am 5% yn unig o CMC tra oedd gweithgynhyrchu yn cyfrif am ryw 30%. Yn y cyfnod yn syth wedi'r rhyfel, cyrhaeddodd cynnrych gweithgynhyrchu bron 40% o'r cynnrych. Cafodd ei ysgogi gan gynhyrchiad arfau'r Ail Ryfel Byd. Ers hynny, mae cyfran gweithgynhyrchu wedi dirywio tra mae cyfran gwasanaethau wedi tyfu.

Nid yn unig y mae gweithgynhyrchu wedi dirywio mewn termau cymharol, ond ar adegau penodol yn y cyfnod wedi'r rhyfel mae hyd yn oed wedi dirywio mewn termau absoliwt. Mae Ffigur 97.3 yn dangos indecs cynnrych gweithgynhyrchu a gwasanaethau, ac o CMC (a gaiff ei fesur yn ôl ychwanegiad crynswth at werth am gost sylfaenol). Er bod CMC a gwasanaethau'n dangos tuedd gyffredinol am i fyny, mae gweithgynhyrchu wedi gweld dirywiadau difrifol o 8% rhwng 1973 ac 1975, 14% rhwng 1979 ac 1981 a 5% arall rhwng 1990 ac 1992. Dim ond yn 1988 y cyrhaeddodd cynnrych gweithgynhyrchu yr un lefelau â'r rhai a gyflawnwyd yn 1973. Roedd enciliad 1990-92 yn golygu nad oedd cynnrych yn uwch yn 1993 nag ydoedd yn 1988. Dros y tymor hir, tyfodd gweithgynhyrchu'n gynt na'r gwasanaethau yn yr 1950au a'r 1960au. Roedd cynnrych gweithgynhyrchu'n 82% yn 1970 o'i gymharu â 60% ar gyfer gwasanaethau. Ond mae gweithgynhyrchu wedi perfformio'n wael ers hynny. Dim ond 24% yn uwch oedd cynnrych gweithgynhyrchu yn 2004 nag yn 1970, tra mae gwasanaethau wedi tyfu 150% dros yr un cyfnod.

Y sector cyflymaf ei dwf yn yr economi, fel y mae Ffigur 97.4 yn dangos, fu'r cyflenwad trydan, nwy a dŵr. Nid yw hyn yn cynnwys echdynnu olew a nwy o Fôr y Gogledd. Caiff hwn ei ddosbarthu o dan mwyngloddio a chwarela.

Mae rhai diwydiannau gweithgynhyrchu wedi gwneud yn well na'i gilydd. Mae Tabl 97.2 yn dangos grwpiau gweithgynhyrchu yn y Dosbarthiad Diwydiannol Safonol a'r newid mewn cynnrych o'i gymharu â 2002 a gafodd mynegrif o 100. Yn 1970, roedd yr economi'n dod â dau

Tabl 97.2 Cynnyrch gweithgynhyrchu yn ôl diwydiant ar ychwanegiad crynswth at werth sefydlog

				2002=100
	1970	1990	2004	% newid 1970-2004
Lledr a chynhyrchion lledr	238.0	169	60.7	-74.5
Tecstilau a chynhyrchion tecstilau	200.1	169.9	90.0	-55.0
Peiriannau ac offer heb eu nodi yn rhywle arall	143.3	125.5	107.3	-25.1
Metelau sylfaenol a chynhyrchion metel gwneuthuredig	131.7	116.8	101.3	-23.1
Gweithgynhyrchion heb ei nodi yn rhywle arall	119.5	105.5	100.0	-16.3
Golosg, cynhyrchion petroliwm a thanwydd niwclear	105.7	95.7	97.7	-7.6
Cynhyrchion mwynol anfetelaidd eraill	100.3	112.2	108.7	8.4
Pren a chynhyrchion pren	91.3	118.0	102.8	12.6
Offer cludiant gan gynnwys gweithgynhyrchu moduron	96.2	98.6	111.9	16.3
Mwydion, papur a chynhyrchion papur, cyhoeddi ac argraffu	73.0	95.6	97.8	34.0
Bwyd, diodydd a thybaco	75.3	94.4	101.2	34.0
Rwber a chynhyrchion plastig	55.4	93.6	99.3	79.2
Cemegion, cynhyrchion cemegol a ffibrau synthetig	40.1	68.8	104.0	159.4
Offer trydanol ac optegol	35.0	69.8	98.4	181.1
Cyfanswm gweithgynhyrchu	82.1	95.9	101.9	24.1

Ffynhonnell: addaswyd o *Blue Book*, Swyddfa Ystadegau Cenedlaethol.

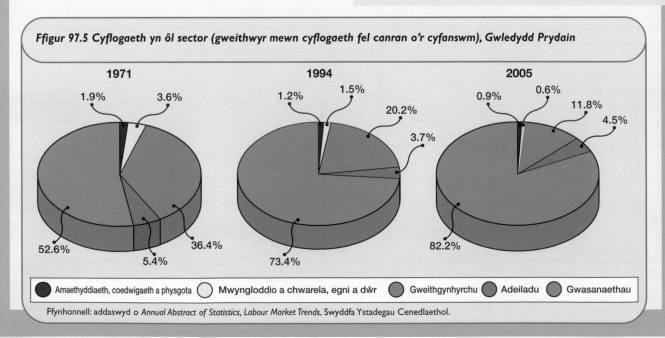

Ffigur 97.5 Cyflogaeth yn ôl sector (gweithwyr mewn cyflogaeth fel canran o'r cyfanswm), Gwledydd Prydain

1971 — 1.9%, 3.6%, 52.6%, 5.4%, 36.4%

1994 — 1.2%, 1.5%, 20.2%, 3.7%, 73.4%

2005 — 0.9%, 0.6%, 11.8%, 4.5%, 82.2%

● Amaethyddiaeth, coedwigaeth a physgota ○ Mwyngloddio a chwarela, egni a dŵr ○ Gweithgynhyrchu ● Adeiladu ● Gwasanaethau

Ffynhonnell: addaswyd o *Annual Abstract of Statistics, Labour Market Trends*, Swyddfa Ystadegau Cenedlaethol.

ddegawd o dwf cymharol uchel lle mae gweithgynhyrchu wedi perfformio'n ddigonol i ben. Erbyn 1990, ar ôl dau enciliad dwfn iawn a hanner ffordd drwy'r trydydd, mae'r diwydiant gweithgynhyrchu wedi'i daro'n galed iawn. Roedd 2004 yn flwyddyn arall o dwf cryf i economi'r DU yn dilyn twf cadarnhaol ers 1993. Mae Tabl 97.2 yn dangos bod sawl diwydiant rhwng 1970 a 2004 wedi gweld twf mewn cynnyrch. Fodd bynnag, perfformiodd rhai diwydiannau'n wan. Er enghraifft, roedd tecstilau a lledr yn dal i ddirywio - sydd wedi bod yn digwydd ers dechrau'r ganrif ddiwethaf. Y diwydiannau mwyaf llwyddiannus oedd offer trydanol ac optegol a welodd dwf o 181% dros y cyfnod a gwelodd cemegion a ffibrau synthetig dwf o 159%.

Mae'r newidiadau yng nghyfran cynnyrch sectorau gweithgynhyrchu a gwasanaethau yr economi wedi cynhyrchu newidiadau yn strwythur a phatrwm cyflogaeth, fel y gwelir yn Ffigur 97.5. Yn 1971, roedd 7.1 miliwn o weithwyr yn cael eu cyflogi mewn gweithgynhyrchu allan o gyfanswm o 21.6 miliwn sef nifer y gweithwyr mewn cyflogaeth (nid yw'r hunangyflogcdig a'r di-waith yn cacl eu cynnwys). Erbyn 2005, roedd cyflogaeth mewn gweithgynhyrchu wedi syrthio i 3.1 miliwn allan o gyfanswm o 26.6 miliwn o weithwyr. Yn cyd-fynd â chodiad mewn cynnyrch gweithgynhyrchu o 2.5% oedd cwymp o 56% mewn cyflogaeth. Roedd cyflogaeth yn y diwydiant cynradd wedi cwympo hefyd. Ar y llaw arall, cododd cyflogaeth y sector gwasanaeth yn sylweddol, o 11.4 miliwn o weithwyr yn 1971 i 21.9 miliwn yn 2004, cynnydd o 92% a oedd yn cyd-fynd â chynnydd o 145% mewn cynnyrch.

Dad-ddiwydiannu

Caiff y broses o ddirywiad mewn diwydiant gweithgynhyrchu ei hadnabod fel DAD-DDIWYDIANNU. Nid oes diffiniad safonol o'r term ond mae wedi cael ei ddefnyddio ar adegau i ddisgrifio:
● y dirywiad absoliwt yng nghynnyrch y diwydiant gweithgynhyrchu;
● dirywiad sylweddol yng nghyfran cynnyrch gweithgynhyrchu yng nghyfanswm cynnyrch;
● dirywiad absoliwt yn niferoedd y gweithwyr a gyflogir mewn gweithgynhyrchu;
● y dirywiad cymharol yng nghyfran yr holl weithwyr a gyflogir mewn gweithgynhyrchu.

Yn achos y DU, cafwyd dirywiad absoliwt mewn cyflogaeth yn y diwydiant gweithgynhyrchu o 7.1 miliwn o weithwyr yn 1971 i 3.1 miliwn o weithwyr yn 2005. Cafwyd hefyd ddirywiad cymharol mewn cynnyrch gweithgynhyrchu. Dad-ddiwydiannu oedd prif achos newidiadau mewn cyflogaeth yn ôl rhanbarth yn y DU. Mae ardaloedd a oedd yn dibynnu'n drwm ar y diwydiant gweithgynhyrchu, yn bennaf y tu allan i Dde Lloegr, wedi profi lefelau uwch o ddiweithdra wrth i ddiwydiannau ddirywio. Er enghraifft, nid yw Gogledd Ddwyrain Lloegr wedi gwella'n llwyr o ddirywiad y diwydiannau trwm traddodiadol fel adeiladu llongau a mwyngloddio a ddechreuodd yn yr 1930au. Gwelodd Gorllewin

Canolbarth Lloegr naid gymharol serth mewn diweithdra yn yr 1970au pan ddirywiodd ei ddiwydiannau gweithgynhyrchu seiliedig ar fetel traddodiadol. O'i gymharu, tyfodd y sector gwasanaethau yn Ne Lloegr yn ddigon cryf i wneud iawn am golled ei ddiwydiannau cynradd ac eilaidd. Y canlyniad fu creu rhaniad Gogledd-De ers yr 1930au yn y DU. Nid yw rhanbarthau y tu allan i Dde Lloegr wedi perfformio cystal â De Lloegr. Mae'r boblogaeth wedi mudo o'r Gogledd i'r De, gan roi pwysau dwys ar adnoddau fel tai mewn nifer mawr o ardaloedd y De. O'i gymharu, mae rhai ardaloedd yng ngweddill y DU wedi dioddef cwymp yn y boblogaeth mewn cyfnod lle mae poblogaeth gyffredinol y DU wedi bod yn tyfu'n araf. Er enghraifft, gwelodd Lerpwl gwymp yn ei phoblogaeth rhwng 1970 a 2000. Mae gwastraff yr adnoddau sydd wedi digwydd oherwydd diboblogi, fel tai diangen neu systemau ffyrdd wedi'u tanddefnyddio, wedi llusgo perfformiad economi'r DU.

Newidiadau yn y gallu i gystadlu'n rhyngwladol

I ba raddau y cafodd y newidiadau hyn yn strwythur yr economi eu hachosi gan newidiadau yn y gallu i gystadlu'n rhyngwladol? A ellir esbonio'r newidiadau hyn yn unig gan symudiadau mewn mantais gymharol (☞ uned 14) ac ers yr 1980au, gan broses globaleiddio?

Mae'r symudiadau mawr rhwng sectorau'r economi yn annhebygol o fod wedi'u hachosi'n bennaf gan newidiadau yn y gallu i gystadlu. Mae llawer yn adlewyrchu newidiadau mewn patrymau gwario defnyddwyr. Mae twf economaidd wedi rhoi symiau mwy o incwm i ddefnyddwyr ei wario. Gydag amser, maent wedi dewis gwario cyfran hyd yn oed fwy o'u hincwm ar wasanaethau yn hytrach na gweithgynhyrchion (h.y. mae gan wasanaethau elastigedd incwm galw o fwy nag 1 tra bod gweithgynhyrchion ag elastigedd incwm galw o lai nag 1). Mae hyn yn wir nid yn unig am y DU ond am bob gwlad fawr ddiwydiannol. Mae Tabl 97.3 yn dangos bod cyfran cynnyrch y diwydiant gweithgynhyrchu wedi cwympo ym mhob un o'r economïau G7 (UDA, DU, Ffrainc, Yr Almaen, Yr Eidal, Japan a Canada). Fodd bynnag, dioddefodd y DU y cwymp mwyaf mewn cynnyrch gweithgynhyrchu ymhlith y 7 gwlad rhwng 1960 a 2003.

Hefyd mae cryn dipyn o gynnyrch economi'r DU yn methu neu'n annhebygol o gael ei fasnachu. Er enghraifft, mae'r diwydiant dŵr mewn sector anfasnachol. Felly hefyd y mae llawer o'r diwydiannau gwasanaeth o drin gwallt i addysg i iechyd. Felly, nid oes modd esbonio newidiadau mewn gwariant cymharol yn sector anfasnachol yr economi gan fantais gymharol ryngwladol ychwaith.

Fodd bynnag, yn y sector nwyddau a gwasanaethau masnach, mae arwyddion clir bod materion gallu i gystadlu wedi effeithio'n sylweddol ar ddiwydiannau unigol. Er enghraifft, dinistriwyd diwydiant beiciau modur y DU gan gystadleuaeth o Japan yn yr 1960au a'r 1970au. Daeth diwydiant gweithgynhyrchu moduron Prydain yn fwyfwy anghystadleuol yn yr 1970au, ond aeth trwy

Tabl 97.3 Gwerth gweithgynhyrchu wedi'i ychwanegu fel canran o CMC yng ngwledydd G7, 1960-2003

	Cynnyrch fel canran o CMC				
	1965	1980	1990	2003	% newid 1965-2003
Yr Almaen	40	34	28	23	-42.5
Japan	34	29	27	21	-38.2
Y Deyrnas Unedig	34	27	23	17	-50.0
Ffrainc	30	24	21	18	-40.0
Yr Eidal	30	28	25	20	-33.3
Yr Unol Daleithiau	28	22	19	15	-46.4
Canada	26	19	17	16	-38.5

Ffynhonnell: addaswyd o World Bank, *World Development Report*.

Tabl 97.4 Cydrannau'r fantol daliadau fel canran o CMC, cyfartaleddau blynyddol[1]

	Mantol fasnach mewn nwyddau	Mantol gwasanaethau masnach	Mantol ar nwyddau a gwasanaethau masnach	Cyfanswm incwm net	Mantol gyfredol
1950-59	-1.1	0.4	-0.7	1.2	0.8
1960-69	-0.9	0.2	-0.7	0.8	0.0
1970-79	-2.1	1.5	-0.6	0.6	-0.4
1980-89	-1.5	1.4	-0.1	-0.1	-0.9
1990-99	-2.2	1.2	-1.0	0.1	-1.6
2000-04	-4.3	1.5	-2.8	1.7	-2.0

[1] Ni chaiff trosglwyddiadau cyfredol net, sef taliadau net gan mwyaf i'r UE, eu dangos. Maen nhw'n gywerth â'r fantol gyfredol minws y fantol ar nwyddau a gwasanaethau masnach minws cyfanswm incwm net.

Ffynhonnell: addaswyd o *Economic Trends*, Swyddfa Ystadegau Cenedlaethol.

ddadeni ar ddiwedd yr 1980au a'r 1990au, yn ddadleuol oherwydd buddsoddiant o Japan yn niwydiant gweithgynhyrchu moduron y DU (☞ uned 15). Roedd diwydiant glo Prydain bron wedi diflannu yn sgil cystadleuaeth glo wedi'i fewnforio a nwy Môr y Gogledd. Mae gweithgynhyrchu tecstilau wedi symud yn gynyddol i lafur rhad o wledydd y Trydydd Byd. Mae twf twristiaeth fewnol y DU wedi'i heffeithio oherwydd bod twristiaid o Brydain yn cymryd gwyliau tramor ac nid oes cymaint o dramorwyr yn dod i mewn i'r DU. Ar y llaw arall, mae gwasanaethau ariannol wedi cadw eu cyfran o farchnadoedd y byd maent yn gweithredu ynddynt. Mae globaleiddio wedi cyflymu'r newidiadau bras hyn.

Mae tystiolaeth yn awgrymu bod gweithgynhyrchion y DU a nwyddau masnach eraill wedi dioddef mwy o gystadleuaeth ryngwladol na gwasanaethau. Mae Tabl 97.4 yn dangos mantolenni masnach blynyddol cyfartalog fel canran o CMC ar gyfer pob degawd o'r 1950au i'r 1990au ac ar gyfer hanner cyntaf degawd cyntaf 2000. Mae'r fantol fasnach yn dangos allforion nwyddau minws mewnforion nwyddau. Cyn yr 1940au, mewnforiodd y DU fwy o nwyddau nag yr allforiodd. Fodd bynnag, o'r 1960au ymlaen, cafwyd dirywiad yn y fantol fasnach fel canran o'r CMC. Mae ffigurau'r 1970au wedi'u hystumio gan argyfwng olew 1973-75 a welodd y fantol fasnach yn plymio i 6% o'r CMC ar ei waethaf yn 1974. Fodd bynnag, nid yw'r fantol fasnach mewn gwasanaethau yn uwch heddiw ar gyfartaledd nag ydoedd yn yr 1970au. Ar y cyfan, byddai'r ffigurau'n awgrymu bod y DU wedi bod yn colli gallu i gystadlu'n rhyngwladol dros y tri degawd diwethaf. Mae wedi talu am ddiffygion cyffredinol ar nwyddau a gwasanaethau masnach naill ai drwy ennill mwy ar ei fuddsoddiadau tramor nag y mae'n talu allan i dramorwyr ar fuddsoddiadau'r DU (a gaiff ei ddangos gan y ffigurau cyfanswm incwm net) neu mae wedi benthyg yr arian (a gaiff ei ddangos gan ddiffygion ar y cyfrif cyfredol).

Cynhyrchedd llafur

Mae cynhyrchedd llafur (cynnyrch fesul gweithiwr) wedi codi'n sylweddol yn y cyfnod ar ôl y rhyfel. Mae cynhyrchedd llafur mewn gweithgynhyrchu wedi codi'n

gynt nag ar gyfer yr economi cyfan ac yn y sector gwasanaethau yn benodol. Mae hyn oherwydd y gall enillion mawr gael eu gwneud mewn gweithgynhyrchu wrth gyfnewid cyfalaf am lafur. Mae llai o le i wneud hyn yn y diwydiannau gwasanaeth, yn enwedig mewn gwasanaethau personol a thwristiaeth lle mae cymarebau llafur i gwsmeriaid uchel yn gywerth ag ansawdd nwydd.

Yr hyn sy'n bwysig i allu'r DU i gystadlu mewn byd wedi'i globaleiddio yw ei chynhyrchedd mewn perthynas â gwledydd eraill. Mae Ffigur 97.6 yn dangos twf mewn cynhyrchedd (wedi'i fesur fel CMC fesul awr a weithiwyd) y pedair gwlad ddiwydiannol fawr. Roedd perfformiad y DU dros gyfnod o gan mlynedd yn gymedrol a heddiw, mae'r DU ar ôl y rhan fwyaf o'i chystadleuwyr diwydiannol o ran cynhyrchedd.

Mae nifer o ffyrdd gwahanol o fesur cynhyrchedd ac mae gwledydd gwahanol â sgorau cynhyrchedd gwahanol yn dibynnu ar pa fesur a gaiff ei ddefnyddio. Mae Ffigur 97.7 yn dangos cynnyrch cymharol fesul gweithiwr am gyfnod mwy diweddar na Ffigur 97.6. Cododd cynnyrch fesul gweithiwr y DU dros y cyfnod 1995 i 2004. Mae

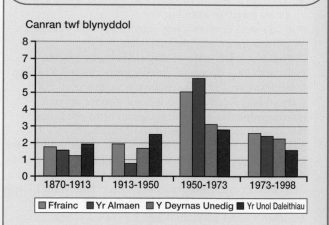

Ffigur 97.6 CMC fesul awr a weithiwyd, cyfradd twf blynyddol cyfartalog (%)

Canran twf blynyddol

☐ Ffrainc ■ Yr Almaen ☐ Y Deyrnas Unedig ■ Yr Unol Daleithiau

Ffynhonnell: addaswyd o *Productivity in the UK 6: Progress and new evidence*, Mawrth 2006, Trysorlys EM.

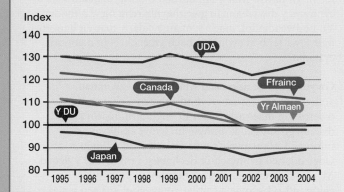

Ffigur 97.7 *Cynnyrch fesul gweithiwr (DU=100)*

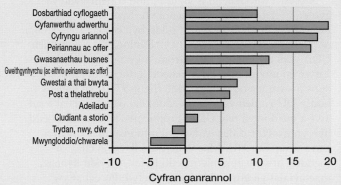

Ffigur 97.9 *Cydrannau'r bwlch cynhyrchedd rhwng y DU ac UDA, 2001*

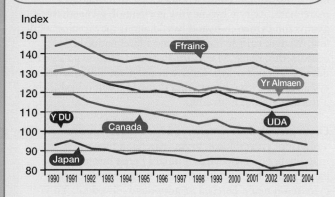

Ffigur 97.8 *Cynnyrch fesul awr (DU=100)*

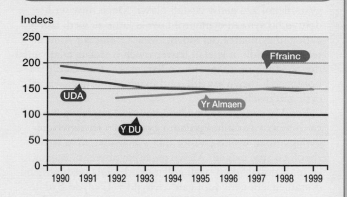

Ffigur 97.10 *Stoc cyfalaf fesul awr a ddefnyddiwyd (DU=100)*

Ffynhonnell: addaswyd o *Productivity in the UK 6: Progress and new evidence*, Mawrth 2006, Trysorlys EM.

Ffigur 97.7 yn dangos sut perfformiodd gwledydd eraill o'i gymharu â'r cynnydd hwn yng nghynnyrch y DU fesul gweithiwr. Felly, er enghraifft, yn 1996, roedd cynhyrchedd fesul gweithiwr UDA 30% yn uwch na'r DU. Yn 2004, roedd yn 28%. Roedd y DU wedi cau'r bwlch cynhyrchedd ond dim ond o swm bach iawn. Roedd cau'r bwlch cynhyrchedd gyda'r Almaen a Canada yn fwy arwyddocaol. Mae'r bwlch cynhyrchedd gyda Ffrainc wedi culhau ond cynhyrchodd Ffrainc 11% yn fwy o gynnyrch fesul gweithiwr yn 2004 na'r DU.

Mae Ffigur 97.8 yn dangos cynnyrch fesul awr a weithiwyd. Mae'r bylchau cynhyrchedd rhwng y DU a Ffrainc, Yr Almaen ac UDA llawer yn fwy na chyda'r cynnyrch fesul gweithiwr. Yn achos Ffrainc, mae ganddynt lefelau uchel o ddiweithdra, a gafodd eu hachosi'n rhannol gan drethi cymharol uchel ar gyflogaeth gweithwyr, ac wythnos waith 35 awr yn ôl y gyfraith. Mae'r ddau'n annog cyflogwyr i leihau'r defnydd o lafur ac uchafu'r defnydd o gyfalaf. Mae cynhyrchedd yn fwy cyfalaf-ddwys sy'n tueddu i godi cyfraddau cynhyrchedd fesul awr a weithiwyd. Mae Ffigur 97.8 yn dangos bod y

bwlch cynhyrchedd rhwng y DU a gwledydd diwydiannol eraill yn culhau, ond yn 2004, parhaodd y DU yn llai cystadleuol na nifer o wledydd eraill.

Mae Ffigur 97.9 yn dangos amcangyfrif ar gyfer 2001 o'r gwahaniaethau mewn cynhyrchedd rhwng y DU ac UDA. Mae cyfanswm gwerth y barrau'n adio i 100%. Mae'r ddau far negyddol yn dangos y ddau ddiwydiant lle mae'r DU â lefel uwch o gynhyrchedd nag UDA. Mae'r ffigurau i'r dde i'r llinell sero'n dangos pob diwydiant arall lle mae UDA yn fwy cynhyrchiol na'r DU. Mae tri diwydiant yn cyfrif am ychydig dros hanner perfformiad gwell UDA. Mae cyfanwerthu ac adwerthu'n cynnwys perfformiad cadwyn adwerthu fwyaf y byd, Wal-Mart. Mae'r cwmni'n destun beirniadaeth chwyrn, ond mae'r rhan fwyaf yn gytûn bod ei systemau'n arwain at lefelau uchel iawn o gynhyrchedd ac yn gorfodi ei gystadleuwyr i wella'u perffomiad cynhyrchedd. Mae cyfryngu ariannol yn cynnwys banciau ac yswiriant. Efallai bod Dinas Llundain â mantais gymharol ryngwladol mewn gwasanaethau ariannol, ond nid yw banciau mewnol a darparwyr gwasanaethau ariannol eraill mor effeithlon â'u cymheiriaid yn UDA.

Mae peiriannau ac offer yn dangos y problemau y mae diwydiant gweithgynhyrchu'r DU wedi'u cael i barhau'n gystadleuol ar raddfa fyd-eang.

Nid yw cynhyrchedd is ynddo'i hun o reidrwydd yn gwneud y DU yn llai cystadleuol yn rhyngwladol. Petai gweithwyr Prydain yn barod i dderbyn o leiaf 20% yn llai o gyflog na, dyweder, gweithwyr Ffrainc, Yr Almaen neu UDA, gall cwmnïau'r DU barhau'n gystadleuol o ran pris. Yn yr un modd, mae cynhyrchedd llafur wedi'i gysylltu'n agos â swm y stoc cyfalaf. Mae ffigur 97.10 yn dangos bod y DU yn defnyddio sylweddol llai o stoc cyfalaf fesul awr a weithiwyd nag UDA, Ffrainc neu'r Almaen. Roedd hyn yn ganlyniad degawdau o danfuddsoddi cymharol gan gwmnïau'r DU. Mae defnyddio llai o gyfalaf yn tueddu i arwain at gynhyrchedd llafur is. Fodd bynnag, mae cyfalaf yn gost i ddiwydiant hefyd. Po uchaf yw buddsoddiant cwmni, yr uchaf i gyd fydd ei gostau, a'r uchaf i gyd y bydd ei brisiau i barhau'n gystadleuol, â phopeth arall yn gyfartal. Mae'r DU ac UDA, sef gwledydd buddsoddi cymharol isel, wedi defnyddio'u stoc cyfalaf yn hynod ddwys yn draddodiadol i barhau'n gystadleuol ac i gadw costau i lawr. Maen nhw wedi defnyddio symiau cymharol fawr o lafur ac wedi talu cyflogau cymharol isel iddynt. Mae Ffrainc a'r Almaen wedi defnyddio'u lefelau llawer uwch o stoc cyfalaf yn llai dwys. Mae'r oriau gwaith yn llai, mae cyfran lai o'r boblogaeth mewn gwaith, ond mae'r gweithwyr yn cael cyflogau uwch.

Fodd bynnag, mae buddsoddiant isel yn debygol o fod wedi amharu ar allu Prydain i gystadlu'n rhyngwladol gydag amser, waeth pa mor dda y mae cwmnïau wedi rheoli eu stoc cyfalaf. Mewn gweithgynhyrchu technoleg is, mae globaleiddio wedi golygu bod y DU wedi wynebu cystadleuaeth gynyddol gan wledydd y Trydydd Byd lle mae'r gweithwyr yn ennill ffracsiwn o gyfraddau cyflog y DU. Mewn nwyddau masnach technoleg uwch, mae buddsoddi wedi bod yn allweddol i gynhyrchu cynhyrchion newydd, ansawdd uchel, sy'n perfformio'n well ac sy'n gallu mynnu prisiau premiwm. Mae buddsoddi, neu ddiffyg buddsoddi, wedi bod yn hollbwysig wrth bennu a yw diwydiannau unigol wedi goroesi yn y DU. Mae'r llywodraeth dros yr hanner can mlynedd diwethaf wedi parhau i annog diwydiant Prydain i fuddsoddi mwy.

Cwmnïau amlwladol

Mae cwmnïau amlwladol wedi dod i chwarae rôl gynyddol bwysig ym masnach y byd. Mae CWMNÏAU AMLWLADOL yn gwmnïau gyda gweithrediadau cynhyrchu arwyddocaol mewn o leiaf dwy wlad. Gallai'r rhain fod yn gwmnïau cynnyrch sylfaenol fel *Gheest* neu *BP*. Gallen nhw fod yn gwmnïau gweithgynhyrchu fel *Ford* neu *Sony*. Neu gallen nhw fod yn gwmnïau sector gwasanaeth fel *Starbucks,* y gadwyn siop goffi, neu *Cable & Wireless.* Mae gan lawer o gwmnïau amlwladol gynhyrchion sy'n fwy na chynhyrchion llawer o wledydd yn y byd heddiw. Felly, mae'n rhaid bod rhesymau pam y mae cwmnïau mor fawr yn bodoli.

Darbodion maint Mewn llawer o ddiwydiannau dim ond y cwmnïau mwyaf â mynediad byd-eang i gyfleusterau cynhyrchu a marchnadoedd all ecsbloetio darbodion maint yn llawn. Mae enghreifftiau o ddiwydiannau felly'n cynnwys y diwydiannau gweithgynhyrchu olew a modur. Yn nodweddiadol, mae'r symiau cyfalaf y mae eu hangen mor fawr fel bod cwmnïau bach yn ei chael hi'n anodd cystadlu.

Gwybodaeth ac arloesedd Mae llawer o gwmnïau amlwladol yn stordai gwybodaeth ac yn chwaraewyr pwerus ym maes arloesedd. Er enghraifft, mae'n anodd dychmygu sut gallai unrhyw un fenter ecsbloetio olew o filltiroedd islaw gwely'r môr yn nyfroedd dyfnion Môr y Gogledd, neu gynhyrchu'r dechnoleg i roi dyn ar y lleuad. Mae peirianneg genetig neu ficrosglodion yn ddwy enghraifft o ble mae cwmnïau amlwladol ar flaen y gad o ran dod â chynhyrchion newydd i'r farchnad.

Brandio a marchnata Mae rhai cwmnïau amlwladol yn defnyddio ychydig iawn o dechnoleg. Yn hytrach, maen nhw'n dibynnu ar eu presenoldeb byd ar frandio a marchnata. Ar ryw bwynt yn y gorffennol, gwnaethant gynhyrchu cynnyrch hynod lwyddiannus mewn marchnad leol. Wedyn, caiff hyn ei gyflwyno i farchnadoedd cenedlaethol eraill. Mae *Coca-Cola* neu *McDonald's* yn ddwy enghraifft o hyn. Caiff y brand ei amddiffyn rhag cystadleuaeth trwy batentau, a defnydd trwm o hysbysebu a ffurfiau eraill o hyrwyddo.

Grym gwleidyddol a marchnad Mae rhai cwmnïau amlwladol yn ecsbloetio grym marchnad mewn marchnadoedd cenedlaethol unigol i greu busnes byd-eang. Efallai bod ganddynt batentau neu hawlfreintiau cyfreithlon neu'n berchen ar adnoddau allweddol. Yn yr un modd, gallant adeiladu ar y rhain trwy arferion gwrth-gystadleuol (☞ uned 65) sy'n ceisio gorfodi cwmnïau presennol allan o'r farchnad ac atal cwmnïau newydd rhag mynd i mewn iddi. Yn ogystal, mae gan gwmnïau amlwladol hanes hir o danseilio a llygru llywodraethau i gyflawni eu nodau. Maen nhw mor fawr mae ganddynt adnoddau ariannol sylweddol i'w defnyddio naill ai i lwgrwobrwyo swyddogion y llywodraeth a gwleidyddion, neu gynnal sefydliadau lobïo grymus.

Mae gwledydd unigol yn ennill gallu i gystadlu'n rhyngwladol os mai nhw yw'r sylfaen genedlaethol ar gyfer corfforaeth amlwladol. Mae hyn oherwydd y bydd swm anghymesur o wariant gan gwmni amlwladol yn digwydd yn ei famwlad. At hynny, mae'r adnoddau a gaiff eu defnyddio'n debygol o fod y rhai mwyaf soffistigedig yn y sefydliad. Er enghraifft, mae bron yn sicr y bydd gan y cwmni amlwladol bencadlys yn ei famwlad. Mae swm anghymesur o ymchwil a datblygu yn debygol o ddigwydd yno. Mae'r famwlad yn debygol o gael ei defnyddio fel sylfaen gynhyrchu, gyda nifer anghymesur o gyfleusterau cynhyrchu yno neu'n cael mewnbynnau o gwmnïau eraill yn y wlad honno. Un o'r rhesymau pam mae'r byd datblygedig yn dal i ddominyddu marchnadoedd y byd yw oherwydd nad oes prin unrhyw wlad sy'n datblygu wedi creu cwmnïau amlwladol llwyddiannus. Mae'r ychydig wledydd sydd wedi, fel Taiwan neu Dde Korea, wedi troi eu hunain yn wledydd datblygedig yn gyflym. Mae rhai'n dadlau bod gan gwmnïau amlwladol effaith negyddol ar economi'r byd.

Diffyg atebolrwydd Gall maint cwmnïau amlwladol ymddangos fel pe nad ydynt yn atebol i unrhyw un. Yn ymarferol, mae cwmnïau amlwladol yn atebol i nifer mawr o gyrff. Maent yn atebol, er enghraifft, i'w cyfranddalwyr. Fodd bynnag, maen nhw wedi gorfod cyfrif am eu gweithredoedd yn fwyfwy i randdeiliaid eraill. Maen nhw wedi gorfod ufuddhau i gyfraith y gwledydd maent yn gweithredu ynddynt, oni bai bod y llywodraeth mor llygredig neu mor wan fel y gall cwmnïau amlwladol osgoi'r gyfraith. Maen nhw hefyd yn cael eu harchwilio gan garfanau pwyso, fel grwpiau amgylcheddol.

Colli hunaniaeth genedlaethol Mae cwmnïau amlwladol yn aml yn cael eu cyhuddo o arwain at safonau byw is trwy ddinistrio'r diwylliant brodorol. Er enghraifft, mae *McDonald's* wedi wynebu gwrthwynebiad chwyrn mewn rhai gwledydd sy'n gweld byrgers UDA yn fygythiad i fwyd ac arferion bwyta cenedlaethol. Mae globaleiddio'n golygu'n anochel fod hunaniaethau cenedlaethol yn cael eu pylu wrth i safonau gael eu derbyn ym mhedwar ban byd. Serch hynny, gall safonau gyflwyno manteision sylweddol, oherwydd eu bod yn galluogi pobl a chwmnïau i ddefnyddio offer cyffredin, ffyrdd cyffredin o feddwl a gwneud pethau, yn ogystal â helpu wrth brynu cynnyrch.

Cyfalafiaeth rhyddsymudol Mae gan gwmnïau amlwladol y grym i symud cynhyrchiad o wlad i wlad, gan greu a dinistrio swyddi a ffyniant yn eu sgil. Maent yn gwneud hyn i uchafu eu helw. Er enghraifft, gallant gau cyfleuster cynhyrchu mewn gwlad cost uchel fel y DU neu UDA a'u symud i wlad cost isel fel India neu Wlad Thai. Mae globaleiddio'n arwain yn anochel at symud cynhyrchiad o'r Byd Cyntaf i'r Trydydd Byd. Dyma un ffordd allweddol y gall gwledydd tlawd sy'n datblygu godi eu safonau byw. Fodd bynnag, nid cwmnïau amlwladol yw prif achos y symudiad hwn mewn cynhyrchiad. Yn hytrach, maen nhw'n ymateb i rymoedd y farchnad yn

union yr un ffordd ag y mae cwmnïau cenedlaethol yn eu gwneud. Dros y 30 mlynedd diwethaf, mae cwmnïau mewnol y DU wedi cael eu nwyddau'n gynyddol o wledydd tramor i gymryd mantais o brisiau gwell. Maen nhw wedi cau eu gweithrediadau gweithgynhyrchu eu hunain, neu wedi gorfodi cyflenwyr blaenorol y DU i gau i lawr trwy golli archebion. Mae cwmnïau amlwladol yn rhan o'r duedd hon sy'n ecsbloetio mantais gymharol (☞ uned 14).

Dinistrio'r amgylchedd Mae nifer o gwmnïau amlwladol yn dominyddu diwydiannau echdynnu'r byd fel mwyngloddio olew neu aur. Yn anochel, mae'r diwydiannau hyn yn hynod ddinistriol i'r amgylchedd. Mae cwmnïau amlwladol eraill, fel gweithgynhyrchwyr moduron, neu hyd yn oed cwmnïau gwasanaethau hefyd wedi'u cyhuddo o ddinistrio'r amgylchedd, er enghraifft yn y ffordd y maen nhw'n cael eu deunyddiau crai. Fodd bynnag, gellir dadlau bod unrhyw fath o gynhyrchu yn annymunol o safbwynt amgylcheddol. At hynny, mae cwmnïau amlwladol yn aml â gwell cofnodion amgylcheddol na chwmnïau cenedlaethol llai. Mae ganddynt nid yn unig yr adnoddau ariannol i allu lleihau eu heffaith ar yr amgylchedd, mae ganddynt hefyd y wybodaeth a'r gallu technegol i arloesi a all arwain at leihau problemau amgylcheddol.

Gall cwmnïau amlwladol fod yn dargedau hawdd i'r rhai nad ydynt yn hoffi cyfalafiaeth fyd-eang. Mae llaw gudd Adam Smith o'r farchnad yn gwneud unigolion yn gymharol ddi-rym pan fydd ffatrïoedd yn cau a chynhyrchiad yn cael ei symud miloedd o filltiroedd i ffwrdd. Gall cynhyrchion newydd, fel bwydydd a'u genynnau wedi'u haddasu, hefyd godi cwestiynau pwysig ynghylch a ddylai technolegau felly gael eu hecsbloetio. Ar y llaw arall, heb gwmnïau amlwladol, byddai llawer llai o fasnach ac arloesi. Byddai cynnyrch y byd yn sylweddol is, gan arwain, yn ddadleuol, at safonau byw is. Byddai economegwyr marchnad rydd yn dadlau na ddylai ffocws unrhyw ddadl fod ynghylch bodolaeth cwmnïau amlwladol ond yn hytrach ynghylch sut y gall llywodraeth, sy'n cynrychioli pob rhanddeiliad yn y gymdeithas, sefydlu cyfundrefnau a all reoleiddio gweithgareddau cwmnïau amlwladol er lles pawb.

Termau allweddol

Dad-ddiwydiannu – y broses o ddirywiad diwydiant, yn enwedig y diwydiant gweithgynhyrchu, a gaiff ei fesur er enghraifft gan ddirywiadau mewn lefelau absoliwt o gyflogaeth a chynnyrch, neu ddirywiadau yng nghyfran gymharol cyflogaeth neu gynnyrch yn economi'r diwydiant gweithgynhyrchu.

Cwmnïau amlwladol – cwmnïau gyda gweithrediadau cynhyrchu sylweddol mewn o leiaf dwy wlad.

Cwestiwn Data

Globaleiddio

Prin y mae'r ffôn yn swyddfa Paul Beverley yn stopio canu. Yr wythnos ddiwethaf, cymerodd y cynhyrchwr nwyddau 'gwahanol' archeb gan gadwyn iechyd y stryd fawr am 105 000 o odomedrau, un arall gan benaethiaid twristiaeth Ynys Wyth a oedd am gael 50 00 o rwberi siâp ynys, ac archeb gan Stadiwm y Mileniwm Caerdydd am 5 000 o falwnau daffodil. Bydd pob un ohonynt â'r stamp 'Made in China'.

Ffynhonnell: addaswyd o *The Sunday Times*, 19.12.2004.

Tabl 97.5 Sut mae'r costau'n cymharu

	Llundain	Hong Kong	Guangdong, China
Llafur, £/awr	4.50	n/a	0.20
Rhent swyddfa, £/tr, sgwâr/y flwyddyn	70.00	20.00	15.00
Rhent fflat, £/mis	3,000	2,000	500
Cwrw tramor, £/peint	2.50	2.50	2.00

Samsung, y gorfforaeth enfawr fyd-eang o Korea, yw'r cwmni electroneg diweddaraf i adael Prydain o blaid lleoliadau rhatach. Bydd yn cau ei safle gweithgynhyrchu yn Teesside oherwydd prisiau byd-eang sy'n cwympo a chost is cynhyrchu yn nwyrain Ewrop a China. Roedd y safle, a gyflogodd 425 o bobl, yn cynhyrchu monitorau cyfrifiaduron panel fflat a microdonau. Talwyd £5.61 yr awr i'w weithwyr cyffredin o'i gymharu â China a Slofacia, lle bydd y gwaith yn mynd, sy'n cael 50c a £1 yr awr yn y drefn honno. Pan agorodd ffatri Teesside yn 1995, roedd microdonau *Samsung,* yn gwerthu am £85-£100 yr un, ond maen nhw bellach yn gwerthu am £30. Hanerodd pris sgriniau paneli fflat y llynedd. Mae'r ffatri'n debygol o wneud colled o £12 miliwn eleni.

Ffynhonnell: addaswyd o'r *Financial Times*, 16.1.2004.

Cynyddodd nifer y swyddi a grëwyd gan gwmnïau tramor yn y DU gan dros hanner y llynedd wrth i'r DU ddychwelyd i dop tabl cynghrair Ewrop am fuddsoddiant uniongyrchol o wledydd tramor. Creodd busnesau o wledydd tramor 39 600 o swyddi yn 2004-05, ac roedd buddsoddi uniongyrchol o wledydd tramor *(FDI)* yn $78.5 biliwn. Roedd hyn yn cynnwys prif fanc Sbaen, Santander Central Hispano, yn caffael Abbey National am £9.1 biliwn.

Dywedodd Hans Christiansen, uwch economegydd yn yr *OECD,* fod nifer o resymau am lwyddiant Prydain. 'Y cyntaf yw economeg gwerslyfr syml. Mae'r DU wedi bod yn gwneud yn well ar y gylchred fusnes nag economïau Ewropeaidd y cyfandir: mae hynny'n denu buddsoddiant. Yn ail, mae natur agored cyffredinol economi'r DU a'i agosrwydd at UDA wedi creu llif sefydlog o gydsoddiadau mawr.'

Ffynhonnell: addaswyd o'r *Financial Times*, 29.6.2005.

Ffigur 96.11 Buddsoddiant o'r tu allan i'r DU

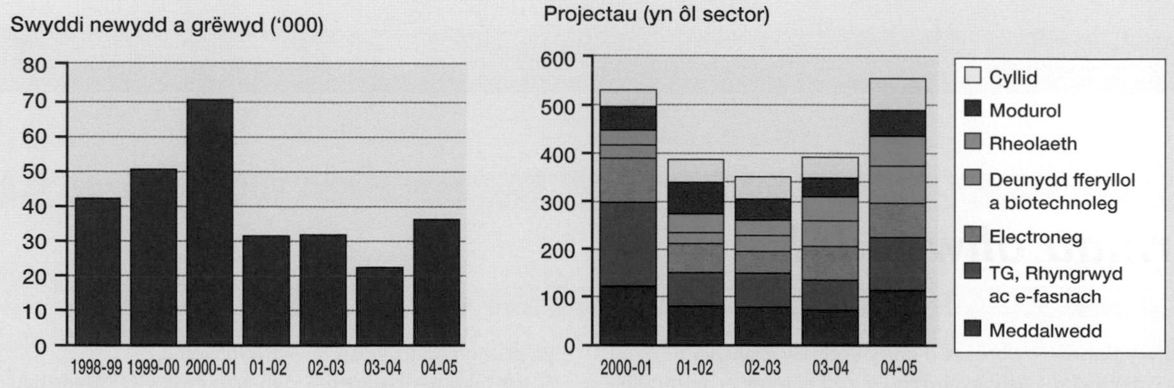

Swyddi newydd a grëwyd ('000)

Projectau (yn ôl sector)

Ffynhonnell: addaswyd o *UK Trade & Investment, OECD.*

Pan ddaeth Beijing yn rhan o anghydfod yn ddiweddar gyda chontractwyr rhyngwladol dros broject isadeiledd, trodd at fargyfreithwyr o Brydain i gael cyngor. Dywedodd Atkin Chambers o Lundain, a gafodd ei logi gan lywodraeth China, fod gwaith rhyngwladol y siambr wedi cynyddu o 30% o drosiant 10 mlynedd yn ôl i ryw 45% heddiw.

Mae gwasanaethau cyfreithiol yn un o'r diwydiannau sydd wedi helpu cymell y codiad cyflym mewn allforion gwasanaethau. Ond gwasanaethau ariannol, gan gynnwys banciau, rheolwyr cronfeydd, delwyr yswiriant a gwarannau sy'n dominyddu allforion gwasanaeth ac a gyfrannodd record o £19 biliwn net y llynedd. Nid oes unrhyw wlad arall wedi cael llwyddiant Prydain mewn enillion allforion o'i sector ariannol.

Ffynhonnell: addaswyd o'r *Financial Times*, 12.9.2005.

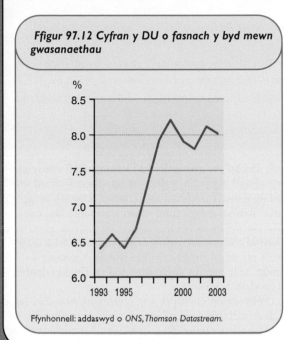

Ffigur 97.12 Cyfran y DU o fasnach y byd mewn gwasanaethau

Ffynhonnell: addaswyd o *ONS, Thomson Datastream*.

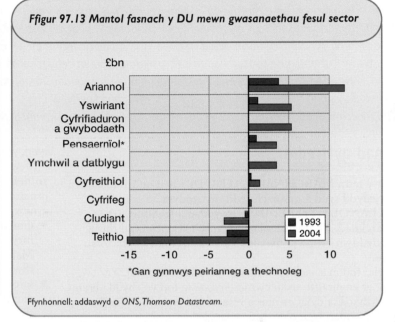

Ffigur 97.13 Mantol fasnach y DU mewn gwasanaethau fesul sector

Ffynhonnell: addaswyd o *ONS, Thomson Datastream*.

Weithiau, nid yw'n gwneud synnwyr economaidd i brynu'r peth rhataf. Mae China wedi bod yn colli archebion oherwydd mae mor bell i ffwrdd o farchnadoedd yn Ewrop ac UDA. Er enghraifft, mae adwerthwyr dillad Prydcinig fel Primark yn cael llawer o'u cynnyrch yn agosach i gartref er mwyn galluogi amserau cyflenwi archebion llawer cynt. Gall y gwahaniaeth o gwpl o wythnosau o gludiant ar y môr olygu'r gwahaniaeth rhwng bod o flaen y duedd mewn adwerthu a bod y tu ôl i'ch cystadleuwyr.

Mae'r twf diweddar yn allforion China wedi rhoi systemau cludiant y byd dan straen cynyddol. Mae tagfeydd, fel Camlas Panama, rheilffyrdd trawsgyfandirol UDA a nifer y llongau wedi cyfrannu at gostau cynyddol ac amserau trosglwyddo hwy.

Ffynhonnell: addaswyd o'r *Financial Times*, 16.11.2004.

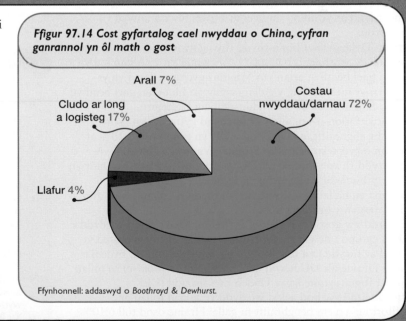

Ffigur 97.14 Cost gyfartalog cael nwyddau o China, cyfran ganrannol yn ôl math o gost

Arall 7%
Costau nwyddau/darnau 72%
Cludo ar long a logisteg 17%
Llafur 4%

Ffynhonnell: addaswyd o *Boothroyd & Dewhurst*.

1. Eglurwch ystyr 'globaleiddio', gan esbonio'ch ateb gydag enghreifftiau o'r data.
2. Dadansoddwch pam mae globaleiddio'n digwydd, gan roi tystiolaeth o'r data.
3. Gan ddefnyddio damcaniaeth mantais gymharol, trafodwch a yw'r DU yn colli ei gallu i gystadlu i wledydd fel China, Slofacia ac UDA.

Crynodeb

1. Mewn marchnad gyffredin mae symudiad rhydd o nwyddau a gwasanaethau a ffactorau cynhyrchu. Mae nwyddau a gwasanaethau a fewnforir o'r tu allan i'r farchnad gyffredin yn wynebu toll allanol gyffredin.

2. Mae masnach rydd yn golygu cysoni mewn amrywiaeth eang o feysydd, gan gynnwys safonau cynhyrchion a threthi.

3. Bydd ffurfio marchnad gyffredin yn arwain at greu masnach a dargyfeirio masnach. Po fwyaf yw'r creu masnach a po leiaf yw'r dargyfeirio masnach, mwyaf i gyd fydd y buddion lles i aelod wledydd.

4. Mae enillion dynamig o fod yn aelod yn cynnwys darbodion maint mewn cynhyrchu. Mae cystadleuaeth yn debygol o gynyddu yn y tymor byr ond mae cydsoddiadau a throsfeddiannau yn debygol o leihau cystadleuaeth ymhlith cwmnïau yn y tymor hir.

5. Bydd gwariant a threthi y farchnad gyffredin yn arwain at ailddosrannu adnoddau rhwng aelod wledydd. Yn anochel bydd rhai gwledydd yn ennill ac eraill yn colli o gyllideb y farchnad gyffredin.

6. Gall marchnadoedd cyffredin fod y cam cyntaf tuag at undeb ariannol a gwleidyddol llwyr rhwng aelod wledydd.

Marchnad gyffredin

Defnyddir y term MARCHNAD GYFFREDIN neu undeb tollau am grŵp o wledydd sydd â masnach rydd rhyngddynt ac sy'n gosod TOLL ALLANOL GYFFREDIN ar nwyddau a fewnforir o'r tu allan i'r farchnad. Yn ddamcaniaethol, mae masnach rydd rhwng aelod wledydd yn cynnwys nwyddau a gwasnaethau a'r ffactorau cynhyrchu.

- Tir. Dylai fod masnach rydd mewn adnoddau naturiol. Yn Ewrop, er enghraifft, dylai cwmni Prydeinig fod yn rhydd i brynu tir ym Mharis, a dylai cwmni o Ffrainc fod yn rhydd i berchenogi trwydded i ddatblygu olew Môr y Gogledd.

- Llafur. Dylai gweithwyr fod yn rhydd i weithio mewn unrhyw aelod wlad. Er enghraifft, dylai Eidalwr allu gweithio yng Nghaerdydd ar yr union un telerau â gweithiwr a anwyd yn Aberaeron.

- Cyfalaf. Dylai cyfalaf lifo'n rhydd rhwng gwledydd. Mae **cyfalaf ariannol** yn arbennig o bwysig. Dylai cwmni yn yr Alban fod yn rhydd i gael benthyg arian ym Mharis i gychwyn ffatri yn yr Eidal, yn yr un modd ag y gallai cwmni yn Llundain gael benthyg arian o fanc Albanaidd i'w fuddsoddi yng Nghymru.

Mae mewnforion o'r tu allan i'r farchnad gyffredin yn creu problem. Er enghraifft, tybiwch fod y DU yn gosod toll o 10% ar fewnforion o geir tramor tra bo Ffrainc yn gosod toll o 20%. Â masnach rydd rhwng Ffrainc a'r DU, byddai mewnforwyr tramor yn cludo ceir y bwriedir eu gwerthu yn Ffrainc i'r DU, talu'r doll o 10% ac yna eu hailallforio i Ffrainc 'yn rhydd o dollau'. Mae dwy ffordd o oresgyn y broblem hon.

- Un ffordd yw gosod toll allanol gyffredin. Mae'r aelod wledydd i gyd yn cytuno i newid eu strwythurau tollau er mwyn gosod yr un doll ar nwyddau a fewnforir. Yn ein henghraifft ni, byddai'n rhaid i Ffrainc a'r DU newid neu GYSONI (harmonise) eu tollau ar geir i ffigur cytunedig yr Undeb Ewropeaidd (UE).

- Y ffordd arall yw bod aelod wledydd yn gosod tollau ar ailallforion. Yn ein henghraifft ni gallai Ffrainc osod toll o 10% ar bris gwreiddiol ceir a fewnforir o wledydd nad ydynt yn aelodau.

Mae'r ail ddatrysiad yn nodwedd o ARDALOEDD MASNACH RYDD. Mae ardal fasnach rydd yn wahanol i farchnad gyffredin yn rhannol oherwydd ei dull gwahanol o ddelio â mewnforion o wledydd nad ydynt yn aelodau. Mae hefyd yn wahanol am nad ydy aelod wledydd yn ymrwymedig i weithio tuag at integru economaidd agosach. Mewn ardal fasnach

rydd, yr unig amcan yw masnach rydd rhwng aelod wledydd.

Mewn marchnad gyffredin, y nod yw sefydlu marchnad sengl yn yr un ffordd ag y mae marchnad sengl mewn economi unigol. Yn y pen draw mae hyn yn golygu nifer mawr o newidiadau, gan gynnwys:

- dim safleoedd tollau rhwng gwledydd; yn union fel y mae nwyddau a phobl yn rhydd i deithio rhwng Abertawe a Manceinion, felly hefyd y dylen nhw fod yn rhydd i deithio rhwng Llundain a Milan;

- safonau cynhyrchion unfath rhwng gwledydd; mae cael safonau diogelwch cenedlaethol unigol ar gyfer ceir, er enghraifft, yn rhwystr i fasnach yn union fel y byddai pe bai ceir a werthwyd ym Mangor yn gorfod bodloni gofynion diogelwch gwahanol i geir a werthwyd ym Mryste;

- cysoni trethi; os ydy'r dreth ar yr un car £2 000 yn fwy yn y DU nag yn Ffrainc, bydd trigolion y DU yn prynu eu ceir yn Ffrainc

Cwestiwn 1

- Yn 1994 fe wnaeth grŵp o wledydd, gan gynnwys Ffrainc, yr Almaen, yr Iseldiroedd a Gwlad Belg, chwalu pob safle ffin (frontier post) rhwng eu gwledydd.

- Ar 1 Ionawr 2002 dyroddwyd arian papur a darnau arian yr ewro mewn 11 o wledydd yr Undeb Ewropeaidd, ac yn fuan ar ôl hynny dilewyd ariannau cyfred cenedlaethol yn y gwledydd hynny.

- Ers yr 1980au mae'r UE wedi awgrymu y dylai cyfraddau trethi rhwng aelod wledydd gael eu cysoni (h.y. eu gwneud yr un fath). Byddai hynny'n atal, er enghraifft, y smyglo helaeth o dybaco i mewn i'r DU o Ffrainc a Gwlad Belg, neu'r symud ffatrïoedd gweithgynhyrchu o wledydd â threthi uchel ar lafur fel yr Almaen i wledydd â threthi isel fel y DU.

- Yn 2004 cyhoeddodd y Comisiwn Ewropeaidd y cyfarwyddyd amser gweithio a gyfyngodd oriau gwaith gweithwyr i 48 awr yr wythnos ledled yr UE.

- Yn 2006 cymeradwyodd y Senedd Ewropeaidd gyfarwyddyd gwasanaethau newydd fyddai'n cynyddu gallu cwmnïau'r sector gwasanaethau i gystadlu ledled yr UE. Mae'r sector gwasanaethau yn cyfrif am hanner CMC yr UE a dwy ran o dair o'r swyddi.

Eglurwch pa un/rai o'r rhain sy'n dangos sut mae marchnad gyffredin yn gweithio.

ac yn mynd â nhw'n ôl i'r DU, gan ystumio patrwm masnach; hefyd os ydy trethi uniongyrchol ar incwm yn 15% ar gyfartaledd yn Ffrainc a 30% yn y DU, gallai rhai o weithwyr y DU gael eu temtio i fynd i weithio yn Ffrainc;

● arian cyfred cyffredin; mae gorfod prynu ariannau tramor yn rhwystr i fasnach, yn enwedig os oes symudiadau cyfraddau cyfnewid; felly dylai fod arian cyfred sengl ar gyfer y farchnad gyffredin yn union fel y mae arian cyfred sengl yn y DU.

Daw marchnad gyffredin yn **undeb economaidd** pan fydd marchnad sengl wir integredig a phan fydd y prif benderfyniadau macro-economaidd yn cael eu gwneud ar lefel y gymuned. Er enghraifft, mae arian cyfred sengl yn arwain at greu banc canolog sengl sy'n gwneud penderfyniadau ar bolisi ariannol a pholisi cyfradd cyfnewid ar draws yr undeb cyfan. Mae integru economaidd hefyd yn debygol o arwain at ryw fath o lywodraeth ganolog sy'n rheoli cyllideb sylweddol ar gyfer gwariant a threthi ar draws yr undeb.

Creu masnach a dargyfeirio masnach

Mae **damcaniaeth mantais gymharol** (☞ uned 14) yn dangos bod masnach rydd rhwng gwledydd yn debygol o gynyddu cyfanswm cynhyrchu y byd. Pan fydd nifer bach o wledydd yn ffurfio marchnad gyffredin, bydd yna enillwyr a chollwyr.

Dyweidr bod CREU MASNACH yn digwydd pan fydd gwlad yn symud o brynu nwyddau gan wlad gost uchel i'w prynu gan wlad gost is. Er enghraifft, gallai gwlad A fod wedi gosod toll o 50% ar geir a fewnforir. O ganlyniad roedd yr holl geir a werthwyd yng ngwlad A yn cael eu cynhyrchu'n fewnol. Nawr mae'n ymuno ag undeb tollau. Y doll allanol gyffredin yw 50% ond gall ceir o aelod wledydd gael eu mewnforio yn rhydd o'r doll. Nawr mae gwlad A yn prynu rhai ceir gan wledydd y farchnad gyffredin am fod eu pris yn is na'r rhai a gynhyrchwyd yn fewnol o'r blaen. Mae defnyddwyr yng ngwlad A wedi clwa am eu bod yn gallu prynu ceir gan ffynhonnell ratach.

Mae DARGYFEIRIO MASNACH yn digwydd pan fydd gwlad yn symud o brynu nwyddau gan gynhyrchydd cost isel i'w prynu gan gynhyrchydd cost uwch. Er enghraifft, cyn mynd i mewn i'r Undeb Ewropeaidd, roedd gan y DU dollau isel neu sero ar fwydydd a fewnforiwyd. Byddai'n prynu gan y cynhyrchwyr cost isaf ledled y byd, fel Seland Newydd ac UDA. Ar ôl mynd i mewn, bu'n rhaid i'r DU osod toll allanol gyffredin yr UE oedd yn uwch o lawer. O ganlyniad bu'n rhatach prynu bwyd gan wledydd eraill yr UE fel Ffrainc a'r Eidal. Mae Ffrainc a'r Eidal yn gynhyrchwyr cost uwch nag UDA a Seland Newydd ar gyfer llawer o eitemau bwyd.

Yn gyffredinol, po uchaf yw'r tollau a osodir gan wlad cyn mynd i mewn i farchnad gyffredin, mwyaf tebygol yw hi y bydd creu masnach yn hytrach na dargyfeirio masnach yn digwydd. Mae hefyd yn wir y bydd yr enillion net yn tueddu i fod yn fwy, po fwyaf yw maint y masnach rhwng y gwledydd yn y farchnad gyffredin.

Masnach rydd yn erbyn undebau tollau

Gellir ystyried undebau tollau fel datrysiad 'ail orau' mewn byd lle mae diffynnaeth. Byddai effeithlonrwydd economaidd yn cael ei uchafu pe na bai rhwystrau i fasnach rhwng gwledydd. Hefyd byddai economïau unigol â chynhyrchion perffaith gystadleuol a marchnadoedd rhydd am lafur a chyfalaf. Yn y byd damcaniaethol hwn, mantais gymharol fyddai'n pennu pa wledydd fyddai'n cynhyrchu pa nwyddau. Hwn fyddai'r datrysiad 'cyntaf orau'. Yn y byd go iawn dydy amodau o'r fath ddim yn bodoli. Mae aneffeithlonrwydd economaidd yn codi am fod cynhyrchwyr cost

Cwestiwn 2

Ymunodd gwledydd dwyrain Ewrop â'r UE ar 1 Ionawr 2004 ac arweiniodd hynny at ad-drefniad yn y diwydiant amaethyddol. Cynyddodd allforion bwyd o Wlad Pwyl i orllewin Ewrop ac yn arbennig yr Almaen 40% y llynedd. Yn y Weriniaeth Tsiec, manteisiodd ffermwyr ar agor ei ffin â'r UE i werthu porc a llaeth i brynwyr yn yr Almaen am brisiau uwch nag y gallen nhw eu codi yn y farchnad fenwol. Ond maen nhw eu hunain wedi wynebu cynnydd mewn cystadleuaeth o Wlad Pwyl lle mae'r sector amaethyddol yn fwy o lawer a'i gostau yn is. Mae Hwngari wedi dioddef oherwydd cystadleuaeth mewn sectorau fel cynhyrchu llysiau a ffrwythau yn ogystal â phorc o Sbaen, yr Iseldiroedd a Groeg.

Hefyd mae agor ffiniau â'r Gorllewin wedi golygu cau ffiniau â'r Dwyrain. Mae mewnforion o gynnyrch amaethyddol i aelod wledydd newydd yr UE o wledydd Dwyrain Ewrop nad ydynt yn yr UE fel Ukrain, Românïa a Rwsia wedi gostwng wrth i rwystrau tollau gael eu codi.

O leiaf mae ffermwyr Almaenaidd ger y ffin â'r Weriniaeth Tsiec yn gallu eu cysuro eu hunain nawr â'r ffaith y bydd eu hangladd yn costio llai o lawer os cân nhw eu hamlosgi yn y Weriniaeth Tsiec yn hytrach nag yn yr Almaen.

Ffynhonnell: addaswyd o'r *Financial Times*, 15.3.2005.

Gan ddefnyddio enghreifftiau o'r data, gwahaniaethwch rhwng creu masnach a dargyfeirio masnach.

gymharol uchel yn gallu cysgodi y tu ôl i rwystrau amddiffynnol. Mae undeb tollau yn tynnu'r rhwystrau hyn i lawr, o leiaf rhwng yr aelod wledydd. Efallai felly y bydd aelod wledydd yn gallu symud o brynu gan gynhyrchydd cost uchel i brynu gan gynhyrchydd cost is. Fodd bynnag, dim ond os ydy creu masnach yn fwy na dargyfeirio masnach y bydd gwledydd yn elwa. Rhaid ystyried hefyd a fydd enillion neu golledion dynamig o greu undeb tollau.

Darbodion maint

Mae enillion o greu masnach yn enillion **statig**. Maen nhw'n digwydd unwaith ac am byth ar ôl creu, neu fynd i mewn i, farchnad gyffredin. Gall bod yn aelod o farchnad gyffredin arwain hefyd at enillion neu golledion **dynamig** – sef enillion neu golledion sy'n digwydd dros gyfnod. Mae un ennill pwysig o'r fath yn dod o **ddarbodion maint** (☞ uned 49). Mewn marchnad gyffredin, mae maint posibl y farchnad gwsmeriaid yn anochel yn fwy nag yw mewn marchnad genedlaethol. Er enghraifft, mae 300 miliwn o drigolion yn yr Undeb Ewopeaidd o'u cymharu â 59 miliwn yn y DU. Felly gall darbodion maint pwysig gael eu hennill gan gwmnïau cenedlaethol os llwyddan nhw i greu marchnad i'w hunain ledled y farchnad gyffredin. Dydy hynny ddim yn hawdd gan fod defnyddwyr pob gwlad yn debygol o fod â dewisiadau gwahanol. Fodd bynnag, mae rhai cynhyrchion, fel cemegion sylfaenol, sydd â galw amdanynt ym mhob gwlad. Caiff cynhyrchion eraill, fel ceir, eu gwerthu'n gymharol hawdd ar draws ffiniau cenedlaethol. Yn achos cynhyrchion eraill, fel cosmetigau, efallai y bydd angen pecynnu gwahanol ar gyfer gwledydd gwahanol, ond mae'r cynnyrch sylfaenol yr un fath.

Cyflawnir darbodion maint dros gyfnod wrth i gwmnïau ehangu'n fewnol neu gydsoddi â chwmnïau tramor. Bydd maint yr enillion posibl yn fwy, po fwyaf cydryw yw chwaeth defnyddwyr o fewn y farchnad. Er enghraifft, mae'r enillion yn debygol o fod yn uwch i farchnad sy'n cynnwys Ffrainc a'r DU nag ar

Cwestiwn 3

Mae masnach rydd mewn nwyddau wedi cael ei gyflawni i raddau helaeth drwy'r farchnad sengl. Ond mae mansach rydd mewn gwasanaethau yn dal ymhell i ffwrdd. Yn 2006 pasiodd Senedd yr UE gyfarwyddyd oedd wedi'i wanhau gryn dipyn, sef y Cyfarwyddyd Bolkenstein, a enwyd ar ôl ei awdur, yn rhyddfrydoli rhywfaint o fasnach rydd mewn gwasanaethau. Yn achos nwyddau, os ydy cynnyrch yn addas i'w werthu mewn un wlad dan ei rheolau cenedlaethol, gellir ei werthu ledled yr UE hyd yn oed os oes gan wledydd eraill reolau gwahanol. Yn achos gwasanaethau, rhaid i werthwr ddal i gydymffurfio â rheolau'r wlad lle mae'n dymuno gwerthu'r gwasanaeth, rheolau 'gwlad y tarddiad'. Felly, er enghraifft, bydd banc, cwmni yswiriant, grŵp ysbytai neu ymgynghorydd rheolaeth sy'n dymuno gweithredu ledled yr UE yn gorfod cydymffurfio â 25 set wahanol o reolau, un ar gyfer pob gwlad yn yr UE.

Mae'r Cyfarwyddyd Bolkenstein yn bwriadu ysgubo hynny ymaith. Yn y fersiwn a basiwyd gan Senedd yr UE, bydd rhai diwydiannau gwasanaethau yn gweld eu masnach yn cael ei rhyddfrydoli ond ni fydd y mwyafrif. Er enghraifft, mae gwestai a thai bwyta, llogi ceir, adeiladu, gwssanaethau hysbysebu a gwerthwyr eiddo wedi'u cynnwys. Ond mae gwasanaethau post, gwasanaethau cyfreithiol, gwasanaethau cymdeithasol, cludiant cyhoeddus a gamblo heb eu cynnwys.

Mae'r Comisiwn Ewropeaidd yn dweud y byddai'r cyfarwyddyd, pe bai'n cynnwys pob gwasanaeth, yn creu 600 000 o swyddi, yn hybu twf economaidd ac yn creu ansawdd a dewis i ddefnyddwyr. Mae gwrthwynebwyr yn dweud y bydd yn arwain at 'ras i'r gwaelod' gyda chwmnïau'n adleoli i wledydd â chyflogau is ac am y rheolau gwannaf o ran gwarchod defnyddwyr, gwarchod yr amgylchedd, cyflogaeth ac iechyd a diogelwch. Dyweddod nyrs yn yr Almaen y byddai'n achosi i weithwyr o Ddwyrain Ewrop â safonau is o ran hylendid ddod i mewn i ysbytai a gyrru cyflogau'r Almaen i lawr. Roedd bydwraig yn Llundain yn poeni y byddai'r Gwasanaeth Iechyd Gwladol yn dewis y darparwr gwasanaeth rhataf yn hytrach na'r gorau.

Ffynhonnell: addaswyd o newsvote.bbc.co.uk 16.2.2006.

(a) Gan ddefnyddio diagram galw a chyflenwad ar gyfer gwasanaethau, eglurwch pam y byddai cystadleuaeth mewn gwasanaethau rhwng darparwyr yr UE yn debygol o wneud y canlynol: (i) gyrru prisiau i lawr a (ii) creu swyddi.

(b) Mae undebau llafur wedi gwrthwynebu'r Cyfarwyddyd Bolkenstein. Gan ddefnyddio diagram galw a chyflenwad ar gyfer llafur, eglurwch pam o bosibl y byddai undebau llafur mewn meysydd gwasanaeth fel gofal iechyd a chludiant cyhoeddus yn gwerthwynebu'r cyfarwyddyd.

---

gyfer y DU ac Iran. Mae darbodion maint yn rhoi buddion i ddefnyddwyr am fod costau cyfartalog cynhyrchu yn gostwng, ac felly mae prisiau'n debygol o ostwng hefyd.

Cystadleuaeth

Mae ennill dynamig posibl arall yn deillio o gynnydd mewn cystadleuaeth rhwng cwmnïau. Dylai marchnad gyffredin ddileu cyfyngiadau ar fasnach rhwng aelod wledydd. Felly bydd diwydiannau mewnol yn wynebu mwy o gystadleuaeth nag o'r blaen gan gwmnïau mewn aelod wledydd eraill. Bydd cystadleuaeth yn hybu arloesi, yn gostwng costau cynhyrchu ac yn gostwng prisiau. Felly bydd enillion mewn effeithlonrwydd cynhyrchiol a dyrannol (☞ uned 16).

Er bod mwy o gystadleuaeth yn debygol yn y tymor byr, mae tystiolaeth yn awgrymu y bydd y gystadleuaeth hon yn gostwng yn y tymor hir. Bydd cystadleuaeth yn gyrru'r cwmnïau llai effeithlon allan o'r farchnad, fel y rhagfynegir gan ddamcaniaeth cystadleuaeth berffaith. Bydd cwmnïau eraill yn ceisio cynnal elw monopoli drwy ailsefydlu rheolaeth ar eu marchnadoedd. Byddan nhw'n gwneud hyn drwy gydsoddi â chwmnïau tramor o fewn y farchnad gyffredin neu eu trosfeddiannu. Dros amser, bydd natur oligopolaidd cystadleuaeth mewn marchnadoedd mewnol yn caeil ei hail-greu ar lefel y farchnad gyffredin. Efallai y bydd hyn o fudd i'r defnyddiwr drwy ddarbodion maint, ond yn sicr ni fydd yn rhoi'r buddion a awgrymir gan economegwyr marchnad rydd.

Mae Carfan Awstriaidd Economeg yn dadlau nad ydy cystadleuaeth o reidrwydd yn fuddiol i'r defnyddiwr. Bydd gan fonopolïau rhyngwladol mawr, sy'n ennill elw annormal sylweddol, yr adnoddau i'w rhoi i ymchwil, datblygu a buddsoddiant. Os na fyddan nhw'n datblygu cynhyrchion sy'n diwallu chwantau defnyddwyr, bydd eu monopoli'n cael ei golli drwy broses dinistrio creadigol. Bydd cystadleuwyr yn chwalu eu monopoli drwy greu cynhyrchion newydd. Mae'r datblygu cyson hwn o gynhyrchion newydd yn fwy buddiol o lawer i les defnyddwyr nag ychydig y cant i ffwrdd o bris cynhyrchion presennol a allai ddod o amgylchedd perffaith gystadleuol.

Trosglwyddo adnoddau

Gall marchnadoedd cyffredin fod yn wahanol o ran maint a grym eu sefydliadau. Mae gan yr Undeb Ewropeiaidd fiwrocratiaeth fawr, senedd a chyllideb fawr. Mae aelod wledydd yn talu arian i mewn i gyllideb yr Undeb. Defnyddir yr arian i dalu am weinyddu a gweithredu polisïau ledled yr Undeb. Yn achos yr Undeb Ewropeaidd, yn draddodiadol dyrannwyd tua 70% o'r gyllideb i un maes polisi – y **Polisi Amaethyddol Cyffredin** (☞ uned 16 a 21). Mae cyllideb o unrhyw faint yn agor y posibilrwydd y gall rhai aelod wledydd dalu mwy i mewn i'r gyllideb nag a dderbynnir ganddynt. Efallai felly y bydd trosglwyddo net o adnoddau o un wlad i wlad arall o fewn marchnad gyffredin. Mae'r rhain yn cynrychioli colledion ac enillion statig (h.y. colledion ac enillion unwaith-ac-am-byth).

Efallai yn bwysicach, gall fod trosglwyddiadau o adnoddau real o wlad i wlad. Bydd gwledydd yn y farchnad gyffredin sy'n arbennig o ddynamig a llwyddiannus yn debygol o ddenu mewnlifoedd o lafur a chyfalaf. Bydd gwledydd â chyfraddau is o dwf yn debygol o ddioddef all-lifoedd net o gyfalaf a cholli rhai o'u gweithwyr gorau i economïau eraill. Gallai hyn gynyddu gwahaniaethau rhanbarthol, gan wneud y gwledydd cyfoethog yn gyfoethocach fyth yn gymharol.

Gall y broses gael ei fwyhau os ydy'r gwledydd llwyddiannus yng nghanol daearyddol y farchnad gyffredin tra bo'r gwledydd llai llwyddiannus ar yr ymylon. Mae costau cludiant a chyfathrebu yn dueddol o fod yn is i gwmnïau sydd wedi'u lleoli yn y canol ac yn uwch i'r rhai sydd ar y cyrion. Felly mae gwledydd canolog yn tueddu i fod â mantais gymharol ar wledydd yr ymylon.

Mae damcaniaeth economaidd neo-glasurol yn awgrymu y byddai grymoedd marchnad rydd yn cyfartalu'r gwahaniaethau rhwng rhanbarthau. Bydd gan ranbarth aflwyddiannus lafur rhad a thir rhad. Caiff cwmnïau eu denu i'r rhanbarth i fanteisio ar y rhain. Yn ymarferol, mae'n ymddangos bod yr effaith hon yn wan iawn. Gall economïau llafur rhad ddod yn economïau canghennog yn hawdd. Bydd cwmnïau'n sefydlu canghennau yn y rhanbarthau hyn, gan gyflogi llafur rhad i wneud tasgau â chynhyrchedd isel. Bydd tasgau sydd â lefel uwch o ychwanegu gwerth yn cael eu cyflawni yn y pencadlys mewn ardaloedd cost uwch. Y canlyniad yw dargyfeiriad economaidd cynyddol, gyda'r rhanbarthau tlotaf yn colli'r mwyaf medrus o'u gweithlu i'r rhanbarthau cyfoethocaf ac yn cael eu gadael â gweithwyr llai dynamig a llai medrus i wneud swyddi â thâl is.

Undeb ariannol a gwleidyddol

Mae marchnad gyffredin fewnol lle mae ariannau cyfred gwahanol ym mhob gwlad yn gosod costau ar gynhyrchwyr. Felly mae marchnad gyffredin yn awgrymu symudiad at arian cyfred cyffredin. Mae arian cyfred cyffredin yn awgrymu polisïau ariannol a chyllidol cyffredin. Trafodir goblygiadau economaidd undeb ariannol ymhellach yn uned 95.

Gall marchnad gyffredin arwain yn y pen draw at undeb gwleidyddol Yn anochel bydd undeb gwleidyddol yn golygu colled o sofraniaeth genedlaethol. Bydd penderfyniadau a wnaed gynt ar lefel genedlaethol yn cael eu gwneud nawr ar lefel y gymuned. Gall hyn fod â goblygiadau economaidd gan y bydd aelod wlad yn colli'r gallu i gyfarwyddo ei materion economaidd er ei lles ei hun. Ar y llaw arall, gellir dadlau bod unrhyw wlad sy'n agored iawn (h.y. sy'n allforio cyfran uchel o'i chynnyrch gwladol) eisoes wedi colli llawer o'i gallu i gyfarwyddo ei materion economaidd ei hun am fod cymaint o'i heconomi yn dibynnu ar benderfyniadau tramorwyr ynghylch gwario a chynilo.

Cwestiwn 4

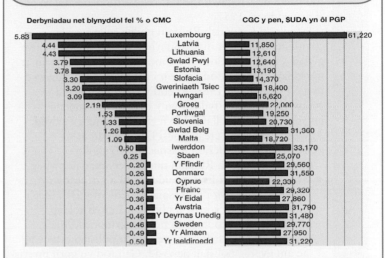

Ffigur 98.1 Amcangyfrif o dderbyniadau net blynyddol[1] o/taliadau i Gyllideb yr Undeb Ewropeaidd 2008-13 a CGC y pen 2004 ($UDA yn ôl pareddau gallu prynu)

Derbyniadau net blynyddol fel % o CMC — CGC y pen, $UDA yn ôl PGP

	Derbyniadau net % o CMC	CGC y pen
Luxembourg	5.83	61,220
Latvia	4.44	11,850
Lithuania	4.43	12,610
Gwlad Pwyl	3.79	12,640
Estonia	3.78	13,190
Slofacia	3.30	14,370
Gweriniaeth Tsiec	3.20	18,400
Hwngari	3.09	15,620
Groeg	2.19	22,000
Portiwgal	1.53	19,250
Slovenia	1.33	20,730
Gwlad Belg	1.26	31,300
Malta	1.09	18,720
Iwerddon	0.50	33,170
Sbaen	0.25	25,070
Y Ffindir	-0.20	29,560
Denmarc	-0.26	31,550
Cyprus	-0.04	22,300
Ffrainc	-0.34	29,320
Yr Eidal	-0.36	27,860
Awstria	-0.41	31,790
Y Deyrnas Unedig	-0.46	31,480
Sweden	-0.46	29,770
Yr Almaen	-0.49	27,950
Yr Iseldiroedd	-0.50	31,220

1. Mae'r derbyniadau net ar gyfer Luxembourg, Gwlad Bleg a Ffrainc yn cynnwys y gwariant gan yr UE ar y Comisiwn Ewropeaidd, y Llys Barn Ewropeaidd a'r Senedd Ewropeaidd sydd wedi'u lleoli yn y gwledydd hynny.

Ffynhonnell: addaswyd o *World Development Report*, Banc y Byd; Bob Taylor, *Europe's World guide to the EU budget negotiations*, Europe's World, Hydref 2005.

(a) I ba raddau y mae cydberthyniad rhwng gwledydd incwm isel a derbyniadau net (y gwahaniaeth rhwng arian sy'n cael ei dalu allan o gyllideb yr UE I wledydd a'r cyfraniadau y mae'n rhaid iddynt eu gwneud i gyllideb yr UE) yn yr UE?

(b) Eglurwch sut y gallai cyllideb yr UE gael ei defnyddio i gyfartalu safonau byw rhwng rhanbarthau gwahanol yr UE.

Economeg gymhwysol

Yr Undeb Ewropeaidd

Y cefndir hanesyddol

Ar ddiwedd yr Ail Ryfel Byd, roedd economïau Ewrop wedi'u dryllio. Roedd nifer o wleidyddion gorllewinol yn sylweddoli bod hyn yn ganlyniad uniongyrchol i'r penderfyniadau annoeth a wnaed ar ddiwedd y Rhyfel Byd Cyntaf pan gosbwyd Yr Almaen yn economaidd am golli'r rhyfel. Roedd iawndaliadau rhyfel enfawr a'r symudiad at ynysu Yr Almaen yn wleidyddol wedi rhoi cyfle i ffasgwyr Almaenaidd ennill cefnogaeth a phŵer; arweiniodd hyn at yr Ail Ryfel Byd. Roedd gan rai weledigaeth o Ewrop unedig, heddychlon lle byddai cydweithio yn ffactor amlwg. Arweiniodd y weledgiaeth hon at gread yr hyn a elwir yr Undeb Ewropeaidd (UE) erbyn hyn.

Y cam cyntaf ar y ffordd i UE heddiw oedd sefydliad Cymuned Glo a Dur Ewrop *(ECSC)* gan Ffrainc, Yr Almaen, Yr Eidal, Luxembourg, Gwlad Belg a'r Iseldiroedd yn 1952. Creodd hon ardal fasnach rydd i lo a dur, a oedd ar y pryd yn ddiwydiannau pwysig iawn i'r gwledydd hyn. Roedd y chwe gwlad yn gallu amddiffyn eu diwydiannau rhag cystadleuaeth o UDA. Roedd mwy o gynnyrch wedyn yn galluogi cynhyrchwyr *ECSC* i leihau costau drwy ddarbodion maint mwy a'u gwneud yn fwy cystadleuol.

Yn 1957, ffurfiwyd Cymuned Egni Atomig Ewrop gan yr un chwe gwlad i annog datblygiad defnydd heddychlon o bŵer niwclear. Erbyn i'r cytundeb gael ei arwyddo, roedd trafodaethau hefyd ar y gweill gyda'r bwriad o greu Cymuned Economaidd Ewropeaidd (*EEC*) neu Marchnad Gyffredin llawer mwy uchelgeisiol. Daeth y corff hwn i fodolaeth ar 1 Ionawr 1958 ar ôl i Gytundeb Rhufain gael ei arwyddo yn 1957.

Sefydlodd Cytundeb Rhufain undeb tollau, gyda chynlluniau ar gyfer diddymu'r holl dollau rhwng y chwe gwlad a oedd yn aelodau, a chodi toll allanol gyffredin ar nwyddau fyddai'n dod i mewn i'r gymuned. Cwblhawyd hyn o'r diwedd yn 1986. Roedd y Cytundeb hefyd yn cynnwys amodau a fyddai, yn y dyfodol, yn caniatáu i nwyddau, cyfalaf a llafur lifo'n rhydd rhwng gwledydd. Agwedd arall oedd cread polisi Ewropeaidd ar gystadleuaeth ac arferion masnachu cyfyngol.

Creodd Cytundeb Rhufain nifer o sefydliadau pwysig.

- Mae'r **Comisiwn Ewropeaidd**, sydd a'i bencadlys ym Mrwsel, yn debyg i'r gwasanaeth sifil yn y DU. Mae'r Comisiynwyr ar y brig, a phob un â chyfrifoldeb arbennig am un o feysydd polisi'r gymuned. Mae'r Comisiwn yn gyfrifol am weithredu polisïau cytunedig ac am gynnig polisïau newydd. Gall fod yn gorff pwerus iawn, yn rhannol am ei fod yn gyfrifol am weithredu polisïau'r Gymuned o ddydd i ddydd, ond hefyd oherwydd mai ef yw prif asiant newid a datblygiad

mewn polisi.

- Mae'r **Cyngor Gweinidogion Ewropeaidd** yn gorff pwerus hefyd. Mae gweinidog o bob aelod wlad yn gweithredu fel cynrychiolydd ar y corff hwn. Pan fydd trafodaeth ar amaethyddiaeth, yna bydd gweinidogion amaeth y gwledydd yn eistedd fel cynrychiolwyr. Pan fydd materion economaidd ar yr agenda, yna'r gweinidogion cyllid fydd yn bresennol. Mae'r Cyngor Gweinidogion yn cymeradwyo neu'n gwrthod polisïau newydd y mae'r Comisiwn Ewropeaidd yn rhoi o'u blaenau. Felly, y Cyngor Gweinidogion yw'r corff gwneud-penderfyniadau pwysicaf. Yn y rhan fwyaf o feysydd, mae'n rhaid cael pleidlais unfrydol cyn y gall polisi gael ei gymeradwyo. Fodd bynnag, mewn rhai meysydd, mae pleidlais fwyafrifol yn ddigonol.
- Cynrychiolwyr etholedig (Aelodau Seneddol Ewropeaidd) o'r aelod wledydd sy'n ffurfio **Senedd Ewrop**, sydd â'i phencadlys yn Strasbourg. Mae Senedd Ewrop yn gorff cymharol wan. Hyd yn ddiweddar, ychydig iawn o bwerau gwneud-penderfyniadau oedd ganddi, a hyd yn oed ers Cytundeb Maastricht (1992), pan ehangwyd ei phwerau, nid yw'n gallu gwneud llawer mwy na chymeradwyo penderfyniadau a wnaed rhywle arall. Bwriedir i Senedd Ewrop gynyddu ei phwerau gydag amser, i ddod yn debyg i senedd wladol.
- Mae'r **Llys Barn Ewropeaidd**, sy'n cyfarfod yn Luxembourg, yn gorff pwerus arall. Dyma'r llys cyfraith eithaf ac mae'n gyfrifol am farnu ar gyfraith yr UE. Mae'n dod i benderfyniadau yn aml sy'n cael cryn ddylanwad ar wledydd unigol neu'r gymuned gyfan. Er enghraifft, roedd ei benderfyniad ar hawliau pensiwn cyfartal yn 1992 yn gyfrifol am orfodi llywodraeth y DU i symud at sicrhau oedran ymddeol cyfartal o 65 i ddynion a merched yn y DU.

Bwriad Cytundeb Rhufain oedd creu nifer o bolisïau cyffredin. Y cyntaf o'r rhain i'w weithredu dan Erthygl 39 y Cytundeb oedd y **Polisi Amaethyddol Cyffredin** (PAC). Fe'i sefydlwyd yn 1962. Mae Erthygl 85 o'r Cytundeb yn ymwneud â pholisi cystadlu, ac fe drafodwyd agweddau o'r polisi hwn yn unedau 63 a 65. Mae **Polisi Rhanbarthol** wedi cael ei ddefnyddio i leihau gwahaniaethau mewn incwm a chyfoeth rhwng gwledydd sy'n aelodau. Mae wedi bod yn anodd gweithredu **Polisi Cludiant**, a geir yn Erthyglau 3 a 74-84 o'r Cytundeb, oherwydd bod llywodraethau cenedlaethol wedi bod yn

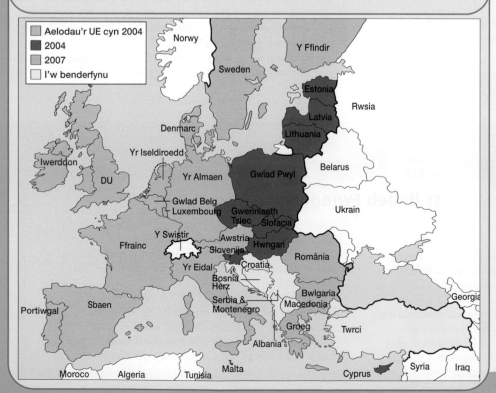

Ffigur 98.2 UE gyda 33 gwlad bosibl

Aelodau'r UE cyn 2004
2004
2007
I'w benderfynu

Norwy
Y Ffindir
Sweden
Estonia
Rwsia
Latvia
Denmarc
Lithuania
Yr Iseldiroedd
Iwerddon
Belarus
DU
Yr Almaen
Gwlad Pwyl
Gwlad Belg
Ukrain
Luxembourg
Gweriniaeth Tsiec
Slofacia
Y Swistir
Awstria
Hwngari
Ffrainc
Slovenija
Croatia
România
Yr Eidal
Bosnia Herz
Portiwgal
Sbaen
Serbia & Montenegro
Macedonia
Bwlgaria
Georgia
Groeg
Twrci
Albania
Moroco
Algeria
Tunisia
Malta
Cyprus
Syria
Iraq

amharod i ildio pŵer i'r gymuned dros faterion yn ymwneud â chludiant. Fodd bynnag, mae polisi cystadleuaeth a'r Farchnad Sengl wedi cael dylanwad sylweddol ar bolisïau cludiant gwladol. Mae **Polisi Cymdeithasol**, a geir yn Erthyglau 117-128 o'r Cytundeb, yn anelu at greu marchnad sengl i lafur lle bydd cyfreithiau cyffredin yn ymdrin â'r holl weithwyr yn y gymuned. Rhoddwyd hwb sylweddol i bolisi cymdeithasol pan lofnodwyd Cytundeb Maastricht yn 1992 a oedd yn cynnwys y Siarter Cymdeithasol.

Penderfynodd y DU beidio ag ymuno â'r Undeb Economaidd Ewropeaidd (*EEC* sef yr UE nawr) yn 1958, gan deimlo y byddai'n profi i fod yn eithaf amherthnasol yn nhermau Ewropeaidd. Roedd yn well gan y DU gynnal cysylltiadau cryf gyda UDA a'i threfedigaethau a'i chyn-drefedigaethau yn y Gymanwlad. Bu'r DU hefyd yn rhan o'r symudiad i greu Cymdeithas Fasnach Rydd Ewrop (*EFTA*) yn 1960 gydag Awstria, Denmarc, Norwy, Portiwgal, Sweden a'r Swistir. Ymunodd y Ffindir ag *EFTA* ychydig yn ddiweddarach. Roedd *EFTA* yn ardal fasnach rydd yn hytrach nag undeb tollau. Nid bwriad *EFTA* oedd datblygu'n ddim mwy na mudiad a oedd yn ymdrin â masnach, yn wahanol i'r *EEC* a'i weledigaeth o greu gwladwriaeth unedig Ewropeaidd. Sylweddolodd y DU yn fuan ei bod wedi gwneud camgymeriad, ac yn 1962, lluniodd gais i gael ymuno â'r *EEC*. Gwrthododd Ffrainc y cais, gan ofni y byddai Prydain yn dinistrio goruchafiaeth Ffrainc a'r Almaen. Ddeng mlynedd yn ddiweddarach, roedd y DU unwaith yn rhagor yn trafod y posibilrwydd o ymaelodi, ynghyd â Denmarc a'r Iwerddon, a'r tro hwn bu'r cais yn llwyddiannus. Ymunodd y tair gwlad yn 1973 gan ymestyn y gymuned i naw aelod.

Gwnaed ymdrech yn yr 1970au i symud yr *EEC* i gyfeiriad arian cyfred sengl, ond roedd amodau economaidd cythryblus y cyfnod yn golygu mai ychydig iawn a gyflawnwyd. Er hynny, sefydlwyd y **System Ariannol Ewropeaidd** yn 1979 a ddaeth yn fframwaith ar gyfer y symudiad tuag at arian cyfred sengl yn yr 1980au. Ceir trafodaeth fanylach ar hyn yn uned 95.

Ehangwyd y gymuned ymhellach yn yr 1980au. Ymunodd Groeg yn 1981 a Sbaen a Phortiwgal yn 1986. Bu hyn yn gymorth i symud y cydbwysedd gwleidyddol yn y gymuned gan gynyddu pwysigrwydd cymharol amaethyddiaeth. Yn yr 1980au, arwyddwyd y ddeddf bwysicaf o bosibl ers Cytundeb Rhufain. Dan **Ddeddf Ewropeaidd Sengl** 1985, a ddaeth i rym yn 1987, roedd gwledydd a oedd yn aelodau yn ymrwymo i gymryd yr ail gam tuag at greu marchnad gyffredin go iawn erbyn 1 Ionawr 1993. Roedd y rhan fwyaf o ddollau a chwotâu rhwystrol ar y fasnach mewn nwyddau rhwng aelodau wedi'u dileu yn yr 1950au a'r 1960au. Roedd y Ddeddf Ewropeaidd Sengl yn golygu bod llywodraethau yn ymrwymo i ddileu'r rhwystrau masnachu niferus eraill oedd yn parhau i fodoli. Trafodir hyn yn fanwl isod. Cafwyd newid yn enw'r gymuned hefyd. Er mwyn dangos nad oedd y gymuned yn canolbwyntio'n unig ar faterion economaidd, tynnwyd y gair 'economaidd' o'r *EEC* a lansiwyd enw newydd swyddogol sef y Gymuned Ewropeaidd *(EC)*.

Yn 1989, cyflwynodd y Comisiwn Ewropeaidd gynigion am **Siarter Cymdeithasol** a fyddai'n gwarantu hawliau gweithwyr. Y Siarter Cymdeithasol hwn oedd y Bennod Gymdeithasol yng Nghytundeb Maastricht 1992. Roedd y Cytundeb hwn yn garreg filltir arall bwysig yn y symudiad tuag at Ewrop unedig. Rhoddodd amserlen ar gyfer creu arian cyfred sengl. Roedd hefyd yn gyfrifol am sefydlu fframwaith ar gyfer cydweithredu ar bolisi tramor rhwng gwledydd a oedd yn aelodau. Er mwyn dynodi'r cynnydd a wnaed gan y Cytundeb, newidiwyd enw'r gymuned o'r Gymuned Ewropeaidd i'r Undeb Ewropeaidd (UE).

Yn 1995, ymunodd tair gwlad arall â'r gymuned sef Awstria, Y Ffindir a Sweden. Ar 1 Ionawr 1999, sefydlogwyd mewn gwerth arian cyfred y 12 gwlad a oedd wedi bod yn rhan o'r *EMS*, fel cam nesaf y broses tuag at undeb ariannol. Crewyd banc canolog newydd sef y Banc Canolog Ewropeaidd. Roedd yn gyfrifol am bolisi ariannol a chyfradd cyfnewid drwy'r 12 gwlad oedd yn aelodau – sef 'ardal yr ewro'. Un o'i swyddogaethau oedd trefnu dosbarthiad yr arian papur a'r darnau arian erbyn diwrnod lansio'r arian cyfred newydd ar 1 Ionawr 2002.

Yn 2004, ymaelododd 10 gwlad arall â'r UE: Cyprus a Malta, gwledydd Mediteranaidd, Slovenija yn ne ddwyrain Ewrop a'r Weriniaeth Tsiec, Estonia, Hwngari, Latvia, Lithuania, Gwlad Pwyl a Slofacia yn Nwyrain Ewrop. Roedd incwm cyfartalog y gwledydd hyn, y rhan fwyaf ohonynt yn gyn-wledydd comiwnyddol, lawer yn is na chyfartaledd yr UE 15 a fodolai eisoes. Yr her newydd oedd canfod ffordd o godi incwm y gwledydd hyn heb orfod trosglwyddo llawer iawn o adnoddau o'r UE 15, sef cam a fyddai'n wleidyddol annerbyniol. I'r rhan fwyaf o'r 10 gwlad newydd, prif ffynonellau twf economaidd fydd mwy o gyfleoedd ar gyfer masnachu o fewn yr UE, trosglwyddo arian ar gyfer buddsoddi yn y sector preifat, a rheolau llywodraethu mwy effeithiol a ddaw o orfod cydymffurfio gyda safonau'r UE. Mae pob un o'r 10 gwlad yn eu cytundebau ymaelodi, wedi cytuno i ymuno â'r arian cyfred sengl rhywbryd yn y dyfodol. Felly, bydd ardal yr ewro yn ehangu dros amser.

Mae'r UE yn wynebu sawl her a newidiadau mawr dros y 10 i 15 mlynedd nesaf.

Ehangu pellach Mae'r rhan fwyaf o wledydd Ewropeaidd sydd ddim yn yr UE yn awyddus i ymuno. Fe wnaeth România a Bwlgaria ymaelodi yn 2007. Mae Albania a chyn-wladwriaethau Iwgoslafia yn ne ddwyrain Ewrop mewn trafodaethau ar hyn o bryd gydag ymaelodi yn nod. Byddai Twrci yn hoffi ymuno. Mae manteision a phroblemau aelodaeth Twrci yn cael eu hamlinellu yn y cwestiwn data.

Polisi Amaethyddol Cyffredin (PAC) Mae PAC yn parhau i achosi llawer o wrthdaro o fewn yr UE. Mae'n cymryd cyfran sylweddol o gyllideb yr UE, ond eto'i gyd, mae amaethyddiaeth ond yn cyfrannu ychydig iawn at CMC a chyflogaeth yr UE. Cytunwyd ar gyllideb yr UE ar gyfer 2008-13 yn 2005, gan sefydlu gwariant PAC. Mae diwygiadau y cytunwyd arnynt yn 2002 ar y cyfan wedi torri'r cysylltiad rhwng cynhyrchiad a chymorthdaliadau gan rwystro nifer o broblemau gyda stociau o fwyd heb ei werthu. Fodd bynnag, mae cyfundrefn PAC yn rwystr sylweddol rhag cytundeb mewn trafodaethau lefel byd-eang yng nghyfres Doha (☞ uned 40), ac yn annog cynhyrchwyr byd eraill fel UDA i gynnal eu cyfundrefnau cymhorthdal costus ar draul eu trethdalwyr hwy eu hunain a ffermwyr yn y Trydydd Byd.

Cyfansoddiad newydd Yn 2005, cytunodd arweinwyr gwledydd yr UE ar gyfansoddiad newydd, ond fe'i gwrthodwyd gan etholwyr mewn refferenda yn Ffrainc a'r Iseldiroedd. Cynlluniwyd y cyfansoddiad newydd i ddiwygio'r ffordd gymhleth y caiff penderfyniadau eu gwneud ar hyn o bryd yn yr UE. Mae diffyg diwygio yn golygu y bydd y dulliau gweithio cyfredol, a gynlluniwyd fwyaf pan oedd ond 6 gwlad yn aelod, yn parhau i'r dyfodol. Mae'r refferenda yn Ffrainc a'r Iseldiroedd hefyd yn amlygu ofnau o fewn yr EU 15 na fyddai newidiadau pellach i'r UE o reidrwydd o fantais iddynt.

Datblygu'r farchnad sengl ymhellach Er gwaetha'r ffaith bod yr UE i fod yn farchnad gyffredin, gyda masnach rydd o fewn ei ffiniau, mae rhwystrau rhag masnachu yn parhau i fod mewn bodolaeth. Yn 2006, pasiodd Senedd Ewrop gyfarwyddyd i lacio rhyw ychydig ar rwystrau masnachu mewn gwasanaethau drwy'r UE. Mae rhwystrau masnachu mewn gwasanaethau yn uchel iawn, oherwydd yn wahanol i'r fasnach mewn nwyddau, mae'n rhaid i rywun sy'n cael mynediad i wlad gydymffurfio gyda'r cyfreithiau sy'n llywodraethu cynhyrchu a gwerthu gwasanaethau yn y wlad honno. Mae gwledydd fel Ffrainc yn parhau i fod yn rhai diffynnol iawn hyd yn oed o fewn yr UE, gan dueddu i wrthwynebu unrhyw symudiadau i lacio'r rheolau ar fasnachu. Eto i gyd, yn y tymor hir, masnach rydd sy'n rhoi manteision economaidd i wledydd.

Integreiddio gwleidyddol Mae integreiddio gwleidyddol yn ganlyniad rhesymegol i fwy o integreiddio economaidd. Fodd bynnag, mae gwladwriaethau yn dueddol o fod yn amddiffynnol iawn o'u hawliau gwleidyddol ac yn amharod i ildio'r rhain i unrhyw uwch-wladwriaeth UE. Yn y tymor hir, bydd mwy o integreiddio gwleidyddol. Er enghraifft, bydd Senedd Ewrop yn ennill pŵer ar draul seneddau cenedlaethol. Ond mae unrhyw ddatblygiadau yn debygol o fod yn araf a phytiog iawn.

Cwestiwn Data — Twrci

Ar 3 Hydref 2005, dechreuwyd ar drafodaethau aelodaeth gyda Thwrci, sydd wedi bod yn aelod cysylltiol o'r UE ers 1963 ac yn ymgeisydd swyddogol ers 1999. Mae trafodaethau yn debygol o fod yn hir a chaled. Bydd Twrci yn amharod i fabwysiadu rhai o'r newidiadau y mae'r UE yn eu mynnu, gan eu gweld yn torri ar draws ei sofraniaeth fel cenedl ac yn fygythiad i'w diwylliant, gan gynnwys ffydd Islamaidd y rhan fwyaf o'i phoblogaeth. Ar y llaw arall, mae rhai gwleidyddion Ewropeaidd, gan gynnwys Arlywydd Ffrainc, Jacques Chirac, a Phrif Weinidog Yr Eidal, Silvio Berlusconi, wedi dweud yn gyhoeddus eu bod yn gwrthwynebu caniatáu i Twrci ymaelodi gan y byddai hynny'n bygwth gwareiddiad Cristnogol Ewropeaidd.

Yn 1955, roedd incwm y pen Twrci oddeutu dwbl incwm y pen De Korea. Yn 2003, roedd incwm y pen Twrci oddeutu traean incwm y pen De Korea. Beth aeth o'i le gyda Twrci? Un ffordd o ateb hyn yw dweud ei bod yn gymhariaeth annheg. Dros y cyfnod dan sylw, mae De Korea wedi mwynhau un o'r cyfraddau twf uchaf yn y byd. Ar y llaw arall, os yw De Korea, gydag ychydig iawn o adnoddau naturiol, wedi llwyddo, pan na allai Twrci fod wedi llwyddo hefyd?

Un rheswm yw bod buddsoddiant a chynilo Twrci dros y 50 mlynedd diwethaf wedi bod yn rhy isel. Yn Nhwrci heddiw, mae buddsoddiant mewn cyfalaf ffisegol oddeutu 20 i 25% o CMC, o'i gymharu â thua 40% yn China. Nid yw 20 i 25% yn ddigon i Twrci os yw am ddal i fyny gyda'r UE. Ar y lefel hwn, bydd y bwlch rhwng CMC Twrci a'r UE yn parhau'n sefydlog. Mae gwariant ar fuddsoddiant yn gysylltiedig â'r gymhareb gynilo. Nid yw Twrci yn cynilo digon o'i CMC i ariannu buddsoddiant sylweddol. O gofio bod Twrci â phoblogaeth ifanc iawn, a bod cyfraddau cynilo is yn gysylltiedig â phoblogaethau sy'n heneiddio, mae'n mynd i fod yn anodd i Twrci godi ei chymhareb gynilo. O ran buddsoddiant mewn cyfalaf dynol yn yr UE, Portiwgal sydd â'r perfformiad addysgol gwaethaf. Mae perfformiad Twrci yn waeth na pherfformiad Portiwgal. Mae addysg merched yn arbennig o wael yn Twrci, gan adlewyrchu gwerthoedd 'traddodiadol'; yn wir, 23.4 yn unig o oedolion benywaidd sy'n gweithio yn yr economi ffurfiol. Mae lefelau addysg ymhlith poblogaeth China lawer yn well na Thwrci, eto'i gyd, mae cyflogau cyfartalog yn Nhwrci yn uwch nag yn China.

Mae'r ail reswm dros berfformiad cymharol wael Twrci yn gysylltiedig â'r cyntaf. Nid yw Twrci yn buddsoddi digon oherwydd bod adenillion ar fuddsoddiad yn isel. Y rheswm am hyn yw bod marchnadoedd allweddol yn gweithredu'n wael, yn enwedig y marchnadoedd llafur a'r marchnadoedd arian ffurfiol, ac oherwydd sefydliadau economaidd a threfn lywodraethol aneffeithiol ar bob lefel.

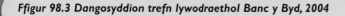

Ffigur 98.3 Dangosyddion trefn lywodraethol Banc y Byd, 2004

Ffigur 98.4 CMC real y pen yn ôl paredd gallu prynu

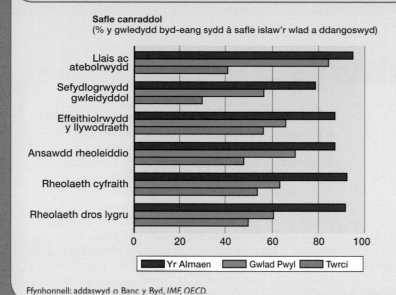

Safle canraddol
(% y gwledydd byd-eang sydd â safle islaw'r wlad a ddangoswyd)

Llais ac atebolrwydd
Sefydlogrwydd gwleidyddol
Effeithiolrwydd y llywodraeth
Ansawdd rheoleiddio
Rheolaeth cyfraith
Rheolaeth dros lygru

■ Yr Almaen ▢ Gwlad Pwyl ▢ Twrci

Ffynhonnell: addaswyd o Banc y Byd, *IMF, OECD.*

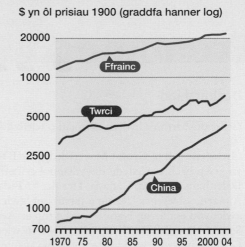

$ yn ôl prisiau 1900 (graddfa hanner log)

Ffrainc
Twrci
China

Ffynhonnell: addaswyd o Banc y Byd, *IMF, OECD.*

Mae Twrci yn fygythiad mawr i farchnadoedd llafur Ewropeaidd, neu dyna'r ddadl, o leiaf. Unwaith y byddai'n ymaelodi, byddai gweithwyr Twrci yn rhydd i fudo i unrhyw wlad UE. Byddai hynny'n gwthio cyflogau i lawr i'r gweithwyr oedd yno eisoes ac yn creu diweithdra mawr. Mae gan Yr Almaen boblogaeth Dwrcaidd fawr yn barod ac mae'n ofni y gallai gynyddu pe bai Twrci yn ymuno â'r UE.

Mae dadleuon o'r fath wedi cael eu defnyddio o'r blaen, er enghraifft, i gyfiawnhau cadw gwledydd Dwyrain Ewrop allan o'r UE. Hyd yn oed heddiw, mae nifer o wledydd gan gynnwys Ffrainc a'r Almaen wedi defnyddio eu pwerau dan gytundebau ymuno aelodau newydd 2004, i gyfyngu ar lif gweithwyr o Ddwyrain Ewrop hyd 2008. Roedd y 'plymiwr Pwylaidd' fyddai'n dod i gymryd swydd y Ffrancwr yn gymeriad amlwg yn refferendwm Ffrainc yn 2005 a ddywedodd 'Non' i'r cyfansoddiad Ewropeaidd arfaethedig newydd.

Mewn gwirionedd, mae dylanwad mewnfudo yn gymhleth. Mae mewnfudwyr yn creu swyddi gan fod arnynt hwy hefyd angen rhywun i dorri eu gwalltau, i addysgu eu plant ac i drwsio'r system blymio. Mae tystiolaeth yn awgrymu bod mewnfudwyr y genhedlaeth gyntaf yn cymryd swyddi cyflog is na'r hyn fyddai eu cymwysterau yn awgrymu, a'u bod yn llenwi nifer dadgyfrannol o'r swyddi cyflog isaf mewn economi. Maent yn fwy tebygol o fod mewn cyflogaeth na'r boblogaeth breswyl. Mae mewnfudwyr o'r gwledydd a ymunodd yn 2004 yn ifanc ac yn sengl ac yn fwy tebygol na pheidio o ddychwelyd gartref ar ôl blwyddyn neu ddwy o ennill arian a dysgu rhywfaint o Saesneg neu Ffrangeg neu Almaeneg. Ond mae rhai yn aros, ac mae'n rhaid canfod tai iddynt ac addysgu eu plant ac maent yn galw am wasanaethau'r gwasanaeth iechyd. Mae mewnfudwyr y genhedlaeth gyntaf hefyd yn dueddol o gynnal hunaniaeth ddiwylliannol gref gyda'u gwledydd genedigol.

Tabl 98.1 Twrci a'r UE 25, rhai cymariaethau economaidd sylfaenol, 2003

	Twrci	UE 25
Poblogaeth	70.7m	453m
CMC y pen yn ôl ppp	€3 000	€21 300
Cyfradd gyflogaeth, % o'r boblgaeth o oed gweithio	45.5	62.9
Cyfradd ddiweithdra %	10.7	9.0
Cyflog cyfartalog	€740	€7 505
Cynnyrch amaethyddol, % o CMC	11.5	2.1
Diwydiant ac adeiladu, % o CMC	27.6	27.0
Cynnyrch gwasanaethau, % o CMC	60.9	71.0

Dros y 50 mlynedd diwethaf, nid yw Twrci wedi cael ei llywodraethu'n rhy dda yn ôl safonau gorllewinol. Mae ei heconomi wedi perfformio'n gymharol wael ac mae ganddi record gymysg o ran trefn lywodraethol. Fodd bynnag, ers 2000, mae Twrci wedi cymryd camau mawr yn holl feysydd bywyd cyhoeddus. Yn fras, mae'n cydnabod y bydd aelodaeth o'r UE yn dod â manteision sylweddol i Twrci. Wedi'r cyfan, o edrych o amgylch ei ffiniau, gall weld gwledydd sydd wedi mynd i gyfeiriadau gwahanol: gwledydd fel Iran a Syria a hyd yn oed Rwsia. Mae'r UE yn cynrychioli ffyniant economaidd a sefydlogrwydd gwleidyddol.

I ymuno, mae'n rhaid iddi ymgymryd â diwygiadau pellach ar raddfa eang. Bydd y diwygiadau hyn yn eu hunain yn creu ffyniant a sefydlogrwydd gwleidyddol. Pe byddai'r UE yn dewis gwrthod Twrci, gallai lluoedd o fewn Twrci benderfynu symud y wlad i gyfeiriad Iran a Syria. Byddai'r UE wedyn yn colli'n economaidd o beidio cael gwlad gyda phoblogaeth o 70 miliwn o fewn ei ffiniau, a byddai hefyd yn creu ffynhonnell o ansefydlogrwydd gwleidyddol a allai arwain at gostau mawr i'r UE.

Ffynhonnell: addaswyd o William H. Buiter, *It's a long way to Copenhagen,* CEPS Policy Brief, Mawrth 2006; *Financial Times,* 12.10.2005.

1. Aseswch y prif wahaniaethau rhwng yr UE 25 cyfredol a Twrci.
2. Dadansoddwch y prif fanteision posibl i (a) aelodau presennol yr UE a (b) Twrci pe bai Twrci yn dod yn aelod o'r UE.
3. Trafodwch a ddylai'r UE adael i Twrci ymuno drwy gymharu anfanteision posibl aelodaeth Twrci o'r UE â'r manteision.

Economeg gymhwysol

Dosbarthiad

Gellir dosbarthu'r byd yn grwpiau o wledydd.

Gwledydd y Byd Cyntaf Mae gwledydd y BYD CYNTAF yn grŵp bach o wledydd diwydiannol cyfoethog: Unol Daleithiau America, Canada, Ffrainc, Yr Eidal, Yr Almaen, y Deyrnas Unedig a Japan (sef 'gwledydd G7'), gwledydd eraill yng Ngorllewin Ewrop ac Awstralia a Seland Newydd. Weithiau, fe'u gelwir yn wledydd Gorllewinol, oherwydd maent gan fwyaf o fewn hemisffer y gorllewin, fel y gwelir yn Ffigur 99.1 Weithiau fe'u gelwir yn wledydd y 'Gogledd' (o'r term 'rhaniad Gogedd-De') oherwydd maent gan fwyaf o fewn hemisffer y gogledd, fel y gwelir yn Ffigur 99.1. Maent hefyd yn cael eu galw'n WLEDYDD DATBLYGEDIG, gan eu bod wedi cyflawni lefel uchel o ddatblygiad economaidd.

Gwledydd yr Ail Fyd Mae'r ymadrodd 'Yr Ail Fyd' bellach yn derm hanesyddol. Roedd yn cyfeirio at gynwledydd comiwnyddol Dwyrain Ewrop a'r Undeb Sofietaidd.

Gwledydd y Trydydd Byd Mae gwledydd y TRYDYDD BYD yn grŵp mawr o wledydd tlawd yn Asia, Affrica a De America. Mae'r rhan fwyaf yn hemisffer y de, ac felly fe'u gelwir yn wledydd y 'De' (o'r term 'rhaniad Gogledd-De'). Weithiau, fe'u gelwir yn WLEDYDD SY'N DATBLYGU, gan bod eu heconomïau yn parhau i ddatblygu, yn wahanol i economïau 'datblygedig' y Byd Cyntaf. Fe'u gelwir hefyd yn WLEDYDD LLAI ECONOMAIDD DDATBLYGEDIG, unwaith eto yn wahanol i wledydd 'datblygedig' y Gogledd.

Mae gwledydd y trydydd byd yn gwahaniaethu'n fawr ymhlith ei gilydd ac felly mae'n bosibl eu his-rannu yn grwpiau pellach. Er enghraifft, gelwir y gwledydd tlotaf weithiau yn wledydd **Y Pedwerydd Byd** neu **wledydd incwm isel**, tra bo gwledydd mwy cyfoethog y Trydydd Byd yn cael eu galw'n **wledydd incwm canolig**. Mae Banc y Byd yn is-rannu'r rhain yn wledydd incwm **canolig is** a **chanolig uwch**. Gelwir **gwledydd incwm canolig** sy'n tyfu'n gyflym fel México, Gwlad Thai a Malaysia weithiau yn economïau sy'n datblygu, gan ddatblygu i gymryd eu lle ymhlith gwledydd datblygedig y byd. Gelwir gwledydd fel De Korea, Singapore, Taiwan ac eraill yn **wledydd newydd eu diwydiannu**, oherwydd bod gan eu heconomïau sail diwydiannol cryf, steil Gorllewinol, neu **economïau Teigr** gan eu bod yn mwynhau twf economaidd cyflym. Mae gwledydd y Trydydd Byd hefyd yn cael eu grwpio yn ôl rhanbarth, fel gwledydd Affrica islaw'r Sahara, neu wledydd De Ddwyrain Asia.

Mae Banc y Byd yn dosbarthu gwledydd yn rhai incwm isel, incwm canolig is, incwm canolig uwch neu incwm uchel. Mae Tabl 99.1 yn dangos y lefelau incwm a ddewiswyd i'r dosbarthiad hwn yn 2004, ac yn dangos rhai gwledydd sy'n perthyn i'r dosbarthiadau hyn.

Mae gwledydd y Trydydd Byd yn wahanol iawn i'w gilydd, ac felly mewn rhai ffyrdd mae'n beryglus eu grwpio gyda'i gilydd a siarad am 'nodweddion gwledydd y Trydydd Byd'. Fodd bynnag, mae'r grŵp hwn o wledydd â nifer o broblemau sylfaenol, i ryw raddau, ac fe drafodwn y rhain yn eu tro.

Tabl 99.1 Dosbarthiad gwledydd, 2004

	CGC y pen ar brisiau cyfredol $UDA	Enghreifftiau o wledydd	CGC y pen $UDA
Incwm isel	825 neu lai	Ethiopia	110
		Cambodia	320
		India	620
		Nicaragua	790
Incwm canolig is	826-3 255	China	1 290
		Yr Aifft	1 310
		Albania	2 080
		Periw	2 360
		Românïa	2 920
Incwm canolig uwch	3 256-10 065	De Affrica	3 630
		Malaysia	4 650
		México	6 770
		Gweriniaeth Tsiec	9 150
Incwm uchel	10 066+	Groeg	16 610
		Hong Kong	26 810
		Y Deyrnas Unedig	33 940
		Japan	37 180
		UDA	41 400
		Norwy	52 030

Ffynhonnell: addaswyd o'r *World Development Report*, Banc y Byd.

Incwm y pen

Fel y gwelir yn Nhabl 99.2, roedd 84% o boblogaeth y byd yn byw yn y Trydydd Byd yn 2004. Eto'i gyd, mae cyfanswm CGC y Trydydd Byd ond yn 20% o gyfanswm y byd. Mae'r Byd Cyntaf, gyda 16% o boblogaeth y byd, yn mwynhau 80% o'i CGC. Mae gwledydd incwm isel y Trydydd Byd, gyda 38% o boblogaeth y byd, yn mwynhau 10% yn unig o CGC y byd. Fodd bynnag, mae'n rhaid bod yn ofalus wrth ymdrin â'r ffigurau yn Nhabl 99.2, oherwydd dau reswm (☞ uned 27). Yn gyntaf, po dlotaf yw'r wlad, y mwyaf fydd cyfran cynnyrch sydd heb ei fasnachu yn yr

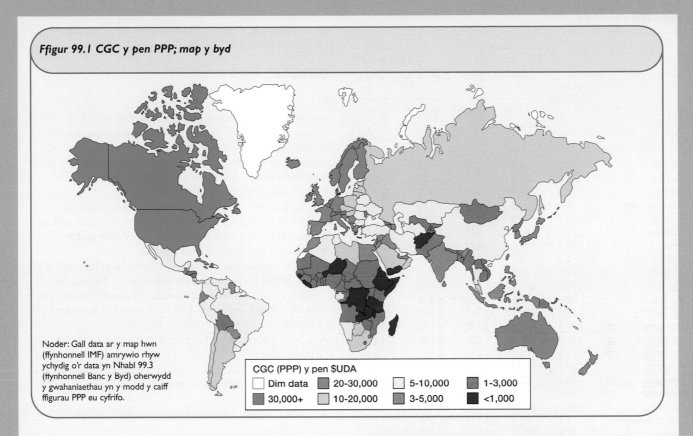

Ffigur 99.1 CGC y pen PPP; map y byd

Noder: Gall data ar y map hwn (ffynhonnell IMF) amrywio rhyw ychydig o'r data yn Nhabl 99.3 (ffynhonnell Banc y Byd) oherwydd y gwahaniaethau yn y modd y caiff ffigurau PPP eu cyfrifo.

CGC (PPP) y pen $UDA

Dim data	20-30,000	5-10,000	1-3,000
30,000+	10-20,000	3-5,000	<1,000

economi marchnad. Er enghraifft, mae'n debygol y bydd amcangyfrif o gynnyrch ffermio ymgynhaliol, adeiladu tai a darparu adloniant yn rhy isel, neu o bosibl heb ei gynnwys o gwbl yn ffigurau CGC economïau incwm isel.

Yn ail, mae'r ffigurau yn noleri UDA wedi'u trosi ar gyfraddau cyfnewid marchnad. Byddai ystyried CGC wedi'i drosi yn ôl cyfraddau **paredd gallu prynu** (☞ uned 27) yn fesur mwy realistig o wahaniaethau mewn safonau byw. Mae'r rhain yn cymharu CGC gwahanol gan ddefnyddio cyfraddau cyfnewid sy'n ystyried gwahaniaethau yng nghost byw. Er enghraifft, yn 2004 roedd prynu'r un bwndel o nwyddau 3.6 gwaith yn fwy costus yn UDA na Malawi, yn ôl amcangyfrifon Banc y Byd. Yn yr achos hwn, dylid lluosi CGC Malawi 3.6 gwaith os am gael cymhariaeth deg o safon byw rhwng UDA a Malawi. Mae Tabl 99.3 yn dangos ffigurau CGC y pen yn noleri UDA ar gyfraddau cyfnewid marchnad a chyfraddau paredd gallu prynu. Mae'r tabl yn dangos fod modd cael gwahaniaethau sylweddol rhwng y ddau ffigur.

Gall addasu CGC yn ôl cyfraddau paredd gallu prynu newid yn sylweddol safle gwlad yn nhablau cynghrair CGC y byd. Mae hefyd yn lleihau'n sylweddol yr anghydraddoldebau byd mewn incwm a ddangosir yn Nhabl 99.2. Er hynny, roedd amcangyfrifon Banc y Byd yn 2004 yn dangos fod 34 gwlad â CGC y pen ar baredd gallu prynu o lai na 5% o gyfanswm UDA. Roedd gan 10 gwlad arall CGC y pen o lai na 10%. Nid oedd gan yr un wlad incwm canolig yn 2004 CGC y pen a oedd yn fwy na chwarter cyfanswm UDA.

Tabl 99.2 Poblogaeth ac incwm gwladol, 2004

	Poblogaeth miliynau	CGC $UDAbn	CGC y pen $UDA	CGC y pen $UDA yn ôl cyfraddau PPP
Byd	6 345	39 834	6 280	8 760
Byd datblygedig				
Gwledydd incwm uchel	1 001	32 064	32 040	30 970
Byd sy'n datblygu	5 344	7 778	1 460	4 630
Gwledydd incwm isel	2 430	3 847	1 580	5 640
Economïau incwm canolig	3 006	6 594	2 190	6 480
Incwm canolig is	2 430	3 847	1 580	5 640
Incwm canolig uwch	576	2 748	4 770	10 090
Dwyrain Asia a'r Cefnfor Tawel	1 870	2 389	1 280	5 070
Ewrop a Chanolbarth Asia	472	1 553	3 290	8 360
De America a'r Caribî	541	1 948	3 600	7 660
Dwyrain Canol a Gogledd Affrica	294	589	2 000	5 760
De Asia	1 448	860	590	2 830
Affrica islaw'r Sahara	719	432	600	1 850

Ffynhonnell: addaswyd o'r *World Development Report*, Banc y Byd.

Dylid cofio bod y ffigurau yn Nhablau 99.2 a 99.3 yn ymwneud ag incymau cyfartalog i'r gwledydd hynny. Gall elitau cyfoethog yng ngwledydd tlawd y Trydydd Byd fwynhau incymau tebyg i wledydd y Byd Cyntaf.

Tabl 99.3 Poblogaeth ac incwm gwladol detholiad o wledydd , 2004

	Poblogaeth miliynau	Yn ôl cyfraddau cyfnewid y farchnad		Yn ôl cyfraddau paredd gallu prynu	
		CGC	CGC y pen	CGC y pen $UDA	
		$UDA biliynau	$UDA	$UDA	% o CGC UDA
Malawi	11.2	1.9	170	620	1.6
Tanzania	36.6	11.6	330	660	1.7
Ethiopia	70.0	7.7	110	810	2.0
Mozambique	19.1	4.7	250	1 160	2.9
Uganda	25.9	6.9	270	1 520	3.8
Pakistan	152.1	90.7	600	2 160	5.4
India	1 079.7	674.6	620	3 100	7.8
Jamaica	2.7	7.7	2 900	3 630	9.1
Yr Aifft	68.7	90.1	1 310	4 120	10.4
China	1 296.5	1 676.8	1 290	5 530	13.9
Panama	3.0	13.5	4 450	6 870	17.3
Gwlad Thai	62.4	158.7	2 540	8 020	20.2
România	21.9	63.9	2 920	8 190	20.6
México	103.8	703.1	6 770	9 590	24.2
De Affrica	45.6	165.3	3 630	10 960	27.6
Ariannin	38.2	142.3	3 720	12 460	31.4
Hwngari	10.1	83.3	8 270	15 620	39.3
Portiwgal	10.4	149.8	14 350	19 250	48.5
De Korea	48.1	673.0	13 980	20 400	51.3
Seland Newydd	4.1	82.5	20 310	22 130	55.7
Sbaen	41.3	875.8	21 210	25 070	63.1
Singapore	4.3	105.0	24 220	26 590	67.0
Y Deyrnas Unedig	59.4	2 016.4	33 940	31 460	79.2
Swistir	7.4	356.1	48 230	35 370	89.0
Unol Daleithiau America	293.5	12 150.9	41 400	39 710	100.0

Ffynhonnell: addaswyd o'r *World Development Report*, *World Development Indicators*, Banc y Byd.

Ymhellach, mae gan 10% tlotaf poblogaeth Efrog Newydd incymau sy'n debyg i incwm cyfartalog gwledydd

Cwestiwn 1

Tabl 99.4 Bangladesh, Brasil a'r DU: poblogaeth a CGC, 2004

	Poblogaeth miliynau	CGC, $UDA biliynau	CGC mesurwyd yn ôl PPP, $UDA biliynau
Bangladesh	140.5	61.2	278
Brasil	178.7	552.1	1 433
Y Deyrnas Unedig	59.4	2 016.4	1 869

Ffynhonnell: addaswyd o'r *World Development Report*, Banc y Byd.

(a) (i) Cymharwch incwm y pen yn Bangladesh, Brasil a'r Deyrnas Unedig.
   (ii) Pa broblemau sy'n wynebu economegwyr wrth iddynt gymharu incwm rhwng gwledydd?
(b) Gan ddefnyddio Tabl 99.4, eglurwch a fyddai'r gwledydd hyn yn cael eu dosbarthu fel gwledydd incwm isel, canolig neu uchel.

incwm canolig. Caiff problemau anghydraddoldeb o fewn gwledydd eu trafod ymhellach yn uned 100.

Cyfalaf ffisegol

Mae gan wledydd y Trydydd Byd lawer llai o gyfalaf ffisegol y pen na gwledydd y Byd Cyntaf. Mae hyn yn cynnwys ffatrïoedd, swyddfeydd a pheiriannau, a hefyd cyfalaf isadeiledd fel ffyrdd a rheilffyrdd, yn ogystal ag ysgolion ac ysbytai. Mae cyfathrebu yn rhan bwysig o'r isadeiledd hefyd, felly mae'n rhaid ystyried llinellau tir ffôn, ffonau symudol a hyd yn oed radio.

Mae Tabl 99.5 yn dangos amrywiaeth o ystadegau isadeiledd i wahanol wledydd. Er enghraifft, mae gwlad yn dueddol o fod yn llai economaidd ddatblygedig:
- y lleiaf o brif linellau ffôn y person;
- yr isaf yw canran y ffyrdd sydd wedi'u palmantu, er bod hyn hefyd i ryw raddau yn adlewyrchu dwyseddau poblogaeth (po leiaf y niferoedd y cilometr sgwâr, yna'r lleiaf tebygol yw y bydd yn economaidd i balmantu'r ffyrdd);
- y lleiaf yw canran y boblogaeth sy'n cael mynediad at ddŵr glân;
- y lleiaf y tir amaethyddol sydd wedi'u ddyfrhau, er bod hyn hefyd yn dibynnu ar gost dyfrhau a'r cnydau sy'n cael eu tyfu;
- y lleiaf ei gallu i gynhyrchu trydan, gyda defnydd o

Tabl 99.5 Isadeiledd mewn detholiad o wledydd

	Prif linellau ffôn y 1000 o bobl, 2003	Ffyrdd wedi'u palmantu, % o'r cyfanswm, 1997-2002	Tir wedi'i ddyfrhau, % o dir tyfu cnydau, 2000-2002	% o'r boblogaeth drefol â mynediad at ddŵr diogel, 2002	Pŵer trydan, treuliant kwh y pen, 2002
Malawi	5	18.5	1.3	96	na
Tanzania	4	4.2	3.3	92	62
Ethiopia	6	12.0	1.7	81	25
Mozambique	5	18.7	2.5	76	341
Uganda	2	6.7	0.1	95	na
Pakistan	27	59.0	81.1	95	363
India	46	57.3	33.7	96	380
Jamaica	170	70.1	8.8	98	2 406
Yr Aifft	127	78.1	100.0	100	1 073
China	559	na	35.9	92	5 612
Panama	122	34.6	5.1	99	1 375
Gwlad Thai	105	98.5	25.7	95	1 626
România	199	50.4	31.1	91	1 632
México	158	32.8	23.1	97	1 660
De Affrica	107	20.9	9.5	98	3 860
Ariannin	219	29.4	4.5	97	2 024
Hwngari	349	43.9	4.7	100	3 099
Portiwgal	411	86.0	24.0	100	4 000
De Korea	538	76.7	60.4	100	6 171
Seland Newydd	448	64.0	8.5	100	8 832
Sbaen	434	99.0	20.3	100	5 048
Singapore	450	100.0	na	100	7 039
Y Deyrnas Unedig	591	100.0	2.9	100	5 618
Swistir	744	na	11.1	100	7 381
Unol Daleithiau America	621	58.8	12.6	100	12 183

Ffynhonnell: addaswyd o'r *World Development Report*, *World Development Indicators*, Banc y Byd.

na = ddim ar gael

drydan yn fesur da.

Mae'r tabl yn nhrefn restrol yn ôl CGC y pen ar gyfraddau paredd gallu prynu. Gellir gweld, yn gyffredinol, po isaf yw lefel CGC y pen, y tlotaf yw lefel isadeiledd y wlad. Fodd bynnag, mae gwahaniaethau mawr rhwng gwledydd sydd â phrin dim cydberthyniad gyda lefelau CGC. Er enghraifft, mae gan Unol Daleithiau America lai o ffyrdd wedi'u palmantu fel canran o'i chyfanswm na Gwlad Thai. Mae hyn yn debygol o adlewyrchu'r dwyseddau poblogaeth isel yn rhannau helaeth o'r Unol Daleithiau lle mae'n aneconomaidd palmantu'r ffyrdd. Mae gan România bron cymaint o brif linellau ffôn â'r Ariannin, gwlad fwy cyfoethog. Mae hyn o bosibl yn adlewyrchu cyfoeth România yn yr 1980au pan oedd yn dal i fod yn wlad gomiwnyddol. Mae bron yr un canran o bobl yn Malawi yn cael mynediad at ddŵr diogel â De Affrica er bod CGC y person llawer yn is; gall hyn o bosibl adlewyrchu gwell strategaethau datblygu yn y gorffennol.

Mae cyfalaf ffisegol yn bwysig oherwydd po fwyaf yw'r cyfalaf ffisegol, y mwyaf yw potensial cynhyrchiol yr economi. Os yw gwlad am dyfu, mae'n rhaid iddi gynyddu ei stoc o gyfalaf ffisegol i'r eithaf er mwyn gwthio ei **ffin posibilrwydd cynhyrchu** allan (☞ uned 1).

Cyfalaf dynol

Mae gan wledydd sy'n datblygu lefelau is o gyfalaf dynol na gwledydd datblygedig. Mae'n anodd mesur lefelau cyfalaf dynol. Fodd bynnag, gall ystadegau addysgol ddarparu dangosyddion o lefelau'r presennol a lefelau tebygol y dyfodol. Mae Tabl 99.6 yn rhoi tri mesur. Y cyntaf yw'r canran cofrestru yng ngwahanol gyfnodau addysg. Byddai'r gwledydd llai economaidd ddatblygedig yn disgwyl cael y cyfrannau isaf o'r holl grŵp oedran wedi cofrestru mewn addysg. Er enghraifft, yn Ethiopia, 32% yn unig o blant sydd wedi'u cofrestru i addysg gynradd a 14% i addysg uwchradd.

Yr ail ddangosydd yw'r blynyddoedd cyfartalog mewn ysgol. Yn ystod y blynyddoedd diwethaf, bu cynnydd sylweddol yng nghyfran plant sydd wedi eu cofrestru i dderbyn addysg gynradd yn y byd sy'n datblygu, ond mae cofrestru i dderbyn addysg uwchradd yn parhau i fod yn isel yn ôl safonau gorllewinol. Mae methu symud ymlaen i addysg uwchradd yn golygu bod nifer y blynyddoedd ysgol yn y gwledydd sy'n datblygu yn tueddu i fod yn isel. Yn Pakistan, er enghraifft, mae plant ar gyfartaledd ond yn cael 5 mlynedd o ysgol.

Cyfraddau llythrennedd yw'r trydydd dangosydd. Mae diffyg addysg ysgol yn effeithio ar gyfraddau llythrennedd. Mae Tabl 99.6 yn dangos bod cyfraddau llythrennedd yn uwch i ferched 15-24 oed nag ar gyfer yr holl ferched 15 oed a throsodd. Mae hyn yn dynodi bod datblygiadau'r blynyddoedd diweddar i gael plant i'r ysgol yn cael effaith gadarnhaol ar gyfraddau llythrennedd.

Mae lefelau addysg yn hanfodol i allu gwledydd i dyfu yn y dyfodol. Mae gwledydd sy'n buddsoddi

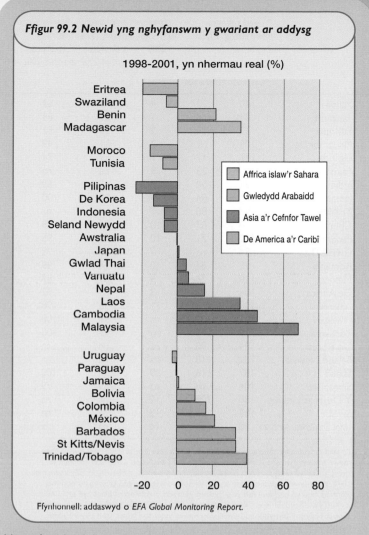

Ffigur 99.2 Newid yng nghyfanswm y gwariant ar addysg

1998-2001, yn nhermau real (%)

Ffynhonnell: addaswyd o *EFA Global Monitoring Report.*

Mae cyfuniad o *Aids*, ysgolion gorlawn ac athrawon gwael eu cymwysterau yn golygu bod llawer o blant o gwmpas y byd yn gadael ysgol gynradd heb gyflawni set sylfaenol o sgiliau gwybyddol. Roedd adroddiad annibynnol a baratowyd i Unesco yn canmol 'yr ymdrechion sylweddol' a wneir i gynyddu adnoddau, ymestyn mynediad i ysgolion a gwella'r cydbwysedd rhwng bechgyn a merched. Fodd bynnag, roedd yn rhybuddio bod cyrchnodau Addysg i Bawb y cytunwyd arnynt gan fwy na 160 o lywodraethau yn 2000 i'w cyflawni erbyn 2015 yn debygol o gael eu methu.

Datgelodd yr adroddiad nad oedd cynnydd yn nifer y disgyblion a gofrestrwyd wedi arwain at ehangu adnoddau addysgol. Mae dysgu sydd eisoes o ansawdd gwael gan athrawon gwael eu hyfforddiant ac addysg yn aml yn gwaethygu pan fydd nifer uwch o ddisgyblion i bob athro yn y dosbarth. Mae'r gymhareb yn fwy na 40 i 1 mewn llawer gwlad. Mae afiechyd hefyd yn broblem. Yn Zambia, er enghraifft, amcangyfrifir bod 815 o athrawon ysgolion cynradd wedi marw o *AIDS* yn 2001, sef rhif cywerth â 45% o'r athrawon gafodd hyfforddiant yn y flwyddyn honno.

Ffynhonnell: addaswyd o'r *Financial Times,* 9.11.2004.

(a) Cymharwch y twf yn y gwariant ar addysg rhwng 1998 a 2001 yn Ne America gydag Affrica islaw'r Sahara.
(b) Eglurwch pam mae addysg yn bwysig i dwf economaidd.
(c) Pam na fyddai gwariant cynyddol ar addysg mewn gwlad o reidrwydd yn arwain at lefelau cyfalaf dynol uwch yn y boblogaeth gyfan?

Tabl 99.6 Ystadegau addysgol, detholiad o wledydd

	Canran y grŵp oedran wedi cofrestru mewn addysg[1], 2002/3		Blynyddoedd cyfartalog yn yr ysgol 2000	Cyfraddau llythrennedd oedolion, 15 oed a throsodd, merched, 2002	Cyfraddau llythrennedd oedolion, 15-24 oed, merched, 2002
	Cynradd	Uwchradd			
Malawi	140	33	4	49	63
Tanzania	84	na	5	69	89
Ethiopia	32	14	2	34	52
Mozambique	105	62	2	31	49
Uganda	141	17	9	59	74
Pakistan	68	23	9	na	na
India	99	50	8	45	65
Jamaica	101	84	9	98	100
Yr Aifft	97	88	7	na	na
China	116	67	10	96	98
Panama	112	71	10	92	95
Gwlad Thai	84	na	7	91	98
Românïa	98	84	10	96	99
México	110	76	8	89	97
De Affrica	106	88	2	85	92
Ariannin	120	100	11	96	98
Hwngari	101	104	na	99	100
Portiwgal	116	115	na	91	100
De Korea	104	90	na	na	na
Seland Newydd	102	118	na	na	na
Sbaen	107	116	9	97	100
Singapore	104	na	na	89	99
Y Deyrnas Unedig	100	178	12	na	na
Swistir	107	98	12	na	na
Unol Daleithiau America	98	93	14	na	na

1. Gall cyfanswm y ffigurau fod yn fwy na 100%. Mae hyn oherwydd bod rhai plant mewn addysg gynradd (diffinnir fel rheol yn 6-11 oed) neu uwchradd (diffinnir fel rheol yn 11-17 oed) sy'n hŷn neu'n iau na'r grŵp oedran diffiniedig. Er enghraifft, mae 107% o Sbaenwyr wedi cofrestru yn y sector addysg gynradd oherwydd bod rhai plant 12 oed yn parhau i fod yn y system gynradd, a ddiffinnir i blant hyd at 11 oed.
2. Nid yw disgyblion sydd wedi'u cofrestru mewn addysg o reidrwydd yn mynychu gwersi. Felly, gall blynyddoedd cyfartalog mewn ysgol fod lawer yn is nag y byddai niferoedd ar y gofrestr yn awgrymu.

Ffynhonnell: addaswyd o'r *World Development Report*, *World Development Indicators*, Banc y Byd.   na = ddim ar gael

heddiw mewn addysg, yn enwedig mewn addysg gynradd lle mae ymchwil yn dangos bod y **gyfradd adennill** ar y buddsoddiant ar ei uchaf, yn debygol o dyfu'n gyflymach yn y dyfodol. Er enghraifft, buddsoddodd De Korea, un o economïau Teigr De Ddwyrain Asia, yn sylweddol yn ei system addysg o'r 1960au ymlaen. O ganlyniad, ychydig iawn o anllythrennedd sydd yno heddiw ac mae'r gweithlu yn un medrus iawn. Yn Unol Daleithiau America, gydag o bosibl y lefelau uchaf o gyfalaf dynol yn y byd, roedd plant ar gyfartaledd yn cael 14 mlynedd o addysg yn 2000. Roedd tri chwarter o bobl ifanc oed addysg drydyddol yn y coleg yn UDA yn y flwyddyn honno. Mae China, sydd bellach yn wlad incwm canolig, wedi rhoi cryn bwyslais ar addysg ers Chwyldro 1949. Dyma un o'r prif resymau pam fod y wlad wedi gallu tyfu rhwng 7% a 10% y flwyddyn ers dechrau'r 1980au.

Yn ddiweddar, mae economegwyr wedi dangos diddordeb cynyddol yn addysg merched. Mewn gwledydd sy'n datblygu, mae merched yn llai tebygol o dderbyn addysg ffurfiol na bechgyn. Fodd bynnag, gellid dadlau

bod y gyfradd adennill ar addysgu merched yn uwch na'r gyfradd i fechgyn. Mae merch sy'n gallu darllen ac ysgrifennu lawer mwy tebygol o drosglwyddo'r sgiliau hyn i'w phlant a'i hwyrion na dyn. Gellir felly codi lefelau addysg y tu allan i'r system ysgol am ychydig iawn o gost. Merched hefyd sydd â'r prif gyfrifoldeb am faethiad a gofal iechyd unedau teuluol. Mae'r gallu i ddarllen yn helpu rhaglenni addysg a gynlluniwyd i wella iechyd unigolion. Mae merched llythrennog yn fwy tebygol o gymryd rhan mewn rhaglenni cynllunio teulu. Os yw llywodraethau'n gofidio am gyfraddau twf eu poblogaethau, mae'n bwysig gallu perswadio merched i reoli'r agwedd hon ar eu bywydau. Mae gan ferched mewn sawl diwylliant hefyd rolau pwysig y tu allan i'r cartref. Mewn cymunedau amaethyddol, mae merched yn aml yr un mor bwysig, neu'n bwysicach na'r dynion yn y gwaith o dyfu bwyd. Gall merched redeg eu mentrau eu hunain, fel gwerthu nwyddau a gynhyrchwyd yn y cartref mewn marchnad. Gall llythrennedd roi hwb bwysig i lwyddiant mentrau o'r fath. Mae astudiaethau'n dangos bod cyfran uwch o arian a enillwyd gan ferched yn debygol o gael ei wario ar faethiad ac addysg plant na'r arian a enillwyd gan ddynion.

Twf poblogaeth uchel

Mae gwledydd y Trydydd Byd wedi cael cyfraddau twf poblogaeth cymharol uchel o'i gymharu â gwledydd y Byd Cyntaf (☞ uned 101). Mae hyn yn achosi dwy broblem fawr. Yn gyntaf, mae'n golygu bod yn rhaid i wledydd y Trydydd Byd fuddsoddi symiau sylweddol mewn cyfalaf ffisegol a dynol er mwyn creu'r nwyddau a'r gwasanaethau a'r swyddi sy'n angenrheidiol i'w poblogaethau cynyddol. Fodd bynnag, mae'n rhaid i wledydd y Trydydd Byd hefyd gynyddu eu treuliant er mwyn darparu safon byw sylfaenol i'w poblogaethau nawr. Yr unig ffordd o gael buddsoddiant uwch i greu ffyniant yn y dyfodol yw trwy aberthu treuliant heddiw, a fydd yn gostwng ffyniant cyfredol. Mae rhai gwledydd llwyddiannus yn y Trydydd Byd wedi osgoi'r broblem hon trwy sicrhau llawer iawn o gyfalaf buddsoddi o wledydd tramor. Fodd bynnag, mae gwledydd eraill yn y Trydydd Byd wedi sicrhau twf uchel trwy gwtogi ar wariant mewnol i ariannu buddsoddiant sylweddol (☞ uned 102).

Yr ail broblem yw bod twf poblogaeth uchel yn achosi cymarebau dibyniaeth uchel. Yng ngwledydd y Byd Cyntaf, mae twf poblogaeth isel yn achosi argyfwng oherwydd bydd cymhareb gweithwyr wedi ymddeol i'r rhai mewn gwaith yn cynyddu'n sylweddol dros y 30 mlynedd nesaf yn y rhan fwyaf o wledydd. Yn y Trydydd Byd, plant sy'n achosi'r argyfwng. Mewn rhai gwledydd Affricanaidd, mae hanner y boblogaeth dan 15 oed. Mae ar y plant hyn angen addysg, ond mae hefyd angen darparu swyddi iddynt yn y dyfodol, sef dau bwynt sy'n atgyfnerthu'r angen am dwf uchel mewn buddsoddiant.

Iechyd a marwoldeb

Mae pobl yn y Trydydd Byd ar gyfartaledd yn dioddef iechyd gwaeth ac yn dueddol o farw'n iau nag yn y Byd

Tabl 99.7 Iechyd, maethiad a marwoldeb, detholiad o wledydd

	Cyfradd marwolaethau dan 5, am bob 1000 o enedigaethau byw	Disgwyliad oes adeg geni, blynyddoedd	Mynediad at gyfleusterau glanweithdra, % o'r bobolgaeth	Mynychder diffyg maeth, % o blant dan bwysau	Meddygon am bob 1000 o bobl
	2003	2003	2002	1995-2003	2004
Malawi	178	38	46	25.4	0.7
Tanzania	165	43	46	29.4	0.1
Ethiopia	169	42	6	47.2	0.1
Mozambique	147	41	27	26.1	0.1
Uganda	140	43	41	22.9	0.1
Pakistan	98	64	54	35.0	0.7
India	87	63	30	46.7	0.5
Jamaica	20	76	80	3.8	0.9
Yr Aifft	39	69	68	8.6	2.1
China	30	71	44	10.0	1.6
Panama	24	75	72	8.1	1.7
Gwlad Thai	26	69	99	17.6	0.3
Românîa	20	70	51	3.2	1.9
México	28	74	77	7.5	1.7
De Affrica	66	46	67	11.5	0.7
Ariannin	20	74	na	5.4	3.0
Hwngari	7	73	95	na	3.2
Portiwgal	5	76	na	na	3.2
De Korea	5	74	na	na	1.8
Seland Newydd	6	79	na	na	2.2
Sbaen	4	80	na	na	3.2
Singapore	5	78	na	3.4	1.4
Y Deyrnas Unedig	7	78	na	na	1.7
Swistir	6	80	100	na	3.5
Unol Daleithiau America	8	77	100	na	5.5

Ffynhonnell: addaswyd o'r *World Development Report, World Development Indicators*, Banc y Byd.

na = ddim ar gael

Cyntaf. Achosir yr iechyd gwael a'r marwoldeb uchel a ddangosir yn Nhabl 99.7 gan nifer o ffactorau. Un yw safon maethiad unigolion. Mae Tabl 99.7 yn dangos bod diffyg maeth ymhlith plant dan 5 yn gyffredin yn y gwledydd sy'n datblygu tlotaf. Yn Ethiopia ac India, roedd oddeutu hanner yr holl blant dan 5 oed yn dioddef o ddiffyg maeth rhwng 1995-2003. Mae maethiad gwael yn cyfrannu'n helaeth at iechyd gwael a chyfraddau marwolaethau uwch. Er enghraifft, fel y gwelir yn Nhabl 99.7, po dlotaf y wlad, uchaf i gyd yw cyfradd marwolaethau plant dan 5 ac isaf i gyd yw disgwyliad oes. Mae maethiad gwael hefyd yn effeithio ar ddatblygiad ffisegol a meddyliol unigolion. Gwell diet yw un o'r rhesymau pam fod unigolion ar gyfartaledd yn dalach yng ngwledydd y Byd Cyntaf o'i gymharu â hanner can mlynedd yn ôl. Mae diet hefyd yn effeithio ar berfformiad addysgol.

Ffactor arall yw isadeiledd ffisegol y wlad. Mae'r gallu i gael mynediad at ddŵr glan, fel y dangosir yn Nhabl 99.5, yn hanfodol i iechyd. Felly hefyd y gallu i gael mynediad at gyfleusterau glanweithdra sylfaenol, fel y dangosir yn Nhabl 99.7. Mae hyn yn arbennig o wir i boblogaethau trefol. Mae'n rhaid i'r amgylchedd fod yn iach hefyd.

Mae niferoedd uchel o bobl yn marw o afiechydon fel dysentri neu malaria, sy'n cael eu cario gan ddŵr neu anifeiliaid. Yng ngwledydd y Byd Cyntaf, mae'r afiechydon hyn bron wedi'u dileu'n llwyr drwy isadeiledd

da neu drwy reoli'r amgylchedd naturiol. Mewn sawl rhan o Affrica, mae disgwyliad oes cyfartalog wedi gostwng dros y deng mlynedd diwethaf oherwydd effaith drychinebus *AIDS*. Yn Malawi, er enghraifft, amcangyfrifir bod 15% o'r boblogaeth 15-49 oed yn dioddef o *AIDS*. Yn 1990, 45 oedd y disgwyliad oes cyfartalog ym Malawi. Erbyn 2003, roedd y ffigur hwn wedi gostwng i 38.

Trydydd ffactor yw'r amgylchedd gweithio. Yn aml, caiff pobl eu gorfodi i weithio mewn amodau gwael sy'n niweidio'u hiechyd yn fawr. Os ydynt yn weithwyr amaethyddol, gallant ddal nifer o afiechydon sy'n cael eu cario gan anifeiliaid. Os ydynt yn gweithio mewn diwydiant, gall golau gwael, sŵn, gwres a llwch fyrhau oes. Ymhellach, mae llawer yn dechrau gweithio'n llawer iau na phobl ifanc yng ngwledydd y Byd Cyntaf.

Yn olaf, mae darpariaeth gofal iechyd yn waeth. Mae Tabl 99.7 yn dangos nifer y meddygon am bob mil o'r boblogaeth. Mae gwledydd incwm isel a chanolig yn dueddol o fod â llai o feddygon mewn perthynas â'u poblogaeth na gwledydd incwm uchel. Mae hyn yn adlewyrchu'n rhannol lefelau is o wariant ar ofal iechyd. Gall darpariaeth gofal iechyd fod yn effeithiol iawn hyd yn oed pan fydd cyllidebau'n eithaf isel, fel mae Sri Lanka neu China wedi dangos. Fodd bynnag, mae hyn yn gofyn am isadeiledd sicr o nyrsys gyda pheth hyfforddiant sylfaenol, clinigau elfennol a moddion sylfaenol ynghyd ag addysg iechyd effeithiol.

Tabl 99.8 Strwythur cynhyrchu

	Dosraniad cynnyrch mewnol crynswth % 2004		
	Amaethyddiaeth	Diwydiant	Gwasanaethauu
Malawi	39	15	46
Tanzania	45	16	39
Ethiopia	46	10	44
Mozambique	26	31	43
Uganda	32	21	47
Pakistan	23	24	54
India	22	26	52
Jamaica	5	29	68
Yr Aifft	15	32	52
China	15	51	35
Panama	7	17	76
Gwlad Thai	10	44	46
Românîa	13	40	47
México	4	25	71
De Affrica	4	31	65
Ariannin	10	32	59
Hwngari	4	31	65
Portiwgal	4	29	68
De Korea	3	35	62
Seland Newydd	na	na	na
Sbaen	3	30	67
Singapore	0	35	65
Y Deyrnas Unedig	1	27	72
Swistir	na	na	na
Unol Daleithiau America	2	23	75

Ffynhonnell: addaswyd o'r *World Development Report, World Development Indicators*, Banc y Byd.

na = ddim ar gael

Cwestiwn 3

Mae cydberthyniad rhwng disgwyliad oes a mesurau incwm ar gyfraddau paredd gallu prynu. Gall disgwyliad oes uwch mewn gwledydd datblygedig cyfoethog achosi problemau oherwydd bod nifer cynyddol y pensiynwyr yn faich ar y gweithwyr sy'n eu cynnal. Mewn gwledydd sy'n datblygu, gall disgwyliad oes uwch olygu fod asedau economaidd gwerthfawr sydd wedi derbyn addysg a hyfforddiant costus yn gallu gweithio'n hirach ac felly mae'r gyfradd adennill ar yr addysg hwnnw yn uwch. Fodd bynnag, mae rhai gwledydd, yn enwedig yn Affrica islaw'r Sahara yn canfod bod bywydau gwaith yn cael eu byrhau gan epidemig *AIDS*. Mae disgwyliad oes cyfartalog mewn gwledydd fel Botswana a De Affrica yn gostwng er gwaetha'r ffaith bod incymau yn codi. Gall disgwyliad oes hefyd ostwng oherwydd rhyfeloedd cartref, toriadau yn y gwariant ar iechyd, ac, yn achos Rwsia, ar newid gwleidyddol ac economaidd anferthol sy'n amharu ar fywydau pobl.

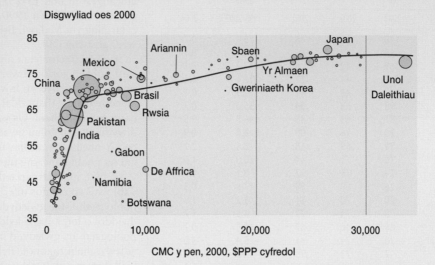

Ffigur 99.3 Disgwyliad oes a'i gydberthyniad ag incwm, wedi'i fesur yn ôl cyfraddau PPP

Mae'r gromlin yn anbarametrigal, wedi'i phwyso yn ôl poblogaeth. Mae'r ffigur yn plotio disgwyliad oes gwlad (gan ddefnyddio cylchoedd y mae eu maint yn gyfranedol i boblogaeth) yn erbyn CMC y pen mewn doleri paredd gallu prynu (PPP), ar droad yr unfed ganrif ar hugain.

Ffynhonnell: addaswyd o Fanc y Byd, *World Development Report 2006: Equity and Development.*

(a) Disgrifiwch y cydberthyniad rhwng lefelau disgwyliad oes ac incwm a ddangosir yn Ffigur 99.3

(b) Dadansoddwch pam y gall disgwyliad oes uwch gael manteision ac anfanteision economaidd.

(c) Pam mae *AIDS* yn gymaint o broblem i wledydd tlawd sy'n datblygu?

Diweithdra a thangyflogaeth

Mae gwledydd y Trydydd Byd yn dueddol o gael cyfraddau diweithdra a thangyflogaeth llawer uwch na gwledydd y Byd Cyntaf. Mae hyn yn codi o nifer o ffactorau. Y ffactor pwysicaf yw diffyg cyfalaf ffisegol. Heb y peiriannau, ffatrïoedd a swyddfeydd, mae gweithwyr yn **strwythurol** ddi-waith (☞ uned 86). Fodd bynnag, gall ffactorau fel polisïau economaidd gwael gan y llywodraeth a diffynnaeth mewn gwledydd eraill hefyd chwarae eu rhan. Mae diweithdra yn **dymhorol** iawn mewn gwledydd sy'n dibynnu'n drwm ar amaethyddiaeth.

Strwythur yr economi

Mae twf a datblygiad yn newid strwythur cynnyrch yr economi (☞ uned 97). Mae gwledydd datblygedig wedi symud yn raddol o gynhyrchiad cynradd i eilaidd ac yna cynhyrchiad trydyddol dros amser. Mae'r graddau y mae cynnyrch yn ddibynnol ar gynhyrchiad amaethyddol a chynhyrchiad diwydiannol yn dynodi lefel datblygiad economi heddiw. Mae Tabl 99.8, er enghraifft, yn dangos bod amaethyddiaeth yn gyfrifol am rhwng 39% a 46% o gynnyrch y gwledydd tlotaf, Malawi, Tanzania ac Ethiopia. Ar y llaw arall, mae gan Singapore, y DU ac UDA 2% neu lai. Mae'r cyfran sy'n dod o ddiwydiant (gan gynnwys gweithgynhyrchu) i ddechrau yn cynyddu o, dyweder, 15% Malawi i 51% China. Mae'n debygol wedyn o ostwng wrth i'r galw am wasanaethau dyfu o fewn y wlad. Ymhlith gwledydd datblygedig, roedd diwydiant yn 2004 yn gyfrifol am rhwng 23% i UDA a 35% i Dde Korea a Singapore.

Strwythur masnach dramor

Mae strwythur yr economi yn dueddol o adlewyrchu strwythur masnach. Mae gwledydd y Trydydd Byd yn dueddol o fod yn fwy dibynnol ar allforion nwyddau cynradd, fel reis neu gopr, na gwledydd y Byd Cyntaf. Mae diwydiannaeth sydyn yn y Trydydd Byd dros yr 20 mlynedd diwethaf wedi golygu bod gweithgynhyrchu bellach yn gyfran tipyn uwch o allforion y Trydydd Byd. Fodd bynnag, mae llawer o'r gweithgynhyrchu hwn yn dueddol o ganolbwyntio ar gynhyrchion technoleg is fel tecstilau neu esgidiau. Caiff y problemau sy'n gysylltiedig â gor-ddibyniaeth ar allforion cynwyddau eu trafod yn uned 103.

Cwestiwn 4

Eglurwch sut mae strwythur economi yn debygol o newid wrth iddi dyfu a datblygu. Defnyddiwch y data i esbonio eich ateb.

Tabl 99.8 Strwythur cynnyrch, 2004

	Strwythur cynnyrch, % o CMC		
	Amaethyddiaeth	Diwydiant	Gwasanaethauu
Sierra Leone	53	30	17
Bolivia	15	30	55
Y Deyrnas Unedig	1	27	72

Ffynhonnell: addaswyd o Banc y Byd, *World Development Report*.

Termau Allweddol

Gwledydd datblygedig, gwledydd sy'n datblygu neu wledydd llai economaidd ddatblygedig – gwledydd datblygedig yw cenhedloedd diwydiannol cyfoethog Ewrop, Japan a Gogledd America, tra mai gwledydd sy'n datblygu neu wledydd llai economaidd ddatblygedig yw cenhedloedd byd eraill, tlotach, sy'n llai datblygedig yn economaidd.

Gwledydd y Byd Cyntaf – cenhedloedd cyfoethog, datblygedig Gorllewin Ewrop, Japan a Gogledd America.

Gwledydd y Trydydd Byd – cenhedloedd y byd sy'n datblygu yn Affrica, De America ac Asia.

Cwestiwn Data

Y Trydydd Byd

Astudiwch y data yn y tablau yn yr uned hon.

1. Eglurwch pam y gellid ystyried Malawi yn wlad Trydydd Byd dlawd?

2. Cymharwch México a'r Aifft fel gwledydd sy'n datblygu.

3. Trafodwch y rhwystrau rhag datblygu sy'n wynebu Tanzania a România.

Economeg gymhwysol

Twf economaidd

Yn draddodiadol mewn economeg, bu datblygiad yn gysylltiedig â thwf economaidd. Mae twf economaidd yn mesur newidiadau mewn incwm gwladol, swm yr holl gynnyrch sy'n cael ei fasnachu yn yr economi. Mae gwledydd sy'n cynhyrchu llawer iawn hefyd yn gallu treulio llawer iawn. Felly, mae gwlad fel yr Unol Daleithiau, sydd â'r CMC uchaf yn y byd, yn ogystal â'r CMC uchaf y pen (ac eithrio gwledydd bychain iawn fel Luxembourg) sy'n cael ei fesur yn ôl cyfraddau paredd gallu prynu, yn gallu rhoi safon byw uchel i'w dinasyddion. Ar y llaw arall, mae gwlad fel Burundi, y wlad dlotaf yn y byd yn 2004 a fesurwyd yn ôl CMC y pen, yn gweld ei dinasyddion yn profi safon byw isel iawn.

Gallai ymddangos, felly, bod modd mesur llwyddiant economaidd yn ôl cyfraddau twf economaidd. Mae gwledydd â chyfraddau twf uchel, fel China ac India, yn wledydd sy'n datblygu'n gyflym iawn.

Mae gwledydd sy'n profi cyfraddau twf negyddol, fel

Affrica islaw'r Sahara yn yr 1980au, neu Rwsia a Serbia yn yr 1990au, yn llithro'n ôl yn hytrach na datblygu. Trafodwyd lefelau incwm gwladol yn uned 99. O ran mesur CMC, mae Pakistan yn 'fwy datblygedig' nag Ethiopia, mae De Korea'n fwy datblygedig na China ac UDA yn fwy datblygedig na Singapore. O ran twf, mae safle cymharol gwledydd yn newid yn gyflym iawn. Mae Tabl 100.1 yn dangos cyfraddau twf blynyddol real ar gyfer gwahanol ardaloedd a gwledydd rhwng 1966 a 2003. Mae cyfradd twf y byd wedi arafu'n sylweddol dros y cyfnod, o 5.1% ar gyfartaledd yn 1966-73 i 2.8% rhwng 1991 a 2003.

Fodd bynnag, mae rhai ardaloedd o'r byd yn tyfu'n llawer cyflymach nag eraill. Y wlad sydd wedi perfformio orau ers dechrau'r 1990au yw China, sydd wedi tyfu 7% y flwyddyn ar gyfartaledd. Mae ardaloedd eraill wedi perfformio'n wael. Roedd perfformiad twf Affrica yn wael yn yr 1980au a'r 1990au, gyda llawer o wledydd yn profi twf negyddol am gyfnodau byr. Perfformiodd De America yn gymharol wael yn yr 1970au a'r 1980au, ond helpodd diwygiadau economaidd i'r rhanbarth dyfu'n well yn yr 1990au. Yn y gwledydd incwm isel a chanolig yn Ewrop a Chanol Asia, sef cyn-wledydd comiwnyddol Dwyrain Ewrop a'r Undeb Sofietaidd yn bennaf, mae chwalu'r ymerodraeth Sofietaidd tua 1990 a chyflwyno diwygiadau marchnad wedi arwain at berfformiad economaidd cymysg. Ar y cyfan, profodd y rhanbarth dwf negyddol sylweddol tua dechrau'r 1990au. Mae Tabl 100.1 yn dangos, ar gyfer Ffederasiwn Rwsia, fod y twf negyddol hwn yn gorbwyso'n helaeth y twf cadarnhaol ers canol yr 1990au. Roedd CMC Rwsia yn 2003 tua 30% yn is nag yn 1990.

Mae Tabl 100.1 yn dangos newidiadau blynyddol mewn CMC. Fodd bynnag, rhaid ystyried twf poblogaeth er mwyn i CMC fod yn ddangosydd dibynadwy o ddatblygiad. Mae Tabl 100.2 yn dangos newidiadau blynyddol mewn CMC y pen ar gyfer yr un gwledydd ag sydd yn Nhabl 100.1. Mae'n bosibl gweld graddfa'r trychineb Affricanaidd erbyn hyn. Yn Affrica islaw'r Sahara, cwympodd CMC real y pen 0.7% y flwyddyn ar gyfartaledd rhwng 1974 ac 1990. Er bod cyfraddau twf wedi gwella yn yr 1990au a thua dechrau 2000au, erbyn 2003 roedd gan lawer o wledydd islaw'r Sahara lefelau CMC y pen islaw'r lefelau hynny yn 1980 o hyd. Ar y llaw arall, yn y gwledydd yn Nwyrain Asia, gyda chyfradd dwf y pen o 6% ar gyfartaledd, roedd dinasyddion wedi cynyddu eu hincwm bedair gwaith a mwy dros y cyfnod.

Mae gwahanol gyfraddau twf wedi cael effaith ddramatig ar incymau cymharol rhwng rhanbarthau a gwledydd. Ar ddechrau'r 1950au, roedd Asia'n dlotach

Tabl 100.1 Twf CMC real, newid % blynyddol cyfartalog, 1966-2003

	1966-73	1974-90	1991-2003
Y Byd	**5.1**	**3.0**	**2.8**
Incwm uchel	**4.8**	**2.9**	**2.6**
Incwm isel a chanolig	**6.9**	**3.5**	**3.7**
Dwyrain Asia a'r Cefnfor Tawel	**7.9**	**7.1**	**7.6**
China	8.5	8.2	9.6
Korea, Gweriniaeth	11.2	8.5	5.5
Indonesia	6.6	6.1	3.5
De Asia	**3.7**	**4.9**	**5.4**
India	3.7	4.8	5.9
De America a'r Caribî	**6.4**	**2.7**	**2.7**
Brasil	9.8	3.6	2.6
México	6.8	3.4	3.0
Yr Ariannin	4.3	0.5	2.3
Ewrop a Chanol Asia	**7.0**	**3.6**	**0.6**
Ffederasiwn Rwsia[a]	7.1	3.7	-1.8
Twrci	6.1	4.3	3.1
Gwlad Pwyl	7.7	1.9	2.6
Y Dwyrain Canol a Gogledd Affrica	**8.5**	**0.7**	**3.2**
Iran, Gweriniaeth Islamaidd	10.6	-0.4	3.7
Algeria	6.3	4.4	2.4
Yr Aifft, Gweriniaeth Arabaidd	3.8	7.3	4.5
Affrica islaw'r Sahara	**4.7**	**2.2**	**2.8**
De Affrica	4.7	2.2	2.3
Nigeria	6.5	1.0	2.7

a. Mae data ar gyfer blynyddoedd cyn 1993 yn cyfeirio at yr hen Undeb Sofietaidd
Ffynhonnell: addaswyd o *Global Economic Prospects and the Developing Countries, World Development Indicators*, Banc y Byd.

Tabl 100.2 Twf CMC real y pen, newid % blynyddol cyfartalog, 1966-2003

	1966-73	1974-90	1991-2003
Y Byd	**3.1**	**1.2**	**1.4**
Incwm uchel	**3.8**	**2.2**	**1.9**
Incwm isel a chanolig	**4.5**	**1.5**	**2.2**
Dwyrain Asia a'r Cefnfor Tawel	**5.2**	**5.4**	**6.5**
China	5.8	6.6	8.6
Korea, Gweriniaeth	8.8	7.0	4.6
Indonesia	4.1	3.9	2.1
De Asia	**1.3**	**2.6**	**3.6**
India	1.4	2.6	4.2
De America a'r Caribî	**3.7**	**0.5**	**1.1**
Brasil	7.1	1.4	1.2
México	3.5	0.9	1.4
Yr Ariannin	2.7	-1.0	1.3
Ewrop a Chanol Asia	**6.0**	**2.6**	**0.5**
Ffederasiwn Rwsia[a]	6.5	3.1	-1.5
Twrci	3.5	1.9	1.3
Gwlad Pwyl	7.0	1.2	2.6
Y Dwyrain Canol a Gogledd Affrica	**5.8**	**-2.4**	**1.1**
Iran, Gweriniaeth Islamaidd	7.6	-4.2	4.2
Algeria	3.3	1.3	0.5
Yr Aifft, Gweriniaeth Arabaidd	1.7	4.7	2.6
Affrica islaw'r Sahara	**2.0**	**-0.7**	**0.3**
De Affrica	2.1	-0.3	0.3
Nigeria	3.8	-1.8	0.0

a. Mae data ar gyfer blynyddoedd cyn 1993 yn cyfeirio at yr hen Undeb Sofietaidd
Ffynhonnell: addaswyd o *Global Economic Prospects and the Developing Countries, World Development Indicators*, Banc y Byd.

Tabl 100.3 Twf blynyddol cyfartalog mewn CMC y wlad yn ôl grŵp incwm

	1975-2003	1990-2003
Gwledydd incwm uchel	2.0	1.8
Gwledydd incwm canolig	2.0	2.5
Gwledydd incwm isel	-0.8	0.1

Ffynhonnell: addaswyd o *Human Development Report*, y Cenhedloedd Unedig.

mae lefelau CMC y pen yn tueddu i ehangu dros amser rhwng gwledydd incwm uchel ac isel. Yn bell o ddal i fyny, mae gwledydd incwm isel yn tueddu i syrthio'n ôl.

Twf: mesur annigonol

Yn yr 1950au a'r 1960au, roedd economegwyr yn credu bod cysylltiad agos rhwng twf economaidd a datblygiad economaidd. Byddai twf economaidd uchel yn arwain at ddatblygiad economaidd cyflym ac i'r gwrthwyneb. Fodd bynnag, yn yr 1970au, cafodd y dybiaeth hon ei chwestiynu o ddifrif. Nodwyd yn briodol mai dim ond mewn nifer cyfyngedig o newidynnau yn yr economi y mae twf economaidd yn mesur twf. Nid oedd yn ystyried nifer mawr o newidynnau eraill o gwbl, sy'n amrywio o iechyd, i'r amgylchedd, i ddosbarthiad adnoddau yn yr economi. Mae hyn yn rhan o'r ddadl a drafodwyd yn uned 27. Mae Michael Todaro, economegydd blaenllaw ym maes economeg datblygiad, wedi cyflwyno tri amcan datblygiad a fydd yn cael eu trafod nawr yn eu tro.

Darparu anghenion sylfaenol

Mae twf economaidd yn codi lefel y nwyddau sydd ar gael i'w treulio mewn economi. Fodd bynnag, nid yw'n golygu o reidrwydd y bydd y nwyddau ychwanegol hynny ar gael i bawb. Mae hanes datblygiad economaidd ers yr Ail Ryfel Byd yn awgrymu nad yw manteision twf yn cael eu lledaenu'n gyfartal iawn. Er enghraifft, yn 2002, roedd 98% o Eifftwyr yn gallu cael mynediad at ddŵr diogel. Ond ym Moroco, gwlad â CMC tebyg y pen ar bareddau gallu prynu, dim ond 80% o'r boblogaeth oedd yn gallu gwneud hyn. Yn Samoa, dim ond 2% o oedolion oedd yn anllythrennog yn 2004. Yn Cape Verde, sydd eto â CMC tebyg y pen, y ffigur oedd 24%. Yn 2003, roedd 106 o ffonau symudol i bob mil o'r boblogaeth ym Mheriw. Yn Albania, sydd â CMC tebyg y pen, roedd 358 ffôn i bob mil. Mae enghreifftiau pellach i'w gweld yn uned 99.

Er bod rhai o wledydd y Trydydd Byd yn mwynhau incymau sy'n agos at y rheini yn y Byd Cyntaf, mae'r mwyafrif yn llawer tlotach. Mae'r niferoedd sy'n byw islaw'r llinell dlodi, a ddiffinnir fel $1 neu is y dydd ar gyfraddau paredd gallu prynu wedi syrthio o 1.5 biliwn o bobl yn 1981 i 1.1 biliwn yn 2001 fel mae Ffigur 100.3 yn dangos. China sy'n gyfrifol am yr holl ostyngiad hwn bron mewn tlodi, gan fod y rhan fwyaf o'i dinasyddion wedi elwa ar ei chyfradd twf economaidd uchel. Mewn cyferbyniad, mae perfformiad economaidd gwael iawn Affrica islaw'r Sahara wedi arwain at gynnydd mewn tlodi absoliwt o 164 miliwn o bobl yn 1981 i 313 miliwn o bobl yn 2001. Mae tlodi

nag Affrica. Erbyn canol yr 1960au, roedd gwledydd Dwyrain Asia wedi dal i fyny ag Affrica. Erbyn 2004, yng ngwledydd incwm isel a chanolig Dwyrain Asia a'r Cefnfor Tawel roedd CMC y pen o $4 630 a fesurwyd ar bareddau gallu prynu, o'i gymharu â $1 850 yn Affrica islaw'r Sahara. Mae Nigeria ac Indonesia yn ddwy enghraifft benodol o hyn. Yn yr 1960au, barnodd economegwyr datblygiad fod dyfodol Nigeria yn llawer disgleiriach nag Indonesia o ran datblygiad. Yn yr 1970au, daeth Nigeria'n gyfoethog drwy gynhyrchu olew wrth i brisiau olew saethu i fyny. Ond methodd Nigeria â datblygu er gwaethaf ei manteision. Erbyn 2004, roedd ei CMC y pen ar bareddau gallu prynu yn $930 o'i gymharu â $3 460 ar gyfer Indonesia.

Mae Tabl 100.3 yn dangos agwedd arall ar ddatblygiad yn y degawdau diwethaf. Mae anghydraddoldebau'n ehangu. Yn ystod y cyfnod 1975 i 2003, yn y gwledydd hynny a ddiffiniwyd yn incwm isel yn 2003, gwelwyd eu hincymau y pen yn gostwng 0.8% y flwyddyn ar gyfartaledd. Roedd cyfnod 1975 i 1990 yn waeth i'r gwledydd hyn na 1990-2003. Er hynny, nid oedd incwm y pen yn wahanol iawn yn 2003 nag yn 1990. I'r gwrthwyneb, mewn gwledydd incwm uchel gwelwyd twf 2% y flwyddyn y pen. Perfformiodd gwledydd incwm canolig yn well na gwledydd incwm uchel yn 1990-2003. Fodd bynnag, os tynnir China allan o'r ffigurau hyn, perfformiodd gwledydd incwm canolig ychydig yn waeth na gwledydd incwm uchel rhwng 1990 a 2003. Ar gyfartaledd, ac eithrio China,

Cwestiwn I

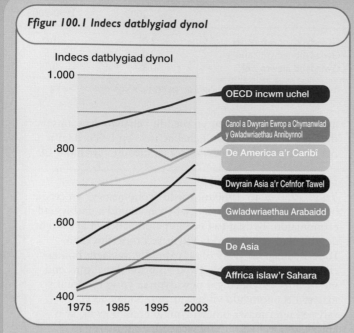

Ffigur 100.1 Indecs datblygiad dynol

Indecs datblygiad dynol

- OECD incwm uchel
- Canol a Dwyrain Ewrop a Chymanwlad y Gwladwriaethau Annibynnol
- De America a'r Caribî
- Dwyrain Asia a'r Cefnfor Tawel
- Gwladwriaethau Arabaidd
- De Asia
- Affrica islaw'r Sahara

1975   1985   1995   2003

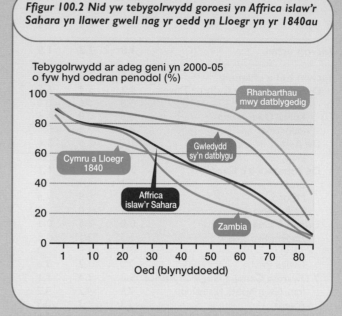

Ffigur 100.2 Nid yw tebygolrwydd goroesi yn Affrica islaw'r Sahara yn llawer gwell nag yr oedd yn Lloegr yn yr 1840au

Tebygolrwydd ar adeg geni yn 2000-05 o fyw hyd oedran penodol (%)

- Rhanbarthau mwy datblygedig
- Gwledydd sy'n datblygu
- Cymru a Lloegr 1840
- Affrica islaw'r Sahara
- Zambia

Oed (blynyddoedd)

Yn ystod y ddegawd ddiwethaf, mae'r Indecs Datblygiad Dynol, sy'n cynnwys tri dimensiwn incwm, addysg ac iechyd, wedi bod yn cynyddu ar draws yr holl ranbarthau sy'n datblygu. Bu dau eithriad.

Mae deuddeg o wledydd yn Affrica islaw'r Sahara, gydag un rhan o dair o'i phoblogaeth, wedi gweld disgwyliad oes yn gostwng yn ddramatig yn bennaf oherwydd yr epidemig Aids. Yn Botswana, er enghraifft, mae disgwyliad oes cyfartalog wedi gostwng o 65 oed yn 1988 i 34 oed a ragamcanir ar gyfer 2008.

Mae chwe gwlad yn yr hen Undeb Sofietaidd, gan gynnwys Ffederasiwn Rwsia, hefyd wedi gweld disgwyliad oes yn gostwng yn sylweddol. Yn Rwsia yn 2003, dim ond 59 oedd disgwyliad oes dynion, o'i gymharu â 72 i ferched, un o'r bylchau ehangaf yn y byd rhwng y rhywiau. Mae'r disgwyliad oes wedi gostwng oherwydd amrywiaeth o ffactorau gan gynnwys lefelau uwch o glefyd cardiofasgwlar sy'n adlewyrchu'n rhannol ddiet gwael, cynnydd mewn clefydau heintus gan gynnwys Aids a

twbercwlosis, mwy o hunanladdiadau, marwolaeth o droseddau treisgar a chynnydd mewn afiechydon sy'n gysylltiedig ag alcohol. Mae'r rhain i gyd yn adlewyrchu'r straen cymdeithasol ar ddynion o ganlyniad i'r newidiadau economaidd enfawr, gan gynnwys diweithdra, yn sgil chwalu economi'r awdurdod Sofietaidd a'r strwythur mwy marchnad-gyfeiriedig a ddaeth yn ei lle. Maent hefyd yn adlewyrchu llai o wariant ar ofal iechyd.

Ffynhonnell: addaswyd o *Human Development Report*, 2005, y Cenhedloedd Unedig.

(a) Pa grŵp o wledydd sydd wedi gweld (i) y twf uchaf a (ii) y twf isaf yn ei Indecs Datblygiad Dynol rhwng 1975 a 2003?
(b) Pam mae Affrica islaw'r Sahara wedi perfformio'n wael yn ôl ei sgôr ar yr Indecs Datblygiad Dynol?
(c) Pam y gallai newid economaidd yn Rwsia achosi (i) gostyngiad a (ii) cynnydd yn ei lefel ar y Indecs Datblygiad Dynol?

wedi cynyddu hefyd yn Ewrop a Chanol Asia o ganlyniad i chwalu'r Undeb Sofietaidd a'r newidiadau economaidd a ddaeth yn sgil hynny.

Mae Ffigur 100.3 hefyd yn dangos y gyfran o bobl yn ôl rhanbarth sy'n byw ar lai na $1 y dydd. Yn 2001, roedd bron hanner poblogaeth Affrica islaw'r Sahara yn byw mewn tlodi eithafol, sef cynnydd o'i chyfran yn 1981. Mewn cyferbyniad, mae dau ranbarth Asia wedi gweld gostyngiad sylweddol yng nghanran eu poblogaeth sy'n byw mewn tlodi eithafol. Eto, gellir gweld gwyrth economaidd China gyda'i chyfrannau'n syrthio o 63.6% i 16.6%.

I adlewyrchu'r gwahaniaeth rhwng datblygiad economaidd a CMC a thwf economaidd, mae'r Cenhedloedd Unedig yn cyfrifo nifer o indecsau datblygiad, y pwysicaf ohonynt yw'r **indecs datblygiad dynol**. Dyma indecs sy'n seiliedig ar dri dangosydd: hirhoedledd, fel y'i mesurir gan ddisgwyliad oes ar

enedigaeth; cyrhaeddiad addysg, fel y'i mesurir gan gyfuniad o lythrennedd oedolion a'r cymarebau cofrestru crynswth lefel gyntaf, ail lefel a thrydedd lefel cyfunol (niferoedd mewn addysg wedi'u rhannu â phoblogaeth o oed addysg); a safon byw fel y'i mesurir gan CMC real y pen ar bareddau gallu prynu.

Rhaid felly mai un o nodau datblygiad economaidd yw bodloni **anghenion sylfaenol** (☞ uned 1) ymhlith y boblogaeth gyfan. Rhaid bod bwyd a diod a lloches ar gael i bawb. Mae iechyd da yn angen sylfaenol hefyd. O ganlyniad, dylai fod gofal meddygol sylfaenol ar gael i bawb. Rhaid felly fod dileu **tlodi absoliwt** (☞ uned 68) mewn cymdeithas ymhlith nodau unrhyw strategaeth ddatblygu.

Nid yw systemau economaidd o reidrwydd yn gwella lles tlodion hyd yn oed pan fo twf economaidd cyflym yn digwydd. Yn yr 1950au a'r 1960au, credwyd yn eang y byddai cynnydd incwm cyflym i'r cyfoethocach

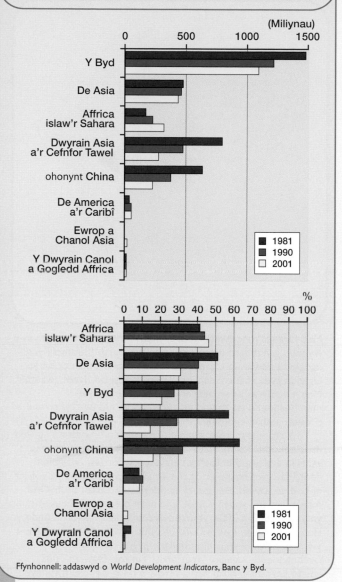

Ffigur 100.3 Tlodi byd: niferoedd a chanrannau sy'n byw islaw'r llinell dlodi o $1 y dydd yn ôl cyfraddau paredd gallu prynu

Ffynhonnell: addaswyd o *World Development Indicators*, Banc y Byd.

yn cynhyrchu llai na llawer o breswylwyr y slymiau trefol hyd yn oed.

Yr ail grŵp sydd yn y perygl mwyaf yw merched. Mewn llawer o gymdeithasau traddodiadol, nid yw bwyd ac addysg ar gael cymaint i ferched ag y maent i ddynion. Pan fydd merched yn dod yn weddwon, mae'n anoddach iddynt fyw na dynion gan fod cyflogau merched yn is na rhai dynion ar gyfartaledd. I ryw raddau, gwahaniaethu sy'n achosi hyn. Fodd bynnag, mae hefyd yn adlewyrchu gwahaniaethau mewn mynediad at addysg rhwng y rhywiau. Mae Tabl 100.4 yn dangos bod merched yn llai tebygol o fod yn yr ysgol na dynion mewn gwledydd sy'n datblygu. Mae disgwyliad oes yn is mewn gwledydd incwm isel a chanolig o'u cymharu â gwledydd incwm uchel. I'r un graddau, mewn gwledydd incwm isel nid yw disgwyliad oes merched yn wahanol iawn i ddisgwyliad oes dynion, tra bo merched yn gallu disgwyl byw hyd at 8 mlynedd yn hirach na dynion mewn gwledydd incwm uchel. Mae cyfranogiad merched ym marchnad lafur ffurfiol yr economi yn tueddu i amrywio mwy yn ôl traddodiadau diwylliannol nag incwm. Fodd bynnag, mae cyfran fwy o ddioddefwyr *HIV* yn fenywaidd mewn gwledydd incwm isel na gwledydd incwm uchel. Yng ngwledydd Affrica islaw'r Sahara a ddangosir yn Nhabl 100.4, mae mwy o ferched na dynion wedi'u heintio â *HIV*.

Codi safonau byw

Nid yw datblygiad yn ymwneud yn unig â darparu anghenion sylfaenol i'r boblogaeth gyfan. Mae hefyd yn golygu codi safonau byw y tu hwnt i lefel gynhaliaeth. Mae incymau uwch yn un arwydd o godi safonau byw. Wedyn, daw amrywiaeth gyfan o nwyddau fforddiadwy, o setiau teledu i fwyta allan i deithio.

Fodd bynnag, mae llawer mwy o agweddau ar safonau byw unigolyn. Er enghraifft, yn ogystal â galluogi'r gweithlu i fod yn fwy cynhyrchiol, mae gwell addysg yn cynyddu gallu unigolion i fwynhau a gwerthfawrogi eu diwylliant. Yn ogystal â rhoi incwm i unigolion a'u dibynyddion, mae mynediad at waith yn rhoi hunan-barch ac ymdeimlad o ddiben. Yn ogystal â chyfrannu at safon byw heddiw, mae mynediad at amgylchedd glân yn arwydd bod y safon byw hon yn gynaliadwy i blant unrhyw un.

Mae codi safonau byw yn gysylltiedig hefyd â gallu dinasyddion i gyfranogi mewn cymdeithas. Gwrthodir y gallu hwnnw i'r tlawd yn aml gan nad yw'r incwm ganddynt i brynu'r hyn sy'n cael ei ystyried yn 'norm' ar gyfer y gymdeithas honno. Rhaid felly mai un o ffocysau allweddol datblygiad economaidd yw lleihau anghydraddoldebau pendant mewn incwm.

Ehangu'r amrywiaeth o ddewisiadau economaidd a chymdeithasol

Mae datblygiad yn golygu rhoi mwy o ddewis i gymdeithasau ac unigolion yn y cymdeithasau hynny. Roedd llawer o wledydd y Trydydd Byd yn y gorffennol yn drefedigaethau gwledydd y Byd Cyntaf. Daeth annibyniaeth â mwy o ryddid iddynt benderfynu eu tynged genedlaethol eu hunain.

mewn cymdeithas yn 'llifo i lawr' i'r tlodion hefyd. Yn wir, dyma un o'r dadleuon a ddefnyddiodd Ronald Reagan yn yr Unol Daleithiau a Margaret Thatcher yn y DU yn yr 1980au i gyfiawnhau eu polisïau economaidd a arweiniodd at anghydraddoldebau mwy pendant yn eu cymdeithasau. Fodd bynnag, mae profiad yn dangos nad oes llawer o effaith llifo i lawr, os o gwbl. Gall **economïau deuol** ddatblygu. Mae hanner yr economi'n tyfu tra bo'r hanner arall yn farwaidd.

O ran datblygiad, gellir dewis dau grŵp penodol sy'n fwyaf tebygol o fod mewn tlodi absoliwt. Y cyntaf yw preswylwyr gwledig. Mae llawer o breswylwyr trefol sy'n byw mewn slymiau mewn dinasoedd mawr ar drothwy tlodi absoliwt. Fodd bynnag, mae trydan, gofal iechyd, bwyd a chysgod yn debygol o fod yn fwy hygyrch i'r rhain nag i breswylwyr gwledig a allai fyw cannoedd o filltiroedd i ffwrdd o'r dref agosaf. Hefyd, mae llawer o breswylwyr gwledig yn gweithio mewn ffermio ymgynhaliol â chynhyrchedd isel iawn. Maent

Tabl 100.4 Cymharu'r rhywiau

	Cymhareb o gofrestriadau merched i ddynion mewn ysgol gynradd ac uwchradd	Disgwyliad oes merched adeg geni	Disgwyliad oes merched minws disgwyliad oes dynion	Cyfran merched yn y gweithlu	Merched â HIV fel cyfran o'r cyfanswm
	2002-03 %	2003 Blynyddoedd	2003 Blynyddoedd	2003 %	2003 %
Malawi	92	38	1	48.7	56.8
Tanzania	na	43	1	48.9	56.0
Ethiopia	69	43	2	41.4	55.0
Mozambique	79	42	2	49.0	55.8
Uganda	96	44	1	47.1	60.0
Pakistan	71	65	2	30.3	12.2
India	80	64	1	32.6	38.0
Jamaica	101	78	4	47.6	47.6
Yr Aifft	93	71	3	31.4	13.3
China	97	73	4	45.0	22.9
Panama	100	77	4	36.6	41.3
Gwlad Thai	95	72	5	47.0	35.7
Românía	100	74	8	44.8	na
México	102	77	6	34.4	33.1
De Affrica	100	46	1	38.4	56.9
Yr Ariannin	103	78	7	35.1	20.0
Hwngari	100	77	8	44.6	na
Portiwgal	102	80	7	44.1	19.5
De Korea	100	78	7	40.7	10.8
Seland Newydd	103	81	4	46.1	na
Sbaen	103	84	8	37.8	20.8
Singapore	na	80	4	38.6	24.4
Y Deyrnas Unedig	116	80	5	44.1	29.8
Y Swistir	96	83	5	40.7	30.0
UDA	100	80	5	46.6	25.5

Ffynhonnell: addaswyd o *World Development Report*, Banc y Byd.   na = ddim ar gael

Mae datblygiad hefyd yn golygu rhoi mwy o ryddid i genhedloedd benderfynu eu hamcanion economaidd eu hunain. Mae llawer o wledydd y Trydydd Byd ar hyn o bryd yn destun rhaglenni diwygio economaidd a osodwyd gan yr *IMF* (Cronfa Ariannol Ryngwladol ☞ uned 104). Er gallai'r rhaglenni diwygio hyn arwain at dwf economaidd uwch yn y dyfodol, mae'r gwledydd dan sylw'n anfodlon oherwydd ystyrir eu bod yn cyfyngu'r rhyddid i ddewis sut i weithredu polisi economaidd yn ôl gwlad unigol.

Ar lefel unigol, mae datblygiad economaidd yn golygu caniatáu i bobl benderfynu beth i'w brynu heddiw, yn hytrach na'u gorfodi i brynu angenrheidiau sylfaenol yn unig. Mae'n ymwneud â rheoli ble mae rhywun yn gweithio, sy'n awgrymu bod swyddi ar gael yn yr economi. Mae hefyd yn ymwneud â rhyddid gwleidyddol, fel yr hawl i siarad yn rhydd, neu i ddewis ble i fyw neu pwy i gyfarfod ag ef. Mae gan lawer o wledydd incwm isel a chanolig hanes gwael o hawliau dynol. Er enghraifft, mae China, er gwaethaf ei chyfradd twf economaidd uchel yn ystod y 30 mlynedd diwethaf, yn achosi gofid ynghylch y ffordd y mae'n trin gwrthwynebwyr gwleidyddol. Mae rhai gwledydd Affricanaidd â hanes gwael o dwf economaidd hefyd, ar y cyfan, wedi cael eu llywodraethu'n wael. Bu llywodraethu gwael yn ffactor pwysig wrth egluro pam y maent wedi methu datblygu'n economaidd.

Mae Uganda'n nodweddiadol o wlad Affrica islaw'r Sahara sy'n wynebu gwrthdaro arfog mewnol. Rhanbarth Karamoja yng ngogledd-ddwyrain Uganda yw un o'r rhanbarthau tlotaf yn Uganda gyda rhai o'r dangosyddion datblygiad dynol gwaethaf. Mae'n lled-gras ac yn agored i sychder ac nid yw marchnadoedd yn hawdd eu cyrraedd ac nid oes cyflenwad da o wasanaethau cymdeithasol.

Yn y rhanbarth, mae gwahanol lwythau'n brwydro â'i gilydd dros adnoddau prin. Mae'r boblogaeth yn fugeilwyr ac mae ysbeilio anifeiliaid bellach yn strategaeth oroesi i drigolion lleol. Mae gwrthdaro arfog mewn gwledydd cyfagos yn golygu ei bod yn hawdd cael gafael ar ddrylliau ac arfau bach. Ond mae'n hawdd i ysbeilio lleol fynd allan o reolaeth. Er enghraifft, yn ystod 2003 a 2004, ymosodwyd ar o leiaf 10 lori a oedd yn cludo da byw ar hyd priffordd Kotido-Mbale. O ganlyniad, nid yw masnachwyr yn fodlon bellach prynu da byw o farchnadoedd bugeiliol yn yr ardal. Ym mis Mawrth 2003, roedd prynwyr yn llai nag un rhan o ddeg o'r lefel flwyddyn ynghynt. Mae ymosodiadau arfog wedi arwain at ddinistrio isadeiledd iechyd ac addysg. Mae llawer o weithwyr iechyd ac athrawon wedi gadael eu gwaith gan eu bod ofn cael eu lladd mewn gwrthdrawiadau lleol. Yn 2003-04, lladdwyd dau weithiwr iechyd a phum athro wrth eu gwaith. O ganlyniad, mae mynediad at wasanaethau cymdeithasol wedi dirywio.

Mae gan Uganda gyfanswm o 1.4 miliwn o bobl y gorfodwyd iddynt ymfudo o'u cartrefi i rannau eraill o'r wlad oherwydd gwrthdaro arfog. Mae'r gwrthdaro hwn yn gosod pris trwm ar ddatblygiad economaidd.

Ffynhonnell: addaswyd o *Human Development Report 2005*, y Cenhedloedd Unedig.

(a) Gan ddefnyddio enghreifftiau o'r darn, eglurwch beth yw ystyr 'dangosyddion datblygiad dynol'.
(b) Pam mae gwrthdaro arfog mewn rhanbarth (i) yn niweidiol ynddo'i hun i ddatblygiad dynol a (ii) pam mae'n arwain at waethygu dangosyddion datblygiad dynol eraill?

Cwestiwn Data

Yr Aifft

Economi'r Aifft

Mae economi'r Aifft wedi perfformio'n gryf yn y blynyddoedd diwethaf gyda CMC real yn tyfu rhwng 3 a 4% y flwyddyn. Fodd bynnag, gallai wneud yn llawer gwell pe byddai'n gweithredu diwygiadau strwythurol a sefydliadol i ryddhau'r economi o ymyrraeth llywodraeth a gosod strwythurau marchnad cryf.

Un ffactor mawr sy'n atal cynnydd yw ofn aflonyddwch cymdeithasol. Mae gan yr Aifft boblogaeth ifanc ac mae'n ofni y gallai ffwndamentaliaid Islamaidd ei radicaleiddio'n hawdd. Felly mae newid, a fyddai'n creu colledwyr yn ogystal ag enillwyr, yn cael ei osgoi. Nid yw aflonyddwch cymdeithasol yn cael ci helpu gan gyfradd ddiweithdra swyddogol o 10% a bwlch ehangol rhwng incwm y cyfoethog a'r tlawd. Mae 700 000 o weithwyr newydd yn dod i mewn i'r farchnad lafur bob blwyddyn, o ganlyniad i dwf poblogaeth uchel, ac, yn y pen draw, bydd y rhan fwyaf o'r rheini mewn swyddi â chyflogau gwael yn y sector anffurfiol o'r economi.

Mae'r sector anffurfiol yn ffynnu. Mae rhyw 80% o gwmnïau bach a chanolig yn gweithredu yn y sector anffurfiol gan fod mân reolau'n annog pobl i beidio â

chofrestru eu busnesau. Mae'n rhaid i fusnes newydd gydymffurfio ag o leiaf 11 deddf i gael trwydded fasnachu.

Merched a ffrwythlondeb

Yn y tymor hir, mae'n allweddol sicrhau bod dulliau atal cenhedlu ar gael i ferched a chynnig gwell cyfleoedd addysgol a chyflogaeth iddynt, er mwyn atal twf poblogaeth uchel yn yr Aifft. Fodd bynnag, mae'r wlad yn gymdeithas draddodiadol iawn o hyd ac mae awdurdodau crefyddol yn erbyn y syniad cyfyngu ar faint teulu, yn enwedig ar seiliau economaidd. Daw llawer o ferched ar draws rhwystrau 'biwrocrataidd' sy'n eu hatal rhag cael y gwasanaethau iechyd sydd ar gael. Dim ond un o bob pedair merch yn yr Aifft sydd mewn gwaith ac maent yn ennill llawer llai na dynion. Hyd yn oed ar ôl ystyried addysg a phrofiad, nid oes llawer o gymhelliad i gael llai o blant.

Hawliau sifil

Mae'r cerbydau heddlu mawr sy'n cludo milwyr terfysg ac sy'n sefyll yn barhaol o flaen Prifysgol Cairo yn rhywbeth i atgoffa pobl o'r gafael tynn y mae llywodraeth yr Aifft yn ei gadw ar fywyd academaidd. Mae'r milwyr yno i sicrhau nad yw gwrthdystiadau myfyrwyr yn gorlifo o gatiau'r brifysgol i strydoedd y ddinas. Gwaharddwyd myfyrwyr yr Aifft rhag cymryd rhan mewn gweithgareddau gwleidyddol ar y campws. Mae asiantau diogelwch y tu mewn i'r prifysgolion yn sicrhau bod y gwaharddiad yn cael ei orfodi. Ond mae eu tasgau wedi ehangu dros y blynyddoedd i gynnwys cadw llygad ar holl weithgareddau staff a myfyrwyr, archwilio pob cylchgrawn, arddangosfa, siaradwr gwadd ac ymgeisydd am swyddi addysgu.

Mae Ali Abdul Rahman, Rheithor Prifysgol Cairo, yn dadlau bod angen system gaeth ar ei brifysgol i gadw trefn arni. Esblygodd y system bresennol gan fod ffwndamentaliaid Islamaidd eisiau gosod eu trefn eu hunain ar fywyd prifysgol. Er bod milwyr terfysg wrth y giât, maen nhw'n llwyddo i ryw raddau. Mae'r garfan bwyso, *Human Rights Watch*, yn dweud bod y milwriaethwyr 'yn dychryn athrawon a myfyrwyr drwy amrywiaeth o dactegau, gan gynnwys mynd i gyfraith ac ymosodiad corfforol'. Cyhuddodd un athro'r milwriaethwyr o greu 'awyrgylch o ofn'.

Ffynhonnell: addaswyd o'r *Financial Times*, 7.12.2004.

Tabl 100.5 Yr Aifft, Gwlad Iorddonen, Moroco a'r Pilipinas, ystadegau datblygiad

	Yr Aifft	Gwlad Iorddonen	Moroco	Pilipinas
CMC y pen yn ôl cyfraddau paredd gallu prynu 2004	4 120	4 640	4 100	4 890
Indecs Datblygiad Dynol				
1975	0.4	0.6	0.4	0.7
2003	0.7	0.8	0.6	0.8
Twf real mewn CMC, % y flwyddyn				
1965-1980	8.8	na	5.7	5.7
1980-1990	5.4	2.5	4.2	1.0
1990-2003	4.5	4.6	2.7	3.5
Twf poblogaeth, % cyfradd flynyddol gyfartalog				
1965-80	2.1	4.3	2.5	2.8
1980-90	4.1	7.4	3.6	4.4
1990-03	1.9	4.0	1.7	2.2
Cyfran ganrannol o incwm 2000				
10% isaf	3.7	3.3	2.6	2.2
10% uchaf	29.5	29.8	30.9	36.3
Disgwyliad oes merched adeg geni (blynyddoedd)				
1965	50	52	51	57
2003	71	74	71	72
Cyfradd marwolaethau babanod (am bob mil o enedigaethau byw)				
1965	145	na	145	72
2003	33	23	36	27
Mynychder diffyg maeth plant % o blant o dan 5 oed				
1992-97	15	10	10	30
1995-2003	9	4	9	32
Anllythrennedd oedolion, merched %				
1990	66	30	75	9
2002	na	14	62	7
Mynediad at ddŵr diogel, % o'r boblogaeth				
1982	90	89	32	65
2002	98	91	80	85
Prif linellau ffôn fesul 1000 o bobl				
1990	30	72	16	10
2003	127	114	40	41
Datgoedwigo blynyddol 1990-2000, %	-3.3	0.0	0.0	1.4
Tir wedi'i ddyfrhau, % o dir cnydau				
1979-81	100	11.0	15.2	14.0
2000-02	100	18.8	14.1	14.5

Ffynhonnell: addaswyd o *World Development Indicators*, Banc y Byd; *Human Development Report*, y Cenhedloedd Unedig. *na = ddim ar gael*

Lluniwch adroddiad i Fanc y Byd ynghylch y graddau mae'r Aifft wedi cyflawni datblygiad gwirioneddol yn y degawdau diwethaf.

Yn eich adroddiad:
- gwahaniaethwch rhwng datblygiad a thwf economaidd;
- aseswch i ba raddau mae'r Aifft wedi cyflawni datblygiad economaidd:
  (i) o'r data a ddarperir am y wlad a
  (ii) drwy ei chymharu â Gwlad Iorddonen, Moroco a'r Pilipinas;
- trafodwch beth sy'n rhaid digwydd er mwyn i'r Aifft fod yn wlad 'ddatblygedig'.

Economeg gymhwysol

Y ffrwydrad poblogaeth

Mae maint poblogaeth y byd wedi ffrwydro yn yr ugeinfed ganrif, fel y mae Ffigur 101.1 yn dangos. Yn 1900, amcangyfrifwyd mai 1.6 biliwn oedd poblogaeth y byd. Erbyn 1980, roedd wedi tyfu i 4.4 biliwn, a 6.3 biliwn erbyn 2004. Mae'r Cenhedloedd Unedig wedi proffwydo y bydd poblogaeth y byd yn sefydlogi tua 10-12 biliwn yn yr 21ain ganrif yn fwy na thebyg.

Achoswyd y ffrwydrad poblogaeth am fod nifer y genedigaethau'n fwy na nifer y marwolaethau. Oherwydd gwell diet, gwell tai a glanweithdra, a mynediad at ddŵr glân a gofal iechyd, mae pobl yn byw'n hirach. Fodd bynnag, mae'r gyfradd genedigaethau wedi ymateb yn oediog i ostyngiadau yn y gyfradd marwolaethau. Yn y byd datblygedig, mae cyfraddau genedigaethau tua'r un faint â chyfraddau marwolaethau erbyn hyn, fel bod

Ffigur 101.1 Rhagamcaniadau poblogaeth yn ôl rhanbarth

Biliwn (yn seiliedig ar ragolwg cyfrwng y Cenhedloedd Unedig)

Cyfanswm y byd — Affrica, Eraill Asia, India, China, De America, Datblygedig

Ffynhonnell: addaswyd o'r Cenhedloedd Unedig.

ychydig neu ddim twf poblogaeth fel y gellir gweld yn Nhabl 101.1. Yn wir, mae poblogaeth rhai gwledydd, fel

Tabl 101.1 Strwythurau poblogaeth

	CGC y pen, $UDA yn ôl cyfraddau paredd gallu prynu	Twf blynyddol cyfartalog yn y boblogaeth%		% o'r boblogaeth gyfan yn ôl oedran		Cymhareb ddibyniaeth: dibynyddion fel cyfran o'r boblogaeth o oed gweithio (15-64)	
	2004	1990-2003	2003-15 rhagamcan	0-14	65+	0-14	65+
Malawi	620	2.0	1.8	44.9	3.4	0.9	0.1
Tanzania	660	2.6	1.7	44.7	2.4	0.8	0.0
Ethiopia	810	2.3	2.0	45.4	2.8	0.9	0.1
Mozambique	1 160	2.2	1.6	42.3	3.6	0.8	0.1
Uganda	1 520	2.9	2.9	49.8	1.8	1.0	0.0
Pakistan	2 160	2.4	2.2	40.1	3.4	0.7	0.1
India	3 100	1.7	1.2	32.4	5.1	0.5	0.1
Jamaica	3 630	0.8	1.0	29.7	6.9	0.5	0.1
Yr Aifft	4 120	1.9	1.5	33.5	4.3	0.5	0.1
China	5 530	1.0	0.6	23.6	7.3	0.3	0.1
Panama	6 870	1.7	1.2	30.0	5.8	0.5	0.1
Gwlad Thai	8 020	0.8	0.6	22.9	6.6	0.3	0.1
România	8 190	-0.5	-0.3	16.6	13.9	0.2	0.2
México	9 590	1.6	1.4	32.3	5.2	0.5	0.1
De Affrica	10 960	2.0	0.3	32.0	4.4	0.5	0.1
Yr Ariannin	12 460	1.0	1.3	27.0	9.8	0.4	0.2
Hwngari	15 620	-0.2	-0.5	16.3	14.7	0.2	0.2
Portiwgal	19 250	0.4	0.0	17.3	15.2	0.3	0.2
De Korea	20 400	0.9	0.4	20.7	7.6	0.3	0.1
Seland Newydd	22 130	1.2	0.9	21.9	11.7	0.3	0.2
Sbaen	25 070	0.4	0.1	15.0	17.1	0.2	0.3
Singapore	26 590	2.6	1.1	20.7	7.6	0.3	0.1
Y Deyrnas Unedig	31 460	0.2	0.1	18.2	16.0	0.3	0.2
Y Swistir	35 370	0.7	0.2	16.6	15.6	0.2	0.2
UDA	39 710	1.2	0.7	21.0	12.4	0.3	0.2

Ffynhonnell: addaswyd o *World Bank, World Development Report* Banc y Byd.

Hwngari a'r Eidal, yn gostwng mewn gwirionedd. Yn y byd sy'n datblygu, mae cyfraddau genedigaethau'n uchel iawn o hyd, er eu bod yn gostwng yn gyflym mewn rhai gwledydd yn y blynyddoedd diwethaf oherwydd cymysgedd gymhleth o ffactorau sy'n cael eu trafod yn nes ymlaen yn yr uned. Nes bod cyfraddau genedigaethau'r un fath â chyfraddau marwolaethau mewn gwledydd sy'n datblygu, bydd poblogaeth y byd yn parhau i dyfu.

Mae twf poblogaeth yn amrywio'n sylweddol o'r naill wlad i'r llall ac o'r naill gyfandir i'r llall. Mae Ffigur 101.1 yn dangos y rhagwelir bod y twf mwyaf ym mhoblogaeth y byd am ddod o Affrica, cyfandir tlotaf y byd. Erbyn y flwyddyn 2150, rhagwelir y bydd un rhan o dair o boblogaeth y byd yn Affricanaidd. Bydd poblogaeth China, sy'n un rhan o bump o boblogaeth y byd ar hyn o bryd, yn cynyddu 0.3 biliwn ond yn lleihau i 12% o boblogaeth y byd erbyn 2150.

Maint y boblogaeth: a yw'n broblem?

Mae llawer yn dadlau bod y blaned eisoes yn orboblog gyda 6 biliwn o bobl. Byddai'n anghynaliadwy pe byddai'n tyfu i 12 biliwn. Mae nifer o ddadleuon yn cael eu cyflwyno i gynnal y gosodiad hwn.

Y cyflenwad bwyd a Malthus Roedd Malthus yn economegydd Prydeinig tua dechrau'r bedwaredd ganrif ar bymtheg a gyflwynodd 'y ddeddf gyflogau haearnaidd'. Dadleuodd y gallai'r cyflenwad bwyd gynyddu'n rhifyddol (e.e. 2, 4, 6, 8, 10 …) yn unig tra byddai'r boblogaeth yn cynyddu'n geometrig (2, 4, 16, 256 …) dros amser. Yn anochel, y canlyniad fyddai tlodi a newyn gyda'r rhan fwyaf o'r boblogaeth yn gaeth i'r fagl dlodi am byth. Roedd hyn oherwydd byddai cynyddu cyflogau'n arwain at fwy o blant yn byw nes eu bod yn oedolion. Byddai hyn yn cynyddu cyflenwad llafur, gan gadw cyflogau i lawr, a mwy o blant yn newynu i farwolaeth. Mewn cydbwysedd, dim ond ar lefel gynhaliaeth y gall y rhan fwyaf o'r boblogaeth fyw.

Mae economeg Malthus wedi profi'n anghywir yn y byd datblygedig. Fel y trafodwyd yn uned 48, mae cyflenwad bwyd y byd wedi tyfu cyn gynted â thwf poblogaeth. Yn y byd datblygedig, mae treuliant caloriau dyddiol cyfartalog yn fwy na dwywaith cymaint ag ydoedd 100 mlynedd yn ôl. Mae Malthusiaid yr oes fodern yn dadlau nad oes modd cynnal cyflymder newid technolegol. Ni all ffermwyr gynyddu eu cynnyrch yr erw am byth drwy wella'r tir, gosod mwy o wrtaith a datblygu gwell rhywogaethau. Rhaid bod terfyn ar faint y bwyd y gall y blaned ei dyfu. Mae beirniaid y farn hon yn dweud y bu cynnyrch cnwd yn y Gorllewin yn cynyddu tua 2½% y flwyddyn ers 100 mlynedd, gan fynd llawer y tu hwnt i dwf poblogaeth. Pam na ddylai'r duedd hon barhau? Hefyd, mae'r potensial gan wledydd datblygedig y byd eisoes i dyfu mwy o fwyd nag sy'n cael ei gynhyrchu ar hyn o bryd. Amcanion UDA, Canada a'r UE yw cyfyngu cynhyrchiad bwyd o'r lefelau cyfredol (☞ uned 16). Nid yw bwyd yn broblem ffisegol heddiw, mae'n broblem farchnad. Mae newyn yn digwydd am nad oes arian gan ddefnyddwyr i brynu bwyd, nid oherwydd nad oes modd ei gynhyrchu.

Pwysau adnoddau Yn y gwledydd sy'n datblygu tyfodd CGC 3.5% y flwyddyn ar gyfartaledd yn yr 1980au. Tyfodd poblogaeth 3.2% ar gyfartaledd yn ystod yr un cyfnod. Dim ond 0.3% oedd twf y pen felly. Roedd angen bron holl adnoddau cynyddol y byd sy'n datblygu yn ystod y degawd hwn i ddarparu ar gyfer twf yn y boblogaeth. A yw hyn yn nodweddiadol? Ar seiliau Malthusaidd, dyma sydd i'w ddisgwyl i raddau helaeth. Mae incymau cynyddol yn arwain at boblogaeth fwy, gan adael y rhan fwyaf o'r boblogaeth ar lefel gynhaliaeth. Mae beirniaid y safbwynt hwn yn nodi bod gwledydd yn torri allan o'r cylch hwn. Roedd gan Ffrainc, yr Almaen a'r DU dwf poblogaeth uchel yn y bedwaredd ganrif ar bymtheg ond roedd twf economaidd y pen yn bositif. I'r un graddau rhwng 2000 a 2004, tyfodd CGC gwledydd sy'n datblygu 4.6% y flwyddyn ar gyfartaledd ond dim ond 1.3% oedd twf poblogaeth blynyddol. Perfformiodd gwledydd incwm isel yn well na hyn hyd yn oed, gan

Cwestiwn 1

Mae amaethyddiaeth yn Ghana yn cyfrannu rhwng 30% a 40% o'r CMC ac mae tua 60% o weithlu'r wlad yn dibynnu ar amaethyddiaeth mewn rhyw ffordd. Yn ystod y 10 mlynedd diwethaf bu cynnydd mewn tir cnydau parhaol ond ychydig iawn y mae cynnyrch cnydau bwyd sylfaenol wedi tyfu. Mae rhyw 35% o ffermwyr Ghana yn dlawd, yn ymarfer mathau cymysg o amaethyddiaeth sy'n agored i risgiau ac yn dibynnu'n drwm ar lawiad. Mae diffyg isadeiledd yn golygu nad yw llawer o ffermwyr tlawd yn gallu mynd â'u cynnyrch i'r farchnad ac mae hyn yn eu clymu wrth ddulliau ffermio ymgynhaliol.

Fodd bynnag, mae lle sylweddol i wella cynhyrchedd amaethyddol. Er enghraifft, mae rhyw 30% i 40% o gynnyrch amaethyddol Ghana yn cael ei wastraffu bob blwyddyn oherwydd diffyg cyfleusterau storio a'r ffaith nad yw ffermwyr yn gallu mynd â'u cynnyrch i'r farchnad. Dim ond 5% o dir dyfradwy sy'n cael ei ddyfrhau mewn gwirionedd. Byddai dyfrhau hanner y tir hwn yn gwella cynnyrch yn sylweddol. Er bod ansawdd pridd yn uchel, mae'n gwaethygu. Amcangyfrifir bod 1% o CMC yn cael ei golli bob blwyddyn drwy ddiraddiad pridd. Fodd bynnag, gellid gwrthdroi hyn pe byddai mwy o wrtaith yn cael ei ddefnyddio. Y prif reswm am hyn yw bod ffermwyr yn methu fforddio gwrteithiau. Byddai benthyciadau rhad i helpu ffermwyr gyda chost uniongyrchol gwrteithiau yn helpu.

Mae gan Ghana gnwd gwerthu pwysig iawn: coco. Daw 40% o'i dderbyniadau allforio yn goco yn unig. Mae ffermwyr coco yn dioddef llawer o'r un problemau â ffermwyr eraill. Fodd bynnag, gan fod isadeiledd a chadwyn gyflenwi lawer gwell o'r ffermwr i'r porthladd, mae ffermio coco yn tueddu i fod yn llawer mwy effeithlon na gweddill y sector amaethyddiaeth.

Ffynhonnell: addaswyd o'r *Financial Times*. 1.11.2005

Tyfodd poblogaeth Ghana 1.8% y flwyddyn ar gyfartaledd rhwng 2000 a 2004. Trafodwch a fydd Ghana'n syrthio i fagl Malthus sy'n arwain at newynu eang.
Eglurwch pam y gallai datblygiad amaethyddol fod ar draul diraddiad amgylcheddol.

gyflawni twf CGC o 7.3% ar gyfartaledd tra bo'r boblogaeth wedi cynyddu dim ond 2% y flwyddyn. Felly mae twf uchel y pen yn bosibl gyda'r polisïau priodol.

Yr amgylchedd Hyd yn oed os bydd cynhyrchedd bwyd a chynhyrchedd yr holl nwyddau eraill yn tyfu'n fwy na'r boblogaeth, nid yw hyn yn amgylcheddol gynaliadwy. Byddai rhoi oergell i bob cartref yn y byd yn gwneud niwed parhaol i'r haen oson pan fyddai'r oergelloedd hynny'n cael eu taflu i ffwrdd. Byddai rhoi car i bob cartref yn arwain at gynhesu byd-eang ar raddfa nad yw hyd yn oed wedi'i phroffwydo heddiw. Byddai cynhyrchedd amaethyddol dwys parhaus yn arwain at ddiraddiad parhaol tiroedd amaethyddol. Byddai pwysau am le byw yn arwain at ddinistrio rhywogaethau di-ri o blanhigion ac anifeiliaid, gan leihau bioamrywiaeth, gydag effeithiau na ellir eu rhagweld ar yr amgylchedd ac ar y rhywogaeth ddynol.

Am y rhesymau hyn, mae economegwyr yn dadlau bod yn rhaid i ddatblygiad fod yn DDATBLYGIAD CYNALIADWY. Nododd Comisiwn y Byd ar yr Amgylchedd a Datblygiad 1987 fod angen i ddatblygiad fodloni 'anghenion y genhedlaeth bresennol heb gyfaddawdu anghenion cenedlaethau'r dyfodol'. Mewn termau economaidd, mae hyn yn golygu 'cynyddu lles net gweithgareddau economaidd cymaint â phosibl, ac ar yr un pryd cynnal neu gynyddu stoc asedau economaidd, ecolegol a diwylliannol gymdeithasol dros amser a darparu rhwyd ddiogelwch i fodloni anghenion sylfaenol a gwarchod y tlawd' (Mohan Munasingle yn *IMF, Finance and Development*, Rhagfyr 1993). Ni ddylai bodloni anghenion heddiw amddifadu'r genhedlaeth nesaf o'r gallu i dyfu a datblygu. Mae ymdrechion llwyddiannus gan wledydd y Byd Cyntaf i leihau allyriadau nwyon tŷ gwydr (☞ uned 19), gwahardd CFCs ac ailgylchu deunyddiau'n dangos bod datblygiad cynaliadwy'n bosibl pan nodir bygythiadau clir i'r amgylchedd.

Strwythur oedran y boblogaeth

Mae llawer yn dadlau bod y blaned eisoes yn orboblog gyda 6 biliwn o bobl. Bydd twf i 10 neu 12 biliwn yn rhoi pwysau mwy eto ar yr amgylchedd. Bydd yn mynnu buddsoddiant anferth mewn cyfalaf ffisegol a dynol. Mae ansicrwydd hefyd am allu'r blaned i fwydo hyd at 12 biliwn o bobl, sy'n cael ei drafod isod.

Fodd bynnag, mae'r broses drawsnewid o'r 1 biliwn o boblogaeth yn 1900 i 6 biliwn yn 1999 i hyd at 12 biliwn yn 2150 yn arwain at amrywiadau mawr yn strwythur oedran poblogaethau gwahanol wledydd. Mewn gwledydd Byd Cyntaf, mae cyfraddau genedigaethau gostyngol yn ogystal â disgwyliad oes hirach wedi arwain at gynnydd graddol yng nghyfran y bobl oedrannus i'r boblogaeth o oed gweithio ac i'r boblogaeth gyfan. Mae Ffigur 101.2 yn dangos bod poblogaethau'n heneiddio ar draws y rhan fwyaf o'r gwledydd diwydiannol. Mae mwy o bobl oedrannus yn y boblogaeth yn awgrymu newid yn y strwythur cynhyrchedd. Er enghraifft, bydd mwy o alw am ofal iechyd a chartrefi preswyl (☞ uned 76). Fodd

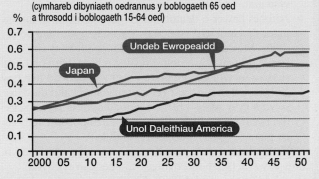

Ffigur 101.2 Heneiddio'r boblogaeth mewn gwledydd diwydiannol

(cymhareb dibyniaeth oedrannus y boblogaeth 65 oed a throsodd i boblogaeth 15-64 oed)

Undeb Ewropeaidd
Japan
Unol Daleithiau America

Ffynhonnell: addaswyd o *Finance and Development* Mehefin 2004, IMF.

bynnag, mae hefyd goblygiadau mawr ar gyfer dosbarthiad incwm.

Rhagwelir y bydd **cymarebau dibyniaeth**, sef nifer y dibynyddion i nifer y gweithwyr yn y boblogaeth, yn codi'n sylweddol yn ystod y 50 mlynedd nesaf yn y byd datblygedig. Os yw pensiynwyr am rannu yn ffyniant cynyddol eu heconomïau, rhaid cael newid yng nghyfran yr incwm cyfan sy'n cael ei dderbyn o blaid y boblogaeth bensiynwyr ac i ffwrdd o'r boblogaeth sy'n gweithio. Er enghraifft, os yw'r wladwriaeth am ddarparu pensiynau, mae talu am bensiynau cynyddol i nifer mwy o bensiynwyr yn awgrymu y bydd rhaid i weithwyr dalu trethi uwch i ariannu hyn. Ymatebodd llywodraeth y DU i hyn yn yr 1980au a dechrau'r 1990au drwy dorri'n ôl ar ymrwymiadau pensiwn y dyfodol (h.y. drwy wneud pensiynwyr y dyfodol yn dlotach nag y byddent o dan y trefniadau pensiwn gwladwriaeth a fodolai yn 1980). Fodd bynnag, mae'n sylweddoli bellach y bydd pensiynwyr y dyfodol yn rhy dlawd ac erbyn hyn dadleuir am y ffordd orau o ddarparu ar gyfer pensiynau cynyddol yn y 2020au a'r 2030au. Ar y llaw arall, mae llywodraethau gorllewinol eraill yn edrych ar ffyrdd i wneud pensiynwyr yn dlotach yn y dyfodol gan y bydd eu systemau pensiwn yn dod yn fwyfwy anfforddiadwy dros y 40 mlynedd nesaf.

Yn y Trydydd Byd, nid poblogaeth sy'n heneiddio yw'r broblem gyfredol ond y gyfran uchel iawn o'r boblogaeth sydd o dan 15. O'r gwledydd sy'n datblygu a ddangosir yn Nhabl 101.1, dim ond dwy wlad yn Nwyrain Ewrop sydd â dros 6% o'r boblogaeth dros 65 oed. Ar y llaw arall, roedd o leiaf 25% o boblogaeth yr holl wledydd sy'n datblygu o dan 15 oed ac yn un o bob tair ohonynt roedd rhwng 40% a 50% o'r boblogaeth yn y grŵp oedran hwn. Rhagwelir y bydd y sefyllfa hon yn gwella erbyn y flwyddyn 2025 ar gyfer gwledydd incwm canolig, ond rhagwelir y bydd y rhan fwyaf o wledydd incwm isel y byd yn parhau gyda dros 40% o'r boblogaeth o dan 15.

Mae problemau mawr o gael cyfran fawr o'r boblogaeth o dan 15 oed. Bydd darparu ar gyfer plant yn rhoi baich trwm ar weithiwyr. Mae angen dillad a bwyd ar blant. Mae angen gofal iechyd ac addysg arnynt hefyd. Mae cyswllt agos rhwng tlodi a chyrhaeddiad addysgol isel.

- Nid yw gwledydd tlawd yn gallu fforddio darparu systemau addysg gwladwriaeth ddigon da.
- Nid oes llawer o deuluoedd yn gallu fforddio anfon eu plant i'r ysgol hyd yn oed os yw addysg yn rhad ac am ddim. Mae angen y plant i weithio, naill ai ar eu ffermydd neu'n gweithio i fusnesau lleol. Dim ond drwy sicrhau incwm gan eu plant y gall y teuluoedd hyn fyw.
- Yn aml hefyd nid yw'r economi lleol yn gallu darparu swyddi sy'n addas i blant a gafodd addysg resymol. Felly nid oes llawer felly o gymhelliad i deuluoedd i addysgu eu plant ar gyfer y farchnad waith leol.

Wrth i blant dyfu'n oedolion, mae angen swyddi arnyn nhw i fyw hefyd. Fodd bynnag, nid oes gan wledydd tlawd ddigon o gyfalaf ffisegol i ddarparu swyddi i bob gweithiwr. Felly, mae diweithdra a thangyflogaeth helaeth. Mae hyn, yn benodol mewn lleoliadau trefol, yn gallu arwain at lefelau uchel o drosedd a dibyniaeth ar gyffuriau.

I'r un graddau, mae tyfu'n oedolion yn awgrymu priodi a sefydlu cartrefi. Mae hyn yn golygu bod yn rhaid i'r economi ddarparu mwy o gartrefi, mwy o gyfleusterau glanweithdra, mwy o ddŵr glân ac ati. Hyd yn oed os yw'r gyfradd genedigaethau'n arafu'n sylweddol, gall gymryd 50 i 60 o flynyddoedd i'r boblogaeth sefydlogi ac i effeithiau economaidd plant ar yr economi gyrraedd rhyw fath o gydbwysedd.

Polisi llywodraeth a'r gyfradd genedigaethau

Cytunir yn gyffredinol bod cyswllt rhwng datblygiad a'r gyfradd genedigaethau. Fel y mae Tabl 101.1 yn dangos, y mwyaf tlawd yw'r wlad, mwyaf tebygol y bydd cyfradd uchel o dwf poblogaeth. Gellir dadlau bod y cyswllt yn fiolegol, cymdeithasol ac economaidd.

Mae datblygiad yn awgrymu gwell iechyd gyda llai o blant yn marw. Naill ai am resymau biolegol neu gymdeithasol, neu ryw gyfuniad o'r ddau, mae pobl yn ymateb drwy gael llai o blant. Er enghraifft, os yw hanner yr holl blant yn marw cyn 15 oed, mae angen i deulu gael 4 o blant ar gyfartaledd er mwyn i ddau ddyfu'n oedolion. Os bydd bron pob plentyn yn tyfu'n oedolyn, dim ond dau fydd angen arnynt.

Po fwyaf yw lefel y datblygiad, mwyaf fydd y gost o fagu plant. Ar lefelau isel o ddatblygiad, nid yw plant yn bwyta llawer ac nid oes angen llawer o ofal arnynt. Gellir eu rhoi i weithio'n gyflym er mwyn iddynt fod yn ased economaidd. Wrth i lefelau datblygiad gynyddu, mae'n rhaid i blant dreulio amser yn yr ysgol, sy'n lleihau eu gallu i weithio. Mae'r gofal a gymerir am blant hefyd yn tueddu i gynyddu, sy'n lleihau'r amser y mae oedolion yn gallu ei dreulio'n gweithio. Mewn gwlad ddatblygedig, mae'n rhaid i blant aros mewn addysg drwy'r rhan fwyaf o'u harddegau, os nad y cyfan. Nid yw'r rhieni yn disgwyl i'r plant gyfrannu unrhyw gyflog at y cartref. Mae cost cadw plant o ran addysg brifysgol, bwyd, dillad, ac ati, yn codi wrth i incwm y rhieni godi. Mae cost ymwad aros i

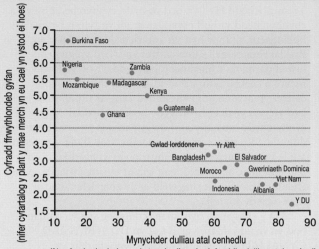

Ffigur 101.3 Ffrwythlondeb a defnyddio dulliau atal cenhedlu, 2002-2004

Ffynhonnell: addaswyd o Human Development Report 2005, Millennium Development Indicators, *y Cenhedloedd Unedig.*

Mae defnyddio dulliau atal cenhedlu yn cael effaith ar ffrwythlondeb merched. Ond mae hefyd yn cael effaith ar ddatblygiad economaidd ac mae'n gallu codi gwerth datblygiad dynol gwlad hefyd. Er enghraifft, mewn gwledydd incwm isel, pan fydd mam yn cael llai o blant, mae mwy o adnoddau i'w dyrannu i bob plentyn. Dylai plant gael eu bwydo'n well, eu haddysgu'n well a bod yn llai tebygol o farw o ganlyniad. Mae merched hefyd yn rhydd o gael plant a thasgau magu plant ac yn gallu gweithio, gan ddod â mwy o adnoddau i mewn i'r teulu. Mewn gwledydd incwm uchel, mae defnyddio dulliau atal cenhedlu'n fwy problemus. Ar un llaw, mae'n rhoi dewisiadau i ferched. Ar y llaw arall, mewn rhai gwledydd mae'n arwain at ostyngiadau mewn poblogaeth a fydd yn achosi problemau rhwng y cenedlaethau yn y degawdau i ddod. Bydd rhaid i garfan fechan heddiw o blant gefnogi carfan fwy o bobl o genhedlaeth eu rhieni a'u neiniau a'u teidiau.

(a) Beth yw'r gydberthynas rhwng defnyddio dulliau atal cenhedlu a ffrwythlondeb a ddangosir yn Ffigur 101.3?

(b) Sut y gall defnyddio dulliau atal cenhedlu godi statws economaidd merched?

(c) Trafodwch a yw ffrwythlondeb is bob amser yn fuddiol i'r economi.

ffwrdd o'r gwaith i fagu plant, i ferched fel arfer, hefyd yn cynyddu wrth i incymau cyfartalog yn yr economi godi. O fod yn ased ariannol i rieni mewn gwlad sy'n datblygu dlawd, maent yn dod yn faich ariannol mawr mewn economïau datblygedig. Nid yw'n syndod fod cyfraddau geni'n disgyn.

Fodd bynnag, gall y llywodraeth chwarae rhan mewn newid cyfraddau genedigaethau a dylanwadu ar gydbwysedd cyfradd genedigaethau tymor hir mewn gwlad.

Addysg Drwy glinigau iechyd, ysgolion a'r cyfryngau, gall llywodraethau geisio perswadio parau i gael llai o blant.

Mae astudiaethau wedi dangos bod hyn yn fwyaf effeithiol os yw'n cael ei anelu at ferched sy'n gorfod dwyn y rhan fwyaf o gost amser ac iechyd geni a magu plant.

Cynllunio teulu Gall llywodraethau noddi rhaglenni cynllunio teulu. Mae gan y rhan fwyaf o wledydd sy'n datblygu rhaglenni o'r fath, er eu bod yn gwahaniaethu'n fawr yn ôl yr adnoddau sy'n cael eu rhoi i mewn i'r rhaglen a'u heffeithiolrwydd. Yn gyffredinol, fel y mae Ffigur 101.3 yn dangos, po fwyaf o ferched sy'n defnyddio dulliau atal cenhedlu, isaf yw'r gyfradd ffrwythlondeb. Gall cynllunio teulu ddod ar draws gwrthwynebiadau diwylliannol. Yn yr un modd ag addysg, cyflawnir y cynllunio teulu mwyaf effeithiol gyda chydweithrediad merched yn hytrach na dynion. Fodd bynnag, mewn cymdeithasau patriarchaidd gellir ystyried bod awdurdod dynion yn cael ei danseilio os yw merched yn penderfynu sawl plentyn i'w gael. Hefyd, mae rhai grwpiau crefyddol yn condemnio cynllunio teulu yn anfoesol.

Cymhellion ac anghymhellion Defnyddiwyd y rhain yn helaeth ledled y byd datblygedig a'r byd sy'n datblygu. Mae rhai'n gyllidol (h.y. yn cynnwys gwariant llywodraeth neu drethiant). Er enghraifft, yn Ffrainc, sydd wedi credu ers 100 mlynedd fod ei phoblogaeth yn rhy fach, mae system hael o fudd-daliadau plant yno ar hyn o bryd a gynlluniwyd i annog merched i gael plant. Ar y llaw arall, yn Singapore, dim ond ar gyfer y tri phlentyn cyntaf y rhoddir gostyngiad yn y dreth. Mae cymhellion ac anghymhellion eraill yn ffisegol, cyfreithiol, gweinyddol neu gymdeithasol. Eto yn Singapore, ni ystyrir nifer y plant mewn teulu o gwbl wrth ddyrannu tai cyhoeddus. Bydd teulu â chwech o blant yn cael yr un lle cyfyng â theulu ag un plentyn. Yn China, cyflwynodd y llywodraeth bolisi amhoblogaidd iawn tua dechrau'r 1980au a oedd yn caniatáu rhieni i gael un plentyn yn unig. Roedd yn rhaid i ferched gael caniatâd pwyllgor neu gyngor y gymdogaeth leol i feichiogi. Fel arfer ni roddwyd caniatâd os oedd un plentyn gan y rhieni yn barod oni bai bod anabledd gan y plentyn hwnnw. Rhoddwyd dirwyon llym i ferched a gafodd blant heb ganiatâd. Roedd merched â dau neu fwy o blant ddim yn cael dyrchafiad.

Mae'n anodd gwerthuso effeithiolrwydd rhaglenni fel hyn gan ei bod yn amhosibl gwybod beth fyddai'r gyfradd genedigaethau yn absenoldeb y rhaglen. Fodd bynnag, yn yr achosion hynny lle rhoddir cymhellion i ddynion gael fasectomi (fel yn India yn yr 1970au), mae'n rhesymegol bod rhaid i'r rhaglen gael rhyw effaith ar y gyfradd genedigaethau.

Codi statws economaidd merched Merched yw'r rhai sy'n geni plant yn y gymdeithas. Os gall y wladwriaeth gynyddu cost ymwad cael plant i ferched, gellir lleihau nifer y plant sy'n cael eu geni. Gellir cyflawni hyn yn bennaf drwy gynyddu cyfleoedd cyflogaeth i ferched. Os gall merched ennill cyflog rhesymol, byddant yn llai tebygol o briodi'n gynnar. Er enghraifft, pam dylai teulu gael gŵr i'w merch 14 oed pan y gallant ei rhoi i weithio i

ennill arian nes ei bod, dyweder, yn 18? Gall merched hefyd adael cartref a sefydlu cartrefi'n annibynnol os gallant ennill cyflog i fyw a dewis eu hunain pryd a phwy i'w briodi. Ar ôl priodi, mae cost ymwad aros gartref i ofalu am blant yn cynyddu po fwyaf y cyflog y gallai'r merched ei ennill mewn swydd gyflogedig. Gall y gweithle hefyd fod yn lle pwysig ar gyfer addysg. Efallai bydd asiantaethau llywodraeth yn gallu cyrraedd merched i siarad â hwy yn y gweithlu ond nid yn y cartref. Efallai hefyd y gall merched gefnogi ei gilydd yn erbyn gwerthoedd mwy traddodiadol drwy'r perthnasoedd a gânt yn y gweithle.

Mudo

Bu **trefoli**, sef symudiad y boblogaeth o gefn gwlad i'r trefi, yn gyflym yn ystod y 40 mlynedd diwethaf fel y mae Tabl 101.2 a Ffigur 101.4 yn dangos. Yn yr 1950au a'r 1960au, roedd economegwyr yn ystyried bod mudo helaeth pobl o ardaloedd gwledig i'r dinasoedd yn fuddiol. Dadleuwyd bod gweithwyr mewn ardaloedd gwledig yn gweithio mewn galwedigaethau cynhyrchedd isel (amaethyddol yn aml). Mewn ardaloedd trefol gellid trosglwyddo eu llafur i swyddi sector gwasanaeth a gweithgynhyrchu mwy cynhyrchiol. Yn wir, roedd twf diwydiannau eilaidd a thrydyddol yn mynnu twf yn y boblogaeth drefol.

Yn yr 1970au a'r 1980au, fodd bynnag, newidiodd y farn a bellach dywedir bod mudo gwledig-trefol yn cael effaith negyddol ar ddatblygiad llawer o wledydd. Mae mudwyr yn methu cael swyddi yn y dinasoedd. O fod yn weithwyr gwledig cynhyrchedd isel, nhw wedyn fydd y di-waith trefol gyda chynhyrchedd sero. Hefyd, mae mudwyr yn tueddu i fod yn breswylwyr gwledig ifanc, wedi'u haddysgu'n well. Ar ôl cael ychydig o addysg, maent yn gadael am y ddinas i geisio ennill eu ffortiwn. Mae hyn yn amddifadu'r ardaloedd gwledig o'r unigolion hynny a allai fod wedi chwarae rhan hanfodol mewn cynyddu cynhyrchedd y sector gwledig yn yr economi. Yn y ddinas, mae mudwyr yn cyfrannu at y pwysau cymdeithasol ac

Tabl 101.2 Trefoli

| | Poblogaeth drefol fel % o'r cyfanswm | | | |
	1970	1980	1990	2003
Y Byd	35	39	44	49
Gwledydd incwm uchel	74	75	77	80
Gwledydd incwm canolig	na	na	44	53
Gwledydd incwm isel	18	21	26	30
Gwledydd incwm isel a chanolig *ohonynt*				
Affrica islaw'r Sahara	19	23	28	36
Dwyrain Asia a'r Cefnfor Tawel	19	22	28	39
De Asia	19	22	25	28
Y Dwyrain Canol a Gogledd Affrica	41	48	54	59
De America a'r Caribî	57	65	71	77

Ffynhonnell: addaswyd o *World Bank, World Development Report* Banc y Byd.   na = ddim ar gael

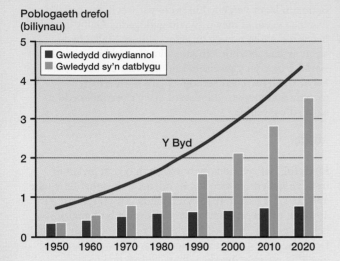

Ffigur 101.4 Twf mewn trefoli

Poblogaeth drefol
(biliynau)

Legend:
- Gwledydd diwydiannol
- Gwledydd sy'n datblygu

Y Byd

Ffynhonnell: addaswyd o *World Bank, World Development Report* Banc y Byd.

amgylcheddol sydd eisoes yn anodd. Efallai nad oedd y pwysau hwn yn bresennol yn yr ardal wledig.

Mae mudwyr gwledig yn aml yn ymwybodol bod diweithdra trefol yn uchel a bod rhaid efallai iddynt adael swydd a sicrwydd teulu yng nghefn gwlad er mwyn bod yn ddi-waith yn y dref. Fodd bynnag, mae mudwyr gwledig yn seilio eu penderfyniadau ar **incwm disgwyliedig**. Er enghraifft, tybiwch bod ganddynt siawns un mewn dau o fod yn ddi-waith pan fyddant yn mynd i'r ddinas, ond os byddant yn cael swydd, bydd eu cyflogau bedair gwaith cymaint â'u cyflog gwledig presennol. Felly, bydd y cyflog trefol disgwyliedig cyfartalog ddwywaith cymaint â'r cyflog gwledig. Nid yw posibilrwydd diweithdra'n atal mudo os yw'r cyflog posibl i'r rheini sy'n llwyddo i gael swyddi yn ddigon mawr. Enw'r ddamcaniaeth hon yw model Todaro, ar ôl yr economegydd Michael Todaro a'i chyflwynodd gyntaf tua diwedd yr 1960au.

Dim ond cynyddu mudo a chynyddu diweithdra yn y wlad y bydd camau sy'n anelu at wella safon byw preswylwyr trefol o'u cymharu â phreswylwyr gwledig. Er enghraifft, bydd ymgyrch atal tlodi mewn ardaloedd trefol, gyda phreswylwyr slymiau'n cael cymorth gyda thai, mynediad at drydan a glanweithdra a rhaglenni gwaith llywodraeth a lleiafswm cyflog uwch, yn cynyddu buddion disgwyliedig byw yn y dref. Bydd hyn wedyn yn denu mwy o fudwyr a fydd yn creu slymiau newydd a thlawd trefol newydd. Gall rhaglenni addysg hefyd effeithio'n wrthnysig ar ddatblygiad economaidd. Yn yr un modd â gwledydd datblygedig, mae tystiolaeth fod cyflogwyr trefol yn defnyddio cymwysterau fel canllaw bras i ddewis ymgeiswyr am swydd. Y rheini a gafodd gwell addysg sy'n fwyaf tebygol o fudo o ardaloedd gwledig i'r trefi. Gyda nifer penodol o swyddi yn y farchnad swyddi drefol, bydd cyflogwyr yn gallu cynyddu

cymwysterau addysgol eu cyflogeion newydd drwy ddewis o'r garfan fwy o weithwyr trefol presennol a'r mudwyr newydd. Bydd 'chwyddiant' cymwysterau'n digwydd, lle bydd angen llwyddiant yn yr ysgol uwchradd hyd yn oed ar gyfer swyddi cynhyrchedd eithaf isel. Bydd y gweithwyr newydd yn or-gymwysedig i'r swyddi a bydd yr economi'n cael cyfradd adennill isel iawn ar ei buddsoddiant mewn addysg yn yr unigolion hynny. Byddai'r adnoddau a ddyrannwyd i'r buddsoddiant hwn wedi'u defnyddio'n well i hyrwyddo datblygiad rhywle arall.

Yr ateb i'r broblem mudo yw gwella'r buddion economaidd y mae preswylwyr gwledig yn eu cael. Mae prisiau cynnyrch amaethyddol yn aml wedi'u gostwng yn artiffisial gan lywodraethau sydd wedi gorfodi ffermwyr i werthu rhan neu'r cyfan o'u cynnyrch i'r wladwriaeth. Daw'r gwahaniaeth rhwng y pris a dalir i'r ffermwr a'r pris marchnad yn dreth ar y gymuned ffermio. Byddai codi prisiau i lefelau marchnad yn cynyddu incymau gwledig ac yn cynyddu **effeithlonrwydd dyrannol** (☞ uned 61) yn yr economi.

Gallai'r llywodraeth wario mwy o arian ar hyrwyddo creu swyddi mewn ardaloedd gwledig. Byddai sefydlu mentrau bach llafur-ddwys yn golygu nifer o fuddion eraill, gan gynnwys llai o ddibyniaeth ar fewnforio offer cyfalaf-ddwys sy'n tueddu i greu ychydig o swyddi mewn ardaloedd dinesig. Mae angen newid polisi addysg hefyd. Mae'r holl dystiolaeth yn awgrymu bod addysg gynradd o safon dda i bob plentyn yn rhoi cyfradd adennill llawer uwch nag addysg gynradd, uwchradd a thrydyddol ar gyfer ychydig. Byddai buddsoddi mewn addysg gynradd mewn ardaloedd gwledig yn rhoi cyfradd adennill uwch nag, er enghraifft, buddsoddi mewn ysgolion uwchradd mewn ardaloedd trefol. Byddai hefyd yn lleihau 'chwyddiant' cymwysterau addysgol ac yn gwneud mudo i ardaloedd trefol yn llai deniadol i rieni'r dyfodol lle gallai eu plant gael gwell addysg.

Y broblem amgylcheddol

Trafodwyd problemau amgylcheddol ac ymatebion polisi llywodraeth yn fanwl eisoes yn unedau 19 a 62. Mae gwledydd y Trydydd Byd yn wynebu problemau tebyg i wledydd y Byd Cyntaf, er bod y biliwn tlotaf yn creu anawsterau amgylcheddol arbennig.

Llygredd aer Mewn gwledydd Byd Cyntaf, diwydiant a'r car modur yw'r prif lygryddion. Mae'r un yn wir am ardaloedd trefol yn y Trydydd Byd ond ar raddfa fwy gan fod rheolaethau amgylcheddol yn fwy llac. Mae crynodiadau gronynnau yn yr aer mewn dinasoedd mewn gwledydd incwm isel wedi gwaethygu dros y 30 mlynedd diwethaf oherwydd tri ffactor – twf trafnidiaeth, allyriadau heb eu rheoleiddio o ffatrïoedd a llosgi tanwyddau ffosil gan gartrefi ar gyfer gwres a choginio. Mae llawer o ddinasoedd Trydydd Byd yn wynebu'r un problemau a wynebai Llundain cyn i Ddeddf Aer Glân 1955 leihau llygredd yn yr aer yn sylweddol a chael gwared â 'mwrllwch' *(smogs)*. Mewn ardaloedd gwledig, mae problem gyda llosgi tanwyddau biomas, fel gwrtaith,

Tabl 101.3 Datgoedwigo blynyddol, 1990-2000

	Newid% blynyddol cyfartalog
Y Byd	0.2
Gwledydd incwm uchel	-0.1
Gwledydd incwm canolig	0.2
Gwledydd incwm isel	0.7
Gwledydd incwm isel a chanolig	
ohonynt	
Affrica islaw'r Sahara	0.8
Dwyrain Asia a'r Cefnfor Tawel	0.2
De Asia	0.1
Y Dwyrain Canol a Gogledd Affrica	-0.1
De America a'r Caribî	0.5

gwellt a phren. Pan losgir y rhain dan do ar gyfer coginio a chynhesu, maent yn creu lefelau peryglus o uchel o lygredd dan do ac amcangyfrifir bod hyn yn effeithio ar 400-700 miliwn o bobl, yn benodol merched a phlant sy'n treulio mwy o amser dan do. Llygredd aer yw un o achosion mwyaf clefydau resbiradol, ac amcangyfrifir ei fod yn arwain at 300 000 – 700 000 o farwolaethau bob blwyddyn.

Datgoedwigo Mae torri'r coedwigoedd glaw trofannol yn cael llawer o gyhoeddusrwydd yn y Gorllewin. Mae tri phrif ffactor yn achosi datgoedwigo. Yn gyntaf, mae'r goedwig yn cael ei thorri i greu tir ffermio. Yn ail, mae coed yn cael eu torri am bren i'w werthu, er enghraifft i wledydd Byd Cyntaf. Yn drydydd, mae coed yn cael eu torri am danwydd. I'r Byd Cyntaf, y prif broblem yw bod torri coedwigoedd i lawr yn gwneud cynhesu byd-eang yn fwy tebygol gan fod coed yn amsugno carbon deuocsid. I'r Trydydd Byd, y broblem fawr yw diraddiad y tir a diffeithdiro posibl. Mae coedwigoedd yn aml yn bodoli ar dir o ansawdd gwael nad yw'n addas ar gyfer ffermio dwys. Pan gaiff ei adael ar ôl cyfnod o ffermio, gall y tir ddod yn ddiffeithdir neu'n dir prysg. Lle torrir coed ar gyfer coed tân, efallai bod y coed yn atalfeydd gwynt. Gyda llai o goed mewn ardal amaethyddol, mae perygl y bydd yr uwchbridd yn erydu'n gyflym gan arwain at golli cynhyrchedd y tir. Mae Tabl 101.3 yn dangos bod problemau datgoedwigo yn benodol ddifrifol yn Affrica. Ar y llaw arall, mae'r ardal sy'n cael ei phenodi ar gyfer coedwigoedd yn tyfu yn y byd datblygedig. Mae hyn yn awgrymu bod datblygiad yn debygol o arwain at ateb i broblem datgoedwigo yn y tymor hir.

Diraddiad pridd Dim ond un o'r pethau sy'n achosi diraddiad pridd yw datgoedwigo. Un o'r pethau eraill yw ffermio gorddwys gan fod dwyseddau poblogaeth rhy uchel mewn ardal leol. Mae pwysau ar gyflenwad tir hefyd yn gorfodi rhai ffermwyr i ddechrau ffermio tir ymylol o ansawdd gwael heb goed, sydd eto'n arwain at ddiraddiad pridd ymhen ychydig flynyddoedd.

Prinder dŵr a llygredd Mae prinder dŵr a llygredd dŵr yn brif achosion clefyd yng ngwledydd y Trydydd Byd. Amcangyfrifodd Banc y Byd ar ddiwedd yr 1990au, er enghraifft, fod hanner y boblogaeth drefol mewn gwledydd sy'n datblygu yn dioddef o un neu fwy o'r clefydau sy'n cael eu cludo mewn dŵr ar unrhyw adeg benodol. O'r rhain, y rhai sy'n bygwth bywyd fwyaf yw malaria a thwymyn deng. Yng nghefn gwlad, mae prinder dŵr yn effeithio ar allu ffermwyr i dyfu bwyd oherwydd prinder dyfrhau. Mae llygredd dŵr o weithgaredd dynol hefyd yn effeithio ar yr amgylchedd a chnydau. Amcangyfrifodd Cyfundrefn Fwyd ac Amaethyddiaeth y Cenhedloedd Unedig, er enghraifft, fod 50% o'r holl fforestydd mangrof yn Asia wedi diflannu rhwng 1980 a 2000. Achoswyd hanner hyn gan y twf mewn ffermio berdys (*shrimps*) sy'n llygredig iawn. Mae Gwlad Thai wedi rhoi cyfyngiadau llym ar ffermio berdys i atal llygredd rhag niweidio'r cnydau reis.

Gwaredu sbwriel Mae problemau gwaredu sbwriel peryglus, fel gwastraff niwclear, yn gyfarwydd yng ngwledydd y Byd Cyntaf. Mewn gwledydd Trydydd Byd, ceir gwastraff peryglus hefyd sy'n gallu cael effaith sylweddol ar gymunedau lleol. Fodd bynnag, y broblem fwyaf cyffredin yw gwaredu sbwriel bob dydd. Amcangyfrifodd Banc y Byd fod tua hanner yr holl wastraff solet mewn ardaloedd trefol yn y byd sy'n datblygu yn yr 1990au wedi'i adael heb ei gasglu, gan bentyrru ar strydoedd ac mewn draeniau a chyfrannu at lifogydd a lledaenu clefydau. Hefyd, roedd elifion domestig a diwydiannol yn nodweddiadol yn cael eu rhyddhau i ddyfrffyrdd, a llawer heb eu trin o gwbl, gan effeithio'n aml ar ansawdd dŵr y tu allan i'r ddinas. Er enghraifft, mae afon La Paz sy'n llifo drwy La Paz, prifddinas Bolivia, mor llygredig bellach fel ei bod wedi lleihau gweithgaredd garddwriaethol i lawr yr afon.

Lleihau bioamrywiaeth Bob blwyddyn, mae rhywogaethau planhigion ac anifeiliaid yn marw. Mae Ffigur 101.5 yn dangos amcangyfrifon y rhywogaethau mamaliaid ac adar a gollwyd rhwng 1700 ac 1987. Fel yr eglurwyd uchod, mae hyn yn arwain at golli deunydd genetig a allai fod o ddefnydd amaethyddol a diwydiannol. Mae llawer hefyd yn dadlau ei bod yn anfoesol i bobl ddinistrio rhywogaethau.

Newid atmosfferig Mae disbyddu'r haen oson a chynhesu byd-eang yn adnabyddus. Gallent effeithio ar wledydd Trydydd Byd drwy gynyddu canserau croen, cynyddu posibilrwydd trychinebau hinsoddol ac aflonyddu ar batrymau cynhyrchu bwyd. Pe byddai lefelau môr yn codi 1 metr, byddai rhyw 70 miliwn o bobl yn Bangladesh (sy'n gywerth ag 116% o boblogaeth y DU) yn gorfod symud. Byddai'r wlad yn colli hanner ei chynhyrchiad reis presennol. Ac ystyried bod Bangladesh yn wlad dlawd a llawer o'i phoblogaeth yn byw ar lefel gynhaliaeth, gallai hyn arwain at newyn dros ardal helaeth.

Ffigur 101.5 Difodiant mamaliaid ac adar a gofnodwyd, 1700-1999

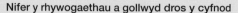

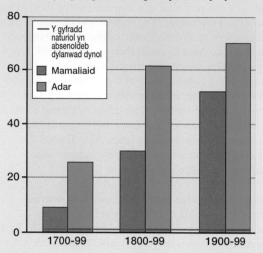

Nifer y rhywogaethau a gollwyd dros y cyfnod

Legend:
— Y gyfradd naturiol yn absenoldeb dylanwad dynol
▓ Mamaliaid
▓ Adar

Ffynhonnell: addaswyd o *World Development Report*, Banc y Byd.

Cwestiwn 3

Ffigur 101.6 Diogelu amrywiaeth anifeiliaid domestig

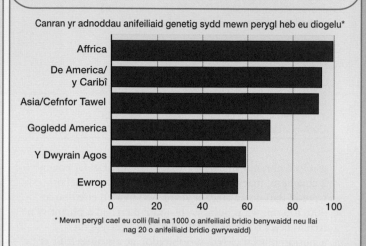

Canran yr adnoddau anifeiliaid genetig sydd mewn perygl heb eu diogelu*

* Mewn perygl cael eu colli (llai na 1000 o anifeiliaid bridio benywaidd neu llai nag 20 o anifeiliaid bridio gwrywaidd)

Ffynhonnell: addaswyd o'r Gyfundrefn Fwyd ac Amaethyddiaeth.

Ymatebion polisi'r Trydydd Byd i'r amgylchedd

Yn uned 62, eglurwyd bod gan lywodraethau amrywiaeth o ddulliau y gallent eu defnyddio i leihau allanolderau llygredd, ac yn eu plith:

● gwahardd neu osod rheolaethau meintiol ar weithgareddau llygru;
● estyn hawliau eiddo fel bod llygredd yn dod yn 'eiddo' a chaniatáu i rymoedd marchnad rydd weithredu i leihau llygredd;
● gosod trethi ar lygredd;
● cymorthdalu gweithgareddau a fyddai'n lleihau llygredd;
● dyfarnu trwyddedau i lygru sy'n dod yn fasnachadwy.

Fodd bynnag, mae llawer o broblemau llygredd yn codi'n uniongyrchol o ddiffyg datblygiad. Os cynyddwch ddatblygiad economaidd bydd llawer o'r problemau amgylcheddol hyn yn diflannu. Mae llygredd trefol, er enghraifft, yn llawer uwch mewn dinasoedd Trydydd Byd nag mewn ardaloedd trefol Byd Cyntaf. Dim ond un rhan o strategaeth lawer ehangach yw lleihau llygredd gan gwmnïau drwy rai o'r strategaethau uchod. Mae elfennau o strategaeth lwyddiannus yn debygol o gynnwys y canlynol.

Gwella tir Ni fydd pobl yn awyddus i fuddsoddi yn eu hisadeiledd os nad oes ganddynt hawliau dros eu heiddo. Mewn slymiau trefol, er enghraifft, lle mae llawer o gartrefi'n anghyfreithlon, bydd rhoi perchenogaeth swyddogol i breswylwyr yn eu hannog i osod cyfleusterau glanweithdra a dŵr tap a sicrhau bod eu sbwriel yn cael ei waredu'n briodol. Mewn ardaloedd gwledig, lle mae llawer o ffermwyr yn ddenantiaid, bydd rhoi hawl daliadaeth i ddenantiaid neu ailddosbarthu'r tir

A ddylem boeni fod llai na 1000 o gamelod Arvana-Kazakh yn Kazakhstan, neu ddim ond 900 o wartheg Yakut ar ôl yn Siberia? Yn ogystal â phoeni, mae'r Gyfundrefn Fwyd ac Amaethyddiaeth (FAO) yn credu y dylem fod wedi dychryn. Mae'n nodi bod 30% o fridiau anifail domestig y byd mewn perygl difodiant.

Mae anifeiliaid domestig, gan gynnwys bridiau modern, yn cyflenwi tua 30% o gyfanswm gofynion bwyd dynol y byd. Mae 2 filiwn o bobl yn dibynnu arnynt yn rhannol o leiaf am eu bywoliaethau.

Mae'r rhan fwyaf o'r bridiau o dan fygythiad yn frodorol i wledydd sy'n datblygu. Maent yn aml wedi cael eu gwthio o'r neilltu drwy fewnforio bridiau 'egsotig' o'r byd datblygedig sy'n addo cynnyrch llawer uwch ond sy'n dueddol o ddioddef dan yr amodau gwahanol yno. Gall bridiau egsotig achosi problemau hefyd os oes cwymp economaidd. Yn Indonesia, bu ffermwyr yn defnyddio bridiau ieir gorllewinol yn lle bridiau lleol am beth amser. Fodd bynnag, mae'r bridiau gorllewinol yn dibynnu ar ddietau drud, wedi'u cyfoethogi â phrotein, wedi'u mewnforio. Pan ddioddefodd Indonesia ddirywiad difrifol yn 1998 yn ystod yr argyfwng Asiaidd, lladdwyd miloedd o ieir gan nad oedd ffermwyr yn gallu fforddio prynu'r bwyd iddynt.

Mae'r Gyfundrefn Fwyd ac Amaethyddiaeth yn dadlau bod colli bridiau anifeiliaid yn golygu na fydd cymunedau'n gallu ymateb cystal i newid. Ni fyddant yn gallu bridio anifeiliaid cystal am nodweddion fel gwrthsefyll clefyd. Bydd ganddynt lai o opsiynau i ymateb i newidiadau mewn dewisiadau defnyddwyr. Ond efallai effaith fwyaf colli adnoddau genetig anifeiliaid a methu datblygu mathau addasedig eraill yw ei fod yn lleihau diogelwch bwyd cyffredinol y byd.

Ffynhonnell: addaswyd o'r *Financial Times*.

(a) Eglurwch y cyswllt rhwng bioamrywiaeth a diogelwch bwyd byd-eang.
(b) Trafodwch fanteision ac anfanteision defnyddio bridiau egsotig yn y Trydydd Byd.

iddynt o dirfeddianwyr mawr yn rhoi cymhelliad tymor hir iddynt fabwysiadu technegau amaethyddol a fydd yn sicrhau goroesiad eu tir yn y tymor hir.

Gweithio gyda'r gymuned leol Mae tystiolaeth yn awgrymu bod rhaglenni llywodraeth sy'n darparu ar gyfer cymunedau lleol yn llawer llai llwyddiannus na rhaglenni sy'n gweithio gyda chymunedau lleol. Er enghraifft, mae rhaglen lywodraeth i ailblannu coed mewn ardal leol yn debygol o arwain at bobl leol yn torri'r coed hynny ar gyfer tanwydd cyn gynted ag y bydd y rhaglen ar ben ac y bydd swyddogion llywodraeth wedi gadael. Mae rhaglen lle bo'r llywodraeth yn perswadio pobl leol i blannu coed ac yn eu helpu i ganfod atebion i'r problemau sy'n sail i ddatgoedwigo'r ardal yn y lle cyntaf yn llawer mwy tebygol o gael effaith barhaol ar yr ardal.

Creu cyfleoedd economaidd i'r tlawd Mae creu ffyrdd newydd y gall y tlawd ennill eu bywoliaeth yn gallu cael effaith amgylcheddol bwysig. Er enghraifft, bydd creu diwydiannau llafur-ddwys technoleg is mewn ardaloedd gwledig yn lleddfu pwysau i ffermio tir ymylol. Bydd yn galluogi pobl i brynu tanwyddau mwy ecogyfeillgar, yn hytrach na chasglu tanwyddau biomas fel coed o'r amgylchedd lleol. Bydd ganddynt fwy o incwm gwario i ddarparu eu cyfleusterau dŵr a glanweithdra gwell eu hunain. Bydd llai o bobl yn mudo i'r dinasoedd, gan leddfu problemau llygredd mewn ardaloedd trefol. Rhaid mai un o rannau hanfodol unrhyw bolisi economaidd felly yw creu cyfleoedd economaidd i ferched gan eu bod yn chwarae rhan mor allweddol yn coginio, ffermio, casglu dŵr ac ymdrin â phroblemau glanweithdra.

Prisiau sy'n adlewyrchu costau a buddion cymdeithasol
Mae prisiau mewn gwledydd Trydydd Byd yn aml yn rhoi budd i'r elit trefol ar draul gweddill y gymdeithas. Er enghraifft, efallai bydd yr elit trefol, sy'n gallu talu, yn cael dŵr wedi'i gymorthdalu, ond ni fydd llawer o ddŵr glân, os o gwbl, ar gael i breswylwyr slymiau trefol a phreswylwyr gwledig. Dylai prisio dŵr yn briodol, i gynnwys buddion iechyd llawer gwell, arwain llywodraethau i anelu at ddarparu system cyflenwad dŵr sylfaenol i gynifer â phosibl yn hytrach na chyflenwad o ansawdd uchel i ychydig.

Ymatebion polisi'r Byd Cyntaf

Gallai'r Byd Cyntaf fod yn golledwr mawr oherwydd dirywiad amgylcheddol yn y Trydydd Byd. Er enghraifft, gallai camau economaidd yn y Trydydd Byd sy'n cynyddu allyriadau nwyon tŷ gwydr a nwyon sy'n disbyddu'r oson, neu sy'n lleihau bioamrywiaeth, arwain at gostau economaidd mawr yn y dyfodol i'r Byd Cyntaf. Mae llawer yn dadlau felly fod rhaid i'r Byd Cyntaf fabwysiadu ymatebion polisi priodol i ymdrin â'r broblem.

Yr ymateb polisi pwysicaf i wledydd y Byd Cyntaf allai fod helpu gwledydd y Trydydd Byd i gynyddu eu cyfradd ddatblygu. Nid yw pobl mewn gwledydd Trydydd Byd yn dymuno diraddio eu priddoedd, defnyddio dŵr halogedig na chynhyrchu nwyon tŷ gwydr. Po fwyaf yw lefel datblygiad, isaf yw lefel llygredd, gan fod pobl yn rhoi gwerth uwch ar yr amgylchedd wrth i'w hincymau gynyddu. O ganlyniad, maent yn barod i dalu prisiau uwch i leihau allyriadau llygredd na phan oedd eu hincymau'n is. Fel y trafodir yn unedau 102-104, mae angen i wledydd Byd Cyntaf agor eu marchnadoedd yn fwy i allforion o wledydd y Trydydd Byd i roi cyfleoedd economaidd gwell i'r gwledydd hynny. Mae angen iddynt faddau dyled a chynyddu cymorth tramor. Mae buddsoddiant o'r tu allan hefyd yn hanfodol.

Hefyd, mae angen i wledydd y Byd Cyntaf ddatblygu ac yna ledaenu arfer gorau ar reoli llygredd. Mae angen i wledydd y Byd Cyntaf, gydag ychydig iawn o boblogaeth y byd, leihau eu lefelau eu hunain o lygredd ymhellach. Byddai'n anodd i wledydd y Byd Cyntaf ddadlau y dylai gwledydd y Trydydd Byd fynd i'r afael â materion fel cynhesu byd-cang pan maen nhw yw prif gyfranwyr allyriadau nwyon tŷ gwydr.

Trafodwyd hefyd gwobrwyo gwledydd Trydydd Byd sy'n cydymffurfio â pholisïau ecogyfeillgar. Er enghraifft, trafodwyd **cyfnewidiadau dyled am natur** ar sail gyfyngedig iawn. Byddai llywodraethau Byd Cyntaf yn clirio'r ddyled sy'n ddyledus iddynt o wledydd Trydydd Byd os yw'r gwledydd Trydydd Byd yn cydymffurfio â rhaglen gadwraeth benodol. Fel arall, awgrymwyd y dylai gwledydd Byd Cyntaf dalu gwledydd y Trydydd Byd i reoli eu coedwigoedd glaw. Mae nifer o broblemau gyda'r polisïau hyn. Un broblem yw eu bod yn anodd eu rheoli. Mae llywodraethau'r Trydydd Byd yn debygol o gael arian o'r cytundeb ond fel arfer eu dinasyddion sy'n niweidio'r amgylchedd. Yn aml, mae diffyg ewyllys gwleidyddol ar ran y llywodraeth Trydydd Byd i'w hatal rhag gwneud hyn. Hyd yn oed pe byddent eisiau, mae llywodraethau'n aml yn cael anawsterau sylweddol yn gorfodi mesurau. Fodd bynnag, yr anfantais bwysicaf yw na allant ond effeithio tipyn bach ar broblemau amgylcheddol byd-eang. Maent yn rhy benodol ac yn rhy fach i fod yn ateb arwyddocaol, er gallent ddenu cyhoeddusrwydd eang yn y cyfryngau mewn gwledydd Byd Cyntaf.

Termau allweddol

Datblygiad cynaliadwy – datblygiad sy'n bodloni anghenion y genhedlaeth bresennol heb gyfaddawdu anghenion cenedlaethau'r dyfodol.

Cwestiwn Data

Diraddiad amgylcheddol yn Iran

Diraddiad amgylcheddol

Mae diraddiad amgylcheddol yn broblem fawr mewn gwledydd sy'n datblygu, gan rwystro datblygiad economaidd. Yn Iran, amcangyfrifwyd bod cost flynyddol diraddiad amgylcheddol yn 2002 rhwng 4.8% a 10% o CMC gydag amcangyfrif cymedrig o 7.4%. Nid yw hyn yn cynnwys y niwed i economi'r byd a achosir gan allyriadau CO_2 Iran; amcangyfrifir y byddai hyn yn ychwanegu 1.36% o CMC at gostau.

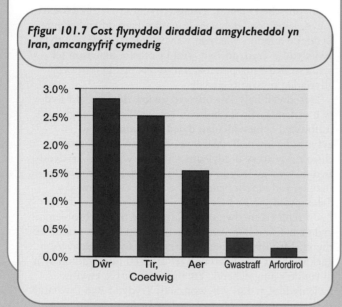

Ffigur 101.7 Cost flynyddol diraddiad amgylcheddol yn Iran, amcangyfrif cymedrig

Diraddiad tir

Mae diraddiad adnoddau tir yn gosod costau. Er enghraifft, mae cynyddu halwynedd pridd yn arwain at gynnyrch cnwd is. Mae datgoedwigo wedi arwain at fwy o lifogydd, sydd wedi cynyddu dros bum gwaith ers yr 1950au a'r 1960au. Mae datgoedwigo hefyd yn golygu nad yw preswylwyr lleol yn gallu defnyddio coedwigoedd mewn ffordd gynaliadwy ar gyfer coed tân a hela. Mae colli bioamrywiaeth yn broblem oherwydd datgoedwigo ac oherwydd erydu gwlyptiroedd wrth i dir gael ei adennill at ddefnydd amaethyddol.

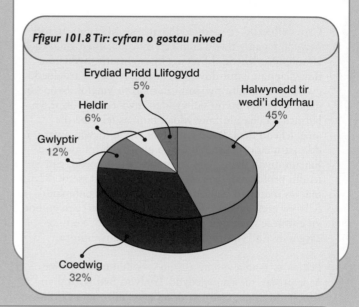

Ffigur 101.8 Tir: cyfran o gostau niwed

Erydiad Pridd Llifogydd 5%
Heldir 6%
Gwlyptir 12%
Halwynedd tir wedi'i ddyfrhau 45%
Coedwig 32%

Diraddiad dŵr

Daw diraddiad dŵr mewn ffurfiau amrywiol. Mae dŵr yn cael ei orddefnyddio mewn llawer o rannau o Iran gan arwain at ostyngiad yn y lefel trwythiad. Mae hyn yn arwain at gostau tanwydd ychwanegol wrth bwmpio dŵr i'w gael i'r wyneb. Mae rhai ffynhonnau'n sych bellach a bu'n rhaid torri ffynhonnau newydd. Mae erydiad pridd oherwydd technegau ffermio dwys wedi llenwi sianelau dŵr ac argaeau â silt, fel bod angen eu carthu wedyn. Heb eu carthu, maent yn arwain at gynnyrch amaethyddol is. Mae'r brif gost, fodd bynnag, yn gysylltiedig â'r effaith ar iechyd. Mae ansawdd gwael a meintiau annigonol o ddŵr at ddibenion yfed a hylendid a chyfleusterau glanweithdra annigonol yn arwain at afiechydon a gludir mewn dŵr a marwolaeth. Y broblem fwyaf cyffredin yw dolur rhydd, ac amcangyfrifir ei fod yn gyfrifol am 12.5% o farwolaethau plant o dan 5. Ceir tua 50 miliwn achos o ddolur rhydd ysgafn a difrifol y flwyddyn ymhlith plant o dan bump oed a 65 miliwn ymhlith pawb dros bump. Mae hyn yn gosod costau fel ymweliadau â'r meddyg, moddion ac amser o'r gwaith i ofalwyr.

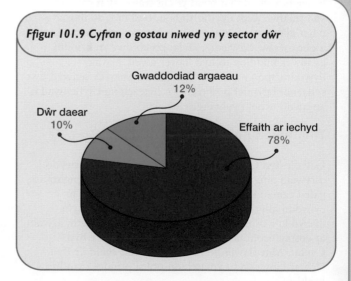

Ffigur 101.9 Cyfran o gostau niwed yn y sector dŵr

Gwaddodiad argaeau 12%
Dŵr daear 10%
Effaith ar iechyd 78%

Llygredd aer

Mae'r rhan fwyaf o lygredd aer yn digwydd y tu allan i'r cartref ac mewn ardaloedd trefol. Mae llygredd aer, a phresenoldeb gronynnau yn benodol, yn arwain at froncitis cronig a phroblemau anadlu eraill. Mae hyn wedyn yn arwain at gostau oherwydd ymyrraeth feddygol fel cyffuriau neu ymweliadau â'r meddyg. Mae hefyd yn arwain at ddiwrnodau i ffwrdd o'r gwaith boed fel claf neu ofalwr. Daw llygredd aer dan do o ddefnyddio pren a thanwyddau biomas eraill i goginio sy'n arwain at broblemau anadlu i'r un graddau.

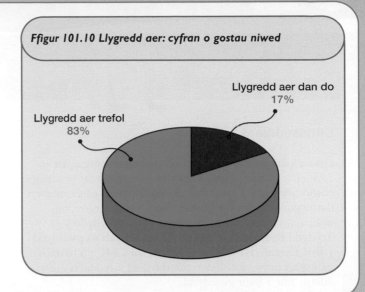

Ffigur 101.10 Llygredd aer: cyfran o gostau niwed

Llygredd aer dan do
17%

Llygredd aer trefol
83%

Ffynhonnell: addaswyd o *Cost Assessment of Environmental Degredation*, Banc y Byd.

1. Amlinellwch natur y ddwy broblem amgylcheddol fwyaf costus sy'n wynebu Iran.
2. Pam y gallai'r problemau hyn gael eu hachosi gan fethiant marchnadoedd i gynnwys allanolderau ym mhenderfyniadau dyrannu adnoddau defnyddwyr a chynhyrchwyr?
3. Gwerthuswch a ddylai Iran anwybyddu'r cysyniad datblygiad cynaliadwy os ydy hyn yn golygu y gall hybu cynhyrchu nwyddau hanfodol fel bwyd ac egni.

Economeg gymhwysol

Buddsoddiant a chynilo

Hanes gweddol fyr sydd gan economeg datblygu. Yn yr 1950au y gwnaethpwyd y gwaith pwysig cyntaf yn y maes economeg hwn. Y cwestiwn pwysicaf roedd economegwyr datblygu yn gofyn i'w hunain oedd 'sut gall economi dyfu?,' o ystyried mai'r 'broblem' gyda gwledydd y Trydydd Byd oedd eu bod yn llawer tlotach na gwledydd y Byd Cyntaf. Tybiwyd mai twf mewn CMC yn hytrach na mesur mwy cymhleth o ddatblygiad a fyddai'n cael ei ddefnyddio i fesur gwledydd.

I ddechrau, roedd economegwyr datblygu'n defnyddio damcaniaeth twf gyffredin iawn yr adeg honno o'r enw model twf **Harrod-Domar**, a gafodd ei enwi ar ôl y ddau economegydd a'i datblygodd yn yr 1930au (dangosir yn Ffigur 102.1). Nododd y ddamcaniaeth hon mai buddsoddiant, cynilo a newid technolegol oedd y newidynnau allweddol wrth bennu twf. Mae buddsoddiant cynyddol yn yr economi'n ehangu **ffin**

Ffigur 102.1 Model twf Harrod-Domar

Gellir mynegi model Harrod-Domar mewn termau algebraidd syml. Mae cynilion (S) yn gyfran (s) o incwm gwladol (Y). Felly S = sY. Buddsoddiant (I) yw'r newid yn y stoc cyfalaf (ΔK). Mae swm y cyfalaf ychwanegol (ΔK) sydd ei angen i gynhyrchu uned ychwanegol o gynnyrch (ΔY) yn cael ei alw'n k, y gymhareb cyfalaf-cynnyrch ac mae'n gywerth ag $\Delta K \div \Delta Y$. Fel yr eglurwyd eisoes, mae buddsoddiant yn fras gywerth â chynilion mewn economi, felly gellir dweud mai S = I.

Beth felly sy'n achosi twf economaidd, sy'n cael ei fesur gan y newid mewn cynnyrch wedi'i rannu â lefel wreiddiol y cynnyrch ($\Delta Y \div Y$)? Gellir canfod top y ffracsiwn, ΔY o'r diffiniad o'r gymhareb cyfalaf-cynnyrch, k = ($\Delta K \div \Delta Y$). O ad-drefnu'r hafaliad hwn ceir: $\Delta Y = (\Delta K \div k)$. Gellir canfod gwaelod y ffracsiwn, Y, o'r hafaliad S = sY, gan gofio mai S = I ac I = ΔK. Mae hyn yn rhoi S = I = ΔK = sY. O ad-drefnu'r rhan olaf, ceir:

$$Y = \Delta K \div s$$

Mae ΔK i'w gael ar dop a gwaelod y ffracsiwn hwn ar gyfer cyfradd twf yr economi ac maent felly yn canslo ei gilydd. Mae hyn yn ein gadael â'r canlynol:

$$\text{gyfradd twf} = \frac{\Delta Y}{Y} = \frac{s}{k}$$

posibilrwydd cynhyrchu'r economi. Felly hefyd y mae cyflwyno cyfalaf newydd (peiriannau, ffatrïoedd, offer, swyddfeydd) lle gall uned o'r cyfalaf newydd, technolegol ddatblygedig gynhyrchu mwy o gynnyrch nag uned o'r hen gyfalaf. Mae cynilion yn bwysig gan fod cynilion cywerth â buddsoddiant mewn economi.

Mae goblygiadau polisi model Harrod-Domar yn glir. Mae cynyddu'r gyfradd twf naill ai'n fater syml o gynyddu'r gymhareb cynilion yn yr economi a fydd yn cynyddu swm y buddsoddiant, neu mae'n ymwneud â chynnydd technolegol sy'n galluogi un uned o'r cyfalaf hwnnw i gynhyrchu mwy.

Defnyddiwyd syniadau model Harrod-Domar gan yr economegydd datblygu pwysig cyntaf, sef Americanwr o'r enw Walt W Rostow. Dywedodd bod economïau'n mynd drwy bum cyfnod.

1. Y gymdeithas draddodiadol, lle mae ffeirio'n gyffredin ac amaethyddiaeth yw'r diwydiant pwysicaf.
2. Economi sydd â'r rhag-amodau i esgyn i dwf hunangynhaliol. Mae cynilion yn codi i lefel rhwng 15% ac 20% o incwm gwladol.
3. Y cyfnod cychwyn. Mae'r economi'n dechrau tyfu ar gyfradd gadarnhaol.
4. Symud i aeddfedrwydd. Mae'r economi wedi torri i ffwrdd o'r rhengoedd economi sydd yng nghyfnodau 1 a 2 o'r broses ddatblygu ac yn anelu'n syth at statws yr economi datblygedig.
5. Yr oes treuliant torfol. Mae'r economi wedi llwyddo o'r diwedd, ac mae ei dinasyddion yn gallu mwynhau lefelau treuliant uchel.

I Rostow, cynilion oedd yr elfen bwysicaf i gael yr economi i gyfnodau 3 a 4. Roedd y ddamcaniaeth hefyd yn defnyddio syniadau cynllun Marshall. Roedd hwn yn trosglwyddo llawer iawn o adnoddau o UDA i Ewrop tua diwedd yr 1940au i helpu Ewrop i ailadeiladu ei diwydiannau. Ychwanegwyd cynilion tramor at gynilion mewnol i gynyddu cyfradd twf buddsoddiant yn Ewrop, gan godi cyfraddau twf Ewropeaidd. Dadleuodd Rostow a'i gefnogwyr y gallai'r Trydydd Byd ffynnu petai gwledydd y Byd Cyntaf yn rhoi cymorth tramor i wledydd Trydydd Byd. Byddai hyn yn llenwi **bwlch cynilion**, y gwahaniaeth rhwng y gyfradd gynilo fewnol a'r gyfradd fuddsoddi sydd ei hangen ar gyfer y cyfnod cychwyn a'r symud i aeddfedrwydd.

Mae economegwyr yn cytuno'n helaeth bod cynyddu cynilion a buddsoddiant yn hanfodol i sicrhau cyfraddau twf uwch. Mae llwyddiannau economaidd Dwyrain Asia, o Japan i Dde Korea i Taiwan a Singapore wedi'u hadeiladu ar gymarebau buddsoddiant i incwm gwladol o 30% neu fwy o'u cymharu, er enghraifft, â'r gymhareb 17% sy'n cael ei chyflawni gan y DU a'r 21-22% sy'n cael ei gyflawni gan wledydd fel Ffrainc a'r Almaen. Mae

Cwestiwn I

Mae gan Ghana, un o wledydd tlotaf y byd, gwmni hedfan cenedlaethol unwaith eto. Nid yw'n fawr iawn: un awyren ar brydles sy'n hedfan unwaith y dydd rhwng Llundain a'r brifddinas Accra. Ond mae llywodraeth Ghana eisiau i'r wlad fod yn 'borth i Orllewin Affrica'. Mae'n rhan o strategaeth ehangach i wella isadeiledd Ghana. Dros y pum mlynedd diwethaf, mae'r llywodraeth wedi cynnal rhaglen gwella ffyrdd enfawr, gan wario cyfanswm o $1.3 biliwn, mwy na hanner cyllideb datblygu'r wlad. Mae'r prif feysydd awyr a phorthladdoedd wedi cael eu moderneiddio hefyd ac mae amserau aros am nwyddau wedi gostwng o wythnosau i ddiwrnodau. Ond mae nod y llywodraeth i sicrhau bod 60% o'r ffyrdd o ansawdd da erbyn 2009 yn ymddangos yn rhy uchelgeisiol. I gyrraedd y targed hwnnw, byddai angen gwella 5 000 cilometr o ffyrdd y flwyddyn, o'i gymharu â'r gyfradd gyfredol o 1 500 cilometr. Mae telathrebu wedi gwella'n sylweddol hefyd, gyda thrwyddedu nifer o gwmnïau ffonau symudol. Mae gwasanaeth cyhoeddus y wlad, Ghana Telecom, o dan reolaeth breifat, wedi clirio llawer o'r tagfeydd ar linellau sefydlog y rhwydwaith ffôn, er eu bod yn llai dibynadwy o hyd na'r gwasanaethau symudol drutach.

Ond prin y mae'r cyflawniadau hyn yn dechrau datrys y problemau isadeiledd enfawr sydd ar ôl. Y broblem fwyaf sylweddol i iechyd y boblogaeth yw dŵr a glanweithdra. Dim ond hanner y preswylwyr gwledig sydd â mynediad i ddŵr diogel o'i gymharu â 60% i 70% ar gyfer preswylwyr trefol. Mae egni hefyd yn broblem. Mae treuliant trydan yn isel o'i gymharu â gwledydd Affricanaidd eraill. Rhoddwyd llawer o obeithion ym mhiblinell nwy Gorllewin Affrica ac mae disgwyl iddi gyflenwi 2 500 GWh o drydan ychwanegol y flwyddyn o 2007. Ond gallai'r holl bŵer ychwanegol a gynhyrchir o'r project gael ei ddefnyddio gan y diwydiant alwminiwm yn unig ar ôl penderfyniad Alcoa, cwmni amlwladol gorllewinol, i fuddsoddi yng nghwmni alwminiwm Volta a'i ailgychwyn.

Ffynhonnell: addaswyd o'r *Financial Times*, 1.11.2005

(a) Gan ddefnyddio enghreifftiau o'r darn, eglurwch pam mae angen buddsoddiant er mwyn cael twf economaidd.

(b) (i) Pam mae angen cynilion ar gyfer y buddsoddiant hwn?
   (ii) Awgrymwch sut y gallai Ghana gynyddu ei llif cynilion i gyllido buddsoddiant.

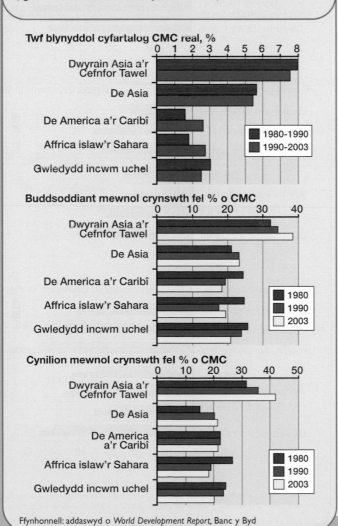

Ffigur 102.2 Buddsoddiant, cynilion a thwf economaidd

Twf blynyddol cyfartalog CMC real, %
Buddsoddiant mewnol crynswth fel % o CMC
Cynilion mewnol crynswth fel % o CMC

Ffynhonnell: addaswyd o *World Development Report*, Banc y Byd

Ffigur 102.2 yn dangos y gydberthynas hon yn glir ar gyfer rhanbarth perfformiad uchel Dwyrain Asia a'r Cefnfor Tawel sy'n cynnwys China, Taiwan, De Korea, Gwlad Thai, Malaysia, Indonesia, Hong Kong a Singapore.

Fodd bynnag, nid yw'r rhain yn amod **digonol** ar gyfer twf. Gall buddsoddiant gael ei wastraffu. Gallai adeiladu melin ddur newydd mewn gwlad Trydydd Byd arwain at ddim os nad yw'r gweithwyr yn gallu rhedeg y felin, neu os nad oes porthladdoedd i fewnforio mwyn haearn, na ffyrdd i gludo'r cynnyrch gorffenedig. Gall cynilion gael eu hallforio, gyda dinasyddion Trydydd Byd yn anfon eu gwargedion i gyfrifon banc yn y Swistir neu eu defnyddio i brynu cyfranddaliadau ar gyfnewidfa stoc Efrog Newydd (problem **hediad cyfalaf**). Yn rhy aml yn y gorffennol mae cymorth tramor wedi'i ddargyfeirio i dalu am arfau yn hytrach na chael ei ddefnyddio ar gyfer buddsoddiant.

Mae Ffigur 102.2 yn dangos nad oedd cyfraddau buddsoddiant a chynilo yn Affrica Islaw'r Sahara mor wahanol i'r rheini yn Ne Asia (y mae rhan fwyaf ei phoblogaeth yn byw yn India, Pakistan a Bangladesh) yn 1980, 1990 a 2003. Ond eto roedd y cyfraddau twf yn wahanol iawn. Mewn gwirionedd, mae datblygiad yn broses lawer mwy cymhleth nag y mae cyfnodau twf Rostow yn ei nodi.

Modelau newid strwythurol

Bu economegydd arall, W Arthur Lewis, yn canolbwyntio ar rôl mudo yn y broses ddatblygu hon. Dadleuodd y gellid cynnal twf drwy drosglwyddo gweithwyr yn raddol o amaethyddiaeth cynhyrchedd isel (y **sector traddodiadol**) i ddiwydiannau eilaidd a thrydyddol trefol cynhyrchedd uwch (y **sector modern**). Gellir ystyried felly mai **diwydiannu'r** economi yw un o amcanion datblygiad. Tybiodd nad yw gweithwyr ymylol mewn ardaloedd gwledig yn ychwanegu dim at gynnyrch yr economi gwledig (h.y. roedd eu cynhyrchedd ffiniol yn sero). Roeddent naill ai'n gwneud dim gwaith o gwbl (h.y. roeddent yn ddi-waith) neu gallai gweithwyr presennol fod wedi gwneud y gwaith a wnaethant heb unrhyw effaith ar gyfanswm y cynnyrch (h.y. roedd llawer iawn o dangyflogaeth yn yr economi gwledig). Gallai gweithwyr gael eu trosglwyddo'n raddol i'r sector trefol cynhyrchedd uwch. Roedd y gyfradd drosglwyddo'n dibynnu ar gyfradd y cronni cyfalaf yn sector modern yr economi. Po fwyaf y buddsoddiant, cyflymaf y trosglwyddo. Yn y pen draw, bydd bron pob gweithiwr wedi'i drosglwyddo o'r sector traddodiadol i'r sector modern a bydd yr economi'n ddatblygedig.

Darparodd model Lewis syniadau allweddol i'r broses ddatblygu, ac fe'i defnyddiwyd yn rhannol i egluro pam fod gwledydd datblygedig â phoblogaethau gwledig uchel, fel Ffrainc, yn tyfu'n gyflymach na'r rheini â phoblogaethau gwledig bach, fel y DU yn yr 1950au a'r 1960au (☞ uned 26). Fodd bynnag, profwyd bod y model yn llawer rhy syml. I ddechrau, mae tystiolaeth sylweddol bod gweithwyr ffiniol mewn slymiau trefol yn y Trydydd Byd yn llawer mwy tebygol o fod yn gynhyrchwyr sero na gweithwyr ffiniol mewn ardaloedd gwledig. Mae'r model yn awgrymu hefyd y bydd cyflogaeth lawn mewn ardaloedd trefol, sy'n bendant yn anghywir. Nid yw tybiaethau na chasgliadau allweddol eraill, fel cyflogau trefol sefydlog yn ystod y cyfnod datblygu, yn cyd-fynd â phrofiad datblygu chwaith. Mae Tabl 101.2 yn uned 101 yn dangos bod y newid mewn poblogaeth o wledig i drefol yn debyg iawn ar draws pob rhanbarth o'r byd sy'n datblygu ond eto, fel y dangosodd Ffigur 102.2, mae gan y rhanbarthau hyn gyfraddau twf gwahanol iawn mewn CGC y pen.

Nid yw diwydiannu yn y Trydydd Byd wedi arwain o reidrwydd at ddatblygiad economaidd chwaith. Yn rhy aml, mae technoleg y Byd Cyntaf wedi cael ei mewnforio. Bu hyn yn **gyfalaf-ddwys** iawn, gan fynnu ychydig o lafur ond llafur medrus iawn. O ganlyniad, ni chrëwyd llawer iawn o swyddi mewn economïau lle mae diweithdra'n uchel iawn. Yn rhy aml, ni fu llafur medrus iawn ar gael yn yr economi lleol ac o ganlyniad defnyddiwyd peiriannau'n aneffeithiol. Mae economegwyr, fel E.F. Schumacher, wedi dadlau bod angen technoleg briodol ar y Trydydd Byd, sy'n addas i sgiliau gweithwyr lleol ac sy'n creu swyddi. Mae buddsoddiant gwledig, bach yn aml yn dod â chyfradd adennill uwch na buddsoddiant mewn ffatri drefol fawr.

Damcaniaeth dibyniaeth

Yn yr 1970au, dechreuodd economegwyr droi eu sylw i'r cysylltiadau rhwng y Byd Cyntaf a'r Trydydd Byd a dadlau mai'r Byd Cyntaf oedd yn achosi llawer o'r problemau diffyg datblygiad. Yn y modelau hyn, nid amodau y tu mewn i wledydd datblygedig, fel cymarebau cynilion isel, oedd yn atal twf, ond grymoedd allanol.

Un rheswm dros y diffyg twf yw hanes trefedigaethol y Trydydd Byd. Roedd gwledydd y Byd Cyntaf yn ecsbloetio eu trefedigaethau, gan gynyddu'r anghydraddoldeb rhyngddyn nhw a'u hymerodraethau Trydydd Byd. Pan

Ffigur 102.3 Newidiadau cynnyrch yn ôl sector[1], 1965–2003

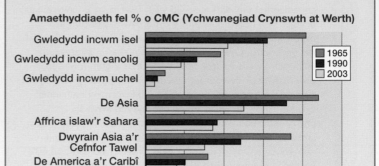

Amaethyddiaeth fel % o CMC (Ychwanegiad Crynswth at Werth)

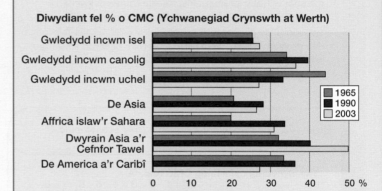

Diwydiant fel % o CMC (Ychwanegiad Crynswth at Werth)

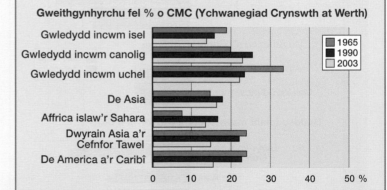

Gweithgynhyrchu fel % o CMC (Ychwanegiad Crynswth at Werth)

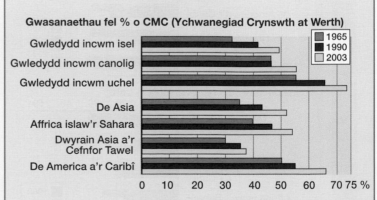

Gwasanaethau fel % o CMC (Ychwanegiad Crynswth at Werth)

1. Mae cynnyrch gweithgynhyrchu'n rhan o gynnyrch diwydiannol. Cynnyrch amaethyddol + cynnyrch diwydiannol + cynnyrch gwasanaethau = 100% o'r cyfanswm cynnyrch.

Cwestiwn 2

Disgwylir i ostyngiadau sydyn mewn prisiau nwyddau gwtogi cymaint â chwarter o enillion allforio rhai gwledydd sy'n datblygu eleni a lleihau eu cynnyrch economaidd yn sydyn, yn ôl Cynhadledd y Cenhedloedd Unedig ar Fasnach a Datblygiad (UNCTAD). Mae'n rhoi'r bai ar yr argyfwng economaidd yn Asia. Hyd yn ddiweddar Asia oedd y farchnad a oedd yn tyfu gyflymaf ar gyfer allforion amaethyddol a phrif nwyddau eraill o Dde America ac Affrica. Y gwledydd sy'n allforio olew fydd yn teimlo effaith economaidd galetaf y prisiau gostyngol. Mae Angola, Gabon, Iran, Kuwait, Nigeria a Venezuela i gyd yn wynebu gostyngiadau o leiaf un rhan o bump yn eu henillion allforio o'i gymharu â'r llynedd. Maent am golli rhwng 4% ac 18% o gynnyrch economaidd. Bydd gwledydd sy'n dibynnu'n drwm ar allforion fel copr a phren yn cael eu heffeithio'n ddifrifol hefyd. Mae enillion allforio Burma, Chile, Mongolia, Ynysoedd Solomon a Zambia yn debygol o ostwng o leiaf un rhan o ddeg, a'u cynnyrch economaidd o rhwng 2.5% a 12%.

Ffynhonnell: addaswyd o'r *Financial Times*, 17.9.1998.

Mae'r ffyniant mewn prisiau nwyddau yn anfon tonnau drwy'r economi byd-eang. Gyda phrisiau olew dros $60 y gasgen a phrisiau'r rhan fwyaf o gynwyddau heblaw'r rhai amaethyddol wedi cynyddu, mae gwledydd sy'n cynhyrchu'r cynwyddau hyn yn gweld cynnydd sylweddol yn eu twf economaidd. Mae'r ffyniant yn cael ei sbarduno gan ddiwydiannu China, sydd wedi creu galw enfawr am ddeunyddiau crai fel mwyn haearn i gynhyrchu dur. Mae diffyg buddsoddiant yn yr 1990au mewn projectau newydd oherwydd prisiau isel wedi arwain at y diffygion sy'n gwthio prisiau i fyny heddiw.

Ffynhonnell: addaswyd o'r *Financial Times*, 22.11.2005.

(a) Eglurwch pam fod gwledydd fel Angola neu Zambia yn dibynnu ar wledydd eraill am eu lles economaidd.

(b) Trafodwch a fyddai gwledydd fel Angola, sy'n dibynnu'n helaeth ar allforion cynwyddau, yn gyfoethocach pe byddai'n rhoi'r gorau i gynhyrchu'r cynwyddau hynny.

gafodd y trefedigaethau annibyniaeth, roeddent yn dal ynghlwm wrth wledydd y Byd Cyntaf drwy gysylltiadau masnach a chymorth. O dan lywodraeth drefedigaethol, gorfodwyd iddynt ddechrau allforio nwyddau cynradd. Yn yr oes ôl-drefedigaethol, mae llawer o wledydd yn dibynnu'n helaeth o hyd ar allforion nwyddau cynradd. Gyda phrisiau cyfartalog nwyddau'n syrthio'n sylweddol ers yr 1950au, mae'r cyswllt masnach hwn yn tlodi gwledydd y Trydydd Byd o hyd. Mae rhywfaint o wirionedd yn y ddadl hon. Mae dibynnu ar allforion nwyddau wedi effeithio'n negyddol ar wledydd fel Zambia a Nigeria. Fodd bynnag, fel mae Ffigur 102.3 yn dangos, mae datblygiad wedi achosi newid mewn cynnyrch yn ôl sector. Po fwyaf datblygedig yw'r economi, lleiaf arwyddocaol yw amaethyddiaeth a phwysicaf yw cynnyrch y sector gwasanaeth. Yn yr 1970au, 1980au a'r 1990au hefyd gwelwyd twf pwysig yn y sector gweithgynhyrchu. I lawer o'r gwledydd sy'n datblygu cyfoethocach heddiw, mae gwerthiannau

gweithgynhyrchion yn llawer mwy na gwerthiannau nwyddau yn eu masnach allforio. Gall gwledydd sy'n datblygu ddianc felly rhag y problemau a achosir gan brisiau nwyddau gostyngol os gallant ddatblygu diwydiannau gweithgynhyrchu cryf.

Un ddadl arall a gyflwynodd yr economegwyr hyn yw bod benthyciadau cymorth i'r Trydydd Byd yn yr 1960au a'r 1970au wedi arwain at **argyfwng dyledion** y Trydydd Byd (☞ uned 104) yn yr 1980au. Hwn wedyn oedd un o'r prif resymau bod llawer o wledydd Affrica a De America yn profi cyfraddau twf negyddol yn y degawd hwnnw wrth i arian lifo allan o'r Trydydd Byd i dalu dyledion banciau Byd Cyntaf.

Mae camau cyrff fel yr **IMF** (☞ uned 104) wedi atgyfnerthu dibyniaeth y Trydydd Byd ar y Byd Cyntaf. Maent wedi rhoi cyngor gwael yn barhaus am sut y dylai gwledydd ddatblygu a chael eu rheoli. Maent wedi cael cymorth yn hyn o beth gan weithrediadau'r elit trefol mewn gwledydd Trydydd Byd. Bu'r elit trefol hyn, gyda chymorth cwmnïau, llywodraethau a sefydliadau Byd Cyntaf, yn gallu mwynhau safonau byw Byd Cyntaf. Nid yw'r cyfoeth macn nhw'n ci fwynhau yn 'difcru i lawr' i weddill y gymdeithas. Yn nodweddiadol, mae'r elit trefol hyn yn aelodau o'r llywodraeth, y lluoedd arfog a phersonél allweddol sy'n gweithio i neu gyda chwmnïau gorllewinol. Maent yn gweithredu er mwyn hybu buddiannau'r Byd Cyntaf, nid er lles eu cyd-ddinasyddion yn y Trydydd Byd.

Mac ysgol o fcddwl Dibyniacth Ryngwladol yn gywir wrth ddweud bod y berthynas rhwng y Trydydd Byd a'r Byd Cyntaf yn chwarae rhan allweddol yn y broses ddatblygu. Fodd bynnag, mae'r gwledydd sy'n datblygu â thwf uwch wedi tueddu i ddefnyddio'r berthynas honno i fewnforio cyfalaf a gwybodaeth dechnolegol ac allforio nwyddau a gwasanaethau. Maent wedi ceisio integreiddio ag economi'r byd. Mae gwledydd â chyfraddau twf isel neu negyddol wedi dioddef oherwydd y berthynas honno, yn bennaf drwy fenthyg arian nad oedd ganddynt lawer neu ddim gobaith o'i ad-dalu (☞ uned 104). Os yw fframwaith macro-economaidd y byd yn wrthwynebus i ddatblygiad, ni fu mor wrthwynebus ag atal rhai gwledydd y Trydydd Byd rhag mwynhau cyfraddau twf syfrdanol yn ystod yr 20 mlynedd diwethaf.

Y chwyldro neoglasurol

Yn ystod yr 1950au, 1960au a'r 1970au, roedd y rhan fwyaf o lywodraethau'r Trydydd Byd wedi adeiladu strwythurau economaidd tebyg iawn i economïau cymysg Gorllewin Ewrop. Roedd diwydiannau allweddol yn aml yn nwylo'r wladwriaeth.

Ymyrrodd llywodraethau'n helaeth i hyrwyddo datblygiad. Er enghraifft, roedd syniadau Rostow bod lefelau cynilo yn sylfaenol yn y broses ddatblygu, ynghyd â model datblygiad dau sector Lewis, wedi arwain at drethu'r tlodion gwledig yn llawer trymach na phreswylwyr trefol. Cyflawnwyd hyn yn aml drwy orfodi ffermwyr i werthu cynnyrch i fyrddau amaethyddol gwladol am brisiau llawer llai na'r pris marchnad. Yna, gellid gwerthu'r cynnyrch i wledydd tramor am brisiau marchnad, neu i drefi, gyda'r llywodraeth yn cymryd y gwarged fel derbyniadau y gallai wedyn ei fuddsoddi'n ôl yn yr economi. Fel arall, gellid gwerthu rhan neu'r cyfan ohono i breswylwyr trefol ac yna gallai'r cyflogwyr dalu cyflogau is iddynt wedyn. Byddai hyn yn lleihau costau, yn cynyddu elw ac felly'n cynyddu buddsoddiant. Ystyriwyd bod anghydraddoldeb hyd yn oed yn ddymunol weithiau oherwydd y farn Keynesaidd fod cymhareb gynilo enillwyr incwm uchel yn uwch nag un enillwyr incwm isel (☞ uned 31). Gallai ailddosrannu incwm o'r tlawd i'r cyfoethog, er enghraifft trwy drethi, gynyddu'r gymhareb gynilo genedlaethol felly.

Yn yr 1980au cafwyd chwyldro economaidd mewn syniadau yn y Byd Cyntaf. 'Reaganomeg' a 'Thatcheriaeth' oedd yr enwau gwleidyddol ar symudiad mewn economeg a oedd yn dadlau y gellid cynyddu twf drwy ryddhau marchnadoedd rhag rhwystr llywodraeth (☞ uned 38). Byddai gostwng maint y wladwriaeth, er enghraifft drwy **breifateiddio** (☞ uned 67), yn cynyddu effeithlonrwydd gan fod y wladwriaeth yn wael yn dyrannu adnoddau. Hefyd, dylai marchnadoedd preifat gael eu **dadreoli** (☞ uned 67). Dylai ymyrraeth llywodraeth, fel byrddau amaethyddol gwladol, gael eu dileu. Dadleuwyd mai'r rheswm dros dwf isel oedd methiant i fynd ar drywydd polisïau marchnad rydd.

Roedd yr ymagwedd neoglasurol newydd yn galw, er enghraifft, am newid radical mewn polisïau ynglŷn â chwmnïau amlwladol. Y farn draddodiadol oedd bod gweithgareddau cwmnïau amlwladol yn gyffredinol yn niweidiol i'r Trydydd Byd. Roeddent yn tueddu i gynhyrchu nwyddau cynradd, fel bananas a chopr. Byddent yn talu cyflogau isel i'w gweithwyr Trydydd Byd ac ni fyddent yn ystyried iechyd a diogelwch yn y gwaith. Roedd elw'n fawr a byddai hwn yn cael ei ddychwelyd i'r Byd Cyntaf. Felly, nid oedd y cwmni amlwladol yn cyfrannu llawer at y wlad Trydydd Byd ac yn cael ei redeg er budd y cyfranddalwyr Byd Cyntaf. Nid oedd yn syndod bod llawer o wledydd y Trydydd Byd wedi gwladoli gweithrediadau cwmnïau amlwladol. Fodd bynnag, roedd gwladoli'n drychinebus yn y tymor hir. Nid oedd y gwledydd Trydydd Byd yn gallu fforddio cynnal y buddsoddiant oedd ei angen i gynnal y gweithrediadau. Roedd y cwmnïau a wladolwyd yn aml yn cael eu rhedeg yn aneffeithlon ac roedd cynhyrchedd yn gostwng ar ôl gwladoli. Gyda chynnyrch yn gostwng, syrthiodd enillion allforio gan roi pwysau ar y fantol daliadau. Yn hinsawdd newydd yr 1980au a'r 1990au, ailwahoddwyd cwmnïau amlwladol yn ôl i wledydd Trydydd Byd yn aml i ailddechrau eu gweithgareddau. Bu ailwerthusiad sylfaenol o'r cydbwysedd buddion rhwng y wlad Trydydd Byd a'r cwmni amlwladol.

Mewn gwirionedd, mae damcaniaeth neoglasurol yn awgrymu y bydd rhyddfrydoli marchnadoedd yn denu buddsoddiant gan wledydd y Byd Cyntaf i mewn i'r Trydydd Byd. Bydd cwmnïau'r Byd Cyntaf yn cael eu denu gan gostau tir a llafur rhad i sefydlu ffatrïoedd mewn gwledydd Trydydd Byd. Bydd buddsoddiant o'r tu allan yn cynyddu cyfraddau twf. Nid oes llawer o amheuaeth fod llywodraethau a sefydliadau gwladol yn aneffeithlon iawn yn y Trydydd Byd (ac mae llawer

Cwestiwn 3

Cwmni telathrebu o UDA yw *Cisco*. Am flynyddoedd, roedd yn ystyried bod India'n ffynhonnell o gynhyrchion a oedd yn mynnu sgiliau peirianneg rhad. Ond yn ystod y deuddeg mis diwethaf, mae *Cisco* wedi datblygu a chyflwyno strategaeth sy'n ei thrin fel marchnad bwysig i'r cwmni. Helpodd pedwar ffactor i ddarbwyllo rheolwyr yn *Cisco* i fuddsoddi miliynau o ddoleri yn India. Un oedd bod dadreoli yn India yn golygu bod cwmnïau Indiaidd mawr yn agored i gystadleuaeth go iawn am y tro cyntaf. Yr unig ffordd i oroesi oedd buddsoddi mewn technoleg, fel y dechnoleg y mae *Cisco* yn ei chyflenwi, a chael mantais gystadleuol. Yr ail oedd penderfyniad byddin India i foderneiddio ei hasgwrn cefn telathrebu, gan greu cyfleoedd am gontractau proffidiol. Y trydydd oedd menter e-lywodraeth llywodraeth India, a gynlluniwyd i droi system weinyddu papur a phen India yn system electronig. Y pedwerydd oedd busnesau bach India'n sylweddoli y gallent gyflenwi cwmnïau yn y Byd Cyntaf fel *Wal-Mart* neu *Tesco*, ond y byddai angen systemau cyfathrebu modern arnynt i fod yn rhan o gadwyn gyflenwi fodern.

Mae *Cisco* wedi buddsoddi mewn gweithred farchnata soffistigedig a gynlluniwyd i gyrraedd busnesau mawr a bach. Bu rhywfaint o'i fuddsoddiant $50 miliwn yn India mewn canolfan gydrannau newydd yn Bangalore, sydd wedi lleihau'r amser mae'n ei gymryd i gyflenwi cydrannau i oriau o'i gymharu â diwrnodau pan ddaethai'r cydrannau o Singapore. Mae'r cwmni wedi anelu ei brisiau i wneud ei gynnyrch yn fforddiadwy i fusnesau bach.

Ffynhonnell: addaswyd o'r *Financial Times*, 18.10.2005.

(a) Eglurwch pam y gallai'r cynnyrch a'r gwasanaethau y mae *Cisco* yn eu cynnig fod o fudd i fusnesau India a llywodraeth India.

(b) Mae *Cisco* yn anelu at wneud elw o'i weithrediadau yn India. A fyddai India yn elwa mwy pe byddai wedi gwahardd *Cisco* rhag gweithredu yn India ac annog cwmnïau lleol yn India i ddarparu cynhyrchion telathrebu?

ohonynt yn aneffeithlon iawn o hyd). Roedd eu polisïau'n rhan bwysig o broblem diffyg datblygiad. Fel y dadleuir yn uned 103, mae'r holl dystiolaeth yn awgrymu bod natur agored i fasnach ryngwladol yn elfen allweddol wrth gynnal twf. Felly, mae polisïau llywodraeth sy'n cyfyngu ar fasnach ac yn cyfyngu dylanwad cwmnïau tramor ar y farchnad fewnol yn debygol o arwain at lai o dwf.

Mae beirniaid yr ymagwedd neoglasurol yn nodi bod twf a datblygiad yn wahanol. Mae polisïau sy'n hyrwyddo twf, lle bydd y buddion yn mynd i'r cyfoethocach yn y gymdeithas ar draul y tlawd, yn gallu arwain at symudiad yn ôl mewn datblygiad economaidd. Mae lleihau tlodi, rhaglenni o blaid merched a pholisïau amgylcheddol i gyd yn awgrymu llywodraeth yn ymyrryd yn y farchnad. Ond, rhai o lwyddiannau gorau'r blynyddoedd diwethaf, gan gynnwys Japan, De Korea a Singapore, oedd economïau lle'r oedd y wladwriaeth wedi arwain yr economi'n helaeth. Mae'n amlwg nad yw creu economïau marchnad rydd gwirioneddol yn amod angenrheidiol ar gyfer datblygiad llwyddiannus.

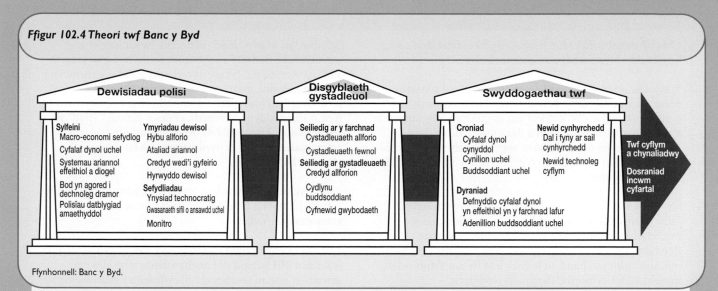

Ffigur 102.4 Theori twf Banc y Byd

(Diagram yn dangos tair colofn/teml):

Dewisiadau polisi

Sylfeini
Macro-economi sefydlog
Cyfalaf dynol uchel
Systemau ariannol effeithiol a diogel
Bod yn agored i dechnoleg dramor
Polisïau datblygiad amaethyddol

Ymyriadau dewisol
Hybu allforio
Ataliad ariannol
Credyd wedi'i gyfeirio
Hyrwyddo dewisol

Sefydliadau
Ynysiad technocratig
Gwasanaeth sifil o ansawdd uchel
Monitro

Disgyblaeth gystadleuol

Seiliedig ar y farchnad
Cystadleuaeth allforio
Cystadleuaeth fewnol

Seiliedig ar gystadleuaeth
Credyd allforion
Cydlynu buddsoddiant
Cyfnewid gwybodaeth

Swyddogaethau twf

Croniad
Cyfalaf dynol cynyddol
Cynilion uchel
Buddsoddiant uchel

Dyraniad
Defnyddio cyfalaf dynol yn effeithiol yn y farchnad lafur
Adenillion buddsoddiant uchel

Newid cynhyrchedd
Dal i fyny ar sail cynhyrchedd
Newid technoleg cyflym

→ **Twf cyflym a chynaliadwy**
Dosraniad incwm cyfartal

Ffynhonnell: Banc y Byd.

Strategaethau ar gyfer datblygiad llwyddiannus

Mae profiad y 40 mlynedd diwethaf wedi dangos bod achosion datblygiad economaidd yn gymhleth. Fodd bynnag, gellir dysgu nifer o wersi pwysig. Roedd cyfraddau twf economaidd a datblygiad uchel yn dibynnu ar gyflawni tri ffactor ar yr un pryd.

Croniad Mae model twf Harrod-Domar yn gywir wrth nodi bod cynilion a buddsoddiant yn hanfodol ar gyfer twf uchel. Fodd bynnag, mae'n rhaid i fuddsoddiant fod yn gytbwys. Mae'n rhaid cael y cymysgedd gywir o fuddsoddiant mewn cyfalaf preifat, fel peiriannau a ffatrïoedd; mewn isadeiledd cyhoeddus, fel ffyrdd, telathrebu a thai; ac mewn pobl, gan ddatblygu eu haddysg a'u sgiliau.

Dyraniad Mae'n rhaid dyrannu adnoddau'n effeithlon. Nid oes diben buddsoddi mewn offer cyfalaf newydd os yw'n gorwedd yn segur y rhan fwyaf o'r amser. Mae'n ofer addysgu 5% o'r boblogaeth i safon gradd os dim ond 1% o weithwyr safon gradd sydd eu hangen ar yr economi. I'r un graddau, mae'n rhaid defnyddio adnoddau mewn ffordd sy'n sicrhau'r cyfraddau adennill mwyaf posibl ar yr adnoddau hynny. Os bydd adnoddau'n cael eu dyrannu i addysg uwch pan y gellid adennill mwy drwy ddefnyddio'r adnoddau hynny mewn addysg gynradd, bydd cyfradd twf yr economi'n gostwng. Yn fwy na thebyg, dyma fewnwelediad pwysicaf yr economegwyr marchnad rydd neoglasurol.

Newid cynhyrchedd Economïau sy'n tyfu'n gyflym yw'r rhai sy'n newid eu dulliau cynhyrchu o hyd i ymgorffori'r dechnoleg orau a mwyaf priodol. Bydd cynyddu cyfradd newid mewnbynnau adnoddau, yn rhai dynol a ffisegol, i gynnyrch yn cynyddu twf economaidd.

Yng nghyd-destun marchnadoedd cystadleuol y cyflawnir croniad, dyraniad effeithlon adnoddau a chynhyrchedd orau, gan amlaf. Mae'r farchnad, fel y nododd Adam Smith, yn dod â gwybodaeth o niferoedd mawr o werthwyr a phrynwyr at ei gilydd. Mae disgyblaeth y farchnad yn sicrhau bod adnoddau'n cael eu dyrannu'n effeithlon. Mae'n hanfodol bod yn **gyfeiriedig at allforion**. Mae gwledydd y Trydydd Byd yn tueddu i fasnachu gyda gwledydd y Byd Cyntaf yn hytrach na masnachu ymysg ei gilydd. Mae gwerthu i mewn i farchnadoedd Byd Cyntaf yn golygu bod yn rhaid i'r wlad Trydydd Byd lwyddiannus sy'n gyfeiriedig at allforion gynhyrchu i safonau Byd Cyntaf. Mae'n rhaid felly iddynt ddysgu prynu a defnyddio technoleg Byd Cyntaf. Mae hyn hefyd yn annog llif gwybodaeth o'r Byd Cyntaf i'r Trydydd Byd. Y canlyniad yw cynnydd yng nghyfradd newid cynhyrchedd.

Os yw marchnadoedd cystadleuol yn amhriodol, dylid dyrannu adnoddau ar sail cystadlaethau rhwng cynhyrchwyr. Er enghraifft, gall y llywodraeth ddarparu **credydau allforion** - benthyciadau i brynwyr tramor sy'n prynu allforion o'r wlad. Dylai fod system agored lle gall cwmnïau gystadlu am y nifer cyfyngedig o gredydau allforion, gyda rheolau clir ar sut i'w dyrannu.

Dylid cofio hefyd fod methiant y farchnad mor gryf mewn rhai marchnadoedd, fel bod gan lywodraethau ddyletswydd i gyfyngu cystadleuaeth a threfnu cynhyrchiad ei hun. Mewn addysg, er enghraifft, sy'n allweddol i lwyddiant mewn twf economaidd, mae pob gwlad twf uchel wedi datblygu systemau addysg gynradd cryf sy'n cael eu hariannu'n gyhoeddus.

Ar ôl penderfynu beth sy'n pennu twf, a thrafod y rôl y mae marchnadoedd rhydd yn gallu ei chwarae neu beidio wrth hyrwyddo twf, gellir trafod polisïau twf priodol llywodraethau nawr. Mae Banc y Byd, yn Ffigur 102.4, yn canolbwyntio ar nifer o feysydd allweddol.

Macro-economi sefydlog Mae'n rhaid i'r llywodraeth ddarparu hinsawdd macro-economaidd sefydlog. Er enghraifft, mae hyn yn golygu cyfyngu chwyddiant, sicrhau cydbwysedd rhwng allforion a mewnforion a chynnal cyllidau llywodraeth cadarn. Mae sefydlogrwydd macro-economaidd yn annog cwmnïau i fuddsoddi. Mae hefyd yn creu economi cytbwys sy'n gallu tyfu heb orfod addasu gan fod un neu fwy newidyn macro-economaidd yn anghynaliadwy yn y tymor hir.

Cyfalaf dynol uchel Mae pwysigrwydd cyfalaf dynol yn y broses ddatblygu wedi cael ei drafod eisoes.

Systemau ariannol effeithiol a diogel Mae rôl y system ariannol yn allweddol. Mae'r system ariannol (gan gynnwys banciau) yn gyfrifol am gasglu cynilion unigolion a chwmnïau yn yr economi a dyrannu rhai o'r rheini i gwmnïau i'w buddsoddi. Mae angen i unrhyw wlad sydd eisiau cynyddu ei chymhareb gynilo wella effeithiolrwydd ei system ariannol.

Cyfyngu ystumiadau pris Mae'n rhaid i lywodraethau fabwysiadu polisïau sy'n galluogi arwyddion pris y farchnad i ddyrannu adnoddau. Gan mwyaf, mae llywodraethau'n waeth yn gosod prisiau optimaidd na'r mecanwaith marchnad ac felly dylent leihau ystumiadau marchnad fel cymorthdaliadau llywodraeth.

Bod yn agored i dechnoleg dramor Mae'n rhaid i lywodraethau annog cwmnïau mewnol i ddefnyddio technoleg o wledydd tramor. Mae'n rhaid iddynt hefyd annog cwmnïau tramor i sefydlu yn eu gwlad, gan ddod â thechnoleg gyda hwy y mae cwmnïau mewnol yn gallu ei chopïo wedyn.

Polisïau datblygiad amaethyddol Gyda chyfran mor fawr o gynnyrch a phoblogaeth yn sector amaethyddol yr economi yn y Trydydd Byd, byddai methu datblygu'r sector hwn yn arwain at dwf is.

Ymyriad dewisol Gall y llywodraeth ddewis ymyrryd i gyfarwyddo twf diwydiannau penodol, er enghraifft drwy wneud cyllid rhad ar gael ar gyfer buddsoddiant, neu drwy osod targedau allforio i'r diwydiant. Mae gwledydd fel De Korea a Japan wedi mynd ar drywydd ymyriad felly yn y gorffennol. Mae gwledydd eraill yr un mor llwyddiannus, fel Hong Kong, heb ymyrryd yn gyffredinol. Felly nid yw ymyriad ymhlith amodau angenrheidiol twf.

Sefydliadau Mae'n rhaid i economi llwyddiannus gael sefydliadau priodol. Er enghraifft, rhaid bod gwasanaeth sifil o ansawdd da. Ni chaiff technocratiaid – y rheini yn y gwasanaeth sifil, asiantaethau llywodraeth eraill a'r llywodraeth ei hun – fod yn agored i lwgrwobrwyo ac mae'n rhaid iddynt weithredu er lles y genedl ('sefydliad technocratig' Ffigur 102.4). Mae'n rhaid i bob asiant economaidd fonitro ei lwyddiannau a'i fethiannau a chywiro lle bo angen.

Mae datblygiad hefyd yn awgrymu cynnydd mewn nifer o feysydd eraill a fydd wedyn yn cyfrannu at dwf economaidd uwch.

Cynaliadwyedd Rhaid i ddatblygiad fod yn gynaliadwy (☞ uned 101). Bydd twf anghynaliadwy heddiw yn arwain at gostau uwch a cholli cyfleoedd i genedlaethau'r dyfodol.

Ymrwymiad i gynnal diwylliannau a gwerthoedd brodorol Mae angen i bob cymdeithas rannu gwerthoedd cyffredin er mwyn parhau'n sefydlog. Daw'r gwerthoedd hyn o'r gorffennol ac mae gan bob cymdeithas rywbeth i'w gynnig i gyfoeth diwylliant byd-eang. Os yw newid diwylliannol yn digwydd yn rhy gyflym, neu os yw diwylliant gwledydd tramor (sef diwylliant Gorllewinol fel arfer heddiw) yn cael ei orfodi, mae cymdeithasau'n gallu chwalu'n hawdd, gan wrthdroi'r broses ddatblygu yn y pen draw.

Materion rhyw Mae merched mewn llawer o wledydd datblygedig yn canfod bod systemau cymdeithasol, cyfreithiol ac economaidd yn eu rhoi o dan anfantais. Maent yn chwarae rhan hanfodol yn y broses ddatblygu, fodd bynnag. Er enghraifft, mae addysg yn eu galluogi i fod yn fwy cynhyrchiol yn eu rolau traddodiadol yn y cartref ac ym myd ehangach gwaith cyflogedig.

Cwestiwn Data

Cymharu datblygiad

Nigeria ac Indonesia

Yn 1965, ystyriwyd bod Nigeria yn wlad â photensial mawr am dwf, ond nid oedd llawer o botensial gan Indonesia. Yn yr 1970au, profodd Nigeria elw annisgwyl gyda phrisiau olew ffyniannus - mae Nigeria'n allforiwr olew pwysig. Benthycodd yn drwm ar gefn derbyniadau olew. Yn yr 1980au a'r 1990au, gyda phrisiau olew real yn syrthio, aeth Nigeria i anawsterau wrth geisio talu ei dyled dramor ac, yn debyg i lawr o wledydd Affricanaidd eraill, nid oedd yn tyfu o gwbl. Yn y 2000au, unwaith eto bu Nigeria'n derbyn prisiau olew cynyddol a helpodd i hybu ei chyfradd twf. Ar y llaw arall, mae Indonesia wedi tyfu'n gymharol gyson drwy'r cyfnod.

Tabl 102.1 Poblogaeth a CMC

	Nigeria		Indonesia	
	1965	2004	1965	2004
Poblogaeth (miliynau)	60.0	139.8	103.0	217.6
CMC				
($UDA biliynau yn ôl prisiau cyfredol)	5.4	54.0	6.0	248.0
CGC y pen				
($UDA yn ôl prisiau cyfredol)	90.0	390	58	1 140
CGC y pen				
($UDA yn ôl cyfraddau paredd gallu prynu)	na	930	na	3 460

na = ddim ar gael

1. Cymharwch y newid yn nhwf a datblygiad Nigeria ac Indonesia dros y cyfnod 1965 i 2003.
2. (a) Gan ddefnyddio tystiolaeth o'r data, awgrymwch beth allai fod wedi achosi'r gwahaniaeth rhwng cyfraddau datblygiad y ddwy wlad.
   (b) Pa dystiolaeth arall y byddai ei hangen arnoch i ddeall y gwahaniaethau mewn cyfraddau datblygu yn llawn?
3. Trafodwch DDAU bolisi y gallai Nigeria eu mabwysiadu i wella ei thwf a'i datblygiad.

Tabl 102.2 Dosraniad a thwf cynhyrchu

	Canran CMC cyfan				Twf blynyddol canrannol					
	Nigeria		Indonesia		Nigeria			Indonesia		
	1965	2003	1965	2003	1965-80	1980-90	1990-2003	1965-80	1980-90	1990-2003
Amaethyddiaeth	55	26	51	17	1.7	3.3	3.6	4.3	3.4	1.9
Diwydiant	12	49	13	44	13.1	-1.1	1.3	11.9	6.9	4.2
ohono Gweithgynhyrchu	5	4	8	25	14.6	0.7	2.2	12.0	12.6	5.5
Gwasanaethau	33	24	36	40	5.9	3.7	3.4	7.3	7.0	3.3

Tabl 102.3 Strwythur a thwf galw

	Canran CMC cyfan				Twf blynyddol canrannol					
	Nigeria		Indonesia		Nigeria			Indonesia		
	1965	2003	1965	2003	1965-80	1980-90	1990-2003	1965-80	1980-90	1990-2003
Treuliant preifat	83	45	87	69	6.2	-2.6	3.7	5.2	5.6	5.4
Treuliant llywodraeth cyffredinol	7	23	10	9	13.9	-3.5	8.4	11.4	7.7	1.5
Buddsoddiant mewnol crynswth	15	23	35	16	14.7	-8.5	10.1	16.1	6.7	-2.0
Cynilion mewnol crynswth	10	32	37	22	-	-	-	-	-	-
Allforion nwyddau a gwasanaethau	11	50	29	31	-	-	-	-	-	-

Tabl 102.4 Dangosyddion cymdeithasol

	Nigeria		Indonesia	
	1965	2003	1965	2003
Disgwyliad oes dynion adeg geni (blynyddoedd)	40	44	43	65
Cyfradd ffrwythlondeb gyfan[1]	6.9	5.8	5.5	2.4
Cyfradd marwolaethau babanod[2]	162	98	128	31
Cofrestriad cynradd[3]				
% o'r grŵp oedran	32	73	72	94
ohonynt % o grŵp oedran merched	24	60	65	92
Poblogaeth â mynediad at ddŵr diogel, % o'r cyfanswm[4]	36	60	39	78

1. 2000-05.
2. Nifer y babanod sy'n marw cyn cyrraedd 1 oed am bob mil o enedigaethau byw.
3. 2002-03.
4. 2002.

Tabl 102.5 Cyfanswm dyled allanol, cymarebau dyled a mewnlifoedd

	Nigeria		Indonesia	
	1970	2003	1970	2003
Cyfanswm dyled allanol $ miliwn[1]	567	34 963	3 097	134 389
Canran o CMC [2]	10	76	28	71
Cyfanswm gwasanaeth dyled fel % o'r allforion[2]	4.2	na	13.9	12.8
Buddsoddiant uniongyrchol tramor net $ miliwn	205	1 200	83	-597

1. Nid yw ffigurau 1970 yn cynnwys dyled tymor byr
2. 1980 a 2003.

na = ddim ar gael

Ffynhonnell: addaswyd o *World Development Report*, Banc y Byd.

Economeg gymhwysol

Patrymau masnach y byd

Mae masnach y byd wedi'i dosbarthu mor anghyfartal ag incwm y byd. Nid yw'n syndod bod y rhan fwyaf o fasnach y byd yn digwydd rhwng gwledydd datblygedig cyfoethog y byd. Aeth tua thri chwarter o allforion y Byd Cyntaf i wledydd Byd Cyntaf eraill yn 2005. Yn hytrach na masnachu gyda gwledydd sy'n datblygu eraill, mae rhan fwyaf o'r gwledydd sy'n datblygu yn masnachu gyda'r byd datblygedig. Mae'r cenhedloedd diwydiannol cyfoethog yn darparu'r marchnadoedd allforio mwyaf i wledydd sy'n datblygu o ystyried bod gwledydd y Byd Cyntaf, yn 2005, wedi cynhyrchu 80% o CGC cyfan y byd.

Fel mae Ffigur 103.1 yn ei ddangos, roedd gwledydd incwm uchel y Byd Cyntaf yn 2005 yn cyfrif am 73% o allforion y byd. Mewn cyferbyniad, dim ond 2% o allforion y byd oedd gan y gwledydd incwm isel.

Cyfansoddiad masnach y byd

Mae'r rhan fwyaf o fasnach y byd yn fasnach mewn cynwyddau yn hytrach na gwasanaethau. Yn draddodiadol, bu gwledydd sy'n datblygu yn dibynnu ar allforio cynwyddau sylfaenol i dalu am fewnforio nwyddau wedi'u gweithgynhyrchu a gwasanaethau. Fodd bynnag, ers 40 mlynedd bellach, bu'r gwledydd sy'n datblygu yn dibynnu llai a llai ar gynwyddau wrth iddynt symud i mewn i feysydd gweithgynhyrchu ac allforio gwasanaethau sydd ag ychwanegiad at werth uwch. Dim ond rhyw 20% o allforion gweithgynhyrchu'r byd y mae allforion gwasanaethau yn cyfrif amdanynt. Felly diwydiant gweithgynhyrchu'r byd sydd wedi ennill lle

cynyddol flaenllaw ym masnach y byd. Mae Ffigur 103.2 yn dangos sut mae meintiau masnachu mewn gweithgynhyrchion wedi tyfu'n llawer cyflymach na meintiau masnachu mewn tanwydd a cynwyddau mwyngloddio a cynwyddau amaethyddol.

Yn y blynyddoedd diwethaf, yn Ewrop ac UDA, roedd pryder ynglŷn ag allanoli swyddi i wledydd incwm canolig

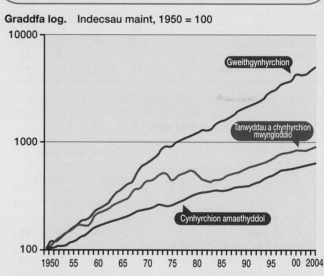

Ffigur 103.2 Maint masnach nwyddau'r byd yn ôl prif grŵp cynnyrch

Graddfa log. Indecsau maint, 1950 = 100

Gweithgynhyrchion

Tanwyddau a chynhyrchion mwyngloddio

Cynhyrchion amaethyddol

Ffynhonnell: addaswyd o *International Trade Statistics*, Cyfundrefn Masnach y Byd.

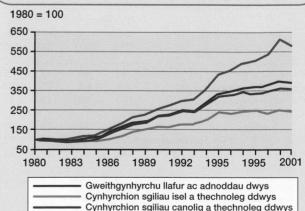

Ffigur 103.3 Twf allforion y byd o wahanol gategorïau o weithgynhyrchion, yn ôl dwysedd ffactor

1980 = 100

— Gweithgynhyrchu llafur ac adnoddau dwys
— Cynhyrchion sgiliau isel a thechnoleg ddwys
— Cynhyrchion sgiliau canolig a thechnoleg ddwys
— Cynhyrchion sgiliau uchel a thechnoleg ddwys

Ffynhonnell: addaswyd o *Development and Globalisation: Facts and Figures*, Unctad.

Ffigur 103.1 Cyfran o allforion y byd, 2005

Gwledydd incwm isel $216 biliwn

Gwledydd incwm canolig uwch $1,022 biliwn

Gwledydd incwm uchel $6,662 biliwn

Gwledydd incwm canolig is $1,223 biliwn

Y Byd – $9,123 biliwn

Ffynhonnell: addaswyd o *World Development Indicators*, Banc y Byd.

ac incwm isel a'r fantais gystadleuol y mae gwledydd fel China wedi'i hennill mewn nwyddau wedi'u gweithgynhyrchu. Mae Ffigur 103.3 yn dangos bod twf sylweddol mewn masnachu cynhyrchion sgiliau isel a chanolig ers yr 1980au. Fodd bynnag, mae'n dangos hefyd bod y twf mwyaf mewn allforion yn ôl gwerth mewn cynhyrchion sgiliau uchel a thechnoleg ddwys. Dyma'r cynhyrchion y mae gwledydd y Byd Cyntaf yn eu hallforio i'w gilydd ac wedi'u hallforio i wledydd incwm isel ac incwm canolig i dalu am y nifer cynyddol o gynhyrchion tecstilau ac electronig y maen nhw'n eu mewnforio. Mae cynhyrchion sgiliau uchel a thechnoleg ddwys yn llawer llai sensitif i brisiau na chynhyrchion sgiliau canolig ac isel. Felly mae cynhyrchwyr mewn gwledydd incwm uchel yn gallu talu cyflogau uwch byth i'w gweithwyr a gwerthu eu cynhyrchion o hyd.

Prisiau cynwyddau

Gan fod llawer o wledydd y Trydydd Byd yn dibynnu'n allweddol ar eu henillion allforio ar gynwyddau, mae'r pris y maen nhw'n ei gael amdanynt yn effeithio'n sylweddol ar CMC a safonau byw yn y wlad. Gellir gweld tueddiadau prisiau cynwyddau eang yn Ffigur 103.5. Syrthiodd prisiau cynwyddau yn ystod yr 1960au ond codi'n sydyn yn hanner cyntaf yr 1970au. Erbyn 2004, roedd prisiau cynwyddau real cyfartalog wedi gostwng un rhan o dair o'u gwerth yn 1960. Mae gwahanol gynwyddau wedi perfformio mewn gwahanol ffyrdd. Mae pris olew, er enghraifft, wedi cynyddu mewn termau real ers 1960. I'r un graddau, byddai'r gostyngiad mewn prisiau cyfartalog yn llawer mwy pe byddai'r cyfnod sail yn 1973-1974 pan oedd prisiau pob math o gynwyddau'n tueddu i gyrraedd eu hanterth.

Mae prisiau cynwyddau unigol yn gallu codi a gostwng yn sydyn. Gall prisiau ddyblu neu haneru yn ystod 12 mis. Mae hyn gan fod cynwyddau'n gymharol anelastig yn y tymor byr. Os oes diffyg o 25% yng nghnwd coffi eleni, mae gweithgynhyrchwyr coffi'r Byd Cyntaf yn barod i dalu prisiau llawer uwch i sicrhau cyflenwadau coffi i'w cwsmeriaid. Mae prisiau sy'n codi a gostwng yn sydyn yn ychwanegu mwy o broblemau at wledydd Trydydd Byd

Ffigur 103.5 Prisiau cynwyddau real mewn $UDA cyson, 1985=100

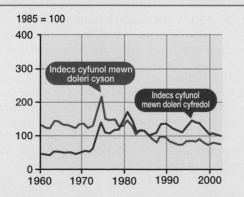

1985 = 100

Indecs cyfunol mewn doleri cyson

Indecs cyfunol mewn doleri cyfredol

Ffynhonnell: addaswyd o *Development and Globalisation: Facts and Figures*, Unctad.

Cwestiwn 1

Ffigur 103.4 Cyfran Asia yn allforion y byd

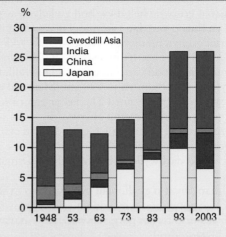

Gweddill Asia
India
China
Japan

Ffynhonnell: addaswyd o Fanc y Byd.

China fu llwyddiant mawr yr 20 mlynedd diwethaf o ran datblygu. Ond efallai mai India fydd llwyddiant mawr yr 20 mlynedd nesaf. Yn 1980, roedd gan y ddwy wlad CMC y pen eithaf tebyg ar gyfraddau paredd gallu prynu. Heddiw, mae CMC y pen China ddwywaith cymaint â CMC y pen India ar gyfraddau paredd gallu prynu. Rhwng 1980 a 2004, tyfodd economi China 9.5% y flwyddyn ar gyfartaledd, o'i gymharu â 5.7% ar gyfer India. Bu twf China yn seiliedig ar gynilion uchel, buddsoddiant aruthrol mewn isadeiledd, addysg sylfaenol gyffredinol, diwydiannu cyflym a marchnad lafur a ddadreolydd fwyfwy ac economi sy'n agored a chystadleuol yn rhyngwladol. Erbyn 2002, roedd masnach China mewn nwyddau 49% o CMC, o'i gymharu â 21% yn unig yn India. Yn 2003, cynhyrchodd China 5.8% o allforion nwyddau'r byd, gan ei gwneud yn bedwerydd allforiwr mwyaf y byd. Dim ond 0.7% o allforion nwyddau a ddaeth o India. Roedd allforion gwasanaethau masnachol China yn 2.6% o gyfanswm y byd o'u cymharu ag 1.4% yn India. Mae twf China yn y dyfodol yn dibynnu ar ei integreiddio cynyddol drwy lifoedd masnach a chyfalaf i mewn i economi'r byd. Mae gan China ffordd hir i fynd i ddal i fyny â lefelau CMC y pen gwledydd diwydiannol presennol. Fodd bynnag, erbyn hyn mae India yn gweld y potensial am dwf sy'n cael ei arwain gan allforio. Mae ei heconomi'n cael ei agor ac, mewn rhai ffyrdd, mae ei sefydliadau'n fwy cadarn na rhai China. Mae India'n buddsoddi llawer llai na China ond yn China mae'r rhan fwyaf o'r benthyciadau'n mynd o hyd i fentrau sy'n eiddo i'r wladwriaeth sy'n aneffeithlon ac yn aml yn fethdalwyr i bob pwrpas. Ystyrir bod 40% o fenthyciadau banc cyfredol yn 'ddrwg', h.y. nid yw'n debygol y byddant yn cael eu had-dalu. Pe byddai'n defnyddio llai o adnoddau'n fwy effeithlon, gallai India ymuno â llwybr twf China. Bydd nwyddau a gwasanaethau India wedyn yn gorlifo marchnadoedd y byd wrth i India ddefnyddio masnach dramor i ehangu ei heconomi mewnol.

Ffynhonnell: addaswyd o'r *Financial Times*, 23.2.2005.

(a) Amlinellwch y tueddiadau a ddangosir yn Ffigur 103.4
(b) Beth sy'n rhoi mantais gystadleuol i China ac India ym marchnadoedd y byd?
(c) Pam mae allforion cynyddol yn ehangu maint economi mewnol?

tlawd sy'n dibynnu ar un neu ddau nwydd am fwyafrif eu henillion allforio. Yr unig ffordd allan yn y tymor hir yw bod y wlad yn datblygu ac yn dibynnu llai ar un diwydiant.

Un ateb i'r broblem fod prisiau'n codi a gostwng ond eto'r prisiau'n gostwng hefyd yw bod gwledydd sy'n datblygu yn ffurfio **cartelau** i sefydlogi neu godi prisiau. Mae'r cartel cynhyrchu olew, *OPEC*, wedi llwyddo hyd yma i godi pris real olew o'i bris yn yr 1970au cynnar. Fodd bynnag, methodd cartelau cynwyddau eraill, fel y rhai ar gyfer coffi a thun, yn yr 1980au. Methodd cartel rwber y byd yn 1999 (☞ uned 21). Fel yr eglurwyd yn uned 21, mae cartelau'n methu oherwydd:

- bod prisiau uchel yn annog y gwledydd sy'n cyfranogi i gynhyrchu gormod a thwyllo;
- mae'n anodd darbwyllo pob cynhyrchydd i ymuno yn y cartel;
- mae'r rhan fwyaf o gynlluniau cynwyddau (yn wahanol i *OPEC*) yn gofyn bod y nwydd yn cael ei gynhyrchu ac wedyn ei storio os oes gorgyflenwad, ar yr isafswm pris – sy'n broses ddrud;

Cwestiwn 2

Mae astudiaeth a gyhoeddwyd heddiw gan *Oxfam*, yr elusen ymgyrchu dros ddatblygiad rhyngwladol, yn dadlau y dylid caniatáu i genhedloedd tlawd amddiffyn eu ffermwyr reis rhag cystadleuaeth cost isel, sy'n aml yn gymorthdaledig, o wledydd tramor. O dan gynigion sy'n cael eu trafod yng Nghyfundrefn Masnach y Byd *(WTO)*, mae *Oxfam* yn cyfrifo y byddai 13 o wledydd tlawd gyda thua hanner cynhyrchiad reis y byd, gan gynnwys yr Aifft, India a China, yn cael eu gorfodi i dorri tollau sy'n amddiffyn eu cynhyrchwyr reis. 'Mae allforion cost isel yn bygwth dinistrio bywoliaeth miliynau o deuluoedd ffermio a'r rhagolygon ar gyfer datblygiad gwledig', meddai Kate Raworth, un o awduron yr adroddiad.

UDA yw prif gynhaliwr y byd ar gyfer reis wedi'i allforio. Mae cymorthdaliadau llywodraeth UDA i ffermwyr UDA yn 20-30% o'r gost ar gyfartaledd ac maent yn gallu codi i 50% pan fydd amodau'r farchnad yn wael. Yn nhrafodaethau'r *WTO*, bydd gwledydd tlawd yn cael cadw amddiffyniad os yw 'sicrwydd bwyd' mewn perygl. Dywedodd un swyddog yn UDA fod 'Bwyd yn aml yn cael ei sicrhau'n well drwy agor marchnadoedd i gynnyrch cost isel, ansawdd uchel na ffafrio cynhyrchwyr mewnol.'

Yn Accra, prifddinas Ghana, gwlad lle cafodd tollau eu dileu ar reis wedi'i fewnforio, mae'r marchnadoedd bwyd yn cynnwys pentyrrau o sachau reis o UDA, a gefnogwyd gan ymgyrch farchnata ffyrnig sy'n ei bortreadu fel cynnyrch uwchraddol.

Ffynhonnell: addaswyd o'r *Financial Times*, 11.4.2005.

(a) Yn y tymor byr, pwy allai elwa a phwy allai golli pe bai gwledydd tlawd yn cael eu gorfodi i ddileu cyfyngiadau masnach ar reis sy'n cael ei fewnforio?

(b) Yn y tymor hir, trafodwch ai system o dollau a chymorthdaliadau ar fasnach y byd mewn reis yw'r peth gorau ar gyfer datblygiad economaidd.

- anogir cynhyrchwyr i osod isafswm pris rhy uchel, sy'n arwain at gynhyrchu gormod, ac yn y pen draw mae'r arian i brynu cynnyrch gwarged yn dod i ben.

Masnach a datblygiad

Mae dibynnu ar gynwyddau sylfaenol ar gyfer prif ffynhonnell allforion wedi bod yn drychinebus i lawer o wledydd sy'n datblygu. Nid yn unig y mae prisiau real wedi syrthio yn ystod y 30 mlynedd diwethaf, ond bu anrywiadau sydyn iawn ym mhris cynwyddau. Felly mae angen i wledydd y Trydydd Byd amrywiaethu.

Yn ystod yr 1930au, pan gafodd economi'r byd ei siglo gan y Dirwasgiad Mawr yn UDA ac Ewrop, dewisodd llawer o wledydd y Trydydd Byd, fel y rhan fwyaf o wledydd y Byd Cyntaf, bolisi **diffynnaeth** (☞ uned 40). Dadleuwyd mai'r ffordd orau i amddiffyn swyddi a hyrwyddo twf diwydiant mewnol oedd cadw nwyddau tramor allan. O ganlyniad, roedd llawer o wledydd y Trydydd Byd yn credu mai'r ffordd orau i hyrwyddo eu datblygiad eu hunain oedd drwy bolisi **amnewid mewnforion**, sef yr ymdrech bwrpasol i ddisodli nwyddau sy'n cael eu mewnforio â nwyddau a gynhyrchir yn fewnol trwy fabwysiadu mesurau diffynnaeth.

Er y gallai polisïau amnewid mewnforion greu swyddi yn y tymor byr, wrth i gynhyrchwyr mewnol ddisodli cynhyrchwyr tramor, byddai damcaniaeth economaidd yn awgrymu y bydd cynnyrch a thwf cynnyrch yn is yn y tymor hir nag y byddai fel arall. Y rheswm dros hyn yw bod amnewid mewnforion yn rhwystro'r wlad rhag cael y buddion sy'n deillio o **arbenigo**. Mae damcaniaeth mantais gymharol (☞ uned 14) yn dangos sut y bydd gwledydd yn elwa o fasnach. Hefyd, mae diffynnaeth yn arwain at aneffeithlonrwydd dynamig. Nid yw cynhyrchwyr mewnol yn cael unrhyw gymhelliad gan gystadleuwyr tramor i leihau costau na gwella cynnyrch. Mae gwledydd sydd wedi mabwysiadu strategaethau amnewid mewnforion wedi tueddu i gael cyfraddau twf is na gwledydd eraill, yn enwedig os ydynt yn wledydd bach (po fwyaf yw'r wlad, mwyaf i gyd yw'r cyfleoedd sydd ar gael i arbenigo yn y wlad).

Y strategaeth groes i amnewid mewnforion yw strategaeth **twf sy'n cael ei arwain gan allforio**. Yn hytrach na dibynnu'n llai ar fasnach byd, dadleuir y gellir cynyddu twf drwy fod yn fwy dibynnol. Bydd chwalu rhwystrau masnach naill ai'n gorfodi diwydiant mewnol i gau neu fod mor effeithlon ag unrhyw gynhyrchydd yn y byd. Bydd adnoddau'n cael eu hailddyrannu i'r diwydiannau hynny sy'n cynhyrchu nwyddau y mae'r wlad yn eu cynhyrchu o dan fantais gymharol. Mewn gwlad sy'n datblygu, mae'r rhain yn debygol o fod yn ddiwydiannau llafurddwys, technoleg is. Gall gwledydd sy'n dymuno amrywiaethu o allforio nwyddau roi cymorth dewisol tymor byr i'w diwydiannau gweithgynhyrchu. Mae gwledydd newydd eu diwydiannu fel Brasil a México, ac yn benodol Hong Kong, De Korea a Singapore, wedi mwynhau twf uwchlaw'r cyfartaledd drwy fabwysiadu strategaeth o'r fath.

Diffynnaeth y Byd Cyntaf

Ni fu'n hawdd i wledydd y Trydydd Byd lwyddo mewn allforio. Yn gyffredinol mae gan wledydd y Trydydd Byd fantais gymharol mewn amaethyddiaeth a gweithgynhyrchion llafurddwys a thechnoleg is. Nid oes unrhyw broblem gwneud cydrannau cyfrifiadur yn China gan fod y diwydiant cyfrifiaduron yn ifanc iawn. Fodd bynnag, mae llawer o nwyddau sy'n cael eu hallforio o'r Trydydd Byd yn canfod eu hunain mewn cystadleuaeth uniongyrchol â nwyddau a wnaethpwyd mewn diwydiannau sefydledig yn y Byd Cyntaf. Nid yw'n syndod fod y diwydiannau hyn yn ymateb drwy wasgu ar eu llywodraethau i'w hamddiffyn yn erbyn y mewnforion rhatach hyn. Er enghraifft, mae amaethyddiaeth yn cael ei hamddiffyn yn fawr yn y Byd Cyntaf. Mae'r UE hyd yn oed yn allforio cynhyrchion amaethyddol i'r Trydydd Byd, am brisiau cymhorthdaledig helaeth, gan fynd yn hollol groes i egwyddor mantais gymharol.

Mae tecstilau'n ddiwydiant arall a amddiffynnwyd yn ffyrnig gan wledydd y Byd Cyntaf tan 2004. Fodd bynnag, fel rhan o drafodaethau masnach Cyfres Uruguay (☞ uned 40), cafodd tollau a chwotâu eu dileu yn 2004. Y canlyniad oedd naid sydyn yn allforion tecstilau'r byd, yn benodol o China, i wledydd y Byd Cyntaf. Roedd dileu rhwystrau masnachu ar decstilau, yn dangos yr enillion a ddaw gyda masnach rydd. Enillodd cynhyrchwyr tecstilau mewn gwledydd y Trydydd Byd gyfran yn y farchnad tra bo treulwyr mewn gwledydd Byd Cyntaf wedi ennill cynhyrchion rhatach. Mae Cyfres Doha o drafodaethau masnach yn debygol o arwain at ddileu rhwystrau masnach pellach a fydd yn cynyddu masnach y byd ymhellach.

Problemau'r fantol daliadau

Mae gwledydd y Trydydd Byd fel gwledydd y Byd Cyntaf yn cael problemau â'r fantol daliadau. Fodd bynnag, mae gwledydd llai y Trydydd Byd sy'n dibynnu ar allforio cynwyddau sylfaenol yn agored dros ben i newidiadau sydyn yn sefyllfa eu **cyfrif cyfredol** (☞ uned 30).

Tybiwch bod gostyngiad sydyn ym mhris prif allforyn cynwyddau'r wlad. Mae'r wlad wedyn mewn cyfyng-gyngor.
- Efallai bydd yn rhagfynegi na fydd y newid pris yn para'n hir ac y bydd y pris yn dychwelyd i bris tuedd tymor hir. Mae'n penderfynu peidio â newid ei safle polisi. Fodd bynnag, os nad yw'r pris yn codi eto, bydd y wlad mewn anawsterau difrifol wedyn. Bydd derbyniadau mewnforio'n fwy na derbyniadau allforio. Bydd hyn yn cael ei gyllido naill ai drwy fenthyg o wledydd tramor, sy'n cynyddu dyled y wlad, neu drwy ddefnyddio cronfeydd wrth gefn ariannau tramor y wlad. Yn y tymor hir, bydd angen iddi ailgyflenwi'r rhain. Y naill ffordd neu'r llall, bydd y wlad wedi bod yn byw y tu hwnt i'w modd. Wedyn, bydd angen polisïau

datchwyddol llym ynghyd efallai â datbrisio'r arian cyfred i ddod â'r cyfrif cyfredol yn ôl i gydbwysedd (☞ uned 96). Bydd twf economaidd a datblygiad yn arafu.
- Gall benderfynu mai'r pris hwn yw'r pris tymor hir newydd. Yna, bydd rhaid iddi ymateb drwy gwtogi ar allforion, drwy bolisïau datchwyddol a/neu ddatbrisio arian cyfred. Ond os bydd prisiau'n cynyddu'n ôl, ni fydd y wlad wedi cyflawni twf economaidd a bydd wedi gwneud i'r dinasyddion ddioddef heb fod angen.

Mae llwyddiant gwledydd y Trydydd Byd o ran allforio gweithgynhyrchion, gyda'r rhan fwyaf ohonynt yn mynd i'r Byd Cyntaf, wedi gosod ei anawsterau ei hun ar fantol daliadau gwledydd y Byd Cyntaf. Mewn rhai achosion, mae cystadleuaeth 'annheg' o wledydd y Trydydd Byd â llafur rhad wedi cael y bai am fewnforion cynyddol a diffygion cyfrif cyfredol. Mae hyn wedi arwain at alwadau am ddiffynnaeth oddi wrth weithwyr a chwmnïau sydd wedi teimlo ergyd yr allforion Trydydd Byd hyn. Fodd bynnag, mae Cyfres Uruguay (☞ uned 40) wedi arwain at lai o ddiffynnaeth yn hytrach na mwy, yn benodol mewn tecstilau a dillad. Yn y dyfodol, bydd gwledydd y Trydydd Byd yn ei chael hi'n haws yn hytrach nag yn galetach allforio gweithgynhyrchion i'r Byd Cyntaf.

Twristiaeth

Mae gwledydd y Trydydd Byd yn cynyddu eu hallforion o wasanaethau dros amser. Un enghraifft o ddiwydiant gwasanaeth Trydydd Byd sy'n dibynnu ar y Byd Cyntaf yw twristiaeth.
- Bu twf mewn twristiaeth yn uchel iawn ers 1970. Nid yw hyn yn syndod gan fod twristiaeth ag **elastigedd incwm galw uchel** cymharol (uned 9).
- Mae derbyniadau twristiaeth yn cyfrif am fwy nag un rhan o dair o'r holl allforion anweladwy ar gyfer gwledydd y Trydydd Byd, cyfran uwch nag yn y Byd Cyntaf. Felly, mae gwledydd sy'n datblygu yn dibynnu'n fwy ar y diwydiant twristiaeth na gwledydd Byd Cyntaf.
- Ar gyfer yr 20 gwlad uchaf sy'n arbenigo mewn twristiaeth, mae'r diwydiant yn cyfrif am rhwng 60% a 90% o gyfanswm allforion gwasanaethau.

Gall twristiaeth fod yn enillydd arian cyfred tramor gwerthfawr. Mae'n llafurddwys ac yn dechnoleg is ac felly'n addas i economïau'r Trydydd Byd yn benodol. Mae'r effaith a gaiff twristiaeth ar ddatblygiad economaidd yn cael ei beirniadu. Gall wneud i breswylwyr lleol deimlo'n israddol gan nad ydynt yn gallu fforddio'r ffordd o fyw sydd ar gael yn y gwestai i dwristiaid y Byd Cyntaf. Gall ddiraddio pobl leol drwy eu troi'n gymeriadau o barc hamdden. Gall effeithio'n negyddol hefyd ar yr amgylchedd wrth i'r draethlin leol gael ei niweidio drwy adeiladu gwestai, er enghraifft. Fodd bynnag, rhwng popeth, mae gwledydd a ddaeth yn gyrchfannau twristiaid wedi croesawu'n gryf y cyfle i gael enillion allforio ac amrywiaethu eu heconomïau.

Cwestiwn Data

Twristiaeth

Nid yw Ghana ar y prif lwybr teithio i'r rhan fwyaf o bobl. Ond mae'n anelu at ddenu 1 miliwn o dwristiaid y flwyddyn erbyn 2007. Mae twristiaeth yn tyfu 15% y flwyddyn a'r diwydiant hwnnw eisoes yw'r trydydd enillydd allforio mwyaf ar ôl aur a choco.

Mae llawer o'r 650 000 o dwristiaid presennol yn bobl fusnes mewn gwirionedd o'r gwledydd o amgylch ac yn dod i mewn ar deitheb dwrist wedi'u denu gan y cyfleoedd busnes y mae Ghana'n eu cynnig. Fodd bynnag, mae Ghana yn denu twristiaid o'r gorllewin i safleoedd diwylliannol a hanesyddol pwysig. Ar yr arfordir, mae rhyw 30 000 y flwyddyn o Americaniaid duon yn ymweld â'r caerau yn Elmina a Cape Coast a oedd yn ganolfannau pwysig i'r fasnach gaethion. Yn y mewndir, mae twristiaid yn ymweld â chanolfan ranbarthol Kumasi, sy'n ganolfan ar gyfer crefftau traddodiadol gan gynnwys gwehyddion y brethyn Kente enwog. Yn Kumasi, mae palas Manhiya a adeiladwyd gan y Prydeinwyr yn lle'r palas a ddinistriwyd ganddynt wrth ymladd gwrthryfel Ashanti yn yr 19eg ganrif. Mae gan Ghana arfordir heb ei ddifetha a thraethau prydferth hefyd.

Meddai Jake Obewtseby-Lamptey, gweinidog dros dwristiaeth: 'Nid oes gennyf ddiddordeb mewn cyflwyno gwyliau pecyn i'r traethau. Rydw i eisiau datblygu rhai cyrchfannau ac rwyf eisiau i'r bobl sy'n dod i'r cyrchfannau dreulio tri diwrnod ar y traeth. Am weddill yr amser, dwi eisiau eu gweld allan yn y wlad. Mae'n well gennym gael niferoedd llai, a phobl sy'n mwynhau'r wlad yn wirioneddol ac yn lledaenu'r gwerth.'

Ffynhonnell: addaswyd o'r *Financial Times*, 1.11.2005.

Dros y 30 mlynedd diwethaf, mae Senegal wedi sefydlu ei hun yn arweinydd ym maes twristiaeth Gorllewin Affrica. Twristiaeth yw'r enillydd ariannau tramor mwyaf yn Senegal, ac mae dwywaith mor bwysig â physgota, yr ail fwyaf. Daeth tua 700 000 o ymwelwyr y flwyddyn i'r wlad yn 2003, ac mae'r llywodraeth eisiau codi hyn i 1.5 miliwn erbyn 2010.

Fodd bynnag, mae gan y diwydiant ei broblemau. Daw hanner ei ymwelwyr o Ffrainc, a hynny oherwydd ei gorffennol trefedigaethol. Mae twristiaid o Brydain, yr Almaen a Sgandinafia yn tueddu i fynd i wlad gyfagos Gambia, gan amddifadu Senegal o dderbyniadau y mae mawr eu hangen. Mae'r isadeiledd gwestai yn Senegal yn foddhaol ond mae cyfraddau cyfartalog ymwelwyr yn aros yn y gwestai yn 37% neu lai'n golygu bod adenillion yn brin i gyfiawnhau buddsoddiant pellach. Mae un o'r ddau brif gyrchfan glan-môr, Cap Skirring yn rhanbarth Casamance, wedi dioddef o ganlyniad i wrthdaro a fu yn yr ardal ers tro. Mae'r llall, Saly-Portudal, wedi cael delwedd negyddol yn Ffrainc. Mae Dakar ei hun yn boblogaidd ymhlith twristiaid busnes ac yn hoff leoliad i gynnal cynadleddau a chyngresau.

Mae astudiaethau o'r diwydiant twristiaeth a gynhaliwyd i'r llywodraeth yn nodi gwendidau fel diraddiad amgylcheddol a lefelau isel o gefnogaeth leol. Mae angen i'r farchnad fod yn fwy amrywiol, gan ddenu twristiaid o fwy o wledydd a chynnig nifer mwy o atyniadau twristaidd. Mae angen uwchraddio cyfleusterau fel maes awyr Dakar, y man y daw'r rhan fwyaf o dwristiaid i mewn i'r wlad. Mae angen hefyd i'r diwydiant fod yn llai tymhorol i gynyddu cyfraddau ymwelwyr yn aros mewn gwestai ac elw.

Ffynhonnell: addaswyd o'r *Financial Times*, 2.2.2005.

Yn ystod yr 20 mlynedd diwethaf, mae'r Aifft wedi dioddef cyfres o ymosodiadau terfysgol sydd wedi targedu'r diwydiant twristiaeth. Mae pob un wedi arwain ar unwaith at ostyngiad sydyn yn nifer y twristiaid sy'n ymweld â'r wlad. Fodd bynnag, ymhen cyfnod byrrach a byrrach, mae'r twristiaid yn dychwelyd wrth sylweddoli y gallent fod yn dioddef yn unrhyw le yn y byd. Yn 2004, cafwyd tri bom a dargedodd twristiaid a gweithwyr o'r Aifft yn y diwydiant twristiaeth yn Sharm el-Sheikh a laddodd 88 o bobl ac a anafodd 150 arall. Er hyn, daeth 8 miliwn o dwristiaid i'r Aifft yn 2004 ac mae'r niferoedd ar gynnydd o hyd.

Mae potensial twristiaeth yn enfawr. Mae gan yr Aifft dreftadaeth ddiwylliannol sy'n denu un math o ymwelydd. Mae ganddi hefyd hinsawdd ddeniadol drwy gydol y flwyddyn ar y Môr Coch sy'n denu'r rheini sy'n mwynhau'r traeth. Fodd bynnag, mae isadeiledd yr Aifft yn ei rhwystro rhag ehangu. Mae rhai ardaloedd â safleoedd hanesyddol fel Luxor ac Aswan wedi cael gormod o ymwelwyr. Ond eto mae llawer mwy o safleoedd â photensial nad yw niferoedd mawr o dwristiaid yn gallu eu cyrraedd oherwydd diffyg ffyrdd a hediadau awyr mewnol. Yn y cyrchfannau arfordirol, mae angen cyfalaf buddsoddi er mwyn ehangu. Un ffynhonnell newydd o dderbyniadau yw buddsoddiant cynyddol Prydeinwyr mewn tai gwyliau. Yn hytrach na phrynu ail gartref yn Sbaen, mae rhai Prydeinwyr yn prynu yn yr Aifft. Mae hyn yn creu swyddi mewn adeiladu a hefyd amrywiaeth o swyddi mewn diwydiannau gwasanaeth wedyn.

Fodd bynnag, mae bygythiad terfysgaeth yn parhau'n sylweddol i'r Aifft. Yn ogystal ag wynebu ymosodiadau, mae Eifftiaid yn y fasnach dwristiaeth hefyd yn gallu gweld eu hincwm am y flwyddyn ganlynol yn diflannu mewn hanner eiliad.

Ffynhonnell: addaswyd o'r *Financial Times*, 7.12.2005.

1. Eglurwch y cyfraniad y gall twristiaeth ei wneud i godi incwm gwladol gwlad. Defnyddiwch enghreifftiau o'r data i egluro eich ateb.
2. I ba raddau y gall ehangu'r diwydiant twristiaeth gynyddu lefel datblygiad economaidd yn Affrica?
3. Trafodwch y problemau posibl i wlad sy'n dechrau dibynnu'n drwm ar dwristiaeth am ei henillion ariannau tramor.

Economeg gymhwysol

Y profiad trefedigaethol

O'r 16eg ganrif ymlaen, fe wnaeth pwerau Ewropeaidd gaffael ymerodraethau trefedigaethol ledled y rhan fwyaf o'r hyn rydym yn ei alw'r Trydydd Byd heddiw, yn ogystal ag yng Ngogledd America ac Awstralasia. Cafwyd trefedigaethau am amrywiaeth o resymau, ond un ffactor pwysig oedd elw economaidd. Yn y model trefedigaethol o'r 19eg ganrif, roedd gwledydd Ewropeaidd yn cyflenwi cyfalaf i'w trefedigaethau. Roeddent yn adeiladu ffyrdd, rheilffyrdd a ffatrïoedd, ac yn buddsoddi mewn amaethyddiaeth. Felly roedd **llifoedd cyfalaf** net i'r Trydydd Byd. Fodd bynnag, roedd y llifoedd cyfalaf hyn yn cael eu gorbwyso'n hawdd gan ddychwelyd **llog, elw a buddrannau** o drefedigaethau'r Trydydd Byd yn ôl i Ewrop. Wedi'r cyfan, nid oedd llawer o ddiben bod yn berchen ar drefedigaeth os oedd rhaid i'r pŵer trefedigaethol dalu am fraint perchenogaeth. Felly gellid dweud bod pwerau trefedigaethol wedi **ymelwa** ar neu ecsbloetio eu trefedigaethau.

Yn yr uned hon, byddwn yn ystyried a yw llifoedd cyfalaf y byd yn parhau i lifo o wledydd y Trydydd Byd i wledydd y Byd Cyntaf ai peidio, ac effaith gwahanol lifoedd cyfalaf ar wledydd sy'n datblygu.

Mathau o lif cyfalaf

Mae pedwar prif fath o lif cyfalaf rhwng gwledydd.

- Mae **benthyciadau banc tymor byr**. Gallai'r rhain, er enghraifft, gynnwys mewnforion ac allforion nwyddau a gwasanaethau. Efallai bod cwmni yn y DU yn prynu te o gwmni yn Kenya. Byddai'r cwmnïau Prydeinig yn disgwyl cael credyd gan y cwmni yn Kenya (h.y. benthyg arian oddi wrtho) yn y tymor byr ar ôl i'r te gael ei ddosbarthu. Efallai mai'r telerau talu, er enghraifft, fyddai un mis ers dosbarthu'r te. Fel arall, efallai bydd cwmni yn Kenya eisiau mewnforio nwyddau o'r DU ond bydd y cyflenwyr yn y DU eisiau cael eu talu cyn dosbarthu'r nwyddau. Gallai'r cwmni yn Kenya drefnu benthyciad tymor byr gyda banc yn y DU i dalu am hyn.
- Mae **benthyciadau tymor hir** yn bennaf yn fenthyciadau banc tymor hir. Fodd bynnag, mae gwledydd Trydydd Byd a'u mentrau hefyd yn cyhoeddi bondiau, sef math arall o fenthyciad tymor hir. Defnyddir y benthyciadau hyn at amrywiaeth o ddibenion. Efallai bydd llywodraeth Trydydd Byd yn benthyg arian dros ddeng mlynedd i gyllido gwaith adeiladu gorsaf bŵer er enghraifft.
- Gall **Cymorth**, neu **Gymorth Datblygu Swyddogol** gael ei rannu'n ddau fath. Y math cyntaf yw grantiau arian nad oes angen eu had-dalu. Yr ail fath yw benthyciadau arian ar delerau rhatach, h.y. ar gyfraddau llog rhatach nag sydd ar gael yn fasnachol.
- Arian yw llifoedd **buddsoddiant uniongyrchol o wledydd tramor (FDI)** ac **ecwiti portffolio** sy'n llifo o'r naill wlad i'r llall ac sy'n cael eu defnyddio i brynu asedau yn y wlad sy'n derbyn yr arian. Er enghraifft, gallai Coca Cola sefydlu ffatri yn Nigeria i weithgynhyrchu diodydd ysgafn. Byddai arian sy'n cael ei anfon o'r Unol Daleithiau i Nigeria i gyllido hyn yn enghraifft o fuddsoddiant uniongyrchol o wledydd tramor. Pe byddai cronfa bensiwn yn yr UDA yn prynu cyfranddaliadau mewn cwmnïau yn China, byddai'n enghraifft o lifoedd portffolio neu gyfalaf neu fuddsoddiant neu ecwiti (enw arall ar gyfranddaliadau yw ecwitïau).

Mae Tabl 104.1 yn dangos trosglwyddiad net adnoddau ariannol i wledydd sy'n datblygu ac economïau sy'n trawsnewid (gwledydd yr hen Undeb Sofietaidd yn bennaf). Yr hyn sy'n syndod efallai yw bod y llif yn negyddol ers 1997. Bu gwledydd sy'n datblygu tlotach yn

Tabl 104.1 Trosglwyddiad net adnoddau ariannol i wledydd sy'n datblygu ac economïau sy'n trawsnewid

$UDA biliynau

	1993	1994	1995	1996	1997	1998	1999	2000	2001	2002	2003	2004
Gwledydd sy'n datblygu	69.3	35.8	42.9	19.9	-5.2	-37.9	-127.4	-186.5	-153.7	-205.5	-274.8	-353.8
Affrica	1.1	4.0	6.4	-5.8	-4.7	15.6	4.3	-26.2	-14.7	-5.6	-20.2	-32.8
Islaw'r Sahara (ac eithrio Nigeria a De Affrica)	8.6	6.7	7.4	5.3	7.5	12.1	9.1	3.0	7.9	6.4	6.5	3.9
Dwyrain a De Asia	18.7	1.0	22.1	18.5	-31.1	-128.2	-142.7	-121.3	-113.1	-142.1	-147.5	-167.8
Gorllewin Asia	33.1	13.2	15.6	5.3	6.2	28.5	-0.9	-39.1	-32.0	-26.7	-47.6	-79.9
De America	16.4	17.7	-1.2	1.8	24.5	46.2	11.8	0.1	6.1	-31.1	-59.5	-73.4
Economïau sy'n trawsnewid	1.8	-3.9	-2.3	-6.2	2.7	3.0	-24.0	-48.8	-30.5	-27.0	-34.4	-57.6
Nodyn:												
Gwledydd tlawd mawr eu dyled (GTMD)	8.5	7.1	6.3	6.8	7.1	8.6	10.1	8.8	8.8	9.9	10.6	11.3

Ffynhonnell: addaswyd o *World Economic and Social Survey,* Cenhedloedd Unedig.

Tabl 104.2 Cyfansoddiad llifoedd ariannol net i wledydd sy'n datblygu ac economïau sy'n trawsnewid, 2004

	Pob gwlad sy'n datblygu	Affrica	Dwyrain a De Asia	Gorllewin Asia	De America a'r Caribî	Economïau sy'n trawsnewid
						$ biliynau
Benthyca tymor byr a thymor hir	-19.1	-9.4	18.5	-9.7	-18.5	1.5
Cymorth Datblygu Swyddogol	-55.9	-1.2	7.0	-54.5	-7.3	0.0
Buddsoddiant uniongyrchol o wledydd tramor	158.3	15.5	88.6	8.8	45.4	13.5
Buddsoddiant portffolio	13.1	2.9	25.8	-1.4	-14.2	-1.4
Newid mewn cronfeydd wrth gefn	-79.3	-38.7	-356	-38.2	-21.9	-57.1
Cyfanswm trosglwyddiadau net	-358.5	-30.9	-216	95	-16.5	-43.6

Ffynhonnell: addaswyd o *World Economic and Social Survey*, Cenhedloedd Unedig.

mawr gyda banc canolog China, gan brynu symiau mawr o ddoleri UDA ar y marchnadoedd ariannau tramor. I bob pwrpas, mae China yn benthyg arian i UDA er mwyn i ddefnyddwyr yr UDA brynu ei gynnyrch. Serch hynny, mae Tabl 104.1 yn dangos hefyd fod gan wledydd tlawd, gan gynnwys y rheini yn Affrica Islaw'r Sahara a gwledydd mawr eu dyled, fewnlifoedd net positif o gyfalaf ariannol.

Benthyciadau

Mae angen i bob gwlad yn y byd sy'n masnachu gael cyfleusterau benthyg. Mae busnes bob dydd allforio a mewnforio yn dibynnu ar fenthyciadau tymor byr o fathau amrywiol. Fodd bynnag, mae benthyciadau tymor hir yn wahanol. Yn yr un modd â chartrefi neu gwmnïau, fe'u tynnir allan fel rheol i gyllido gwariant ar brojectau cyfalaf tymor hir. Mewn gwlad sy'n datblygu, gallai ffordd newydd, ffatri newydd neu sefydlu cwmni newydd gael eu cyllido drwy fenthyciadau tymor hir. Gallai'r benthyciadau tymor hir hyn gael eu tynnu allan gan lywodraeth ganolog, llywodraethau lleol, busnesau sy'n eiddo i'r llywodraeth neu fusnesau preifat. Gallai'r benthyciadau ddod o fanciau Byd Cyntaf, marchnadoedd cyfalaf (yn aml ar ffurf bondiau) ac o lywodraethau Byd Cyntaf ac asiantaethau amlochrog fel y Gronfa Ariannol Ryngwladol *(IMF)* neu Fanc y Byd. Dangosir twf y benthyciadau hyn yn Ffigur 104.2. Mae 'swyddogol' yn

anfon mwy o adnoddau ariannol yn ôl i wledydd datblygedig cyfoethog nag y buont yn eu cael. Y prif reswm y mae hyn wedi bod yn digwydd, fel y mae Tabl 104.2 yn dangos, yw am fod banciau canolog mewn rhai gwledydd sy'n datblygu wedi bod yn cronni cronfeydd wrth gefn. Er enghraifft, mae China wedi gweld cynnydd mawr yn ei gronfeydd wrth gefn yn y blynyddoedd diwethaf. Bu ganddo bolisi o bennu ei arian cyfred, y Renminbi, yn erbyn doler UDA. Gan fod allforion China wedi tyfu mor gryf, bu ei gyfrif cyfredol mewn gwarged mawr. I gadw galw a chyflenwad y Renminbi yn gyfartal, bu'n rhaid iddo fantoli hyn drwy redeg diffyg cyfrif cyfalaf

gwmnïau, fe'u tynnir allan fel rheol i gyllido gwariant ar brojectau cyfalaf tymor hir. Mewn gwlad sy'n datblygu, gallai ffordd newydd, ffatri newydd neu sefydlu cwmni newydd gael eu cyllido drwy fenthyciadau tymor hir. Gallai'r benthyciadau tymor hir hyn gael eu tynnu allan gan lywodraeth ganolog, llywodraethau lleol, busnesau sy'n eiddo i'r llywodraeth neu fusnesau preifat. Gallai'r benthyciadau ddod o fanciau Byd Cyntaf, marchnadoedd cyfalaf (yn aml ar ffurf bondiau) ac o lywodraethau Byd Cyntaf ac asiantaethau amlochrog fel y Gronfa Ariannol Ryngwladol *(IMF)* neu Fanc y Byd. Dangosir twf y benthyciadau hyn yn Ffigur 104.2. Mae 'swyddogol' yn

Cwestiwn 1

Mae pwysigrwydd cynyddol llifoedd cyfalaf preifat rhyngwladol yn dangos bod marchnadoedd ariannol wedi integreiddio'n fwy. Mae cymhareb llifoedd cyfalaf crynswth (i mewn **ac** allan) i CMC wedi cynyddu dros amser, ond mae'r cyfartaledd i wledydd sy'n datblygu yn dal i fod hanner cyfartaledd gwledydd incwm uchel.

Wrth i natur agored arian ledaenu ledled y byd, mae llifoedd byd-eang o fuddsoddiant uniongyrchol o wledydd tramor wedi mwy na dyblu mewn perthynas â CMC. I wledydd sy'n datblygu, buddsoddiant uniongyrchol o wledydd tramor fu'r ffynhonnell fwyaf o gyllid allanol. Yn 2003 cafodd China 9% o gyfanswm llifoedd buddsoddiant uniongyrchol o wledydd tramor net (buddsoddiant o'r tu allan) a 35% o lifoedd gwledydd sy'n datblygu. Ond mae llifoedd byd-eang yn dal ymhell islaw eu brig yn 2000.

Mae'n rhaid i wledydd sy'n cael anhawster wrth gysylltu â marchnadoedd ariannol ddibynnu'n helaeth ar lifoedd cymorth i ariannu rhaglenni datblygu. Darparodd aelodau Pwyllgor Cymorth Datblygu *OECD*, y grŵp mwyaf o roddwyr swyddogol, gyfanswm o $69 biliwn o gymorth datblygu swyddogol yn 2003, a oedd yn fwy nag erioed o'r blaen, ac a oedd wedi cynyddu o $58 biliwn yn 2002. Roedd chwyddiant a symudiadau cyfraddau cyfnewid, yn enwedig gwanhau'r ddoler, yn cyfrif am rywfaint o'r cynnydd. Ond roedd llifoedd cymorth yn 2003 yn uwch nag erioed o'r blaen, mewn termau enwol a real. Y rhyfel ar derfysgaeth yw un rheswm. Rhwng 2001 a 2003 cynyddodd cyfanswm cymorth net i Afghanistan o $408 miliwn i $1.5 biliwn. Cynyddodd cymorth i Iraq o $116 miliwn yn 2002 i $2.3 biliwn yn 2003.

Ffynhonnell: addaswyd o *World Development Indicators*, Banc y Byd.

(a) Eglurwch beth yw ystyr 'llifoedd cyfalaf preifat crynswth'.
(b) Disgrifiwch y tueddiadau mewn llifoedd cyfalaf preifat crynswth a ddangosir yn Ffigur 104.1
(c) Sut y gallai'r nwyddau a'r gwasanaethau a brynwyd â buddsoddiant uniongyrchol o wledydd tramor fod yn wahanol i'r rheini a brynwyd â chymorth tramor?

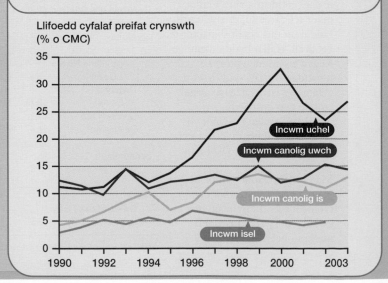

Ffigur 104.1 Llifoedd cyfalaf preifat crynswth y byd fel canran o CMC

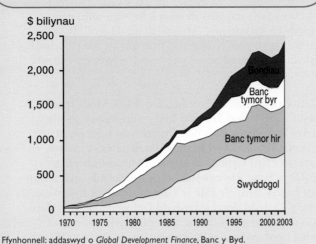

Ffigur 104.2 Cyfansoddiad dyled allanol heb ei thalu gwledydd sy'n datblygu

Ffynhonnell: addaswyd o *Global Development Finance*, Banc y Byd.

cyfeirio at fenthyciadau gan lywodraethau ac asiantaethau amlochrog.

Mae costau llog gyda benthyciadau ac mae angen eu had-dalu dros amser. Os defnyddir yr asedau a brynwyd â'r benthyciad yn gynhyrchiol, mae cyfle da y bydd elw, boed yn gymdeithasol neu'n breifat, wedi'i ennill ar y benthyciad. Er enghraifft, gallai llywodraeth fenthyca £100 miliwn o wledydd tramor i ariannu gwaith adeiladu maes awyr rhyngwladol newydd. Bydd y maes awyr yn gallu codi ffioedd am ei ddefnyddio a gallai wneud elw preifat, gan ddefnyddio rhan o'r ffioedd hyn i ad-dalu'r benthyciad gyda llog. Ond gallai hefyd greu allanolderau cadarnhaol. Gallai busnesau lleol dyfu gan fod maes awyr ar gael iddynt. Bydd hyn yn creu swyddi a fydd yn arwain wedyn at greu mwy o swyddi drwy'r effaith lluosydd. Dylai derbyniadau treth llywodraeth godi, a allai helpu i gymorthdalu'r maes awyr os nad yw'n gwneud elw'n llawn.

Fodd bynnag, beth petai'r benthyciad yn cael ei ddefnyddio i brynu asedau sy'n cynhyrchu ychydig o adenillion neu ddim adenillion o gwbl? Os bydd busnes yn Kenya'n benthyg £1 miliwn o wlad dramor ac nid yw'n gallu ei ad-dalu, wedyn mae'r benthyciwr yn colli'r £1 miliwn. Ond mae'r sefyllfa'n wahanol os benthycodd llywodraeth Kenya y £1 miliwn. Mae'n dod yn **ddyled sofran**, sef dyled y mae'n rhaid i'r llywodraeth ei thalu. Daw'r ddyled yn ddyled sy'n eiddo i drethdalwyr Kenya a hefyd i bobl Kenya.

Argyfwng dyled y Trydydd Byd yn yr 1980au a'r 1990au

Tua diwedd yr 1970au a dechrau'r 1980au, benthycwyd llawer iawn o ddoleri UDA gan nifer o wledydd y Trydydd Byd, gan gynnwys y rheini yn Affrica Islaw'r Sahara. Yn 1982, ysgogodd llywodraeth México yr hyn a elwir bellach yn **argyfwng Dyled y Trydydd Byd** drwy **ddiffygdalu** (h.y. peidio â thalu) ei dyled. Nid oedd ganddi'r doleri UDA yr oedd eu hangen i dalu rhandaliad nesaf ei had-daliadau dyled. Achosodd pedwar peth argyfwng Dyled y Trydydd Byd.

- Benthycodd nifer o wledydd y Trydydd Byd ormod tua diwedd yr 1970au a dechrau'r 1980au a byddent wedi cael trafferth i ad-dalu'r benthyciadau beth bynnag a ddigwyddai.
- Tua dechrau'r 1980au cynyddodd gwerth y ddoler. Gan fod y rhan fwyaf o fenthyciadau wedi'u gwneud mewn doleri UDA, roedd rhaid i wledydd y Trydydd Byd dalu mwy o'u harian cyfred lleol i brynu'r doleri yr oedd eu hangen i ad-dalu'r benthyciadau.
- Tua dechrau'r 1980au cynyddodd cyfraddau llog hefyd. Roedd cael benthyciadau newydd i ad-dalu benthyciadau presennol, sef arfer cyffredin gyda dyledion cenedlaethol, yn golygu bod costau llog yn codi. Roedd rhai benthyciadau presennol hefyd ar gyfraddau newidiol, h.y. pan aeth cyfraddau llog UDA i fyny, aeth y gyfradd llog ar y benthyciad i fyny hefyd.
- Ar ôl i México ddiffygdalu, roedd banciau a benthycwyr eraill yn y Byd Cyntaf yn amharod benthyg unrhyw beth mwy i lywodraethau Trydydd Byd dyledus. Nid oedd rhai llywodraethau'n gallu benthyg eu ffordd allan o'r argyfwng.

Roedd y gwledydd yr effeithiwyd arnynt waethaf yn Ne America ac Affrica. Gorfodwyd i lawer ohonynt ddilyn esiampl México ac fe wnaethant ddiffygdalu rhai o'u benthyciadau. Fodd bynnag, roeddent yn parhau i wneud taliadau ar fenthyciadau eraill a chododd eu taliadau llog ar ddyled – a fesurwyd fel cyfran o CMC neu fel cyfran o allforion. Ar gyfer llawer o'r 1980au a'r 1990au, gwelodd llawer o wledydd y Trydydd Byd all-lif net o gyllid cyfalaf, h.y. roeddent yn talu mwy allan mewn ad-daliadau dyled nag yr oeddent yn derbyn ar bob math arall o lif cyfalaf i mewn. Roedd hyn yn rhwystro eu hymdrechion datblygu

Tabl 104.3 Dyled allanol gwledydd sy'n datblygu

	$ biliynau
1973	97
1982	662
1986	1 032
1990	1 289
1995	1 826
1998	2 465
2003	2 554

Ffynhonnell: addaswyd o *World Economic Outlook, World Economic and Social Survey*, Cenhedloedd Unedig.

Tabl 104.4 Gwledydd sy'n datblygu: cymhareb dyled allanol i CMC

	1973	1977	1980	1988	1993	1997	2004
							%
Gwledydd sy'n datblygu	13.7	24.9	25.7	45.5	41.1	36.9	35.7
ohonynt							
Affrica	-	31.4	26.9	73.5	72.8	63.2	42.8
Asia	-	17.2	16.7	31.4	35.0	34.2	23.3
De America a'r Caribî	-	29.0	32.2	55.6	40.5	34.0	41.4

Ffynhonnell: addaswyd o *World Economic Outlook, World Economic and Social Survey*, Cenhedloedd Unedig.

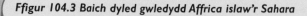

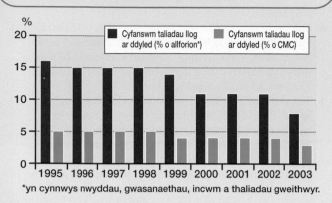

Ffigur 104.3 *Baich dyled gwledydd Affrica islaw'r Sahara*

%

■ Cyfanswm taliadau llog ar ddyled (% o allforion*)
■ Cyfanswm taliadau llog ar ddyled (% o CMC)

*yn cynnwys nwyddau, gwasanaethau, incwm a thaliadau gweithwyr.

Ffynhonnell: addaswyd o *World Economic Indicators*, Banc y Byd.

gan fod rhaid iddynt arallgyfeirio adnoddau o adeiladu eu hisadeiledd, buddsoddi mewn addysg a gofal iechyd a chreu busnesau newydd. Y gwledydd nad effeithiwyd llawer arnynt, fel China, oedd gwledydd a oedd wedi benthyg ychydig ond oedd â chyfraddau twf economaidd uchel.

Gellir darlunio baich dyled mewn nifer o wahanol ffyrdd.

- Mae Tabl 104.3 yn dangos sut mae dyled allanol gwledydd sy'n datblygu wedi tyfu ers 1973 mewn termau absoliwt. Nid yw twf mewn dyled yn beth gwael ynddo'i hun, fodd bynnag. Y gallu i ad-dalu'r ddyled sy'n arwyddocaol.
- Mae Tabl 104.4 yn dangos cymhareb dyled allanol i CMC. Po uchaf y gymhareb, mwyaf y mae baich ad-dalu dyled yn debygol o fod. Mae Tabl 104.4 yn dangos bod cymhareb dyled allanol i CMC wedi mwy na threblu rhwng 1973 a diwedd yr 1990au oherwydd benthyca cynyddol, methiant i ad-dalu dyled a thwf economaidd araf. Ers tua diwedd yr 1980au, mae'r gymhareb wedi syrthio. Mae rhywfaint o ddyled wedi cael ei dileu gan fenthycwyr Byd Cyntaf tra bo cyfraddau twf economaidd rhai gwledydd Trydydd Byd wedi cynyddu.
- Mae Ffigur 104.3 yn dangos cymhareb taliadau llog ar ddyled i CMC. Llog ar ddyled yw swm yr arian y mae'n rhaid i wlad ei ad-dalu ar ei benthyciadau mewn cyfnod penodol. Mae'n cynnwys taliadau llog yn ogystal ag ad-daliadau dyled. Effeithiodd yr argyfwng dyled yn wael ar Affrica islaw'r Sahara. Fodd bynnag, ers dechrau'r 1990au, bu baich dyled fel y'i mesurir gan y gymhareb cynnal dyled i allforion ac i CMC yn gostwng. Mae twf uwch allforion a CMC yn ogystal â dileu dyled wedi arwain at y gostyngiadau hyn.

Datrys yr argyfwng dyled

Mae argyfwng dyled yr 1980au a'r 1990au wedi'i ddatrys i lawer o wledydd mewn nifer o ffyrdd.

Tyfu allan o'r broblem Mae llawer o wledydd wedi tyfu allan o'r broblem. Mae hyn fel y perchennog tŷ sy'n mynd i anawsterau gyda'i forgais. Os yw'r ad-daliadau morgais yn £500 y mis ac incwm y cartref yn £600, mae'r ddyled

yn rhy fawr. Fodd bynnag, os yw un o'r enillwyr cyflog yn cael dyrchafiad ac yn gwthio incwm y cartref i fyny i £1 000, mae'r morgais yn bosibl. Er enghraifft, mae gwledydd Asiaidd ar y cyfan wedi gweld eu CMC a'u hallforion yn codi'n ddigon cyflym iddynt fod yn cynnal dyledion presennol ac, yn wir, mynd i rywfaint o ddyled newydd.

Dileu dyled Yr ail ateb oedd dileu dyled. Mae'r rhan fwyaf o ddyledion Trydydd Byd yn ddyledus i dri phrif grŵp: llywodraethau'r Byd Cyntaf sydd wedi benthyg arian i'r Trydydd Byd fel rhan o'u rhaglenni cymorth; banciau'r Byd Cyntaf; ac asiantaethau amlochrog, fel yr *IBRD* (y Banc Rhyngwladol dros Ailadeiladu a Datblygu neu Fanc y Byd) a'r *IMF* (y Gronfa Ariannol Ryngwladol). Mae gwledydd tlotaf y Trydydd Byd wedi dadlau y dylai pob un o'r tri grŵp ddileu llawer o'u dyled os nad eu dyled i gyd. Maent yn dadlau, yn gywir, y gallent fforddio prynu mwy o fewnforion pe byddai eu dyledion yn cael eu dileu (cofiwch, oni fyddant yn sicrhau cyfalaf newydd o wledydd tramor, mae'n rhaid i ad-daliadau dyled a llog ddod o'r arian sy'n cael ei ennill o allforion). Pe byddent yn prynu mwy o fewnforion, fe allent godi eu safon byw nawr drwy brynu mwy o nwyddau traul o wledydd tramor; neu fe allent gyflymu eu twf drwy fewnforio mwy o nwyddau buddsoddiant fel peiriannau.

Ar y cyfan, bu llywodraethau'r Byd Cyntaf yn amharod iawn i ddileu dyledion. Mae'r Unol Daleithiau'n benodol wedi dadlau y byddai dileu dyledion nawr yn annog gwledydd y Trydydd Byd i fenthyg mwy o arian ac wedyn pledio i'r benthycwyr ddileu'r dyledion eto. Mae gwledydd y Trydydd Byd yn tueddu i fod mewn dyled i amrywiaeth o lywodraethau. Os bydd UDA yn gwrthod dileu dyled i wlad yn y Trydydd Byd, yna efallai bydd llywodraethau eraill y mae ar y wlad honno ddyled iddynt hefyd yn amharod iawn i ddileu eu cyfran nhw o'r ddyled. Fodd bynnag, mae gwledydd Ewropeaidd yn benodol wedi dileu rhywfaint o ddyled i Wledydd Tlawd Mawr eu Dyled, y mae'r rhan fwyaf ohonynt yn Affrica.

Fodd bynnag, dim ond rhywbeth diweddar iawn yw dileu dyled. Gan amlaf, pan fu gwledydd yn cael anawsterau'n ad-dalu dyled, maent wedi tueddu i **ad-drefnu** eu dyledion. Mae hyn yn golygu cymryd benthyciadau pellach i ad-dalu benthyciadau sydd ganddynt eisoes. Mewn trafodaethau am ad-drefnu, mae benthycwyr yn ceisio cynyddu'r swm y mae gwlad yn ei ad-dalu ar hyn o bryd, hyd yn oed os nad yw'r ad-daliadau'n agos o gwbl at dalu'r swm llawn sydd ei angen. Wedi'r cyfan, mae ychydig o arian yn well na dim. Mae benthycwyr yn ceisio cyd-drafod benthyciadau, dibrisiant neu daliadau llog is.

Addasiad strwythurol Mae asiantaethau rhyngwladol, fel y Gronfa Ariannol Ryngwladol (*IMF*) a Banc y Byd, hefyd wedi dileu dyledion, ond wedi gosod amodau llym ar hyn. Mae gan yr *IMF* a Banc y Byd swyddogaethau gwahanol. Sefydlwyd Banc y Byd ar ôl yr Ail Ryfel Byd i roi cymorth i Ewrop a rwygwyd gan y rhyfel (sy'n egluro'r rhan 'ailadeiladu' yn nheitl *IBRD* llawn y Banc). Ei brif waith ers hynny fu darparu benthyciadau i wledydd y Trydydd

Byd ar gyfer datblygiad, ac yn ddiweddarach i wledydd Dwyrain Ewrop i gynorthwyo ailadeiladu. Mae Banc y Byd yn gallu gwneud benthyciadau gan fod gwledydd y Byd Cyntaf wedi cytuno i adneuo arian gyda'r Banc. Gall hefyd wneud benthyciadau newydd gydag arian sy'n dod i mewn o ad-daliadau benthyciadau presennol.

Nid datblygiad yw prif ddiddoedeb yr *IMF*. Prif ddiben yr *IMF* yw helpu i gynnal amgylchedd masnachu rhyngwladol economaidd sefydlog, yn benodol drwy gynnal system sefydlog o gyfraddau cyfnewid. Daw cyfraddau cyfnewid o dan bwysau pan fydd mantol daliadau gwlad yn y coch. Felly mae ganddo arian i'w fenthyg i wledydd sy'n mynd i anawsterau mantol daliadau i'w helpu yn y tymor byr tra bo'r wlad yn datrys ei hanawsterau. Bygythiodd yr argyfwng dyled ansefydlogi system fasnachu'r byd ac roedd yn ymwneud â'r fantol daliadau. Felly, bu'r *IMF* yn gweithio'n galed i geisio datrys y broblem.

Pan fydd gwledydd wedi ceisio dileu dyled gan wledydd Byd Cyntaf unigol neu asiantaethau cymorth amlochrog fel Banc y Byd, un o amodau dileu dyled fel arfer yw bod rhaid i'r wlad gydymffurfio â Strategaeth Lleihau Tlodi yr *IMF* (a elwir yn ffurfiol yn 'rhaglen addasu strwythurol'). Mae'r *IMF*, mewn partneriaeth â llywodraeth y wlad, yn llunio cynllun i ddatrys problemau'r wlad. Mae prif elfennau'r cynllun yn tueddu i fod fel a ganlyn.

- Mae'r *IMF* yn cytuno i fenthyg arian i fanc canolog y wlad i ailgyflenwi ei chronfeydd ariannau cyfred tramor. Mae hyn yn galluogi'r wlad i barhau i allforio a mewnforio wedyn.
- Mae'n rhaid i'r wlad gynyddu ei hallforion neu leihau ei mewnforion i gael yr ariannau cyfred tramor i ad-dalu dyleion. Yn nodweddiadol, mae allforion yn cael eu cynyddu drwy ddatbrisio'r arian cyfred yn sydyn. Mae hyn hefyd yn gwneud mewnforion yn ddrutach, gan gwtogi arnynt felly. Hefyd rhaid annog buddsoddiant tramor o'r tu allan, er enghraifft drwy ddatgymalu rhwystrau ar berchenogaeth dramor ar gwmnïau yn yr economi.
- Mae'n rhaid i'r llywodraeth gynyddu trethi a chwtogi ar ei gwariant, gan fod y ddyled fel arfer yn ddyledus gan y llywodraeth yn hytrach nag unigolion neu gwmnïau. Yn nodweddiadol, mae'r llywodraeth yn cyllido ei dyled drwy argraffu arian, creu chwyddiant a hefyd, yn y broses, gwneud ei hallforion yn llai cystadleuol yn absenoldeb gostyngiad cyfatebol yn y gyfradd cyfnewid. Drwy gynyddu trethi a chwtogi ar wariant, bydd y llywodraeth yn creu'r adnoddau sydd eu hangen i ariannu'r ddyled. Wrth reswm, effaith hyn yw gorfodi ei dinasyddion i gyfrannu at dalu'r ddyled.
- Caiff pecyn o fesurau ochr-gyflenwad ei drafod i hyrwyddo effeithlonrwydd yn yr economi. Er enghraifft, dileu rheolaethau mewnforio, gwneud y gyfradd cyfnewid yn gwbl drosiadwy, preifateiddio, dadreoli a thorri cymorthdaliadau fel cymorthdaliadau bwyd.
- Cytunir ar gamau i sicrhau bod tlodi'n lleihau a sicrhau datblygiad economaidd eang. Gallai hyn gynnwys targedau i wario mwy ar addysg a gofal iechyd, neu fesurau i helpu preswylwyr gwledig tlawd.

Yn yr 1980au a'r 1990au, roedd y Rhaglenni Addasu Strwythurol ar y pryd yn amhoblogaidd iawn mewn gwledydd Trydydd Byd. Fe'u hystyriwyd yn aml yn fwy o ffyrdd y gallai asiantaethau a llywodraethau'r Byd Cyntaf gasglu eu dyledion na rhaglenni a fyddai'n rhoi budd i holl ddinasyddion gwlad yn y Trydydd Byd. Rhoddwyd y gorau i lawer o'r Rhaglenni Addasu Strwythurol gan y llywodraethau hynny a'u derbyniodd flwyddyn neu ddwy flynedd i mewn i'r rhaglen oherwydd y boen economaidd a chymdeithasol a achoswyd ganddynt. Am y rheswm hwn y newidiodd yr *IMF* natur y rhaglenni hyn tua diwedd yr 1990au. Roedd newid yr enw i Strategaeth Lleihau Tlodi yn dangos cydnabyddiaeth yr *IMF* na ellid cyflawni sefydlogrwydd economaidd oni bai fod pob dinesydd yn gweld budd o'r rhaglen. I'r un graddau, mae'r *IMF* yn argyhoeddedig o hyd fod angen polisïau macro-economaidd cadarn a chyllid cyhoeddus ar unrhyw ateb tymor hir i broblem gwlad.

Cymorth o wledydd tramor

Benthyciadau masnachol yw un ffordd o gyllido datblygiad. Cymorth o wledydd tramor yw un arall. Yn dilyn difrod yr Ail Ryfel Byd, rhoddodd yr Americanwyr Gymorth i Ewrop i helpu gyda'r gwaith ailadeiladu. Daeth hyn yn fodel ar gyfer datblygiad economaidd diweddarach i'r Trydydd Byd. Roedd y ddadl yn ddarbwyllol.

- Gan eu bod mor dlawd, byddai dinasyddion gwledydd y Trydydd Byd yn fwy tebygol o dreulio yn hytrach na chynhilo. Felly, byddai cynilion yn debygol o fod islaw lefel y buddsoddiant sydd ei angen i gynhyrchu twf economaidd uchel yn yr economi. Byddai mewnlifoedd cyfalaf o wledydd tramor, er enghraifft wedi'u cyflenwi drwy raglenni cymorth tramor, yn helpu i lenwi'r **bwlch cynilion** hwn.
- Byddai cyfnewid ariannau tramor yn brin iawn. Byddai derbyniadau allforio yn gyfyngedig a byddai'n debygol o fod yn annigonol i dalu am fewnforio peiriannau ac offer cyfalaf arall yn ogystal â mewnforio deunyddiau crai hanfodol. Byddai cymorth o wledydd tramor yn helpu i lenwi'r **bwlch masnach** hwn.
- Dim ond rhan o lifoedd cyfalaf o'r Byd Cyntaf i'r Trydydd Byd y mae cymorth o wledydd tramor yn ei hadlewyrchu. Fodd bynnag, gellir ei gyfeirio at y gwledydd hynny sydd angen cymorth datblygu fwyaf. Gall y gwledydd hyn fod yn dlawd iawn neu efallai ei bod yn anodd iddynt ddenu cyllid cyfalaf preifat. Ar y llaw arall efallai eu bod yn cael anawsterau dros dro a bod angen cymorth arnynt felly ar adeg benodol.

Mathau o gymorth tramor

Gall cymorth tramor fod ar amrywiaeth o ffurfiau.

Grantiau Y math haelaf o gymorth yw grant. Gallai gwlad, er enghraifft, roi swm o arian i wlad yn y Trydydd Byd am broject datblygu, gallai gynnig arbenigedd technegol am ddim, neu gallai gynnig addysg brifysgol am ddim i fyfyrwyr o'r wlad sy'n benthyg yn y wlad sy'n rhoi.

Benthyciadau Gallai cymorth fod ar ffurf benthyciad. Gallai'r benthyciad fod ar gyfraddau llog masnachol, ac os felly nid yw'r wlad sy'n rhoi yn rhoi llawer i'r benthyciwr Trydydd Byd, os yw'n rhoi o gwbl. Fel arall, gallai'r benthyciad fod yn **fenthyciad meddal**, benthyciad â chyfradd llog is na'r gyfradd llog fasnachol.

Cymorth clwm Efallai na fydd grantiau na benthyciad ar gael oni fydd y wlad sy'n eu derbyn yn fodlon prynu nwyddau a gwasanaethau â'r arian o'r wlad sy'n rhoi. Er enghraifft, yn ystod yr 1980au ymroddodd llywodraeth y DU rywfaint o'i chyllideb cymorth i gefnogi allforion Prydeinig. Roedd cymorth benthyciad gan y DU ar gael pe byddai gwlad Trydydd Byd yn dyfarnu contract i gwmni Prydeinig.

Cymorth dwyochrog ac amlochrog Mae cymorth dwyochrog yn cael ei roi'n uniongyrchol o un wlad i'r llall, er enghraifft benthyciad gan y DU i Kenya. Mae cymorth amlochrog yn disgrifio'r sefyllfa lle bydd gwledydd yn rhoi arian i asiantaeth ryngwladol, fel UNICEF (Cronfa Plant y Cenhedloedd Unedig), ac yna mae'r asiantaeth yn lledaenu'r cymorth. Yr asiantaeth cymorth amlochrog bwysicaf yw'r Banc Rhyngwladol dros Ailadeiladu a Datblygu (*IBRD*), a elwir yn fwy cyffredin yn Fanc y Byd. Mae'r rhan fwyaf o gymorth dwyochrog yn glwm rywfodd neu'i gilydd ond ar y cyfan nid yw cymorth amlochrog yn glwm o gwbl.

Gwerthusiad cymorth o wledydd tramor

Heb amheuaeth, mae cymorth o wledydd tramor wedi helpu miliynau yn y Trydydd Byd i gyflawni gwell safon byw. Fodd bynnag, mae cymorth tramor wedi cael ei feirniadu fwyfwy gan rai yn y Byd Cyntaf a'r Trydydd Byd.

- Tybir yn llwyr yn y ddadl economaidd a gyflwynir uchod fod llywodraethau'r Trydydd Byd yn dymuno sicrhau'r lles economaidd mwyaf posibl i'w dinasyddion. Fodd bynnag, nid yw hyn yn wir yn y rhan fwyaf o wledydd y Trydydd Byd. Mae llywodraethau'n gwasanaethu buddiannau ystod gul o grwpiau mewn cymdeithas, yn aml preswylwyr trefol cyfoethocach. Gellir ailgyfeirio arian cymorth tramor i wasanaethu anghenion y grwpiau hyn yn hytrach na chyflawni datblygiad economaidd go iawn, yn benodol i'r tlawd yn y Trydydd Byd.
- Mae 'ffasiynau' mewn projectau cymorth o wledydd tramor yn newid dros amser. Yn yr 1950au, ystyriwyd bod projectau mawr, fel argaeau a melinau dur, yn bwysig mewn datblygiad economaidd. Ni wnaeth llawer o'r projectau hyn gynhyrchu cyfradd adennill ddigon uchel. Methodd llawer o brojectau gweithgynhyrchu graddfa fawr oherwydd diffyg isadeiledd a diffyg gweithwyr medrus a rheolwyr. Yn yr 1990au, roedd cymorth i helpu niferoedd mawr o fentrau bach, yn benodol mewn ardaloedd gwledig, yn ffasiynol. I'r un graddau, roedd yn rhaid fwyfwy i brojectau cymorth lwyddo mewn archwiliad amgylcheddol i atal trychinebau ecolegol mawr a ddigwyddodd ar rai projectau cymorth blaenorol. Y cwestiwn sy'n codi yw ydy asiantaethau cymorth y Gorllewin, hyd yn oed nawr, yn gwybod pa

---

Cwestiwn 2

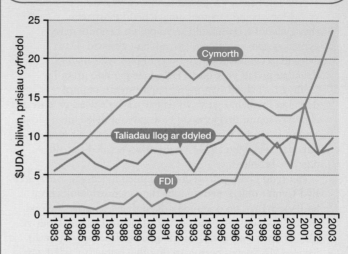

Ffigur 104.4 Taliadau llog ar ddyled, cymorth a buddsoddiant uniongyrchol o wledydd tramor (FDI)

Ffynhonnell: addaswyd o *Our Common Interest*, Comisiwn dros Affrica.

Yn 2005, cyhoeddodd y Comisiwn dros Affrica, a noddwyd gan lywodraeth y DU, adroddiad o'r enw *Our Common Interest*. Roedd yr adroddiad yn amlinellu'r problemau sy'n wynebu Affrica yn y mileniwm newydd ar ôl dau ddegawd o dwf gwan neu dwf negyddol hyd yn oed. Roedd yn dadlau mai llywodraeth wael oedd y prif ffactor a rwystrodd ddatblygiad economaidd Affrica. Fodd bynnag, roedd yn cydnabod hefyd y byddai Affrica'n ei chael hi'n anodd codi ei hun allan o dlodi, hyd yn oed pe byddai llywodraeth dda ganddi.

Ymhlith ei argymhellion oedd dyblu cymorth i Affrica i $50 biliwn y flwyddyn erbyn 2010, gan godi i $75 biliwn y flwyddyn yn y 5 mlynedd ganlynol. Gan gydnabod bod isadeiledd yn rhwystro twf economaidd, argymhellodd y dylai gwledydd Affrica wario $20 biliwn y flwyddyn ar isadeiledd, ac y byddai hanner ohono'n cael ei ariannu gan roddwyr cymorth. Roedd buddsoddiant sector cyhoeddus ychwanegol mewn iechyd ac addysg hefyd yn hanfodol. 'Mae'r symiau sydd eu hangen i gyflawni'r màs critigol sydd ei angen er mwyn newid mor fawr fel y bydd rhaid i'r mwyafrif ddod o'r byd cyfoethog', meddai, gan ddadlau mai dim ond 0.1% o incwm gwledydd cyfoethog fyddai cyfnod cyntaf y cynnydd.

Ffynhonnell: addaswyd o'r *Financial Times*, 11.3.2005

(a) Mae Ffigur 104.4 yn dangos swm y cymorth a'r buddsoddiant uniongyrchol o wledydd tramor a gafwyd gan wledydd islaw'r Sahara. Mae'n dangos taliadau llog ar ddyled hefyd: y symiau mae'r gwledydd hyn yn eu talu'n ôl i wledydd incwm uchel ar fenthyciadau'r gorffennol. Dadansoddwch bwysigrwydd cymharol y llifoedd hyn a sut maent wedi newid dros amser.

(b) Eglurwch pam efallai y bydd angen mwy o gymorth ar Affrica er mwyn iddi ddatblygu.

(c) Trafodwch a yw cynyddu cymorth yn ddigon i Affrica ddatblygu'n llwyddiannus.

strategaethau sydd orau ar gyfer datblygiad.

- Mae cymorth tramor ar ffurf bwyd wedi'i gymorthdalu neu nwyddau defnyddwyr wedi'u cymorthdalu yn debygol o fod yn gadarnhaol niweidiol i ddatblygiad Trydydd Byd tymor hir. Gall cymorth bwyd mewn sefyllfa newyn fod yn ddefnyddiol. Fodd bynnag, mae cymorth bwyd tymor hir, drwy gynyddu cyflenwad bwyd yn y farchnad leol, yn gostwng prisiau lleol ac felly'n annog pobl i beidio â chynhyrchu bwyd yn lleol. Mae hyn yn cynyddu dibyniaeth y wlad ar fwyd sy'n cael ei fewnforio, yn defnyddio arian tramor prin ac yn arwain at safonau byw is i ffermwyr.
- Gall cymorth tramor clwm, yn benodol ar ffurf benthyciadau, olygu bod gwledydd y Trydydd Byd yn cael 'pryniant' gwaeth na phe byddent yn siopa o amgylch yn rhyngwladol am y cynnyrch rhataf.
- Mae angen ad-dalu benthyciadau gyda llog. Mae ad-dalu benthyciadau wedi arwain at broblemau anferthol i wledydd y Trydydd Byd.

Buddsoddiant uniongyrchol o wledydd tramor a llifoedd cyfalaf portffolio

Achoswyd yr argyfwng dyled gan lifoedd mawr o arian a fenthycwyd yn yr 1970au a methiant i ad-dalu'r hyn a fenthycwyd yn yr 1980au. Fodd bynnag, ers yr 1970au mae math gwahanol iawn o lif cyfalaf wedi datblygu: cyfalaf buddsoddiant.

Buddsoddiant uniongyrchol o wledydd tramor (*FDI*) yw'r buddsoddiant gan wledydd y Byd Cyntaf yng ngwledydd y Trydydd Byd. Er enghraifft, *Ford* yn sefydlu ffatri gweithgynhyrchu ceir yn China. Mae'r rhan fwyaf o *FDI*, serch hynny, yn ymwneud â chwmni Byd Cyntaf yn prynu asedau yn y Trydydd Byd. Er enghraifft, pe bai *Ford* yn prynu cwmni gweithgynhyrchu ceir lleol yn China, byddai'n *FDI*. Byddai unrhyw achos o brynu mwy na 10% o gyfranddaliadau cwmni yn y Trydydd Byd yn cael ei ddosbarthu'n *FDI*. Mewn cyferbyniad, mae buddsoddiant portffolio'n golygu prynu llai na 10% o gyfanswm cyfranddaliadau mewn cwmnïau yn y Trydydd Byd. Er enghraifft, mae llawer o gynilwyr yn y Byd Cyntaf wedi prynu cyfranddaliadau mewn cwmnïau buddsoddi neu rywbeth cywerth sy'n arbenigo mewn buddsoddi mewn cyfranddaliadau yng ngwledydd y Trydydd Byd.

Mae cyfalaf buddsoddiant yn dra gwahanol i gyfalaf benthyg.

- Mae'n rhaid ad-dalu benthyciad hyd yn oed os yw'r buddsoddiant a wneir gyda'r benthyciad yn aflwyddiannus. Mae'n rhaid i lywodraeth yn y Trydydd Byd sy'n cael benthyg arian i adeiladu gorsaf bŵer ad-dalu'r benthyciad p'un ai y caiff yr orsaf bŵer ei hadeiladu ai peidio. Fodd bynnag, os caiff yr orsaf bŵer ei hadeiladu ac mae'n eiddo i gwmni Byd Cyntaf, y cwmni Byd Cyntaf sy'n derbyn risg methiant. Os bydd yn methu, nid oes dim arian yn ddyledus gan y wlad yn y Trydydd Byd i'r Byd Cyntaf.
- Mae cyfalaf buddsoddiant yn cynnwys trosglwyddo rhyw fath o wybodaeth o'r Byd Cyntaf i'r Trydydd Byd. Os yw'n fuddsoddiant uniongyrchol, bydd y cwmni Trydydd Byd bron bob amser yn mewnforio rhyw beiriannau ac offer o'r Byd Cyntaf. Fodd bynnag,

bydd hefyd yn cyfuno hynny â chyfalaf buddsoddiant a gynhyrchwyd yn lleol fel adeiladau. Bydd yn hyfforddi staff. Bydd yn creu hinsawdd sy'n sicrhau llwyddiant masnachol. Mae hyn yn cael sgil-effeithiau cadarnhaol mawr ar y wlad. Bydd nwyddau ychwanegol i'w defnyddio yn y wlad ac i'w hallforio yn cael eu cynhyrchu, gan gynyddu CMC. Bydd gweithwyr lleol yn gallu dysgu technegau cynhyrchu y Byd Cyntaf, gan arwain yn fwy na thebyg at sefydlu cwmnïau cystadleuol lleol. Bydd angen cyflenwyr yn yr economi lleol hefyd ar y cwmni Byd Cyntaf. Mae felly **effaith lluosydd** ar fuddsoddiant a chynnyrch.

- I wrthbwyso hyn, bydd y wlad yn colli rhywfaint o'i sofraniaeth. Daw'n ddibynnol i ryw raddau ar weithgareddau cwmnïau tramor. Fodd bynnag, nid yw hyn yn wahanol o gwbl i wledydd unigol yn y Byd Cyntaf. Bydd rhaid iddi hefyd ganiatáu dychwelyd elw – cywerth â llog dyled. Mae cyfraddau elw ar gyfalaf yn nodweddiadol is na chyfraddau llog ar gyllid a fenthycwyd ac felly mae buddsoddiadau uniongyrchol o wledydd tramor yn ffordd gymharol rad o gael cyfalaf buddsoddiant. Yn ogystal, os yw'r buddsoddiant yn gymharol aflwyddiannus, ni fydd unrhyw elw i'w ddychwelyd i'r Byd Cyntaf. Gall y cwmni Byd Cyntaf hefyd 'ymelwa' ar yr economi lleol drwy osod safonau diogelwch is neu orfodi ei weithlu i weithio oriau hirach am gyflog is na gweithrediadau tebyg mewn gwledydd yn y Byd Cyntaf. Fodd bynnag, dylid cofio mai un o'r prif bethau sy'n denu cwmnïau Byd Cyntaf i sefydlu mewn gwledydd yn y Trydydd Byd yw costau cynhyrchu is.

Mae llifoedd *FDI* wedi'u lledaenu'n anghyfartal yn ddaearyddol. Mae De America a Dwyrain Asia, gan gynnwys China, wedi cyfrif am fwy na thri chwarter o'r

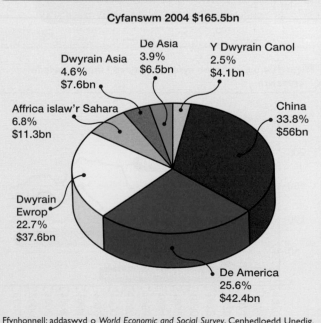

Ffigur 104.5 Cyfansoddiad rhanbarthol mewnlifoedd FDI net i wledydd sy'n datblygu, 2004

Cyfanswm 2004 $165.5bn

- De Asia 3.9% $6.5bn
- Y Dwyrain Canol 2.5% $4.1bn
- Dwyrain Asia 4.6% $7.6bn
- Affrica islaw'r Sahara 6.8% $11.3bn
- China 33.8% $56bn
- Dwyrain Ewrop 22.7% $37.6bn
- De America 25.6% $42.4bn

Ffynhonnell: addaswyd o *World Economic and Social Survey*, Cenhedloedd Unedig.

holl lifoedd *FDI* ers 1975. Mae Ffigur 104.5 yn dangos dosbarthiad mewnlifoedd *FDI* net i wledydd sy'n datblygu yn 2004.

Yn yr 1970au aeth mwyafrif y llifoedd i Dde America. Erbyn yr 1990au, roedd hyn wedi newid i Ddwyrain Asia. Mewn cyferbyniad, mae'r gyfran sy'n mynd i Affrica islaw'r Sahara wedi gostwng. Yn ymarferol, mae cyllid *FDI* yn cael ei ddenu i ranbarthau twf uchel y byd oherwydd yn y mannau hyn y mae'n fwyaf tebygol y bydd cyfalaf cyfranddaliadau'n ennill elw uchel. Mae llifoedd

FDI wedyn yn atgyfnerthu cyfraddau twf uchel presennol drwy ddarparu cyllid ychwanegol ar gyfer buddsoddiant.

Yn yr 1960au a'r 1970au, roedd gwledydd y Trydydd Byd yn aml yn drwgdybio *FDI* gan eu bod yn credu ei fod yn ffordd y gallai gwledydd y Byd Cyntaf barhau i ymelwa arnynt. Erbyn yr 1990au, roedd yn amlwg y gallai llifoedd *FDI* fod o fudd anferth i wledydd y Trydydd Byd. Yr her yn y dyfodol i lawer o wledydd tlotaf y byd yw sut i gysylltu â'r ffynhonnell hon o gyfalaf.

Cwestiwn 3

Mae Algeria yn mwynhau ffyniant oherwydd y cynnydd mawr ym mhrisiau olew. Yn sgil cynhyrchiad olew a nwy mwy nag erioed o'r blaen, mae'r economi wedi tyfu 5.5% y flwyddyn yn ystod y tair blynedd diwethaf ac mae banc canolog Algeria wedi cronni $50 biliwn o gronfeydd ariannau cyfred tramor, sy'n gywerth â dwy flynedd o fewnforion. Erbyn hyn, *Sonatrach,* y cwmni olew sy'n eiddo i'r wladwriaeth, yw menter fwyaf Affrica gyda 120 000 o weithwyr yn ennill $32.9 biliwn y flwyddyn o dderbyniadau allforio.

Fodd bynnag, y tu allan i'r sector olew, mae'r wlad yn gaeth o hyd i ddull gweithredu aneffeithlon a thwf isel. Mae'n gallu cymryd wythnosau i siec glirio drwy'r system fancio hynafol. Ni werthwyd i'r sector preifat braidd dim o'r 1 200 o fentrau a glustnodwyd i'w preifateiddio ddeng mlynedd yn ôl. Mae'n anodd sefydlu busnesau newydd. Mae llygru'n rhan o fywyd bob dydd.

Mae rhai arwyddion calonogol, serch hynny. Mae rhaglen gwariant llywodraeth sy'n werth $55 biliwn a lansiwyd yn

2004 yn helpu i foderneiddio'r isadeiledd a lleihau'r diweithdra o 24%. Mae rhai cwmnïau tramor yn buddsoddi yn Algeria. Mae cwmni Americanaidd yn sefydlu ffatri i wneud cynnyrch fferyllol. Mae cwmni yn Ne Affrica yn agor gwaith dihalwyno. Mae cwmni Michelin o Ffrainc, a adawodd y wlad yn 1993, wedi dychwelyd gyda chynlluniau i gyflogi tua 500 o bobl. Ym maes telathrebu, mae cwmnïau ffôn symudol tramor fel cwmni *Orascom* o'r Aifft yn cyflym ehangu nifer eu tanysgrifwyr. Yn Algiers, y brifddinas, mae adwerthwyr tramor hefyd yn agor eu drysau.

Ffynhonnell: addaswyd o'r *Financial Times*, 7.10.2005

(a) Eglurwch pam y gallai cwmnïau tramor sy'n buddsoddi yn Algeria godi cyfraddau twf economaidd.
(b) Trafodwch ai preifateiddio asedau llywodraeth, ac yn benodol gwerthu *Sonatrach* i gwmni olew gorllewinol fel *Shell* neu *BP*, fyddai'r strategaeth fwyaf llwyddiannus y gallai'r llywodraeth ei mabwysiadu i godi cyfraddau twf.

Cwestiwn Data

Llifoedd cyfalaf

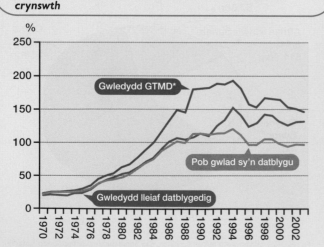

Ffigur 104.6 Cymhareb cyfanswm dyled i incwm gwladol crynswth

* Gwledydd Tlawd Mawr eu Dyled.
Ffynhonnell: addaswyd o *World Economic and Social Survey*, Cenhedloedd Unedig.

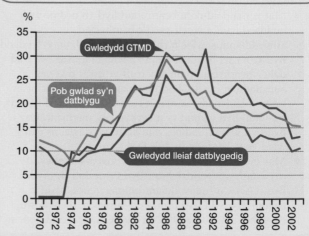

Ffigur 104.7 Cymhareb cyfanswm taliadau llog ar ddyled i allforion

Ffynhonnell: addaswyd o *World Economic and Social Survey*, Cenhedloedd Unedig.

Nid yw dileu dyled Gwledydd Tlawd Mawr eu Dyled (GTMD) yn debygol iawn o ddatrys eu problemau. Mae bron eu dyled i gyd heddiw yn ddyledus i lywodraethau Gorllewinol ac asiantaethau rhyngwladol fel y Gronfa Ariannol Ryngwladol. Mae'r rhan fwyaf o'r taliadau llog ar ddyled yn cael eu talu, ond dim ond am fod llywodraethau Gorllewinol ac asiantaethau rhyngwladol naill ai'n benthyg neu'n rhoi'r arian i'r gwledydd GTMD wneud yr ad-daliadau. Mae llywodraethau UDA a'r DU yn bwriadu canslo gwerth $40 biliwn o ddyled GTMD, ond mae'n costio bron sero iddyn nhw mewn gwirionedd gan nad oes unrhyw bosibilrwydd y gellid ad-dalu'r ddyled hon yn y dyfodol agos. Mae'n golygu hefyd na fydd GTMD yn gweld llawer o fudd o ganslo'r ddyled.

Fodd bynnag, mae'n debygol y bydd anfantais i GTMD. Ar hyn o bryd, mae gan lywodraethau gorllewinol ac asiantaethau rhyngwladol rhyw afael ar lywodraethau GTMD. Gall rhoddwyr gorllewinol gadw taliadau cymorth yn ôl a gorfodi llywodraethau GTMD i gynyddu eu had-daliadau net os ydynt yn credu bod llywodraethau GTMD yn defnyddio cymorth yn wael. Y prif reswm y mae GTMD yn eu sefyllfa bresennol yw am fod eu llywodraethau wedi gwastraffu'r arian a gawsant yn y gorffennol, naill ai'n ei wario'n aneffeithlon neu'n ei wastraffu ar arfau a bywyd da i elitau gwleidyddol.

Ffynhonnell: addaswyd o'r *Financial Times*, 28.6.2005.

Dadleuodd Kurt Hoffman, cyfarwyddwr *Shell Foundation,* sefydliad elusennol gwneud grantiau, annibynnol pan ysgrifennodd yn *The Times* : 'Diffyg arian parod yw tlodi, yn sylfaenol ac yn ddiamwys. Mae bron pawb, gan gynnwys y tlodion yn Affrica, yn byw mewn economi arian parod. Gydag arian parod y gallwch gael bwyd, dillad, cysgod, gofal iechyd ac addysg. Felly dylai creu miliynau o swyddi newydd fod wrth wraidd ymdrechion y gymuned ryngwladol oherwydd dyma'r unig beth sy'n cynnig cyfle i bobl dlawd ddianc yn barhaol rhag tlodi.

Ond er ei bod yn brofiadol mewn llawer o bethau, nid yw'r gymuned ddatblygu (fel llywodraethau Gorllewinol, asiantaethau rhyngwladol fel Banc y Byd ac elusennau a chyrff anllywodraethol) yn gwybod sut i ddechrau a thyfu busnesau. Nid yw'n rhan o'i chyfansoddiad – nid oes ganddi unrhyw DNA i'w ddefnyddio.

Felly mae'n bryd gofyn i grewyr cyfoeth Affrica gymryd yr awenau i ddatblygu'r mewnwelediad a'r arbenigedd datblygu gwirioneddol sydd mor amlwg ar goll yn y gymuned ddatblygu. Mae hynny'n golygu unrhyw un, o'r buddsoddwyr o'r tu allan mwyaf i'r mentrau lleiaf yn Affrica. Bydd y ddau'n dweud sut i ddatgymalu'r rhwystrau rhag twf.'

Ffynhonnell: addaswyd o *The Times*, 7.7.2005.

1. (a) Disgrifiwch y tueddiadau yn y gymhareb dyled i incwm gwladol a'r gymhareb taliadau llog ar ddyled i allforion a ddangosir yn y data.
   (b) Eglurwch pam y gallai'r cymarebau hyn gael effaith ar dwf economaidd gwledydd sy'n datblygu.

2. Un ffordd o leihau cymarebau dyled i incwm gwladol yw dileu dyled. Trafodwch fanteision ac anfanteision hyn i wledydd sy'n datblygu.

3. Yn ôl Kurt Hoffman, 'mae'n bryd gofyn i grewyr cyfoeth Affrica gymryd yr awenau'. Trafodwch ai annog buddsoddiant o'r tu allan ac agor marchnadoedd ariannol y byd i fusnesau Affricanaidd lleol yw'r ffordd orau o sicrhau datblygiad economaidd.

Sgiliau astudio

Pan fyddwch chi'n dechrau eich cwrs UG/Safon Uwch, dylech geisio gwerthuso a yw eich sgiliau astudio a threfnu yn effeithiol. Er enghraifft:

- a ydych chi bob amser yn bresennol ac yn brydlon ar gyfer gwersi neu ddarlithiau?
- a ydych chi'n rhoi gwaith i mewn yn brydlon bob tro?
- a ydy'r gwaith yn cael ei wneud i'r gorau o'ch gallu?
- a ydych chi'n gweithio mewn amgylchedd addas?
- a ydych chi'n caniatáu amser ar gyfer cynllunio a gwerthuso eich gwaith?
- a ydych chi'n cymryd rhan yn yr holl weithgareddau dysgu mewn ffordd sy'n eich helpu chi i ddysgu?
- a ydych chi'n gwrando ar gyngor ac yn gweithredu ar sail sylwadau adeiladol ynglŷn â'ch gwaith?

Dydy bod â sgiliau astudio da ddim o reidrwydd yn golygu bod gwaith yn cael ei wneud ymhell o flaen llaw, neu fod yr ystafell lle byddwch chi'n gweithio gartref yn daclus. Mae rhai myfyrwyr yn drefnus iawn mewn sefyllfaoedd a all ymddangos yn anhrefnus iawn. Er enghraifft, efallai eu bod yn ysgrifennu eu traethodau yn agos at yr adeg y mae'n rhaid eu rhoi nhw i mewn. Neu gallai eu hystafell astudio edrych yn llanast. Ond os ydych chi'n gweithio orau dan bwysau amserlenni, ac yn gwybod lle mae popeth yn annibendod eich ystafell, gellid dadlau eich bod yn fyfyriwr trefnus!

Yn y dosbarth

Mae craidd eich astudio yn debygol o ddigwydd yn yr ystafell ddosbarth neu'r ystafell ddarlithio. Nid yn unig y byddwch yn treulio cyfran sylweddol o'ch amser astudio yn y dosbarth, ond bydd yr hyn a wnewch yn yr ystafell ddosbarth a'r cyfarwyddiadau a gewch yno yn dylanwadu ar yr hyn a wnewch y tu allan. Felly mae sgiliau ystafell ddosbarth effeithiol yn hanfodol. Maen nhw'n cynnwys y canlynol:

Mynd i wersi'n rheolaidd ac yn brydlon Mae sgiliau trefnu da yn cynnwys mynd i bob gwers oni fydd rhesymau difrifol dros fod yn absennol. Maen nhw hefyd yn cynnwys trefnu apwyntiadau meddyg a deintydd, gwersi gyrru neu wyliau y tu allan i amser gwersi fel na fydd gwaith yn cael ei golli.

Rhoi sylw bob amser Mae'n bwysig rhoi sylw bob amser a mynd i'r afael â'r gweithgareddau a gyflwynir. Mae cymryd rhan mewn gwersi yn helpu myfyrwyr eraill i ddysgu hefyd.

Gwneud nodiadau clir a chryno yn ystod gwersi Gall nodiadau fod yn gofnod o'r hyn a ddywedwyd. Mae gwneud nodiadau tra bo'r athro/darlithydd yn siarad yn fath o ddysgu gweithredol. Gall helpu rhai myfyrwyr i ganolbwyntio ar yr hyn sy'n cael ei ddweud a nodi'r hyn nad ydynt yn ei ddeall. I fyfyrwyr eraill, fodd bynnag, gall gwneud nodiadau ymyrryd â deall yr hyn y mae'r athro/darlithydd yn ei ddweud. Gall fod yn well ganddynt ddarllen taflenni neu nodiadau a roddir gan yr athro/darlithydd. Rhaid i chi benderfynu beth sydd orau i chi.

Gofyn cwestiynau i'r athro/darlithydd Mae'n annhebygol y bydd pob myfyriwr yn deall popeth sy'n digwydd mewn gwers. Mae gofyn cwestiynau yn helpu i lenwi'r bylchau hyn. Mae hefyd yn bwysig iawn i'ch cadw chi i ganolbwyntio ar y wers. Os byddwch yn meddwl am yr hyn yr ydych yn ei ddeall a'r hyn nad ydych yn ei ddeall, byddwch yn anochel yn cymryd rhan yn y wers honno. Mae llunio cwestiynau yn bwysig hefyd ar gyfer datblygu sgiliau llafar, a fydd yn hanfodol yn y byd y tu allan i'r ysgol/coleg.

Cymryd rhan mewn trafodaethau ystafell ddosbarth Mae trafodaethau ystafell ddosbarth yn eich galluogi i ymarfer sgiliau dysgu allweddol pwysig. Mae rhai myfyrwyr yn dymuno cyfrannu fwy na'i gilydd. Cofiwch, fodd bynnag, fod gwrando mor bwysig â siarad mewn trafodaeth. Rhaid i bawb sy'n cymryd rhan barchu cyfraniadau pobl eraill. Rhaid cael cydbwysedd rhwng cyfathrebu a gwrando.

Paratoi ar gyfer y wers nesaf Mae llawer o ysgolion a cholegau yn rhoi dyddiaduron gwaith cartref i'w myfyrwyr, neu'n eu hannog i brynu un. Maen nhw'n arf defnyddiol ar gyfer cynllunio a threfnu gwaith. Maen nhw'n eich helpu i gofio'r hyn y mae'n rhaid i chi ei wneud a strwythuro eich gweithgareddau y tu allan i'r dosbarth.

Cynllunio y tu allan i'r dosbarth

Mae cynllunio yn rhan hanfodol o sgiliau astudio da. Trwy gadw dyddiadur, er enghraifft, gall myfyrwyr weld yn syth beth sydd angen ei wneud a phryd. Yna gallan nhw ddyrannu slotiau amser ar gyfer cwblhau'r gwaith. Yn achos gwaith nad yw wedi'i strwythuro gan yr athro/darlithydd, fel gwaith cwrs neu adolygu, mae angen i fyfyrwyr lunio cynllun. Yn nodweddiadol, bydd hwn yn dangos dyddiadau a'r gwaith sydd i'w wneud ar neu erbyn dyddiad penodol. Gall ddangos hefyd adegau yn ystod y dydd pan fydd y gwaith i gael ei wneud. Mae rhai myfyrwyr yn ei chael hi'n ddefnyddiol eu disgyblu eu hunain yn ôl y cloc. Felly maen nhw'n cynllunio dechrau adolygu, dyweder, am 9.00 bob bore, cael saib o ddeg munud bob awr ar yr awr, cael egwyl am ginio am 1.00, ayb.

Hefyd gall fod yn ddefnyddiol llunio cynlluniau manwl gywir ar gyfer gwaith arferol y tu allan i'r dosbarth. Pan ddechreuwch eich cwrs UG/Safon Uwch, er enghraifft, gallai fod yn ddefnyddiol cynllunio'n fanwl pryd rydych chi'n mynd i gwblhau gwaith yn ystod y mis cyntaf. Bydd hynny'n sicrhau bod gwaith yn cael ei wneud a byddwch chi wedi dechrau ar eich cwrs ag arferion gwaith da. Gobeithio wedyn y byddwch chi'n gallu llacio eich cynllunio am eich bod wedi sefydlu trefn gadarn ar gyfer cwblhau gwaith.

Mae pwysigrwydd cynllunio yn tueddu i gynyddu:
- po hiraf yw'r dasg sydd i gael ei chwblhau;
- po leiaf o strwythur a roddir gan eich ysgol/coleg ar gyfer ei chwblhau.

Trefnu amser

Mae gan bob myfyriwr flaenoriaethau gwahanol ynghylch trefnu amser. Dyma rai o'r materion allweddol.

Amser yn ystod yr wythnos Rhaid i chi benderfynu pryd rydych chi eisiau cwblhau eich gwaith yn ystod yr wythnos. Mae'n debygol y bydd gwahanol alwadau ar eich amser. Er enghraifft, efallai bod gennych swydd ran amser sy'n cael blaenoriaeth ar adegau penodol o'r wythnos. Efallai bod gennych ymrwymiadau teuluol neu gymdeithasol. Efallai y byddwch yn penderfynu na fyddwch byth yn gweithio ar nos Wener neu nos Sadwrn (oni fydd argyfwng!). Nid oes adegau iawn neu anghywir i astudio. Fodd bynnag, mae'n hanfodol caniatáu digon o amser yn ystod yr wythnos i astudio. Mae arholiadau UG/Safon Uwch wedi cael eu datblygu ar sail y dybiaeth y byddwch an astudio amser llawn am 1 i 2 flynedd.

Amser yn ystod y dydd Mae rhai pobl yn gweithio orau yn y bore, rhai yn y prynhawn a rhai gyda'r nos. Dylech chi wybod a ydych yn 'berson bore' neu fel arall. Triwch weithio ar yr adegau o'r dydd pan fyddwch chi fwyaf tebygol o ddysgu'n effeithiol.

Seibiau Mae seibiau'n hanfodol er mwyn cynnal canolbwyntio. Pa mor aml y dylid cael saib? Am faint o amser y dylid cael saib? Mae hyn yn amrywio o unigolyn i unigolyn. Rhaid i chi weld beth sy'n gweithio orau i chi. Triwch fod mor ddisgybledig â phosibl ynghylch seibiau. Mae'n hawdd iawn i saib ymestyn dros y cyfnod cyfan yr oeddech yn bwriadu gweithio. Mynnwch wybod beth sy'n debygol o'ch cadw chi rhag mynd yn ôl i weithio. Er enghraifft, os dechreuwch wylio'r teledu yn ystod eich saib, a ydych chi wedyn yn aros tan ddiwedd y rhaglen cyn dychwelyd i'ch gwaith?

Amrywiaeth Mae rhai myfyrwyr yn hoffi amrywiaeth yn eu gwaith. Felly yn ystod sesiwn un awr o waith, efallai y byddan nhw'n gwneud ychydig ar dri darn o waith. Byddai'n well gan eraill ganolbwyntio ar un darn o waith yn yr amser hwnnw. Efallai y bydd angen i ddarnau hirach o waith, fel traethodau neu waith cwrs, gael eu torri i lawr a'u cwblhau mewn sawl sesiwn wahanol beth bynnag.

Rhwydweithio ac adnoddau

Mae'n bwysig bod myfyrwyr yn gwneud defnydd o'r holl adnoddau sydd ar gael iddynt. Dyma rai awgrymiadau ynghylch sut i gael cymorth wrth wneud gwaith.

Y gwerslyfr Bydd defnyddio gwerslyfr yn effeithiol yn helpu myfyrwyr i gael y maricau uchaf posibl am eu gwaith. Cofiwch fod y gwerslyfr yno i'ch helpu chi i ddeall pwnc. Dylid darllen yr adran berthnasol cyn rhoi cynnig ar ddarn o waith ac mae'n debygol y bydd angen edrych eto ar y gwerslyfr wrth i chi ysgrifennu. Efallai y byddwch eisiau edrych ar nifer o werslyfrau os, er enghraifft, nad ydych yn deall adran arbennig mewn un llyfr.

Y llyfrgell Mae gan ysgolion a cholegau lyfrgelloedd, efallai hyd yn oed yn yr ystafell ddosbarth neu'r ystafell ddarlithio, gyda llyfrau a deunyddiau eraill y gellir eu benthyca. Mae darllen o amgylch pwnc yn rhan hollbwysig o baratoi unrhyw waith fel traethawd. Gobeithio hefyd y bydd y llyfrgelloedd yn darparu papurau newydd dyddiol o ansawdd. Mae economeg yn ymwneud â'r byd go iawn. Dylai myfyrwyr UG/Safon Uwch wybod am y prif faterion economaidd cyfoes a gallu eu trafod.

Y Rhyngrwyd Gall y Rhyngrwyd fod yn ddefnyddiol iawn yn y broses ddysgu. Mae'n fwyaf defnyddiol efallai pan fydd myfyrwyr yn gallu defnyddio'r un wefan dro ar ôl tro. Maen nhw'n gwybod beth sydd ar y wefan a sut i'w ddefnyddio. Efallai y bydd mwy o anawsterau, fodd bynnag, wrth chwilio am wybodaeth gyffredinol. Mae hynny'n gofyn am sgìl wrth ddefnyddio peiriannau chwilio i gael hyd i wefannau priodol ac yn aml gall hynny gymryd amser. Mae'r Rhyngrwyd yn debygol o fod yn ddefnyddiol iawn i fyfyrwyr sy'n gweithio ar eu pen eu hun mewn Economeg wrth ymchwilio ar gyfer gwaith cwrs.

Gofyn i'r athro/darlithydd Gwnewch ddefnydd llawn o'ch athro/darlithydd fel adnodd. Os ydych yn cael anhawster gyda rhyw

waith cartref, er enghraifft, gofynnwch i'r athro/darlithydd i'ch helpu. Os oes angen help arnoch yn aml, mae'n syniad da dechrau'r gwaith cartref ymhell cyn y dyddiad terfyn, er mwyn i chi gael digon o amser i gysylltu â'r athro/darlithydd.

Rhwydweithio gyda chydfyfyrwyr I rai myfyrwyr gall rhwydweithio gyda ffrindiau fod yn ddefnyddiol. Os bydd ganddynt broblem, gallant alw ffrind neu ei (g)weld yn yr ysgol/coleg. Dylai myfyrwyr sy'n hoffi gweithio fel hyn wybod pa fyfyrwyr yn eu grŵp addysgu sydd fwyaf tebygol o roi cyngor defnyddiol. Mae rhwydweithio yn arf gwerthfawr yn y broses ddysgu i'r person sy'n derbyn y cymorth ac i'r person sy'n ei roi.

Rhieni, pobl busnes, ayb. Gall rhieni, aelodau o'r teulu, ffrinidau neu bobl y gallwch gysylltu â nhw yn y gymuned fusnes i gyd fod yn ffynonellau cymorth mewn sefyllfaoedd gwahanol ac ar gyfer darnau gwahanol o waith.

Yr amgylchedd gwaith

Mae angen dewis amgylchedd gwaith fydd yn uchafu dysgu. Yn aml bydd myfyrwyr yn gweithio mewn llyfrgell neu mewn man astudio, neu gartref yn eu hystafell eu hun. Pa nodweddion sy'n gwneud y mannau gwaith hyn yn effeithiol?

Argaeledd Dylai eich man gwaith fod ar gael i chi pan fyddwch chi eisiau astudio. Os ydych yn dymuno gwneud cymaint o waith â phosibl yn yr ysgol neu'r coleg, a gweithio'n galed rhwng eich gwersi, gallai'r llyfrgell fod yn amgylchedd gwych i chi. Efallai y byddai'n well gennych wneud gwaith cartref yn eich cartref. Efallai mai eich ystafell wely yw'r unig ystafell lle byddwch yn sicr o allu gweithio heb ymyrraeth. Nid yn unig y mae'n rhaid i le fod ar gael, ond hefyd rhaid i'r adnoddau fod ar gael. Os ydych yn gwneud gwaith ymchwil, er enghraifft, efallai y bydd yn rhaid gweithio mewn llyfrgell neu wrth derfynell gyfrifiadur.

Cerddoriaeth, teledu, sŵn Mae rhai myfyrwyr yn ei chael hi'n hawdd canolbwyntio yng nghanol anhrefn. Maen nhw'n hoffi gwrthdyniadau ac yn ei chael hi'n haws gweithio os ydyn nhw'n gwybod y gallan nhw hefyd wrando ar gerddoriaeth, mwytho'r ci neu gael sgwrs. Mae llawer o fyfyrwyr yn methu ag ymdopi â gwrthdyniadau. I weithio'n effeithiol, mae angen heddwch a llonydd cymharol arnynt. Efallai y byddan nhw'n hoffi cerddoriaeth yn y cefndir neu efallai na fyddant.

Ar eu pen eu hun neu mewn grwpiau I rai myfyrwyr mae gweithio mewn grŵp yn aneffeithiol. Gall un person ddechrau siarad am rywbeth nad yw'n ymwneud â'r gwaith ac yna ni fyddant yn ailgydio yn y gwaith. Felly mae'n well ganddynt weithio ar eu pen eu hun. Ond i fyfyrwyr eraill sy'n gallu osgoi gwrthdyniadau o'r fath, mae gweithio mewn grwpiau yn effeithiol iawn. Mae'n golygu y gallant rwydweithio gydag eraill yn ddi-oed pan fydd ganddynt broblem.

Dodrefn Gall dodrefn fod yn bwysig iawn wrth astudio. Mae'n well gan rai myfyrwyr ddarllen mewn cadair esmwyth ac ysgrifennu wrth ddesg. Efallai y byddai'n well gennych greu lleoedd gwaith ar gyfer gwneud mathau arbennig o waith. Gwnewch yn siwr bod eich cadair yn gysurus ac na fydd yn rhoi problemau cefn i chi.

Golau Arbrofwch â golau er mwyn lleihau straen llygaid. Os bydd astudio yn eich gwneud chi'n flinedig yn fuan iawn, un rheswm posibl yw golau annigonol. Gallwch hefyd ddefnyddio golau i greu naws sy'n eich hybu i astudio.

Symud Dylai eich amgylchedd gwaith ganiatáu i chi symud os byddwch chi eisiau. Wrth geisio dysgu rhywbeth ar gof, er enghraifft, mae rhai myfyrwyr yn hoffi cerdded o amgylch, ond mae'n well gan eraill eistedd.

Paratoi ar gyfer profion ac arholiadau

Mae myfyrwyr gwahanol yn paratoi'n effeithiol ar gyfer profion neu arholiadau mewn amrywiaeth o ffyrdd gwahanol. Rhaid i chi ddarganfod pa ffordd sydd fwyaf effeithiol i chi. Hefyd gall dulliau gwahanol fod yn ddefnyddiol mewn amgylchiadau gwahanol. Efallai, er enghraifft, y treuliwch lawer o amser yn dysgu gwybodaeth ar eich cof ar gyfer arholiad sy'n seiliedig ar draethodau, ond ar gyfer arholiad lluosddewis gallech dreulio'r rhan fwyaf o'r amser yn ymarfer hen gwestiynau.

Nodiadau ysgrifenedig Mae llawer o fyfyrwyr yn defnyddio nodiadau wrth adolygu. Mae nodiadau'n gofnodion defnyddiol o'r hyn sydd wedi'i ddysgu naill ai am fod y myfyriwr wedi'u gwneud nhw ac felly, gobeithio, yn gallu eu deall, neu am fod yr athro/darlithydd wedi'u rhoi nhw a'u bod yn dangos pa ddeunydd sy'n debygol o fod yn yr arholiad.

Mae gwneud nodiadau da yn sgìl. Bwriedir i nodiadau fod yn grynodeb, yn fersiwn cryno o'r hyn sydd, er enghraifft, mewn gwerslyfr. Felly mae'n bwysig datblygu arddull o ysgrifennu nodiadau sy'n byrhau deunydd.

- Gadael allan geiriau cyffredin fel 'y' ac 'a' nad ydynt yn effeithio ar yr ystyr.
- Talfyrru geiriau. Er enghraifft, ysgrifennu 'llyw' ar gyfer 'llywodraeth', 'T' ar gyfer 'treuliant', neu 'P' ar gyfer 'pris'.

Dylai nodiadau gael eu gosod allan yn glir gan ddefnyddio penawdau ac is-benawdau. Yn ddelfrydol, dylai fod cod lliwiau i benawdau ac is-benawdau i'w gwneud hi'n haws eu sgimio wrth ddarllen. Dylai'r penawdau eu hunain eich hybu i gofio'r deunydd sydd wedi'i gynnwys o dan bob pennawd. Dylech amlygu termau allweddol yn y nodiadau. Defnyddiwch seren, cylch neu danlinellu i amlygu pwyntiau pwysig.

Mae rhai myfyrwyr yn hoffi gweithio o nodiadau a ysgrifennwyd ar bapur A4. Mae'n well gan eraill drosglwyddo nodiadau i gardiau bach lle mae llai ar bob cerdyn. Pa ddull bynnag a ddefnyddiwch, gwnewch yn siwr bod y nodiadau wedi'u trefnu'n rhesymegol ac y gallwch fynd at y rhai angenrheidiol yn ddi-oed.

Wrth ddysgu deunydd ar gof o nodiadau, mae rhai myfyrwyr yn ei chael hi'n ddefnyddiol meddwl am gynllun gosod tudalennau unigol. Mae hynny'n eu helpu i ddwyn i gof yr hyn sydd ar y dudalen.

Y gwerslyfr Mae rhai myfyrwyr yn casáu adolygu o nodiadau ac mae'n well ganddynt ddefnyddio gwerslyfr. Efallai, er enghraifft, eu bod yn ei chael hi'n haws darllen deunydd argraffedig yn hytrach na'u llawysgrifen nhw eu hunain. Efallai eu bod nhw eisiau defnyddio deunydd sydd wedi'i gasglu ynghyd yn hytrach na chyfres o daflenni neu dudalennau rhydd. Hefyd, efallai na fydd nodiadau'n gyflawn mewn mannau.

Mae rhai myfyrwyr yn dibynnu ar nodiadau a gwerslyfrau ar gyfer adolygu. Mae adolygu o werslyfr yn defnyddio'r un sgiliau ag adolygu o nodiadau. Yn y gwerslyfr mae penawdau i benodau neu unedau, ac o fewn y rhain mae penawdau ac is-benawdau.

Mae'r rhain yn darparu'r sgerbwd y gall y manylion gael eu hongian arno.

Lluniau a chyflwyniadau gweledol I rai myfyrwyr mae lluniau'n arbennig o ddefnyddiol wrth adolygu. Enghreifftiau o gyflwyniadau gweledol a ddefnyddir yn aml yw mapiau meddwl, siartiau llif a diagramau canghennog, a ddangosir isod ac ar y dudalen nesaf. Mae'r darluniau hyn yn crynhoi'r prif bwyntiau yn uned 4, Cromlin y Galw. Mae cyflwyniadau gweledol yn gweithio drwy helpu'r myfyriwr i weld pwnc wedi'i osod allan. Gall y myfyriwr ddelweddu lleoedd ar y dudalen a nodi cysylltiadau'n glir.

Dulliau llafar Mae rhai myfyrwyr yn hoffi cael eu 'profi' gan berson arall ar bwnc i weld a ydynt wedi dysgu'r deunydd. Gall ailadrodd geiriau neu ymadroddion fod yn ddefnyddiol. Gall dyfeisio cysylltiadau geiriau a chofeiriau fod yn ddefnyddiol hefyd. Yn achos cysylltiad geiriau mae un gair yn cael ei gysylltu â gair arall. Er enghraifft, gallech fod â diddordeb arbennig mewn pêl-droed ac yn penderfynu cofio prif gydrannau galw cyfanredol (treuliant, buddsoddiant, gwariant y llywodraeth ac allforion minws mewnforion) drwy gysylltu pob term ag enw clwb pêl-droed. Cofiwch y clybiau pêl-droed ac fe gofiwch y cydrannau. Neu gallech lunio cofair, odl neu ymadrodd sy'n gysylltiedig â llythyren gyntaf pob gair. Er enghraifft, Tair Buddugoliaeth Gan Abertawe ym Manceinion ar gyfer treuliant, buddsoddiant, gwariant y llywodraeth, allforion a mewnforion.

Dysgu gweithredol Mae rhai myfyrwyr yn ei chael hi'n anodd eistedd a dysgu deunydd ar gof. Mae angen iddyn nhw fod yn gwneud rhywbeth i'w helpu i gofio.

- Un ffordd yw llunio set o nodiadau, neu fap meddwl. Ar ôl yr ysgrifennu efallai nad yw'r nodiadau fawr ddim o werth, ond yn y gwneud y mae'r dysgu wedi digwydd.
- Efallai y dymunwch ymarfer hen gwestiynau arholiad. Er enghraifft, dyma'r ffordd orau o adolygu ar gyfer arholiadau lluosddewis. Os byddwch yn ymarfer cwestiynau traethawd, mae'n aml yn fwy defnyddiol treulio eich amser prin yn ysgrifennu cynlluniau traethodau ar gyfer amrywiaeth eang o gwestiynau yn hytrach nag ateb ychydig o draethodau yn fanwl.
- Gallech ddefnyddio deunyddiau argraffedig sy'n rhoi cwestiynau ateb byr ar bwnc fel 'Diffiniwch ddarbodion maint' neu 'Rhestrwch gostau diweithdra'.
- Mae rhai myfyrwyr yn ymarfer hen dasgau gwaith cartref a roddwyd iddynt ac yna'n cymharu eu canlyniadau â'u cynnig cyntaf a farciwyd.

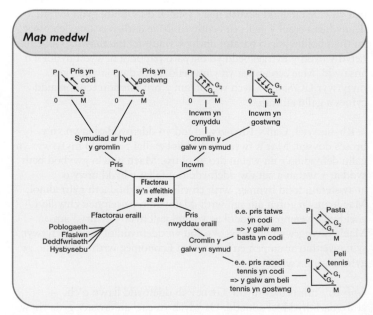

Map meddwl

Siartiau llif

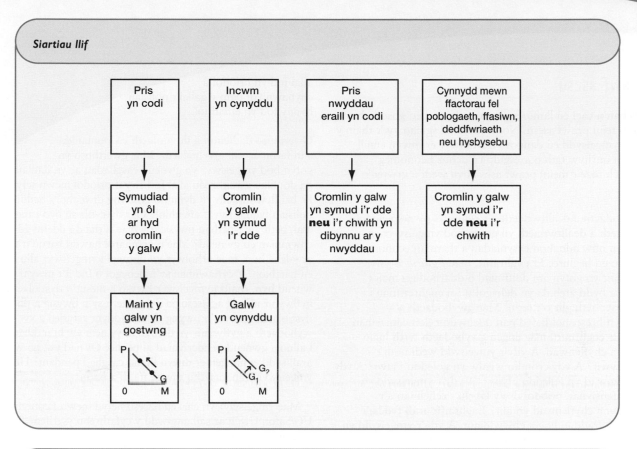

Diagram canghennog

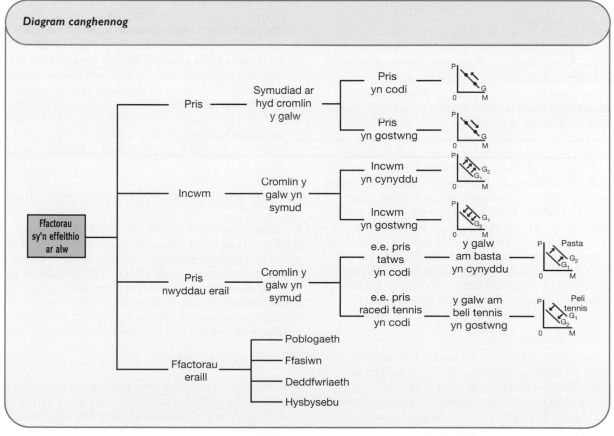

Meini prawf asesu

Mae manylebau'n cael eu llunio a phapurau'n cael eu gosod i brofi amrywiaeth o feini prawf asesu. Nodweddion a sgiliau yw'r rhain y mae'n rhaid i ymgeisydd eu dangos i'r arholwyr er mwyn ennill marciau mewn unrhyw fath o asesiad. Yn achos Economeg UG/Safon Uwch mae'r meini prawf asesu hyn wedi'u grwpio'n bedwar maes.

Dangos gwybodaeth a dealltwriaeth o'r cynnwys pwnc penodol Mae **gwybodaeth a dealltwriaeth** yn gofyn bod ymgeiswyr yn dangos y gallan nhw adnabod cysyniadau a thermau economaidd a'u diffinio neu eu hegluro. Er enghraifft, mae *Eglurwch ystyr darbodion maint* yn gofyn am ddiffiniad o ddarbodion maint (gwybodaeth) a bydd ateb da yn debygol o roi enghreifftiau i ddangos dealltwriaeth glir o'r term. Mae gwybodaeth a dealltwriaeth yn bresennol hefyd pan ddefnyddir damcaniaethau economaidd. Er enghraifft, mae angen gwybodaeth wrth lunio diagram galw a chyflenwad. A ydy'r ymgeisydd wedi nodi'r echelinau yn gywir? A ydy cromlin y galw yn goleddu i lawr? A ydy cromlin y cyflenwad yn goleddu i fyny? A ydy'r ymgeisydd yn defnyddio confensiynau priodol drwy labelu'r echelinau a'r cromliniau galw a chyflenwad yn glir? Enghraifft arall fyddai'r cyswllt rhwng cyfraddau llog a chwyddiant. A ydy'r ymgeisydd yn dangos gwybodaeth o'r gadwyn achosiaeth rhwng newid yng nghyfraddau llog, newid yn y galw cyfanredol a newid yn lefel gytbwys prisiau yn yr economi?

Cymhwyso gwybodaeth a dealltwriaeth feirniadol at broblemau economaidd a materion sy'n codi o sefyllfaoedd cyfarwydd ac anghyfarwydd Mae gwybodaeth yn hanfodol i unrhyw economegydd, ond rhaid i'r wybodaeth gael ei **chymhwyso** at broblemau economaidd i fod o unrhyw werth. Er enghraifft, dydy gallu diffinio darbodion maint fawr ddim o werth os na ellir nodi darbodion maint sydd ar waith mewn cynhyrchu ceir. Y sgìl o allu defnyddio gwybodaeth mewn amrywiaeth eang o gyd-destunau yw cymhwyso. Bydd rhai o'r cyd-destunau hyn yn gyfarwydd. Er enghraifft, gallech fod wedi astudio diwydiannau hamdden yn ystod eich cwrs ac yn yr arholiad mae cwestiwn ar ddarbodion maint mewn diwydiannau hamdden. Efallai, fodd bynnag, y bydd y cyd-destun yn anghyfarwydd. Er enghraifft, gallech fod wedi astudio'r amgylchedd fel rhan o'ch cwrs. Yn yr arholiad gall fod cwestiwn ar drwyddedau llygredd yn UDA. Mae trwyddedau llygredd yn rhan o'r wybodaeth a'r ddealltwriaeth a ddisgwylir ond gall UDA fod yn gyd-destun anghyfarwydd. Enghraifft arall o gymhwyso fyddai defnyddio fformiwlâu mathemategol i weithio allan atebion i broblemau. Mae cyfrifo gwerth ar gyfer elastigedd pris galw yn gymhwysiad.

Dadansoddi problemau a materion economaidd Y broses o dorri gwybodaeth i lawr yn rhannau perthnasol ac yna defnyddio hyn i ddeall problem neu fater yw **dadansoddi**. Enghraifft syml o ddadansoddi fyddai nodi tuedd o set o ffigurau diweithdra mewn graff. Gyda'r graff gallai fod darn sy'n cynnwys gwybodaeth am resymau pam y gallai diweithdra fod yn gostwng. Mae angen sgìl dadansoddi i gysylltu'r duedd â'r ffactorau sy'n ei hachosi. Hefyd byddai angen dadansoddi pe bai gofyn i ymgeisydd nodi polisïau llywodraeth posibl i fynd i'r afael â diweithdra. Gallai'r ymgeisydd orfod dewis, o restr, y polisïau a allai fod yn briodol a chyfiawnhau pam y gallai'r polisïau hynny fod yn effeithiol.

Gwerthuso dadleuon a thystiolaeth economaidd, gan farnu ar sail gwybodaeth Mae **gwerthuso** yn gofyn bod ymgeiswyr yn gwneud casgliadau ac yn dadlau pa ddulliau gweithredu allai fod fwyaf priodol mewn sefyllfa. Pe bai llywodraeth yn dymuno gostwng diweithdra heddiw, pa bolisïau fyddai fwyaf effeithiol? Os ydy cynhesu byd-eang i gael ei atal, beth yw'r pethau pwysicaf y mae'n rhaid i ddefnyddwyr a chwmnïau eu gwneud? Mae'n gymharol hawdd barnu'n syml. Ond ar y lefel hon, mae arholwyr yn disgwyl i ymgeiswyr allu cyfiawnhau eu hatebion. Y cyfiawnhau sy'n debygol o fod â'r mwyaf o farciau. I wneud hyn, rhaid i ymgeiswyr bwyso a mesur y dystiolaeth a gyflwynir iddynt ac asesu pa dystiolaeth sy'n bwysig a pha dystiolaeth nad yw'n bwysig. Rhaid iddynt ystyried a yw'r wybodaeth a gyflwynir yn ddibynadwy ac a yw hi'n ddigon cyflawn i alluogi gwneud penderfyniad ai peidio. Os nad yw, pa wybodaeth arall sydd ei hangen er mwyn llunio casgliad pendant? Hefyd rhaid i ymgeiswyr wahaniaethu rhwng ffaith a barn.

Mae ymgeiswyr yn cael eu hasesu hefyd mewn Economeg UG/Safon Uwch ar sail **ansawdd y cyfathrebu ysgrifenedig**. Mae ymgeiswyr yn gorfod:
- dewis a defnyddio ffurf ac arddull ysgrifennu sy'n briodol i'r pwrpas ac i gynnwys cymhleth. Er enghraifft, rhaid i ymgeiswyr allu ysgrifennu traethawd neu ateb cryno i gwestiwn;
- trefnu gwybodaeth berthnasol yn glir ac yn gydlynol, gan ddefnyddio geirfa arbenigol lle bo'n briodol. Felly rhaid i ymgeiswyr, er enghraifft, allu ysgrifennu mewn paragraffau a gallu defnyddio termau fel elastigedd pris neu'r fantol gyfredol lle bo'r rhain yn ofynnol;
- sicrhau bod yr ysgrifen yn ddarllenadwy, a bod y sillafu, y ramadeg a'r atalnodi yn gywir, fel bo'r ystyr yn glir. Felly rhaid i ymgeiswyr ysgrifennu'n glir, llunio brawddegau iawn a sillafu'n gywir.

Geiriau gorchymyn, cyfarwyddo neu allweddol

Yn nodweddiadol mae cwestiynau'n dechrau gyda geiriau gorchymyn neu eiriau allweddol. Mae'r geiriau hyn yn dangos pa sgiliau sy'n ofynnol wrth ateb y cwestiwn. Mae'n bwysig i ymgeiswyr ateb mewn modd priodol. Er enghraifft, os gofynnir i ymgeiswyr werthuso problem ond maen nhw'n dangos gwybodaeth a dealltwriaeth yn unig, byddan nhw'n colli'r rhan fwyaf o'r marciau am y cwestiwn hwnnw. Gall geiriau gorchymyn gael eu grwpio yn ôl y sgiliau sy'n ofynnol mewn ateb.

Gwybodaeth a dealltwriaeth

- Diffiniwch – rhoi union ystyr term neu gysyniad gan ddefnyddio geiriau neu symbolau mathemategol y mae'r darllenydd eisoes yn deall eu hystyr, e.e. *Diffiniwch ystyr darbodion maint.*
- Disgrifiwch – rhoi hanes rhywbeth, e.e. *Disgrifiwch gostau chwyddiant.*
- Rhowch – nodi neu ddweud, e.e. *Rhowch ddwy enghraifft o nwyddau lle mae gan Saudi Arabia fantais gymharol yn eu cynhyrchu.*

- Sut – cyflwyno hanes rhywbeth, e.e. *Sut mae'r llywodraeth yn codi trethi?*
- Nodwch (*Identify*) – dethol o wybodaeth arall, e.e. *Nodwch dri ffactor sy'n achosi chwyddiant.*
- Dangoswch – defnyddio enghreifftiau i egluro pwynt, e.e. *Dangoswch y ffordd y bydd monopolyddion yn cadw cystadleuwyr allan o'u marchnadoedd.*
- Rhestrwch – nodi ar y ffurf fwyaf cryno, e.e. *Rhestrwch dri ffactor sy'n effeithio ar y galw am gynnyrch.*
- Amlinellwch – rhoi disgrifiad cryno o'r prif agweddau neu nodweddion, e.e. *Amlinellwch y dadleuon a ddefnyddir gan Greenpeace yn erbyn cnydau sydd wedi'u haddasu mewn modd genetig (GM).*
- Nodwch (*State*) – rhoi neu ddweud, e.e. *Nodwch dri ffactor sy'n effeithio ar elastigedd cyflenwad.*
- Crynhowch – dod â'r prif bwyntiau allan o set fwy cymhleth o ddata, e.e. *Crynhowch y prif ddadleuon o blaid ymyriad gan y llywodraeth.*
- Beth – gwneud pwynt yn glir, e.e. *Beth yw prif nodweddion diwydiant perffaith gystadleuol?*

Cymhwyso

- Cymhwyswch – defnyddio'r hyn a wyddoch am economeg i ddeall sefyllfa, mater neu broblem, e.e. *Cymhwyswch ddamcaniaeth cystadleuaeth berffaith at y farchnad am datws.*
- Cyfrifwch – defnyddio mathemateg i weithio allan ateb, e.e. *Cyfrifwch elastigedd pris y galw os bydd pris yn codi o £3 i £4.*
- Gwahaniaethwch rhwng – nodi'r nodweddion sy'n gwneud dau nwy fwy o syniadau, cysyniadau, materion, ayb. yn wahanol, e.e. *Gwahaniaethwch rhwng elastigedd pris galw ac elastigedd incwm galw.*
- Eglurwch – gwneud yn glir. Yn aml mae'n ddefnyddiol diffinio termau a rhoi enghreifftiau mewn eglurhad, e.e. *Eglurwch sut y pennir prisiau mewn marchnad rydd.*
- Awgrymwch – rhoi rhesymau neu syniadau posibl. Rhaid i'r rhain fod yn gredadwy ond nid o reidrwydd yn gywir. Yn achos 'Awgrymwch' gall fod gofyn i ymgeiswyr ddadansoddi problem yn hytrach na chymhwyso problemau economaidd yn unig, e.e. *Awgrymwch resymau pam na chododd y cwmni ei brisiau.*

Dadansoddi

- Dadansoddwch – torri i lawr yn rhannau cyfansoddol er mwyn gallu deall mater neu broblem. Mae dadansoddi yn golygu adnabod yr hyn sy'n bwysig a chysylltu â gwybodaeth a dealltwriaeth o economeg lle bo hynny'n angenrheidiol, e.e. *Dadansoddiwch y rhesymau dros y cwmni'n buddsoddi mewn peiriannau newydd.*
- Cymharwch a chyferbynnwch – dangos y pethau tebyg a'r gwahaniaethau rhwng dau neu fwy o syniadau neu broblemau, e.e. *Cymharwch a chyferbynnwch perfformiad economïau'r DU a China dros y deng mlynedd diwethaf.*
- Archwiliwch – torri mater neu broblem i lawr er mwyn ei (d)deall, e.e. *Archwiliwch y problemau sy'n wynebu economi'r DU heddiw.*
- Ymchwiliwch – chwilio am dystiolaeth er mwyn egluro a dadansoddi, e.e. *Ymchwiliwch i'r rhesymau pam y dewisodd y llywodraeth dorri cyfraddau llog ym mis Mai.*

Gwerthuso

- Aseswch – dadansoddi mater neu broblem economaidd ac yna pwyso a mesur pwysigrwydd cymharol gwahanol linynnau, e.e. *Aseswch effaith cyfraddau llog uchel ar economi'r DU.*
- Rhowch sylwadau ar – yn gwahodd yr ymgeisydd i farnu ar sail tystiolaeth a gyflwynwyd ganddynt, e.e. *Rhowch sylwadau ar y rhesymau pam y credodd Banc Lloegr bod angen cynyddu cyfraddau llog ym mis Mehefin.*
- Dadansoddwch yn feirniadol – dadansoddi mater neu broblem ac yna pwyso a mesur pwysigrwydd cymharol rhan o'r dadansoddiad hwn, e.e. *Dadansoddwch yn feirniadol y problemau sy'n wynebu'r diwydiant heddiw.*
- Yn eich barn chi – yn gwahodd ymgeiswyr i gynnig eu barn nhw am fater neu broblem. Fodd bynnag, bydd marciau yn cael eu rhoi bob amser am ansawdd y dadleuon a gynigir yn hytrach nag am unrhyw farnau unigol, e.e. *Yn eich barn chi, a ddylai'r llywodraeth fod wedi caniatáu i'r drafford gael ei hadeiladu?*
- Trafodwch – cymharu nifer o safbwyntiau posibl ynghylch mater neu broblem a phwyso a mesur eu pwysigrwydd cymharol. Mae casgliad yn hanfodol, e.e. *Trafodwch fanteision ac anfanteision gosod rhenti yn y farchnad dai.*
- Gwerthuswch – yn debyg i 'Trafodwch', cymharu nifer o safbwyntiau posibl ynghylch mater neu broblem a phwyso a mesur eu pwysigrwydd cymharol. Mae barn derfynol yn hanfodol, e.e. *Gwerthuswch y polisïau sydd ar gael i lywodraeth ostwng diweithdra.*
- I ba raddau – yn gwahodd ymgeiswyr i egluro a dadansoddi ac yna i roi sylwadau ar bwysigrwydd cymharol dadleuon, e.e. *I ba raddau y dylai'r llywodraeth ddibynnu ar gyfraddau llog i reoli chwyddiant?*

Lefelau ateb

Mae cwestiynau sy'n profi sgiliau dadansoddi a gwerthuso, sef sgiliau'r graddau uchaf, yn debygol o gael eu marcio gan ddefnyddio cynllun marcio lefelau ateb. Yn hytrach na rhoi marc neu sawl marc i ymgeiswyr am bwynt a wnaed neu am ddadl a ddatblygwyd o fewn ateb, mae'r ateb yn cael ei farcio'n gyfannol (fel cyfanwaith). Yna mae'n cael ei gymharu â disgrifiadau o'r ffordd y gallai atebion edrych o ran y sgiliau a ddangosir. Yna caiff yr ateb ei roi o fewn lefel. Bydd gan y lefel hon ystod o farciau y gall yr arholwr eu rhoi, yn dibynnu ar pa mor dda y mae'r ateb o fewn y lefel honno.

Er enghraifft, gallai cynllun marcio lefelau fod â thair lefel gyda 12 marc ar gael. Mae'r disgrifiadau lefelau fel a ganlyn:

Lefel 1

Rhoddir un rheswm neu fwy, ond does fawr ddim datblygu pwyntiau. Mae diffyg rhesymeg i'r ateb a does dim dadansoddi na gwerthuso. 1-3 marc

Lefel 2

Rhoddir sawl rheswm gyda dadansoddi rhesymol. Mynegir dadleuon â rhywfaint o hyder a rhesymeg. Mae'r gwerthuso, fodd bynnag, wedi'i ategu'n wan â thystiolaeth. 4-8 marc

Lefel 3

Yn rhoi sylw da i'r prif resymau. Dadansoddi cadarn gyda chyswllt clir rhwng y materion a nodir. Mae dadleuon o blaid ac yn erbyn wedi'u gwerthuso ac mae casgliad wedi'i lunio. 9-12 marc

Mae cynlluniau marcio ar gael gan y cyrff dyfarnu. Dylech ddod yn gyfarwydd â'r cynlluniau marcio lefelau ateb a ddefnyddir gan arholwyr ynghylch y papurau y byddwch chi'n eu sefyll. Er mwyn ennill marc yn y lefel uchaf, rhaid i ymgeiswyr yn nodweddiadol roi tystiolaeth o'r pedwar prif sgìl, sef gwybodaeth, cymhwyso, dadansoddi a gwerthuso.

Cwestiynau lluosddewis

Mae rhai cyrff dyfarnu yn defnyddio cwestiynau llusoddewis fel ffurf ar asesu. Fe'u defnyddir yn bennaf i brofi sgiliau'r graddau isaf, sef gwybodaeth a chymhwyso. Maen nhw'n ffordd gyfleus o brofi ehangder. Mae cwestiwn ymateb i ddata neu draethawd yn debygol o ymdrin ag un pwnc yn unig. Os oes dewis, gall ymgeiswyr gael eu hannog i adolygu rhan o'r cwrs yn unig yn y gobaith y byddan nhw'n dal i allu ateb set gyflawn o gwestiynau. Mae prawf llusoddewis yn ymdrin â'r cwrs cyfan ac felly mae'n cosbi ymgeiswyr sy'n dethol wrth adolygu.

Mae llwyddo gyda chwestiynau lluosddewis yn golygu bod yn hollol gyfarwydd â phethau sylfaenol economeg. Hefyd mae sgìl yn ofynnol wrth ateb cwestiynau lluosddewis, yn yr un modd ag y mae angen sgiliau ysgrifennu traethodau ar gyfer traethodau. Felly mae ymarfer ar gwestiynau yn bwysig iawn. Gall defnyddio hen bapurau cwestiynau y corff dyfarnu fod yn ddefnyddiol iawn hefyd. Nid yn unig y bydd yn eich helpu i ymgyfarwyddo ag arddull y cwestiynau lluosddewis a ddefnyddir, ond gall hen gwestiynau gael eu hailddefnyddio mewn papurau newydd.

Mae dwy ffordd y mae ymgeiswyr yn debygol o gael ateb cywir i gwestiwn lluosddewis.
- Gwybod yr ateb cywir.
- Dileu'r atebion anghywir.

Dylai ymgeiswyr wneud defnydd llawn o ddeddfau tebygolrwydd. Os nad ydy'r ateb cywir yn amlwg, ond bod dau allan o'r pedwar ateb yn gallu cael eu dileu, mae'r gobaith o gael yr ateb cywir yn gwella o 1 ym mhob 4 yn achos dyfalu i 1 ym mhob 2. Yn achos papur cyfan, gall strategaeth o ddileu atebion anghywir wella'r marciau yn sylweddol.

Mae rhai profion lluosddewis yn gofyn bod ymgeiswyr nid yn unig yn rhoi ateb o A i D ond hefyd yn cyfiawnhau eu hatebion. Dylai'r eglurhad ysgrifenedig fod yn gryno ac i'r pwynt.

Mewn arholiad, peidiwch â threulio mwy na'r amser penodedig ar unrhyw gwestiwn ond ewch ymlaen at yr un nesaf. Er enghraifft, os oes 30 cwestiwn i gael eu hateb mewn 30 munud, mae 1 munud am bob cwestiwn ar gyfartaledd. Peidiwch â threulio 10 munud yn gweithio allan cwestiwn 5. Ewch yn ôl ar y diwedd at y cwestiynau a adawyd gennych. Os byddwch bron â rhedeg allan o amser, cofiwch sicrhau bod yna ateb i bob cwestiwn. Yna bydd rhyw obaith o gael marciau yn hytrach na bod dim gobaith o gwbl. Mae'n well gan rai myfyrwyr dynnu llinell trwy atebion anghywir o fewn cwestiwn ac amlygu'r ateb cywir yn weledol.

Cwestiynau ymateb i ddata

Defnyddir cwestiynau ymateb i ddata i brofi gallu ymgeiswyr i gymhwyso'u gwybodaeth a'u dealltwriaeth at ddata cyfarwydd ac anghyfarwydd. Maen nhw hefyd fel arfer yn gofyn bod ymgeiswyr yn dangos sgiliau dadansoddi a gwerthuso.

Gall y data a gyflwynir fod ar ffurf geiriau neu rifau neu gymysgedd o'r ddau. Yn aml bydd ymgeiswyr yn cael

data ar ffurf geiriau yn haws eu deall a'u dehongli. Yn ymarferol, fodd bynnag, bydd arholwyr yn llunio cwestiynau fel na fydd fawr ddim neu ddim gwahaniaeth o ran y canlyniad mewn marciau rhwng cwestiynau sy'n cynnwys data geiriol yn bennaf a rhai sy'n cynnwys data rhifiadol yn bennaf.

Bydd rhai cyrff dyfarnu yn defnyddio data real yn unig, fel dyfyniadau o bapurau newyddion neu ystadegau o ffynonellau llywodraethol. Bydd eraill yn defnyddio data damcaniaethol neu ddychmygol – data sydd wedi'u dyfeisio gan yr arholwr. Mewn rhai meysydd mewn Economeg mae'n anodd cael data real. Un enghraifft yw ffigurau union ar gyfer elastigedd pris galw. Felly mae'n well gan rai arholwyr ddefnyddio data dychmygol ar gyfer cwestiynau.

Mae nifer o ffyrdd y gall ymgeiswyr wella'u perfformiad ar gwestiynau ymateb i ddata mewn arholiadau.
- Darllen y deunydd yn drylwyr.
- Defnyddio pen amlygu i amlygu'r geiriau neu'r darnau sy'n bwysig yn eich barn chi.
- Amlygu'r geiriau allweddol mewn cwestiwn.
- Ystyried yn ofalus yr hyn y mae pob cwestiwn yn ei ofyn gennych. Yn arbennig, ystyried y sgiliau y mae gofyn i chi eu dangos mewn cwestiwn.
- Os oes cyfrifiadau rhifiadol, dangos eich holl waith cyfrifo yn ofalus. Efallai y cewch farciau am y cyfrifo hyd yn oed os na fydd eich ateb terfynol yn gywir.
- Deall yn glir pa mor hir y dylai pob ateb fod. Er enghraifft, tybiwch fod cyfanswm o 60 marc, gyda'r ddau gwestiwn cyntaf yn cael 5 marc yr un, y trydydd cwestiwn yn cael 10 marc, y pedwerydd 15 marc a'r olaf 25 marc. Dylai'r cwestiwn cyntaf fod tua phumed ran o hyd y cwestiwn olaf a dylai gymryd $\frac{5}{60}$ o'r amser i'w gwblhau. Mae llawer o ymgeiswyr yn ysgrifennu gormod ar gwestiynau sydd ag ychydig o farciau a rhy ychydig ar gwestiynau sydd â llawer o farciau.
- Gwybod pa gysyniadau a damcaniaethau y mae'r cwestiwn yn eu profi.
- Mae rhai ymgeiswyr yn ei chael hi'n ddefnyddiol paratoi cynlluniau ar gyfer atebion hir.
- Sicrhau na fyddwch yn rhedeg allan o amser. Fel arfer mae'n well rhoi'r gorau i un rhan a symud ymlaen i'r nesaf os byddwch yn rhedeg allan o amser yn hytrach na cheisio creu'r ateb perffaith yn y rhan honno.
- Gall fod disgwyl i ymgeiswyr ysgrifennu am tua 20 munud ar rannau olaf cwestiynau ymateb i ddata. Os felly, mae'r cwestiynau hyn yn draethodau bach a bydd angen cymhwyso atynt y technegau ar gyfer ysgrifennu traethodau a ddisgrifir isod.

Weithiau, mae'n briodol defnyddio diagram mewn cwestiwn ymateb i ddata. Mae rhai cwestiynau, mewn gwirionedd, yn gofyn yn benodol bod diagram yn cael ei luniadu. Dyma rai rheolau hawdd eu cofio wrth luniadu diagramau.
- Bydd arholwyr yn disgwyl gweld diagramau safonol a welir mewn unrhyw werslyfr Economeg.
- Wrth luniadu diagramau, gwnewch yn siwr eu bod yn ddigon o faint i allu cael eu darllen.
- Mae diagramau'n haws eu darllen ac yn edrych yn well o lawer os cân nhw eu lluniadu a phren mesur lle bo'n briodol.
- Labelwch yr echelinau a'r llinellau neu'r cromliniau bob tro.
- Cofiwch gyfeirio at y diagram a'i egluro yn eich ateb ysgrifenedig.

Traethodau

Yn aml defnyddir traethodau i brofi sgiliau dadansoddi a gwerthuso, sef sgiliau'r graddau uchaf, ond mae'n debygol y bydd marciau ar gyfer gwybodaeth a chymhwyso hefyd yn y cynllun marcio. Yn nodweddiadol, disgwylir i ymgeiswyr ysgrifennu am 35-45 munud ar deitl traethawd sy'n debygol o gael ei rannu'n ddwy ran wahanol ond gysylltiedig. Mae ysgrifennu traethodau yn sgìl sydd angen ei ymarfer a'i ddysgu. Mae gofyn rhoi at ei gilydd (neu **syntheseiddio**) nifer o syniadau i ffurfio un ateb cyflawn. Mae traethodau'n debygol o gael eu marcio gan ddefnyddio cynlluniau marcio lefelau ateb.

Gall ymgeiswyr wella eu sgiliau ysgrifennu traethodau os gallan nhw ddysgu'r technegau canlynol.

- Cyn dechrau ysgrifennu, deall yn glir beth mae'r cwestiwn yn ei ofyn. Yn arbennig, nodi'r sgiliau y bydd gofyn i chi eu defnyddio i ysgrifennu traethawd llwyddiannus drwy edrych ar y geiriau gorchymyn. Nodi hefyd y meysydd mewn economeg sy'n berthnasol i'r traethawd. Mae rhai ymgeiswyr yn ei chael hi'n ddefnyddiol amlygu'r geiriau allweddol yn nheitl y traethawd er mwyn iddyn nhw ganolbwyntio ar yr hyn y mae'r cwestiwn yn ei ofyn. Er enghraifft, ystyriwch y cwestiwn canlynol: *Gwerthuswch y polisïau y gallai llywodraeth eu mabwysiadu i ymdrin â phroblem diweithdra ieuenctid.* Y geiriau allweddol yma yw *Gwerthuswch, polisïau llywodraeth* a *diweithdra ieuenctid.* Mae gwerthuso yn golygu bod angen i chi gymharu effeithiolrwydd gwahanol fathau o bolisi llywodraeth. Bydd disgwyl i chi ddadlau y gallai rhai fod yn fwy defnyddiol na'i gilydd er mwyn ennill y nifer mwyaf posibl o farciau. Polisïau llywodraeth i ymdrin â diweithdra yw'r prif faes o wybodaeth economaidd. Fodd bynnag, mae'r gair *ieuenctid* yn arbennig o bwysig. Rhaid i'ch ateb ganolbwyntio ar ddiweithdra *ieuenctid* os yw i gael y marciau uchaf.
- Mae rhai ymgeiswyr yn ei chael hi'n ddefnyddiol ysgrifennu **cynllun traethawd**, sef crynodeb o'r hyn y byddant yn ei ysgrifennu. Mae'n caniatáu i chi roi pwyntiau i lawr ar bapur yn gyflym a gweld sut y gellir eu trefnu i ffurfio cyfanwaith cydlynol. Yn aml bydd ymgeiswyr yn dechrau eu hateb ac yn ychwanegu pwyntiau at eu cynllun wrth fynd yn eu blaen am fod ysgrifennu yn eu hybu i gofio pethau. Mae hynny'n arfer da, ond cofiwch wirio bob amser na fydd eich pwyntiau newydd yn anghydbwyso strwythur eich ateb. Er enghraifft, gall ychwanegu deunydd newydd ar ôl ysgrifennu eich casgliad ennill marciau ychwanegol i chi ond mae'n annhebygol o'ch helpu i gael y marciau uchaf.
- Paragraffu eich traethawd yn iawn. Cofiwch y dylai paragraff gynnwys deunydd ar un syniad neu un grŵp o syniadau. Techneg ddefnyddiol yw gweld paragraff fel brawddeg agoriadol sy'n gwneud pwynt, gyda gweddill y paragraff yn manylu neu'n egluro'r pwynt hwnnw.
- Cynnwys diagramau lle bynnag y byddant yn briodol. Rhoddir cyngor uchod ynghylch defnyddio diagramau yn effeithiol.
- Ysgrifennu paragraff terfynol. Mae hynny'n arbennig o bwysig os ydych yn ateb cwestiwn gwerthuso. Mae'r terfyn yn rhoi cyfle i chi gasglu eich pwyntiau at ei gilydd a phwyso a mesur y dadleuon a gynigiwyd.
- Yn achos cwestiynau sydd â dwy ran, sicrhau eich bod yn rhannu eich amser yn effeithiol rhwng y ddwy ran. Peidiwch â threulio gormod o amser ar hanner cyntaf y cwestiwn. Mae'n arbennig o bwysig gweithio allan faint o amser i'w dreulio ar bob rhan os ydy nifer y marciau y gellir eu hennill yn y ddwy ran yn anghyfartal iawn.
- Mae traethodau'n ddarnau di-dor o ryddiaith. Ni ddylech gynnwys pwyntiau bwled, rhestri, is-benawdau, ayb.
- Nodi'r stori. Mae llawer o gwestiynau traethawd yn cael eu gosod am eu bod yn ymdrin â mater amserol (*topical*). Dylai nodi'r mater amserol eich helpu i benderfynu beth i'w bwysleisio

yn eich traethawd. Hefyd bydd yr hyn a wyddoch am y mater yn rhoi i chi ddeunydd ychwanegol i'w gynnwys yn eich traethawd.
- Addasu eich deunydd i weddu i'r hyn sy'n ofynnol. Peidiwch ag ysgrifennu ateb i gwestiwn traethawd yr ydych eisoes wedi'i ateb yn y dosbarth ac wedi'i roi ar gof ac sy'n debyg i'r cwestiwn traethawd a osodwyd. Hefyd, peidiwch ag ysgrifennu 'y cyfan rwy'n ei wybod am' un neu ddau o eiriau allweddol yn nheitl y traethawd. Er enghraifft, mae ateb cwestiwn am gostau chwyddiant drwy ysgrifennu llawer am y ffactorau sy'n achosi chwyddiant yn debygol o fod yn ateb amhriodol.
- Cofio ei bod hi'n debygol y bydd marciau yn y cynllun marcio am ansawdd yr iaith. Ysgrifennwch mewn arddull syml a chlir a rhowch sylw i'ch sillafu.

Gwaith cwrs

Efallai y bydd gofyn i chi ysgrifennu darn o waith cwrs. Mae'n debygol y cewch lawer o gymorth wrth wneud hyn gan eich athro/darlithydd.

Cynllunio Un mater allweddol i'r myfyriwr mewn gwaith cwrs yw rheoli amser. Bydd gwaith cwrs yn debygol o gael ei wneud dros gyfnod. Mae'n bwysig sicrhau na chollir dyddiadau terfyn am eu bod wythnosau neu fisoedd cyn bod y gwaith cwrs i gael ei roi i mewn. Mae'n bwysig hefyd nad ydy'r gwaith i gyd yn cael ei adael tan y diwedd oherwydd efallai na fydd digon o amser i'w gwblhau. Mae cynllunio'n bwysig iawn felly. Mae'n debygol y bydd eich athro/darlithydd yn eich helpu gyda hyn, gan osod nodau a'ch helpu i gwblhau'r gwaith cwrs ymhell o fewn y terfyn amser sy'n ofynnol.

Dilyn cyfarwyddiadau'r fanyleb Bydd manyleb yr arholiad yn rhoi cyfarwyddiadau manwl ynghylch sut y dylai pynciau gael eu dewis, sut y dylai'r gwaith cwrs gael ei ysgrifennu a sut y caiff marciau eu dyfarnu. Dylech gadw copi o hon gyda'ch gwaith bob amser. Mae cyrff dyfarnu yn cyhoeddi deunyddiau ategu'r fanyleb ar gyfer athrawon a darlithwyr. Bydd y rhain hefyd yn cynnwys gwybodaeth am waith cwrs y dylid ei rhoi ar gael i chi. Fel arfer caiff marciau uchel eu hennill drwy ddilyn yr hyn y mae'r arholwyr wedi dweud wrth yr ymgeiswyr i'w wneud.

Dewis pwnc Eich tasg gyntaf fydd penderfynu ar bwnc i ymchwilio iddo. Dylai hwn fod yn ymchwiliad i broblem neu fater economaidd. Mae'r dewis o bwnc yn hollbwysig am ddau reswm. Yn gyntaf, rhaid i'r myfyriwr allu cael data cynradd a/neu ddata eilaidd ar y pwnc. Data a gwybodaeth a gasglwyd eisoes gan rywun arall yw data eilaidd. Mae'n debygol mai dyma fydd prif ffynhonnell data yr ymchwiliad os nad yr unig ffynhonnell. Gallai gynnwys, er enghraifft, erthyglau papurau newyddion, ystadegau'r llywodraeth, neu ddeunydd o wefannau ar y Rhyngrwyd. Data sydd wedi'u casglu'n uniongyrchol gan y myfyriwr ac nad ydynt yn dod o ffynhonnell arall yw data cynradd. Byddai canlyniadau holiadur a gynhaliwyd gan y myfyriwr yn enghraifft. Efallai na fydd data cynradd ar gael ar gyfer y pwnc a ddewiswyd. Efallai hefyd y bydd data cynradd o ansawdd gwael, e.e. o arolwg a gynhaliwyd yn wael. Felly dim ond os ydynt yn ddibynadwy ac yn berthnasol i'r pwnc a ddewiswyd y dylai data cynradd gael eu cynnwys.

Mae'r dewis o bwnc yn bwysig hefyd oherwydd y bydd yn pennu a fydd yr ymgeisydd yn gallu dangos yr holl sgiliau y mae'r arholiad yn gofyn amdanynt. Bydd hyn yn cynnwys dadansoddi a gwerthuso. Yr allwedd yw geirio teitl y gwaith cwrs fel problem neu fater. Efallai na fydd 'Ydy'r diwydiant gwyliau parod yn oligopoli?' yn deitl addas. Nid yw'n rhoi digon o fodd i ymgeiswyr ddangos sgiliau gwerthuso. Teitl mwy addas yw teitl sy'n gofyn a ddylai awdurdodau cystadleuaeth y DU neu'r UE ganiatáu cydsoddiad sy'n cael ei ystyried ar hyn o bryd rhwng cwmnïau gwyliau parod. Bydd ymgeiswyr yn gallu archwilio'r mater, gan gynnwys rhoi sylwadau ar natur oligopolaidd y diwydiant gwyliau parod. Wedyn bydd yn rhaid iddynt ddefnyddio'r dadansoddiad hwn i werthuso penderfyniad polisi. Wrth gwrs, dyma'r union beth y byddai economegwyr sy'n gweithio i'r awdurdodau cystadleuaeth yn ei wneud hefyd.

Casglu gwybodaeth Mae casglu gwybodaeth yn debygol o gymryd amser, er bod y Rhyngrwyd yn lleihau hynny fwyfwy erbyn hyn. Er enghraifft, gallai edrych drwy bapurau newyddion fod wedi cymryd nifer o sesiynau mewn llyfrgell, ond nawr gellir ei wneud mewn un sesiwn gan ddefnyddio peiriant chwilio a gwefan. Gall gymryd yn hirach i gasglu gwybodaeth ystadegol o gyhoeddiadau'r llywodraeth fel yr *Economic Trends Annual Supplement* a'i rhoi ar ffurf sy'n ddefnyddiol i'ch aseiniad penodol chi. Fodd bynnag, gall y Rhyngrwyd gymryd llawer o amser hefyd. Efallai y bydd yn rhaid i chi fynd trwy lawer iawn o wybodaeth amherthnasol cyn cael rhywbeth o werth.

Os byddwch yn cynnal ymchwil cynradd, dylech ddeall yn glir y technegau y byddwch yn eu defnyddio a'r hyn sy'n eu gwneud nhw'n ddilys fel tystiolaeth. Er enghraifft, os byddwch yn llunio holiadur, dylech wybod am y materion sydd ynghlwm wrth osod cwestiynau priodol. Hefyd dylech ddeall faint a natur y sampl sydd ei angen i roi canlyniadau dilys. Mae data'n debygol o gael eu casglu o'r ffynonellau canlynol:

- llyfrau, gan gynnwys gwerslyfrau;
- papurau newyddion;
- cylchgronau;
- cylchgronau masnach arbenigol;
- deunydd hysbysebu;
- cyhoeddiadau ystadegol y llywodraeth gan gynnwys *Monthly Digest of Statistics*, *Economic Trends* a'r *Economic Trends Annual Supplement*, *Annual Abstract of Statistics*, *Social Trends*, *Regional Trends*, *Environmental Statistics* a *Transport Statistics*;
- gwefannau ar y Rhyngrwyd.

Wrth gasglu gwybodaeth ceisiwch gymorth pobl eraill lle bo'n bosibl. Er enghraifft, os byddwch yn defnyddio llyfrgell, gofynnwch i'r llyfrgellydd am gymorth i ddod o hyd i ddeunydd. Os byddwch yn defnyddio'r Rhyngrwyd, gwnewch yn siwr eich bod yn deall sut orau i ddefnyddio peiriant chwilio.

Mae casglu gwybodaeth yn cymryd amser ac mae'n heriol. Peidiwch â bychanu anhawster y rhan hon o'r dasg.

Strwythuro'r adroddiad Bydd y corff dyfarnu yn rhoi cyfarwyddyd clir ynghylch sut i osod yr adroddiad allan a'r hyn y dylid ei gynnwys. Er enghraifft, efallai y bydd cyrff dyfarnu yn argymell y dylai fod:

- tudalen gynnwys;
- rhagarweiniad yn amlinellu'r mater neu'r broblem economaidd sy'n destun yr ymchwiliad, a hynny naill ai ar ffurf rhagdybiaeth sydd i gael ei phrofi neu gwestiwn sy'n gofyn am ymchwilio pellach;
- amlinelliad cryno o gysyniadau a damcaniaethau economaidd sy'n berthnasol i'r mater neu'r broblem, mewn rhai achosion yn cynnwys cyfeirio at ddeunydd darllen sydd eisoes ar gael;
- amlinelliad cryno o'r dechneg/technegau sydd i gael ei/eu defnyddio i gasglu'r data perthnasol;
- cyflwyniad o'r casgliadau sy'n gysylltiedig â'r rhagdybiaeth neu'r cwestiwn a osodwyd;

- gwerthusiad o'r casgliadau a'r dull ymchwilio, gydag argymhellion lle bo'n briodol;
- llyfryddiaeth o'r ffynonellau.

Wrth ysgrifennu eich adroddiad, cofiwch eich bod yn ysgrifennu am ddamcaniaeth(au) economaidd ac yn cyflwyno tystiolaeth a gasglwyd gennych er mwyn cyrraedd set o gasgliadau. Mae'n bwysig osgoi ysgrifennu popeth a welwch mewn gwerslyfrau am ddamcaniaethau economaidd penodol, neu anghofio mai pwrpas casglu tystiolaeth yw gwerthuso problemau neu faterion.

Ysgrifennu adroddiad

Efallai y bydd gofyn i fyfyrwyr ysgrifennu adroddiad. Mae arddull adroddiad yn wahanol i arddull traethawd.

- Dylai ddechrau gydag adran sy'n dangos ar gyfer pwy y mae'r adroddiad, pwy sydd wedi ei ysgrifennu, y dyddiad y cafodd ei ysgrifennu a'r teitl. Os ydy'r adroddiad yn cael ei ysgrifennu dan amodau arholiad, gall hyn i gyd gael ei adael allan.
- Dylai gael ei dorri i lawr yn nifer o adrannau. Dylai pob adran ymdrin â mater penodol. Dylai pennawd ddechrau pob adran i helpu'r darllenydd i weld strwythur yr adroddiad. Yn y rhan fwyaf o adroddiadau mae adrannau wedi'u rhifo mewn trefn.
- Gall adran gael ei thorri i lawr yn is-adrannau, gyda phennawd a rhif ar gyfer pob un. Er enghraifft, efallai y bydd gan adran 3 o'r adroddiad ddwy is-adran, sef 3.1 a 3.2.
- Rhaid ysgrifennu'r adroddiad mewn brawddegau llawn, nid ar ffurf nodiadau. Ond, yn wahanol i draethawd, mae'n dderbyniol defnyddio pwyntiau bwled i strwythuro'r adroddiad ymhellach.
- Defnyddiwch ddiagramau lle bynnag y bo'n briodol. Rhaid i ddiagramau fod yn rhan o'r ddadl a ddefnyddir yn yr adroddiad. Mae'n bwysig bod y darllenydd yn deall pam maen nhw wedi cael eu cynnwys.

Yn achos adroddiad mae gofyn i chi lunio casgliadau a rhoi barn, h.y. dangos y gallwch chi werthuso mater neu broblem. Gall y gwerthusiad gael ei gyflwyno ar ddiwedd yr adroddiad, neu gall gael ei gynnwys ym mhob adran o'r adroddiad. Os caiff ei gynnwys ym mhob adran, mae ysgrifennu casgliad neu grynodeb ar y diwedd yn dal i fod yn angenrheidiol er mwyn dwyn at ei gilydd yr hyn a ddywedwyd yn gynharach.

Hefyd dylai'r adroddiad amlygu gwybodaeth goll a fyddai wedi bod yn ddefnyddiol neu, efallai, yn hanfodol ar gyfer llunio casgliadau neu argymhellion wedi'i rhesymu. Gellir amau dibynadwyedd neu gywirdeb y wybodaeth hefyd.

Os ysgrifennir yr adroddiad dan amodau arholiad, megis gyda chwestiwn ymateb i ddata, cymerwch amser ar y dechrau i ddarllen trwy'r data a roddir. Amlygwch syniadau neu ddata allweddol. Efallai na fydd angen deall y data i gyd cyn dechrau ysgrifennu gan y gall hynny wastraffu amser pwysig a all fod ei angen arnoch i ysgrifennu'r adroddiad. Fodd bynnag, mae'n bwysig deall yr hyn sy'n ofynnol gennych cyn dechrau ysgrifennu.

Mae llunio cynllun yn hanfodol. Mae adroddiad yn ddarn ysgrifenedig cymhleth. Nodwch brif benawdau eich adroddiad ac ysgrifennwch yn gryno y prif bwyntiau y byddwch yn debygol o'u cynnwys dan bob pennawd. Gallwch ychwanegu at eich cynllun wrth i chi ysgrifennu eich adroddiad os byddwch yn meddwl am bwyntiau newydd. Mewn arholiad, mae'n annhebygol y bydd gennych amser i ysgrifennu nifer o ddrafftiau o'r adroddiad. Fodd bynnag, y tu allan i'r ystafell arholiad, byddai'n ddefnyddiol cynhyrchu sawl drafft.